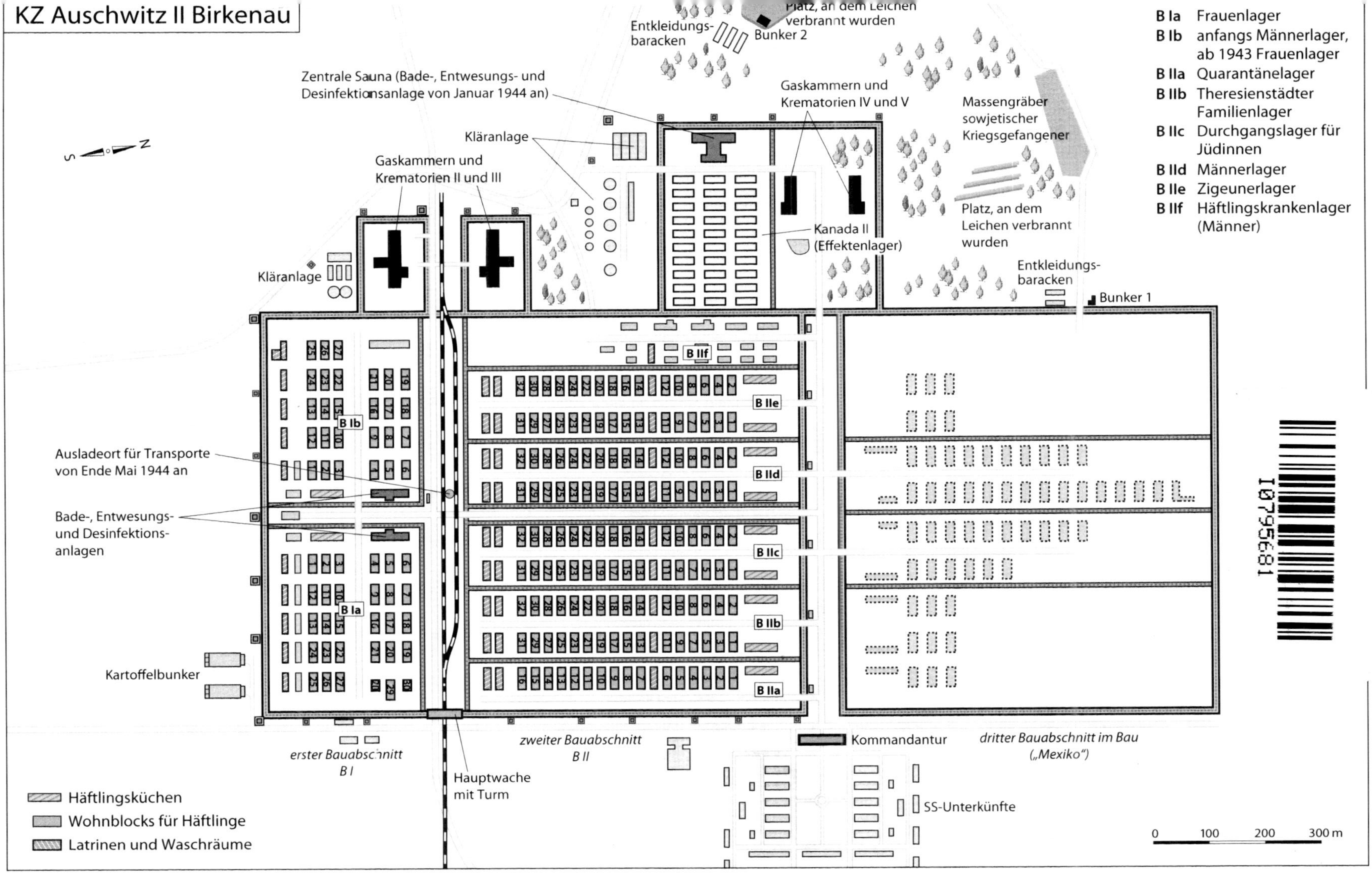
KZ Auschwitz II Birkenau
B Ia Frauenlager
B Ib anfangs Männerlager, ab 1943 Frauenlager
B IIa Quarantänelager
B IIb Theresienstädter Familienlager
B IIc Durchgangslager für Jüdinnen
B IId Männerlager
B IIe Zigeunerlager
B IIf Häftlingskrankenlager (Männer)
Platz, an dem Leichen verbrannt wurden
Entkleidungsbaracken
Bunker 2
Zentrale Sauna (Bade-, Entwesungs- und Desinfektionsanlage von Januar 1944 an)
Gaskammern und Krematorien IV und V
Massengräber sowjetischer Kriegsgefangener
Kläranlage
Gaskammern und Krematorien II und III
Platz, an dem Leichen verbrannt wurden
Kanada II (Effektenlager)
Entkleidungsbaracken
Bunker 1
Kläranlage
Ausladeort für Transporte von Ende Mai 1944 an
Bade-, Entwesungs- und Desinfektionsanlagen
Kartoffelbunker
erster Bauabschnitt B I
Hauptwache mit Turm
zweiter Bauabschnitt B II
Kommandantur
dritter Bauabschnitt im Bau („Mexiko“)
SS-Unterkünfte
Häftlingsküchen
Wohnblocks für Häftlinge
Latrinen und Waschräume
0 100 200 300 m
S N

Verfolgung und Ermordung der Juden 1933–1945

Die Verfolgung und Ermordung der europäischen Juden durch das nationalsozialistische Deutschland 1933–1945

Herausgegeben im Auftrag des
Bundesarchivs, des Instituts für Zeitgeschichte,
des Lehrstuhls für Neuere und Neueste Geschichte
an der Albert-Ludwigs-Universität Freiburg
von
Susanne Heim, Ulrich Herbert, Michael Hollmann,
Horst Möller, Dieter Pohl, Sybille Steinbacher,
Simone Walther-von Jena und Andreas Wirsching

Die Verfolgung und Ermordung der europäischen Juden durch das nationalsozialistische Deutschland 1933–1945

Band 16

Das KZ Auschwitz 1942–1945 und die Zeit der Todesmärsche 1944/45

Bearbeitet von Andrea Rudorff

DE GRUYTER
OLDENBOURG

ISBN 978-3-11-036503-0
e-ISBN (PDF) 978-3-11-057378-7
e-ISBN (EPUB) 978-3-11-057110-3

Library of Congress Control Number: 2018956973

Bibliografische Information der Deutschen Nationalbibliothek
Die Deutsche Nationalbibliothek verzeichnet diese Publikation in der Deutschen Nationalbibliografie; detaillierte bibliografische Daten sind im Internet über http://dnb.dnb.de abrufbar.

Endredaktion: Angelika Königseder, Berlin
Karten: Peter Palm, Berlin
Einband und Schutzumschlag: Frank Ortmann und Martin Z. Schröder
Satz: Meta Systems Publishing & Printservices GmbH, Wustermark
Druck & Bindung: Hubert & Co. GmbH & Co. KG, Göttingen

www.degruyter.com

MIX
Papier aus verantwortungsvollen Quellen
FSC www.fsc.org FSC® C016439

Inhalt

Vorwort der Herausgeber

Die Edition *Die Verfolgung und Ermordung der europäischen Juden durch das nationalsozialistische Deutschland 1933–1945* ist auf insgesamt 16 Bände angelegt, die in den nächsten Jahren erscheinen werden. In ihnen wird eine thematisch umfassende, wissenschaftlich fundierte Auswahl von Quellen publiziert. Der vorliegende 16. Band der Edition dokumentiert die Geschichte des Konzentrationslagers Auschwitz und die Misshandlung und Ermordung jüdischer Häftlinge während der Räumung der Konzentrationslager und auf den sogenannten Todesmärschen.
Im Vorwort zum ersten Band der Edition sind die Kriterien der Dokumentenauswahl detailliert dargelegt. Die wichtigsten werden im Folgenden noch einmal zusammengefasst: Quellen im Sinne der Edition sind Schrift- und gelegentlich auch Tondokumente aus den Jahren 1933 bis 1945. Fotografien sind nicht einbezogen, vor allem weil sich die Umstände ihrer Entstehung oft nur schwer zurückverfolgen lassen. Lebenserinnerungen, Berichte und juristische Unterlagen, die nach Ende des Zweiten Weltkriegs entstanden sind, werden aus quellenkritischen Gründen nicht in die Edition aufgenommen. Allerdings wird von ihnen in der Kommentierung vielfältig Gebrauch gemacht. Im vorliegenden Band werden davon abweichend auch Berichte aufgenommen, die in den ersten Wochen nach Kriegsende entstanden, um die Todesmärsche angemessen darstellen zu können.
Dokumentiert werden die Aktivitäten und Reaktionen von Menschen mit unterschiedlichen Lebenserfahrungen, Überzeugungen und Absichten, an verschiedenen Orten, mit jeweils begrenzten Horizonten und Handlungsspielräumen – Behördenschreiben ebenso wie private Briefe und Tagebuchaufzeichnungen, Zeitungsartikel und die Berichte ausländischer Beobachter.
Die Dokumentation wechselt vom Brief eines jungen Juden, der in Belgien Zettel aus dem Deportationszug wirft, um seine Familie über seinen Abtransport zu informieren, und nur Mutmaßungen über das Ziel anstellen kann, über Planungen von SS und deutschen Ingenieuren zum Ausbau von Krematorien als Tötungseinrichtungen zu Kassibern polnischer Häftlinge der Widerstandsbewegung, die detaillierte Informationen über den Judenmord aus dem Lager schmuggeln. Der Bericht eines tschechischen Juden, der beschreibt, wie Häftlinge während des Räumungstransports mehrere Tage hungernd und frierend an einer Grenzstation ausharren mussten, steht neben dem Funkspruch des Landrats, der um Anweisungen fragt, wie er mit ebenjenem Transport umzugehen hat, den er als Sicherheitsrisiko empfindet. Auf eine thematische Zusammenstellung der Dokumente haben die Herausgeber bewusst verzichtet, und auch der häufige Perspektivenwechsel ist gewollt. Ein Sachgruppenindex soll die thematische Zuordnung der Dokumente sowie Vergleiche erleichtern und Zusammenhänge verdeutlichen.
Die Herausgeber danken der Deutschen Forschungsgemeinschaft für die großzügige Förderung des Editionsprojekts. Ferner schulden sie einer großen Zahl von Fachleuten und Privatpersonen Dank, die durch Quellenhinweise, biographische Informationen über die in den Dokumenten erwähnten Personen und Auskünfte zur Kommentierung die Arbeit unterstützt oder Teile des Manuskripts kritisch gelesen haben.

Die in polnischer Sprache verfassten Dokumente haben Dr. Heidemarie Petersen und Dr. Andrea Rudorff ins Deutsche übertragen, die englischsprachigen Theo Bruns und Dr. Britta Grell. Aus dem Russischen übersetzte Maria Wilke und aus dem Französischen Inga Frohn. Die im Original tschechischen Dokumente haben Jan Faktor, Mojmir Stransky und Maria Wilke ins Deutsche übertragen, Niels Kadritzke ein auf Griechisch verfasstes Dokument. Die Übersetzungen aus dem Hebräischen hat Doron Oberhand angefertigt, aus dem Jiddischen übersetzten Martin Wiesche und Dr. Ingo Loose, die ungarischen Dokumente Andrea Dunai.
Das Übersetzungslektorat besorgte Ulrike Baureithel.
Als studentische oder wissenschaftliche Hilfskräfte haben an diesem Band Niklas Lämmel, Anselm Meyer, Laura Pörzgen und Carolin Raabe mitgearbeitet, als wissenschaftliche Mitarbeiter Romina Becker, Johannes Gamm, Stefanie Haupt, Sonja Knopp, Julian Nordhues, Dr. Ingo Loose und Maria Wilke.
Hinweise auf abgelegene oder noch nicht erschlossene Quellen zur Judenverfolgung, insbesondere auf private Briefe und Tagebuchaufzeichnungen, nehmen die Herausgeber für die künftigen Bände gern entgegen. Sollten sich trotz aller Sorgfalt an einzelnen Stellen Ungenauigkeiten ergeben haben, sind die Herausgeber für entsprechende Mitteilungen dankbar.
Die Adresse des Herausgeberkreises lautet: Institut für Zeitgeschichte, Edition Judenverfolgung, Finckensteinallee 85/87, D-12205 Berlin oder ejv@ifz-muenchen.de.

Berlin, München, Freiburg i. Br., Klagenfurt im Juli 2018

Editorische Vorbemerkung

Die Quellenedition zur Verfolgung und Ermordung der europäischen Juden soll in der wissenschaftlichen Literatur als VEJ abgekürzt zitiert werden. Das geschieht im Fall von Querverweisen zwischen den einzelnen Bänden auch in dem Werk selbst. Die Dokumente sind – mit jedem Band neu beginnend – fortlaufend nummeriert. Demnach bedeutet „VEJ 5/318“ Dokument Nummer 318 in Band 5 dieser Edition. Die Drucklegung der einzelnen Schriftzeugnisse folgt dem Schema: Überschrift, Kopfzeile, Dokument, Anmerkungen.

Die halbfett gesetzte, von den Bearbeitern der Bände formulierte Überschrift gibt Auskunft über das Entstehungsdatum des folgenden Schriftstücks, dessen Kernbotschaft, Verfasser und Adressaten. Die darunter platzierte Kopfzeile ist Teil des Dokuments. Sie enthält Angaben über die Gattung der Quelle (Brief, Gesetzentwurf, Protokoll usw.), den Namen des Verfassers, den Entstehungsort, gegebenenfalls Aktenzeichen, Geheimhaltungsvermerke und andere Besonderheiten. Die in Berlin seinerzeit ansässigen Ministerien und zentralen Behörden, etwa das Reichssicherheitshauptamt oder die Kanzlei des Führers, bleiben ohne Ortsangabe. Die Kopfzeile enthält ferner Angaben über den Adressaten, gegebenenfalls das Datum des Eingangsstempels, sie endet mit dem Entstehungsdatum und Hinweisen auf Bearbeitungsstufen der überlieferten Quelle, etwa „Entwurf“, „Durchschlag“ oder „Abschrift“.

Dem schließt sich der Text an. In der Regel wird er vollständig ediert. Anrede- und Grußformeln werden mitgedruckt, Unterschriften jedoch nur einmal in die Kopfzeile aufgenommen. Hervorhebungen der Verfasser in den Originaltexten werden übernommen. Sie erscheinen unabhängig von der in der Vorlage verwendeten Hervorhebungsart im Druck immer kursiv. Fallweise erforderliche Zusatzangaben finden sich im Anmerkungsapparat.

Während die von den Editoren formulierten Überschriften und Fußnoten sowie die Übersetzung fremdsprachlicher Dokumente der heutigen Rechtschreibung folgen, gilt für die Quellen die zeitgenössische. Offensichtliche Tippfehler in der Vorlage und kleinere Nachlässigkeiten sowie besondere Schreibweisen, die auf das Fehlen entsprechender Typen auf der Schreibmaschine zurückzuführen sind (ae statt ä, ss statt ß), werden stillschweigend korrigiert, widersprüchliche Schreibweisen und Zeichensetzungen innerhalb eines Dokuments vereinheitlicht. Dokumente, die von Schweizer Autoren stammen bzw. in der Schweiz verfasst wurden, werden nach Schweizer Schreibweise (ohne ß) wiedergegeben. Versehentlich ausgelassene Wörter oder Ergänzungen infolge unlesbarer Textstellen fügen die Editoren in eckigen Klammern ein. Bilden jedoch bestimmte orthographische und grammatikalische Eigenheiten ein Charakteristikum der Quelle, vermerken sie „Grammatik und Rechtschreibung wie im Original“. Abkürzungen, auch unterschiedliche (z. B. NSDAP, N.S.D.A.P. und NSDAP.) werden im Dokument nicht vereinheitlicht. Sie werden im Abkürzungsverzeichnis erklärt. Ungebräuchliche Abkürzungen, vor allem in privaten Briefen, werden bei der ersten Nennung in eckigen Klammern aufgelöst.

Handschriftliche Zusätze in maschinenschriftlichen Originalen übernehmen die Editoren ohne weitere Kennzeichnung, sofern es sich um formale Korrekturen und um Einfügungen handelt, die mit hoher Wahrscheinlichkeit vom Verfasser stammen. Verändern sie die Aussage in beachtlicher Weise – schwächen sie ab oder radikalisieren sie –, wird das in den Fußnoten vermerkt und, soweit feststellbar, der Urheber mitgeteilt. Auf die in den Originalen häufigen, von den Empfängern oder auch von späteren Lesern vorgenommenen Unterstreichungen mit Blei- und Farbstift wird im Allgemeinen pauschal, in interessanten Einzelfällen speziell in der Fußnote hingewiesen.

In der Regel werden die Dokumente im vollen Wortlaut abgedruckt. Lediglich in Ausnahmefällen, sofern einzelne Dokumente sehr umfangreich sind, erfolgt der Abdruck nur teilweise. Dasselbe gilt etwa für Protokolle, die nur in einem abgeschlossenen Teil von der nationalsozialistischen Judenpolitik oder den damit verbundenen Reaktionen handeln. Solche Kürzungen sind mit eckigen Auslassungsklammern gekennzeichnet; der Inhalt wird in der Fußnote skizziert.

Der Band umfasst zwei separate Teile: Auschwitz und die Zeit der Todesmärsche; innerhalb eines jeden Teilbandes sind die Dokumente chronologisch geordnet. Undatierte Monats- oder Jahresberichte erscheinen am Ende des jeweiligen Zeitraums. Von der strikten Einordnung der Dokumente nach ihrer Entstehungszeit wird in einigen Fällen abgewichen, etwa im Fall von Zeugenaussagen jüdischer Überlebender, die nach der Befreiung verfasst wurden. Um die Perspektive der Opfer ausreichend repräsentieren zu können, die in den meisten Fällen erst nach ihrer Befreiung die Möglichkeit hatten, ihre Erfahrungen schriftlich niederzulegen, wird im vorliegenden Band vom Editionsgrundsatz abgewichen, keine Dokumente aufzunehmen, die nach dem 8. Mai 1945 entstanden sind. Vielmehr sind die hier abgedruckten Schilderungen der Überlebenden in der Zeit bis Anfang Juli 1945 entstanden. Diese retrospektiv abgefassten Berichte werden nicht unter ihrem Entstehungsdatum, sondern unter dem Datum der geschilderten Ereignisse eingereiht. Das Entstehungsdatum wird aber in der Kopfzeile vermerkt.

In der ersten, der Überschrift angehängten Fußnote stehen der Fundort, sofern er ein Archiv bezeichnet, auch die Aktensignatur und, falls vorhanden, die Blattnummer. Hinweise auf Kopien von Archivdokumenten werden immer dann verzeichnet, wenn die an den ursprünglichen Fundorten befindlichen Originale dort nicht eingesehen wurden. Handelt es sich um gedruckte Quellen, etwa Zeitungsartikel oder Gesetzestexte, finden sich in dieser Fußnote die üblichen bibliographischen Angaben. Wurde eine Quelle schon einmal in einer Dokumentation zum Nationalsozialismus beziehungsweise zur Judenverfolgung veröffentlicht, wird sie nach dem Original ediert, doch wird neben dem ursprünglichen Fundort auch auf die erste Publikation verwiesen. In einer weiteren Fußnote werden die Entstehungsumstände des Dokuments erläutert, gegebenenfalls damit verbundene Diskussionen, die besondere Rolle von Verfassern und Adressaten, begleitende oder sich unmittelbar anschließende Aktivitäten.

Die folgenden Fußnoten erläutern sachliche und personelle Zusammenhänge. Sie verweisen auf andere – unveröffentlichte, andernorts oder in der Edition publizierte – Dokumente, sofern das für die geschichtliche Einordnung hilfreich erscheint. Weiterhin finden sich in den Fußnoten Erläuterungen zu einzelnen Details, etwa zu handschriftlichen Randnotizen, Unterstreichungen, Streichungen. Bearbeitungsvermerke und Vorlageverfügungen werden entweder in der weiteren Fußnote als vorhanden erwähnt oder aber in den späteren Fußnoten entschlüsselt, sofern sie nach Ansicht der Editoren wesentliche Aussagen enthalten. Für die im Quellentext genannten Abkommen, Gesetze und Erlasse werden die Fundorte nach Möglichkeit in den Fußnoten angegeben, andere

Bezugsdokumente mit ihrer Archivsignatur. Konnten diese nicht ermittelt werden, wird das angemerkt. Für die in den Schriftstücken angeführten Absender und Adressaten wurden, soweit möglich, die biographischen Daten ermittelt und angegeben. Dasselbe gilt für die im Text erwähnten Personen, sofern sie als handelnde Personen eingestuft werden. Die Angaben stehen in der Regel in der Fußnote zur jeweils ersten Nennung des Namens innerhalb eines Bandes und lassen sich so über den Personenindex leicht auffinden.

Die Kurzbiographien beruhen auf Angaben, die sich in Nachschlagewerken, in der Fachliteratur und in speziellen, auf die NS-Zeit bezogenen Personenkarteien und -dossiers einschlägiger Archive finden. In vielen Fällen wurden im In- und Ausland Personalakten und -karteien eingesehen, Stadt- und Firmenarchive aufgesucht, Standesämter und Spezialisten befragt. Trotz aller Mühen gelang es nicht immer, die biographischen Daten vollständig zu ermitteln. In solchen Fällen enthält die jeweilige Fußnote nur die gesicherten Angaben wie z. B. das Geburtsjahr. Waren Personen nicht zu identifizieren, wird auf eine entsprechende Anmerkung verzichtet; desgleichen bei allseits bekannten Personen wie Adolf Hitler oder Heinrich Himmler.

In der Regel setzen die Editoren die zeitüblichen Begriffe des nationalsozialistischen Deutschlands nicht in Anführungszeichen. Dazu gehören Wörter wie Judenrat, Judenältester etc. Der Kontext macht deutlich, dass keines der Wörter affirmativ gebraucht wird. Die Begriffe Jude, Jüdin, jüdisch werden folglich, den Umständen der Zeit entsprechend, auch für Menschen verwandt, die sich nicht als jüdisch verstanden haben, aber aufgrund der Rassengesetze so definiert wurden und daher der Verfolgung ausgesetzt waren. Andere Begriffe wie z. B. „Berufsverbrecher", die eigentlich auch Termini technici der Zeit waren, werden in Anführungszeichen gesetzt. Ein solcher nicht klar zu definierender Gebrauch der Anführungszeichen lässt sich nicht systematisch begründen. Er bildet einen gewiss anfechtbaren Kompromiss zwischen historiographischer Strenge und dem Bedürfnis, wenigstens gelegentlich ein Distanzsignal zu setzen.

Ein großer Teil der Dokumente wurde aus Fremdsprachen übersetzt. Dabei sind Straßennamen gegebenenfalls durch den Zusatz „-Straße", „-Gasse" oder „-Platz" ergänzt worden. Aufgrund von Besatzung oder Gebietsverschiebungen nach dem Krieg änderten viele Orte mehrfach ihren Namen. In der Einleitung und in den Anmerkungen wurden die zeitgenössisch gültigen Ortsnamen verwendet, in den Dokumenten die verwendete Variante, es sei denn, die deutsche Ortsbezeichnung ist seit alters gebräuchlich (z. B. Warschau, Krakau, Prag). So kommt es vor, dass die Bezeichnung eines Orts zwischen Text und Anmerkungen variiert. Andere Versionen des Ortsnamens sind in der Regel in den Anmerkungen vermerkt. Sämtliche in den Dokumenten auftretenden Ortsbezeichnungen und Schreibweisen sind im Ortsregister verzeichnet; verwiesen wird jeweils auf den völkerrechtlich gültigen Namen. Das Ortsregister dient damit auch als Konkordanz.

Ein besonderes Problem bildet die wechselnde Schreibweise des Begriffs Getto bzw. Ghetto. Im Deutschen waren damals beide Formen gebräuchlich. Sie werden daher wie im Original belassen. In übersetzten Dokumenten wird die Schreibweise Getto benutzt, desgleichen in der Einleitung und im Kommentierungstext.

Zeitgenössische fremdsprachige Begriffe werden in einer Fußnote, bei Mehrfachnennung im Glossar erläutert.

Das Kartenmaterial soll das Auffinden der im Band erwähnten Orte und Lager erleichtern. Aus diesem Grund sind in den Karten nicht alle seinerzeit bestehenden Lager aufgeführt, sondern nur diejenigen, die im Band erwähnt sind und nicht mit einem ohnehin auf der Karte verzeichneten Ort identisch sind. Eisenbahnlinien sollen die Transportführung einzelner Räumungen nachvollziehbar machen. Die Todestransporte selbst sind aufgrund der chaotischen Wegführung sowie der zahlreichen Trennungen und Zusammenführungen von Kolonnen, auch mit Hilfe von Linien und Pfeilen, in der Karte nicht ansatzweise darstellbar.

Einleitung

Das KZ Auschwitz 1942–1945

Das Konzentrations- und Vernichtungslager Auschwitz-Birkenau gehört zu den Zentren des nationalsozialistischen Judenmords: 1,1 Millionen Juden aus ganz Europa wurden in den Jahren 1942 bis 1944 an diesen Ort deportiert, fast 900 000 von ihnen direkt nach der Ankunft in den Gaskammern ermordet.[1] Der Begriff Auschwitz steht heute als Metapher für das Menschheitsverbrechen, obwohl Juden auch an anderen Orten systematisch und in großer Zahl getötet wurden. Das hat vielfältige Gründe: Dieser riesige Lagerkomplex diente nicht – wie etwa die Vernichtungslager in Kulmhof, Treblinka, Belzec und Sobibor – ausschließlich dem Massenmord, sondern hatte im Laufe seiner Existenz verschiedene Funktionen. Die Zahl der Menschen, die als Häftlinge, aber auch als Angehörige der SS-Lagerverwaltung, als Wachen und Angestellte, als Unternehmensangehörige, Zivilarbeiter oder Anwohner mit dem Mordgeschehen in Berührung kamen und die Verbrechen zum Teil schon während des Kriegs, erst recht jedoch in zahllosen Nachkriegsberichten bezeugten, ist so groß wie bei keiner anderen Mordstätte des Holocaust. Viele Opfergruppen der Nationalsozialisten trafen dort zusammen. Neben den jüdischen Häftlingen aus ganz Europa waren in Auschwitz 70 000 bis 75 000 Polen, 23 000 Sinti und Roma, 15 000 sowjetische Kriegsgefangene und 10 000 bis 15 000 tschechische, weißrussische, jugoslawische und französische nichtjüdische Häftlinge, oft Widerstandskämpfer, sowie Deutsche und Österreicher gefangen, die die Nationalsozialisten als politische Häftlinge, als sogenannte Berufsverbrecher oder Asoziale sowie als Homosexuelle verfolgten.[2]

Trotz der heterogenen Zusammensetzung der Häftlinge verbindet man Auschwitz vor allem mit der größten Opfergruppe: den Juden. Nach der Schließung der Vernichtungszentren in Kulmhof, Belzec, Treblinka und Sobibor im Laufe des Jahres 1943 wurde Auschwitz zum einzigen Ort des systematischen Massenmords an Juden, in dem nach jahrelanger Erprobung eines technisch perfektionierten Tötungsapparats und -ablaufs in hohem Tempo und mit größtmöglicher Effizienz gemordet wurde.

1 Israel Gutman/Michael Berenbaum (Hrsg.), Anatomy of the Auschwitz Death Camp, Bloomington u. a. 1998; Robert Jan van Pelt/Debórah Dwork, Auschwitz. Von 1270 bis heute, Zürich 1998; Wacław Długoborski/Franciszek Piper (Hrsg.), Auschwitz 1940–1945. Studien zur Geschichte des Konzentrations- und Vernichtungslagers Auschwitz, 5 Bde., Oświęcim 1999 (in Zukunft StAu I–V); Sybille Steinbacher, Auschwitz. Geschichte und Nachgeschichte, München 2004; Laurence Rees, Auschwitz. Geschichte eines Verbrechens, Berlin 2005; Wolfgang Benz/Barbara Distel (Hrsg.), Der Ort des Terrors. Geschichte der nationalsozialistischen Konzentrationslager, Bd. 5, München 2007, S. 75–312; Susanne Willems, Auschwitz. Die Geschichte des Vernichtungslagers, Berlin 2015; Gideon Greif/Peter Siebers (Hrsg.), Todesfabrik Auschwitz. Topografie und Alltag in einem Konzentrations- und Vernichtungslager, Köln 2016.

2 Franciszek Piper, Die Zahl der Opfer von Auschwitz aufgrund der Quellen und der Erträge der Forschung 1945 bis 1990, Oświęcim 1993. Zu den Häftlingskategorien siehe S. 24.

Die Entwicklung von Auschwitz vor seiner Funktion als Mordstätte für Juden

Als Auschwitz im Jahr 1940 als Internierungsort für polnische politische Häftlinge gegründet wurde, war noch nicht absehbar, dass sich dieses Lager zum Zentrum des nationalsozialistischen Judenmords entwickeln würde. Es lag in einem hauptsächlich von Polen und polnischen Juden bewohnten Industrie- und Bergbaugebiet, das das Deutsche Reich nach dem Überfall auf Polen annektiert und in die Provinz Oberschlesien eingegliedert hatte, da es auf dessen wirtschaftliches Potenzial nicht verzichten wollte. In der ersten Jahreshälfte 1940 waren nach Massenverhaftungen von Angehörigen der polnischen Eliten und Widerstandskämpfern die regionalen Gestapogefängnisse so überfüllt, dass die Besatzer nach einem zentralen Internierungsort suchten. Bald wurde ein ehemaliges Kasernengelände in der Stadt Auschwitz (polnisch Oświęcim) als geeignet befunden. Es hatte eine gute Verkehrsanbindung, war infrastrukturell erschlossen und ließ sich leicht sichern.[3]

Das neue Konzentrationslager war zunächst für 10 000 Häftlinge vorgesehen. Im Mai 1940 wurden die ersten 30 deutschen Häftlinge aus dem KZ Sachsenhausen nach Auschwitz überstellt; sie wurden vor allem als Funktionshäftlinge eingesetzt. Am 14. Juni 1940 traf der erste Transport mit 728 Polen aus dem Gefängnis in Tarnów in Auschwitz ein. Bis Jahresende wurden 7879 Gefangene in Auschwitz registriert.[4]

Die SS und maßgeblich der als Lagerkommandant eingesetzte Rudolf Höß planten, das Lager über seine Funktion als Internierungsort hinaus nutzbar zu machen. Ein größeres, das Lager umgebendes Gelände sollte für landwirtschaftliche Zwecke übernommen werden. Nach dem ersten Besuch des Reichsführers SS Heinrich Himmler am 1. März 1941 wurde um das Lager ein sogenanntes SS-Interessengebiet eingerichtet, das bis auf eine Fläche von 40 Quadratkilometern anwuchs und von Juni 1943 an als eigener Amtsbezirk der Aufsicht der Zivilverwaltung entzogen war. Hier entstanden riesige landwirtschaftliche Versuchszentren mit Gärtnereien, Pflanzenzuchtstationen sowie Geflügel- und Fischzucht; die Leitung hatte seit März 1942 SS-Obersturmbannführer Joachim Caesar inne.[5] Häftlinge mussten – oftmals mit bloßen Händen oder nur mit primitivem Werkzeug ausgestattet – Abwasseranlagen, Deiche, Versuchsfelder und Teichlandschaften errichten, die stets weiter ausgebaut wurden.

Dies hatte weitreichende Folgen für die ortsansässige Bevölkerung, die nun nicht mehr ausschließlich aus sicherheitspolizeilichen, sondern auch aus ökonomischen Interessen vertrieben wurde. In der Stadt Oświęcim lebten vor dem Krieg 14 000 Menschen, davon waren etwa die Hälfte Juden. Die deutschen Machthaber siedelten die jüdische Bevölkerung der Stadt im März und April 1941 in ausgewiesene Viertel der Städte Chrzanów, Sosnowiec und Będzin im östlichsten Teil der Provinz Oberschlesien, dem sogenannten Oststreifen, um, die von Herbst 1942 an als Gettos abgeriegelt wurden. Polnische Familien,

3 Alfred Konieczny, Bemerkungen über die Anfänge des KL Auschwitz, in: Hefte von Auschwitz, 12 (1970), S. 5–44.

4 Danuta Czech, Kalendarium der Ereignisse im Konzentrationslager Auschwitz-Birkenau 1939–1945, Reinbek bei Hamburg 1989, S. 68.

5 Susanne Heim, Kalorien, Kautschuk und Karrieren. Pflanzenzüchtung und landwirtschaftliche Forschung in Kaiser-Wilhelm-Instituten 1933–1945, Göttingen 2003.

deren Grund und Boden im SS-Interessengebiet lag, wurden in die Altstadt von Auschwitz umgesiedelt bzw. ins Generalgouvernement oder zum Zwangsarbeitseinsatz in das Deutsche Reich deportiert; ihre Häuser und Höfe samt Inventar übernahm die SS. Dazu kam, dass die I.G. Farbenindustrie AG, ein 1925 durch den Zusammenschluss von acht großen Chemiefirmen gebildetes Unternehmen, zu Beginn des Jahres 1941 beschloss, ein Werk zur Herstellung von Treibstoffen und synthetischem Kautschuk (Buna) im nahegelegenen Monowitz zu errichten. Die Stadt Auschwitz wurde nun zum Ansiedlungsort deutscher Arbeitskräfte und sollte als Musterbeispiel der Germanisierung der Region im Rahmen der „Ostsiedlung“ dienen, was zu weiteren Ausweisungen von polnischer jüdischer wie nichtjüdischer Bevölkerung führte.[6]

Neben seiner Rolle als Inhaftierungsort politischer Gefangener hatte das Konzentrationslager Auschwitz weitere Funktionen: So diente es von November 1940 an als Gerichts- und Exekutionsort für Personen, die durch Sondergerichte zum Tode verurteilt worden waren. Das Standgericht der Staatspolizeistelle Kattowitz fällte hier mehrere Tausend Todesurteile und ließ sie vollstrecken. Dem Chef der Kattowitzer Gestapo, bis September 1943 Rudolf Mildner, danach Johannes Thümmler, unterstand die Politische Abteilung in Auschwitz.[7]

Seit Mitte Juli 1941 wurden auch sogenannte Arbeitserziehungshäftlinge in das KZ Auschwitz eingewiesen. Es handelte sich vor allem um polnische Zwangsarbeiter, die von den Einsatzbetrieben wegen widerständigem Verhalten, Arbeitsverweigerung oder Fluchtversuchen der Polizei gemeldet und von örtlichen Gestapostellen zu temporärer Lagerhaft verurteilt worden waren.[8] Das Auschwitzer Arbeitserziehungslager war zunächst in einigen Blöcken im Stammlager untergebracht, von Januar 1943 an auf Betreiben der I.G. Farben auf dem Lagergelände von Monowitz.[9] Die Häftlinge sollten in der Regel nach einer Frist von mindestens 56 Tagen entlassen werden, in der Praxis wurde dies jedoch nicht eingehalten. Ihre Lebensbedingungen unterschieden sich kaum von denen in anderen Lagerbereichen. Bei ihrer Entlassung mussten sie schriftlich erklären, nichts über die Vorgänge im Lager zu berichten.

6 Peter Hayes, Industry and Ideology. I.G. Farben in the Nazi Era, Cambrigde 1987; Götz Aly/Susanne Heim, Vordenker der Vernichtung. Auschwitz und die deutschen Pläne für eine neue europäische Ordnung, Frankfurt a. M. 1991; Sybille Steinbacher, Musterstadt Auschwitz. Germanisierungspolitik und Judenmord in Ostoberschlesien, München 2000; Bernd C. Wagner, IG Auschwitz. Zwangsarbeit und Vernichtung von Häftlingen des Lagers Monowitz 1941–1945, München 2000; Florian Schmaltz, Die I.G. Farbenindustrie und der Ausbau des Konzentrationslagers Auschwitz 1941–1942, in: Sozial.Geschichte, 21 (2006), S. 33–67; Piotr Setkiewicz, Z dziejów obozów IG Farben Werk Auschwitz 1941–1945, Oświęcim 2006.

7 Alfred Konieczny, Pod rządami wojennego prawa karnego Trzeciej Rzeszy. Górny Śląsk 1939–1945, Wrocław 1972, S. 304 ff.; Sybille Steinbacher, „... nichts weiter als Mord“. Der Gestapo-Chef von Auschwitz und die bundesdeutsche Nachkriegsjustiz, in: Norbert Frei u. a. (Hrsg.), Ausbeutung, Vernichtung, Öffentlichkeit. Neue Studien zur nationalsozialistischen Lagerpolitik, München 2000, S. 265–298.

8 Zu den Arbeitserziehungslagern siehe Gabriele Lotfi, KZ der Gestapo. Arbeitserziehungslager im Dritten Reich, Stuttgart/München 2000; Cord Pagenstecher, Arbeitserziehungslager, in: Wolfgang Benz/Barbara Distel (Hrsg.), Der Ort des Terrors. Geschichte der nationalsozialistischen Konzentrationslager, Bd. 9, München 2009, S. 75–99.

9 Setkiewicz, Z dziejów obozów IG Farben (wie Anm. 6), S. 246–268.

Die Lebensbedingungen in Auschwitz waren bereits in den ersten Jahren so mörderisch, dass von den rund 35 000 Häftlingen, die bis Ende 1941 eintrafen, mehr als die Hälfte an Hunger, Misshandlungen, Krankheiten und Erschöpfung sowie durch die häufigen Erschießungen starb.[10] Die Zahl der Juden – 1300 – war bis Ende 1941 vergleichsweise gering.[11] Die als Juden registrierten Häftlinge waren besonderen Schikanen ausgesetzt. Es gab zu dieser Zeit jedoch noch keine gezielten Massenmordaktionen an Juden; sie starben aufgrund von Unterversorgung oder durch individuelle Gewaltaktionen der SS (Dok. 2).

Erste Tötungsversuche mit Zyklon B und die Entscheidung zum Ausbau von Birkenau als Kriegsgefangenenlager im Herbst 1941

Mit dem Angriff auf die Sowjetunion und den beginnenden Massenerschießungen von Juden im rückwärtigen Heeresgebiet war im Sommer 1941 der entscheidende Schritt zum systematischen Völkermord getan. Bis Ende 1941 hatten die vier Einsatzgruppen in der Sowjetunion bereits mehr als eine halbe Million Juden erschossen. Nun wurde an verschiedenen Orten über neue Mordmethoden nachgedacht und mit Giftgas als Tötungsmittel experimentiert. Diese Methode war bereits bei den „Euthanasie"-Morden an etwa 80 000 Patienten von Heil- und Pflegeanstalten zum Einsatz gekommen. 1941 hatten die Nationalsozialisten ihre Mordaktionen unter der Bezeichnung 14f13 auf nicht mehr arbeitsfähige oder unerwünschte Häftlinge aus Konzentrationslagern erweitert. Betroffen waren auch 575 kranke Häftlinge aus Auschwitz, die im Juli 1941 in die „Euthanasie"-Anstalt in Pirna-Sonnenstein deportiert und dort ermordet wurden.[12] Auch in Auschwitz experimentierte die SS von Sommer 1941 an mit Tötungen durch Giftgas. Hier kam SS-Hauptsturmführer Karl Fritzsch im August 1941 auf die Idee, das im Lager vorhandene Schädlingsbekämpfungsmittel Zyklon B für Tötungen von Menschen einzusetzen. Die erste großangelegte Mordaktion mit Zyklon B fand Anfang September 1941 statt (Dok. 3, 4). 600 sowjetische Kriegsgefangene und ca. 250 kranke polnische Häftlinge wurden im Keller von Block 11 eingesperrt und durch das Gift getötet. Dass die Opfer Kriegsgefangene und Kranke waren, zeigt den Zusammenhang zur Aktion 14f13.[13] Von Juli 1941 an waren mehrere Hundert sowjetische Kriegsgefangene in das Lager gebracht worden, die aufgrund des Kommissarbefehls zur Ermordung politischer Funktionäre und Kommunisten getötet werden sollten.[14]

10 Czech, Kalendarium (wie Anm. 4), S. 160.

11 Stanisław Mączka, Żydzi polscy w KL Auschwitz. Wykazy imienne, Warszawa 2004, S. 5.

12 Vgl. Günter Morsch/Bertrand Perz (Hrsg.), Neue Studien zu nationalsozialistischen Massenmorden durch Giftgas. Historische Bedeutung, technische Entwicklung, revisionistische Leugnung, Berlin 2011; Jochen August, Der Transport von 575 Häftlingen des KL Auschwitz nach Sonnenstein (28. Juli 1941). Rekonstruktion einer vernichteten Transportliste, in: Hefte von Auschwitz, 24 (2009), S. 125–190.

13 Stanisław Kłodziński, Die erste Vergasung von Häftlingen und Kriegsgefangenen im Konzentrationslager Auschwitz, in: Hamburger Institut für Sozialforschung (Hrsg.), Die Auschwitz-Hefte. Text der polnischen Zeitschrift „Przegląd Lekarski" über historische, psychische und medizinische Aspekte des Lebens und Sterbens in Auschwitz, Bd. 1, Hamburg 1995, S. 261–275.

14 Jerzy Brandhuber, Die sowjetischen Kriegsgefangenen in Auschwitz, in: Hefte von Auschwitz, 4 (1961), S. 5–62; Jacek Lachendro, Soviet prisoners of war in Auschwitz, Oświęcim 2016.

In den folgenden Monaten wurden auf diese Weise in mehreren Aktionen Kriegsgefangene und arbeitsunfähige Häftlinge getötet. Zyklon B erwies sich für die SS als effizientes Tötungsmittel. Im Laufe des Herbst 1941 verlegte sie die Tötungen in die Leichenhalle des bereits im August 1940 in Betrieb genommenen Krematoriums, um den aufwendigen und Aufsehen erregenden Transport der Leichen von Block 11 zum Krematorium zu vermeiden (Dok. 77).

Ehemalige Häftlinge und SS-Lagerpersonal gaben an, dass neben Kriegsgefangenen und Arbeitsunfähigen bereits im Winter 1941/42 auch Juden, darunter ganze Familien mit Kindern, die von außen gebracht worden seien, im Krematorium des Stammlagers ermordet wurden.[15] Die Herkunft dieser Menschen konnte bisher nicht geklärt werden. Möglicherweise handelte es sich um arbeitsunfähige jüdische Zwangsarbeiter aus den in der Region zahlreichen Lagern der Organisation Schmelt, einer Institution zur Koordination des Zwangsarbeitseinsatzes von polnischen Juden aus dem sogenannten Oststreifen, wie die Deutschen die Region Zagłębie Dąbrowskie nannten.[16] Dagegen spricht, dass Berichte aus den Schmelt-Lagern darauf hinweisen, dass dauerhaft erkrankte Häftlinge bis Mitte 1943 an ihre Heimatorte zurückgeschickt wurden. Aussiedlungsaktionen von Familien sind für den Winter 1941/42 nicht bekannt. Es ist daher möglich, dass es sich um zeitlich falsch eingeordnete Erinnerungen an die Mordaktionen an polnisch-jüdischen Familien aus der Region Zagłębie Dąbrowskie vom Mai 1942 an handelt.[17] In den zeitgenössischen Dokumenten finden sich keine Hinweise, dass Auschwitz schon vor 1942 als Mordstätte für Juden genutzt wurde. Dass bereits im Sommer 1941 eine Entscheidung vorlag, Auschwitz zum Zentrum der Judenverfolgung zu machen, wie es Rudolf Höß nach dem Krieg behauptete, ist von der historischen Forschung widerlegt worden.[18]

Die Expansionspläne des Lagers richteten sich im Herbst 1941 auf eine andere Gruppe: die sowjetischen Kriegsgefangenen. In der zweiten Septemberhälfte 1941 hatte Himmler mit dem Oberkommando der Wehrmacht die Übernahme von bis zu 100 000 sowjetischen Kriegsgefangenen vereinbart, die für umfassende Bauprojekte im Rahmen der „Ostsiedlung" eingesetzt werden sollten.[19] Neben dem seit Juli 1941 geplanten Kriegsgefangenenlager Lublin-Majdanek sollte auch Auschwitz 50 000 Kriegsgefangene

15 Piper, Vernichtung, in: StAu III (wie Anm. 1), S. 153–158; Steinbacher, Musterstadt (wie Anm. 6), S. 277.

16 Steinbacher, Musterstadt (wie Anm. 6), S. 138–153; Andrea Rudorff, Arbeit und Vernichtung reconsidered. Die Lager der Organisation Schmelt für polnische Jüdinnen und Juden aus dem annektierten Teil Oberschlesiens, in: Sozial.Geschichte Online, 7 (2012), S. 10–39.

17 Siehe S. 19 f.

18 Karin Orth, Rudolf Höß und die „Endlösung der Judenfrage". Drei Argumente gegen deren Datierung auf den Sommer 1941, in: WerkstattGeschichte, 18 (1997), S. 45–57. Wann genau diese Entscheidung fiel, wird in der Forschung diskutiert, siehe Kontroverse zwischen Jan Erik Schulte und Michael Thad Allen: Michael Thad Allen, The Devil in the Details: The Gas Chambers of Birkenau, October 1941, in: Holocaust and Genocide Studies, 16 (2002), S. 189–216; Jan Erik Schulte, Vom Arbeits- zum Vernichtungslager. Die Entstehungsgeschichte von Auschwitz-Birkenau 1941/42, in: Vierteljahrshefte für Zeitgeschichte, 1 (2002), S. 41–69. Dazu auch Rainer Fröbe, Bauen und Vernichten. Die Zentralbauleitung Auschwitz und die „Endlösung", in: Christian Gerlach (Hrsg.), „Durchschnittstäter". Handeln und Motivation, Berlin 2000, S. 155–209.

19 Siehe dazu Christian Streit, Keine Kameraden. Die Wehrmacht und die sowjetischen Kriegsgefangenen 1941–1945, Stuttgart 1978, S. 220.

aufnehmen (Dok. 1). Um sie unterzubringen, plante der Chef des SS-Hauptamts Haushalt und Bauten, Hans Kammler, den Bau eines neuen Lagerteils im benachbarten Birkenau. Diese Entscheidung markiert den Beginn eines Prozesses, in dem Auschwitz aufhörte, lediglich ein Inhaftierungsort mit besonders schlechten Lebensbedingungen zu sein. In Birkenau plante die SS den Aufbau einer Lagerinfrastruktur in einer nicht gekannten Größenordnung, die eine Voraussetzung für die spätere Rolle des Orts als Massenvernichtungszentrum bildete, auch wenn Birkenau zu diesem Zeitpunkt noch nicht als Deportations- und Tötungsort von Juden vorgesehen war.

Im Oktober 1941 wurden weitere ungefähr 10 000 sowjetische Kriegsgefangene in das Stammlager Auschwitz eingewiesen, die in den Wintermonaten 1941/42 das Lager Birkenau aufbauten. Da die SS von Beginn an eine hohe Sterblichkeit der Kriegsgefangenen einplante, verhandelte sie im Oktober 1941 mit Ingenieur Kurt Prüfer von der Firma Topf & Söhne aus Erfurt, die bereits das Krematorium im Stammlager installiert hatte, über den Bau einer zweiten, größeren Einäscherungsanlage. Diese sollte zunächst in unmittelbarer Nachbarschaft zum bestehenden Krematorium im Stammlager errichtet werden.[20] Durch Mordaktionen und die im Vergleich zu den übrigen Häftlingen noch schlechtere Versorgung starb ein Großteil der Kriegsgefangenen, so dass Anfang März 1942 nur 945 von ihnen in das neu errichtete Lager in Birkenau zogen.[21]

Erste Judendeportationen im Frühjahr 1942 und der Beginn des Massenmords in den Bunkern I und II

Im Januar 1942 fielen politische Entscheidungen, die Auschwitz als Zielort von Judendeportationen in den Blick der SS rückten. Die Juden, die von Oktober 1941 an aus dem Deutschen Reich deportiert wurden, sollten verstärkt zum Arbeitseinsatz innerhalb von Konzentrationslagern herangezogen werden. Um diesen möglichst effizient zu gestalten, wurden verschiedene SS-Ämter zum SS-Wirtschaftsverwaltungshauptamt zusammengelegt.[22] Auf der Wannsee-Konferenz im Januar 1942 klärten Reinhard Heydrich und diverse Staatssekretäre, Beamte und SS-Funktionäre Zuständigkeiten und Logistik der Judendeportationen. Auch hier war der Arbeitseinsatz der Deportierten Thema, wobei kein Zweifel daran gelassen wurde, dass dieser in der Regel zum Tode führen würde bzw. die Überlebenden, da sie den „widerstandsfähigsten Teil“ darstellten, getötet würden.[23] Infolge der umfangreichen Planungen zur „Ostsiedlung“ herrschte in Auschwitz ein großer Bedarf an Arbeitskräften. Durch den Ausbau von Birkenau entstand gleichzeitig

20 Annegret Schüle, Industrie und Holocaust. Topf und Söhne – Die Ofenbauer von Auschwitz, Göttingen 2010, S. 134–143, 155–213, insbesondere S. 179 f. Für Birkenau bestanden Anfang Januar 1942 Pläne für ein kleines Krematorium, siehe Jean-Claude Pressac, Auschwitz: Technique and Operation of the gas chambers, New York 1989, S. 189. Zur Baugeschichte der Krematorien außerdem: Robert Jan van Pelt, The Case for Auschwitz. Evidence from the Irving Trial, Bloomington 2002.

21 Czech, Kalendarium (wie Anm. 4), S. 179.

22 Peter Witte u. a. (Hrsg.), Der Dienstkalender Heinrich Himmlers 1941/42, Hamburg 1999, S. 316 f.; Schreiben Oswald Pohl, 19.1.1942; Nbg. Dok. NO-495; Schreiben Himmler vom 26.1.1942; BArch, NS 19/1920, Bl. 1.

23 Protokoll der Wannsee-Konferenz; PAAA, R 100 857.

Platz für die Massenunterbringung von Häftlingen. Die ursprünglich für den Arbeitseinsatz vorgesehenen Kriegsgefangenen lebten zum großen Teil nicht mehr. Während des Besuchs von SS-Bauchef Hans Kammler im Februar 1942 wurde beschlossen, den Standort des ursprünglich für das Stammlager geplanten Krematoriumsneubaus nach Birkenau zu verlegen (Dok. 5). Auch die Ausstattung des neuen Krematoriums mit Öfen wurde geändert und Pläne für eine besonders leistungsfähige Be- und Entlüftungsanlage vorgelegt, die als Hinweis auf den geplanten Einbau einer Gaskammer gedeutet werden können.[24] Bis dieses Krematorium und drei später geplante fertiggestellt waren, verging jedoch noch über ein Jahr.

Das Krematorium I im Stammlager eignete sich nach Ansicht der SS immer weniger als Mordstätte. In den nahegelegenen Häftlingsunterkünften waren die Schreie der Opfer zu hören; die SS sah sich genötigt, bei jeder Mordaktion eine Blocksperre für die übrigen Häftlinge anzuordnen, was den Lageralltag beeinträchtigte. Außerdem war die Kapazität der Verbrennungsöfen begrenzt. Innerhalb kurzer Zeit ermordete die SS in der Gaskammer rund 700 Menschen, aber ihre Verbrennung dauerte mehrere Tage. Der Aushub von Gruben war in der dichtbesiedelten Anlage schwer möglich.

Um das Krematorium des Stammlagers schon früher als Mordstätte ablösen zu können, plante der Kommandant Höß spätestens seit März 1942 den Umbau zweier beschlagnahmter Bauernhäuser in Birkenau zu provisorischen Gaskammern, genannt Bunker I und Bunker II. Bunker I, aufgrund seiner rötlichen Färbung auch als „rotes Haus" bezeichnet, wurde vermutlich vom 23. März 1942 an zur Ermordung von kranken und arbeitsunfähigen Häftlingen verwendet.[25] 800 Personen konnte die SS dort hineinpferchen und mit Gas ersticken. Im Juni 1942 ging ein zweites umgebautes Bauernhaus in Betrieb, Bunker II oder das „weiße Haus" genannt, in das zeitgleich bis zu 1200 Menschen gedrängt werden konnten.[26] Die SS nutzte die Bunker zunächst als Tötungsstätte von kranken und erschöpften Häftlingen aus dem Lager, die SS-Ärzte während der regelmäßig in den Krankenrevieren durchgeführten Selektionen zum Tod bestimmten. Zwischen Mai und August 1942 wurden Bunker I und II zusätzlich Schauplatz einer regional ausgerichteten, systematischen Mordaktion an Juden aus der Region Zagłębie Dąbrowskie. Die jüdische Bevölkerung in diesem Gebiet war durch Abschiebungen aus dem gesamten Regierungsbezirk Kattowitz bis November 1941 auf rund 97 000 angewachsen. Ihre Erwerbsgrundlagen hatten die Deutschen zerstört; sie fristeten als Zwangsarbeiter in Werkstätten, beim Autobahnbau oder in den Zwangsarbeitslagern der Organisation Schmelt in Schlesien und dem Sudetengebiet ihr Dasein. Viele Familien hatten durch die Lagereinweisungen von jungen, arbeitsfähigen Angehörigen ihre Ernährer verloren und waren von der Sozialfürsorge abhängig. Bereits im Winter 1941 waren Gerüchte aufgekommen, dass die nicht zur Arbeit eingesetzte jüdische Bevölkerung „ausgesiedelt" werden sollte. Mitte Mai 1942 begann die Kattowitzer Gestapo, Menschen aus dem Oststreifen, die keine Arbeitsstelle nachweisen konnten, nach Auschwitz zu deportieren. Bis Mitte August 1942 wurden etwa 34 500 Juden, vor allen aus Będzin und Sosnowiec,

24 Plan D.59366 von Karl Schultze, 10.3.1942; LATh – HStA, J.A. Topf und Söhne, Nr. 74, Bl. 1.
25 Piotr Setkiewicz, Krematoria i komory gazowe Auschwitz, Oświęcim 2010, S. 13.
26 Piper, Vernichtung, in: StAu III (wie Anm. 1), S. 158–169.

aber auch aus kleineren Städten in der Region, in die Bunker I und II nach Birkenau gebracht und dort ausnahmslos ermordet (Dok. 12, 36).[27]
Parallel dazu trafen von Ende März 1942 an vom Reichssicherheitshauptamt organisierte Transporte mit Juden aus der Slowakei und aus Frankreich in Auschwitz ein, darunter erstmals auch Frauen (Dok. 6, 8). Ein erster Transport von 1000 nichtjüdischen Frauen aus dem Frauenkonzentrationslager Ravensbrück, von denen etliche für den Einsatz als Funktionshäftlinge vorgesehen waren, erreichte Auschwitz am 26. März 1942.[28]
Die jüdischen Männer und Frauen aus der Slowakei und Frankreich wurden in das Lager eingewiesen und registriert, da sie als Arbeitskräfte für die „Ostsiedlung" eingeplant waren.[29] Aus diesem Grund waren die für die Zusammenstellung der Transporte zuständigen SS- und Polizeidienststellen angewiesen, vor allem Arbeitsfähige zu überstellen, wohingegen das Interesse der slowakischen Regierung darin bestand, ganze Familien zu schicken, damit keine unversorgten Angehörigen zurückblieben. Da ohnehin die vollständige Deportation aller Juden geplant war, einigte man sich, einen Anteil an sogenannten arbeitsunfähigen Häftlingen in den Transporten zuzulassen. Am 29. April 1942 traf der erste Familien-Transport aus der Slowakei ein. Gleich an der Bahnsteigrampe führte die SS eine Sichtung der 1004 Deportierten durch und sonderte 281 Menschen aus, die als nicht brauchbare Arbeitskräfte eingestuft und anschließend sofort in der Gaskammer getötet wurden. Die Übrigen, darunter 56 Minderjährige, registrierte die SS als Häftlinge und wies sie ins Lager ein.[30] Dieses als Selektion bezeichnete Verfahren der Auswahl von Häftlingen gab die SS von nun an nicht mehr auf. Zunächst wurden die Transporte sporadisch, von Juli 1942 an regelmäßig einer Selektion unterzogen. Ort dieser Prozedur blieb bis Ende Mai 1944 die später als Alte Judenrampe bezeichnete Gleisanlage des ehemaligen Güterbahnhofs von Auschwitz, die sich außerhalb des Lagerbereichs, etwa zwei Kilometer von den Gaskammern entfernt, befand. Die durch die Bilder des „Auschwitz-Albums" bekannte und heute zu besichtigende Rampe in Birkenau wurde erst seit Ende Mai 1944 für Selektionen genutzt.[31]
Von Sommer 1942 an trafen regelmäßig Transporte aus Frankreich, den Niederlanden und Belgien in Birkenau ein. Die Lager-SS separierte die Ankömmlinge in einem ersten Schritt nach Geschlechtern. Kinder wurden der Gruppe der Frauen zugewiesen. In einer weiteren Selektion trennte die SS unter maßgeblicher Beteiligung der Lagerärzte beide Gruppen nochmals: Wer alt, krank oder arbeitsunfähig erschien, kam auf die eine Seite, wer gesund und kräftig wirkte, auf die andere. Die Entscheidung über Leben und Tod, die die SS während der Selektionen traf, hing von unklaren, häufig willkürlichen Kriterien ab, die einen maximalen Ermessensspielraum beinhalteten. Für Alte, Schwangere und

27 Steinbacher, Musterstadt (wie Anm. 6), S. 285–299; Aleksandra Namysło (Hrsg.), Zagłada Żydów zagłebiowskich, Będzin 2004; Andrzej Strzelecki, Zagłada Żydów z Zagłębia w KL Auschwitz, Oświęcim 2014; vgl. auch Piper, Zahl der Opfer (wie Anm. 2), S. 183.

28 Irena Strzelecka, Die Frauenabteilung im Stammlager, in: Hefte von Auschwitz, 20 (1997), S. 7–67.

29 Jan Erik Schulte, Die Wannsee-Konferenz und Auschwitz. Rhetorik und Praxis der jüdischen Zwangsarbeit als Voraussetzung des Genozids, in: Norbert Kampe/Peter Klein, Die Wannsee-Konferenz am 20. Januar 1942: Dokumente, Forschungsstand, Kontroversen, Köln 2013, S. 216–238.

30 Helena Kubica, Kinder und Jugendliche im KL Auschwitz, in: StAu II (wie Anm. 1), S. 269.

31 Israel Gutman/Bella Gutterman (Hrsg.), Das Auschwitz-Album. Die Geschichte eines Transports, Göttingen 2005; Hans-Jürgen Hahn (Hrsg.), Gesichter der Juden in Auschwitz. Lili Meiers Album, Berlin 1995.

Kinder, für Menschen mit äußerlich sichtbaren körperlichen Gebrechen oder mit einem Kind in ihrer Obhut waren die Chancen, zum Arbeitseinsatz ausgewählt zu werden, besonders gering. Die Berliner Ärztin Lucie Adelsberger, von 1943 an Häftling in Auschwitz, schilderte den Selektionsprozess in ihren Erinnerungen: „Jede Frau, die ein Kind bei sich hatte, auch wenn es nicht ihr eigenes war, sondern ein fremdes, das sie zufällig führte, war dem Tod geweiht. Alte gewiefte Häftlinge versuchten an der Rampe beim Zug oft, die Kinder von den Müttern zu den Großmüttern hinüberzuschieben, die durch ihr Alter ohnedies dem Gastod verfallen waren. Es war herzzerreißend, wenn die Mütter, die sich von den Kindern nicht trennen wollten, sie wieder an sich rissen, unwissend und oft auch wissend um ihren gemeinsamen Tod, oder wenn die Männer in den ersten Tagen nach der Ankunft verfänglich nach Frau und Kindern fragten: Sollte man ihnen, den Neulingen, ins Gesicht schreien, daß der Spielpatz ihrer Kinder nicht mehr auf dieser Erde war?"[32] Der Wiener Arzt Otto Wolken fasste das Vorgehen der SS so zusammen: „Der Prozentsatz der vernichteten Frauen war von Anfang an ein ungleich größerer als der der Männer, da man sich das Jammern der Frauen um ihre Kinder ersparen wollte und deshalb vollkommen gesunde junge Frauen, wenn sie nur mit Kindern belastet waren, rücksichtslos zur Vernichtung schickte."[33]

Die Trennung von den Familienangehörigen löste bei den Ankömmlingen Panik aus. Viele glaubten jedoch den Erklärungen der SS, die Schwachen, Kranken und Kinder würden separiert, um mit Autos in das Lager gefahren zu werden, während die Gesunden den Weg zu Fuß bewältigen könnten. Dass sie ihre Familienmitglieder nie wiedersehen würden, war vielen in diesem Moment noch nicht bewusst; in der Regel wurde es ihnen jedoch angesichts der rauchenden Schornsteine und der oftmals derben Bemerkungen der anderen Häftlinge innerhalb von wenigen Tagen zur Gewissheit.

Die registrierten männlichen Häftlinge erhielten Lagernummern der laufenden Nummernserie; der erste jüdische Häftling wurde am 30. März 1942 mit der Nummer 27 533 gekennzeichnet. Für die Frauen war mit Errichtung der Frauenabteilung im März 1942 eine neue Nummernserie begonnen worden, die zwei Jahre lang gleichermaßen für jüdische und nichtjüdische weibliche Häftlinge verwendet wurde. Vom 13. Mai 1944 an bekamen jüdische Häftlinge (Frauen und Männer) eine eigene, neue Nummernserie zugewiesen, der der Buchstabe A vorangestellt war. Nachdem die Männer die Nummer A-20 000 erreicht hatten, erhielten sie ab 31. Juli 1944 auch B-Nummern. Den registrierten Häftlingen wurde die Nummer in die Haut tätowiert, um die Identifikation von Leichen zu erleichtern. Im Sommer 1944 wurden zahlreiche ins Lager aufgenommene sogenannte Durchgangsjuden, die für den Weitertransport in andere Lager vorgesehen waren, nicht mehr durch die Auschwitzer Verwaltung registriert. Von den über eine Million nach Auschwitz deportierten Juden sind rund 200 000 registriert und mit einer Nummer versehen worden. Nach ihrer Registrierung wurden die jüdischen Häftlinge in den Baracken von Birkenau untergebracht.

Die für den Tod bestimmten Menschen wurden mit Lkw zu den Bunkern I und II nach Birkenau gebracht. Von April 1942 an musste ein aus jüdischen Häftlingen zusammengesetztes Sonderkommando der SS beim Morden assistieren. Sie führten die Menschen

32 Lucie Adelsberger, Auschwitz. Ein Tatsachenbericht, Berlin 1956, S. 126 f.

33 Aussage Otto Wolken, 18.2.1945; AŻIH 301/449. Zur Situation schwangerer Frauen in Auschwitz siehe Helena Kubica, Kobiety ciężarne i dzieci urodzone w KL Auschwitz, Oświęcim 2010.

in die Mordstätten, entfernten nach ihrer Tötung Goldzähne sowie versteckte Wertsachen und begruben die Leichen in Gräben, die im nahegelegenen Wäldchen von Birkenau ausgehoben worden waren. Der polnische Jude Szlomo Dragon gehörte von Dezember 1942 an zu diesem Kommando. Nach dem Krieg berichtete er über die Mordpraxis in Bunker II bis zu dessen Schließung im Frühjahr 1943 (Dok. 42).

Sommer 1942: Der Ausbau der Krematorien

Im Frühsommer 1942 entwickelte sich Birkenau von einem Zwangsarbeitslager, in dem Arbeitsunfähige ermordet wurden, zu einem Vernichtungszentrum. Für das SS-Personal wurde die systematische Ermordung der jüdischen Deportierten zur Routine. Durch seinen Besuch am 17. und 18. Juli 1942 sanktionierte und bekräftigte der Reichsführer SS Heinrich Himmler die neue Rolle des Lagers. Gemeinsam mit dem oberschlesischen Gauleiter Fritz Bracht und dem Höheren SS- und Polizeiführer Südost, Heinrich Schmauser, ließ er sich eine Selektion vorführen und schaute dann bei der Ermordung niederländischer Juden im Bunker II in Birkenau zu.[34]

Die wachsende Zahl eintreffender Transporte und die von der SS nicht mehr zu bewältigende Beseitigung der Leichen führten im Sommer 1942 zu einem seuchenhygienischen Notstand im Lager. Aufgrund einer grassierenden Fleckfieberepidemie verhängte Höß im Juli 1942 eine Lagersperre. Bis Oktober 1942 war das Betreten und Verlassen des Lagergeländes für Häftlinge im Außenarbeitseinsatz sowie für SS-Angehörige stark eingeschränkt. Im August 1942 wurde das Sonderkommando auf einige Hundert Mann vergrößert, die die bisher in Massengräbern verscharrten Leichen aushoben und auf Scheiterhaufen verbrannten. Die SS stand unter Druck, mit dem Bau großer Verbrennungsanlagen zu beginnen. Das schon von Herbst 1941 an geplante Krematorium war seit Juli 1942 im Bau. Um noch mehr Einäscherungen vornehmen zu können, beschloss die SS im August 1942, drei weitere Krematorien zu bauen. Zwei kleinere Anlagen (die später als Krematorien IV und V bezeichnet wurden) sollten zur Verbrennung der in den Bunkern I und II getöteten Juden dienen, während ein weiteres Krematorium (das spätere Krematorium III) bereits zu diesem Zeitpunkt als integrierte Tötungs- und Verbrennungsstätte nach dem Vorbild des Krematoriums II in Birkenau geplant wurde (Dok. 23).

Die mit dem Bau der Krematorien beschäftigten Ingenieure der Firma Topf & Söhne entwickelten neue Hochleistungsöfen und erwiesen sich als eifrige Helfer der SS, wenn es darum ging, Verbrennungskapazitäten zu erweitern. Sie begriffen es als Herausforderung, die technische Infrastruktur für eine Leichenbeseitigung dieses Ausmaßes zu entwickeln. Im September 1942 plante der Ingenieur Fritz Sander einen vierstöckigen Ofen, in den Leichen wie am Fließband quer eingeführt, auf Schrägrosten herabrutschen und durch die bereits unter ihnen brennenden Leichen in Brand gesetzt werden sollten, so dass der Ofen nach dem Aufheizen ohne weitere Brennstoffe in Betrieb gehalten werden könne. Ihm sei, so Sander am Ende seines Konzeptschreibens, „vollkommen klar,

34 Witte u. a. (Hrsg.), Der Dienstkalender Heinrich Himmlers (wie Anm. 22), S. 491–493, Eintrag vom 17. und 18.7.1942; Martin Broszat (Hrsg.), Kommandant in Auschwitz. Autobiographische Aufzeichnungen des Rudolf Höß, München 1958, S. 157.

daß ein solcher Ofen als reine Vernichtungsvorrichtung anzusehen ist, daß also die Begriffe Pietät, Aschetrennung sowie jegliche Gefühlsmomente vollständig ausgeschaltet werden müssen. All das ist aber wohl auch schon jetzt bei dem Betriebe mit zahlreichen Muffel-Öfen der Fall. Es liegen eben in den KZ-Lagern besondere kriegsbedingte Umstände vor, die zu derartigen Verfahren zwingen."[35] Im Februar 1943 präsentierten die Ingenieure von Topf & Söhne eine neu entwickelte Massenverbrennungsanlage in Form eines Ringofens, wie er in der Ziegelherstellung genutzt wurde (Dok. 55). Dieser Plan wurde zwar ebenfalls nicht verwirklicht, zeigt aber einmal mehr, wie engagiert private Unternehmen zur Organisation der Mordpraxis beitrugen. Ingenieur Kurt Prüfer sagte in einer Vernehmung nach dem Krieg aus, dass er bereits seit Frühjahr 1942 von Massentötungen durch Gas in Auschwitz gewusst habe.[36]

Nachdem im Frühjahr 1942 mit der Einrichtung des SS-Wirtschafts-Verwaltungshauptamts die Ausnutzung der Arbeitskraft von KZ-Häftlingen in der Rüstungsindustrie in die Wege geleitet worden war, entwickelte Himmler zunehmend Ambitionen, ganze Rüstungsfertigungen in SS-Regie zu übernehmen. Die Industrie hatte zwar ein großes Interesse am Arbeitseinsatz von KZ-Häftlingen, wollte aber keinesfalls die Hoheit über die Fertigungsprozesse aufgeben. Bei einem Treffen mit Rüstungsminister Albert Speer im September 1942 gab der Chef des Wirtschafts-Verwaltungshauptamts, Oswald Pohl, den Grundsatz auf, Häftlinge nur in Ausnahmefällen außerhalb der Lagergrenzen für Produktionszwecke zur Verfügung zu stellen. Diese Entscheidung hatte eine große Bedeutung für die Entwicklung des Außenlagersystems. Im Gegenzug bewilligte Speer ein Ausbauprogramm für Auschwitz-Birkenau, das eine Finanzspritze in Höhe von 13,7 Millionen Reichsmark vorsah. Dieses Geld war nicht nur für die Errichtung neuer Baracken und einer erweiterten Infrastruktur, sondern ausdrücklich auch zur „Durchführung der Sonderbehandlung" bestimmt (Dok. 30, 70). Speers Interesse am Arbeitseinsatz von KZ-Häftlingen in der Rüstungsindustrie verschaffte auf diese Weise dem Bauvorhaben in Auschwitz-Birkenau eine hohe Dringlichkeit, die den Ausbau des Lagers und der Vernichtungseinrichtungen stark vorantrieb.[37]

Seit Beginn der Mordaktionen in den Bunkern I und II im Frühjahr 1942 hatte die SS die Gasmorde in der Leichenhalle des alten Krematoriums im Stammlager beendet und diesen Ort ausschließlich als Erschießungsstätte genutzt. Alter Feinsilber gehörte zu den Juden, die gezwungen waren, die Leichen der Erschießungsopfer zu den Verbrennungsöfen zu bringen. Er wurde Zeuge der letzten Gasmordaktion in diesem Krematorium, die im Dezember 1942 stattfand. Opfer waren die Häftlinge des Sonderkommandos, die vom Sommer 1942 an in Birkenau bei der Beseitigung der Massengräber eingesetzt gewesen waren (Dok. 38).

35 Bericht Fritz Sander an die Geschäftsleitung Topf und Söhne, 14.9.1942; LATh – HStA, J.A. Topf und Söhne Nr. 95, Bl. 37–39. Abdruck als Faksimile in: Schüle, Industrie und Holocaust (wie Anm. 20), S. 443–447.

36 Ebd., S. 156, 159.

37 Walter Naasner, Neue Machtzentren in der deutschen Kriegswirtschaft 1942–1945. Die Wirtschaftsorganisation der SS, das Amt des Generalbevollmächtigten für den Arbeitseinsatz und das Reichsministerium für Bewaffnung und Munition/Reichsministerium für Rüstung und Kriegsproduktion im nationalsozialistischen Herrschaftssystem, Boppard am Rhein 1994, S. 300–309; Jan Erik Schulte, Zwangsarbeit und Vernichtung: Das Wirtschaftsimperium der SS. Oswald Pohl und das SS-Wirtschafts-Verwaltungshauptamt 1933–1945, Paderborn 2001, S. 208–221.

Nach dem Ende der Mordaktion an den Juden aus der Region Zagłębie Dąbrowskie im August 1942 wurden Juden aus anderen Gebieten nach Auschwitz deportiert. Im Oktober 1942 ordnete das Wirtschafts-Verwaltungshauptamt an, alle Juden aus Konzentrationslagern im Reichsgebiet nach Auschwitz überstellen zu lassen (Dok. 34). Etwa 1500 Häftlinge kamen im Lauf der nächsten Wochen, etliche von ihnen wurden in das neu errichtete Außenlager Monowitz eingewiesen.
Von November 1942 an deportierte das Reichssicherheitshauptamt Juden aus dem Deutschen Reich und Theresienstadt nach Auschwitz. Gleichzeitig kamen weitere Gruppen polnischer Juden in das Lager: Innerhalb von sechs Wochen wurden 30 000 Juden aus den Gettos der Regierungsbezirke Zichenau und Bialystok nach Auschwitz deportiert. Am 6. Dezember 1942 traf beispielsweise ein Transport aus dem Getto in Mława (Regierungsbezirk Zichenau) ein. Von den 2500 Menschen wurden 406 zum Arbeitseinsatz ausgewählt. Einer von ihnen war Lejb Langfus, der dem Sonderkommando zugeteilt wurde. In Aufzeichnungen, die er in der Nähe von Krematorium III vergrub, beschrieb er die quälende Atmosphäre im Getto, die Schrecken der Deportation, seine seelische Verfassung nach der Ankunft in Auschwitz, wo seine Frau und sein Kind sofort ermordet wurden, und die unvorstellbare Grausamkeit der Arbeit in den Gaskammern, zu der er gezwungen wurde (Dok. 44).[38]

Die Juden in der Häftlingsgesellschaft

Bereits seit Ende der 1930er-Jahre hatte die SS die Häftlinge in Konzentrationslagern je nach Haftgrund in Kategorien eingeteilt, die nicht nur eine bürokratische Klassifizierung, sondern auch ein Mittel der Diskriminierung und ein wirksames Machtinstrument der SS darstellten. Die Zugehörigkeit des Einzelnen wurde durch auf die Kleidung genähte Dreiecke, sogenannte Winkel, äußerlich sichtbar gemacht. Politische Häftlinge trugen einen roten Winkel, Zeugen und Zeuginnen Jehovas einen violetten, sogenannte Asoziale (zu dieser Kategorie zählten Arbeitsverweigerer, Menschen ohne festen Wohnsitz, Prostituierte, Sinti und Roma sowie aus Zwangsarbeitsverhältnissen geflohene Polen und Russen) einen schwarzen, sogenannte Berufsverbrecher einen grünen und Häftlinge, die wegen Homosexualität ins Lager eingewiesen wurden, einen rosafarbenen Winkel. Jüdische Häftlinge erhielten in der Regel einen roten Winkel, der durch ein umgedrehtes gelbes Dreieck so hinterlegt wurde, dass das Kennzeichen an einen Davidstern erinnerte. Ab Mitte 1944 wurde das gelbe Dreieck durch einen gelben Streifen über dem Winkel ersetzt.[39]
Die Zuordnung in eine von der SS bestimmte Häftlingskategorie hatte in der Regel nichts mit dem Selbstverständnis des Häftlings zu tun, beeinflusste jedoch den Status und die Überlebensmöglichkeiten des Einzelnen grundlegend. Juden standen auf der untersten Stufe in der Rangskala der Häftlingsgruppen. Wenn sie im Lager registriert worden waren, hing ihr Überleben maßgeblich von der Zuteilung zu einem bestimmten Arbeitskommando ab. Besonders mörderisch war die Arbeit unter freiem Himmel, beispielsweise auf Baustellen, bei Rodungs- und Erdarbeiten sowie in der Landwirtschaft,

38 Zu den Aufzeichnungen verschiedener Mitglieder der Sonderkommandos siehe S. 40 f.
39 Zur Kennzeichnung der Häftlinge siehe StAu II (wie Anm. 1), S. 9–43.

aber auch im Bergbau. Bei diesen Arbeitseinsätzen wurden die Häftlinge bereits nach wenigen Wochen oder Monaten zu „Muselmännern" – ein Begriff, der für extrem geschwächte Gefangene verwendet wurde, die sich bereits an der Schwelle zum Tod befanden. Deutlich bessere Überlebenschancen besaßen die vergleichsweise wenigen Häftlinge, die aufgrund einer besonderen Qualifikation zu nicht unmittelbar lebensbedrohlichen Arbeiten eingeteilt waren. Dazu gehörten Häftlinge, die als medizinisches Personal in den Häftlingskrankenbauten, als Musikerinnen und Musiker in den Lagerorchestern, als Wissenschaftlerinnen und Wissenschaftler in den landwirtschaftlichen Versuchslaboren, als Schreibkräfte in den Büros der Lagerverwaltung, bei der Sortierung von Wertsachen oder in der Lagerküche eingesetzt waren (Dok. 64, 108, 157, 174).[40] Daneben bediente sich die SS auch in Auschwitz einer Gruppe ausgewählter Häftlinge, der sogenannten Funktionshäftlinge, die als Kapos die Arbeit der Gefangenen beaufsichtigten oder als Block- und Stubenälteste das Leben in den Baracken organisierten. In vielen Fällen missbrauchten diese Häftlinge ihre Machtbefugnisse; andere nutzten sie indes, um die Situation für ihre Mithäftlinge zu erleichtern. Als Funktionshäftlinge bevorzugte die SS Nichtjuden. Als diese jedoch von 1942 an in die Minderheit gerieten, übertrug die SS auch jüdischen Häftlingen Funktionen im Lager.[41] Dies war wiederholt Anlass zu Beschwerden seitens der SS-Verwaltung. So forderte Kommandant Arthur Liebehenschel im Januar 1944: „Ich habe festgestellt, daß arische Häftlingsfrauen, darunter auch reichsdeutsche, bei Außenkommandos zu schweren und schwersten Arbeiten (Straßenbau) eingesetzt sind, wogegen auf der anderen Seite Judenweiber im warmen Zimmer sitzen und die schönsten Posten innehaben. Dies ist selbstverständlich ein Unding. Ich erwarte, daß dieser Hinweis genügt, diesen unmöglichen Zustand sofort abzustellen und nur dann jüdische Häftlinge im Innendienst zu verwenden, wenn geeignete arische, insbesondere deutsche Kräfte nicht mehr vorhanden sind."[42]

Standen die jüdischen Häftlinge in der Lagerhierarchie ohnehin an unterster Stelle, so gab es unter ihnen Menschen, die sich in einer besonders schwierigen Situation befanden und kaum eine Chance hatten, lange am Leben zu bleiben. Dazu gehörten Frauen, die schwanger nach Auschwitz deportiert worden waren. War ihr Zustand bereits bei den Eingangsselektionen sichtbar, wurden sie sofort für die Gaskammer bestimmt. Entdeckte die SS die Schwangerschaft erst später, so wurden die Frauen bis April 1943 ohne Rücksicht auf ihre Häftlingskategorie mit Phenolspritzen oder in der Gaskammer getötet. Aufgrund des gestiegenen Arbeitskräftebedarfs ermordete die Lager-SS danach Schwangere sowie nichtjüdische Neugeborene nicht mehr in jedem Fall. Jüdische Neugeborene wurden bis November 1944 direkt nach der Geburt getötet. Häftlingsärztinnen und -ärzte nahmen zahlreiche Abtreibungen – zum Teil auch gegen den Willen der werdenden Mütter – vor, um zumindest das Leben der Frauen zu retten (Dok. 150, 151, 157).[43]

40 Lore Shelley, Schreiberinnen des Todes: Dokumentation, Bielefeld 1992; Fania Fénelon, Das Mädchenorchester in Auschwitz, München 1981; Eva Tichauer, J'étais le numéro 20 832 à Auschwitz, Paris 1988.

41 Hermann Langbein, Menschen in Auschwitz, Wien 1972, S. 169–220.

42 Standortbefehl Nr. 2/44 vom 7.1.1944, in: Norbert Frei u. a. (Hrsg.), Standort- und Kommandanturbefehle des Konzentrationslagers Auschwitz 1940–1945, München 2000, S. 392.

43 Helena Kubica, Kobiety ciężarne i dzieci urodzone w KL Auschwitz, Oświęcim 2010; Gizella Perl, I was a doctor in Auschwitz, New York 1948; Ruth Elias, Die Hoffnung erhielt mich am Leben, München 1988; Knut Elstermann, Gerdas Schweigen. Die Geschichte einer Überlebenden, Berlin 2005.

Die mit den Transportzügen eintreffenden jüdischen Kinder sollten nach dem Wunsch der SS gar nicht im Lager registriert, sondern direkt nach der Eingangsselektion in den Tod geschickt werden. Ausnahmen waren die Kinder, die im Theresienstädter Familienlager[44] untergebracht waren, sowie Zwillingspaare, die Josef Mengele für medizinische Experimente unter den eintreffenden Transporten aussuchte. Darüber hinaus gelang es etlichen Kindern, sich bei den Eingangsselektionen als älter auszugeben oder übersehen zu werden und auf diese Weise in das Lager zu gelangen (Dok. 117). Sie bedurften, insbesondere wenn sie ihre Eltern verloren hatten, eines besonderen Schutzes durch Erwachsene und waren in großem Maße nicht nur der Gewalt der SS ausgesetzt, sondern bezahlten nicht selten die Protektion gutgestellter erwachsener Häftlinge mit erzwungenen sexuellen Diensten. In einigen Fällen errichtete die SS spezielle Kinderblocks, in denen die Kinder einer besonders hohen Todesgefahr ausgesetzt waren, da die SS diese Blocks jederzeit auflösen und die Kinder töten konnte. Auch Kinder mussten in Auschwitz schwere Arbeit leisten; häufig wurden sie als Läufer oder Stubendienste eingesetzt. Aufgrund des massiven Bedarfs an Baufacharbeitern schulte die SS in Auschwitz Jugendliche in verschiedenen Bau- und handwerklichen Berufen. In den sogenannten Maurerschulen wurden zwischen 1942 und 1944 mehr als hundert jüdische Jungen ausgebildet, was ihre Überlebenschancen deutlich erhöhte.[45]

Raub und Leichenfledderei

Im Sommer 1942 bemühte sich das Wirtschafts-Verwaltungshauptamt, seine Rolle als zentrales Steuerorgan bei der Verwaltung von Wertsachen der ermordeten Juden zu festigen. Die Nutzung und Weitergabe des Eigentums wurde im Rahmen der „Aktion Reinhardt" organisiert. Obwohl es sich dabei um das Programm zur Ermordung der Juden im Generalgouvernement handelte, erstreckte sie sich auch auf die „Behandlung der Vermögenswerte" von Juden, die außerhalb des Generalgouvernements ermordet wurden.[46] Nach Verhandlungen mit Vertretern des Reichsfinanz- und des Reichswirtschaftsministeriums sowie der Reichsbank schickte das Wirtschafts-Verwaltungshauptamt im September 1942 Richtlinien für die „Verwertung des Besitzes anläßlich der An- und Aussiedlung der Juden" an die Verwaltungsleiter der Lager Auschwitz und Lublin-Majdanek, aus denen detailliert hervorging, welche Institutionen von den geraubten Gütern profitieren sollten (Dok. 32). Etwa zeitgleich sandte es 30 bis 40 SS-Angehörige des allgemeinen Verwaltungsdienstes nach Auschwitz, die künftig in der Abteilung Gefangeneneigentumsverwaltung für die Erfassung, Registrierung, Aufbewahrung und Verteilung der persönlichen Habe der Häftlinge zuständig waren.

44 Zur Besonderheit dieses Lagerbereichs siehe S. 30.

45 Kubica, Kinder und Jugendliche (wie Anm. 30), S. 251–351; Verena Buser, Überleben von Kindern und Jugendlichen in den Konzentrationslagern Sachsenhausen, Auschwitz und Bergen-Belsen, Berlin 2011, S. 162–179.

46 Thomas Sandkühler/Bertrand Perz, Auschwitz und die Aktion Reinhardt 1942–1945. Judenmord und Raubpraxis in neuer Sicht, in: Zeitgeschichte, 26 (1999), S. 283–316; Andrzej Strzelecki, Der Raub des Besitzes der Opfer des KL Auschwitz, in: Hefte von Auschwitz, 21 (2000), S. 7–99.

Die in Auschwitz ankommenden Häftlinge mussten ihr Gepäck auf der Rampe zurücklassen. Obwohl Deportationsrichtlinien das Gepäck oftmals auf einen Koffer oder Rucksack pro Person beschränkten, brachten viele Deportierte – denen gesagt worden war, sie würden „im Osten" angesiedelt, wo sie sich ein neues Leben aufbauen müssten – neben Kleidung und Wertsachen auch Hausrat, Bettwäsche oder für eine Berufsausübung nötige Instrumente und Werkzeuge mit.

Den zum Arbeitseinsatz selektierten Häftlingen nahm die SS während der Aufnahmeprozedur die am Leib getragene Kleidung sowie in Kleidungstaschen verstaute Wertsachen oder Fotos ab, wobei routinemäßig die Körperöffnungen nach verstecktem Schmuck durchsucht wurden. Nur selten gelang es Häftlingen, ihnen lieb gewordene Erinnerungsstücke aufzubewahren; wurden sie entdeckt, folgten schwere Strafen (Dok. 113). Die Kleidung und das Gepäck der für die Gaskammer bestimmten Häftlinge wurden in einem Effektenlager in der Nähe des Stammlagers untergebracht, das die Häftlinge als „Kanada" bezeichneten, da sie das Land Kanada mit unermesslichem Reichtum assoziierten. Als der dort vorhandene Platz infolge der Massentransporte nicht mehr ausreichte, beantragte Rudolf Höß im Juni 1942 den Bau von weiteren vier Pferdestallbaracken zur Unterbringung von Effekten (Dok. 14). In „Kanada" waren teilweise bis zu 1000 männliche und weibliche Häftlinge mit der Erfassung, Sortierung und Entlausung der Sachen beschäftigt und bereiteten sie für die Weiterverwertung vor (Dok. 108). Als im Jahr 1943 der Platz für die Unterbringung der mitgebrachten Gepäckstücke erneut nicht mehr ausreichte, errichtete die SS auf dem Gelände von Birkenau ein zweites Effektenlager, „Kanada II", das 30 Baracken umfasste und von Mai 1944 an genutzt wurde.

Im Februar 1943 stellte das Wirtschafts-Verwaltungshauptamt einen ersten Bericht über die Textilverwertung zusammen (Dok. 53). Dieses Dokument zeigt nicht nur, welche Mengen an Raubgut anfielen, sondern verweist auch auf die sozialpolitische Funktion des Raubmords. Neben der industriellen Verwertung wurden die Kleidungsstücke an volksdeutsche Umsiedler und Bombengeschädigte ausgeteilt, um negative Auswirkungen des Kriegs auf die deutsche Bevölkerung zu lindern.

Geld, Devisen, Schmuck und Edelmetalle brachte die SS in Kisten und Koffern verpackt vierteljährlich in das Wirtschafts-Verwaltungshauptamt; von dort wurden die Wertsachen an die Reichsbank weitergeleitet. Der Leiter der Standortverwaltung, SS-Oberführer Karl Möckel, der die Kisten aus Auschwitz meist persönlich nach Berlin brachte, schätzte den Gesamtwert der während seiner Amtstätigkeit in Auschwitz seit April 1943 nach Berlin transportierten Wertsachen auf fünf Millionen Reichsmark.[47]

Die Einschmelzung von Zahngold verstorbener KZ-Häftlinge war bereits seit 1940 gängige Praxis in Konzentrationslagern – so auch in Auschwitz. Schätzungen über den Umfang der Goldmenge sind schwierig, weil nur die Entnahmen von registrierten verstorbenen Häftlingen notiert wurden (Dok. 11). Aus Meldungen der Häftlingszahnstation, die von Mitte Mai bis Anfang Dezember 1942 erhalten sind, geht hervor, dass an ca. 200 Tagen 16 325 Zahnersatzstücke aus Gold und Edellegierungen von 2904 Leichen entfernt

47 Aussage Karl Möckel vom 27.4.1946; AIPN, GK 196/134, Bl. 151–153. Siehe dazu Ralf Banken, Edelmetallmangel und Großraubwirtschaft. Die Entwicklung des deutschen Edelmetallsektors im „Dritten Reich" 1933–1945, Berlin 2009, S. 612, 621–630.

wurden.[48] Deutlich mehr Zahngold wurde den in der Gaskammer Ermordeten entnommen. Häftlingszahnärzte mussten den Leichen in unglaublichem Tempo die Zähne herausbrechen, deren Goldfüllungen von Mitte 1943 an in einem eigens eingerichteten Raum im Krematorium III zu Barren geschmolzen wurden. Im Durchschnitt wurden auf diese Weise zehn bis zwölf kg Gold pro Monat gewonnen; Häftlinge schätzten, dass die SS während der „Ungarn-Aktion" in drei Wochen bis zu 40 kg Gold erbeutete (Dok. 120). Bis Oktober 1942 wurde das Zahngold an das SS-Sanitätsamt geliefert; nachdem dieses Vorräte für die nächsten fünf Jahre angelegt hatte, wurde die Reichsbank zur Abnahmestelle.[49]

Im August 1942 hatte das Wirtschafts-Verwaltungshauptamt angeordnet, dass auch menschliches Haar aus den Konzentrationslagern verwertet werden sollte. Frauenhaar wurde in großen Mengen auf den Dachböden der Krematorien getrocknet, in Papiersäcke verpackt und verschiedenen Textilunternehmen zugeführt, die die Haare als Industrierohstoff und Füllmaterial verwerteten.[50] Asche und Knochenschrot der in den Krematorien verbrannten Leichen wurden auf die umliegenden Landwirtschaften verteilt oder als Füllmaterial für den Straßen- und Wegebau im Lagerbereich verwendet.

Ein beträchtlicher Teil der Kleidung, aber insbesondere der Edelmetalle und Wertsachen, gelangte nicht in den offiziellen Verwertungsweg. Nicht nur die Mitarbeiter der Gefangeneneigentumsverwaltung, sondern auch die regelmäßig zum Rampendienst eingesetzten SS-Angehörigen, die Aufseher in den Krematorien bis hin zu Rudolf Höß, dessen Frau ihre Haushaltsvorräte mit hochwertigen Lebensmitteln und Ledererzeugnissen auffüllte, profitierten vom geraubten Eigentum.[51] Die Veruntreuungen nahmen solche Ausmaße an, dass das Reichskriminalpolizeiamt im Jahr 1943 eine Sonderkommission des auf Korruption spezialisierten SS-Richters Konrad Morgen in das Lager schickte. Diese fand in den Quartieren der SS-Männer größere Mengen an Wertsachen.[52] SS-Unterscharführer Franz Wunsch gehörte zu den SS-Männern, die sich im Zuge dieser Untersuchungen vor dem SS- und Polizeigericht in Kattowitz verantworten mussten (Dok. 134).

Auch die an der Rampe sowie in den Warenmagazinen beschäftigten Häftlinge zweigten regelmäßig etwas ab. Durch Tauschgeschäfte mit Zivilarbeitern organisierten sie Nahrung, Genussmittel, Medikamente sowie Werkzeug und Waffen für den Widerstand.

48 Andrzej Strzelecki, Die Verwertung der Leichen der Opfer, in: StAu II (wie Anm. 1), S. 483–506, hier S. 485.

49 Schreiben August Frank an Himmler, 8.10.1942; BArch, NS 19/3929.

50 Schreiben Richard Glücks an die Kommandanten der KL vom 6.8.1942, in: Der Prozeß gegen die Hauptkriegsverbrecher vor dem Internationalen Militärgerichtshof Nürnberg 14.11.1945–1.10.1946, Bd. 39, Urkunden und anderes Beweismaterial, Nürnberg 1949, S. 552 f.; Untersuchung der nach dem Krieg entdeckten 1950 kg Menschenhaar in ehemaligen Gebäuden der Wilhelm Schaeffler AG in Katscher (Kietrz); AIPN, GK 173/20; Fahrgenehmigung zur Besichtigung des Haarverwertungsbetriebes Fa. Held in Friedland, 30.9.1942; AIPN, GK 196/94, Bl. 171; Strzelecki, Verwertung der Leichen (wie Anm. 48), S. 494–500.

51 Langbein, Menschen in Auschwitz (wie Anm. 41), S. 336–341; Strzelecki, Raub des Besitzes (wie Anm. 46), S. 62 f.; Aussage Stanisław Dubiel, 7.8.1946, abgedruckt in deutscher Sprache in: Jadwiga Bezwińska/Danuta Czech (Hrsg.), KL Auschwitz in den Augen der SS. Höss, Broad, Kremer, Oświęcim 1973, S. 291–297.

52 Aussage Konrad Morgen im Frankfurter Auschwitz-Prozess, 9.3.1964, in: Fritz-Bauer-Institut/Staatliches Museum Auschwitz-Birkenau (Hrsg.), Der Auschwitz-Prozeß. Tonbandmitschnitte,

In seiner Erzählung „Bitte die Herrschaften ins Gas!“ schilderte der polnische Autor Tadeusz Borowski eindrücklich die ambivalenten Gefühle der Häftlinge, die mit dem Eigentum der für die Ermordung vorgesehenen Juden ihr Überleben organisierten.[53]

Der Ausbau von Infrastruktur und Tötungsbetrieb: Das Jahr 1943

Nach der Schließung der Vernichtungszentren in Belzec im Dezember 1942, Treblinka im August 1943 und Sobibor Mitte Oktober 1943 entwickelte sich Auschwitz zur zentralen Einrichtung des Judenmords. Unter Hochdruck wurde an den seit August 1942 geplanten neuen Krematorien gebaut. Die Krematorien II und IV gingen im März 1943, Krematorium V im April und Krematorium III im Juni 1943 in Betrieb. Henryk Tauber gehörte zu den Mitgliedern des Sonderkommandos, die von Beginn an im Krematorium II Zwangsarbeit leisten mussten. Detailliert beschrieb er nach der Befreiung die Abläufe des Massenmords und der Leichenverbrennung (Dok. 62).

Im Juni 1943 meldete die SS die aktuellen „Verbrennungskapazitäten“ nach Berlin. Bei einem 24-stündigen Einsatz der Öfen, hieß es stolz, könnten nun mindestens 4756 Leichen am Tag eingeäschert werden (Dok. 75). Diese Zahlen waren jedoch bewusst zu niedrig angesetzt, um die zahlreichen Betriebsunterbrechungen infolge von Konstruktionsfehlern und Havarien zu verschleiern. Tatsächlich war es bei einer maximalen Auslastung möglich, bis zu 8000 Leichen am Tag zu verbrennen.[54] Im Jahr 1943 wurden allerdings selten mehr als 1000 Menschen am Tag nach Auschwitz gebracht.

Im Frühjahr 1943 nahm die Frequenz der vom Reichssicherheitshauptamt organisierten Transporte aus Westeuropa ab. Auch aus dem Deutschen Reich waren nach Abschluss der sogenannten Fabrik-Aktion, der letzten großen Razzia zur Deportation der noch im Reich verbliebenen Juden im Februar und März 1943, nahezu alle Juden deportiert. Im März 1943 begann die Deportation der griechischen Juden; 48 500 trafen bis August 1943 in Auschwitz ein. Die meisten stammten aus Thessaloniki. Mehr als drei Viertel wurden unmittelbar nach der Ankunft ermordet. Weitere 8000 ließ die SS zwischen März und August 1944 aus Athen und anderen Gemeinden der ehemaligen italienischen Besatzungszone Griechenlands nach Auschwitz deportieren.[55] Im Mai 1943 begannen Deportationen der verbliebenen jüdischen Bevölkerung aus den Gettos im sogenannten Oststreifen, die im August 1943 abgeschlossen war: 35 000 Juden aus Będzin, Sosnowiec und Zawiercie wurden in dieser Zeit nach Auschwitz deportiert, 27 600 von ihnen sofort in den Gaskammern getötet.[56]

Protokolle und Dokumente, Berlin 2007, S. 5553–5690. Zu Konrad Morgen siehe auch Herlinde Pauer-Studer/J. David Velleman, „Weil ich nun mal ein Gerechtigkeitsfanatiker bin“. Der Fall des SS-Richters Konrad Morgen, Berlin 2017.

53 Tadeusz Borowski, Die steinerne Welt, Frankfurt a. M. 1959.

54 Piper, Vernichtung, in: StAu III (wie Anm. 1), S. 182; Schüle, Industrie und Holocaust (wie Anm. 20), S. 205, 209.

55 Siehe VEJ 14, S. 65–78; Danuta Czech, Deportation und Vernichtung der griechischen Juden im KL Auschwitz (im Lichte der sogenannten „Endlösung der Judenfrage“), in: Hefte von Auschwitz, 11 (1970), S. 5–37.

56 Namysło, Zagłada Żydów zagłebiowskich (wie Anm. 27); Strzelecki, Zagłada Żydów z Zagłębia (wie Anm. 27); vgl. auch Piper, Zahl der Opfer (wie Anm. 2), S. 183.

Im September und Dezember 1943 kamen erstmals Judentransporte in Auschwitz an, die entgegen der seit Sommer 1942 üblichen Verfahrensweise keiner Selektion unterzogen wurden: Männer, Frauen und Kinder, die aus Theresienstadt nach Auschwitz-Birkenau deportiert worden waren, wurden im Lagerabschnitt B II b untergebracht, den die Häftlinge deshalb bald als Theresienstädter Familienlager bezeichneten.[57] Wie alle anderen mussten sie Zwangsarbeit leisten und gegen die Folgen der Mangelernährung kämpfen: Bis zu einem Viertel der Häftlinge starb aufgrund der katastrophalen Lebensbedingungen. Dennoch fühlten sich die Insassen des Familienlagers zunächst vor dem Tod in der Gaskammer geschützt, wie der Anfang Februar 1944 aus dem Lager geschmuggelte Brief von Heinz Herrmann zeigt (Dok. 95). Die in den Schreibstuben tätigen Funktionshäftlinge hingegen deuteten Hinweise auf den Transportlisten richtig: Mit Ablauf einer sechsmonatigen Frist sollten die Häftlinge des Familienlagers in der Gaskammer ermordet werden (Dok. 108). Am 6. März 1944 wurden sie gezwungen, Lebenszeichen in Form von Postkarten an Bekannte und Verwandte zu schreiben und diese auf den 23. oder 25. März 1944 vorzudatieren. Am 8. März 1944 wurden 3792 Häftlinge aus den Septembertransporten ermordet. Die 14-jährigen Zwillinge Jiří und Zdeněk Steiner gehörten zu den etwa 70 Überlebenden der Mordaktion. Sie sollten weiterhin für medizinische Experimente zur Verfügung stehen (Dok. 99). Die verbliebenen Häftlinge, die im Dezember 1943 mit ähnlichen Hinweisen auf der Transportliste eingewiesen worden waren, glaubten nun, das Datum ihrer Ermordung zu kennen: den 20. Juni 1944. Zuvor kamen jedoch im Mai 1944 neue Transporte mit 7500 Gefangenen aus dem überfüllten Theresienstadt, dessen Häftlingszahlen die SS im Hinblick auf den anstehenden Besuch einer Delegation des Internationalen Komitees vom Roten Kreuz reduzieren wollte. Nachdem die SS Anfang Juli 1944 im Lagerbereich B II b mehrere Hundert Männer und Frauen zum Arbeitseinsatz bestimmt hatte, ermordete sie am 11. und 12. Juli 1944 die im Familienlager verbliebenen 2500 Männer und Jungen sowie 4300 Frauen und Mädchen. Am 11. Juli 1944 verabschiedete sich Vera Grünwaldová im Bewusstsein ihres bevorstehenden Todes in einem Brief von ihrem Mann, der zum Arbeitseinsatz selektiert worden war (Dok. 132). Von den insgesamt 17 517 Häftlingen im Theresienstädter Familienlager überlebten nur ca. 3500. Von diesen starb mehr als die Hälfte während der weiteren Haft bzw. während der Todesmärsche.

Die Beweggründe der SS, ein Familienlager in Birkenau einzurichten, sind nie geklärt worden. Die erzwungenen Briefaktionen geben Anlass zur Vermutung, dass die SS die Fiktion aufrechterhalten wollte, die „nach Osten" transportierten Juden würden nicht ermordet, sondern könnten mit ihren Familien in Arbeitslagern leben. Es ist wahrscheinlich, dass Himmler vorhatte, mit dem Theresienstädter Familienlager einen vorzeigbaren Lagerteil für Besuche ausländischer Delegationen in einem „jüdischen Arbeitslager" zu schaffen.[58]

57 Miroslav Kárný, Das Theresienstädter Familienlager (B II b) in Birkenau (September 1943–Juli 1944), in: Hefte von Auschwitz, 20 (1997), S. 133–237.

58 Miroslav Kárný, Theresienstadt und Auschwitz, in: 1999. Zeitschrift für Sozialgeschichte des 20. und 21. Jahrhunderts, 3 (1988), S. 9–26; Schreiben Himmler an Niehaus, 17.5.1944; BArch, R 58/59, Bl. 15.

Der Arbeitseinsatz der jüdischen Häftlinge 1942/43

Waren die Häftlinge anfangs vor allem beim Lagerausbau, mit Verwaltungstätigkeiten, in der Landwirtschaft und bei der Urbarmachung der Region eingesetzt, so begann die SS schon bald, eigene Unternehmen in Lagernähe einzurichten.[59] Zu den wichtigsten SS-Betrieben in Auschwitz gehörten die Mitte 1941 in Betrieb genommenen Deutschen Ausrüstungswerke, in denen bis zu 5000 Häftlinge Fenster, Türen und Mobiliar bauten, für die Wehrmacht Munitionskisten und Skier fertigten und seit Januar 1943 auch Ausbesserungen an Fahrzeugen und später Flugzeugdemontagen vornahmen (Dok. 108). Die Deutsche Lebensmittel GmbH betrieb einen Schlachthof, eine Bäckerei, Lagerküchen, einen Milchhof und eine Getreidemühle in Babice.

Die Ausbeutung von Häftlingsarbeitskraft durch die deutsche private Rüstungsindustrie spielte in Auschwitz bereits vor Beginn der Massendeportationen von Juden eine Rolle. Seit April 1941 hatte die I.G. Farben auf Grundlage eines Leiharbeitsvertrags mit der SS Häftlinge auf der Werksbaustelle in Monowitz eingesetzt. Gegen eine Gebühr von drei und vier Reichsmark pro Tag für Hilfs- bzw. Facharbeiter konnte sie über ihre Arbeitskraft verfügen. Außerdem unterstützte sie den Lageraufbau durch Lobbyarbeit in Wirtschaftsgremien, trat Baustoffe und Materialkontingente an die SS ab und versah die Deutschen Ausrüstungswerke mit Aufträgen.[60]

Von Frühjahr 1942 an bekam der Arbeitseinsatz der Häftlinge durch die wachsende Bereitschaft der SS, der Rüstungsindustrie KZ-Häftlinge zur Verfügung zu stellen, und die beginnenden Massendeportationen von Juden nach Auschwitz eine neue Dimension. Dies führte zu einer systematischen Unterscheidung zwischen „Arbeitsfähigen" und „Arbeitsunfähigen" sowie zum Ausbau von dezentralen Zwangsarbeitsstätten in den vor allem im letzten Kriegsjahr in großer Zahl errichteten Außenlagern bei Rüstungsunternehmen, die von Auschwitz aus mit Häftlingsarbeitern versorgt wurden.

Dabei hatte die SS lange zu vermeiden versucht, KZ-Häftlinge auf dem Betriebsgelände von privatwirtschaftlichen Unternehmen unterzubringen. Sie zog es vor, dass Unternehmen Teile ihrer Fertigung auf das Lagergelände verlegten. Im Fall der Baustelle der I.G. Farben fuhren die Häftlinge zunächst täglich mit dem Zug vom Lager auf die sieben Kilometer entfernte Baustelle in Monowitz. Aus logistischen Gründen stimmte Höß im Juni 1942 der Errichtung eines Außenlagers zu, das aufgrund der Fleckfieberepidemie im Sommer 1942 jedoch erst Ende Oktober 1942 von zunächst 2100 Häftlingen bezogen wurde; ihre Zahl stieg bis August 1944 auf 11 500 an. Seit Frühjahr 1942 war auch der Einsatz von jüdischen Häftlingen in Monowitz geplant (Dok. 10), im Jahr 1944 betrug ihr Anteil an den Häftlingsarbeitern sogar 90 Prozent.[61]

Für ihre eigenen Unternehmen stellte die SS jedoch trotz der Lagersperre schon im Sommer 1942 jüdische Häftlinge für eine stationäre Unterbringung am Arbeitsplatz zur

59 Zu den SS-eigenen Betrieben siehe Hermann Kaienburg, Die Wirtschaft der SS, Berlin 2000. Zum Arbeitseinsatz der Häftlinge von Auschwitz-Birkenau siehe Franciszek Piper, Arbeitseinsatz der Häftlinge aus dem KL Auschwitz, Oświęcim 1995.

60 Schriftwechsel im April und Mai 1941; APMAB, D-Au-III, Korrespondenz I.G. Farben, Bd. 1, Bl. 14 f.

61 Hayes, Industry and Ideology; Wagner, IG Auschwitz; Schmaltz, Die I.G. Farbenindustrie; Setkiewicz, Z dziejów obozów IG Farben (alle wie Anm. 6).

Verfügung. Im 60 Kilometer entfernten Golleschau entstand beim SS-Baustoffwerk „Golleschauer Portland Zement AG" im Juli 1942 das erste Außenlager außerhalb des SS-Interessengebiets. Bei der schweren und gesundheitsschädlichen Arbeit in Steinbrüchen und bei der Zementherstellung starben zahlreiche Häftlinge. Auch in der vom Staatskonzern Reichswerke Hermann Göring übernommenen Grube in Brzeszcze/Jawischowitz begann im August 1942 der Einsatz von zunächst 150 jüdischen Häftlingsarbeitern.[62] Bereits im September 1942 beschwerte sich Betriebsleiter Otto Heine über den hohen Krankenstand der jüdischen Häftlinge und forderte den Abtransport der Kranken (Dok. 29). Sie wurden in den Krankenrevieren von Birkenau untergebracht; viele von ihnen starben dort an mangelnder Ernährung, Hygiene und medizinischer Versorgung oder wurden nach Selektionen ermordet.
Seit September 1942 plante die SS im Einvernehmen mit dem Rüstungsministerium, die nach Auschwitz deportierten Juden noch gezielter zum Arbeitseinsatz in der deutschen Rüstungsindustrie heranzuziehen (Dok. 30). Dabei stand Kommandant Höß in Konkurrenz zur Organisation Schmelt. Diese hatte im Sommer 1942 von Himmler die Erlaubnis erhalten, Deportationszüge aus den Niederlanden, Frankreich und Belgien, die auf dem Weg nach Auschwitz waren, in der oberschlesischen Stadt Cosel zu stoppen und männliche Arbeitskräfte für die Zwangsarbeitslager der Rüstungsindustrie auszuwählen. Da diese Praxis Höß' Plänen zum forcierten Arbeitseinsatz der Juden im Wege stand, setzte er ein Ende dieser Fahrtunterbrechungen durch; sie wurden im Dezember 1942 eingestellt (Dok. 35).
Dem Rüstungsministerium gelang es im Lauf der Zeit, seinen Einfluss auf die Bereitstellung von Arbeitskräften an die Unternehmen zu erhöhen und die Zuweisung von KZ-Häftlingen an besonders wichtige Rüstungsbranchen durch seine Haupt- und Sonderausschüsse zentral zu steuern. War zunächst ausschließlich das Wirtschafts-Verwaltungshauptamt für Anforderungen und Genehmigungen von Häftlingsarbeitern zuständig, so begannen 1943 auch lokale Rüstungsdienststellen, den Einsatz von KZ-Häftlingen aus Auschwitz in der Rüstungsproduktion zu organisieren. Die Rüstungsinspektion Kattowitz forderte beispielsweise Ende November 1943 den Rüstungsminister auf, mit Himmler über Bewachungskräfte für die „der Inspektion zum Einsatz in Rüstungsbetrieben angebotenen 10 000 männlichen und 20 000 weiblichen KZ-Häftlinge aus dem Lager Auschwitz" zu verhandeln.[63] Spätestens von Oktober 1944 an waren die Ausschüsse in Zusammenarbeit mit den Rüstungsinspektionen und -kommandos die Schaltstellen für alle mit dem Häftlingseinsatz zusammenhängenden Fragen.[64] Das Wirtschafts-Verwaltungshauptamt musste den Häftlingseinsatz nach Klärung aller Fragen mit den Betrieben nur noch genehmigen und war auf dem Gebiet des Arbeitseinsatzes faktisch entmachtet.
Bis in den Sommer 1943 hatte es die SS abgelehnt, jüdische Häftlinge als Arbeitskräfte in das Reich zu überstellen. In den Jahren 1942/43 vermittelte die SS daher vor allem

62 Andrea Rudorff, Jawischowitz (Jawiszowice), in: Benz/Distel (Hrsg.), Der Ort des Terrors, Bd. 5 (wie Anm. 1), S. 260–265.

63 Kriegstagebuch Nr. 3, Rüstungsinspektion VIII b Kattowitz des Reichsministers für Rüstung und Kriegsproduktion, 4. Quartal 1943, Eintrag vom 29.11.1943; BArch, RW 20/8 32, Bl. 36.

64 Schnellbrief des Rüstungsministeriums an die Rüstungsinspektionen, die Leiter der Hauptausschüsse u. a., 9.10.1944; BArch, R 3/474.

polnische Auschwitz-Häftlinge, die sie aufgrund der engen Kontakte zur lokalen Bevölkerung ohnehin als potenzielles Sicherheitsrisiko empfand, an Rüstungsbetriebe im Reichsgebiet. Bis Ende 1943 wurden mindestens 25 000 polnische nichtjüdische Häftlinge in Lager nach Deutschland verlegt.[65]

Die jüdischen Häftlinge arbeiteten nach wie vor hauptsächlich im Lagerbetrieb, bei den zahlreichen Bauprojekten und in den Landwirtschaftsbetrieben. Hinzu kamen die Einsätze in den neu errichteten Außenlagern Golleschau, Jawischowitz und Monowitz. Parallel dazu hegte die SS im Frühjahr 1943 Hoffnungen auf ein neues Großprojekt innerhalb der Lagergrenzen: Nach Bombenangriffen auf Essen plante die Friedrich Krupp AG im März 1943 die Verlegung ihrer Zünderfertigung nach Auschwitz (Dok. 63). Allerdings wurden bei einer Besprechung im August 1943 Unstimmigkeiten zwischen Krupp-Vertretern und SS über die bauliche Fertigstellung und Bezugsfähigkeit der Krupp-Hallen deutlich. Unter anderem äußerte der Wehrwirtschaftsführer vom Sonderausschuss Munition die Befürchtung, „es könnte vielleicht durch politische bezw. polizeiliche Notwendigkeiten mit dem Abzug der geschulten Häftlingsfacharbeiter bezw. überhaupt der Häftlinge zu rechnen sein und der Arbeitsfortgang dadurch Verzögerung erleiden".[66] Die Unstimmigkeiten konnten nicht geklärt werden, und Krupp zog sich aus dem Projekt zurück. Die geplante Zünderfertigung verlegte die Firma in eine stillgelegte Textilfabrik im niederschlesischen Wüstegiersdorf, wo von Sommer 1944 an aus Auschwitz überstellte Jüdinnen als Arbeitskräfte eingesetzt waren. Im September 1943 beschloss das Oberkommando des Heeres mit dem Hauptausschuss Munition, dass die vor der Roten Armee aus Zaporižžja/Ukraine evakuierten Weichsel Union Werke in die bereits fertiggestellten Werkhallen in Lagernähe einziehen sollten. Im Oktober 1943 begann dort die Zünderfertigung.[67] Im Sommer 1943 richteten mehrere große staatliche und halbstaatliche Unternehmen in der Region Außenlager für überwiegend jüdische Häftlinge ein, wie die Oberschlesische Maschinen- und Waggonfabrik AG in Eintrachthütte und die Energieversorgung Oberschlesien AG in Lagischa und Neu-Dachs (Dok. 69). Von September 1943 an beschäftigte die I.G. Farben-Tochter Fürstengrube GmbH jüdische Auschwitz-Häftlinge in zwei für die Steinkohleversorgung des I.G. Farben-Werks Monowitz wichtigen Steinkohlegruben, der Fürstengrube und der Janinagrube, von Februar 1944 an auch in der Günthergrube in Libiąż. Bis Ende 1944 war die Zahl der Außenlager in Industrie und Landwirtschaft auf über 40 gestiegen.[68]

Aufgrund des verschärften Arbeitskräftemangels im Reich wich das Wirtschafts-Verwaltungshauptamt im Sommer 1943 von seinem Grundsatz ab, keine jüdischen Häftlinge zum Arbeitseinsatz in Lager auf Reichsgebiet zu überstellen (Dok. 87). So wurden am 28. September 1943 erstmals 600 Juden von Auschwitz nach Mauthausen verlegt, am 1. Oktober 1943 weitere 600 jüdische Auschwitz-Häftlinge in das neu errichtete Groß-Rosener Außenlager Fünfteichen beim Bertha-Werk der Friedrich Krupp AG in Markstädt. Bis zum Frühjahr 1944 waren dennoch vergleichsweise wenig Juden in Lager ins

65 Piper, Arbeitseinsatz (wie Anm. 59), S. 64.
66 Aktenvermerk vom 23.8.1943; RGVA, 502k/1/26. Kopie: USHMM, R 11 001M Reel 20, Bl. 896–899.
67 Vgl. Aktenvermerke der Rüstungsinspektion VIII b, 24.8.1943 und 4.10.1943; BArch, RW 20–8/31; siehe auch ITS, 1.1.2.0/16.
68 Übersicht in Benz/Distel (Hrsg.), Der Ort des Terrors, Bd. 5 (wie Anm. 1).

Reichsgebiet überstellt worden, weil die SS einerseits aufgrund der verheerenden Versorgungslage über zu wenig arbeitseinsatzfähige Juden verfügte und es andererseits nach wie vor bevorzugte, nichtjüdische Polen zum Arbeitseinsatz ins Reich zu schicken. Erst von Frühjahr 1944 an wurde Auschwitz zum wichtigsten Umschlagplatz jüdischer Arbeitskraft für das Reich.

Medizinische Experimente an Juden

Wie attraktiv der Standort Auschwitz für SS-Ärzte war, um neben den täglichen Aufgaben in Krankenbauten und bei der Selektion an der Rampe persönlichen Ehrgeiz und wissenschaftliche Obsessionen in Menschenversuchen umzusetzen, zeigt der Brief des Arztes Dr. Sigmund Rascher an Himmler vom Februar 1943. Rascher wünschte sich, seine bisher in Dachau durchgeführten Unterkühlungsexperimente in Auschwitz fortsetzen zu dürfen: „Auschwitz ist für einen derartigen Reihenversuch in jeder Beziehung besser geeignet als Dachau, da es dort kälter ist und durch die Größe des Geländes im Lager selbst weniger Aufsehen erregt wird (die Versuchspersonen brüllen, wenn sie sehr frieren)."[69] Auch wenn Rascher nicht nach Auschwitz versetzt wurde, entwickelte sich das Lager aufgrund der großen Verfügbarkeit von Menschen unterschiedlicher Herkunft zu einem Zentrum medizinischer Forschung, bei der sämtliche ethischen und ärztlichen Gebote außer Kraft gesetzt waren. Die als Versuchsobjekte eingesetzten Menschen litten unter starken Schmerzen und trugen oftmals dauerhafte körperliche Schäden davon; viele überlebten die Versuche nicht.[70]
Ein Schwerpunkt der Experimente an jüdischen Häftlingen in Auschwitz stand im Zusammenhang mit Bemühungen, im Sinn der nationalsozialistischen Bevölkerungspolitik möglichst wirksame und schnelle Methoden zur Sterilisation von „rassisch" oder anderweitig unerwünschten Menschen zu erproben. Im November 1942 traf der zuvor als Leiter in „Euthanasie"-Einrichtungen eingesetzte Dr. Horst Schumann in Auschwitz ein, um eine Massensterilisierung mittels Röntgenstrahlen zu erproben. Zu diesem Zweck bestrahlte er die Hoden von mehr als 400 Männern und experimentierte mit verschiedenen Strahlenstärken und Bestrahlungszeiten. Die Bestrahlungen führten zu Verbrennungen und eitrigen Entzündungen, in einigen Fällen auch zum Tod (Dok. 82). Parallel zu Schumann war von Dezember 1942 an Dr. Carl Clauberg in Auschwitz tätig, der mit anderen Methoden auf dem gleichen Gebiet arbeitete. Clauberg war in der SS bekannt geworden, weil er erfolgreich unfruchtbare Frauen behandelte, indem er ihnen Mittel einspritzte, die verklebte Eileiter aufweichten und wieder durchgängig machten. Nun verkehrte er die Methode ins Gegenteil und injizierte Frauen ein Präparat, das die

69 Nbg. Dok. PS-400. Siehe auch Wolfgang Benz, Dr. med. Sigmund Rascher. Eine Karriere, in: Dachauer Hefte, 4 (1988), S. 190–214.

70 Alexander Mitscherlich/Fred Mielke, Medizin ohne Menschlichkeit, Frankfurt a. M. 1960; Robert Jay Lifton, Ärzte im Dritten Reich, Stuttgart 1988; Ernst Klee, Auschwitz, die NS-Medizin und ihre Opfer, Frankfurt a. M. 1997; Stephan Kolb/Horst Seithe (Hrsg.), Medizin und Gewissen, Frankfurt a. M. 1998; Der Nürnberger Ärzteprozeß. Wortprotokolle, Anklage und Verteidigungsmaterial, München 1999; Irena Strzelecka, Die Experimente, in: StAu II (wie Anm. 1), S. 423–447; Paul Weindling, Victims and Survivors of Nazi Human Experiments: Science and Suffering in the Holocaust, London 2014.

Eileiter entzündete und verklebte. Im Juli 1942 hatte Himmler ihm zugesagt, dass ihm für seine Versuche „an Menschen und Tieren das Konzentrationslager Auschwitz zur Verfügung steht“ (Dok. 15). Mehrere Hundert jüdische Frauen aus Griechenland, Belgien, dem Deutschen Reich, Frankreich und den Niederlanden wurden seine Opfer.[71] Zur Kontrolle seiner Experimente ließ er bestrahlten Frauen durch Häftlingsärzte die Eierstöcke operativ entfernen. Die Versuchsstation von Schumann und Clauberg, die sich anfangs in Birkenau befand, wurde im Frühjahr 1943 wegen der Angst vor Epidemien in den Block 10 des Stammlagers verlegt (Dok. 76, 93, 103, 119). Im April 1944 schickte Schumann einen Ergebnisbericht an Himmler, in dem er zusammenfasste, dass die herkömmliche operative Kastration sicherer und schneller durchzuführen sei (Dok. 109). Schumann setzte seine Versuche von April 1944 an in Ravensbrück fort, wohin Clauberg ihm 1945 folgte.

Dr. Helmuth Vetter, der bereits im Jahr 1941 in Dachau für den Chemiekonzern Bayer pharmakologische Testreihen von Sulfonamidpräparaten durchgeführt hatte, war seit 1942 SS-Arzt in Auschwitz. Im Block 20 des Stammlagers, in dem sich eine Abteilung für ansteckende Krankheiten wie Flecktyphus, Tbc und Scharlach befand, testete er für die zur I.G. Farben gehörenden Unternehmen Bayer und Hoechst Fleckfieberpräparate und infizierte zu diesem Zweck auch gesunde Häftlinge. Im Februar 1943 präsentierte er Bayer die schlechte Verträglichkeit und fehlende Wirksamkeit der Präparate: Die Patienten litten an Erbrechen und Durchfall, verloren vorübergehend das Bewusstsein sowie die Sehkraft und das Gehör, 30 Prozent starben (Dok. 57).[72]

Dr. Josef Mengele, der während seiner Tätigkeit in der Dienststelle des Reichsarztes SS und Polizei einen guten Überblick über die medizinischen Experimente in Konzentrationslagern erworben hatte, wurde im Mai 1943 nach Auschwitz entsandt.[73] Neben seinen Aufgaben bei der Selektion und Ermordung von Häftlingen untersuchte er eine Vielzahl von Männern, Frauen und Kindern unterschiedlicher Herkunft nach genetischen Gesichtspunkten, wobei sein Interessenschwerpunkt auf der vergleichenden Zwillingsforschung lag. Mengele hielt sich oft an der Rampe auf, um Versuchsobjekte auszuwählen. Durch seine Dauerpräsenz bei den Selektionen ist Mengele vielen Auschwitz-Überlebenden in Erinnerung geblieben. Auch rekrutierte er unter den Häftlingen unterschiedlich spezialisierte Ärztinnen, Wissenschaftler sowie technische Assistenten und Pflegerinnen, die ihm zuarbeiten mussten.[74] Über 800 Zwillinge wurden Opfer von Mengeles Experimenten (Dok. 99).

Mengele versorgte auch seinen ehemaligen akademischen Lehrer, Professor Otmar von Verschuer vom Kaiser-Wilhelm-Institut für Anthropologie, menschliche Erblehre und

71 Vgl. Jan Sehn, Carl Claubergs verbrecherische Unfruchtbarmachungsversuche an Häftlings-Frauen in den Nazi-Konzentrationslagern, in: Hefte von Auschwitz, 2 (1959), S. 3–32; Hans-Joachim Lang, Die Frauen von Block 10. Medizinische Versuche in Auschwitz, Hamburg 2011.

72 Stephan H. Lindner, Hoechst. Ein I.G. Farben Werk im Dritten Reich, München 2005, S. 319–347.

73 Helena Kubica, Dr. Mengele und seine Verbrechen im Konzentrationslager Auschwitz, in: Hefte von Auschwitz, 20 (1997), S. 369–455; Benoit Massin, Mengele, die Zwillingsforschung und die „Auschwitz-Dahlem-Connection“, in: Carola Sachse (Hrsg.), Die Verbindung nach Auschwitz. Biowissenschaften und Menschenversuche an Kaiser-Wilhelm-Instituten. Dokumentation eines Symposiums, Göttingen 2003, S. 201–254.

74 Miklos Nyiszli, Im Jenseits der Menschlichkeit. Ein Gerichtsmediziner in Auschwitz, Berlin 1992.

Eugenik in Berlin, mit Blutproben von Auschwitz-Häftlingen verschiedener geographischer Herkunft. Verschuer beschäftigte sich mit der Feststellung der Rassespezifität von Eiweißkörpern im Blut, die die Grundlage für die Entwicklung einer naturwissenschaftlich exakten Methode zur Rassenidentifikation darstellen sollte. „Von über 200 Menschen verschiedenster Rassen, Zwillingspaaren und einigen Sippen sind die Plasma-Substrate hergestellt", berichtete Verschuer am 4. Oktober 1944 an den Frankfurter Kinderarzt Bernhard de Rudder.[75] In einem Bericht an den Geldgeber, die Deutsche Forschungsgemeinschaft, teilte Verschuer die Herkunft seiner Proben offen mit (Dok. 101).[76]

Zu den Einrichtungen, die von Auschwitz aus mit menschlichen Körpern und Körperteilen versorgt wurden, gehörte auch das Anatomische Institut der Reichsuniversität Straßburg, wo Professor August Hirt eine Sammlung von jüdischen Schädeln und Skeletten anlegte, um damit rasseanthropologische Forschung zu betreiben. Zu diesem Zweck suchten seine Mitarbeiter im Juni 1943 jüdische Häftlinge in Auschwitz aus, die nach ihrer Vermessung in das Konzentrationslager Natzweiler gebracht und dort ermordet wurden (Dok. 73).[77]

Die in diesem Band präsentierten Dokumente geben nicht das gesamte Spektrum der medizinischen Experimente in Auschwitz wieder, zu deren Opfern nicht nur jüdische Häftlinge gehörten. Viele schriftliche Hinterlassenschaften der Versuche wurden bei Kriegsende systematisch zerstört, so dass sie sich lediglich durch Nachkriegsaussagen von Zeuginnen und Zeugen dokumentieren lassen.

Die SS-Lagerverwaltung und die Umstrukturierung im Herbst 1943

Wie alle anderen Lager, die unter der Verwaltung der Inspektion der Konzentrationslager standen, war auch Auschwitz in sechs Abteilungen gegliedert.[78] Abteilung I bestand aus der Kommandantur, die bis November 1943 von Rudolf Höß geführt wurde. Sie bildete die höchste Instanz, und Höß besaß die Disziplinargewalt über alle SS- und Polizeiangehörigen im Lager, jedoch nicht die fachliche Befehlsgewalt über die anderen Abteilungen, die zum Teil direkt den jeweils zuständigen Gliederungen im Wirtschafts-Verwaltungshauptamt unterstanden. Die Abteilung II, die Politische Abteilung, war eine Dienststelle der Geheimen Staatspolizei. Ihr Leiter war bis November 1943 Maximilian Grabner, danach Hans Schurz. Die Politische Abteilung war zuständig für die Häftlingsaufnahme und -registratur, für die polizeiliche Überwachung der Häftlinge,

75 Brief Otmar von Verschuer an Bernhard de Rudder, 4.10.1944; Archiv der Max-Planck-Gesellschaft Berlin, III. Abt., Rep. 86 A, Nr. 272–2, Nachlass Verschuer.

76 Achim Trunk, Rassenforschung und Biochemie. Ein Projekt – und die Frage nach dem Beitrag Butenandts, in: Wolfgang Schieder/Achim Trunk (Hrsg.), Adolf Butenandt und die Kaiser-Wilhelm-Gesellschaft. Wissenschaft, Industrie und Politik im „Dritten Reich", Göttingen 2004, S. 247–285; Hans-Walter Schmuhl, Grenzüberschreitungen. Das Kaiser-Wilhelm-Institut für Anthropologie, menschliche Erblehre und Eugenik, 1927–1945, Göttingen 2005.

77 Michael Kater, Das „Ahnenerbe" der SS 1935–1945. Ein Beitrag zur Kulturpolitik des Dritten Reichs, München 1997, S. 245–264; Hans-Joachim Lang, Die Namen der Nummern. Wie es gelang, 86 Opfer eines NS-Verbrechens zu identifizieren, Hamburg 2004.

78 Zur allgemeinen Organisations- und Verwaltungsstruktur der Konzentrationslager siehe Karin Orth, Das System der nationalsozialistischen Konzentrationslager. Eine politische Organisationsgeschichte, Hamburg 1998.

Bekämpfung von Widerstand und die Verhinderung von Fluchten. In ihren Räumen fanden häufig grausame Vernehmungen statt. Abteilung III, die Schutzhaftlagerführung, war für die Häftlingslager, den Arbeitseinsatz und die Umsetzung der Lagerordnung zuständig und stellte die für die Zählappelle verantwortlichen Rapportführer, die Arbeitseinsatz- sowie die Block- und Kommandoführer. Schutzhaftlagerführer waren zunächst Karl Fritzsch, von Februar 1942 an Hans Aumeier und von August 1943 an Heinrich Schwarz. Zu den Aufgaben der Abteilung IV, der Verwaltung, gehörte die Versorgung des Lagers mit Verpflegung und Bekleidung. Sie war zuständig für die Gefangeneneigentumsverwaltung, die Häftlings- und SS-Küchen, Werkstätten, Warenmagazine und sämtliche Haushalts-, Kassen- und Rechnungsangelegenheiten. Ihre Leiter waren zunächst Rudolf Wagner, von Juli 1942 an Wilhelm Burger und von April 1943 an Karl Möckel. Die Abteilung V, Standortarzt, leitete von September 1942 an Eduard Wirths. Ihm unterstanden mehrere SS- und Truppenärzte sowie SS-Sanitätsdienstgrade, Apotheker und Häftlingsärzte. Abteilung VI regelte die Truppenbetreuung, Fürsorge und Schulung der SS-Angehörigen.

Da sich die Häftlingszahlen im Lauf des Jahres 1943 verdreifacht hatten und der Verwaltungsaufwand aufgrund der Errichtung immer neuer Außenlager enorm gestiegen war, kam es im November 1943 zu einer umfassenden Neuordnung der Lagerstruktur. Der Lagerkomplex wurde in drei Einheiten mit je eigener Kommandantur und Schutzhaftlagerführung gegliedert: Auschwitz I (Stammlager), Auschwitz II (Birkenau) und Auschwitz III (Monowitz). Die Außenlager der Landwirtschaft wurden der Verwaltung von Auschwitz II, die Außenlager bei Industriebetrieben dem Teillager Auschwitz III unterstellt.[79] Zentrale Funktionen im Zusammenhang mit der Judenvernichtung wie Selektionen und Raubgutverwertung blieben jedoch einheitlich organisiert. Diese Strukturänderung war mit dem umfassendsten Personalaustausch in der Lagergeschichte verbunden. Der bisherige Kommandant Rudolf Höß wurde zur Abteilung D I des Wirtschafts-Verwaltungshauptamts nach Oranienburg versetzt und tauschte seinen Posten mit Arthur Liebehenschel, der Kommandant von Auschwitz I wurde. Als Kommandanten in Auschwitz II wurden Friedrich Hartjenstein, in Auschwitz III Heinrich Schwarz eingesetzt. Versetzt wurden außerdem der Kattowitzer Gestapochef Rudolf Mildner und der Lagerarzt Friedrich Entress. Maximilian Grabner, der Leiter der Politischen Abteilung, war aufgrund der Ermittlungen von Konrad Morgen in Untersuchungshaft genommen worden; gegen ihn wurde im Oktober 1944 wegen unerlaubter Erschießungen ein Prozess eröffnet, der jedoch nie abgeschlossen und bereits im Oktober 1944 in einem Kassiber der Widerstandsbewegung im Lager als Farce bezeichnet wurde (Dok. 146).

Verschiedentlich wurde vermutet, dass die Personalveränderungen im Herbst 1943 mit den Ermittlungen der Morgen-Kommission und Berichten der BBC über das Massensterben in Auschwitz im Zusammenhang stünden.[80] Allerdings waren regelmäßige Personalwechsel und Strukturanpassungen ein fester Bestandteil des SS-Herrschaftssystems. Bis auf Grabner wurde außerdem niemand in eine schlechtere Position versetzt.

79 Standortbefehl Nr. 53/43 des KZ Auschwitz vom 22.11.1943, in: Frei u. a. (Hrsg.), Standort- und Kommandanturbefehle (wie Anm. 42), S. 366–369.

80 Langbein, Menschen in Auschwitz (wie Anm. 41), S. 56–59.

Insofern sind die Änderungen von November 1943 eher mit dem geplanten Funktionswandel des Lagers nach dem vermeintlichen Abschluss der Deportationen in Verbindung zu bringen – etwa zeitgleich endete die „Aktion Reinhardt" im Generalgouvernement. Auch wenn nach wie vor regelmäßig Transporte eintrafen, waren die Deportationen aus Westeuropa und dem Oststreifen weitestgehend abgeschlossen. Die Mehrheit der Juden unter deutscher Herrschaft war ermordet worden; nur in Ungarn lebten noch mehrere Hunderttausend Juden, auf die die Deutschen zu diesem Zeitpunkt keinen Zugriff hatten. Auschwitz-Birkenau sollte sich nun darauf konzentrieren, der Rüstungsindustrie arbeitsfähige Häftlinge zur Verfügung zu stellen. Der neue Kommandant Liebehenschel milderte aus diesem Grund das Terrorregime im Bereich des Stammlagers, und die Zahl der Erschießungen ging zurück. Auf die Situation der jüdischen Häftlinge in Birkenau und Monowitz, die vor allem unter der katastrophalen Versorgungs- und Unterbringungssituation, der Gewalt der Funktionshäftlinge und dem mörderischen Arbeitseinsatz litten, hatte der Personalwechsel hingegen nur geringe Auswirkungen.

Die „Ungarn-Aktion" im Sommer 1944 und die Entwicklung von Auschwitz zum Umschlagplatz von Häftlingsarbeitskräften

Anfang 1944 hatte sich der Arbeitskräftemangel in der deutschen Rüstungsindustrie dramatisch zugespitzt. Der Nachschub an zivilen Zwangsarbeitern und Kriegsgefangenen war versiegt, da sich die Wehrmacht an allen Fronten auf dem Rückzug befand. Nach dem deutschen Einmarsch in Ungarn im März 1944 gelangten Hunderttausende von Juden in die Verfügungsgewalt der SS. Die ersten Deportationszüge aus Ungarn trafen Anfang Mai 1944 in Auschwitz ein; von Mitte Mai 1944 an waren es fast täglich bis zu vier Transporte. Bis der ungarische Reichsverweser Miklós Horthy Anfang Juli 1944 schließlich die Einstellung der Deportationen verfügte, waren rund 438 000 Juden aus Ungarn nach Auschwitz gebracht worden.[81]

Zur Vorbereitung der größten Massenmordaktion in der Geschichte von Auschwitz wurden erfahrene und bewährte Vernichtungsexperten an den Ort des Geschehens zurückgeholt, darunter der frühere Kommandant Rudolf Höß, der im November 1943 nach Oranienburg versetzt worden war, und Otto Moll, der ehemalige Leiter der Krematorien, der seit März 1944 als Lagerführer des Außenlagers Gleiwitz I fungierte. Oswald Pohls persönlicher Assistent Richard Baer wurde Kommandant von Auschwitz I, Josef Kramer, bisher Kommandant in Natzweiler, wurde Kommandant von Auschwitz II.[82]

Nie waren mehr Menschen im Lager eingetroffen als in den Monaten Mai und Juni 1944, als 230 000 bzw. 170 000 Juden dort ankamen. Auch wenn der Frühsommer 1944 in Auschwitz vor allem mit der Ermordung der Juden aus Ungarn in Verbindung gebracht

81 Randolph L. Braham, The Politics of Genocide. The Holocaust in Hungary, New York 1981; Christian Gerlach/Götz Aly, Das letzte Kapitel. Realpolitik, Ideologie und der Mord an den ungarischen Juden 1944/45, Stuttgart 2002.

82 Fernschreiben Heinz Fanslau, Leiter der Amtsgruppe A (Truppenverwaltung) im Wirtschafts-Verwaltungshauptamt, an die KL-Kommandanturen, 5.5.1944; TNA, WO 235/20. Zu den Beteiligten am Massenmord im Sommer 1944 siehe Christophe Busch/Stefan Hördler/Robert Jan van Pelt (Hrsg.), Das Höcker-Album. Auschwitz durch die Linse der SS, Darmstadt 2016.

wird, wurden in diesem Zeitraum auch zahlreiche andere Gruppen jüdischer Häftlinge nach Auschwitz deportiert und dort ermordet oder weiterverschoben. Im Generalgouvernement wurden die letzten noch bestehenden Zwangsarbeitslager für Juden geräumt, ebenso einige noch verbliebene Außenlager von Majdanek und das Lager Plaszow bei Krakau. Im Zuge der endgültigen Auflösung des Gettos Litzmannstadt im August 1944 kamen 67 000 Jüdinnen und Juden nach Auschwitz und wurden von dort entweder in Außenlager deportiert oder sofort ermordet.[83] Aus Triest und Fossoli di Carpi trafen Transporte mit italienischen Juden ein, ebenso vereinzelte Transporte aus der Slowakei, Frankreich, den Niederlanden und Belgien. Im Mai 1944 wurden rund 7500, im September und Oktober 1944 18 400 Juden aus Theresienstadt nach Auschwitz deportiert.

Die Tag und Nacht eintreffenden Transporte überstiegen die Kapazitäten des Lagers in vieler Hinsicht. Für die SS bedeuteten die Selektionen der eintreffenden Transporte, die Sortierung der massenhaft anfallenden Gepäckstücke, die Registrierung und Unterbringung der zum Arbeitseinsatz Ausgewählten, ihre Zuweisung zu einzelnen Transporten und die dafür erforderliche Neuausstattung mit Kleidung einen nicht gekannten logistischen Aufwand. Die vorhandenen Häftlingsanzüge reichten im August 1944 nicht aus, um alle für den Arbeitseinsatz vorgesehenen Häftlinge zu versorgen (Dok. 133). Die den ermordeten Juden abgenommene Kleidung wurde wahllos an die Häftlinge verteilt. Zdenka Fantlová, die im Oktober 1944 aus Theresienstadt nach Auschwitz gekommen war, erinnerte sich an die Kleiderausgabe: „Von Bergen mit verschiedensten Kleidungsstücken und einem Wust von Schuhen warf uns je eine Aufseherin zu, was ihr gerade so in die Hände fiel. Wir mussten die Sachen fangen und schnell wieder verschwinden. Erst draußen konnte ich mir ansehen, was ich bekommen hatte. In einer Hand hielt ich ein oliv-grünes Abendkleid aus dünnem Georgette, das mit Perlen und Pailletten bestickt war. Weite wallende Ärmel und ein großer Halsausschnitt. Dazu ein kleiner Mantel wie für ein 12-jähriges Mädchen."[84]

Die zum Arbeitseinsatz ausgewählten Menschen wurden nach der Selektion als sogenannte Durchgangsjuden ohne Registrierung notdürftig in den Abschnitten B II c und B II e sowie im noch nicht fertiggestellten Abschnitt B III („Mexiko") in Birkenau untergebracht. Der Lagerabschnitt B II e war im Februar 1943 als „Zigeunerlager" eingerichtet worden, in das mehr als 23 000 Menschen, darunter viele Familien, deportiert wurden, von denen 80 Prozent an Seuchen und durch Krankenmorde starben. Der erste Versuch der SS, das Lager zu räumen, scheiterte im Mai 1944 am Widerstand der Häftlinge. In der Nacht vom 2. zum 3. August 1944 wurde das nur noch von rund 4300 Menschen bewohnte Lager aufgelöst. 918 arbeitsfähige Häftlinge überstellte die SS nach Buchenwald, und rund 3000 als arbeitsunfähig deklarierte Männer, Frauen und Kinder wurden in der Gaskammer ermordet.[85] Im noch nicht fertiggestellten Abschnitt B III waren

83 Andrzej Strzelecki, The Deportation of Jews from the Łódź Ghetto to KL Auschwitz and their Extermination, Oświęcim 2006.

84 Zdenka Fantlová, „In der Ruhe liegt die Kraft" sagte mein Vater, Bonn 1999, S. 121 f.

85 Michael Zimmermann, Rassenutopie und Genozid. Die nationalsozialistische „Lösung der Zigeunerfrage", Hamburg 1996; Wacław Długoborski (Hrsg.), Sinti und Roma im KL Auschwitz-Birkenau 1943–1944 vor dem Hintergrund ihrer Verfolgung unter der Naziherrschaft, Oświęcim 1998.

Baracken aufgestellt, die über keinerlei Innenausstattung verfügten; die Häftlinge schliefen direkt auf der Erde und warteten dort Tage, Wochen oder Monate, bis die SS über ihr weiteres Schicksal entschied.
Die deutsche Rüstungsindustrie erhoffte sich insbesondere durch die Deportation der Juden aus Ungarn neue Arbeitskräfte für die geplanten gigantischen Projekte. Am 1. März 1944 war vom Reichsluftfahrt- und Rüstungsministerium der Jägerstab gegründet worden, der die Produktion von Jagdflugzeugen, bald aber der gesamten Luftwaffenrüstung, forcieren und deren Untertageverlagerung koordinieren sollte. Im April 1944 hatte Hitler den Einsatz von 100 000 ungarischen Juden für den Bau unterirdischer Flugzeugfabriken genehmigt.[86] Karl-Otto Saur, Staatssekretär im Rüstungsministerium und Chef des Jägerstabs, warb bei den Unternehmern der deutschen Rüstungsindustrie nun gezielt für den Einsatz von KZ-Häftlingen.[87] Im Juni 1944 beschwerte er sich über die Zurückhaltung der Betriebe, KZ-Häftlinge zu beantragen (Dok. 122). Gründe waren vor allem anfängliche Schwierigkeiten bei der Stellung von Wachmannschaften, Einschränkung von Barackenbaukontingenten und der Umstand, dass die SS die KZ-Häftlinge zunächst nur in großen Gruppen von 1000 (später 500) abgab, für die viele Unternehmen weder Bedarf noch Einsatzmöglichkeiten hatten. Von Sommer bis in den späten Herbst 1944 hinein verließen Hunderttausende von Häftlingen Auschwitz zum Arbeitseinsatz in Richtung Reichsgebiet. Als „abgebende Stelle“ war Auschwitz auch für die Rücknahme von arbeitsunfähig gewordenen Rüstungsarbeitern und -arbeiterinnen verantwortlich.[88] Aus diesem Grund trafen nun zunehmend Krankentransporte aus anderen Lagerkomplexen wie Stutthof, Mauthausen, Buchenwald oder Sachsenhausen in Auschwitz ein.

Reaktionen der Häftlinge zwischen Selbstbehauptung, Widerstand und Resignation

Die Überlieferung der Geschichte von Auschwitz-Birkenau aus der Perspektive der jüdischen Deportierten ist von einer großen Leerstelle gekennzeichnet: Die Opfer des Gasmordes konnten kein Zeugnis ablegen. Die Mitglieder der Sonderkommandos, die den Menschen kurz vor ihrem Tod am nächsten waren, spürten daher eine große Verantwortung, der Welt von den Verbrechen und den letzten Momenten der Ermordeten zu berichten sowie ihre eigenen Emotionen zu reflektieren. Unter schwierigsten Umständen gelang es ihnen außerdem, die Leichenverbrennung zu fotografieren und die Fotos aus dem Lager zu schmuggeln (Dok. 137). Ihre Aufzeichnungen, die einige in der Nähe der Krematorien vergruben, bevor sie selbst ermordet wurden, gehören zu den bewegendsten Dokumenten der Auschwitz-Überlieferung.[89] Lejb Langfus berichtete, wie Men-

86 Protokoll der Führerbesprechung am 6./7.4.1944; BArch, R 3/1509. Auszüge abgedruckt als Dokument R-124 in: Der Prozess gegen die Hauptkriegsverbrecher (wie Anm. 50), Bd. 38, S. 360 ff.

87 Jägerstabsbesprechung vom 25.5.1944 und 9.6.1944; BArch, RL 3/7, Bl. 621, 50 f.

88 Rundschreiben von Enno Lolling an die SS-Standortärzte vom 25.8.1944; LATh-HStA Weimar, KZ und Hafta Buchenwald, Nr. 9, Bl. 28.

89 Jadwiga Bezwińska/Danuta Czech (Hrsg.), Inmitten des grauenvollen Verbrechens. Handschriften von Mitgliedern des Sonderkommandos, Oświęcim 1972; Ber Mark, Megiles Ojshvits, Tel Aviv 1977; Gideon Greif, „Wir weinten tränenlos …“. Augenzeugenberichte des jüdischen „Sonderkommandos“ in Auschwitz, Frankfurt a. M. 1999; Eric Friedler/Barbara Siebert/Andreas Kilian,

schen in der Gaskammer verzweifelt schrien, weinten oder beteten. Viele konnten bis zum Schluss nicht glauben, dass sie in den Tod geführt würden; andere, vor allem die Häftlinge aus dem Theresienstädter Familienlager, die schon ein halbes Jahr lang in der Nähe der Krematorien gelebt hatten, sprachen in vollem Bewusstsein des bevorstehenden Todes das Kaddisch, sangen ihre Nationalhymnen, die Hatikva oder auch die Internationale (Dok. 44). Salmen Gradowski beschreibt in einem Ausschnitt seines umfangreichen Werks die Situation im Sonderkommando, nachdem 200 Kameraden zum Abtransport in den Tod bestimmt wurden. In einem vergrabenen Brief fordert er die Finder auf, im Bereich der Krematorien von Auschwitz nach weiteren versteckten Dokumenten zu suchen (Dok. 98, 139). Salmen Lewental beschreibt seine Enttäuschung über den misslungenen Aufstand des Sonderkommandos (Dok. 148).

Zahlreiche Überlebende haben über die Lagerhaft, den Hunger, die ständig drohende Gewalt von SS und Funktionshäftlingen, die erschöpfende Arbeit, die hygienischen Zumutungen, den Schmutz, die sinnlosen und mörderischen Lagerappelle, die zwischenmenschlichen Konflikte in den überfüllten Baracken, die große Verzweiflung bei Krankheit und die Angst vor Selektionen Zeugnis abgelegt. In der unmittelbaren Nachkriegszeit sammelten vor allem Ermittlungsbehörden und jüdische Organisationen Erfahrungsberichte der jüdischen Überlebenden.[90] In den folgenden Jahren entstanden außerdem zahlreiche literarische Verarbeitungen und autobiographische Erinnerungen.[91] Für etliche waren die Prozesse gegen SS-Täter Anlass und Pflicht, umfangreich über ihre Erfahrungen zu berichten.[92] Seit den 1980er-Jahren kamen Tausende von Video-Interviews hinzu, die in Archiven und Gedenkstätten geführt und gesammelt wurden.[93] Aber auch aus erhalten gebliebenen Lagerakten erfahren wir viel über die individuelle Selbstbehauptung der Häftlinge. Eliezer Papo zum Beispiel, ein aus Frankreich deportierter bulgarischer Jude, hatte es geschafft, nach seiner Einweisung in das Lager anderthalb Jahre lang einen Ring seiner Frau als Andenken zu bewahren – trotz des existenzbedrohenden Hungers, der dazu zwang, jeden erdenklichen Wertgegenstand

Zeugen aus der Todeszone. Das jüdische Sonderkommando in Auschwitz, München 2005; Pavel Polian, Svitki iz pepla, Moskau 2015; ders., Das Ungelesene lesen. Die Aufzeichnungen von Marcel Nadjari, Mitglied des jüdischen Sonderkommandos von Auschwitz-Birkenau, und ihre Erschließung, in: VfZ, 65 (2017), S. 597–618.

90 Zahlreiche Vernehmungen von Überlebenden führte die im März 1945 gebildete Kommission zur Untersuchung der deutsch-faschistischen Verbrechen in Oświęcim durch. Zu den jüdischen Organisationen, die bereits 1945 Überlebendenberichte sammelten, gehörten die Jüdischen Kommissionen in Polen, das DEGOB-Komitee in Ungarn sowie das Haus der Flüchtlinge in Bukarest. Für Westeuropa vgl. Laura Jockusch, Collect and Record! Jewish Holocaust documentation in early postwar Europe, Oxford 2012.

91 Zu den bekanntesten gehören Primo Levi, Ist das ein Mensch?, Frankfurt a. M. 1961 (ital. Erstausgabe 1947); Liana Millu, Der Rauch über Birkenau, München 1997 (ital. Erstausgabe 1947); Eli Wiesel, Die Nacht zu begraben, Elischa, München 1962 (franz. Erstausgabe 1958); H. G. Adler/Hermann Langbein/Ella Lingens-Reiner (Hrsg.), Auschwitz. Zeugnisse und Berichte, Frankfurt a. M. 1962; Imre Kertész, Mensch ohne Schicksal, Berlin 1990 (ungar. Erstausgabe 1975); Ruth Klüger, weiter leben. Eine Jugend, Göttingen 1992; Otto Dov Kulka, Landschaften der Metropole des Todes. Auschwitz und die Grenzen der Erinnerung und der Vorstellungskraft, München 2013.

92 Tadeusz Cyprian/Jerzy Sawicki, Siedem wyroków Najwyższego Trybunału Narodowym, Poznań 1962; Raphael Gross/Werner Renz (Hrsg.), Der Frankfurter Auschwitz-Prozess (1963–1965). Kommentierte Quellenedition, Frankfurt a. M. 2013.

93 Das größte Videoarchiv, das Visual History Archive der USC Shoah Foundation, umfasst mehr als 9000 Berichte jüdischer Überlebender aus Auschwitz.

gegen Lebensmittel zu tauschen. Als die SS den Ring bei einer Durchsuchung entdeckte, musste Eliezer Papo eine Prügelstrafe über sich ergehen lassen (Dok. 113). Viele Hundert Strafmeldungen berichten von Häftlingen, die Stockschläge erhielten, weil sie sich Kleidung und Lebensmittel beschafft, Äpfel gepflückt, sich an ihren Arbeitsstellen Besteck hergestellt oder sich während der zwölfstündigen Arbeit ausgeruht oder unterhalten hatten (Dok. 84).[94]

Viele Häftlinge ertrugen die quälenden Lebensumstände nicht und setzten ihrem Leben selbst ein Ende. Ruth Klüger berichtete von ihrer schockierten Reaktion, als ihre Mutter am ersten Abend in Birkenau den Vorschlag machte, zusammen in den tödlichen Stacheldraht zu gehen: „Ich war zwölf Jahre alt, und der Gedanke, mit Zuckungen in einem elektrischen Stacheldraht zu verenden, und das noch dazu auf Vorschlag meiner eigenen Mutter, und jetzt gleich, überstieg mein Fassungsvermögen." Auf ihre Weigerung reagierte ihre Mutter gelassen, „als hätte es sich um eine Aufforderung zu einem kleinen Spaziergang in Friedenszeiten gehandelt. ‚No, dann eben nicht'." Erst als sie selbst Kinder hatte, so Ruth Klüger, erkannte sie, dass es sich vertreten ließe, seine Kinder in so einer Situation selbst zu töten, anstatt zu warten. Denn Selbstmord sei geradezu „anheimelnd im Vergleich zu dem anderen Tod, der in Birkenau verabreicht wurde".[95]

Eine Flucht aus dem Lager bedurfte gezielter Vorbereitung und Unterstützung von außen und kam daher nur für wenige in Frage. Am erfolgreichsten verlief sie im Fall von polnischen Häftlingen, die sich mit der in der Umgebung des Lagers lebenden polnischen Bevölkerung verständigen konnten und Zufluchtsorte mit Versteckmöglichkeiten kannten. Weitaus schwieriger war die Situation für die jüdischen Häftlinge, die mit ihren Familien deportiert worden waren und keinen Ort mehr hatten, den sie hätten ansteuern können. Dennoch sind von den über 800 dokumentierten Fluchtversuchen, die meisten von polnischen und russischen Häftlingen, über 115 von jüdischen Häftlingen durchgeführt worden. Die meisten endeten erfolglos.[96] In der Regel wurden die Flüchtigen aufgrund der Größe des von der SS kontrollierten Gebiets, in dem sie sich nicht auskannten, bereits nach wenigen Tagen aufgegriffen, wie Ladislaus Knopp aus Topoľčany und Samuel Culea aus Iași. Beide waren im Dezember 1942 kurz vor der Ermordung des ersten Sonderkommandos geflohen. Nach ihrer Ergreifung wurden sie an der Todeswand des Blocks 10 hingerichtet (Dok. 41). Ähnlich erging es Mala Zimetbaum, die im Juni 1944 mit dem polnischen Häftling Edward Galiński die Flucht wagte und 14 Tage später wieder gefasst wurde (Dok. 123).

Trotz des Terrors hatte sich schon früh im Lager ein organisierter Widerstand formiert, der in den ersten Jahren von den polnischen politischen Häftlingen getragen wurde und sich mit der Zeit erweiterte. Es bildeten sich nationale Widerstandsgruppen unterschiedlicher politischer Ausrichtung. Mehrfach bemühten sich diese, zu Kooperation und gemeinsamem Handeln zusammenzufinden. So vereinte sich im Mai 1943 die linksgerichtete polnische Untergrundgruppe unter Józef Cyrankiewicz und Tadeusz Hołuj mit österreichischen Aktivisten um Hermann Langbein und Ernst Burger zur Kampfgruppe Auschwitz. Es gelang den Mitgliedern der Gruppe, wichtige Posten in der Häftlingshierarchie zu besetzen und auf diese Weise Formen der Selbsthilfe zu entwickeln, Fluchtversuche zu

94 APMAB, Meldunki karne, Bd. 1–5.

95 Klüger, weiter leben (wie Anm. 91), S. 115 f.

96 Henryk Świebocki, Widerstand, in: StAu IV (wie Anm. 1), S. 237–293.

organisieren und Kontakte zur Außenwelt zu pflegen. Um eine Verständigung mit den polnischen militärisch ausgerichteten Gruppen zu erreichen, formierte sich im Frühjahr 1944 der Militärrat des Lagers. Ein neuralgischer Punkt der Auseinandersetzung war die Frage, ob ein bewaffneter Aufstand der Häftlinge verbunden mit einem Massenausbruch erfolgreich sein könne. Auch wenn innerhalb des polnischen Untergrunds und der polnischen Exilregierung die Möglichkeit einer gewaltsamen Häftlingsbefreiung diskutiert wurde, bestanden doch massive Bedenken, ob eine ausreichende Unterstützung von außen zu gewährleisten sei.[97] Ein Aufstand – für den im August 1944 detaillierte Planungen vorlagen – wurde deswegen lediglich als letzte Möglichkeit in Erwägung gezogen, falls die SS versuchen sollte, alle Häftlinge des Lagers zu ermorden (Dok. 86, 136).

Gewalttätige Widerstandsaktionen entstanden aus diesem Grund vor allem als spontane Reaktion von Menschen, die in die Gaskammer geführt wurden und wussten, dass sie nichts mehr zu verlieren hatten. So wehrten sich am 23. Oktober 1943 aus Bergen-Belsen nach Auschwitz verbrachte polnische Jüdinnen im Auskleideraum des Krematoriums II gegen ihre bevorstehende Ermordung. Eine Frau schleuderte Kleidungsstücke gegen SS-Oberscharführer Josef Schillinger, entriss ihm den Revolver und schoss auf ihn sowie auf SS-Unterscharführer Wilhelm Emmerich. Die übrigen Frauen stürzten sich auf die Männer, bissen und kratzten. Herbeigeeilte SS schoss die Frauen mit Maschinengewehren nieder, die Übrigen wurden in die Gaskammer getrieben und getötet. Schillinger starb an den Folgen der Verletzungen, Emmerich behielt Lähmungen am Bein zurück (Dok. 91).

Der wichtigste Aufstand in Auschwitz fand im Oktober 1944 statt. Anlass war die im Vormonat begonnene Verkleinerung des Sonderkommandos. 200 Häftlinge, deren Arbeitskraft nicht mehr gebraucht wurde, ermordete die SS zur Täuschung der Übrigen nicht in der Gaskammer, sondern in einem sonst für die Kleiderentwesung genutzten Raum (Dok. 142). Seit Herbst 1943 hatte sich eine konspirative Gruppe um Jankiel Handelsman auf einen bewaffneten Aufstand vorbereitet; ungünstige Umstände verhinderten mehrmals das Losschlagen. Als die verbliebenen rund 660 Mitglieder des Sonderkommandos von einer weiteren bevorstehenden Tötungsaktion erfuhren und sich am 7. Oktober 1944 auf dem Platz zwischen den Krematorien IV und V einfinden sollten, um für einen „Transport" selektiert zu werden, griff einer der aufgerufenen Häftlinge die SS mit einem Hammer an. Es kam zu einem Handgemenge, die SS schoss, und Häftlinge zündeten das Krematorium IV an. Dies verstanden die übrigen Häftlinge als Signal. Auch im Krematorium II überwältigten Häftlinge Kapos und SS, rissen Zäune ein und flüchteten in den Wald. Im Kampf starben etwa 250 Häftlinge, weitere 200 wurden am selben Abend von der SS erschossen. Drei SS-Männer starben (Dok. 147, 148).[98]

97 Józef Garliński, Oświęcim walczący, London (engl. Ausgabe Fighting Auschwitz: the resistance movement in the concentration camp, London 1975); Hermann Langbein, … nicht wie die Schafe zur Schlachtbank. Widerstand in Konzentrationslagern, Frankfurt a. M. 1980; Świebocki, Widerstand (wie Anm. 96).

98 Vgl. Igor Bartosik, Bunt Sonderkommando 7 października 1944 roku, Oświęcim 2015; Gideon Greif/Itamar Levin, Aufstand in Auschwitz. Die Revolte des jüdischen Sonderkommandos am 7. Oktober 1944, Köln u. a. 2015. Aus Perspektive von Sonderkommandohäftlingen siehe Shlomo Venezia, Sonderkommando Auschwitz, Milano 2007; Filip Müller, Sonderbehandlung. Drei Jahre in den Krematorien und Gaskammern von Auschwitz, München 1979; siehe auch Standortbefehl Nr. 26/44 vom 12.10.1944, in: Frei u. a. (Hrsg.), Standort- und Kommandanturbefehle (wie Anm. 42), S. 499.

Die Einstellung des Mordens in den Gaskammern und die Räumung des Lagers

Vor dem Hintergrund des Kriegsverlaufs hatte Heinrich Himmler schon Mitte 1944 begonnen, den Alliierten inhaftierte Juden gegen Devisen und kriegswichtige Waren anzubieten. Auf diese Weise wollte er die Möglichkeiten für separate Friedensverhandlungen mit den Westmächten sondieren.[99] Die Juden spielten für Himmler zunehmend die Rolle eines Faustpfands, auch wenn in Auschwitz keine Anstrengungen unternommen wurden, die Überlebensbedingungen der Häftlinge zu verbessern. Anfang November 1944 allerdings ließ Himmler die Gaskammermorde in Auschwitz einstellen. Die Juden, die in wenigen Transporten zu diesem Zeitpunkt noch eintrafen, wurden vollständig registriert und ins Lager überstellt. Am 25. November 1944 ordnete der Reichsführer-SS an, die Krematorien zu demontieren, deren Inventar sollte teilweise in anderen Konzentrationslagern weiterverwendet werden. Krematorium IV war bereits nach dem Aufstand des Sonderkommandos abgerissen worden. Die den Abbruchkommandos zugewiesenen Häftlinge hatten Zugang zu den Tötungsorten und konnten sich auf diese Weise ein Bild von der Funktionsweise der Gaskammern machen (Dok. 157).

Die Versorgungslage und die hygienische Situation im Lager waren weiterhin katastrophal, und die Sterblichkeit blieb hoch. Auch wurden weiterhin zahlreiche Häftlinge in Außenlager zur Zwangsarbeit überstellt; reichsweit entstanden bis in das Frühjahr 1945 neue Außenlager bei Rüstungsunternehmen oder zum Befestigungsbau. Selbst im Lagerkomplex Auschwitz wurde trotz der nahenden Roten Armee noch Ende Dezember 1944 das Außenlager Hubertushütte in der Nähe von Beuthen errichtet.

Erst nach der Januaroffensive der Roten Armee beschloss die SS, das Lager zu räumen. Zwischen dem 17. und 19. Januar 1945 trieb sie etwa 58 000 Gefangene aus den Haupt- und Außenlagern auf Todesmärsche. Nur 40 000 von ihnen erreichten die Lager Groß-Rosen, Buchenwald, Mittelbau-Dora, Mauthausen, Ravensbrück, Sachsenhausen, Dachau, Flossenbürg, Neuengamme, Bergen-Belsen und Theresienstadt und waren dort weiter dem Mordregime der SS und nachfolgenden Räumungsmaßnahmen ausgesetzt. Etliche waren geflohen (Dok. 175, 180, 189, 206), viele auf dem Weg erfroren, verhungert oder erschossen worden.

Mehr als 8500 Häftlinge blieben in den Lagerteilen und Außenlagern des Auschwitz-Komplexes zurück, weil sie zu geschwächt waren, um sich auf den Marsch zu begeben. Die SS-Wachposten waren abgezogen, doch blieben die Kranken von patrouillierender SS und versprengter Wehrmacht bedroht. In einigen Lagerteilen und Außenlagern trafen Spezialkommandos ein, die Häftlinge erschossen und Kranke in Baracken einsperrten und diese anzündeten (Dok. 177, 178). Erst am 25. Januar 1945 setzten sich die Mordkommandos in den Westen ab. Am 27. Januar 1945 erreichten sowjetische Truppen der 1. Ukrainischen Front das Lager (Dok. 160).

99 Yehuda Bauer, Freikauf von Juden? Verhandlungen zwischen dem nationalsozialistischen Deutschland und jüdischen Repräsentanten von 1933–1945, Frankfurt a. M. 1996; Peter Longerich, Heinrich Himmler: Eine Biographie, München 2008, S. 728.

Zur Zahl der Opfer

Über die genaue Zahl der Ermordeten von Auschwitz gab es lange Zeit Kontroversen, weil insbesondere direkt nach dem Krieg versucht wurde, die Zahl der Opfer auf der Grundlage des Leistungsvermögens der Krematorien zu berechnen. Diese Bemühungen konnten zu keinen validen Ergebnissen führen, da die Krematorien nicht immer in gleichbleibender Auslastung betrieben wurden; im Sommer 1942 und 1944 wurden Leichen zusätzlich auf Scheiterhaufen und Verbrennungsgruben unter freiem Himmel verbrannt.

Im Jahr 1991 präsentierte der Leiter der Gedenkstätte in Auschwitz, Franciszek Piper, eine Berechnung der Opferzahlen, die vor allem auf einer Auswertung erhaltener Deportationslisten beruht. Er kam zu dem Ergebnis, dass insgesamt 1,1 Millionen Juden nach Auschwitz deportiert wurden, von denen 960 000 starben.[100]

Welche Nationalitäten die Opfer hatten, kann nicht immer genau bestimmt werden, da die in den Transportlisten angegebenen Herkunftsländer nicht in jedem Fall mit der nationalen Herkunft oder Identität der Deportierten übereinstimmten. So befanden sich in der Gruppe der als ungarisch bezeichneten Juden viele Menschen aus den ungarisch besetzten Gebieten der Tschechoslowakei und Rumäniens. Ungenauigkeiten ergeben sich außerdem durch Fluchtbewegungen in andere Länder vor dem Krieg. Zahlreiche osteuropäische Juden waren seit Ende des 19. Jahrhunderts nach Westeuropa ausgewandert. Sie bildeten einen nicht unerheblichen Teil der aus Frankreich und Belgien deportierten Juden. In vielen Transporten aus Westeuropa befanden sich außerdem deutsche Juden, die nach 1933 aus dem Deutschen Reich geflohen waren. Des Weiteren enthält Pipers Statistik eine 34 000 Juden zählende Gruppe, die aus „anderen Konzentrationslagern und anderen Orten“ nach Auschwitz deportiert wurde. Dabei handelte es sich in der Regel um Sammeltransporte von Häftlingen unterschiedlicher Herkunft. Die folgenden Zahlen sind daher Schätzwerte, die lediglich eine Vorstellung der Größenordnungen vermitteln sollen. Die größte Gruppe der nach Auschwitz-Birkenau deportierten Juden stammte aus Ungarn und den ungarisch besetzten Gebieten (438 000), gefolgt von den polnischen Juden (300 000). Die Gesamtzahl der aus Frankreich ins Lager Deportierten betrug etwa 69 000; aus den Niederlanden wurden 60 000, aus Griechenland 55 000, aus dem Protektorat 46 000, aus der Slowakei 27 000, aus Belgien 25 000, aus dem Deutschen Reich einschließlich Österreich 23 000, aus Jugoslawien 10 000, aus Italien 7500 und aus Norwegen 690 Juden nach Auschwitz deportiert.[101]

100 Piper, Zahl der Opfer (wie Anm. 2). Während die Zahl der Deportierten unstrittig ist, ist die Zahl der in Auschwitz Ermordeten nicht ausreichend genau bestimmt. Schwierigkeiten bereitet vor allem, zu ermitteln, wie viele nicht registrierte sogenannte Durchgangsjuden von Auschwitz aus in den Arbeitseinsatz geschickt wurden.

101 Piper, Zahl der Opfer (wie Anm. 2), S. 144 f. Zur Frage der Opferzahlen siehe auch Serge Klarsfeld/Maxime Steinberg, Memorial de la déportation des Juifs Belgique, Brüssel 1982; Bundesarchiv (Hrsg.), Gedenkbuch: Opfer der Verfolgung der Juden unter der nationalsozialistischen Gewaltherrschaft in Deutschland 1933–1945, Koblenz 1986; Giuliana Donati, Ebrei in Italia. Deportazione, Resistenza, Firenze 1986; Miroslav Kárný (Hrsg.), Terezínská pamětní kniha: židovské oběti nacistických deportací z Čech a Moravy 1941–1945, Praha 1995; Serge Klarsfeld, Vichy-Auschwitz. Die „Endlösung der Judenfrage“ in Frankreich, Darmstadt 2007.

Was erfuhr die Welt von den Verbrechen in Auschwitz?

Auschwitz in seiner Funktion als ein deutsches Konzentrationslager für Angehörige des polnischen Widerstands war spätestens 1941 international bekannt. Im Sommer 1942 hatten auch Informationen über den Judenmord der Deutschen in Polen die Weltöffentlichkeit erreicht. Im Zentrum der Aufmerksamkeit standen allerdings die Vernichtungslager Kulmhof, Belzec, Sobibor und Treblinka, die Deportationen von Menschen aus dem Warschauer Getto und Massaker im Rahmen von Gettoauflösungen.[102] Dass auch Auschwitz von Frühjahr 1942 an zu einer Massenvernichtungsstätte für Juden geworden war, verbreitete sich erst mit Verzögerung. Wie die Ausgabe der Londoner Times vom 8. August 1942 zeigt, war zu dieser Zeit noch nicht bekannt, wohin die Juden aus Frankreich, Belgien und den Niederlanden deportiert wurden. Wahrscheinlich eher zufällig schloss sich dem Bericht über die Deportationen aus Westeuropa eine Meldung über Auschwitz als Internierungsort polnischer Widerstandskämpfer an (Dok. 20). Für die in der Umgebung des Lagers lebende Bevölkerung hingegen war es kaum zu ignorieren, dass in Birkenau vom Frühjahr 1942 an in großem Maßstab Menschen ermordet wurden. Die Flammen der Scheiterhaufen und der Geruch von verbranntem Fleisch waren über mehrere Kilometer weit wahrnehmbar. Anwohner registrierten den angestiegenen Bahnverkehr, an der Strecke wurden Leichen von Juden gefunden, die aus Deportationszügen gesprungen waren (Dok. 43, 74). Auf welche Weise gelangten Informationen aus dem Lager an die Öffentlichkeit, und wie reagierte diese darauf?

Den Häftlingen selbst gelang es auf verschiedenen Wegen, Informationen aus dem Lager zu schmuggeln. Den jüdischen Häftlingen war per Runderlass vom 30. März 1942 erlaubt, alle zwei Monate einen Brief zu empfangen oder zu schreiben. Zwar wurde die Schreiberlaubnis willkürlich gehandhabt und oft durch Postsperren eingeschränkt; dennoch erreichten Hunderte, wenn nicht Tausende von Briefen jüdischer Deportierter aus Auschwitz Empfänger in ganz Europa. Bereits im April 1942 trafen in Bratislava Nachrichten der im März 1942 deportierten slowakischen Juden ein (Dok. 8).[103]

Die Briefe mussten auf Deutsch geschrieben sein und durchliefen eine Zensur; aus diesem Grund enthielten sie immer wiederkehrende Wendungen wie „Mir geht es gut, ich bin gesund", die den Briefschreibern von Funktionshäftlingen empfohlen wurden. Viele Häftlinge benutzten Codewörter, um in einem harmlos klingenden Text vom Massensterben in Birkenau oder über den Tod einzelner Freunde oder Angehöriger zu informieren (Dok. 81).[104] Doch selbst Karten mit nichtssagendem Text wurden von den vor Ort verbliebenen jüdischen Organisationen ausgiebig analysiert und konnten in der Gesamtschau wichtige Informationen liefern. Dem Judenrat von Amsterdam gelang es beispielsweise im September 1942, aus der Analyse der eingegangenen Postkarten zu erkennen, dass Familien getrennt worden waren und sich vor allem junge Erwachsene zurückmeldeten, während von den Älteren keine Nachricht kam (Dok. 33).[105]

102 Vgl. VEJ 9/74, 89, 91, 92.

103 Tadeusz Iwaszko, Kontakt mit der Außenwelt, in: StAu II (wie Anm. 1), S. 507–519.

104 Zwi Bacharach, Dies sind meine letzten Worte. Briefe aus der Shoah, Göttingen 2006; Ahlrich Meyer, Das Wissen um Auschwitz. Täter und Opfer der „Endlösung" in Westeuropa, Paderborn 2010, S. 111.

105 Louis de Jong, The Netherlands and Auschwitz, in: Yad Vashem Studies, 7 (1968), S. 39–55.

Regelmäßig führte die SS sogenannte Briefaktionen im Lager durch, um im Ausland kursierende Gerüchte über die Judenvernichtung in Auschwitz zu zerstreuen. Sie wies die Häftlinge an, ihren Angehörigen zu schreiben. Dies hatte den erwünschten Nebeneffekt, dass Lebensmittelsendungen im Lager eintrafen, für die die Absender die Kosten trugen (Dok. 80). Falsche Datierungen sowie die Vorgabe von Absendeorten wie dem unbekannten benachbarten Ort „Neu Berun" oder dem fiktiven „Waldsee" trugen zur Täuschung bei.

Etlichen Häftlingen gelang es, auf illegalem Wege Briefe an Freunde oder Angehörige zu senden. Meist verdankten sie diese Möglichkeit der Unterstützung von Zivilarbeitern, mit denen sie an ihren Arbeitsplätzen Kontakt hatten. Hans-Peter Messerschmidt informierte auf diese Weise seinen Freund Alexander Rotholz, der im Berliner Widerstand aktiv war, von den Lagerbedingungen und der Trennung von seiner Familie (Dok. 69). Heinz Herrmann beschrieb im Februar 1944 seinen Verwandten in Prossnitz schonungslos das Schicksal seiner Eltern und erklärte, dass er sich in der „modernsten Massenhinrichtungsanstalt der Welt" befinde – der Inhalt erschien den Empfängern so unglaublich, dass sie den Brief bis Kriegsende niemandem zeigten (Dok. 95). Walter Windmüller ließ in einem Schreiben an seinen in Magdeburg wohnenden Bekannten Julius Riese seiner Verzweiflung freien Lauf. Er erreichte den Adressaten, der bereits einige Wochen zuvor selbst nach Auschwitz deportiert worden war, nicht mehr (Dok. 65).

Weitaus systematischer gelang es Häftlingen, die in den Widerstandsorganisationen im Lager aktiv waren, Informationen über die Verbrechen in Auschwitz-Birkenau zu verbreiten. Trotz der Isolation entwickelten insbesondere die polnischen Häftlinge ein ausgeklügeltes System des Informationsflusses zwischen dem Lager und den in der Umgebung operierenden Untergrundorganisationen. Mit Hilfe von Häftlingen, die in den Schreibstuben der verschiedenen Abteilungen eingesetzt waren, schmuggelten sie kurze Lageberichte, Statistiken, Informationen über eingetroffene Transporte, Abschriften von SS-Akten oder sogar Originaldokumente und Namenslisten der SS-Täter, die der künftigen Strafverfolgung dienen sollten, aus dem Lager. Dies war wiederum vor allem durch das Engagement von polnischen zivilen Zwangsarbeiterinnen und -arbeitern möglich, die ihr Leben aufs Spiel setzten, um Kassiber weiterzugeben.[106] Trotz strenger Strafen war es der SS nicht möglich, solche Kontakte vollständig zu unterbinden.

Der erste Bericht, der ausdrücklich auf die massenhafte Ermordung von Juden in den Gaskammern von Auschwitz hinwies, erreichte London im November 1942 (Dok. 26). Am 25. November 1942 berichtete die New York Times über den Massenmord an Juden in Auschwitz (Dok. 37).

Von besonderer Bedeutung sind die Kassiber der Polen Stanisław Kłodziński und Józef Cyrankiewicz, die als Mitglieder des Lagerwiderstands ab 1943 regelmäßig Informationen über die Verbrechen im Lager und den Judenmord in Auschwitz-Birkenau an das Hilfskomitee für Konzentrationslagerhäftlinge (PWOK) in Krakau schickten. Diese Organisation war Mitte 1943 in Krakau gegründet worden, um die zahlreichen Aktivitäten zur Unterstützung von KZ-Häftlingen zu koordinieren, darunter die Organisation von

106 Henryk Świebocki, Die lagernahe Widerstandsbewegung und ihre Hilfsaktionen für die Häftlinge des KL Auschwitz, in: Hefte von Auschwitz, 19 (1995), S. 5–187; ders., Widerstand (wie Anm. 96), S. 333–339; ders., People of Good Will: Memorial Book of Residents of the Land of Oświęcim who rendered aid to the Prisoners of Auschwitz Concentration Camp, Oświęcim 2005.

materieller Hilfe (v. a. den Schmuggel von Medikamenten in das Lager) und die Vorbereitung von Fluchten sowie die Betreuung geflohener Häftlinge. Das PWOK bündelte die Nachrichten aus dem Lager und leitete sie an die zentralen Informationsbehörden des Untergrundstaates weiter (Dok. 115, 120).[107] Die Regierungsdelegatur in Warschau publizierte diese Nachrichten regelmäßig in ihren Bulletins und sandte sie per Kurier oder Funk an die polnische Exilregierung in London (Dok. 28, 46, 60). Zwischen März 1943 und Juni 1944 erhielt diese etwa 14-tägig Berichte über Auschwitz, die sie routinemäßig an alliierte Stellen weiterleitete.

Die Strategie des für Propaganda zuständigen britischen Political Warfare Executive, die Verbrechen gegenüber Juden aus den Berichten herauszuhalten, führte dazu, dass britische Medien die vorhandenen Informationen nicht bzw. nur zögerlich verbreiteten. Nur kleinere Zeitungen mit geringer Auflage wie der Polish Jewish Observer berichteten regelmäßig über die Verbrechen an der jüdischen Bevölkerung und zeigten den Kenntnisstand der britischen Behörden. Die Ansicht, die Informationen der Alliierten über Auschwitz seien lange Zeit unzuverlässig und „nicht fassbar“ gewesen bzw. die polnische Exilregierung habe aufgrund von Antisemitismus und Opferkonkurrenz Informationen zurückgehalten, lässt sich aufgrund der neueren Forschungsergebnisse nicht mehr aufrechterhalten. Informationen waren seit Ende 1942 an allen entscheidenden Stellen ausreichend vorhanden – es fehlte jedoch der politische Wille, aktiv gegen den Judenmord vorzugehen.[108]

Berichte von Augenzeugen und Flüchtlingen

Im Juli 1942 erfuhr der gut vernetzte Breslauer Industrielle Eduard Schulte von einem Bekannten, der als Gauwirtschaftsberater an einem Treffen der oberschlesischen NSDAP-Gauleitung mit Heinrich Himmler am 17. Juli 1942 teilgenommen hatte, von der Existenz des Lagers in Auschwitz und der dort stattfindenden Ermordung der Juden. Er fuhr nach Zürich, um einen Schweizer Geschäftspartner von dem ungeheuren Sachverhalt zu informieren. Die Nachricht erreichte Gerhard Riegner, den Genfer Repräsentanten des Jüdischen Weltkongresses, der im August 1942 über das britische und US-amerikanische Konsulat in Genf die WJC-Repräsentanten in London und New York informierte. In dem Telegramm machte er auf die Planungen zur Ermordung der Juden aufmerksam; konkretes Wissen über Auschwitz gab es zu diesem Zeitpunkt im Ausland nicht. [109] Nach dem Beginn der Deportationen aus Westeuropa bemühten sich verschiedene Menschen, vor Ort an Informationen über das Schicksal der Juden zu gelangen. Ende 1942 gelang es dem belgischen Soziologen Victor Martin, in der unmittelbaren Umgebung des Lagers Auskünfte über den Verbleib der belgischen Juden einzuholen.

107 Eine umfassende Edition der Kassiber von Stanisław Kłodziński und Józef Cyrankiewicz: Irena Paczyńska (Hrsg.), Grypsy z Konzentrationslager Auschwitz Józefa Cyrankiewicza i Stanisława Kłodzińskiego, Kraków 2013.

108 Richard Breitman, Staatsgeheimnisse. Die Verbrechen der Nazis – von den Alliierten toleriert, München 1999; Michael Fleming, Auschwitz, the Allies and Censorship of the Holocaust, Cambrigde 2014.

109 Walter Laqueur/Richard Breitman, Der Mann, der das Schweigen brach. Wie die Welt vom Holocaust erfuhr, Frankfurt a. M. 1986.

Sein Bericht wurde 1943 in der belgischen Untergrundpresse verbreitet.[110] Im April 1943 berichtete der polnische Untergrundkurier Jerzy Salski, der sich nach London hatte durchschlagen können, ausführlich von den Verhältnissen in Polen und der Ermordung der Juden in Auschwitz (Dok. 66). Nach ihrer Flucht im April 1943 schrieben die polnischen Häftlinge Witold Pilecki, Edward Ciesielski und Jan Redzej Berichte, die zwar vorrangig über den Zustand der konspirativen Organisationen im Lager informieren sollten, aber auch den Judenmord erwähnten (Dok. 77).[111] Im August 1943 erschienen in verschiedenen Zeitungen des französischen Widerstands Berichte über Auschwitz; die Informationen stammten von einem aus Frankreich deportierten Juden, dem durch die Hilfe eines nichtjüdischen Polen die Flucht aus einem Lager der Organisation Schmelt gelungen war.[112] Im April 1944 floh der aus Theresienstadt nach Auschwitz überstellte tschechische Jude Vítěslav Lederer mit Hilfe des volksdeutschen SS-Mannes Viktor Pestek aus dem Lager und machte sich auf den Weg nach Theresienstadt, um die Menschen über das Schicksal der Deportierten zu informieren.[113] Detailliert benachrichtigten zwei im Mai 1944 aus dem Lager geflohene sowjetische Kriegsgefangene, Ananij Silovič und Vladimir Pegov, den sowjetischen Geheimdienst über den Judenmord in Auschwitz.[114] Hermann Langbein schickte im April 1944 mit Hilfe der im SS-Revier tätigen Krankenschwester Maria Stromberger in einer Kleiderbürste versteckt einen Bericht über Auschwitz an seinen Bruder Otto Langbein nach Wien, den dieser in einem Flugblatt zusammenfasste, das von einer illegalen kommunistischen Gruppe in Wien verbreitet wurde.[115]

Breitere internationale Resonanz erhielt der Bericht des Polen Jerzy Tabeau, der am 19. November 1943 aus Auschwitz floh und von polnischen Widerstandsgruppen in Krakau versteckt wurde. Stanisław Kłodziński schrieb im Dezember 1943 an die Unterstützer in Krakau über Tabeau: „Vor allem nutzt ihn sehr sehr umfassend als Propagandamaterial. Er hat sehr viel gesehen und weiß sehr viel, man kann ihm glauben. Und dann entscheidet selbst. Er kann beruhigt sein, es gab keine Konsequenzen."[116] Tabeaus ausführliche und sehr persönliche Beschreibungen, die unter dem Titel „Bericht eines polnischen Majors" kursierten, erreichten die Schweiz und wurden 1944 gemeinsam mit den Protokollen von Alfréd Wetzler und Rudolf Vrba publiziert (Dok. 91, 108). Diesen beiden slowakischen Juden war im April 1944 die Flucht aus Auschwitz gelungen. Um den 23. April 1944 berichteten sie in Žilina dem aus Bratislava herbeigerufenen Vertreter des slowakischen Judenrats Oskar Krasňanský von Auschwitz. Eine Zusammenfassung

110 Bernard Krouck, La mission de Victor Martin à Auschwitz (1943), in: Revue d'histoire de la Shoah, 172 (2001), S. 66–96. Von Martins Bericht ist lediglich eine Zusammenfassung aus dem Jahr 1956 erhalten; Wiener Library, P. III g. No 278.

111 Archiwum Akt Nowych, 202/XVIII-1; Freiwillig nach Auschwitz: Die geheimen Aufzeichnungen des Häftlings Witold Pilecki, hrsg. von Jaroslaw Garlinski, Zürich 2013; Adam Cyra, Rotmistrz Pilecki. Ochotnik do Auschwitz. Zawiera słynny raport Pileckiego napisany po ucieczce z obozu, Warszawa 2014.

112 Siehe VEJ 12/308.

113 Miroslav Kárný, Die Flucht des Auschwitzer Häftlings Vítěslav Lederer und der tschechische Widerstand, in: Theresienstädter Studien und Dokumente 1997, S. 157–183.

114 Bericht über das Vernichtungslager Auschwitz, in: USHMM, RG 06 025*46.

115 Abschrift des Berichts im Österreichischen Staatsarchiv Wien, E/1797 : 269. Siehe auch Langbein, Menschen in Auschwitz (wie Anm. 41), S. 379.

116 APMAB, Ruch oporu, Bd. 1, Bl. 46, 46 a.

der detaillierten Informationen wurde an verschiedene Institutionen wie die Jewish Agency in Istanbul, das Büro des Jüdischen Weltkongresses in Genf und den päpstlichen Nuntius in Bratislava zur Weitergabe an den Vatikan, das Genfer Büro der zionistischen Jugendorganisation Hechaluz und an Roswell McClelland, den amerikanischen Botschafter in Genf, weitergeleitet, der ihn wiederum dem War Refugee Board in Washington zukommen ließ. Mitte Juni 1944 trafen zwei weitere Flüchtlinge, Czesław Mordowicz und Arnošt Rosin, in der Slowakei ein, die die Berichte von Wetzler und Vrba bestätigten und um neue Nachrichten zum Mord an den ungarischen Juden ergänzten (Dok. 119). Die Berichte dieser fünf Geflohenen verbreiteten sich im Juni 1944 gleichzeitig in der Schweiz und riefen ein großes Presseecho hervor, das schließlich zu internationalen Protesten und dem Deportationsstopp der Juden aus Ungarn beitrug. Im November 1944 publizierte das War Refugee Board eine gekürzte Zusammenfassung der Berichte, die unter dem Begriff „Auschwitz-Protokolle" bekannt wurde (Dok. 154). Im Februar 1945 berichteten Anna Sussmann und Lilli Segal nach ihrer Flucht in die Schweiz über ihre Gefangenschaft in Auschwitz.[117]

Wahrnehmung und Reaktionen von Tätern, Tatbeteiligten, Besuchern des Lagers und deutschen Bewohnern der Region

Viele Informationen über den Judenmord in Auschwitz trugen die Deutschen gewollt oder ungewollt selbst aus Auschwitz hinaus. So erwähnte der in der Region stationierte 19-jährige Soldat Wigbert Mohr im Dezember 1942 in einer Feldpostkarte an seine Eltern lapidar-ironisch, dass in Auschwitz Tausende von Juden „den Heldentod" stürben (Dok. 40). SS-Obersturmbannführer Georg Heinisch erklärte im Dezember 1943 während seiner Vernehmung in einem der ersten Kriegsverbrecherprozesse in der Sowjetunion, befragt zum Einsatz von Gaswagen bei der Ermordung von Zivilbevölkerung in der Region Melitopol, er wisse, dass im Lager Auschwitz Menschen mit Gas getötet würden, denen man vortäusche, in ein Bad zu gehen.[118] Auch desertierte oder in Gefangenschaft geratene Wehrmachtssoldaten fungierten als Informationsquelle der Alliierten über den Judenmord in Auschwitz (Dok. 100). Der 47-jährige Wehrmachtsreservist Erich Clemm, der im Sommer 1944 für kurze Zeit als Wachmann in Auschwitz eingesetzt wurde, schrieb entsetzt und voller Mitleid für die Häftlinge seine Erfahrungen auf, hinterfragte jedoch seine eigene Rolle kaum und betrachtete sich selbst als Opfer der SS (Dok. 128). Auch im Lager tätige SS-Angehörige hielten sich nicht immer an die von ihnen unterschriebene Schweigeerklärung (Dok. 114). So berichteten zum Beispiel SS-Angehörige, die im Januar 1943 von Auschwitz in das Konzentrationslager Vught in den Niederlanden versetzt

117 John S. Conway, Frühe Augenzeugenberichte aus Auschwitz. Glaubwürdigkeit und Wirkungsgeschichte, in: VfZ, 2 (1979), S. 260–284; ders., Der Auschwitz-Bericht vom April 1944, in: Zeitgeschichte, 8 (1981) 11/12, S. 413–442; Randolph L. Braham/William J. van den Heuvel, The Auschwitz Reports and the Holocaust in Hungary, New York 2011; Bericht von Anna Sussmann und Lilli Segal, Febr. 1945, in: YVA, M 2/292. Zur Entstehung des Berichts siehe Lilli Segal, Bereist die schöne freie Schweiz, in: Dachauer Hefte, 8 (1992), S. 103–149, insbesondere S. 141 f.; Bericht Anna Sussmann, DÖW-Interviewsammlung, Nr. 68.

118 The People's Verdict. A full Report at the Krasnodar & Kharkov German atrocity trials, London u. a. [1944], S. 90.

wurden, von den Massenmorden in Auschwitz-Birkenau.[119] Der im Kommandanturstab tätige SS-Sturmmann Ludwig Damm erhielt im Januar 1943 einen Verweis, weil er im Heimaturlaub über den Massenmord in Auschwitz gesprochen hatte (Dok. 47).

Die in den Judenmord involvierten Behörden bemühten sich, diesen in ihrer amtlichen Korrespondenz durch Tarnbegriffe wie „Evakuierung in den Osten" oder „Sonderbehandlung" zu verschleiern. Den Funkverkehr zwischen SS, Wirtschafts-Verwaltungshauptamt und Polizeidienststellen konnten die Spezialisten der britischen Government Code and Cypher School in Bletchley Park dechiffrieren. Seit Januar 1942 lagen ihnen detaillierte Stärkemeldungen für verschiedene Konzentrationslager, darunter Auschwitz, vor. Über die Dimension der Verbrechen gaben diese Daten jedoch kaum Auskunft, da sie nur die registrierten Häftlinge erfassten und selbst die Zahlen der „Abgänge" nicht eindeutig als Sterbefälle zu interpretieren waren, da sie auch Überstellungen in andere Lager enthielten. Allerdings verfügten die alliierten Geheimdienste über genug andere Quellen, um sich ein Bild von den Verbrechen zu machen.[120]

Angehörige der SS-Führung, wissenschaftliche Delegationen und Mitarbeiter von Verwaltungs- und Regierungsbehörden besuchten zu verschiedenen Anlässen Auschwitz und Birkenau. Meist wurden sie in besonders vorbereitete Lagerbereiche geführt. So genehmigte Himmler im Juni 1944 den Besuch eines französischen Wissenschaftlers, der sich für den Kautschuk-Pflanzenanbau in Rajsko interessierte. Der Franzose sei in Berlin durch einen „geeigneten SS-Führer" abzuholen. In Auschwitz solle ihm so viel gezeigt werden, „wie SS-Obersturmbannführer Caesar und Sie [Dr. Stahl als Beauftragter für Pflanzenkautschuk] es für vertretbar halten".[121] Caesar resümierte später, „daß Herr Le Conte die Arbeit außerordentlich positiv beurteilt und ebenfalls durchaus loyal dem Reich gegenübersteht. Die einzige von ihm geführte Kritik war die am Namen der Einrichtung, die er lieber statt als Konzentrationslager als Arbeitslager benannt haben möchte."[122] Ebenfalls im Juni 1944, zur Zeit der Massenmorde an den Juden aus Ungarn, besuchte eine Delegation des Reichsjustizministeriums das Lager. Ihr Besuchsprotokoll, das die Situation der Häftlinge und die Methoden des Arbeitseinsatzes mit der Situation von Strafgefangenen in Justizvollzugsanstalten verglich, erwähnt keine unmenschliche Behandlung oder Massentötungen. Im Protokoll ist allerdings festgehalten, dass die Delegation nicht zu allen Lagerteilen Zutritt erhalten hatte (Dok. 124).

Zu den Gruppen, die aus beruflichen Gründen gut über das Mordgeschehen informiert waren, gehörte auch das Personal der Reichsbahn, das im Auftrag des Reichssicherheitshauptamts Transportzüge mit jüdischen Familien aus ganz Europa nach Birkenau lenkte.

119 De Jong, The Netherlands and Auschwitz (wie Anm. 105), hier S. 46.

120 Breitman, Staatsgeheimnisse (wie Anm. 108), S. 150–165; Stephen Tyas, Der britische Nachrichtendienst: Entschlüsselte Funkmeldungen aus dem Generalgouvernement 1941–1944, in: Bogdan Musial (Hrsg.), „Aktion Reinhardt". Der Völkermord an den Juden im Generalgouvernement 1941–1944, Osnabrück 2004, S. 431–448; Jan Erik Schulte, London war informiert. KZ-Expansion und Judenverfolgung. Entschlüsselte KZ-Stärkemeldungen vom Januar 1942 bis zum Januar 1943 in den britischen National Archives in Kew, in: Rüdiger Hachtmann/Winfried Süß (Hrsg.), Hitlers Kommissare. Sondergewalten in der nationalsozialistischen Diktatur, Göttingen 2006, S. 207–227.

121 Schreiben Rudolf Brandt an Dr. Stahl, 2.6.1944; BArch, NS 19/3646.

122 Schreiben Joachim Caesar an Rudolf Brandt, 24.7.1944; ebd. Beschreibungen von Besichtigungen bei Seweryna Szmaglewska, Dymy nad Birkenau, Kraków 1945, S. 163–168; Alfred Fiderkiewicz, Brzezinka, Warszawa 1954.

Die Reichsbahn gewährte Mengenrabatt für die Judentransporte. Eisenbahner rangierten die Waggons auf die Rampe und brachten sie als Leerfahrten zum Bahnhof zurück.[123] Dass das Geschehen in Auschwitz in der Region allgemeines Gesprächsthema war, zeigt der Lagebericht des SD-Leitabschnitts im 30 Kilometer von Auschwitz entfernten Bielitz vom Dezember 1942 (Dok. 43). Wer die Rechtmäßigkeit des Judenmords anzweifelte, musste mit Konsequenzen rechnen, wie der 46-jährige Gendarmeriemeister Karl Lohnegger aus dem 25 Kilometer entfernten Pleß. Er erhielt eine mehrjährige Haftstrafe, weil er vor Kollegen erklärt hatte, kein Mensch und auch nicht die Regierung könne den Massenmord in Auschwitz verantworten (Dok. 94).[124]

Reaktionen der internationalen Öffentlichkeit

Obwohl die Alliierten im Dezember 1942 in einer gemeinsamen Erklärung gegen die Ermordung der europäischen Juden protestiert und Strafen in Aussicht gestellt hatten,[125] bestand bei den Regierungen, Geheimdiensten und Auslandsbehörden kein übermäßiges Interesse, den Judenmord zum öffentlich diskutierten Thema werden zu lassen. Sie fürchteten, dass den Kriegsanstrengungen Ressourcen abgezogen werden könnten, und wollten den Druck vermeiden, der durch die Aufnahme von Flüchtlingen entstehen würde. Erst im Frühjahr 1944 erzeugten Informationskampagnen wie die der polnischen Exilregierung, die kundtat, dass bereits eine halbe Million Juden in Auschwitz ermordet worden seien, und die in der amerikanischen Presse breit rezipiert wurde, neue Aufmerksamkeit (Dok. 102).[126] In der ersten Jahreshälfte 1944 hatte die BBC außerdem die Namen von 14 in Auschwitz tätigen SS-Angehörigen, die der polnische Untergrund zum Tode verurteilt hatte, im Radio verkündet. Diese „Liste der Henker von Auschwitz" wurde im September 1944 erweitert und im Monat darauf erneut ausgestrahlt (Dok. 85, 140).[127] Hilfsorganisationen wie das Internationale Komitee vom Roten Kreuz hatten sich schon seit längerem bemüht, zu Deportierten Kontakt zu bekommen und ein „jüdisches Arbeitslager" zu besuchen.[128] Im Mai und Juni 1944 erreichten zahlreiche Paketsendungen der Institution das Lager.[129] Im Juni 1944 war es der SS gelungen,

123 Raul Hilberg, Sonderzüge nach Auschwitz, Mainz 1981; Andreas Engwert/Susanne Kill (Hrsg.), Sonderzüge in den Tod. Die Deportationen mit der Deutschen Reichsbahn, Köln 2009; Aussage Adolf Barthelmäs, 11.4.1967; BArch, B 162/4181, Bl. 27–35.

124 Siehe dazu auch Steinbacher, Musterstadt (wie Anm. 6), S. 315.

125 The Department of State Bulletin, Vol. VII, No. 182, S. 1009 vom 19.12.1944: „Persecution of the Jews: Allies' Declaration".

126 Martin Gilbert, Auschwitz und die Alliierten, München 1982; Deborah Lipstadt, Beyond Belief. The American Press and the Coming of the Holocaust 1933–1945, New York 1986; Breitman, Staatsgeheimnisse (wie Anm. 108); Fleming, Auschwitz, the Allies (wie Anm. 108).

127 Świebocki, Widerstand (wie Anm. 96), S. 407; Erinnerungen von Pery Broad, in: Auschwitz in den Augen der SS (wie Anm. 51), S. 198 f.; Langbein, Menschen in Auschwitz (wie Anm. 41), S. 293. Unterlagen zur BBC-Sendung im Oktober 1944; TNA, FO 371/39454.

128 Jean-Claude Favez, Das Internationale Rote Kreuz und das Dritte Reich. War der Holocaust aufzuhalten?, Zürich 1989; Aufzeichnung Rademacher, 14.1.1943, in: Akten zur deutschen Auswärtigen Politik, Serie E: 1941–1945, Bd. 5, Göttingen 1978, S. 82 f.; Schreiben H. Niehaus an den Chef der Sicherheitspolizei und SD am 14.3.1944; BArch, R 58/89.

Maurice Rossel, den Delegierten des Internationalen Komitees vom Roten Kreuz, über die Zustände in Theresienstadt zu täuschen. Im September 1944 besuchte Rossel unangekündigt Auschwitz – er wurde allerdings nur bis zum Kommandanturgebäude vorgelassen. Sein Bericht blieb entsprechend unkonkret. Weitere Besuche in Auschwitz lehnte das Reichssicherheitshauptamt im November 1944 ab (Dok. 143, 155).[130]
Die stärksten öffentlichen Reaktionen riefen die erwähnten Berichte von Alfréd Wetzler und Rudolf Vrba hervor, die Mitte Juni 1944 die Schweiz erreicht hatten und sich nach dem Schneeballprinzip weiterverbreiteten. Sie führten zu internationalen Protesten, die zum Deportationsstopp der Juden aus Ungarn beitrugen.[131]
Nach Bekanntwerden der Deportationen aus Ungarn erhielten die Behörden Großbritanniens und der USA zahlreiche verzweifelte Aufforderungen zur Bombardierung der Vernichtungsanlagen im Lager und der Schienenwege aus dem besetzten Europa (Dok. 112, 126, 129). Seit April 1944 hatte die US-Luftwaffe Aufklärungsflüge über dem Gebiet von Auschwitz-Birkenau geflogen. Auch wenn diese vor allem der Erkundung der Produktionsanlagen in Monowitz dienten, lieferten sie Kenntnisse über den Verlauf der Gleisanlagen und die Standorte der Krematorien. Bereits im Mai 1943 hatte es Angriffe auf das Buna-Werk gegeben, zwischen Juli und September 1944 flog die amerikanische Luftwaffe regelmäßig Angriffe auf Industrieanlagen in Oberschlesien.[132] Am 13. September 1944 fielen Bomben auf das Stammlager und auf Birkenau. Dabei starben 15 SS-Leute, ca. 30 Zivilarbeiter und mehrere Dutzend Häftlinge. Teile des Bahndamms und eines Nebengleises wurden beschädigt.[133] Ein weiterer Bombenangriff der Alliierten traf am 26. Dezember 1944 das SS-Lazarett in Birkenau. Eine gezielte Zerstörung der Vernichtungsanlagen fand allerdings nicht statt.
Die Häftlinge jedoch warteten auf Hilfe aus der Luft. Dass sie lieber durch Luftangriffe als durch die SS sterben wollten, hatte Stanisław Kłodziński am 15. Juni 1943 in einem Kassiber bekräftigt: „Gleich neben unseren Blöcken auf dem Lagergelände wird eine riesige Werkhalle der Firma Krupp gebaut. Letztens wurden schon Maschinen montiert. Ich denke, in einem Monat ist es Zeit, dass die ‚Vögel' heranfliegen. Auf uns braucht ihr keine Rücksicht nehmen. Gern werden wir nochmals mit unserem Blut bezeugen, dass uns an der Vernichtung des Feindes gelegen ist. Also geniert euch nicht, dass wir hier wohnen."[134]
Sowohl britische Behörden und Militärberater als auch das amerikanische War Department reagierten ablehnend auf die Forderungen, Auschwitz zu bombardieren. Dies wäre riskant, wenig erfolgversprechend, würde viele Lagerinsassen das Leben kosten und Ressourcen sowie Aufmerksamkeit vom Hauptziel, dem raschen Sieg über Deutschland,

129 Stanisław Kłodziński, Paczki Międzynarodowego Czerwonego Krzyża dla więźniów Oświęcimia, in: Przegląd lekarski, 1 (1967), S. 122–125.
130 Interview Maurice Rossel mit Claude Lanzmann, in: Un vivant qui passe (1979).
131 Braham, Politics (wie Anm. 81), S. 1070, 1078, 1085, 1110–1112.
132 Schreiben August Frank an Himmler, 13.5.1943; BArch, NS 19/994, Bl. 1; Alfred Konieczny, Śląsk a wojna powietrzna 1940–1944, Wrocław 1994.
133 Schreiben Karl Möckel an die Bauinspektion der Waffen-SS und Polizei in Kattowitz, 18.9.1944; RGVA, 502/1/28, Bl. 3.
134 Stanisław Kłodziński an Teresa Lasocka, 14.6.1943, abgedruckt in: Paczyńska (Hrsg.), Grypsy (wie Anm. 107), S. 61.

abziehen, der zur Rettung der Juden ein sinnvollerer Beitrag wäre (Dok. 131).[135] Nicht anders entschied die Rote Armee.[136]

Die Befreiung des Lagers durch die Rote Armee kam für die meisten Häftlinge zu spät. Mitte Januar 1945 waren sie gezwungen worden, Auschwitz zu verlassen. Sie wurden auf strapaziöse Transporte in verschiedene, westlich gelegene Konzentrationslager geschickt. Viele starben unterwegs oder nach ihrer Ankunft in den völlig überfüllten Lagern; andere mussten weitere Monate bis zu ihrer Befreiung ausharren. Als Soldaten der 100. Infanteriedivision der 60. Armee der 1. Ukrainischen Front am Nachmittag des 27. Januar 1945 die Lager Auschwitz und Birkenau betraten, fanden sie rund 7000 vor allem kranke und marschunfähige Häftlinge vor, darunter mehrere Hundert Kinder. Viele von ihnen wurden noch wochen- und monatelang in den schnell errichteten sowjetischen Feldlazaretten und einem Lazarett des Polnischen Roten Kreuzes gepflegt, bis sie in der Lage waren, in ihre Heimatorte zu fahren, um dort nach überlebenden Angehörigen zu suchen.[137] Eine Rückkehr in ihr altes Leben war für sie nicht möglich. Die schweren seelischen und physischen Verletzungen, der Verlust von Familienangehörigen, Freunden, lokalen sowie religiösen Gemeinschaften, von Eigentum und Existenzgrundlagen begleiteten sie ein Leben lang. Seinen Zustand nach der Befreiung fasste der ehemalige Häftling von Auschwitz, Elie Wiesel, stellvertretend für viele andere in folgende Worte: „Eines Tages konnte ich mich unter Aufbietung aller Kräfte aufrichten. Ich wollte mich in einem Spiegel sehen, der an der gegenüberliegenden Wand hing. Ich hatte mich seit dem Ghetto nicht mehr gesehen. Aus dem Spiegel blickte mich ein Leichnam an. Sein Blick verlässt mich nicht mehr."[138]

Die Zeit der Todesmärsche

Die Todesmärsche – dieser Begriff fasst die Vielzahl von Räumungstransporten aus nationalsozialistischen Konzentrationslagern zusammen, die sowohl zu Fuß als auch per Bahntransport, mit Lastkraftwagen, auf Fuhrwerken sowie Lastkähnen und Schiffen stattfanden.[139] Im Jahr vor der Kapitulation entfaltete die SS erneut eine höchst

135 David S. Wyman (Hrsg.), Bombing Auschwitz and the Auschwitz Escapees' Report, New York/London 1990, Doc. 55, S. 165 (America and the Holocaust, Vol. 12); Michael Berenbaum/Michael J. Neufeld (Hrsg.), The Bombing of Auschwitz: Should the Allies Have Attempted it?, New York 2000; Kevin A. Mahoney, An American Operational Response to a Request to Bomb Rail Lines to Auschwitz, in: Holocaust and Genocide Studies, 25 (2011) 3, S. 438–446.

136 Jeffrey Herf, The Nazi Extermination Camps and the Ally to the East: Could the Red Army and Air Force Have Stopped or Slowed the Final Solution, in: Kritika, 4 (2003), S. 913–930; Danny Orbach/Mark Solonin, Calculated Indifference: The Soviet Union and Requests to Bomb Auschwitz, in: Holocaust and Genocide Studies, 27 (2013) 1, S. 90–113.

137 Andrzej Strzelecki, Endphase des KL Auschwitz. Evakuierung, Liquidierung und Befreiung des Lagers, Oświęcim 1995; Jacek Lachendro, Auschwitz po wyzwoleniu, Oświęcim 2015.

138 Wiesel, Die Nacht (wie Anm. 91), S. 124.

139 Überblicksdarstellungen: Irena Malá/Ludmíla Kubátová, Pochody smrti, Praha 1965; Yehuda Bauer, The Death Marches, January–May 1945, in: Modern Judaism, 3 (1983), S. 1–21; Shmuel Krakowski, The Death Marches in the Period of the Evacuation of the Camps, in: Israel Gutman/Avital Saf (Hrsg.), The Nazi Concentration Camps: Structure and Aims, the Image of the Prisoners, the

mörderische Aktivität, die den Tod von mehr als einem Drittel der Häftlinge zur Folge hatte, die bis zu diesem Zeitpunkt die Gefangenschaft im Konzentrationslager überlebt hatten. Sie starben durch gezielte Krankenmorde, brachen auf auszehrenden Märschen vor Erschöpfung zusammen, verhungerten oder erfroren, wurden während der Transporte von Begleitkommandos oder nach einer Flucht von versprengten Wehrmachtseinheiten, Gendarmerie oder Angehörigen des Volkssturms erschossen, erstickten oder verdursteten in überfüllten Güterwaggons oder starben in überbelegten Aufnahmelagern an Unterernährung, mangelnder Versorgung und Seuchen. Die Gesamtzahl der auf den Todesmärschen umgekommenen Häftlinge kann aufgrund fehlender Dokumentationen nicht genau berechnet werden, wird aber auf etwa 250 000 geschätzt, davon waren vermutlich mindestens 100 000 jüdische Häftlinge.[140]

Die Zeit der Todesmärsche war geprägt von Chaos, Auflösungserscheinungen, einer vor allem mündlich oder telefonisch verlaufenden Kommunikation der verantwortlichen Stellen und einer weitgehenden Spurenbeseitigung. Aus diesem Grund ist die Zahl der Dokumente, die Befehle und Anordnungen, aber auch Diskussionen und Sinneswandel der Täterseite nachvollziehbar machen, überschaubar. Erhalten haben sich vielfältige Dokumente, die die Folgen der Transporte Hunderttausender geschwächter Menschen durch Dörfer und Gemeinden des Reichs für die Zivilbevölkerung und für lokale Behörden veranschaulichen: Schreiben von Gendarmerieposten, Bürgermeistern, Landräten und Pfarrern, die bei vorgesetzten Stellen anfragten, wie sie sich in der Ausnahmesituation verhalten und vor allem mit den an vielen Orten zurückgelassenen Toten umgehen sollten. Die Häftlinge selbst waren lediglich in bemerkenswerten Ausnahmen in der Lage, während der strapaziösen Transporte, auf denen sie nur das Nötigste mit sich führen konnten, Aufzeichnungen zu machen. Felix Oestreicher beschrieb in einem Taschenkalender die Situation im Zugtransport aus Bergen-Belsen, Heinrich Roeder dokumentierte stichwortartig die Stationen des Weges und Namen, Nummern und Todesorte seiner Kameraden (Dok. 258, 271). Helene Persitz, Paul Heller und Vilém Kauders machten sich persönliche Notizen (Dok. 172, 173, 264). Andere begannen direkt nach ihrer Befreiung, für sich selbst oder für Freunde und Angehörige das Erlebte aufzuzeichnen, Marschrouten aus dem Gedächtnis zu rekonstruieren oder den Tod geliebter Personen zu beschreiben. In den bereits befreiten Regionen Polens, aber auch an Orten wie Bukarest, weit entfernt von den Schauplätzen der Todesmarschverbrechen, sammelten jüdische Komitees und Organisationen schon Monate vor Kriegsende Berichte von Überlebenden, die aus Konzentrationslagern befreit worden waren oder denen die Flucht von einem Todesmarsch gelungen war. Etliche Überlebende trugen direkt nach ihrer Befreiung zur juristischen Verfolgung der Verbrechen bei und gaben ihre Erfahrungen vor Ermittlern der alliierten Armeen zu Protokoll, die Informationen zur

Jews in the Camps, Jerusalem 1984, S. 475–489; Zygmunt Zonik, Anus belli – Ewakuacja i wyzwolenie hitlerowskich obozów koncentracyjnych, Warszawa 1988; Orth, System (wie Anm. 78), S. 270–336; Daniel Blatman, Die Todesmärsche 1944/45. Das letzte Kapitel des nationalsozialistischen Massenmords, Hamburg 2011; Jean-Luc Blondel/Susanne Urban/Sebastian Schönemann (Hrsg.), Auf den Spuren der Todesmärsche. Freilegungen. Jahrbuch des International Tracing Service, 1, Göttingen 2012; Detlef Garbe/Günter Morsch (Hrsg.), Kriegsendverbrechen zwischen Untergangschaos und Vernichtungsprogramm, Berlin 2015; Nikolaus Wachsmann, KL. Die Geschichte der nationalsozialistischen Konzentrationslager, München 2015, S. 625–721.

140 Krakowski, The Death Marches (wie Anm. 139), S. 482.

Identifizierung von Tätern und Belastungsmaterial sammelten. Diese Vernehmungen sind oft im knappen Frage-Antwort-Stil auf Täternamen und einzelne Mordtaten fokussiert. Viele Zeugen kämpften zu dieser Zeit noch um das Überleben, hatten schwere Verletzungen, wie Nathan Wiener, der während des Marschs in der Nähe von Cham angeschossen worden war, oder Solomon Silberstein, dessen Zustand es nicht mehr zuließ, die Übersetzung seiner Aussage abzuwarten, bevor er in das nächste Feldhospital der US-Armee überführt wurde (Dok. 169, 268). Angesichts der Umstände ist es nur verständlich, dass ihre Beschreibungen der Routenverläufe und Angaben zur Größe der Kolonnen und Opferzahlen nicht immer ganz genau waren. Oftmals hatten sie das Gefühl für Raum und Zeit verloren, nicht immer mitbekommen, wenn Kolonnen geteilt oder zusammengeführt und ob verschwundene Kameraden geflohen oder ermordet worden waren.

Im Folgenden sollen zunächst die Situation im Vorfeld der Lagerräumungen, die Interessenslagen der verantwortlichen Entscheidungsträger sowie die Situation auf den Märschen und Transporten, ihre Folgen für die Opfer, aber auch das Verhalten der Bewachungsmannschaften und die Reaktionen der lokalen Bevölkerung beschrieben werden. In einem zweiten Schritt folgt eine chronologische Darstellung der Räumungsverläufe für die einzelnen Lagerkomplexe, die dazu beitragen soll, die im Band präsentierten Dokumente in den Kontext einzuordnen. Der Schwerpunkt liegt dabei auf dem Schicksal der jüdischen Häftlinge des jeweiligen Lagers. Diese Beschreibung teilt sich in mehrere zeitliche Blöcke, die von kurzen Darstellungen politischer Entwicklungen durchbrochen werden, die den weiteren Verlauf der Räumungen beeinflussten, wie z. B. die Überfüllung der Auffanglager, das Vorhaben, jüdische Häftlinge als Geiseln zu nutzen, die Reaktionen auf die Übergabe des Lagers Bergen-Belsen an die britische Armee im April 1945 und die Interventionsbemühungen mehrerer Rot-Kreuz-Organisationen vor und während der Räumungen der Lager Sachsenhausen und Ravensbrück.

Eine detaillierte chronologisch-geographische Beschreibung aller Marschkolonnen ist aufgrund der Vielzahl und Unübersichtlichkeit der Märsche und Bahntransporte ein gigantisches Unterfangen. Die Kolonnen teilten sich regelmäßig, fielen auseinander, vereinten sich mit anderen – „jeder Versuch“, so der Historiker Daniel Blatman, „dieser vielarmigen und vielköpfigen Hydra eine karthographische Ordnung zu geben, ist von vornherein zum Scheitern verurteilt“.[141] Von großer Bedeutung für die weitere Forschung sind daher die vielen, oftmals ehrenamtlich forschenden lokalen Initiativen, die in mehreren Regionen detaillierte Informationen über Marschrouten und Gräber zusammentragen und bis heute noch erstaunlich viele Spuren zu Tage fördern.

Entscheidungsprozesse und Intentionen

Das System der nationalsozialistischen Konzentrationslager war im Lauf des Jahres 1944 stark expandiert. Seine Ausdehnung betrug von Westen nach Osten sowie von Nord nach Süd jeweils rund 2000 Kilometer – von der britischen Kanalinsel Alderney bis Lublin sowie den Lagern in Estland bis zum Loiblpass an der Grenze zu Slowenien.

141 Blatman, Todesmärsche (wie Anm. 139), S. 27 f.

Neben den noch 17 Hauptlagern waren aufgrund des Arbeitskräftebedarfs noch im letzten Kriegsjahr über 400 Außenlager an bestehenden oder geplanten Rüstungsstandorten oder für den Bau von Verteidigungsanlagen errichtet worden. Ein Großteil der arbeitsfähigen Häftlinge war bei gigantischen und oft sinnlosen Projekten zur Untertageverlagerung der Rüstungsindustrie eingesetzt. Nach Auflösung der letzten Gettos und Zwangsarbeitslager in den besetzten Ostgebieten, nach den Deportationen der Juden aus Ungarn und den Masseninhaftierungen von polnischer Zivilbevölkerung nach dem Warschauer Aufstand stieg die Zahl der Häftlinge von etwas mehr als 300 000 zu Beginn des Jahres 1944 im August 1944 auf 524 000 und bis Januar 1945 auf 714 000 – davon waren etwa ein Drittel Juden.[142]

Als sich die Front im Jahr 1944 von beiden Seiten dem deutschen Herrschaftsgebiet näherte, musste die SS entscheiden, was mit den KZ-Häftlingen geschehen sollte. Ein Konzept existierte nicht, da die NS-Führung bis zuletzt so agierte, als ob nur bestimmte Gebiete mittelfristig aufgegeben werden müssten und der Vorstoß der alliierten Armeen gestoppt werden könne. Stets wurden die Lager nur wenige Tage vor Einrücken der gegnerischen Truppen überstürzt geräumt. Diese Räumungen bezeichnete die SS als „Evakuierungen". Damit war keineswegs gemeint, dass die Menschen in Sicherheit gebracht werden sollten. Ihr vordringliches Ziel bestand ganz im eigentlichen Wortsinne lediglich darin, die aufzugebenden Gebiete von Menschen und Produktionsmitteln zu leeren. Jegliches bewegliche Gut sollte beim Rückzug mitgenommen werden, worunter die SS neben Ausrüstungs- und Einrichtungsgegenständen auch die Häftlinge verstand, die sie stets nur als Verfügungsmasse betrachtete. Sie sollten auf keinen Fall in die Hände der Alliierten fallen und diesen als Arbeitskräfte oder Unterstützer im Kampf gegen die NS-Herrschaft zur Verfügung stehen.

Die Interpretation, die Todesmärsche hätten das Ziel gehabt, dass sich die Häftlinge zu Tode laufen sollten, greift angesichts der komplexen, oft widersprüchlichen Intentionen und Bestrebungen der SS zu kurz. Zwar war angesichts des raschen Vordringens der alliierten Armeen zu verschiedenen Zeitpunkten über eine vollständige Ermordung aller Häftlinge diskutiert worden; die Pläne waren jedoch stets wieder verworfen worden (Dok. 138, 163).[143] Ein in der Forschungsliteratur erwähnter, angeblich im März 1945 von Hitler erteilter Befehl zur Sprengung aller Konzentrationslager samt Insassen ist nicht belegbar.[144] Dass Hitler bis zuletzt an seinem Ziel, die Juden zu ermorden, festhielt und

142 Schreiben Georg Lörner an Wilhelm Burger, 15.8.1944; Nbg. Dok NO-399; WVHA-Meldung zur Belegung der KZ mit SS-Wachmannschaften und Häftlingen, 15.1.1945; BArch, NS 3/439.

143 Orth, System (wie Anm. 78), S. 300 f., 306; Blatman, Todesmärsche (wie Anm. 139), S. 265 f., 320–326, 338; Joachim Neander, Vernichtung durch Evakuierung? Die Praxis der Auflösung der Lager – Fakten, Legenden und Mythen, in: Detlef Garbe/Carmen Lange (Hrsg.), Häftlinge zwischen Vernichtung und Befreiung. Die Auflösung des KZ Neuengamme und seiner Außenlager durch die SS im Frühjahr 1945, Bremen 2005, S. 45–59; Joachim Neander, Das Konzentrationslager Mittelbau in der Endphase der NS-Diktatur. Zur Geschichte des letzten im „Dritten Reich" gegründeten selbständigen Konzentrationslagers unter besonderer Berücksichtigung seiner Auflösungsphase, Clausthal-Zellerfeld 1997, S. 97–106, 289–308.

144 Die Information geht ausschließlich auf Himmlers ehemaligen Masseur Felix Kersten zurück, dessen Aussagen und vorgelegte Schriftstücke einer quellenkritischen Überprüfung nicht standhalten; siehe Gerald Fleming, Die Herkunft des Bernadotte-Briefs an Himmler vom 10. März 1945, in: VfZ, 4 (1978), S. 571–600; Hans-Heinrich Wilhelm/Louis de Jong, Zwei Legenden aus dem Dritten Reich: Quellenkritische Studien, Stuttgart 1974.

eine Politik der „verbrannten Erde" verfolgte, steht außer Frage; dennoch bestimmte nicht in erster Linie Hitler die oft widersprüchlichen Entscheidungsprozesse während der Lagerräumungen.

Für die SS war das Massensterben der Häftlinge auf den Märschen und Transporten nicht das primäre Ziel. Es wurde aber – wie auch schon zuvor durch die verheerenden Bedingungen im KZ-System – nicht nur billigend in Kauf genommen, sondern einkalkuliert. Die Ermordung arbeitsfähiger Häftlinge lag nicht im Interesse der SS, eine Verminderung der Gesamtzahl der Häftlinge hingegen schon. Aus diesem Grund unternahmen die Lagerfunktionäre nichts, um den Gesundheitszustand der Gefangenen zu erhalten, sondern setzten sie rücksichtslos unmenschlichen Existenzbedingungen aus. Die Ermordung kranker Häftlinge war seit Jahren Alltag in den Konzentrationslagern und wurde seit dem Sommer 1944 stark forciert. Bis in das Frühjahr 1945 fanden gezielte Mordaktionen an kranken Häftlingen im gesamten KZ-System statt, die der inneren Stabilisierung der Lager dienen sollten. Angesichts von Überfüllung und Unterversorgung sollten für arbeitsunfähige Häftlinge keine Ressourcen mehr aufgebracht werden. Zu diesem Zweck reiste eine Gruppe von Vernichtungsspezialisten durch die Lager, die ihre Erfahrungen aus dem Massenmord in Auschwitz nutzten, um die Ermordung von kranken Häftlingen zu organisieren; entsprechende Tötungseinrichtungen waren in Stutthof, Mauthausen, Buchenwald, Ravensbrück und Sachsenhausen im letzten Kriegsjahr erheblich ausgebaut worden.[145]

Nicht selten wird vermutet, dass die SS durch die Lagerräumungen ihre Verbrechen vertuschen und die Spuren verwischen wollte. Falls dies ihre Absicht gewesen sein sollte, so ist es nur an wenigen Orten – wie im von britischen Soldaten aufgeräumt vorgefundenen Lager Neuengamme – gelungen.[146] Zwar ließ die SS in den Tagen vor dem Abmarsch in allen Lagern eilig Leichen verbrennen, Akten vernichten, Folterinstrumente demontieren und sogar Baracken renovieren. Für die Beseitigung aller Spuren hätte es aber einer langfristigeren Räumungsplanung bedurft. In den meisten Lagern fanden die Alliierten zahlreiche Verbrechensbeweise, vor allem Berge mit Leichen und bis auf die Knochen abgemagerte, kranke Häftlinge. Die Entdeckung von Gaskammern und riesigen Lagerhäusern mit Schuhen und Kleidung in allen Größen im verlassenen Konzentrations- und Vernichtungslager Lublin-Majdanek hatte bereits im Sommer 1944 einen eindringlichen Beweis für die Massenmorde geliefert, die auch in der internationalen Presse bekannt gemacht worden waren.[147] Mit der Verschleppung Hunderttausender Elendsgestalten durch die Städte und Dörfer des Reichs machte die SS die menschenverachtende Behandlung der KZ-Gefangenen öffentlich und vervielfachte die Zahl der Zeugen von Mord und Misshandlung sowohl unter der deutschen Zivilbevölkerung, die nun direkt mit dem Grauen der Konzentrationslager konfrontiert war, als auch unter den alliierten Einheiten, die bei ihrem Vormarsch allerorten auf umherirrende Gruppen ausgezehrter Häftlinge stießen.

Die Frage, ob die Todesmärsche eine Strategie zur Tötung von vornehmlich jüdischen Häftlingen, also eine von mehreren Vernichtungsmethoden im Rahmen der „Endlösung"

145 Siehe Stefan Hördler, Ordnung und Inferno. Das KZ-System im letzten Kriegsjahr, Göttingen 2015.

146 Garbe/Lange (Hrsg.), Häftlinge zwischen Vernichtung und Befreiung (wie Anm. 143); Marc Buggeln, Arbeit und Gewalt. Das Außenlagersystem des KZ Neuengamme, Göttingen 2009, S. 655–657.

147 Z. B. Richard Lauterbach, Sunday in Poland, in: Life Magazine, 18.9.1944, S. 17 f.

gewesen sei, führte vor allem in den 1990er-Jahren zu kontroversen Debatten.[148] Inzwischen konnte die Forschung auf vielfältige Weise zeigen, dass sich die Gewalt während der Todesmärsche gleichermaßen gegen nichtjüdische Häftlinge richtete.[149] Der Umstand jedoch, dass jüdische KZ-Häftlinge überwiegend in den zuerst aufgelösten Lagern in den Randgebieten des Reichs konzentriert worden waren, führte dazu, dass viele von ihnen über einen deutlich längeren Zeitraum den verheerenden Räumungsaktivitäten der SS ausgesetzt waren. Es gibt außerdem verschiedene Hinweise darauf, dass die SS versuchte, jüdische und nichtjüdische Häftlinge an verschiedenen Orten zu konzentrieren, und zu diesem Zweck gemischte Häftlingsgruppen trennte.[150]
Auf den Märschen selbst war jedoch nicht mehr die Häftlingskategorie, sondern der körperliche Zustand das entscheidende Überlebenskriterium. Lediglich die verhältnismäßig kleine Gruppe reichsdeutscher nichtjüdischer Häftlinge, die bereits in den Lagern Kapo-Dienste ausgeführt hatten, besaß einen privilegierten Status auf den Märschen und wurde sogar zu Bewachungsdiensten herangezogen (Dok. 206, 218, 219).
Zunächst hatte die SS anvisiert, die Arbeitskraft der Gefangenen weiterhin für die Rüstungsproduktion im Reichsgebiet auszunutzen. Im Sommer und Herbst 1944 wurden daher zahlreiche Häftlinge aus Auschwitz – das zum Umschlagplatz der Häftlingsarbeitskräfte geworden war – zum Zwangsarbeitseinsatz in KZ-Außenlager im Reichsinneren verlegt. Auf diese Weise wurde die geographische Verkleinerung des KZ-Systems zunächst durch eine Ausweitung im Inneren ausgeglichen. Noch im Januar 1945 drängten Martin Bormann, Albert Speer und Fritz Sauckel, alle durch Evakuierungen frei werdenden Arbeitskräfte schnell wieder in kriegswichtigen Fertigungen einzusetzen.[151] Spätestens im Februar 1945 zeichnete sich jedoch ab, dass die Industrie kaum noch Verwendung für die Arbeitskraft der vielen Häftlinge hatte. Etliche Produktionsstätten waren durch den Ausfall der bereits von der Roten Armee eingenommenen Industriezentren und die zunehmende Zerstörung der Verkehrswege von Rohstoffbasen und Zulieferern abgeschnitten. Materialknappheit führte zu zahlreichen Betriebseinschränkungen und -stilllegungen. Die Unternehmen wollten nun nicht die weitere Versorgung der beschäftigungslos gewordenen Zwangsarbeiter übernehmen, deren Anwesenheit sie angesichts des bevorstehenden Systemwechsels außerdem noch hätte kompromittieren können.

148 Livia Rothkirchen, The „Final Solution“ in it's last stages, in: Yad Vashem Studies, VIII (1970), S. 7–29, hier S. 28 f.; Daniel Jonah Goldhagen, Hitlers willige Vollstrecker. Ganz gewöhnliche Deutsche und der Holocaust, Berlin 1996; Dieter Pohl, Die Holocaust-Forschung und Goldhagens Thesen, in: VfZ, 45 (1997) 1, S. 1–48; Johannes Heil/Rainer Erb (Hrsg.), Geschichtswissenschaft und Öffentlichkeit. Der Streit um Daniel J. Goldhagen, Frankfurt a. M. 1998.

149 Blatman, Todesmärsche (wie Anm. 139), S. 25 f., 291–319; Diana Gring, Das Massaker von Gardelegen, in: Dachauer Hefte, 20 (2004), S. 112–126, hier S. 112; Simone Erpel, Zwischen Vernichtung und Befreiung. Das Frauen-Konzentrationslager Ravensbrück in der letzten Kriegsphase, Berlin 2005, S. 80, 215; Katrin Greiser, Die Todesmärsche von Buchenwald. Räumung, Befreiung und Spuren der Erinnerung, Göttingen 2008, S. 27 f., 136, 453; Buggeln, Arbeit und Gewalt (wie Anm. 146), S. 625; Jens-Christian Wagner, Mörderisches Ende: Todesmärsche, Räumungstransporte und die Auflösung der Konzentrationslager, in: Garbe/Morsch (Hrsg.), Kriegsendverbrechen (wie Anm. 139), S. 32.

150 Beispiele für die Lagerkomplexe Neuengamme, Buchenwald und Flossenbürg siehe S. 84–86, 91.

151 Erlass über den planvollen Einsatz der Arbeitskräfte bei Fertigungsstockungen, hrsg. vom Leiter der Parteikanzlei, dem Reichsminister für Rüstung und Kriegsproduktion und dem Generalbevollmächtigten für den Arbeitseinsatz, 28.1.1945; BArch, R 12/I, 339.

Auch die Sorge, dass es während des Einmarschs der Alliierten und danach zu Aufständen, Vergeltungsaktionen und Plünderungen der Häftlinge kommen könnte, mag eine Rolle gespielt haben. Privatunternehmen forcierten daher die Auflösung von Häftlingslagern bei ihren Betrieben. Die Reichsgruppe Industrie formulierte im Februar 1945 in einer Besprechungsvorlage, dass Betriebe das Recht erhalten sollten, „KZ-Häftlinge, Juden und Kriegsgefangene an die zuständigen Dienststellen (Stalag, Gestapo, Arbeitsamt) zurückzugeben. Ein hinreichender Ersatz hierfür steht in den freiwerdenden Arbeitskräften zur Verfügung.“[152] Für Hamburg und Bremen ist gut untersucht, wie die städtische Wirtschaft und Verwaltung Druck ausübten, die KZ-Häftlinge aus der Stadt zu schaffen und in ländlichen Gebieten zu dezentralisieren. Sie entledigten sich damit der Verantwortung für die Häftlinge und setzten sie bedenkenlos der Gewalt der SS aus.[153]

Im Vorfeld der Räumungen

Wegen der umfangreichen Vernichtung von als belastend empfundenen Schriftstücken und auch, weil die Entscheidungsträger in dieser von Auflösungserscheinungen und kurzfristigen Planungsänderungen geprägten Zeit oftmals nur per Funk, Telefon oder motorisierten Boten kommunizierten, ist die Dokumentation der Täter über die Todesmärsche nicht sehr umfangreich. Dennoch sind vereinzelt Befehle, Fernschreiben und Evakuierungspläne erhalten geblieben, die es möglich machen, die Verantwortlichkeiten für die Räumungsentscheidungen nachzuzeichnen. Der erste dokumentierte Befehl, mit dem Heinrich Himmler auf die veränderte Situation anlässlich der anrückenden alliierten Armeen reagierte, erging am 17. Juni 1944, eine Woche nach der Landung der westlichen Alliierten in der Normandie. Er informierte die Höheren SS- und Polizeiführer, dass sie künftig für die Sicherheit der Konzentrationslager in ihrem Zuständigkeitsbereich verantwortlich seien und im sogenannten A-Fall die Kommandogewalt über diese zu übernehmen hätten (Dok. 162). Mit dem „A-Fall“ war zunächst ein Aufstand der Häftlinge gemeint; mit dem Voranschreiten der Alliierten erweiterte sich das Verständnis auf ein breiteres Spektrum von Möglichkeiten, das den Fortbestand des Lagers gefährdete. In einem solchen Krisenfall sollte der Höhere SS- und Polizeiführer als lokaler Befehlshaber – in Absprache mit der für die Konzentrationslager zuständigen Amtsgruppe D im SS-Wirtschafts-Verwaltungshauptamt, aber im Notfall auch eigenständig – über die Räumung der Lager der Region entscheiden können. Die Sicherung von Konzentrationslagern war bisher nicht Aufgabe der Höheren SS- und Polizeiführer gewesen, denen zum Teil erst jetzt bewusst wurde, dass in ihrem Zuständigkeitsgebiet zahlreiche

152 Schreiben gez. Stahl an Dr. Hayler, RWM, betr. Umstellung der Betriebe auf die veränderte Arbeitslage, 9.2.1945; BArch R 12/I, 339. Auch die Abteilung Arbeitseinsatz beim Generalbevollmächtigten für den Arbeitseinsatz setzte sich für die Rückgabe von KZ-Häftlingen, Juden und Kriegsgefangenen ein; Aktenvermerk vom 14.2.1945, ebd.

153 Dietrich Eichholtz, Geschichte der deutschen Kriegswirtschaft 1939–1945, Bd. 3 1943–1945, Berlin 1996, S. 650 f.; Rainer Fröbe, Der Arbeitseinsatz von KZ-Häftlingen und die Perspektive der Industrie, in: Ulrich Herbert (Hrsg.), Europa und der „Reichseinsatz“. Ausländische Zivilarbeiter, Kriegsgefangene und KZ-Häftlinge in Deutschland 1938–1945, Essen 1991, S. 351–383, hier S. 372; Buggeln, Arbeit und Gewalt (wie Anm. 146), S. 625–657.

Außenlager entstanden waren.[154] In der Regel befahlen sie die Räumungen in enger Absprache mit dem Wirtschafts-Verwaltungshauptamt, das als Zentralinstanz den Überblick über die Häftlingszahlen in den einzelnen Lagern hatte und die Bestimmungsorte der Gefangenenkolonnen koordinierte (Dok. 192, 204, 237).

Für die Festlegung der Marschrouten aller aus einer Region zu evakuierenden Gruppen (Zivilbevölkerung, Zwangsarbeiter sowie Straf- und Kriegsgefangene) waren die Gauleiter in ihrer Funktion als Reichsverteidigungskommissare zuständig (Dok. 170). Die internen Vorbereitungsmaßnahmen wie die Einteilung der Transportführer und Begleitkommandos, die Festlegung der Reihenfolge des Abmarschs, die Bereitstellung von Pkw, Zügen, Verpflegung und die Bewaffnung der Wachleute oblag den Lagerkommandanten (Dok. 181, 202, 227). Da sich die Aufgabengebiete nicht immer eindeutig voneinander abgrenzen ließen, kam es hin und wieder zu unklaren Kompetenzverteilungen und Konflikten zwischen den Höheren SS- und Polizeiführern, den Gauleitern, dem Wirtschafts-Verwaltungshauptamt und den Lagerkommandanten.[155]

In den Tagen vor der Räumung beschäftigte sich die SS fieberhaft mit der Beseitigung von Spuren. In vielen Lagern brannten Scheiterhaufen mit Häftlingsleichen, die zuvor aus Massengräbern exhumiert worden waren. Häftlinge mussten Unrat aus den Baracken entfernen, zum Teil auch Wände kalken (Dok. 165). Für Sachsenhausen ist im Abmarschbefehl schriftlich festgehalten, dass „Geheimpapiere und nicht mehr benötigter Schriftkram" zu verbrennen seien (Dok. 202). Soweit möglich, wurden Raubgüter, Baumaterial und Barackenteile in noch bestehende Lager transportiert. In den letzten Wochen vor der Räumung von Auschwitz wurden rund 500 000 Kleidungs- und Wäschestücke zum Abtransport vorbereitet, davon mindestens 96 000 nach Dachau, Groß-Rosen, Ravensbrück und in andere Lager gebracht.[156]

Die Häftlinge verbrachten die Tage vor den Räumungen in großer Ungewissheit. Es war ihnen bewusst, dass die Ankunft der alliierten Armeen bevorstand. Unklar war hingegen, wie die SS auf die Entwicklungen reagieren würde. Ein letztes Kassiber des Lagerwiderstands aus Auschwitz zeigt, dass einige Häftlinge sehr gut über die sich schnell ändernden Pläne der SS informiert waren und ihre Situation genau reflektierten (Dok. 159). In einigen Lagern gründeten sich Selbstverteidigungskomitees, die im Fall einer Bedrohung aktiv werden sollten. Die SS hatte allerdings in mehreren Lagerkomplexen im Vorfeld der Räumungen Häftlinge ermordet, die sie einer Widerstandstätigkeit verdächtigte und bei denen man befürchtete, sie würden beim Eintreffen der Alliierten gegen die SS kämpfen.[157]

Die Frage, was die SS mit den Menschen vorhatte, die aufgrund ihrer körperlichen Schwäche nicht in der Lage sein würden, zu Märschen und Transporten aufzubrechen, bedrückte viele Häftlinge in den Tagen vor der Räumung. Allen war bewusst, dass die

154 Siehe Korrespondenz zwischen HSSPF Karl Hermann Frank und den Kommandanten von Groß-Rosen und Flossenbürg über die Außenlager im Zuständigkeitsgebiet; NA Praha, Německé Státni Ministerstvo pro Čechy a Moravu, Sign. 110/4/88.

155 Tino Jacobs, Die Räumung des Stammlagers – Hintergründe und Verantwortlichkeiten, in: Garbe/Lange (Hrsg.), Häftlinge zwischen Vernichtung und Befreiung (wie Anm. 143), S. 169–173; Greiser, Todesmärsche (wie Anm. 149), S. 40 f.; Blatman, Todesmärsche (wie Anm. 139), S. 241 f.

156 Beglaubigte Abschrift eines Berichts von SS-Oberscharführer Karl Reichenbacher vom 15.1.1945; APMAB, Materialien, Bd. 3, Mat/24.

157 Orth, System (wie Anm. 78), S. 296–301, 305 f.; Blatman, Todesmärsche (wie Anm. 139), S. 166, 206 f.

Krankenreviere im Moment der Lagerauflösung zu einem Ort größter Gefahr wurden. Etliche Rekonvaleszente schleppten sich aus diesem Grund von ihren Pritschen auf die Märsche. Viele versuchten mit großem Aufwand, kranke Familienangehörige – nicht selten gegen deren Protest – aus den Revieren zu holen und auf den Transport zu zwingen. Andere hofften, dass sie bei einem Verbleib im Lager schneller von den im Anmarsch befindlichen Alliierten befreit würden, und versteckten sich in den Krankenrevieren.
So unterschiedlich die Strategien der Häftlinge waren, so unvorhersehbar und verschieden waren auch die Vorgehensweisen der SS gegenüber den marschunfähigen Häftlingen. In einigen Lagern wurden Kranke auf Wagen mitgenommen, in anderen mit Lkw oder Zügen in nahegelegene zentrale Krankenlager gebracht, wo sie sich selbst überlassen blieben und bis zu ihrer Befreiung unter katastrophalen hygienischen Verhältnissen vegetieren mussten. An vielen Orten blieben kranke Häftlinge, teilweise betreut durch Häftlingsärzte und -pfleger, im Lager zurück und wurden nur wenige Tage nach Abmarsch der Kolonnen von einrückenden alliierten Einheiten befreit, während ihre Mithäftlinge noch wochenlangen Odysseen durch verschiedene Konzentrationslager ausgesetzt waren. In anderen Lagern wiederum kam es nach Abzug der marschfähigen Häftlinge zu gezielten Morden an den zurückgelassenen Kranken. Im Lagerkomplex Auschwitz wurden spezielle Mordkommandos von SS und SD beauftragt, die geräumten Lager aufzusuchen und alle dort befindlichen Häftlinge zu liquidieren. Oftmals wurden zu diesem Zweck die Krankenbaracken verschlossen und in Brand gesteckt.[158] Ernest Wolf im Außenlager Blechhammer und Joseph Weil im Außenlager Tschechowitz wurden Zeugen solcher Mordaktionen, die sie knapp überlebten (Dok. 177, 178). Auch in anderen Lagerkomplexen, wie zum Beispiel im Buchenwalder Außenlager Leipzig-Thekla oder im Flossenbürger Außenlager in Saal an der Donau, wurden kranke Häftlinge nach Räumung der Lager durch Inbrandsetzung von Baracken getötet.[159]

Die Situation auf den Märschen und Transporten

Die Fußmärsche im Zuge der Lagerräumungen waren für die Häftlinge die anstrengendste und gefährlichste Phase ihrer gesamten Gefangenschaft. Sie bezwangen unter größten Schwierigkeiten Meter um Meter und konzentrierten ihre ganze Aufmerksamkeit auf das Überleben. Aus ihren Berichten geht hervor, dass viele in einen tranceähnlichen Zustand gerieten, wenn sie versuchten, ihre letzten Kräfte zum Weiterlaufen zu mobilisieren (Dok. 173). Neben der körperlichen Anstrengung des Marschs litten sie unter Hunger und Kälte. Vor dem Aufbruch hatten sie meist eine schmale Verpflegung erhalten, die nur für einige Tage kalkuliert war. Da niemand wusste, wie lange der Transport dauern würde, war es den Häftlingen unmöglich, den Proviant sinnvoll einzuteilen. Viele waren so ausgehungert, dass sie die gesamte Ration bereits vor dem Aufbruch verzehrten. Kaum ein Transport wurde unterwegs ausreichend mit Lebensmitteln versorgt. Insbesondere während des Frosts der Wintermonate, aber auch für die kalten Frühlingsnächte 1945 waren die Häftlinge völlig unzureichend mit Kleidung

158 Strzelecki, Endphase (wie Anm. 137), S. 246–251.

159 Wolfgang Benz/Barbara Distel (Hrsg.), Der Ort des Terrors. Geschichte der nationalsozialistischen Konzentrationslager, Bd. 3, München 2006, S. 504, Bd. 4, München 2006, S. 249.

ausgestattet. In einigen Fällen hatte die SS erlaubt, Decken mitzunehmen. Ließ die Kraft nach, warfen viele ihre Decken oder andere wärmende Kleidungsstücke weg, was tödliche Konsequenzen haben konnte. Das ausgegebene Schuhwerk, oft nur einfache Holzpantinen ohne Socken, führte zu Schwellungen und Erfrierungen an den Füßen. Wer keine Möglichkeit hatte, sich vor Abmarsch gutes Schuhwerk zu organisieren, konnte schon bald das Tempo nicht halten, wie der bekannte tschechische Kabarettist Karel Švenk, der den Todesmarsch aus dem Buchenwalder Außenlager Meuselwitz nicht überlebte (Dok. 232).

Die Strategien der Häftlinge, mit den Strapazen des Marschs fertig zu werden, waren sehr unterschiedlich. So berichtete Zdenka Fantlová, die im Januar 1945 mehrere Tage vom Groß-Rosener Außenlager Kurzbach in das 120 Kilometer entfernte Stammlager laufen musste: „Wir kamen darauf, daß man auch im Gehen schlafen kann. Die Natur ist barmherzig. Wir wechselten uns beim Schlafen ab. Wer an der Reihe war, kam in die Mitte der Reihe, hängte sich bei seinen Nachbarinnen ein und wurde von ihnen geführt. Man spürte eine gewisse Sicherheit, konnte die Augen schließen – und schlief ein. Die Füße bewegten sich automatisch weiter."[160] Viele stürzte es in große moralische Konflikte, wenn sie Verantwortung für schwächere Familienangehörige übernehmen wollten und feststellten, dass ihr körperlicher Zustand dies nicht zuließ. Ihre Berichte beschreiben das Gefühl des absoluten Ausgeliefertseins, der Ungewissheit und willkürlichen Gewalt.

Die Häftlinge mussten oft auf Nebenstraßen laufen, um die Hauptrouten für Militärtransporte frei und die Kolonnen möglichst von bewohnten Gebieten fernzuhalten. Besonders beschwerlich war es, wenn die Gruppen jenseits von befestigten Straßen querfeldein getrieben wurden. Wegen gesperrter Straßen, zerstörter Brücken, mangelnder Ortskenntnis der Marschbegleitung, neu angepasster Transportrouten aufgrund der Frontentwicklung oder weil sich irgendwo die Möglichkeit ergab, mit dem Zug weiterzufahren, mussten die Häftlinge zahlreiche Umwege absolvieren. In der Regel bestimmten die alliierten Vorstöße und Truppenbewegungen sowie der Zustand von Straßen und Schienennetzen den Routenverlauf.

Auf ihren Märschen begegneten den Häftlingen immer wieder Trecks deutscher Zivilbevölkerung auf der Flucht. Für die Häftlinge bedeutete der Anblick der fliehenden Deutschen nicht selten eine Genugtuung. So schrieb Sara Plager-Zyskind, die 1945 vom Groß-Rosener Außenlager Mittelsteine auf einer Autobahn in Richtung Süden getrieben wurde: „Männer trugen Kinder huckepack, ältere Menschen ächzten unter riesigen Bündeln, andere schoben schwerbeladene Schubkarren vor sich her. Dieses Mal jedoch waren die Flüchtlinge keine vertriebenen Juden, sondern Deutsche, beraubt all ihrer Arroganz und Selbstherrlichkeit – die ‚Herrenrasse' selbst, in Furcht und Schrecken, in kopfloser Flucht vor den Russen. Welch ein Anblick! Wir dankten dem Himmel für diese süße Rache, unsere verhassten Feinde in diesem Moment der Erniedrigung zu sehen, entwurzelt und um ihr Leben rennend. Unsere Freude währte nur kurz, denn wir hatten nicht mehr die Kraft, diesen Anblick zu genießen."[161] Manchmal schlossen sich deutsche Flüchtende den Kolonnen an und wurden Zeugen der unmenschlichen Behandlung der Häftlinge. Die Deutsche Ruth Maritzen, mit ihrer zweijährigen Tochter

160 Fantlová, „In der Ruhe liegt die Kraft" (wie Anm. 84), S. 145.

161 Sara Plager-Zyskind, Auf immer verlorene Jahre. Ein junges Mädchen überlebt den Holocaust in Polen, München 1993, S. 245.

auf der Flucht, stieß in Steinförde bei Fürstenberg auf eine Gruppe von Häftlingen aus Ravensbrück: „Ich weiß noch, daß sie ziemlich schnell laufen mußten, beinahe rannten. Sie wurden von der SS immer wieder angetrieben. Der schlimmste Eindruck, der mir sehr stark im Gedächtnis geblieben ist, war, daß keine der Frauen aus der Kolonne ausscheren durfte, um ihre Notdurft zu verrichten. Sie hielten sich beim Gehen Eßgeschirr oder Becher zwischen die Beine. Die nicht mehr laufen konnten, wurden in den Wald geführt und erschossen. Von zwei Frauen weiß ich das ganz genau."[162]

Wann immer es möglich war, organisierte die SS Eisenbahnzüge, in der Regel Güterwaggons, für den Abtransport der Häftlinge. Dies hatte für sie selbst viele Vorteile: Die Gefangenen konnten schneller aus dem frontnahen Bereich geschafft werden, die Bewachungskommandos waren keinem strapaziösen Fußmarsch ausgesetzt, Fluchtversuche ließen sich leichter unterbinden, und da die Häftlinge in den Zügen verblieben, mussten keine Nachtquartiere organisiert werden. Nicht immer ließen sich jedoch Waggons beschaffen. Viele der Transporte kamen außerdem kaum voran. Sie mussten Wehrmachtstransporten Vorfahrt gewähren und wurden häufig umgeleitet, weil das ursprüngliche Ziel wegen des alliierten Vormarschs nicht mehr zu erreichen war. Außerdem waren viele Bahnanlagen beschädigt, so dass die Züge häufig tagelang stehen blieben. Etliche Transporte zogen sich aus diesem Grund über Tage und sogar Wochen hin, so dass viele Häftlinge in den Zügen einen qualvollen Tod starben. Aufgrund der Knappheit der Wagen brachte die SS möglichst viele Personen in einem Waggon unter. Die zusammengepferchten Menschen konnten oft weder liegen noch sitzen. Wer nicht mehr stehen konnte, wurde niedergetreten. Handelte es sich um offene Waggons, waren die unzulänglich gekleideten Menschen bei Regen und Schnee schutzlos der Witterung ausgesetzt. Waren die Waggons geschlossen, herrschte bereits nach kurzer Zeit Luftnot. Die Notdurft musste an Ort und Stelle in kleine Eimer oder Kübel verrichtet werden, die nach kurzer Zeit überfüllt waren und einen entsetzlichen Gestank im Wagen verbreiteten. Viele Häftlinge waren an Typhus erkrankt, litten unter Durchfall. Zu all diesen Widrigkeiten kamen die mangelnde Verpflegung und ein oft unerträglicher Durst, da die Häftlinge nicht ausreichend mit Trinkwasser versorgt wurden. Zahlreiche Luftangriffe sorgten außerdem für Panik und Todesfälle während der Bahnfahrten. Die alliierten Luftstreitkräfte bombardierten im Frühjahr 1945 gezielt Bahnanlagen, Bahnhöfe und Güterzüge. Da die Häftlingstransporte aufgrund fehlender Kennzeichnung für die alliierten Kampfflugzeuge nicht als solche erkennbar waren, gerieten auch diese häufig unter Beschuss (Dok. 247).

Entlang der Bahnstrecken fanden Gleisarbeiter zahlreiche Leichen von Häftlingen, die während der Fahrt aus dem Zug geworfen wurden (Dok. 182, 183). Auch bei den häufigen Zwischenhalten wurden Leichen aus den Zügen geschafft und verscharrt, zum Teil mit Hilfe der örtlichen Bevölkerung (Dok. 249, 253).

In mehreren Fällen nutzte die SS zum Abtransport von Häftlingen auch den Wasserweg. Das betraf vor allem Häftlinge aus dem Baltikum, die mit Schiffen über die Ostsee nach Stutthof gebracht wurden, und Häftlinge aus Stutthof, die im April 1945 mit Schiffen in Richtung Lübeck fuhren. Etliche Häftlingsgruppen, insbesondere aus den Lager-

162 Delia Müller/Madlen Lepschies, Tage der Angst und der Hoffnung. Erinnerungen an die Todesmärsche aus dem Frauen-Konzentrationslager Ravensbrück Ende April 1945, Berlin o. J., S. 51.

komplexen Buchenwald und Mittelbau, transportierte die SS auf der Elbe – sowohl stromabwärts in Richtung des Auffanglagers Leitmeritz als auch stromaufwärts mit dem Ziel Neuengamme.

Transportführer und Bewachungswachmannschaften

Die Begleitkommandos der Märsche und Bahntransporte setzten sich aus den KZ-Wachmannschaften des Ausgangslagers zusammen. Sie bestanden aus deutschen SS-Angehörigen, aus Volksdeutschen aus Südosteuropa, die von Sommer 1942 an zur Waffen-SS eingezogen worden waren, und aus frontuntauglichen Wehrmachtssoldaten, die seit Sommer 1944 in großer Zahl in den KZ-Dienst versetzt worden waren (Dok 231, 243).[163] Von den Anfang 1945 rund 37700 Angehörigen der KZ-Wachmannschaften war vermutlich die Hälfte auf den Märschen eingesetzt.[164] Auch von den 3500 Aufseherinnen liefen etliche auf Räumungsmärschen als Bewacherinnen mit. So berichtete die Oberaufseherin des KZ Groß-Rosen, Jane Bernigau, von der Ankunft von Jüdinnen aus dem Außenlager Breslau-Hundsfeld im Stammlager, dies sei „mit das Erschütterndste gewesen, was ich in jener Zeit gesehen habe. Häftlinge und Aufseherinnen waren völlig erschöpft. Die Häftlinge hatten teilweise kaputte Füße und viele mußten von Mithäftlingen gestützt werden. Die Kowa kam mir entgegen und konnte kaum noch sprechen."[165] Mehrere Aufseherinnen hätten sich danach in ein Krankenhaus begeben müssen. Emma Kowa, die Lagerführerin von Breslau-Hundsfeld, hatte auf dem Marsch etliche Häftlingsfrauen erschossen.[166]

Jedem Transport war ein sogenanntes Vorkommando von bis zu einem Dutzend SS-Wachmännern zugeordnet, die vorausfuhren, um Wege zu erkunden und Nachtquartiere (meist in Scheunen von Gutshöfen, aber auch in Schulen und Turnhallen) zu organisieren. Erreichten die Kolonnen zur Nacht nicht den nächsten Ort, kampierten sie auf freier Strecke. Etliche Gruppen marschierten wegen der Gefahr von Tieffliegerangriffen nur nachts. Fühlten sich die Transportführer durch das schnelle Vorrücken der Alliierten besonders bedroht, mussten Kolonnen Tag und Nacht marschieren; ihnen wurden zwischendurch nur kurze Ruhepausen zugestanden.

Beim Durchzug durch bewohnte Gebiete wurden häufig lokale Polizei-, Gendarmerie- und Volkssturmeinheiten, Stadt- und Landwacht oder Feuerwehr, oftmals auch Hitlerjugend, die zu diesem Zweck mit Gewehren ausgestattet wurden, zur zusätzlichen Bewachung der Häftlingskolonnen eingesetzt. Sie sollten Fluchten und Plünderungen in den Dörfern und Städten verhindern und geflüchtete Häftlinge aufgreifen. Um den polizeilichen Einsatz zu legitimieren, wurden Gerüchte über Häftlingsrevolten,

163 Stefan Hördler, Die KZ-Wachmannschaften in der zweiten Kriegshälfte. Genese und Praxis, in: Angelika Benz/Marija Vulesica (Hrsg.), Bewachung und Ausführung. Alltag der Täter in nationalsozialistischen Lagern, Berlin 2011, S. 127–145; Themenheft „Wehrmacht und Konzentrationslager" der Beiträge zur Geschichte der nationalsozialistischen Verfolgung in Norddeutschland, 13 (2012).

164 Krakowski, Death Marches (wie Anm. 139), S. 487.

165 Aussage Jane Bernigau, 11.12.1964; BArch, B 162/20489.

166 Ermittlungsverfahren gegen Emma Kowa; ebd., B 162/20489–20494.

Flucht- oder Plünderungsversuche gestreut, was den Eindruck erweckte, dass die lokale Bevölkerung vor den Häftlingen geschützt werden müsse.[167]

Zur Unterstützung der regulären Wachmannschaften wurden außerdem reichs- und volksdeutsche Häftlinge, die oft bereits im Lager Kapo-Dienste für die SS ausgeführt hatten, offiziell zu Bewachungsaufgaben herangezogen und zu diesem Zweck mit Waffen und Uniformen ausgestattet. Für ihr Engagement und ihre Loyalität der SS gegenüber wurden sie nach Ankunft des Transports aus der Lagerhaft entlassen und in eine Bewährungseinheit der Wehrmacht überstellt (Dok. 218, 219).

Solange es möglich war, standen die Transportführer in Kontakt mit der Kommandantur des Herkunfts- und des Ziellagers. Aufgrund der schwierigen Kommunikationsbedingungen mussten sie jedoch häufig allein Entscheidungen treffen, wenn beispielsweise Ziele aufgrund des Frontverlaufs nicht mehr wie geplant angesteuert werden konnten. Die meisten Transportführer hielten ihre Befehle auch dann noch ein, als sie durch die veränderte Situation sinnlos erschienen. So erklärte SS-Obersturmführer Gerhard Poppenhagen nach dem Krieg, er habe einen von ihm geleiteten Häftlingstransport aus dem Neuengammer Außenlager Helmstedt-Beendorf beim Eintreffen in Magdeburg nicht den US-Truppen übergeben, obwohl er wusste, dass diese die Stadt bereits erreicht hatten. Er hätte den Auftrag gehabt, die Häftlinge nach Wöbbelin zu bringen: „Wenn ich mich und die Gefangenen in Magdeburg den Amerikanern übergeben hätte, wäre das Leben der Gefangenen, die später auf der Reise starben, erhalten geblieben. […] Ich versuchte zwar während der Fahrt, eine Befehlsänderung von höherer Stelle zu erreichen, aber da ich zu niemandem Kontakt bekam, mußte ich meinem ursprünglichen Befehl Folge leisten.“[168] Geriet ein verantwortlicher SS-Führer in den Verdacht, seinen Wachaufgaben nicht genügt zu haben, kam es noch in den letzten Kriegstagen zu Schauprozessen. So wurde der Lagerführer des Neuengammer Außenlagers Salzgitter-Watenstedt, SS-Hauptsturmführer Theodor Breuing, von einem SS-Gericht zum Tode verurteilt, weil er Häftlinge nicht selbst nach Neuengamme begleitet hatte und unterwegs etliche Häftlinge geflohen waren. Bei seiner Hinrichtung am 24. April 1945 mussten auf Befehl des Kommandanten alle dienstfreien SS-Männer anwesend sein (Dok. 241).

Für etliche Bewacher waren die Häftlinge zu einer Art Lebensversicherung geworden, die sie vor einem letzten, sinnlosen Fronteinsatz schützte.[169] Als der 23-jährige SS-Untersturmführer und ehemalige Lagerführer des Auschwitzer Außenlagers Fürstengrube, Max Schmidt, erfuhr, dass Neuengamme, wohin er eine Häftlingskolonne bringen sollte, bereits geräumt war, lotste er eine Gruppe von Häftlingen kurzerhand auf den Bauern-

167 Martin Clemens Winter, „Dienstleistung anläßlich eines Gefangenentransports“: Polizei und Evakuierungstransporte aus Konzentrationslagern am Beispiel Brunsbüttelkoog, in: Beiträge zur Geschichte der nationalsozialistischen Verfolgung in Norddeutschland, 15 (2013), S. 40–49; Greiser, Todesmärsche (wie Anm. 149), S. 109–132; Gring, Das Massaker von Gardelegen (wie Anm. 149), S. 115; Erpel, Zwischen Vernichtung und Befreiung (wie Anm. 149), S. 170.

168 Eidesstattliche Aussage Gerhard Poppenhagen, 10.5.1946; TNA, WO 235/226. Siehe Björn Kooger, Rüstung unter Tage. Die Untertageverlagerung von Rüstungsbetrieben und der Einsatz von KZ-Häftlingen in Beendorf und Morsleben, Berlin 2004, S. 269–273.

169 Vgl. Willy Mirbach, „Damit du es später deinem Sohn einmal erzählen kannst …“ Der autobiographische Bericht eines Luftwaffensoldaten aus dem KZ Mittelbau (August 1944–Juli 1945), hrsg. und kommentiert von Gerd Halmanns, Geldern 1997.

hof seiner Eltern in Neuglasau in Holstein.[170] Der polnische Jude Benjamin Jacobs, einer der betroffenen Häftlinge, vermutete später: „Er hatte beschlossen, uns als Gefangene auf dem Gut seiner Eltern einzusetzen, denn ohne die Aufgabe, uns zu bewachen, hätte er sein sterbendes Vaterland verteidigen müssen."[171] Andere Begleitkommandos wollten die Häftlinge nur noch loswerden, um nicht in Ausübung der Position eines SS-Wachmanns von den Alliierten gefangen genommen zu werden. So sperrten Wachleute beispielsweise 750 Jüdinnen aus dem Buchenwalder Außenlager Lippstadt nach 25 km Strecke in einem leerstehenden Gebäude ein und flohen dann. Einige Tage später wurden die Frauen von amerikanischen Soldaten befreit.[172] Andere Begleitkommandos erschossen die ihnen anvertrauten Häftlinge, um selbst zu entkommen und nach Kriegsende nicht mehr identifiziert werden zu können.[173] Trotz des elenden Zustands der Gefangenen waren viele Bewacher überzeugt, dass diese eine Gefahr für die deutsche Bevölkerung darstellten. So sagte der Führer eines Transports aus dem Lager Mittelbau, SS-Obersturmführer Hans Möser, nach dem Krieg aus: „Hätte ich die Häftlinge freigelassen, dann wären Plünderungen und andere Gewalttaten die Folge gewesen. Ich bin Deutscher und mußte meine Landsleute vor den Häftlingen schützen."[174] Als es Ende April 1945 kein erreichbares Ziel mehr gab, bemühten sich die Wachleute vor allem darum, nicht der Roten Armee in die Hände zu fallen. Gerieten Kolonnen zwischen die Fronten, ließen die Kommandoführer in Richtung Westen umschwenken, da sie es vorzogen, von den US-Truppen gefangen genommen zu werden.

Da die Wachmänner zumeist in der äußeren Bewachung der Lager tätig gewesen waren und dort wenig Kontakt mit den Häftlingen gehabt hatten, kannten sich Bewacher und Bewachte auf den Märschen oft nicht. Aufgrund des ständigen Zerfalls und der Neuzusammensetzung der Kolonnen kam es zu starken Fluktuationen innerhalb der Wachmannschaften. Hatten SS-Männer ihre Transporte abgeliefert, mussten sie sich an sogenannten Verbindungsstellen einfinden und wurden von dort in den Kampfeinsatz oder in andere Lagerkomplexe geschickt. So richtete die SS nach der Räumung von Auschwitz beispielsweise in Zittau einen Treffpunkt für versprengte Wachmänner ein und koordinierte von dort aus ihre Weiterleitung (Dok. 209). Viele nutzten das Chaos, um sich abzusetzen.

Überlebende schildern, dass das Verhalten der Wachmannschaften maßgeblich von der Angst vor der herannahenden Front und dem Ende des Kriegs bestimmt war. Nur wenige Wachleute versuchten, sich angesichts des nahenden Kriegsendes mit den Häftlingen gutzustellen, sie aufzumuntern und bei der örtlichen Bevölkerung Essen und Kleidung zu organisieren.[175] Andere quälten die Häftlinge und zögerten nicht, jeden brutal zu erschießen, der strauchelte oder zurückblieb.

170 Gerhard Hoch, Von Auschwitz nach Holstein. Der Leidensweg der 1200 jüdischen Häftlinge aus Fürstengrube, Hamburg 1990; Jörg Wollenberg, Ahrensbök – eine Kleinstadt im Nationalsozialismus: Konzentrationslager, Zwangsarbeit, Todesmarsch, Bremen 2001, S. 160–258.

171 Benjamin Jacobs, Zahnarzt in Auschwitz – Häftling 141 129 berichtet, Baden-Baden 2001, S. 192.

172 Burkhard Beyer, Zum Arbeitseinsatz nach Lippstadt. Die jüdischen Frauen in den KZ-Außenkommandos Lippstadt 1944 und 1945, Lippstadt 1993.

173 Erpel, Zwischen Vernichtung und Befreiung (wie Anm. 149), S. 172 f.

174 Aussage Hans Möser im Dachauer Nordhausen-Prozess 1947; NARA, M-1079, Roll 12, Bl. 331.

175 Beispiele siehe Greiser, Todesmärsche (wie Anm. 149), S. 99–101.

Die Wachmannschaften hatten ein großes Interesse, mit den Kolonnen zügig voranzukommen, um nicht von den alliierten Truppen eingeholt zu werden. Auf allen Märschen fielen die schwächeren Häftlinge schon nach kurzer Zeit an das Ende der Kolonnen zurück. Die Wachleute waren nicht befugt, Häftlingen das Zurückbleiben zu gestatten und sie auf diese Weise in die Freiheit zu entlassen. Aus diesem Grund folgten den Kolonnen regelrechte Exekutionskommandos, die alle erschossen, die nicht Schritt halten konnten. Ein schriftlicher Befehl für diese Verfahrensweise findet sich nicht. Die vorhandenen Evakuierungsanordnungen enthielten lediglich die Aufforderung, dass „Fluchtversuche und Meutereien" „rücksichtslos mit der Waffe zu brechen" seien (Dok. 181, 202). Den Wachmännern der Begleitkommandos war allerdings schon während ihrer Zeit als KZ-Bewacher bekannt, dass jegliches Verhalten der Häftlinge als Fluchtversuch ausgelegt werden konnte. So verstanden sie schnell, dass es ihnen uneingeschränkt erlaubt war, Häftlinge, die ihnen wegen ihrer Langsamkeit oder aus irgendeinem anderen Grund lästig wurden, zu erschießen. Dies führte zu einem willkürlichen Terror, da jedes Fallen, Zurückbleiben, Austreten oder nach etwas Essbarem Greifen zur tödlichen Gefahr für die Häftlinge wurde. Hinter etlichen Kolonnen zog eine Gruppe von Häftlingen her, die die Aufgabe hatten, die Opfer an Ort und Stelle zu verscharren. Neben den zahllosen Einzelerschießungen kam es an mehreren Orten zu Tötungen ganzer Gruppen. Entkräftete Häftlinge wurden nach einer Rast oder einer Übernachtung vor dem Weitermarsch gesammelt und von den Übrigen separiert in einen Wald geführt. Dort mussten die Todgeweihten oder ein willkürlich ausgesuchtes Häftlingskommando vor der Mordaktion eine Grube ausheben, in der die Toten später verscharrt wurden.

Die Rolle von Zivilbevölkerung und lokalen Behörden

Die Todesmärsche konfrontierten zivile Behörden und Bevölkerung in vielen Orten mit den Verbrechen der SS an KZ-Häftlingen. Gleichzeitig mussten sie Lösungen für bis dato unbekannte Probleme finden. So fragte ein Landrat an, was mit einem seit Tagen auf dem Bahnhof von Graslitz stehenden, unversorgten Zug voller Gefangener geschehen solle (Dok. 242). Ein Gemeindepfarrer war sich nicht sicher, ob Menschen, deren Tod nicht beurkundet wurde, auf christlichen Friedhöfen begraben werden durften (Dok. 221). Zivilisten leisteten der SS freiwillig oder gezwungenermaßen logistische Unterstützung, indem sie Autos, Fuhrwerke oder Wagen zum zügigen Weitertransport marschunfähiger Häftlinge zur Verfügung stellten oder die Beseitigung von Leichen übernahmen (Dok. 211, 213, 262). Die Transportführer versuchten, unterwegs Verpflegung von lokalen Militärkommandanten, Kommunal- oder Kreisverwaltungen zu organisieren oder bei der Bevölkerung zu beschlagnahmen, die zum Teil auch aus eigener Initiative Lebensmittel bereitstellte (Dok. 261, 267).

Die Bevölkerung reagierte unterschiedlich auf die durchmarschierenden Kolonnen. Die Häftlinge erlebten emotionale Anteilnahme, berichteten von mitleidigen, auch ängstlichen Blicken oder verstohlen zugeworfenen Brotstücken, ebenso wie von Beschimpfungen, insbesondere durch Angehörige der Hitlerjugend. Im Allgemeinen waren die Ortsansässigen froh, wenn sie nicht mit dem Elend der Häftlinge konfrontiert wurden. Existenziell wurde das Verhalten der Zivilbevölkerung für die Häftlinge vor allem dann, wenn sie eine Flucht planten, da sie in diesem Fall auf Unterstützung angewiesen waren.

Doch solche Hilfe war nicht nur auf deutschem, sondern auch auf tschechischem und polnischem Gebiet keinesfalls selbstverständlich, da Zivilisten, die flüchtigen KZ-Häftlingen halfen, bei Entdeckung um ihr Leben fürchten mussten. Dennoch legt die Vielzahl von Berichten über Fluchten nahe, dass es sich nicht um Einzelerscheinungen handelte. Die unmittelbare Todesbedrohung auf dem Marsch motivierte viele Häftlinge, das Risiko auf sich zu nehmen, da sie kaum noch etwas zu verlieren hatten. Manchmal ergab sich während der Übernachtungen in Scheunen die Gelegenheit, unbemerkt zurückzubleiben. Manche Wachleute sahen nicht mehr ganz so genau hin, wenn Häftlinge sich absonderten. Gerade wenn die Munition knapp wurde, kam es vor, dass schwache Häftlinge am Wegesrand zurückgelassen wurden. Andere nutzten die unübersichtlichen Situationen bei Luftangriffen oder Schießereien für eine Flucht (Dok. 175, 186, 206, 208). Insbesondere der Marsch durch Regionen, die bereits von deutscher Bevölkerung evakuiert worden waren, bot den Geflohenen günstige Bedingungen: Die Häftlinge konnten Zuflucht in leerstehenden Häusern suchen und sich dort mit wärmender Zivilkleidung und zurückgelassenen Lebensmitteln oder Konserven versorgen. Hier mussten sie keine Denunziationen fürchten (Dok. 167, 168). Nicht wenige hatten auch in bewohnten Gebieten das Glück, auf Menschen zu treffen, die sie in ihren Häusern verbargen und versorgten; einige halfen selbstlos (Dok. 174, 188, 246). Die aus Prag stammende Anna Steinerová, die nach zwei Wochen Marsch in einer Scheune bei Pirna zurückblieb und dort am 17. Februar 1945 ein Kind zur Welt brachte, wurde mit dem Neugeborenen in eine Pirnaer Obdachlosenunterkunft gebracht. Bis zum 20. April 1945 wurden sie in Pirna festgehalten, dann durften sie nach Prag abreisen.[176]

Für geflohene Häftlinge bestand stets die Gefahr, auf versprengte Wehrmachtseinheiten, Volkssturmtrupps, Parteifunktionäre oder Hitlerjungen zu treffen, die bis zur letzten Minute ihre vermeintliche Pflicht taten und das Aufgreifen eines Geflüchteten meldeten oder ihn gleich an Ort und Stelle erschossen, wie dies an mehreren Orten geschah (Dok. 185, 187, 190).[177] Andere Aufgegriffene wurden je nach Ort der Festnahme in noch bestehende Konzentrationslager, aber auch Gefängnisse oder Lager für zivile Zwangsarbeiter gebracht, so z. B. zwischen Januar und März 1945 mindestens 360 von Todesmärschen geflohene Häftlinge in die Kleine Festung Theresienstadt.[178] Im Chaos der letzten Kriegstage geschah es auch, dass sich Häftlinge nach der Flucht von Begleitkommandos bereits frei wähnten und dann erneut von Wehrmachts- oder SS-Einheiten gefangen genommen wurden (Dok. 232).[179]

Neben den alltäglichen Erschießungen von Marschunfähigen kam es im Zuge der Lagerräumungen an einigen Orten zu Massakern, die nicht das Ziel hatten, sich erschöpfter Häftlinge zu entledigen, sondern der gesamten Häftlingsgruppe. Meist geschah dies in Situationen, in denen größere Häftlingsgruppen an einem Ort zusammentrafen, der Einmarsch alliierter Truppen unmittelbar bevorstand, die Begleitkommandos keine

176 Hans Brenner, Todesmärsche und Todestransporte. Konzentrationslager Groß-Rosen und die Nebenlager, Chemnitz 2015, S. 74 f.

177 Beispiele für Sachsen, Thüringen und Oberbayern in Greiser, Todesmärsche (wie Anm. 149), S. 109–111.

178 Václav Novák u. a., Malá pevnost Terezín, Praha 1988, S. 115.

179 Arthur S. Trautmann, In Auschwitz Häftling 62 118: von Karlsruhe durch Gurs und Rivesaltes, Auschwitz, Groß-Rosen, Dachau nach Karlsruhe und Konstanz 1940–1945, Konstanz 2015.

Anweisungen und Ideen hatten, wohin die Häftlinge gebracht werden könnten, und es lokale Verantwortliche gab, die sich panisch für die Fortschaffung der Häftlinge, egal mit welchen Mitteln, einsetzten. Eine Rolle spielte außerdem, dass in den – oftmals mit Flüchtlingen aus den deutschen Ostgebieten überfüllten – Orten niemand die Belastungen für die Versorgung und Unterbringung der Häftlinge tragen wollte.
So eine Situation entstand Ende Januar 1945 im Zuge der Räumung der ostpreußischen Außenlager von Stutthof im 3000-Einwohner-Ort Palmnicken an der Bernsteinküste nordwestlich von Königsberg, wo 3000 überwiegend weibliche jüdische Häftlinge dieser Lager gestrandet waren.[180] Aufgrund der Anwesenheit von mehreren Tausend deutschen zivilen Flüchtlingen gab es bereits erhebliche Versorgungsprobleme. Da die Rote Armee in Kürze erwartet wurde, setzten sich Bürgermeister und NSDAP-Ortsgruppenleiter Kurt Friedrichs sowie andere örtliche Parteifunktionäre für den schnellstmöglichen Abtransport der Häftlinge ein. Der Volkssturmkommandant Hans Feyerabend, der gleichzeitig Direktor des örtlichen Bernsteinwerks war, wurde aufgefordert, Volkssturmmänner zur Verfügung zu stellen, um die Häftlinge aus der Stadt zu schaffen, was er entschieden ablehnte. Er kümmerte sich darum, dass die Häftlinge in der Schlosserei des Bernsteinwerks untergebracht und notdürftig versorgt wurden. Vermutlich durch Bemühungen von Friedrichs beorderte daraufhin der lokale Sicherheitsdienst Feyerabend und 100 Volkssturmmänner an Verteidigungsstellen in der Umgebung; Feyerabend wurde am 30. Januar 1945 tot aufgefunden. Damit hatten die lokalen Kräfte, die für die Fortbringung der Jüdinnen aus Palmnicken waren, die Oberhand gewonnen. Die SS trieb die Häftlinge in der Nacht zum 1. Februar 1945 in Kolonnen von je 50 Personen in Richtung Meer und erschoss sie auf Eisschollen und am Strand. Weniger als 200 Frauen überlebten, darunter Bronisława Krakauer und Dora Hauptman (Dok. 197, 198, 199). Das Massaker von Palmnicken mit ca. 2800 Opfern gehört zu den größten Todesmarschverbrechen.[181]
Ein anderes Massaker ereignete sich in der Nacht vom 13. auf den 14. April 1945 in der altmärkischen Stadt Gardelegen.[182] In diesem Gebiet hatte sich nach alliierten Truppenvorstößen ein noch unbesetzter Kessel gebildet, in dem Häftlingsgruppen aus den Lagerkomplexen Mittelbau-Dora und Neuengamme infolge zerstörter Gleisanlagen und durch die Front abgeschnittener Wege gestrandet waren; insgesamt befanden sich 4000 bis 5000 Häftlinge in verstreuten Gruppen in der Region, davon ungefähr ein Drittel Juden. Nachdem etwa 1100 Häftlinge am Abend des 12. April 1945 in den Pferdeställen der örtlichen Kavallerieschule untergebracht worden waren, befahl NSDAP-Kreisleiter Gerhard Thiele die Tötung der Häftlinge und begründete dies mit Sicherheitsbedenken.

180 Siehe S. 77.

181 Shmuel Krakowski, Massacre of Jewish Prisoners on the Samland Peninsula – Documents, in: Yad Vashem Studies, XXIV (1994), S. 349–387; Andreas Kossert, „Endlösung on the ‚Amber Shore'": The Massacre in January 1945 on the Baltic Seashore – A repressed chapter of East Prussian History, in: Leo Baeck Institute Yearbook, 49 (2004), S. 3–21; Reinhard Henkys, Ein Todesmarsch in Ostpreußen, in: Dachauer Hefte, 20 (2004), S. 3–21; Martin Bergau, Todesmarsch zur Bernsteinküste. Das Massaker an den Juden im ostpreußischen Palmnicken im Januar 1945. Zeitzeugen erinnern sich, Heidelberg 2006; Maria Blitz, Endzeit in Ostpreußen. Ein beschwiegenes Kapitel des Holocaust, Berlin 2013.

182 Gring, Das Massaker von Gardelegen (wie Anm. 149); Blatman, Todesmärsche (wie Anm. 139), S. 446–608.

Um die von den Häftlingen ausgehende Gefahr zu unterstreichen, wurden Gerüchte über vermeintlich stattgefundene Gewalttaten, Plünderungen und Vergewaltigungen von Frauen und Kindern gestreut. Am Nachmittag des 13. April wurden die Häftlinge in eine in Sichtweite der Stadt gelegene Feldscheune des Gutshofs Isenschnibbe getrieben, und diese wurde in Brand gesteckt. Eine Gruppe von 100 bis 120 Personen, bestehend aus SS-Männern, Luftwaffensoldaten, Fallschirmjägern, Angehörigen des Reichsarbeitsdiensts, des Volkssturms sowie reichs- und volksdeutschen KZ-Häftlingen, denen die SS die Freiheit versprochen hatte, war in den kommenden Stunden damit beschäftigt, aus der brennenden Scheune flüchtende Häftlinge mit Maschinengewehren, Handgranaten und Panzerfäusten am Ausbruch zu hindern. Lokale Verbände, Volkssturm, Angehörige der Gardelegener Feuerwehr und der Technischen Nothilfe hoben im Morgengrauen des 14. April Massengräber aus und verscharrten etwa die Hälfte der Opfer. Am Abend desselben Tages nahm die 102. Infantry Division der 9. US-Armee Gardelegen ein und begann unverzüglich mit Ermittlungen zu diesem Massenverbrechen. 1016 Leichen wurden geborgen, insgesamt waren in der Region um Gardelegen 1700 Häftlinge getötet worden (Dok. 237, 238, 239, 270).[183]

Auch wenn Massaker in der Größenordnung von Palmnicken und Gardelegen zu den Ausnahmen gehörten, so ist dennoch das starke Engagement von lokaler Zivilbevölkerung bei Erschießungen von Häftlingen erschreckend und erklärungsbedürftig. Viele Deutsche fühlten sich offenbar von den Häftlingen bedroht, obwohl diese körperlich geschwächt waren. Sie fürchteten Plünderung und Raub, aber auch Vergeltungsaktionen; nicht selten wurden die Häftlinge für die bevorstehende Kriegsniederlage verantwortlich gemacht. Antisemitismus und eine tief verwurzelte Angst vor Fremden, die jahrelange Gewöhnung an Gewalt und Ausgrenzung von „Gemeinschaftsfremden“ und die Vorstellung von der Minderwertigkeit der Häftlinge spielten ebenso eine Rolle wie Empathielosigkeit und Ekel angesichts der körperlich heruntergekommenen Menschen in zerlumpter Kleidung. Nicht selten entstand die Abwehr auch aus Scham, hervorgerufen durch die Einsicht, dass diese Menschen eigentlich Hilfe bräuchten und man sich mit ihnen nicht belasten, sondern angesichts der unsicheren Situation seine eigenen Ressourcen sichern wollte. Verschärft wurde die Panik durch zum Teil bewusst gestreute Gerüchte über plündernde, vergewaltigende und mordende Häftlinge. Nachdem in Lüneburg mehrere Häftlinge einen Luftangriff zur Flucht genutzt hatten, wurde die Bevölkerung in der Tageszeitung aufgefordert, Häftlinge, „die bekanntlich besonders zu Diebstahl, Raub und Plünderungen usw. neigen“, festzunehmen und sie, falls sie sich zur Wehr setzen, „unter allen Umständen unschädlich zu machen“ (Dok. 230). Männer und Jugendliche jagten und ermordeten geflohene Häftlinge im Gefühl, die eigene Bevölkerung schützen zu müssen. Die angesichts der drohenden Niederlage ohnehin schon angeheizte Stimmung in der Bevölkerung wurde durch Befehle der Führungsspitze, die beispielsweise den unteren Polizei- und Gestapodienststellen größere Entscheidungsfreiheiten bei der Tötung von Zwangsarbeitern ermöglichte, noch stärker radikalisiert. In der Folge stieg die Gewalt auch gegenüber anderen Gruppen, wie z. B. vermeintlichen politischen Gegnern, Kriegs- und Strafgefangenen sowie ausländischen

183 US-Ermittlungen zu den Verbrechen in Gardelegen in: NARA, RG 549, Box 475, Case 000-12-242; zusammenfassender Ermittlungsbericht von Edward Cruise, 23.5.1945; ebd., RG 153, Box 274, File 12–481, Vol. I, Exhibits, Part I, Folder I.

zivilen Zwangsarbeitern, in den letzten Kriegswochen deutlich an.[184] In der letzten Kriegsphase wurden Angehörige der Zivilbevölkerung an vielen Orten nicht nur zu Zeugen von Verbrechen, sondern durch logistische Dienstleistungen, Bewachungsdienste, Denunziation von Flüchtigen und unterlassene Hilfeleistung zu aktiven Unterstützern der Mörder und teilweise selbst zu Mördern.

Die Räumung der Lager im Baltikum

Die ersten Räumungen im nationalsozialistischen KZ-System waren eine unmittelbare Folge des sowjetischen Vormarschs und begannen im Februar und März 1944 im besetzten Baltikum. Hier waren nach den Gettoauflösungen des Jahres 1943 die Lagerkomplexe Riga-Kaiserwald, Kauen (Kaunas) und Vaivara entstanden. Aufgrund des Heranrückens der Roten Armee wurden die Häftlinge der östlich gelegenen Außenlager von Vaivara schon im Februar und März 1944 in strapaziösen Fußmärschen in weiter westlich gelegene Außenlager überstellt (Dok. 161). Zwischen Juli und September 1944 löste die SS den Lagerkomplex Vaivara komplett auf und verschiffte die Häftlinge von den Küstenorten Klooga und Lagedi nach Stutthof bei Danzig (Dok. 168). Im Zuge der Lagerschließungen kam es zu zahlreichen Massakern. Im September 1944 sammelte die SS alle verbliebenen Häftlinge aus aufgelösten Lagern in der Umgebung im Außenlager Klooga. Auch der Kommandanturstab des KZ Vaivara traf dort ein, um auf die Evakuierung per Schiff zu warten. Am 19. September ermordeten Angehörige der 20. Waffen-Grenadier-Division der SS und eines aus Reval herbeigeholten Kommandos der Sicherheitspolizei rund 2000 Häftlinge im nahegelegenen Wald. Die SS steckte danach das Lager in Brand; etwa 100 Häftlingen gelang es, sich zu verstecken. Als die Rote Armee wenige Tage später in Klooga eintraf, fand sie Scheiterhaufen und Leichenberge vor. Fotos, die Angehörige der Roten Armee nach ihrer Ankunft in Klooga aufgenommen hatten, machten den Massenmord auch im Westen bekannt.[185]

Im besetzten Litauen begann die SS am 8. Juli 1944 mit der Räumung des Konzentrationslagers Kauen. Rund 8000 Juden brachte sie an die Ostseeküste und von dort mit Schiffen in Richtung Danzig. Die Männer wurden mit Zügen in den Dachauer Außenlagerkomplex Kaufering transportiert, die Frauen nach Stutthof. Auch alle Außenlager des Lagerkomplexes Kauen wurden im Juli 1944 geräumt, zuletzt Schaulen am 15. Juli 1944.[186]

184 Ulrich Herbert, Fremdarbeiter. Politik und Praxis des „Ausländer-Einsatzes" in der Kriegswirtschaft des Dritten Reichs, Berlin 1985, S. 327–340; Gerhard Paul, „Diese Erschießungen haben mich innerlich gar nicht mehr berührt", in: ders./Klaus-Michael Mallmann (Hrsg.), Die Gestapo im Zweiten Weltkrieg. „Heimatfront" und besetztes Europa, Darmstadt 2000, S. 543–568; Christine Glauning, „Es ist in allen sich zeigenden Fällen sofort und brutal zuzuschlagen." Kriegsendverbrechen an zivilen Zwangsarbeiterinnen und Zwangsarbeitern, in: Garbe/Morsch (Hrsg.), Kriegsendverbrechen (wie Anm. 139), S. 97–119.

185 Ruth Bettina Birn, Klooga, in: Wolfgang Benz/Barbara Distel (Hrsg.), Der Ort des Terrors. Geschichte der nationalsozialistischen Konzentrationslager, Bd. 8, München 2008, S. 161–166.

186 Christoph Dieckmann, Das Ghetto und das Konzentrationslager Kaunas 1941–1944, in: Ulrich Herbert/Karin Orth/Christoph Dieckmann (Hrsg.), Die nationalsozialistischen Konzentrationslager. Entwicklung und Struktur, Göttingen 1998, Bd. 1, S. 439–471; Jürgen Matthäus, Kauen (Kaunas) – Stammlager, in: Benz/Distel (Hrsg.), Der Ort des Terrors, Bd. 8 (wie Anm. 185), S. 189–208.

Als die Rote Armee Ende Juli 1944 schließlich westlich von Riga die Ostsee erreichte, begann die Räumung des Lagers Riga-Kaiserwald und seiner verbliebenen Außenlager in Lettland. Zunächst wurden die Außenlager-Häftlinge ins Stammlager gebracht, wo umfangreiche Selektionen und Erschießungen stattfanden. Die Überlebenden wurden in drei großen Transporten am 6. August, 25. September und 11. Oktober 1944 in Gruppen von jeweils mehreren Tausend Häftlingen nach Danzig eingeschifft. Auf der mehrtägigen Passage lebten die Häftlinge ohne Versorgung und in der ständigen Angst, unter Beschuss zu geraten. In Danzig wurden sie in die stinkenden Frachträume von Schleppkähnen verladen, die sie nach Stutthof fuhren (Dok. 167).[187]

Die Räumung der Lager im Generalgouvernement

Als sich die Rote Armee im März 1944 der 150 km von Lublin entfernten Stadt Kovel in der Ukraine näherte, ordnete Oswald Pohl an, das Lager Lublin-Majdanek zu räumen.[188] Zwischen Ende März und Juli 1944 brachte die SS 9000 Häftlinge nach Auschwitz und in die Lagerkomplexe Natzweiler, Groß-Rosen, Plaszow bei Krakau und Ravensbrück. Am 23. Juli 1944 befand sich Majdanek unter Kontrolle der 1. Belorussischen Front und von Einheiten der polnischen Heimatarmee.
Die Mehrzahl der jüdischen Häftlinge im Lagerkomplex Lublin-Majdanek war allerdings zu diesem Zeitpunkt bereits tot. Während einer Massenmordaktion unter der Bezeichnung „Aktion Erntefest“ hatten SS- und Polizeiangehörige Anfang November 1943 43 000 Juden aus Majdanek und den verbliebenen Lagern im Distrikt Lublin erschossen.[189] Größere Gruppen jüdischer Häftlinge befanden sich zum Zeitpunkt der Räumung jedoch noch in den Zwangsarbeitslagern in den Orten Budzyń, Radom und Bliżyn, die im Januar/Februar 1944 unter die Verwaltung des KZ Lublin-Majdanek gestellt worden waren. Die etwa 450 jüdischen Häftlinge im Lager Budzyn, 50 km westlich von Majdanek gelegen, wurden zusammen mit den letzten Häftlingen aus dem Stammlager am 22. Juli 1944 abtransportiert. Rund 3000 jüdische Häftlinge aus dem Außenlager Radom, 120 km nordwestlich von Lublin gelegen, setzte die SS zwischen dem 26. und 29. Juli 1944 zu Fuß in Richtung Auschwitz in Marsch (Dok. 164). Das Lager Blizyn, 150 km westlich von Majdanek gelegen, wurde erst etliche Tage nach Ankunft der Roten Armee in Majdanek Anfang August 1944 geräumt. Etwa 2000 jüdische Häftlinge wurden mit dem Zug nach Auschwitz gebracht. Das seit Juli 1943 bestehende Konzentrationslager mit bis zu 6500 Häftlingen auf dem Gelände des ehemaligen Warschauer Gettos befand sich seit April 1944 ebenfalls unter der Verwaltung von Lublin-Majdanek. Sie waren in dem

187 Andrew Ezergailis, The Holocaust in Latvia, 1941–1944: The missing Center, Riga 1996, S. 363–370; Andrej Angrick/Peter Klein, Die „Endlösung“ in Riga: Ausbeutung und Vernichtung 1941–1944, Darmstadt 2006; Franziska Jahn, Riga-Kaiserwald – Stammlager, in: Benz/Distel (Hrsg.), Der Ort des Terrors, Bd. 8 (wie Anm. 185), S. 17–63, sowie Artikel zu den Außenlagern von Riga-Kaiserwald, ebd., S. 65–87.

188 Zofia Leszczyńska/Edward Dziadosz, Ewakuacja obozu i wyzwolenie, in: Tadeusz Mencel (Hrsg.), Majdanek 1941–1944, Lublin 1991, S. 399–406; Tomasz Kranz, Lublin-Majdanek – Stammlager, in: Wolfgang Benz/Barbara Distel (Hrsg.), Der Ort des Terrors. Geschichte der nationalsozialistischen Konzentrationslager, Bd. 7, München 2008, S. 33–84, insbesondere S. 66–70.

189 Siehe VEJ 9/275–277.

während des Gettoaufstands vom April 1943 völlig zerstörten Stadtviertel zu Abriss- und Aufräumarbeiten eingesetzt. Ende Juli 1944 trieb die SS knapp 4000 jüdische Häftlinge des Lagers bei hochsommerlichen Temperaturen in das 120 km entfernte Kutno, wo sie in Güterwaggons verladen und nach Dachau gebracht wurden; dort trafen sie am 6. August 1944 ein. Etwa 200 Häftlinge starben auf dem Weg an Durst, Erschöpfung oder Gewalt der SS (Dok. 165, 166).[190]

Im Lager Plaszow bei Krakau, wo im Juli 1944 über 20 000 jüdische Häftlinge inhaftiert waren, bereitete die SS von August 1944 an die Räumung vor, indem große Häftlingsgruppen in Konzentrationslager auf Reichsgebiet und nach Auschwitz gebracht wurden. Drei Viertel waren bis September abtransportiert, im Januar 1945 lebten noch 625 Häftlinge im Lager. Diese wurden am 14. Januar 1945 zu Fuß nach Auschwitz in Marsch gesetzt. Von dort mussten sie wenige Tage später erneut aufbrechen.[191]

Die Räumung der Lager im Westen

Die Annäherung der westlichen Alliierten führte im September 1944 zu Teilräumungen in den Lagerkomplexen Vught (Herzogenbusch) und Natzweiler. In Vught in den Niederlanden, das seit Januar 1943 als Durchgangslager für Juden fungierte, lebten nach zahlreichen Häftlingsdeportationen nach Sobibor und Auschwitz seit Juni 1944 keine jüdischen Insassen mehr. Auch in den linksrheinischen Außenlagern von Natzweiler im Elsass befanden sich zu diesem Zeitpunkt vergleichweise wenig jüdische Häftlinge. Lediglich zwei der im Herbst 1944 geräumten Außenlager von Natzweiler hatten jüdische Insassen: die Lager Wesserling und Thil. Die jüdischen Häftlinge des Lagers Wesserling überstellte die SS im Gegensatz zu den nichtjüdischen, die in nahegelegene Außenlager von Natzweiler gebracht wurden, im Oktober 1944 nach Sachsenhausen. Im Außenlager Thil befanden sich 800 Juden aus Ungarn, die im Juni und Juli 1944 aus Auschwitz dorthin überstellt worden waren. Ein Teil von ihnen kam Ende September 1944 in das weiter östlich gelegene Außenlager Kochendorf, andere nach Mittelbau-Dora.

Nach den Räumungsaktivitäten im Herbst 1944 blieben zahlreiche auf der östlichen Rheinseite gelegene Außenlager von Natzweiler bestehen, die von einer mobilen Kommandantur aus verwaltet wurden.[192] Erst ab Mitte März 1945 wurden sie aufgrund des Vormarschs der amerikanischen und französischen Verbände in Richtung Dachau geräumt. In einer Scheune in Kusterdingen hinterließen ungarische Jüdinnen, die aus dem Außenlager Calw nach Dachau-Allach getrieben wurden, Inschriften auf Balken:

190 Andreas Mix, Die Räumung des Konzentrationslagers Warschau, in: Theresienstädter Studien und Dokumente, 2006, S. 251–287. Siehe auch Max Mannheimer, Spätes Tagebuch: Theresienstadt–Auschwitz–Warschau–Dachau, München 2000.

191 Angelina Awtuszewska-Ettrich, Płaszów – Stammlager, in: Benz/Distel (Hrsg.), Der Ort des Terrors, Bd. 8 (wie Anm. 185), S. 235–287.

192 Robert Steegman, Das Konzentrationslager Natzweiler und seine Außenkommandos an Rhein und Neckar 1941–1945, Berlin 2010, S. 162–175; Christine Glauning, Entgrenzung und KZ-System. Das Unternehmen „Wüste" und das Konzentrationslager in Bisingen 1944/45, Berlin 2006, S. 359–376; Arno Huth, Die Auflösung des KZ Natzweiler und seines Außenlagerkomplexes. Eine Übersicht, in: Freilegungen, 1 (wie Anm. 139), S. 184–197.

„Hier halten wir uns zwei Tage auf, wir sind zu Fuß gekommen. Sprei Anci und Manyi aus Mezöcsát. Gott kann uns helfen, dass wir unsere Familien wiedersehen. Gott weiß, wo wir Ungarn sind. Wir leiden viel, wir haben großen Hunger, schlechte Schuhe, wir sind sehr verzagt.“[193] Das Außenlager Vaihingen, etwa 25 km nordwestlich von Stuttgart, entwickelte sich in der letzten Kriegsphase zu einem Sterbelager. Zur Errichtung einer unterirdischen Produktionsanlage für den Düsenjäger Me 262 waren hier seit August 1944 jüdische Häftlinge eingesetzt, die fast ausschließlich aus dem Außenlager von Lublin-Majdanek in Radom stammten. Im Oktober 1944 wurden die Bauarbeiten eingestellt, und das Lager wurde im Dezember 1944 offiziell zum Krankenlager deklariert, das arbeitsunfähige Häftlinge aus Außenlagern der Umgebung aufnahm. Über 1500 Häftlinge starben dort.[194] Bei der Räumung Anfang April 1945 waren mehr als 600 marschunfähige Kranke zurückgeblieben, die am 7. April 1945 von französischen Soldaten befreit wurden (Dok. 164).

Die Räumung des Lagerkomplexes Auschwitz

Die Weichsel-Oder-Offensive der Roten Armee im Januar 1945 war unmittelbarer Anlass für die Räumung des Lagerkomplexes Auschwitz.[195] Die Zahl der Häftlinge im Lagerkomplex, im August 1944 etwa 140 000, war seit Sommer 1944 aufgrund der Überstellungen größerer Häftlingsgruppen zum Arbeitseinsatz im Reich fast halbiert worden. Im Vorfeld der Räumung befanden sich etwa 67 000 Häftlinge in Auschwitz, davon rund 31 000 in den Lagern Auschwitz I und Auschwitz II-Birkenau, die übrigen 36 000 in fast 30 Außenlagern.

Die systematische Tötung von Juden in Auschwitz war im November 1944 eingestellt worden. In diesem Zusammenhang hatte die SS auch mit dem Abbau der Tötungseinrichtungen begonnen. Wie Aufzeichnungen der Häftlinge des Sonderkommandos vermuten lassen, war seit Längerem geplant, die technischen Installationen der Krematorien II und III unweit des Konzentrationslagers Mauthausen wieder zu errichten. Zu diesem Zweck wurden im Januar/Februar 1945 Vernichtungsspezialisten und Häftlinge des Sonderkommandos nach Mauthausen überstellt. Vermutlich sollte die Anlage nicht nur zur Tötung von kranken und arbeitsunfähigen Häftlingen aus Mauthausen, sondern auch aus den Lagern Dachau, Flossenbürg und Buchenwald dienen. Dazu kam es nicht mehr (Dok. 157, 207).[196]

Im Dezember 1944 hatte der Gauleiter von Oberschlesien, Fritz Bracht, einen Evakuierungsplan für die gesamte Bevölkerung Oberschlesiens erstellt. Obwohl die deutsche Zivilbevölkerung auf den Straßen und Wegen Vorrang hatte, gestand Bracht den Häftlingskolonnen aus Auschwitz aus Sicherheitsgründen die Benutzung eines Haupttreckweges zu, der auf einer Länge von 20 km für alle anderen gesperrt war. Nur

193 Josef Seubert, Von Auschwitz nach Calw. Jüdische Frauen im Dienst der totalen Kriegsführung, Eggingen 1989, S. 33 f.

194 Manfred Scheck, Zwangsarbeit und Massensterben. Politische Gefangene, Fremdarbeiter und KZ-Häftlinge in Vaihingen an der Enz 1933 bis 1945, Berlin 2014.

195 Grundlegend zu Auschwitz: Strzelecki, Endphase (wie Anm. 137).

196 Bertrand Perz/Florian Freund, Auschwitz neu? Pläne und Maßnahmen zur Wiedererrichtung der Krematorien von Auschwitz-Birkenau in der Umgebung des KZ Mauthausen im Februar 1945, in: Dachauer Hefte, 20 (2004), S. 58–70.

im Dunkeln durften die Häftlinge überholt werden (Dok. 170). Die Entwicklungen an der Front ließen jedoch Brachts Pläne obsolet werden. Wie chaotisch die Situation auf den Straßen tatsächlich war, geht aus dem Bericht hervor, den der für den Abtransport von Justizgefangenen verantwortliche Kattowitzer Generalstaatsanwalt Harry Haffner Anfang Februar 1945 an den Reichsjustizminister sandte (Dok. 201).
Zwischen dem 17. und 21. Januar 1945 wurden rund 56 000 Häftlinge aus dem gesamten Lagerkomplex bei Frost zu Fuß in Richtung Westen abgeführt; fast 9000 marschunfähige Häftlinge blieben zurück. Die Kolonnen marschierten auf zwei Hauptrouten: eine in nordwestliche Richtung in das 55 km entfernte Gleiwitz, eine zweite kleinere in das 63 km südwestlich gelegene Loslau.[197] In diesen beiden Orten wurden die Häftlinge in offene Güterwaggons verladen und in die Lagerkomplexe Buchenwald (14 000 Männer), Mauthausen (9000 Männer), Ravensbrück (7000 Frauen), Bergen-Belsen (4000 Frauen) sowie Mittelbau-Dora (4000 Männer) und kleinere Gruppen nach Flossenbürg, Dachau und Neuengamme gebracht. 15 000 Häftlinge marschierten von Gleiwitz zu Fuß in das rund 250 km entfernte Groß-Rosen.
Viele der Zugtransporte aus Auschwitz durchfuhren in der zweiten Januarhälfte 1945 das Gebiet des Protektorats Böhmen und Mähren. Bahnmitarbeiter und Gendarmerieposten meldeten Ende Januar 1945 etliche Leichenfunde entlang der Bahnstrecken. Verzweifelte Häftlinge hatten sich aus den Zügen gestürzt, Tote waren aus den Waggons geworfen worden, Flüchtende waren von Gendarmerie erschossen worden. Der Zustand der Häftlinge und etwa 500 Todesfälle auf Protektoratsgebiet entsetzten die Bevölkerung und aktivierten den tschechischen Widerstand. Aus dieser Erfahrung heraus verfügte der Staatsminister im Protektorat Böhmen und Mähren, Karl Herrmann Frank, für die nachfolgenden Groß-Rosener Transporte ein Durchgangsverbot durch das Protektorat (Dok. 194, 195, 210).[198]

Die Räumung des Lagerkomplexes Stutthof

Stutthof war seit Sommer 1944 zum Auffanglager der Räumungstransporte aus den Lagern im Baltikum geworden und hatte sich auf diese Weise von einem Konzentrationslager für politische Gefangene in eines für jüdische Häftlinge gewandelt. Rund 25 000 Häftlinge aus Kaunas und Riga waren in der zweiten Jahreshälfte 1944 nach Stutthof transportiert worden, dazu kamen weitere 23 600 aus Auschwitz, die zum Arbeitseinsatz in Stutthofer Außenlager gebracht werden sollten.[199] Da die arbeitsfähigen

197 Irena Pająk, Przewodnik wzdłuż trasy ewakuacyjnej więźniów KL Auschwitz-Birkenau do Wodzisławia Śląskiego, Katowice 2007.

198 Karte der Bahnrouten siehe Strzelecki, Endphase (wie Anm. 137), S. 145; Tomáš Fedorovič, Todesmärsche in den tschechischen Ländern und der nationale Suchdienst in Prag, in: Freilegungen, 1 (wie Anm. 139), S. 169–183; František Nedbálek, Zeleznični transporty a pochody smrti věznů koncentračních táborů a válečných zajatců přes České země – zima a jaro 1945, Ustí nad Labem 2005.

199 Danuta Drywa, Zagłada Żydów w obozie koncentracyjnym Stutthof: wrzesień 1939–maj 1945, Gdańsk 2001; Janina Grabowska, Marsz śmierci: Ewakuacja piesza więźniów KL Stutthof i jego podobozów 25 stycznia–3 maja 1945, Gdańsk 1992; Krzysztof Dunin-Wąsowicz, „Ewakuacja Stutthofu". Za pięć dwunasta, Warszawa 1966; Marek Orski, Ostatnie dni obozu Stutthof, Gdańsk 1995.

Neuankömmlinge in Außenlager weitergeleitet wurden, entwickelte sich das Stammlager zu einem Sterbelager, in dem zwischen Juli 1944 und Januar 1945 9400 jüdische Häftlinge durch Unterversorgung und Krankheit sowie gezielte Mordaktionen ihr Leben verloren.[200]

Bereits im Dezember 1944 begann die SS mit der Auflösung der am weitesten östlich gelegenen Außenlager. 1000 jüdische Häftlinge aus dem ostpreußischen Lager Gerdauen wurden zu Fuß in das Stammlager geführt. Weitere 20 östliche Außenlager wurden im Lauf des Januar 1945 aufgelöst. Dazu gehörten die frontnahen ostpreußischen Lager in Jesau, Heiligenbeil, Schippenbeil und Seerappen, deren Insassen, pro Lager etwa 1000 überwiegend weibliche, jüdische Häftlinge, nach Königsberg gebracht wurden. Von dort sollten sie zusammen mit den Jüdinnen des Außenlagers in Königsberg zum Hafen Pillau laufen und in Richtung Hamburg eingeschifft werden. Aufgrund der rasch nahenden Roten Armee entschied die SS kurzfristig, die Häftlinge im 50 km von Königsberg entfernten Palmnicken unterzubringen. Nach einem kräftezehrenden Marsch, auf dem zahlreiche Häftlinge erschossen wurden (Dok. 205), erreichten mehrere Tausend von ihnen in der Nacht vom 26. zum 27. Januar 1945 Palmnicken. Hier kam es, wie erwähnt, zu einer der größten Mordaktionen im Zuge der Lagerräumungen.[201]

Mitte Januar 1945 begann die SS mit der Räumung der südlich von Stutthof gelegenen Lager im Reichsgau Danzig-Westpreußen. Etliche Häftlinge wurden schon einige Tage nach dem Abmarsch von der Roten Armee auf der Strecke befreit. Andere Kolonnen liefen bei Frostwetter rund zwei Wochen bis in die Auffanglager Praust und Danzig-Kokoschken, wo sie im März 1945 von sowjetischen Einheiten befreit wurden.

Als die Rote Armee am 23./24. Januar 1945 50 km vor dem Stammlager Stutthof stand, befahl der Höhere SS- und Polizeiführer in Danzig, Friedrich Katzmann, dessen Räumung. Am 25. Januar 1945 gab Lagerkommandant Paul Werner Hoppe einen detaillierten Marschplan mit festgelegten Routen, Kolonnenzahlen und Eskorten aus (Dok. 181). Im Stammlager befanden sich zu diesem Zeitpunkt 28 000 Frauen, überwiegend Jüdinnen, und knapp 3000 jüdische Männer. Ein Teil von ihnen wurde vom 26. Januar 1945 an auf Fußmärsche getrieben. Ziel war die ehemalige Unterführerschule der Waffen-SS im pommerschen Lauenburg. Die Kolonnen trafen dort zwischen dem 2. und 4. Februar 1945 ein, konnten aber nicht untergebracht werden und wurden in provisorische Lager, zum Teil in Baracken des Reichsarbeitsdienstes, einquartiert. Als sich die Rote Armee Lauenburg näherte, wurden die Häftlinge in Richtung Putzig und Gdingen in Marsch gesetzt. Sie sollten mit Schiffen ins Reich gebracht werden, wurden aber zuvor durch Einheiten der Roten Armee am 9./10. März 1945 befreit.

Da die sowjetischen Truppen bei ihrem Vormarsch auf Danzig das Stammlager außen vor ließen, brach die SS dessen Räumung ab. Am 30. Januar 1945 befanden sich dort 11 863 Häftlinge, darunter 6922 jüdische Frauen, von denen bis zur endgültigen Räumung im April 1945 nur 1425 überlebten. Sie und die verbliebenen 265 jüdischen Männer, die ebenfalls in einer schlechten physischen Verfassung waren, wurden – von den nichtjüdischen Häftlingen separiert – am 25. April 1945 mit der Schmalspurbahn nach Nickelswalde gebracht und von dort eingeschifft. 500 typhuskranke Jüdinnen verlegte

200 Angrick/Klein, Endlösung in Riga (wie Anm. 187), S. 416–446; Hördler, Ordnung und Inferno (wie Anm. 145), S. 258–278.

201 Siehe S. 70.

die SS auf ein Quarantäneschiff, das, mit einer gelben Flagge gekennzeichnet, schließlich Lübeck erreichte. Wegen Seuchengefahr durfte der Lastkahn aber weder in Lübeck noch in Kiel anlegen. Am 3. Mai 1945 wurde der Kahn bei einem britischen Luftangriff auf die Kieler Bucht bombardiert. Ein Feuerwehrschiff aus Kiel rettete 150 Menschen, darunter die Wachmannschaften, von dem brennenden Schiff. Der manövrierunfähige Lastkahn mit den übrigen zu Tode erschöpften Menschen strandete am 4. Mai 1945 im Ortsteil Booknis bei der Ortschaft Kleinwaabs. Am 5. Mai 1945 wurden die Häftlinge in das Bezirkskrankenhaus von Eckernförde gebracht; nur zwölf Frauen überlebten (Dok. 282).[202] Weitere Schiffe mit Häftlingen aus Stutthof landeten Anfang Mai in Flensburg an, wo das Hafenpersonal mit den erschreckenden Zuständen an Bord konfrontiert wurde (Dok. 279).

Die Räumung des Lagerkomplexes Groß-Rosen

Die ersten Räumungsmaßnahmen im Lagerkomplex Groß-Rosen setzten ein, nachdem Truppen der 1. Ukrainischen Front der Roten Armee am 19. Januar 1945 die ehemalige Reichsgrenze – nun die Grenze zwischen dem Reichsgau Wartheland und der Provinz Niederschlesien – östlich von Breslau überschritten hatten.[203] Der Höhere SS- und Polizeiführer Heinrich Schmauser ordnete die Räumung aller Außenlager östlich der Oder in das Stammlager an – mit Ausnahme der zwei nördlich gelegenen Frauenlager Schlesiersee I und II mit jeweils 1000 jüdischen Häftlingen, die über Umwege am 28. Januar 1945 das 45 km westlich gelegene Groß-Rosener Außenlager Grünberg erreichten. Am Folgetag wurden die Frauen zusammen mit den Jüdinnen aus Grünberg in zwei getrennten Kolonnen erneut weitergetrieben. Die Frauen aus Schlesiersee II und etwa 400 Frauen aus dem Lager Grünberg marschierten in südwestliche Richtung quer durch Sachsen in das Flossenbürger Außenlager Helmbrechts in Oberfranken, das die stark dezimierte Gruppe am 6. März 1945 erreichte. Von dort starteten die Häftlinge am 13. April auf einen weiteren Marsch in Richtung Süden, den ein Drittel nicht überlebte. Erst Anfang Mai 1945 wurden die erschöpften Frauen in Volary und Prachatice im Böhmerwald befreit (Dok. 193, 234, 286).[204]

Ende Januar 1945 hatte das Stammlager Groß-Rosen 15 000 Häftlinge aus Auschwitz aufgenommen und in einem provisorisch eingerichteten Lagerteil mit 15 bis 20 nur halb fertiggestellten Baracken, dem sogenannten Auschwitz-Lager, untergebracht, in dem

202 Else Bevendorff, Gestrandete Jüdinnen vor Bookniseck, in: Kurt Hamer/Karl-Werner Schunck/Rolf Schwarz (Hrsg.), Vergessen + verdrängt. Eine andere Heimatgeschichte. Arbeiterbewegung und Nationalsozialismus in den Kreisen Rendsburg und Eckernförde, Eckernförde 1984, S. 220 f.; Elżbieta Grot, Rejs śmierci. Ewakuacja morska więźniów KL Stutthof 1945, Gdańsk 1993.

203 Alfred Konieczny, Ewakuacja obozu koncentracyjnego Gross-Rosen w 1945 r., in: Studia nad Faszyzmem i Zbrodniami Hitlerowskimi, 2 (1975), S. 163–189; Isabell Sprenger, Das KZ Groß-Rosen in der letzten Kriegsphase, in: Herbert/Orth/Dieckmann (Hrsg.), Die nationalsozialistischen Konzentrationslager (wie Anm. 186), Bd. 2, S. 1113–1127; Andrea Rudorff, Frauen in den Außenlagern des Konzentrationslagers Groß-Rosen, Berlin 2014, S. 320–351; Brenner, Todesmärsche und Todestransporte (wie Anm. 176).

204 Routenverlauf des Todesmarschs aus Schlesiersee I und II in: Amalie Reichmann-Robinson, The Schlesiersee Prisoners and the Extraordinary Fate Which Befell Them, 7 October 1944 to 7 May 1945, Los Angeles 2001. Zu diesem Marsch siehe auch Hans Brenner, Todesmärsche über sächsi-

nicht einmal die notdürftigste Versorgung gewährleistet war (Dok. 174, 179). Nachdem am 8. Februar 1945 die 1. Ukrainische Front ihre Niederschlesische Offensive begonnen hatte, wurde Groß-Rosen endgültig geräumt. Neben dem Stammlager, dessen Häftlinge mit der Bahn nach Buchenwald, Flossenbürg, Mauthausen und Mittelbau abtransportiert wurden, waren auch die rund 13 000 überwiegend jüdischen Häftlinge im Lagerkomplex „Riese" im Eulengebirge betroffen, von denen zwei Drittel Mitte Februar 1945 in Marsch gesetzt wurden. Etwa 4500 nicht marschfähige Häftlinge verlegte die SS in die „Schonungslager" Dörnhau und Schotterwerk, die sich zu Sterbelagern entwickelten und im Mai 1945 befreit wurden.[205] Die marschfähigen Häftlinge mussten in die 50 km entfernte Stadt Trautenau im Sudetenland laufen. Ein Teil wurde von dort aus mit der Bahn nach Dachau und Flossenbürg gebracht. Da nicht genug Waggons zur Verfügung gestellt werden konnten, entschloss sich Transportführer Willibald Hartmann, eine Kolonne bis zum nächsten größeren Bahnhof zu bringen, der sich in Josefov auf Protektoratsgebiet befand. 1000 Häftlinge wurden in Richtung Protektorat getrieben und in der Grenzstadt Gradlitz in Scheunen einer Brauerei untergebracht. Der Kommandeur der Sicherheitspolizei in Reichenberg, Bernhard Baatz, der am zügigen Weitertransport der Häftlinge interessiert war, versuchte, eine Genehmigung zu erwirken, die Häftlinge auf kürzestem Weg, das heißt über das Gebiet des Protektorats, nach Flossenbürg zu bringen. Der Deutsche Staatsminister für Böhmen und Mähren, Karl Herrmann Frank, der nach den Erfahrungen mit den Todeszügen aus Auschwitz keine weiteren Häftlingstransporte auf Protektoratsgebiet dulden wollte, lehnte dies jedoch ab. Die Häftlinge mussten daraufhin nach Trautenau zurückkehren. Vor dem Abmarsch erschoss die SS in einem Wald bei Gradlitz mindestens 78 Häftlinge; mehrere Einwohner wurden Zeugen des Geschehens (Dok. 210–213).[206]

Da die Rote Armee bei ihrem Vormarsch nach Berlin vor allem die nördlichen Gebiete Niederschlesiens und der Niederlausitz durchquerte, erfolgte keine Räumung der Groß-Rosener Außenlager im Sudetengebiet. Der Kommandanturstab von Groß-Rosen zog in das Außenlager Reichenau bei Gablonz um und verwaltete von dort aus die über 20 noch bestehenden Außenlager bis zum Vorabend der deutschen Kapitulation. Die Häftlinge dieser Lager entgingen auf diese Weise den mörderischen Räumungsmaßnahmen und wurden erst um den 8. Mai 1945 von rückstoßenden Einheiten der Roten Armee befreit.

Die Situation in den Auffanglagern

Mit den Räumungen aus den Lagerkomplexen Auschwitz, Stutthof und Groß-Rosen waren mehr als 100 000 Häftlinge in Lager auf Reichsgebiet verbracht worden. Ihr Zustand bei der Ankunft in den Aufnahmelagern rief bei den dortigen Häftlingen Entsetzen

sche Straßen. Evakuierung niederschlesischer Außenlager des KZ Groß-Rosen (Teil 1), in: Sächsische Heimatblätter, 1 (2005), S. 74–92; Goldhagen, Hitlers willige Vollstrecker (wie Anm. 148), S. 388–427; Blatman, Todesmärsche (wie Anm. 139), S. 291–312.

205 Alfred Konieczny, Szpital obozowy w Kolcach dla więźniów AL Riese w świetle nowych dokumentów, in: Studia nad Faszyzmem i Zbrodniami Hitlerowskimi, 12 (1987); Dorota Sula, Arbeitslager Riese. Filia KL Gross-Rosen, Wałbrzych 2003.

206 Detaillierte Rekonstruktion der Ereignisse im Verfahren gegen Willibald Hartmann, Schlußvermerk vom 22.7.1974; BArch, B 162/7075.

hervor. Anton Luzidis, ein griechischer Gefangener in Mittelbau-Dora, der von der SS gezwungen worden war, die am Bahnhof ankommenden Züge zu entladen, berichtete nach der Befreiung: „Diese Tage waren für mich die schrecklichsten in meinem Leben, und ich werde sie nicht vergessen. Diese Menschen wurden aus einem Lager in Polen vor dem russischen Einmarsch evakuiert. Sie wurden in offenen Wagen ohne Verpflegung 20 Tage lang von Polen bis nach Mitteldeutschland transportiert. Unterwegs sind sie erfroren, verhungert oder wurden erschossen. Männer, Frauen und Kinder jeden Alters waren darunter. Wenn wir die Toten anfassten, so blieben uns öfter Arme, Beine oder Köpfe in den Händen, da die Leichen gefroren waren."[207]

War die Hygiene- und Versorgungssituation in allen Konzentrationslagern ohnehin angespannt, so verschärfte sie sich durch die fortschreitende Überbelegung. Die Berichte der Standortärzte von Mittelbau und Buchenwald geben Auskunft über den katastrophalen körperlichen Zustand der Ankömmlinge und die Verschlechterung der hygienischen Bedingungen (Dok. 196, 218, 223, 240).

Die Neuangekommenen litten am stärksten unter der Situation, da sie von den Transporten geschwächt waren und in den Aufnahmelagern den niedrigsten Status in der Häftlingshierarchie einnahmen. Oft waren sie in provisorischen Unterkünften oder Zelten einquartiert; viele mussten aus Mangel an Unterbringungsmöglichkeiten im Freien kampieren. Odd Nansen, Sohn des norwegischen Polarforschers Fridtjof Nansen und langjähriger Häftling in Sachsenhausen, beobachtete z. B., dass die dortigen Wachmannschaften die Menschen aus den eintreffenden Transporten sehr viel brutaler behandelten als die alteingesessenen Häftlinge. Am 10. Februar 1945 beschrieb er die Ankunft entkräfteter Häftlinge aus dem Außenlager Lieberose in seinem Tagebuch: „Es waren ‚unsere' SS-Leute, die wir täglich sehen und die wir ab und zu versucht sind, als ‚nett' und ‚ungefährlich' zu bezeichnen, die die halbtoten Skelette traten, sie ausschimpften und ihnen das Krematorium versprachen. Es kommt bei ihnen allen nur darauf an, daß der erste Stein geworfen, die Parole ausgegeben wird – dann wissen sie nur noch, daß sie Todeskandidaten gegenüberstehen, daß sie der ‚Natur' freien Lauf lassen können, schlagen, treten und schimpfen und toben!"[208]

Die Neuankömmlinge brachten den Häftlingen der Lager im Reichsinneren detaillierte Informationen vom Massenmord an den Juden. Als besonders erschreckend empfand es Odd Nansen, mit welcher Selbstverständlichkeit der zehnjährige Thomas Buergenthal, der auf sich allein gestellt den Todesmarsch von Auschwitz nach Sachsenhausen überlebt hatte, über die Gaskammern in Auschwitz berichtete.[209]

Die Lagerverwaltungen waren bemüht, alle ankommenden Häftlinge – soweit es möglich war – zu registrieren. Konnten Sterbende keine Auskunft mehr über ihre Identität geben, wurden die in die Kleidung eingenähten, auf Plaketten um den Hals getragenen oder in die Haut eintätowierten Nummern notiert. Zwischen Transport- und Eingangsliste sollten keine Differenzen bestehen.[210] Möglichst schnell sollten die Neuankömm-

207 Bericht Anton Luzidis, April/Mai 1945; NARA, M-1079, Roll 4, Bl. 276.

208 Odd Nansen, Von Tag zu Tag, Hamburg 1949, S. 274 f.

209 Ebd., S. 293–297; Thomas Buergenthal, Ein Glückskind: Wie ein kleiner Junge zwei Ghettos, Auschwitz und den Todesmarsch überlebte und ein neues Leben fand, Frankfurt a. M. 2007.

210 Susanne Urban, „Vernehmungsunfähig". Registraturen nach der Ankunft von Räumungstransporten in KZ, in: Freilegungen, 1 (wie Anm. 139), S. 263–281.

linge nach Arbeitsfähigkeit selektiert und in Außenlager weitergeleitet werden, um der Überfüllung in den Stammlagern Herr zu werden. Für die nicht mehr arbeitsfähigen Häftlinge wurden in fast allen Stammlagern abgetrennte Bereiche errichtet (das „Judenlager" in Stutthof, das „Sanitätslager" in Mauthausen, das „Kleine Lager" in Buchenwald oder das „Jugendlager Uckermark" in Ravensbrück), um sie zu isolieren.[211] Auch Außenlager, deren Bauvorhaben eingestellt worden waren, funktionierte die SS in Abschiebelager für kranke Häftlinge um, wie z. B. die Lager Kaufering IV und VII des KZ Dachau, das Außenlager Vaihingen des KZ Natzweiler oder die Boelcke-Kaserne des KZ Mittelbau.[212] Dort wurden die geschwächten Häftlinge ohne Versorgung sich selbst überlassen und starben zu Hunderten an Flecktyphus und anderen Epidemien. Die Leichen wurden in Massengräbern verscharrt oder zu Bergen aufgetürmt liegengelassen. Viele Tote wurden nicht mehr abtransportiert, die verbliebenen Häftlinge waren zu schwach dafür; die SS mied die Baracken aus Angst vor Ansteckung. Kranke, sterbende und tote Häftlinge lagen nebeneinander auf Bettgestellen oder auf dem Fußboden.

Die Lagerverwaltungen waren mit der Situation überfordert. Etliche Male verweigerten Lagerführer aufgrund von Überfüllung die Aufnahme weiterer Häftlingstransporte. Für diese bedeutete das eine Verlängerung der Elendsmärsche oder Irrfahrten in Zügen. Der Kommandant von Bergen Belsen, Josef Kramer, verlangte Anfang März 1945 in einem Brief an das Wirtschafts-Verwaltungshauptamt, dass keine weiteren Häftlingstransporte nach Bergen-Belsen gebracht würden. Sein Bericht vermittelt einen Eindruck von den verheerenden Verhältnissen im Lager (Dok. 216). Im Februar 1945 starben hier etwa 7000, im März 18 000 und bis zum 15. April noch einmal 9000 Menschen – die meisten an Hunger und Krankheiten. Dessen ungeachtet stieg die Belegung im selben Zeitraum von 22 000 auf 67 000 Häftlinge an.[213]

Jüdische Häftlinge als Geiseln

Als die ökonomische Bedeutung der Häftlinge abnahm, wuchs ihr politischer Wert für die SS. Schon seit geraumer Zeit hatte Himmler Versuche unternommen, KZ-Häftlinge in Verhandlungen mit dem Westen zu Zwecken des Gefangenenaustauschs und der Devisenbeschaffung anzubieten.[214] Angesichts der sich verschlechternden Kriegslage hatte er seit Frühjahr 1944 seine Anstrengungen intensiviert, über das Thema der Freilassung von Gefangenen Kontakte mit den Westmächten zu knüpfen. Obwohl die Anti-Hitler-Koalition unmissverständlich klargemacht hatte, dass sie nur eine bedingungslose Kapitulation Deutschlands akzeptieren würde, hoffte er, durch Verhandlungen eine

211 Hördler, Ordnung und Inferno (wie Anm. 145), S. 343–363.

212 Jens-Christian Wagner, Gesteuertes Sterben. Die Boelcke-Kaserne als zentrales Siechenlager des KZ Mittelbau, in: Dachauer Hefte, 20 (2004), S. 127–138.

213 Eberhard Kolb, Bergen-Belsen. Geschichte des „Aufenthaltslagers" 1943–1945, Hannover 1962; Thomas Rahe, Das Evakuierungslager Bergen-Belsen, in: Dachauer Hefte, 20 (2004), S. 47–57; Alexandra-Eileen Wenck, Zwischen Menschenhandel und „Endlösung": Das Konzentrationslager Bergen-Belsen, Paderborn 2000, S. 338–382.

214 Bauer, Freikauf von Juden? (wie Anm. 99); Wenck, Menschenhandel (wie Anm. 213); Longerich, Himmler (wie Anm. 99), S. 728–740; Klaus-Dietmar Henke, Die amerikanische Besetzung Deutschlands, München 1995, S. 882–895.

Spaltung der Alliierten hervorzurufen, die einen separaten Friedensschluss mit den Westmächten ermöglichen würde. Die jüdischen Häftlinge sah er dabei als seine größte „Trumpfkarte“[215] an.

Diplomaten, karitative Organisationen und Einzelpersonen versuchten unter Vortäuschung von Einfluss auf die alliierten Entscheidungen, Himmlers Avancen für die Rettung von möglichst vielen KZ-Gefangenen zu nutzen. Zwischen Mai 1944 und Februar 1945 gelangten im Rahmen von überaus komplizierten Verhandlungen knapp 3000 Juden aus Bergen-Belsen und Theresienstadt in die Schweiz. Nachdem über die letzte Befreiungsaktion, bei der Anfang Februar 1945 1200 Juden aus Theresienstadt in die Schweiz einreisen durften, in der Presse berichtet worden war, untersagte Hitler weitere Freilassungen von Juden. Die Verhandlungen Himmlers mit dem Vizepräsidenten des Schwedischen Roten Kreuzes, Graf Folke Bernadotte, die unmittelbar danach am 19. Februar 1945 stattfanden, betrafen skandinavische Häftlinge. Im Zuge dieser Gespräche wurden seit Anfang März 7800 skandinavische Häftlinge in Neuengamme konzentriert und von dort Ende April 1945 von Sanitätskolonnen des Schwedischen Roten Kreuzes abgeholt, darunter 456 dänische Juden aus Theresienstadt.[216]

Im März 1945 war Himmler erfolglos von seinem Einsatz als Oberbefehlshaber der Heeresgruppe Weichsel zurückgekehrt. Angesichts des unaufhaltsamen Vordringens der Alliierten dachten er und andere Funktionäre aus dem Führungsapparat wieder verstärkt über die Idee nach, jüdische Häftlinge als Geiseln zu verwenden. Zu diesem Zweck musste Himmler die Kontrolle über die Häftlinge bis zum letztmöglichen Zeitpunkt aufrechterhalten. Gegenüber seinem Masseur Felix Kersten soll er am 12. März 1945 schriftlich erklärt haben, jede Tötung von KZ-Gefangenen, auch Juden, zu verbieten, die Konzentrationslager nicht zu räumen, sondern beim Herannahen der Alliierten ordnungsgemäß mit weißen Fahnen zu übergeben und Juden den anderen KZ-Gefangenen gleichzustellen.[217] Die Authentizität dieser Anweisung ist jedoch zweifelhaft, da Kersten, der in jener Zeit Kontakte zwischen Himmler und der schwedischen Sektion des Jüdischen Weltkongresses vermittelt hat, nach dem Krieg bemüht war, sich als Judenretter darzustellen, und mehrfach der Dokumentenfälschung überführt wurde. Eine Parallelüberlieferung des Schreibens existiert nicht.

Vielfach belegt ist hingegen, dass Himmler Mitte März 1945 die Lagerkommandanten anwies, die Tötung von Juden einzustellen und die Sterblichkeit der Häftlinge zu verringern. Auf einer Inspektionsreise durch alle verbliebenen Konzentrationslager sollten Pohl, Höß und der Chef des Amts D III im Wirtschafts-Verwaltungshauptamt, Enno

215 Eidesstattliche Erklärung Oswald Pohl am 3.4.1947; Nbg. Dok. NO-2736; Aussage Baldur von Schirach, 25.4.1946, in: Der Prozeß gegen die Hauptkriegsverbrecher (wie Anm. 50), Bd. 14, Nürnberg 1948, S. 484.

216 Oliver von Wrochem (Hrsg.), Skandinavien im Zweiten Weltkrieg und die Rettungsaktion Weiße Busse: Ereignisse und Erinnerung, Berlin 2012; Therkel Straede, Die Aktion „Weiße Busse“, in: Garbe/Lange (Hrsg.), Häftlinge zwischen Vernichtung und Befreiung (wie Anm. 143), S. 175–184; Hans Sode-Madsen, A Perfect Deciption. The Danish Jews and Theresienstadt 1940–1945, in: Leo Baeck Institute Yearbook, XXXVIII (1993), S. 263–290; Steven Koblik, The Stones Cry Out: Sweden's Response to the Persecution of Jews 1933–1945, New York 1988; siehe auch VEJ 12/27.

217 Felix Kersten, Totenkopf und Treue, Hamburg 1953, S. 343. Abdruck der Erklärung auch in Henry Friedlander/Sybil Milton (Hrsg.), Archives of the Holocaust. An International Collection of Selected Documents, Vol. 4, Central Zionist Archives Jerusalem 1939–1945, New York/London 1990, Doc. 106, S. 257.

Lolling, den Kommandanten die neuen Richtlinien überbringen.[218] Der Chef der Amtsgruppe D im Wirtschafts-Verwaltungshauptamt, Richard Glücks, fuhr mit dem gleichen Auftrag nach Ravensbrück und Sachsenhausen.[219]

Auch wenn daraufhin bestimmte Tötungsprozeduren, z. B. die Giftinjektionen in Buchenwald, eingestellt und halbherzige Maßnahmen zur Krankheitsvorbeugung wie vereinzelte Fleckfieberimpfungen und Entlausungen in Bergen-Belsen vorgenommen wurden, so war die Weisung angesichts der in den Lagern herrschenden Verhältnisse geradezu grotesk.[220] Im März 1945 waren alle noch bestehenden Lager heillos überfüllt, unterversorgt und von akuter Seuchengefahr bedroht. Das massenhafte Sterbenlassen und aktive Tötungen von kranken Häftlingen waren Alltag in allen Stammlagern und wurden unvermindert fortgesetzt, zum Teil noch verstärkt. Ernst gemeinte Maßnahmen zur Rettung des Lebens vieler Tausend Häftlinge hätten zu diesem Zeitpunkt bedeutet: sofortiger Räumungsstopp und massive Anstrengungen zur Nahrungs- und medizinischen Versorgung der verbliebenen Lager. Jedoch beruhten Himmlers Anweisungen nicht auf humanitären Zielen, sondern entsprachen naiven Nützlichkeitserwägungen: Er hoffte, sich auf diese Weise Verhandlungsoptionen offenhalten zu können. Sein Kalkül hatte zumindest die Folge, dass bis Ende März keine weiteren Lager im Reichsinneren geräumt und keine allgemeinen Massenliquidierungen, die man auch jetzt – wie schon zuvor – diskutierte, umgesetzt wurden.[221] Gleichzeitig hatte der Chef des Reichssicherheitshauptamts, Ernst Kaltenbrunner, im Gespräch mit dem Präsidenten des Internationalen Komitees vom Roten Kreuz, Carl Burckhardt, mündlich vereinbart, die Juden in Zukunft in gleicher Weise wie die anderen Häftlinge zu behandeln.[222]

Himmler ernannte SS-Standartenführer Kurt Becher, der bereits im Sommer 1944 in seinem Auftrag über den Austausch von ungarischen Juden gegen Devisen verhandelt hatte, zum Reichssonderkommissar für sämtliche Konzentrationslager. Er sollte bei anstehenden Verhandlungen mit den Alliierten oder anderen Organisationen über die Entlassung von KZ-Häftlingen Himmlers Interessen vertreten. Als Opportunist, der sich mit Blick auf die Nachkriegszeit als Retter profilieren wollte, machte Becher den Weg für die kampflose Übergabe von Bergen-Belsen frei.[223] Mit Himmlers Einverständnis verabredeten deutsches und britisches Militär am 12. April 1945 ein lokal begrenztes Waffenstillstandsabkommen, das vorsah, um Bergen-Belsen eine neutrale Zone zu bilden und damit die weitere Ausbreitung der Typhusepidemie zu verhindern. Bergen-Belsen wurde am 15. April 1945 offiziell der britischen Armee übergeben – ein einmaliger

218 Von der Inspektionsreise berichteten Rudolf Höß, 14.3.1946; Nbg. Dok. NO-1210; Oswald Pohl am 3.4.1947; Nbg. Dok. NO-2736; Gerhard Schiedlausky, 22.11.1946; TNA, WO 235/309; Max Pauly, 2.4.1946; TNA, WO 235/163; Hermann Pister, 2.7.1945; Nbg. Dok. NO-254. Siehe dazu Kolb, Bergen-Belsen (wie Anm. 213), S. 192 f.; Wenck, Menschenhandel (wie Anm. 213), S. 358; Orth, System (wie Anm. 78), S. 303 ff.

219 Erpel, Zwischen Vernichtung und Befreiung (wie Anm. 149), S. 158.

220 Hördler, Ordnung und Inferno (wie Anm. 145), S. 459–462; Kolb, Bergen-Belsen (wie Anm. 213), S. 193.

221 Orth, System (wie Anm. 78), S. 305.

222 Favez, Das Internationale Rote Kreuz (wie Anm. 128), S. 490–496.

223 Karla Müller-Tupath, Reichsführers gehorsamster Becher. Eine deutsche Karriere, Hamburg 1982; Ladislaus Löb, Geschäfte mit dem Teufel, Köln 2010, S. 176–180; Bauer, Freikauf (wie Anm. 99), S. 391–394.

Akt in der Geschichte der Konzentrationslager.[224] Als britische Soldaten das Lager betraten, waren sie mit erschütternden Zuständen konfrontiert. Schon am Abend des 15. April 1945 sendete die BBC einen ersten Bericht, und in den folgenden Tagen druckte fast jede britische Zeitung Fotos der Leichenberge in Bergen-Belsen.[225]

Die Räumung des Lagerkomplexes Neuengamme

Entgegen der angeblichen Himmler-Vereinbarung vom 12. März 1945 setzten angesichts des weiteren Vorrückens der britischen und US-amerikanischen Bodentruppen Ende März Räumungen im Lagerkomplex Neuengamme ein.[226] Jüdische Häftlinge befanden sich zu diesem Zeitpunkt in rund 20 der 57 Außenlager, die sich über den ganzen norddeutschen Raum erstreckten. In der ersten Räumungsphase scheint es eine Anweisung gegeben zu haben, jüdische Häftlinge nach Bergen-Belsen zu bringen. So wurden bei der Räumung der Bremer Außenlager jüdische Häftlinge separiert und nach Bergen-Belsen, die nichtjüdischen hingegen in das Auffanglager Sandbostel gebracht.[227] In Bergen-Belsen befanden sich bereits Gruppen privilegierter Juden, die sogenannten Austauschjuden, von denen sich Himmler am ehesten eine Stärkung seiner Verhandlungsposition gegenüber den Westmächten versprach. Sie waren 1943 aufgrund von verwandtschaftlichen Beziehungen im Ausland, dem Besitz von sogenannten Palästina-Zertifikaten, einer westlichen Staatsangehörigkeit oder wegen ihrer Prominenz nach Bergen-Belsen gebracht worden und sollten als Tauschobjekte für deutsche Staatsangehörige dienen, die im Ausland als Zivilinternierte festgehalten wurden. Als klar wurde, dass Bergen-Belsen der britischen Armee übergeben würde, wurde diese Idee obsolet und Theresienstadt zum Ort, an dem Juden zusammengefasst werden sollten.
Im Vergleich zu anderen KZ-Komplexen verlief die Evakuierung der Neuengammer Außenlager relativ zielgerichtet, die meisten Transporte erfolgten per Bahn und erreichten ihren Bestimmungsort innerhalb von wenigen Tagen. Von Ende März an überstellte die SS die Häftlinge der am weitesten westlich gelegenen Außenlager ins Stammlager bzw. in östlich gelegene Außenlager wie Helmstedt, Wolfsburg und Salzwedel, die zu Auffanglagern wurden. In der ersten Aprilwoche wurden die Lager im Raum Hannover Richtung Bergen-Belsen geräumt.[228] Seit Anfang April 1945 fungierten das Stalag X B

224 Kolb, Bergen-Belsen (wie Anm. 213), dort auch Übergabevereinbarung, S. 225–227; Wenck, Menschenhandel (wie Anm. 213), S. 374–382.

225 Joanne Reilly, Belsen. The liberation of a concentration camp, London u. a. 1998, S. 50–77.

226 Katharina Hertz-Eichenrode (Hrsg.), Ein KZ wird geräumt: Häftlinge zwischen Vernichtung und Befreiung. Die Auflösung des KZ Neuengamme und seiner Außenlager durch die SS im Frühjahr 1945, Bremen 2000; Garbe/Lange (Hrsg.), Häftlinge zwischen Vernichtung und Befreiung (wie Anm. 143); KZ Gedenkstätte Neuengamme (Hrsg.), Kriegsende und Befreiung, Bremen 1995; Buggeln, Arbeit und Gewalt (wie Anm. 146), S. 625–657; Detlef Garbe, Die Räumung der Konzentrationslager in Norddeutschland und die deutsche Bevölkerung, in: Oliver von Wrochem (Hrsg.), Das KZ Neuengamme und seine Außenlager. Geschichte, Nachgeschichte, Erinnerung, Bildung, Berlin 2010, S. 111–135.

227 Buggeln, Arbeit und Gewalt (wie Anm. 146), S. 636.

228 Herbert Obenaus, Die Räumung der hannoverschen Konzentrationslager im April 1945, in: Rainer Fröbe u. a. (Hrsg.), Konzentrationslager in Hannover. KZ-Arbeit und Rüstungsindustrie in der Spätphase des Zweiten Weltkriegs, Bd. 2, Hildesheim 1985, S. 493–544.

in Sandbostel (Dok. 240, 255) und ein Lager in Wöbbelin bei Ludwigslust als Auffanglager für Märsche aus dem Lagerkomplex Neuengamme, in denen sich verheerende Zustände entwickelten.[229] Das Lager Salzwedel mit 3000 weiblichen Häftlingen wurde bereits am 14. April von der US-Armee befreit, Sandbostel am 29. April und Wöbbelin am 2. Mai 1945 (Dok. 187). Zu den tragischsten Vorkommnissen bei der Räumung von Neuengamme gehörten die Schiffskatastrophen in der Lübecker Bucht. Etwa 9000 Häftlinge aus dem Stammlager hatte die SS vom 20. bis 26. April 1945 nach Lübeck transportiert und dort auf Schiffe verladen, die als Auffanglager dienen sollten. Fünf Tage befanden sich die Häftlinge unter katastrophalen hygienischen Zuständen und abgeschnitten von der Trinkwasser- und Lebensmittelversorgung auf den Schiffen; Hunderte starben. Am 3. Mai 1945 griffen Flieger der Royal Air Force die Schiffe „Thielbek“ und „Cap Arcona“ in der Annahme an, es handele sich um deutsche Kriegsschiffe. Nur ca. 500 Häftlinge überlebten. Das dritte Schiff, die „Athen“, wurde nur leicht getroffen; alle 2000 Häftlinge überlebten. Auf den Schiffen hatten sich kaum jüdische Häftlinge befunden. Einer von ihnen war der ungarische Violinist Ferenc Akos Weinberg. Er war im November 1944 aus Budapest nach Neuengamme deportiert worden, wo ihm sein Violinespiel das Überleben ermöglicht hatte. Als die „Cap Arcona“ bombardiert wurde, sprang er ins Wasser und hatte das Glück, von einem Proviantboot an Land gebracht zu werden (Dok. 385).[230]

Die Räumung des Lagerkomplexes Buchenwald

Auch Buchenwald hatte im Januar und Februar 1945 zahlreiche Evakuierungstransporte aus Auschwitz und Groß-Rosen aufgenommen. Das „Kleine Lager“, ein extra abgezäunter Bereich mit 17 Pferdestallbaracken, Zelten und einer Massenlatrine, diente als Auffang- und Isolierungslager für die Ankömmlinge. Anfang April 1945 befanden sich dort etwa 14 000 Häftlinge, überwiegend krank oder sterbend, die unter katastrophalen Bedingungen dahinvegetierten (Dok. 223). Durch die Rückführung von Häftlingen aus den westlichen Außenlagern, die im Ruhrgebiet schon Mitte März begonnen hatte, stieg die Zahl der Häftlinge im Stammlager in der ersten Aprilwoche 1945 auf knapp 48 000.[231]

Am 4. April erreichte den Kommandanten Hermann Pister Himmlers Befehl, die jüdischen Häftlinge aus dem Stammlager nach Theresienstadt zu verlegen. Sie sollten auf dem Appellplatz antreten; es wurde bekanntgegeben, sie würden in Theresienstadt dem Roten Kreuz übergeben. Die jüdischen Häftlinge, die fast alle einige Monate zuvor die Todesmärsche und -transporte aus Lagern im Osten miterlebt hatten, gerieten in

229 Andreas Ehresmann (Hrsg.), Das Stalag X B Sandbostel: Geschichte und Nachgeschichte eines Kriegsgefangenenlagers. Katalog der Dauerausstellung, München 2015; Carina Baganz, Zehn Wochen KZ Wöbbelin: Ein Konzentrationslager in Mecklenburg 1945, Berlin 2000.

230 Interview mit der USC Shoah Foundation, 12.7.1995; VHA # 3953; Wilhelm Lange, Neueste Erkenntnisse zur Bombardierung der KZ-Schiffe in der Neustädter Bucht am 3. Mai 1945: Vorgeschichte, Verlauf und Verantwortlichkeiten, in: Garbe/Lange (Hrsg.), Häftlinge zwischen Vernichtung und Befreiung (wie Anm. 143), S. 217–229.

231 Greiser, Todesmärsche (wie Anm. 149); Harry Stein, Buchenwald – Stammlager, in: Benz/Distel (Hrsg.), Der Ort des Terrors, Bd. 3 (wie Anm. 159), S. 301–356.

Panik und versuchten sich zu verstecken. Als Tumult ausbrach, wurde die Aktion abgebrochen. Am folgenden Tag separierte die SS 6500 Juden aus dem „Kleinen Lager" und dem aufgelösten Außenlager Ohrdruf. Am 6. April erhielt Pister den Befehl, Buchenwald komplett zu räumen (Dok. 226). Da der Chef der Amtsgruppe D im Wirtschafts-Verwaltungshauptamt, Richard Glücks, tags darauf informierte, dass die Aufnahmekapazität von Dachau und Flossenbürg nur noch begrenzt sei, wurden nur 27 000 Buchenwalder Häftlinge bis zum 10. April in Marsch gesetzt, darunter fast alle jüdischen Häftlinge, die – bereits separiert – zu den ersten Kolonnen gehörten, die das Lager verließen. Als besonders mörderisch erwies sich ein Zugtransport von 4500 Häftlingen unter der Leitung von SS-Obersturmführer Hans Merbach, der am 7. April 1945 von Weimar aus in Richtung Flossenbürg aufbrach (Dok. 227). Mehrere Stunden nach der Abfahrt erfuhr Merbach, dass der Zug nach Dachau umgeleitet werden müsse. Verpflegung war nur für zwei Tage vorhanden, tatsächlich war dieser Zug aber 21 Tage unterwegs. Ab dem 19. April 1945 stoppte der Zug mehrere Tage wegen zerstörter Gleise im niederbayerischen Ort Nammering. Hier wurden 250 Tote aus den Waggons geladen und verbrannt und etwa 270 geschwächte Häftlinge erschossen (Dok. 253, 265, 267). Am 23. April 1945 verließ der Zug Nammering mit etwa 3100 Häftlingen. Als er am Abend des 27. April in Dachau ankam, befanden sich darin Hunderte von toten und sterbenden Häftlingen. 2385 Überlebende aus diesem Transport wurden in Dachau registriert. Die Zahl der Toten ist jedoch nicht mehr genau feststellbar, da nicht alle Zugteile Dachau erreichten.[232]

Nach der Aufgabe von Bergen-Belsen bestand das Ziel, Theresienstadt zu einem Sammelzentrum jüdischer Häftlinge zu machen. Während der Räumung verschiedener Außenlager im Lagerkomplex Buchenwald wurden jüdische Häftlinge – zum Teil mitten auf der Strecke – von den nichtjüdischen getrennt und nach Theresienstadt gebracht.[233] Von Leitmeritz, einem Auffanglager für Transporte aus Buchenwald und Flossenbürg, wurden jüdische Häftlinge aus eintreffenden Transporten in das nur wenige Kilometer entfernte Theresienstadt überstellt, die nichtjüdischen blieben in Leitmeritz.[234] Vom 20. April 1945 an trafen rund 15 000 überwiegend jüdische Häftlinge in Theresienstadt ein, die meisten von ihnen aus Außenlagern von Buchenwald und Flossenbürg.[235]

Im Stammlager von Buchenwald blieben rund 21 000 überwiegend nichtjüdische, schon mehrere Jahre inhaftierte Häftlinge zurück. Am 11. April 1945 befreite die 6. US-Panzerdivision Buchenwald.

232 François Bertrand, Der Todeszug nach Dachau, in: Dachauer Hefte, 15 (1999), S. 17–37; Hans-Günter Richardi (Hrsg.), Endstation Dachau. Der Todeszug aus Buchenwald, Dachau 2003; Hans Hübl/Nikolaus Saller (Hrsg.), Nie werde ich vergessen … Dokumentation über den KZ-Transport Buchenwald–Nammering–Dachau vom 7. April bis 28. April 1945, Tittling 1994; Greiser, Todesmärsche (wie Anm. 149), S. 502 f.

233 Greiser, Todesmärsche (wie Anm. 149), S. 55–57.

234 Miroslava Langhamerová, Leitmeritz, in: Benz/Distel (Hrsg.), Der Ort des Terrors, Bd. 4 (wie Anm. 159), S. 175–185.

235 Marek Poloncarz, Die Evakuierungstransporte nach Theresienstadt, in: Theresienstädter Studien und Dokumente, 6 (1999), S. 242–262.

Die Räumung des Lagerkomplexes Mittelbau

Durch die Räumungen der Lager Auschwitz und Groß-Rosen kamen bis März 1945 rund 16 000 Häftlinge in den Lagerkomplex Mittelbau-Dora, darunter viele Juden.[236] Die meisten waren von den langen Märschen und Eisenbahntransporten völlig entkräftet; viele wurden in das Lager Boelcke-Kaserne in Nordhausen verbracht, das zum zentralen Kranken- und Sterbelager des Mittelbau-Komplexes wurde. In der letzten Phase starben dort täglich mehr als 100 Menschen.[237] Im Stammlager, das für 14 000 Häftlinge ausgelegt war, lebten im Frühjahr 1945 21 000 Menschen.

Parallel zu den Häftlingstransporten kamen nach der Auflösung von Auschwitz zahlreiche SS-Angehörige nach Mittelbau, die das Terrorregime in diesem Lagerkomplex erheblich verschärften. Der bisherige Kommandant von Auschwitz, SS-Sturmbannführer Richard Baer, wurde Kommandant von Mittelbau; alle wichtigen Positionen in der Verwaltung besetzte er mit Vertrauten aus Auschwitz. Der 14-jährige Jankiel Leff berichtete den amerikanischen Ermittlungsoffizieren nach seiner Befreiung, dass die Herkunft der SS-Leute aus Auschwitz-Birkenau und ihre dortigen Erfahrungen mit der Vernichtung von Menschen wohl der Grund für ihre besondere Grausamkeit gewesen sei (Dok. 179, 278).

Die Räumung des Lagerkomplexes Mittelbau-Dora begann am Abend des 3. April 1945 unmittelbar nach einem schweren Luftangriff der Royal Air Force auf Nordhausen, bei dem auch als Häftlingsunterkünfte genutzte Fahrzeughallen in der Boelcke-Kaserne getroffen wurden und über 450 Häftlinge starben. Die meisten Außenlager wurden am 4. und 5. April 1945 geräumt. Insgesamt verließen in der ersten Aprilwoche fast 40 000 Häftlinge den Lagerkomplex. Mehrere Zehntausend wurden in Züge verfrachtet und in Richtung Bergen-Belsen, Sachsenhausen, Ravensbrück und Mauthausen gebracht. Andere Kolonnen mussten zu Fuß durch den Harz in Richtung Nordosten marschieren. In der Gegend um Magdeburg kam es Mitte April 1945 wiederholt zu Massenmorden an Häftlingen, die meisten Opfer kostete das Massaker in Gardelegen am 13. April 1945.[238]

Im Lager Dora und in der Boelcke-Kaserne ließ die SS einige Hundert Kranke und Sterbende zurück, die am 11. April 1945 von Soldaten der US-Armee befreit wurden. Als die Amerikaner dort eintrafen, bot sich ihnen ein Bild des Grauens (Dok. 244).

Drei Räumungstransporte aus Bergen-Belsen

Bergen-Belsen hatte sich im Lauf des Winters 1944/45 zum größten Kranken- und Sterbelager im KZ-System entwickelt. Seit Ende 1944, spätestens aber seit Auflösung von Auschwitz hatte Bergen-Belsen dessen Rolle als Abschiebelager für Kranke,

236 Neander, Das Konzentrationslager Mittelbau (wie Anm. 143); Jens-Christian Wagner, Produktion des Todes. Das KZ Mittelbau-Dora, Göttingen 2001; Begleitband zur Wanderausstellung Zwischen Harz und Heide. Todesmärsche und Räumungstransporte im April 1945, Göttingen 2015.

237 Wagner, Gesteuertes Sterben (wie Anm. 212), S. 133.

238 Siehe S. 70 f.

Arbeitsunfähige und schwangere Frauen aus anderen Konzentrationslagern übernommen (Dok. 184). Durch seine zentrale Lage weit entfernt von den militärischen Fronten war Bergen-Belsen seit Ende 1944 außerdem zu einem Hauptzielort von Räumungstransporten geworden. Befanden sich zu Jahresanfang 1945 rund 18 500 Häftlinge im Lager, so kamen im Zuge der Räumungen mindestens 85 000 entkräftete Gefangene nach Bergen-Belsen; mehr als 35 000 starben zwischen Januar und Mitte April 1945 an Infektionen, Erschöpfung und Unterernährung. Kurz vor der Befreiung befanden sich rund 67 000 Häftlinge im Lager, davon 60 000 Juden.[239]

Im Vorfeld der Übergabe von Bergen-Belsen wurde lediglich eine kleine Gruppe jüdischer Häftlinge, die zu den erwähnten Austauschjuden gehörten, aus dem Lager gebracht. Nur 2560 der insgesamt 14 700 sogenannten Austauschjuden waren aufgrund eines Austauschs mit im Ausland internierten Deutschen freigekommen; die anderen waren den sich stets verschlechternden Bedingungen in Bergen-Belsen ausgesetzt. Zwischen dem 6. und 10. April 1945 verließen 6700 Austauschjuden, darunter viele Kinder, Bergen-Belsen in drei Transporten, die ursprünglich Theresienstadt zum Ziel hatten.[240] Der erste Transport kam am 13. April 1945 bei Farsleben nördlich von Magdeburg zum Stehen, da die Strecke über die Elbe unterbrochen war. Dort befreiten US-Truppen die Häftlinge (Dok. 250).[241] Aufgrund der bekannt gewordenen Streckenunterbrechung fuhren die zwei später gestarteten Transporte auf der Strecke über Lüneburg und Berlin in Richtung Theresienstadt, wo der zweite Transport am 21. April eintraf. Der dritte Transport mit 2500 Menschen, dessen Schicksal lange Zeit unklar war und der deshalb der „verlorene Zug" genannt wurde, blieb nach einer Irrfahrt über Soltau, Uelzen, Lüneburg, Hagenow, Wittenberge, Nauen, Berlin, Lübbenau und Finsterwalde am 22. April 1945 an einer zerstörten Eisenbahnbrücke über die Schwarze Elster in der Nähe von Langennaundorf stehen. Die Waggons wurden zum Bahnhof des nächstgelegenen Ortes Tröbitz zurückrangiert, wo sie bis zum Eintreffen der Roten Armee am Morgen des 23. April standen. Mindestens 133 Häftlinge kamen während der Fahrt ums Leben, mehr als 320 starben nach ihrer Befreiung an einer Typhusepidemie. Die neun- und elfjährigen Schwestern Maria und Beate Oestreicher überlebten mit ihren Eltern die Fahrt im Todeszug, ihre Eltern starben jedoch noch in Tröbitz an Typhus. Ihr Vater Felix Oestreicher hatte in einem Tagebuch die Verhältnisse während der Räumungsfahrt beschrieben (Dok. 258).[242]

239 Kolb, Bergen-Belsen (wie Anm. 213); Rahe, Das Evakuierungslager Bergen-Belsen (wie Anm. 213), S. 47–57; Wenck, Menschenhandel (wie Anm. 213), S. 368.

240 Thomas Kubetzky, Fahrten ins Ungewisse. Räumungstransporte aus dem Konzentrationslager Bergen-Belsen im April 1945, in: Habbo Knoch/Thomas Rahe (Hrsg.), Bergen-Belsen. Neue Forschungen, Göttingen 2014, S. 150–176.

241 Matthew A. Rozell, A train near Magdeburg. A teacher's journey into the Holocaust and the Reuniting of the survivors and liberators, 70 years on, Hartford 2016.

242 Abel J. Herzberg, Zweistromland: Tagebuch aus Bergen-Belsen, Wittigen 1997 (niederländ. Erstausgabe 1978); Felix Hermann Oestreicher: Ein jüdischer Arzt-Kalender: durch Westerbork und Bergen-Belsen nach Tröbitz, Konzentrationslager-Tagebuch, hrsg. von Maria Goudsblom-Oestreicher und Erhard Roy Wiehn, Konstanz 2000; Erika Arlt, Die Jüdischen Gedenkstätten Tröbitz, Wildgrube, Langennaundorf und Schilda im Landkreis Elbe-Elster, Herzberg 2000.

Teilräumungen im Lagerkomplex Mauthausen

Mauthausen gehörte zu den wichtigsten Aufnahmelagern von Transporten aus Majdanek, Plaszow, Auschwitz und Groß-Rosen. Der überwiegende Teil der Häftlinge wurde nach einer Quarantäne in die Außenlager Gusen, Melk und Ebensee überstellt. Mitte März 1945 befanden sich 85 000 Häftlinge im Lagerkomplex, darunter etwa 15 000 Juden. Von Jahresbeginn bis zur Befreiung kamen im Lagerkomplex Mauthausen 35 000 Menschen ums Leben.[243]

Im Lagerkomplex Mauthausen kam es nur begrenzt zu Räumungen. Ende März begannen Häftlingsverlegungen aus den östlichen Außenlagern in das Stammlager. Gleichzeitig trieb die SS 17 000 bis 20 000 ungarische Juden, die zuvor beim Bau des sogenannten Südostwalls, einer Verteidigungsstellung gegen die Rote Armee auf österreichischem, ungarischem und slowakischem Gebiet, eingesetzt waren, in das Stammlager. Sie wurden dort unter primitivsten Bedingungen in einem Zeltlager untergebracht und mussten trotz Erschöpfung nach wenigen Tagen Aufenthalt in das 55 km entfernte Außenlager Gunskirchen laufen.[244] Dieser Marsch führte über Enns, Weißkirchen, Thalheim und Wels. Der Ennser Stadtpfarrer Josef Leitner beklagte sich, dass die Toten aus den KZ-Transporten einfach auf der Straße liegen blieben (Dok. 235, 251). Die 7400 Häftlinge aus Melk, einem der größten Außenlager im Lagerkomplex Mauthausen, wurden zwischen dem 11. und 15. April 1945 per Bahn, Schiff und Fußmarsch in das Hauptlager und das Außenlager Ebensee überstellt. Darunter befand sich etwa ein Drittel Juden.[245] Ende April ließ die SS die Außenlager Loiblpaß, Klagenfurt, St. Lamprecht, St. Valentin und Schlier räumen. Am 5. und 6. Mai 1945 befreiten US-amerikanische Truppen nach Schätzungen über 80 000 Männer und etwa 2000 Frauen im Lagerkomplex Mauthausen, die meisten davon im Stammlager und in den Außenlagern Gusen, Ebensee und Gunskirchen (Dok. 284).

Die Räumungen in den letzten drei Wochen

Der internationale Presseaufschrei nach der Übergabe von Bergen-Belsen hatte Himmler deutlich gemacht, dass sein Konzept gescheitert war und die Übergabe der Lager keine politische Dividende abwerfen würde. Gleichzeitig kursierten Gerüchte, in Buchenwald

243 Hans Maršálek, Die Geschichte des Konzentrationslagers Mauthausen. Dokumentation, Wien 1980, S. 349–356; Florian Freund/Bertrand Perz, Mauthausen – Stammlager, in: Benz/Distel (Hrsg.), Der Ort des Terrors, Bd. 4 (wie Anm. 159), S. 293–346, hier S. 316, 324–326; Alexander Prenninger, Das letzte Lager. Evakuierungstransporte in der Endphase des KZ Mauthausen, in: Freilegungen, 1 (wie Anm. 139), S. 214–233; Bertrand Perz, Verbrechen in der Endphase: Der Konzentrationslagerkomplex Mauthausen, in: Garbe/Morsch (Hrsg.), Kriegsendverbrechen (wie Anm. 139), S. 63–80.

244 Szabolcs Szita, Verschleppt, verhungert, vernichtet. Die Deportation von ungarischen Juden auf das Gebiet des annektierten Österreich 1944–1945, Wien 1999; Eleonore Lappin-Eppel, Ungarisch-jüdische Zwangsarbeiter und Zwangsarbeiterinnen in Österreich 1944/45. Arbeitseinsatz–Todesmärsche–Folgen, Wien 2010.

245 Bertrand Perz, Projekt Quarz. Steyr-Daimler-Puch und das Konzentrationslager Melk, Wien 1991, S. 463–465.

hätten befreite Häftlinge Racheakte an der Weimarer Zivilbevölkerung verübt.[246] Diese Entwicklungen ließen Himmler Mitte April 1945 den Schlingerkurs zwischen Räumungs- und Rettungsoption verlassen, was noch in den letzten drei Kriegswochen zu massiven Räumungsaktivitäten in den verbliebenen Lagerkomplexen führte. Vermutlich am 16. April 1945 fand in Oranienburg eine letzte Besprechung der Lagerkommandanten statt, auf der der Chef der für die Konzentrationslager zuständigen Amtsgruppe D im Wirtschafts-Verwaltungshauptamt, Glücks, und Höß in seiner Funktion als Chef des Amts D I mitteilten, dass alle noch bestehenden KZ sofort zu räumen seien.[247] Etwa zeitgleich gingen danach in Flossenbürg, Dachau, Sachsenhausen und Neuengamme Anweisungen von Himmler ein, dass eine Übergabe der KZ nicht in Frage komme und kein Häftling lebend in die Hände des Feindes fallen dürfe.[248]

Viel geographischer Spielraum für die Verbringung der Häftlinge blieb nicht mehr. Nach dem Beginn der letzten Großoffensive der Roten Armee am 16. April 1945 war das Reich in einen Nordraum, in dem Himmler sich aufhielt, und einen Südraum geteilt, für den Himmler am 18. April 1945 dem Chef des Reichssicherheitshauptamts, Ernst Kaltenbrunner, die Befehlsgewalt übertragen hatte. Nur noch schmale Korridore waren nicht von den Alliierten eingenommen worden. Die Häftlinge aus den verbliebenen Lagern im Norden sollten auf der sogenannten Nordroute nach Schleswig-Holstein, die Häftlinge der süddeutschen Lager zu Fuß oder per Bahn in Richtung österreichisch-italienische Alpen gebracht werden. Beide Regionen dienten auch als Rückzugsräume für Wehrmacht, NS-Führung sowie Angehörige der KZ-Kommandanturstäbe sowie deren Familien und fungierten im Wunschdenken einiger Funktionäre als uneinnehmbare letzte Bastionen.[249] Ob noch irgendjemand daran glaubte, die ausgezehrten Häftlinge könnten dort als Arbeitskräfte genutzt werden, ist fraglich; zumindest aber sollten sie den anrückenden alliierten Truppen entzogen werden.

Die Räumung des Lagerkomplexes Flossenbürg

Flossenbürg bei Weiden in der Oberpfalz war das erste Lager, in dem der Räumungsbefehl von Mitte April 1945 konsequent umgesetzt wurde. Am Vorabend der Räumung befanden sich 29 800 Männer und 16 000 Frauen im Lagerkomplex, davon etwa ein Fünftel Juden.[250] Bereits vom 13. April 1945 an, also vor Himmlers endgültigem

246 Orth, System (wie Anm. 78), S. 312, 326; Blatman, Todesmärsche (wie Anm. 139), S. 249 f.

247 Eidesstattliche Erklärung von Hermann Pister, 2.7.1945; Nbg. Dok. NO-254.

248 Zur Überlieferung des Befehls siehe Stanislav Zámečník, Kein Häftling darf lebend in die Hände des Feindes fallen. Zur Existenz des Himmler-Befehls vom 14./18. April 1945, in: Dachauer Hefte, 1 (1985), S. 219–231; Henke, Besetzung (wie Anm. 214), S. 895 f.

249 Orth, System (wie Anm. 78), S. 328–336; Stephan Linck, „Festung Nord" und „Alpenfestung". Das Ende des NS-Sicherheitsapparates, in: Gerhard Paul/Klaus-Michael Mallmann (Hrsg.), Die Gestapo im Zweiten Weltkrieg. „Heimatfront" und besetztes Europa, Darmstadt 2000, S. 569–595; Henke, Besetzung (wie Anm. 214), S. 937–943; Peter Black, Ernst Kaltenbrunner: Vasall Himmlers. Eine SS-Karriere, Paderborn 1991, S. 257–281.

250 Toni Siegert, Das Konzentrationslager Flossenbürg. Ein Lager für sogenannte Asoziale und Kriminelle, in: Martin Broszat/Elke Fröhlich (Hrsg.), Bayern in der NS-Zeit, Bd. 2, Herrschaft und Gesellschaft im Konflikt, München 1979, S. 480–489; Jörg Skriebeleit, Flossenbürg – Stammlager, in: Benz/Distel (Hrsg.), Der Ort des Terrors, Bd. 4 (wie Anm. 159), S. 52–56.

Räumungsbeschluss, waren zahlreiche sächsische und böhmische Außenlager mit jüdischen Häftlingen in Richtung Theresienstadt geräumt worden. Auch die Häftlinge des Außenlagers im oberfränkischen Helmbrechts wurden am 13. April 1945 in Marsch gesetzt, die erste Etappe sollte das Außenlager Zwodau sein. Dort waren weitere Gruppen jüdischer Häftlinge aus Flossenbürger und Groß-Rosener Außenlagern eingetroffen, die in die Marschkolonnen eingereiht wurden. Dass die SS die nichtjüdischen Häftlinge in Zwodau zurückließ, deutet darauf hin, dass immer noch eine Separierung der jüdischen Häftlinge geplant war. Statt in das 140 km entfernte Theresienstadt verlief die weitere Marschroute jedoch nach Süden und endete nach rund 250 km in den Orten Volary und Prachatice (Dok. 193, 234, 286).[251]

Am 16. April 1945 begann die Räumung des Stammlagers Flossenbürg: Die rund 1700 jüdischen Häftlinge verließen das Lager als Erste. Vom Bahnhof in Flossenbürg aus fuhren sie mit einem Zug Richtung Dachau. Schon im Nachbarort Floß wurde der Transport von amerikanischen Tieffliegern beschossen, die diesen für einen Militärkonvoi hielten. Dutzende Gefangene starben bei dem Angriff und der anschließenden Hetzjagd von SS-Männern auf flüchtende Häftlinge. Am 19. April 1945 wurde der Zug nahe Schwarzenfeld erneut von Fliegern angegriffen. Auch hier gab es zahlreiche Tote. Da der Zug nicht weiterfahren konnte, beschloss der Transportführer, die Häftlinge zu Fuß weitermarschieren zu lassen. Die Verletzten und Marschunfähigen wurden zum Bahnhof Schwarzenfeld gebracht und dort im Lauf der folgenden Tage erschossen. Insgesamt starben 133 Häftlinge in Folge der Angriffe und durch die Tötungen der SS (Dok. 254, 257, 262).[252] Die marschfähigen Häftlinge wurden danach in Kolonnen zu je 200 Menschen zu Fuß in Richtung Südosten getrieben. In der Nähe von Neunburg vorm Wald befreiten schließlich um den 23. April 1945 Einheiten der 97. Infanterie-Division der 3. US-Armee die zerstreuten Gruppen (Dok. 247, 275).

Bis zu 20 000 Häftlinge des Flossenbürger Stammlagers trieb die SS bis zum 20. April in Richtung Dachau; mehr als ein Viertel überlebte den Marsch nicht. Im selben Zeitraum erfolgte auch die Auflösung der mittelfränkischen und niederbayerischen Lager in Richtung Dachau. Am 23. April 1945 erreichte die US-Armee das Stammlager und fand dort 1527 kranke Häftlinge vor. Das Flossenbürger Außenlager Leitmeritz nahm noch bis in die erste Maiwoche hinein zahlreiche Transporte auf. Ein Zug aus Leitmeritz mit über 4000 überwiegend nichtjüdischen Häftlingen konnte Anfang Mai 1945 in Roztoky bei Prag von tschechischen Zivilisten gestoppt werden, die die Gefangenen mit Nahrung versorgten und mehr als 300 Häftlingen zur Flucht verhalfen. Nach einigen Tagen setzte die SS die Weiterfahrt des Zugs durch. US-Soldaten befreiten die Häftlinge am 8. Mai 1945 im südböhmischen Kaplitz.[253]

251 Siehe S. 78.

252 Ulrich Fritz, Schwarzenfeld: Tatort ohne Täter, Tatort ohne Opfer, Tatort ohne Tat, in: Rebecca Boehling/Susanne Urban/René Bienert (Hrsg.), Überlebende – Erinnerungen – Transformationen. Freilegungen. Jahrbuch des International Tracing Service, 2, Göttingen 2013, S. 99–111.

253 KZ-Gedenkstätte Flossenbürg (Hrsg.), Konzentrationslager Flossenbürg 1938–1945. Katalog zur ständigen Ausstellung, Göttingen 2008, S. 220–223.

Die Räumung des Lagerkomplexes Dachau

Die größte Ansammlung jüdischer Häftlinge im Lagerkomplex Dachau befand sich in den Außenlagern von Kaufering (etwa 10 000 Häftlinge) und Mühldorf (etwa 5300 Häftlinge), die nach der Räumung der Lager im Baltikum mit Häftlingen belegt worden waren.[254] Diese Lager waren im Rahmen der Untertageverlagerung von Rüstungsfertigung entstanden; die Häftlinge waren teilweise in primitiven Erdhütten untergebracht, die Sterberate erreichte bereits vor der Räumung exorbitante Höhen. Schon im Winter 1944/45 waren die Lager IV und VII des Kauferinger Komplexes zu Sterbelagern umfunktioniert worden, in die alle kranken und transportunfähigen Häftlinge gebracht wurden. Ab Mitte April 1945 führte man die Häftlinge aus kleineren Außenkommandos in den Hauptlagern von Mühldorf und Kaufering zusammen.

Am 23. April 1945 begann die Räumung des Lagerkomplexes Kaufering zu Fuß und per Bahn nach Dachau.[255] Während die mit dem Zug abtransportierten Häftlinge meist nach kurzer Zeit das Stammlager erreichten, mussten die Übrigen noch bis in die ersten Maitage kräftezehrende Märsche durch das bayerische Oberland durchstehen. Anfang Mai befreiten US-Soldaten sie auf offener Strecke. Selbst das Sterbelager Kaufering IV, in dem über 3000 Häftlinge in Erdhütten untergebracht waren, wurde teilweise geräumt. Hunderte marschunfähige Häftlinge wurden auf einen Zug geladen, der in Richtung Dachau fuhr. Bei Schwabhausen geriet der Zug in einen alliierten Tieffliegerangriff, dem etwa 180 Menschen zum Opfer fielen (Dok. 272). Ein Großteil der völlig ausgezehrten Häftlinge war in Kaufering IV geblieben. Der Lagerarzt, SS-Hauptsturmführer Dr. Max Blancke, befahl am 27. April 1945, das Lager anzuzünden, und nahm sich noch am selben Tag das Leben (Dok. 273). Anders verfuhr SS-Oberscharführer Karl Hofmann im Lager Kaufering VI. Für die verbliebenen 400 bis 500 Häftlinge öffnete er die Tore: Wer noch laufen konnte, floh in die Wälder.

Das Dachauer Außenlager Karlsfeld war im April 1945 zum Auffanglager von Transporten aus Buchenwald und von Frauen aus dem Natzweiler Außenlager Geislingen geworden. Gemeinsam wurden diese am 22. April 1945 am Bahnhof Karlsfeld in Eisenbahnwaggons verladen; nach drei Tagen Wartezeit fuhr der Zug am 26. April 1945 über München, Wolfratshausen und Penzberg nach Staltach, wo amerikanische Soldaten die Überlebenden am 29. April 1945 befreiten (Dok. 280).

Im Stammlager Dachau ließ die Lagerführung am 23. April 1945 alle rund 1800 jüdischen Häftlinge auf dem Appellplatz antreten, wo sie bis zum nächsten Morgen ausharren mussten.[256] Am nächsten Morgen mussten sie in Personenwaggons steigen, die sich auf Rangiergleisen im SS-Bereich des Lagers befanden, und dort drei Tage ausharren, weil keine Lokomotive zur Verfügung stand, bis sie am 26. April in Richtung Tirol in Bewe-

254 Edith Raim, Die Dachauer KZ-Außenkommandos Kaufering und Mühldorf. Rüstungsbauten und Zwangsarbeit im letzten Kriegsjahr 1944/45, Landsberg 1992; Andreas Wagner, Todesmarsch: die Räumung und Teilräumung der Konzentrationslager Dachau, Kaufering und Mühldorf Ende April 1945, Ingolstadt 1995; Stanislav Zámečnik, Das war Dachau, Frankfurt a. M. 2007, S. 382–396; Albert Knoll, Die Todesmärsche des KZ Dachau im Spiegel der Berichte Überlebender, in: Freilegungen, 1 (wie Anm. 139), S. 198–213; Henke, Besetzung (wie Anm. 214), S. 862–931.

255 Zwi Katz, Todesmarsch von Kaufering ins Ungewisse, in: Dachauer Hefte, 18 (2002), S. 200–212; Jehuda Garai, Pécs, Auschwitz, Kaufering, Berlin 2006.

gung gesetzt wurden. Über München und Garmisch-Partenkirchen fuhr der Zug bis Seefeld in Tirol, wo die Häftlinge zu Fuß weitergetrieben und kurze Zeit später befreit wurden (Dok. 174).[257]

In der Zwischenzeit waren im Stammlager weitere Gruppen jüdischer Häftlinge, vor allem aus Kaufering und Mühldorf, angekommen. Zusammen mit über 1000 reichsdeutschen und mehr als 4000 sowjetischen Gefangenen – die nichtjüdischen Häftlinge aus westlichen Ländern waren aufgrund der Verhandlungen mit dem Internationalen Komitee vom Roten Kreuz von den Räumungen ausgenommen worden – wurden rund 1200 Juden und 300 Jüdinnen am Abend des 26. April 1945 in Marsch gesetzt. Bereits das erste von der SS angestrebte Ziel, Starnberg, erreichten viele der geschwächten Häftlinge nicht. Am 1. Mai war der Elendszug bis Bad Tölz gelangt, in der Nähe von Waakirchen wurden die versprengten Gruppen am 2. Mai von US-Truppen befreit.[258]

Ebenfalls am 26. April 1945 begann die Räumung der Lager im Raum Mühldorf. Etwa 3600 Menschen wurden in Güterwaggons geladen; 850 nicht transportfähige Häftlinge blieben zurück. Die Häftlinge sollten in das Tiroler Ötztal gebracht werden. Wegen eines Lokschadens hielt der Zug 20 km östlich von München nahe der Ortschaft Poing auf einem Abstellgleis. Am 27. April 1945 verließen die unversorgten Häftlinge die Waggons und suchten auf den umliegenden Äckern nach Essbarem. SS und herbeigeeilte Luftwaffe erschossen mindestens 50 Häftlinge.[259] Der Transport setzte seine Fahrt fort, wurde geteilt und strandete am 28. und 29. April 1945 in Seeshaupt und Tutzing (Dok. 274).

Verhandlungen um die Häftlinge von Sachsenhausen und Ravensbrück

Trotz der veränderten Lage seit Mitte April 1945 bemühte sich Himmler weiterhin um Kontakte mit den Westmächten. In den frühen Morgenstunden des 21. April 1945 traf er mit Norbert Masur, dem Vertreter der schwedischen Sektion des Jüdischen Weltkongresses, zusammen. Masur forderte den Stopp der Lagerräumungen und die Freigabe von jüdischen Häftlingen. Himmler bot an, 1000 jüdische Frauen aus Ravensbrück zu entlassen, die – da Hitler die Freilassung von Juden strikt verboten hatte – als „Polinnen“ bezeichnet werden sollten.[260] Nur wenige Stunden später traf sich Himmler erneut mit Graf Folke Bernadotte in Hohenlychen. Diesem offerierte er die Freilassung weiterer Gruppen von niederländischen, französischen und polnischen Frauen aus Ravensbrück. Unter Hochdruck organisierten das Schwedische und das Dänische

256 Aus der Sicht von nichtjüdischen Häftlingen beschrieben die Ereignisse Nico Rost, Goethe in Dachau. Literatur und Wirklichkeit, München [1946], S. 283–309, und Edgar Kupfer-Koberwitz, Die Mächtigen und die Hilflosen. Als Häftling in Dachau, Bd. 2: Wie es endete, München 1960, S. 247–263.

257 Über diesen Transport siehe auch Maurice Cling, Zweimal auf dem Todesmarsch, in: Dachauer Hefte, 17 (2001), S. 94–123.

258 Zámečnik, Dachau (wie Anm. 254), S. 282–385.

259 Ernst Israel Bornstein, Die lange Nacht. Ein Bericht aus sieben Lagern, Frankfurt a. M. 1967, S. 235; Solly Ganor, Der Todesmarsch, in: Dachauer Hefte, 11 (1995), S. 19–32; Max Mannheimer, Theresienstadt – Auschwitz – Warschau – Dachau. Erinnerungen, in: Dachauer Hefte, 1 (1985), S. 88–128, hier S. 128.

260 Norbert Masur, En Jude talar med Himmler, Stockholm 1945.

Rote Kreuz zwischen dem 22. und dem 25. April 1945 die Abholung von 7495 Frauen, darunter die 1000 Jüdinnen, deren Freilassung er mit Masur vereinbart hatte.[261]
Im April 1945 setzte sich außerdem die Berliner Delegation des Internationalen Komitees vom Roten Kreuz dafür ein, die Räumung von Sachsenhausen und Ravensbrück zu verhindern.[262] Der Delegierte Dr. Otto-Maurice Lehner traf sich am Abend des 20. April 1945 mit Gestapo-Chef Heinrich Müller, der alle Verantwortung auf Himmler schob. Am 21. April 1945 teilte Rudolf Höß dem Delegierten telefonisch mit, dass Sachsenhausen in Richtung Wittstock evakuiert würde. Das Komitee dürfe Proviant bereitstellen.[263] Die Berliner Delegation entschied daraufhin, die Kolonnen mit Lastkraftwagen zu begleiten, um die Häftlinge mit Lebensmitteln zu versorgen und durch die Gegenwart der Mitarbeiter des Roten Kreuzes möglicherweise Gewalttaten zu verhindern. Die Bewacher töteten jedoch auch vor deren Augen hemmungslos Häftlinge, was die Rot-Kreuz-Mitarbeiter zu einer Protestnote veranlasste, in der sie die Einstellung der Erschießungen forderten (Dok. 259, 266, 269). Alarmiert von dem Geschehen auf dem Todesmarsch von Sachsenhausen, fuhr der Delegierte Albert de Cocatrix am 23. April 1945 nach Ravensbrück und unterbreitete einen Plan zur Übergabe des Lagers an das Internationale Komitee vom Roten Kreuz mit der Möglichkeit für alle SS-Angehörigen, sich unbehelligt entfernen zu dürfen. Diese Option wurde von Kommandant Fritz Suhren und Höß als Vertreter des Wirtschafts-Verwaltungshauptamts mit der Begründung ausgeschlagen, es gebe genaue Anweisungen von Himmler, Ravensbrück zu evakuieren.[264]

Die Räumung des Lagerkomplexes Sachsenhausen

Erste Räumungen im Lagerkomplex Sachsenhausen hatten bereits Anfang Februar 1945 stattgefunden, nachdem der Höhere SS- und Polizeiführer August Heißmeyer angesichts des Vormarschs der Roten Armee an die Oder am 31. Januar 1945 eine Alarmstufe ausgerufen hatte (Dok. 202). Zu diesem Zeitpunkt waren über 58 000 Männer und mehr als 13 000 Frauen im Lagerkomplex gefangen, davon rund 22 000 im Stammlager.[265] Die rund 11 000 jüdischen Häftlinge waren mehrheitlich seit Juni 1944 aus Auschwitz-Birkenau in Außenlager von Sachsenhausen überstellt worden.

261 Erpel, Zwischen Vernichtung und Befreiung (wie Anm. 149), S. 137–154; Sabine Kittel, Die Aktion „Weiße Busse“. Geschichte und Hintergrund der Rettung jüdischer Häftlinge durch das Schwedische Rote Kreuz, in: Irith Dublon-Knebel (Hrsg.), Schnittpunkt des Holocaust: Jüdische Frauen und Kinder im Konzentrationslager Ravensbrück, Berlin 2009, S. 255–278.

262 Favez, Das Internationale Rote Kreuz (wie Anm. 128), S. 501–505; Fabrice Cahen, Le Comité International de la Croix-Rouge (CICR) et les visites des camps: étude d’une controverse de la mémoire à l’Histoire, in: Revue d’histoire de la Shoah, 172 (2001), S. 7–62; Sebastian Farré/Yan Schubert, From Sachsenhausen to Schwerin. The International Committee of the Red Cross (ICRC) and the death marches, in: Freilegungen, 1 (wie Anm. 139), S. 282–299.

263 Internationales Komitee vom Roten Kreuz (Hrsg.), Die Tätigkeit des IKRK zugunsten der in den deutschen Konzentrationslagern inhaftierten Zivilpersonen (1939–1945), Genf 1974 (franz. Ausgabe 1947), S. 102–105; Erpel, Zwischen Vernichtung und Befreiung (wie Anm. 149), S. 164.

264 Bericht von Albert de Cocatrix, November 1945. Abdruck in: Die Tätigkeit des IKRK (wie Anm. 263), S. 111–120.

Als Erstes sollten die im Einmarschgebiet der Roten Armee befindlichen Außenlager in Odernähe geräumt werden. Der Fußmarsch aus dem mit überwiegend jüdischen Häftlingen belegten Außenlager Lieberose erwies sich als besonders mörderisch. Über 1300 geschwächte Häftlinge erschoss die SS bereits in Lieberose, die übrigen 1600 Häftlinge trieb sie zwischen dem 2. und 10. Februar 1945 in das Stammlager, wo sie erneut mehrere Hundert selektierte und im Industriehof des Lagers ermordete.[266] Zeitgleich wurden von Anfang bis Mitte Februar 1945 in Sachsenhausen kranke und als gefährlich eingestufte Häftlinge erschossen. Ab Mitte Februar 1945 wurden schließlich rund 13 000 vor allem kranke und arbeitsunfähige Häftlinge in die Lagerkomplexe Bergen-Belsen und Mauthausen überstellt.[267] Weitere Maßnahmen traf die SS bis zur endgültigen Räumung, die am 18. April 1945 begann, nicht. An diesem Tag wurde das südbrandenburgische Außenlager Schwarzheide geräumt, und rund 600 Häftlinge wurden zu Fuß in südliche Richtung geschickt. Am 27. April 1945 erreichte die Gruppe Warnsdorf im Sudetengebiet, wo sie zehn Tage in einer Fabrik untergebracht wurde. Noch am 5. Mai 1945 trennte die SS in Warnsdorf jüdische und nichtjüdische Häftlinge: Die nichtjüdischen mussten in Richtung Langenau marschieren, die jüdischen wurden in offenen Kohlewaggons nach Leitmeritz gebracht und mussten von dort nach Theresienstadt laufen (Dok. 271).

Die endgültige Räumung des Stammlagers begann am frühen Morgen des 21. April 1945. Als vorläufiges Marschziel gab die SS Wittstock aus. Rund 33 000 Häftlinge, in Kolonnen zu 500 Personen und nach Nationalitäten gruppiert, wurden in Richtung Nordwesten in Marsch gesetzt. Ihnen folgten Delegationen des Internationalen Komitees vom Roten Kreuz. Nach mehreren Tagen Fußmarsch zog die SS vom 23. April 1945 an einen Großteil der Kolonnen, mehr als 16 000 Häftlinge, im Belower Wald bei Wittstock zusammen. Sie mussten dort im Wald lagern und wurden von einer SS-Postenkette bewacht. Während die SS-Lagerführung sich in nahegelegenen Bauernhöfen einquartiert hatte, errichteten die Häftlinge Unterstände und Erdlöcher zum Schutz vor der Witterung und versuchten, ihren Hunger mit Kräutern, Wurzeln und Rinde zu stillen. Nach Verhandlungen mit der SS wurde einer Delegation des Internationalen Komitees des Roten Kreuzes gestattet, Lebensmittelpakete an die Häftlinge zu verteilen und im benachbarten Dorf Grabow ein Nothospital einzurichten. Am 29. April trieb die SS die Kolonnen zum Weitermarsch. Anfang Mai 1945 wurden die zerfallenden Häftlingsgruppen in der Umgebung von Schwerin, Ludwigslust und Parchim von Truppen der 7. US-Panzerdivision und von Einheiten der 2. Belorussischen Front befreit.

Nur einen Tag nach Abmarsch der Kolonnen trafen sowjetische und polnische Einheiten tein Sachsenhausen ein und fanden dort 3000 kranke Häftlinge vor.

265 Barbara Kühle, Die Todesmärsche der Häftlinge des KZ Sachsenhausen, Oranienburg 1988; Günter Morsch/Alfred Reckendrees (Hrsg.), Befreiung Sachsenhausen 1945, Berlin 1996; Antje Zeiger, Die Auflösung des Konzentrationslagerkomplexes Sachsenhausen im Frühjahr 1945, in: Garbe/Lange (Hrsg.), Häftlinge zwischen Vernichtung und Befreiung (wie Anm. 143), S. 251–270.

266 Andreas Weigelt, „Komm, geh mit! Wir gehen zum Judenerschießen …" Massenmord bei der Auflösung des KZ-Außenlagers Lieberose im Februar 1945, in: Dachauer Hefte, 20 (2004), S. 179–193; ders., Judenmord im Reichsgebiet: Lieberose, Außenlager des KZ Sachsenhausen, Berlin 2011.

267 Zeiger, Auflösung (wie Anm. 265), S. 259.

Die Räumung des Lagerkomplexes Ravensbrück

Auch die Räumung von Ravensbrück hatte bereits im Februar 1945 mit der Überführung der Häftlinge aus den östlichsten Außenlagern ins Stammlager begonnen.[268] Dieses war wegen zahlreicher Transporte aus Auschwitz stark überbelegt; aus diesem Grund wurden die Frauen im Februar 1945 sukzessiv in die Außenlager Neustadt-Glewe, Malchow und Rechlin-Retzow verlegt, die alle entlang der späteren Räumungsroute lagen und sich innerhalb kürzester Zeit zu Sterbezonen entwickelten. Im Stammlager selbst fanden seit Herbst 1944 systematische Tötungen von Kranken und Arbeitsunfähigen statt (Dok. 283). Die Selektionen und Morde wurden parallel zu den Rettungsaktionen des Schwedischen und Dänischen Roten Kreuzes im April 1945 weitergeführt.[269]

Die endgültige Räumung des KZ Ravensbrück begann mit dem Fußmarsch der rund 3000 männlichen Häftlinge am 24. und 25. April 1945 in das Außenlager Malchow und das Auffanglager Wöbbelin. Helene Persitz, die sich seit Februar 1945 im Außenlager Malchow befand, notierte am 27. April 1945 in ihrem Tagebuch, dass Männer aus Ravensbrück im Lager eingetroffen waren (Dok. 172). Am 26. April befanden sich 31 000 Frauen im Lagerkomplex, davon 14 000 im Stammlager. Am 27. und 28. April 1945 verließen die weiblichen Gefangenen in mehreren Kolonnen das Lager. Aufgrund der Frontlage gab es nur noch einen schmalen Korridor, durch den die Häftlinge Richtung Nordwesten gebracht werden konnten; als Ziel wurde Lübeck ausgegeben. Die Routen führten über die Außenlager Rechlin-Retzow und Malchow in Richtung Schwerin, eine weitere in Richtung Lübz. Auf den mit Flüchtlingen überfüllten Straßen lösten sich die Häftlingstrecks allmählich auf. Viele flohen in die umliegenden Wälder. Die letzten Häftlingsgruppen marschierten weiter in Richtung Schwerin und wurden in den ersten Maitagen von sowjetischen oder westalliierten Truppen befreit. In Schwerin hielten sich bei Kriegsende rund 20 000 Häftlinge aus Sachsenhausen und Ravensbrück auf. Die Frauen, die am 28. April 1945 das Lager als Letzte verließen, wurden bereits einige Stunden später von vorrückenden sowjetischen Einheiten eingeholt. Am 30. April 1945 erreichte die Rote Armee das Stammlager und befreite dort etwa 3000 kranke Häftlinge. Die sich zunehmend auflösenden Ravensbrücker Marschkolonnen gerieten noch einige Male zwischen die Gefechtslinien, bevor sie endgültig von der Roten Armee bzw. von US-amerikanischen Einheiten befreit wurden. Ein definitives Ende nahmen die Todesmärsche erst nach Einstellung der Kampfhandlungen in den ersten Maitagen 1945.

Befreit – und doch nicht befreit

Nur in wenigen Fällen kam es im Rahmen der Befreiung von Häftlingen zu Kampfhandlungen, da SS und Bewacher in der Regel kurz vor Eintreffen von alliierten Einheiten flohen. Meist stießen die alliierten Soldaten zufällig und überraschend auf

268 Erpel, Zwischen Vernichtung und Befreiung (wie Anm. 149); Sigrid Jacobeit (Hrsg.), „Ich grüße Euch als freier Mensch". Quellenedition zur Befreiung des Frauen-Konzentrationslagers Ravensbrück im April 1945, Berlin 1995.

269 Siehe S. 93 f.

Gefangenengruppen oder geräumte Lager, in denen marschunfähige Häftlinge zurückgelassen worden waren (Dok. 263, 286). Auf das, was sie dort vorfanden, waren die wenigsten vorbereitet. Unzählige kranke und sterbende Häftlinge bedurften einer sofortigen medizinischen Versorgung. Das größte Massensterben fand in Bergen-Belsen statt, wo nach Ankunft der britischen Armee trotz aller medizinischen Anstrengungen mehr als 13 000 der rund 55 000 befreiten Häftlinge starben.[270]
In vielen Lagern und auch dort, wo Todesmärsche die Straßen passiert hatten, lagen zahlreiche unbestattete Leichen. Vielerorts zwangen die Alliierten die örtliche Zivilbevölkerung, Massengräber auszuheben und für eine würdige Bestattung der Toten zu sorgen (Dok. 270, 275, 287, 288).
Gleichzeitig begannen die alliierten Soldaten, die Zustände in den Lagern zu dokumentieren; es entstanden zahlreiche Filme und Fotos. Am 12. April 1945 besuchte der US-Oberbefehlshaber General Dwight D. Eisenhower das Lager Ohrdruf. Die Bilder aus Ohrdruf, aus Bergen-Belsen und anderen Lagern machten die Weltöffentlichkeit auf die Verbrechen aufmerksam.[271]
Auch wenn viele Überlebende – falls ihr Zustand dies zuließ – den Moment der Befreiung als Moment großer Freude und Erleichterung wahrnahmen, so bedeutete er keineswegs ein Ende der Leidenszeit. Die Überlebenden mussten sich der Tatsache stellen, dass sie kein Zuhause mehr hatten und ein Großteil ihrer Familie ermordet worden war. Die Erfahrungen der Entmenschlichung hatten bleibende Verletzungen hinterlassen, einen „Riß im Fundament unserer menschlichen Existenz" (Grete Salus) bewirkt, unter dessen Folgen sie bis zum Ende ihres Lebens litten.[272]
Sigmund Strochlitz, ein aus Będzin stammender Jude, der am 15. April 1945 in Bergen-Belsen befreit worden war, beschrieb seine Stimmung angesichts der Vorstellung, dass die Deutschen trotz der Niederlage bald wieder in ihr normales Leben zurückkehren und ihr Land würden aufbauen können: „Nur wir hatten eine ungewisse Zukunft vor uns. Wir waren die einzigen, die nirgendwohin zurückkehren konnten. Es gab keine Heimat mehr. Wo einst unsere Vorfahren generationenlang gelebt hatten, warteten keine Familien auf uns. Bloß Steine, behaftet mit dem Gestank der Würdelosigkeit und der Demütigung, würden uns begrüßen. Dies war kein Happy End. Es war der Beginn von etwas Unbekanntem, Verstörendem. Ein leerer Sieg."[273]

270 Rahe, Das Evakuierungslager (wie Anm. 213), S. 57.
271 Dan Stone, The Liberation of the Camps: the End of the Holocaust and its Aftermath, New Haven 2015.
272 Über die Reaktionen von Häftlingen auf die Befreiung siehe Langbein, Menschen in Auschwitz (wie Anm. 41), S. 689–732.
273 Brewster Chamberlin/Marcia Feldman (Hrsg.), The Liberation of the Nazi Concentration Camps 1945. Eyewitness Accounts of the Liberators, Washington 1987, S. 154.

Dokumentenverzeichnis

Auschwitz 1942–1945

Die Zeit der Todesmärsche 1944/45

180 Armin Simon entkommt auf dem Todesmarsch von Auschwitz am 22. Januar 1945 einem Massaker

181 Der Lagerkommandant von Stutthof, Paul Werner Hoppe, befiehlt am 25. Januar 1945 die Räumung des Lagers

182 Der Gendarmerieposten Dobschikau teilt am 25. Januar 1945 mit, dass Leichen entlang der Gleise gefunden wurden, die nach jüdischem Brauch beschnitten seien

183 Der Gendarmerieposten Switkau meldet am 25. Januar 1945, dass erfrorene Häftlinge aus durchfahrenden Zügen geworfen wurden

184 Der Lagerführer von Hessisch-Lichtenau informiert am 26. Januar 1945 den Arbeitseinsatzführer in Buchenwald, dass arbeitsunfähige Häftlinge nicht mehr in Auschwitz aufgenommen werden

185 Der Bürgermeister von Ruppertsgrün notiert am 26. Januar 1945, dass herbeigerufene SS einen Häftling erschoss, der aus einem Transportzug aus Auschwitz geflohen war

186 Lieba Tiefenbrunn wird am 26. Januar 1945 aus dem Stutthofer Außenlager Praust getrieben, gibt sich als nichtjüdische Polin aus und überlebt im Lager Kokoschken

187 Das 48. Polizeirevier in Prag meldet der Sicherheitspolizei am 26. Januar 1945, dass zwei entflohene Juden auf dem Bahnhof Prag-Hostiwar erschossen wurden

188 Gustav Kleinmann beschreibt in seinem Tagebuch, wie sein Sohn am 26. Januar 1945 aus dem von Auschwitz nach Mauthausen fahrenden Zug springt

189 Vierzehn jüdische Häftlinge erklären am 27. Januar 1945, dass Bruno Jurytko aus Książenice sie nach ihrer Flucht vom Räumungsmarsch versteckte

190 Der Kreispostenführer in Kaplitz meldet am 27. Januar 1945, dass die aus dem Zug geworfenen nackten Leichen von Häftlingen rasch beerdigt werden, um die Bevölkerung zu schonen

191 Der Gendarmerieposten in Grobau im Vogtland gibt am 27. Januar 1945 weiter, dass von Leichenfunden an der Bahnstrecke wenig Aufhebens gemacht werden soll

192 Richard Glücks genehmigt am 28. Januar 1945 dem Kommandanten von Mauthausen, eintreffende Häftlingstransporte weiterzuschicken

193 Anni Keller erklärt, welche Verbrechen die SS auf dem mehrmonatigen Todesmarsch von Grünberg vom 29. Januar 1945 an beging

194 Die Kriminaldirektion Prag verfügt am 29. Januar 1945, dass Flüchtige von Auschwitz-Transporten festzunehmen und Leichenfunde der Protektoratskriminalpolizei zu melden sind

195 Karl Hermann Frank ordnet am 31. Januar 1945 an, Gerüchten über die Todesmärsche durch das Protektorat entgegenzuwirken

196 Der Standortarzt von Mittelbau-Dora beschreibt am 31. Januar 1945 in seinem Monatsbericht den schlechten Gesundheitszustand der aus Auschwitz eintreffenden Häftlinge

197 Bronisława Krakauer überlebt in der Nacht vom 31. Januar 1945 das Massaker am Strand von Palmnicken, indem sie mehrere Stunden im Eiswasser verharrt

272 Der Häftlingsarzt Zalman Grinberg berichtet von der Räumung des Lagers Kaufering und über den Luftangriff auf Schwabhausen am 28. April 1945

273 US-Einheiten berichten am 29. April 1945 über die Zustände im Kranken- und Sterbelager Kaufering IV

274 Der Arzt Richard Zarnitz beschreibt den Zustand der Insassen eines Todeszugs aus Mühldorf, der am 29. April 1945 in Tutzing ankam

275 Das Alliierte Oberkommando berichtet am 30. April 1945 in einer Flugblattzeitung, dass deutsche Zivilisten als Sühnemaßnahme erschossene Juden bei Neunburg bestatten mussten

276 Philipp Auerbach sucht am 1. Mai 1945 das Außenlager Berga auf und trifft 14 der Räumung entkommene Häftlinge an

277 Die 16-jährige Ruth Königs schildert am 1. Mai 1945 ihre Angst vor befreiten Häftlingen in ihrem Tagebuch

278 Der 14-jährige Jankiel Leff informiert die US-Ermittler am 2. Mai 1945 über die Situation in der Boelcke-Kaserne

279 Hafenkapitän von Ramm entdeckt am 2. Mai 1945 am Ostufer der Flensburger Förde einen Kahn mit 300 KZ-Häftlingen

280 Überlebende des in Staltach befreiten Todeszugs beschreiben am 3. Mai 1945 die Geschichte ihres Transports

281 Der Kapitän der „Athen“ berichtet über die Schiffskatastrophe vom 3. Mai 1945 in der Neustädter Bucht

282 Pastor Wilhelm Gertz notiert in der Kirchenchronik von Waabs, dass am 4. Mai 1945 an der Küste ein mit weiblichen jüdischen Häftlingen besetztes Schiff angetrieben wurde

283 SS-Arzt Percival Treite berichtet am 5. Mai 1945 von ankommenden Todestransporten in Ravensbrück und Erschießungen im Vorfeld der Lagerräumung

284 Cameron Coffman beschreibt am 5. Mai 1945 Eindrücke aus dem Auffanglager für jüdische Häftlinge in Gunskirchen

285 Der Bürgermeister von Neustadt in Holstein bescheinigt Akos Weinberg am 5. Mai 1945, dass er ein Überlebender der „Cap Arcona“ ist

286 Sanitätsoffizier Aaron Cahan reagiert erschüttert, als er am 7. Mai 1945 eine Scheune in Volary betrat, in der zu Tode erschöpfte jüdische Frauen untergebracht waren

287 Bulletin der 82. Luftlandedivision vom 7. Mai 1945: Bericht über das öffentliche Begräbnis von Häftlingen aus Wöbbelin in Ludwigslust

288 Überlebende von Buchenwald klären am 8. Mai 1945 den Mord an Häftlingen in Lehnstedt während des Todesmarschs auf und bestatten die Toten

289 László Deutsch notiert kurz nach seiner Befreiung am 8. Mai 1945, wer im Falle seines Todes benachrichtigt werden soll, da er nicht weiß, ob er den Rücktransport nach Hause schafft

DOKUMENTE

Auschwitz 1942–1945

DOK. 1

Der Chef des SS-Hauptamts Haushalt und Bauten, Hans Kammler, ordnet am 27. September 1941 an, dass in Auschwitz ein großes Kriegsgefangenenlager entstehen soll[1]

Schreiben des Hauptamts Haushalt und Bauten, Chef des Amtes II – Bauten, gez. Kammler,[2] an den Sonderbeauftragten für die Errichtung von Kriegsgefangenenlager bei der Zentralen Bauinspektion der Waffen-SS und Polizei in Lublin, SS-Obersturmführer Grosch,[3] vom 27.9.1941 (Abschrift)[4]

Betr.: Errichtung von Kriegsgefangenenlager.
Bezug: Mündliche Besprechung in Berlin 26. und 27.9.41
Anlage: ohne
In Lublin und Auschwitz sind sofort am 1.10. Kriegsgefangenenlager mit einem Fassungsvermögen von je 50 000 Gefangenen gemäß den in Berlin gegebenen Weisungen und den überlassenen Zeichnungsunterlagen zu errichten.[5] Mit der zentralen Bearbeitung wird der Leiter der Bauleitung der Waffen-SS und Polizei Buchenwald, SS-Obersturmführer *Grosch* beauftragt. Die Bauleitungen in Lublin und Auschwitz stehen SS-Obersturmführer Grosch zur Durchführung seines Sonderauftrages zur Verfügung. Die Arbeiten sind unverzüglichst in Angriff zu nehmen und mit größtmöglichster Beschleunigung durchzuführen.
1. Bericht über die Auswahl der endgültigen Gelände gemäß dem am 26. bezw. 27.9.41 in Berlin festgelegten Vorschlägen zum 29.9.41 durch F.[6] Dem Aufbau der Lager sind die Skizzen des Amtes II, die die Billigung des Inspekteurs der KL[7] am 27.9. gefunden haben, zugrundezulegen.

1 BArch, DO 1/32599. Abdruck als Faksimile in: Igor Bartosik/Lukasz Martyniak/Piotr Setkiewicz, Początki obozu Birkenau w świetle materiałów źródłowych, Oświęcim 2017, S. 75.
2 Dr. Hans Kammler (*1901), Architekt; 1932 NSDAP-, 1933 SS-Eintritt; von Juni 1941 an Leiter des SS-Hauptamts Haushalt und Bauten, von Febr. 1942 an Leiter der Amtsgruppe C (Bauwesen) im SS-WVHA, verantwortlich für alle KZ-Bauvorhaben, seit Sommer 1943 auch für die Untertageverlagerung der Flugzeug- und Raketenproduktion, März 1945 SS-Ogruf.; Verbleib nach Mai 1945 ungeklärt.
3 Wolfgang Grosch (1906–1988), Architekt und Bauingenieur; 1931 NSDAP-, 1934 SS-Eintritt; 1938–1941 Leiter der Bauleitung in Buchenwald, 1941–1944 Leiter der Zentralbauleitung in Lublin, April 1944 SS-Stubaf., 1944 Bauinspektion der Waffen-SS und Polizei in Prag; lebte nach 1945 in Bietigheim-Bissingen.
4 Im Original Bearbeitungsvermerke.
5 Wenige Tage zuvor hatte Himmler mit dem OKH die Übernahme von mehreren Hunderttausend Kriegsgefangenen aus den Stalags in die Konzentrationslager vereinbart, die in SS-Bau- und Industrieunternehmen sowie in Projekten der Ostsiedlung beschäftigt werden sollten.
6 Fernschreiben.
7 Richard Glücks.

DOK. 2
Polish Fortnightly Review: Bericht vom 15. November 1941 über das Konzentrationslager Auschwitz[1]

Das Konzentrationslager Auschwitz

Polnische Bürger werden in Konzentrationslagern in Auschwitz, Oranienburg-Sachsenhausen, Mauthausen, Dachau, Berensbrücke[2] (für Frauen) und etlichen kleineren Lagern inhaftiert. Die meisten Häftlinge stammen aus Intellektuellenkreisen. Auch Unabkömmlichkeitsbescheinigungen von Behörden oder anderen öffentlichen Unternehmen bieten nicht den geringsten Schutz vor einer Inhaftierung. Die Gefangenen werden selbst bei unwirtlichster Witterung oft ohne Mantel und Kopfbedeckung weggeschafft. Zumeist werden sie in versiegelten Güterwaggons transportiert, zu siebzigst in einem Wagen. Häufig werden die Waggons, nachdem sie versiegelt wurden, auf einem Nebengleis abgestellt, bis genügend Personen für einen Zug beisammen sind. Es wird von Fällen berichtet, in denen die Häftlinge vier oder sogar sechs Tage in versiegelten Waggons auf einem Nebengleis verbracht haben, ohne – selbst bei härtestem Frost – mit Essen, Wasser, warmer Kleidung oder Stroh als Schlafunterlage versorgt worden zu sein. Wenn die Gefangenen mit den Füßen stampften oder sich anderweitig bewegten, um sich aufzuwärmen, schlugen die Wachleute mit ihren Gewehrkolben gegen die Waggons und befahlen ihnen stillzuhalten. Nach ein paar Tagen musste man den Gefangenen nicht mehr befehlen, still zu sein.

Das Konzentrationslager Auschwitz, welches das größte in Polen ist, verdient eine genauere Beschreibung.

Die Fahrt zum Lager kann je nach Entfernung und Transportbedingungen drei bis fünf Tage dauern. Während der Fahrt werden Brot- und Nudelrationen, die im Winter zu Klumpen gefroren sind, durch die Lüftungsöffnungen in die Waggons gereicht. Bisweilen werden aus den Waggons, die auf Nebengleisen abgestellt waren, bis zu zehn leblose Körper herausgeholt, im Winter haben ca. 40 Prozent der Gefangenen erfrorene Hände oder Füße. Unter den noch Lebenden war es durchaus üblich, die Kleidung der Toten anzuziehen, um selbst etwas mehr Schutz vor der Kälte zu haben.

Am Bahnhof von Auschwitz werden die Waggons auf ein Nebengleis rangiert, das mit einer speziell erbauten Rampe versehen ist. Sie ist auf einer Seite abschüssig und im Winter sehr glitschig, weil sie mit Eis und Schnee bedeckt ist. Die Waggons bleiben bis zum Einbruch der Nacht versiegelt. Dann werden die Türen geöffnet und gleißende Scheinwerfer eingeschaltet. Geblendet, benommen vor Kälte und Hunger und schwindelig aufgrund der plötzlichen Sauerstoffzufuhr, sind die Gefangenen im ersten Moment nicht in der Lage, die Waggons zu verlassen. Die Polizei treibt sie dann mit Gewehrkolben und Fußtritten heraus. Die älteren Menschen stürzen oft und rutschen die Rampe hinab. Gefangene, die sich nicht mehr vom Waggonboden erheben können, werden an Händen oder Füßen herausgezerrt und die Rampe hinuntergestoßen. Leichen verbleiben

1 Polish Fortnightly Review Nr. 32, 15.11.1941, S. 5 f.: Oświęcim Concentration Camp. Polish Fortnightly Review erschien als Organ der poln. Exilregierung in London. Das Dokument wurde aus dem Englischen übersetzt.

2 Ravensbrück.

zunächst in den Waggons und werden später im Krematorium verbrannt. Die übrigen Gefangenen verlädt man auf Lastwagen, wobei sie unaufhörlich geschlagen werden.
Bei der Ankunft im Lager müssen sie sich der Größe nach aufstellen. Wer nicht mehr stehen kann, wird auf den Boden gelegt. Nachdem die Listen überprüft wurden, was normalerweise einige Stunden dauert, werden die Häftlinge auf die Baracken verteilt.
Die Baracken sind unbeheizt, und es gibt unzählige Ritzen in den Wänden. Einmal wurde ein Mann über der Tür einer Baracke erhängt, der Leichnam blieb längere Zeit dort hängen. Er gehörte zu einer Gruppe, die einen Hungerstreik geplant hatte, um dagegen zu protestieren, dass Gefangene bei Frost in nassen Anzügen im Freien arbeiten mussten.
Der Platz zum Schlafen ist so beengt, dass jeder, der sich umdreht, seine Nachbarn stört. Für jeweils drei Häftlinge gibt es nur eine Strohmatratze. Die Handtücher müssen auf einen Haufen gelegt werden, so dass niemand ein eigenes Handtuch hat und das Infektionsrisiko steigt. Personen, die an Geschlechtskrankheiten leiden, werden absichtlich in die Lager verlegt.
Um fünf Uhr morgens wird aufgestanden, dann bleiben drei Minuten zum Waschen unter einer kalten Dusche, Säubern der Kleidung und Anziehen.
Kranke müssen arbeiten, als ob sie gesund wären. Niemand darf sich krankmelden, wenn er nicht über 38 Grad Körpertemperatur hat. Meldet sich dennoch einer mit geringerer Temperatur krank, wird er in eine Strafeinheit gesteckt. Die Häftlinge leben in ständiger Angst vor Krankheiten, da es keine angemessene medizinische Versorgung gibt.
Die Aufseher, die den verschiedenen Baracken vorstehen, werden hauptsächlich unter Kriminellen mit lebenslänglichen Haftstrafen rekrutiert; es gibt aber auch eine ganze Reihe deutscher Kommunisten.[3] Die Aufseher sind verroht und herrschen mit absoluter Macht über das Leben der Gefangenen, für die sie zuständig sind.
Die Häftlinge werden gezwungen, bis zur Erschöpfung oft völlig nutzlose Arbeiten zu verrichten. Einmal wurde einer Gruppe von fünf Männern, zu der auch zwei Priester gehörten, befohlen, Steine zu klopfen. Einer von ihnen wollte seine Hände wärmen, indem er sie gegen den Körper schlug. Zur Strafe zwang ihn der Aufseher, eine halbe Stunde lang mit über dem Kopf ausgestreckten Händen zu verharren. Der Gruppe war es während der Arbeit nicht gestattet, sich hinzuknien oder in die Hocke zu gehen. Als einer der beiden Priester, ein alter Mann, sich hinkniete, um den Hammer aufzuheben, der ihm aus der Hand gerutscht war, kam der Aufseher angerannt und trat so brutal auf den Priester ein, dass dieser blutete.
Eine Gruppe von Häftlingen musste mit schweren Holzblöcken die Oberfläche von Steinen glätten, aus denen Skulpturen entstehen sollten. Als ein Medaillon mit dem Bild der Jungfrau Maria unter dem Hemd eines Mannes zum Vorschein kam, lief ein Gestapo-Mann heran, trat ihm ins Gesicht und befahl ihm, das Medaillon herunterzuschlucken.
Einer anderen Gruppe wurde befohlen, einen Teich anzulegen. Damit die Häftlinge Stiefel und Strümpfe nicht ruinierten, mussten sie barfuß in Schnee und Eismatsch arbeiten. Es handelte sich bei dieser Gruppe durchweg um Intellektuelle. Eines Tages hielten sie es nicht mehr aus und griffen ihre beiden Aufseher an, indem sie sie im Schlamm niedertrampelten. Am nächsten Tag wurde eine große Anzahl von Häftlingen auf ein

3 Zu den Häftlingskategorien der „Berufsverbrecher" und politischen Häftlinge siehe Einleitung, S. 24 f.

offenes Feld getrieben. Man befahl ihnen, wegzulaufen. Dann eröffneten die Aufseher das Maschinengewehrfeuer. Die Erschossenen wurden sofort im Krematorium eingeäschert. Im Zentrum des Lagers gibt es einen Platz, der zum Strafexerzieren genutzt wird. In seiner Mitte befindet sich ein Unterstand. Eines Tages mussten fünfzehn Männer auf Befehl eines Gestapo-Mannes, der hinter ihnen stand, Leibesübungen, das heißt Kniebeugen, machen. Die Häftlinge hielten sich an den Händen, so dass die Stärkeren den Schwächeren helfen konnten. Diese Form des Exerzierens zieht sich oft über Stunden hin. Die diensthabenden Gestapo-Männer werden ausgetauscht, aber die Häftlinge müssen weitermachen. Häufig sieht man Häftlinge, die mit Steinen beladene Schubkarren im Eiltempo über den Platz schieben. Hinter ihnen fährt ein Aufseher auf einem Fahrrad, der diejenigen mit der Peitsche traktiert, die das Tempo nicht halten können. Bei diesem Strafexerzieren kommen immer wieder Häftlinge ums Leben, weil es noch niemand geschafft hat, mehr als 25-mal im Kreis herumzulaufen.

Manchmal wird den Inhaftierten befohlen, Steine zu verlegen, nur um sie dann wieder einzusammeln; oft müssen sie einen Haufen Steine von einer Stelle zur anderen schleppen und sie am nächsten Tag wieder zurücktragen. Auch müssen sie Mauern hochziehen, den Boden planieren etc.

Die Häftlinge werden sehr schlecht ernährt. Dreimal täglich erhalten sie 20 Gramm Brot (weniger als eine Unze), mittags Suppe und abends eine braune Flüssigkeit, die als Kaffee bezeichnet wird. Das Essen muss in sehr kurzer, ebenfalls vorgeschriebener Zeit verzehrt werden, und wenn man ihnen statt Suppe Kartoffeln gibt, müssen sie diese mit der Schale essen, da ihnen keine Zeit bleibt, sie zu pellen. Viele Häftlinge leiden unter Verdauungsproblemen und dies umso mehr, als sie nur dreimal täglich eine Toilette benutzen dürfen.

Eines Tages nahm ein Häftling zwei Portionen Essen zu sich. Als dies entdeckt wurde, brachte man ihn zum Lagertor in der Nähe des Krematoriums. Neben dem Tor wurden zwei Reihen Aufseher mit Knuten aufgestellt. Einer von ihnen teilte dem Häftling mit, er habe so viel Einfallsreichtum und Klugheit bewiesen, indem er sich eine zusätzliche Ration verschafft habe, dass man ihn nun entlasse. Das Tor stehe offen und er könne in die Freiheit gehen. Da Diebstahl jedoch ein strafwürdiges Vergehen sei, müsse er zunächst durch die Gasse der beiden Aufseherreihen laufen. Er begann zwischen den beiden Reihen hindurchzulaufen und wurde dabei erbarmungslos mit den Knuten auf Kopf und Beine geschlagen. Fast schon am Ende der Gasse angelangt, begann er zu taumeln, nahm aber all seine Kräfte zusammen und rannte durch das Tor nach draußen. Daraufhin wurde Maschinengewehrfeuer auf ihn eröffnet, und er erlitt einen Bauchschuss. Die Aufseher riefen einen Mann mit einer Schubkarre herbei, der in der Nähe arbeitete, warfen den Verletzten auf die Karre und befahlen, ihn zum Krematorium zu bringen. Der Häftling war noch so weit bei Bewusstsein, dass er mitbekam, wohin er gebracht werden sollte. In einem Anfall von Verzweiflung versuchte er, mit den herumstehenden Aufsehern, die die Szenerie beobachteten, zu verhandeln. Diese lachten ihn lediglich aus und machten sich auf den Weg zum Krematorium.

Dort wurde er in den Ofen geworfen, in dem sich bereits zwei halb verbrannte Leichen befanden. Seine Gegenwehr rief bei den Zuschauern nur Spott und Gelächter hervor. Zwei für die Bedienung des Krematoriums zuständigen Aufsehern befahl man, die Asche in drei Teile zu trennen, da sich das letzte Opfer bewegt hatte und die Asche der beiden anderen vermischt worden war.

Das kleinste Vergehen wird mit öffentlichem Auspeitschen bestraft. Es gilt das Prinzip der kollektiven Verantwortung. Falls jemand beim Zählappell fehlt, muss die gesamte Gruppe stundenlang im Frost stehen. Als eines Tages ein Häftling vermisst wurde, wurde eine große Gruppe von Männern nach der Arbeit aufgehalten und musste in nasser Kleidung von zwölf Uhr bis sechs Uhr am Abend des folgenden Tages stehen. Wer sich bewegte, wurde geschlagen. In diesem Zeitraum starben 86 Männer. Um die Quälerei in die Länge zu ziehen, wurden Häftlinge, die in Ohnmacht gefallen waren, unter eine Pumpe gestellt, mit Wasser übergossen und wieder zu Bewusstsein gebracht. Anschließend wurde der Betroffene unter Schlägen in die Reihe zurückgetrieben.[4]

Bis Mitte September mussten alle Häftlinge barfuß gehen, obwohl die Wege mit scharfkantigen Schottersteinen befestigt waren. Jeder Häftling verfügte über eigene Kleidung, die aus einem gestreiften, schlafanzugähnlichen Baumwollanzug bestand. Eine Kopfbedeckung war nicht erlaubt. Alle Köpfe waren kahl geschoren.

Ende November 1940 befanden sich circa 8000 Polen im Lager Auschwitz.[5] Theoretisch werden sie in drei Gruppen unterteilt: politische Gefangene, Kriminelle sowie Priester und Juden. Die letzte Gruppe wird am schlechtesten behandelt, und keiner, der ihr angehört, verlässt das Lager lebend. Jeden Monat versendet das Warschauer Postamt Hunderte von Todesbescheinigungen von Menschen, die im Lager Auschwitz gestorben sind.

Während des letzten Winters war die Sterblichkeit im Lager entsetzlich hoch. Durchschnittlich starben jeden Tag 70 bis 80 Personen; an einem Tag sogar 156 Menschen. Schließlich mussten die Deutschen sogar zulassen, dass eine Gesundheitskommission das Lager inspizierte. Danach ging die Sterblichkeit etwas zurück, so dass während des Frühlings und Sommers ungefähr 30 Menschen täglich starben. In den Wintermonaten reichten die drei Öfen der Krematorien nicht aus, um die Leichen zu verbrennen.

Das Lager Auschwitz ist für 40 000 Häftlinge ausgelegt. Rund um das Lager befindet sich eine breite „neutrale“ Zone, die von einer dreifachen Mauer abgeschlossen wird. Vor der Mauer sind alle 45 Meter Posten aufgestellt, die die Inschrift „Neutrale Zone. Auf jeden, der diese Linie überschreitet, wird ohne Vorwarnung geschossen“ tragen.

4 Dieses Ereignis fand am 28.10.1940 statt.

5 Bis Ende Nov. 1940 waren 6689 Häftlingsnummern vergeben worden.

DOK. 3

Eine polnische Untergrundorganisation gibt am 15. November 1941 die Nachricht weiter, dass sowjetische Kriegsgefangene in Auschwitz durch Gas getötet wurden[1]

Situationsbericht[2] für den Zeitraum vom 15.8. bis 15.11.1941, vom 15.11.1941

[…][3]

Lager. Auschwitz zählt weiterhin etwa 11 000 bis 12 000 polnische Häftlinge. Der aktuelle Rückgang der Sterblichkeit rührt daher, dass größere Gruppen von Häftlingen, vor allem Ältere und Priester, nach Dachau überstellt wurden, viele Häftlinge auch in andere Lager. Man gewährt jetzt am Sonntag und Samstagnachmittag Erholungspausen. Angesichts des andauernden systematischen Sadismus, der pausenlosen Misshandlung von Häftlingen und der Demoralisierung, die durch das Schüren von gegenseitigem Misstrauen hervorgerufen wird und zu der auch Kollektivstrafen und die Aufforderung zur gegenseitigen Bespitzelung und Denunziation beitragen, sind diese Erleichterungen eigentlich ohne Bedeutung.

Neuerungen wie das Häftlingsorchester, das beim Abmarsch zur Arbeit und der Rückkehr ins Lager aufspielt, wirken vor diesem Hintergrund eher wie eine Drohung. In der letzten Zeit starben in Auschwitz unter anderem der berühmte Historiker Józef Siemieński,[4] Direktor des Hauptarchivs für Alte Akten, sowie der Professor der SGGW, Witold Staniszkis,[5] bedeutender Politiker der Nationalen Partei. Das Lager war Schauplatz eines grässlichen Verbrechens, als in der Nacht vom 5. zum 6. September etwa 600 sowjetische Häftlinge, darunter Politoffiziere aus der Armee, sowie etwa 200 Polen in den Bunker gepresst wurden. Danach dichtete man den Bunker ab und vergiftete sie mit Gas; die Leichen wurden zum Krematorium gebracht und verbrannt.[6]

1 AAN, 202/II-6, Bl. 45–103, hier S. 49. Teilweise abgedruckt in: Krystyna Marczewska/Władysław Ważniewski, Obóz koncentracyjny Oświęcim w świetle akt Delegatury Rządu RP na Kraj, Oświęcim 1968, S. 13 f. Das Dokument wurde aus dem Polnischen übersetzt.

2 Die vom Büro für Information und Propaganda beim Związek Walki Zbrojnej (Verband für den bewaffneten Kampf, Vorläufer der Heimatarmee) herausgegebenen Situationsberichte sind aus den Jahren 1941 und 1942 erhalten. Sie wurden an die Innenabt. der Regierungsdelegatur weitergeleitet.

3 Der Situationsbericht gliedert sich in die Teile A. Generalgouvernement (I. Politik des Besatzers, II. Verwaltung des Generalgouvernements, III. Wirtschaft, IV. Die soziale Situation, V. Kulturelle Angelegenheiten, VI. Die politische Einstellung der poln. Gesellschaft), B. Westgebiete, C. Ostgebiete und D. Nationalitätenangelegenheiten. Der abgedruckte Abschnitt befindet sich im Teil A.I.

4 Józef Siemieński (1882–1941), Archivar und Rechtshistoriker; 1925–1939 Direktor des Hauptarchivs für alte Akten in Warschau und Professor in Krakau; am 24.10.1941 nach Auschwitz gebracht und kurze Zeit später gestorben.

5 Witold Teofil Staniszkis (1880–1941), Agrarwissenschaftler und Politiker; Professor an der Szkoła Główna Gospodarstwa Wiejskiego: Hochschule für Landwirtschaft in Warschau; von 1919 an Sejm-Abgeordneter für die Nationaldemokratie, im Juli 1941 nach Auschwitz gebracht; dort im Nov. 1941 gestorben.

6 Die Informationsabt. im Büro für Information und Propaganda hatte bereits am 24.10.1941 von der Ermordung von 850 russ. Offizieren und Unteroffizieren durch Gas berichtet, die Ereignisse allerdings auf Anfang Okt. 1941 datiert.

DOK. 4

Der katholische Priester Konrad Szweda beschreibt im Januar 1942 in einem Kassiber die ersten Krankenmorde durch Giftgas in Auschwitz[1]

Kassiber von Konrad Szweda[2] an Łucja Szymura in Rybnik,[3] o. D. (Januar 1942)[4]

Liebste Tante, lieber Onkel Jan!
[...][5]
Es war Anfang September letzten Jahres.[6] „Heute kommt eine Kommission und räumt auf!!!" – diese Nachricht schlug wie ein Blitz ein und verbreitete sich in Windeseile im ganzen Krankenbau. Sie elektrisierte alle! Ärzte und Pfleger brachte sie auf die Beine. Jeder gab sein Bestes, damit auch im kleinsten Winkel Ordnung und Sauberkeit herrschten. Auch ich tat das Meine. Gegen 10 Uhr wurde das Eintreffen der Kommission gemeldet. Sie begann die Visite in Block 28, der Inneren Abteilung. Die Kranken mussten auf den Korridor hinaustreten. Musterung! Auf wen der deutsche Arzt zeigte, dessen Nummer musste aufgeschrieben werden. Wir warten in höchster Anspannung, voller Ungeduld! Schon sind sie in Block 20, der chirurgischen Abteilung. Jeden Augenblick werden sie bei uns, in Block 19, der Isolierstation, sein. Da komme ich plötzlich auf die Idee, mir noch einen leichten Verband am Bein anzulegen. Ich rase in die Ambulanz, ins Verbandszimmer. Gleich darauf bin ich zurück, aber ... schon zu spät. Die Kommission hält sich gerade in meinem Saal auf, die Kranken werden nicht mehr auf den Flur geführt. Ich warte auf dem Flur, das Herz hämmert mir vor Angst. Was wird passieren? Was wird der Chef des Krankenbaus sagen, dass ich nicht im Saal anwesend war und den Krankenstand gemeldet habe? Doch diese Befürchtungen erwiesen sich als unbegründet. Alle waren mit etwas anderem beschäftigt. Nach dem Abgang der Kommission gehe ich in den Saal und erfahre, dass fünf ausgewählt worden sind. Gegen Mittag ist die Visite beendet. Ach, der ganze Krankenbau ist in Aufruhr! Wozu diese Inspektion? Zu welchem Zweck sind so viele Nummern ausgewählt worden? Aus meinem Saal hat man 30 aufgeschrieben, sagt ein Pfleger, aus meinem 40 – prahlt ein anderer, und bei mir die ganze Tuberkulose-Abteilung, 75, schreit ein Dritter. Aber wozu? „Sie kriegen besseres Essen", kommentiert jemand von rechts, „sie fahren ins Sanatorium", höre ich

1 APMAB, Ruch oporu, Bd. 12, Bl. 23–29 (Fotokopie). Teilweise abgedruckt in: Stanisław Kłodziński, Pierwsze zagazowanie więźniów i jeńców w obozie oświęcimskich, in: Przegląd lekarski, H. 1 (1972), S. 80–94. Das Dokument wurde aus dem Polnischen übersetzt.

2 Konrad Szweda (1912–1988), röm.-kath. Priester; wurde im Dez. 1940 wegen Widerstands gegen die deutsche Besatzung verhaftet und nach Auschwitz gebracht, im Sept. 1941 Pfleger im Block 19, später in Monowitz, im Juni 1942 im Priestertransport nach Dachau überstellt, dort im April 1945 befreit; 1946 Rückkehr nach Polen, Priester in Chorzów und Łaziska Górne, Leiter der Päpstlichen Missionswerke im Erzbistum Kattowitz.

3 Łucja Szymura, Tante von Konrad Szweda, wohnte in Rybnik.

4 Szweda schrieb das Kassiber im Jan. 1942 in einer Baracke der Buna-Werke und ließ es durch den poln. Zivilarbeiter P. Saduś weiterleiten; Aussage von Konrad Szweda, Juni 1969; APMAB, Wspomnienia, Bd. 86, Bl. 85, 155.

5 Das Kassiber umfasst 14 handschriftl. Seiten. Hier sind die Seiten 6–9 wiedergegeben. Im übrigen Teil des Briefs berichtet Szweda über Erschießungen, die Situation der Geistlichen, Typhus- und Durchfallerkrankungen im Lager, quälende Appelle, das Tragen der Ermordeten ins Krematorium und seinen trotz der ihn umgebenden Grausamkeiten festen christlichen Glauben.

6 1941.

einen anderen von links ausführen. In Wahrheit wusste niemand etwas Genaues. Die Nachmittagsstunden vergingen. Gegen 16 Uhr kam die Nachricht: Die Krankenbögen der Aufgeschriebenen sind in der Hauptschreibstube des Krankenbaus abzugeben. Das Abendessen rückt näher. Wir teilen die Brotrationen aus. Plötzlich gegen 18 Uhr der Befehl: „Die von der Kommission Ausgewählten auf den Hof des Krankenbaus führen!" Weil meine Kranken sehr geschwächt waren, renne ich nach einer Trage. Einen nach dem anderen bringen wir auf den Tragen in den Hof des Krankenbaus, der nach kurzer Zeit voll ist. Rund 300 Kranke in dünnen Hemden und Unterhosen stehen, sitzen oder liegen und warten auf weitere Befehle. „In die Strafkompanie führen!", brüllte jemand von vorn. Ich erzitterte im wahrsten Sinne des Wortes – vor schierem Entsetzen. Ich wurde blass wie eine Wand. Aber die Kollegen erklärten mir, die Kranken würden in der SK (Strafkompanie) auf einen nächtlichen Transport warten. Da war ich beruhigt. Wir nehmen die Tragen mit den Kranken und bringen sie auf den Flur der SK. Und von dort, oh Graus, schicken sie uns runter, in den Bunker. Darüber, was jetzt folgt, kann ich nicht ohne Tränen schreiben, blutige Tränen, ohne dass es mir das Herz zerreißt! Ich wurde leichenblass. Mir wurde schwarz vor Augen, als ich mich in dem übelriechenden Verlies befand. Wir legten das Opfer des Schicksals auf den kalten Beton. Sofort wurde ein Zweiter, ein Dritter, ein Vierter darauf gelegt. Man häufte sie auf, stapelte sie bei lebendigem Leibe! In eine Zelle, die für einen Häftling gedacht war, packte man 30, 40, ja sogar 50 Menschen! Einer nach dem anderen kam herein. Die Schwächeren wurden hineingetragen, die Gesunden gingen allein. Ach, hättet ihr diesen Zug der Todgeweihten gesehen, ihre entsetzten Gesichter, denn sie wussten, dass sie in den Tod gingen, einen schrecklichen Tod ... durch Vergiften! Wenn ihr ihr Jammern und Klagen hättet hören können. Gott, vergib uns unsere Sünden! Gott, erbarm dich meiner! Wer mich kannte, rief: Priester, sprech uns von unseren Sünden los! Segne uns! Rette uns! Ich ging umher, erteilte die Absolution und segnete nach allen Seiten. Ich sah schattenhaft die Gestalt von Priester Schulc, einem 70-jährigen Greis aus der Gegend von Posen, dort winkt Graf Sobieszczański.[7] Sie verabschiedeten sich von uns – polnische Brüder, sie verabschiedeten sich für immer. Uns und ihnen standen die Tränen in den Augen.
„Schneller, schneller!", schrie der blutrünstige Sadist, ein deutscher Soldat. Es verging keine halbe Stunde, und die letzte Eisentür wurde zugeschlagen. Man schob Riegel vor! Oh, was für ein schreckliches Jammern begann! Dante'sche Szenen! Höllische Qualen! Grauenhaftes Geschrei aus Leibeskräften um Mitleid! Das Blut gefror einem in den Adern! Die in der SK eingesetzt waren und unter den Bunkern wohnten und die Kameraden des Nachbarblocks erklärten, dass bis in die späte Nacht ihre Schreie wie aus dem Grab zu ihnen drangen: Großer Gott, erbarme dich unser! Gütiger Gott, verkürze unsere Qualen! Schicke uns den Tod! Erlöse uns! Aus schrecklichen Schmerzen kratzten einige an die Wände, bissen sich die Finger; wurden wahnsinnig ... Ach, wie schrecklich muss der Tod durch langsames Ersticken sein. Das kann man nicht beschreiben. Nur Gott allein weiß, was mit diesen lebendig Begrabenen passierte.[8]

7 Mieczysław Nałęcz-Sobieszczański (1907–1941), Gutsbesitzer.

8 Es handelt sich hier um die erste Tötung von kranken Häftlingen durch Gas am 3.9.1941. Etwa 250 Häftlinge wurden im Häftlingskrankenbau selektiert und von den Pflegern in den Bunker von Block 11 gebracht. Danach wurden 600 sowjet. Kriegsgefangene und Offiziere in die Zellen des Bunkers getrieben und zusammen mit den Kranken durch Zyklon B ermordet.

DOK. 5
Die Zentralbauleitung teilt am 5. März 1942 mit, dass der geplante Krematoriumsneubau nach Birkenau verlegt wird[1]

Schreiben, gez. Bischoff[2] und Ertl,[3] Bftgb.-Nr. 5296/42/Er./Jh., an J. A. Topf und Söhne,[4] Erfurt Dreyserstr. 7/9, vom 5.3.1942

Betr.: Krematorium, Einäscherungs-Öfen K.G.L. Auschwitz Auftrag Nr. 42/261/1 vom 12.2.1942

Anläßlich der am 27.2.1942 stattgefundenen Besichtigung der hiesigen Zentralbauleitung durch den Gruppenchef der Amtsgruppe C des SS-Wirtschafts-Verwaltungshauptamtes, SS-Oberführer Dr. Ing. Kammler, wurde angeordnet, daß die für das Krematorium im Kriegsgefangenenlager bestellten Einäscherungsöfen nicht zur Ausführung gelangen,[5] sondern die lt. Auftragsschreiben vom 22. Oktober/41, Bftgb.-Nr. 215/41/Ho.[6] bestellten 5 Stck. Dreimuffelöfen im Kriegsgefangenenlager eingebaut werden.

Der von der Zentralbauleitung mündlich erteilte Auftrag wird daher zurückgezogen und gebeten, die Stornierung des Auftrages schriftlich nach hier zu bestätigen.

1 APMAB, D-Z Bau/2537, BW 30/28, Bl. 1. Abdruck als Faksimile in: Jean-Claude Pressac, Auschwitz: Technique and operation of the gas chambers, New York 1989, S. 191.

2 Karl Bischoff (1897–1950), Hoch- und Tiefbau-Ingenieur; 1932 NSDAP- und SS-Eintritt; 1935 Tätigkeit im Hauptamt Verwaltung für Bauten der Luftwaffe, Sachverständiger für den Flugplatzbau, Okt. 1941 bis Okt. 1943 Leiter der Zentralbauleitung der Waffen-SS in Auschwitz, 1943 SS-Stubaf., Okt. 1943 bis Jan. 1945 Bauinspektor der Waffen-SS und Polizei in Kattowitz; lebte nach 1945 in Bremen.

3 Fritz Ertl (1908–1982), Architekt; 1938 NSDAP- und SS-Eintritt; von Mai 1940 an Neubauleitung KZ Auschwitz, von Jan. 1942 an stellv. Leiter der Zentralbauleitung Auschwitz, meldete sich 1943 freiwillig zum Fronteinsatz; 1944 Tätigkeit bei der Bauinspektion Schlesien, Bauleiter in Breslau; 1945 in US-Internierung, danach Tätigkeit als Baumeister in Linz, 1972 vor dem Landgericht Wien vom Vorwurf der Beteiligung am Massenmord freigesprochen.

4 Die Brüder Ernst Wolfgang (1904–1979) und Ludwig Topf (1903–1945) hatten 1935 gemeinsam die Leitung des Familienunternehmens J. A. Topf & Söhne übernommen. Im Jahr 1939 begannen sie, die SS mit speziell für Konzentrationslager entwickelten Leichenverbrennungsöfen zu beliefern, seit 1940 auch das Konzentrationslager Auschwitz. Ludwig Topf nahm sich 1945 das Leben, Ernst Wolfgang Topf arbeitete nach dem Krieg am Aufbau eines Nachfolgeunternehmens in Wiesbaden, das 1963 in Konkurs ging.

5 Für Birkenau war mündlich ein kleineres Krematorium bestellt worden. Nach dem Beschluss, in Birkenau ein großes, modernes Krematorium bauen zu lassen, wurde der Auftrag für das kleine Krematorium in Birkenau storniert. Auf einem Bauplan vom 5.1.1942 ist das ursprünglich für Birkenau vorgesehene kleinere Krematorium eingezeichnet; Abdruck in: Pressac, Technique (wie Anm. 1), S. 183.

6 APMAB, D-Z Bau/2544, BW 30/34, Bl. 116. Das im Okt. 1941 in Auftrag gegebene große Krematorium sollte ursprünglich im Stammlager gebaut werden, wurde aber dann in Birkenau errichtet.

DOK. 6

Der Kommandeur der Sicherheitspolizei in Paris informiert am 17. März 1942 das Reichssicherheitshauptamt, dass keine Bedenken bestünden, französische Juden nach Auschwitz zu transportieren[1]

Schreiben (Geheim! Dringend! Sofort vorlegen!) gez. Lischka,[2] Zeichen IV J SA 24 Dan/Bir, an das Reichssicherheitshauptamt Berlin, Abt. IV B 4,[3] Paris, vom 17.3.1942

Betr.: Deportierung von Juden
Vorg.: Dortiges Geheim-FS Nr. 41 878 vom 12.3.1942[4]
Wie mir die Deutsche Botschaft Paris mitteilt, hat das Auswärtige Amt mit Geheim-FS am 11.3.1942 angefragt, ob Bedenken gegen die beabsichtigte Abschiebung der 1000 Juden nach Auschwitz bestehen.[5] Die Deutsche Botschaft Paris hat am 13.3.1942 geantwortet, daß ihrerseits gegen den sofortigen Abschub keine Einwendungen gemacht werden. Der im dortigen Geheim-FS vom 12.3.1942 gemachte Vorbehalt dürfte demnach inzwischen weggefallen sein.[6]

DOK. 7

Der Ordensgeistliche Karol Golda wird im März 1942 von der Gestapo festgenommen, weil er Informationen über Auschwitz verbreiten wollte[1]

RSHA, Amt IV Gestapa, Meldungen wichtiger staatspolizeilicher Ereignisse, vom 18.3.1942

Politischer Katholizismus
[...][2]
Der Ordensgeistliche Karl Golda[3] (geb. 23.12.1914 Tichau, wohnhaft Salesianerkloster Auschwitz) wurde von der Stapostelle Kattowitz festgenommen. G., der geheim-

1 CDJC Paris, XXVb-15. Abdruck in: Serge Klarsfeld, Die Endlösung der Judenfrage in Frankreich. Deutsche Dokumente 1940–1944, Köln 1977, S. 50.

2 Dr. Kurt Lischka (1909–1989), Jurist; 1933 SS-, 1937 NSDAP-Eintritt; von 1935 an Tätigkeit bei der Gestapo, von Nov. 1940 an beim Befehlshaber der Sicherheitspolizei in Paris tätig, Jan. bis Sept. 1943 KdS in Paris, von Okt. 1943 an im RSHA; 1945–1950 interniert, danach Prokurist in Köln; 1950 in Abwesenheit in Paris verurteilt, 1980 vom Landgericht Köln zu zehn Jahren Haft verurteilt, 1985 entlassen.

3 Leiter des Referats IV B 4 im RSHA war Adolf Eichmann (1906–1962), Vertreter; 1932 NSDAP-, SS-Eintritt; mind. von März 1941 an Leiter des Referats IV B 4 (Judenangelegenheiten, Räumungsangelegenheiten); 1950–1960 in Argentinien untergetaucht, 1960 vom israel. Geheimdienst entführt und in Israel 1962 nach Todesurteil hingerichtet.

4 CDJC Paris, XXVb-10. Abdruck in: Serge Klarsfeld, Vichy-Auschwitz. Die Zusammenarbeit der deutschen und französischen Behörden bei der „Endlösung der Judenfrage" in Frankreich, Nördlingen 1989, S. 375 f.

5 Aufgrund von Vereinbarungen auf der Wannseekonferenz sollten das Ausland betreffende Deportationen mit dem AA abgesprochen werden. Martin Luther, UStS im AA, hatte am 11.3.1942 bei der Deutschen Botschaft in Paris angefragt, ob Einwände gegen die Deportation von 1000 Juden bestünden.

zuhaltende Lagerangelegenheiten des Lagers Auschwitz ausgeforscht hatte,[4] steht im dringenden Verdacht, die Auswertung der erhaltenen Nachrichten für deutschfeindliche Propagandazwecke beabsichtigt zu haben.

DOK. 8
Olga Farkas schreibt am 11. April 1942 eine erste Nachricht aus Auschwitz an ihre Familie[1]

Postkarte von Olga Farkas,[2] Lager Oświęcim, Postamt 2, Deutschland, an Béla Farkas,[3] Basteigasse 6 in Bratislava über die Jüdische Gemeinde Bratislava, Judengasse, vom April 1942 (Abschrift)[4]

Wollen Sie gefl. mein Bruder Farkas Béla Bratislava Basteigasse Nr. 6 diese Zeilen übergeben.[5]
Ich befinde mich hier mit der Schwester Bözsi, wir sind beide gesund und fühlen uns wohl, wir arbeiten zusamen und sind zufrieden. Bitte gebe diesen Nachricht weiter den Familienangehörigen, Familie Delizar und allen gute Freunden Singer Jacki.
Schreibet uns bitte auch wir freuen uns schon auf Eure Antwort.
Wir grüßen alle Bekannte, Euch küssen wir, Euere Olga Farkas, Nr. 2348.[6]

6 Das FS vom 12.3.1942 enthielt genaue Anweisungen zum Ablauf der Deportationen „vorbehaltlich des noch nicht vorliegenden Einverständnisses des Auswärtigen Amts". Am 27.3.1942 fuhr der erste Deportationszug mit 1112 ausländischen und staatenlosen Juden aus den Lagern Drancy und Compiègne nach Auschwitz ab; weitere Transporte folgten im Juni 1942; siehe VEJ 5/318.

1 BArch, R 58/3112, Bl. 64. Abdruck in: Heinz Boberach (Hrsg.), Berichte des SD und der Gestapo über Kirchen und Kirchenvolk in Deutschland 1934–1944, Mainz 1971, S. 633.
2 In dem zweiseitigen Bericht werden Verhaftungen von weiteren sechs kath. Geistlichen bekanntgegeben, die sich kritisch über die NS-Politik und den Krieg geäußert hatten.
3 Richtig: Karol Golda (1914–1942), poln. röm.-kath. Ordensgeistlicher im Salesianer-Kloster Auschwitz; wurde im Febr. 1942 von der Stapostelle Kattowitz festgenommen und nach Auschwitz gebracht, starb dort am 14.5.1942.
4 Häftlinge des Konzentrationslagers waren im Salesianer-Kloster zur Gartenarbeit eingesetzt und standen im Kontakt mit den Ordensgeistlichen. Diese versorgten sie mit Lebensmitteln, Medikamenten sowie Kleidung und vermittelten illegale Korrespondenz. Von Herbst 1941 an wurden Menschen in Auschwitz durch Giftgas getötet. Mit den „geheimzuhaltenden Angelegenheiten des Lagers Auschwitz" könnten diese Verbrechen gemeint sein.

1 YVA, O.75/11.
2 Olga Farkas (*1906) stammte aus Bratislava und wurde am 28.3.1942 nach Auschwitz deportiert; ihr weiteres Schicksal ist ungeklärt.
3 Nicht ermittelt.
4 Das Datum April 1942 ist in einer anderen Handschrift am oberen Rand der Abschrift notiert. Das Datum 11.4.1942 notierte das Archiv der Gedenkstätte Yad Vashem. Rechtschreibung und Grammatik wie im Original.
5 Der Text des Schreibens lässt darauf schließen, dass es die SS-Zensur passierte. Aus diesem Grund ist das Schreiben deutschsprachig, obwohl die Autorin keine deutsche Muttersprachlerin ist.
6 Häftlingsnummer.

DOK. 9
Rudolf Höß ermahnt am 29. April 1942 eindringlich alle SS-Angehörigen zur Verschwiegenheit[1]

Kommandanturbefehl Nr. 8/42, Konzentrationslager Auschwitz, Kommandantur, gez. Höß,[2] F. d. R. Mulka,[3] Auschwitz, vom 29.4.1942

[...][4]

5. *Verschwiegenheit hinsichtlich jeglicher Einrichtungen und Vorkommnisse im KL*
Bekanntlich sind sämtliche SS-Angehörigen des KL. Auschwitz belehrt, verpflichtet und vereidigt zur Verschwiegenheit mit Bezug auf jegliche innerhalb ihres Dienstes zur Kenntnis kommenden Einrichtungen und Vorkommnisse im KL. Es liegt Veranlassung vor, erneut darauf hinzuweisen, dass jede Übertretung dieser eidlich übernommenen Verpflichtung als Landesverrat gewertet wird. Die Kommandantur macht darauf aufmerksam, dass jede Feststellung bezüglich Umgehung oder Übertretung dieser übernommenen Verpflichtung unnachsichtig durch das SS- und Polizeigericht als Landesverrat geahndet und mit schwersten Strafen belegt wird. Die zur Kommandantur gehörenden Abteilungen als auch die Kompanien des SS-T-Sturmbannes[5] ebenso wie alle sonstigen Angehörigen des KL. Auschwitz d. h. auch Dienstverpflichtete usw. sind erneut eingehend bezüglich dieser übernommenen Verpflichtung zu belehren. Die Kommandantur wird bei Feststellung entgegengesetzter Meldungen und erfolgten Mitteilungen an Angehörige, Freunde, Bekannte usw. dafür sorgen, dass die in Frage kommenden Schuldigen mit der härtesten überhaupt nur denkbaren Strafe belegt werden. Diese Belehrungen sind durch die Abteilungsleiter, Einheits- und Kompanieführer monatlich zur Kenntnis zu bringen. Vollzugsmeldung bis zum *3. j. Mts.* an die Kommandantur.

[...][6]

1 APMAB, Kommandanturbefehle, Bd. 1, D-Au-I-1/82. Abdruck in: Norbert Frei u. a. (Hrsg.), Standort- und Kommandanturbefehle des Konzentrationslagers Auschwitz 1940–1945, München 2000, S. 129–134.

2 Rudolf Höß (1901–1947), Landwirt; 1922 NSDAP-Eintritt; 1924 zu zehn Jahren Zuchthaus wegen Beteiligung an einem Fememord verurteilt, 1928 entlassen, 1933 SS-Eintritt, 1934 Blockführer in Dachau, 1938 Adjutant in Sachsenhausen, 1939 Schutzhaftlagerführer in Sachsenhausen, Mai 1940 bis Nov. 1943 sowie Mai 1944 bis Juli 1944 Kommandant in Auschwitz, von Nov. 1943 an mit Unterbrechungen Amtschef D I im SS-WVHA; in Krakau zum Tode verurteilt und hingerichtet.

3 Robert Mulka (1895–1969), Kaufmann; 1940 NSDAP-, 1941 SS-Eintritt; Febr. 1942 Führer einer Wachkompanie in Auschwitz, Juli 1942 bis März 1943 Adjutant des Lagerkommandanten, wegen einer abfälligen Bemerkung suspendiert, Tätigkeit beim HSSPF Hamburg und in einer SS-Pionierschule; 1945–1948 in brit. Internierung, danach Kaufmann in Hamburg; 1965 im Frankfurter Auschwitz-Prozess zu 14 Jahren Haft verurteilt, wegen Haftunfähigkeit vorzeitig entlassen.

4 In den ersten vier Punkten des Befehls geht es um die Weitergabe eines Himmler-Befehls zum „Schutz der weiblichen Jugend", eine Ermahnung bezüglich des Verhaltens von SS-Angehörigen in Eisenbahnzügen sowie zur Höflichkeit und die Verpflichtung zur Teilnahme an Schulungsabenden für SS-Führer im Führerheim.

5 Der SS-Totenkopfsturmbann war für die äußere Sicherung eines KZ-Standorts verantwortlich.

6 In den folgenden Punkten geht es u. a. um Freizeitmöglichkeiten in der SS-Hütte Solatal, um die Vergabe von Werkstättenaufträgen an die DAW, Auftritte der Musikkapelle des SS-T-Sturmbannes und Benutzungspflicht der Fahrradständer.

DOK. 10

Rudolf Höß bespricht mit Führungskräften der I.G. Farben am 14. Mai 1942 die Bedingungen des Häftlingseinsatzes und sagt die Bereitstellung einer ausreichenden Zahl an Häftlingen zu[1]

Aktennotiz, gez. Walter Dürrfeld,[2] Leuna-Werke, an Direktor Ambros[3] (LU), Baudirektor Santo,[4] Direktor von Staden,[5] Oberingenieur Max Faust,[6] Auschwitz, vom 26.5.1942

Tag der Besprechung:	Am Abend des 14. Mai 1942	
Ort der Besprechung:	Auschwitz	
Anwesend die Herren:	Regierungspräsident Springorum[7]	
	Sturmbannführer Höß	
	Amtskommissar Butz[8] (zeitweise)	
	Direktor Dr. Ambros	- Lu,[9]
	Direktor Dr. v. Staden	- Me,[10]
	Baudirektor Santo	- Lu,
	Dr. Dürrfeld	- Me.

Betrifft: Abgrenzung des Einflussgebietes der SS gegen Stadt.

Der Lagerkommandant teilte mit, daß *westlich* der Sola keine Meinungsverschiedenheiten zwischen Regierung und K.Z. zu bestehen brauchen. Ein neuer Plan sei ausgefertigt und von der vorgesetzten Dienststelle der SS in Berlin genehmigt, danach seien die

1 Original nicht aufgefunden. Kopie: BArch, R 187/596, Bl. 187 f. Teilweise abgedruckt in: I.G. Farben-Auschwitz-Massenmord. Über die Blutschuld der I.G. Farben, hrsg. von der Arbeitsgruppe der ehemaligen Häftlinge des Konzentrationslagers Auschwitz beim Komitee der Antifaschistischen Widerstandskämpfer in der DDR, Berlin (DDR) 1964, S. 42.

2 Dr. Walter Dürrfeld (1899–1967), Diplom-Ingenieur; von 1927 an Tätigkeit für die Leunawerke der I.G. Farben; 1937 NSDAP-Eintritt; 1941 technischer Leiter und 1944 Betriebsführer des Buna-Werks in Monowitz; im I.G.-Farben-Prozess im Juli 1948 zu acht Jahren Haft verurteilt, danach Vorstandsmitglied der Scholven-Chemie AG, Gelsenkirchen-Buer, und Mitglied verschiedener Aufsichtsräte.

3 Dr. Otto Ambros (1901–1990), Chemiker; 1937 NSDAP-Eintritt; von 1938 an Vorstandsmitglied der I.G. Farben, stellv. Werkleiter Ludwigshafen, an Errichtung und Betrieb des Werks in Auschwitz beteiligt, 1944 Geschäftsführer des Buna-Werks; im I.G.-Farben-Prozess im Juli 1948 zu acht Jahren Haft verurteilt, 1951 entlassen, danach Wirtschaftsberater, Mitglied verschiedener Aufsichtsräte.

4 Camill Santo (1891–1980), Bauingenieur; von 1922 an Mitarbeiter und von 1932 an Leiter der Bautechnischen Abt. der I.G. Farbenindustrie in Ludwigshafen, auch verantwortlich für die Bauplanung in Monowitz; nach dem Krieg Bauleiter für die BASF in Ludwigshafen.

5 Dr. Hans-Adolf von Staden (1892–1944), Chemiker; 1920 BASF Ludwigshafen, 1921 I.G. Farben Leuna; 1937 NSDAP-Eintritt; 1939 Produktionsdirektor I.G. Farben Leuna.

6 Max Faust (1891–1980), Bauingenieur; 1931 NSDAP-Eintritt; von 1940 an Bauleiter der I.G. Farben in Breslau und Dyhernfurth, Juni 1941 bis Jan. 1945 Bauleiter im Werk Auschwitz der I.G. Farben; nach dem Krieg bei der I.G. Farbenindustrie AG in Ludwigshafen.

7 Walter Springorum (1892–1973), Jurist; Mai 1933 NSDAP-Eintritt; 1931–1939 Reg.Rat im Landkreis Bütow in Pommern, Aug. 1939 Ministerialdirigent im RMdI, Okt. 1939 bis Jan. 1945 Regierungspräsident in Kattowitz; nach dem Krieg Aufsichtsrat der Firma Hoesch in Dortmund.

8 Wilhelm Butz (1895–1976), Beamter; 1933 NSDAP-Eintritt; Dez. 1939 bis Dez. 1941 Amtskommissar in Kosy, Jan. 1942 in Andrichau, von März 1942 an kommissarischer Amtskommissar in Auschwitz, seit Frühjahr 1943 Bürgermeister von Auschwitz; im Spruchkammerverfahren 1948 in die Kategorie IV (Mitläufer) eingestuft.

9 Ludwigshafen.

10 Merseburg.

Wünsche der Stadt voll befriedigt. Im Zuge der Brücke soll, wie von Dr. Stossberg[11] geplant, die Hauptverkehrsstraße zunächst gerade und dann in weitem Bogen auf den Bahnhof zuführen. Südlich der Straße soll ein Streifen von 50 m Breite der Stadt zur Bebauung der Straße zur Verfügung stehen. Ein weiterer Streifen von 50 m nach Süden soll als Grünstreifen unbebaut bleiben. Weiter nach Süden soll sich dann, nicht wie früher angenommen, das K.-Z.-Gebiet anschließen, sondern es soll ein SS-Wohngebiet entstehen nach dem Vorbild von Gewoge-Siedlungen. Erst dann komme das engere SS-Siedlungsgebiet, das zu vergleichen sei mit unserer IG.-Bereitschaftssiedlung.
Der Kommandant wurde darauf aufmerksam gemacht, daß die Sperrung des von der SS *rechts* der Sola in Anspruch genommenen sogenannten Weidengeländes für die Stadt und damit auch für die I.G. auf die Dauer untragbar sei, man könne der Stadt nicht die Lunge nehmen. Dies sei umso schwerwiegender, als die Stadt von allen Seiten eingeengt sei und keine Entwicklungsmöglichkeiten habe. Der Kommandant wies darauf hin, daß in diesem Gelände kein freier Verkehr sein könne, weil sich die Polen rechts der Sola mit K.Z.-Häftlingen über die Sola hinweg verständigen könnten. Das Ganze sei daher auch nur Sperrgebiet, in dem freies Schußfeld bestehen müßte, eine Bebauung des Geländes sei nicht beabsichtigt. Der Kommandant gab zu, daß in der zukünftigen Entwicklung diese Abgrenzung einmal fallen könne, um das bisherige Sperrgebiet in Park- und Spazieranlagen umzugestalten.
Betrifft: Gestellung von Häftlingen.
Der Kommandant betont seinen Auftrag, den er vom Reichsführer SS bekommen hat, uns unter allen Umständen Häftlinge bis zur Zahl von 4500 Mann zur Verfügung zu stellen. Er wird diesen Auftrag bis zu dem geforderten Termin, Mitte Juni, auf jeden Fall durchführen, auch wenn die eigenen Arbeiten zurückstehen müssten, seine ganzen Dispositionen über die weiblichen jüdischen Häftlinge seien drauf zugeschnitten. Wir möchten die Kräfte daher nach Bedarf anfordern.
In einer eingehenden Unterhaltung über die Qualität der Häftlinge entwickelte ich folgende Bedingungen:
1.) Kräftige und arbeitsfähige Häftlinge.
2.) Täglich die gleichen Häftlinge zum gleichen Arbeitsplatz.
3.) Größere Freizügigkeit im Einsatz der Häftlinge.
4.) Ansporn der Häftlinge zu größerer Leistung.
Zu 1.) versprach der Kommandant, für eine gute Auswahl der Leute Sorge zu tragen. Er habe diese Klagen auch wirklich zugetragen bekommen. Aber er müsse zugeben, daß sein Unterführerpersonal unzureichend und zum Teil schlecht sei.
Zu 2.) versprach er ebenfalls, sein Personal anzuweisen, bei der Einteilung darauf zu achten, daß durch Krankmeldungen, die oft bei schlechtem Wetter außerordentlich zahlreich seien, nicht allzu große Verschiebungen in der Einteilung der Häftlinge entstehen.
Zu 3.) Unsere Vorschläge, den gesamten Zaun durch eine Postenkette zu besetzen und die Häftlinge innerhalb des Werkzaunes freizügig arbeiten zu lassen, hält er nur für

11 Richtig: Dr. Hans Stosberg (1903–1989), Architekt; 1933 Geschäftsführer der Stadt- und Land-Siedlung GmbH in Breslau, 1937 NSDAP-Eintritt; Ende 1940 Auftrag zur Erarbeitung eines Raumordnungs- und Bebauungsplans für 13 Gemeinden der Siedlungszone Ia des Generalplans Ost, darunter Auschwitz, 1941–1943 für Auschwitz zuständiger Landesplaner und Architekt, Sept. 1943 Fronteinsatz; nach dem Krieg Leiter des Stadtplanungsamts Hannover.

durchführbar, wenn an den Toren eine scharfe Kontrolle durchgeführt wird. Insbesondere müßte von jeder ein Tor passierenden Person Abnehmen der Kopfbedeckung verlangt werden (Haarschur).
Zu 4.) wurde dem Kommandanten ein Primitiv-Akkordsystem (das scherzhaft genannte FFF-System)[12] vorgeschlagen und um Unterstützung in der Durchführung gebeten. Der Kommandant hielt das System durchaus für durchführbar.
Es wurde verabredet, in der Woche nach Pfingsten über alle diese offenen Fragen eingehend mit dem Adjutanten[13] und dem Arbeitseinsatzführer[14] zu sprechen. Die Durchführung solle sofort in die Wege geleitet werden.
Betrifft: Oberschule.
Eine Diskussion über die z. Zt. noch unerfreulichen Schulverhältnisse für die mehr als Zehnjährigen ergab, daß der Herr Regierungspräsident mitteilte, im Herbst 1943 werde unter allen Umständen die Oberschule Auschwitz in dem bisherigen Gymnasialgebäude von Auschwitz mit der Einrichtung der beiden ersten Klassen Sexta und Quinta eröffnet. Die Genehmigung sei erteilt.
Betrifft: Umschulung von Jugendlichen.
Wir teilten dem Herrn Regierungspräsidenten mit, welche Anstrengungen wir gemacht haben, um zu Metallfachwerkern zu kommen. Es wurde darauf verwiesen, daß, nachdem uns bisher immer in Aussicht gestellt worden war, daß die Jugendlichen für die Zeit des Anlernvorganges von 2 Jahren vom Militärdienst zurückgestellt würden, nunmehr begonnen worden ist, den Jahrgang 1923 einzuziehen. Dem Herrn Regierungspräsidenten wurde mitgeteilt, daß wir nunmehr beginnen müßten, jugendliche Polen *umzuschulen*, obwohl es ja bisher verboten ist, mit jugendlichen Polen ein *Lehr*verhältnis abzuschließen. Der Herr Regierungspräsident machte darauf aufmerksam, daß die Umschulung nicht dazu führen dürfe, daß aus den Jugendlichen hochqualifizierte Schlosser mit technischer Allgemeinbildung gemacht würden, da dieser Vorgang ja dann in Widerspruch stünde zu dem Verbot eines Lehrverhältnisses. Vielmehr müsse die Umschulung sich beziehen auf eng begrenzte Spezialgebiete, auf denen sie dann allerdings gründlich sein könne. Es wurde verabredet, daß baldigst eine Aussprache mit Herrn Sabbas[15] in Sosnowitz (Zielniewski) und Herrn Gewerberat Käselau bei der Regierung in Kattowitz stattfinden soll. Unter Einhaltung der o. a. Voraussetzung wurde von dem Regierungspräsidenten versprochen, uns so viel Jugendliche, 17–20-jährige, zur Verfügung zu stellen, wie wir haben wollten. Gegenüber unserer Skepsis, daß sämtliche Jugendlichen doch wohl nicht da seien, da doch die Arbeitsämter Gelegenheit hätten, sie uns auf unsere direkten Anforderungen zur Verfügung zu stellen, erwiderte er kategorisch, daß er sie besorgen werde. Er stehe auf dem Standpunkt, daß für jeden eingezogenen jungen Volksdeutschen ein junger Pole aus den polnisch sprechenden Orten verschwinden müsse, damit in den Dörfern das Gleichgewicht der Kräfte erhalten bleibe.

12 „Freiheit-Fressen-Frauen". Die Häftlinge sollten durch Aussicht auf größere Bewegungsmöglichkeiten auf den Baustellen bzw. auf Haftentlassung (nicht im Fall von Juden), durch Verpflegungszulagen und Bordellbesuche zu höheren Arbeitsleistungen angespornt werden.
13 Edmund Bräuning.
14 Heinrich Schwarz.
15 Maximilian Sabass (*1874), Bergbauingenieur; Bevollmächtigter der Haupttreuhandstelle Ost für die Schwerindustrie im Zagłębie-Gebiet, Verwalter des Walzwerks Graf Renard (vorher: Zielenewski) in Sosnowiec.

DOK. 11

Die Häftlingszahnstation meldet am 17. Mai 1942, dass sie dem verstorbenen Häftling Alexander Krakauer je drei Edellegierungen und Goldkronen entnommen hat[1]

Meldung des Leiters der Häftlingszahnstation des K. L. Auschwitz, gez. Schulte,[2] SS-Untersturmführer, an die Politische Abt. des K. L. Auschwitz, vom 17.5.1942

Bei der zur Einäscherung freigegebenen Leiche des Krakauer, Alexander Isr., Häftl. Nr. 29 219,[3] wurde folgender Zahnersatz entfernt:

1) Edellegierung	R 7,3,2, Gliederzahl 3	L;	2) Gold	R 6,5,4/ Gliederzahl 3	L

Gesamtgliederzahl 6[4]

DOK. 12

Janina Szylska wendet sich am 27. Mai 1942 an Bekannte, da sie nicht weiß, was sie mit dem Kind der nach Auschwitz deportierten Eheleute Cukier anfangen soll[1]

Postkarte von Janina Szylska, Sosnowitz, Oderstraße 11, an Ludwig Hirszberg,[2] Warszawa 41,[3] vom 27.5.1942

Sehr geehrte Herr und Frau Hirschberg,
ich erlaube mir, Ihnen einige Zeilen zu schicken, da bei uns eine große Änderung eingetreten ist. Meine Herrschaft, das Ehepaar Cukier, wurde ausgesiedelt, wohin weiß ich nicht, seit Sonnabend waren sie in unserem Lager, heute wurden sie abtransportiert ohne Nachricht. Das Kind[4] blieb vorläufig bei mir, weil die Frau nicht zuließ, dass man ihr das Kind brachte, weil sie nicht wissen, in welche Richtung und vor allem wohin [sie gebracht werden]. Daher wende ich mich an Sie um Rat bezüglich des Kindes. Was soll

1 APMAB, D-Au-I-5/77, Meldunki o usunięciu sztucznych zębów, Bd. 2, Bl. 79.

2 Dr. Wilhelm Schulte (1907–1961), Zahnarzt; 1934 SS-, 1937 NSDAP-Eintritt; Nov. 1941 bis Juli 1942 Leiter der Häftlingszahnstation in Auschwitz; lebte nach dem Krieg in Würzburg.

3 Alexander Krakauer (1887–1942), Glaser; wohnte in Horné Saliby, Slowakei, am 29.4.1942 nach Auschwitz deportiert; dort am 16.5.1942 gestorben.

4 Zur Dimension der Zahngoldentnahmen siehe Einleitung, S. 27 f.

1 AŻIH, ARG I/1017. Abdruck in: Archiwum Ringelbluma. Konspiracyne Archiwum Getta Warszawy, Bd. 1, Listy o zagładzie, hrsg. von Ruta Sakowska, Warszawa 1997, S. 149–151. Das Dokument wurde aus dem Polnischen übersetzt.

2 Vermutlich Ludwik (Eliezer) Hirszberg, Textilhändler aus Włocławek, zog im Dez. 1939 nach antijüdischen Razzien und Terror nach Warschau, dort als Mitglied der Zentralen Flüchtlingskommission in der Fürsorge für die aus Włocławek und anderen Städten Geflohenen aktiv; lebte später versteckt auf der „arischen" Seite Warschaus, starb während des Warschauer Aufstands im Aug. 1944.

3 Durchgestrichen: Leszno-Straße 91, Leszno-Straße 37 (?). Handschriftl. ergänzt: „Am 8.6.1942 wurde der Brief an die eigentliche Adresse 8/VI Ogrodowa-Straße 11 weitergeleitet." Eine Poststelle des Judenrats im Warschauer Getto entstand am Ort des Vorkriegspostamts Warszawa 41 in der Zamenhof-Straße 19.

4 Artur (Atuś) Cukier, geboren vermutlich in der zweiten Hälfte der 1930er-Jahre; sein weiteres Schicksal ist ungeklärt.

ich veranlassen, denn ich wurde bereits nach Deutschland eingezogen, als die Herrschaften noch zu Hause waren.[5] Ich weiß daher nicht, wie es weitergeht, und hier gibt es keine Aussicht, dass das Kind Zuwendung bekommt. Sie können sich sicher vorstellen, wie die verbliebene Familie ist. Im nächsten Brief schreibe ich mehr, heute kann ich nicht.
Herzliche Grüße an alle,
Jania
Herzliche Grüße sendet Atuś C. Alle sind weggefahren. Atuś geht zur Schule. Atuś Cukier[6]

DOK. 13

Der Leiter der Zentralbauleitung, Karl Bischoff, weist am 1. Juni 1942 darauf hin, dass die übermäßige Nutzung des Krematoriums Schäden in der Bausubstanz hervorgerufen hat[1]

Schreiben des Leiters der Zentralbauleitung der Waffen-SS und Polizei Auschwitz, gez. Bischoff, SS-Hauptsturmführer, Bftg. Nr. 8795/42/Po/Qu., an die Kommandantur des KL Auschwitz vom 1.6.1942

Betr.: Schornstein am Krematorium KL. Auschwitz
Bezg.: -.-
Anlg.: -.-
Durch die öftere Überhitzung des Schornsteines im Krematorium im KL. Auschwitz hat sich der Einband desselben gelöst.[2] Auch weist der Kamin Risse auf, die zwar äußerlich zum Teil wieder verfugt, im Mauerwerk meines Erachtens nach noch vorhanden sind. Es besteht die Gefahr, daß der Schornstein bei stärkerem Wind einstürzen kann und dadurch unabsehbare Folgen entstehen können.
Als Leiter der bautechnisch betreuenden Dienststelle des KL. sowie in der Eigenschaft als örtliche baupolizeiliche Behörde sehe ich mich veranlaßt, auf Grund der baupolizeilichen Bestimmungen und des § 365 des B.G.B. die Benutzung des Schornsteins bis nach Beseitigung der Mängel zu verbieten.
Es wird gebeten, sogleich beim SS-Wirtschafts- und Verwaltungshauptamt, Amtsgruppe C, einen Antrag zur Instandsetzung des Kamins über die Amtsgruppe D einreichen zu wollen.[3]

5 Vermutlich wurde Janina Szylska als nichtjüdische Polin zur Zwangsarbeit im Deutschen Reich verpflichtet.
6 Diese Passage wurde in einer Kinderhandschrift geschrieben, die darauf schließen lässt, dass Artur Cukier erst wenige Monate die Schule besuchte.

1 RGVA, 502k/1/312, Bl. 62. Kopie: USHMM, RG 11 001M.03, Reel 41.
2 Es handelt sich um den Schornstein des Krematoriums I im Stammlager Auschwitz.
3 Die Amtsgruppe C des WVHA war für das Bauwesen, die Amtsgruppe D für die Konzentrationslager zuständig. Am Folgetag bestätigte Kammler den Abbruch des Schornsteins, im Aug. 1942 ging das Krematorium I mit einem neuen Schornstein wieder in Betrieb.

DOK. 14

Rudolf Höß beantragt am 9. Juni 1942 die Aufstellung weiterer Baracken zur Unterbringung des geraubten Eigentums der Deportierten[1]

Schreiben des Leiters der Zentralbauleitung der Waffen-SS und Polizei Auschwitz, SS-Hauptsturmführer Karl Bischoff, an das SS-WVHA, Chef des Amtes C V,[2] Berlin Lichterfelde-West, Unter den Eichen 126–135, vom 9.6.1942

Betr.: Aufstellung von 4 Pferdestallbaracken
Bezug: Mündlicher Antrag des Lagerkommandanten SS-Stubaf. *Höß* K.L. Auschwitz
Der Lagerkommandant des K.L. Auschwitz SS-Stubaf. Höß hat für die Sonderbehandlung der Juden die Aufstellung von 4 Pferdestallbaracken zur Unterbringung der Effekten mündlichen Antrag gestellt.
Es wird gebeten, dem Antrag stattzugeben, da die Angelegenheit äußerst vordringlich ist und die Effekten unbedingt unter Dach gebracht werden müssen.[3]

DOK. 15

Himmler genehmigt am 8. Juli 1942 dem Gynäkologen Dr. Carl Clauberg die Verwendung von Menschen und Tieren im Konzentrationslager Auschwitz als Versuchsobjekte[1]

Vermerk (geheime Reichssache, 1 Ausfertigung), gez. SS-Obersturmbannführer Brandt,[2] Führerhauptquartier, vom Juli 1942 (Typoskript)

Am 7.7.1942[3] hat eine Besprechung stattgefunden zwischen dem Reichsführer-SS, SS-Brigadeführer Professor Dr. Gebhardt,[4] SS-Brigadeführer Glücks[5] und SS-Brigadeführer Professor Klauberg,[6] Königshütte. Inhalt der Besprechung war die Sterilisierung

1 RGVA, 502k/1/273. Kopie: USHMM, RG 11.001M.03, Reel 37. Abdruck in: Igor Bartosik/Łukasz Martyniak/Piotr Setkiewicz (Hrsg.), The beginnings of the extermination of Jews in KL Auschwitz in the light of source materials, Oświęcim 2014, S. 109.

2 Wilhelm Lenzer.

3 Die Baracken wurden auf dem Gelände des Effektenlagers „Kanada I" gebaut, das sich zwischen dem Stammlager und Birkenau befand.

1 BArch, NS 19/1583, Bl. 45. Abdruck in: Reimund Schnabel, Macht ohne Moral. Eine Dokumentation über die SS, Frankfurt a. M. 1957, Dok. 102, S. 272.

2 Dr. Rudolf Brandt (1909–1948), Jurist; 1932 NSDAP-, 1933 SS-Eintritt; seit 1933 im Persönlichen Stab des RFSS; 1936–1945 persönlicher Referent Himmlers, 1938 MinRat und Verbindungsoffizier Himmlers im RMdI; 1942 SS-Ostubaf., 1947 im Nürnberger Ärzteprozess zum Tode verurteilt und 1948 hingerichtet.

3 Die Besprechung fand am 8.7.1942 statt; Nbg. Dok. NO-215; siehe auch Peter Witte u. a. (Hrsg.), Der Dienstkalender Heinrich Himmlers 1941/42, Hamburg 1999, S. 480.

4 Dr. Karl Gebhardt (1897–1948), Chirurg; 1933 NSDAP-, 1935 SS-Eintritt; von Nov. 1933 an Leiter des Tuberkulose-Sanatoriums in Hohenlychen in Lychen/Brandenburg, das während des Kriegs zu einem Lazarett der Waffen-SS wurde, führte von Juli 1942 an Sulfonamid-Experimente an Häftlingen des KZ Ravensbrück durch; 1947 im Nürnberger Ärzteprozess zum Tode verurteilt und 1948 hingerichtet.

von Jüdinnen. Der Reichsführer-SS hat dem SS-Brigadeführer Prof. Klauberg zugesagt, daß ihm für seine Versuche an Menschen und an Tieren das Konzentrationslager Auschwitz zur Verfügung steht. Es sollte anhand einiger Grundversuche ein Verfahren gefunden werden, daß die Sterilisierung bewirkt, ohne daß die Betroffenen davon etwas merken. Sobald das Ergebnis dieser Versuche vorliegt, wollte der Reichsführer-SS noch einmal einen Bericht vorgelegt bekommen, damit dann an die praktische Durchführung zur Sterilisierung der Jüdinnen herangegangen werden kann.[7]
Ebenso sollte am besten unter Hinzuziehung von Professor Dr. Hohlfelder,[8] der ein Röntgenspezialist in Deutschland ist, geprüft werden, in welcher Weise durch Röntgenbestrahlung bei Männern eine Sterilisierung erreicht werden kann.[9]
Der Reichsführer-SS hat allen beteiligten Herren gegenüber betont, daß es sich hier um geheimste Dinge handle, die nur intern besprochen werden könnten, wobei jeweils die zu den Versuchen oder Besprechungen Hinzugezogenen auf Geheimhaltung verpflichtet werden müssten.

5 Richard Glücks (1889–1945), Kaufmann; 1930 NSDAP-, 1932 SS-Eintritt; von 1939 an Inspekteur der Konzentrationslager, März 1942 bis Mai 1945 Chef der Amtsgruppe D im SS-WVHA, Nov. 1943 SS-Gruf.; nahm sich am 10.5.1945 in Flensburg das Leben.

6 Richtig: Dr. Carl Clauberg (1898–1957), Gynäkologe; von 1925 an in Kiel, später in Königsberg, 1933 NSDAP-, 1940 SS-Eintritt; 1940 Leiter der Frauenklinik Königshütte/Oberschlesien, von 1942 an Sterilisationsversuche in Auschwitz und von Jan. 1945 an in Ravensbrück; 1945 verhaftet, 1948 von einem sowjet. Gericht zu lebenslanger Haft verurteilt, 1955 Rückkehr nach Deutschland, 1956 Anklage der Staatsanwaltschaft Kiel; starb in Untersuchungshaft.

7 Clauberg hatte sich seit 1941 bei Himmler um die Bereitstellung von KZ-Insassinnen für das Forschungsinstitut für Fortpflanzungsbiologie bemüht; Schreiben vom 30.5.1942, Nbg. Dok. NO-211. Vom Frühjahr 1943 an führte Clauberg im Block 10 Sterilisationsexperimente an etwa 500 jüdischen Frauen durch; siehe dazu Einleitung, S. 34 f.

8 Dr. Hans Holfelder (1891–1944), Chirurg, Radiologe; 1933 SS-Eintritt; Professor in Frankfurt a. M., Gründer und Leiter des SS-Röntgensturmbanns beim SS-Führungshauptamt.

9 Dr. Horst Schumann führte von Ende 1942 an Versuche mit Röntgenbestrahlungen in Auschwitz durch; siehe Dok. 109 vom 29.4.1944.

DOK. 16

Heinrich Schwarz gibt am 9. Juli 1942 gegenüber der I.G. Farben seinem Unmut Ausdruck, dass die polnischen Häftlingsarbeiter in Zukunft durch jüdische ersetzt werden[1]

Wochenbericht der I.G. Farben Auschwitz Nr. 58/59 für die Zeit vom 29.6. bis 12.7.1942,[2] Eintrag vom 9.7.1942

Besprechung mit O'stuf Schwarz[3] wegen Häftlingseinsatz. Dieser leidet z. Zt. sehr darunter, daß auf Grund der neuesten Anordnung sämtliche Polen aus dem KL Az[4] herauskommen und in Lagern im Altreich untergebracht werden. An ihre Stelle treten Juden aus allen europäischen Ländern. Ihre Zahl soll auf etwa 100 000 gesteigert werden. Die Folge davon ist, daß an den einzelnen Baustellen fast täglich andere Arbeitskräfte eingesetzt werden.
Auch die verschiedenen Misshandlungen kamen zur Sprache. Sie werden seitens der Lagerleitung absolut verurteilt, und es bestehen strenge Befehle, alle Misshandlungen oder sonstigen Maßnahmen, die die Arbeitskraft der Häftlinge untergraben können, zu unterlassen. Es wurde um umgehende Meldung aller derartigen Vorkommnisse gebeten, damit die Möglichkeit des sofortigen Eingreifens gegeben ist.

DOK. 17

Janusz Pogonowski schreibt am 14. Juli 1942 in einem Brief aus Auschwitz, dass im benachbarten Birkenau Polen und Juden vergast worden sind[1]

Maschinenschriftl. Kassiber von Janusz Pogonowski,[2] Auschwitz, an Eugenia Pogonowska,[3] Irena Kierwińska[4] und Andrzej Pogonowski[5] in Krakau, vom 14.7.1942[6]

Liebe Tante, Lalusia, Jędrus![7] Erst heute, nach vier Monaten, habe ich die Krankenstube verlassen. Ich habe zweimal Flecktyphus sowie schwere Phlegmone am Bein durchgemacht. Die Krankheiten haben mich sehr ausgezehrt, aber langsam komme ich wieder zu Kräften.

1 Original nicht aufgefunden. Kopie: StAN, KV-Dokumente Anklage, NI-14512.
2 Verteiler: *Lu[dwigshafen]:* Dir. Dr. Ambros/Dr. Eisfeld, Baudirektor Santo, Obering. Dr. Mach/Obering. Heidebroek, Dipl. Ing. Rasch, *Me[rseburg]:* Dir. Dr. Bütefisch/Dir. Dr. v. Staden/Dr. Braus, Obering. Dr. Dürrfeld/von Lom, Obering. Dr. Hoepke, Dipl. Ing Müller, Elektro-Betrieb, *A[uschwit]z:* Kfm. Abt. (Dr. Savelsberg), Einkauf (Schmitt), Dr. Dürrfeld, 2 x Sozialabteilung (Dr. Rossbach und Ass. Schneider), (III). Gebechem: Breslau, Herr Franke, Kattowitz, Herr Eckelmann, Prüfing.: Dipl. Ing. Walter, Gleiwitz.
3 Heinrich Schwarz (1906–1947), Buchdrucker; 1931 NSDAP- und SS-Eintritt; Nov. 1941 bis Aug. 1943 Leiter der Abt. Arbeitseinsatz im KZ Auschwitz, danach erster Schutzhaftlagerführer des KZ Auschwitz, von Nov. 1943 an Kommandant von Auschwitz III, nach Jan. 1945 Kommandant des KZ Natzweiler; von einem franz. Militärgericht zum Tode verurteilt und hingerichtet.
4 Auschwitz.

1 APMAB, Ruch Oporu, Bd. 43, Bl. 231 f. Abdruck in: Listy z Auschwitz (1942–1943). Janusz Pogonowski, hrsg. von Franciszek Piper, Oświęcim 1998 (dt. Ausgabe: Illegale Briefe aus Auschwitz von Janusz Pogonowski, Oświęcim 1999). Das Dokument wurde aus dem Polnischen neu übersetzt.

Heute erfuhr ich, dass ihr über meinen Tod benachrichtigt wurdet.[8] Es tut mir sehr leid, dass ihr meinetwegen wahrscheinlich viele Sorgen hattet. Es kann sogar sein, dass sie euch meine Asche schicken. Das kommt hier ziemlich oft vor. Das Krankenrevier gibt versehentlich die falsche Nummer eines Verstorbenen an die Hauptschreibstube weiter, und die sind sich sicher, dass die betreffende Person tot ist. Also veranstaltet nicht zufällig mein Begräbnis, das würde mir die Tränen in die Augen treiben.

Wenn Gott es zulässt, sehe ich vielleicht schon bald meine Lieben gesund und munter zu Hause wieder. Es ist wirklich schwer, in Verhältnissen wie diesen, in denen ich mich befinde, durchzuhalten. Wenn ich aber nun schon über zwei Jahre durchgehalten habe, dann wird Gott es geben, dass ich wieder über die heimische Schwelle trete.

Was am schlimmsten ist – wir haben ziemlich oft sehr quälenden Hunger. Das ist jedoch nicht so unerträglich wie die Sehnsucht nach den Lieben und nach dem Zuhause. Man denkt nun schon nicht mehr an Vergnügungen und andere angenehme Dinge des Lebens, sondern einzig an Euch, meine Teuersten, Liebsten. Mit jedem Transport, der hier ankommt, was häufig der Fall ist, befürchte ich, Andrzej, Vater oder sogar die Tante oder Irenka[9] zu sehen. Hier hinter dem Stacheldraht leben schließlich auch Frauen, die nicht weniger geschunden werden als wir. Ich habe schon mehrere Bekannte getroffen. Es kommen auch Transporte aus Frankreich hier an. Auch da fürchte ich, den Vater wiederzusehen.[10] In diesen Verhältnissen ist alles möglich. Bitte schreibt mir, wo sich Vater tatsächlich befindet und ob er wirklich gesund ist. Jede Nacht träume ich schlafend und wachend ununterbrochen von Euch.

Ein Tag hier ist für mich nicht so wie ein Tag für einen freien Menschen. Das ganze Leben hier ist wie ein nächtlicher Albtraum. Es gibt nicht einen Moment Ruhe. Immer angetrieben und gejagt von den Peitschen der deutschen Banditen. Von Widerstandsversuchen oder Opposition kann keine Rede sein. Die kleinste Verletzung der Lagerordnung hat schreckliche Folgen. Auf Schritt und Tritt lauert ein Henker, bereit zur Vollstreckung des Urteils. Wenn nicht der Hunger, dann bezwingt uns die Krankheit, und wenn die glücklich vorüber ist, wartet ein unvermuteter Schlag mit der Schaufel

2 Janusz Pogonowski (1922–1943), geb. in Krakau, im Juni 1940 bei einer Straßenrazzia verhaftet und mit dem ersten Transport poln. Häftlinge nach Auschwitz gebracht, dort unter dem Decknamen Janusz Skrzetuski registriert, Einsatz im Vermesser-Kommando, nach Flucht dreier Häftlinge aus diesem Kommando am 19.7.1943 zusammen mit elf weiteren Häftlingen vor der Lagerküche des Stammlagers öffentlich hingerichtet.

3 Eugenia Pogonowska, geb. Strzelecka (1900–1976), zweite Frau von Janusz Pogonowskis Vater. Sie berichtete über die Gefangenschaft von Janusz; APMAB, Oświadczenia, Bd. 66, S. 76–89.

4 Irena Kierwińska, Verlobte und spätere Ehefrau von Pogonowskis Bruder Andrzej.

5 Andrzej Pogonowski (1919–2017), Jurist; Bruder von Janusz Pogonowski; 1994 wurde er für seinen Einsatz für versteckte Juden als Gerechter unter den Völkern geehrt.

6 Da Pogonowski durch seine Arbeit im Vermesser-Kommando häufig außerhalb des Lagers eingesetzt war, gelang es ihm 1942 und 1943, acht illegale Briefe durch Meldegängerinnen der Widerstandsbewegung an seine Verwandten in Krakau zu schicken. Im Jahr 2008 übergab Andrzej Pogonowski den Brief dem APMAB.

7 Gemeint sind Eugenia Pogonowska, Irena Kierwińska und Andrzej Pogonowski.

8 Die Familie hatte keine Todesnachricht bekommen.

9 Gemeint ist Irena Kierwińska.

10 Pogonowskis Vater, der bekannte Krakauer Gynäkologe Dr. Bolesław Pogonowski (1892–1965), war während des Zweiten Weltkriegs als Arzt in einem Lazarett des poln. Roten Kreuzes in Frankreich eingesetzt.

oder einem anderen scharfen oder schweren Gegenstand. Manchmal kommt sogar der Moment, wo ich im Abendgebet Gott um Gnade, um den Tod bitte. Der hat nicht nur einen, sondern schon Tausende von uns erlöst. Man kann hier sogar ziemlich gutgestellt und angenehm leben, aber dafür muss man anderen das Leben nehmen, zum Henker der eigenen Brüder, Väter, Schwestern oder Mütter werden. Das allerdings verträgt sich nicht mit der Ehre eines Polen. Das erlaubten die Tapferkeit und der Stolz auf unsere großartige nationale Vergangenheit nicht.
In letzter Zeit gehen von hier zahlreiche Transporte in andere Lager ab, in das Innere des Reichs. Davor fürchte ich mich etwas. Sie wollen uns endgültig fertigmachen, unsere Liebe und Treue zum geliebten Vaterland zerstören. Es gibt auch die, denen das Leben lieber ist als das Vaterland, sie erlauben sich allerlei Dinge, aber vor allem die, die kein Ziel im Leben haben, gehen schnell zugrunde.
Vor drei Wochen ist hier in einem sehr schlechten körperlichen Zustand unser guter Bekannter, Herr Jaroszyński,[11] gestorben. Kurz vor seinem Tode stand ich neben ihm und konnte sogar ein paar Worte mit ihm wechseln. Er beauftragte mich, seine Frau und seine Kinder besonders innig und herzlich zu umarmen. Er wusste, dass er stirbt, aber gleichzeitig behielt er die Hoffnung, die verlorene Freiheit wiederzugewinnen. Er starb mit den Worten: „Lasst mich endlich zu meinen Nächsten, ich will noch für sie leben.“ Er war an Durchfall und allgemeiner Auszehrung erkrankt.
Der Tod ist hier für uns eine so gewöhnliche Sache, dass ihn niemand mehr groß fürchtet. Exekutionen finden fast täglich vor unseren Augen statt, ohne Rücksicht auf die Tageszeit. Hier kommen nicht Einzelne oder auch Dutzende durch Kugeln um, sondern Tausende – wortwörtlich Tausende. Gestern zum Beispiel wurden im benachbarten Lager Rajsko[12] 318 Polen und 834 Juden vergast. Sie wurden nicht zufällig, sondern in einem speziell zu diesem Zweck gebauten Gebäude vergast.[13] Nach dem Abendappell, um sechs Uhr, wurden auf dem Appellplatz öffentlich zwei Polen erhängt.[14] Angeblich wegen Fluchtabsichten. Der eine bat um Gnade, doch diese Bitte wurde von unseren Würdenträgern belacht. Der andere verhielt sich sehr heldenhaft und rief, den Kopf erhoben, damit man ihm die Schlinge umlegen konnte: „Haltet durch, Polen! Solange ihr lebt, war und ist Polen nicht verloren!“[15] Von solchen bräuchten wir mehr im Volk, und tatsächlich halten wir durch, und Polen wird als freier Staat wiedererstehen.
Ich bitte Euch um alles in der Welt – passt auf Euch auf, denn die Gestapo lauert mit jedem Schritt polnischen Bürgern auf. Und nach Auschwitz in das Lager zu kommen bedeutet so viel wie den Tod.
Ich umarme Euch alle, meine Teuersten, so fest und herzlich wie möglich.
Euer

11 Antoni Jaroszyński (1899–1942), Beamter; wurde am 30.3.1942 nach Auschwitz gebracht, starb dort.
12 Gemeint ist der Lagerteil Auschwitz II-Birkenau, der in der Nähe des Dorfes Rajsko errichtet wurde. Aus diesem Grund bezeichneten viele Häftlinge das Lager Birkenau als Lager Rajsko.
13 Das erste als Gaskammer umgebaute Bauernhaus (Bunker I) ging im März 1942, das zweite (Bunker II) im Juli 1942 in Betrieb. Am 11.7.1942 war ein Transport aus der Slowakei eingetroffen. In der Anfangszeit wurden auch nichtjüdische poln. Häftlinge, die im Krankenbau als dauerhaft arbeitsunfähig selektiert worden waren, in der Gaskammer ermordet.
14 Es handelte sich um Aleksander Buczyński und Eugeniusz Stoczewski, die am 10.6.1942 aus der Strafkompanie geflohen waren.
15 Die poln. Nationalhymne trägt den Titel „Noch ist Polen nicht verloren“.

DOK. 18
Georg Burth, ein deutscher Angestellter der I.G. Farben, berichtet am 30. Juli 1942 seinem ehemaligen Vorgesetzten über seinen Arbeitsalltag in Auschwitz[1]

Schreiben von Georg Burth,[2] Auschwitz, an Dr. Gustav Küpper[3] in Frankfurt a. M. vom 30.7.1942

Sehr geehrter Herr Direktor Dr. Küpper!
Nachdem ich nun nahezu 2 Monate an meinem neuen Wirkungskreis bin, möchte ich nicht verfehlen, auch Ihnen ein, wenn auch nur kleines, Bild zu geben von dem, was in einem im Aufbau befindlichen Werke so vor sich geht.
Die Unterbringung der Gefolgschaftsmitglieder kann man wohl als recht gut bezeichnen; wer natürlich auf weiche Federbetten bezw. Schlafräume mit allen Schikanen Wert legt, für den dürfte Auschwitz nicht der geeignete Aufenthaltsplatz sein. Wir sind eben immer noch in einem jahrelang von Polen besetzten und von diesen stark beeinflußten Gebiet, was sich insbesondere im Privatleben außerordentlich stark bemerkbar macht. – So spricht in Auschwitz selbst ein außerordentlich starker Prozentsatz polnisch und der polnische Einschlag mit allen seinen oft unsauberen Methoden ist im Leben dieser Stadt und der Umgebung zweifellos vorherrschend. Schon die Tatsache, daß für die Deutschen die Einkaufszeiten gesondert festgesetzt sind, ist bezeichnend. Daß den Reichsdeutschen, insbesondere uns von der I. G., die Bevölkerung nicht freundlich oder auch nur korrekt entgegentreten würde, können Sie sich denken. Nur die Tatsache, daß die bewaffnete Macht (K.Z. Lager) im Hintergrund steht, hält das schmutzige Volk zurück, aufsässig zu werden. Böse Blicke, die uns zuweilen zugeworfen werden, sind nun einmal nicht zu bestrafen. Aber ungeachtet dieser Tatsachen fühlen wir uns hier ganz wohl, tagsüber sind wir ja, oft bis 9 Uhr abends, im Geschäft, und die wenigen Stunden Freizeit, die uns dann am Samstag und Sonntag zur Verfügung stehen, benützt man zu kleineren oder größeren Spaziergängen in die Umgebung, die zum Teil recht schön ist. In der Stadt Auschwitz selbst, die ca. 20 Minuten vom Werk entfernt ist, ist ein deutsches Kaffee und 1–2 sonstige Lokale, die nur für Reichsdeutsche zugelassen sind. Ein in letzter Zeit eröffnetes großes Heim der Waffen-SS am Bahnhof (Entfernung ca. 1 Stunde einfach) und wirklich alle Schönheiten eines großen Hotels aufweist, bietet uns hin und wieder eine angenehme Abwechslung. Über die kulturelle Betreuung der Gefolgschaftsmitglieder steht ein Kino in der Stadt zur Verfügung, welches 1 mal in der Woche für I. G.-Angehörige reserviert ist.[4] Die vor kurzem der Öffentlichkeit übergebene große KdF-Halle am Werksgelände soll die Lücke in dieser Beziehung schließen.
Das ca. 40 km von hier entfernt liegende Bielitz mit dem Beskidengebirge wird von vielen Kameraden oft schon am Wochenende aufgesucht, doch ist die Zugverbindung

1 Original nicht aufgefunden. Kopie: StAN, KV-Anklage, Dokumente, Fotokopien, NI-838.
2 Georg Burth (1901–1971), kaufmännischer Angestellter; von 1930 an Tätigkeit in der Hauptverwaltung der I.G. Farben in Frankfurt a. M., von Mai 1942 an Buchhalter der I.G. Farben in Auschwitz, 1943–1945 Leiter des Versicherungsbüros der I.G. Auschwitz; wohnte nach dem Krieg in Speyer.
3 Dr. Gustav Küpper (*1894), Jurist; 1937 NSDAP-Eintritt; war in den 1940er-Jahren in der Frankfurter Zentrale der I.G. Farben für ausländische Niederlassungen, Kartellrecht und Versicherungsfragen zuständig; nach dem Krieg Rechtsanwalt und Notar in Frankfurt a. M.
4 So im Original.

während des Krieges außerordentlich schlecht, so daß auch hier gewisse Hemmungen vorhanden sind.
Daß die Zahl der Unterkunftsbaracken immer mehr anwächst und so bald eine große Barackenstadt entsteht, können Sie sich bei der großen Gefolgschaftsstärke wohl vorstellen. Dazu kommt noch der Umstand, daß einige 1000 fremdländische Arbeiter dafür sorgen, daß unsere Lebensmittel nicht schlecht werden. So finden wir Italiener, Franzosen, Kroaten, Belgier, Polen und als „engste Mitarbeiter" die sogenannten Strafgefangenen aller Schattierungen.
Daß dabei die jüdische Rasse eine besondere Rolle spielt, können Sie sich denken. Die Verpflegung und Behandlung dieser Sorte von Menschen ist zweckentsprechend. Irgendwelche Gewichtszunahmen dürften wohl hier kaum zu verzeichnen sein. Daß bei einem geringsten Versuch, eine Luftveränderung vorzunehmen, die Kugel pfeift, ist eine ebenso feststehende Tatsache wie die, daß schon viele infolge „Hitzschlag" abhanden kamen.[5]
Das Leben in unserer Wohnbaracke läuft eigentlich recht bürgerlich ab. Jeder ist sein eigener Wecker. Ich persönlich habe einen solchen weder früher noch heute gebraucht. Man steht meistens gegen 6 Uhr morgens auf, um beim Waschen nicht ins Gedränge zu kommen. Nachdem man dann sein Frühstück in Form von Butterbroten oder Marmeladebrot, vielleicht auch etwas Wurst, was man eben gerade noch von der Abendkost erübrigt hat, mit dem zur Tradition gewordenen schwarzen Kaffee eingenommen hat, geht man in die knapp 10 Minuten entfernt liegende Bürobaracke, um dort um 7 Uhr seinen Dienst zu beginnen. Die normale Arbeitszeit ist von ½ 8 bis ½ 7 Uhr mit 1 Stunde Mittagspause und samstags bis 1 Uhr. –
Das Arbeitstempo ist wie überall, es gibt auch hier Leute, die arbeiten, und solche, die die anderen arbeiten lassen. Zu diesen letzteren gehören auch die Flamen, die eher das Rad anhalten als antreiben. Infolge des starken Arbeitsanfalls und des Mangels an geschulten Arbeitskräften und Schreibmaschinen sind die meisten Abteilungen gezwungen, Überstunden anzusetzen, die hin und wieder auch an Sonntagen ausgeführt werden.
Über die Verpflegung als solche muß gesagt werden, daß man sich alle Mühe gibt, die vielen Schmecker, sind doch Reichsdeutsche aus allen Gauen vertreten, unter einen Hut zu bringen. Das Essen ist reichlich, aber andererseits entwickeln alle Gefolgschaftsmitglieder fast ohne Ausnahme einen so ausgezeichneten Appetit, daß manche Lücke irgendwie gefüllt werden muß. Die Luft hier zehrt, und 12–14 Stunden Arbeitszeit am Tage machen sich auch in der Ernährung bemerkbar.
Nun zu mir persönlich. Ich bin mit den mir übertragenen Aufgaben außerordentlich zufrieden, die Arbeit macht mir große Freude, und ich kann wohl sagen, daß ich immer mehr in das Arbeitsgebiet hineinwachse. Wenn in der Behandlung mancher Versicherungsangelegenheiten Schwierigkeiten auftreten, so sind diese in der Hauptsache darauf zurückzuführen, daß einem zuweilen die glatte Abwicklung des Geschäftsablaufs unnötig erschwert wird. Auch dieser Mißstand wird sich eines Tages überwinden lassen.
Die Tatsache, daß die Versicherungsgruppe innerhalb der Anlagenrechnung verbleibt, wird sich wohl leider zunächst nicht ändern, da man anscheinend die Entwicklung des Werkes und dadurch auch die anfallenden Arbeiten der Versicherungsgruppe abwarten

5 Ob Burth zu diesem Zeitpunkt bereits Kenntnis vom systematischen Mord durch Giftgas hatte, ist unklar. Während einer Befragung im Jahr 1947 gab er an, erst Mitte 1944 durch betrunkene SS-Angehörige vom Massenmord durch Gas in Auschwitz erfahren zu haben; wie Anm. 1, NI-11050.

will. Daß ich mir alle Mühe gebe, die Gruppe selbst in absehbarer Zeit zu erhalten, können Sie sich wohl vorstellen, mein Einsatz kennt deshalb auch keine Grenzen.[6]
Ich nehme an, daß man auch hier meine Arbeit zu schätzen weiß und der Lohn nicht ausbleibt.
Zwischenzeitig dürften Sie wohl Gelegenheit gehabt haben, mit Herrn Dr. Savelsberg[7] dort zu sprechen.
Indem ich versuche, Ihnen einen kleinen Einblick über die hiesigen Verhältnisse zu geben, verbleibe ich mit den besten Wünschen für Ihr persönliches Wohlergehen und freundlichen Grüßen
Heil Hitler
immer Ihr

DOK. 19

Der 17-jährige Erwin Haber wirft am 4. August 1942 drei mehrsprachige Zettel mit Mitteilungen an seine Familie aus dem Deportationszug nach Auschwitz[1]

Handschriftl. Mitteilungen von Erwin Haber[2] an Kitty Haber[3] und Leontine Schwartz,[4] Brüssel, vom 4.8.1942

[Erster Zettel]
Mechelen, 4.8.1942[5]
In einen Umschlag stecken und bitte ohne Frankierung an diese Adresse senden: Schwarcz, 81, rue du Jardinier, Bruxelles-Molenb.[6] Ich danke Ihnen für diesen Dienst, den Sie einem Gefangenen erwiesen haben.
Meine Lieben![7]
Wir kommen jetzt weg, wohin weiß ich noch nicht. Bis jetzt ging es uns gut, hoffentlich weiter auch.
Viele, viele Küsse,
Erwin

6 Gemeint ist das Versicherungsbüro der I.G. Auschwitz und die Zukunft dieser Abt. innerhalb des Werks.
7 Dr. Heinz Savelsberg, Diplom-Kaufmann; Leiter der kaufmännischen Abt. der I.G. Auschwitz.

1 Original in Privatbesitz. Kopie: YVA, O.75/274. Das Dokument wurde abschnittsweise aus dem Niederländischen und dem Französischen übersetzt.
2 Erwin Haber (1924–1942), geboren in Wien, 1939 Flucht nach Antwerpen, 1940 Umzug nach Brüssel, Anfang Aug. 1942 nach Mechelen (Malines) verbracht, am 4.8.1942 von dort mit dem ersten Deportationszug nach Auschwitz deportiert und dort am 10.9.1942 gestorben.
3 Kitty Haber, später Goldberg (*1929), Schneiderin; Schwester von Erwin Haber, geboren in Wien, 1939 Flucht nach Antwerpen, 1940 Umzug nach Brüssel, überlebte in Brüssel; 1951 Auswanderung nach Argentinien, 1963 in die USA, 1996 Interview mit der USC Shoah Foundation, VHA # 21489.
4 Leontine Schwartz (*um 1879), Großmutter von Erwin Haber, geboren in Janushaza, Ungarn, emigrierte mit Sohn und Enkeln nach Brüssel, überlebte; nach dem Krieg nach Schottland ausgewandert.
5 Dieser Abschnitt wurde aus dem Niederländischen übersetzt.
6 Molenbeek war eine Gemeinde der Region Brüssel, heute ein Stadtteil von Brüssel.
7 Dieser Abschnitt wurde auf Deutsch verfasst.

[Zweiter Zettel]
Verehrter Finder![8]
Ich ersuche Sie höflich, diese Briefe an die Adresse von Mme Van der Elst,[9] 81, rue du Jardinier, zu senden, ohne Frankierung, damit meine Familie das bezahlen kann. Ich bin ein jüdischer Junge, 17 Jahre alt, aus Brüssel, der jetzt von der Gestapo weggebracht wird, wahrscheinlich nach Polen, und ich bitte Sie, mir diesen Gefallen zu tun, den unser Herr Ihnen vergelten soll, und meiner Familie diese Zeilen zukommen zu lassen.
Vielen Dank, Ein Unglücklicher
Reise nach xx,[10] 4.8.1942
Liebe Moeke! Ich hoffe, dass du diese Zeilen empfangen wirst und sie an meine Familie weitergeben kannst. Beste Grüße, Erwin.
Lieber Finder![11]
Ich bitte Sie, dieses Papier an Mme Van der Elst, 81, rue du Jardinier, Brüssel, zu schicken, ohne Briefmarken, sie werden den Brief dort bezahlen. Ich bin ein jüdischer Junge, den man in Brüssel gefangen genommen hat. Ich habe noch Familie in Brüssel, und ich möchte sie benachrichtigen. Ich danke Ihnen aus ganzem Herzen für Ihre Güte. Der liebe Gott wird Sie dafür belohnen, was Sie für jemanden getan haben, der sich in den Händen der Gestapo befindet.
Meine Lieben![12]
Ich probiere, Euch einige Zeilen zukommen zu lassen, die Euch hoffentlich noch in guter Gesundheit antreffen werden. Ich bin jetzt auf der Fahrt und hoffe, daß jemand den Zettel aufheben wird und weiterschicken. Wir sind jetzt am Bahnhof von Tienen,[13] fahren in Personenwaggons und wäre alles nicht allzuschlecht, wenn wir wüßten, was man mit uns machen wird. In Mechelen haben wir es nicht schlecht gehabt, beim Eintritt hat man uns alles abgenommen, Geld, Uhr, Füllfeder, Taschenlampe und einen Großteil Lebensmittel. Aber es war ganz lustig und haben wir noch zu essen gehabt. Jetzt ist der erste Transport, 1000 Menschen, abgegangen über Löwen[14] nach Tienen. Richtung müßt ihr auf der Karte suchen. Also meine Lieben, lebt mir wohl, bleibt gesund und sagt jedem, daß sie nichts mitnehmen sollen, aber genug essen, denn wenn man von viel wegnimmt, bleibt mehr wie von wenig. Laßt alle schön grüßen und bleibt gesund, Gott schütze Euch und mich und alle Juden, Küsse, Erwin
[Dritter Zettel]
Meine Lieben,[15]
Ich habe euch schon einen Zettel rausgeworfen, schreibe sicherheitshalber zweimal. Wir sind jetzt auf der Fahrt über Löwen, Tienen weiter wahrscheinlich nach Deutschland, vielleicht nach Polen. Nichtsdestoweniger ist die Moral bei uns ausgezeichnet, wir wer-

8 Dieser Abschnitt wurde aus dem Niederländischen übersetzt.
9 Moeke van der Elst (im VHA-Interview Verspecht) war eine nichtjüdische Nachbarin in Molenbeek, die mit ihren Töchtern Lisa und Madeleine die Familie Haber unterstützte.
10 Erwin Haber wusste zu diesem Zeitpunkt noch nicht, wohin er gebracht wurde.
11 Dieser Abschnitt wurde aus dem Französischen übersetzt.
12 Dieser Abschnitt wurde auf Deutsch verfasst.
13 Stadt in der belg. Provinz Flämisch-Brabant, 47 km von Brüssel entfernt, an der Bahnstrecke Brüssel–Lüttich gelegen.
14 Löwen ist die Hauptstadt der Provinz Flämisch-Brabant und liegt ca. 20 km östlich von Brüssel.
15 Dieser Abschnitt wurde auf Deutsch verfasst.

den es schon durchhalten. In Mechelen war es ganz gut, doch haben sie uns alles abgenommen. Geld, Uhr, Füllfeder, Bleistifte und einen großen Teil Essen. Wir haben eben vom Posten erfahren (deutsche reguläre Schupos), daß wir 4 Tage Fahrt haben, also leider – Polen. Meine Lieben! Entmutigt euch nicht, es wird alles noch gut werden. Für uns habe ich keine Angst, wir sind fast alle jung, aber leider sind auch Alte und kleine Kinder hier. Nichtsdestoweniger wir sind nicht verzagt. Sagt allen, die Einberufung bekommen, sie sollen nichts mitnehmen, nur Essen, viel Naschsachen. Wir sind der erste Transport von 1000 Personen. In Mechelen war die SS ganz nett, auch unsere Bewachung ist anständig. Also viele viele Küsse, der l. Gott soll uns alle beschützen. Auf Wiedersehen, meine Lieben, Küsse, Küsse, Erwin
Wir sind gerade in St. Truiden[16] angekommen.
Würden Sie bitte diese Zeilen, die von einem jüdischen Jungen an seine Familie geschrieben sind, die noch in Brüssel verblieben ist, [weiterleiten].[17] Ich bin Teil eines Transports jüdischer Kinder, die nach Polen deportiert werden. Wir werden von der Gestapo bewacht, dürfen nicht schreiben, und ich versuche, das aus dem Zug zu werfen. Ich danke Ihnen von Herzen, dass Sie diese Gefälligkeit für meine Großmutter und meine kleine Schwester tun, die nicht wissen, wo ich bin. Gott segne Sie und uns, die wir sehr unglücklich sind.
Schreibt diese Adresse:
Mme Van der Elst, 81, Rue du Jardinier, Brussel, Molenbeek
auf einen Briefumschlag, tut diese Briefe hinein und sendet sie ohne Porto, das meine Familie bezahlen wird. Ich danke Ihnen noch mal und verbleibe, ein Unglücklicher

DOK. 20

The Times: Bericht vom 8. August 1942 über Deportationen niederländischer Juden in ein unbekanntes Lager und über Auschwitz als Internierungsort des polnischen Widerstands[1]

Nazi-Brutalität trifft holländische Juden. Familien werden auseinandergerissen

Von unserem holländischen Korrespondenten
In London sind Einzelheiten über die rücksichtlose Art und Weise bekannt geworden, mit der holländische Juden in den Osten geschafft werden. Jüdische Familien werden am frühen Morgen aus dem Schlaf gerissen und aufgefordert, Lebensmittel für drei Tage einzupacken. Daraufhin werden sie zum Bahnhof geleitet, wo man sie zu Hunderten in Zügen zusammenpfercht, die mit unbekanntem Ziel aufbrechen.[2]

16 Stadt im Süden der belg. Provinz Limburg, 15 km südwestlich von Hasselt.
17 Dieser Abschnitt wurde aus dem Niederländischen übersetzt.

1 The Times, London, 8.8.1942, S. 3: Nazi Brutality towards Dutch Jews, Break up of Families; Mass execution of Polish Workmen. Das Dokument wurde aus dem Englischen übersetzt.
2 Am 15.7.1942 begannen die Deportationen aus den Niederlanden nach Auschwitz. Bis zum 8.8.1942 trafen acht Transporte aus Westerbork mit jeweils ca. 1000 Personen in Auschwitz ein. Bereits am 22.7.1942 hatte die Londoner Times über Deportationen aus Frankreich an einen unbekannten Ort in Polen berichtet.

In einigen Fällen überfielen die Deutschen die Familien sogar mitten in der Nacht und befahlen jungen, noch schulpflichtigen Mädchen, sofort mitzukommen. Diese Mädchen werden dann in Züge gesetzt und in ein Lager verschickt – wobei unklar ist, um welche Art von Lager es sich handelt.

Massenexekutionen von polnischen Arbeitern
Von unserem polnischen Korrespondenten
Die Zunahme von Sabotageaktionen in ganz Polen versetzt die deutschen Behörden in Alarm. Die Gestapo führt ihr Terrorregime fort; es finden Massenverhaftungen von Polen statt. Vor etwa vierzehn Tagen riegelten SS-Einheiten nachts das Dorf Garbatka in der Nähe von Radom ab und nahmen um 2 Uhr nachts 560 Zwangsarbeiter der Pionki-Munitionswerke in ihren Häusern fest. Zwanzig wurden unmittelbar darauf erschossen, die anderen brachte man in das Konzentrationslager Auschwitz. Die Deutschen verdächtigten die Männer, eine Sprengung der Fabrik geplant zu haben.[3]

DOK. 21
Lagerkommandant Rudolf Höß mahnt am 12. August 1942, beim Umgang mit Giftgas die Sicherheitsvorkehrungen einzuhalten[1]

Sonderbefehl, gez. Höß, SS-Obersturmbannführer und Kommandant, F. d. R. Mulka, SS-Hauptsturmführer und Adjutant, an SS-T-Stuba, Verwaltung, Ablage, Bauleitung, Polit. Abt., 9./SS-T-Stuba, Landwirtschaft, Reitstall, Schutzhaftlager, FKL, Gerichtsoffizier, Personalabteilung, Haus der Waffen-SS, SS-Revier, HWL,[2] DAW, Funkst., Fernschreibstelle, Telefonvermittlung, SS-Kantinengemeinschaft, Fahrbereitschaft, Arbeitseinsatz KL, Arbeitseinsatz FKL, Abteilung VI,[3] Außendienststelle des Amtes W.I.,[4] Sonderkommando Zeppelin,[5] Auschwitz, vom 12.8.1942

Sonderbefehl
Ein heute mit leichten Vergiftungserscheinungen durch Blausäure aufgetretener Krankheitsfall gibt Veranlassung, allen an Vergasungen Beteiligten und allen übrigen SS-Angehörigen bekanntzugeben, daß insbesondere beim Öffnen der vergasten Räume von SS-Angehörigen ohne Maske wenigstens 5 Stunden hindurch ein Abstand von 15 Metern von der Kammer gewahrt werden muß.[6] Hierbei ist besonders auf die Windrichtung zu achten.

3 Am 20.7.1942 führte die Gestapo eine Razzia in Garbatka durch. Am 21.7.1942 wurden 112 Häftlinge, die von der Sipo und dem SD aus Radom eingeliefert wurden, in Auschwitz registriert.

1 APMAB, D-Au-I-1/90. Abdruck in: Standort- und Kommandanturbefehle (wie Dok. 9, Anm. 1), S. 161 f.
2 Das Hauptwirtschaftslager (HWL) diente der Versorgung der SS-Besatzung mit militärischen Ausrüstungsgegenständen, Lebensmitteln, Uniformen und Transportmitteln; später als Truppen-Wirtschafts-Lager (TWL) bezeichnet.
3 Abt. VI: Fürsorge, Schulung und Truppenbetreuung.
4 Amtsgruppe W des WVHA „Wirtschaftliche Unternehmungen".
5 Die Aktion Zeppelin diente der Auswahl und Schulung sowjet. Kriegsgefangener, die im deutschen Auftrag im Frontbereich und in den besetzten Gebieten der Sowjetunion spionieren, Sabotageakte verüben und Partisanen bekämpfen sollten.

Das jetzt verwendete Gas enthält weniger beigesetzte Geruchstoffe und ist daher besonders gefährlich.[7]
Der SS-Standortarzt Auschwitz[8] lehnt die Verantwortung für eintretende Unglücksfälle in den Fällen ab, bei denen von SS-Angehörigen diese Richtlinien nicht eingehalten werden.

DOK. 22
Der Häftlingsarzt Otto Wolken errechnet, dass zwischen 15. April und 15. August 1942 die meisten der im Lager registrierten Juden nur wenige Wochen überlebten[1]

Anlage 6b zum Protokoll der Vernehmung von Otto Wolken[2] durch Jan Sehn,[3] Mitglied der Kommission zur Untersuchung der Hitlerverbrechen in Oświęcim, unter Anwesenheit und Mitwirkung von Edward Pęchalski,[4] vom 24.4.1945

Die vorliegenden beiden Statistiken behandeln das Schicksal derjenigen Juden, die das scheinbare Glück hatten, nach ihrer Ankunft in Auschwitz nicht sofort ins Gas geschickt, sondern ins Lager aufgenommen zu werden. Dieses Glück erwies sich bald als trügerisch, denn ihr Ziel – der Tod – war dasselbe, nur der Weg dahin unsagbar schwer unter vielen Martern und Qualen, blutgetränkt. Grundlage dieser Statistiken bildet ein in Auschwitz vorgefundenes Originalfaszikel, das den Titel führt „Zugangslisten Juden, nicht fotografiert".[5] Diese Mappe umfaßt die Zugangslisten von 15 jüdischen Transporten, jede Liste enthält Häftlingsnummer, Name, Vorname, Geburtsort und Datum und Beruf.

6 Da die SS für Mordaktionen in der Regel Tarnbezeichnungen benutzte, ist es sehr wahrscheinlich, dass sich der Begriff der Vergasung in diesem Dokument auf die Entwesung von Räumlichkeiten zur Bekämpfung der im Sommer 1942 grassierenden Fleckfieberepidemie bezieht. Am 12.8.1942 begann die Entwesung der Blöcke 1 bis 10 des Stammlagers nach der Verlegung der weiblichen Häftlinge in den Lagerabschnitt B I a in Birkenau.

7 Die Menge des Warnstoffs bei der Herstellung von Zyklon B wurde im Lauf des Kriegs wegen des Mangels an Bromessigester immer mehr herabgesetzt. 1943 verzichtete man teilweise ganz darauf. In Auschwitz kamen Dosen mit dem Etikett „Vorsicht, ohne Warnstoff" zum Einsatz.

8 Dr. Franz von Bodmann (1908–1945), Arzt; 1932 NSDAP-, 1934 SS-Eintritt; von Febr. 1942 an Lagerarzt in Auschwitz, Mai bis Aug. 1942 dort Standortarzt, danach in den KZ Neuengamme, Lublin-Majdanek, Natzweiler und Vaivara, Okt. 1944 im Hauptamt Volksdeutsche Mittelstelle, später Truppenarzt bei der 5. SS-Panzer-Division „Wiking"; nahm sich das Leben.

1 AIPN, GK 174/320, Bd. 3. Abdruck in poln. Sprache in: Przegląd lekarski, 1 (1964), S. 88–90.

2 Dr. Otto Wolken (1903–1975), Arzt; arbeitete in Traisen, 1938 wegen Widerstandstätigkeit verhaftet und im Juli 1943 nach Auschwitz gebracht, von Okt. 1943 an Häftlingsarzt im Quarantänelager B II a, im Jan. 1945 befreit; nach dem Krieg in Wien, zahlreiche Zeugenaussagen in NS-Prozessen, Mitglied im Bundesvorstand beim Bund sozialistischer Freiheitskämpfer und Opfer des Faschismus sowie Funktionär der Israelitischen Kultusgemeinde in Österreich.

3 Jan Sehn (1909–1965), Jurist; befragte 1945–1947 als Ermittlungsrichter im Rahmen der Kommission zur Untersuchung der Hitlerverbrechen in Oświęcim Zeugen und führte Untersuchungen auf dem Gelände des ehemaligen Lagers Auschwitz-Birkenau durch, von 1949 an Leiter des Instituts für Forensik in Krakau, von 1961 an außerordentlicher Professor in Krakau.

4 Edward Pęchalski (1905–1983), Jurist; 1936 stellv. Oberstaatsanwalt am Bezirksgericht Krakau; 1945 Mitglied der Kommission zur Untersuchung der Hitlerverbrechen in Oświęcim, stellv. Oberstaatsanwalt am Appellationsgericht Krakau, von 1950 an Rechtsanwalt in Krakau.

5 APMAB, D-Au-I-1/253, Nr. inw. 71 096, Zugangslisten Juden – nicht fotografiert, Bd. 1, 2.

Neben den Familiennamen oder Vornamen – je nach Platz – ist mit Bleistift das jeweilige Todesdatum eingetragen.
In der Statistik I[6] sind diese 15 Transporte nach dem Kalenderdatum erfaßt und für jeden Tag aus jedem der einzelnen Transporte die Totenziffer eingetragen. Das Zugangsdatum des Transportes ist durch einen schwarzen waagrechten Strich gekennzeichnet. Das Schicksal der einzelnen Transporte sieht wie folgt aus. Leider wurde mit dem 15.8.1942 aufgehört, das Todesdatum einzusetzen, so daß wir für die nachfolgende Zeit nur Schlüsse aus den anderen Transporten ziehen können.
Transport I, zugegangen am 15.IV.1942 aus der Slowakei, umfassend *973 Häftlinge*. Am vorerwähnten Stichtag, dem 15. August 1942, waren von ihnen *885 getötet* und nur mehr *88 = 9 % am Leben.*
Transport II, zugegangen am 19.IV.1942 aus der Slowakei, umfassend *464 Häftlinge*. Am Stichtag lebten von ihnen nur mehr *10 = 2 %*.
Transport III, zugegangen am 23.IV.1942 aus der Slowakei, umfasste *543 Häftlinge*. Am Stichtag lebten *41 = 7,5 %*.
Transport IV, zugegangen am 27.IV.1942 aus der Slowakei, umfasste *442 Häftlinge*, am Stichtag lebten *23 = 5,2 %*.
Transport V, zugegangen am 29.IV.1942 aus der Slowakei, umfasste *423 Häftlinge*, am Stichtag lebten *20 = 4,7 %*.
Transport VI, zugegangen am 22.V.1942, überstellt aus dem K.L. Lublin, slowakische Juden *1000*, am Stichtag lebten *53 = 5,3 %*.
Transport VII, zugegangen am 22.V.1942, eingeliefert vom Reichssicherheitsamt[7] (RSHA) aus Paris, umfassend Juden aller Nationalitäten, *1000*, am Stichtag lebten *217 = 21,7 %*.
Transport VIII, zugegangen am 20.VI.1942 aus der Slowakei, umfassend 404 Häftlinge, am Stichtag lebten *45 = 11,1 %*.
Transport IX, zugegangen am 24.VI.1942, eingeliefert vom R.S.H.A. aus Paris, umfassend Juden aller Nationalitäten, *933*, am Stichtag lebten *186 = 20 %*.
Transport X, zugegangen am 27.VI.1942, eingeliefert vom R.S.H.A. Polnische Juden, *1000*, am Stichtag lebten *557 = 55,7 %*.[8]
Transport XI, zugegangen am 30.VI.1942, eingeliefert vom R.S.H.A. Polnische Juden, *1004*, am Stichtag lebten *703 = 70 %*.[9]
Transport XII, zugegangen am 30.VI.1942, überstellt aus dem K.L. Lublin, slowakische Juden, *400*, es lebten am Stichtag *208 = 52 %*.
Transport XIII, zugegangen am 4.VII.1942, eingeliefert vom R.S.H.A., slowakische Juden, *264*, es lebten am Stichtag *69 = 30 %*.
Transport *XIV*, zugegangen am 11.VII.1942 aus der Slowakei, umfassend *182 Häftlinge*, am Stichtag lebten *64 = 35 %*.

6 Statistik I und II sind von Wolken erstellte Zahlenreihen, die der Anlage beiliegen und die Grundlage der im Text erfolgten statistischen Auswertung darstellen. Sie sind hier nicht abgedruckt.
7 Richtig: Reichssicherheitshauptamt.
8 Dieser Transport kam aus dem franz. Lager Pithiviers. Unter den 1000 Deportierten befanden sich 937 in Frankreich lebende Juden poln. Abstammung.
9 Dieser Transport kam aus dem franz. Lager Beaune-La-Rolande. Unter den 1004 Juden und 34 Jüdinnen befanden sich 72 in Frankreich lebende Juden poln. Abstammung.

Transport XV, zugegangen am 17.VII.1942, eingeliefert vom R.S.H.A. Holländische Juden, *651*, am Stichtag lebten *426 = 30 %*.
Die 15 Transporte umfassen insgesamt 9683 Häftlinge, von denen 6973 bis 15.8.42 getötet waren. Daß es sich dabei um willkürliche Tötungsaktionen handelte, ergibt sich aus der Gegenüberstellung der Totenziffern an verschiedenen Tagen. So gab es beispielsweise am 16. Juni 1942 aus den schon zu dieser Zeit im Lager befindlichen 7 Transporten 41 Tote, am 17. Juni – dem Tage des Besuches Himmlers im Lager[10] – gab es überhaupt keine Toten. Dafür wurde am nächsten Tage, dem 18.6., dieses Manko mit einer Totenzahl von 80 aufgeholt. Es ist bei Betrachtung der Statistiken der Gedanke nicht von der Hand zu weisen, daß damals spezielle Aufträge zur raschen Tötung der Menschen gegeben wurden, denn während sich bis zu dieser Zeit die Totenzahlen im allgemeinen zwischen 20–40 bewegten, stiegen sie von diesem Zeitpunkt an rapid auf, so daß wir am 18.6.1942 – 80, am 19.6.1942 – 146 Tote zählen.
Der 20. Juni war scheinbar wieder ein Feiertag,[11] denn an diesem Tage gibt es nur 4 Tote. Am 21.6. – 89, am 22.6. – 104. Und so bewegen sich diese Totenzahlen von nun an weiter, die Tage mit den höchsten Totenzahlen sind der 25.7. mit 162, der 28.7. mit 169, der 10.8. mit 166 und der 12.8. mit 159 Toten.
Wenn wir die einzelnen Transporte vom nationalen Standpunkt aus betrachten, so fällt es auf, daß die Transporte der holländischen und slowakischen Juden eine viel rascher gehende Vernichtung aufweisen als die Transporte der polnischen Juden, die sich im allgemeinen gut hielten.[12]
Am Fuße der Statistik I ergibt die erste waagrechte Zahlenkolonne die Anzahl der Getöteten aus jedem Transport. Die zweite Kolonne die Zahl der überhaupt mit jedem Transport zugegangenen, die dritte Zahlenkolonne die Zahl der am 15. August 1942 noch Lebenden. Wenn bei einzelnen Transporten diese Ziffer eine scheinbar hohe ist, so muß darauf Rücksicht genommen werden, daß es sich um Transporte handelt, die sich nur verhältnismäßig kurze Zeit im Lager aufgehalten haben.[13]
Um nun ein klares Bild darüber zu bekommen, für wie lange die Lebenszeit der Häftlinge im Lager bemessen war, erwies es sich als notwendig, das vorhandene Material anders zu gruppieren, und so entsteht die Statistik II, die Transporte hinsichtlich ihrer Verweildauer im Lager betrachtet. Der erste Transport hat eine Verweildauer von 17 Wochen, der fünfzehnte Transport von nur 4 Wochen. Anhand dieser Statistik können wir feststellen, daß von

Transport I	innerhalb	17 Wochen	91 %	vernichtet wurden,
Transport II	innerhalb	16 Wochen	98 %	vernichtet wurden,
Transport III	innerhalb	16 Wochen	92,5 %	vernichtet wurden,
Transport IV	innerhalb	16 Wochen	94,8 %	vernichtet wurden,

10 Himmler besuchte das Lager am 17.7.1942.
11 Der 20.6.1942 war ein Sonnabend.
12 Dies betrifft für diesen Zeitraum ausschließlich die aus Frankreich deportierten poln. Juden. Die von Mai bis Aug. 1942 nach Auschwitz deportierten poln. Juden aus der Zagłębie-Region wurden ausnahmslos ermordet.
13 Otto Wolken meint an dieser Stelle, dass die Transporte erst vergleichsweise kurz vor dem Stichtag 15.8.1942 ins Lager gekommen waren.

Transport V	in nur	15 Wochen	95,3 %	vernichtet wurden,
Transport VI	innerhalb	12 Wochen	94,7 %	vernichtet wurden,
Transport VII	innerhalb	10 Wochen	78,3 %	vernichtet wurden,
Transport VIII	innerhalb	8 Wochen	88,9 %	vernichtet wurden,
Transport IX	innerhalb	8 ½ Wochen	80 %	vernichtet wurden,
Transport X	innerhalb	7 Wochen	44,3 %	vernichtet wurden,
Transport XI	innerhalb	6 ½ Wochen	30 %	vernichtet wurden,
Transport XII	innerhalb	6 ½ Wochen	48 %	vernichtet wurden,
Transport XIII	innerhalb	6 Wochen	70 %	vernichtet wurden,
Transport XIV	innerhalb	5 Wochen	65 %	vernichtet wurden,
Transport XV	innerhalb	4 Wochen	30 %	vernichtet wurden.

Wenn man diese Zahlen betrachtet, dann fällt einem die Ungleichheit in der Sterbeziffer der einzelnen Transporte auf, so daß beispielsweise Transporte, die nur 6 Wochen im Lager waren, ungefähr die gleiche Sterblichkeit zeigen, wie Transporte, die 10 Wochen im Lager waren, während andererseits Transporte, die ein wenig länger im Lager waren, eine nicht einmal gleich so hohe Sterblichkeit aufwiesen. Ich glaube nicht, daß es sich dabei um eine Frage der Resistenz des Organismus handelt, sondern bin überzeugt, daß es sich um systematische Aktionen gegen bestimmte Gruppen von Juden dabei handelt. Wenn wir sämtliche Transporte ins Auge fassen und die im gleichen Verweilzeitabschnitt anfallenden Toten zählen, so ergibt sich, daß in der

1.	Verweilwoche	296	=	3,06 %	ums	Leben	kamen
2.	"	516	=	5,32 %	"	"	"
3.	"	601	=	6,2 %	"	"	"
4.	"	1.096	=	11,32 %	"	"	"
5.	"	998	=	11,04 %	"	"	"
6.	"	955	=	10,75 %	"	"	"
7.	"	833	=	10,45 %	"	"	"
8.	"	433	=	7 %	"	"	"
9.	"	428	=	8,7 %	"	"	"
10.	"	297	=	6,1 %	"	"	"
11.	"	184	=	4,75 %	"	"	"
12.	"	127	=	3,3 %	"	"	"
13.	"	55	=	1,93 %	"	"	"
14.	"	36	=	1,3 %	"	"	"
15.	"	56	=	2 %	"	"	"
16.	"	36	=	1,49 %	"	"	"
17.	"	16	=	1,63 %	"	"	"

Wenn die hier angeführten Grundzahlen mit den Percentzahlen scheinbar in Widerspruch stehen – vergleiche in der 14. und 16. Woche je 36, ist einmal 1,3 % und einmal 1,49 % –, so hat das darin seine Ursache, daß die Todeseintragungen ja nur bis zu einem gewissen Termin durchgeführt wurden und daher konnten die Transporte immer nur jeweils hinsichtlich ihrer Verweildauer d. i. bis 15. August 1942 berücksichtigt werden und mussten bei den weiteren Prozenterrechnungen die abgesetzten Transporte naturgemäß in Abzug gebracht werden. Zählt man die wöchentlich angefallenen Toten zusammen, so ergibt sich für die einzelnen Wochen eine aufsteigende Zahl für die aus den Transporten Getöteten.

Beginnend	mit	der	1.	Woche	mit	3,6 %	
sich steigernd	in	der	2.	Woche	auf	8,38 %	
	in	der	3.	"	"	14,58 %	
	"	"	4.	"	"	25,9 %	
	"	"	5.	"	"	36,94 %	
	"	"	6.	"	"	47,69 %	
	"	"	7.	"	mit	58,14 %	sind mehr als die Hälfte der Häftlinge getötet.
	"	"	8.	"	"	65,14 %	mehr als 2/3.
	"	"	9.	"	"	72,21 %	fast 3/4.
	"	"	10.	"	auf	79,31 %	
	"	"	11.	"	"	84, 00 %	
	"	"	12.	"	"	87,36 %	
	"	"	13.	"	"	89,29 %	
	"	"	14.	"	"	90.53 %	
	"	"	15.	"	"	92,52 %	
	"	"	16.	"	"	94,02 %	
	"	"	17.	"	"	95,65 %	

Wenn irgendwo Zweifel auftauchen sollten über das Schicksal der ins Lager aufgenommenen Häftlinge, dann zeigen diese aus Originaldokumenten ausgezogenen Ziffern die nackte Wahrheit und beweisen so den Willen der Lagerleitung zur Vernichtung der Häftlinge.

Es ist nicht einzusehen, warum gerade bei diesen 15 Transporten die Verhältnisse andere gewesen sein sollten als bei allen anderen Transporten, und die Erfahrung zeigte, daß tatsächlich nach einem Lageraufenthalt von 5 Monaten von keinem Transport mehr als 5 % am Leben geblieben waren.

In Statistik II bedeutet der schwarze waagrechte Strich bei den einzelnen Transporten den 15.8.1942, den Termin, mit welchem der Transport in der Berechnung abgesetzt wurde.

Die Zahlenreihen am Boden bedeuten die Anzahl der Toten der einzelnen Transporte und die Prozentanzahl der Getöteten. Die dritte Reihe die Verweildauer im Lager in Wochen.[14]

14 Diese Angaben beziehen sich auf die hier nicht abgedruckte Statistik II; siehe Anm. 6.

DOK. 23
Vertreter der Zentralbauleitung Auschwitz beraten am 19. August 1942 mit Ingenieur Kurt Prüfer über die Erweiterung der Krematorien in Birkenau[1]

Aktenvermerk von SS-Untersturmführer Ertl, SS-Zentralbauleitung KL Auschwitz, Bftgb. Nr. 12 115/42/Er/Ha., als zur Kenntnis genommen gez. von SS-Hauptsturmführer Karl Bischoff,[2] vom 21.8.1942

Betr.: Anwesenheit von Obering. Prüfer[3] der Firma Topf u. Söhne Erfurt, bezüglich Ausbau der Einäscherungsanlagen im K.G.L. Auschwitz[4]
Vorgang: Herr Ing. Prüfer sprach am 19.8.1942 um 14.00 Uhr bei hiesiger Dienststelle vor, um über den Einbau von 5 Stück 3 Muffel-Einäscherungsöfen im Krematorium des K.G.L. und Neuanlage von 2 Stück 3 Muffelöfen in einfacher Bauweise lt. Plan Nr. D 59-570 und Nr. D 59 599 die erforderlichen Einzelheiten zu besprechen.
Hierbei wurde folgendes festgelegt:
1. Spätestens 26.–27. August trifft der Monteur Holik[5] aus Buchenwald hier ein, der Monteur Koch[6] in ca. 14 Tagen. Mit dem Aufbau der 5 Stück 3 Muffelöfen im K.G.L. wird sofort begonnen. Die Firma Köhler Myslowitz führt die Ausmauerung der Öfen und Füchse[7] sowie die Errichtung des Schornsteines lt. Plänen und Angaben der Fa. Topf u. Söhne durch.[8]
2. Bezüglich Aufstellung von je 2 Dreimuffelöfen bei den „Badeanstalten für Sonderaktionen" wurde von Ing. Prüfer vorgeschlagen, die Öfen aus einer bereits fertiggestellten Lieferung nach Mogilew abzuzweigen und wurde sogleich der Dienststellenleiter welcher beim SS-Wirtschafts-Verwaltungshauptamt in Berlin anwesend war, hiervon tel. in Kenntnis gesetzt und gebeten, das weitere veranlassen zu wollen.[9]

1 RGVA, 502k/1/313, Bl. 159 f. Kopie: USHMM, RG 11 001M.03, Reel 41. Abdruck als Faksimile in: Annegret Schüle, Industrie und Holocaust. Topf & Söhne – Die Ofenbauer von Auschwitz, Göttingen 2010, S. 440 f.

2 Bischoff nahm nicht an der Besprechung teil, da er sich an diesem Tag zu einer Beratung im WVHA aufhielt. Deshalb leitete sein Stellvertreter Fritz Ertl die Besprechung.

3 Kurt Prüfer (1891–1952), Ingenieur; von 1911 an bei der Firma Topf & Söhne in Erfurt als technischer Zeichner, später als Ingenieur in der Abt. für Feuerungsanlagen tätig, beteiligt an Planung, Installation, Prüfung und Wartung der Krematorien in Auschwitz; 1948 in Moskau durch ein sowjet. Militärtribunal zu 25 Jahren Haft verurteilt, starb in Haft.

4 Der Lagerbereich Auschwitz II in Birkenau wurde entsprechend der ursprünglichen Planung (siehe Dok. 1) von der SS auch dann noch als KGL (= Kriegsgefangenenlager) bezeichnet, als dort fast keine Kriegsgefangenen mehr untergebracht waren.

5 Richtig: Martin Holick (1874–1950), Monteur; seit 1898 bei der Firma Topf & Söhne in Erfurt tätig, war zu diesem Zeitpunkt mit dem Aufbau eines ersten Topf-Dreimuffel-Ofens im Konzentrationslager Buchenwald eingesetzt, der als Nächstes im Krematorium II in Birkenau zur Anwendung kommen sollte. Holick hielt sich während des gesamten Aufbaus der vier Krematorien in Auschwitz-Birkenau auf; nach dem Krieg weiterhin bei den Topf-Werken Erfurt tätig.

6 Wilhelm Koch, Monteur bei der Firma Topf & Söhne, hatte bereits im Juli 1940 den ersten Doppelmuffel-Ofen im Krematorium I im Stammlager Auschwitz installiert. 1942/43 hielt sich Koch während des Aufbaus der vier Krematorien mehrere Monate in Birkenau auf.

7 Ein Fuchs ist ein Kanal zwischen Ofen und Schornstein.

8 Gemeint ist das bereits seit 1941 geplante, aber mehrfach modifizierte Krematorium II.

9 Mit „Badeanstalten für Sonderaktionen" sind die Bunker I und II gemeint, in denen bereits seit Frühjahr 1942 Massenmorde durch Giftgas verübt wurden. Es war zunächst geplant, in der Nähe

3. Bezüglich Errichtung eines 2. Krematoriums mit 5 Dreimuffelöfen sowie Be- und Entlüftungsanlagen muß erst das Ergebnis der bereits laufenden Verhandlungen mit dem Reichssicherheitshauptamt bezügl. Zuteilung von Kontingenten abgewartet werden.[10]
4. Nach Auschwitz wurden von der Firma Topf u. Söhne irrtümlich die Teile eines Doppelmuffel-Einäscherungsofens gesandt, welche jedoch für Mauthausen bestimmt waren.
Ing. Prüfer schlägt vor, den Ofen hier zur Aufstellung zu bringen. Die fehlenden 2 Einführtüren und 2 Ascheentnahmetüren können inzwischen der Lieferung der 5 Dreimuffel-Einäscherungsöfen entnommen werden.[11]
5. Die Schäden in dem neu gemauerten Schornstein für das bestehende Krematorium wurden gemeinsam mit Herrn Köhler[12] und SS-Unterscharführer Kirschnek[13] besichtigt und die zu ergreifenden Maßnahmen besprochen. – Da das Schornsteinfutter infolge der großen Hitze arbeitet, muß es oben frei durchgehen und darf nicht mit dem Außenmantel fest verbunden sein.
6. Am Donnerstag, den 20. August, wurde gemeinsam mit SS-Strm. Janisch[14] u. Herrn Köhler die Baustelle im K.G.L. besichtigt und die erforderlichen Einzelheiten mit durchbesprochen.
7. Ing. Prüfer bat um schriftlichen Auftrag über die Lieferung der 2 Stück 3 Muffel- und den Doppelmuffel-Einäscherungsofen sowie um baldige Mitteilung, ob die Öfen der Lieferung Mogilew abgezweigt werden können.[15]
8. Zum Antransport des fehlenden Schamotte- und sonstigen Materiales sind der Fa. Topf u. Söhne sogleich 10 Frachtbriefe einzusenden.

der Bunker einfache Krematorien ohne Gaskammern zu errichten, da die Morde weiterhin in Bunker I und II stattfinden sollten. Die Öfen für ein geplantes, aber nicht gebautes Krematorium in Mogilew (Weißrussland) lagerten bereits in Erfurt.

10 Gemeint ist das spätere Krematorium III. Die spezielle Erwähnung der Belüftungsanlagen weist darauf hin, dass für das Krematorium III bereits zu diesem Zeitpunkt der Einbau einer als Gaskammer nutzbaren Leichenhalle geplant war.

11 Handschriftl. Anmerkung von Fritz Ertl: „Ofen geht nach Mauthausen zurück!"

12 Robert Köhler, Leiter eines Bauunternehmens in Myslowitz und beauftragt mit dem Schornsteinbau in den Auschwitzer Krematorien.

13 Richtig: Johann Kirschneck (1909–2005), Bauingenieur; 1938 NSDAP- und SS-Eintritt; von Mai 1942 an Ingenieur in der Zentralbauleitung in Auschwitz, Nov. 1943 SS-Ostuf./Fachgruppe Bauwesen; nach dem Krieg Baumeister in einem Bauunternehmen, wohnte in Zorneding/Oberbayern.

14 Josef Janisch (1909–1964), Diplom-Ingenieur; 1929 NSDAP-Eintritt; seit Nov. 1941 in der Zentralbauleitung Auschwitz für den Auf- und Ausbau von Birkenau, insbesondere der Krematorien, verantwortlich, Febr. 1944 SS-Ostuf., 1944 Mitglied von Führungsstäben in der Untertageverlagerung in Hersbruck und Wesserling; nach dem Krieg Rückkehr nach Österreich.

15 Handschriftl. Anmerkung von Fritz Ertl: „24.8.42 tel. Herrn Prüfer Bescheid gegeben, daß 2 Stück 8 Muffelöfen aus Lieferung Mogilew abgezweigt werden können. Herr Prüfer teilte mit, daß ihm dies SS-Stubaf. Lenzer bereits mitgeteilt habe. Ertl"

DOK. 24

Arthur Liebehenschel genehmigt am 26. August 1942 eine Fahrt nach Dessau zur Abholung von Zyklon B für die „Sonderbehandlung"[1]

Funkspruch Nr. 83, gez. Liebehenschel,[2] SS-Obersturmbannführer (Ständiger Vertreter des Leiters der Dienststelle im Range eines Generalleutnants der Waffen-SS), WVHA, an K.L. Auschwitz, empfangen durch SS-Standort-Funkstelle Auschwitz, f. d. R. Selle,[3] Funkstellenleiter, am 26.8.1942, 15.58

Betr.: Fahrgenehmigung[4]
Bez.: Dort. Antrag v. 26.8.1942
Fahrgen. für einen LKW. nach Dessau zur Abholung von Material für Sonderbeh.[5] wird hiermit erteilt. Fahrgen. ist dem Kraftf. mitzugeben.[6]

DOK. 25

Vera Walder muss im August 1942 in der Schreibstube des Krankenreviers in Birkenau gefälschte Totenscheine für verstorbene Häftlinge ausstellen[1]

Bericht von Vera Walder,[2] ohne Datum[3]

Ich bin in einem sogenannten Vernichtungslager in Birkenau, es ist August 1942. Ich arbeite in der „Schreibstube" des „Reviers",[4] der Krankenstation für die Häftlinge. Wir sind zwanzig Mädchen, alle jüdisch, mit Ausnahme der Vorsteherin der Schreibstube,

1 APMAB, D-Au-I-4/1, Bl. 8. Abdruck in: Zeszyty Oświęcimskie, 3 (1958), S. 156.
2 Arthur Liebehenschel (1901–1948), Berufssoldat; 1932 NSDAP- und SS-Eintritt; 1934 Adjutant im KZ Columbia-Haus und im KZ Lichtenburg, von 1937 an Bereichsleiter in der IKL Berlin, von Mitte März 1943 an Chef des Amts D 1 im WVHA, Nov. 1943 bis Mai 1944 Kommandant von Auschwitz I, danach von Lublin-Majdanek, von Aug. 1944 an im Amt des HSSPF Triest beschäftigt; 1947 im Krakauer Auschwitz-Prozess zum Tode verurteilt und hingerichtet.
3 Herbert Selle.
4 Die Hamburger Firma Tesch & Stabenow lieferte das Schädlingsbekämpfungsmittel Zyklon B an das KZ Auschwitz. Im Fall von Transportschwierigkeiten holte die SS das Giftgas in der Produktionsstätte in Dessau mit eigenen Lkw ab. Es sind fünf weitere Fahrgenehmigungen im Zeitraum Juli 1942 bis Juli 1943 erhalten. Das Gas wurde sowohl zur Desinfektion des Lagers als auch zur Ermordung von Menschen in den Gaskammern verwendet; Aussage Rudolf Höß, 20.5.1946; Nbg. Dok. NO-034.
5 Die Fahrgenehmigung vom 2.10.1942 wurde mit der „Abholung von Materialien zur Judenumsiedlung" begründet; wie Anm. 1, Bl. 172.
6 Handschriftl. Vermerk: „Ausgeführt mit dem LKW Renault SS-16277".

1 YIVO, RG 294.1, Leo Schwarz Papers, fol. 542, Bl. 7–17. Das Dokument wurde aus dem Englischen übersetzt.
2 Vera Walder, poln. Jüdin, wurde zusammen mit 50 weiteren Frauen am 30.5.1942 von der Sipo und dem SD in Krakau nach Auschwitz eingewiesen. Über ihr weiteres Schicksal ist nichts bekannt.
3 Die genaue Datierung des Berichts ist unklar. Er entstammt einer Sammlung von Berichten, die Leo W. Schwarz, der Direktor des American Jewish Joint Distribution Committee, im Jahr 1945 in DP-Lagern in Deutschland gesammelt hat.
4 „Schreibstube" und „Revier" hier und im Folgenden im Original Deutsch.

einer Deutschen namens Frinke,[5] auch sie eine Gefangene, eine Kommunistin. Sie ist eine alte Jungfer, überaus hässlich, mit einer Brille, sie ist gelernte Sekretärin und spricht lediglich Deutsch. Sie ist die Blockälteste[6] im Revier und steht der Revierschreibstube vor. Außerdem ist sie zuständig für die ganzen Zählappelle. Ihr Vorgesetzter ist der deutsche Chefarzt Dr. Vetter,[7] der jeden Tag mit einem Motorrad vorfährt, um in der Schreibstube diverse bereits vorbereitete Schriftstücke zu unterzeichnen. Neben ihm gibt es noch sogenannte SDG-Männer, die als Lagerärzte eingesetzt sind. Dabei handelt es sich um SS-Männer, die während ihres Militärdienstes irgendwann einmal ein paar medizinische Kenntnisse aufgeschnappt und schon einmal von gängigen Heilmethoden gehört haben. Diese wenden sie nun bei den Häftlingen an, spazieren durch die Baracken des Reviers und tun so, als würden sie sich um die Sauberkeit kümmern, prüfen, ob die Decken der Kranken ordentlich liegen (unter denen sich Tausende von Läusen und Fliegen tummeln), vertreten den Chefarzt und entscheiden über Leben und Tod. In der Nähe unserer Schreibstube befindet sich eine Ambulanz. Dort arbeitet eine Jüdin als Ärztin, auch sie eine Gefangene namens Ena,[8] zusammen mit der Sanitätshelferin Orli,[9] einer deutschen Kommunistin, die schon seit acht Jahren inhaftiert ist. In allen Baracken des Reviers, in denen Kranke untergebracht sind, und im sogenannten Schonungsblock[10] für diejenigen, die das Revier verlassen haben, aber noch nicht vollständig genesen sind – in allen diesen Abteilungen arbeiten Häftlinge als Ärzte, Krankenschwestern und Helfer. Überall ist es schmutzig, und immer riecht es nach Chlor. Außerdem gibt es noch Schwester Claire, eine deutsche Gefangene und erstklassige Hebamme, die oft bei Entbindungen hilft, die hier häufig mitten in der Nacht in Regen und Schlamm auf dem bloßen Boden der sogenannten Lagerstraße stattfinden müssen. Armselige, geschwächte Mütter bringen hier ihre Kinder zur Welt, die man zwei Tage am Leben lässt, um sie dann mit einer Spritze zu töten. Es sollte auch noch Schwester Eli genannt werden, die sich weit über ihre Kräfte für die Häftlinge einsetzt.

Wie ich bereits erwähnt habe, arbeite ich in den Nachtschichten in der sogenannten Schreibstube. Die ganze Nacht sitze ich an der Schreibmaschine und tippe in rasendem Tempo. Ich beginne meine Schicht um 7 Uhr abends und beende sie mit dem Zählappell

5 Gertrud Frinke (1897–1942), Buchhalterin und Stenotypistin; KPD-Mitglied, 1934 verhaftet und 1935 wegen Vorbereitung zum Hochverrat zu fünf Jahren Zuchthaus verurteilt, von Nov. 1939 an im KZ Ravensbrück, am 26.3.1942 mit dem ersten Frauentransport aus Ravensbrück nach Auschwitz überstellt; starb dort im Nov. 1942 an Typhus.

6 Im Original deutsch.

7 Dr. Hellmuth Vetter (1910–1949), Arzt; 1933 SS-, 1937 NSDAP Eintritt; 1938 Tätigkeit für den Chemiekonzern Bayer, Juli 1941 Lagerarzt in Dachau, von Dez. 1941 an in Auschwitz, Okt. 1942 Lagerarzt in Monowitz, führte von Jan. 1943 an Versuche an Fleckfieber-Erkrankten durch (siehe Dok. 57 vom 24.2.1943), März 1943 bis März 1945 Lagerarzt in Mauthausen-Gusen; 1947 im Dachauer Mauthausen-Prozess zum Tode verurteilt und 1949 hingerichtet.

8 Enna Weiß, Studentin der Medizin, wurde im Frühjahr 1942 aus der Slowakei nach Auschwitz deportiert; lebte nach dem Krieg in Adelaide, Australien.

9 Orli Wald, geb. als Aurelia Torgau, gesch. Reichert (1914–1962), Verkäuferin; 1936 wegen Widerstandstätigkeit zu 4 ½ Jahren Zuchthaus verurteilt, von Dez. 1940 an im KZ Ravensbrück, am 26.3.1942 mit dem ersten Frauentransport aus Ravensbrück nach Auschwitz überstellt, Blockälteste im Häftlingskrankenbau im FKL, im Jan. 1945 Todesmarsch nach Ravensbrück und Malchow; lebte nach dem Krieg in Ilten bei Hannover.

10 Im Original deutsch.

am Morgen, das heißt um 6 Uhr. Danach können wir den ganzen Tag schlafen. Auf dem Schreibtisch liegt eine Liste mit der Beschreibung von 34 Krankheiten, die als Todesursache der Opfer genannt werden. Es gibt hier eine Typhusepidemie und das sogenannte Fleckfieber. Täglich sterben in Birkenau zwischen 400 und 500 Frauen. Jede Nacht müssen wir dementsprechend viele Sterbeurkunden ausstellen. Alle Angaben auf den Karteikarten werden im Büro gefälscht. Zuerst vermerken wir den Todeszeitpunkt. Die Opfer haben das Recht, alle zwei Minuten zu versterben, so ist die „Vorschrift",[11] zum Beispiel vom Morgenappell bis zum Abendappell, also zwischen 7 Uhr morgens und 6 Uhr abends oder zwischen 7 Uhr abends und 6 Uhr morgens. „Nach dem Abendappell um 7.02 Uhr verstarb der poln. jüdische Schutzhäftling Sowieso auf akuten Magendarmkatarrh und Herzschwäche. Der Nächste verstarb um 7.04 Uhr auf der Lagerstraße, der sogenannten Kasernenstraße usw. auf Myocarditis, auf Pneumonie, auf Lungenentzündung, auf Rippenfellentzündung, akuter Magendarmkatarrh, allgemeine Körperschwäche etc."[12] Es stehen 34 verschiedene Krankheiten zur Auswahl, und die Schreibkräfte dürfen sich für die Opferkartei eine davon aussuchen, um dann die Krankheit *genauestens* zu beschreiben, die faktisch nichts mit dem Opfer zu tun hat, das immer mit Gas getötet wurde. Diese Dokumente werden dann von einem deutschen Arzt unterschrieben, woraufhin Telegramme mit Angaben zum Todeszeitpunkt und zur Todesursache in die ganze Welt verschickt werden. In den meisten Fällen entscheiden sich die Schreibkräfte für Herzschwäche als Todesursache, da man dafür nur 4 Zeilen tippen muss. Die Arbeit geht schnell von der Hand und macht keine Mühe. In der letzten Zeit war es sehr heiß, es gibt kaum Wasser. Die Baracken sind von Sumpfland umgeben und auf lehmigem Grund gebaut, unter dem sich einem Gerücht zufolge die Leichen von 14 000 russischen Kriegsgefangenen befinden, die vor uns hier gewesen sein sollen und angeblich die Baracken errichtet haben.[13] Deswegen werden sie auch die russischen Baracken genannt. Schlechtes Essen und der Mangel am Lebensnotwendigsten sind die Gründe dafür, warum sich Häftlinge, wenn sie von der schweren Zwangsarbeit zurück ins Lager kommen, auf Regenpfützen stürzen und untereinander um jeden Tropfen Wasser im Schlamm kämpfen und warum sich überall im Lager Fleckfieber ausgebreitet hat. Heute wurden 450 Todesfälle gemeldet, die alle, so brüllt unsere Frinke, bis 5 Uhr morgens dokumentiert sein müssen. Wer einen Namen oder eine Zahl falsch schreibt, solle sich schon mal auf Block 25 gefasst machen. Wir wissen alle sehr genau, was es mit Block 25 auf sich hat. Auf der gegenüberliegenden Seite der Schreibstube befindet sich dieser furchtbare Todestrakt für diejenigen, die für die Vergasung vorgesehen sind und nur noch auf den Moment warten, in dem sie zum Lastwagen gebracht werden. Sie liegen dort zerlumpt mitten in Schmutz, Exkrementen und Morast und halten sich krampfhaft an den Gittern der Barackenfenster fest, heulend und schreiend, in dem Wissen, dass bald ein Lastwagen vorfahren wird und SS-Männer, zusammen mit der Arbeitsdienstführerin Drechsler[14] und drei bis vier Helferinnen, sie auf den Lkw laden, zur Gaskam-

11 Im Original deutsch.

12 Fehlerhaftes Deutsch im Original.

13 Im Okt. 1941 wurden 10 000 sowjet. Kriegsgefangene nach Auschwitz gebracht und für den Aufbau von Birkenau eingesetzt. Nur 945 waren noch am Leben, als die Gruppe im März 1942 nach Birkenau verlegt wurde. Zahlreiche verstorbene Kriegsgefangene wurden in der Nähe des Lagers Birkenau in Massengräbern verscharrt.

mer und danach zum Krematorium bringen werden. Jeder weiß, dass alle, die einmal in Block 25 gelandet sind, das Lager nie wieder verlassen. Bevor sie vergast werden, müssen sie grausame Qualen erleiden. Es hängt ein süßlicher, ekelhafter Geruch von Leichen in der Luft, die auf dem Hof am Eingangstor liegen. Nachts sehe ich immer aus dem Fenster der Schreibstube. Um 22.30 Uhr fährt ein Lastwagen mit SS-Männern vor, und man kann die schrecklichen Schreie der Opfer hören, die auf die Ladefläche geworfen, mit Gewehren und Gummiknüppeln traktiert, an Haaren und Beinen gezerrt werden. Man hört auch das Lachen der SS-Männer, die für solche Einsätze in der Regel mit zwei bis drei Litern Branntwein ausgerüstet werden. Durch das quadratische Fenster habe ich gesehen, wie das gesamte Lager und der elektrische Zaun mit seinen weiß gestrichenen Pfosten und den über das Gelände verteilten 35 Posten in ihren Wachhäuschen nachts vom Scheinwerferlicht angestrahlt wurden. Man konnte die aufheulenden Motoren der Lkw hören, die vorfuhren und voll beladen wieder abrückten, bis der gesamte Block 25 geleert war. Aber am Morgen beim Zählappell, kurz bevor die Gruppen zur Arbeit ausrückten, war er schon wieder gefüllt und wartete mit seiner Fracht darauf, die Kamine, die Tag und Nacht in Betrieb sind, zu füttern. In Auschwitz gab es fünf solcher Kamine, die die unschuldigen Opfer verschlingen und vollständig zermahlen.[15] Die Schornsteine spucken nur noch ihre Asche aus, die entsprechend der wirtschaftlichen Pragmatik der Deutschen zu Dünger gemacht wird.

Es war, als würde ich einen schrecklichen Film anschauen, in dem ich leider auch selbst eine Rolle spielte. Ich wollte meinen Augen nicht trauen: Mein Blick und mein Gesicht veränderten sich nie, sie waren völlig ausdruckslos. Man sagte mir damals, ich wirke wie eine Leiche, weil ich kaum sprach und niemals lachte, während ich vorher ständig gelacht habe. Ich war von den Nachtschichten völlig erschöpft, vom ständigen schnellen Tippen und der Angst, einen Fehler zu machen, weil auch mir die Drohung von Block 25 vor Augen stand. Vor uns auf dem Tisch liegen Stapel von Akten über Menschen, die nicht mehr am Leben sind. Und bis zum Morgen muss festgehalten sein, wie die Opfer umgekommen sind. Ich habe davon geträumt, nur einmal, nur ein einziges Mal aufzuschreiben, woran diese Menschen tatsächlich gestorben sind. Stattdessen muss ich willkürlich eine Krankheit aus der Liste aussuchen. Wir fragen Frinke, welchen Todeszeitpunkt wir angeben sollen. Sie sagt, alles bis morgens um 5. Also: „Um 19.02 wurde auf der Kasernenstraße in Auschwitz die Leiche von … vorgefunden. Der Arzt stellte fest akute Herzschwäche. Die zweite um 19.04 Uhr usw."[16] Wenn ich nur schreiben könnte, dass das alles nicht wahr ist, dass das alles eine teuflische Erfindung ist, dass ich alles sehen kann, dass ich hinter Stacheldraht sitze und auf diese jungen Leben schaue, die man morgen oder übermorgen und immer wieder, solange neue Transporte ankommen, auf Lastwagen laden wird, als Futter für die Schornsteine, die man schlagen und treten, an den Haaren ziehen und mit Gewalt auf die Wagen zerren wird. Oh Gott, niemand

14 Richtig: Margot Drechsel (*1908), Sekretärin; 1941 Aufseherin in Ravensbrück, von April 1942 an Aufseherin in Auschwitz, von Okt. 1944 an Lagerführerin des Flossenbürger Außenlagers Nürnberg; Nachkriegsschicksal ungeklärt.

15 Im Sommer 1942 wurden die Leichen im Krematorium I eingeäschert, in Gruben verscharrt und von Sept. an auf Scheiterhaufen verbrannt. Im Aug. 1942 plante man den Bau weiterer Krematorien, die im Lauf des Frühjahrs 1943 fertiggestellt wurden; siehe Dok. 23 vom 19.8.1942, Dok. 52 vom 29.1.1943 sowie Dok. 75 vom 28.6.1943.

16 Zitat im Original in fehlerhaftem Deutsch.

wird dieser Hölle entkommen. Auch wir Frauen nicht, die wir wie Kinder und alte Menschen durch das Kriegsrecht geschützt waren. Selbst den ganz Kleinen, die auf der Lagerstraße, auf dem Boden, mitten im Schlamm auf die Welt gekommen sind, wird man zwei Tage nach ihrer Geburt die übliche Todesspritze verabreichen. Die kleinen Körper wird man auf die Leichenberge werfen, und sie werden von dort weitergeleitet bis an ihr Ziel. Und die Mütter wird man zu schwerer körperlicher Arbeit zwingen, durch die sie schnell an ihr Ende gelangen. Auf diese Weise habe ich meine beste Freundin verloren, die nicht wusste, dass es besser gewesen wäre, nicht anzugeben, dass sie im vierten Monat schwanger war. Sie nahm an, sie bekäme eine leichtere Arbeit zugeteilt, wenn sie es meldete. Daraufhin steckte man sie in den Trakt für schwangere Frauen. Sobald Plätze in den Gaskammern frei wurden, wurden sie abgeholt.
Stets habe ich den Block 25 vor Augen – auch dessen Leiterin, ein 18-jähriges Mädchen, wie es auf seinen hochhackigen schwarzen Schuhen über diesen Friedhof lebender Toter stakst und jedes Mal lacht, wenn ein Lastwagen ankommt. Man kann sehen, dass sie nicht normal ist.
Gestern war ich im Revier. Es befanden sich sehr viele Kranke dort, weil im Lager eine Epidemie ausgebrochen ist. Die Menschen sterben an Typhus und Malaria. Es gibt keine Strohbetten mehr, auf die man die Frauen legen könnte. Überall riecht es nach Chlor und abgestandener Luft, man hört Schreie in verschiedenen Sprachen und das Seufzen von Menschen, die um Wasser betteln. In unserer Schreibstube arbeiten in der Tages- und auch in der Nachtschicht nur noch drei Mädchen. Alle anderen sind krank, haben Typhus. Mir geht es noch gut, jeden Tag nehme ich heimlich Chinin, weil ich eine Höllenangst vor dieser Krankheit habe. Unsere Vorgesetzte Frinke misst jeden Tag vor Beginn der Arbeit mit dem Thermometer unsere Temperatur, weil sie fürchtet, wir könnten mit Fieber ins Büro kommen und ihre SS-Männer und sie selbst anstecken. Ich weiß ganz genau, dass ich heute über 38 Grad habe. Ich weiß nicht, was passieren wird. Ania, ein Schützling von Frinke, kam vor vierzehn Tagen mit Typhus ins Revier. Niemand bringt ihr ein Glas Wasser, sie leidet unter Schmutz, Hunger und furchtbarem Durst und ist lediglich von der Schreibmaschine befreit. Sie liegt dort unter einer schmutzigen Decke, auf der Millionen von Läusen und Fliegen tanzen. Ich versuche, ihr heimlich ein wenig schwarzen Kaffee zu bringen, den man selbst hier nur sehr schwer bekommen kann. Heute Abend ist die Rekonvaleszentin Ania in ihrem Nachthemd in unserer Schreibstube erschienen. Sie konnte sich nur mit Mühe auf den Beinen halten und sagte zu uns: „Ich habe gehört, dass morgen um 8 Uhr vor dem Revier Lastwagen vorfahren, alle aufladen und zum Krematorium bringen werden. Ich flehe euch an, versucht mich aus dem Krankenbau herauszuholen. Mir geht es schon wieder gut. Ich muss heute aus dem Revier raus, sonst werde ich morgen womöglich auf einem der Laster landen!“ Wir gerieten in Panik, wir hatten ebenfalls so etwas gehört, aber nicht erwartet, dass es bereits morgen so weit sei. Wie können wir helfen? Haben wir irgendeinen Einfluss im Revier? Was können wir tun, Ania, um dich herauszuholen? Wir haben Angst, nur ein einziges Wort darüber zu verlieren. Warum? Wir dürfen auf keinen Fall wissen, dass morgen die schwarzen Lastwagen vorfahren werden, können darüber auch nicht sprechen und wiederholen, was wir gerade erfahren haben! Was tun? Wie können wir Ania retten? Ich bin nicht mehr in der Lage, zu zählen oder zu schreiben, nichts, mich beherrscht nur noch ein einziger Gedanke: Wie Ania retten? Wozu könnte diese teuflische Arbeit gut sein? Was ist zu tun? Am Ende sage ich: Wir sollten unsere Vorgesetzte Frinke benach-

richtigen, sie mochte Ania, vielleicht wird sie ihr helfen. Wenn sie es will und befiehlt, wird Ania noch in dieser Nacht aus dem Revier entlassen werden. Wir sollten auf der Stelle zu Frinke gehen. Ich gehe zu Frinke – ich habe Angst, meine Knie zittern, aber ich setze mich in Bewegung. Es geht um Anias Leben – das macht mir Mut. Aber was bedeutet sie schon, sie allein? Morgen werden mindestens 4000 Mädchen aus dem Revier ihr Leben lassen. Frinke betritt den Raum, sagt: „Was hast Du hier in der Nacht [zu suchen]? Schnell ins Bett! Du wirst Dich erkälten!“[17] Diese Heuchlerin, sie weiß, dass Ania morgen auf den Lastwagen geladen werden wird, und sie tut so, als würde sie sich um ihre Gesundheit sorgen. Ania fällt auf die Knie, faltet die Hände wie zu einem Gebet und fleht: „Liebe Frinke, retten Sie mich, bitte, ich bin doch schon wieder gesund, ich will arbeiten, retten Sie mich, ich will zur Arbeit, ich will nicht mehr ins Revier, nehmen Sie mich heraus aus dem Revier.“ Frinke schaut durch ihre Brille: „Warum willst Du schon wieder heraus vom Revier, was? Du bist noch krank, Du wirst Dich verkühlen, geh sofort ins Bett.“[18] In meinem Kopf dreht sich alles. Weiß Frinke denn nicht, was morgen passieren wird? Ist sie wirklich besorgt um Ania, oder macht sie uns etwas vor? Ania kann sich nun nicht mehr zusammenreißen und beginnt zu weinen. Ihr ausgezehrter Körper wird von hysterischem Schluchzen geschüttelt. Sie sagt: „Frinke, morgen kommt doch die SS, und ich muss da weg, ich muss heute noch runter von der Krankenliste. Frinke, helfen Sie mir doch.“[19] Ania liegt auf dem Boden, ihr Kopf schlägt gegen die Wand, und sie schreit: „Frinke, helfen Sie mir.“[20] Jetzt zeigt Frinke ihr wahres Gesicht. Sie sagt: „Ich bin schon seit acht Jahren in Haft, ich habe meine Freiheit eingebüßt, ich könnte mit Hilfe unserer SS-Männer eine viel bessere Position haben, wollte aber meine Überzeugungen nicht verraten, für meine Überzeugungen würde ich alles geben. Und du weigerst dich, für deinen jüdischen Glauben zu sterben? Du bist es nicht wert, eine jüdische Frau zu sein. Ihr alle hier müsst sterben, ihr begreift nur nicht, dass euch nur noch eine Frist bleibt, solange ihr zum Tippen an der Schreibmaschine gebraucht werdet oder für andere Tätigkeiten. Deswegen seid ihr beurlaubt. Ihr seid Tote auf Urlaub. Es macht doch keinen Unterschied, ob du heute stirbst und deine Schwestern später sterben werden. Es ist doch besser, früher zu sterben, als zu ahnen, dass du am nächsten Tag dran sein wirst. Du solltest stolz darauf sein, dein Leben deinem Glauben zu opfern, und ich werde nichts unternehmen, um dich aus dem Revier zu holen. Geh schlafen, ansonsten wirst du dir eine Erkältung holen!! Rede keinen Unsinn, morgen wird gar nichts passieren. Das entspringt deiner krankhaften Phantasie.“ Wir alle hören zu, und ich weiß nicht, wem ich glauben soll: unserer armen Ania, die morgen verbrannt werden soll, oder dieser Frinke, die uns versichert, morgen werde nichts dergleichen geschehen. Möge Gott sie retten und dafür sorgen, dass dieser Krieg noch in dieser Nacht zu Ende geht, dass wir uns eines Tages werden rächen können, dass dann sie die Toten auf Urlaub, wie sie uns heute nennen, sein werden. Frinke packt Ania und wirft sie aus der Schreibstube. Womöglich wird morgen auch gar nichts passieren – wer weiß –, jede macht sich ihre eigenen Gedanken. Wir sind alle machtlos und ohne jede Energie. Es ist 6.30 Uhr am Morgen. Ich lege mich schlafen, die Nachtschicht ist zu Ende. Ich bin so müde, dass

17 Im Original deutsch.
18 Zitat im Original deutsch.
19 Im Original deutsch.
20 Im Original deutsch.

ich an nichts anderes mehr denken kann, ich will nur noch schlafen, schlafen. 9 Uhr. Ich werde von einem schrecklichen Lärm aus den Baracken geweckt. Das Geräusch von laufenden Motoren und Schreien dringt unter meine Decke, in die ich mich fest eingewickelt habe, um zu verhindern, dass die Fliegen sich einfach über meinen Körper hermachen können. Ich verdränge alle Gedanken und lausche. Das gesamte Revier sowie die Insassen des Schonungsblocks werden auf Lastwagen geladen. Ania, kommt mir plötzlich in den Sinn. Die arme Ania. Und Gitka Frenkel, meine beste Freundin, befindet sich ebenfalls auf einem der Laster, sie wird ihren kleinen Sohn, den sie in Freiheit zurückgelassen hat, nie wiedersehen. Alle sind auf den Lastern: Ania ging mit zusammengepressten Lippen. Sie hat kein einziges Wort mehr gesagt. Dabei war sie schon wieder einigermaßen gesund, genauso wie Gitka. Seit ihrer schweren Typhuserkrankung waren 14 Tage vergangen, und nun, nachdem sie diese schreckliche Krankheit endlich überwunden hatte, wartet der Schornstein auf sie. Oh Gott, ist das wahr? Ist das wirklich wahr? Kann das wahr sein? Ich liege auf einem der oberen Stockbetten, und nach einer ermüdenden Nachtschicht dringen alle Nachrichten wie aus einer anderen Welt zu mir vor. Es stimmt also, was Ania gestern gesagt hat. Die arme Ania, sie ist bereits auf einem der Laster. Wie sehr sie am Leben hing – und wie sehr sie diese verdammte Frinke angefleht hat, sie zu retten. Hätte Frinke nur ein Wort gesagt, hätte sie behauptet, dass sie Ania ganz dringend für die Schreibstube benötigt, das hätte zumindest vorübergehend ihr Leben gerettet. Niemand weiß, für wie lange, aber Frinke wollte einfach nicht. Sie nannte uns Tote auf Urlaub und sagte, dass sie solche Leute nicht schützen wolle. Sie sprach von jüdischem Stolz und meinte, wir sollten mit Stolz und einem Lächeln in den Tod gehen. Aber wer ist schon dazu in der Lage? Im Angesicht des Todes – und was für eines Todes – wollen doch alle am Leben bleiben. Während ich diesen Gedanken nachhänge, bemerke ich, dass jemand versucht, sich geräuschlos in unser Zimmer zu schleichen. Ich kenne sie nicht, eine kindliche Gestalt in zerrissenen Kleidern. Sie betritt schweigend den Raum, kriecht auf eines der oberen Betten und versteckt sich unter der Matratze. Das arme Ding hat sich so gut versteckt, dass man gar nichts mehr von ihm sieht. Mir fallen vor Müdigkeit die Augen zu, ich will nicht weiter nachdenken, obwohl ich weiß, dass, wenn ich jetzt einschlafe, alle meine Schwestern in die Gaskammern getrieben werden. Ania und Gitka und Cyla, wie furchtbar! Ich habe Angst davor, dass die SS-Männer auch hierher kommen werden, alles ist möglich. Und das Mädchen, das sich hier versteckt: Woher kommt es? Ich schlafe ein. Auf einmal werde ich von einem schrecklichen Schrei geweckt: „Ich will leben, ich bin doch noch so jung!“ Ich hebe meinen Kopf von der Decke und schaue mich um. Vor dem Bett, in dem sich das arme Mädchen versteckt hat, steht ein SS-Mann in einem Arztkittel aus weißem Leinen. Er zerrt sie von der Matratze und brüllt: „Das ist die Nummer vom Revier, was ist weggelaufen, da hat sie sich versteckt, und ich Dummkopf suche sie im ganzen Lager, und da steckt sie. Komm sofort heraus!“[21] „Ich will leben, Herr SS-Mann, ich bin doch ganz gesund, ich habe erst 18 Jahre!“[22], stößt das Opfer unter Tränen hervor, faltet die Hände und fällt vor dem Mörder auf die Knie. Direkt daneben steht die junge Sanitätshelferin, die für die verloren gegangene Nummer verantwortlich ist. Sie war es, die dem Arzt gezeigt hat, wo sich das Opfer versteckt hielt! Ich denke, diese Verräterin. Du Verbrecherin, du musstest sie nicht

21 Fehlerhaftes Deutsch im Original.
22 Fehlerhaftes Deutsch im Original.

ausliefern! Warum hast du sie verraten, wo es ihr doch geglückt war, sich unter der Matratze zu verstecken und dort so lange unentdeckt auszuharren? Vielleicht hattest du Angst um deine eigene Sicherheit, vielleicht wolltest du den SS-Mann für dich einnehmen! Das arme Opfer schreit. Ich werde diesen Schrei nicht los, ich höre ihn ständig in meinem Kopf, diesen Schrei eines Tieres, das vor dem Jäger flieht. „Herr SS-Mann, ich will leben!" „Schrei doch nicht so, du bekommst 25 auf dem Arsch und dann gehst du ins Block 25, wo wirst du abwarten, bis der nächste Transport zur Gaskammer kommt!"[23] Oh, mein Gott, für einen Moment dachte ich, er würde Gnade walten lassen – aber nichts dergleichen. Er muss den Transport ja vollständig abliefern, diese verfluchte deutsche Bürokratie – nur um die vorgegebene Zahl zu erfüllen, muss er Menschen ins Gas schicken. Es muss einfach stimmen. Nichts half. Sie wurde abgeführt, all ihre Angst und dann auch noch 25 [Schläge] kurz vor dem Ende! Ich fürchte mich davor aufzustehen, heutzutage ist es gefährlich, im Lager unterwegs zu sein, aber es ist noch schlimmer, in den Stockbetten liegen zu bleiben. Was soll ich tun? Lager und Revier sind aufgeräumt, es gibt dort keine Kranken mehr, alle sind wohlauf. Wer wird nun zur Gaskammer gebracht? Jetzt kommen wir dran. Der letzte Laster fährt ab, fast ausschließlich mit jungen Mädchen im Alter von 14, 15 oder 16 Jahren. Sie sind tapfer auf ihrem letzten Weg, man hört kein Wehklagen. Auf einmal wird auf einem der vollbesetzten Lastwagen ein Lied angestimmt: „Koolod balejwow peejnima, nejfesz jehudi cojfija …"[24] Die SS-Männer sind für einen Moment verdutzt, dieses Lied von einem Lkw auf dem Weg zum Krematorium zu hören. Die Opfer singen unsere Nationalhymne Kooled balejwow. Wird dieses Lied jemals in unserem eigenen Land voller Stolz gesungen werden? Wird eine von uns überleben und dieses Lied mit Freude, Stolz und Tränen in den Augen und einem unbeschwerten Herzen in ihrem eigenen Land anstimmen? Das treibt mich um. Ist das Blut der Besten unter uns umsonst vergossen worden? Diese armen Menschen werden ins Feuer geführt. Dieses Blutvergießen muss gerächt werden, sie gehen mit ihrem Glauben und sterben für ihren Glauben. Niemand kennt all diese unbekannten Helden. Heute Abend werde ich mich wieder zur Nachtschicht einfinden.

Wir schreiben das Jahr 1942, es ist unser Feiertag, Jom Kippur.[25] Nach diesem schrecklichen Tag sitzen wir in der Schreibstube, niemand von uns ist in der Lage, nur ein Wort des Gebets zu sprechen. Wir haben unseren Glauben verloren, sind unfähig zu denken. Das erste Mädchen von der Schicht, Cyla Orlean aus der Slowakei, fragt mich: Ist es möglich, dass die ganze Welt keine Ahnung hat, was hier vor sich geht, und es zulässt, dass unzählige Menschen täglich durch den Schornstein gejagt werden? Interessiert sich denn niemand für uns? Gibt es niemanden, der dem Ganzen ein Ende bereitet? Ich verstehe, dass Krieg ist, sagt sie, aber die Menschen hier sind schon seit Jahren eingesperrt. Es gibt ein Kriegsrecht, und ich habe noch nie davon gehört, dass Angehörige anderer Nationen gefangen genommen und einfach vernichtet werden. Ich antworte: Hör mir zu, liebe Celina Orlean, ich war einmal im Zimmer der Blockführerin. Es gab

23 Fehlerhaftes Deutsch im Original.

24 Die haTikwa (hebr.: die Hoffnung) ist seit Ende des 19. Jahrhunderts die Hymne der zionistischen Bewegung, heute die Nationalhymne Israels. Sie beginnt mit der Strophe „Kol od ba-lewaw penima-Nefesch jehudi homija" (Solange noch im Herzen eine jüdische Seele wohnt).

25 Jom Kippur fiel im Jahr 1942 auf den 21.9.

dort ein Radio, und ich war in diesem Zimmer ganz allein. Etwas trieb mich an, ich erwischte London, ausländische Radiostationen. Ein sogenannter schwarzer Sender berichtet jeden Tag darüber, dass es hier in Auschwitz eine Bäckerei gibt – eine Menschenbäckerei.[26] Solche Nachrichten werden von den ausländischen Radiostationen verbreitet, doch die Menschen glauben sie nicht, sie meinen, dass es sich dabei um gezielte antideutsche Propaganda handelt. Und selbst wenn man in anderen Ländern davon weiß: Es herrscht Krieg, und niemand wird uns zu Hilfe kommen, bevor der Krieg vorbei ist. Du solltest nicht darauf setzen, dass es irgendeinen Gefangenenaustausch geben wird. Niemand wird sich schützend vor uns Juden stellen, und Arier werden offiziell nicht verbrannt. Wenn aber alle Juden verbrannt sind, wer wird dann noch Widerstand gegen Hitler leisten? Juden sind aber auch Bürger der Vereinigten Staaten oder der Schweiz, sagt Cyla. Diese Länder könnten die dort lebenden Deutschen in Konzentrationslager einsperren, ihnen die Haare bis auf die Kopfhaut abscheren wie uns, die Kinder gewaltsam von ihren Müttern trennen, alte Menschen vergasen und die gleichen Methoden gegenüber den Deutschen anwenden, die dort leben. Du kannst sicher sein, dass die Vernichtungsmaßnahmen daraufhin sofort eingestellt würden. Du hast recht, antworte ich ihr, aber niemand wird das tun, weil niemand so weit gehen würde für unser Volk. Nichts wird uns retten, heute Morgen hat man 4500 Menschen vergast. Wenn es in diesem Tempo weitergeht, wird Hitler seine Arbeit bald so vollenden, wie er es vorausgesagt hat. Glaubst du noch an irgendetwas, bist du noch fähig dazu, an irgendetwas zu glauben? Hast du immer noch so etwas wie eine Seele, und glaubst du daran, dass es ein höheres Wesen gibt und unsere Bestrafung eine Strafe des Himmels ist? Dass wir mit erhobenem Haupt und mit der Überzeugung in den Tod gehen sollten, dass wir für unseren Glauben sterben, den ältesten unter allen, und dass er alle Völker und Nationen überleben wird? Wir werden umkommen, aber unser Volk auf der anderen Seite des Ozeans lebt weiter, und vielleicht wird es irgendwann einmal in Zukunft, wenn eine von uns wie durch ein Wunder überleben sollte, was heute noch unvorstellbar erscheint, und von ihrem Leben berichten wird, etwas von uns lesen. Und der Leser wird dann begreifen, dass wir ein altes Volk sind, das immer schon aufgrund seines Glaubens leiden musste. Heute, am Jom-Kippur-Tag, an dem wir gerichtet werden, erinnere dich der Worte des Gebets: Die Kinder büßen für die Verfehlungen ihrer Eltern, die Eltern für die Verfehlungen ihrer Kinder, ein Mann büßt für seine Ehefrau und die Frau für ihren Mann. Heute zahlen wir für diese Verfehlungen. Gottes Ratschluss ist unergründlich. Wer weiß schon, ob das heutige Blutvergießen nicht dazu beitragen wird, einen großartigen und freien jüdischen Staat aufzubauen, ob es nicht alle in der ganzen Welt verstreuten jüdischen Kinder in einem heiligen Krieg für Israel wieder zusammenführen wird, da dies das Land ist, aus dem wir alle vertrieben wurden und in das wir, weil wir dazu bestimmt sind, zurückkehren werden. Und wenn wir ausersehen sind, die ersten Opfer zu sein, sind wir zugleich auch das Fundament für unsere zukünftigen großen Ideale. Und wir sollten uns an den Worten eines großen Mannes, an Trumpeldor,[27] ein Beispiel nehmen, der gesagt hat: Tow lamuth be'ad arzenu. Es ist gut, für dein Land zu sterben.
Aufgeschrieben von einem Mädchen, Insassin des Konzentrationslagers Auschwitz, Nr. 7560.

26 Erste Nachrichten über den Judenmord in Polen brachte die BBC im Juni 1942; siehe VEJ 9/87.

DOK. 26

Die Regierungsdelegatur macht am 4. September 1942 in einem Bericht an die polnische Exilregierung in London erstmals auf Morde durch Giftgas in Auschwitz aufmerksam[1]

Bericht der Regierungsdelegatur, ungez., an die poln. Exilregierung in London, erstellt nach dem 1.6.1942, abgesandt am 4.9.1942[2]

Auschwitz

1) Der Bestand des Frauenlagers betrug gemäß Häftlingskartei am 1. Juni 1942 8620 [Personen], davon etwa 150 Polinnen, 850 Deutsche, 300 verschiedener [Nationalitäten]. Alle Übrigen waren Jüdinnen, insgesamt 7320. Der tatsächliche Bestand betrug am 1. Juni 1942 jedoch nur 7740, davon 148 Polinnen, 835 Deutsche, 292 Übrige und 6455 Jüdinnen. Seit Einrichtung des Lagers bis zum 1. Juni sank die Zahl um 880 [Personen].

2) Der Bestand des Männerlagers umfasst nach der Häftlingskartei 38 720 [Personen], davon 27 860 Polen, 8170 Juden (1100 französische, 5000 tschechische,[3] 2070 polnische), 1100 Tschechen, 890 Deutsche, 690 Angehörige anderer Nationalitäten (431 Ukrainer, 142 Russen, 47 US-Amerikaner, 58 Jugoslawen, 12 andere). Der tatsächliche Bestand zum 1. Juni 1942 betrug insgesamt 15 340 [Personen], davon 9245 Polen, 4120 Juden, 740 Tschechen, 750 Deutsche und 485 verschiedene.[4]

3) Jungen ab 12 Jahren werden separat in die Blocks eingegliedert, ebenso Mädchen und Alte. Unter 12-Jährige werden nicht im Lager aufgenommen, sondern sofort ermordet.

4) Auf Grundlage der Karteien haben insgesamt 38 720 Häftlinge zuzüglich 13 000 Bolschewiken[5] und 3000 zeitweilige Häftlinge, die zu einigen Wochen [Haft] verurteilt worden sind,[6] das Männerlager durchlaufen, hinzu kommen 8620 Frauen, zusammen 63 340.

5) Weitere 22 500 [Menschen] durchliefen das Lager ohne Registrierung. Diese Zahl ist schwer zu verifizieren, allerdings dürften die Abweichungen nicht sehr hoch sein. [Es handelt sich um] etwa 4000 Polen, 8500 Bolschewiken und 10 000 Juden. Zusammengefasst ergeben die obigen Zahlen 63 340 plus 22 500 insgesamt 85 840. Etwa 5000 wurden

27 Joseph Trumpeldor (1880–1920), Zahnarzt, Offizier; 1905 Teilnahme am Russ.-Japan. Krieg, 1906 Offizier in der russ. Armee; 1911 Einwanderung nach Palästina; Gründer der Hechaluz-Jugendorganisation, die Einwanderer auf das Leben in Palästina vorbereitete; starb während der Kämpfe um jüdische Siedlungen in Tel Chai.

1 AAN, 1325/202/I-31, Bl. 194. Abdruck in: Marczewska/Ważniewski, Oświęcim (wie Dok. 3, Anm. 1), S. 31 f., 34. Das Dokument wurde aus dem Polnischen übersetzt.

2 Handschriftl. Anmerkung am Ende des Textes: „mit der Post 4/IX via Bdp. [Budapest] geschickt". Budapest lag auf einer wichtigen Kurierroute des poln. Untergrunds. Am 12.11.1942 ist die Ankunft der Nachricht in London dokumentiert; Michael Fleming, Auschwitz, the Allies and Censorship of the Holocaust, Cambridge 2014, S. 135, 351 (Anm. 133).

3 Gemeint sind slowak. Juden, die im Frühjahr 1942 nach Auschwitz-Birkenau deportiert wurden.

4 Aus erhaltenen Karteien geht hervor, dass sich am 1.6.1942 14 188 männliche Häftlinge in Auschwitz I und II befanden.

5 Zu dieser Zeit befanden sich 13 757 sowjet. Kriegsgefangene in Auschwitz.

6 Gemeint sind sog. Arbeitserziehungshäftlinge; siehe Einleitung, S. 15. Bis Juli 1942 wurden etwa 3000 Arbeitserziehungshäftlinge in Auschwitz registriert.

befreit oder abtransportiert. Im Moment leben 23 080 (Frauen und Männer) dort. Also hat das Lager bereits etwa 57 600 Opfer gefordert.
6) Die durchschnittliche Sterblichkeit (bezogen auf diejenigen, die im Lager sterben, mit Ausnahme von „Birkenau", wo massenhaft gemordet wird) beträgt 250 Personen täglich. 10 Prozent von ihnen sterben aufgrund von Alter und schweren Krankheiten, die Übrigen an den Folgen von Schlägen und Erschöpfung.
7) Es gibt viele Tötungsmethoden, zum Beispiel Erschießungen durch entsprechende Kommandos, Tötungen mit Hammerluft[7] und neuerdings die Vergasung in Gaskammern. Mit der ersten und zweiten Methode ermorden sie zu Tode verurteilte Häftlinge, die von der Gestapo überstellt werden, mit der dritten kranke, arbeitsunfähige Häftlinge sowie Transporte, die bereits mit der Bestimmung, getötet zu werden, in Auschwitz eintreffen (Bolschewiken und neuerdings Judentransporte).
8) Für die verschiedenen Mordmethoden werden die eifrigsten SS-Leute, die sogenannten Blockführer, herangezogen. Ihre Zahl schwankt zwischen 20 und 30 Personen, darunter einige Offiziere.
9) Die Leichen derer, die im Lager sterben, werden in das Krematorium gebracht, in dem nur ungefähr 200 Personen am Tag verbrannt werden können. Der Rest wird nach Birkenau gebracht und dort in hierfür ausgehobene Gruben vergraben. Die dort Vergasten werden auch dort begraben.
Achtung: Nicht alle Zahlenangaben sind genau, weil eine Überprüfung schwierig ist und der Bestand an Personen täglich schwankt. Ich habe mich jedoch bemüht, die zuverlässigsten Daten anzugeben.

DOK. 27

Lagerarzt Johann Kremer notiert einige Tage nach seiner Ankunft in Auschwitz am 5. und 6. September 1942 seine Eindrücke[1]

Handschriftl. Tagebuch von Johann Kremer,[2] Eintrag vom 5. und 6.9.1942

5. September 1942.
Heute mittag bei einer Sonderaktion aus dem F.K.L. („Muselmänner"):[3] das Schrecklichste der Schrecken.
Hschf. Thilo[4] hat Recht, wenn er mir heute sagte, wir befänden uns hier am anus mundi. Abends gegen 8 Uhr wieder bei einer Sonderaktion aus Holland.[5] Wegen der dabei abfallenden Sonderverpflegung, bestehend aus einem fünftel Liter Schnaps, 5 Cigaretten, 100 g Wurst und Brot, drängen sich die Männer zu solchen Aktionen. Heute und morgen (Sonntag) Dienst.

7 Es gibt keinen Beleg für diese Tötungsmethode in Auschwitz.

1 AIPN, BU 2535/277. Das Original konnte nicht eingesehen werden. Kopie: StAN, KV-Anklage, Dokumente, Fotokopien, NO-3408. Abdruck in: Hefte von Auschwitz, 13 (1971), S. 42 f.

2 Dr. Johann Paul Kremer (1883–1965), Arzt; 1932 NSDAP-, 1935/36 SS-Eintritt; 1936 Professor in Münster, im Sommer 1942 freiwillige Meldung als Arzt ins SS-Lazarett in Prag, 29.8.–18.11.1942 Lagerarzt in Auschwitz, danach Rückkehr nach Münster; 1947 in Krakau zum Tode verurteilt, begnadigt und 1958 freigelassen, 1960 in Münster zu zehn Jahren Haft verurteilt, die durch die poln. Haft als abgegolten angesehen wurden.

6. September 1942.
Heute Sonntag ausgezeichnetes Mittagessen: Tomatensuppe, ½ Huhn mit Kartoffeln und Rotkohl (20 g Fett), Süßspeise und herrliches Vanilleeis. Nach dem Essen Begrüßung des neuen Standortarztes, Obersturmführer Wirths,[6] der aus Waldbröl gebürtig ist. Sturmbannführer Fietsch in Prag war sein ehemaliger Regimentsarzt.
Nun bin ich eine Woche im Lager, doch bin ich die Flöhe in meinem Hotelzimmer noch immer nicht völlig wieder los trotz aller Gegenmaßnahmen mit Flit (Couprex) etc.
Einen erfrischenden Eindruck hat es bei mir gewonnen, als ich dem Adjutanten des Kommandanten[7] meinen Antrittsbesuch machte und über seinem Arbeitszimmer die große auf Papier gemalte Inschrift „Radfahrer absteigen“[8] las. Übrigens hängt auch in der Schreibstube unseres SS-Reviers der bemerkenswerte Spruch:
Hast du im Leben tausend Treffer
Man sieht's, man nickt, man geht vorbei;
Doch nie vergißt der kleinste Kläffer
Schießt du ein einzig Mal vorbei!
Abends um 8 Uhr wieder zur Sonderaktion draußen.[9]

3 Am 5.9.1942 führte die SS im FKL Birkenau eine Selektion durch, nach der etwa 800 geschwächte weibliche Häftlinge, die im Lagerjargon „Muselmänner“ genannt wurden, im Bunker durch Gas getötet wurden.

4 Randbemerkung im Original: „Truppenarzt“. Heinz Thilo (1911–1945), Arzt; 1930 NSDAP-Eintritt; Frauenarzt bei der Organisation Lebensborn, von Juli 1942 an Truppen- und Lagerarzt im KZ Auschwitz, 1943 SS-Eintritt, im Okt. 1944 nach Groß-Rosen versetzt; nahm sich am 13.5.1945 das Leben.

5 714 Jüdinnen und Juden waren aus Westerbork nach Auschwitz deportiert worden. 53 Frauen wurden ins Lager eingewiesen, alle anderen in der Gaskammer ermordet.

6 Dr. Eduard Wirths (1909–1945), Arzt; 1933 NSDAP-, 1934 SS-Eintritt; 1942 Lagerarzt in Dachau und Neuengamme, von Sept. 1942 an Standortarzt in Auschwitz, verantwortlich für Selektionen und medizinische Versuche, nach Jan. 1945 in Mittelbau-Dora, Bergen-Belsen und Neuengamme eingesetzt; nach Kriegsende in brit. Internierung, nahm sich im Internierungslager Staumühle das Leben.

7 Robert Mulka.

8 Zeitgenössische ironisch gemeinte Bezeichnung für Menschen, die gegenüber ihren Vorgesetzten buckeln und nach unten treten, symbolisiert durch die Körperhaltung des Radfahrers.

9 An diesem Tag wurden 981 Juden aus dem Lager Drancy nach Auschwitz gebracht. 16 Männer und 33 Frauen wies die SS als Häftlinge in das Lager ein; alle anderen wurden in der Gaskammer ermordet.

DOK. 28

Informacja Bieżąca: Bericht vom 8. September 1942 über Gaskammern in Auschwitz, in denen täglich 1000 Menschen getötet werden[1]

[…][2]

Publikation möglich:

Auschwitz. Das Lager zählt derzeit ca. 100 000 Häftlinge, darunter 70 000 Juden aus ganz Europa.[3] Es gibt im Lager so viele Typhus-Fälle, dass sogar die SS-Bewachung das Lager nicht verlässt. Auch die Häftlinge werden derzeit nicht zu Arbeiten aus dem Lager herausgeführt. Die einzelnen Blocks sind voneinander isoliert.[4] In den letzten Monaten organisierte man auf dem Lagergelände: 1) die Installation von Gaskammern, in denen Juden vergiftet werden (durchschnittlich 1000 am Tag),[5] 2) ein bakteriologisches Institut, in dem Experimente an Polen durchgeführt werden – dort sterben einige Dutzend Menschen täglich, 3) ein biologisches Institut, das komplizierte Untersuchungen an Deutschen und Polen durchführt. Folge dieser Praktiken ist die Ingangsetzung von drei Krematorien, die im Moment 24 Stunden am Tag am Laufen sind.[6]

[…][7]

Bor.[8]

1 Informacja Bieżąca, Nr. 33 (58) vom 8.9.1942, S. 1; AAN, 1325/202, III-7, Bl. 146 f.; teilweise abgedruckt in: Marczewska/Ważniewski, Oświęcim (wie Dok. 3, Anm. 1), S. 44. Das Dokument wurde aus dem Polnischen übersetzt. Informacja Bieżąca (Laufende Nachrichten) war ein internes Mitteilungsblatt des Nachrichtendienstes der Regierungsdelegatur, das 1941–1944 wöchentlich erschien.

2 Im ersten Teil des Mitteilungsblattes mit dem Vermerk „Nicht publizieren" geht es um Verhaftungen von namentlich genannten Einzelpersonen durch die Gestapo und verschärfte Bestimmungen zum Zwangsarbeitseinsatz von Polinnen und Polen.

3 Die Zahl ist überhöht. Bis Sept. 1942 waren rund 82 000 Häftlinge registriert worden, von denen über 30 000 bereits ermordet oder an den Lagerbedingungen gestorben waren.

4 Im Sommer 1942 führte eine Flecktyphusepidemie unter den Häftlingen zu vielen Todesfällen. Auch SS-Wachleute steckten sich an. Aus diesem Grund rief die Lagerverwaltung von Juli bis Okt. 1942 eine sogenannte Lagersperre aus.

5 Seit Frühjahr 1942 waren in Birkenau zwei Bauernhäuser zu Gaskammern umgebaut worden. Bunker I fasste ungefähr 800 Personen, Bunker II 1200 Personen.

6 Im Sept. 1942 war ausschließlich das Krematorium I in Betrieb, dessen Verbrennungskapazität etwa 340 Leichen pro Tag betrug. Die Toten aus den Gaskammern der Bunker I und II wurden in Massengräbern verscharrt. Ende Sept. begannen großangelegte Verbrennungsaktionen. Der Bau des Krematoriums II auf dem Gelände von Birkenau hatte im Juni 1942 begonnen; die Errichtung von drei weiteren Krematorien in Birkenau war im Aug. 1942 beschlossen worden; siehe Dok. 23 vom 19.8.1942.

7 Im Folgenden geht es um die Ausforschung von poln. Geistlichen durch die Sicherheitspolizei, die Registrierung von Reichsdeutschen, Todesurteile gegen Polen, Exekutionen, Verhaftungen von Geistlichen in Ostpolen und neue brutale Deportationen aus dem Warschauer Getto.

8 Borowski – Deckname von Antoni Szymanowski (1914–1985), Historiker; im Sept. 1939 Kriegsteilnahme; von 1940 an im Büro für Information und Propaganda tätig, von 1941 an in der Demokratischen Partei aktiv; später Redakteur der Zeitschrift Nowe Drogi, 1944 Redakteur des Biuletyn Informacyjny; nach 1945 Mitarbeiter des poln. Außenministeriums, 1957–1964 poln. Botschafter in Stockholm.

DOK. 29

Betriebsleiter Otto Heine fordert am 14. September 1942 den Abtransport von kranken Häftlingen aus dem Lager Jawischowitz[1]

Schreiben, gez. Heine[2], Dir/Sch., Brzeszcze, an die Hauptverwaltung in Kattowitz, z. Hd. des Herrn Bergrat Dr. Ing. v. Dewall[3], vom 14.9.1942

Ergänzend zu meinen bisherigen Berichten teile ich Ihnen mit, daß wir im Lager Jawischowitz rund 500 Häftlinge haben, von denen etwa 200 eingesetzt sind.[4] Von den 200 Häftlingen sind 150 Juden und 50 Deutsche. Der Rest besteht aus Juden. Sie sind seit 14 Tagen hier in Quarantäne. Es ist im Augenblick nicht möglich, aus frischen Transporten Häftlinge zu bekommen. Wo wohl ein großer Bau geplant ist die einsatzfähigen Häftlingen bereits ausgeladen werden.[5]
Leider haben wir unter den Häftlingen auch erhebliche Erkrankungen. Schon Anfang der vorigen Woche wurden 5 nach Auschwitz gebracht, von denen 2 flecktyphusverdächtig waren. Am Samstag, den 12. war ich mit 2 Offizieren und einem Arzt wieder gegen Mittag in dem Lager, um 50 von den sich in Quarantäne befindlichen Häftlingen für die Kraftwerksarbeiten auszumustern. Bei dieser Gelegenheit erfuhr ich, daß sich bereits wieder 7 in der Revierbaracke befinden. Bei der Untersuchung ergab sich dann, daß 3 Häftlinge schweres Fleckfieber hatten.
Ich habe dann mit Nachdruck darauf hingewiesen, daß derartige Zustände unmöglich sind und den sofortigen Abtransport der 7 Mann verlangt, sie sind im Laufe des Samstag Nachmittag abtransportiert worden.[6] Der Arzt sagte mir, daß er nicht glaube, daß die Ansteckung in unserem Lager erfolgt sei, sondern die Infektion müßte im Hauptlager entstanden sein. Die Krankheit benötige bis zu 6 Wochen, bis sie zum Ausbruch käme. Immerhin ist die ganze Angelegenheit für uns verflucht ernst. Wir sitzen hier nun glücklich zwischen 2 Lagern, in denen Flecktyphus ist.
Wer gibt uns Gewähr, daß wir uns nicht auch schon angesteckt haben. Um den ganzen Arbeitseinsatz richtig in Gang zu bringen, habe ich mich persönlich jeden Tag darum gekümmert. Ich bin fast jeden Tag im Lager gewesen. Ich bitte Sie, uns doch einmal

1 APMAB, D-Au-III Jawischowitz, Bd. 10, Bl. 166+RS (Durchschlag). Abdruck als Faksimile in: Andrzej Strzelecki, Podobóz Jawischowitz, in: Zeszyty Oświęcimskie, 15 (1974), S. 171–234, S. 204.
2 Otto Heine (1901–1983), Bergassessor; 1932 NSDAP-Eintritt; April 1940 bis Jan. 1945 Direktor der Gruben Brzeszcze und Jawischowitz.
3 Dr. Hans-Werner von Dewall (1901–1974), Bergrat; Geschäftsführer der Bergwerksverwaltung Oberschlesien GmbH der Reichswerke „Hermann Göring" in Kattowitz.
4 Die Grube in Brzeszcze setzte seit Mitte Aug. 1942 Häftlinge des sieben km entfernten KZ Auschwitz ein. Im Jahr 1942 waren 600, im Jahr 1944 bis zu 1800 überwiegend jüdische Häftlinge im Außenlager Jawischowitz zur Zwangsarbeit eingesetzt.
5 Fehlerhafter Satzbau im Original. Heine meint die Selektion arbeitsfähiger Männer aus Deportationszügen aus Westeuropa durch Vertreter der Organisation Schmelt in Cosel; siehe Einleitung, S. 32.
6 Hermann Langbein berichtete, dass Heine auch im Jahr 1944 Druck auf die Lager-SS ausübte, um zu erreichen, dass die Häftlinge länger arbeiteten, weniger Zeit für Essenspausen verloren ging und Arbeitsunfähige regelmäßig und zügig entfernt würden; Hermann Langbein, Die Stärkeren. Ein Bericht, Wien 1949, S. 167 f.; ders., Menschen in Auschwitz, Wien 1972, S. 408.

mitzuteilen, ob es nicht für meine Mitarbeiter und mich ratsam erscheint, daß wir uns alle impfen lassen.
Glückauf und Heil Hitler!

DOK. 30
Rüstungsminister Albert Speer genehmigt am 15. September 1942 die Zuteilung von 13,7 Millionen Reichsmark für den Ausbau von Auschwitz aufgrund der „Ostwanderung"[1]

Schreiben des Chefs des SS-WVHA,[2] Berlin Lichterfelde-West, Unter den Eichen 126–135, Zeichen Ch. Po./Sa. VS-3314/42, an den Reichsführer-SS,[3] Berlin SW 11, Prinz-Albrecht-Straße 8, vom 16.9.1942

Betr.: a) Rüstungsarbeiten
b) Bombenschäden
Bezug: Fernschreiben HGWD Nr. 93 515 v. 9.9. 1942,
persönliches Schr. RF-SS v. 9.9.42, Tgb. Nr. A 38/204/42 RF/V u.
persönl. Brf. RF-SS v. 9.9.42, Tgb. Nr. A 38/205/42/ RF/V.
Anlg.: 1 siehe Nr. 2154/4

Reichsführer!
Gestern hat eine Besprechung mit Reichsminister Prof. Speer[4] stattgefunden.
Es haben teilgenommen:
Reichsminister Prof. *Speer,*
SS-Obergruppenführer *Pohl,*
SS-Brigadeführer Staatsrat Dr. *Schieber,*[5]
Dipl. Ing. *Sauer,*[6]
Ministerialrat *Steffen,*[7]
Ministerialrat Dr. *Briese,*[8]
SS-Brigadeführer Dr. Ing. *Kammler.*

1 BArch, NS 19/14, Bl. 131–133; teilweise abgedruckt in: Falk Pingel, Häftlinge unter SS-Herrschaft. Widerstand, Selbstbehauptung und Vernichtung im Konzentrationslager, Hamburg 1978, S. 276 f.
2 Oswald Pohl.
3 Heinrich Himmler.
4 Dr. Albert Speer (1905–1981), Architekt; 1931 NSDAP-, 1932 SS-Eintritt; von 1934 an Beauftragter für Städtebau im Stabe des Stellvertreters des Führers, seit 1937 Generalbauinspektor für die Reichshauptstadt Berlin, von Febr. 1942 an RMfBuM/RMRuK; 1946 im Nürnberger Prozess zu 20 Jahren Haft verurteilt, 1966 entlassen.
5 Dr. Walther Schieber (1896–1960), Chemiker; 1931 NSDAP-, 1933 SS-Eintritt, April 1942 Aufnahme in den Persönlichen Stab des RFSS; Febr. 1942 bis Nov. 1944 Chef des Rüstungslieferungsamts im RMfBuM/RMRuK, von März 1942 an mit der Koordination des Einsatzes von KZ-Häftlingen für die Rüstungsindustrie beauftragt, 1944 Verfahren wegen Korruption und Parteiausschluss; nach Kriegsende in US-Internierung, betrieb später ein chemisches Labor in Bopfingen.
6 Richtig: Karl-Otto Saur (1902–1966), Diplom-Ingenieur; 1931 NSDAP-Eintritt; 1942 Amtsleiter, später StS im RMRuK, von März 1944 an als Stabschef im Jägerstab verantwortlich für die Untertage-Verlagerung von Rüstungsbetrieben und die Luftwaffenproduktion; 1945–1948 in US-Internierung, 1949 Gründung eines Ingenieurbüros und eines technischen Verlags.
7 Richtig: Joachim Steffens (*1897), MinRat im RMRuK, Dienststelle des Generalbeauftragten Bau.

Thema:
1. Vergrößerung Barackenlager Auschwitz infolge Ostwanderung
2. Übernahme von geschlossenen Rüstungsaufgaben größten Ausmaßes durch die KL.
3. Bombenschädenhilfe durch die KL.
4. Leichtmetallgießerei Fallersleben

Das Ergebnis der Besprechung war folgendes:

zu 1) Reichsminister Prof. Speer hat die Vergrößerung des Barackenlagers Auschwitz im vollen Umfang genehmigt und ein zusätzliches Bauvolumen für Auschwitz in Höhe von 13,7 Millionen Reichsmark bereitgestellt.

Dieses Bauvolumen umfaßt die Aufstellung von rd. 300 Baracken mit den erforderlichen Versorgungs- und Ergänzungsanlagen.[9]

Die notwendigen Rohstoffe werden im 4. Quartal 1942 sowie im 1., 2. und 3. Quartal 1943 zugeteilt.

Wenn dieses zusätzliche Bauprogramm durchgeführt ist, können in Auschwitz insgesamt 132 000 Mann ständig untergebracht werden.

zu 2) Alle Beteiligten waren sich einig, daß die in den Konzentrationslagern vorhandene Arbeitskraft nunmehr für Rüstungsaufgaben von Großformat eingesetzt werden müsse. Das haben wir im W.-V.-Hauptamt zwar bisher zu erreichen uns stets bemüht, ist aber gescheitert an einem Widerstand, den ich zu meiner größten Überraschung gestern ganz in der Nähe des Reichsministers Prof. Speer selbst entdeckt habe.

Darüber aber berichte ich gelegentlich mündlich einmal. Der Name Sauer spielt hier eine merkwürdige Rolle.[10]

Die Übernahme großer geschlossener Rüstungsaufgaben durch uns setzt freilich voraus, daß wir uns von einem Grundsatz freimachen. Wir dürfen nicht mehr engstirnig darauf bestehen, daß alle Fertigungen in unsere Lager hinein verlegt werden müssen. Solange wir uns mit sogenanntem Kleckerkram, wie Sie, Reichsführer, unsere bisherigen Arbeiten infolge ihres geringen Umfangs ganz richtig bezeichnet haben, beschäftigt haben, konnten wir diese Forderung mit Recht erheben.

Wenn wir morgen aber ein geschlossenes Rüstungswerk mit 5 oder 10 oder 15 tausend Häftlingen übernehmen wollen, so ist es unmöglich, ein solches Werk intra muros zu errichten. Es muß, wie Reichsminister Prof. Speer es richtig bezeichnete, auf der grünen Wiese liegen. Dann wird ein elektrischer Zaun herum gespannt, das bisher leere Werk wird mit der erforderlichen Anzahl Häftlinge durch uns bemannt und läuft alsdann als SS-Rüstungsbetrieb.

Die Gesamtheit dieser SS-Rüstungsbetriebe stellt dann einen Beitrag zum Rüstungsprogramm dar und darf, wie Reichsminister Prof. Speer selbst betonte, nur von Ihnen dem Führer gegenüber als solcher gemeldet werden. Soweit freie Betriebe nicht vorhanden sind, sollen Rüstungsbetriebe, welche infolge unzureichender Belegschaft ihre volle

8 Dr. Paul Briese, MinRat im RMRuK, Dienststelle des Generalbeauftragten Bau.

9 Aus einer Aufstellung der Zentralbauleitung Auschwitz vom 28.10.1942 über die Gesamtbaukosten von 13,76 Mio. RM geht hervor, dass nicht nur der Bau von Baracken, sondern auch von „Einrichtungen zur Durchführung der Sonderbehandlung" mit diesem Geld finanziert wurde.

10 Richtig: Saur. Zum Konflikt zwischen SS und Rüstungsindustrie siehe Einleitung, S. 23

Kapazität bisher nicht ausgefüllt haben, ganz geleert und alsdann 100 %ig durch unsere Häftlinge aufgefüllt werden.[11]
Die dadurch freiwerdenden deutschen und ausländischen Arbeiter dieser Betriebe aber sollen zur Ausfüllung der Arbeitslücken in gleichartigen Rüstungsbetrieben verwendet werden.
Reichsminister Prof. Speer will auf diese Weise kurzfristig den Einsatz von zunächst 50 000 arbeitsfähigen Juden in geschlossenen vorhandenen Betrieben mit vorhandenen Unterbringungsmöglichkeiten gewährleisten.
Die für diesen Zweck notwendigen Arbeitskräfte werden wir in erster Linie in Auschwitz aus der Ostwanderung abschöpfen, damit unsere bestehenden betrieblichen Einrichtungen durch einen dauernden Wechsel der Arbeitskräfte in ihrer Leistung und ihrem Aufbau nicht gestört werden.
Die für die Ostwanderung bestimmten arbeitsfähigen Juden werden also ihre Reise unterbrechen und Rüstungsarbeiten leisten müssen.
Ich habe dabei sofort gefordert, daß ein Arbeitseinsatz dieser Juden in Gebieten, aus denen sie abgewandert sind, auf jeden Fall unterbleiben muß.
Es ist klar, daß bei diesem Arbeitseinsatz auch der SD mitwirken muß. Ich werde das sicherstellen.
Wir werden also kleinere Rüstungsaufgaben in Zukunft nach Möglichkeit nicht mehr annehmen. Soweit solche Arbeiten aus früherer Zeit laufen, schlage ich vor, sie durchzuführen, bis sie sich von selbst erschöpfen.
Zu den größeren Rüstungsaufgaben jedoch können wir rechnen:
1.) Karabinerproduktion in Weimar-Buchenwald
2.) Pistolenfabrikation in Hamburg-Neuengamme
3.) 3,7 cm Flakfabrikation in Auschwitz
Diese Vorhaben laufen gut an und stellen, sobald sie auf vollen Touren laufen, einen beachtlichen Beitrag zum Rüstungsprogramm dar.
Ich warte nur darauf, daß Herr Sauer mir die ersten Großbetriebe namhaft macht. Ich werde dann dafür sorgen, daß diese Betriebe in kürzester Zeit von uns bemannt werden.
zu 3) […][12]
zu 4) […][13]
Heute war nun Staatsrat Dr. Schieber noch bei mir. Damit die gestern und heute ausgiebig besprochenen und geplanten Arbeiten nun auch wirklich in unserem Sinne in Fluß kommen, habe ich angeordnet, daß der SS-Obersturmbannführer *Maurer*,[14] der bisher

11 Eine kurzfristige vollständige Auswechslung der Belegschaft eines Produktionsbetriebs war unrealistisch. Zwar wurde in vielen Betrieben ein Großteil der Produktion von KZ-Häftlingen geleistet, die Leitungs-, Anweisungs- und Kontrollebene blieb aber in den Händen der ursprünglichen Belegschaft.

12 Im Folgenden geht es um die Aufstellung von Bau-Brigaden für Aufräumungsarbeiten (ca. eine Seite).

13 Speer untersagte aus kriegswirtschaftlichen Gründen den weiteren Ausbau der Leichtmetallgießerei in Fallersleben, ein von der SS betriebenes Bau- und Fertigungsprojekt, in dem von April 1942 an bis zu 800 KZ-Häftlinge eingesetzt waren (KZ Arbeitsdorf).

14 Gerhard Maurer (1907–1953), Kaufmann; 1930 NSDAP-, 1931 SS-Eintritt; von 1934 an hauptamtlich bei der SS, 1939 Leiter der DAW, von März 1942 an Leiter der Abt. D II im WVHA (Arbeitseinsatz der Häftlinge), von Nov. 1943 an stellv. Inspekteur der Konzentrationslager, April 1944 SS-Staf.; 1951 in Warschau zum Tode verurteilt und 1953 hingerichtet.

den Häftlingseinsatz in Oranienburg bearbeitet hat, ab morgen seine Arbeitsstätte in das Büro des Staatsrats Dr. Schieber verlegt. Außerdem habe ich dem Staatsrat Dr. Schieber einen wendigen und elastischen technischen SS-Führer als Adjutanten und Verbindungsmann zu mir beigegeben.[15]
Ich hoffe, daß das zum Aufbau der Schlagkraft des Büros Schieber beiträgt.
Heil Hitler!

DOK. 31

Anna Goldberg schreibt am 18. September 1942 aus dem Deportationszug nach Auschwitz einen letzten Brief an ihre Mutter in Paris[1]

Brief von Anna Goldberg[2] an ihre Mutter Esther Goldberg,[3] Boulevard Menilmontant 64, Paris 20, vom 18.9.1942

Freitag, 18 [Sept. 42]
Meine liebe Mama,
ich habe Drancy gestern verlassen und bin zurzeit im Zug. Wir fahren in Richtung Metz, aber ich weiß nicht, ob wir dort stehen bleiben, weil es heißt, dass die Reise drei Tage dauern wird.[4] Ich bin sehr tapfer. Es ist eine schwierige Zeit, durch die ich durchmuss. Ich habe fest die Hoffnung, Dich wiederzusehen, meine liebe Mama, in ein paar Monaten. Du musst sehr tapfer sein und sollst nicht zu traurig sein. Ich bin gerade mit Freunden aus Poitiers zusammen. Ich werde mich immer durchschlagen, so oder so. Ich glaube, ich werde Dir nicht schreiben können, gräm Dich nicht, ich denke immer an Dich. Sei nicht allzu unglücklich. Die Stimmung ist gut. Ich habe viel Mut und Hoffnung.
Ich umarme Dich fest. Schade, dass St., dem Du die Neuigkeit weitergeben wirst, und Du keinen Erfolg hatten.[5] Ich hoffe, Euch alle bald wiederzusehen, grämt Euch nicht.
Nana
Passt auf Euch auf. Vielleicht wäre es gut für Dich, wenn Du in Bienf.[6] arbeiten würdest. Wir sind zu Tausenden in derselben Situation. Ich komme bald zurück. Warte geduldig auf mich, liebe Mama.
Tausend Küsse
Nana
P.S. Ich habe Glück gehabt und gestern Abend das Paket erhalten. Vielen Dank N.

15 Nicht ermittelt.

1 YVA, O.9/255, Bl. 60 f. Das Dokument wurde aus dem Französischen übersetzt.

2 Anna Helene Goldberg (1920–1942), Studentin der Pharmazie; wurde beim Versuch, in die unbesetzte Zone Frankreichs zu gelangen, in Angoulême festgenommen und im Aug. 1942 im Lager Poitiers interniert, am 4.9.1942 nach Drancy überstellt, von dort am 18.9.1942 nach Auschwitz deportiert, wo sie umkam; siehe auch VEJ 12/255 und 12/274.

3 Esther Goldberg, geb. Herzog (*1892), Hausfrau; geboren in Łomża, vor 1914 nach Frankreich eingewandert; lebte nach dem Krieg in Jerusalem, Israel.

4 Anna Goldberg wurde mit dem Transport Nr. 34 aus Frankreich deportiert, der Drancy am 18.9.1942 verließ und am 20.9.1942 in Auschwitz eintraf.

5 Die Neuigkeit ist ihre Deportation; vermutlich gab es Versuche, sie aus Drancy freizubekommen.

6 In der Rue de la Bienfaisance 29 befand sich das Gebäude der Union Générale des Israélites de France.

DOK. 32
Eine Verfügung vom 26. September 1942 über die Nutzung des Eigentums der in Auschwitz eintreffenden Juden sieht keine Rückgabe von Effekten mehr vor[1]

Geheime Kommandosache, gez. in Vertretung Frank,[2] Chef A/Pr./B., Tbg. Nr. 050–42 geh., V S 96/42, an den Leiter der SS-Standortverwaltung Lublin,[3] an den Leiter der Verwaltung des K.L. Auschwitz,[4] vom 26.9.1942 (Abschrift, 4. Ausfertigung)

Betr.: Verwertung des Besitzes anläßlich der An- und Aussiedlung der Juden.
Unbeschadet der im Laufe des Monats Oktober zu erwartenden Gesamtanordnung hinsichtlich Verwertung des beweglichen und unbeweglichen Besitzes der umgesiedelten Juden wird hinsichtlich des eingebrachten Gutes, das künftig in allen Anordnungen als Diebes-, Hehler- und Hamstergut zu bezeichnen ist, schon jetzt folgendes bestimmt:

1. a) Alle Barbeträge in deutschen Reichsbanknoten sind auf das Konto des W.-V.-Hauptamt 158/1488 bei der Reichsbank Berlin-Schöneberg einzuzahlen.
   b) Devisen (gemünzt oder ungemünzt), Edelmetalle, Schmuckstücke, Ganz- oder Halbedelsteine, Perlen, Zahngold und Bruchgold sind an das SS-Wirtschafts-Verwaltungshauptamt abzuliefern. Dieses ist für die sofortige Weiterleitung an die Deutsche Reichsbank verantwortlich.[5]
   c) Uhren jeder Art, Wecker, Füllfederhalter, Drehbleistifte, Rasierapparate für Hand- und elektrischen Betrieb, Taschenmesser, Scheren, Taschenlampen, Brieftaschen und Geldbörsen werden durch das SS W.V.-Hauptamt in Spezialwerkstätten instand gesetzt, gereinigt und geschätzt, um dann raschestens der Frontgruppe zugeführt zu werden.
   Die Abgabe an die Truppe erfolgt gegen Bezahlung durch die Marketendereien. Es sind 3–4 Preisklassen festzulegen und sicherzustellen, daß jeder Führer oder Mann höchstens *eine* Uhr kaufen kann.

1 StAN, KV-Anklage, Dokumente, Fotokopien, NO-724 (Abschrift). Abdruck in: Tatiana Berenstein/Artur Eisenbach/Adam Rutkowski (Hrsg.), Eksterminacja Żydów na ziemiach polskich w okresie okupacji hitlerowskiej. Zbiór dokumentów, Warszawa 1957, S. 175–177.

2 August Frank (1898–1984), Kaufmann; 1932 SS-Eintritt; Febr. 1942 bis Sept. 1943 Leiter des Amts A Truppenverwaltung im WVHA, Sept. 1943 bis Juli 1944 Chef des Hauptamts Ordnungspolizei im WVHA, Aug. 1944 zum OKH versetzt, Okt. 1944 SS-Ogruf., Nov. 1944 bis Mai 1945 Chef des Heeresverwaltungsamts; nach dem Krieg zunächst untergetaucht, im Dez. 1945 verhaftet, 1947 in Nürnberg zu lebenslanger Haft verurteilt, 1951 entlassen.

3 Georg Wippern (1909–1993), Kaufmann; 1932 NSDAP- und SS-Eintritt; Juli 1941 bis März 1944 Leiter der Standortverwaltung Lublin, verantwortlich für die Sortierung, Verarbeitung und Weiterleitung von jüdischem Vermögen, Okt. 1944 ins SS-Führungshauptamt versetzt, Jan. 1945 SS-Brif.; nach dem Krieg Flucht aus US-Internierung, Verwaltungsbeamter im mittleren Dienst.

4 Wilhelm Burger (1904–1979), Lehrer, Kaufmann; 1932 NSDAP- und SS-Eintritt; Juli 1942 Leiter der Abt. IV (Verwaltung) in Auschwitz, 1942 SS-Stubaf., April 1943 Leiter der Amtsgruppe D IV (Verwaltung) im WVHA; 1953 durch das Oberste Gericht in Polen zu acht Jahren Haft verurteilt, 1955 entlassen, Prokurist bei den Bayrischen Spritzgußwerken, 1966 im 2. Auschwitz-Prozess zu acht Jahren Haft verurteilt, die er wegen der abgesessenen Strafe nicht antreten musste.

5 Am 8.10.1942 teilte August Frank Himmler mit, dass auch das von den „normalen Abgängen“ (d. h. nach dem Tod von registrierten KZ-Häftlingen) anfallende Zahn-Bruchgold, das bisher an das SS-Sanitätsamt abgeliefert wurde, in Zukunft an die Reichsbank abgegeben werden solle, da das Amt bereits über 50 kg Gold verfüge und dies den Edelmetallbedarf der nächsten fünf Jahre decke; BArch, NS 19/3929.

Ausgenommen vom Verkauf bleiben die goldenen Uhren, deren Verwertung ich mir vorbehalte. Die Gesamterlöse werden dem Reiche zugeführt.

d) Männerwäsche, Männerkleidung, einschl. Schuhzeug ist zu sortieren und abzuschätzen. Nach Deckung des eigenen Bedarfs für K.L. Insassen und ausnahmsweise für die Truppe ist die Abgabe an die Volksdeutsche Mittelstelle vorzunehmen. In jedem Falle ist der Erlös dem Reich zuzuführen.

e) Frauenkleidung, Frauenwäsche einschließl. Fußbekleidung, Kinderkleidung und Kinderwäsche einschl. Schuhzeug ist an die Volksdeutsche Mittelstelle gegen Bezahlung abzugeben.
Reinseidene Wäschestücke sind nach Anordnung des SS W.-V.-Hauptamtes an das Reichswirtschaftsministerium abzugeben. Das gleiche gilt auch für die Wäsche zu d).

f) Federbetten, Steppdecken, Wolldecken, Anzugstoffe, Schals, Schirme, Stöcke, Thermosflaschen, Ohrenschützer, Kinderwagen, Kämme, Handtaschen, Ledergürtel, Einkaufstaschen, Tabakpfeifen, Sonnenbrillen, Spiegel, Bestecke, Rucksäcke, Koffer aus Leder und Kunststoffen sind an die Volksdeutsche Mittelstelle gegen Bezahlung abzugeben. Die Frage der Entschädigung wird noch geregelt.
Eigenbedarf an Steppdecken, Wolldecken, Thermosflaschen, Ohrenschützern, Kämmen, Bestecken und Rucksäcken kann von Lublin und Auschwitz gegen Vergütung aus Haushaltsmitteln entnommen werden.

g) Wäsche, wie Bettlaken, Bettbezüge, Kopfkissen, Handtücher, Wischtücher, Tischdecken, sind an die Volksdeutsche Mittelstelle gegen Bezahlung abzugeben.
Bettlaken, Bettbezüge, Handtücher, Wischtücher und Tischdecken können für den Bedarf der Truppe – gegen Vergütung aus Haushaltsmitteln – herausgezogen werden.

h) Brillen und Augengläser in jeder Form sind an das Sanitätsamt zur Verwertung abzugeben. (Brillen mit Goldgestellen müssen ohne Gläser mit den Edelmetallen abgeliefert werden.)
Eine Anrechnung über die Brillen und Augengläser kann des geringen Wertes und der beschränkten Verwendungsfähigkeit wegen unterbleiben.

j) Edelpelze aller Art verarbeitet und unverarbeitet sind an das SS-W.-V.-Hauptamt abzuliefern.
Pelzwaren unedler Art (Schafpelze, Hasen-, Kaninchenpelze usw.) sind unter Benachrichtigung des SS-W.-V.-Hauptamtes, Amt B II, an das Bekleidungswerk der Waffen-SS, Ravensbrück b/Fürstenberg (Mecklbg.) abzuliefern.

k) Alle unter Buchstabe d, e, f aufgeführten Gegenstände, welche nur 1/2 oder 2/3 Tragewert besitzen oder überhaupt unbrauchbar sind, werden durch das SS-W.-V.-Hauptamt dem Reichswirtschaftsministerium zur Verwertung zugeführt.
Soweit Artikel anfallen, die unter h – j nicht enthalten sind, ist über deren Verwertung die Entscheidung des Chefs des SS-W.-V.-Hauptamtes einzuholen.

2. Alle Preise setzt das SS-W.-V.-Hauptamt fest, unter Beachtung gesetzlicher Richtpreise. Diese Festsetzung kann auch nachträglich stattfinden. Zeit- und personalraubende, kleinliche Wertfeststellungen können hierbei unterbleiben. Im allgemeinen sind Durchschnittsstückpreise festzusetzen, z. B. für eine gebrauchte Männerhose 3,– Mark, für eine Wolldecke 6,– Mark usw.

Für die Ablieferung der unbrauchbaren Gegenstände an das Reichswirtschaftsministerium sind im allgemeinen Kilopreise zugrundezulegen. Es ist streng darauf zu achten, daß bei allen zur Abgabe kommenden Kleidern und Überkleidern der Judenstern entfernt wird.
Es sind ferner mit größtmöglicher Sorgfalt alle zur Abgabe kommenden Gegenstände auf versteckte und eingenähte Werte zu untersuchen.

DOK. 33
Der Judenrat in Amsterdam analysiert Ende September 1942 Briefe, die niederländische Juden aus Auschwitz-Birkenau schicken[1]

Bericht, möglicherweise von Jacob Brandon,[2] Jüdischer Rat Amsterdam, o. D. [Ende September 1942][3]

Seit dem 15. Juli d. J. sind bis zum heutigen Tage *mehr als 20 000 Juden* von Holland nach Deutschland zum Arbeitseinsatz abgereist.[4] Sowohl den Abgereisten wie den in der Heimat Zurückgebliebenen war die Mitteilung gegenwärtig, daß ein ungehinderter Postverkehr mit dem Lager möglich sein sollte.
Als bekannt darf vorausgesetzt werden, *daß am 13. August* die *ersten 52 Briefe* aus dem Arbeitslager Birkenau, bei Neu-Berun, in Oberschlesien, eintrafen; diese waren datiert zwischen dem 22. Juli und dem 4. August. Die geringe Zahl dieses Posteinlaufes wurde damals auf die Notwendigkeit der Neu-Organisation dieses Postverkehrs zurückgeführt. Jeder erwartete täglich die Ankunft umfangreicher neuer Briefsendungen, und dies umsomehr, als berichtet worden war, daß von deutscher Seite davon gesprochen wurde, daß sich ein großer Koffer mit Briefen auf dem Transport von Birkenau nach Holland, in Berlin befände.[5]
So hatte dann die neuerliche Ankunft der zweiten Postsendung, die nur 43 Stück, datiert vom 3. und 4. September, umfasste, einen geradezu niederschmetternden Eindruck auf die Zurückgebliebenen gemacht. Dieser Umstand überschattet selbst den Inhalt der Nachrichten. Bezüglich dieser hat ein genaues Studium derselben mit Sicherheit ergeben, daß
1. Der Familienverband nicht gewahrt worden ist.

1 NIOD, archief 182 Joodsche Rat, Nr. 200, Bl. 25 f.

2 Jacob Brandon (1905–1944), Verwaltungsangestellter; bei der Stadt Amsterdam tätig, von Ende 1942 an Sekretär beim Jüdischen Rat, am 19.5.1944 Deportation nach Westerbork, von dort am 4.9.1944 nach Theresienstadt und am 16.10.1944 nach Auschwitz, wo er nach der Ankunft ermordet wurde.

3 Eine Bleistiftnotiz über dem Text lautet: „Entwurf bereits an Rechtsanwalt Edersheim geschickt". Gemeint ist entweder Henri Edersheim (1885–1943), Jurist, 1942 Mitglied der juristischen Kommission des Jüdischen Rats und der Personalkommission; am 17.7.1943 nach Westerbork, von dort am 20.7.1943 nach Sobibor gebracht und bei Ankunft ermordet, oder Karel Josef Edersheim (1893–1976), Jurist; von 1941 an Mitarbeiter des Jüdischen Rats; 1948–1950 Gesandter Israels in den Niederlanden. VEJ 12/83 nimmt Bezug auf diesen Bericht.

4 Die Deportationen niederländ. Juden nach Auschwitz begannen am 15.7.1942. Bis zum 2.10.1942 wurden 19 934 niederländ. Juden nach Auschwitz deportiert.

5 Der Briefverkehr von und an jüdische Häftlinge im KZ Auschwitz wurde zum Teil über die Berliner Reichsvereinigung der Juden in Deutschland abgewickelt. Die Post der noch in den Niederlanden verbliebenen Juden an Freunde und Familienangehörige in Auschwitz wurde durch den Jüdischen Rat in Amsterdam gesammelt und zentral verschickt.

2. Unter Berücksichtigung der verschiedenen Herkunft- und Arbeitsqualitäten berichten die Briefschreiber im Allgemeinen günstig über Arbeit, Unterbringung, Verpflegung und Behandlung. Handwerker scheinen es am günstigsten zu treffen.
3. Die sehr große Beunruhigung des Publikums wegen der spärlichen Nachrichten und die Unsicherheit hinsichtlich des Verbleibsortes der für den Arbeitseinsatz Abgereisten wird noch durch das Folgende außerordentlich verstärkt: Einige Mitteilungen gingen dahin, daß jedenfalls für die betreffenden Briefschreiber ihr jetziger Aufenthaltsort nur Durchgangslager sei und sie annehmen müssen, in einiger Zeit eine neue Adresse zu erhalten. Diese Nachricht wirkt umso schwerwiegender, als viele der Briefeschreiber um warme Wintersachen gebeten haben, und niemand weiß, wie und wohin diese zu expedieren sind, da ja noch nicht einmal auf die bisher nach Birkenau abgesandten Briefe eine Antwort eingetroffen ist.
Da der Inhalt der bisherigen wenigen Nachrichten, abgesehen von der Trennung der Familien, ziemlich befriedigend ist, ist es umso bedauerlicher, daß nicht Briefe in großer Anzahl, in regelmäßigen, nicht zu großen Abständen einlaufen. Dieses würde zu einer großen Beruhigung im Publikum führen.[6]

DOK. 34

Das SS-Wirtschafts- und Verwaltungshauptamt kündigt am 5. Oktober 1942 an, dass alle in Konzentrationslagern auf Reichsgebiet befindlichen Juden nach Auschwitz überstellt werden[1]

Schreiben des Chefs des Amtes D II, gez. SS-Obersturmbannführer Maurer, D II/1, 23/2 Ma./Hag., Oranienburg, an den Kommandanten des K.L. Auschwitz[2] (Eing. Abt. Arbeitseinsatz 10.10.1942), vom 5.10.1942[3]

Betrifft: Jüdische Häftlinge
Die sich in den verschiedenen KL im Reichsgebiet noch befindlichen jüdischen Häftlinge sollen nach Auschwitz überstellt werden.[4] Es handelt sich um etwa 1600 Mann.[5] Damit werden die im Reichsgebiet gelegenen KL judenfrei. Als Ersatz werden Polen, Ukrainer oder andere Häftlinge benötigt.

6 Bleistiftnotiz in niederländ. Sprache: „Viele Briefe sind nicht von den Betreffenden selbst geschrieben."

1 AŻIH, 209/49. Abdruck in: Nachman Blumental (Hrsg.), Dokumenty i materiały z czasów okupacji niemieckiej w Polsce. Tom 1: Obozy, Łódź 1946, S. 73.
2 Rudolf Höß.
3 Im Original handschriftl. Vermerk „Erledigt 10.10.1942".
4 In einem Schreiben vom selben Tag forderte Maurer die Kommandanten der Konzentrationslager auf, die Zahl der zu überstellenden jüdischen Häftlinge zu melden; StAN, KV-Anklage, Dokumente, Fotokopien, PS-3677.
5 Im Lauf des Okt. 1942 trafen Häftlingsgruppen aus den Konzentrationslagern Ravensbrück, Buchenwald, Dachau, Natzweiler, Mauthausen, Flossenbürg und Sachsenhausen in Auschwitz ein. Am 30.10.1942 wurden die aus dem Reich überstellten Häftlinge einer Selektion unterzogen und 800 von ihnen in das neu errichtete Außenlager Buna verlegt.

Ich bitte daher, mir mitzuteilen, welche Zahl an Polen usw. bei Aufhebung der Lagersperre in andere KL über die Zahl 1600 hinaus abgegeben werden kann und zwar sowohl an männlichen als auch an weiblichen Häftlingen.[6]

DOK. 35

Der britische Geheimdienst fängt am 7. Oktober 1942 einen Funkspruch ab, in dem Höß fordert, einen Transport niederländischer Juden direkt in das Lager zu bringen[1]

German Police Decodes (GPD) Nr. 3 (streng geheim) der Government Code and Cypher School für die brit. Geheimdienste, abgefangen am 7.10.1942, dechiffriert am 25.10.1942

OMA de OMF,[2] 0700,[3] 239 249 250 46
RSHA IV B 4 *Berlin*, zu Händen SS Obersturmbannführer *Eichmann*, nachrichtlich an die Amtsgruppe D, *Oranienburg*, zu Händen SS Obersturmbannführer *Liebehenschel*. Betr. Abbeförderung von Juden aus den polo-czeck-niederländischen Gebieten nach *Auschwitz*. Bezug: dort. Fs. vom 5.10.42, Nr. 181 212, 17.55 Uhr. Geheim. Bezüglich der aufgegebenen Judentransporte aus *Holland* wird noch um Angabe der Zugnummern und der voraussichtlichen Ankunftszeiten durch Funk gebeten, um auf Grund dieser Unterlagen bei der Reichsbahndirektion *Oppeln* veranlassen zu können, dass diese Transporte in *Kosel* nicht anhalten, sondern nach *Auschwitz* durchfahren, um sie, wie vereinbart, von dem Zugriffe der Beauftragten der Schmeldtaktion zu bewahren. Gez. *Hoess*, SS Obersturmbannführer[4]

6 Am 10.10.1942 antwortete der Leiter der Abt. III A in Auschwitz, dass aufgrund des Facharbeitermangels keine poln. Häftlinge an andere Lager abgegeben werden könnten. Gegen die Überstellung von Juden nach Auschwitz sei hingegen nichts einzuwenden, da diese dringend benötigt würden; APMAB, D-Au-I-3a/9, Abt. Arbeitseinsatz, Bd. 1, Bl. 14.

1 TNA, HW 21/16. Abdruck in: Stephen Tyas, Der britische Nachrichtendienst: Entschlüsselte Funkmeldungen, in: Bogdan Musial (Hrsg.), „Aktion Reinhardt". Der Völkermord an den Juden im Generalgouvernement 1941–1944, Osnabrück 2004, S. 440.

2 Senderkennung: OMA Funkstation des WVHA, OMF Funkstation der Kommandantur Auschwitz.

3 Sendezeitpunkt: 7.00 Uhr.

4 Mit Himmlers Erlaubnis hielten Mitarbeiter des Sonderbeauftragten des Reichsführers SS für den fremdvölkischen Arbeitseinsatz in Oberschlesien, Albrecht Schmelt, zwischen Aug. und Dez. 1942 mehr als 20 Deportationszüge aus den Lagern Drancy, Mechelen (Malines) und Westerbork in Cosel (heute Kędzierzyn-Koźle), einem Eisenbahnknotenpunkt zwischen Oppeln und Auschwitz, an, um arbeitsfähige Männer für den Arbeitseinsatz in der schles. Rüstungsindustrie auszusondern. Da das KZ Auschwitz Schwierigkeiten hatte, arbeitsfähige Häftlinge für die Rüstungsindustrie zur Verfügung zu stellen, sah Höß diese Praxis zunehmend kritisch.

DOK. 36

Die polnische Widerstandsbewegung sendet am 10. November 1942 einen ausführlichen Bericht über Auschwitz nach London und fordert die Weltöffentlichkeit zum Handeln auf[1]

Bericht, ungez.[2] an die polnische Exilregierung in London, o. D. (November 1942)[3]

An die Zentrale
Das Straflager in Auschwitz, in dem in den vergangenen Jahren bereits Zehntausende Polen ermordet worden sind und wo seit diesem Jahr auch Frauen umgebracht werden, ist zweifelsohne die größte Schande für das deutsche Volk und ein Beweis für dessen tiefe moralische Verkommenheit. Die in Auschwitz begangenen Ungeheuerlichkeiten sind so abscheulich und zynisch, dass sie für einen Menschen des Westens, der geneigt ist, in diesbezüglichen Berichten eine gewisse propagandistisch motivierte Übertreibung zu entdecken, zweifellos schwierig zu verstehen sind. Es muss hier jedoch nachdrücklich betont werden, dass unsere Angaben und Beweise auf absolut glaubwürdigen, mündlichen und schriftlichen Berichten und Aussagen von Zeugen beruhen, die durch diese Lagerhölle gegangen sind und denen es gelungen ist, ihr zu entkommen; folglich entsprechen sie leider in vollem Umfang der Wahrheit.
Das Lager in Auschwitz ist die größte Katorga[4] in der zivilisierten Welt. Völker, die ihr Gefühl für Menschlichkeit nicht verloren haben, können sich dem gegenüber unmöglich gleichgültig verhalten. Es muss eine große Kampagne gestartet werden, die nicht nur Proteste der alliierten oder neutralen Staaten organisiert, sondern insbesondere an das Gewissen von Millionen Menschen in verschiedenen Ländern appelliert, die einen Rückfall in die völlige Barbarei verhindern wollen. Unserer Meinung nach muss es einen weltweiten lauten Aufschrei gegen das unerhörte, am polnischen Volk begangene Verbrechen geben. Es reicht keinesfalls, eine zukünftige Bestrafung der Schuldigen anzukündigen. Es müssen schon heute Vergeltungsmaßnahmen eingeleitet werden, die für die Deutschen schmerzhaft genug sind, um dem verbrecherischen Furor Einhalt zu gebieten. Es geht hier nämlich nicht mehr nur darum, Zehn- oder auch Hunderttausenden von Individuen, die dazu verdammt sind, unter schrecklichsten Qualen zu sterben, ihr Leiden zu ersparen; sondern zu verhindern, dass die polnische Intelligenz, für die Auschwitz in erster Linie bestimmt ist, vollständig ausgelöscht wird.
Was in Auschwitz vor sich geht, ist am besten unmittelbaren Augenzeugenberichten zu entnehmen. Einige von ihnen werden unten aufgeführt. Es handelt sich um authentische Abschriften uns vorliegender Originale. Das in ihnen enthaltene Material ist so umfassend, dass es keiner ergänzenden Kommentare bedarf.

1 AAN, 1325/201/I-31, Bl. 195–201. Abdruck in: Marczewska/Ważniewski, Oświęcim (wie Dok. 3, Anm. 1), S. 58–70. Das Dokument wurde aus dem Polnischen übersetzt.
2 Ein Teil des Berichts war zuvor in der Beilage 1 zur Informacja Bieżąca 36/61 vom 28.9.1942 erschienen. Dort wurde als Informant ein deutscher ehemaliger Häftling angegeben, der eine hohe Funktion im Lager eingenommen hatte und nach seiner Entlassung an die Front geschickt worden war. Da die Zahlen aus dem Gedächtnis wiedergegeben seien, seien Fehler und Abweichungen möglich.
3 Handschriftl. Vermerk am oberen Rand: „nach L.[ondon] abgeschickt am 10/XI. 42".
4 Die Katorga war nach der Todesstrafe die schwerste Strafe im Russischen Zarenreich. Sie bestand aus lebenslanger Verbannung in unwirtliche Gebiete und Zwangsarbeit.

Zum Schluss wiederholen wir mit Nachdruck die Forderung des gesamten Landes, unverzüglich empfindliche und wirksame Vergeltungsmaßnahmen für Auschwitz zu ergreifen.

Anhänge
Abschriften von Berichten aus dem Straflager in Auschwitz
I

I. Allgemeine Angaben zum Konzentrationslager Auschwitz. Das Lager wurde am 6. Juni 1940 durch sog[enannte] „Capos", d. h. deutsche Diebe, Banditen usw., die alle langjährige Haftstrafen abzusitzen hatten, gegründet. Eine Woche später erreichte der erste Transport aus Tarnów das Lager, danach einer aus Wiśnicz, ein weiterer aus Tarnów und einer aus Krakau, am 18. August der erste aus Warschau, am 22. September der zweite aus Warschau, am 23. Oktober der dritte aus Warschau. Den ganzen Januar und Februar über kommen[5] Transporte aus Warschau, der Region Kielce, aus Krakau und Schlesien an.[6]
Am 1. Januar 1941 beträgt die Nummer der fortlaufenden Registrierung der ankommenden Häftlinge 9000, tatsächlich befinden sich 5400 Menschen im Lager.

Am 1. April 1941	sind 12 000 Nummern vergeben, Stand im Lager	6800 Menschen.
Am 1. Juni 1941	sind 18 000 Nummern vergeben, Stand im Lager	8000 Menschen.
Am 15. August 1941	sind 20 800 Nummern vergeben, Stand im Lager	8000 Menschen.
Am 1. Januar 1942	sind 26 000 Nummern vergeben, Stand im Lager	11 000 Menschen.
Am 1. März 1942	sind 30 000 Nummern vergeben, Stand im Lager	10 000 Menschen.
Am 15. Juli 1942	sind 44 000 Nummern vergeben, Stand im Lager	14 500 Menschen.[7]

Im April 1942 entstand das Frauenlager. Der erste Transport kam aus einem anderen Lager.[8] Er bestand aus Deutschen, Polinnen und Tschechinnen. Die Deutschen (überwiegend Prostituierte und Diebinnen) sowie einige wenige, die wegen politischer Vergehen einsaßen, übernahmen das Regiment über 7000 Jüdinnen, die innerhalb kurzer Zeit ins Lager kamen. Die Polinnen (nur politische, andere gibt es im Lager nicht) taten sich schnell durch ihre Intelligenz hervor und nahmen alle wichtigeren Posten ein (Schuhstube, Krankenbau, Effekten, Bekleidungskammer, Waschräume[9] etc.). Derzeit befinden sich 9600 Häftlinge im Frauenlager.
Ab Juni erreichten Transporte mit bolschewistischen Kriegsgefangenen Auschwitz, die Anzahl der Nummern betrug 14 000; heute leben noch etwa 60 von ihnen. Hinzuzurechnen sind etwa 12 000 Kriegsgefangene, die nicht in die Nummerierung aufgenommen wurden, sondern direkt in die Degasungskammer[10] gingen.

5 Tempuswechsel im Original.
6 Der erste Transport mit deutschen Häftlingen traf am 20.5.1940 in Auschwitz ein; der erste Transport mit poln. politischen Häftlingen aus Tarnów am 14.6.1940, der erste Transport aus Warschau am 15.8.1940, aus der Region Kielce am 9.11.1940, aus Krakau am 18.7.1940 und aus Schlesien am 22.6.1940.
7 Die erste vergebene Nummer im Jahr 1941 war die 7880; am 15.7.1942 wurde die Nummer 46 960 (für Männer), am 16.7.1942 die Nummer 8725 für Frauen ausgegeben.
8 Am 26.3.1942 wurde aus dem KZ Ravensbrück der erste Transport mit weiblichen Häftlingen nach Auschwitz überstellt. Es handelte sich um 999 deutsche Frauen, die als asoziale, kriminelle und politische Häftlinge eingestuft worden waren.
9 Aufzählung im Original Deutsch.
10 Fehlerhafter deutscher Begriff im Original.

Im August 1941 kamen erstmals Häftlinge im Lager an, deren Haare nicht geschoren waren; es handelte sich um Erziehungs-Häftlinge,[11] die aufgrund von Hunger von ihren Arbeitsstellen im Deutschen Reich geflohen waren und nun zur „Erziehung" ins Lager geschickt wurden. Von den 2900 sind noch 300 da, etwa 900 wurden freigelassen, 1700 sind gestorben (sie mussten besonders schwere Arbeiten verrichten und erhielten schlechtere Verpflegung).
Bis zum 1. Januar 1942 wurden etwa 2000 Juden nach Auschwitz gebracht. Im Jahr 1942 waren es etwa 30 000 Juden und 15 000 Jüdinnen und Kinder.[12] Von diesen wurden nur etwa 3000 Juden und 7000 Jüdinnen in die Registrierung aufgenommen. Der Rest (darunter alle Kinder) ging unmittelbar in die *Degasungskammer.* Gegenwärtig gibt es etwa 600 Juden im Lager, davon 500 in der SKS (Strafkompanie), die übrigen 100 haben gute Posten inne und erhalten zusätzliche Lebensmittelrationen. Sie werden wie die Deutschen und Polen behandelt und dienen zum Vorzeigen, wenn Kommissionen (von SS, Partei und Wehrmacht) zu Besuch kommen. Etwa 7000 Jüdinnen befinden sich im Lager. Alle müssen schwere Erdarbeiten verrichten.
Der erste Einsatz der Gaskammern *(Degasungskammer)* erfolgte im Juni 1941. Es wurden Transporte mit 1700 Personen zusammengestellt (unheilbar Kranke, Geschlechtskranke, Körperschwache,[13] Krüppel, Kranke, die eine Rippenresektion hinter sich hatten, an Meningitis Erkrankte) und nach offizieller Darstellung in ein Sanatorium nach Dresden geschickt. Tatsächlich transportierte man sie in ein zur Gaskammer umgebautes Gebäude.[14] Das Gebäude erwies sich als zu klein und unpraktisch. Man beschloss den Bau von fünf modernen Kammern in *Birkenau,* 7 km vom Lager entfernt. Der Bau wurde im April 1942 fertiggestellt.[15] Es handelt sich um 6 Blocks (ohne Fenster, mit Doppeltüren, die durch Schrauben fest verschlossen werden, moderne Installationen zur Einleitung des Gases und zur Ventilation), jeweils für 700 Personen. Zwischen den Blocks verkehren Schmalspurbahnen, die die Leichen in jeweils 4 km lange Gräben in den nahegelegenen Wäldern abtransportieren. Eine andere Bahn transportiert Kalk, mit dem man die Leichen bedeckt. Das gesamte Gelände der *D-Kammer* ist eine geschlossene Zone; wer sich ohne Grund dort aufhält, unterliegt der Todesstrafe (dies gilt auch für Angehörige der SS, der Wehrmacht, für Zivilisten und Häftlinge). Die Vergasung von 3500 Menschen dauert zwei Stunden.

Im Juni 1941 wurden	1700 kranke Häftlinge vergast,
im Juli 1941	2800 bolschewistische Kriegsgefangene,
im August 1941	1200 kranke Häftlinge.[16]

11 Deutsch im Original. Seit Mitte Juli 1941 wurden sogenannte Arbeitserziehungshäftlinge in das KZ Auschwitz eingewiesen.

12 Von Jan. 1942 bis Ende Okt. 1942 sind mind. 150 000 jüdische Häftlinge nach Auschwitz deportiert worden.

13 Im Original deutsch.

14 Im Juli 1941 wurden unter der Bezeichnung 14 f 13 im Rahmen der Krankenmord-Aktion 575 geschwächte Häftlinge aus Auschwitz in die „Euthanasie"-Tötungsanstalt Pirna-Sonnenstein gebracht und dort ermordet.

15 Gemeint sind die provisorischen Gaskammern in umgebauten Bauernhäusern in Birkenau (Bunker I und II). Die Entscheidung zum Bau eines modernen Krematoriums in Birkenau fiel im Febr. 1942, zum Bau von drei weiteren im Aug. 1942. Diese wurden erst im Frühjahr 1943 fertiggestellt.

16 In Auschwitz fanden erst seit Sept. 1941 sporadisch, seit Frühjahr 1942 regelmäßig Gasmordaktionen statt.

Anschließend vergiftete man ganze Gruppen von Kriegsgefangenen [mit Gas]. Im Mai und Juni 1942 wurden jeden zweiten Tag Transporte mit jeweils 800 bis 2000 Juden vergast.
Viele Transporte gingen direkt nacheinander in die D-Kammer, und zwar:

Bolschewistische	etwa	12 000,[17]
Polen	etwa	8000,
Juden und Jüdinnen	etwa	35 000.

Alle diese Menschen wurden nicht in die Liste der Nummerierten aufgenommen und tauchen in den offiziellen Lagerstatistiken nicht auf.
Damit es nicht allzu viele Unstimmigkeiten zwischen Sterbestatistik und den täglichen Rapporten nach Berlin gibt, behilft sich die Lagerführung bei der Vergasung registrierter Häftlinge auf folgende Weise: Man vergast 1700, aber auf dem Papier sind diese Menschen eines natürlichen Todes gestorben (Typhus, Lungenentzündung usw.), wobei die Sterbedaten bei Dutzenden auf mehrere Tage vor und nach dem Tag der faktischen Vergasung verteilt werden. Für jeden Vergasten wird eine Sterbekarte (Todtmeldung)[18] mit der Angabe zur Todesart und dem Krankheitsverlauf ausgestellt. Die Todtmeldung wird von zwei Militärärzten (Standortarzt und Lagerarzt,[19] beide im Rang von SS-Offizieren) sowie von zwei Ärzten aus den Reihen der polnischen Gefangenen unterschrieben (die unterschreiben müssen, weil Verweigerung einem Todesurteil gleichkäme). Diese Papiere werden in vier Ex[emplaren] ausgefertigt, von denen drei nach Berlin gehen und eines in der Dokumentensammlung des Lagers verbleibt.[20]
Freilassungen: Etwa 1500 Polen wurden freigelassen, darunter etwa 1000 Schlesier, die man in die deutsche Armee eingezogen hat. Von den Deutschen wurden etwa 150 freigelassen; alle sind in die Armee eingezogen worden bzw. werden zwangsweise in Rüstungsbetrieben beschäftigt. Von den Juden wurde ein einziger freigelassen (Gerüchten zufolge gegen die Zahlung von eineinhalb Millionen Mark).[21] Von den Tschechen kamen etwa 180 frei.
Transporte in andere Lager:

Im März 1941 nach Hamburg		1200	Häftlinge[22]
in der Folgezeit			
nach Mauthausen (Steinbrüche)		360	"
nach Sachsenhausen		200	"
nach Dachau	(Geistliche und Prof[essoren])	460	"
" "	(Geistliche)	30	"
" "	(Geistliche, 6. Juni 42)	48	"
am 8. Juni 1942 in die Junkers-Werke Amsterdam		2400	"
in unbekannte Richtung (nur Präzisionsschlosser)		160	"

17 Diese Zahl ist nicht belegt. Die Mehrzahl der Kriegsgefangenen starb durch Erschießungen und Hunger.

18 Fehlerhaftes Deutsch im Original.

19 Im Original Deutsch.

20 Dies betraf lediglich die Meldungen über Häftlinge, die nach Selektionen im Krankenbau in der Gaskammer ermordet wurden. Menschen, die bereits bei ihrer Ankunft auf der Rampe zum Tod in der Gaskammer bestimmt wurden, wurden nicht registriert.

21 Dafür gibt es keinen Beleg.

Geflohen sind etwa 30 Häftlinge; davon wurden 18 nach einiger Zeit wieder gefasst. Alle Gefassten mussten von SS-Blockführern eskortiert mit einer Trommel und einem Transparent mit der Aufschrift „Ich bin wieder da“[23] auf der Brust durch das Lager laufen. Nach ihrer Exekution wurden ihre Leichen öffentlich ausgestellt (manchmal sechs Tage lang).

Gestorben sind: an Typhus	2000	Häftlinge
„allgemeine Körperschwäche“[24]	4000	"
Ruhr	3000	"
Lungenentzündung und Tuberkulose	1500	"
Meningitis	200	"
andere Krankheiten	800	"
vergiftet durch Phenolinjektionen	2000	"
erschossen	4000	"
vergast	2900	"
getötet im Bunker, am Pfahl, durch Schläge und auf andere Weise	1200	"
während der Arbeit getötet	800	"
in Selbstmordabsicht in den Stacheldraht gelaufen, evtl. sich erhängt	390	"
im Bunker stehend erstickt (in der Nacht des 6. Mai 1942)	32	"
insgesamt bis zum 1. Juli 1942 gestorben	22 822	"

In der obenstehenden Auflistung sind die Todesfälle im Frauenlager sowie die der „Erziehungs-Häftlinge“[25] (1700) nicht mitgezählt.
Die folgende Auflistung demonstriert besonders gut, dass die Bezeichnung „Todeslager“ für Auschwitz zutrifft.

1. Im Lager angekommen:

registrierte Häftlinge	44 000
„Erziehungs-Häftlinge“	2900
nicht registrierte Häftlinge (direkt nacheinander vergast)	8000
bolschewistische Kriegsgefangene:	
registriert	14 000
nicht registriert	12 000
registrierte Frauen	9600
nicht registrierte Juden und Jüdinnen	35 000
insgesamt bis zum 1. Juli 1942	125 500

22 Im April 1941 wurden 1002 Häftlinge aus Auschwitz in das KZ Neuengamme überstellt.
23 Im Original deutsch.
24 Im Original deutsch.
25 Im Original deutsch.

2.	Das Lager verlassen haben:	
	Freigelassene	2031
	Transporte in andere Lager	4858
	Geflohene (nicht wieder gefasst)	12
	insgesamt bis zum 1. Juli 1942	6901
3.	Im Lager befinden sich:	
	Stand Männerlager	14 500
	zusätzlich im „*Erziehungslager*"	300
	Stand Frauenlager	9600
	bolschewistische Kriegsgefangene	60
	insgesamt am 1. Juli 1942	24 460

Wie aus den Zahlen hervorgeht, wurden in Auschwitz getötet bzw. sind gestorben 94 139

II. Auszüge aus der Beschreibung eines Auschwitz-Häftlings

1. Die Zeit bis zum Transport nach Auschwitz:

Meine Verhaftung erfolgte in der Nacht vom 18. auf den 19. April 1941. Ich wurde sofort in das Pawiak-Gefängnis[26] gebracht, wo ich nach einer sehr genauen Durchsuchung in der 7., der sog. Durchgangsabteilung festgesetzt wurde. Nach 6 Tagen überführte man mich in die 3. Abteilung. Einige Tage später, nachdem man die Kriminellen ausgesondert hatte, wurden wir zur Arbeit in den Kartoffelkeller gebracht. Am sechzehnten Tag meines Gefängnisaufenthalts fand das erste Verhör in der Szuch-Allee (Gestapo) statt. Man verlangte von mir, ein Protokoll, das nicht mit dem Inhalt meiner Aussagen übereinstimmte, und eine Liste von angeblich in einer geheimen Militärorganisation zusammenarbeitenden Personen zu unterschreiben. Bei der Untersuchung wurden die allgemein bekannten Methoden angewandt. Ein erneutes Verhör fand einige Tage, bevor ich ins Lager geschickt wurde, statt. Man versprach mir im Falle eines Geständnisses eine kurze Haftdauer, andernfalls – das Lager. Am 27. Mai wurde ich einem Transport zugeteilt. Die Abfahrt erfolgte in der Nacht des 28. Mai.

2. Der Transport:

Noch innerhalb des Gefängnisareals wurden wir auf Lastwagen geladen, je 20 Personen pro Wagen, eskortiert von zwei Gendarmen. Das Verladen (in Güterwaggons) erfolgte auf einem von SS und Gendarmen umstellten Güterbahnhof. In die Waggons wurden jeweils 40 Personen geladen. Die Fenster waren fest vernagelt. Die Entladung in Auschwitz erfolgte in einem Nebentrakt des Lagers, dem sog. Bauhof.

3. Ankunft und erste Augenblicke im Lager:

Beim Entladen schlug die SS uns ohne jeden Grund. Den Weg vom Bauhof in das eigentliche Lager legten wir in Zehner-Formationen zurück. Über dem Haupteingangstor des

26 Gefängnis in Warschau, das während der deutschen Besatzung als Inhaftierungsort sowohl von Widerstandskämpfern als auch bei Razzien wahllos verhafteten poln. Bürgern diente, von denen rund 60 000 in Konzentrationslager weitergeleitet wurden.

Lagers prangt die Aufschrift „Arbeit macht frei".[27] Der Transport wird[28] auf dem sog. Appellplatz aufgestellt. Es erscheinen Offiziere, ein Schreiber und ein Gehilfe (beides Häftlinge) sowie ein Dolmetscher. Daraufhin übergibt der Transportführer die Häftlinge an die Lagerbehörden. Sie rufen die Namen auf; der Aufgerufene läuft über den Platz und stellt sich am anderen Ende auf. Die am Weg postierten jungen SS-Männer stellen ihm ein Bein und schlagen ihn mit Knüppeln, Peitschen und Fäusten. Sie führen die überprüften und in Hundertschaften aufgeteilten Häftlinge in ein Gebäude. Dort schließen sie den gesamten Transport von etwa 400 Personen in einen Waschraum ein, der höchstens 100 Personen fassen kann. Wir stehen dort die ganze Nacht; die Fenster sind verschlossen; die Erledigung körperlicher Bedürfnisse erfolgt in an der Wand stehende Karren; viele werden ohnmächtig. Zum ersten Mal lernen wir die gleichzeitig mit uns hergebrachten Volksdeutschen kennen. Sie ergreifen die Initiative, indem sie uns zu schlagen beginnen. Am Morgen werden wir vor eine Baracke gebracht. Sie rufen unsere Namen auf, und je zwanzig von uns treten in die „Effektenkammer"[29] ein. Auf dem Korridor ziehen sie uns aus, rasieren und scheren uns die Köpfe, händigen uns Karten mit unserer laufenden Nummer aus; im ersten Raum fragt ein Arzt (ein Häftling) nach dem Gesundheitszustand, sie wiegen uns … wir gehen in den Waschraum. Gewaschen, nackt, laufen wir zum nächsten Gebäude, der sog[enannten] „Bekleidungskammer"[30] (gegenwärtig Block 27); sie geben Kleidung, Wäsche, Schuhe und Mützen aus. Bekleidet werden wir den Blocks zugeteilt. Ich kam in den 2. Block. Wir lernen den Blockführer, einen Deutschen, und seine Meute, die Stubenführer (alles Häftlinge), kennen. Wir erhalten unsere erste Lagertaufe, eine Stunde Gymnastik auf Beton. Schon nach wenigen Minuten ist die Haut an Ellenbogen und Knien verschwunden; die Bande rasender Henkersknechte spart nicht mit Stockschlägen. Die Luft ist gesättigt vom Geruch nach Schweiß und Blut, das reichlich Boden und Wände befleckt. Abschließend noch unter drei in regelmäßigen Abständen aufgestellten Schemeln hindurchrobben. Auf jedem Schemel steht ein „Kollege" mit einer Brechstange in der Hand, an den Seiten ein paar andere. Die Zahl der Schläge hängt von der Geschwindigkeit ab, mit der man unter dem Schemel hindurchkriecht: Die Begrüßung im Block ist beendet … Eine Schüssel heiße Kohlsuppe zum Mittagessen, und wir stehen zum ersten Mittagsappell (zurzeit aufgehoben) bereit. Nach dem Appell begeben sich die älteren Häftlinge zum Mittagessen, die Neuankömmlinge dagegen haben Versammlung. Der Lagerkommandant erscheint; kurze Ansprache.

4. Lagerorganisation:

Das Gros der Häftlinge ist in 28 Wohnblocks untergebracht, davon sind 3 Krankenbauten (20, 21 und 28). Die meisten Blocks haben ein Stockwerk, diese Blocks werden als Doppelblocks gehandhabt. Die Blocks 1, 2, 3, 4, 5, 6, 7, 8, 9 und 10 werden zurzeit als Frauenlager genutzt und sind vom übrigen Lager durch eine Mauer abgetrennt. Insgesamt gibt es 18 Frauenblocks; 33 Blocks werden von Männern bewohnt. Die Häftlinge sind in unterschiedlich große sog[enannte] Arbeitskommandos aufgeteilt. An der

27 Im Original deutsch.

28 Tempuswechsel hier und im Folgenden im Original. Zum Effektenlager s. Einleitung, S. 27.

29 Im Original deutsch.

30 Im Original deutsch.

Spitze eines Kommandos steht ein „Ober-Kapo“, manchmal ein „Kapo“; die Aufsicht über die Hundertschaften haben „Kapos“, die Hundertschaften teilen sich in 20er-Gruppen auf, an deren Spitze die „Forarbeiter“[31] stehen. Dieses Personal hat nichts mit dem Blockpersonal zu tun. An der Spitze eines Blocks steht ein sog. „Blok Altester“, in den Sälen der sog. „Stubedienst“. Letztere gehen nicht zur Arbeit.
Die Art des Vergehens wird mit einem speziellen, vom Häftling getragenen Abzeichen gekennzeichnet,[32] und zwar:

Gruppe	I,	Politische	–	rote	Dreiecke
"	II,	Kriminelle	–	grüne	"
"	III,	Arbeitsscheue	–	schwarze	"
"	IV,	Perverse[33]	–	rosa	"
"	V,	Bibelforscher	–	violette	"
"	VI,	Juden	–	zwei einen Stern bildende Dreiecke (rot und gelb)	

Die Strafkompanie hat über dem Dreieck und der Nummer schwarze Kreise. Die Nationalität erkennt man am Buchstaben auf dem Dreieck.
5. Unterbringungsbedingungen, Hygiene:
In der ersten Zeit meines Aufenthalts waren Unterbringungsbedingungen und Hygiene bedeutend schlechter als momentan. In dieser Hinsicht hat eine bedeutende Veränderung stattgefunden. Zurzeit leben in einem Block 500 Personen, 80 bis 120 pro Saal, abhängig von dessen Größe. Früher, als es noch keine Betten gab, waren bis zu 200 Personen in einem Saal untergebracht; geschlafen wurde damals zu fünft auf zwei Strohsäcken. Jetzt gibt es Betten, Strohsäcke und zwei Decken pro Bett. Jetzt steht jedem ein Bett zur Verfügung, nur bei großem Häftlingszustrom müssen sich zwei Häftlinge vorübergehend ein Bett teilen. In den Blocks gibt es Waschräume und Aborte. In den neuen Blocks ist die Kanalisation luxuriös. Bademöglichkeiten gibt es sehr selten (einmal im Monat oder noch seltener). Wäschewechsel alle paar Wochen, aber manchmal auch nur alle paar Monate. Es gibt viel Ungeziefer. Rasieren und Scheren finden einmal in der Woche statt.
6. Tagesordnung, Lagerarbeiten:
Das Wecken hängt von der Jahreszeit ab (im Sommer 4 Uhr, im Winter 5 Uhr 20). Bettenmachen, Waschen, Frühstück – 45 Minuten. Es folgen Appell und Abmarsch zur Arbeit. Zwischen 12 und 1 Uhr Mittagessen und weiter Arbeit bis 6.45 Uhr; Rückmarsch ins Lager. 7 Uhr Appell, nach dem Appell Abendessen und Freizeit bis 8.30 Uhr. Erster Gong – alle in die Blocks, 9 Uhr zweiter Gong – Schlafenszeit. Am Samstag arbeiten einige Kommandos nur bis zum Mittagessen. Andere arbeiten wiederum sonntags. Am Sonntag nach dem Mittagessen 2 Stunden Zwangsschlaf und Freizeit. Die Arbeiten sind so unterschiedlich, dass es schwer ist, etwas dazu zu sagen. Es gibt alle Arten von Werkstätten, riesige Landwirtschaften, Erdarbeiten (Arbeiten unter freiem Himmel ohne Rücksicht auf das Wetter).

31 Fehlerhafte Schreibweise der deutschen Begriffe hier und im Folgenden im Original.
32 Zur Kennzeichnung der Häftlinge siehe Einleitung, S. 24.
33 Gemeint sind Häftlinge, die als Homosexuelle ins Lager eingewiesen wurden.

7. Verköstigung:
Frühstück – ungefähr ¼ Liter schwarzer, bitterer Kaffee.
Mittagessen – ¾ Liter Suppe (Wasser, Rüben, manchmal Kartoffeln, ein bisschen Grütze).
Abendessen – ½ Liter Kaffee und 300 g Brot mit Wurst, Margarine oder Marmelade.
8. Gesundheitszustand, Krankenversorgung:
Der Gesundheitszustand der Inhaftierten ist erbärmlich. Ich kann getrost sagen, dass im Lager niemand gesund ist. Während in der ersten Zeit des Lageraufenthalts der körperliche Zustand noch erträglich ist, lässt die psychische Seite zu wünschen übrig; wenn wiederum nach einer gewissen Zeit das seelische Gleichgewicht zurückkehrt, beginnen die physischen Kräfte zu schwinden. Falls es einem Häftling nicht gelingt, sich in diesem Moment psychisch aufrechtzuhalten, folgt zügig der Zusammenbruch. Dann genügen einige Tage … und Krematorium. Die am häufigsten vorkommenden Krankheiten sind Ruhr, Lungenentzündungen, Ödeme, Furunkel, Phlegmone und eitrige Krätze. Wie erwähnt gibt es drei Krankenbauten: Block 20 für Infektionskrankheiten, Block 21 Chirurgie, Block 28 Innere, Operationssaal, Röntgen und Zahnarztpraxis. Polnische Ärzte (Häftlinge) haben die Aufsicht in den Krankenbauten. Über die Aufnahme in den Krankenbau entscheidet ein deutscher Arzt. In der Winterzeit gibt es einen Erholungsblock („Blockschonung“[34]), in den man Rekonvaleszente und Entkräftete schickt. In den letzten zwei Jahren wurde dieser Block zu Frühlingsbeginn auf barbarische Weise aufgelöst. 1941 wurde eine mir nicht bekannte Zahl von Kranken vergiftet, und 1942 wurden alle Kranken und Rekonvaleszenten, etwa 1300 an der Zahl, in das Lager Rajsko[35] geschickt, von dem ich weiter unten noch sprechen werde. Unabhängig von den Krankenbauten existiert eine medizinische Notfallhilfe, die darin besteht, dass Ärzte und ihre Gehilfen in den Blocks Verbände anlegen.
9. Methoden der Besatzer, Haltung der Wachen:
Ein allgemeiner Begriff von den Methoden der Besatzer lässt sich aus meiner Beschreibung der ersten Momente im Lager ableiten. Zu ergänzen ist, dass eine wichtige und besonders abscheuliche Art, das gefährliche Element „zu erledigen“, darin besteht, die Polen aufeinanderzuhetzen. Planmäßig und systematisch werden die Antagonismen zwischen den Landesteilen angefacht – ein krasses Beispiel dafür ist die Liquidierung des ersten Warschauer Transports durch Schlesier. Zu betonen ist auch, dass die unmittelbaren Autoritäten im Lager sich zu einem großen Teil aus deutschen rückfälligen Kriminellen (Häftlingen) rekrutieren, die auf ihre ganz eigene Art, mit einem Lächeln auf den Lippen, in der Lage sind, massenhaft wehrlose Häftlinge mit Knüppeln umzubringen. Was die Haltung der Wachen angeht, so muss man grundsätzlich zwei Gruppen von SS-Männern voneinander unterscheiden. Bei der ersten Gruppe handelt es sich um die „Blockführer“ und „Kommandoführer“; diese Gruppe setzt sich aus jungen Hitler-Anhängern zusammen, die seit der Lagergründung dabei sind und nur als Henkersknechte bezeichnet werden können. Die zweite Gruppe besteht aus älteren SS-Männern, den „Posten“. Ihre Aufgabe ist es, die Häftlinge während der Arbeit zu bewachen. Das sind in der Regel Leute, mit denen man sich verständigen kann. Es sind Fälle bekannt, in denen sie Häftlingen Brot und Zigaretten zugesteckt haben. In Gesprächen bemühen sie sich oft, den Häftlingen Mut zu machen.

34 Im Original deutsch.
35 Gemeint ist Birkenau, siehe Dok. 17, Anm. 12.

10. An Häftlingen vollstreckte Strafen:
Neben Faust- und Knüppelschlägen, die von den unmittelbaren Blockverantwortlichen gelegentlich als Strafe angewendet werden, gibt es vom Lagerkommandanten verhängte Strafen, die bei den sog. Strafrapporten vollstreckt werden. Die erste Strafe umfasst 25 Stockschläge. Der Delinquent legt sich öffentlich auf einen Schemel, und ihm werden 25 Knüppelschläge verpasst. Die zweite, aus dem deutschen Militär bekannte Strafe ist der sog. „Pfahl". Sie wird für eine bis zu drei Stunden verhängt, wobei die Bestrafung jeden zweiten Tag für je eine Stunde ausgeführt wird. Die Strafe besteht darin, dass dem Verurteilten mit einer Kette die Hände auf dem Rücken zusammengebunden werden, an der er so lange an einem Balken hochgezogen wird, bis seine Füße den Boden nicht mehr berühren. Eine weitere Strafe ist der sog[enannte] Bunker. Der Verurteilte geht normal zur Arbeit, wird dann aber für die Nacht in einen unterirdischen Raum von 1 x 1 Meter eingeschlossen und verbringt dort in Gesellschaft von drei anderen stehend die Nacht. Diese Strafe dauert manchmal mehrere Wochen. Eine Hauptstrafe ist die Strafkompanie. Sie wird isoliert gehalten, erhält schlechtere Verköstigung, keine Bezahlung, man darf nicht rauchen, bekommt schlechtere Arbeit zugeteilt, und die Strafe dauert prinzipiell sechs Monate.
11. Durchhaltevermögen und Gesinnung der Inhaftierten:
... sind unterschiedlich und hängen von der Einstellung des jeweiligen Häftlings ab. Es ist lediglich festzustellen, dass die Polen von allen Nationalitäten die Prüfung am besten bestehen.
12. Rajsko, Außenstelle von Auschwitz:[36]
Ich bin der erste freigekommene Inhaftierte, der durch die Hölle von Rajsko gegangen ist. Ich fürchte, dass ich nicht den Mut finden werde, davon zu berichten ... 6 km von Auschwitz entfernt hat man ein neues Lager erbaut. Ich kann bis heute nicht ruhig bleiben, wenn ich daran denke. Ich sage nur so viel: Würde man mir vorschlagen und mir die Wahl lassen – ein Jahr Auschwitz oder nur einen Monat Rajsko, ich würde Auschwitz wählen. Dass ich nicht nur so daherrede, möchte ich mit einem Beispiel belegen. Die erste Gruppe von etwa 1300 Personen, die man nach Rajsko getrieben hat, umfasste 4 Wochen später, also am Tag meiner Freilassung, kaum mehr 140 Personen, und von den 12 000 dorthin gebrachten bolschewistischen Kriegsgefangenen sind ebenfalls nur knapp zweihundert übrig geblieben. Diese Menschen sind zu 99 Prozent mit Knüppeln erschlagen sowie im Schlamm oder den Latrinen ertränkt worden. Rajsko wird als ein lebendiges Zeugnis deutscher Kultur in die Geschichte eingehen.

III. Aus der Korrespondenz eines Auschwitz-Häftlings
... Vor einem Monat sind aus der polnischen Abteilung 280 Personen in die Strafkompanie verlegt sowie 172 weitere erschossen worden. Die in die Strafkompanie Abkommandierten wurden systematisch fertiggemacht. Einige Tage später flohen zwei; einige Tage danach versuchen es noch einmal über 30 Leute, ein Teil wird auf der Flucht erschossen. Einigen gelingt sie dennoch. Daraufhin folgen furchtbare Repressalien. Ganze Sektionen wurden ausgelöscht, man hat 400 Kranke aus dem Spital vergiftet und mehr als 100 politische Aktivisten (darunter den ehemaligen Abgeordneten Tempka)[37]

36 Gemeint ist Birkenau, siehe Dok. 17, Anm. 12.

erschossen. Insgesamt wurden innerhalb von zwei Tagen mehr als tausend Menschen ermordet. Der Kurs verschärft sich. Binnen weniger Tage fliehen drei Häftlinge. Am nächsten Tag findet man 3 km vom Arbeitsplatz der Flüchtigen entfernt den Leichnam eines Soldaten. Im Lager gehen Gerüchte um, er sei von den Entflohenen getötet worden, man spekuliert über Dezimierung etc. Drei Tage später sickert die Nachricht durch, dass es sich bei dem Getöteten um einen desertierten Soldaten handelt. Man droht uns, dass im Falle der Flucht eines Häftlings dessen gesamte Familie erschossen würde. Vom 23. bis zum 25. [Juni 1942] erschoss man 16, 22 und etwa 25 Leute, darunter viele, die an die zwei Jahre im Lager waren. Am 18. flohen vier Häftlinge in Uniformen und mit einem Fahrzeug.[38] Täglich versuchen es welche, weil alle der Ansicht sind, dass wir hier unser Leben lassen werden. Diese Überzeugung verstärkt sich von Tag zu Tag. Das Schnitterkommando ist inzwischen eine Hinrichtungsstätte: Es vergeht kein Tag, ohne dass jemand erschossen oder mit Knüppeln erschlagen worden wäre. In den anderen Abteilungen ist es nicht besser; die Leute werden durch übermäßige Arbeit und Schläge fertiggemacht, was bei der Verköstigung, die wir bekommen, zur Folge hat, dass kaum einer durchhält. Täglich sterben ungeheuer viele Häftlinge. Pro Woche kommen durchschnittlich zwei Judentransporte aus der Slowakei, aus Frankreich, dem Zagłębie-Gebiet[39] oder dem [General]gouvernement an. Die Juden aus dem Zagłębie-Gebiet und dem [General]gouvernement werden massenhaft vergast; es ist für uns schwierig, ihre Zahl festzustellen, aber sie ist riesig, so hoch, dass sie nicht hinterherkommen, die Kleidung der Vergasten fortzuschaffen. Bei den Gaskammern liegen etwa 15 000 [Kleidungsstücke], obwohl sie täglich mit Fuhren weggebracht werden. Wir haben zwei Vergasungsorte: im Lagerkrematorium (Fassungsvermögen 400 Menschen) und in Birkenau, wo man zu diesem Zweck am Waldrand einige Häuser hergerichtet hat, die weitaus aufnahmefähiger sind. Die Vergasten vergräbt man in großen Gruben, zu denen eine Bahn führt, die speziell gebaut wurde, um die Transporte zu erleichtern. Die beim Zuschütten eingesetzten jüdischen Zivilisten werden von Zeit zu Zeit ebenfalls vergast und durch andere ersetzt. Unter der Kleidung der Ermordeten befindet sich ein riesiger Anteil an Frauen- und Kinderkleidern. Mit dem letzten Judentransport aus der Slowakei (200 Personen) sind ungefähr 80 Kinder angekommen (die Familien werden angeblich zur Arbeit eingesetzt); sie sind zusammen mit ihren Müttern in Birkenau vergast worden. Die Belegung des Lagers beträgt mehr als 14 000 Menschen, die Nummerierung liegt bei ungefähr 42 000. Vor einigen Wochen ist ein Transport in die Steinbrüche in Mauthausen und Rosen bei Breslau[40] abgegangen, insgesamt 1500 Menschen. Das Leben im Lager ist zurzeit sehr schwer, die Leute sind auf das Schlimmste vorbereitet. Es sind Stimmen zu hören, die sagen, dass – wenn wir ohnehin umkommen müssen – wir nicht wie die Schafe sterben sollten, dass man etwas tun muss. Es gibt die Idee, das Lager in

37 Dr. Władysław Tempka (1889–1942), Jurist; von 1930 an Abgeordneter der christdemokratischen Partei im Sejm, Mitbegründer der Partei der Arbeit, nach 1939 Tätigkeit als Rechtsanwalt in Krakau, 1940 verhaftet und nach Auschwitz gebracht; wurde dort am 12.6.1942 erschossen.

38 Die poln. politischen Häftlinge Kazimierz Piechurski, Josef Lempart, Stanisław Jaster und Eugeniusz Bender flohen am 20.6.1942 aus dem Truppenwirtschaftslager. Jaster berichtete dem poln. Untergrund von den Verhältnissen im Lager.

39 Poln. Bezeichnung für das Dąbrowa-Kohlerevier, das zusammen mit Ostoberschlesien 1939 vom Deutschen Reich annektiert und in die Provinz Oberschlesien eingegliedert wurde.

40 Gemeint ist das KZ Groß-Rosen.

unsere Gewalt zu bringen und auszubrechen. Das hätte Aussicht auf Erfolg, wenn es irgendeine Hilfe von außen gäbe. Zweifelsohne würde das viele Opfer mit sich bringen, aber es würde ein großes Echo auslösen. Uns hält nur der Gedanke zurück, dass dies im ganzen Land schlimme Repressalien nach sich zöge.

IV. Ähnlicher Ausschnitt einer Korrespondenz aus Auschwitz
... Warum ich so lange nicht geschrieben habe ... Eine der furchtbarsten Geißeln der Menschheit, der Flecktyphus, rafft hier im Lager Hunderte von Menschen dahin. Allerdings bekämpft man ihn auf zweifache Weise: Erstens leise und versteckt, von unseren Leuten und mit Hilfe der vorhandenen Mittel. Ein schwerer Kampf, aber er zeigt Wirkung. Zweitens radikal durch die Besatzer – den sie für human halten. Das bedeutet den Abtransport der Kranken in die Gaskammer oder ihre Vergiftung durch Injektionen (Letzteres wird einstweilen hauptsächlich bei Juden angewendet).
Am 29. August habe ich erlebt, wie 746 Typhuskranke getötet, vergiftet worden sind (die Rede ist vom Jahr 1942). Ich war unter den Kranken, nur das Schicksal wollte es, dass ich dem Tod entgehe. Ich habe damals meinen tragischsten Tag erlebt, der mich sehr viel gekostet hat. Ich musste diese ganzen Schandtaten ansehen, musste zusehen, wie meine Bekannten und Freunde in den Tod gehen. Ich habe gesehen, wie die Hände der Ärzte vor Hilflosigkeit herabsanken. Mit einem habe ich gesprochen; er hatte Tränen in den Augen. „So viel Arbeit, so viele Nächte ohne Schlaf, so viele Menschen, die den Fängen der grausamen Krankheit bereits entkommen waren (etwa 500 Kranke hatten die Krise bereits überstanden), und alles umsonst." Ich wundere mich nicht über ihn, kann mich nicht beherrschen und weine wie ein Kind.

DOK. 37
New York Times: Am 25. November 1942 erscheint ein erster Bericht über den Einsatz von Gaskammern in Auschwitz[1]

Himmlers Plan zur Tötung der polnischen Juden. Ein Bericht spricht davon, dass der Mord an 250 000 Juden Teil des Vorhabens ist, die Hälfte innerhalb dieses Jahres zu vernichten. Die Regierung in London reagiert. Polnische Beamte veröffentlichen Daten – Dr. Wise[2] erhält Bestätigung vom State Department
Von James MacDonald[3]
Sondertelegramm an die New York Times
London, 24. November
Einem heute von der polnischen Regierung in London veröffentlichten Bericht[4] zufolge hat der Nazi-Gestapo-Chef Heinrich Himmler befohlen, dass noch vor Jahresende die Hälfte der verbliebenen polnischen Juden ausgelöscht werden soll. Alte Menschen,

1 New York Times vom 25.11.1942, S. 10: Himmler Program Kills Polish Jews. Slaughter of 250,000 in Plan to Wipe Out Half in Country This Year Is Reported. Das Dokument wurde aus dem Englischen übersetzt.
2 Dr. Stephen S. Wise (1874–1949), Rabbiner; 1936–1949 Präsident des Jüdischen Weltkongresses.
3 James D. MacDonald, London-Korrespondent der New York Times.

Kinder, Säuglinge und Gebrechliche werden erschossen oder auf andere Weise umgebracht bzw. Strapazen ausgesetzt, die unweigerlich zum Tod führen.
In dem Bericht, der ausschnittsweise bereits in Palästina in Zeitungen veröffentlicht wurde, heißt es weiter, dass nur die körperlich leistungsfähigen Juden verschont und als „Sklavenarbeiter" zur Stärkung der deutschen Kriegsanstrengungen eingesetzt werden sollen.
Die polnischen Behörden haben Zahlen vorgelegt, wonach im Zuge dieses Befehls bis zum 1. Oktober bereits 250 000 polnische Juden getötet wurden.
Als Beleg für die Geschwindigkeit, mit der die jüdische Bevölkerung dezimiert wurde, sei es durch die Verschleppung in deutsche Rüstungsfabriken oder Sterbefälle aufgrund von Krankheiten bzw. Liquidierungen, führen die polnischen Beamten den Umstand an, dass im Oktober nur noch 40 000 Lebensmittelkarten für die Juden im Warschauer Getto gedruckt worden seien, dessen Bevölkerung im März immerhin noch 433 000 betrug. Das seien 130 000 weniger als noch im September.[5]
Massensterben in Güterwaggons
Der Plan der Nazis, die Zahl der in Polen verbliebenen Juden noch in diesem Jahr zu halbieren, sei laut Bericht „ein erster Schritt hin zur vollständigen Auslöschung". „Dabei kommen die schlimmsten Methoden zum Einsatz. Entweder holt man die Opfer aus ihren Wohnungen, oder man greift sie einfach auf der Straße auf. Die Deutschen haben eigens ein Bataillon unter dem Kommando von SS-Männern aufgeboten, die für ihre äußerste Rücksichtslosigkeit und Unmenschlichkeit bekannt sind. Nach ihrer Gefangennahme treibt man die Opfer auf Plätzen zusammen, wo die Alten und Gebrechlichen selektiert, auf Friedhöfe gebracht und dort erschossen werden.
Die Übrigen verlädt man in Güterwagen, 150 pro Waggon, obwohl nur 40 darin Platz haben. Der Boden der Waggons ist mit einer dicken, mit Wasser besprühten Kalk- oder Chlorschicht bedeckt. Die Türen sind versiegelt. Manchmal fährt der Zug direkt nach dem Beladen los. Manchmal steht er für zwei Tage oder länger auf einem Nebengleis. Die Menschen werden so eng zusammengepfercht, dass die Erstickenden Seite an Seite liegen mit denen, die noch am Leben sind, und denen, die langsam an den Kalk- und Chlordämpfen oder aus Mangel an Luft, Wasser und Nahrung sterben.
Wo immer die Züge eintreffen, ist die Hälfte der Transportierten bereits tot. Die Überlebenden bringt man in spezielle Lager nach Treblinka, Belzec und Sobibor (im Südosten von Polen). Dort angekommen, werden die sogenannten Umsiedler massenhaft ermordet."
Wenige Überlebende für Arbeitskommandos
„Nur die Jungen und relativ Kräftigen werden am Leben gelassen, denn sie leisten wertvolle Sklavenarbeit für die Deutschen. Ihr Anteil ist jedoch extrem niedrig. Von den rund 250 000 Umgesiedelten wurden lediglich 4000 zu Hilfsarbeiten an den Fronten abkommandiert. Selbst Kinder und Babys werden nicht verschont, auch Waisen aus Kinderheimen und -tagesstätten sind von den Evakuierungen betroffen. Der Leiter des

4 Memorandum der poln. Exilregierung in London, 24.11.1942; TNA, FO 371/30923.
5 Im Juli 1942 begann die „Große Aktion" im Warschauer Getto. Zwei Monate lang fuhren regelmäßig Transporte in das Vernichtungslager Treblinka. Von den rund 400 000 Menschen im Getto lebten nun offiziell noch 30 000 jüdische Arbeitskräfte, etwa genauso viele „Illegale" versteckten sich dort. Die Besatzungsverwaltung verkleinerte das Gettogelände im Sept. 1942 erheblich.

größten jüdischen Waisenhauses in Warschau, der bekannte polnische Schriftsteller Janusz Korczak,[6] dem die Deutschen erlaubt hatten, im Getto zu bleiben, zog es vor, seinen Schützlingen in den Tod zu folgen.

So findet unter dem Deckmantel der Umsiedlung in den Osten der Massenmord an der jüdischen Bevölkerung statt."

Der Bericht verweist in Zusammenhang mit den Daten, nach denen sich im März im Warschauer Getto noch 433 000 Menschen befunden haben, darauf, dass trotz der extrem hohen Sterblichkeitsrate infolge der hygienischen Verhältnisse, trotz Hunger, Hinrichtungen usw. die Bevölkerungszahl im Großen und Ganzen stabil geblieben sei, weil aus anderen Teilen Polens, aus Deutschland, Österreich und den Niederlanden immer wieder Juden dorthin geschafft wurden.

In Palästina werden Einzelheiten bekannt[7]

Per Funk an die New York Times

Jerusalem, 24. November

Hier eingegangene Meldungen über die Methoden, mit denen die Deutschen in Polen Juden ermorden, enthalten Auflistungen von überfüllten Zügen, die Erwachsene und Kinder zu den großen Krematorien in Oswiencim[8] in der Nähe von Krakau schaffen.

Polnische christliche Arbeiter haben Berichte bestätigt, wonach die Deutschen an den ehemaligen Grenzen zu Russland Betonbauten als Gaskammern nutzen, in denen bereits Tausende von Juden hingerichtet wurden.[9]

Alle Kinder im Alter zwischen 1 und 12, die aus den Großstadtgettos oder kleineren Städten stammen, wurden zusammengetrieben und in wenigen Minuten mit Maschinengewehren niedergemetzelt. Ähnliche Massaker fanden auch an älteren Juden statt.

Jeder zur Zwangsarbeit abkommandierte Jude, der länger als zwei Tage krankgemeldet war, wird abgeführt und erschossen, weil er keinen Nutzen mehr hat.

Diese Taten, so heißt es, sind Teil einer konzertierten Aktion, die Gestapo-Chef Heinrich Himmler vorbereitet und angeordnet hat, als er sich Ende Juni in Warschau aufhielt. Himmler hat eine Vernichtungskommission[10] eingesetzt, die von einem berüchtigten Nazi-Schurken namens Feu geleitet wird.[11] Der Bürgermeister des Warschauer Gettos,

6 Janusz Korczak, eigentlich Henryk Goldszmit (1878 oder 1879–1942), Kinderarzt und Pädagoge; von 1912 an Leiter des jüdischen Waisenhauses in der Krochmalna-Straße 92 (von Okt. 1941 an: Sienna-Str. 16) in Warschau, im Ersten Weltkrieg Divisionsarzt in der russ. Armee; Autor zahlreicher Kinderbücher und pädagogischer Schriften; wurde am 5. oder 6.8.1942 zusammen mit den Kindern seines Waisenhauses nach Treblinka deportiert und ermordet.

7 Diese Informationen stammten von einer Gruppe jüdischer Männer, Frauen und Kinder, die als Austauschjuden im Nov. 1942 in Palästina eintrafen und von Mitarbeitern der Jewish Agency nach den Verhältnissen in Europa befragt wurden; siehe Dobkin-Report, 25.11.1942, CZA S 26/1203.

8 Richtig: Oświęcim.

9 Auschwitz befand sich in einem Gebiet, das das Deutsche Reich 1939 annektiert hatte. Die Angabe bezieht sich vermutlich auf das Vernichtungslager Sobibor, das nahe der Grenze zur Sowjetunion lag. Dort wurden zwischen Mai 1942 und Nov. 1943 bis zu 250 000 Juden ermordet.

10 Im Original deutsch.

11 Himmler hielt sich am 17.4.1942 in Warschau auf und besichtigte an diesem Tag auch das Warschauer Getto. In diesem Zusammenhang soll er den Aufbau des neuen Vernichtungslagers in Treblinka angeordnet haben, in das ab dem 22.7.1942 zahlreiche Transporte aus dem Warschauer Getto gebracht wurden. Eine Person namens Feu existierte in diesem Zusammenhang nicht. Ende Juni befand sich Himmler nicht in Warschau. Allerdings forcierte er nach dem Attentat auf Reinhard Heydrich am 27.5.1942 die Judendeportationen.

Adam Czerniakow,[12] beging im Laufe des Sommers Selbstmord, nachdem die Deutschen ihm befohlen hatten, eine Namensliste für die Deportationen zu erstellen.
Neutrale nichtjüdische Beobachter, die die von den Nazis besetzten osteuropäischen Länder bereist haben, erklärten, die hier eingegangenen Berichte über den Himmler-Plan seien glaubwürdig.
Wise erhält Bestätigung
Überprüfung der Informationen zur „Vernichtungsaktion“ durch das State Department
Washington, 24. November (AP)
Der Vorsitzende des World Jewish Congress, Dr. Stephen S. Wise, erklärte heute Abend, er habe aus vom State Department als glaubwürdig bestätigten Quellen erfahren, dass mehr als die Hälfte der geschätzten 4 000 000 Juden in den von den Nazis besetzten Teilen Europas im Rahmen einer „Ausrottungsaktion“ umgebracht worden sei. Dr. Wise, der gleichzeitig Präsident des American Jewish Congress und Vorsitzender eines Komitees ist, das sich aus Vertretern wichtiger jüdischer Organisationen in Amerika zusammensetzt, sagte, die Deutschen würden sogar „die Toten exhumieren, um die Leichen zu verwerten“. Dr. Wise äußerte sich hierzu auf einer Pressekonferenz, kurz nachdem er mit Beamten des State Department konferiert hatte.
Er hob hervor, dass ein Großteil seiner Informationen auf unterschiedlichen Quellen beruhe, die mit denen des State Department nicht identisch seien. Sein Komitee, so sagte er weiter, habe die Bestätigung (durch das State Department) bewusst abgewartet, bevor es mit seinen eigenen Untersuchungsergebnissen, die bereits seit dem Labor Day[13] vorlagen, an die Öffentlichkeit habe treten wollen.
„Das State Department hat heute endlich die Dokumente zur Verfügung gestellt, die die Berichte und Gerüchte über die Vernichtung der Juden überall im von Hitler beherrschten Europa bestätigen“, erklärte Dr. Wise.
Dr. Wise, der von seinem Sohn James Waterman Wise[14] begleitet wurde, hat vor, noch am selben Abend von Washington nach New York zu reisen, um sich dort am morgigen Nachmittag mit dem Jewish Committee zu treffen. Es ist geplant, nach diesem Treffen einen Bericht zur Lage in Europa zu veröffentlichen.

12 Adam Czerniaków (1880–1942), Ingenieur; 1927–1934 Mitglied des Warschauer Stadtrats, am 23.9.1939 vom Stadtpräsidenten zum Haupt der Jüdischen Kultusgemeinde und am 4.10.1939 von der Gestapo zum Vorsitzenden des Warschauer Judenrats ernannt; nahm sich am 23.7.1942 das Leben, als die deutschen Behörden seine Beteiligung an den Deportationen nach Treblinka forderten.
13 Staatlicher Feiertag in den USA, der jeweils am ersten Montag im Sept. begangen wird, im Jahr 1942 am 7.9.
14 James Waterman Wise (1901–1983), Autor, Journalist; veröffentlichte in den 1930er-Jahren mehrere Bücher zum Thema Nationalsozialismus.

DOK. 38
Der Häftling Alter Feinsilber beschreibt seine Arbeit im Krematorium des Stammlagers Auschwitz von November 1942 an[1]

Protokoll der Vernehmung von Alter Feinsilber[2] durch die Mitglieder der Kommission zur Untersuchung der Hitlerverbrechen in Oświęcim, Jan Sehn und Edward Pęchalski unter Mitwirkung von Jerzy Kornacki,[3] Krakau, vom 16.4.1945

[...][4]

Das Krematorium in Auschwitz war ein einstöckiges Gebäude von 50 m [Länge], 12 bis 15 m breit, das aus fünf kleineren Räumen und einem großen dunklen Raum von 30 x 5 m bestand.[5] Letzterer hatte keine Fenster, er war nur mit zwei Klappen in der Decke ausgestattet, besaß elektrische Beleuchtung, eine Eingangstür vom Gang her und eine zweite Tür, die zu den Öfen führte. Dieser Raum wurde Leichenhalle[6] genannt. Er diente als Aufbewahrungsort für die Leichen, und manchmal führte man dort Erschießungen durch. Direkt daneben befand sich ein zweiter Raum, in dem sich die Öfen für die Leichenverbrennung befanden. Es gab drei Öfen mit jeweils zwei Öffnungen. In eine Öffnung passten 12 Leichen, aber man legte nicht mehr als 5 hinein, weil sie bei dieser Anzahl schneller verbrannten. Die Leichen brachte man auf speziellen sogenannten Wagen zu den Öfen, die man nach dem Abkippen der Leichen wieder aus dem Ofen zog. Die Leichen lagen auf Rosten, unter denen Koks brannte. Außerdem befanden sich im Krematorium eine Kokserei, die als Koksspeicher diente, ein spezieller Raum für die Asche der Leichen und ein weiterer Raum zur Lagerung der Kleidung. Rings um das Krematorium erstreckte sich ein Hof, der vom übrigen Lager durch eine mehrere Meter hohe Mauer abgegrenzt war. Dieser Hof war mit Blumen bepflanzt und wirkte wie ein Garten. Zu meiner Zeit war Oberscharführer Kwakiernak[7] von der Politischen Abteilung Chef des Krematoriums. Außer ihm waren weitere SS-Männer als Gehilfen eingesetzt, an deren Namen ich mich nicht erinnere. Die Bedienung des Krematoriums oblag

1 AIPN, GK 174/243, Bl. 35–59, hier S. 45–48. Abdruck in deutscher Sprache: Jadwiga Bezwińska, Danuta Czech (Hrsg.), Handschriften von Mitgliedern des Sonderkommandos, Sonderheft I der Hefte von Auschwitz, Oświęcim 1972, S. 32–71. Das Dokument wurde aus dem Polnischen neu übersetzt.

2 Alter Feinsilber, später Fajnzylberg (1910–1987), auch Stanisław Jankowski, Tischler und Kellner; 1937 Teilnahme am Spanischen Bürgerkrieg; als Jude in Drancy und in Compiègne interniert, am 27.3.1942 nach Auschwitz deportiert, zunächst als Tischler im Stammlager eingesetzt, von Nov. 1942 an im Sonderkommando im Krematorium I, von Juli 1943 an im Sonderkommando in Birkenau, Jan. 1945 Flucht vom Todesmarsch; lebte nach dem Krieg in Paris.

3 Jerzy Kornacki (1908–1981), Schriftsteller; 1944/45 Abgeordneter des Landesnationalrats.

4 Auf den ersten zehn Seiten der Aussage berichtet Feinsilber von seiner Verfolgung und seiner Deportation nach Auschwitz.

5 Ein Plan vom 25.9.1941 zeigt, dass das Gebäude des Krematoriums I 26,57 m lang, 14,61 m breit und 3 m hoch war.

6 Im Original deutsch. Die Leichenhalle war 17 m lang, 4,6 m breit und 2,86 m hoch.

7 Richtig: Walter Quakernack (1907–1946), Handlungsgehilfe; 1931 NSDAP-, 1933 SS-Eintritt; von Juni 1940 an Politische Abt. in Auschwitz, Leiter des Referats Standesamt und Krematoriumsverwaltung, April 1944 Lagerführer im Auschwitzer Außenlager Laurahütte, Jan. 1945 Räumungsmarsch in das Neuengammer Außenlager Hannover-Mühlenberg, dort Lagerführer bis April 1945; im 2. Bergen-Belsen-Prozess zum Tode verurteilt und hingerichtet.

einem polnischen Kapo, der aus Krakau stammte und Mietek hieß,[8] einem Schreiber mit der Nr. 14 916, der ebenfalls Pole war und aus Lublin stammte,[9] einem Mechaniker, ein Pole namens Wacław Lipka aus Warschau mit der Nr. 2520,[10] und neun Juden, einfachen Arbeitern. Zu Letzteren gehörte ich. Normalerweise zog man uns einfache Arbeiter zu allen Tätigkeiten heran, die mit dem Verbrennen oder mit dem Transport der Leichen, mit ihrer Beförderung in die Öfen oder mit der Entfernung ihrer Asche zusammenhingen. Die Leichen wurden aus der Ambulanz in Block 19 angeliefert. Man schaffte sie von dort auf speziellen Wagen heran, die von Häftlingen gezogen wurden, und stapelte sie in der Leichenhalle übereinander. Von dort aus warfen wir sie in die Öfen. Außerdem fand in diesem Raum zwei- bis dreimal pro Woche eine Erschießung statt. Das heißt, man brachte kleinere oder größere Gruppen von bis zu 250 Personen (jeglichen Geschlechts und Alters), die man nach vorherigem Entkleiden erschoss. Diese Personen kamen in der Regel von außerhalb des Lagers, es waren keine Häftlinge aus Auschwitz. Sie waren von der Gestapo in verschiedenen Ortschaften verhaftet und zur Erschießung ins Krematorium gebracht worden, ohne im Lager registriert worden zu sein. Nur selten betraf eine Erschießung ausschließlich Häftlinge aus Auschwitz. Ich möchte betonen, dass der erwähnte Kwakiernak diese Erschießungen selbst ausführte. Währenddessen brachte er alle Juden in die Kokserei und führte die Erschießungen in Anwesenheit der im Krematorium beschäftigten Polen und Deutschen durch. Da die Kokserei aber nur ein Dutzend Meter entfernt war, hörten wir Juden die Schüsse, das Fallen der Menschen und ihre Schreie. Ich hörte mit eigenen Ohren, wie die Erschossenen schrien, sie seien unschuldig, ich hörte die Schreie von Kindern und wie Kwakiernak darauf antwortete: „Von uns sterben viel mehr an der Front." Anschließend rief man uns in die Halle, in der die Erschießungen durchgeführt worden waren, und wir Juden trugen die noch warmen und blutenden Leichen in die Öfen des Krematoriums, etwa 30 Leichen pro Stunde. Kwakiernak stand mit einer Waffe in der Hand dabei, blutüberströmt und triefend. Außer Kwakiernak assistierten bei dieser Art von Erschießung Lagerführer Schwarz[11] und der Kommandant des gesamten Lagers[12] zusammen mit seinem SS-Gefolge.

Wacek Lipka, Józek und Mietek, über die ich bereits berichtet habe, rissen dann die Goldzähne aus den Mündern der Ermordeten. Jede Woche erschoss man am Ofen des Krematoriums 10 bis 15 Russen – Kriegsgefangene, die man einige Tage zuvor im Bunker von Block 11 festgehalten hatte. Sie waren nicht in den Karteien des Lagers erfasst, sie wurden überhaupt nicht registriert, so dass sich diese Verluste nicht einmal auf Grundlage der Lagerdokumente feststellen lassen. Ich beobachtete diese Erschießungen in

8 Mieczysław Morawa (1920–1945), Fliesenleger; im Okt. 1940 nach Auschwitz gebracht, von Juni 1941 an Kapo im Krematorium I in Auschwitz, von März 1943 an Heizer im Krematorium III in Birkenau; am 5.1.1945 nach Mauthausen überstellt und dort am 3.4.1945 erschossen.

9 Józef Ilzuk (1910–1945), Müller; im April 1941 nach Auschwitz gebracht, von Juni 1941 an Schreiber im Krematorium I, von 1943 an bei den Krematorien in Birkenau eingesetzt; am 5.1.1945 nach Mauthausen überstellt und dort am 3.4.1945 erschossen.

10 Wacław Lipka (1908–1945), Mechaniker; von Sept. 1940 an Heizer im Krematorium I, seit Juli 1943 Heizer bei den Krematorien in Birkenau; am 5.1.1945 nach Mauthausen überstellt und dort am 3.4.1945 erschossen.

11 Heinrich Schwarz.

12 Rudolf Höß.

Auschwitz ein Jahr lang mit eigenen Augen, und dann wiederholte sich das Ganze in Birkenau, nur mit dem Unterschied, dass dort mehr russische Kriegsgefangene erschossen wurden. Jede Woche brachte man zerstückelte Frauenleichen aus Block 10 ins Krematorium, außerdem Kinder, ebenfalls zerstückelt. In Block 10 befand sich ein wissenschaftliches Labor, in dem an Frauen und Kindern experimentiert wurde.[13] Man verabreichte ihnen dort auch tödliche Injektionen. Auf diese Weise tötete man Hunderte von Männern pro Woche. Die Leichen der auf diese Weise Ermordeten brachte man zunächst in die Ambulanz in Block 19 und von dort ins Krematorium. Das Töten mittels Injektionen war im Lager bekannt. Man praktizierte es vor allem an Juden, die man aus dem Krankenbau in den Block 10 gebracht hatte. Dies führte dazu, dass sogar ernsthaft kranke Juden fürchteten, in den Krankenbau zu kommen, damit sie von dort nicht zum Abspritzen gebracht würden. Außerdem brachte man jeden Freitag ein Dutzend Leichen, die außerhalb des Lagers erhängt oder geköpft worden waren, zur Verbrennung. Darunter befand sich auch der Leichnam des enthaupteten Bürgermeisters von Oświęcim.[14] Festzuhalten ist, dass schwangere Frauen, die ins Lager kamen, sofort erschossen wurden. Wenn die Schwangerschaft nicht bemerkt wurde, konnte die Frau entbinden, aber nur im Geheimen, und natürlich musste sie das Neugeborene töten, sonst hätte sie zusammen mit ihm ihr Leben verloren.[15] Außerdem gab es auf dem Gelände noch Block 13, den sogenannten jüdischen Krankenbau, der damals gegenüber von Block 22 lag. Es handelt sich um einen geschlossenen Block, zu dem wir keinen Zugang hatten und dessen Kapo wir nicht kannten. In Block 13 brachte man kranke Juden aus verschiedenen anderen Blocks. Ich habe gehört, dass man diesen Menschen nichts mehr zu essen gab, sie schlug und medizinisch nicht versorgte, bis alle starben. Aus dem jüdischen Krankenbau kam niemand lebend heraus. Ich weise darauf hin, dass es damals, Ende 1942, in Auschwitz noch keine Gaskammern gab.[16] Die einzig mir bekannte Vergasung fand im November oder Dezember 1942 statt. Man vergaste damals etwas mehr als 390 Personen, Juden verschiedenster Nationalitäten, die im Sonderkommando in Birkenau eingesetzt gewesen waren. Die Vergasung führte man in der Leichenhalle durch. Von Leuten, die im Krematorium beschäftigt waren, habe ich erfahren, dass davor in derselben Leichenhalle und anderen Räumen des Krematoriums noch weitere Vergasungen durchgeführt worden waren. Aus eigener Anschauung kenne ich Einzelheiten nur von der Vergasung des erwähnten Sonderkommandos aus Birkenau. Ich war damals schon im Krematorium eingesetzt, und wir wurden aufgefordert, die Leichenhalle zu leeren, da sie für einen größeren Transport benötigt würde. Da sich in der Leichenhalle zu diesem Zeitpunkt viele Leichen angesammelt hatten, arbeiteten wir zwei Tage

13 Siehe Dok. 103 vom 25.3.1944.

14 Es handelt sich vermutlich um Julius Grünweller (1904–1943), Kaufmann; von 1935 an Bürgermeister und NSDAP-Ortsgruppenleiter in Wassenberg, von 1939 an Amtskommissar in Auschwitz, 1940 Amtskommissar in Kenty, im Juli 1942 durch das Sondergericht Kattowitz wegen schwerer Korruption zum Tode verurteilt. Filip Müller, Sonderbehandlung, München 1979, S. 73 f., berichtet ebenfalls von diesem Fall.

15 Zahlreiche Tötungen von Neugeborenen durch Häftlinge sind belegt, die auf diese Weise das Leben der Mütter zu retten versuchten. Zum Umgang mit Schwangeren siehe Einleitung, S. 25.

16 Das Krematorium I im Stammlager wurde von Herbst 1941 bis Frühjahr 1942 für Giftgasmorde benutzt. Danach führte die SS Giftgasmorde in Bunker I und II in Birkenau, von Frühjahr 1943 an in den vier neuen Krematorien in Birkenau durch.

und zwei Nächte und verbrannten alle Leichen. Ich erinnere mich, dass man nach dem Ausräumen der Leichenhalle an einem Mittwoch gegen 11 Uhr vormittags etwas mehr als 390 Menschen aus Birkenau unter starker SS-Eskorte, zwei SS-Männer auf fünf Häftlinge, auf den Hof brachte.[17] Man befahl uns Juden, die Leichenhalle zu verlassen und in die Kokserei zu gehen. Als man uns etwas später erlaubte, in den Hof hinauszugehen, fanden wir nur noch die Kleidung dieser Häftlinge vor. Danach wies man uns an, in die Leichenhalle zu gehen, wo wir dann die Leichen vorfanden. Nachdem die Nummern der Vergasten notiert worden waren, befahl man uns, die Leichen zu den Öfen zu tragen. Damit waren wir zwei Tage beschäftigt. Ich füge hinzu, dass alle Juden, die im Krematorium eingesetzt waren, im Bunker wohnten, der als Raum 13 in Block 11 gekennzeichnet war. Kontakt mit anderen Häftlingen war ihnen untersagt. Sie wurden unter Aufsicht um 5 Uhr morgens zur Arbeit gebracht. Die Arbeit dauerte normalerweise bis 7 Uhr abends, mit einer 15-minütigen Mittagspause. In dieser Pause nahmen wir auf einer Bank neben der Aschesammelstelle unsere bescheidene und unzureichende Mahlzeit ein. Die im Krematorium eingesetzten Polen übernachteten im Allgemeinen in Block 15 und hatten daher eher die Möglichkeit zu Kontakten mit anderen Häftlingen.
[...][18]

DOK. 39
Hans Kammler informiert am 5. Dezember 1942 Gerhard Maurer, dass die Unternehmen weniger für die Häftlingsbeschäftigung zahlen wollen, da die Arbeitsleistung zu gering sei[1]

Schreiben Amtsgruppenchef C des WVHA,[2] (Diktatzeichen C V/4b-Allg-60/Pr./Ke.), Berlin Lichterfelde-West, an den Chef des Amtes D II,[3] Oranienburg, vom 5.12.1942

Betr.: Bezahlung der Unternehmer bereitgestellter Häftlinge.
Unter Bezugnahme auf die letzte Besprechung teile ich in obiger Angelegenheit folgendes mit:
Mir wird wiederholt durch die nachgeordneten SS-Baudienststellen berichtet, daß einerseits die Häftlingsverrechnung zu den festgesetzten Sätzen für Fach- und Hilfsarbeiter beim Unternehmer-Einsatz im Winterhalbjahr zu größeren Schwierigkeiten führen und daß andererseits allgemein die Leistung der Häftlinge im Winterhalbjahr noch geringer ist als die durchschnittliche Minderleistung gegenüber den normalen Arbeitskräften. So werden mir insbesondere von der Zentralbauleitung in Auschwitz folgende Schwierigkeiten geschildert:

17 Am Mittwoch, dem 9.12.1942, wurden etwa 400 Juden aus dem im April 1942 in Birkenau gebildeten Sonderkommando in das Stammlager gebracht und im Krematorium I mit Gas ermordet.
18 Im weiteren Verlauf der Aussage berichtet Feinsilber über seine Arbeit im Sonderkommando Birkenau von Juli 1943 an; siehe auch Dok. 62 vom März 1943.

1 AŻIH, 209/48.
2 Leiter der für das Bauwesen zuständigen Amtsgruppe C des WVHA war Hans Kammler.
3 Leiter des für den Häftlingsarbeitseinsatz zuständigen Amts D II des WVHA war Gerhard Maurer.

Die den Unternehmern bereitgestellten Häftlinge werden je Tagewerk für Facharbeiter mit RM 5,--, für Hilfsarbeiter mit RM 4,-- verrechnet. Die Arbeitszeit in den Wintermonaten beträgt 6–7 ½ Stunden. Die Leistungen der Häftlinge beträgt 70–100 % eines normalen Bauarbeiters, die Leistungen der Juden etwa 30–40 %. Für die Vergleichsermittlung wurden die Leistungssätze für Bauarbeiter herangezogen, welche durch das Fachamt Bau der DAF herausgegeben wurden.
In Auschwitz sind eine größere Menge Unternehmer beschäftigt. Diese arbeiten fast durchwegs in einem Leistungsvertrag. Die Kalkulation dieser Leistungsverträge erfolgte unter Voraussetzung einer normalen Leistung der in Auschwitz geltenden Tariflöhne.
Die Schwierigkeiten ergeben sich daraus, daß einerseits durch die kürzer gewordene Arbeitszeit und andererseits durch die Minderleistung gegenüber der Kalkulation eine wesentlich geringere Gesamt-Leistung entsteht. Die Unternehmer kommen daher mit ihren kalkulierten Preisen keinesfalls aus. Einzelne Unternehmer lehnen die Beschäftigung von Häftlingen überhaupt schon ab, andere verlangen Erhöhung der Preise. Diese Preiserhöhung beträgt in Einzelfällen 200–300 %.
Eine derartige Erhöhung der Einheitspreise kann jedoch gegenüber dem Rechnungshof keinesfalls verantwortet werden.
Ich schlage daher vor, die Verrechnungssätze der Häftlinge in den Wintermonaten wesentlich herabzusetzen. Nach den mir vorliegenden Berichten würde ich eine Herabsetzung auf 60–70 % der geltenden Verrechnungssätze für unbedingt gerechtfertigt halten. Ich darf hierbei darauf hinweisen, daß bei dieser Herabsetzung im ganzen gesehen aller Voraussicht nach noch ein größerer Gewinn zu erzielen ist, als wenn die Einheitspreise heraufgesetzt werden müßten; denn die Unternehmer werden, wenn ihnen einmal Gelegenheit zu neuer Kalkulation gegeben wird, diese Gelegenheit reichlich ausnützen und dies auch mit der noch größeren Minderleistung begründen können.[4]

DOK. 40

Der Soldat Wigbert Mohr erwähnt am 7. Dezember 1942 in einer Feldpostkarte an seine Mutter in Fulda den Judenmord in Auschwitz[1]

Handschriftl. Feldpostkarte von Soldat Wigbert Mohr,[2] Feldpostnummer 22 091,[3] an Familie Mohr, Fulda, Hessen-Nassau, vom 7.12.1942, abgestempelt am 9.12.1942

Liebe Mutter!
Kurz vor Krakau liegend will ich dir einige Zeilen schreiben. Ich sitze gerade so gemütlich im Güterzuge, wo unsere Leitung sitzt und höre seit einigen Tagen wieder einmal

4 Am 18.12.1942 teilte der Leiter der Abt. III a Arbeitseinsatz des KZ Auschwitz der Zentralbauleitung der Waffen-SS und Polizei in Auschwitz mit, dass nach Verhandlungen mit dem Amt D II die Tagessätze für Fach- u. Hilfsarbeiter auf 4 bzw. 3 RM herabgesetzt worden seien; APMAB, D-Au-I-3a/19.

1 Bibliothek für Zeitgeschichte in der Württembergischen Landesbibliothek Stuttgart, Sammlung Sterz, 7.12.1942 W.M.FP 22 091. Teilweise abgedruckt in: Walter Manoschek (Hrsg.), „Es gibt nur eines für das Judentum: Vernichtung". Das Judenbild in deutschen Soldatenbriefen 1939–1944, Hamburg 1995, S. 63.

Radio. Der Ltd. meinte, ob ich mich nicht für 12 Jahre verpflichten wolle; es ging mir hier doch sehr gut. Ich wüßte, was ich lieber tun würde. Inzwischen wird ja nun von mir alles angekommen sein. – Hier oben sieht man soviele Strafgefangenenlager, die Bauarbeiten und noch so verschiedenes machen. Juden kommen hier, d. h. in Auschwitz, wöchentlich 7–8000 an, die nach kurzem den „Heldentod“ sterben.[4]
Es ist doch gut, wenn man einmal in der Welt umher kommt. Die polnischen Dörfer hatte ich mir eigentlich schlimmer vorgestellt.
Nun möchte ich schließen und grüße Euch alle

DOK. 41
Im SS-Diensttagebuch wird am 9. Dezember 1942 die Flucht von sechs Häftlingen des Sonderkommandos notiert[1]

Handschriftl. Eintrag im Tagebuch des Führers vom Dienst SS-Oberscharführer Wagner,[2] übergeben durch SS-Oberscharführer Wagner, übernommen: Oscha Ogurek,[3] vom 9.12.1942

Parole: „Siemens“
Vorkommnisse:
12.25 wurde gemeldet, daß beim Sonderkommando I 6 Häftlinge geflüchtet sind.[4] Die Bereitschaft mit 35 SS-Männern u. 25 SS-Männer der 7. Komp. wurden zur Suchaktion eingesetzt.
Um 16.45 wurden v. der 5. Komp. 1 Unterf. 10 SS-Männer zum Abholen von 70 Häftlingen v. Bahnhof Auschwitz eingesetzt.
Die Suchaktion war ohne Erfolg, die Bereitschaft rückte um 17.00 ein.
20.30 wurde v. Harmenze angerufen, daß dort 2 Häftlinge aufgegriffen worden sind. Dieselben wurden mit Auto u. 2 Posten der Hauptwache abgeholt. Es waren die beiden

2 Wigbert Mohr (1923–1945); 1942 Fronteinsatz in einer Nachrichteneinheit des Heeres, im Aug. 1944 in der Nähe von Bukarest in Gefangenschaft geraten, im Febr. 1945 in sowjet. Kriegsgefangenschaft gestorben.
3 Diese Feldpostnummer war in der Zeit vom 31.7.1942 bis 9.2.1943 dem 28. selbständigen Trägerfrequenz-Zug zugeteilt.
4 Im Nov. 1942 erreichten fast 28 000 jüdische Männer, Frauen und Kinder vor allem aus den Gettos der Bezirke Zichenau und Bialystok sowie aus den Durchgangslagern Westerbork und Drancy das Lager. Die meisten wurden unmittelbar nach ihrer Ankunft ermordet.

1 APMAB, D-Au-I-1, Meldunki uwag oficera dyżurnego, Bd. 1, S. 158.
2 Ernst Wagner (1893–1965), Schlosser; 1931 SS-Eintritt; Juli 1941 bis Jan. 1945 in der 1. Kompanie (Au I), nach der Räumung von Auschwitz in Flossenbürg und Sachsenhausen; 1947 nach Polen ausgeliefert und 1948 in Krakau zu sieben Jahren Haft verurteilt, 1954 entlassen.
3 Otto Ogurek (1890–1950), Landwirt; Angehöriger der Wachmannschaft in Auschwitz; 1946 nach Polen ausgeliefert, 1948 in Krakau zu zehn Jahren Haft verurteilt, starb 1950 in Haft.
4 Im Zusammenhang mit der Ermordung von Häftlingen des Sonderkommandos im Dez. 1942 (siehe Dok. 38 vom Nov. 1942) und der Neubildung eines Sonderkommandos flohen mehrere Häftlinge aus dem Lager. Zwei Geflohene wurden am Folgetag aufgegriffen, in den Bunker von Block 11 eingeliefert und am 17.12.1942 hingerichtet: Ber Borenstein (1920–1942) und Nojech Borenstein (1925–1942), Schneider aus Szreńsk. Sie waren am 14.11.1942 mit einem Transport aus dem Regierungsbezirk Zichenau nach Auschwitz deportiert worden.

Judenhäftlinge N. 36 816 + 38 313,[5] welche am 7.12.42 früh vom Sonderkom. II geflüchtet sind.
Um 5.00 wurde die Bereitschaft zum Abholen eines Transports eingesetzt. 5.10 wurden 1 Untf., 23 Män. d. 6. Komp. zur Abholung eines Transports vom Bahnhof Auschwitz 1 Regenumhang übergeben.
Dienst: richtig.

DOK. 42
Szlomo Dragon wird im Dezember 1942 bei der Ermordung von Häftlingen im Bunker II eingesetzt[1]

Protokoll der Vernehmung von Szlomo Dragon[2] durch Jan Sehn, in Anwesenheit von Edward Pęchalski, als Mitglieder der Kommission zur Untersuchung der Hitlerverbrechen in Oświęcim, unter Mitwirkung des Sachverständigen Jan Zygmunt Robel,[3] Oświęcim, vom 10., 11. und 17.5.1945

[...][4]
Am Morgen des nächsten Tages, also am 10. Dezember 1942, nachdem bereits alle Kommandos zur Arbeit ausgerückt waren, kam Moll[5] zu Block 14 und befahl: „Sonderkommando raus".[6] Auf diese Weise erfuhren wir, dass wir einem Sonderkommando angehörten und nicht einem Kommando, das in einer Gummifabrik eingesetzt werden sollte. Wir wussten nicht, was „Sonderkommando" bedeutete, das hatte uns niemand erklärt. Auf Molls Befehl traten wir vor dem Block an, wo uns SS-Männer umstellten und in zwei Gruppen zu je 100 Mann aus dem Lager führten. Man brachte uns in einen Wald zu einem mit Stroh gedeckten Bauernhaus, dessen Fenster zugemauert waren.[7] An der

5 Ladislaus Knopp (1912–1942), Autoschlosser und Chauffeur aus Topol'čany, Slowakei; am 22.5.1942 von Lublin-Majdanek nach Auschwitz überstellt, und Samuel Culea (1901–1942), Händler aus Iaşi, Rumänien; am 7.6.1942 aus Compiègne nach Auschwitz deportiert; am 7.12.1942 geflohen, am 9.12. gefasst und in den Bunker von Block 11 gebracht, am 15.12.1942 hingerichtet.

1 AIPN, GK 162/817, Bl. 2–14, hier Bl. 3–6 (beglaubigte Abschrift). Abdruck in deutscher Sprache in: Franciszek Piper, Die Zahl der Opfer von Auschwitz, Oświęcim 1993, S. 203–216, hier S. 205–208. Das Dokument wurde aus dem Polnischen neu übersetzt.
2 Richtig: Szlomo Dragon (1920–2001), Schneider; wohnte in Żuromin im Bezirk Sierpc (Regierungsbezirk Zichenau), am 5.12.1942 aus dem Getto in Mława nach Auschwitz deportiert, dort dem Sonderkommando am Bunker II, später Krematorium III zugeteilt, Teilnahme am Aufstand des Sonderkommandos am 7.10.1944, im Jan. 1945 Flucht vom Todesmarsch zusammen mit Henryk Tauber; nach Kriegsende DP-Lager in Frankfurt-Zeilsheim, später Ausreise nach Israel. Interview mit Shlomo Dragon in Gideon Greif, Wir weinten tränenlos ... Augenzeugenberichte der jüdischen „Sonderkommandos" in Auschwitz, Köln 1995, S. 49–124.
3 Dr. Jan Zygmunt Robel (1886–1962), Chemiker, Mediziner; seit 1912 Sachverständiger für Chemie und Toxikologie am Bezirksgericht Krakau; bis 1961 am Institut für Forensik in Krakau tätig.
4 Auf der ersten Seite berichtet Dragon von seiner Ankunft in Auschwitz und seiner vermeintlichen Einteilung zu einem Arbeitskommando, das in einer Gummifabrik eingesetzt werden soll.
5 Otto Moll (1915–1946), Gärtner; 1935 SS-Eintritt; 1938-1941 KZ Sachsenhausen, 1941–1944 in Auschwitz, 1943 Leitung der Sonderkommandos, von Sept. 1943 an Lagerführer in Fürstengrube und Gleiwitz I, Mai/Juni 1944 Leiter der Krematorien II bis V in Birkenau, Ende 1944/Anfang 1945 beteiligt an Mordaktionen in Sachsenhausen und Ravensbrück, Ende Febr. 1945 Lagerführer im Kaufering-Komplex; 1945 im Dachau-Hauptprozess zum Tode verurteilt, 1946 hingerichtet.
6 Im Original deutsch.

Eingangstür war eine kleine Blechtafel mit der Aufschrift „Hochspannung – Lebensgefahr“ angebracht. 30 bis 40 Meter von diesem Häuschen entfernt standen zwei Holzbaracken.[8] Hinter dem Haus befanden sich vier 30 m lange, 7 m breite und 3 m tiefe Gruben, die an den Wänden Teer- und Brandspuren aufwiesen. Wir mussten uns vor dem Haus aufstellen, dann kam Moll und erklärte uns, dass wir hier bei der Verbrennung von alten und verlausten Menschen mitarbeiten würden, dass wir zu essen bekämen und zur Nacht ins Lager zurückgebracht würden. Arbeiten müssten wir auf jeden Fall, wer nicht arbeiten wolle, würde geschlagen, dafür gebe es Knüppel und Hunde. Die SS-Männer, die uns bewachten, hatten tatsächlich Hunde. Dann wurden wir in mehrere Gruppen aufgeteilt. Ich wurde mit elf anderen einer Gruppe zugeteilt, die, wie sich später herausstellte, Leichen aus dem Haus holen musste. Wir erhielten Masken und wurden zur Tür des Hauses geführt. Moll öffnete sie, und da erst sahen wir, dass drinnen nackte Leichen von Menschen unterschiedlichen Alters und Geschlechts lagen. Moll befahl uns, die Leichen vor die Tür zu bringen. Wir begannen, zu viert je eine Leiche herauszutragen. Das ärgerte Moll. Er krempelte seine Ärmel hoch und warf eine Leiche durch die Tür nach draußen. Als wir trotz dieser Lektion erklärten, dass wir das so nicht machen könnten, teilte er uns zu zweit zur Arbeit ein. Als die Leichen herausgeschafft waren, brach ihnen ein Zahnarzt, dem ein SS-Mann assistierte, die Zähne heraus. Ein von einem SS-Mann beaufsichtigter Friseur schnitt die Haare ab, dann lud eine andere Gruppe die Leichen auf Rollwagen.[9] Es handelte sich dabei um Loren auf Schmalspurschienen, die bis zum Rand der Gruben führten. Die Schienen verliefen zwischen zwei Gruben. Eine andere Gruppe war damit beschäftigt, die Grube für die Leichenverbrennung vorzubereiten. Zuerst wurden dicke Holzstücke auf den Boden gelegt, dann kreuzweise immer kleiner werdende, zum Schluss trockene Zweige. Eine weitere Gruppe nahm die Leichen, die mit dem Rollwagen zum Grubenrand gebracht wurden, entgegen und warf sie in die Gruben. Als alle Leichen aus dem Haus zu den Gruben transportiert waren, übergoss Moll die Toten, die sich in den Ecken der Grube befanden, mit Petroleum, zündete einen Kautschukkamm an und warf ihn auf die betreffenden Stellen. Das Feuer loderte auf, und die Leichen fingen Feuer. Während Moll das Feuer anfachte, standen wir vor dem Haus und konnten alles genau beobachten. Nachdem alle Leichen aus dem Haus herausgetragen worden waren, mussten wir es gründlich reinigen. Wir wischten den Fußboden mit Wasser, bestreuten ihn anschließend mit Sägespänen und weißten die Wände. Das Innere des Hauses war durch Querwände in vier Kammern unterteilt. In einer konnten 1200 entkleidete Personen untergebracht werden, in die zweite passten 700, in die dritte 400 und in die vierte 200 bis 250 Personen.[10] Die erste und größte Kammer wies zwei Maueröffnungen auf. Die drei anderen hatten jeweils eine Öffnung. Die Öffnungen waren jeweils mit kleinen Holztüren verschlossen. In jede Kammer führte ein gesonderter Eingang. An den Eingangstüren hing die erwähnte kleine Tafel mit der Aufschrift „Hochspannung – Lebensgefahr“. Die Aufschrift war nur sichtbar, wenn die

7 Dieses Haus wurde auch Bunker II oder „weißes Haus“ genannt. Es wurde wahrscheinlich Ende Juni 1942 in Betrieb genommen.

8 Nach anderen Angaben befanden sich dort drei Entkleidungsbaracken.

9 Im Original deutsch.

10 Das Haus wurde 1944 abgerissen. Nach den erhaltenen Fundamenten hatte es eine Grundfläche von 142 m^2, die Innenraumfläche betrug etwa 105 m^2. Rund 1200 Personen konnten dort hineingeführt werden.

Eingangstüren verschlossen waren. War die Tür geöffnet, stand dort „Zum Baden“.[11] Die zur Vergasung Ausersehenen sahen innerhalb der Kammer an der Ausgangstür noch eine weitere Aufschrift mit dem Hinweis: „Zur Desinfektion“.[12] Hinter dieser Tür gab es selbstverständlich keinerlei Desinfektion, denn das war die Ausgangstür, durch die wir die Leichen nach draußen zogen. Jede Kammer hatte eine eigene Ausgangstür. Auf Grundlage meiner Aussage hat Ingenieur Nosal aus Oświęcim die von mir beschriebene Kammer[13] exakt nachgezeichnet. Die Kammer wurde Bunker II genannt. Etwa einen halben Kilometer entfernt gab es nämlich noch eine zweite, als Bunker I bezeichnete Kammer. Es handelte sich ebenfalls um ein gemauertes Haus, das jedoch nur aus zwei Kammern bestand, die zusammen weniger als zweitausend entkleidete Menschen aufnehmen konnten.[14] Die Kammern hatten lediglich Eingangstüren und jeweils eine kleine Öffnung. In der Nähe des Bunkers I standen eine Scheune und zwei Baracken. Die Gruben lagen sehr weit entfernt, dorthin führten ebenfalls Schienen.

Am Abend des ersten Tages wurden wir nach Abschluss der Arbeit ins Lager zurückgebracht. Wir wurden jedoch nicht in Block 14 untergebracht, aus dem wir ausgerückt waren, sondern in Block 2. Dorthin kehrte auch die andere Gruppe zurück, die, wie sich herausstellte, an diesem Tag beim Bunker I gearbeitet hatte. Block 2 war im Unterschied zu den anderen Blocks von einer Mauer umgeben und isoliert. Wir durften mit den Häftlingen aus einem anderen Block nicht in Verbindung treten.

Zur Vergasung der Menschen rückte nicht das gesamte Kommando aus. Sie fand gewöhnlich nachts statt. Aus unserem Kommando wurden etwa 20 Häftlinge ausgesucht, die dabei halfen. Die Vergasung selbst führten nämlich grundsätzlich die SS-Männer durch. Sie lief folgendermaßen ab: Die Menschen wurden mit Lastwagen zu den Baracken gebracht. Wir zur Unterstützung Eingeteilten halfen den Kranken, abzusteigen und sich in der Baracke auszuziehen. Alle Antransportierten zogen sich nämlich in den Baracken aus. Die Baracken und der Raum zwischen den Baracken und der Kammer waren von SS-Männern mit Hunden umstellt. Die Menschen liefen nackt von den Baracken zur Kammer. Die an der Eingangstür postierten SS-Leute trieben sie mit Knüppeln an. Wenn die Kammer voll war, schlossen die SS-Männer die Tür, und Mengele[15] wies seinen Adjutanten, Rottenführer Scheinmetz,[16] an, mit der Vergasung zu beginnen. Er

11 Im Original deutsch.

12 Im Original deutsch.

13 Eine Skizze des gesamten Hauses einschließlich der vier Kammern befindet sich in der Anlage der Aussage.

14 Bunker I wurde Ende März 1942 in Betrieb genommen und 1943 abgerissen. Auf einer Grundfläche von etwa 90 m² konnten rund 800 Personen gleichzeitig ermordet werden.

15 Dr. Josef Mengele (1911–1979), Mediziner und Anthropologe; 1937 Assistent des Rassehygienikers Otmar von Verschuer; 1938 SS-Eintritt; 1940 Arzt im Rasse- und Siedlungshauptamt, 1942 Fronteinsatz, Mai 1943 bis Jan. 1945 Lagerarzt in Auschwitz-Birkenau, maßgeblich beteiligt an Selektionen und Gasmorden, von Febr. 1945 an Standortarzt in Groß-Rosen; nach dem Krieg Flucht nach Argentinien, 1958 Flucht nach Paraguay, 1960 nach Brasilien.

16 Vermutlich Victor Chaimies (*1914), Volksdeutscher aus Kretinga, Litauen, SS-Rttf., Angehöriger der SS-Sanitätsstaffel, Verbleib unbekannt. Die SS-Sanitätsstaffel bildeten 30 im SS-Revier eingesetzte SS-Männer. Einige von ihnen waren in der Anwendung von Giftgas geschult und waren Mitglieder im SS-Desinfektionskommando, das bei der Bedienung von Entwesungskammern und beim Einschütten von Zyklon B in die Gaskammern eingesetzt wurde.

drückte sich so aus: „Scheinmetz, mach das fertig".[17] Dann holte Scheinmetz aus dem Rot-Kreuz-Wagen, der jedem Häftlingstransport folgte, die zur Vergasung vorgesehene Büchse Gas, einen Hammer und ein spezielles Messer, setzte eine Maske auf, öffnete mit Hilfe von Hammer und Messer die Büchse und schüttete den Inhalt durch die Öffnung in die Kammer. Dann verschloss er die Öffnung und brachte Büchse, Hammer, Messer und Maske zum Auto zurück. Unter den Deutschen wurde das Auto „Sanker"[18] genannt. Ich habe selbst viele Male gehört, wie Mengele den Adjutanten fragte: „Ist der Sanker da?" Waren diese Tätigkeiten abgeschlossen, fuhren Mengele und sein Adjutant mit dem Sanitätsauto weg, und wir wurden in den Block gebracht.

Ich weiß nicht, wie es am Anfang war, aber später blieben nach Abschluss einer solchen nächtlichen Vergasungsaktion SS-Posten beim Bunker und insbesondere bei den Baracken. Blieb der Bunker bis zum Morgen unbewacht, kam es nämlich vor, dass die Kisten mit den Goldzähnen, die mit den übrigen Sachen der Vergasten in den Baracken aufbewahrt wurden, gestohlen wurden. Die Leichen der Vergasten lagen bis zum Morgen im Bunker, bis ein Kommando kam und sie verbrannte. Die Verbrennung lief immer so ab, wie ich sie für den ersten Tag meiner Arbeit beim Bunker II beschrieben habe. Das Eigentum der Vergasten blieb in den Baracken und wurde am nächsten Tag durch ein spezielles Kommando eingesammelt, das die Sachen sortierte und in die Effektenkammer in Auschwitz[19] brachte. Die Asche holten wir meist erst etwa 48 Stunden nach der Verbrennung aus den Gruben. Darin befanden sich Knochenreste, man sah Schädel, Kniegelenke und Röhrenknochen. Mit Schaufeln häuften wir die Asche am Rand der Grube auf, dann kamen Autos, die sie zur Soła[20] brachten. Wir wurden auch für die Entladung der Asche am Fluss eingesetzt, selbstverständlich unter der Kontrolle von SS-Männern. Wir mussten die Fläche zwischen Auto und Wasser mit Planen abdecken, damit keine Aschereste auf die Erde fielen. Die SS-Männer befahlen uns, die Asche so ins Wasser zu schütten, dass sie mit der Strömung weggeschwemmt wurde und sich nicht auf dem Grund absetzte. Nach dem Entladen des Wagens schüttelten wir die Asche also von den Planen ins Wasser und säuberten die gesamte Abladestelle gründlich mit Besen.

Nachdem die Kammern geöffnet worden waren, fanden wir die Leichen meist in liegender Position vor. Wenn viele Menschen hineingedrängt worden waren, lagen sie aufeinander oder aneinandergelehnt, manchmal sogar stehend und mit hängendem Rumpf. Oft sah ich weißen Schaum, der sich auf den Lippen der Vergasten gebildet hatte. Nach dem Öffnen war es in der Kammer sehr heiß, und man konnte das Gas spüren, das einem die Luft abpresste und auf den Lippen angenehm süß schmeckte. Die Gasbüchsen bestanden aus Metall und hatten einen gelben Aufkleber. Solche wurden später auch im Krematorium verwendet. In beiden Bunkern wurden insbesondere die Menschen

17 Im Original deutsch.
18 Sanka – Abkürzung für Sanitätskraftwagen.
19 „Kanada I" befand sich in der Nähe der DAW und des sog. Bauhofs.
20 Nebenfluss der Weichsel. Wahrscheinlicher ist jedoch, dass die Asche – soweit sie nicht für Bau- und Industriezwecke genutzt wurde – in die von Bunker I und II näher gelegene Weichsel gebracht wurde.

vergast, die mit den Transporten aus Polen angekommen waren, außerdem Transporte mit Litauern, Franzosen und Juden aus Berlin.
[...][21]

DOK. 43
Die Außenstelle des Sicherheitsdienstes in Bielitz meldet am 15. Dezember 1942, dass in der Bevölkerung zahlreiche Gerüchte über die Behandlung von Juden in Auschwitz kursieren[1]

Sicherheitsdienst des Reichsführers SS, SD-Abschnitt Kattowitz, Außenstelle Bielitz, gez. Unterschrift unleserlich,[2] Giselastraße 24, Az. Mess/III A 4,[3] an den SD-Leitabschnitt Kattowitz,[4] vom 15.12.1942

Stimmungsbericht.
Einleitung:
Durch das bevorstehende Fest sind die Gedanken der Menschen in starker Weise von dem militärischen Geschehen abgelenkt. Die Freude über die Sonderzuteilungen ist allgemein, Anzeichen irgendeiner Enttäuschung bisher nicht festzustellen.
Stimmungsmäßige Auswirkungen III A 4:
1) In der Ausgabe von *Weihnachtszuteilungen* und Führerpaketen erblickt man ein Zeichen der starken wirtschaftlichen Kraft und Sicherheit des Reiches. Oft wird darauf hingewiesen, was für ein gewaltiges Plus an Arbeit, Planung, Transport usw. derartige Maßnahmen darstellen und werden Vergleiche mit dem ungünstigeren 4. Weihnachtsfest des ersten Weltkrieges gezogen. Den Mangel an Geschenkartikeln, die eingeschränkte Zuteilung von Weihnachtsbäumen und Kerzen bezeichnet man als unwesentlich, „da ja die Hauptfrage, die Magenfrage, auf eine derartige Weise gelöst wurde". Auch das Aufhören der früheren Härten bei der Wegnahme erlangter kleiner Lebensmittelzubußen haben Bitternisse hinweggeräumt.
2) Betreffs der Lage im *Osten* steht man unter dem Eindruck, daß der Russe bereits mit großen Truppenmassierungen anzugreifen beginnt, ist jedoch überzeugt davon, daß diese Angriffe zu keinem Erfolge führen werden. Bei russischen Überläufern handele es

21 In Bunker I und II wurden Juden ermordet, die zu dieser Zeit aus der Slowakei, Frankreich, den Niederlanden, Belgien, Polen und dem Deutschen Reich nach Auschwitz transportiert wurden. Es ist möglich, dass sich innerhalb dieser Transporte auch litauische Juden befanden, die in die erwähnten Länder emigriert waren. Im Folgenden berichtet Dragon über die weitere Verwendung von Bunker I und II, das Auffinden eines lebenden Kindes, die Arbeit im Krematorium V, die Leichenverbrennung in Gruben im Sommer 1944, die Tötung von Mitgliedern des Sonderkommandos im Dez. 1942 und im Sept. 1944, über den Aufstand des Sonderkommandos im Okt. 1944 sowie über die vergrabenen Notizen von Salmen Gradowski, die Dragon ausgrub und der Sowjet. Kommission übergab; siehe Dok. 139 vom 6.9.1944.

1 AP Kat, 12/140/13, Bl. 1–4. Abdruck in: Mirosław Węcki, Nieznane raporty hitlerowskiej Służby Bezpieczeństwa (Sicherheitsdienst) z Górnego Śląska z lat 1942–1943, in: Skice archiwalno-historyczne, 6 (2010), hrsg. vom AP w Katowicach, S. 167–170.
2 Leiter der Außenstelle Bielitz war ein SS-Hauptscharführer Schütting.
3 Amt III des RSHA (Deutsche Lebensgebiete – SD Inland), Abt. A 4 (Allgemeines Volksleben).
4 Führer des SD-Abschnitts war spätestens von März 1943 an Oskar Podlich.

sich jetzt meistens um ältere Mannschaften, 50 und mehr Jahre, nach deren Aussagen die Sowjets sich nur noch dank der amerikanischen Hilfe, die ihnen in reichem Maße zuteil werde, halten könnten.
3) Mit der Möglichkeit eines *Gaskrieges* wird in immer weiteren Kreisen gerechnet. Der Engländer und Russe würde aus Verzweiflung zu demselben greifen, und deutscherseits würde gehofft werden, auf diese Weise mit der Überlegenheit des deutschen Wissenschaftlers und der besseren Wirksamkeit deutscher Produkte schnellere und durchgreifende Erfolge zu erringen.
4) Wenn der kürzlich vielfach hervorgetretene *Pessimismus* auch schon im wesentlichen abgeklungen ist, werden doch immer wieder zweifelnde Stimmen gemeldet, die durchaus nicht vereinzelt dazustehen scheinen.
So äußerte ein deutscher Landwirt: „Man darf es zwar nicht sagen, daß wir den Krieg verlieren können, aber Gedanken mache ich mir darüber noch und noch, denn man hört doch immer häufiger sprechen, daß wir dieser Übermacht doch nicht gewachsen sind, und wenn wir bisher nur Siege gehabt haben, so ist uns doch Amerika weit überlegen, es ist ausgeruht, kann viel Soldaten und Kriegsmaterial zur Verfügung stellen. Wir dagegen sind ausgepumpt, und es fehlt uns schon an allem."
Eine Angestellte: „Es wird gesagt, daß dieser Krieg gar kein Blitzkrieg ist, wie es anfangs behauptet wurde, sondern er wird noch ewig dauern. Andere Leute sagen, daß wir nur noch imstande wären, höchstens 2–3 Jahre durchzuhalten, wir wären sehr weit in Rußland zurückgegangen, die Russen ständen sogar bereits in Finnland."
5) In starkem Maße beschäftigt sich man auch noch mit der Haltung der *Franzosen*. Durchwegs ist Mißtrauen und schlechte Einschätzung derselben zu bemerken. So meinte ein Betriebsleiter: „Wir kommen ihnen viel zu gut entgegen. Die ganze Sache in Afrika ist nur auf unsere Gutmütigkeit zurückzuführen."[5]
Ein Arbeiter: „Der Führer ist viel zu human. Denn dieser Staat, der uns den Krieg erklärt hat, und von uns besiegt ist, verdient gar nicht so eine Behandlung." „Wir Deutschen waren immer zu gutmütig und unsere Gegner nützen unsere Gutmütigkeit aus."
Ein Tischlermeister: „Man ist viel zu großzügig gegen diese alten Feinde vorgegangen. Petain[6] ist nur eine Puppe und hat gar nichts zu reden. Die eigentliche Politik machen ja doch seine Hintermänner."
6) Mit großer Bestimmtheit werden Gerüchte vorgetragen, die sich mit einer Neuregelung der *Volksliste* befassen. Teils soll die Gruppeneinteilung vollkommen fortfallen, teils heißt es, daß eine allgemeine Besserstellung der verschiedenen Eingruppierungen erfolgen werde oder die Bewährungsfrist in Fortfall käme, und schließlich, daß alle Ablehnungen nunmehr doch in die DVL aufgenommen werden sollen.
7) Einem anderen Gerücht zufolge sollen demnächst *Einberufungen* bis zum Jahrgang 1900 erfolgen und weitere bis zum Jahrgang 1890 nach der bevorstehenden Zusage des Führers stattfinden. Letztere sollen für den Osteinsatz, für Polizei, Gendarmerie usw. bestimmt sein.

5 Gemeint ist der Rückzug der deutschen Truppen unter Generalfeldmarschall Rommel in Nordafrika nach der zweiten Schlacht von El Alamein im Nov. 1942.
6 Philippe Pétain (1856–1951) war von Juli 1940 bis Aug. 1944 Staatschef des Vichy-Regimes in Frankreich.

8) Verstimmung hat es erregt, daß Skier, die bei der vorjährigen *Skiersammlung* zur Abgabe gelangten, bisher in einer Bielitzer Fabrik aufbewahrt und jetzt der HJ und dem BDM zur Verfügung gestellt wurden.
Ein P.L.[7] meinte hierzu: „Es sei doch eine Schweinerei, anfangs für die Wehrmacht zu sammeln und nachher wird das Gesammelte gar nicht der Wehrmacht übergeben. Dafür hätte es immer noch Zeit gehabt, seine Skier der HJ zu geben. Die sollten sich welche kaufen, zumindest sollte die Kreisleitung den Spendern die Skier zurückgeben, im Falle dieselben der Wehrmacht nicht abgegeben werden konnten."
9) An weiteren „*Witzen*" wurde bekannt:
Der Führer, Göring und Goebbels sitzen in der Loge, während Erna Sack[8] singt. Da meint der Führer zu Göring und Goebbels: „Seht doch mal diese herrlichen Ohrgehänge, die sie trägt, die sind von mir." Darauf meint Göring: „Na ja, die sind ja sehr schön, aber schau Dir doch mal den wundervollen Ring an, den sie am Finger trägt, der ist von mir." Hierauf erwidert Goebbels: „Das ist doch alles gar nichts, seht euch mal die Ringe an, die sie unter den Augen hat, die sind von mir."
Scherzfrage: Aus was für Menschen wird das Reich nach dem Kriege bestehen? Antwort: 1. Aus Buckligen, das sind die, die jetzt immer unter die Pudel greifen, zweitens aus Nervösen, das sind die Hamsterer, die immer mit den Armen herumfuchteln und sagen: „Ich hab nichts, ich hab nichts." Und drittens aus Verrückten, das sind die, die jetzt auf Karten leben.
10) In der Bevölkerung beschäftigt man sich weiter laufend mit Gerüchten und Mutmaßungen über die im *KL Auschwitz* Untergebrachten. So heißt es, daß Juden, die aus Holland, Belgien usw. hergebracht wurden, zuerst zum Baden veranlaßt würden. Dem Badewasser sei Blausäure beigegeben, um auf diese Weise die Juden schnellstens zu beseitigen. Die angeblich rohe Behandlung der Gefangenen wird kommentiert, ihre schlechte Bekleidung, ohne Strümpfe mit nur einem dünnen Anzug bekleidet, werden sie beim Wege- und Straßenbau beschäftigt usw.[9]

7 Politischer Leiter.

8 Erna Sack, geb. Weber (1898–1972), Opernsängerin; gehörte zu den bekanntesten deutschen Sopranistinnen im 20. Jahrhundert.

9 Im Jan. 1943 berichtete die Außenstelle Bielitz erneut von weit in der Bevölkerung verbreiteten Gerüchten über die Massentötung von Juden, die überwiegend Missbilligung erregten und nicht durch Gegenargumente entkräftet werden könnten. So würde erzählt, Juden würden in Waggons eingeschlossen und durch chemisch erzeugte Giftdämpfe vernichtet oder massenweise mit Maschinengewehren niedergemäht werden; wie Anm. 1, Bl. 15.

DOK. 44
Lejb Langfus beschreibt Eindrücke aus dem Sonderkommando, in dem er seit Mitte Dezember 1942 zur Zwangsarbeit eingesetzt wird[1]

Notizen von Lejb Langfus,[2] Dez. 1942 bis Nov. 1944[3]

Einzelheiten
Als die Transporte aus Będzin und Sosnowiec eintrafen, war darunter ein älterer Rabbiner.[4] Da sie aus der näheren Umgebung stammten, wussten alle, dass man sie in den Tod führen würde. Der Rabbiner ging tanzend und singend sowohl in den Auskleideraum als auch in den Bunker.[5] Er hatte die Ehre, für seinen Glauben zu sterben.
Zwei ungarische Juden fragten ein Mitglied des Sonderkommandos: „Sollen wir das Widuj[6] sprechen?" Als dieser mit „ja" antwortete, zogen sie eine Flasche Schnaps heraus und tranken ihn mit großer Freude, Lechaim.[7] Darauf versuchten sie, das Mitglied des Kommandos mit aller Kraft dazu zu bringen, mit ihnen zusammen zu trinken. Der Mann war tief beschämt und wollte nicht mittrinken. Aber sie ließen ihn nicht in Ruhe: „Du musst unser Blut rächen, du musst leben, also Lechaim!" Lange sprachen sie ihm zu: „Wir verstehen dich ..." Da trank er mit ihnen zusammen und war dabei so tief gerührt, dass er schrecklich zu weinen begann. Er lief im großen Krematorium umher und weinte stundenlang bittere Tränen. „Kameraden! Es sind schon zu viele Juden verbrannt worden! Lasst uns alles zerstören und auch für unseren Glauben sterben!"

1 Original nicht aufgefunden. Kopie: APMAB, Wspomnienia Bd. 73, unpaginiert, Mikrofilm Nr. 462, Inv.-Nr. 156 644/420. Teilweise abgedruckt in jidd. Sprache in: In Greuel fun retzikhe, Bleter far geszichte, 7 (1954), S. 100–107; in deutscher Sprache: Bezwińska/Czech, Handschriften (wie Dok. 38, Anm. 1), S. 118–126. Das Dokument wurde aus dem Jiddischen neu übersetzt.

2 Lejb Langfus (*1910), Dajan (angehender Rabbiner) in Maków Mazowiecki; im Nov. 1942 in das Durchgangsgetto Mława gebracht, von dort mit seiner Frau Deborah und seinem Sohn Samuel im Dez. 1942 nach Auschwitz deportiert. Seine Familie wurde sofort ermordet, er selbst zum Sonderkommando eingeteilt, zunächst bei Bunker I und II, später im Krematorium III; er starb nach dem 26.11.1944 (siehe Dok. 153 vom 26.11.1944).

3 Die Aufzeichnungen von Lejb Langfus sind in mehreren Teilen überliefert. Ein erster Teil wurde im April 1945 von Gustaw Borowczyk (*1922), Einwohner aus Oświęcim, neben den Ruinen des Krematoriums III in einem angeschlagenen Einmachglas gefunden. Bis sein Bruder Wojciech ihn im Nov. 1970 dem Archiv des Auschwitz-Museums übergab, lagerte der Text, durch Wasserschäden unleserlich geworden, auf dem Dachboden von Borowczyks Haus. Der zweite Teil, aus dem der hier abgedruckte Abschnitt „Einzelheiten" stammt, wurde 1952 auf dem Gelände des Krematoriums III gefunden. Es handelte sich um ein Schulheft in den Maßen 95 x 15,5 cm mit 29 Blättern, von denen 21 mit schwarzer Tinte beschrieben sind. Die Autorschaft des Textes war lange Zeit ungeklärt.

4 Es handelt sich um die Transporte nach den Gettoliquidierungen in Będzin und Sosnowiec im Aug. 1943.

5 Langfus benutzt den Begriff Bunker für die Gaskammern in den Krematorien von Birkenau. Die Bunker I und II waren im Sommer 1943 nicht mehr in Betrieb.

6 Hebr. für Bekenntnis, Beichte, ist eine Bezeichnung für das Sündenbekenntnis, das insbesondere am Jom Kippur gesprochen wird, aber auch Sterbende vor ihrem Tod oder der Bräutigam vor der Trauung aufsagen.

7 Hebr. Trinkspruch, bedeutet: Auf das Leben!

Es geschah mitten im Sommer [1944], man brachte 200 Menschen, junge ungarische Juden, zum Erschießen.[8] Sie zogen sich im Hof des Krematoriums 1[9] nackt aus. Allen rasierte man einen Streifen mitten über den Kopf. Dann kam der Mörder, Oberscharführer Mußfeldt,[10] und ließ sie zum Krematorium 2[11] hinübergehen. Vom Tor des einen Krematoriums zum anderen führt ein 60 Meter langer Weg neben einem öffentlich einsehbaren Weg.[12] Das ganze Kommando musste Spalier stehen, um die nackten Juden davon abzuhalten, auf dem Weg auseinanderzulaufen. Und so trieb man sie vollkommen nackt den Weg entlang, wie Schafe, und schlug sie dabei mit Knüppeln auf den Kopf. Angetrieben wurden sie vom Kommandoführer und einem deutschen Kapo. Auf der anderen Seite pferchte man sie in einen kleinen Raum und zerrte sie dann einzeln heraus zum Erschießen.

Aus einem Lager brachte man eine Gruppe erschöpfter, ausgezehrter Juden.[13] Sie zogen sich im Freien aus und gingen einzeln zur Erschießung. Sie waren schrecklich ausgehungert und flehten, ihnen im letzten Augenblick ihres Lebens ein Stück Brot zu geben. Man brachte viel Brot. Ihre Augen, die vom Hunger matt und getrübt waren, flammten jetzt mit wildem Feuer und rasender Freude auf, und sie ergriffen mit beiden Händen ein Stück Brot und verschlangen es gierig, während sie die Stufen zur Erschießung hinuntergingen. Sie waren vom Genuss des Brots dermaßen berauscht, dass ihnen der Tod leichter wurde. So versteht der Deutsche, Menschen zu quälen und ihren Seelenzustand zu beherrschen. Man sollte unterstreichen, dass diese Juden nur wenige Wochen zuvor von ihrem Zuhause fortgerissen worden waren.

Es war gegen Ende des Jahres 1943, als man 164 Polen aus der Umgebung brachte, darunter zwölf junge Frauen – alle Mitglieder einer geheimen Organisation.[14] Es kam eine Reihe von SS-Persönlichkeiten. Gleichzeitig führte man einige Hundert holländische Juden, Häftlinge des Lagers, zum Vergasen. Eine junge Polin hielt in der Gaskammer, vor allen entkleideten Anwesenden, eine kurze, aber feurige Rede gegen die Nazimörder und die Unterdrückung und schloss mit folgenden Worten: „Wir werden jetzt nicht sterben, wir werden von der Geschichte unseres Volkes verewigt. Unsere Sache und unser Geist leben und blühen. Das deutsche Volk wird für unser Blut teurer bezahlen, als

8 Hier handelte es sich vermutlich um eine spezielle Gruppe, die wegen Widerstands hingerichtet werden sollte.

9 Gemeint ist das Krematorium II in Birkenau. Das Sonderkommando, das ausschließlich in Birkenau eingesetzt war, bezeichnete die Krematorien in Birkenau mit den Nummern 1 bis 4. Die Nummerierung der SS-Zentralbauleitung, die das Krematorium des Stammlagers als Nr. I einschließt, bezeichnete die Krematorien in Birkenau mit den Nummern II bis V.

10 Erich Mußfeldt (1913–1948), Bäcker; 1933 SA-, 1939 NSDAP- und 1940 SS-Eintritt; Aug. 1940 Kommando- und Blockführer in Auschwitz, Nov. 1941 KZ Lublin-Majdanek, dort von Juni 1942 an Leiter des Krematoriums, von Juni 1944 an Leiter der Krematorien II und III, seit Sept. 1944 Leiter aller Krematorien in Birkenau, März 1945 Rapportführer in Flossenbürg; 1947 im Krakauer Auschwitz-Prozess zum Tode verurteilt und hingerichtet.

11 Es handelt sich um das Krematorium III in Birkenau.

12 Gemeint ist ein vom Lager her einsehbarer Weg. Die Öffentlichkeit hatte keine Möglichkeit, den Bereich der Krematorien zu sehen.

13 Regelmäßig wurden jüdische Häftlingsarbeiter aus Außenlagern, die während einer Selektion als nicht arbeitsfähig eingestuft worden waren, nach Birkenau überstellt.

14 Es handelte sich hier um nichtjüdische Polinnen und Polen, die aufgrund ihrer Tätigkeit im Widerstand verurteilt worden waren.

man es sich vorstellen kann. Nieder mit der Barbarei in Gestalt Hitlerdeutschlands! Es lebe Polen!“ Daraufhin wandte sie sich an die Juden des Sonderkommandos: „Denkt daran, dass auf euch die heilige Pflicht der Rache für unser unschuldiges Blut ruht. Erzählt unseren Brüdern, dass wir bewusst und voller Stolz unserem Tode entgegengehen.“ Daraufhin knieten die Polen auf die Erde nieder und sprachen in eindrucksvoller Haltung feierlich ein Gebet. Dann erhoben sie sich und sangen gemeinsam im Chor die polnische Nationalhymne. Die Juden sangen die Hatikva. Das gemeinsame grausame Schicksal verschmolz an diesem abgelegenen Ort die lyrischen Töne der verschiedenen Hymnen. Mit tiefbewegender Herzlichkeit drückten sie auf diese Weise ihre letzten Gefühle und ihre Hoffnung auf die Zukunft ihres Volkes aus. Dann sangen sie noch gemeinsam die Internationale. In der Zwischenzeit kam das Auto des Roten Kreuzes,[15] und das Gas wurde in die Kammer geworfen. Unter Gesang und in der Ekstase der Träume von einer Verbrüderung und Verbesserung der Welt hauchten sie ihre Seelen aus.

Es war Ende des Sommers 1944. Man hatte einen Transport aus der Slowakei gebracht.[16] Alle waren sich klar darüber, dass sie zweifellos in den Tod gehen würden. Trotzdem verhielten sie sich ruhig. Sie entkleideten sich und betraten den Bunker. Als sie sich auszogen und nackt vom Auskleidungsraum in den Vergasungsbunker gingen, ruft eine Frau aus: „Vielleicht wird doch noch ein Wunder mit uns geschehen.“

Gegen Ende des Sommers 1943 brachte man einen Transport mit Juden aus Tarnów.[17] Sie fragten, wohin man sie führe. Man sagte ihnen, dass sie in den Tod gingen. Sie waren bereits entkleidet. Eine Ernsthaftigkeit von ungeheurer Kraft erfasste alle. Alle waren tief traurig und still, als sie mit gebrochener Stimme das Widuj für ihre Sünden der Vergangenheit sprachen. Alle waren beherrscht von einem Gedanken, der sie ebenso zusammenschmiedete wie elektrisierte: die Reinigung des Gewissens vor dem Tod. Inzwischen war noch eine [weitere] Gruppe aus Tarnów angekommen. Ein junger Mann stieg auf eine Bank und bat darum, dass alle ihm aufmerksam zuhören sollten. Augenblicklich trat Totenstille ein. „Brüder, Juden“, rief er, „glaubt nicht daran, dass sie uns in den Tod führen. Es ist undenkbar, dass es geschehen kann, dass man Tausende unschuldiger Menschen plötzlich in einen schrecklichen Tod führt. Es ist ausgeschlossen, dass es auf der Welt eine solche Grausamkeit, solch einen schauderhaften Mord geben kann. Die euch das erzählt haben, haben sicher irgendeinen Vorteil davon usw.“ [Er sprach so lange,] bis er sie vollkommen beruhigt hatte. Erst als das Gas eingeworfen wurde, verlor der Moralprediger und tief überzeugte Mann des Gewissens seine Naivität. Seine Argumente, mit denen er so inständig seine Brüder beruhigt hatte, blieben eine Illusion der Selbsttäuschung. Er hatte die Wahrheit zu spät erkannt.

15 Die Büchsen mit Zyklon B brachten die für die Tötungsaktion eingesetzten SS-Ärzte in einem Wagen zur Gaskammer, der mit einem roten Kreuz versehen war.

16 Infolge der deutschen Besatzung waren im Sept. 1944 die Judendeportationen aus der Slowakei wiederaufgenommen worden. Rund 8000 slowak. Juden wurden in den folgenden Wochen nach Auschwitz gebracht.

17 Nach der Liquidierung des Gettos in Tarnów Anfang Sept. 1943 wurden rund 7000 Juden nach Auschwitz, weitere 3000 in die Lager Plaszow und Szebnie deportiert.

Es war Pessach im Jahre 1944.[18] Es kam ein Transport aus Vittel in Frankreich, in dem sich viele hochangesehene jüdische Persönlichkeiten befanden.[19] Eine von ihnen war der Bojaner-Rabbiner Reb Mojsze Friedman[20] s.A.[21] – eine der größten gelehrten Autoritäten des polnischen Judentums von ungewöhnlich patriarchalischer Gestalt. Er entkleidete sich zusammen mit allen anderen, als ein Oberscharführer eintrat. Der Rabbiner ging zu ihm, hielt ihn am Revers fest und sagte auf Deutsch: „Ihr schrecklichen, abscheulichen Weltmörder! Denkt nicht, dass es euch gelingen wird, das jüdische Volk zu vernichten! Das jüdische Volk wird ewig leben und niemals aus der Arena der Weltgeschichte verschwinden. Ihr niederträchtigen Verbrecher aber werdet sehr teuer bezahlen! Für jeden unschuldigen Juden werdet ihr mit zehn Deutschen bezahlen! Ihr werdet ausradiert und vergehen, nicht nur als Macht, sondern auch als eigenständiges Volk. Es naht der Tag der Rache. Das vergossene Blut wird mahnen. Unser Blut wird nicht eher ruhen, bis der brennende Zorn der Vernichtung sich über eurem Volk ausgießen und euer vertiertes Blut ausrotten wird." Er sprach diese Worte mit lauter und schallender Stimme und gewaltiger Energie. Danach setzte er seinen Hut auf und rief mit großer Leidenschaft die Worte Schma Israel![22] Zusammen mit ihm riefen alle Anwesenden Schma Israel! Und eine ungeheure Begeisterung aus tiefster Seele durchdrang alle. Dies war ein außergewöhnlich erhabener Augenblick, wie es keinen ähnlichen in einem Menschenleben gibt, was die ewige geistige Standhaftigkeit des Judentums beweist.

Etwa Ende Mai 1944 kam ein Transport aus Kosice. Unter den Juden befand sich eine etwa 85-jährige Rabbinersfrau aus Stropkov, die sagte: „Ich sehe das Ende der ungarischen Juden. Die [ungarische] Regierung hatte vielen der jüdischen Gemeinden ermöglicht zu fliehen. Wenn sie jedoch die Rabbiner um Rat fragten, beruhigten diese sie. Ein Rabbiner aus Belz versicherte, dass Ungarn mit dem Schrecken davonkommen werde. Bis der unglückselige Moment kam, als die Juden sich selbst nicht mehr helfen konnten. Ja! Der Himmel verdunkelte sich über ihnen, aber im letzten Moment flohen sie selbst nach Eretz Israel. Sie selbst haben sich gerettet, aber das Volk haben sie zurückgelassen wie Schlachtvieh! Schöpfer der Welt! Im letzten Augenblick vor meinem Tode bitte ich dich! Vergib ihnen diese große Sünde!"[23]

Es geschah im Winter, Ende des Jahres 1943. Man brachte einen Transport nur mit Kindern. Sie stammten aus Schaulen in Litauen, wo man sie aus ihren Häusern holte, als die Väter bei der Arbeit waren.[24] Der Kommandoführer schickte jemanden hinunter in den Entkleidungsraum, um die kleinen Kinder auszuziehen. Ein Mädchen im Alter von

18 Pessach fiel im Jahr 1944 auf den 8.–15.4.

19 In Vittel befand sich ein Lager für Juden mit ausländischen Pässen, das im April 1944 liquidiert wurde; siehe VEJ 12/331.

20 Reb Mojsze Friedmann (1881–1943), Rabbiner aus Krakau, Vertreter der chassidischen Dynastie der Bojaner aus Czernowitz.

21 Seligen Angedenkens.

22 Das Schma Jisrael (hebr. „Höre, Israel!") ist eines der wichtigsten Gebete der jüdischen Religion.

23 Es handelt sich um Chayah Halberstam, die Witwe von Rav Avraham Halberstam. Stropkov ist eine zu dieser Zeit ungar. besetzte Stadt in der Ostslowakei, deren jüdische Bewohner im Zuge der Judendeportationen aus Ungarn von Mai 1944 an nach Auschwitz deportiert wurden. Gemeint ist hier Rudolf Kastner, auf dessen Initiative Ende Juni 1944 ein Zug mit 1684 ungar. Juden über Bergen-Belsen in die Schweiz gebracht wurde.

24 Nachdem die SS im Sept. 1943 die Kontrolle über das Getto Schaulen (Šiauliai) in Litauen übernommen hatte, deportierte sie im Nov. 1943 etwa 800 Juden, davon 575 Kinder, nach Auschwitz.

acht Jahren zog ihren einjährigen Bruder aus. Als jemand vom Kommando hinzutrat, um sie zu entkleiden, rief das Mädchen: „Weg, du jüdischer Mörder! Fass mit deiner Hand, die mit jüdischem Blut befleckt ist, nicht mein schönes Brüderchen an. Jetzt bin ich seine gute Mutter. Es wird auf meinen Armen mit mir zusammen sterben!" Ein danebenstehender etwa sieben- oder achtjähriger Junge sagte: „Du bist doch ein Jude! Wie kannst du solche wunderbaren Kinder zur Vergasung führen, während du leben bleibst? Ist dir dein eigenes Leben inmitten der Mörderbande wirklich mehr wert als das Leben so vieler Opfer?"

Es war Anfang 1943. Der Bunker war vollgestopft mit Juden, aber ein jüdischer Junge war außerhalb geblieben. Ein Unterscharführer ging auf ihn zu und wollte ihn mit einem Stock erschlagen. Er schlug ihn furchtbar, er blutete stark. Plötzlich stand der misshandelte Junge, der schon regungslos auf dem Boden gelegen hatte, auf und schaute seinen grausamen Mörder mit seinen Kinderaugen schweigend an. Der Unterscharführer lachte laut und zynisch auf, zog seinen Revolver und erschoss den Knaben.

Hauptscharführer Moll stellte gewöhnlich vier Personen nebeneinander auf und erschoss in gerader Linie alle zusammen mit einem Schuss. Wer den Kopf wegzog, den warf er lebendig in das Flammengrab. Wer nicht in den Bunker gehen wollte, dem verdrehte er die Hände, warf ihn zu Boden und trat ihn mit den Füßen. Bei jedem Transport stellte er sich auf eine Bank und hielt mit gefalteten Händen eine kurze Ansprache: Jetzt würden sie ins Bad gehen, danach zurückkommen und auf die Arbeitsplätze verteilt. Wenn jemand daran zweifelte, schlug Moll ihn unbarmherzig und rief auf diese Weise ein wildes Chaos hervor, damit die Menschen die Orientierung verloren.

Oberscharführer Forst[25] stand bei vielen Transporten an der Tür des Entkleidungsraums und betastete die Genitalien jeder jungen Frau, die nackt in die Gaskammer ging. Es kam auch vor, dass die deutschen SS-Männer unabhängig von ihrem Dienstgrad ihre Finger in die Geschlechtsorgane junger hübscher Frauen steckten.

Gegen Ende des Sommers 1942 kam ein Transport aus Przemyśl.[26] Alle jungen Leute und Polizisten hatten Kindschale[27] in ihren Ärmeln versteckt und wollten sich auf die SS-Männer stürzen. Ihr Führer, ein Arzt, hoffte, wenn er sie zurückhielte, mit seiner Frau ins Lager eingewiesen zu werden. Er sprach beim Oberscharführer vor, der ihm das auch versicherte. Er beruhigte sie also. Alle zogen sich aus, und der Doktor und seine Frau mussten mit ihnen zusammen in den Bunker gehen.

[...][28]

25 Richtig: Peter Voß (1897–1977), Büro-Assistent; 1937 NSDAP-Eintritt; von Frühjahr 1943 bis Mai 1944 Kommandoführer der Krematorien in Birkenau; 1945–1947 in brit. Internierung, lebte nach dem Krieg in Laatzen bei Hannover.

26 Nach Errichtung des Gettos in Przemyśl Mitte Juli 1942 wurden als nicht arbeitsfähig deklarierte Juden nach Belzec deportiert; siehe VEJ 9/101. Langfus berichtet hier vermutlich von Juden, die nach der Liquidierung des Gettos in Przemyśl im Sept. 1943 nach Auschwitz gebracht wurden.

27 Traditioneller Dolch der Kosaken mit zweischneidiger Klinge.

28 Es folgt ein kurzer Abschnitt mit Informationen über das Vernichtungslager Belzec, die Langfus von einem anderen Häftling erfahren hatte, sowie ein Abschiedsbrief von Langfus; siehe Dok. 153 vom 26.11.1944.

DOK. 45
Gestapo-Chef Heinrich Müller schlägt Himmler am 16. Dezember 1942 die zügige Deportation von 45 000 Juden nach Auschwitz vor[1]

Fernschreiben Nr. 229 793 des Chefs der Sicherheitspolizei und des SD, Abt. IV B 4a – 2093/42 g (391), i.V. gez. Müller[2] (SS-Gruppenführer) an Reichsführer SS, z. Zt. Feldkommandostelle, aufgenommen 16.12.1942, 21.00 Uhr (dringend, geheim).

Im Zuge der bis 30.1.1943 befohlenen verstärkten Zuführung von Arbeitskräften in die KL.[3] kann auf dem Gebiet des Judensektors wie folgt verfahren werden
1.) Gesamtzahl: 45 000 Juden
2.) Transportbeginn: 11.1.1943, Transportende: 31.1.1943
(Die Reichsbahn ist nicht in der Lage, in der Zeit vom 15.12.1942 bis 10.1.1943 infolge des verstärkten Wehrmachts-Urlaubsverkehrs Sonderzüge für die Evakuierung bereitzustellen.)
3.) Aufgliederung: Die 45 000 Juden verteilen sich auf 30 000 Juden aus dem Bezirk Bialystok[4] – 10 000 Juden aus dem Ghetto Theresienstadt. Davon 5000 arbeitsfähige Juden, die bisher für im Ghetto erforderliche kleinere Arbeiten eingesetzt waren und 5000 im Allgemeinen arbeitsfähige. Auch über 60 Jahre alte Juden. Um bei dieser Gelegenheit den im Interesse des Ausbaus des Ghettos zu hohen Lagerbestand von 48 000 etwas herunterzudrücken. Hierfür bitte ich Sondergenehmigung zu erteilen. Es würden, wie bisher, für den Abtransport nur Juden, die über keine besonderen Beziehungen und Verbindungen verfügen und keine hohen Auszeichnungen besitzen, erfasst.[5] – 3000 Juden aus den besetzten niederländischen Gebieten. – 2000 Juden aus Berlin = 45 000. In der Zahl von 45 000 ist der *arbeitsunfähige* Anhang (alte Juden und Kinder) mit inbegriffen. Bei Anlegung eines zweckmäßigen Maßstabes fallen bei der Ausmusterung der ankommenden Juden in Auschwitz – *mindestens 10 000 bis 15 000 Arbeitskräfte* – an.[6]

1 Original nicht aufgefunden. Kopie: IfZArch, IMT Dok. PS-1472. Abdruck in: Otto Pannenbecker (Hrsg.), Geheim! Dokumentarische Tatsachen aus dem Nürnberger Prozeß, Düsseldorf 1947, S. 174.

2 Heinrich Müller (1900–1945), Flugzeugmonteur, Kriminalbeamter; 1917 Kriegsfreiwilliger; 1919 Hilfsassistent Polizeidirektion München, 1929 Polizeisekretär bei der Politischen Polizei (Kommunistenbekämpfung), 1934 SS-, 1938 NSDAP-Eintritt; 1934 Versetzung zum Gestapa Berlin, von 1939 an Geschäftsführer der Reichszentrale für jüdische Auswanderung und Leiter des Amts IV im RSHA, Nov. 1941 SS-Ogruf.; während der Kämpfe um Berlin gestorben.

3 Am 14.12.1942 hatte Himmler befohlen, bis Ende Jan. 1943 mindestens 35 000 arbeitsfähige Häftlinge in die Konzentrationslager einzuweisen. Daraufhin wurden verstärkt „flüchtig" oder „vertragsbrüchig" gewordene Zwangsarbeiter, Arbeitserziehungshäftlinge und Justizgefangene in die KZ eingewiesen. Ein Drittel der Arbeitskräfte sollte aus den Judentransporten stammen.

4 Von Sept. 1942 an wurden die Gettos im Regierungsbezirk Bialystok geräumt und die Insassen nach Treblinka gebracht. 3500 Juden aus Białystok wurden bereits in der zweiten Novemberwoche 1942 nach Auschwitz deportiert. Zwischen dem 7.1. und 8.2.1943 wurden 47 000 jüdische Männer, Frauen und Kinder aus den Gettos Augustów, Białystok, Zambrów, Łomża, Grodno, Jasionowska, Sokołka, Prużany und Wołkowysk im Regierungsbezirk Bialystok nach Auschwitz deportiert; 40 000 von ihnen wurden unmittelbar nach der Ankunft in der Gaskammer ermordet.

5 Zwischen dem 20.1. und 1.2.1943 wurden 7001 Menschen aus Theresienstadt nach Auschwitz deportiert. 5600 von ihnen wurden unmittelbar nach Ankunft in der Gaskammer ermordet; siehe Dok. 49 vom 16.1.1943 und Dok. 56 vom 20.2.1943.

DOK. 46

Aneks von Anfang Januar 1943: Bericht über die Situation in Auschwitz, insbesondere die verheerenden Bedingungen im Frauenlager[1]

Lager. Auschwitz. Nach einigen Wochen Aufenthalt starb hier der (kurz vorher verhaftete) Priester Grzegorz Peradze,[2] Professor der UJP,[3] Theologische und Juristische Fakultät, Georgier, bedeutender Spezialist. – Die Lagerbelegung vom 1.12. vergangenen Jahres – die Daten stammen von gut informierten Personen: Es existieren zwei Männerlager mit einer gemeinsamen Registratur: in Auschwitz und im nahegelegenen Birkenau. Laufende Nummer am 1.12. – 79 482. Belegstärke 22 391, von denen 17 672 auf Auschwitz fallen und 4719 auf Birkenau. Darunter befinden sich 7743 Polen, 395 Deutsche, 3216 Tschechen, 150 sowjetische Kriegsgefangene, 8588 Juden, davon 4045 polnische Juden, 1391 holländische, 2621 französische, 521 slowakische. Die übrigen Häftlinge sind Franzosen, Holländer, Belgier, Jugoslawen, Russen und Ukrainer. Der Krankenstand im Revier beträgt durchschnittlich etwa 2000. Die natürliche Sterblichkeit beträgt etwa 30 am Tag, im Vorjahr waren es 80 am Tag. Außerdem sterben täglich 30 bis 40 Kranke aufgrund von 10-cm-Injektionen[4] 30 prozentigen Phenols ins Herz, darunter 4 bis 6 Polen, die hoffnungslos krank oder politisch aktiv sind. Juden werden schon bei leichter Krankheit getötet. Der Tod tritt innerhalb von 15 Sekunden ein. Die größte Sterblichkeit verursachen Magen- und Darmerkrankungen – darunter Typhus. Insgesamt starben am 1.12. vergangenen Jahres 158 Menschen im Lager, die durchschnittliche Sterblichkeit pro Tag beträgt 120 bis 180 Menschen, Exekutionen nicht mitgezählt.[5]
Frauenlager. Laufende Nummer am 1.12. – 26 325. Belegstärke – 8232, darunter 982 Polinnen, 623 Deutsche, 738 Ukrainerinnen und Russinnen, den Rest stellen Jüdinnen aus Polen, der Slowakei, Frankreich und Holland. Die Bedingungen im Frauenlager sind schlimmer als im Männerlager. Polinnen und Deutsche leben in Holzbaracken, die wärmer sind als die gemauerten, in denen die Jüdinnen untergebracht sind. Erstere haben Betten, die Jüdinnen schlafen auf Pritschen, die in Form von dreistöckigen Kaninchenställen an der Mauer befestigt sind. Der Wind wütet in diesen Baracken wie im Freien.

6 Antwortschreiben von Himmler am 17.12.1942; BArch, NS 19/1542, Bl. 41.

1 Aneks Nr. 44 für den Zeitraum 16.–31.12.1942; AAN, 202/ III-8, Bl. 155. Abdruck in: Marczewska/ Ważniewski, Oświęcim (wie Dok. 3, Anm. 1), S. 75 f. Aneks war ein 1941–1944 ein- bis zweimal im Monat erscheinender Bericht der militärhistorischen Abt. im Büro für Information und Propaganda beim Hauptkommando der Heimatarmee, der an die Abt. Information und Presse der Regierungsdelegatur und an die poln. Exilregierung in London weitergeleitet wurde. Er war unterteilt in die Rubriken: Politischer Terror, wirtschaftlicher Terror, Lager, Ostgebiete, Westgebiete, jüdische Angelegenheiten, Kirchenangelegenheiten. Das Dokument wurde aus dem Polnischen übersetzt.

2 Grigol Peradze (1899–1942), Theologe; von 1921 an Studium und wissenschaftliche Arbeit im Deutschen Reich; 1931 Weihe zum Mönch; von 1933 an Mitglied der Theologischen Fakultät der Universität Warschau; im Mai 1942 verhaftet, nach Auschwitz überstellt und dort am 6.12.1942 gestorben; 1995 durch die georgisch-orthodoxe Kirche heiliggesprochen.

3 Uniwersytet Józefa Piłsudskiego, Name der Warschauer Universität 1935–1939.

4 Vermutlich sind 10 cm^3 gemeint.

5 In dieser Aufzählung ebenfalls nicht aufgeführt sind die Morde an zu diesem Zeitpunkt bereits über 150 000 nicht registrierten Juden in den Gaskammern.

Statt Fußböden gibt es festgestampfte Erde. Kein Wunder, dass der Typhus das Lager dezimiert. Das Frauenlager bietet einen schrecklichen Anblick. Halbtote und sterbende Frauen liegen völlig verdreckt im Schlamm. Vor den Blocks und in den Blocks überall Leichen.

DOK. 47
Der SS-Mann Ludwig Damm erhält am 5. Januar 1943 einen Verweis, weil er im Urlaub über die „Lösung der Judenfrage" in Auschwitz sprach[1]

Schreiben von SS-Obersturmbannführer und Kommandant Höß an den SS-Sturmmann Ludwig Damm,[2] Kdtr.Stab Au.,[3] Auschwitz, 5.1.1943

Ich bestrafe Sie gemäß D.B.O.[4] für den mobilen Zustand § 8, Abs. C, Ziff. 2 mit *einem strengen Verweis*, weil Sie während Ihres Urlaubes entgegen den bestehenden Befehlen und Vorschriften handelten.
Begründung: Während Ihres Urlaubes im Dezember 1942 unterhielten Sie sich mit Soldaten und Parteigenossen über das Judenproblem und tätigten hierbei Äußerungen über die Lösung der Judenfrage in Auschwitz. Durch dieses Verhalten, welches unter Umständen geeignet war, Unruhe in die Bevölkerung zu bringen, handelten Sie entgegen den Ihnen bekannten Befehlen. Ich habe lediglich auf Grund Ihrer bisher einwandfreien Führung und einer anderweitigen guten Beurteilung von einer strengeren Bestrafung abgesehen und erwarte, dass Ihnen dieser Vorfall als Lehre für die Zukunft dienen wird.

1 APMAB, D-Au-I-1/Damm/43, SS-Personalakten, Bd. 1, Bl. 53. Abdruck als Faksimile in: Danuta Czech, Kalendarium der Ereignisse im Konzentrationslager Auschwitz-Birkenau 1939–1945, Reinbek 1989, S. 845.
2 Ludwig Damm (1911–1978), Verwaltungsbeamter; 1931 SA- und NSDAP-, 1933 SS-Eintritt; 1936 Bürgermeister von Morlautern, von Aug. 1942 an in Auschwitz, u. a. eingesetzt in der Gefangeneneigentumsverwaltung und als Sachbearbeiter der Verwaltung des Gutsbezirks Auschwitz; 1945 in US-Internierung, von 1952 an Bürgermeister von Morlautern, heute Stadtteil von Kaiserslautern, Aussage zur obigen Angelegenheit im Frankfurter Auschwitz-Prozess am 21.8.1964.
3 Kommandanturstab Auschwitz.
4 SS-Disziplinar- und Beschwerdeordnung.

DOK. 48

Der Betriebsleiter in Brzeszcze fordert die Bergwerksverwaltung am 12. Januar 1943 auf, sich für die weitere Zuteilung jüdischer Arbeiter nach Jawischowitz einzusetzen[1]

Schreiben aus Brzeszcze, ungez.,[2] an Herrn Bergrat Dr. Ing. v. Dewall, Kattowitz, vom 12.1.1943

Sehr geehrter Herr von Dewall!
Ich nehme Bezug auf unsere letzte Unterredung in Kattowitz, bei der ich Ihnen mitteilte, daß uns das Lager Auschwitz z. Zt. keine weiteren Häftlinge zur Verfügung stellen kann, weil angeblich die Verabredung getroffen ist, daß untertage keine Häftlinge mehr eingesetzt werden sollen. Ich habe am Freitag v. Woche nochmals mit dem Herrn Obersturmbannführer Maurer verhandelt, der mir wiederum mitteilte, daß es aufgrund der Berliner Verabredung nicht möglich sei, weitere Häftlinge zur Verfügung zu stellen, sondern daß dieser Punkt in Berlin erst geklärt werden müsse. Ich darf Sie nun bitten, weil wir sehr viel Kranke unter den Juden haben, wenn möglich, umgehend das Weitere zu veranlassen. Wir haben uns aus verschiedenen Gründen entschlossen, doch vorderhand bei den jüdischen Häftlingen zu verbleiben und keine P – Polen einzusetzen. Ich glaube auch, daß wir vorderhand auch wohl keine P – Polen bekommen würden. Wir sind mit den Juden immerhin soweit, daß sie sich langsam an die Arbeit gewöhnt haben bezw. allmählich gewöhnen werden.
Sehr dankbar wäre ich Ihnen, wenn Sie mir ebenfalls bald eine Nachricht zukommen lassen würden in der Wohnungsangelegenheit Padberg. Sie hatten sich den Fall notiert und wollten noch einmal mit Herrn Sabass darüber sprechen.
Glückauf und Heil Hitler!

1 APMAB, D-Au-III Jawischowitz, Bd. 10, Bl. 158.
2 Autor des Schreibens ist der Betriebsleiter Otto Heine; siehe Dok. 29 vom 14.9.1942.

DOK. 49

Die Deutsche Reichsbahn instruiert die Reichsbahndirektionen am 16. Januar 1943 über die im nächsten Monat einzusetzenden Sonderzüge, darunter 22 Züge nach Auschwitz[1]

Telegrammbrief der Deutschen Reichsbahn, Generalbetriebsleitung Ost (PW 113 Bfsv) in Berlin, gez. Dr. Jacobi,[2] an die RBD'en Berlin, Breslau, Dresden, Erfurt, Frankfurt, Halle (S), Karlsruhe, Königsberg (Pr), Linz, Mainz, Oppeln, Osten in Frankfurt (O), Posen, Wien, Generaldirektion der Ostbahn in Krakau, Reichsprotektor, Gruppe Eisenbahn in Prag, GVD Warschau, RVD Minsk, nachr. GBL[3] Süd München, GBL West Essen – je besonders 3x –, vom 16.1.1943[4]

Betr.: Sdz[5] für Umsiedler in der Zeit vom 20.1. bis 28.2.1943

Wir übersenden eine Zusammenstellung der am 15.1.43 in Berlin vereinbarten Sonderzüge für Umsiedler (Vd,[6] RM,[7] Po,[8] Pj[9] u Da[10]) in der Zeit vom 20.1. bis 28.2.43 und einen Umlaufplan für die zur Bedienung dieser Züge zu verwendenden Wagenzüge.[11]

Die Zugbildung ist bei jedem Umlauf angegeben *und zu beachten.* Nach jeder Vollfahrt sind die Wagen gut zu reinigen, erforderlichenfalls zu entwesen und nach Beendigung des Programms zum weiteren Einsatz bereitzustellen. Zahl und Gattung der Wagen sind beim Auslauf des letzten Zuges festzustellen, uns fernmündlich mitzuteilen und mit Dienstkarte zu bestätigen.

1 NARB, 378/1/784, Bl. 10–12 R. Abdruck als Faksimile in: Raul Hilberg, Sonderzüge nach Auschwitz, Mainz 1981, S. 207–212.

2 Dr. Karl Jacobi (*1892), Ingenieur; von 1934 an in der Reichsbahndirektion, Reichsbahnoberinspektor und Dezernent Personalwagendienst der Generalbetriebsleitung Ost; 1945 in sowjet. Haft verschollen.

3 PW: Personenwagendienst, Bfsv steht für Verwaltungs- und Gesellschaftssonderzüge, RBD: Reichsbahndirektion, GVD: Generalverkehrsdirektion, RVD: Reichsverkehrsdirektion, GBL: Generalbetriebsleitung.

4 Im Original Stempel und handschriftl. Anmerkungen der RVD Minsk vom 9.2.1945, u. a.: „Wir sind nicht beteiligt."

5 Sonderzüge.

6 Dieses Kürzel wurde für Transporte volksdeutscher Umsiedler genutzt.

7 Es handelt sich um Transporte von Gleiwitz nach Czernowitz im Jan. und Febr. 1943. Das Kürzel RM steht vermutlich für Rumänien. Es konnte nicht geklärt werden, welche Personengruppen befördert wurden.

8 Dieses Kürzel wurde für Umsiedlungen von poln. Zivilbevölkerung genutzt. In dieser Zeit wurden vor allem aus der zur Germanisierung vorgesehenen Stadt Zamość zahlreiche Polen zur Zwangsarbeit ins Deutsche Reich deportiert.

9 Dieses Kürzel wurde für Transporte poln. Juden benutzt.

10 Diese Abkürzung wurde für Transporte deutscher und westeuropäischer Juden benutzt.

11 Das Programm wurde auf einer Fahrplankonferenz unter der Federführung der Generalbetriebsleitung Ost in Berlin vereinbart. Die Sonderzüge nutzten Lücken in der Streckenbelegung, die für außerplanmäßig fahrende Züge vorgehalten wurden.

Zusammenstellung der am 15.1.43 in Berlin vereinbarten Sonderzüge für Vd, Rm, Po, Pj u Da-Umsiedler, in der Zeit vom 20.1. bis 18.2.1943 nach Abfahrtstagen geordnet.

1	2	3	4	5	6	7
Tag	Zug Nr.	von	ab	nach	an	Uml Nr.[12]
20.1.	Vd 201	Kalisch	8.22	Ottersweier		106
	Da 101	Theresienstadt[13]		Auschwitz		128
21.1.	Lp[14] 102	Auschwitz		Theresienstadt		128
22.1.	Lp 202	Ottersweier		Andrzejow		106
23.1.	Da 103	Theresienstadt		Auschwitz		128
24.1.	Lp 104	Auschwitz		Theresienstadt		128
25.1.	Vd 203	Andrzejow		Linz		106
	Rm 1	Gleiwitz		Czernowitz		107
	Po 61	Zamocz	8.20	Berlin Whgen[15]	17.30	126
26.1.	Da 105	Theresienstadt		Auschwitz		128
27.1.	Lp 204	Linz		Kalisch		106
	Lp 106	Auschwitz		Theresienstadt		128
28.1.	Lp 2	Czernowitz		Gleiwitz		107
29.1.	Da 13	Berlin Mob[16]	17.20	Auschwitz	10.48	126
	Po 63	Zamocz	8.20	Berlin Whgen	17.30	127
	Da 107	Theresienstadt		Auschwitz		128
30.1.	Vd 205	Kalisch	8.22	Ottersweier		107
	Lp 108	Auschwitz		Theresienstadt		128
31.1.	Lp 14	Auschwitz		Zamocz		126
1.2.	Lp 3	Gleiwitz		Czernowitz		107
	Da 109	Theresienstadt		Auschwitz		128

12 In dieser Spalte ist die Nummer des jeweiligen Wagenzugs angegeben.

13 Zwischen 20.1. und 1.2.1943 gingen im Abstand von jeweils drei Tagen Transporte von Theresienstadt nach Auschwitz ab; siehe Dok. 45 vom 16.12.1942.

14 Diese Abkürzung wird im Eisenbahnbereich für Leerzüge verwendet.

15 In Berlin-Wilhelmshagen befand sich ein Durchgangslager, in dem ankommende Zwangsarbeiter registriert und auf Betriebe in der Region verteilt wurden.

16 Der Güterbahnhof Moabit war von Aug. 1942 an Abfahrtsort der meisten Deportationszüge mit Berliner Juden.

2.2.	Da 15	Berlin Mob	17.20	Auschwitz	10.48	127
	Lp 110	Auschwitz		Myslowitz		128
3.2.	Po 65	Zamocz	11.00	Auschwitz		126
4.2.	Lp 4	Czernowitz		Ratibor		107
	Lp 16	Auschwitz		Litzmannstadt		127
	Lp 66	Auschwitz		Myslowitz		126
5.2.	Po 107	Bialystok	9.00	Auschwitz	7.57	121
6.2.	Pj 109	Bialystok	9.00	Auschwitz	7.57	122
7.2.	Pj 111	Bialystok	9.00	Auschwitz	7.57	123
	Lp 108	Auschwitz		Bialystok		121
8.2.	Rm 5	Ratibor		Czernowitz		107
	Lp 110	Auschwitz		Bialystok		122
	Lp 112	Auschwitz		Myslowitz		123
9.2.	Pj 127	Bialystok	9.00	Treblinka	12.10	121
	Lp 128	Treblinka	21.18	Bialystok	1.30	121
10.2.	Pj 129	Bialystok	9.00	Treblinka	12.10	122
	Lp 130	Treblinka	21.18	Bialystok	1.30	122
11.2.	Pj 131	Bialystok	9.00	Treblinka	12.10	121
	Lp 6	Czernowitz		Gleiwitz		107
	Lp 132	Treblinka	21.18	Bialystok	1.30	121
12.2.	Pj 135	Bialystok	9.00	Treblinka	12.10	122
	Lp 134	Treblinka	21.18	Grodno		122
13.2.	Pj 135	Bialystok	9.00	Treblinka	12.10	121
	Lp 136	Treblinka	21.18	Bialystok	1.30	121
14.2.	Pj 163	Grodno	5.40	Treblinka	12.10	122
	Lp 164	Treblinka		Scharfenwiese		122
15.2.	Rm 7	Gleiwitz		Czernowitz		107
16.2.						
17.2.						
18.2.	Lp 8	Czernowitz		Gleiwitz		107

Umlaufplan für die mehrfach verwendeten Wagenzüge zur Bedienung der Sdz für Vd, Rm, Po, Pj u Da-Umsiedler in der Zeit vom 20.1.–18.2.1943

1 Uml Nr.	2 Wagenzug der RBD[17]	3 am	4 *bedient* Zug Nr.	5 von	6 nach	7 Zahl der Reisenden
106	Psn[18]	20/21.1.	Vd 201	Kalisch	Ottersweier	700
	1 B			8.22		
	15 C	22/23.1.	Lp 202	Ottersweier	Andrzejow	
		25/26.1.	Vd 203	Andrzejow	Linz	500
		27/28.1.	Lp 204	Linz	Kalisch	
		30/31.1.	Vd 205	Kalisch	Ottersweier	700
				8.22		
107	Op[19]	25/26.1.	Rm 1	Gleiwitz	Czernowitz	600
	1 BC	28/29.1.	Lp 2	Czernowitz	Gleiwitz	
	15 C	1/2.2.	Rm 3	Gleiwitz	Czernowitz	600
	15 G	4/5.2.	Lp 4	Czernowitz	Ratibor	
		8/9.2.	Rm 5	Ratibor	Czernowitz	600
		11/12.2.	Lp 6	Czernowitz	Gleiwitz	
		15/16.2.	Rm 7	Gleiwitz	Czernowitz	600
		18/19.2.	Lp 8	Czernowitz	Gleiwitz	
121	Psn	5/6.2.	Pj 107	Bialystok	Auschwitz	2000
	21 C			9.00	7.57	
		7/8.2.	Lp 108	Auschwitz	Bialystok	
		9.2.	Pj 127	Bialystok	Treblinka	2000
				9.00	12.10	
		9.2.	Lp 128	Treblinka	Bialystok	
				21.18	1.30	
		11.2.	Pj 131	Bialystok	Treblinka	2000
				9.00	12.10	
		11.2.	Lp 132	Treblinka	Bialystok	
				21.18	1.30	
		13.2.	Pj 135	Bialystok	Treblinka	2000
				9.00	12.10	
		13.2.	Lp 136	Treblinka	Bialystok	
				21.18	1.30	

17 In dieser Spalte sind die Bahndirektion genannt, die das Wagenmaterial zu stellen hatte, sowie Anzahl und Gattung der Wagen (B für Personenwagen 2. Klasse, C für Personenwagen 3. Klasse, BC für Personenwagen 2. und 3. Klasse, G für Güterwagen). Die Personenwagen verfügten in der Regel über 50 bis 60 Sitzplätze und waren bei hohen Transportzahlen entsprechend überfüllt.

18 Reichsbahndirektion Posen.

19 Reichsbahndirektion Oppeln.

122	Psn 21 C	6/7.2.	Pj 109	Bialystok 9.00	Auschwitz 12.10	2000
		8/9.2.	Lp 110	Auschwitz	Bialystok	
		10.2.	Pj 129	Bialystok 9.00	Treblinka 12.10	2000
		10.2.	Lp 130	Treblinka 21.18	Bialystok 1.30	
		12.2.	Pj 133	Bialystok 9.00	Treblinka 12.10	2000
		12.2.	Lp 134	Treblinka 21.18	Grodno	
		14.2.	Lp 163	Grodno 5.40	Treblinka 12.10	2000
		14.2.	Lp 164	Treblinka	Scharfenwiese	
123	Psn 21 C	7/8.2.	Pj 111	Bialystok	Auschwitz	
		8.2.	Lp 112	Auschwitz	Myslowitz	
126	Gedob[20] 1 BC 16 C	25/26.1.	Po 61	Zamocz 8.20	Berlin Whgen 17.30	1000
		29./30.1.	Da 13	Berlin Mob	Auschwitz	1000
		31.1./1.2.	Lp 14	Auschwitz	Zamocz	
		3/4.2.	Po 65	Zamocz	Auschwitz	1000
		4.2.	Lp 66	Auschwitz	Myslowitz	
127	Gedob 1 BC 16 C	29/30.1.	Po 63	Zamocz 8.20	Berlin Whgen 17.30	1000
		2/3.2.	Da 15	Berlin Mob 17.20	Auschwitz 10.48	1000
		4/5.2.	Lp 16	Auschwitz	Litzmannstadt	
128	Dre[21] 21 C	20/21.1.	Da 101	Theresienstadt	Auschwitz	2000
	1G	21/22.1.	Lp 102	Auschwitz	Theresienstadt	
		23/24.1.	Da 103	Th	Au	2000
		24/25.1.	Lp 104	Au	Th	
		26/27.2.	Da 105	Th	Au	2000
		27/28.1.	Lp 106	Au	Th	

20 Generaldirektion der Ostbahn.

21 Reichsbahndirektion Dresden.

29/30.1.	Da 107	Th	Au	2000
30/31.1.	Lp 108	Au	Th	
1/2.2.	Da 109	Th	Au	2000
2.2.	Lp 110	Auschwitz	Myslowitz	

DOK. 50
Der Leiter der Zentralbauleitung, Karl Bischoff, setzt Hans Kammler am 19. Januar 1943 über die Planungen für einen direkten Gleisanschluss in das Lager Birkenau in Kenntnis[1]

Schreiben des Leiters der Zentralbauleitung der Waffen-SS und Polizei Auschwitz, SS-Hauptsturmführer Bischoff, Brftgb.-Nr. 21 630/43/Ja./Th., an den Amtsgruppenchef C, SS-Brigadeführer und Generalmajor der Waffen-SS Dr. Ing. Kammler, Berlin Lichterfelde-West, Unter den Eichen 126–135, vom 19.1.1943

Betr.: Neubau eines Privatanschlußgleises für das Kriegsgefangenenlager der Waffen-SS in Auschwitz mit Anschluß an den Bahnhof Auschwitz – Sonderbaumaßnahmen
Bezug: Schreiben C III/ZB/Auschwitz/2d/Bw./Mö. v. 18.12.42[2]
Anlg.: 1 Planmappe
In der Anlage wird eine Planmappe des neuerlich beim Reichsbahnbetriebsamt in Auschwitz eingereichten Projektes für das oben erwähnte Anschlußgleis in Vorlage gebracht. Danach werden die Oberbaustoffe wie Schienen einschl. sämtlichen Befestigungsmaterials sowie der nötigen Holzschwellen für 3 km Gleis und 5 Stück einfache Weichen benötigt.
Die Achslasten müssen so bemessen werden, daß die Lokomotiven der Deutschen Reichsbahn mit den Transportzügen das Anschlußgleis in seiner ganzen Länge befahren können.
Das Gleis hat folgende Aufgaben zu erfüllen:
1. Direkte Anfahrt der Transportzüge (Sondermaßnahmen).
2. Direkte Versorgung des Lagers mit den benötigten Lebensmitteln und Materialien.
3. Anfuhr der für den Ausbau benötigten Baumaterialien wie Backsteine, Zement und insbesondere des gesamten Straßenbaumaterials, da in der Nähe des Baugeländes geeigneter Schotter nicht gewonnen werden kann (Lehmboden).
Die Zufuhr mittels LKW wäre schon mit Rücksicht auf die Treibstoffzuteilung nicht annähernd in dem erforderlichen Maße möglich und ist im Hinblick auf die gestellten Termine überhaupt nur bei direkter Waggonzufuhr zu bewältigen.
Der technische Bericht ist in der Planmappe enthalten. Mit den Erdarbeiten ist noch nicht begonnen worden, da die ursprüngliche Linienführung wegen der Bahnhofserweiterung der Reichsbahn geändert werden mußte. Die Bestellung bei der Firma Grass konnte nicht getätigt werden, da für das Anschlußgleis keine Kontingente zur Verfügung standen.

1 RGVA, 502k/1/186, Bl. 255 f. Kopie: USHMM, RG 11 001M.03, Reel 32.
2 Ebd., Bl. 258. In diesem Schreiben forderte Kammler Pläne, Zweckbeschreibungen und Informationen über den Stand der Arbeiten an, um drei km Gleis beim Reichsbahnzentralamt zu beantragen.

Am 12.8.42 wurde bei der Reichsbahndirektion Oppeln ein Antrag auf Zurverfügungstellung des gesamten Oberbaustoffs eingebracht.[3] Bei der Gauleiterbesprechung am 23.9.42 wurde zugesagt, daß die erforderlichen Oberbaustoffe von der Reichsbahn vorgehalten werden sollten. Laut Schreiben der Reichsbahndirektion Oppeln vom 18.8.42 wurde der Antrag auf Kauf von Oberbaustoffen dem Reichsbahnzentralamt Berlin zur Entscheidung vorgelegt.[4]

DOK. 51

Józef Cyrankiewicz informiert um den 21. Januar 1943 in einem Kassiber über die Massenvernichtung und Sterblichkeit in Auschwitz[1]

Kassiber, gez. JA,[2] an Adam Rysiewicz,[3] Auschwitz, um den 21.1.1943

90 000!
Die Zahl der Lebenden beträgt insgesamt (zusammen mit dem Lager in *Birkenau*) etwa *33 000*. Die Zahl der Nummern im Lager übersteigt *90 000*. Zieht man etwa 3000 ab, die in andere Lager verlegt bzw. freigelassen (sehr wenige) wurden, ergibt das eine Zahl von *57 000* auf die eine oder andere Weise ermordeter Personen. Ein Teil durch Hunger, Elend und Krankheiten, ein anderer Teil erschossen.
Die Sterblichkeit übersteigt 10 000 monatlich, durchschnittlich 130 Personen täglich. Kranke bzw. sog. „Muselmänner“, d. h. physisch schwache Personen, Arbeitsunfähige, Entkräftete, durch die Lagerbedingungen Ausgezehrte, sind entweder für die „*Spritze*“, also Phenolinjektionen,[4] oder mehr oder weniger einmal im Monat für das *Gas* vorgesehen.
Gesunde werden entweder aufgrund eines Urteils aus Berlin oder eines von vor Ort erschossen. Erschießungen gibt es jede Woche. Bei einer der größeren Erschießungen

3 Ebd.

4 Ebd, Bl. 262. Der Antrag auf Ausbau eines Anschlussgleises nach Birkenau war vom Reichsbahnzentralamt am 2.9.1942 abgelehnt worden; ebd., Bl. 243. Für einen Neuantrag sollte die ZBL Angaben zur ersparten Treibstoffmenge und die Zahl der täglichen Waggons melden. Am 9.2.1943 meldete Bischoff bezügl. der „Zugangstransporte“: „Augenblicklich kommen durchschnittlich 4 Transporte à 30 Waggons im Lager an. Da diese Transporte vorläufig noch längere Zeit andauern werden, ist durchschnittlich mit einem Anfall von 120 Waggons am Tag zu rechnen.“; ebd., Bl. 246.

1 APMAB, Ruch oporu, Bd. 47, Bl. 243–246. Abdruck in: Irena Paczyńska (Hrsg.), Grypsy z Konzentrationslager Auschwitz Józefa Cyrankiewicza i Stanisława Kłodzińskiego, Kraków 2013, S. 21 f. Das Dokument wurde aus dem Polnischen übersetzt.

2 Józef Adam, die Vornamen von Cyrankiewicz; später verwendete er die Kürzel „J“, „Rot“ und „Tor“. Józef Cyrankiewicz (1911–1989), Jurist; 1935–1939 aktiv im Bezirksarbeiterkomitee in Krakau, PPS-Funktionär; 1941 verhaftet und nach Auschwitz überstellt, führende Figur des Lagerwiderstands in Auschwitz, in Mauthausen befreit; nach dem Krieg Generalsekretär der PPS, 1947–1952 und 1954–1970 Ministerpräsident der Volksrepublik Polen.

3 Adam Rysiewicz (1918–1944), Jura-Student aus Krakau; initiierte 1939/40 den Aufbau einer illegalen PPS-Struktur in den annektierten Teilen der Wojewodschaft Krakau, Mitbegründer des PWOK, im Juni 1944 während eines Grenzübertritts vom Generalgouvernement in die eingegliederten Gebiete nahe dem Bahnhof Ryczów von deutscher Wehrmacht getötet.

4 Im Jan. 1943 wurden nach mehreren Selektionen im Krankenbau mindestens 288 Häftlinge durch Phenolinjektionen ermordet.

wurden 260 Personen aus dem Bezirk Lublin *an einem Tag* getötet – im November war der Hof von Block 11 bedeckt mit Bergen von Leichen.[5] Zuletzt wurden um den 10. Januar herum 65 Personen wegen Lagervergehen erschossen.[6]
Gas
Ganze Transporte werden direkt ins Gas geschickt, ohne überhaupt jemanden zu nummerieren. Die Zahl [der Ermordeten] dieser Transporte übersteigt bereits die 500 000.[7] Überwiegend Juden.
In letzter Zeit gehen *Transporte* von Polen aus der Lubliner Gegend direkt ins Gas (Männer und Frauen).[8] Die Kinder wirft man direkt ins Feuer. Hinter *Birkenau* brennt die sog. „ewige Flamme" – ein Scheiterhaufen von Leichnamen im Freien, das Krematorium kommt nicht hinterher.
Seit kurzem stellt man Versuche mit Vergasungen im Freien – statt in der Gaskammer – an, für militärische Zwecke.
Es sieht danach aus, dass ein Transport aus Auschwitz in die Steinbrüche gebracht wird, Angehörige der Intelligenz, Offiziere – als Unverbesserliche.
Fortsetzung folgt.
Händige das Paket nach Warschau, das ich letztens geschickt habe, unbedingt so schnell wie möglich aus, mir liegt sehr daran, und gib mir Bescheid, wann das passieren wird. Gib meiner Frau[9] *den Brief* und die 30 Dollar darin. Für Mutter[10] das Geld (100+20) [...],[11] *nimm Dir auch selbst, was* für Dich ist, nimm es als Andenken, wenn wir uns nicht wiedersehen.
Herzliche Küsse.
Das Blechpaket an die Adressatin in Warschau ist verschickt. Das kleine Blechpäckchen für Warschau so schnell wie möglich, mir liegt sehr daran.
Die Pakete könnten sogar jeden Tag verschickt werden, wenn ich einen Zettel schreibe, dass sie kleiner sein müssen. Handkuss an Mutter und die Tante.[12] Grüße an alle.

5 Am 28.10.1942 erschoss die SS 280 polnische Häftlinge, die von Sipo und SD aus Radom und Lublin nach Auschwitz eingewiesen worden waren, als Vergeltung für Sabotageakte und Partisanenaktionen in der Region Lublin.
6 Am 6.1.1943 sind 68 Personen in das Leichenbuch des Stammlagers eingetragen. 14 Ermordete waren zuvor im Bunker des Blocks Nr. 11 selektiert worden.
7 Bis Jan. 1943 sind etwa 254 000 Juden in RSHA-Transporten nach Auschwitz gebracht worden; die meisten wurden sofort ermordet.
8 Es geht hier wahrscheinlich um Transporte von mehreren Hundert nichtjüdischen Polen aus dem Gebiet von Zamość im Dez. 1942. Die Deportierten wurden in Auschwitz nach Arbeitsfähigkeit selektiert, die als arbeitsunfähig Deklarierten wurden in Krankenbaracken gebracht, wo sie an Unterernährung starben oder nach Selektionen ermordet wurden. Die aus Zamość Deportierten sind nicht direkt in die Gaskammer gebracht worden, auch wenn dies – wie ein Bericht des verantwortlichen Transportführers SS-Untersturmführer Heinrich Kinna zeigt – von der SS als wünschenswert betrachtet wurde. Doch hatte das RSHA entschieden, dass „Polen eines natürlichen Todes sterben müssen"; AIPN, 196/255, Bl. 22. 80 % der aus Zamość deportierten poln. Bevölkerung überlebten Auschwitz nicht.
9 Halina Joanna Munk (*1916), war 1940–1946 mit Józef Cyrankiewicz verheiratet.
10 Regina Cyrankiewicz, geb. Szlapak (*1891).
11 Fünf Wörter fehlen.
12 Dr. Helena Szlapak (1898–1984), Ärztin; stellte ihre Wohnung in der Krakauer Garbarska-Str. 12 für Treffen von Widerstandsgruppen zur Verfügung und kümmerte sich im Rahmen des PWOK um Medikamente und Giftampullen für Häftlinge; 1981 als Gerechte unter den Völkern ausgezeichnet.

DOK. 52
Der Leiter der Zentralbauleitung, Karl Bischoff, gibt Hans Kammler am 29. Januar 1943 die baldige Fertigstellung von Krematorium II bekannt[1]

Schreiben des Leiters der Zentralbauleitung der Waffen-SS und Polizei Auschwitz[2] (Bftgb. Nr. 22 250/ 43/Bi./L.), ungez., an Amtsgruppenchef C, SS-Brigadeführer und Generalmajor der Waffen-SS Dr. Ing. Kammler, Berlin Lichterfelde-West, Unter den Eichen 126–135, vom 29.1.1943 (Abschrift)[3]

Betr.: Krematorium II. Bauzustand.
Bezug: Fernschreiben des SS-WVHA Nr. 2646 vom 28.1.43.[4]
Anlg.: 1 Prüfbericht
Das Krematorium II wurde unter Einsatz aller verfügbaren Kräfte trotz unsagbarer Schwierigkeiten und Frostwetter bei Tag- und Nachtbetrieb bis auf bauliche Kleinigkeiten fertiggestellt.[5] Die Öfen wurden im Beisein des Herrn Oberingenieur Prüfer der ausführenden Firma, Firma Topf und Söhne, Erfurt, angefeuert und funktionieren tadellos.[6] Die Eisenbetondecke des Leichenkellers konnte infolge Frosteinwirkung noch nicht ausgeschalt werden. Dies ist jedoch unbedeutend, da der Vergasungskeller[7] hierfür benutzt werden kann.
Die Firma Topf u. Söhne konnte infolge Waggonsperre die Be- und Entlüftungsanlage nicht, wie von der Zentralbauleitung gefordert, rechtzeitig anliefern. Nach Eintreffen der Be- und Entlüftungsanlage wird jedoch mit dem Einbau sofort begonnen, sodaß voraussichtlich am 20.2.43 die Anlage vollständig betriebsfertig ist.
Ein Bericht des Prüfingenieurs der Firma Topf u. Söhne, Erfurt, wird beigelegt.

Betrifft: Prüfbericht des Ing. Prüfer an die Zentralbauleitung der Waffen-SS und Polizei *Auschwitz O/S*, 29.1.1943
Auf Grund der heute vormittags stattgefundenen Besprechung mit der Bauleitung und der darauf folgenden Besichtigung der Krematorien II, III, IV und V habe ich folgendes festgestellt:
Krematorium II
Dieser Gebäudekomplex ist baulich bis auf kleinere Nebenarbeiten fertiggestellt (Decke des Leichenkellers 2 kann wegen Frost noch nicht ausgeschalt werden).

1 APMAB, D-Z Bau/2544, BW 30/34, Bl. 100–102. Abdruck als Faksimile in: Jean-Claude Pressac, Auschwitz: Technique and operation of the gas chambers, New York 1989, S. 211–213.
2 Karl Bischoff.
3 Das Schreiben ging ferner an SS-Untersturmführer Janisch und Kirschneck sowie an die Registratur (Akt Krematorium).
4 Nicht ermittelt.
5 Krematorium II war von Okt. 1941 an als neues Krematorium für das Stammlager geplant, wurde aber nach Kammlers Besuch im Febr. 1942 nach Birkenau verlegt und um umfangreiche Be- und Entlüftungsanlagen erweitert, um es für den Giftgasmord verwenden zu können; siehe Dok. 5 vom 5.3.1942 und Dok. 23 vom 19.8.1942.
6 Vermutlich wurden nur die Koksgeneratoren getestet. Eine erste Leichenverbrennung fand am 5.3.1943 statt.
7 Dieses Dokument ist eines der wenigen, in denen das Wort Vergasung im Zusammenhang mit den Krematorien verwendet wird. Die Beteiligten waren angehalten, in der offiziellen Korrespondenz die Gaskammer als Leichenhalle oder -keller zu bezeichnen.

Die 5 Stück Dreimuffel-Einäscherungsöfen sind fertig und werden z. Zt. trockengeheizt. Die Anlieferung der Be- und Entlüftungsanlage für die Leichenkeller verzögerte sich infolge der Waggonsperre, sodaß der Einbau voraussichtlich erst in 10 Tagen erfolgen kann. Somit ist die Inbetriebnahme des Krematoriums II bestimmt am 15.2.43 möglich.[8]
Krematorium III
Die Außenmauern des Ofengebäudes sowie der Schornstein sind fertig. Mit dem Einbau der Rauchkanäle für die Einäscherungsöfen wird in 8 Tagen begonnen. Der Einbau der 5 Stück Dreimuffel-Einäscherungsöfen kann in ca. 5 Wochen beginnen. Die Inbetriebnahme dieser Einäscherungsöfen ist frühestens zum 17.4.43 möglich.[9]
Krematorium IV
Der Rohbau sowie die Fundamente sind fertiggestellt. Mit dem Aufbau des Achtmuffel-Einäscherungsofens wird am Montag, den 1.2.43 begonnen. Die Arbeiten werden zum 28.2.43 beendet sein.[10]
Krematorium V
Die Fundamente der Außenmauern sowie eines Schornsteins sind im Bau. Die Fertigstellung dieses Krematoriums wird im Wesentlichen von der Witterung abhängen.[11]
Die Besichtigung der vorstehend aufgeführten Krematorien samt Inneneinrichtungen hat gezeigt, daß trotz der großen Bauaufgaben und der Witterungs- und Materialbeschaffungs-Schwierigkeiten die Arbeiten flott vorangegangen sind.

DOK. 53
Das SS-Wirtschafts-Verwaltungshauptamt listet am 6. Februar 1943 für Himmler die Verwertung des Eigentums der nach Auschwitz und Lublin deportierten Juden auf[1]

Bericht (Geheim), gez. SS-Obergruppenführer u. General der Waffen-SS Pohl,[2] F. d. R. d. A. SS-Hauptsturmführer Kersten,[3] B/Ch 181/6, Eingangsstempel Persönlicher Stab Reichsführer SS, Schriftgutverwaltung, Oranienburg, 6.2.1943 (Abschrift)

Bericht über die bisherige Verwertung von Textil-Altmaterial aus der Judensiedlung.[4]
Aus der anliegenden Aufstellung ist die bisher aus den Lagern Auschwitz und Lublin abgefahrene Menge an Altmaterial aus der Judenumsiedlung zu ersehen. Es muß hierbei

8 Das Krematorium II wurde am 13.3.1943 in Betrieb genommen. Es folgten zahlreiche Betriebsunterbrechungen wegen defekter Sauganlagen, Schornsteine und Rauchkanäle.
9 Das Krematorium III wurde am 24.6.1943 in Betrieb genommen.
10 Das Krematorum IV wurde am 22.3.1943 in Betrieb genommen.
11 Das Krematorium V wurde am 4.4.1943 in Betrieb genommen.

1 BArch, NS 19/225, Bl. 17–19. Abdruck in: Léon Poliakov/Joseph Wulf, Das Dritte Reich und die Juden, Berlin 1955, S. 49 f., 62.
2 Im April 1947 bestätigte Pohl die Authentizität des Berichts; Nbg. Dok., NO-2714.
3 Günther Kersten (*1906), Webereitechniker; 1932 NSDAP- und SS-Eintritt; von Juli 1942 an im WVHA, Amt B IV Rohstoffe und Beschaffungen, dort zuständig für die Kleiderwirtschaft, Verbindungsmann zum OKH und dem RWM, von März 1944 an im Prüfstab der Amtsgruppe B, u. a. Kontrolle der Kleidung im KZ Auschwitz im Nov. 1944; wohnte nach dem Krieg in Heinsberg-Schafhausen.
4 Siehe Dok. 32 vom 26.9.1942.

besonders berücksichtigt werden, daß der Anfall an Lumpen ein sehr hoher ist. Hierdurch vermindert sich natürlich die verwertbare Altbekleidung, insbesondere an Männer-Garnituren. Eine Befriedigung der gestellten Anforderungen an Männer-Garnituren konnte daher nicht im vollen Umfange erfolgen.

Ganz besondere Schwierigkeiten machte der Abtransport mit der Bahn. Durch die dauernd einsetzenden Transportsperren stockte die Abfuhr, sodaß es zeitweilig zu Anhäufungen in den einzelnen Lagern kam.

Besonders bemerkbar machte sich die seit Dezember 1942 bestehende Transportsperre nach der Ukraine, welche verhinderte, daß die für die dortigen Volksdeutschen bestimmte Altbekleidung angeliefert werden konnte.[5] Die Gesamtlieferung für die Volksdeutschen in der Ukraine wurde daher von der Volksdeutschen Mittelstelle nach Litzmannstadt geleitet und dort in einem großen Lager untergebracht. Sofort bei Lockerung der Transportsperre wird die Vomi die Verteilung durchführen.

Die Gestellung der in großer Anzahl benötigten Waggons kann bisher in engster Zusammenarbeit mit dem Reichswirtschaftsministerium durch dieses erfolgen. Auch in Zukunft wird das RWM bemüht bleiben, beim Reichsverkehrsministerium unter Hinweis auf die schlechte textile Rohstofflage Waggons für die Abfuhr von Altmaterial aus dem Generalgouvernement zu beschaffen.

Aufstellung über die von den Lagern Lublin und Auschwitz auf Anordnung des SS-Wirtschafts-Verwaltungshauptamts abgelieferten Mengen an Textil-Altmaterial:

1. *Reichswirtschaftsministerium*[6]				
Männer-Altbekleidung				
Ohne Wäsche		97 000	Garnituren	
Frauen-Altbekleidung				
Ohne Wäsche		76 000	Garnituren	
Frauen-Seidenwäsche		89 000	Garnituren	
			insgesamt:	34 Waggons
Lumpen	400 Waggons	2 700 000 kg		
Bettfedern	130 Waggons	270 000 kg		
Frauenhaare[7]	1 Waggon	3000 kg		
Altmaterial	5 Waggons	19 000 kg		
	insgesamt:	2 992 000 kg		
			Insgesamt	536 Waggons
				570 Waggons

5 Im Okt. 1942 hatte Himmler angewiesen, dass „die in den Lagerhäusern in Lublin und Auschwitz vorrätigen Gebrauchsgegenstände und Bekleidungsstücke“ an Weihnachten 1942 an Volksdeutsche in Transnistrien, im Generalkommissariat Schitomir, im Halbstädter Bezirk, in Chortica, Nikolajew und im Distrikt Lublin ausgegeben werden sollten; BArch, NS 19/1801.

6 Das RWM gab die Alttextilien als Rohstoff zur industriellen Weiterverwertung weiter.

7 Im Aug. 1942 hatte Richard Glücks angewiesen, dass in den KZ anfallende Menschenhaare zu Industriefilzen und Garn verwertet werden sollten; siehe Einleitung, S. 28.

2. *Volksdeutsche Mittelstelle*[8]

Männerbekleidung			*Kinderbekleidung*		
Mäntel	99 000	Stck.	Mäntel	15 000	Stck.
Röcke	57 000	"	Knabenröcke	11 000	"
Westen	27 000	"	Knabenhosen	3000	"
Hosen	62 000	"	Hemden	3000	"
Unterhosen	38 000	"	Schals	4000	"
Hemden	132 000	"	Pullover	1000	"
Pullover	9000	"	Unterhosen	1000	"
Schals	2000	"	Mädchenkleider	9000	"
Pyjamas	6000	"	Mädchenhemden	5000	"
Kragen	10 000	"	Schürzen	2000	"
Handschuhe	2000	Paar	Schlüpfer	5000	"
Strümpfe	10 000	"	Strümpfe	10 000	Paar
Schuhe	31 000	"	Schuhe	22 000	"

Frauenbekleidung:			*Wäsche usw.*		
Mäntel	155 000	Stck.	Bettbezüge	37 000	Stck.
Kleider	119 000	"	Bettlaken	46 000	"
Jacken	26 000	"	Kopfkissen-bezüge	75 000	"
Röcke	30 000	"	Geschirrtücher	27 000	"
Hemden	125 000	"	Taschentücher	135 000	"
Blusen	30 000	"	Handtücher	100 000	"
Pullover	60 000	"	Tischdecken	11 000	"
Unterhosen	49 000	"	Servietten	8000	"
Schlüpfer	60 000	"	Wolltücher	6000	"
Pyjamas	27 000	"	Krawatten	25 000	"
Schürzen	36 000	"	Gummischuhe und Stiefel	24 000	Paar
Büstenhalter	25 000	"	Mützen	9000	Stck.
Unterkleider	22 000	"			
Kopftücher	86 000	"			
Schuhe	111 000	Paar			

insgesamt: *211 Waggons*

8 Die Kleidungsstücke wurden als „Weihnachtsspenden der deutschen Bevölkerung" an volksdeutsche Umsiedler verteilt. Judensterne und persönliche Gegenstände waren zuvor entfernt worden. Wenn sie übersehen wurden, gaben sie den Empfängern Aufschluss über die Herkunft der Kleidungsstücke.

3. *Reichsjugendführung – Landdienst*

Männer-Altbekleidung	4000	Garnituren
Männer-Mäntel	4000	Stück
Männer-Schuhe	3000	Paar
Frauen-Altbekleidung	4000	Garnituren
Frauen-Mäntel	4000	Stück
Frauen-Unterwäsche	3000	Garnituren
Frauen-Pullover	20 000	Stück
Frauen-Schürzen	5000	Stück
Schals versch. Art	6000	Stück
Frauen-Schuhe	3000	Paar

4. *Unternehmen „HEINRICH“*[9]

Männer Altbekleidung	2700	Garnituren

5. *IG Farbenindustrie Auschwitz*

Männer-Altbekleidung	4000	Garnituren

6. *Organisation TODT – Riga*

Männer-Altbekleidung	1500	Garnituren

7. *Generalinspekteur des Führers für das Kraftfahrwesen*

Männer-Altbekleidung	1000	Garnituren
Männer-Unterwäsche	1000	"
Männer-Schuhe	1000	"
Männer-Mäntel	1000	Stück

8. *Konzentrationslager*

Männer-Jacken	28 000	Stück
Männer-Hosen	25 000	"
Männer-Westen	7000	"
Männer-Hemden	44 000	"
Männer-Unterhemden	34 000	"
Männer-Pullover	1000	"
Männer-Mäntel	6000	"
Frauen-Mäntel	25 000	"
Männer-Schuhe	100 000	Paar

insgesamt	<u>44 Waggons</u>
zusammen	<u>*825 Waggons*</u>

9 Als „Programm Heinrich“ wurden Maßnahmen zur Kolonisations- und Siedlungsplanung in Osteuropa bezeichnet.

DOK. 54

Gerhard Maurer verspricht dem I.G.-Farben-Werk in Auschwitz am 10. Februar 1943, die Zahl der Häftlingsarbeiter zu erhöhen, und genehmigt die Abschiebung kranker Häftlinge[1]

Wochenbericht Nr. 90/91 für die Zeit vom 8.2.–21.2.1943, gez. Faust, Eintrag vom 10.2.1943

Besuch des Obersturmbannführers Maurer. Es wurde über die zahlenmäßige Verstärkung des Lagers IV[2] gesprochen. Obersturmbannführer Maurer sagte zu, die Zahl der Häftlinge in Kürze auf 4000 evtl. 4500 Häftlinge zu erhöhen.[3] Der Einsatz dieser Mengen kann, mit Rücksicht auf die geringe Postenzahl, nur bei Beschäftigung *hinter* Werkzeug und Umstellung des Geländes erfolgen. Es wurde daher beschlossen, den gesamten Syntheseteil einzuzäunen. Weiter sagte Obersturmbannführer Maurer zu, dass alle schwachen Häftlinge abgeschoben werden können, so daß die Gewähr für eine fast volle Leistung, verglichen mit einem deutschen Hilfsarbeiter, herausgeholt werden kann.

DOK. 55

Die Zentralbauleitung und die Firma Topf & Söhne planen im Februar 1943 ein sechstes Krematorium in Form eines Ring-Einäscherungsofens[1]

Schreiben des Leiters der Zentralbauleitung der Waffen-SS und Polizei Auschwitz, SS-Sturmbannführer Karl Bischoff, Bftg. Nr. 22 997/43/Po/Schu., an den Lagerkommandanten SS-Obersturmführer Rudolf Höß vom 12.2.1943[2]

Betr.: Krematorium VI
Bezug: – ohne –
Anlg.: 1 Klammer[3]
Unter Bezugnahme auf die Unterredung des Unterfertigten und dem Ingenieur *Prüfer* von der Firma Topf und Söhne am 29.1.43 wurde die Planung eines 6. Krematoriums (eine offene Verbrennungskammer mit den Ausmaßen von 48,75 x 3,76 m) in Erwägung

1 Original nicht aufgefunden. Kopie: StAN, KV-Anklage, Dokumente, Fotokopien, NI-14546 (Abschrift).
2 Die I.G. errichtete in der Nähe der Werksbaustelle mehrere Lager für Zivilangestellte und Zwangsarbeiter. Lager IV war die Bezeichnung des KZ-Außenlagers „Buna".
3 Aufgrund der Forderungen der I.G. Farben nach Arbeitskräften wies das WVHA an, die bisher in der Berliner Rüstungsindustrie tätigen Juden, die im Febr. und März 1943 im Rahmen der „Fabrik-Aktion" nach Auschwitz deportiert wurden, vorrangig direkt in das Buna-Werk zu bringen; siehe Dok. 59 vom 2.3.1943.

1 APMAB, D-Z Bau/2544, BW 30/34, Bl. 80. Abdruck als Faksimile in: Schüle, Industrie und Holocaust (wie Dok. 23, Anm. 1), S. 455.
2 Verteiler Pollok, Janisch, Kirschneck, Registratur (Akt. Krematorium KGL BW 30). Handschriftl. Anm.: „allg. Krematorium BW 30, 30a u. sons."
3 Der Entwurf ist nicht enthalten. Weitere erhaltene Schreiben von Prüfer belegen, dass es sich um den Plan für einen Ring-Einäscherungsofen handelte, wie er in der Tonherstellung seit der zweiten Hälfte des 19. Jahrhunderts benutzt wurde; siehe Schüle, Industrie und Holocaust (wie Dok. 23, Anm. 1), S. 173–176.

gezogen. Die Zentralbauleitung hatte daraufhin die Firma Topf und Söhne beauftragt, einen Entwurf für diese offene Verbrennungsstätte anzufertigen, der in der Anlage beigefügt wird.
Sollte der Bau dieses 6. Krematoriums durchgeführt werden, so wird gebeten, einen entsprechenden Antrag durch die Amtsgruppe D an die Amtsgruppe C[4] zu stellen.
Bei einer eventuellen Durchführung dieser Anlage sind außer den jetzt im Einsatz befindlichen Arbeitskräften neue Arbeitskräfte durch die Kommandantur zur Verfügung zu stellen. Es sind hierzu erforderlich:
150 Häftlingsmaurer
200 Häftlingsbauhilfsarbeiter
Die Durchführung der Baumaßnahme ist abhängig von der Gestellung vorerwähnter Arbeitskräfte.[5]

DOK. 56
Die Abteilung Arbeitseinsatz teilt am 20. Februar 1943 mit, dass im Vormonat etwa 80 Prozent der Deportierten aus Theresienstadt ermordet worden sind[1]

Fernschreiben Nr. 4645, gez. SS-Obersturmführer Schwarz, an W.V.-Hauptamt D II,[2] Oranienburg, 20.2.1943, 21.15 Uhr

Betreff: Überstellung von 5022 Juden aus Theresienstadt
Bezug: Dort. FS v. 17.2.1943, Nr. 1023[3]
Gesamtstärke der Zugänge vom 21.1.43 2000 Juden, davon ausgesucht zum Arbeitseinsatz 418 = 254 Männer u. 164 Frauen = 20,9 %.
vom 24.1.43 2029 Juden davon zum Arbeitseinsatz 228 = 148 Männer u. 80 Frauen = 11,2 %
vom 27.1.43 993 Juden, davon zum Arbeitseinsatz 284 = 212 Männer u. 72 Frauen = 22,5 %.
Gesondert untergebracht[4] wurden am 21.1.43 1582 = 602 Männer u. 980 Frauen u. Kinder, am 24.1.43 1801 = 623 Männer u. 1178 Frauen und Kinder, am 27.1.43 709 = 197 Männer u. 512 Frauen und Kinder. Die Sonderunterbringung der Männer erfolgte wegen zu großer Gebrechlichkeit, die der Frauen, weil der größte Teil Kinder waren.

4 Die Amtsgruppe C Bauwesen des SS-WVHA war zuständig für alle Baumaßnahmen, die Amtsgruppe D für die Konzentrationslager.
5 Das Ring-Ofen-Projekt wurde nicht realisiert.

1 APMAB, D-Au-I-3a/65 f. Teilweise abgedruckt als Faksimile in: Blumental, Dokumenty i materiały (wie Dok. 34, Anm. 1), S. 117.
2 Leiter des Amts D II (Arbeitseinsatz der Häftlinge) war Gerhard Maurer.
3 Am 26.1.1943 hatte Karl Sommer, Abteilungsleiter D II/1 (Häftlingseinsatz), in einem Fernschreiben um eine altersmäßige Aufstellung der Häftlinge gebeten, da diese bei der Bauleitung Auschwitz und beim Buna-Werk eingesetzt werden sollen; wie Anm. 1, D-Au-I-3a/32. Darauf bezugnehmend hatte Maurer am 17.2.1943 in Auschwitz um Nachricht über den Zustand und die Verwendungsfähigkeit der 5000 Juden aus Theresienstadt gebeten, da diese „nur zum Zwecke des Arbeitseinsatzes nach Auschwitz abgegeben worden" seien; AIPN, GK 196/94; siehe auch Dok. 45 vom 16.12.1942.
4 Tarnbezeichnung für die Ermordung in der Gaskammer.

Sämtliche Häftlinge wurden nach Ablauf der Quarantäne am 15.2.43 der Bauleitung zugestellt.
Alter der Männer: 18–40 Jahre
Alter der Frauen: 18–33 Jahre

DOK. 57
Der Arzt Dr. Hellmuth Vetter präsentiert am 24. Februar 1943 die Wirkungslosigkeit und starken Nebenwirkungen des an Häftlingen getesteten Präparats gegen Fleckfieber[1]

Aktenotiz, W II[2], 24.2.1943

Aktennotiz über die Besprechung mit Herrn Dr. *Vetter* am 24. Febr. 43.
Nitroakridin-Präparat 3582.[3]
Dr. Vetter hat inzwischen eine Versuchsreihe mit 50 Fleckfieber-Fällen abgeschlossen. Es handelt sich ausnahmslos um Frühfälle, die bereits am ersten, spätestens am zweiten Tage in seine Behandlung kamen.
Dosierung:
Zunächst wurden 3 x 3 Tabletten zu 0,25 g täglich (morgens, mittags und abends) versucht. Da die Verträglichkeit vom Magen her *sehr* zu wünschen übrig ließ, wurde auf 6 x 1 Tablette übergegangen, schließlich zurückgegangen auf 3 x 1 Tablette. Auch hierbei Verträglichkeits-Schwierigkeiten, deshalb auch Versuche mit gleichzeitiger Flüssigkeitsgabe, rectal (Klysma)[4] und mit Oblaten. Die Dauer der Anwendung betrug bis zu 5 Tage, wenn das Präparat nicht vorher aus Verträglichkeitsgründen abgesetzt werden musste. Die Verträglichkeit wird allgemein als sehr schlecht beurteilt. Es trat ein die Patienten stark schwächendes Erbrechen ein; das Klysma verursachte starke Durchfälle mit Tenesmen,[5] bis zu 15 Stühlen pro Tag. Im Ganzen gesehen, trat das Erbrechen bei 78 % der Fälle ein. Die Patienten klagten außerdem über starkes Brennen in Mund und Rachen nach Einnahme der Tabletten, das oft lange anhielt.
Mortalitätsziffer:
Bei dieser Behandlung starben von den 50 Fällen 15 = 30 % und zwar 22 % nach Beendigung der Kur und 8 % noch während der Kur.

1 Hoechst Archiv, H 012 164, Ordner Fleckfieberversuche: Leverkusen (Bayer) an Hoechst, 9.3.1943, in Anlage: Aktennotiz Leverkusen vom 24.3.1943 über Besprechung mit Vetter am 24.2.1943 (Kopie). Kopie: StAN, KV-Anklage Dokumente Fotokopien, NI-9410.
2 Wissenschaftliche Abt. II (Pharma) des zur I.G. Farben gehörenden Unternehmens Bayer in Leverkusen, die die Prüfung des vom Schwesterunternehmen Hoechst in Frankfurt a. M. entwickelten Präparats organisierte.
3 Die Nitroacridinverbindung 3582, kurz „Acridin", wurde von dem zur I.G. Farben gehörenden Unternehmen Hoechst entwickelt und befand sich in der Erprobungsphase als Medikament gegen Fleckfieber. Als ehemaliger Mitarbeiter von Bayer übernahm SS-Arzt Dr. Hellmuth Vetter seit seiner Tätigkeit als Lagerarzt in Konzentrationslagern Erprobungen von neu entwickelten Präparaten. Die Untersuchungen zum Präparat 3582 leitete der Häftlingsarzt Dr. Władysław Fejkiel, der seine Ergebnisse am 8.2.1943 für Vetter zusammengefasst hatte; AIPN GK 174/139, Bl. 31–33.
4 Einleitung des Medikaments über den Anus in den Darm.
5 Schmerzhafter Stuhldrang.

Temperatur:
Bei 74 % der Fälle ging die Temperatur am 3.–4. Tag zurück auf 37°–38° und bei 12 % zur Norm am Schluss der Kur. D.h. etwa am 7. Tag. Bei 14 % ergab sich keine Beeinflussung der Fieberkurve.
Exanthem:[6]
Die bei dem Präparat im Gegensatz zu B 1034 beobachtete günstige Wirkung auf das Fieber blieb jedoch ohne Einfluß auf die sonstigen Krankheitserscheinungen. Das Exanthem ging nur in leichten Fällen nach etwa 4 Tagen zurück. In den schweren Fällen blieb es bis zu 10 Tagen nach Rückgang des Fiebers bestehen.
Allgemeine Symptome:
Auch auf die sonstigen Symptome blieb die Behandlung ohne Einfluß. Die Schwellung von Milz und Leber blieb bestehen, desgleichen die mangelhafte Herzfunktion (weicher Puls, Blutdrucksenkung) durch Herzmuskelschädigung. Unter 3582 blieben 62 % bei Bewußtsein und 26 % erlangten das Bewußtsein während der Kur zurück. Schwächung der Sehkraft und des Gehörs ergab sich bei fast allen Patienten. Im Blutbild wurde keine Besserung beobachtet, auch blieb der pathologische Sedimentbefund des Harns bestehen.
Im ganzen genommen, sieht Dr. Vetter auf Grund seiner Beobachtungen das Präparat als wertlos an. Ein gewisser Einfluß auf die Temperaturkurve sei zwar unverkennbar, jedoch würden die allgemeinen Krankheitssymptome im Gegensatz zu den Erfahrungen mit B 1034 im vergangenen Jahr nicht beeinflußt. Die Mortalität mit 30 % bei diesen 50 Fällen entsprach daher praktisch auch der Mortalität von unbehandelten Fällen im vergangenen Jahr, die 34 % betragen hat.
Präparat B 1034:
Mit Rücksicht auf die oben geschilderten Erfahrungen mit Präparat 3582 hat sich Dr. Vetter entschlossen, die Versuche mit B 1034 wieder fortzusetzen. Im vergangenen Jahr waren als Kurdosis *37,5 g* gewählt worden, nämlich 5 Tage lang 30 Tabl. zu 0,25 g = 7,5 g pro Tag oral und per Klysma.
Um zu sehen, ob die Gesamtkurdosis vielleicht etwas erniedrigt werden kann, hat Dr. Vetter drei kleine Versuchsreihen unter folgender Dosierung in Aussicht genommen:
1.) 3,5 g per os + 2,5 g rectal = 5 g pro Tag, 5 Tage lang; Gesamtdosis 25 g.
2.) 3 mal täglich 1 Ampulle intravenös = 3 g pro Tag, 5 Tage lang; Gesamtdosis 15 g.
3.) Dasselbe wie 2.), aber intramuskulär.
Je nach Ausfall des Versuchs bei intramuskulärer Anwendung evtl. Erhöhung der Dosis.[7]
Fleckfieberimpfstoff E.
Dr. Vetter hat am 17.12.1942 von unseren Freunden in Krakau 500 Portionen Fleckfieberimpfstoff der Partie 955 erhalten, wobei es sich jedoch nicht um den gemischten Impfstoff EM gehandelt hat, der ihm von Abteilung E in Aussicht gestellt worden war, sondern um den Impfstoff E. Hiermit wurden 500 Personen geimpft, abgesehen von einigen Häftlingen (Krankenpfleger) nur Angehörige der Truppe.

6 Hautausschlag, der bei Infektionskrankheiten auftritt; für Fleckfieber war ein roter Hautausschlag typisch.
7 Nachdem Vetter im März 1943 nach Mauthausen versetzt worden war, setzte SS-Standortarzt Dr. Eduard Wirths die Versuche mit B 1034 in Auschwitz fort. Der Häftlingsarzt Stanisław Kłodziński schickte illegal eine Packung B-1034 aus dem Lager, um das Präparat untersuchen zu lassen.

Die Verträglichkeit war einwandfrei, keinerlei unangenehme Reaktionen.
Von diesen 500 Personen wurden ca. 20 (Zahl war nicht genau notiert) fleckfieberkrank, die aber die Krankheit gut überstanden, selbst diejenigen, die in vorgerücktem Alter standen und einen schweren Verlauf der Erkrankung hatten.
Der Versuch wird dahin beurteilt, daß die Impfung ihren Zweck erreicht hat.

DOK. 58
Die Zentralbauleitung bestellt am 26. Februar 1943 bei der Firma Topf & Söhne Geräte, mit denen Gasrückstände in den Krematorien überprüft werden können[1]

Schreiben, gez. ppa. Sander und i. V. Prüfer, Firma J.A. Topf und Söhne Erfurt, Abt. D IV, hes.,[2] an Zentralbauleitung der Waffen-SS und Polizei, Auschwitz/Ost-Oberschl., vom 2.3.1943[3]

Betrifft: *Krematorium Gasprüfer*
Wir bestätigen den Eingang Ihres Telegrammes, lautend: „Absendet sofort 10 Gasprüfer wie besprochen Kostenangebot später nachreichen.“[4]
Hierzu teilen wir Ihnen mit, dass wir bereits vor 2 Wochen bei 5 verschiedenen Firmen die von Ihnen gewünschten Anzeigegeräte für Blausäure-Reste angefragt haben. Von 3 Firmen haben wir Absagen bekommen und von 2 weiteren steht eine Antwort noch aus. Wenn wir in dieser Angelegenheit Mitteilung erhalten, kommen wir Ihnen sofort näher, damit Sie sich mit einer Firma, die diese Geräte baut, in Verbindung setzen können.
Heil Hitler!

1 RGVA, 502k/1/313, Bl. 44, Kopie: USHMM, RG 11 001M.03, Reel 41. Abdruck als Faksimile in: Schüle, Industrie und Holocaust (wie Dok. 23, Anm. 1), S. 457.
2 Anneliese Hessler arbeitete als Sekretärin bei der Firma J. A. Topf & Söhne.
3 Im Original handschriftl. Notiz: Abl[age] Kremat.[orium] II KGL BW 30.
4 Fernschreiben Untersturmführer Josef Pollok, Zentralbauleitung Auschwitz, an Topf & Söhne, Erfurt, 26.2.1943; APMAB, D-Z Bau/2544, BW 30/34, Bl. 48. Die Prüfgeräte dienten zur Kontrolle des Tötungsvorgangs und zum Schutz der beteiligten SS-Leute.

DOK. 59
Arthur Liebehenschel weist Rudolf Höß am 2. März 1943 an, die im Rahmen der „Fabrik-Aktion" aus Berlin deportierten jüdischen Rüstungsarbeiter zur Arbeit einzusetzen[1]

Fernschreiben Nr. 1298[2] vom WVHA Oranienburg, gez. SS-Obersturmbannführer Liebehenschel, Chef des Zentralamts, an den Kommandanten K.L. Auschwitz, SS-Obersturmbannführer Höß, KL Auschwitz, vom 2.3.1943, 21.40 Uhr

Geheim!
Betr.: Evakuierung Juden
Bezug: bekannt.
Wie dort bekannt, beginnen am 1.3.43 die Judentransporte aus Berlin.[3] Es wird nochmals darauf hingewiesen, daß sich bei diesen Transporten etwa 15 000 vollkommen arbeitsfähige, gesunde Juden befinden, die bisher in der Berliner Rüstungsindustrie gearbeitet haben. Auf ihre weitere Arbeitsverwendungsfähigkeit ist mit allen Mitteln Wert zu legen.[4]

1 APMAB, D-Au-I-3a/85a (beglaubigte Abschrift).
2 Vermutl. richtig: 1289, da Fernschreiben Nr. 1290 folgt; siehe Anm. 4.
3 Im Febr. 1943 fiel im RSHA die Entscheidung, alle bisher von der Deportation verschont gebliebenen, in der Rüstungsindustrie eingesetzten jüdischen Zwangsarbeiterinnen und Zwangsarbeiter zu deportieren. Während der sogenannten Fabrik-Aktion, die am 27.2.1943 begann, wurden sämtliche Juden, sofern sie nicht untergetaucht waren, verhaftet. Innerhalb von zwölf Tagen wurden rund 8000 Juden aus Berlin nach Auschwitz deportiert.
4 Am selben Tag wies Gerhard Maurer im Fernschreiben Nr. 1290 an Höß darauf hin, dass die jüdischen Rüstungsarbeiter aus Berlin auf jeden Fall arbeitsfähig erhalten bleiben müssen und im Bunalager eingesetzt werden sollen. Am 5.3.1945 antwortete Heinrich Schwarz von der Abt. Arbeitseinsatz, dass er sich für den Arbeitseinsatz nicht viel verspreche, „wenn die Transporte aus Berlin weiter mit so vielen Frauen u. Kindern nebst alten Juden anrollen"; Abdruck in: Blumental, Dokumenty i materiały (wie Dok. 34, Anm. 1), S. 108 f.

DOK. 60

Stefan Rowecki und Jan Stanisław Jankowski informieren die Exilregierung in London am 4. März 1943 über die Zahl der Ermordeten in Auschwitz[1]

Fernschreiben von Sobol[2] und Kalina,[3] Nr. 362, Wanda 5,[4] Tagebucheintrag 1497/43, an den Obersten Befehlshaber[5] und Stem,[6] dechiffriert 31.3.1943 (geheim), vom 4.3.1943 (Abschrift)

Oberster Befehlshaber und Stem
Die Statistik von Auschwitz zeigt, dass seit der Errichtung des Lagers bis zum 15. Dezember [1942] dort mehr als 640 000 Personen ihr Leben verloren haben und 30 000 noch leben. 65 000 Polen wurden erschossen, erhängt, gefoltert, vergast oder starben an Hunger und Krankheiten. Es leben noch 17 000. Über 26 000 sowjetische Kriegsgefangene wurden vernichtet, es leben noch 100. Mehr als 520 000 Juden wurden mit Gas vergiftet, darunter 20 000 aus Polen und der Rest aus Frankreich, Belgien, Holland, Jugoslawien u. a.[7] Es leben 6800 Frauen, vor allem Polinnen, 19 000 wurden getötet und starben. Nur ein Teil wird im Lager registriert. Tausende sterben namenlos, zum Beispiel fast alle Juden. Im Moment sind Pakete erlaubt, sie kommen aber nur selten an; Fett, Zucker und Ähnliches verschwinden in der Regel.

1 AAN, 203/I-23, S. 177. Abdruck in: Halina Czarnocka (Hrsg.), Armia Krajowa w dokumentach, London 1991, Bd. VI, Dok. 1751, S. 303. Das Dokument wurde aus dem Polnischen übersetzt.

2 Deckname von Jan Stanisław Jankowski (1882–1953), Politiker; 1921 Arbeits- und Sozialminister, von 1939 an aktiv in der poln. Untergrundverwaltung, seit 1943 Regierungsdelegat in Warschau; im März 1945 vom NKVD verhaftet und 1953 in einem sowjet. Gefängnis ermordet.

3 Deckname von Stefan Rowecki (1895–1944), Berufsoffizier; 1942/43 Oberkommandierender der Heimatarmee; im Juni 1943 enttarnt und von den Deutschen verhaftet, im KZ Sachsenhausen ermordet.

4 Deckname einer Sendestation der Regierungsdelegatur.

5 Władysław Sikorski (1881–1943), Offizier; 1922/23 poln. Ministerpräsident, 1939–1943 Ministerpräsident der poln. Exilregierung, starb bei einem Flugzeugabsturz bei Gibraltar.

6 Deckname von Stanisław Mikołajczyk (1901–1966), Politiker; 1933 Sejm-Abgeordneter der Bauernpartei, 1937 deren Vorsitzender, 1940–1943 Vizepremier der poln. Exilregierung in London, 1941 Innenminister, von Juli 1943 an Premierminister; 1945 Rückkehr nach Warschau und stellv. Premierminister, emigrierte 1947 in die USA.

7 Die Zahlen sind überhöht. Im Jahr 1942 wurde ca. 200 000 Juden nach Auschwitz deportiert, von denen die meisten ermordet wurden. Die Zahl stammt aus dem Bericht des Staatlichen Sicherheitskorps der Regierungsdelegatur 1.–15.1.1943; AAN 202/II-35, S. 84. Die Ermittlung exakter Zahlen war für die Regierungsdelegatur nicht einfach. Entscheidend war jedoch, dass die Alliierten Informationen über die Größenordnung des Massenmords bekamen. Die Information wurde an den US-Geheimdienst weitergegeben.

DOK. 61
Die Zentralbauleitung geht am 6. März 1943 auf Kurt Prüfers Vorschlag ein, die Effizienz des Zyklon B durch Vorwärmen der Gaskammern zu verbessern[1]

Schreiben des Leiters der Zentralbauleitung der Waffen-SS und Polizei Auschwitz, gez. Bischoff, SS-Sturmbannführer, Bftgb.: 24 365/45/Jä/I, an die Firma Topf und Söhne, Erfurt, vom 6.3.1943

Betr.: Kla Auschwitz, Krem. II und III KGL, BW 30 und 30 a
Bezug: Dort. Schreiben vom 22.2.43 D.IV. Prf.[2]
Anlg.: –
Auf Grund Ihres Vorschlages erklärt sich die Dienststelle einverstanden, daß der Keller 1 mit der Abluft aus den Räumen der 3 Saugzuganlagen vorgewärmt wird. Die Anlieferung und der Einbau der hierfür benötigten Rohrleitungen und der Druckluftgebläse muß schnellstens erfolgen. Wie Sie in o.a. Schreiben angeben, sollte die Ausführung noch in dieser Woche geschehen. Um Hergabe eines spezifizierten Kostenangebotes 3-fach für Lieferung und Einbau wird gebeten.
Desgleichen wird um Einsendung eines Nachtragsangebotes für die Umänderung der Entlüftungsanlage für den Auskleideraum gebeten.
Nach Eingang dieser Angebote wird Ihnen schriftlich Auftrag erteilt.

DOK. 62
Henryk Tauber ist als Mitglied des Sonderkommandos im März 1943 Zeuge der Inbetriebnahme von Krematorium II[1]

Protokoll der Vernehmung von Henryk Tauber[2] durch Jan Sehn, Mitglied der Kommission zur Untersuchung der Hitlerverbrechen in Oświęcim, in Anwesenheit und unter Mitwirkung von Edward Pęchalski, Oświęcim, vom 24.5.1945 (beglaubigte Abschrift)

[...][3]
Am 4. März wurden wir, von SS-Männern bewacht, auf das Gelände des Krematoriums II geführt. Hier erklärte uns der Kapo August[4] die Konstruktion des Krematoriums. Er war eigens aus Buchenwald gebracht worden, wo er beim dortigen Krematorium gearbeitet hatte. Das Krematorium II besaß einen unterirdischen Entkleidungsraum (Auskleideraum)[5] und einen Bunker bzw. Vergasungskeller (Leichenkeller).[6] Zwischen

1 APMAB, D-Z Bau/2537, BW 30/28, Bl. 7. Abdruck als Faksimilie in: Schüle, Industrie und Holocaust (wie Dok. 23, Anm. 1), S. 458.

2 Dokument nicht aufgefunden. Durch die Abführung der warmen Luft in die Gaskammer sollte einerseits die Wirkung des Zyklon B erhöht und andererseits einer Überhitzung der Saugzuganlagen vorgebeugt werden. Die Saugzuganlage wurde durch die Hitzeentwicklung jedoch bereits im März 1943 beschädigt, daraufhin demontiert und in den anderen Krematorien nicht mehr eingebaut; siehe Dok. 62 vom März 1945.

1 AIPN, GK 174/308, S. 28–56, hier S. 34–48. Abdruck in deutscher Sprache in: Wacław Długoborski/Franciszek Piper (Hrsg.), Auschwitz 1940–1945. Studien zur Geschichte des Konzentrations- und Vernichtungslagers Auschwitz, Bd. III, Oświęcim 1999, S. 273–302. Das Dokument wurde aus dem Polnischen neu übersetzt.

beiden Kellern befand sich ein Korridor, der von außen durch eine Treppe erreichbar war, die mit einer Rutsche versehen war. Auf diese Rutsche wurden Leichen geworfen, die aus dem Lager zur Verbrennung ins Krematorium gebracht wurden.
Den Korridor erreichte man durch die Tür des Auskleideraums. Von dort gelangte man durch eine weitere Tür in die rechts gelegene Gaskammer. Von der Einfahrt des Krematoriumsgeländes her führte noch eine weitere Treppe zu diesem Korridor. Links von dieser Treppe in der Ecke befand sich ein kleiner Raum für Haare, Brillen und Ähnliches, rechts davon ein weiterer Raum, in dem ein Vorrat an Büchsen mit „Zyklon" aufbewahrt wurde. In der rechten Ecke des Korridors, gegenüber der Tür zum Auskleideraum, befand sich ein Lift, mit dem die Leichen hochgezogen wurden.
Vom Hof aus führte eine Treppe in den Auskleideraum, die mit einem Eisengeländer versehen war. Über der Tür hing eine Tafel mit der Aufschrift „Zum Baden und Desinfektion".[7] Diese Aufschrift stand dort in mehreren Sprachen. Entlang der Wände des Auskleideraums befanden sich Holzbänke und nummerierte hölzerne Kleiderhaken. In dem fensterlosen Raum brannte ständig Licht. Es gab einen Wasseranschluss und einen Abfluss. Vom Auskleideraum gelangte man durch eine Tür, über der ein Schild mit der mehrsprachigen Aufschrift „Zum Bade" hing, in den Korridor. Ich erinnere mich, dass dort auch das Wort „Bania"[8] geschrieben stand. Vom Korridor erreichte man durch die rechte Tür den Vergasungsraum. Es handelte sich um eine Holztür, die wie bei einem Parkettfußboden aus zwei Schichten zusammengesetzter kleiner Holzstücke bestand. Zwischen den Schichten befand sich eine Platte mit einer Dichtungsmasse, die auch die Türränder abdichtete. Der Türrahmen war mit Filz ausgeschlagen. In der Tür befand sich in Kopfhöhe eines durchschnittlich großen Mannes ein rundes, verglastes kleines Fenster. Auf der Seite zum Vergasungsraum war das Fenster halbkugelförmig vergittert. Das Gitter war angebracht worden, weil die Menschen in der Gaskammer vor ihrem Tod die Fensterscheibe eingeschlagen hatten. Weil auch das Gitter dies nicht verhinderte und sich solche Vorfälle wiederholten, wurde das Fenster später mit Blech oder einem Brett zugenagelt. Erwähnt sei an dieser Stelle, dass die Menschen in der Gaskammer oft auch die elektrischen Leitungen herausrissen und die Lüftungsanlagen beschädigten. Die Tür wurde vom Korridor her mit eisernen Riegeln, die mit speziellen Schrauben festgezogen wurden, versperrt. Die Decke der Gaskammer stützten Zementpfeiler, die mittig im Raum verteilt standen. Links und rechts von den Pfeilern befanden sich

2 Henryk Tauber Fuchsbrunner, später Henry Fuchs (1917–2000), Schaftmacher; im Nov. 1942 im Krakauer Getto verhaftet und im Jan. 1943 nach Auschwitz deportiert, dort Mitglied des Sonderkommandos, Teilnahme am Aufstand des Sonderkommandos im Okt. 1944, Jan. 1945 Flucht auf dem Todesmarsch bei Pless; betrieb nach dem Krieg mit seinem Bruder in München eine Lederfabrik, 1952 in die USA ausgewandert; Interview mit der USC Shoah Foundation, VHA # 17625.

3 Im ersten Teil berichtet Tauber über seine Verfolgung, die Deportation nach Auschwitz und seinen Einsatz im Sonderkommando des Krematoriums I.

4 August Brück (1897–1943), Schlosser; als „Berufsverbrecher" Häftling im KZ Buchenwald, am 4.3.1943 nach Auschwitz überstellt, dort Oberkapo im Krematorium II, starb an Fleckfieber.

5 Im Original deutsch.

6 Im Original deutsch. Die Gaskammern waren in den Bauplänen der Krematorien zur Tarnung als Räume zur Leichenaufbewahrung (Leichenkeller) bezeichnet und wurden wahrscheinlich auch im mündlichen Sprachgebrauch so genannt.

7 Im Original deutsch.

8 Russ. für Dampfbad, Sauna.

vier Säulen aus einem dicken Drahtgeflecht, die zur Decke und von dort ins Freie führten. Darin war ein Netz mit kleineren Öffnungen eingelassen, in dem sich noch ein drittes, dichteres Netz befand. Innerhalb dieses dritten Netzes befand sich ein beweglicher Behälter, in dem man das Pulver, aus dem sich das Gas bereits verflüchtigt hatte, mit einem Draht nach oben zog. Außerdem waren elektrische Leitungen installiert, die auf beiden Seiten der Kammer entlang des auf den Zementpfeilern ruhenden Tragebalkens verliefen. Im Mauerwerk war eine Ventilationsanlage installiert. Von ihr führten oben an den Seitenwänden kleine, mit Gittern aus Weißblech versehene Öffnungen in die Gaskammer; die weiter unten gelegenen Öffnungen waren mit einer Art eisernem Maulkorb gesichert. Die Ventilation der Gaskammer war wiederum mit dem Lüftungssystem des Auskleideraums verbunden. Diese Anlage, an die auch der Sezierraum angeschlossen war, wurde mit Elektromotoren betrieben, die sich im Dachgeschoss des Krematoriums befanden. In der Gaskammer selbst gab es keinen Wasseranschluss, nur auf dem Korridor befand sich ein Wasserhahn. Von dort aus wurde der Fußboden der Kammer mit einem Gummischlauch abgespritzt. Ende 1943 wurde die Gaskammer durch eine gemauerte Wand geteilt, so dass ein Raum nun auch für die Vergasung von kleineren Transporten genutzt werden konnte. In der Wand befand sich eine vergleichbare Tür wie die vom Korridor zur Kammer. Kleinere Transporte wurden in der weiter vom Eingang entfernten, hinteren Kammer vergast. Der Auskleideraum und die Gaskammer waren mit einer Betonplatte abgedeckt, die mit Erde aufgeschüttet war, auf der Gras wuchs. Über der Gaskammer ragten vier, an kleine Schornsteine erinnernde Öffnungen zum Einschütten des Gases heraus. Diese waren mit Zementdeckeln verschlossen, die über zwei hölzerne Handgriffe verfügten. Das Gelände über dem Auskleideraum lag etwas höher als der Hof und war völlig eben. Lüftungsrohre führten zu den Leitungen und Schornsteinen, die sich im Gebäude oberhalb des Korridors und des Auskleideraums befanden.

Am Anfang gab es im Auskleideraum noch keine Bänke und Haken und in der Gaskammer auch noch keine Duschen. Beides wurde erst im Herbst 1943 zur Tarnung installiert. Die Duschköpfe waren an Holzklötzen befestigt, die in die Zementdecke der Gaskammer eingemauert wurden. Da sie nicht an Wasserleitungen angeschlossen waren, floss aus ihnen auch niemals Wasser.

Wie ich bereits erwähnte, fuhr vom Korridor aus ein Lift, eigentlich ein Leichenaufzug, hinauf ins Erdgeschoss. Vom Aufzug aus führte eine Tür in den Verbrennungsraum, wo sich die Öfen des Krematoriums befanden. Von einer weiteren direkt gegenüber gelangte man in den Raum, in dem die Leichen aufgestapelt wurden. Außerdem befand sich hier ein Korridor, der zu einem Eingang von der Torseite des Geländes führte. Rechts vom Korridor führte eine Tür in den Sezierraum. Zwischen Sezierraum und Leichenmagazin gab es eine Toilette, die man vom Sezierraum aus betreten konnte. Durch die linke Tür des Korridors kam man in den Heizraum, von der Seite der Generatoren der Krematoriumsöfen. Fünf Öfen standen in gleichen Abständen nebeneinander, und jeder wurde von zwei Generatoren beheizt. Auf der anderen Seite, also zum Lift hin, befanden sich die Muffeln. Jeder Ofen verfügte über drei Muffeln, in die jeweils fünf Leichen passten. Alle Muffeln wurden mit einer Eisentür verschlossen, auf der die Aufschrift „Topf" stand. Unter jeder Muffel befand sich ein Aschebehälter, der ebenfalls mit Eisentüren, die von derselben Firma stammten, verschlossen wurde. Hinter den Öfen befand sich auf der der Hofeinfahrt zugewandten Seite ein Koksraum. Dahinter, noch weiter in Rich-

tung Hof, kam ein schmaler Korridor, von dem ein kleines, für die SS-Männer vorgesehenes Zimmer abführte. Dieses Zimmer hatte ein Fenster, durch das man in den Verbrennungsraum und auf die Muffeln blicken konnte. Ein weiteres Fenster ging zum hinteren Hof des Krematoriums. Das danebenliegende Zimmer des Kommandoführers war nur mit einem einzigen Fenster ausgestattet, das ebenfalls auf den Hinterhof hinausging. Dahinter befanden sich eine Toilette sowie ein kleiner Waschraum, an den sich wiederum ein Zimmer für die Ärzte anschloss, mit einem Fenster, aus dem man auf das Frauenlager sehen konnte. Eine Treppe führte von diesem kleinen Korridor in das Dachgeschoss, wo sich der Raum für die im Sonderkommando eingesetzten Häftlinge befand. Im Dachboden waren außerdem die Motoren für den Lift und die Lüftung untergebracht, für deren Betrieb ein Häftlingsmechaniker zuständig war.
Auf der Torseite befand sich ein mittig aus der Gebäudefront herausragender Anbau mit dem Müllverbrennungsofen, die sog. „Müllverbrennung".[9] Es handelte sich um einen einzelnen Ofen, den man über eine Treppe nach unten erreichte. Er war von einer eisernen Plattform umgeben und wurde mit Kohle beheizt. Der Eingang zu diesem Anbau befand sich auf der Seite der Hofeinfahrt. Außer der Eingangstür gab es ein Fenster an der Frontseite und jeweils ein Fenster rechts und links vom Eingang. Links vom Eingang befand sich eine Öffnung, durch die die zur Verbrennung bestimmten Sachen aus dem draußen stehenden Aschebehälter in den Anbau transportiert wurden. Der Ofen befand sich links vom Eingang, die Feuerung rechts. Ich möchte darauf hinweisen, dass über den gesamten Zeitraum hinweg in diesem Ofen Dokumente der Politischen Abteilung des Lagers verbrannt wurden. In bestimmten Abständen karrten SS-Männer ganze Autoladungen mit Dokumenten und Karteien heran; diese Papiere wurden dann unter ihrer Kontrolle verbrannt. Wenn ich mit der Verbrennung solcher Papiere beauftragt war, konnte ich feststellen, dass sich darunter ganze Stöße von Karteikarten verstorbener Menschen und Totenscheine befanden. Wir konnten natürlich keine Dokumente an uns nehmen, weil SS-Männer uns während der Verbrennungsaktionen genau kontrollierten. Hinter dem Müllverbrennungsanbau befand sich im Innern des Krematoriums der Schornstein, an den alle Öfen, auch der Ofen zur „Müllverbrennung", angeschlossen waren. Anfänglich befanden sich dort auch drei Elektromotoren zur Verstärkung des Zugs. Wegen der dort und in der Nähe des Ofens herrschenden Hitze gingen diese Motoren jedoch kaputt, einmal brach sogar ein Brand aus,[10] so dass sie später wieder abgebaut und die Ableitungen der Öfen direkt in den Schornstein eingeleitet wurden. Vom Müllverbrennungsanbau führte eine Tür in den Gebäudeteil, in dem sich der Schornstein befand. Dieser Teil war höher gelegen, so dass man einige Stufen hochsteigen musste. Nach Abbau der Motoren wurde neben dem Schornstein ein Waschraum für das Sonderkommando eingerichtet. Auf der gegenüberliegenden Seite, in der Nähe des Auskleideraums, gab es ein Zimmer, in dem von Zeit zu Zeit der Oberkapo August schlief. Eigentlich wohnte er im Block der Reichsdeutschen,[11] anfangs im Abschnitt B I b und später im Abschnitt B II d. Im Dachgeschoss der „Müllverbrennung" wurde das

9 Im Original deutsch.

10 Während der Einäscherung von 2191 Leichen von Juden aus Thessaloniki vom 20. bis 22.3.1943 kam es durch Überhitzung der Saugzuganlagen zu einem Brand; siehe auch Dok. 61 vom 6.3.1943, Anm. 2.

11 Im Original deutsch.

den Opfern abgeschnittene Haar getrocknet, ausgeklopft und in Säcke verpackt. Diese Säcke wurden anschließend mit Autos abtransportiert.
Wie erwähnt, verfügte das Krematorium II über fünf Öfen. Jeder Ofen besaß drei Muffeln zum Verbrennen der Leichen und wurde von zwei Koksgeneratoren beheizt. Die Heizkanäle der Generatoren endeten oberhalb der Aschebehälter der beiden äußeren Muffeln, so dass die Flamme zuerst durch diese zog und dann die mittlere Muffel erreichte. Von dort aus wurden die Verbrennungsgase über eine unterhalb der Muffel verlaufende Leitung zum Schornstein abgeführt. Diese Leitung verlief von der Muffelseite mittig unter dem Ofen und dann zwischen den Generatoren entlang.
Aufgrund dieser Anordnung lief die Leichenverbrennung in den äußeren Muffeln anders ab als in der mittleren. Die Leichen von Muselmännern,[12] also abmagerte Leichen, die kein Fett mehr aufwiesen, brannten in den äußeren Muffeln schneller und in der mittleren schlechter. Umgekehrt verbrannten die Leichen der Menschen, die direkt vom Transport ins Gas geschickt worden und folglich noch nicht so abgemagert waren, besser in der mittleren Muffel. Beim Verbrennen solcher Leichen brauchten wir den Koks eigentlich nur zum Anfachen des Ofens, weil das Körperfett von selbst brannte. Wenn kein Koks zum Anheizen der Generatoren da war, legten wir Stroh und Holz in die Aschebehälter unter den Muffeln, und sobald das Fett der Leichen Feuer gefangen hatte, verbrannten ganze Ladungen von selbst. Im Innern der Muffel befanden sich keine Eisenteile, die Roste bestanden aus Schamotte. Eisen wäre bei der Hitze, die zwischen 1000 und 1200 Grad Celsius erreichte, geschmolzen. Die Schamotteroste wurden quer in die Muffel eingeführt. Tür und Öffnung der Muffel waren kleiner, die Muffel selbst war ungefähr 2 m lang, 80 cm breit und etwa 1 m hoch. In der Regel wurden in einer solchen Muffel jeweils vier bis fünf Leichen verbrannt. Es kam jedoch auch vor, dass wir mehr Leichen auf die Muffel luden. Muselmänner passten sogar acht hinein. Wenn es Luftalarm gab, verbrannten wir solche größeren Ladungen, ohne dass der Chef des Krematoriums davon erfuhr. Wir hofften, dass die aus dem Schornstein lodernde Flamme dann höher war und die Flieger darauf aufmerksam wurden. Wir dachten, so Einfluss auf unser Schicksal nehmen zu können. Die Eisenteile und insbesondere die Eisenroste, die sich bis heute auf dem Lagergelände befinden, gehörten zu den Generatoren. Krematorium II besaß Roste aus dicken Eisenstäben. In den Krematorien IV und V waren es schwertförmige Lanzettenroste mit einem Griff.
Am 4. März wurden wir zum Heizen der Generatoren eingesetzt. Wir heizten von früh bis ungefähr 4 Uhr nachmittags. Zu dieser Zeit besuchten eine Kommission der Politischen Abteilung und hohe SS-Offiziere aus Berlin das Krematorium. Auch Zivilisten und Ingenieure der Firma „Topf" nahmen an der Besichtigung teil. Ich erinnere mich, dass Hauptsturmführer Schwarz,[13] Lagerkommandant Aumeyer,[14] und Oberscharführer Kwakernak[15] der Kommission angehörten. Nach ihrer Ankunft erhielten wir die An-

12 Im Original deutsch.
13 Heinrich Schwarz.
14 Richtig: Hans Aumeier (1906–1948), Eisendreher; 1929 NSDAP-, 1931 SS-Eintritt; 1934 Führer eines Wachbataillons in Dachau, 1936 in Sachsenhausen, 1938 Schutzhaftlagerführer Flossenbürg, Febr. 1942 in Auschwitz, Okt. 1943 bis Aug. 1944 Kommandant des KZ Vaivara, Nov. 1944 Kommandant in Kaufering; Nov. 1944 SS-Stubaf.; Febr. 1945 bis Mai 1945 im Polizeihäftlingslager Grini in Norwegen; 1947 in Krakau zum Tode verurteilt und 1948 hingerichtet.
15 Walter Quakernack.

weisung, Leichen aus dem Magazin zu holen und sie in die Muffeln zu verfrachten. Im Magazin fanden wir ungefähr 45 Leichen vor, bei denen es sich ausschließlich um gut genährte bis dicke Männer handelte. Wann sie ins Magazin gebracht worden waren und woher sie kamen, wusste ich damals noch nicht. Erst später erfuhr ich, dass sie aus dem im Wald gelegenen Bunker II stammten. Ein SS-Offizier von der Politischen Abteilung war nämlich dorthin gefahren und hatte angeordnet, aus den dort vergasten Personen gut gebaute, fette Leichen auszusuchen. Sie wurden auf ein Auto verladen und vom Bunkergelände hergebracht. Die Häftlinge des dort eingesetzten Sonderkommandos wussten nicht, wohin diese Leichen gebracht werden sollten. Sie waren, wie sich herausstellte, dazu ausersehen, vor der großen Kommission die Funktionstüchtigkeit des Krematoriums II, das kurz vor seiner Inbetriebnahme stand, vorzuführen. Wir holten die Leichen mit dem Lift nach oben und brachten sie durch die Tür in den Verbrennungsraum. Dort legten wir jeweils zwei oder drei auf einen Wagen, der ähnlich aussah wie der, den ich bei der Schilderung von Krematorium I beschrieben habe,[16] und luden sie in die Muffeln. Nachdem wir die Leichen auf die Muffeln aller fünf Öfen verteilt hatten, verfolgte die Kommission mit Uhren in der Hand die Verbrennung der Leichen. Die Teilnehmer öffneten die Türchen, schauten auf die Uhren und zeigten sich verwundert, dass die Verbrennung so lange dauerte. Weil es sich um neue Öfen handelte, waren sie trotz des Anheizens seit dem frühen Morgen noch nicht genügend aufgeheizt. So dauerte das Verbrennen dieser Ladung ungefähr 40 Minuten. Bei Dauerbetrieb des Krematoriums konnten zwei Ladungen pro Stunde verbrannt werden. Die Vorschrift besagte, dass wir jede halbe Stunde neue Leichen in die Muffeln zu laden hätten. Oberkapo August erklärte uns, dass nach den für das Krematorium errechneten Daten für das Verbrennen einer Leiche 5 bis 7 Minuten vorgesehen seien. Er erlaubte uns grundsätzlich nicht, mehr als drei Leichen in eine Muffel zu laden. Bei dieser Anzahl hätten wir aber ohne Pause arbeiten müssen, da die erste Muffel nach dem Beladen der letzten bereits fertig heruntergebrannt war. Um uns ein bisschen Pause zu verschaffen, luden wir also vier bis fünf Leichen in jede Muffel. Die Verbrennung dauerte dann länger, so dass wir nach der Beladung der letzten Muffel bis zur nächsten Runde ein paar Minuten Pause hatten. Diese Zeit nutzten wir, um den Fußboden des Verbrennungsraums zu putzen, wodurch die Luft etwas besser wurde.

Nachdem die erste Probeladung verbrannt war, fuhr die Kommission ab. Wir räumten das Krematorium auf, wischten und wurden in den Block 2 des Lagers B I b abgeführt. Während der nächsten zehn Tage heizten wir unter ständiger SS-Bewachung die Generatoren. In dieser Zeit kamen keine Transporte an, wir verbrannten also keine Leichen, und die Generatoren wurden nur deshalb unter Feuer gehalten, um die Öfen aufzuheizen. Ungefähr Mitte März 1943 kam abends nach der Beendigung der Schicht der damalige Chef der Krematorien, Hauptscharführer Hirsch,[17] und befahl uns, im Krematorium zu bleiben, weil wir Arbeit bekommen würden. Nach Anbruch der Dämmerung fuhren die ersten Lastwagen vor, in denen Menschen unterschiedlichen Alters und Geschlechts gebracht wurden, darunter alte Männer, Frauen und sehr viele Kinder. Die

16 Tauber beschrieb im ersten Teil der Vernehmung einen Schienenwagen, auf dem bis zu fünf Leichen transportiert wurden und der auf einer Drehscheibe den verschiedenen Öfen zugeordnet werden konnte.

17 Nicht ermittelt.

Wagen fuhren etwa eine Stunde zwischen Bahnhof und Krematorium hin und her und lieferten immer mehr Menschen an. Wenn die Wagen das Gelände erreichten, wurden wir vom Sonderkommando in den abgelegenen Raum eingeschlossen, in dem – wie ich beschrieben habe – eigentlich die Sektionsärzte wohnten. Von dort aus hörten wir, dass die von den Wagen geladenen Menschen auf dem Hof weinten und schrien. Sie wurden in eine Baracke getrieben, die damals im rechten Winkel zum Krematorium auf der Seite der Hofeinfahrt stand. Die Menschen betraten die Baracke vom Hof aus und gingen die Treppe hinunter, die sich rechts von der „Müllverbrennung" befand. Die Baracke diente damals als Entkleidungsraum. Sie wurde jedoch nur ungefähr eine Woche lang genutzt und dann wieder abgebaut. Nach ihrer Demontage trieb man die Menschen über die andere Treppe in den unterirdischen Teil des Krematoriums und den von mir bereits beschriebenen Auskleideraum.

Nach ungefähr zwei Stunden, die wir im Raum der Sektionsärzte verbracht hatten, erhielten wir die Anweisung, uns in die Gaskammer zu begeben. Dort fanden wir haufenweise nackte Leichen in einer Art Sitzposition vor. Sie wiesen eine rötliche, an manchen Stellen stark gerötete Färbung auf; andere waren mit grünlichen Flecken bedeckt, mit Schaum vor dem Mund, einigen floss Blut aus der Nase, die Mehrzahl war mit Kot beschmiert. Ich erinnere mich, dass viele die Augen geöffnet hatten, etliche Leichen waren ineinander verkeilt, die meisten nahe der Tür zusammengedrängt. In der Nähe der Gittersäulen befanden sich nur wenige. Es war erkennbar, dass die Menschen von den Säulen geflüchtet waren und sich zur Tür gedrängt hatten. In der Kammer war es sehr heiß und die Luft so stickig, dass es nicht auszuhalten war. Später wurde uns klar, dass viele Menschen noch vor dem Vergasen wegen des Luftmangels erstickt waren. Sie lagen zuunterst auf dem Fußboden, und die Übrigen waren über sie hinweggerannt. Sie saßen nicht wie die meisten in sich zusammengesunken, sondern lagen direkt auf dem Fußboden. Sie waren ganz offensichtlich früher gestorben als diejenigen, die über ihre Leichen hinweglaufen mussten.

Nachdem man die Menschen in die Gaskammern getrieben und dort eingeschlossen hatte, war, noch bevor das „Zyklon" eingeleitet wurde, die Luft aus der Kammer abgesaugt worden; die Kammer war durch ein Saugzug-System für diesen Zweck ausgestattet. Der Auskleideraum hatte nur eine Entlüftung. Obwohl nach dem Öffnen der Kammer die Lüftung wieder eingeschaltet wurde, arbeiteten wir in den ersten Minuten, wenn wir die Leichen herausholen mussten, mit Gasmasken. Bei diesem ersten Transport Mitte März 1943 wurden wir dafür allerdings nicht herangezogen, weil wir zur Bedienung der Öfen benötigt wurden. Damals wurden 70 dem Sonderkommando zugehörige Häftlinge aus Block 2 geholt, die in den Gruben bei den Bunkern zur Leichenverbrennung eingesetzt waren. Sie schafften die Leichen aus der Gaskammer in den Korridor beim Lift, wo ein Friseur den Frauen das Haar abschnitt. Daraufhin wurden die Leichen mit dem Lift in den Verbrennungsraum hochgebracht. Hier wurden sie entweder im Leichenmagazin oder im Verbrennungsraum vor den Öfen abgelegt. Zwei Zahnärzte zogen unter der Kontrolle von SS-Männern Metallzähne und künstliche Gebisse heraus. Sie nahmen den Leichen auch die Ringe und Ohrringe ab. Die Zähne wurden in eine Kiste geworfen, die mit der Aufschrift Zahnarztstation[18] gekennzeichnet war. Der Schmuck kam in eine andere Kiste, die keine Aufschrift trug, sondern nur mit einer Nummer

18 Im Original deutsch.

gekennzeichnet war. Die Zahnärzte, die ebenfalls unter den Häftlingen rekrutiert worden waren, schauten mit Ausnahme der Kinder jeder Leiche in den Mund. Ließ sich der Mund nicht öffnen, rissen sie das Gebiss mit der Zange auseinander, die sie auch zum Ziehen der Zähne benutzten. Wie ich bereits erwähnte, wurde die Arbeit der Zahnärzte durch die dabei assistierenden SS-Männer genau kontrolliert. Von Zeit zu Zeit unterbrachen sie die Verladung der bereits von den Zahnärzten bearbeiteten Leichen, schauten in die Münder und fanden hin und wieder noch einen Goldzahn, den die Zahnärzte vergessen hatten. Ein solches Versäumnis wurde als Sabotage gewertet und der entsprechende Zahnarzt bei lebendigem Leibe im Ofen verbrannt. Ich war selbst Zeuge, wie ein Zahnarzt, ein französischer Jude, auf diese Weise umgebracht wurde. Er wehrte sich und schrie, aber die SS-Männer, es waren mehrere, ergriffen und überwältigten ihn und luden ihn in den Ofen. Bei lebendigem Leib verbrannt zu werden wurde auch bei Angehörigen des Sonderkommandos häufig als Strafe verhängt; es gab aber auch noch andere Strafen. Einige wurden an Ort und Stelle erschossen, andere in ein Wasserbecken geworfen, gefoltert und geschlagen, der nackte Körper wurde über Kies gerollt und ähnliche Quälereien. Bestraft wurde zur Abschreckung in Anwesenheit des gesamten Sonderkommandos. Ich erinnere mich an einen Vorfall im August 1944 im Krematorium V. Damals wurden bei einem der einfachen Arbeiter, einem ungefähr 20-jährigen kleinen, braunhaarigen Juden aus Wolbrom namens Lejb mit einer Nummer etwas über 108 000, während des Schichtwechsels ein goldener Ring und eine ebensolche Uhr gefunden.[19] Das gesamte im Krematorium tätige Sonderkommando wurde zusammengerufen. Vor aller Augen wurde der Junge mit rücklings zusammengebundenen Armen an einer der Eisenstangen über dem Generator aufgehängt. In dieser Position hing er etwa eine Stunde. Danach lösten die SS-Männer Arm- und Beinfesseln und steckten ihn in einen unbeheizten Ofen im Krematorium. Unter dem Aschebehälter goss man Benzin aus und zündete es an, so dass die Flamme die Muffel erreichte, in der Lejb lag. Nach einigen Minuten öffnete man den Ofen, der von schweren Verbrennungen gezeichnete Todeskandidat kam heraus und musste über den Hof des Krematoriums rennen und dabei rufen, dass er ein Dieb sei. Danach befahl man ihm, auf die Stacheldrahtumzäunung des Krematoriums zu klettern, die aufgrund der Tageszeit nicht unter elektrischem Strom stand. Als er den Zaun erklommen hatte, erschoss ihn der Chef des Krematoriums, Moll. Dessen Vorname lautete Otto. In einem anderen Fall trieben SS-Männer einen Häftling, der bei der Arbeit im Krematorium nicht schnell genug war, in eine Grube, in der sich siedendes menschliches Fett befand. Damals wurden die Leichen noch in offenen Gruben verbrannt, aus denen das Fett in eine gesonderte Erdgrube abfloss und dort gesammelt wurde. Mit diesem Fett wurden dann die Leichen begossen, um den Verbrennungsprozess zu beschleunigen. Der Unglückliche wurde lebend aus dem Becken mit dem Fett geholt und erschossen. Um den Formalitäten Genüge zu tun, wurde die Leiche in den Block gebracht und ein „Totenschein“[20] ausgestellt. Erst am nächsten Tag brachte man die Leiche auf das Gelände des Krematoriums und verbrannte sie in einer Grube.

Um die Leichen des ersten Transports Mitte März 1943 zu verbrennen, arbeiteten wir ununterbrochen 48 Stunden lang. Trotzdem schafften wir es nicht, alle Leichen zu beseitigen, weil in der Zwischenzeit ein griechischer Transport eingetroffen war, der

19 Die Nummer deutet darauf hin, dass Lejb im März 1943 in Auschwitz registriert wurde.
20 Im Original deutsch.

ebenfalls vergast werden sollte. Weil wir jedoch völlig erschöpft und entkräftet waren, wurden wir in den Block zurückgebracht, und eine andere Schicht übernahm unsere Arbeit. Zum Sonderkommando, das damals auch bei den beiden Bunkern eingesetzt war, gehörten ungefähr 400 Häftlinge. Ich selbst arbeitete bis etwa Mitte April im Krematorium II. In dieser Zeit trafen griechische, französische und holländische Transporte ein. Außerdem verbrannten wir auch die Leichen von Menschen, die nach Selektionen innerhalb des Lagers ins Gas gingen. Wir arbeiteten in zwei Schichten, einer Tag- und einer Nachtschicht. Die Zahl der in diesem Zeitraum vergasten und verbrannten Menschen kann ich nicht genau beziffern. Innerhalb von 24 Stunden wurden durchschnittlich ungefähr 2500 Leichen verbrannt. In dieser Zeit hatte ich keine Möglichkeit zu beobachten, wie die Opfer in den Auskleideraum und von dort in die Gaskammer getrieben wurden. Denn immer wenn die Transporte ankamen, wurden wir vom Sonderkommando in den Koksraum eingeschlossen. Zwei blieben jedoch im Verbrennungsraum, um die Generatoren zu bedienen, manchmal auch ich. Durch ein Fenster des Verbrennungsraums konnte ich beobachten, wie das „Zyklon“ in die Gaskammer geschüttet wurde. Hinter jedem Transport fuhr ein Auto mit dem Zeichen des Roten Kreuzes, in dem der Lagerarzt Mengele zusammen mit Rottenführer Scheimetz[21] auf das Gelände des Krematoriums kam. Dem als Rotkreuz-Auto gekennzeichneten Wagen entnahmen sie die Büchsen mit dem „Zyklon“ und brachten sie in die Nähe der kleinen Schornsteine, die zum Einschütten des „Zyklons“ in die Kammer dienten. Scheimetz öffnete die Schornsteine mit einem speziellen Schlageisen und einem Hammer, schüttete den Büchseninhalt in die Kammer und verschloss die Öffnung mit dem Zementdeckel. Es gab, wie erwähnt, vier solcher Schornsteine. In jeden von ihnen schüttete Scheimetz den Inhalt einer kleineren Büchse. Diese waren mit einem gelben Etikett beklebt. Bevor er die Büchsen öffnete, zog Scheimetz eine Gasmaske über, die er während des gesamten Vorgangs trug. Außer Scheimetz übernahmen diese Tätigkeit auch noch andere, speziell dafür bestimmte SS-Angehörige der Abteilung „Gesundheitswesen“, an deren Namen ich mich jedoch nicht erinnere. Bei jeder Vergasungsaktion war ein Lagerarzt anwesend. Ich erwähnte Mengele, weil ich ihn während meiner Zeit sehr häufig dort antraf. Außerdem assistierten die Lagerärzte König[22] und Thilo[23] und ein großer, schmaler junger Mann, an dessen Namen ich mich im Augenblick nicht erinnern kann, bei der Vergasung. Er war es, der nach der Selektion alle ins Gas schickte. Ich erinnere mich, dass Mengele sich einmal an Scheimetz wandte [und sagte], er sollte den in der Gaskammer befindlichen Opfern schneller zu fressen geben, damit sie nach Kattowitz fahren könnten. Wörtlich sagte er: „Scheimetz, gib ihnen das Fressen, sie sollen direkt nach Kattowitz fahren“. Das bedeutete, dass Scheimetz sich mit der Einleitung des „Zyklons“ in die Kammer beeilen solle. Während meiner Arbeit im Krematorium II beobachtete ich auch, dass die SS-Männer, die die ankommenden Transporte bewachten, Hunde mit sich führten und Ochsenziemer in der Hand hielten.

21 Vermutlich Victor Chaimies.

22 Dr. Hans Wilhelm König (1912–1991), Arzt; 1939 NSDAP-, 1943 SS-Eintritt; Sept. 1943 bis Jan. 1945 Lagerarzt in Auschwitz, selektierte Juden und führte Elektroschockbehandlungen durch; 1944 SS-Ustuf.; nach Jan. 1945 in Mittelbau-Dora und Neuengamme; nach 1945 unter dem Namen Dr. Arved Roderich Peltz untergetaucht.

23 Heinz Thilo.

Der zum Beladen mit Leichen vorgesehene Wagen wurde im Krematorium II nur für kurze Zeit benutzt und dann durch eiserne Tragen ersetzt (sie wurden auf Deutsch „Leichenbrett“ genannt), die man auf eisernen Rollen, die unten an die Muffelöffnung montiert waren, in das Innere der Muffel schob. Mit dem Wagen nahm das Umladen der Leichen in die Öfen nämlich sehr viel mehr Zeit in Anspruch. Die neue Vorrichtung hatte sich vermutlich Oberkapo August ausgedacht; sie kam später in allen Krematorien zum Einsatz. Für die Öfen der Krematorien II und III gab es für alle drei Muffeln nur jeweils ein Paar Rollen, die auf einer eisernen Stange vor den Türen der Muffeln verschoben werden konnten. In den Krematorien IV und V war jede Muffel mit gesonderten kleinen Rollen ausgestattet, die fest vor der Tür angebracht waren. Jedes Krematorium besaß zwei vor den Öfen aufgestellte eiserne Tragen, um die Leichen in die Öfen zu schaffen. Zwei Häftlinge legten die Leichen darauf. Die erste Leiche wurde mit den Beinen zur Muffel, mit dem Rücken nach unten und dem Gesicht nach oben aufgelegt. Die zweite lag ebenfalls mit dem Gesicht nach oben, aber in umgekehrter Richtung, so dass der Kopf in Richtung der Muffel zeigte. Auf diese Weise drückte die obere Leiche die Beine der unteren nach unten, und die Beine der oben liegenden Leiche mussten nicht in den Ofen gedrückt werden, sondern wurden gezogen. Mit dem Aufladen der Häftlinge auf die Tragen waren zwei Häftlinge beschäftigt, zwei weitere standen an der Stange, die von der Muffelseite aus unter die Trage geschoben wurde. Während die Leichen auf die Trage gelegt wurden, öffnete einer von ihnen die Muffeltüre, und der andere setzte die Trage auf die Rollen. Ein fünfter Häftling hob die Trage an den Griffen hoch und stieß sie, nachdem die beiden anderen sie an der Stange hochgehoben und auf die Rollen aufgesetzt hatten, in die Muffel. Wenn sich die Leichen in der Muffel befanden, hielt sie ein sechster Häftling mit einem eisernen Schürhaken im Innern der Muffel fest, und der fünfte zog die Trage unter ihnen weg. Zu den Aufgaben des sechsten gehörte auch, die aufgeheizte Trage mit Wasser abzukühlen, damit die frisch aufgelegten Körper nicht an der Trage festklebten. Das Wasser war mit Seife versetzt, damit die Leichen gut über das Blech rutschten. Bei der nächsten Ladung für die Muffel wurde ebenso vorgegangen, nur musste man jetzt sehr schnell sein, weil die anderen Leichen schon brannten und ihre Arme und Beine sich anhoben, so dass wir bei Verzögerungen Schwierigkeiten hatten, das zweite Paar in den Ofen zu laden. Beim Verladen des zweiten Leichenpaars hatte ich Gelegenheit, den Verlauf des Verbrennungsprozesses zu beobachten. Es sah aus, als ob sich die Rümpfe aufrichten würden, die Hände streckten sich nach oben und zogen sich zusammen, ebenso die Beine. Am Körper bildeten sich Blasen, und bei älteren Leichen, die nach dem Gasmord nicht selten bis zu zwei Tage im Leichenmagazin gelegen hatten und aufgedunsen waren, platzte das Bauchfell und die Eingeweide traten heraus. Auch wenn mit dem Schürhaken im Ofen herumgestochert wurde, um den Ablauf zu beschleunigen, konnte ich den Verbrennungsprozess beobachten. Der SS-Kommandoführer kontrollierte übrigens nach jeder Ladung, ob die Öfen richtig beladen wurden. Wir mussten ihm die Tür jeder Muffel öffnen und sahen bei dieser Gelegenheit, was im Innern vor sich ging. Die Leichen von Kindern verbrannten wir zusammen mit den Leichen von Erwachsenen. Wir luden zuerst die Leichen von zwei erwachsenen Menschen in den Ofen und danach so viele Kinder, wie in die Muffel passten, meist fünf bis sechs Kinderleichen. Sie sollten möglichst nicht direkt auf den Rosten liegen, damit sie nicht in den Aschenbehälter durchfallen konnten. Frauenleichen brannten erheblich besser und schneller als Männerleichen. Wenn eine Ladung schlecht brannte, suchten

wir also Frauenleichen heraus und legten sie in den Ofen, um den Verbrennungsprozess zu beschleunigen. Bei den ersten Ladungen, wenn die Öfen noch ausschließlich von den Generatoren beheizt waren, dauerte die Verbrennung länger. War die Verbrennung eine Weile in Gang, heizten sich die Öfen so stark auf, dass man bei fetten Leichen die Generatoren sogar ganz ausstellen konnte. War der Ofen stark aufgeheizt, floss sofort Fett von den eingeschobenen Leichen in den Aschenbehälter ab, wo es Feuer fing und die Verbrennung des Körpers beförderte. Bei Muselmännern benötigte man die Generatoren. Der Vorarbeiter notierte die Zahl der in jeder Ladung verbrannten Leichen in ein Notizbuch, und der SS-Kommandoführer kontrollierte die Eintragungen und nahm das Notizbuch, wenn ein Transport verbrannt war, mit.
[…][24]

DOK. 63
Die Krupp AG sichert sich am 16. März 1943 Berliner Juden als Arbeitskräfte für die in Auschwitz geplante Zünderfertigung[1]

Besprechungsniederschrift (geheim!), R-Vertretung Hölkeskamp,[2] Bearbeiter Rff, Berlin, vom 16.3.1943 (Abschrift)[3]

Niederschrift des Herrn Hölkeskamp über Besprechung am *16.3.1943* in der Krupp-Vertretung.
Anwesend: Obersturmführer Sommer,[4] Reichsführung SS, SS-Wirtschaftsverwaltungsamt, Hölkeskamp, Krupp.
Betrifft: Verlagerung der Zünderfertigung nach Auschwitz.
Obersturmführer Sommer erhielt die von Dir. Wieland[5] Sonderausschuss M 3, zugestellten Listen der bei den Firmen Krone-Presswerk[6] und Graetz[7] beschäftigt gewesenen Juden (ca. 500 Arbeitskräfte), die nach Auschwitz umgesetzt werden sollen zwecks Einsatz in der vorgesehenen Zünderfertigung.

24 Im Folgenden beschreibt Tauber die im Krematorium beschäftigten SS-Männer, die Zusammensetzung des Sonderkommandos und den Aufstand der Häftlinge des Sonderkommandos, die Leichensektionen, seine Arbeit im Krematorium IV, den Aufbau von Krematorium IV und V, die Leichenverbrennungen in Gruben und schriftliche Hinterlassenschaften auf dem Lagergelände; zudem schätzt er die Zahl der Ermordeten.

1 Historisches Archiv Krupp, WA 40 B 1418.

2 Walter Hölkeskamp (1912–1981), Kaufmann; von 1937 an bei der Krupp AG, von April 1938 an Vertreter der Krupp-Rüstungsbetriebe in Berlin, Juni 1944 bis Frühjahr 1945 Abteilungsleiter; Ende 1945 kaufmännische Leitung der Flottmann-Werke in Herne, 1952 Tätigkeit beim Vorstand der IG Metall, 1958 Leiter von deren Vorstand, 1960 im Direktorium der Hoesch AG Westfalenhütte, 1966 Vorstandmitglied der Hoesch AG.

3 Im Original folgende Kürzel zur Verteilung. Mü Ebh, Da, Rff, Kö, KMT, Wck, ZW, Pbi, Tb, AKS, TB, B, kte 11S7-382-2x, handschriftl. Bearbeitungsvermerke und ein teilweise unleserlicher Eingangsstempel vom 17.3.1943.

4 Karl Sommer (*1915), 1933 SS-Eintritt; März 1941 Abt. Arbeitseinsatz bei der Deutschen Erd- und Steinwerke GmbH, Mai 1942 Leiter der Abt. D II/1 (Häftlingseinsatz) im WVHA, ab Ende 1943 Stellvertreter von Gerhard Maurer, 1944 SS-Hstuf.; im Nürnberger Prozess zunächst zum Tode verurteilt, 1953 entlassen, danach kaufmännische Tätigkeit in Niedersachsen.

Sämtliche Juden sind vor etwa 14 Tagen aus Berlin entfernt[8] worden und befinden sich nach Angabe der SS zum größten Teil bereits im Lager Auschwitz.[9] Obersturmführer Sommer machte nochmals darauf aufmerksam, dass wir bei der Einrichtung der Zünderfertigung in Auschwitz mit der vollen Unterstützung der SS rechnen könnten, und er bat, falls irgendwelche Hilfestellung seiner Dienststelle erforderlich sei, um sofortige Einschaltung.[10]

DOK. 64
Eugenia Halbreich wird am 24. März 1943 zur Zwangsarbeit im Kommando Gärtnerei in Rajsko eingesetzt[1]

Protokoll der Vernehmung von Eugenia Halbreich[2] durch Jan Sehn, Mitglied der Kommission zur Untersuchung der Hitlerverbrechen in Oświęcim, im Beisein von Wincenty Jarosiński,[3] Helena Boguszewska-Kornacka[4] und Jerzy Kornacki, Krakau, vom 27.4.1945

[...][5]
In Rajsko arbeitete ich allein in der Schreibstube, das dortige Kommando Gärtnerei bestand jedoch aus ungefähr 200 Frauen. Zu ihren Aufgaben gehörten Arbeiten auf den Versuchsfeldern.[6] Das gesamte Kommando bestand überwiegend aus Deutschen mit

5 Dr. Walther Wieland, Wehrwirtschaftsführer, Leiter des Sonderausschusses M III, Beirat der Deutschen Bank Berlin; nach 1945 Aufsichtsratsmitglied verschiedener Erdölverwertungsbetriebe.
6 Die Krone Presswerk GmbH in Berlin beschäftigte ca. 90 jüdische Zwangsarbeiter.
7 Graetz war ein 1866 gegründetes Berliner Unternehmen in der Graetzstraße in Berlin-Treptow (heute Karl-Kunger-Straße), das elektrische Glühlampen und Haushaltsgeräte produzierte und von Sept. 1940 bis Febr. 1943 mehrere Hundert jüdische Zwangsarbeiter einsetzte.
8 Ursprünglich: „umgesetzt" (durchgestrichen).
9 Im Rahmen der „Fabrik-Aktion" zur Entfernung der jüdischen Zwangsarbeiter aus der Berliner Rüstungsindustrie wurden im März 1943 rund 8000 Berliner Juden nach Auschwitz deportiert; siehe Dok. 59 vom 2.3.1943.
10 Aufgrund von Differenzen kam die Einrichtung der Zünderfertigung in Auschwitz nicht zustande. Die für Krupp errichteten Werkhallen übernahmen im Okt. 1943 die Weichsel-Union-Metallwerke; die Krupp AG richtete die Zünderwerkstatt im niederschlesischen Wüstegiersdorf ein, wo von Sommer 1944 an 250 aus Auschwitz überstellte Jüdinnen zur Zwangsarbeit eingesetzt wurden.

1 AIPN, GK 174/236, S. 1–25, hier S. 16–23. Das Dokument wurde aus dem Polnischen übersetzt.
2 Eugenia Halbreich, geb. Sperber (*1919), Buchhalterin aus Krakau; wegen Untergrundaktivitäten im Krakauer Getto im Jan. 1943 nach Auschwitz deportiert, Schreiberin in der Politischen Abt., später im Kommando Gärtnerei Rajsko, dort im Jan. 1945 befreit; nach dem Krieg nach São Paulo ausgewandert, 1996 Interview mit der USC Shoah Foundation, VHA # 18446.
3 Dr. Wincenty Jarosiński, Oberstaatsanwalt.
4 Helena Boguszewska-Kornacka (1886–1978), Schriftstellerin; engagiert im PKWN und bei der poln. Hauptkommission zur Untersuchung der nationalsozialistischen Verbrechen, 1944–1946 Abgeordnete des Landesnationalrats.
5 Im ersten Teil berichtet Eugenia Halbreich über ihre Tätigkeit im Krakauer Getto, die Umstände ihrer Verhaftung, ihre Ankunft in Birkenau, ihre Arbeit im Kommando Kiesgrube, als Aufnahmeschreiberin und in „Kanada I" sowie ihre vergeblichen Versuche, ihre Mutter vor dem Tod in der Gaskammer zu bewahren.
6 Siehe Einleitung, S. 14.

schwarzem Winkel.[7] Daneben gab es einige Russinnen und Polinnen. Ich war die einzige Jüdin, und die Deutschen verhielten sich deshalb mir gegenüber schlicht feindselig. Die Gärtnerei gehörte zu den leichteren Kommandos. Außerdem gab es in Rajsko damals noch das Kommando „Pflanzenzucht", das anfangs acht, später bis zu 150 Personen umfasste.
In der Gärtnerei in Rajsko arbeitete ich seit dem 24. März 1943, wobei ich bis zum 12. Juni 1944 gezwungen war, täglich von Birkenau nach Rajsko zu laufen, weil es dort noch kein Lager gab. Damals arbeiteten etwa 300 Frauen und 150 Männer in diesem Kommando, die eine Fläche von etwa 64 ha bearbeiten mussten. Wir zogen Gemüse und Blumen, ich habe jedoch weiterhin als Schreibkraft gearbeitet. Nachdem dort Baracken errichtet worden waren, wurde am 12. Juni 1944 das gesamte Kommando nach Rajsko verlegt. Sämtliche Produkte des Kommandos Gärtnerei waren ausschließlich für die SS-Männer bestimmt, nur Blätter, verfaultes Gemüse und Abfälle gingen in die Häftlingsküche. Der Gemüseanbau war so hochwertig, dass es möglich war und auch so gemacht wurde, dass man ausschließlich für Himmler und andere Würdenträger des Reichs [produzierte]. Man druckte beispielsweise die Initialen des Herkunftsorts auf die Gurken und schickte sie nach Berlin – schon in den Monaten März und April. Überhaupt waren das Gemüse und vor allem die Blumenzucht von hoher Qualität. Weil ganz Rajsko wie ein einziger Blumengarten aussah, kamen viele SS-Männer von weit her, um sich mit Lagerprodukten einzudecken. Für uns hatte das positive Seiten, denn wir bekamen aus Propagandagründen immer frische Wäsche und Kleidung, durften baden, und die hygienischen Bedingungen waren bei uns wesentlich besser als in anderen Kommandos. Außer unserem arbeitete in Rajsko noch das Kommando „Pflanzenzucht", das anfangs 8, später bis zu 150 Frauen zählte. Es handelte sich um eine Versuchsstation für Kok-Saghys, deshalb arbeiteten dort spezialisierte Häftlinge, Ingenieure, Landwirte, Chemiker, Biologen, und auch das Hilfspersonal bestand aus Häftlingen, die mindestens eine Mittelschulbildung besaßen. Kok-Saghys war eine Pflanze, die ursprünglich im Ural angebaut wurde und deren Wurzel Gummi enthält. Die Deutschen, die immer große Mengen an Gummi benötigten, versuchten, diese Pflanze in Westeuropa anzusiedeln, und brachten zu diesem Zweck mit Deutschland sympathisierende russische Professoren und Agraringenieure nach Rajsko, um die Zucht einzuführen und mit entsprechenden Untersuchungen zu begleiten. Leiter dieser Versuchsstation war Obersturmbannführer Juliusz Cäzar.[8] Außer ihm arbeiteten dort auch Russen – der Agraringenieur Popow,[9] Nikitin, Zasmurzec, Prof. Kramarenko,[10] Prof. Łowczyn und andere, an deren Namen ich mich gerade nicht erinnere.[11] Als Kapo fungierte die aus Warschau stammende Wanda Dudczyńska.[12] Das Kommando „Pflanzenzucht" unterhielt zwei Labore, ein chemisches und ein biologisches. Diese Labore arbeiteten auf einem sehr hohen Niveau und waren technisch gut ausgestattet. Deshalb kam es häufig vor, dass das Kommando

7 Es handelte sich dabei um als „Asoziale" kategorisierte Häftlinge; siehe Einleitung, S. 24.

8 Richtig: Dr. Joachim Caesar (1901–1974), Diplom-Landwirt; 1931 NSDAP-, 1933 SS-Eintritt; 1937 Leiter des Schulungsamts im Rasse- und Siedlungshauptamt, Jan. 1939 SS-Obf., 1942 Beauftragter für landwirtschaftliche Sonderaufgaben im SS-WVHA, Leiter der Gruppe Züchtung, von März 1942 an Leiter der landwirtschaftlichen Betriebe in Auschwitz; nach dem Krieg bis Jan. 1949 interniert, betrieb von 1951 an eine Wäscherei in Konstanz.

9 Richtig: Jakob Aleksejevič Popov, Agraringenieur.

10 Vermutlich Georg Kramarenko aus Uman, der u. a. in Zürich studiert hatte.

in Rajsko von diversen hochrangigen Personen der deutschen Wissenschaft besucht wurde. Während solcher Visiten gingen sowohl Cäzar als auch die anderen Verantwortlichen mit den weiblichen Häftlingen ungewöhnlich galant um. Sie wurden gesiezt, und das gesamte Verhalten legte nahe, dass man es mit freien Menschen und nicht mit Häftlingen zu tun hatte. Obwohl wir unter besseren Bedingungen lebten als die anderen Lagerhäftlinge, litten wir in zweifacher Hinsicht. Unsere Baracke befand sich dicht an einem Weg, der von freien Menschen genutzt wurde, und bei diesem Anblick wurde uns bewusst, dass wir vielleicht niemals aus dem Lager herauskommen würden. Außerdem sahen wir ganz in der Nähe die rauchenden Schornsteine der Krematorien und die dort umherschwirrenden menschlichen Schatten, was im Kontrast zu unserer Lage inmitten der Blumen einen sehr bedrückenden Eindruck hinterließ. Dass es uns in Rajsko etwas besser ging, bedeutet keineswegs, dass wir von Schlägen und Strafen verschont blieben. Man schlug uns für geringe Vergehen, bestrafte uns mit dem Bunker und drohte uns die Rückkehr nach Birkenau an, was häufig in die Tat umgesetzt wurde. Täglich wurden Leibesvisitationen durchgeführt, und es war sogar verboten, Wäschegummis zu benutzen, damit man nichts in der Wäsche verstecken konnte. Wie bereits erwähnt, arbeitete in Rajsko außer den Frauen auch eine Gruppe von Männern, die zur Arbeit aus Birkenau herüberkamen. Das hatte für die Häftlinge Vorteile, weil wir häufig Briefe von außerhalb des Lagers bekamen und diese über die in Rajsko arbeitenden Häftlinge nach Birkenau übermitteln konnten. Außerdem brachten die Männer uns häufig etwas zu essen mit, und wir gaben ihnen bei anderer Gelegenheit Gemüse. Das war nicht ohne Risiko, denn wenn ein SS-Mann oder ein Kapo dies bemerkte, wurden die Häftlinge erbarmungslos geschlagen. Ich erinnere mich an einen Fall, wo einem Häftlingsarzt ein kleines Päckchen ausgehändigt worden war und der Arbeitsdienstführer und spätere Chef der Krematorien Moll[13] diesen Häftling und dessen zwei Kameraden deswegen erbarmungslos zusammenschlug. Moll kam damals in das Büro, in dem ich arbeitete, und befahl mir, es zu verlassen. Dann brachte er die drei Häftlinge herein und misshandelte sie. Als ich nach einer Weile ins Büro zurückkam, bemerkte ich, dass alle Gegenstände durcheinander oder umgekippt und die drei Häftlinge voller Blutergüsse waren. Einer starb kurz danach. Ich kenne noch ein weiteres konkretes Beispiel für die Bestialität des Lagerpersonals. Eine meiner Kameradinnen, Lili Tofler,[14] schrieb einmal einen Brief an einen ihr bekannten Häftling.[15] Diesen Brief übergab sie einem in Rajsko arbeitenden Häftling,

11 Die SS hatte nach dem Überfall auf die Sowjetunion 1941 SS-Brif. Georg Kudriawtzow beauftragt, in der Sowjetunion Saatgut, Pflanzen, Fachbücher und Spezialisten für den Kok-Saghys-Anbau ausfindig zu machen und der deutschen Forschung zur Verfügung zu stellen. Mehrere russ. Wissenschaftler wurden nach Auschwitz gebracht. Sie lebten nicht als Häftlinge im Lager, sondern zum Teil mit ihren Familien in der Ortschaft Rajsko, durften sich jedoch nicht unerlaubt entfernen.

12 Richtig: Wanda Dutczyńska, geb. Słomnicka, (*1906), Ingenieurin; im Febr. 1941 in Warschau verhaftet, vom Pawiak-Gefängnis in das KZ Ravensbrück überstellt, gehörte zur Gruppe der ersten fünf poln. Naturwissenschaftlerinnen, die auf Aufforderung von Joachim Caesar im Mai 1942 aus Ravensbrück nach Rajsko gebracht wurden, im Juli 1944 wieder nach Ravensbrück überstellt.

13 Otto Moll.

14 Richtig: Lilli Toffler (1921–1943), Beamtin aus Gelnica, Ostslowakei; arbeitete zunächst als Schreiberin in der Politischen Abt., später in der Abt. Pflanzenzucht in Rajsko; wurde am 21.9.1943 nach Auffinden eines von ihr verfassten Briefs an einen Mithäftling von Angehörigen der Politischen Abt. erschossen.

15 Jan Gabiś (*1910), Kaufmann; von 1941 an poln. politischer Häftling in Auschwitz; berichtete 1964 als Zeuge im Frankfurter Auschwitzprozess vom Mord an Lilli Toffler.

der ihn überbringen sollte, als er Blumenkränze in das Lager Auschwitz I brachte. Zusammen mit diesem Häftling, er hieß Solarz,[16] ging ein zweiter, von dem ich nur den Vornamen, Wacek,[17] weiß. Als sie bei der Politischen Abteilung, wo sie die Kränze abgeben sollten, ankamen, verlor Solarz den Brief. Ein SS-Mann fand ihn. Man begann sofort mit den Ermittlungen und forderte von Solarz und Wacek, der von dem Brief gar nichts wusste, Absender und Adressat zu nennen. Keiner der beiden machte dazu eine Angabe, weshalb sie sofort in den Bunker gesteckt wurden. Anhand der Unterschrift identifizierte man meine Kameradin als Verfasserin des Briefs und verlangte von ihr, den Empfänger des Briefs zu verraten. Als sie aussagte, dass sie den Namen des Häftlings nicht wisse und ihn nur vom Sehen kenne, führte man sie durch die in Reihen aufgestellten Häftlinge, damit sie auf den Adressaten zeige. Als sie dabei vorgab, den Häftling nicht zu erkennen, zog man sie nackt aus und stellte sie an die Todesmauer.[18] Einige Tage später wurden sie und die beiden, die den Brief geschmuggelt hatten, erschossen. Ähnliche Fälle kamen fast jede Woche vor. Im Kommando „Pflanzenzucht" in Rajsko beaufsichtigte ein junger Deutscher, Sonderführer Chrystofensen,[19] die Arbeiten. Wir nannten ihn unter uns den Durchlöcherten, weil er ein gebrochenes Stirnbein hatte. Das war ein ganz schlechter Mensch, der mit Vorliebe denunzierte. Er war der Erste, der die Frauen untersuchte, ob sie etwas im Lager „Organisiertes" in ihrem Mieder verbargen. Eines Tages schrieb meine Lagerkameradin, die Französin Berte,[20] den 14. Juli 1944 als Datum der Rückeroberung von Paris durch die Franzosen auf einen Zettel. Der Zettel war angeblich an eine andere Gefangene adressiert, fiel aber in die Hände von Chrystofensen. Da er kein Französisch konnte, wandte er sich an die Kapos des Kommandos, die den Brief ins Deutsche übersetzen sollten. Als er den Inhalt verstand, beschimpfte er Berte und machte Meldung. Während des Verhörs rechtfertigte sich Berte, dass sie lediglich einen Traum notiert habe. Dafür wurde sie zu sechs Monaten SK[21] verurteilt. Wir alle vermuteten, dass sie nicht erschossen wurde, weil sie für Cäzars Ehefrau[22] die Doktorarbeit schrieb und deshalb weiterhin gebraucht wurde. Tatsächlich rief Frau Cäzar Berte von Zeit zu Zeit zu sich, die noch während ihrer Zeit in der SK im Labor an Frau Cäsars Dissertation arbeitete. Nach dem 14. Juli 1944 begegnete Berte während der Arbeit Chrys-

16 Abram Szmul Solarz (1916–1943), aus Siedlce; im Febr. 1943 durch Sipo und SD in Krakau nach Auschwitz gebracht, dort am 21.9.1943 wegen Beförderung des Briefs erschossen.

17 Wacław Gniazdowski (1914–1943), im Febr. 1943 in einem Sammeltransport nach Auschwitz gebracht, dort am 21.9.1943 wegen Beförderung des Briefs erschossen.

18 Hinrichtungswand im Hof zwischen Block 10 und 11 im Stammlager, die regelmäßig für Häftlingserschießungen genutzt wurde.

19 Richtig: Thies Christophersen (1918–1997), Landwirt; 1944 SS-Sonderführer in der Versuchsanstalt für Pflanzenzucht in Rajsko; nach dem Krieg als Holocaustleugner aktiv.

20 Richtig: Berthe Falk (*1911), Wissenschaftlerin, im Aug. 1942 aus dem Lager Pithiviers nach Auschwitz deportiert, war im Kommando Pflanzenzucht an der Erstellung der Doktorarbeit von Ruth Caesar beteiligt; weiteres Schicksal ungeklärt.

21 Strafkompanie.

22 Ruth Caesar, geb. Weinmann (1918–2007), Diplom-Chemikerin; leitete das Labor in Rajsko und heiratete nach dem Typhus-Tod seiner ersten Frau im Dez. 1943 Joachim Caesar. Ihre Doktorarbeit, die nicht fertiggestellt wurde, beschäftigte sich mit dem Latexgehalt der Kok-Saghys-Wurzeln. Außer Berthe Falk soll auch die Gefangene Marie-Elisa Cohen mit der Dissertation beschäftigt gewesen sein.

tofensen, der ihr erklärte, dass sie tatsächlich recht gehabt hatte, als sie den 14. Juli 1944 als Datum der Rückeroberung von Paris durch die Franzosen notiert hatte …
Von Rajsko aus hatten meine Kameradinnen und ich die Möglichkeit, Kontakt zu männlichen Häftlingen aufzunehmen, die in anderen Abteilungen des Lagers arbeiteten. Welche Absichten meine Kameradinnen hatten und welchen Nutzen sie aus diesen Kontakten zogen, weiß ich nicht. Ich jedenfalls war weiterhin konspirativ tätig. Zu diesem Zweck nahm ich ab Frühjahr 1944 auch Kontakt zu männlichen Häftlingen auf, denen ich vertraute, insbesondere zu denen, die in Buna arbeiteten. Wir entwarfen gemeinsam Fluchtpläne, informierten mittels im Lager arbeitender Zivilpersonen unsere Bekannten außerhalb des Lagers über die hiesigen Verhältnisse und gaben die Namen von im Lager befindlichen Bekannten weiter. Grundsätzlich nahm nicht ich die Verbindungen auf, sondern wurde kontaktiert. Dies übernahm ein mit mir nicht verwandter Zygfryd Halbreich,[23] der schon fünf Jahre im Lager war und in Buna arbeitete. Die konspirative Tätigkeit im Lager war grundsätzlich sehr schwierig. Unabhängig von den Gefahren, die uns seitens des Lagerpersonals drohten, war das größte Hindernis die Kontaktaufnahme. Denn jede Nachricht und jeder verschickte Brief gefährdeten im Falle der Entdeckung sowohl den Urheber als auch den Empfänger, Überbringer und Leser. Die einfachste Art der Nachrichtenübermittlung war es, Botschaften in der Erde der Blumenkisten zu verstecken, die ins Lager gebracht wurden. Was den Kontakt mit Buna angeht, so unterhielten auch die in Birkenau beschäftigten weiblichen Häftlinge Kontakte dorthin. Eine Gefangene, die dauerhaft in Birkenau untergebracht war, Gusia Liebeskindowa, brachte regelmäßig Briefe von Birkenau nach Buna. Von dort wurden sie über Zivilisten an die angegebene Adresse übermittelt. Eines Tages verabredete sie mit den Häftlingen in Buna, die geschmuggelten Briefe an einer bestimmten Stelle abzulegen. Als sie dies tat, wurde ein die Gruppe bewachender SS-Mann aufmerksam und veranlasste eine Untersuchung. Beim Verhör stritt sie ab zu wissen, für wen die Briefe bestimmt gewesen seien, doch anhand der Vornamen stellte man die Empfänger fest. Weil alle Briefe an Halbreich adressiert waren, dieser jedoch alle Schuld von sich wies und andererseits gewisse Kontakte im Lager hatte, passierte ihm nichts. Von den Frauen konnte man dagegen nur den Namen einer Person feststellen, die mit Prügel bestraft wurde. Die Liebeskind selbst wurde zu sechs Monaten SK verurteilt und anschließend mit einem Straftransport weggebracht, ich weiß aber nicht, wohin. Die Treffen beziehungsweise die Kontakte mit den Männern dienten aber auch noch anderen Zwecken. Ich konnte zum Beispiel einer Kameradin helfen, deren Ehemann in Buna arbeitete, die aber selbst keine Möglichkeit hatte, Kontakt zu ihm aufzunehmen. Weil ich unter den Funktionshäftlingen Bekannte hatte, konnte ich sie bitten, dabei behilflich zu sein, dass die von mir genannten Häftlin ge die Arbeit wechseln konnten oder zusätzliche Verpflegung erhielten. Umgekehrt taten dies auch Häftlinge für Gefangene in anderen Lagerabschnitten. Während unserer Zeit in Auschwitz war uns bewusst, dass keiner von uns lebend herauskommen und niemand erzählen können würde, was dort geschieht. Unser Ziel war es also, alles festzuhalten

23 Siegfried Halbreich (1909–2008), Pharmazeut; 1939 auf der Flucht von Polen in Richtung Palästina aufgegriffen und in das KZ Sachsenhausen überstellt, 1941 in Groß-Rosen, Okt. 1942 in Auschwitz-Monowitz, dort Pfleger im Krankenbau, im Jan. 1945 nach Mittelbau-Dora, von Jan. bis zur Befreiung im April 1945 im Außenlager Boelcke-Kaserne; 1946 in die USA ausgewandert; Autor von: Before – during – after, New York 1991.

und konspirativ aus dem Lager herauszubringen. Unsere solidarische Haltung brachte uns dazu, unsere Gedanken auszutauschen, und wir waren häufig sehr niedergeschlagen, wenn wir die ununterbrochen qualmenden Schornsteine der Krematorien sahen. In den Momenten aber, wo die Krematorien nicht arbeiteten, wurden wir etwas zuversichtlicher. Wenn wir die rauchenden Krematorien sahen und gleichzeitig unter verhältnismäßig guten Umständen inmitten von Blumen lebten, sahen wir, wie paradox dieses Leben war. Wir waren uns darüber im Klaren, wie viele Menschen dort umkamen. In einem solchen Moment, zu der Zeit, als die ungarischen Transporte vergast wurden,[24] beschlossen wir, in Rajsko Widerstand zu organisieren, falls man versuchen sollte, uns zu „liquidieren". Meine Kameradinnen und ich konnten dies nicht offen tun, sondern nur konspirativ, selbst gegenüber den anderen Häftlingen, weil wir ihnen nicht trauten. An die arischen Frauen wandten wir uns ohnehin nicht, da diese kein Interesse in dieser Richtung zeigten, weil ihr Leben nicht so unmittelbar bedroht war wie das der Jüdinnen. Aber auch den Jüdinnen gegenüber konnten wir unsere Pläne nicht konkret offenbaren, weil wir weder das nötige Material noch die erforderlichen Waffen hatten, um bei Gefahr Widerstand zu leisten. Es gelang uns letztendlich nur, drei Revolver aus Buna zu organisieren, da die Häftlinge, die zu unserer konspirativen Gruppe gehörten, insgesamt nur über 80 Revolver verfügten. Auch Geld besaßen wir nicht. Aufgrund dieser eingeschränkten Möglichkeiten verabredeten wir uns nur zu viert, das heißt Rachela Wróblewska, Mag. Sonia Barbel,[25] die Französin Mart[26] und ich. Rachela Wróblewska hatte vor dem Krieg in Warschau gelebt, Sonia Barbel stammte aus Białystok, Mart aus Paris. Jede von uns hatte die Aufgabe, eine Gruppe von 10 Jüdinnen konspirativ zu instruieren, was zu tun sei, wenn man versuchen sollte, uns zu liquidieren. Damit verfolgten wir einzig das Ziel, uns gegen den Gasmord zu wehren, denn der Tod an sich flößte uns keine Angst ein. Wir waren alle bereit zu sterben und gleichzeitig entschlossen, uns zu verteidigen, selbst wenn es zwecklos war. Wir organisierten für jede der Beteiligten zwei Ampullen, die wir mit Salzsäure füllten, an die man in unserem Labor relativ leicht herankam. Schwierig war nur die Weitergabe der Ampullen, weil wir Angst vor Kontrollen hatten und zum anderen schwere Verätzungen riskierten, wenn wir sie in der Unterwäsche versteckten. Es offen zu machen war ausgeschlossen. Wir beschlossen, die Ampullen in der Erde zu vergraben und sie bei Bedarf den SS-Männern, die uns in die Gaskammern bringen würden, in die Augen zu spritzen. Wir vier, die die Gruppen instruierten, wussten, wo die Ampullen vergraben waren, und ich bin in der Lage, die Stelle in Rajsko zu zeigen. Unsere geheimen Pläne gingen noch in eine andere Richtung. Da wir voraussahen, dass wir alle getötet würden, wollten wir vor unserem Tod das Lager niederbrennen. Die größte Schwierigkeit, die wir dabei zu überwinden hatten, sollte die Französin Mart bewältigen, die Chemikerin im Labor war und die Möglichkeit hatte, dort Versuche anzustellen. Sie sollte eine Flüssigkeit herstellen, die man mehrere Meter weit werfen könnte, um alles, was sich auf der Erdoberfläche befand, zu vernichten und zu verbren-

24 Von Mai bis Juli 1944.

25 Sonia Barbel (*1917), im Jan. 1943 aus Orańczyce im Bezirk Bialystok nach Auschwitz deportiert, im Jan. 1945 nach Ravensbrück überstellt, Todesmarsch ins Außenlager Malchow, von dort Transport in das Buchenwalder Außenlager Leipzig (HASAG); weiteres Schicksal ungeklärt.

26 Richtig: Marthe Diamant (*1918), Chemikerin; im Febr. 1943 aus Drancy nach Auschwitz deportiert, war in Rajsko im chemischen Labor tätig; weiteres Schicksal ungeklärt.

nen. Sie stellte zwei Flaschen dieser Flüssigkeit her, die wir aber leider nicht vergraben konnten. Bestimmte Bestandteile für Marts Versuche mussten wir selbst besorgen. Ich musste mich beispielsweise darum kümmern, dass meine Bekannten in Buna die von ihr genannten Chemikalien für mich beschafften. Unser Plan sah vor, die Flaschen mit der von Mart hergestellten Flüssigkeit auf die Autos der SS-Männer zu werfen. Wir selbst würden mit Scheren den das Lager umgebenden Stacheldraht durchschneiden und in sämtliche Richtungen fliehen. Keine von uns nahm Rücksicht auf die damit verbundenen Risiken, wir waren alle bereit zu sterben. Sehr schwierig war es, die Scheren zu besorgen, aber wir bekamen sie dann von Häftlingen, die in der Schlosserei arbeiteten. Diesen Plan haben wir nicht ausgeführt, weil wir die dafür notwendigen Chemikalien nicht in der entsprechenden Zeit besorgen konnten. Mittlerweile hatte man die Massenvergasungen eingestellt.[27]
[...][28]

DOK. 65
Walter Windmüller schreibt am 14. April 1943 aus Auschwitz einen verzweifelten Brief an Julius Riese in Magdeburg[1]

Brief von Walter Windmüller,[2] Absenderadresse: Angestellter Tkocz,[3] Rybnik, Gleiwitzer Straße 15, an Herrn Dr. Julius Israel Riese,[4] Verwaltungsstelle Mitteldeutschlands der Reichsvereinigung der Juden in Magdeburg, o.D., Poststempel vom 14.4.1943[5]

Sehr geehrter Herr Dr.!
Besten Dank für Ihren amtlichen Brief! Was soll ich Ihnen viel schreiben? Helfen kann sowieso wohl jetzt keiner mehr. Als es noch möglich [war] – hat man sich hinter bürokratische Formeln verschanzt. Und jetzt? Vielen, von denen, die so klug u. weise schrieben, konnte ich sowohl in Sachsenhausen als auch hier Kamerad + Helfer sein. 5 Jahre

27 Anfang Nov. 1944.
28 Im folgenden Teil des Protokolls berichtet Eugenia Halbreich darüber, wie sie dem Todesmarsch durch Verstecken entging, und erklärt den Unterschied zwischen aus politischen bzw. rassischen Gründen nach Auschwitz gebrachten Juden.

1 JMB, 2003/73/0, Schenkung von H. Reichel und D. Pietsch. Abdruck in: Jürgen Hartmann, Oerlinghausen – Magdeburg – Sachsenhausen – Auschwitz. Leben und Tod des Walter Windmüller, in: Rosenland. Zeitschrift für lippische Geschichte, Nr. 18, Mai 2016, S. 33–43.
2 Walter Windmüller (1898–1943), Kaufmann; zog in den 1930er-Jahren nach Magdeburg, von Juni 1938 an in Sachsenhausen inhaftiert, am 22.10.1942 nach Auschwitz überstellt, nach einer Denunziation in den Bunker von Block 11 gesperrt, bei einer Vernehmung durch Wilhelm Boger so misshandelt, dass er am 21.9.1943 starb.
3 Franz Tkocz (1883–1945), kaufmännischer Angestellter der I.G. Farben-Werke in Auschwitz, der Walter Windmüller unterstützte und den Brief von seiner Privatadresse abschickte; starb am 8.6.1945.
4 Dr. Julius Riese (1885–1943), Jurist; 1921–1933 Strafverteidiger und Notar in Magdeburg; 1933 Entlassung wegen seiner jüdischen Herkunft und Tätigkeit als selbständiger Rechtsanwalt, 1939–1943 Tätigkeit für die Verwaltungsstelle Mitteldeutschland der Reichsvereinigung der Juden in Magdeburg; im Febr. 1943 nach Auschwitz deportiert und dort umgekommen.
5 Umschlagbeschriftung mit anderer Handschrift (vermutl. von Franz Tkocz).

habe ich durchgehalten. 5 Jahre, eine Zeit u. ein Erleben, daß ich selbst meinen Peinigern nicht wünsche. Noch lebt man! Hat das überhaupt noch Zweck? – Ja, ja, es *muß* noch Zweck haben! Man könnte sonst verzweifeln!! Außer Rand, mein guter Kamerad und Kumpel – alle Magdeburger mit Frauen + Kindern – verschwunden. Neulich traf noch eine Frau u. der Gatte von der Tochter des Maklers ein, der mir bekannt war. Die Dame war mal bei Dr. Dobkowski u. später in der Gemeinde. (Name ist mir entfallen.) Kinder gibt's keine mehr! Männer über 55 u. Frauen über 45 ebenso! „*Gaaaas!*" Können Sie sich vorstellen, was das heißt, so zu leben? Immer, täglich + stündlich die Frage, wann bist du selbst dran. Kein Punkt des Programms wird so erfüllt, wie der von der Vernichtung! Helfen können Sie mir nur, wenn Sie mich hier wegholen könnten. Aber das ist jetzt sicherlich zu spät. Amtlich dürfen Sie an Juden weder Pakete noch Geld senden – denn es erhält keiner was. Sachsenhausen war ein Eldorado gegen hier. Ich bin (als alleiniger Jude, weil ich 5 Jahre ohne Lagerstrafe bin) bei der I.G. Farbenindustrie A.G. Auschwitz O.S. als Vermesser tätig. Da habe ich Verbindung mit Zivilisten, die mir gut gesinnt sind. Aber bekommen kann man nur gegen viel Geld. 1 Brot kostet beispielsweise 30–40 M, 1 Zigarette 1,- M. An wen soll ich mich wenden?
Ein arischer Freund von mir in Magdeburg hat mir geholfen – so gut er es konnte. Jetzt ist er selbst zur Waffen-SS eingezogen worden und liegt bei Warschau.
Diesem Briefe füge ich ein Schreiben bei, welches Sie zur Komplettierung der Akten verwenden wollen.[6] Diesen Brief hingegen zeigen Sie nur Herrn Jochen Freiberg.[7] Weiter niemandem! Dann verbrennen!! Die Asche noch in alle Winde streuen –
Glücklich bin ich, daß Freiberg und die Seinen nicht weggeschafft waren. Grüßen Sie ihn herzlichst von mir.
Wollen Sie mir aber helfen, dann senden Sie an die Adresse meines Chefs 1 gutes Buch für mich und legen Sie Geld für mich bei.
Nehmen Sie als Absender: Martin Mielke, Magdeburg, Zschokkerstr. 2[8]
Empfänger: An den kaufm. Angestellten Franz Tkocz, Auschwitz O.S. Techn. Lager der Fa. IG Farben O.S.[9]
Immer treffen noch Juden aus Deutschland, Holland, Frankreich, Norwegen, Dänemark, Belgien, Jugoslawien ein. Alle werden systematisch vernichtet. – Und man kann nicht helfen. – Ihr Walter Windmüller.
Dem Päckchen einen Zettel beilegen, worauf steht „für Walter".

6 Nicht überliefert.
7 Joachim Freiberg (*1900), Kaufmann; Vorsitzender des Jüdischen Sportvereins JTSV Bar Kochba Magdeburg, besaß bis 1938 ein Lederwarengeschäft in Magdeburg am Breiten Weg 73/74, entging der Deportation, da er in „Mischehe" lebte, bis 1945 Zwangsarbeit bei der Ascheabfuhr; nach Kriegsende erster Rabbiner in Magdeburg; 1947 Auswanderung nach Australien.
8 Diese Adresse existierte nicht.
9 Notiz in Klammern und mit anderer Handschrift, vermutlich von Franz Tkocz eingefügt: „Paketadresse nach Auschwitz senden. Briefabsender habe ich über Rybnik angegeben."

DOK. 66

Der Kurier Jerzy Salski berichtet am 18. April 1943 in London von der Situation in Polen und den Gaskammern in Auschwitz[1]

Bericht (vertraulich) von Jerzy Salski,[2] LON/SE/210900/43, an Ignacy Schwarzbart,[3] London, vom 18.4.1943

Am 18. April in London verfasster Bericht. Ich kenne den Autor persönlich.

I. Die Lage in Polen. Ich war jetzt 11 Monate lang ohne Unterbrechung in Polen, und zwar von November 1941 bis in die ersten Dezembertage 1942.[4] Ich war in Schlesien, verbrachte eine beträchtliche Zeit in Warschau, Krakau und Oświęcim, in der Umgebung von Oświęcim, in Katowice, Sosnowiec, Cieszyn und auch in der Tschechoslowakei, insbesondere in Mor. Ostrava.[5]
Die polnische Bevölkerung ist ungebrochen. Es gibt keine einzige Organisation, die auf irgendeinem Gebiet mit den Deutschen zusammenarbeiten würde. Meine Antwort auf Ihre Frage, ob es im ONR[6] Gruppen gibt, die die Politik der Deutschen gegenüber den Juden unterstützen, lautet: Nein. Ich weiß nicht, inwieweit irgendeine Gruppe dies überhaupt wagen würde. Worauf könnte eine solche Kooperation auch gründen? Doch nur darauf, die deutschen Methoden zu befürworten, aber selbst das kommt nicht vor. Der ONR hat großen Einfluss in Warschau, ist sehr aktiv und bringt große Opfer. Warschau ist eine Bastion, in der sich aller Geist von Opposition und Widerstand konzentriert. Auf Ihre Frage nach Krakau muss ich einräumen, dass Krakau in gewisser Hinsicht nicht so stark erscheint. Dort gibt es nicht diesen Kampfgeist. Wenn Sie mich aber fragen, ob es dort irgendeine Form von Kollaboration oder sonstige Kontakte zu den Deutschen gegeben hat, muss ich auch das verneinen. Es handelt sich eher um einen Unterschied im Temperament; im Vergleich zu Krakau ist Warschau beeindruckend.

1 TNA, FO 371/34552; poln. in: YVA, M 2261. Das Dokument wurde aus dem Englischen übersetzt.

2 Jerzy Salski (1908–1991), bis Febr. 1943 Napoleon Segieda, Deckname Wera; arbeitete als Kurier für die poln. Regierungsdelegatur, bereiste im Sommer 1942 Polen und berichtete im Frühjahr 1943 der Exilregierung und Ignacy Schwarzbart über die Situation, danach Tätigkeit für das Innenministerium der poln. Exilregierung in London; lebte nach dem Krieg in Großbritannien.

3 Dr. Ignacy Schwarzbart (1888–1961), Jurist, Journalist; im Ersten Weltkrieg Offizier der österreich.-ungar. Armee, 1921–1925 Chefredakteur der Krakauer Tageszeitung Nowy Dziennik (Neues Tageblatt); Aktivist der Allgemeinen Zionisten, 1938/39 Sejm-Abgeordneter, 1940–1945 Mitglied des poln. Nationalrats (Exilparlament) in London; von 1946 an Leiter der Organisationsabt. des Jüdischen Weltkongresses in New York.

4 In der poln. Version: „... bis in die ersten Oktobertage." Kuriere waren angehalten, die Daten ihrer Ankunfts- und Abfahrtszeiten regelmäßig zu ändern, um die Sicherheit der Kurierrouten zu gewährleisten. Geheimdienstunterlagen zeigen, dass Salski bereits im Aug. 1942 Polen verlassen hatte; siehe Fleming, Auschwitz, The Allies and Censorship of the Holocaust (wie Dok. 26, Anm. 2), S. 355, Anm. 54.

5 Mährisch Ostrau.

6 Obóz Narodowo-Radykalny (Nationalradikales Lager), rechtsextreme, antikommunistische Partei in Polen, 1934 gegründet und kurz darauf verboten, setzte ihre Tätigkeit in der Illegalität fort. Eine Kollaboration des poln. Untergrunds mit den Deutschen gab es nicht, hingegen vielfach publizistisch geäußerte Zustimmung zum Judenmord sowie einzelne Morde an Juden.

Die Juden. Das ganze Land ist sich in Bezug auf die Juden einig. Derzeit gibt es keinen Antisemitismus.[7] Die Juden sind ein aktiver Teil der Untergrundbewegung. Ich weiß von der Organisation „Bund".[8] Es mag auch noch andere Gruppen geben, aber ich habe bislang nur vom Bund gehört. Er brachte eine Wochenzeitung in jiddischer Sprache heraus, die aus dem Getto nach Warschau geschmuggelt wurde.[9] Den Namen des Blattes kenne ich nicht. Ich habe mich nicht besonders dafür interessiert, weil es auf Jiddisch erschienen ist. Die Gruppen, die Untergrundschriften vertreiben, tauschen sie untereinander aus.

Organisierung. Aus militärischer und ziviler Perspektive betrachtet, verläuft die Organisierung des Landes reibungslos. Die Untergrundarmee Polens begreift sich als wesentlicher Bestandteil der polnischen Armee im Ausland. (An dieser Stelle erwähnte der Berichterstatter einige interessante Details.) Der Funkverkehr wird regelmäßig abgehört. Das bezieht sich sowohl auf polnische als auch auf ausländische Übertragungen. Nach Eingang der Meldungen erscheint ein achtseitiges Papier in Warschau. Wöchentlich werden neben den Kommuniqués auch zusammenfassende Berichte in die Provinzen verschickt.

Polnisch-jüdische Beziehungen. Ich habe mit eigenen Augen gesehen, wie die SS eine Gruppe von Juden zur Arbeit begleitete. Sie sahen furchtbar aus, einfach entsetzlich. Ich bin häufig mit der Straßenbahn durch das Getto gefahren, wo man aber nicht aussteigen darf. Nie habe ich in Warschau einen Juden lächeln sehen. Die polnische Bevölkerung unterstützt sie in ihrem Kampf durch Warenschmuggel über die Zivilbehörden. Meistens bestach man hierfür die Polizei. Ein Teil dieser Lebensmittel wurde im Getto kostenlos verteilt, der Großteil jedoch verkauft. Es gab die Anweisung, jüdische Organisationen mit Lebensmitteln zu versorgen. Das Warschauer Getto ist von einer 2 bis 2,5 Meter hohen Mauer umgeben, auf der Glasscherben einzementiert sind. Manchmal schlagen jüdische Jungs Löcher in die Mauer, um ihrem Elend zu entkommen. Werden sie von den Deutschen dabei entdeckt, werden sie gnadenlos zusammengeschlagen. Ich habe selbst einen solchen Vorfall beobachtet. Ein anderes Mal war ich Augenzeuge, wie ein Junge in der Chlodna-Straße versuchte, durch ein solches Loch zu fliehen. Ein Gestapo-Mann ertappte ihn und verprügelte ihn auf schlimmste Weise. Manchmal verlassen jüdische Kinder das Getto und betteln um Brot und Kartoffeln. Ich sah eine Jüdin außerhalb des Gettos, sie wirkte auf mich wie jemand, der gerade dem Grab entstiegen ist, und war nur in Lumpen gekleidet. Als sie einem Gestapo-Mann begegnete, ging sie langsam wie ein Gespenst weiter und verbreitete einen derartigen Schrecken, dass selbst der Gestapo-Mann so tat, als habe er sie nicht gesehen. Die Augen dieser Jüdin hatten nichts Menschliches mehr. Im Winter 1941/42 lebten noch 250 000 Juden in Warschau. Als ich Ende September Warschau verließ, waren noch zehn- bis fünfzehntausend Juden

7 Zeitgenossen wie Emanuel Ringelblum kommen zu einer anderen Einschätzung; siehe VEJ 9, Einleitung, S. 39 f. Die schon zuvor nicht spannungsfreien poln.-jüdischen Beziehungen verschlechterten sich während der sowjet. und deutschen Besatzung, was sich u. a. in Pogromen zeigte.

8 Der Allgemeine Jüdische Arbeiterbund in Litauen, Polen und Russland (kurz Bund), 1897 in Wilna als jüdische sozialistische Partei gegründet, setzte sich für ein multiethnisches Polen und nationalkulturelle Autonomie für Minderheiten ein, nach 1939 im Untergrund.

9 Im Warschauer Getto erschienen bis zu 70 Untergrundzeitungen, darunter acht vom Bund herausgegebene jiddischsprachige Zeitungen.

übrig.[10] Aufgrund der Deportationen standen die Häuser leer, und es wurden Juden aus den umliegenden Regionen in die Stadt gebracht. Die Vernichtung der Juden läuft folgendermaßen ab:
a. Erster Schritt: Konzentrierung der Juden in Gettos, insbesondere in den größeren Städten. In kleineren Orten, in denen nur vereinzelt Juden wohnen, können sie sich frei bewegen.
b. Zweiter Schritt: Überführung der Juden aus kleineren Gettos und vom Land in zentrale Gettos.
c. Dritter Schritt: Auflösung der Gettos. Auf Anweisung der Deutschen wurde ein Haus nach dem anderen geräumt. Die Juden wurden aus ihren Wohnungen getrieben und in Waggons verfrachtet. Diese standen, insbesondere in Danzig, versiegelt am Bahnhof; auf dem Boden [der Waggons] befand sich Kalk.
d. Vierter Schritt: Transport nach Belzec. Ich selbst bin dort nicht gewesen, aber Menschen aus dem Bezirk haben erzählt, dass dort ein Leichengeruch in der Luft hängt. Es geht das Gerücht, dass die Deutschen aus dem Leichenfett Seife produzieren.[11]
Oświęcim. Ich habe mehrere Wochen in Oświęcim verbracht und kenne die Verhältnisse dort gut.[12] Ich bin schließlich dorthin gefahren, um die dortige Lage zu erforschen. Die ausführlichsten Informationen erhielt ich von Menschen, die von dort freigekommen waren. Als ich Oświęcim Ende September [1942] verließ, betrug die Zahl der registrierten Häftlinge 95 000, aber es gab auch viele, die gar nicht registriert worden waren. Darunter befanden sich 20 000 russische Kriegsgefangene, die im Sommer 1940 ins Lager gekommen waren, sowie massenhaft Juden, die aus anderen Ländern dorthin verschleppt worden waren. Die Kriegsgefangenen starben an Hunger. Die Juden wurden massenhaft vernichtet. Als ich ging, gab es in Oświęcim noch 15 000 Kriegsgefangene.[13] Mindestens 60 000 der registrierten Häftlinge wurden umgebracht. Auf Grundlage der Informationen, die ich vor Ort gesammelt habe, kann ich versichern und bestätigen, dass die Deutschen folgende Tötungsmethoden anwandten: a. Gaskammern. Die Opfer mussten sich ausziehen und wurden in diese Kammern geschickt, wo sie erstickten. b. Elektrokammern. Diese Kammern hatten Metallwände. Die Opfer wurden hineingebracht und die Kammer unter Hochspannung gesetzt.[14] c. Das sogenannte Hammerluftsystem, bei dem ein Drucklufthammer zum Einsatz kam. Er fiel in speziellen Kammern von der Decke, und mittels einer speziellen Installation starben die Opfer durch zu hohen Luftdruck.[15] d. Erschießungen. Diese Methode kam als Kollektivstrafe zum Einsatz. Wenn sich die Häftlinge nicht ausreichend unterordneten, wurde jeder Zehnte erschossen.

10 In dieser Zeit lebten noch 60 000 bis 70 000 Juden im Warschauer Getto.
11 Es handelt sich um ein zu dieser Zeit verbreitetes Gerücht. Ermittlungen nach dem Krieg ergaben, dass dies nicht der Fall war. Die Leichen von in Gefängnissen Hingerichteten wurden hingegen regelmäßig zu Lehrzwecken in der Anatomie verwendet. Bei der Herstellung von Knochenpräparaten entsteht aufgrund von chemischen Prozessen auch Seife.
12 Salski hielt sich im Ort Oświęcim auf. Das Lager hat er nicht betreten.
13 Laut Stärkebuch lebten im Sommer 1942 nur noch knapp 160 sowjet. Kriegsgefangene in Auschwitz. Die meisten waren im Winter 1941/42 aufgrund der katastrophalen Lebensbedingungen und Mangelversorgung ums Leben gekommen.
14 Die Tötung von Menschen in Auschwitz mittels elektrischen Stroms in speziellen Kammern ist nicht belegt. Viele Menschen starben nach Berührung der elektrischen Zaunanlagen.
15 Diese Tötungsmethode ist nicht belegt. Die Fehlinformation zieht sich durch mehrere Berichte des Jahres 1942; siehe Dok. 26 vom 4.9.1942.

Die ersten drei Methoden wurden am häufigsten angewandt, die Letztere eher selten.[16] Die Gestapo-Männer haben sich so aufgestellt, dass sie, mit Gasmasken ausgerüstet, das massenhafte Sterben verfolgen konnten. Anschließend verluden die Deutschen die Leichen und brachten sie an eine Stelle außerhalb von Oświęcim. Mit riesigen Schaufeln hoben sie Gruben aus, in denen die Toten begraben wurden. Die Gruben wurden mit Kalk bedeckt. Seltener wurden Leichen in elektrischen Öfen verbrannt, weil sich darin innerhalb 24 Stunden nur 250 Menschen verbrennen ließen.
Ozorków: Dort war ich nicht.
Krakau: Im Winter 1941/42 und Frühjahr 1942 war ich in Krakau. Ich hielt mich häufig im Getto von Podgórze auf. Mit einem Juden habe ich mich dort nicht wirklich angefreundet. In Krakau ist die Situation der Juden wesentlich günstiger als in Warschau. Im Winter 1941 sah ich dort Juden in langen Schlangen, alle mit einer Schaufel in der Hand, die damit beschäftigt waren, Straßen vom Schnee zu befreien. Ich konnte sogar ein Lächeln auf ihren Gesichtern erkennen.
[…][17]

16 Die meisten Menschen in Auschwitz starben in den Gaskammern und durch Erschießungen.
17 Im Folgenden berichtet Salski von der schwierigen Versorgungssituation, der Hochachtung, die die Polen für die Londoner Regierung und speziell Premier Sikorski empfinden, über die Stärke und gute Organisation der Bauernpartei in Polen. Außerdem weist er auf Nachfrage zurück, dass der Antisemitismus in Polen gestiegen sei. Auf die Frage nach der Zukunft der poln. Juden antwortet er, dass ihre Vernichtung mit großer Geschwindigkeit voranschreitet. Weiterhin berichtet er über seine Erfahrungen in der Tschechoslowakei, in Barcelona und in Miranda.

DOK. 67

Rolf Günther vom Reichssicherheitshauptamt gibt am 29. April 1943 die Bitte weiter, die zu deportierenden Juden nicht über das Ziel des Transports zu informieren[1]

Fernschreiben Nr. 25 102 Berlin NUE 79 089, RSHA IV B 4 A -2093/42 (391) i. A. gez. SS-Sturmbannführer Günther,[2] an den Befehlshaber der Sipo u. d. SD für die besetzten niederländischen Gebiete, z. Hd. SS-Sturmbannführer Zoepf[3] o. V. i. A. Den Haag, an den Befehlshaber der Sipo und d. SD, z. Hd. Standartenführer Fr. Knochen[4] o. V. I. A., Paris, an den Beauftragten des Chefs der Sipo u. d. SD, z. Hd. Sturmbannführer Ehlers[5] o. V. i. A. Brüssel, nachrichtlich an den Befehlshaber der Sipo u. d. SD, Metz (Eing. 3.5.1943), vom 29.4.1943, 12.37 Uhr

Betr.: Evakuierung von Juden.
Bez.: Laufend.
Das Lager Auschwitz hat aus naheliegenden Gründen erneut darum gebeten, den zu evakuierenden Juden vor dem Abtransport in keiner Weise irgendwelche beunruhigenden Eröffnungen über den Ort und die Art ihrer bevorstehenden Verwendung zu machen.
Ich bitte um Kenntnisnahme und Beachtung.
Insbesondere bitte ich durch laufende Belehrungen der Begleitkommandos bemüht zu sein, daß auch während der Fahrt den Juden gegenüber nicht irgendwelche besonderen Widerstand auslösenden Andeutungen gemacht bezw. Vermutungen über die Art ihrer Unterbringung usw. ausgesprochen werden. – Auschwitz muß mit Rücksicht auf die Durchführung dringendster Arbeitsvorhaben darauf Wert legen, die Übernahme der Transporte und ihre weitere Einteilung möglichst reibungslos durchführen zu können.

1 CDJC XXVc-240. Abdruck in: Serge Klarsfeld, Vichy–Auschwitz. Die Zusammenarbeit der deutschen und französischen Behörden bei der „Endlösung der Judenfrage" in Frankreich, Nördlingen 1989, S. 523 f.

2 Rolf Günther (1913–1945), kaufmännischer Angestellter; 1929 SA-, 1931 NSDAP-, 1937 SS-Eintritt; von 1938 an in der Zentralstelle für jüdische Auswanderung in Wien tätig, 1941 Stellvertreter Eichmanns im RSHA, Referat IV B 4, 1943/44 beim Zentralamt für die Regelung der Judenfrage in Böhmen und Mähren; nahm sich in Haft das Leben.

3 Wilhelm Zoepf (1908–1980), Jurist; 1933 NSDAP-, 1937 SS-Eintritt; von 1940 an beim RSHA tätig, 1941 Leiter der Zentralstelle für jüdische Auswanderung in Amsterdam, 1942–1944 Leiter des Judenreferats beim BdS; 1967 in München zu neun Jahren Gefängnis verurteilt.

4 Dr. Helmut Knochen (1910–2003), Anglist; 1932 SA- und NSDAP-, 1936 SS-Eintritt; seit 1936 hauptamtl. Mitarbeiter des SD, 1940–1942 Leiter der Pariser Dienststelle des Beauftragten des CdS für Belgien und Frankreich, Mai 1942 bis Aug. 1944 BdS in Frankreich; 1945 verhaftet, 1954 in Paris zum Tode verurteilt, begnadigt und 1962 entlassen, danach Versicherungsvertreter in Offenbach.

5 Ernst Ehlers (1909–1980), Mediziner und Jurist; 1928 NSDAP-, 1932 SS-Eintritt; seit 1938 Mitarbeiter des SD, von Dez. 1941 an Beauftragter des CdS in Belgien und Nordfrankreich, verantwortlich für die Judendeportation; nach 1945 am Verwaltungsgericht Schleswig, nahm sich vor einem drohenden Prozessbeginn das Leben.

DOK. 68
Das SS-Wirtschafts-Verwaltungshauptamt regelt am 7. Mai 1943 mit der Oberschlesischen Maschinen- und Waggon AG die Bedingungen des Häftlingseinsatzes[1]

Besprechungsprotokoll des SS-WVHA, Amtsgruppe D, Amt D II, gez. Maurer, Diktatzeichen D II/1 14/2 Ma./F., Oranienburg, an die OSMAG, Oberschlesische Maschinen- und Waggonfabrik AG, Werk Eintrachthütte in Schwientochlowitz 2 O/S, vom 7.5.1943 (Abschrift)

Betrifft: Einsatz von Häftlingen
Bezug: Besprechung am 4. ds. M. in Schwientochlowitz O/S.[2]
Ich bestätige hiermit die am 4. ds. M. in Schwientochlowitz O/S. mit Herrn Dir. Gömmer[3] geführte Besprechung über den Einsatz von Häftlingen in Ihrem Werk wie folgt:
1.) Unterbringung
Die für den Einsatz insgesamt vorgesehenen 1000 Häftlinge werden in dem beim Werk befindlichen, besichtigten Lager, welches zur Zeit noch mit Juden belegt ist, untergebracht.[4] Die besichtigten Baracken werden von den dort untergebrachten Juden freigemacht, entwest und gesäubert. Mit dem Einsatz der Häftlinge soll ab 1. Juni 1943 begonnen werden. Sie werden dem Kommandanten des Konzentrationslagers Auschwitz, SS-Obersturmbannführer Höß, dem das Arbeitslager unterstellt wird, einen Lageplan des jetzigen Lagers übersenden, damit die erforderlichen Änderungen und der Verlauf des Sicherungszaunes festgelegt werden können.
Da die jetzt vorhandenen Baracken für die Unterbringung der Gesamtzahl von 1000 Häftlingen nicht ausreichen werden, ist die Erweiterung und Aufstellung von einer oder zwei weiteren Baracken erforderlich. Die Erweiterung und Aufstellung kann mit Häftlingen, soweit Fachkräfte dafür nicht erforderlich sind, durchgeführt werden.
Am 1. Juni 1943 soll die Abstellung eines Häftlingsvorkommandos erfolgen.
Die für die Unterbringung benötigten Geräte, wie Betten, Strohsäcke, Schränke, Tische, Schemel, Decken usw. sowie die gesamte Kücheneinrichtung mit Küchengeräten und Eßgeschirr werden von Ihnen gestellt.
Die Kosten für die Schaffung der erforderlichen Sicherungsmaßnahmen sowie die sonstigen Aufwendungen, wie Heizung, Beleuchtung, Wasser, und die laufenden Unterhaltungskosten des Arbeitslagers werden von Ihnen getragen. Die erforderlichen Kontingente stellen Sie.

1 AP Kat, Oddział w Cieszynie, Górniczo-Hutnicze Towarzystwo Kopalń i Hut w Cieszynie (Berg- und Hüttenwerksgesellschaft Teschen), Górnośląska Fabrika Maszyn i Wagonów S.A. Katowice 1941–1945, Sign. 14/79/2372–2482. Abdruck als Faksimile in: Franciszek Piper, Podobóz „Eintrachthütte", in: Zeszyty Oświęcimskie, 17 (1975), S. 91–153, hier S. 92–94.

2 Schwientochlowitz (poln. Świętochłowice), eine Bergbau- und Hüttenstadt in Oberschlesien, ca. 7 km von Kattowitz entfernt,

3 Emil Gömmer (*1898), Ingenieur; 1935 NSDAP-Eintritt; gehörte zusammen mit Ernst Klein zum Vorstand der OSMAG.

4 Seit spätestens Juli 1942 unterhielt die OSMAG ein Zwangsarbeitslager der Organisation Schmelt für etwa 180 jüdische Häftlinge.

2.) Bekleidung
Die Kosten der Bekleidung der Wachmannschaften und der Häftlinge sowie deren Instandhaltung und Reinigung werden vom Konzentrationslager Auschwitz getragen.
3.) Verpflegung
Die Verpflegung der Wachmannschaften und der Häftlinge bezahlt die Verwaltung des KL Auschwitz. Die Zubereitung der Verpflegung sowie die Zurverfügungstellung der Kontingente sind Angelegenheit des KL Auschwitz. Als Häftlingsküche soll die zur Zeit für die dortigen Wachmannschaften und für die zivilen Arbeitskräfte benutzte Küche Verwendung finden. Sie muß in Anbetracht der hohen Belegung des Lagers erweitert werden. Dieses soll dadurch erfolgen, daß in dieser Küche die zur Zeit noch in der Judenküche vorhandenen Kochkessel aufgestellt werden. Es ist vorgesehen, daß sich die SS-Wachmannschaften in Ihrer Werkkantine mitverpflegen.
4.) Entgelt
Das tägliche Entgelt für die dort zum Einsatz kommenden Häftlinge beträgt:

RM 6,00 für einen Facharbeiter und
RM 4,00 für einen Hilfsarbeiter.

Die in der Küche und in der Unterkunft für die Zubereitung der Verpflegung und für die Instandhaltung der Unterkünfte eingesetzten Häftlinge werden gleichfalls zu diesen Sätzen berechnet. Ohne Berechnung bleiben die kranken Häftlinge, die nicht zur Arbeit eingesetzt werden können, sowie die mit der Instandhaltung der Bekleidung der Wachmannschaften und der Häftlinge beschäftigten Kräfte.
Die kranken Häftlinge, die nicht wieder zur Arbeit eingesetzt werden können, werden gegen arbeitsfähige Häftlinge aus dem KL jeweils ausgetauscht.
Es werden in der Hauptsache Hilfsarbeiter abgestellt, da Facharbeiter nicht zur Verfügung stehen. Das KL Auschwitz ist jedoch bemüht, Ihnen auch einige Facharbeiter (Schlosser usw.), die als Vorarbeiter Verwendung finden sollen, mit zu überstellen, soweit derartige Fachkräfte im KL Auschwitz vorhanden sind.
5.) Sonstiges
Das KL Auschwitz trägt außerdem die Kosten für die ärztliche Betreuung der Wachmänner und der Häftlinge, die Beschaffung der Arzneimittel, die Krankenhauskosten usw. Die Kosten für den An- und Abtransport zum bzw. vom Arbeitslager werden ebenfalls vom KL Auschwitz getragen.
SS-Hauptsturmführer Schwarz[5] wird sich nach Vorliegen des an das KL Auschwitz zu übersendenden Planes mit dem für die Führung des Arbeitslagers vorgesehenen SS-Angehörigen nach Schwientochlowitz begeben, um die weiteren Einzelheiten für die Schaffung der Drahtsicherung und für den Zeitpunkt des Antransportes des Vorkommandos festzulegen.[6]
Ich hatte Sie gebeten, mir für das FKL Ravensbrück bei Fürstenberg i. Meckl. 10 Frauen oder Mädchen Ihres Betriebes zur Verfügung zu stellen, die sich als Aufseherinnen

5 Heinrich Schwarz.
6 Lagerführer war im ersten Jahr SS-Hschrf. Josef Remmele, der im Juli 1944 in das Außenlager Jawischowitz versetzt wurde. Sein Nachfolger wurde SS-Hschrf. Wilhelm Gehring.

eignen.[7] Es wird sich SS-Obersturmführer Bräuning[8] vom FKL Ravensbrück mit Ihnen Anfang Juni ds. J. in Verbindung setzen, um den in Frage kommenden Frauen Ihres Betriebes Einzelheiten über den Einsatz als Aufseherinnen mitzuteilen.
Ich bitte um Bestätigung dieser Vereinbarungen.
Heil Hitler!

DOK. 69
Hans-Peter Messerschmidt schildert am 20. Mai 1943 seinem Freund Alexander Rotholz in einem geheimen Brief seinen Tagesablauf im Lager Monowitz[1]

Handschriftl. Brief, gez. HPM,[2] an Alex,[3] Berlin, vom 20.5.1943[4]

Lieber Alex!
Hoffentlich hast du meinen Brief (unter falschen Voraussetzungen) bekommen. Es ist uns, als wir ankamen, gleich alles abgenommen worden. Wir sind alle in verschiedene Lager gekommen. Wo die anderen 3 sind, weiß ich nicht, bestimmt nicht zusammen.[5] Arbeitslager ist zuviel gesagt, einfacher: K.Z. Der Tag vergeht so: 4 Uhr wecken, Betten machen (Strohsack mit 2 Decken), Anziehen: (1 Hemd, 1 Unterhose, 1 gestreifte Hose, 1 gestreifte Jacke, 2 Strumpffragmente, 2 Holzschuhe), sehr zum Frieren. Dann Frühstück, stehend im Freien: ½ Brot = 350 gr., 1 Stückchen Wurst oder Margarine oder Käse. 2 x pro Woche je ½ Brot Langarbeiterzulage (Fleisch 200 gr./Woche). 6 Uhr Appell von

7 Aufgrund des zunehmenden Mangels an Wachkräften mussten Betriebe, die KZ-Häftlinge als Arbeitskräfte zugeteilt bekamen, im Gegenzug eine bestimmte Anzahl ihrer Mitarbeiterinnen als Aufseherinnen zur Verfügung stellen. Diese erhielten bis zum Sommer 1944 eine mehrwöchige Schulung in Ravensbrück. Von Sept. 1944 an organisierten die einzelnen Lagerkomplexe die Ausbildung der Aufseherinnen eigenständig.

8 Edmund Bräuning (*1905), Kaufmann; 1932 SS-, 1933 NSDAP-Eintritt; Angehöriger der Wachtruppe des KZ Lichtenburg, danach Neuengamme, Nov. 1941 bis Juli 1942 Adjutant von Rudolf Höß in Auschwitz, danach Adjutant im KZ Ravensbrück, von Jan. 1945 an Lagerführer im KZ Ohrdruf; seit Kriegsende vermisst.

1 JMB, Dok 80/12/1, Schenkung von Hans-Peter Messerschmidt. Teilweise abgedruckt in: Heinrich-Wilhelm Wörmann, Widerstand in Charlottenburg, Berlin 1991, S. 224.

2 Hans-Peter Messerschmidt (1919–1998), Maurer, Bautechniker; meldete sich nach Verhaftung seiner Familienangehörigen während der „Fabrik-Aktion" freiwillig und wurde am 12./13.3.1943 aus Berlin nach Auschwitz deportiert, arbeitete im Lager Monowitz; im Jan. 1945 nach Buchenwald, vom 11.4.1945 an auf dem Todesmarsch, im Mai 1945 in Theresienstadt befreit; nach dem Krieg Ladeninhaber in Berlin; 1996 Interview mit der USC Shoah Foundation, VHA # 13856, Bericht YVA 033/2387.

3 Alexander Rotholz (1904–1974), Kaufmann; durch „Mischehe" vor der Deportation geschützt; als Handwerker bei der Jüdischen Gemeinde hatte er freien Zugang zu den Sammellagern, stellte Kontakte zwischen den Insassen und der Außenwelt her und unterstützte untergetauchte Juden in Berlin; nach 1945 als Rechtsbeistand in Entschädigungsverfahren tätig, Mitglied der Repräsentantenversammlung der Jüdischen Gemeinde.

4 Hans-Peter Messerschmidt hatte als Häftlingsblockschreiber und -bauzeichner bei der Firma Beton- und Monierbau Zugang zu Bleistift und Papier. Den Brief an seinen Freund Alexander Rotholz gab er einem Zivilarbeiter, der ihn mit der Post nach Berlin schickte.

5 Gemeint sind sein Vater Kurt Messerschmidt (1882–1943), seine Mutter Charlotte Messerschmidt (1889–1943) und seine Frau Ilse Messerschmidt, geb. Moses (1920–1943).

ca. 4000 Häftlingen (Es gibt hier viele Lager), anschließend Abrücken zu den verschiedenen Arbeitsstellen auf dem Baugelände der Buna Werke der I.G. Farben (ca. 30 qkm groß). Seit 1 Woche arbeite ich in meinem richtigen Beruf. Sonst ist alles Massenarbeit mit Treiberei: Schippen, Schleppen, Karreschieben. Handwerker sind größtenteils fachlich eingesetzt.
Viel Keilerei.
12–1 ist Mittagspause. 1 l Suppe, nachher hat man mehr Hunger als vorher. Weiter Arbeit bis 18.00, Rückmarsch. 19 Uhr wieder Appell (ca ½ Std. stehen), von Reichsdeutschen (Politische und Kriminelle) und Juden (Deutsche, Polen, Belgier, Italiener, Griechen, Norweger, Holländer). Dann Waschen, dann Essen. 1 l dickere Suppe oder Pellkartoffeln (4–5 Stk.) mit ¼ l Soße oder auch mal Kartoffeln mit Gemüse zusammen, aber selten. 4 x die Woche mit Fleischstückchen drin. Hunger habe ich immer, habe bis jetzt 20 kg abgenommen.
Hoffentlich ist bald der ganze Zauber vorbei. Wir sind sehr zuversichtlich. Wann ich wieder schreiben kann, weiß ich nicht, habe durch Zufall die Briefmarke gefunden. Wenn Ihr mir schreibt und macht zum Schluß 2 Punkte, weiß ich, daß Ihr diesen Brief erhalten habt. Keinem zeigen, gleich verbrennen. Viele Grüße, alles Gute

DOK. 70
Die Lagerführung von Auschwitz legt am 21. Mai 1943 vor Vertretern des Rüstungsministeriums dar, dass Auschwitz höhere Baustoffzuteilungen benötigt[1]

Aktenvermerk, ungez., Auschwitz, vom 22.5.1943[2]

Betr.: Besprechung mit dem Amtsgruppenchef C SS-Brigadeführer und Generalmajor Dr. Ing. Kammler
Bezug: Besuch am 21.5.43 in Auschwitz
Ort und Zeit: Zentralbauleitung Auschwitz 10.00 Uhr
Teilnehmer: SS-Brigadeführer und Generalmajor der Waffen-SS Dr. Ing. *Kammler*
Obersturmbannführer *Höß*
Obersturmbannführer Möckl[3]
Sturmbannführer Bischoff
Hauptsturmführer Dr. Wirths
Hauptsturmführer (F) Prinzl[4]

1 RGVA, 501k/1/26, Bl. 85–87, Kopie: USHMM, RG 11 001M.03, Reel 20.
2 Im Original zahlreiche handschriftl. Vermerke und stenographische Ergänzungen.
3 Richtig: Karl Möckel (1901–1948), Bücherrevisor; 1925 NSDAP-, 1926 SS-Eintritt; von 1933 an im SS-Verwaltungsamt, April 1939 SS-Obf., Febr. 1942 Amtsleiter W III im WVHA, Aug. 1942 Finanzberater des SS-Wirtschafters beim HSSPF Ostland, Jan. 1943 Verwaltungsleiter beim SS-Oberabschnitt Ostsee, April 1943 bis Jan. 1945 Leiter der Standortverwaltung in Auschwitz, danach im Stab des HSSPF Triest; 1947 im Krakauer Auschwitz-Prozess zum Tode verurteilt und 1948 hingerichtet.
4 Karl Prinzl (1908–1944), von Jan. 1943 an Leiter der Haupt-Abt. C V/4 im WVHA, u. a. zuständig für Arbeitseinsatz und SS-Frontarbeiter, Febr. 1944 SS-Stubaf. (Fachgruppe Bauwesen), von März 1944 an bis zu seinem Tod Vertreter Kammlers im Jägerstab. Das F steht für Fachgruppe, die SS-Rangeinstufung erfolgte in diesen Fällen aufgrund der beruflichen Qualifikation.

Obersturmführer Grosch
Untersturmführer (F) Kirschneck
vom Reichsministerium für Bewaffnung und Munition
Herr Desch
Herr Sander
vom GB-Bau Breslau
Herr Schulz
Herr Janson[5]

Besprechungsbericht:
Nach Begrüßung durch den Brigadeführer gab Ostubaf. Höß einen kurzen Bericht über Entstehung und Zweck der hiesigen Gesamt-K.L. Anlage.
Im Mündungsdreieck zwischen Weichsel und Sola entstand im Jahre 1940 nach der Evakuierung von 7 Polendörfern, durch Ausbau eines Artillerie-Kasernen-Geländes und vielen Zu-, Um- und Neubauten, unter Verarbeitung größerer Mengen Abbruchmaterials das Lager Auschwitz. Ursprünglich als Quarantänelager vorgesehen, wurde dieses später Reichslager und erhielt damit [eine] neue Zweckbestimmung. Es erwies sich die Grenzlage zwischen Reich und G.G. wegen der sich immer wieder zuspitzenden Lage als besonders günstig, da die Füllung des Lagers mit Arbeitskräften gewährleistet war. Dazu kam in letzter Zeit die Lösung der Judenfrage, wofür die Voraussetzung für die Unterbringung von zuerst 60 000 Häftlingen, die innerhalb kurzer Zeit auf 100 000 anwuchsen, geschafft werden musste. Die Insassen der Lager sind überwiegend vorgesehen für die in der Nachbarschaft erwachsende Großindustrie. Das Lager selbst birgt in seinem Interessengebiet verschiedene Rüstungsbetriebe, wofür regelmäßig die Arbeitskräfte zu stellen sind.
Aus diesem primitiven Lager wurde auf Reichsführerbefehl die Voraussetzung für die Schulung von SS-Siedlern für den Osten geschaffen. Auch hier erwies sich die Lage und die Verhältnisse einerseits durch das herrschende kontinentale Klima, andererseits durch den sich hier bereits geltend machenden Osteinfluß für Ostgewöhnung und Vorbildung besonders günstig.
Mit dem Verlangen nach Unterbringungsmöglichkeiten von größeren Menschenmassen schaltete sich Brigadeführer[6] mit der Erklärung des technischen Fragenkomplexes des Bauwesens ein.
1. *Stammlager*
Die Lage ist von vornherein durch [das] Artillerie-Kasernen-Gelände gegeben. Bisher wurden täglich 6000 Mann für die Errichtung eines benachbarten Buna-Werkes abgestellt, später werden die Häftlinge als Werkseinsatz für die Gummigewinnung herangezogen.

5 Vertreter des Generalbevollmächtigten Bau in Breslau.
6 Hans Kammler.

2. *Großlager K.G.L.*[7]
Dieses Lager entstand im Gegensatz zum Stammlager aus einer Planung heraus. Die wichtigsten Fragen, die auftraten, waren

a) Wasser,
b) Strom,
c) Entwässerung.

Die diesbezüglichen Anlagen waren typisch polnisch. Es mußte infolge der immer weniger werdenden Kontingente von einer regulären Planung Abstand genommen werden. Für das Stammlager wurde mit einer Entwässerung begonnen, der nach dem Befehl des Reichsführers eine Faulgasgewinnung angeschlossen werden mußte. Das geklärte Wasser muß in die Weichsel und das Oberflächenwasser in die Sola geleitet werden. Wenn später eine friedensmäßige Projektierung für größere Entwässerungsgebiete vorgesehen ist, so ist das Lager gern bereit, jederzeit sich diesem Bestreben anzuschließen. Durch die verschiedenen Seuchengefahren ist es aber derzeit unerläßlich, zur Verbesserung der bestehenden Anlagen Sondermaßnahmen zu treffen. Derzeit sind zwischen je 2 Blöcken des Stammlagers Absetzgruben von ca. 50 cbm vorgesehen, deren Ablauf mittels Sammelstrang in ein größeres Absetzbecken von ca. 500 cbm mündet und von dort unmittelbar in die Sola abfließt. Die Wasserversorgung für das Stammlager erscheint gesichert.

K.G.L.
Entwässerung der einzelnen Bauabschnitte erfolgt durch Sammelstrang über Emscher Brunnen und vorgeschalteten Absetz-Erdbecken vor dem Abfluß in die Weichsel. Es fehlt für das riesige K.G.L.-Gebiet jede zentrale Wasserversorgung. Es besteht durch die immer wieder auftretenden Seuchen nicht nur die Gefahr für die Truppe, riesiger Verschleiß an Arbeitskräften, sondern darüber hinaus die noch größere Gefahr für die benachbarten Industriegebiete. Es sind für diese Lager die primitivsten Grundlagen des Wohnens und der Hygiene mangels an Kontingenten nicht gewährleistet. Es gehen dadurch an Arbeitskräften für die Rüstungsindustrie, für die große, dem Lager angeschlossene Landwirtschaft, für die Versuchsstation für Gummigewinnung usw. wöchentlich viele 100te verloren. Der Standortarzt Hstuf. Dr. Wirths erklärte ergänzend, daß die große Seuchengefahr durch die Zugänge aus dem Osten und die geringen Bekämpfungsmöglichkeiten infolge Wassermangels und Fehlen der Kontingente für die notwendigen Entwässerungsanlagen nicht einwandfrei bekämpft werden könne. Darüber hinaus besteht die Gefahr der Verbreitung der Seuchen für das große Industriegebiet durch das Zusammenkommen der Häftlinge mit den Zivilarbeitern. Der Bedarf an Material für den Neubau als auch für die Unterhaltung ist sehr groß. Die täglichen Geburten gegen 50 Kindern im Zigeunerlager, die Krankenbehandlung von 10 000 von Häftlingen ohne die primitivsten hygienischen Einrichtungen, vor allem von Wasser, erlauben keine Ausweichmöglichkeiten. Für die notwendigsten Entlausungsanlagen fehlen die Kontingente, um eine systematische und erfolgverheißende Seuchenbekämpfung durchführen zu können. Für die frühere geringe Anzahl von Häftlingen war der Zustand der hygienischen Verhältnisse bereits schlecht, durch die vielen Neuzugänge und das bevorstehende

7 Der Lagerbereich Auschwitz II in Birkenau wurde entsprechend der ursprünglichen Planung (siehe Dok. 1 vom 27.9.1941) von der SS auch dann noch als KGL (= Kriegsgefangenenlager) bezeichnet, als dort fast keine Kriegsgefangenen mehr untergebracht waren.

Anwachsen auf über 100 000 ist ohne die Beistellung von Kontingenten die Gefahr von solchen Ausbrüchen in nicht absehbarer Weise gewachsen und kann eine Verantwortung kaum mehr getragen werden.
Anschließend an die Besprechung erfolgte eine Besichtigung der gesamten K.L.-Anlage, wobei die Erläuterungen der Besprechung durch die Inaugenscheinnahme bestätigt bezw. bei weitem noch übertroffen wurden.
Bei einer kurzen mittägigen Besprechung im Führerheim, bei der der Brigadeführer[8] noch einmal die Gefahren aufzeigte, die mangels an Kontingenten auftreten könnten, wurden verschiedene Vorschläge erörtert, die eine Freimachung vor allem von Eisenkontingenten gewähren, ergriff Herr *Desch* vom Reichsministerium für Waffen und Munition das Wort, um darzutun, mit welchen Schwierigkeiten die gesamte Eisenversorgung verbunden ist. Er erklärte sich bereit, bei der anderntags folgenden Vorsprache bei Reichsminister Speer die Kontingentwünsche mit den Unterlagen (Lichtbildmappe) vorzutragen, doch konnte er keinerlei Zugeständnisse betreffend Eisenzuteilung machen.[9]
Schluß der Besprechung: 15.00 Uhr

DOK. 71
Aneks vom 15. Juni 1943: Bericht über 7000 griechische Juden, die nach Auschwitz gebracht und zum größten Teil bereits ermordet wurden[1]

Auschwitz. Anfang März brachte man etwa 500 Verhaftete aus dem Dąbrowa-Gebiet ins Lager. Sie lagen tage- und nächtelang bäuchlings auf dem Fußboden, bewacht von SS-Männern mit Maschinenpistolen. So hielt man sie über einen Monat fest, danach ermordete man sie in der Gaskammer.[2] Die Zahl der Polen im Lager beträgt derzeit 8000. Der Rest ist in Lager in Deutschland abgefahren. Am 1.3.1943 endeten die laufenden Nummern bei 113 272,[3] die Zahl der Lebenden im Lager – 29 415. Zwischen Juni 1940 und März 1943 starben 76 721 Menschen[4] im Lager oder wurden umgebracht. 1117 wurden

8 Hans Kammler.

9 Am 30.5.1943 gewährte Speer dem KZ Auschwitz zusätzlich 2100 t Eisen. In einem Schreiben vom 10.6.1943 monierte er, dass sich insbesondere in Auschwitz Schwierigkeiten bezüglich der Erhaltung der Arbeitskraft der Gruppen von Häftlingen ergeben hätten, die für kriegswichtige Produktionen arbeiten bzw. hierfür eingesetzt werden sollen; Schreiben Speer an Himmler vom 30.5.1943; BArch, NS 19/994, Bl. 2; Schreiben Speer an Himmler vom 10.6.1943; BArch NS 19/1542, Bl. 79 f.

1 Aneks Nr. 54 für den Zeitraum 1.–15. Juni 1943; AAN, 202/III-8, Bl. 196–199, hier Bl. 197. Abdruck in: Marczewska/Ważniewski, Oświęcim (wie Dok. 3, Anm. 1), S. 105 f. Das Dokument wurde aus dem Polnischen übersetzt.

2 Schon im Febr. 1943 waren Polizeihäftlinge aus dem Dąbrowa-Gebiet nach Auschwitz gebracht und im Obergeschoss des Blocks 2a untergebracht worden, der dem Untersuchungsgefängnis Myslowitz zur Verfügung gestellt wurde. Sie wurden in der Politischen Abt. verhört, später als Häftlinge in das Lager aufgenommen oder erschossen; siehe auch Dok. 77 vom Juni 1943.

3 Am 1.3.1943 wurden die Nummern 104 563 für Männer und 36 539 für Frauen vergeben.

4 Die Zahl der Verstorbenen war zu diesem Zeitpunkt höher, selbst wenn man nur die registrierten Häftlinge einbezieht.

freigelassen.[5] In den letzten Wochen brachte man 7000 Juden aus Griechenland, von denen die meisten schon in den Gaskammern ermordet sind.[6] Von überall her werden auch Zigeuner gebracht, sogar deutsche Soldaten mit Kriegsauszeichnung. Es sind etwa 12 000.[7] Im Lauf des April hat man 2 neue Krematorien zur Benutzung freigegeben.[8] Die Juden hat man bisher auf Scheiterhaufen verbrannt, auf die man schichtweise Körper und Brennmaterial gestapelt hat – das führte zu Gestank im Umkreis von einigen Kilometern.

DOK. 72

Stanisław Kłodziński berichtet Teresa Lasocka um den 20. Juni 1943 von der Situation im Lager und bittet, dass aus aller Welt Pakete und Briefe nach Auschwitz geschickt werden[1]

Kassiber von Stanisław Kłodziński[2] an Teresa Lasocka,[3] o. D., um den 20.6.1943[4]

L[iebe] Ter[esa].
Ryc wird Dir die Zahlen geben.[5] Am 13.6. sind 216 Tschechen in die Freilassungsquarantäne gegangen. Von den Pol[en] kommt kaum einer dorthin. Aus Minsk ist ein Zugang[6] gekommen, darunter 16 pol[nische] Polizisten, die gegen Div[ersanten]banden

5 Insbesondere in den Jahren 1940 und 1941 wurden vor allem Häftlinge entlassen, die bei Straßenrazzien verhaftet worden waren. Grund waren häufig Interventionen von Familienangehörigen oder Arbeitgebern bei Behörden. Von Mai 1943 an wurden auch reichsdeutsche Häftlinge entlassen, wenn sie zum Frontdienst in die Dirlewanger-Einheit überstellt wurden. Bis 1945 sind rund 2000 Entlassungen politischer Häftlinge nachgewiesen.
6 Zwischen März und Aug. 1943 wurden 48 500 Juden aus Griechenland nach Auschwitz deportiert.
7 Mitte Juni 1943 wurden die Nummern Z-8246 für Männer und Z-8897 für Frauen vergeben. Mehr als 17 000 Roma und Sinti waren zu diesem Zeitpunkt in Auschwitz-Birkenau registriert; einige von ihnen waren im Lager geboren worden.
8 Die Krematorien II und IV waren im Lauf des März 1943, das Krematorium V im April 1943 in Betrieb genommen worden.

1 APMAB, Ruch oporu, Bd. 1, Bl. 32; Abdruck in: Paczyńska, Grypsy (wie Dok. 51, Anm. 1), S. 65 f. Das Dokument wurde aus dem Polnischen übersetzt.
2 Stanisław Kłodziński (1918–1990), Arzt aus Krakau; Aug. 1941 bis Jan. 1945 politischer Häftling in Auschwitz, dort aktiv im Lagerwiderstand, Arzt im Block 20 des Stammlagers, wo er zahlreiche Kassiber an die Untergrundbewegung außerhalb des Lagers schrieb, im Jan. 1945 Transport nach Mauthausen; nach dem Krieg Arzt in Krakau, Autor zahlreicher Artikel über die Geschichte von Auschwitz
3 Teresa Lasocka, nach 1946 Lasocka-Estreicher (1904–1974), Kauffrau, Kunsthistorikerin aus Krakau; 1943 Mitbegründerin des Hilfskomitees für KZ-Häftlinge PWOK, empfing Nachrichten der Kampfgruppe Auschwitz, organisierte Fluchten und Medikamente für das Lager und leitete Informationen an die Regierungsdelegatur in Warschau weiter; nach dem Krieg in der Sozialfürsorge für ehemalige KZ-Häftlinge in Krakau tätig.
4 Die Datierung ergibt sich aus dem Inhalt. Auf der Rückseite des Kassibers steht „25.6." als Empfangsvermerk.
5 Ryc ist der Tarnname von Józef Cyrankiewicz. Das erwähnte Kassiber ist nicht erhalten.
6 Im Original deutsch.

gekämpft haben.[7] Prof. Łempicki, War[schau], liegt im Sterben, offenbar Typhus.[8] Die Kowalczykowa[9] hält sich gut. Es hat keine größeren Erschießungen gegeben.
Lagerstand 37 000, et[wa] 8 [Tausend] P[olen], bis zu 15 000 Frauen.
Die Bedingungen in Rajsko[10] sind schrecklich. Die Pakete für die Frauen werden extra gewogen. Es kommen derzeit keine größeren jüdischen Zugänge an. Es gibt keine Schläge oder umfangreichere Vergasungen. Wir erwarten Juden aus Ungarn und Rumänien und vielleicht auch bulgarische. Am schlimmsten ist es im Zigeunerlager mit Typhus- und Fleckfieberepidemien. Das Ausgraben der vergasten Körper (die, die man nicht verbrennen konnte!) dauert an, der Erdboden dort ist eingesunken, es stinkt.
Der Paketdienst hat seine Aufgaben hervorragend erledigt, täglich zwischen 2500 und 3000 Pakete, davon 300–400 für die Frauen. Auch die Juden bekommen Pakete ausgehändigt, auf Grundlage ihrer früheren mit *Arbeitslager Birkenau* adressierten Briefe. Sie bekommen hauptsächlich Pakete aus Frankreich und Holland. Für die Pol[en] kommen Pakete aus Portugal, England, den Ver[einigten] St[aaten] und sämtlichen europ[äischen] Staaten mit Ausn[ahme] Bulgariens.
Das Ausland muss massenhaft mit unseren Adressen versorgt werden, denn es geht darum, den Deut[schen] zu zeigen, dass die ganze Welt von Auschwitz weiß. Man muss die Sache nur groß aufziehen und in jedes einzelne Land 200 bis 300 Adressen schicken. Es geht um eine Massenaktion, damit sie uns nicht zur Verantwortung ziehen können. Es wäre gut, auch Adressen von Deutschen, *Tschechen* und anderen im Lager anzugeben, z. B. von sowj[etischen] Kommunisten. Mit einem Wort, es geht darum, das Lager auf einen Schlag mit internationalen Paketen zu überhäufen. Die Adressen kann ich auf Nachfrage zuschicken.[11]
Warum schickst Du mir nicht diese Gi[fte] über Ryc, Teresa, wir benötigen sie sehr. Knüpft Kontakte mit Jaworzno[12] und Świętochłowice,[13] auch militärische, um dort für den Fall der Fälle eine Basis vorzubereiten.
Janka Kow[alczykowa] hält sich tapfer, Osz[acki][14] auch. Stach Tok[arski] ist vollkommen unschuldig im Bunker, sie müssen ihn rauslassen.[15]

7 Am 18.6.1943 wurden 189 Häftlinge aus Minsk registriert, darunter 16 poln. Polizisten, die an der Seite sowjet. Partisanen in Weißrussland gekämpft hatten.

8 Zygmunt Łempicki (1886–1943), Germanist, Literaturwissenschaftler; Professor in Warschau; wurde im März 1943 verhaftet und am 29.4.1943 nach Auschwitz gebracht, wo er am 21.6.1943 starb.

9 Janina Kowalczykowa (1907–1970), Ärztin; engagiert im (illegalen) poln. Bildungswesen, im Jan. 1943 verhaftet und nach Auschwitz gebracht; Einsatz im Krankenrevier in Birkenau, dann im Block Nr. 10 des Stammlagers und im Labor des SS-Hygiene-Instituts in Rajsko, am 12.8.1943 wegen ihrer Schwangerschaft unter der Auflage freigelassen, weiterhin histologische Untersuchungen für den Leiter des Instituts, Bruno Weber, vorzunehmen; nach 1945 Ärztin in Krakau.

10 Wie Dok. 17, Anm. 12.

11 Der Lageruntergrund organisierte 1944 die Sendung von Adressen an das Internationale Komitee vom Roten Kreuz, das daraufhin Lebensmittelpakete an Häftlinge schickte; siehe Dok. 143 vom 29.9.1944.

12 Das Außenlager Neu-Dachs.

13 Das Außenlager Eintrachthütte.

14 Stanisław Oszacki (1917–1945), Gärtner aus Krakau; von Jan. 1942 an politischer Häftling in Auschwitz, dort Pfleger im Krankenrevier, 1944 in das Neuengammer Außenlager Bremen-Sebaldsbrück überstellt, vermutlich während der Schiffskatastrophe der „Cap Arcona" im Mai 1945 ums Leben gekommen.

Unsere Angelegenheit ist unverändert. Möge Gott uns helfen. Sei vorsichtig. Ich warte auf Eure Antwort zum Zig[eunerlager], wegen der Abfahrt, Ryc ebenso. Vielleicht kannst Du uns dort einen Punkt oder eine Richtung oder Karte zeigen, wo man in der Nacht hingehen muss. Eine Marschskizze.
Tschüss, Kuss,

DOK. 73
Wolfram Sievers berichtet Eichmann am 21. Juni 1943, dass jüdische Häftlinge für die Skelettsammlung der SS-Forschungseinrichtung Ahnenerbe ausgewählt worden seien[1]

Schreiben (Geheime Reichssache) von SS-Standartenführer Wolfram Sievers,[2] Amt „Ahnenerbe", Inst. f. wehrwissenschaftl. Zweckforschung, Pücklerstr. 16, Berlin-Dahlem, G/H/6 S2/He., an das RSHA, Amt IV B 4, z. Hdn. SS-Obersturmbannführer Eichmann, 2. von 5 Ausfertigungen, Durchschriften an SS-Hauptsturmführer Dr. Beger,[3] SS-Hauptsturmführer Prof. Dr. Hirt,[4] Dr. Brandt,[5] vom 21.6.1943

Betrifft: Aufbau einer Sammlung von Skeletten.[6]
Unter Bezugnahme auf dortiges Schreiben vom 25.9.1942 IV B 4 3576/42 g 1488[7] und die zwischenzeitlich in obiger Angelegenheit geführten persönlichen Besprechungen wird mitgeteilt, daß der mit der Ausführung obigen Sonderauftrages beauftragte Mitarbeiter

15 Stanisław Tokarski (1897–1943), Ingenieur; arbeitete in der Bezirksdirektion der Staatlichen Eisenbahn in Krakau; verhaftet im Aug. 1942, von 19.9.1942 an in Auschwitz, Arbeit im Vermessungskommando, seit 27.5.1943 im Bunker wegen des Verdachts auf Kontakt mit der Zivilbevölkerung und Unterstützung geflohener Häftlinge, am 25.6.1943 zusammen mit 53 anderen Häftlingen auf dem Hof von Block 11 erschossen.

1 BArch, NS 19/1582, Bl. 60. Abdruck in: Alexander Mitscherlich/Fred Mielke (Hrsg.), Das Diktat der Menschenverachtung. Der Nürnberger Ärzteprozeß und seine Quellen, Heidelberg 1947, S. 101 f.
2 Wolfram Sievers (1905–1948), Verlagskaufmann; 1929 NSDAP-, 1935 SS-Eintritt; 1935–1945 Geschäftsführer der Forschungsgemeinschaft Deutsches Ahnenerbe, Mitglied des Freundeskreises Reichsführer SS, von 1939 an Generaltreuhänder für die Sicherung deutschen Kulturguts in den angegliederten Ostgebieten, von 1942 an Beiratsmitglied des Entomologischen Instituts des Ahnenerbes im KZ Dachau; 1948 nach Urteil im Nürnberger Ärzteprozess hingerichtet.
3 Dr. Bruno Beger (1911–2009), Anthropologe; 1934 SS-, 1937 NSDAP-Eintritt; 1938/39 Teilnehmer der deutschen Tibet-Expedition von Ernst Schäfer, von 1940 an in der Abt. für Innerasienforschungen und Expeditionen des SS-Ahnenerbes, von April 1943 an Mitglied in Himmlers Persönlichem Stab; nach dem Krieg interniert, 1974 wegen Beihilfe zu 86-fachem Mord zu drei Jahren Haft verurteilt und entlassen, da Internierung und Untersuchungshaft angerechnet wurden.
4 Dr. August Hirt (1898–1945), Anatom; 1933 SS-, 1937 NSDAP-Eintritt; von Okt. 1941 an Direktor des Anatomischen Instituts der Reichsuniversität Straßburg, von März 1942 an im Persönlichen Stab Himmlers, von Juli 1942 an Leiter der Abt. H des Instituts für wehrwissenschaftliche Zweckforschung im Ahnenerbe, Mitinitiator des Aufbaus einer jüdischen Skelettsammlung, beteiligt an Menschenversuchen im KZ Natzweiler; nahm sich im Juni 1945 das Leben.
5 Rudolf Brandt.
6 Seit Mitte 1942 bekundete das Anatomische Institut der Reichsuniversität Straßburg Interesse am Aufbau einer „jüdischen Skelettsammlung", um daran rassenanthropologische Untersuchungen vorzunehmen.
7 Nicht aufgefunden.

der hiesigen Dienststelle, SS-Hauptsturmführer Dr. Bruno *Beger,* die Arbeiten am 15.6.1943 im KL Auschwitz wegen der bestehenden Seuchengefahr beendet hat.
Insgesamt wurden 115 Personen, davon 79 Juden, 2 Polen, 4 Innerasiaten und 30 Jüdinnen, bearbeitet. Diese Häftlinge sind z.Zt. getrennt nach Männern und Frauen in je einem Krankenhaus des KL Auschwitz untergebracht und befinden sich in Quarantäne.
Zur weiteren Bearbeitung der ausgesuchten Personen ist nunmehr *eine sofortige Überweisung an das KL Natzweiler* erforderlich, was mit Rücksicht auf die *Seuchengefahr in Auschwitz* beschleunigt durchgeführt werden müßte. Ein namentliches Verzeichnis der ausgesuchten Personen ist beigefügt.[8]
Es wird gebeten, die entsprechenden Anweisungen zu erteilen.
Da bei der Überweisung der Häftlinge nach Natzweiler die Gefahr der *Seucheneinschleppung* besteht, wird gebeten, umgehend zu veranlassen, daß *seuchenfreie und saubere Häftlingskleidung* für 80 Männer und 30 Frauen von Natzweiler nach Auschwitz gesandt wird.[9]
Gleichzeitig müßte dafür Sorge getragen werden, für die 30 Frauen kurzfristig im MKL[10] Natzweiler Unterbringungsmöglichkeiten zu schaffen.

8 Diese Liste ist nicht erhalten. Es existieren allerdings Nummernverzeichnisse über die im Juli 1943 in Auschwitz durchgeführten Fleckfieberüberprüfungen. Außerdem notierte ein Mitarbeiter der Straßburger Anatomie 1943 heimlich die auf den Unterarmen der Toten eintätowierten Häftlingsnummern; APMAB, Hyg. Inst. 25/106110; USHMM 1997. A.0197, Reel 2 (Departmental Archives Bas Rhin in Strasbourg Records, 1941–1944). Auf dieser Grundlage ließen sich die Ermordeten identifizieren; siehe Hans-Joachim Lang, Die Namen der Nummern. Wie es gelang, die 86 Opfer eines NS-Verbrechens zu identifizieren, Hamburg 2004.

9 Die vermessenen nichtjüdischen Häftlinge verblieben in Auschwitz. Ende Juli 1943 wurden 29 jüdische Frauen und 57 jüdische Männer nach Natzweiler überstellt und dort am 11.8.1943 in der Gaskammer ermordet. Ihre Leichen wurden in das Anatomische Institut der Universität Straßburg gebracht. Aufgrund der Verlagerung des Instituts nach Tübingen kam es nicht mehr zum Aufbau der Skelettsammlung.

10 Männerkonzentrationslager.

DOK. 74

Die Gendarmerie in Kattowitz meldet am 23. Juni 1943 die Flucht von mehreren Juden aus einem Deportationszug nach Auschwitz[1]

Morgenmeldung Nr. 84/43 des Kommandeurs der Gendarmerie beim Regierungspräsidenten Kattowitz,[2] gez. Morschel,[3] Major und Stellv. Kommandeur der Gendarmerie, an den Oberpräsidenten der Provinz Oberschlesien in Kattowitz,[4] Gauamtsleiter Roden[5] in Kattowitz, Reg. Dir. Dr. Frantz[6] in Kattowitz, Sachgebiet I Reichsverteidigung in Kattowitz, nachrichtlich dem HSSPF Südost Breslau, dem Inspekteur der Ordnungspolizei Breslau, 23.6.1943 (Durchschlag)

1. Am 23.6.43, gegen 2.00 Uhr, entgleiste auf der Bahnstrecke Auschwitz–Trzebinia (Kreis Bielitz/Krenau) beim Kilometerstein 3,515 vor der dortigen Weichselbrücke ein Güterzug, der in Richtung Auschwitz fuhr. Die Lokomotive und 2 Wagen entgleisten, ein Wagen ist zertrümmert, der Rest des Zuges wurde nicht beschädigt, Personen kamen nicht zu Schaden. Die Entgleisung ist auf Sabotage zurückzuführen. Von bis jetzt unbekannten Tätern wurde eine Schiene losgeschraubt und die Lasche dazwischengeklemmt. Die Strecke wurde für den Verkehr gesperrt. Gendarmerie und Bahnschutz begehen die Strecke. Die Nachforschungen sind noch im Gange. Die in Betracht kommenden Dienststellen wurden verständigt.
2. Auf der Bahnstrecke Myslowitz–Auschwitz (Kreis Pless) sind von einem Transportzug, der in Richtung Auschwitz fuhr, in den späten Nachmittagsstunden des 22.6.43 mehrere Juden abgesprungen und versuchten zu entweichen.[7] Die Begleitmannschaft hat mehrere Flüchtlinge angeschossen bezw. erschossen. Von den trotzdem geflüchteten Juden wurden vom Gend. Posten Kostow, Kreis Pless, bis jetzt 2 festgenommen. Die Fahndungen nach den restlichen Juden, deren Zahl vom KZ Auschwitz nicht genau mitgeteilt werden konnte, sind in Gange. KZ Auschwitz hat die angeschossenen bezw. erschossenen Juden abgeholt. Staatsanwaltschaft, Gestapo usw. wurden benachrichtigt.
3. Am 21.6.43 wurde an der Straße Jensor–Dombrowa, Kreis Krenau, etwa 500 m von der Straße entfernt, im dortigen Wald eine männliche Leiche gefunden. Diese hatte bereits 48 Stunden unter der Erde gelegen. Da Würgemale am Halse der Leiche festgestellt wurden, besteht Mordverdacht. Die erkennungsdienstliche Behandlung wurde von der

1 AP Kat, 119/6266, Bl. 176.
2 Reinhard Genz (*1891), Offizier; 1933 NSDAP-, 1940 SS-Eintritt; Major der Gendarmerie in Oldenburg, 1939 Kommandeur der Gendarmerie in Lublin, später bei der Regierung in Kattowitz; soll von der Roten Armee gefangen genommen worden sein.
3 Nicht ermittelt.
4 Fritz Bracht.
5 Paul Roden (*1904), bis 1936 Paul Rorzyczka, Lehrer; 1929 NSDAP-Eintritt; 1935 Inspektor im Gau Schlesien in Breslau, 1936–1941 Verwaltungsleiter, von 1941 an Gaustabsamtsleiter im Gau Oberschlesien in Kattowitz, 1943 Gauamtsleiter, 1943–1945 MdR für den Wahlkreis Schlesien; nach dem Krieg Studienrat in Hamburg, Engagement in der Vertriebenenpartei GB/BHE und GDP.
6 Dr. Günther Frantz (*1880), ORR in Kattowitz.
7 Es handelt sich um einen Deportationszug, der poln. Juden aus den Gettos in Sosnowiec-Środula und Będzin-Kamionka nach Auschwitz brachte. Die Auflösung dieser Gettos begann im Juni 1943 und dauerte bis Aug. 1943 an.

Kriminalpolizeileitstelle Kattowitz in Angriff genommen. Die Personalien des Toten konnten bis jetzt noch nicht festgestellt werden. Die Leiche wurde von der Staatsanwaltschaft Kattowitz beschlagnahmt. Die Nachforschungen nach dem Täter sind im Gange.

DOK. 75
Der Leiter der Zentralbauleitung, Karl Bischoff, informiert am 28. Juni 1943 Hans Kammler über die Verbrennungskapazitäten der neuen Krematorien in Auschwitz[1]

Schreiben von Karl Bischoff, Leiter der Zentralbauleitung der Waffen-SS und Polizei, Auschwitz (Az. 31 550/Ja.[2]/Ne.), an das SS-Wirtschafts-Verwaltungs-Hauptamt, Amtsgruppenchef C, SS-Brigadeführer u. Generalmajor Kammler, Berlin-Lichterfelde-West, Unter den Eichen 126–135, vom 28. Juni 1943[3]

Betr.: Fertigstellung d. Krematoriums III
Bezug: ohne
Melde die Fertigstellung des Krematoriums III mit dem 26.6.1943. Mithin sind sämtliche befohlenen Krematorien fertiggestellt.
Leistung der nunmehr vorhandenen Krematorien bei einer 24 stündigen Arbeitszeit:

1.) Altes Krematorium I			
3 x 2	Muffelöfen	340	Personen
2.) Neues Krematorium K.G.L. II			
5 x 3	Muffelöfen	1440	Personen[4]
3.) Neues Krematorium III			
5 x 3	Muffelöfen	1440	Personen
4.) Neues Krematorium IV			
8	Muffelöfen	768	Personen[5]
5.) Neues Krematorium V			
8	Muffelöfen	768	Personen
Insgesamt bei 24 stündiger Arbeitszeit		4756	Personen[6]

1 RGVA, 502k/1/314, Bl. 14 a. Kopie: USHMM, RG 11 001M.03, Reel 41. Abdruck in: SS im Einsatz. Eine Dokumentation über die Verbrechen der SS, hrsg. vom Komitee der Antifaschistischen Widerstandskämpfer in der DDR, Berlin 1958, S. 269.

2 Josef Janisch.

3 Verteiler: Akt- Janisch (durchgestrichen und ersetzt mit Baum), Kirschneck, Registratur K.G.L. BW 30, Jährling (handschriftl.). Es handelt sich um die Durchschrift des Schreibens an das WVHA in den Unterlagen der Zentralbauleitung und ist daher nicht unterschrieben. Zur Überlieferung und Quellenkritik des Dokuments siehe Robert Jan van Pelt, The Case for Auschwitz. Evidence from the Irving Trial, Bloomington 2002, S. 343 f., 479–484.

4 Die Krematorien II und III besaßen eine tatsächliche Verbrennungskapazität von jeweils ca. 2500 Personen am Tag. Die im Dokument vermerkten Zahlen wurden niedriger angegeben, um die zahlreichen Unterbrechungen des Verbrennungsbetriebs durch Konstruktionsfehler und Havarien auszugleichen.

5 In den Krematorien IV und V konnten jeweils ca. 1500 Personen pro Tag verbrannt werden.

DOK. 76

Stanisław Kłodziński berichtet Teresa Lasocka am 30. Juni 1943, dass Menschen tagelang in den Deportationszügen nahe dem Lager Birkenau verharren müssen[1]

Kassiber von Stanisław Kłodziński, Auschwitz, an Teresa Lasocka in Krakau, vom 30.6.1943

L[iebe] *Tell*,
im Lager große Anspannung wegen der ständigen Erschießungen. Ständig kommen Zugänge[2] an. Seit zwei Tagen stehen an der Rampe Rajsko[3] 25 Waggons mit Juden. Sie warten, bis sie an der Reihe für das Krematorium sind. Gestern sind 64 deutsche Jüdinnen in den Bl[ock] 10 gekommen, die Versuchskaninchen werden.[4] Mit Janka Kow[5] ist es in Ordnung, sie wartet auf Bemühungen aus Krak[ów] bezüglich einer kommenden Lösung. Vielleicht lässt sich was machen.
Pakete erhalte ich – danke. Orthedrin[6] habe ich bekommen – gut.
Letztens gab es 3 große Erschießungen im Bl[ock] 11: die erste [betraf] Vermesser – etwa 9, die zweite am Montag etwa 30, und die dritte am Dienstag 29.6. – 40 Personen, Geiseln aus Warschau – wahrscheinlich für das Lösen von Eisenbahnschienen.[7] Es ist s[ehr] schwer auszuhalten, und wir leben in einer Zeit, wo weitere Massenaktionen zu erwarten sind. Trotzdem sind wir machtlos.
Die Sache mit dem öffentlichen Haus schreitet voran – es wird in Bl[ock] 24 entstehen, und man bereitet schon entsprechende Räume vor.[8]
Gehab dich wohl! Küsschen,
Staszek

6 Bis Frühjahr 1944 wurden selten mehr als 1000 Menschen pro Tag nach Auschwitz gebracht. Erst während der Ermordung der Juden aus Ungarn im Frühjahr und Sommer 1944 kam es zur maximalen Auslastung der Krematorien. Parallel wurden ermordete Häftlinge auf Scheiterhaufen und in Verbrennungsgruben verbrannt.

1 APMAB, Ruch Oporu, Bd. 1, Bl. 34. Abdruck in: Paczyńska, Grypsy (wie Dok. 51, Anm. 1), S. 70. Das Dokument wurde aus dem Polnischen übersetzt.
2 Im Original deutscher Begriff „Zugang“ mit poln. Pluralform.
3 Zwischen dem 24. und 29.6.1943 waren in Auschwitz mehrere Tausend Juden aus Sosnowiec und Będzin sowie aus Drancy und Berlin nach Auschwitz gebracht worden. Mit Rampe Rajsko ist die „Alte Rampe“, einige km vom Lager Birkenau entfernt, gemeint; siehe Dok. 17, Anm. 12. Die Rampe innerhalb des Lagers Birkenau existierte zu diesem Zeitpunkt noch nicht.
4 Seit dem Frühjahr 1943 führte Dr. Clauberg Sterilisationsexperimente im Block 10 des Stammlagers durch; siehe Einleitung, S. 34 f. Die im Dokument erwähnten Frauen waren am 29.6.1943 mit dem 39. Osttransport aus Berlin nach Auschwitz überstellt worden.
5 Janina Kowalczykowa.
6 Ein Amphetamin.
7 Am 25.6.1943 führte die Politische Abt. zahlreiche Vernehmungen in Block 11 durch. 55 Häftlinge, die Fluchtversuche unternommen hatten oder der Fluchtplanung verdächtig waren, sowie Häftlinge aus dem Vermesserkommando, die angeblich Kontakte zu Widerstandsgruppen außerhalb des Lagers hatten, wurden im Anschluss im Hof des Blocks 11 erschossen. Das in Auschwitz tagende Polizeistandgericht der Gestapo Kattowitz sprach am selben Tag 120 Todesurteile gegen poln. Bergarbeiter aus, die im Anschluss im Krematorium I erschossen wurden.
8 Im Block 24, in dem sich die Hauptschreibstube des Stammlagers sowie der Proberaum des Lagerorchesters und ein Lagermuseum befanden, errichtete die SS ab Juni 1943 ein Bordell, das im Okt. 1943 eröffnet wurde und bis in den Jan. 1945 existierte. Rund 60 deutsche, poln. und ukrain. Frauen wurden hier zur Prostitution gezwungen. Nur privilegierte nichtjüdische Funktionshäftlinge durften das Bordell besuchen.

DOK. 77
Witold Pilecki reflektiert nach seiner Flucht aus dem Lager im Juni 1943 über die Möglichkeiten zum Widerstand in Auschwitz[1]

Bericht von Witold Pilecki,[2] Nowy Wiśnicz, vom Juni 1943[3]

[…][4]
Im Herbst 1942 kamen Oberleutnant Stanisław Wierzbicki, [Czesław] Sikora, Kiliański und [Stanisław] Machowski (Personalabteilung) ins Lager, die ich von meiner Warschauer Arbeit kannte. Obwohl sie alle in der letzten Zeit in Warschau aktiv waren, wussten die erwähnten vier wenig über Auschwitz. Wierzbicki wusste zwar, dass er Witold finden müsse, aber sie wussten nichts von Massenvergasungen, nichts über „Kanada", nichts über Phenolspritzen, von den Geheimnissen von Block 10 oder über die „Wand der Tränen" in Block 11. Alle erklärten übereinstimmend, dass sie von unserem körperlichen Zustand überrascht seien (dem der polnischen Häftlinge). In Warschau würden sie denken, dass wir alle nur noch aus Haut und Knochen bestünden. Sie brachten uns traurige Nachrichten aus Warschau. Man denke dort nur wenig an Auschwitz; von Rettungsaktivitäten könne keine Rede sein, weil es sich nicht lohnen würde. Hier lebten schließlich nur Gerippe, die man nicht weiter gebrauchen könne. Es war bitter und lustig zugleich, bei diesen Worten auf die vor Gesundheit strotzenden Gestalten unserer polnischen Kameraden zu schauen. Wir bitten niemanden um Hilfe – wir warten auf den Befehl, der es uns ermöglichen soll, eigenständig Aktionen in Angriff zu nehmen. Letztendlich baten uns die Neuankömmlinge um Unterstützung. Nachdem sich unser Mitstreiter Motyk, der ein Bekannter und einstiger Untergebener von Machowski war, um diesen kümmern wollte, gaben wir die Übrigen in die Betreuung anderer und fanden für sie leichte Arbeiten. Geschichte wiederholt sich immer wieder. Die in den Lagern sterben, werden nicht verstanden. Und noch weniger die, die in den Lagern durchhalten. Die werden von den anderen genauso wenig verstanden wie damals in Zbaraż oder bei Chodkiewicz.[5] Es vergingen viele Jahre, bis ihrer Asche die entsprechen-

1 Original im Besitz der Familie Serafiński, Krakau. Kopie: APMAB, Wspomnienia, Bd. 130, S. 110–120. Das Dokument wurde aus dem Polnischen übersetzt.

2 Witold Pilecki (1901–1948), Offizier; 1939 Mitbegründer der Warschauer Widerstandsgruppe Tajna Armia Polska; im Sept. 1940 bei einer Razzia verhaftet und nach Auschwitz gebracht, im April 1943 Flucht, nahm am Warschauer Aufstand 1944 teil, danach in deutscher Kriegsgefangenschaft; im Nov. 1945 Rückkehr nach Polen als Verbindungsoffizier zu antikommunistischen Untergrundgruppen, 1948 zum Tode verurteilt und hingerichtet, 1990 rehabilitiert.

3 Pilecki versteckte sich nach seiner Flucht aus Auschwitz bei der Familie Serafiński in Nowy Wiśnicz, rund 120 km östlich von Auschwitz. Dort verfasste er diesen Bericht und vergrub ihn auf dem Grundstück der Familie. Teile davon verwendete er für seinen im Okt. 1943 verfassten „Raport W", der an die Heimatarmee weitergeleitet wurde; AAN, 1325/202-XVIII-1.

4 Auf den ersten zwei Seiten des Berichts schreibt Pilecki über die Organisation von Widerstandszellen, die sich für die Verbesserung der Lebensumstände im Lager einsetzten, über im Lager getötete Widerstandskämpfer und die Ermordung von Typhuskranken und Rekonvaleszenten in der Gaskammer im Sommer 1942.

5 In Zbaraż verteidigte im Jahr 1649 eine zahlenmäßig unterlegene poln. Einheit erfolgreich eine von Kosaken und Tartaren belagerte Stadt. Jan Karol Chodkiewicz, der Großhetman von Litauen, schlug im Jahr 1605 mit einer unterlegenen poln.-lit. Truppe bei Salaspils schwed. Truppen unter Karl IX.

de Ehre zuteilwurde. Die ganze Zeit haben mir einige suggeriert, dass meine Arbeit hier im Lager gegen den Willen fast der gesamten Gesellschaft sei. *Der Rest der Gesellschaft würde wünschen, dass der Pole, der ins Lager gebracht würde, sterben sollte, am besten so schnell wie möglich, nicht um sein Leben kämpfen, sich nicht um die Kameraden kümmern, niemandem Mut zureden sollte, und wenn er abtritt, falls er doch noch weiterlebt, sollte er Teil einer Herde schwerfälliger Schafe werden.* Solche sind natürlich nicht gefährlich – weder für den Feind noch für den Rest der Polen, die, bewusst oder unbewusst, den Eindruck vermitteln, als ob sie in ihren in den Lagern gefangenen Brüdern Konkurrenten für irgendwelche einst zu vergebende Ehrungen sehen würden. *Wir in den Lagern denken in unserer täglichen Arbeit nicht an Ehrungen. Wir kämpfen darum, unseren polnischen Brüdern möglichst viel Kraft für den Kampf zu geben und möglichst wenig polnische Existenzen dem Kamin zu überlassen. Und dabei erscheint ein Tag manchmal wie ein Jahr.*
[…][6]
Insgesamt wurden seit Bestehen des Lagers bis März 1943 11 200 Personen erschossen und etwa 34 000 Personen vergast. Außerdem vergaste man ohne Registrierung zu Tausenden ganze Transporte, vor allem Juden, die nicht ins Lager kommen, sondern in Rajsko[7] aufgehalten werden. Darunter auch Bevölkerung aus einigen polnischen Dörfern der Region Lublin, insgesamt 1 ½ Millionen Menschen.[8] Am Anfang hat man die Leichen in großen Gruben vergraben. Dort musste ein spezielles, aus Juden bestehendes Kommando arbeiten, das nur etwa zwei Wochen lebte und dann auch vergast wurde. Dann stellte sich heraus, dass diese Methode nicht gut war, denn das Wasser in der Umgebung begann zu stinken. Man grub die Leichen wieder aus und verbrannte sie auf Scheiterhaufen. Am Anfang wurde mit den Händen gearbeitet; später benutzte man Aufzüge. Im Krematorium konnte man sie nicht verbrennen, denn das war überlastet. Der Bau von zwei neuen Krematorien wurde geplant, mit jeweils acht Stellen, an denen man die Körper innerhalb von drei Minuten elektrisch verbrennen kann. Wenn man ausrechnet, dass man in zwei Schichten arbeitet und je zwei Leichen an einem Stand verbrennen kann, dann könnte man im Jahr in zwei Krematorien fünf Millionen Leichen verbrennen![9]
Der Plan wurde in Berlin schnellstmöglich bestätigt, und man machte sich an den Bau [der Krematorien]. Sie sollten eigentlich bis zum 1. Februar fertig sein, der Termin verzögerte sich aber, so dass sie im April fertig waren.[10]
Etwa 40 000 Menschen starben an den Lagerbedingungen. Außerdem tötete man mit verschiedenen Methoden 11 400 bolschewistische Kriegsgefangene. 6000 [Häftlinge] wurden in andere Lager transportiert, und etwa 1115 wurden entlassen. Im März 1943 lebten im Lager 29 000, und die laufende Nummer betrug 121 000.[11]

6 Es folgen zwei Seiten mit Reflexionen über die Berechtigung des Widerstands im Lager, Erfahrungen mit Funktionshäftlingen, über die zunehmende Gleichgültigkeit der Häftlinge angesichts des Todes sowie die Namen von erschossenen Mitgliedern des Widerstands.
7 Gemeint ist Birkenau; siehe Dok. 17, Anm. 12.
8 Die Zahl ist überhöht.
9 Die Öfen in den neuen Krematorien wurden mit Kohle beheizt; siehe Dok. 62 vom März 1943. Zur Kapazität der Krematorien siehe Dok. 75 vom 28.6.1943.
10 Zur Fertigstellung der Krematorien in Birkenau siehe Dok. 75 vom 28.6.1943.
11 Die Häftlingsnummer 121 000 (für männliche Häftlinge) wurde im Mai 1943 vergeben.

Die Vergasung gesunder Menschen machte nur beim ersten Mal einen tieferen Eindruck. Einige Monate nach Beginn des Kriegs mit den Bolschewisten waren einige Hundert Kriegsgefangene in das Lager eingeliefert worden. Von diesen wurden 700 in Anwesenheit einer Kommission in einem Raum im Block 11 untergebracht – die Gaskammern waren noch nicht fertig –, wo nach Abdichtung des Raums und in Anwesenheit des gesamten mit Gasmasken ausgestatteten Hofstaats 700 Personen hineingestopft wurden, so dass kein Platz mehr war, und vergast wurden. Die nach der Lüftung des Raums dort hineinschauen konnten, berichteten von dantesken Eindrücken. Von den Uniformen her, in denen sie vergast wurden, handelte es sich um bolschewistische Armeeangehörige verschiedener Einheiten. Es sah aus wie eine Probevergasung. Im November 1941 sah ich morgens, als ich aus dem Block herauskam, wie einige Reihen komplett nackter Menschen zum Krematorium marschierten. Es waren einige Hundert. Es fiel eisiger Schnee, und ich erzitterte vor Kälte beim Gedanken daran, wie kalt ihnen sein musste. Das waren Bolschewisten. Es war das erste Mal, dass sie lebende Menschen ins Krematorium führten, und ich wunderte mich, warum sie gerade dort diese Geschichte veranstalten, da man dort absolut keine Zeit für irgendwas anderes als das Verbrennen von Menschen hatte.[12] Die dort in zwei Schichten arbeitenden Häftlinge kamen mit der Menge an Körpern ihrer Kameraden kaum hinterher. Es stellte sich heraus, dass sie ausgezogen ins Krematorium gebracht wurden, um Zeit zu sparen.

Von Beginn an kam es sehr selten, aber hin und wieder, zu Freilassungen, insbesondere aus den Transporten, die nach Razzien in Warschau hergebracht worden waren. Aber seitdem die Vergasungen begonnen hatten, gab es keine Entlassungen mehr – bis Ende 1942, als etliche Häftlinge, vor allem Schlesier, die Deutsche Volksliste unterschrieben und das Lager verlassen konnten, um sofort an die Front geschickt zu werden, und so keine Zeit hatten, um über das Lager zu plaudern.

Im Februar 1943 schickte man 450 Frauen und Männer zu uns in den Block 2, die man wochenlang auf verschiedene Weise quälte, um sie zu Aussagen zu zwingen (Polen).[13] Im Block 11 ordnete Palicz,[14] ein besonders verbissener Henker, unterschiedlichste verbrecherische Spektakel an, zum Beispiel Kinder zu jagen. Er forderte Mädchen auf, hinter die Absperrungen zu laufen, und schoss dann auf sie wie auf Kaninchen. Weinen und Tod folgten ihm auf Schritt und Tritt, und er ging nach seinen Verbrechen lächelnd, erhobenen Hauptes und ruhig eine Zigarette rauchend davon. Er riss einer Mutter das Kind aus den Armen und schlug seinen Kopf an eine Wand. Von Frühjahr bis Herbst 1942 wurde unser Lager durch eine Mauer geteilt, hinter der sich das Frauenlager befand. Danach wurden die Frauen in das Lager nach Rajsko überstellt, wo sie unter weitaus schlimmeren Bedingungen als bei uns ums Leben kamen. Im Lager, im Dreck von Rajsko, fehlten Wasser und andere Annehmlichkeiten. Unser Lager umfasste am Anfang 20 zu diesem Zweck eingezäunte Baracken, von denen sechs mehrgeschossig

12 Im Lauf des Winters 1941/42 war die SS dazu übergegangen, Häftlinge nicht mehr im Block 11, sondern direkt im Gebäude des Krematoriums mit Zyklon B zu ersticken, siehe Einleitung, S. 17.

13 Siehe Dok. 71 vom 15.6.1943, Anm. 2.

14 Richtig: Gerhard Palitzsch (1913–1944), Arbeiter; 1933 NSDAP- und SS-Eintritt; von 1933 an Wachdienst in verschiedenen KZ, 1940 Rapportführer in Auschwitz, Juni 1943 Lagerführer im Zigeunerlager, Okt. 1943 in das Außenlager Brünn versetzt, Nov. 1943 Verhaftung wegen Diebstahl, Korruption und Rassenschande, zu einer mehrjährigen Haftstrafe verurteilt, begnadigt, Fronteinsatz, starb bei Kampfhandlungen in Ungarn.

waren und 14 eingeschossig. Während meines Aufenthalts im Lager baute man acht neue Blocks auf dem Appellplatz, und alle erhielten eine zweite Etage. Überall wurde eine Kanalisation angelegt. Die Toiletten und Pumpen unter freiem Himmel wurden beseitigt und in die Blocks verlegt. Alle diese Umbauten kosteten Tausenden Menschen das Leben. Die Steine und Dachziegel wurden per Hand aus einigen Kilometern Entfernung herangeschleppt. Im März 1943 wurden ganze Zigeuner-Familien zu uns gebracht. Zusammen mit Holländern, Juden, Franzosen, Deutschen, Jugoslawen, Griechen, Russen, Ukrainern, Belgiern, Bulgaren und Rumänen bildeten wir einen Turm zu Babel. Man begann darüber zu reden, dass alle Polen von hier fortgebracht würden, obwohl sofort klar war, dass sich die Lagerverwaltung niemals für ein vollständiges Fortschaffen der Polen einsetzen würde, da diese die besten Arbeiter waren. Dennoch entschied man, polnische Häftlinge abzutransportieren. Die Begründung war, dass eine so große Konzentration von Polen auf polnischem Gebiet, umgeben von polnischer Bevölkerung, im Hinblick auf die einfache Verständigung mit der Bevölkerung und die Möglichkeit, hier Landungstruppen oder Waffen zu platzieren, zu gefährlich sei. Die Freunde wollten das nicht zur Kenntnis nehmen – letztendlich entschied der Feind, dass es so ist.[15] In der Nacht vom 7. auf den 8. März 1943 begann man, die Nummern von polnischen Häftlingen in den Blocks aufzurufen, für die die Politische Abteilung keine weiteren Vernehmungen beziehungsweise Exekutionen vorsah. Abgesehen von dieser Nacht, wurden in zwei weiteren Nächten Nummern ausgerufen. Man machte das nachts, damit niemand Zeit hatte, seinen Verbleib im Lager zu organisieren. Man wusste, dass es den Polen als alten, erfahrenen Insassen immer noch irgendwie gelang, etwas zu drehen. Tagsüber könnte man zum Beispiel plötzlich schwer „erkranken". Außerdem war durch einzelne SS-Leute bekannt, in welchen Arbeitskommandos Polen gesucht würden (alle wollten am liebsten mit Polen arbeiten). Nachts hingegen konnte man nichts machen. Die Häftlinge gingen aus ihren verschlossenen Blocks in andere, spezielle Blocks, in denen ebenfalls alle Türen abgeschlossen wurden. Aufgeregt lauschten die Häftlinge daher den aufgerufenen Nummern. Einigen fiel ein Stein vom Herzen, wenn ihre Nummer vorgelesen wurde, denn das hieß, dass sie nicht weiter gequält und hier nicht erschossen würden. Oh Gott, warum ist meine Nummer noch nicht aufgerufen worden, hörte man die Kameraden sagen. Es gab aber auch welche, denen ein Abtransport überhaupt nicht passte. Sie hatten hier gute Posten, wo sie an Nahrungsmittel herankamen oder Verbindungen zu Zivilisten pflegen konnten oder Ähnliches. Und dort würde man wieder ein Zugang[16] sein. Wieder müsste man sich hocharbeiten, versuchen, nicht unterzugehen, und letztendlich würde es nicht jedem gelingen, die harte „Selektion" zu überstehen. Die meisten fanden jedoch, dass es sich lohnen würde, abzufahren. Es war schließlich schon lange bekannt (diese Ansicht hatten Häftlinge aus anderen Lagern mitgebracht), dass es so eine Hölle wie hier nirgendwo sonst gab. Außerdem ermunterten kameradschaftliche Verbindungen zur Abreise; die alten, eingespielten Cliquen wollten zusammenbleiben. Es war nicht möglich vorauszusehen, wer aufgerufen würde. Mitglieder der Fünfergruppen,[17] die uns sonst

15 Hier spielt Pilecki auf seine Enttäuschung an, dass Auschwitz von der poln. Armee nicht als Ort von bewaffneten Aktionen berücksichtigt wurde.

16 Im Original deutsch.

17 Der konspirative Widerstand in Auschwitz organisierte sich in einzelnen Zellen von maximal fünf Personen, um im Fall von Verrat oder Folter nicht die gesamte Struktur zu gefährden.

immer detaillierte Nachrichten aus der Politischen Abteilung brachten, konnten in diesem Fall nichts sagen. Die zwei Lagergötter, Grabner[18] und Palicz, bewachten eifersüchtig die Listen der zum Abtransport Bestimmten. Von unseren SS-Männern (es gab ein Dutzend SS-Männer im Lager, die mit unseren Volksdeutschen im Kontakt standen und die uns stets warnten, wenn was im Lager anstand und uns über Neuigkeiten informierten – und die uns übrigens nie enttäuscht haben. Einige von ihnen waren früher Unteroffiziere der Polnischen Armee. Sie informierten uns über die zahlenmäßige Belegung der Kasernen und erklärten uns, dass sie im Fall der Fälle auf unserer Seite seien und uns die Schlüssel von den Waffenmagazinen geben würden. Zwar brauchten wir die Schlüssel nicht, aber sie selbst – im Übrigen oft zwielichtige, unangenehme Typen – haben sich in dieser Hölle sehr nützlich gemacht und könnten weiterhin brauchbar sein.) war bekannt, dass die Lager, in die wir fuhren, die besten in Deutschland waren, dass es sich im Grunde nicht lohne, sich zu drücken, denn es würden Transporte in schlechtere Lager folgen. Ich wurde gleich in der ersten Nacht aufgerufen; ich sollte in das Lager Neuengamme fahren. Für den Rest der Nacht wurden wir in Block 12a und 19 eingeschlossen. Den ganzen nächsten Tag standen wir in Reih und Glied auf der „Birkenallee" und wurden von einer Ärzte-Kommission begutachtet. Die Untersuchung zog sich in die Länge und dauerte noch die ganze Nacht lang. Ich stand neben meinem Kameraden Tadzio Reklewski[19] und Kazio Radwański,[20] die nach Buchenwald fahren sollten. Sie waren der Ansicht, dass es besser sei, zu fahren. Ich riet ihnen ehrlich zu, denn Buchenwald gehörte, genau wie Neuengamme, zu den besseren Lagern. Bald kam der Moment der Untersuchung. Ich musste mich entscheiden. Der Abtransport würde für mich das Ende der Arbeit hier bedeuten. Tadzio meinte auch, dass wir uns leider verabschieden müssten. Meine Pflicht war es, in dieser Hölle zu bleiben. Es kam also darauf an, schnell zu handeln. Es näherte sich der Moment des Entweder-Oder. Ich war gesund wie ein Fisch und wog mehr als die normalen 75 kg. Ich schickte einen der Kameraden, der bisher den Abtransporten entgangen war, nach einem Bruchband, das man trägt, wenn man einen Leistenbruch hat, den ich nie im Leben hatte. Nachdem ich die Binde angelegt hatte, stand ich vor der Kommission. Es war 2 Uhr nachts, die Kommission war müde. Tadzio, der im Vergleich zu mir ein Hänfling war und überdies rund zehn Jahre älter, wurde ohne Zögern in den Transport aufgenommen. Doch als man mich sah, zeigte man mir wortlos den Ausgang. Es hatte also geklappt. Ich kehrte vom Transportblock in meinen eigenen Block zurück und ging am nächsten Tag zu meiner gewohnten Arbeit. Die Ärzte aus der Kommission nickten während der Untersuchung voll Bewunderung mit den Köpfen angesichts der gut gewachsenen, entwickelten, muskulösen Körper der polnischen Häftlinge. Viel hat „Kanada" dazu beigetragen. Seit größere Transporte vergast wurden, gab es den im Lager üblichen Hunger nicht mehr,

18 Maximilian Grabner (1905–1948), Polizeibeamter aus Wien; 1932 NSDAP-, 1938 SS-Eintritt; von Nov. 1939 an Kriminalsekretär in Kattowitz, von Mai 1940 an Leiter der Politischen Abt. in Auschwitz, im Nov. 1943 wegen willkürlicher Häftlingserschießungen und Diebstahl verhaftet; 1947 im Krakauer Auschwitz-Prozess zum Tode verurteilt und 1948 in Krakau hingerichtet.

19 Tadeusz Reklewski (*1890), Oberstleutnant der Poln. Armee; im Nov. 1940 nach Auschwitz gebracht, 1943 nach Buchenwald überstellt; weiteres Schicksal unbekannt.

20 Kazimierz Radwański (*1924), Schüler; im Mai 1942 nach Auschwitz gebracht, im Jahr 1943 nach Buchenwald überstellt, Neffe von Witold Pilecki.

die Hälfte der Polen hatte von allem genug. Außerdem waren seit November 1942 Lebensmittelpakete zugelassen. Am 10. März wurden insgesamt 5000 gesunde Polen weggeschickt. [...][21]

DOK. 78

Der Baustellenleiter Hermann Heisig muss sich am 9. Juli 1943 vor der Politischen Abteilung rechtfertigen, dass er jüdischen Häftlingen Kohletabletten zukommen ließ[1]

Konzentrationslager Auschwitz, Abt. II, gez. SS-Unterscharführer, Unterschrift unleserlich, v. g. u. Hermann Heisig,[2] Auschwitz, vom 9.7.1943[3]

Vernehmungsniederschrift
Vorgeladen erscheint der Baustellenleiter, Hermann Heisig, geb. 6.10.1904, wohnhaft Breslau, Yorckstraße 64, und erklärt folgendes:
Zur Sache:
Mir wurde heute von der Politischen Abteilung des KL. Auschwitz mitgeteilt, daß durch Vermittlung meines Bruders für die bei seiner Firma arbeitenden jüdischen Häftlinge ein Päckchen mit Kohletabletten abgegeben wurde. Ich erkläre ausdrücklich, daß es sich hierbei keineswegs um Bevorzugung der jüdischen Häftlinge handelt, da ich die Kohletabletten für meine ganze Belegschaft, die sich aus Ukrainern, Deutschen und Juden zusammensetzt, verwendet habe. Irgendwelche Briefe, Lebensmittel oder Geld habe ich weder durch die Vermittlung meines Bruders noch auf einem anderen illegalen Wege für die jüdischen Häftlinge meiner Belegschaft erhalten.
Ich nehme zur Kenntnis, daß ich mit strengen staatspolizeilichen Maßnahmen zu rechnen habe, wenn noch einmal festgestellt wird, daß zwischen jüdischen Häftlingen meiner Firma und deren Angehörigen Verbindung aufgenommen wird. Sollte ich in Zukunft von dem Vorhandensein solcher Verbindungen etwas erfahren, werde ich unverzüglich der Politischen Abteilung des KL.-Auschwitz Mitteilung machen.

21 Auf den letzten vier Seiten erklärte Pilecki seine Motivation zur Flucht, da er die Möglichkeit zum Widerstand durch den Abtransport vieler gesunder poln. Häftlinge sinken sah, beschrieb die Situation von Geistlichen und das religiöse Leben im Lager sowie die Einzelheiten seiner Flucht aus dem Lager in der Nacht vom 26. zum 27.4.1943 zusammen mit den Häftlingen Jan Redzej und Edward Ciesielski.

1 Original nicht aufgefunden. Kopie: BArch, B 162/8867, Bl. 1267.
2 Hermann Heisig (*1904), Baustellenleiter in Breslau; weiteres Schicksal ungeklärt.
3 Die Vernehmungsniederschrift wurde am 15.7.1943 der Staatspolizeistelle in Breslau zugesandt.

DOK. 79
Lagerkommandant Rudolf Höß ermahnt am 12. Juli 1943 die SS-Angehörigen, ihre Kinder vom Lagergelände fernzuhalten[1]

Standortbefehl 25/43 des Standortältesten, gez. SS-Obersturmbannführer und Kommandant Höß, vom 12.7.1943

[…][2]
5. Kinder im Lagerbereich
Ich habe festgestellt, daß Kinder sich tagsüber hier im Lager aufhalten und sich sogar auf den einzelnen Arbeitsstellen herumtreiben. Auch beim Aus- und Einrücken konnte ich beobachten, daß diese Kinder neben den geschlossenen Häftlingskolonnen mitgehen.
Ich verbiete das hiermit und weise auf die Gefahr hin, die bei einem evtl. Fluchtversuch durch die hierbei erforderliche Handhabung der Schußwaffe durch den Begleitposten für die Kinder mit sich bringt.
Außerdem bringt ein solcher Umgang der Kinder mit den Häftlingen einen derartig moralischen Nachteil mit sich, der von seiten der Eltern nicht zu verantworten ist. Die SS-Angehörigen haben ihren Frauen und Kindern diesbezüglich Anweisung zu geben und selbst darauf zu achten, daß ihre Kinder von den Häftlingen fernbleiben und sich nicht dauernd im Lager selbst oder auf den Arbeitsplätzen aufhalten.[3]
[…][4]

1 APMAB, Standortbefehle 1941–1943, D-Au-I-1/27, 27 a. Abdruck in: Standort- und Kommandanturbefehle (wie Dok. 9, Anm. 1), S. 305–307.

2 In den Punkten 1–4 geht es um die Erreichbarkeit von Mitarbeitern an Samstagvormittagen, die Unfallgefahr durch die elektrischen Drahthindernisse in Bauabschnitt II, die Anerkennung der KfZ-Werkstatt als truppeneigene Werkstatt und die Verpflichtung eines ständig erreichbaren Dauerdienstes in bestimmten Abteilungen.

3 Mehrere weitere Befehle, wie der Standortbefehl 42/43 vom 25.9.1943 und der Sonderbefehl vom 10.6.1944, zeigen, dass der Aufenthalt von unberechtigten Zivilpersonen im Lagerbereich ein dauerhaftes Problem für die Lagerführung darstellte.

4 Im Punkt 6 werden Aufenthaltsgenehmigungen für Besuche von Angehörigen einzelner SS-Männer bekannt gegeben.

DOK. 80

Stanisław Kłodziński informiert Teresa Lasocka am 14. Juli 1943, dass alle Juden an ihre Angehörigen schreiben mussten, um den Westen zu beruhigen[1]

Kassiber von Stanisław Kłodziński, Auschwitz, an Teresa Lasocka in Krakau, 14.7.[1943]

L[iebe] Tell,
heute erhielt ich [die Sendung] vom 25.6. Danke. Wenn es um die Publikation geht – man kann und man sollte. Schwierig, ja, es ist ein Risiko, aber was sollen wir machen. Einzelne Erschießungen gibt es immer.[2]
Am 13.7. *befahl man* allen Juden, nach Hause zu schreiben, mit Ausnahme der griechischen und der polnischen. Man befahl ihnen, um Lebensmittelpakete zu bitten und zu schreiben, dass sie gesund sind und es ihnen gut geht. Sie schrieben und gaben als ihre Adresse das Arbeitslager Birkenau, Post Neu Berun an. Die Griechen und Polen haben niemanden mehr, an den sie schreiben könnten. Ganz offensichtlich geht es um die Meinung des Westens, dass man die Juden nicht vernichtet.
Das Männerlager in Birkenau wurde in das Zigeunerlager, Bauabschnitt II, verlegt. Wahrscheinlich ziehen Frauen aus Ravensbrück in die verlassenen Baracken ein.[3] Vor einigen Tagen kam ein Transport mit Juden, 7500 Personen aus Lublin, Lager Majdanek. Die höchste laufende Nr. ist dort 93 000 – obwohl man teilweise die Nummern der vor Ort Verstorbenen neu an Lebende weiterverschiebt.[4]
Ich kann nicht mit Ryc[5] gehen – die Angst um die Familie hält mich zurück. Wenn sich jemand bei Dir auf mich oder meine Nummer beruft, hilf ihm.
Tell – ich danke Dir für alles. Der Rest der Bestellungen kam nicht an. Calcium ist nötig, Glukose – für Spritzen – in Päckchen – wie bisher.
Tell, ich warte auf Nachrichten. Genaueres gibt Ryc an.
Viele Küsse, ich drücke Dich,
Staszek
Hepato-Tabletten haben wir bekommen – [bitte auf] diesem Weg schicken.[6]

1 APMAB, Ruch oporu, Bd. 2, Bl. 80 a. Abdruck in: Paczyńska, Grypsy (wie Dok. 51, Anm. 1), S. 76. Das Dokument wurde aus dem Polnischen übersetzt.

2 Dies bezieht sich auf die Frage, ob Teresa Lasocka zuvor übermittelte Informationen öffentlich machen sollte oder nicht. Wenn einzelne Häftlinge durch inhaltliche Details als Quelle zu identifizieren waren, wurde in der Regel auf eine Publikation verzichtet, um den Häftling und seine Familie nicht zu gefährden.

3 Am 12.7.1943 verlegte man gesunde, arbeitsfähige Männer aus Arbeitskommandos aus dem Lagerabschnitt B I b nach B II d. Dieser Abschnitt befand sich neben dem sog. Zigeunerlager. In B I b blieben Häftlinge in drei Krankenbaubaracken zurück. Der Rest des Abschnitts B I b wurde zur Erweiterung des Frauenlagers genutzt. Die Informationen wurden im Dziennik Polski vom 7.8.1943 weitergegeben.

4 Am 26.6., 1.7., 8.7. und 11.7.1943 kamen in Auschwitz 2161 Juden und 2527 Jüdinnen mit Transporten aus Lublin-Majdanek an, die zum Arbeitseinsatz registriert wurden.

5 Józef Cyrankiewicz.

6 Die Unterstützer in Krakau versuchten, auf verschiedenen Wegen Medikamente ins Lager zu schmuggeln. Sie waren auf Rückmeldungen angewiesen, welche Wege zuverlässig waren.

DOK. 81

Alice Balla schickt im Juli 1943 verschlüsselte Nachrichten aus Birkenau an Ján Ondruška in die Slowakei[1]

Schreiben Alice Balla,[2] Auschwitz-Birkenau, an Ján Ondruška,[3] Oščadnica,[4] Juli 1943[5]

[…] Die Frau Halál[6] ist hier sehr fleißig. Zu Hause habe ich sie nicht gerne gehabt, aber hier bin ich ständig mit ihr zusammen so habe ich mich mit ihr befreundet […]

DOK. 82

David Soures aus Thessaloniki berichtet von seiner Sterilisation in Birkenau im Juli 1943[1]

Protokoll der Vernehmung von David Soures[2] durch den Untersuchungsrichter der Militärstaatsanwaltschaft der 1. Ukrainischen Front, Gardehauptmann der Justiz, Levin,[3] Übersetzung Althebräisch–Polnisch Arzt Wolman,[4] Polnisch–Russisch Dr. Gordon,[5] Oświęcim, vom 21.2.1945

Ich kam am 3. April 1943 mit einem Zug aus Griechenland in das Lager Auschwitz-Birkenau. Im Zug befanden sich mehr als 2500 Menschen, darunter auch meine 53 Jahre alte Mutter,[6] meine Schwester[7] mit ihrem Kind und ich. Von diesen 2500 Personen wurden ungefähr 300 ins Lager geschickt, die anderen, einschließlich meiner Mutter, meiner Schwester und ihres 5-jährigen Kindes, wurden direkt vom Zug in die Krematorien zur Verbrennung gebracht.

1 YVA, O.75/119 (Teilabschrift). Abdruck in: Walter Zwi Bacharach (Hrsg.), Dies sind meine letzten Worte … Briefe aus der Shoah, Göttingen 2006, S. 84, 328.
2 Alice Balla, Krankenschwester; im Juni 1942 aus Žilina nach Auschwitz deportiert, im Febr. 1943 zum Kommando Pflanzenzucht in Rajsko überstellt; weiteres Schicksal ungeklärt.
3 Nicht ermittelt. Vermutlich ein nichtjüdischer Bekannter von Alice Balla.
4 Ort in der Nordslowakei.
5 Das Dokument stammt aus einer während des Kriegs von der slowak. Judenzentrale in Bratislava angefertigten Sammlung von Abschriften aus privaten Briefen und Karten slowak. Jüdinnen und Juden aus Birkenau und Lublin-Majdanek für den Zeitraum Juni/Juli 1943. Die Abschrift besteht nur aus diesen erhalten gebliebenen Sätzen.
6 Ungar. für Tod.

1 GARF, P 7021/108/7, Bl. 30–34. Kopie: ITS, 1.1.2.0., Dok-ID 82 347 850–82347855. Das Dokument wurde aus dem Russischen übersetzt.
2 David Soures (1915–1999) aus Thessaloniki; im April 1943 nach Auschwitz deportiert, im Jan. 1945 dort befreit; kehrte nach Griechenland zurück und wanderte 1951 nach Israel aus.
3 Vermutlich Nikolaj Afanasevič Levin (*1918), 1942 Ermittler bei der 7. Garde-Luftlandedivision; nach dem Krieg General der Justiz und Militärstaatsanwalt des Militärbezirks Transbaikal.
4 Jakob Wolman (*1914), Arzt aus Łódź; am 29.4.1942 nach Auschwitz deportiert, im Jan. 1945 befreit; im Febr. 1945 als Dolmetscher für die Sowjet. Untersuchungskommission tätig.
5 Jakob Gordon (*1910), Arzt aus Jeziory bei Grodno; Verhaftung im Juli 1942, inhaftiert im Lager Kiełbasin, Dez. 1942 im Getto Grodno, am 22.1.1943 nach Auschwitz deportiert, als Blocksanitäter eingesetzt; im Febr. 1945 als Dolmetscher für die Sowjet. Untersuchungskommission tätig.
6 Dona Kounio, geb. Jakob (1875–1943) aus Thessaloniki.
7 Rachel Asteria Soures (1925–1943) aus Thessaloniki.

In Birkenau arbeitete ich als ungelernter Arbeiter sieben bis acht Monate in einer Weberei. Etwa im Juli 1943 wurden ich und 10 weitere Personen griechischer Nationalität auf irgendeiner Liste erfasst und ins Frauenlager Birkenau gebracht, in Block 31, in dem sich zwei Röntgenapparate befanden.[8] Anfangs sagte man mir nicht wozu, dann zwang man uns alle, uns auszuziehen, und jeweils zwei wurden einer Röntgensterilisation unterzogen. Bestrahlt wurden die Hoden, Schmerzen verspürte ich nicht dabei. Ungefähr einen Monat nach der Sterilisation brachte man mich mit der restlichen Gruppe in die zentrale Abteilung des Lagers Auschwitz, wo sich schon viele junge Leute aus anderen Blocks befanden. Sie sagten uns, dass wir operiert würden, aber nicht zu welchem Zweck. Nachdem man mich untersucht hatte, schickten sie mich zurück nach Birkenau. Ich wurde nicht operiert, weil ich vom Röntgen Verbrennungen am Hodensack hatte. Im Oktober 1943 kam ich erneut nach Auschwitz, in Block 21, wo ich kastriert wurde.[9] Der linke Hoden wurde entfernt. Wer genau diese Operation und Sterilisation durchgeführt hat, weiß ich nicht, die Namen der Ärzte kenne ich nicht.[10]
Unter den Kastrierten befand sich auch mein Freund Saltial, Sam,[11] der mit einem Transport am 18. Januar 1945, als die deutschen Faschisten das Lager vor der vorrückenden Roten Armee evakuierten, verschleppt wurde. Namen anderer Personen, an denen Sterilisationen und Kastrationen durchgeführt wurden, sind mir nicht bekannt.

8 Seit Nov. 1942 bestrahlte Dr. Horst Schumann die Hoden jüdischer Männer in Block 30 des Frauenlagers in Birkenau (B I a) mit zwei Siemens-Röntgenapparaten. Mehrere Wochen später wurde die Samenflüssigkeit der Männer auf die Existenz und Vitalität von Spermien überprüft; siehe Dok. 109 vom 29.4.1944.

9 Die anschließende Kastration sollte der histologischen Untersuchung der bestrahlten Fortpflanzungsorgane dienen. Operative Kastrationen sind für den Zeitraum von Sept. 1942 bis Jan. 1945 durch die Evidenzbücher der Chirurgischen Abt. des Häftlingskrankenbaus im Stammlager belegt. Zwischen 15.9. und 15.12.1943 wurden 106 Kastrationen durchgeführt.

10 Die Operationen in Block 21 wurden – oft in Anwesenheit Schumanns – von den Häftlingsärzten Dr. Władysław Dering und Dr. Jan Grabczyński durchgeführt.

11 Samuel Saltiel (*1920) aus Thessaloniki.

DOK. 83

Der Standortälteste von Auschwitz gewährt am 6. August 1943 den an Vernichtungsaktionen beteiligten SS-Angehörigen ein freies Wochenende als Anerkennung für die geleistete Arbeit[1]

Standortbefehl 31/43 des SS-Standortältesten i.V. gez. SS-Hauptsturmführer Aumeier, 6.8.1943

[…][2]
3. *Dienstbetrieb*
Als Anerkennung für die in den letzten Tagen von allen SS-Angehörigen geleistete Arbeit anläßlich der Sonderaktion[3] hat der Kommandant befohlen, daß ab Sonnabend, den 7.8.43, 13.00 Uhr bis einschließlich Sonntag, den 8.8.43, jeglicher Dienstbetrieb ruht. Es rücken an diesen Tagen nur die unbedingt notwendigen Kommandos, wie Tierpfleger usw. aus. Soweit Arbeiten innerhalb der betreffenden Lager auszuführen sind, wozu eine Postengestellung nicht erforderlich ist, sind diese auszuführen.
[…][4]
7. *Häftlingszugänge*
Es ist wiederholt festgestellt worden, daß SS-Angehörige, die mit der Abwicklung der eingehenden Transporte nichts zu tun haben, sich an der Ausladestelle usw. aufhalten. Ich verbiete allen SS-Angehörigen, außer denen, die zum Dienst hierzu eingeteilt sind, das Betreten der Rampe usw. Zuwiderhandelnde sind mir zur Bestrafung zu melden.[5]
[…][6]

1 APMAB, D-Au-I-1/32 Standortbefehle, Bd. 1, S. 147–152. Abdruck in: Standort- und Kommandanturbefehle (wie Dok. 9, Anm. 1), S. 320–323.

2 In den ersten beiden Punkten geht es um die Beschädigung von Weidezäunen und die Einziehung von Kraftfahrzeugen.

3 Am 1., 2., 3. und 5.8.1943 waren rund 28 000 Juden aus den Gettos in Będzin und Sosnowiec nach Auschwitz deportiert worden; rund 22 000 von ihnen wurden unmittelbar darauf ermordet. Parallel dazu trafen Judentransporte aus Mechelen (Malines), Drancy und Berlin in Auschwitz ein.

4 In den Punkten 4, 5 und 6 geht es um die Zuteilung von SS-Nachrichtenmaiden an die Fernsprechabt., die Verlegung der Gendarmerie-Abt. Auschwitz nach Zator und um ärztliche Untersuchungen von Arrest-Häftlingen.

5 Der Aufenthalt an der Rampe ermöglichte es den SS-Leuten, aus dem Hab und Gut der Deportierten Geld, Schmuck und Lebensmittel für den Eigenbedarf zu entwenden.

6 In den Punkten 8 bis 13 geht es um Fahrradständer, Aufenthaltsgenehmigungen für Angehörige, das Einreichen von Urlaubsscheinen, die Abnahme von Führerscheinprüfungen, die Lage der Diensträume der NSDAP-Ortsgruppe Birkenau-Auschwitz und verlorene Gegenstände.

DOK. 84

Maria Tajtelbaum muss am 13. August 1943 für fünf Tage in die Stehzelle, weil sie Äpfel von einem Baum pflückte oder dabei zusah[1]

Meldung des Fr. Konz.-Lagers Auschwitz, Abt. III, bekanntgegeben am 13.8.1943: Die Rapportführerin, unterz. Drechsel,[2] gesehen und weitergeleitet: Lagerführerin Mandl,[3] gez. SS-Hauptsturmführer Kramer,[4] vom 13.8.1943.

Ich melde die Tajfelbaum, Marie,[5] geb. 21.9.1920 Warschau, Schutz-Juden-Häftling Nr. 47332, weil sie am 5.8., 11.40 bei der SS-Unterkunft Birkenau Äpfel abgeschlagen bezw. dabeigestanden und das Abschlagen still geduldet hat.
Strafe: 5 Tage Stehzelle[6]

1 APMAB, D-Au-I-2, Meldunki karne, Bd. 1, Bl. 3a. Abdruck in: Zeszyty Oświęcimskie, 3 (1958), S. 44.

2 Margot Drechsel.

3 Maria Mandl (1912–1948), Hilfsarbeiterin; 1937 Postangestellte, 1938 Aufseherin im KZ Lichtenburg, 1939 im KZ Ravensbrück, dort seit 1942 Oberaufseherin, von Anfang Okt. 1942 an Oberaufseherin im FKL Auschwitz-Birkenau, Nov. 1944 Versetzung in das Dachauer Außenlager Mühldorf; im Sept. 1946 an Polen ausgeliefert, 1947 in Krakau zum Tode verurteilt, 1948 hingerichtet.

4 Herbert Günther Kramer (*1906), Vertreter; 1930 NSDAP-, 1932 SS-Eintritt; Okt. 1942 Lagermannschaft Mauthausen, Nov. 1942 Lagermannschaft Auschwitz, zeitweise Kompanieführer, von Herbst 1943 an im SS-Pionier-Ausbildungs- und Ersatz-Bataillon 1; lebte nach 1945 als Versicherungskaufmann in Kiel.

5 Richtig: Maria Tajtelbaum (*1920), Schneiderin; am 5.5.1943 in Warschau verhaftet, zunächst in das KZ Lublin-Majdanek und am 26.6.1943 nach Auschwitz überstellt, im Dez. 1944 in der Häftlingsschneiderei im Kommando Bekleidungswerkstätten eingesetzt; weiteres Schicksal ungeklärt.

6 Am 7.8.1943 wurde Maria Tajtelbaum ein zweites Mal beim Äpfelpflücken gesehen und gemeldet. Ebenfalls bestraft wurde Sara Szejwac (*1925) aus Warschau; wie Anm. 1, Bl. 1a, 2a, 4a.

DOK. 85
Ein SS-Mann berichtet dem polnischen Untergrund Mitte August 1943 über die Situation in Auschwitz[1]

Anlage 7, 8, 9 des Berichts zur Lage in den Westgebieten (Raport o sytuacjych na Ziemiach Zachodnich)[2] Nr. 6, nach dem 15. 8. 1943[3]

Anlage Nr. 7
Beschreibung des KL Lagers Auschwitz
Pkt. 1)
Die Zahl der Häftlinge beträgt 137 000 fortlaufend.[4]
Pkt. 2)
Die Sterbezahl (Polen) im Jahre 1940–41–42 betrug in der Winterzeit durchschnittlich von 80–130 täglich.
Pkt. 3)
Die Todesfälle waren am meisten durch Mißhandlung von Capo und Posten, Unterernährung und epidemische Krankheiten, welche durch Ungeziefer und Schmutz des Lagers entstanden sind und welche man nicht ausheilen läßt (Typhus und Ruhr).
Pkt. 4)
Die Sterbefälle nahmen im Jahre 1942 Ende und 1943 ab.
Pkt. 5)
Ungefähr 80 % der Häftlinge (Polen) wurden im Jahre 1943 nach Dachau, Mauthausen, und Arbeitslager Hamburg, Bremen, Wilhelmshaven usw. abtransportiert.[5]

1 AAN, 1325/202-III-139, Bl. 238–248. Abdruck in poln. Sprache: Marczewska/Ważniewski, Oświęcim (wie Dok. 3, Anm. 1), S. 124–130. Das Dokument ist in deutscher Sprache verfasst, sprachl. Eigenheiten und Fehler wie im Original.

2 Der Bericht zur Lage in den Westgebieten wurde regelmäßig von der Westabteilung der Abt. Information und Presse der Regierungsdelegatur herausgegeben, gliederte sich territorial in die Abschnitte Großpolen, Pommern, Oberschlesien, Teschener Schlesien und Olsa-Gebiet und enthielt in der Regel am Ende Anhänge mit Abschriften von Dokumenten und Befehlen der deutschen Besatzungsbehörden.

3 Der Bericht nimmt im Abschnitt Oberschlesien Bezug auf die Anlagen 7, 8, 9. Es handele sich um Berichte eines SS-Manns aus der Schreibstube des Lagers Auschwitz. Alle Daten seien auf Grundlage von Dokumenten erstellt und daher präzise. Da der Autor weiterhin für den Lageruntergrund arbeite, seien Hinweise zur Quelle zu vermeiden und die Zahlen zu runden; wie Anm. 1, Bl. 199. Möglich ist auch, dass Angehörige des poln. Untergrunds den Bericht selbst verfassten – darauf verweisen der starke Fokus auf poln. Opfer im Bericht und die sprachlichen Fehler. Der Bericht wurde im Sept. 1943 in poln. Sprache als Beilage der Informacja Bieżąca Nr. 37 (110) und in Sprawozdanie 11/43 publiziert, erreichte spätestens im Jan. 1944 die poln. Exilbehörden in London und im März 1944 das US War Department.

4 Am 10. 6. 1943, dem Tag, an dem der erste Teil des Berichts unterschrieben ist, waren 170 667 Nummern der regulären Registrierung für Männer und Frauen sowie 17 128 Nummern für Roma und Sinti (Z-Nummerierung) vergeben.

5 Rund 25 000 poln. nichtjüdische Häftlinge wurden bis Ende 1943 in die KZ Dachau, Mauthausen sowie Neuengamme bei Hamburg und andere Lager im Reich überstellt. Von Neuengamme aus wurden sie in Arbeitskommandos der SS-Baubrigade II zur Trümmerbeseitigung und Aufräumarbeiten in den genannten Städten eingesetzt.

Juden
Pkt. 1)
Bis September 1942 wurden in Auschwitz 468 000 nicht registrierte Juden vergast. Von September 1942 bis Anfang Juni 1943 kamen ungefähr 60 000 Juden aus Griechenland (Saloniki, Athen).
Aus der Slowakei und aus dem Protektorat Böhmen und Mähren 50 000, Holland, Belgien und Frankreich kamen ungefähr 60 000. Aus Krenau (eh. Polen) 6000, aus Kenty, Saybusch, Sucha und Slemien und Umgebung 5000. Von diesen Menschen leben heute 2 %. Von diesen 98 % sind zumeist ganz gesunde junge Menschen ins Gas geschickt worden, und halb lebendig verbrannt.[6] Jeder Transport, der in Auschwitz ankommt, wird ausgeladen und Frauen und Männer separat aufgestellt, sodann werden wahllos 98 % (zumeist Frauen und Kinder) auf Autos verladen und nach Birkenau in die Gaskammer abtransportiert und nach einer furchtbaren Qual in der Gaskammer, welche 10–15 Minuten dauert (ersticken), werden die Leichen durch eine Öffnung herausgeworfen und auf Scheiterhaufen verbrannt. Bemerkt muß werden, daß die Leute vor Eintreffen in der Gaskammer aufgefordert werden, zum „Baden" hereinzugehen.
Wegen Mangel an Giftgasen wurden die Leichen auch nur halbtot schon verbrannt. Jetzt errichtete man in Birkenau 3 große Krematorien, die täglich je 10 000 Mann fassen, welche ständig Leichen verbrennen und von der hiesigen Bevölkerung als „ewiges Feuer" bezeichnet werden. Der restliche 2 % des Transportes wird aufgeteilt ins Frauenlager nach Birkenau und ins Männerlager Auschwitz und Birkenau gesandt. Das Frauenlager in Birkenau ist der schrecklichste Ort, den sich überhaupt die Menschheit vorstellen kann. Es ist dort weder Wasser noch die nötigste Hygiene, die man zu dem primitivsten Lebensunterhalt benötigt. Der Außenarbeiter d. h. Feldarbeiter kann überhaupt zu keiner Reinlichkeit kommen und geht in der kürzesten Zeit zu Grunde, da er keine Möglichkeit hat, sich die geringste Krankheit auszuheilen.
Außerdem befindet sich noch ein Krematorium im Männerlager bei Raisko, wo auch die Hingerichteten aus den Gefängnissen Kattowitz usw. durchschnittlich jede 14 Tage 30 Mann verbrannt werden.[7] Außerdem werden besonders starke Mädchen (Jüdinnen) im Männerlager zu Versuchen verwendet, an denen man künstliche Befruchtung[8] und Sterilisierung durchführt. Diese Menschen gehen selbstverständlich mit der Zeit auch zu Grunde.
Zur Bewachung der Häftlinge werden sehr viele Ukrainer hergenommen und haben sich vor kurzer Zeit auch einige hundert slowakische Soldaten freiwillig als SS-Männer nach Auschwitz gemeldet.[9]
Die Häftlinge mußten im Winter ohne Winterwäsche und mit Holzschuhen bis zu einer Kälte von 25 Grad im Freien arbeiten, sodaß man täglich von den Arbeitsstellen sehr viele erfrorene Leichen zurückgetragen hat.

6 Die Zahl der ins Lager eingewiesenen Häftlinge schwankte je nach Arbeitskräftebedarf, meist zwischen 10 und 20 %.
7 Gemeint ist das Krematorium I im Stammlager.
8 Für künstliche Befruchtungen existieren keine Belege.
9 Im März 1943 waren 150 ukrain. Trawniki-Männer nach Auschwitz verlegt worden, die eine separate Wachkompanie, die 8. Ukrainer-Kompanie, bildeten. Außerdem warb die SS von 1941 an für den Einsatz von volksdeutschen Freiwilligen im KZ-System. Im Jan. 1943 wurden 1200 slowak. Rekruten als Bewachungskräfte in das KZ-System eingegliedert, davon 200 nach Auschwitz.

In den letzten Tagen kamen mehrere Polen-Transporte aus der Gegend Radom, Lublin, Siedlce, welche nicht mehr vergast wurden, sondern wegen schweren politischen Vergehens am nächsten Tag im Walde von Birkenau (Brzezinka) erschossen wurden.
Zigeunerlager
Im Jahre 1943 wurden ungefähr 10 000 Zigeuner von sämtlichen besetzten Staaten wie auch vom Reich nach Birkenau ins Konzentrationslager genommen, welche ohne Unterschied der Altersgrenze zu schweren Arbeiten herangezogen wurden. Seit einigen Tagen werden aber auch bei den Zigeunern wahllos Vergasungen vorgenommen.[10]
Auschwitz, den 10.6.1943
Ab 20.6. kommen in das KL Auschwitz (Birkenau) Massentransporte u. zw. ein Transport 870 Mann aus Nizza Südfrankreich, ein Transport aus Berlin über 500 Mann, aus Saloniki 900 Mann, 2 Transporte aus Bendsburg 1000 Mann, ein Transport aus Sosnowitz, einer aus Lublin 391 Mann.
Diese Transporte sind zu 80 % Juden und zu 20 % Zigeuner aus Griechenland und Südfrankreich.
Von diesen Leuten sind vielleicht 10 % lebend im Lager geblieben, die anderen 90 % wurden gleich bei der Ankunft in die Gaskammer geführt und vergast.[11] Speziell Kinder und Frauen kommen überhaupt nicht ins Lager.
Seit dieser Zeit kommen auch sehr viele Transporte von Polen (Frauen, Kinder, Greise). Seit neuester Zeit werden diese auch zumeist hingerichtet; auch das Töten durch Enthauptung ist schon eingeführt worden.[12]
Die Vergasung der Polen hat im Lager sehr Hand genommen. Sehr viele Häftlinge, die schon 3–4 Jahre hier sind und unter den schrecklichsten Entbehrungen gelitten haben, sind nachdem sie sich so lange Zeit gehalten haben, ganz gesund vergast worden, nur weil sie eventuell Intelligenzler waren. Bei der Vergasung gibt es keine Regel, ganz wahllos auf wen das Los fällt, wird mitgeschleppt.
Jeden Tag werden neu und immer neue aussortiert.
Die polnischen Transporte kamen zumeist aus der Gegend von Radom, Lublin, Tarnobrzeg und Sandomierz.
In der Nacht vom 3. auf den 4.7.43 sind 16 Ukrainer, die hier von SS-Untersturmführer Lange[13] zu Posten ausgebildet wurden, bewaffnet mit viel Munition durchgebrannt.[14] Hierauf wurden sämtliche ukrainische Posten verhaftet. Diese liefen in der Richtung Groß-Chelm und wollten über den Fluß Przemsza in die benachbarten Wälder von Jaworzno sich durchschlagen. Die Gendarmerie von den nächstliegenden Ortschaften begab sich auf die Suche, und es kam zu einer regelrechten Schlacht zwischen den geflüch-

10 Siehe Einleitung, S. 39.
11 Diese Informationen gab der Chef der Spezialeinheit beim Obersten Befehlsstab, Michał Protasewicz, am 14.8.1943 an den Obersten Befehlshaber Kazimierz Sosnkowski weiter; SPP, Oddział VI, A 255, Bl. 16.
12 Dafür gibt es keine weiteren Belege.
13 Theodor Lange (1918–1944), Angestellter aus Essen; 1938 SS-Eintritt; Dez. 1942 bis Sept. 1944 in Auschwitz, Kompanieführer der 8. Ukrainer-Kompanie und der sog. Wehrmachts-Ausbildungskompanie, 1944 SS-Ostuf., Adjutant im Kommandanturstab, danach SS-Panzergrenadier-Ersatzbataillon, in der Maas ertrunken.
14 Siehe Anm. 9.

teten Ukrainern und der Gendarmerie. Diese wußte selbst nicht mehr, wer zu den Geflüchteten gehörte und beschoß sich gegenseitig. Erst als Verstärkung von Kattowitz und Myslowitz kam und außerdem mit einigen Panzerautos und die SS-Männer bewaffnet mit automatischen Handpistolen eingriffen, kam es zu einem regelmäßigen Gefecht, bei welchem 2 SS-Männer getötet,[15] 4 schwerverletzt und 8 verwundet wurden. Von den Ukrainern sind 11 gefallen und 4–5 wurden gefangen genommen und nach schrecklicher Folterung zu Tode gemartert. Nach einigen Tagen wurde auch Untersturmführer Lange gefangen. Nach Aussagen anderer Ukrainer waren die Geflüchteten zumeist russische Offiziere.[16] Nachdem mit den Häftlingen immer 1 Ukrainer und 1 deutscher Posten ging, wurden sämtliche Posten entwaffnet. Die Ukrainer waren 4 Tage eingesperrt. Die Kompanie, aus welcher die Geflüchteten stammen, wurde niedergeknallt. Seit Freitag, dem 9.7., bekommen die Ukrainer während des Tages wieder Waffen und Munition, machen weitere Militärausbildung auf der Schießstätte in Raisko. Vor der Nacht nimmt man ihnen die Waffen ab.

Hierauf wurde am 5.7. ein Standortbefehl erlassen, in welchem der Kommandant des Lagers Obsturmbannf. Höß mitteilt, daß bei Ausübung des Dienstes gegen die Bandenbekämpfung, die SS-Scharf. Reinicke und Sch. Stephan Rahberger gefallen sind.[17]

In der letzten Zeit kommen sehr viele Typhusfälle vor, hauptsächlich im Frauenlager in Birkenau, wo ganze Blöcke deshalb gesperrt werden. Selbstverständlich werden die vergast, ja sogar nur Typhusverdächtige werden auch schon vergast. Dies ist aber bei den schrecklichen Verhältnissen, die im Frauenlager in Birkenau herrschen, kein Wunder. Dort gibt es weder Wasser, noch sonst die zur Reinlichkeit am dringendsten benötigten Sachen.

Auch im Zigeunerlager herrscht das Fleckfieber, sodaß der Kommandant Höß den Befehl ausgeben mußte, daß sämtliche SS-Männer, die im Zigeunerlager Dienst ausüben, getrennt von den übrigen SS-Männern untergebracht werden und nach Dienstschluß täglich gebadet und auf Läusefreiheit untersucht werden.

Auschwitz, den 10.7.1943

Anlage Nr. 8

Beschreibung des KL Lagers Auschwitz (Fortsetzung)

Die Massenhinrichtungen vom 15. Juli bis 8.8.1943

Polen: Nach dem 15.7. kamen Massentransporte von polnischen Geiseln u. zw. 1 Transport aus Tarnow, 1 Transport aus Krakau, 1 Transport aus Lublin, 1 Transport aus Radom, 1 Transport aus Warschau. Sämtliche wurden in Auschwitz in gefesseltem Zustande d. h. Hände u. Füße gefesselt in einem Gefängniswagen gebracht. Alle diese Menschen wurden sofort hingerichtet.

Am 17. Juli entfloh aus dem Lager ein Häftling und deshalb wurden 12 Polen hingerichtet. Zu dieser Hinrichtung wurden lauter Intelligenzler ausgewählt, zumeist Ärzte,

15 SS-Scharführer Karl Rainicke und SS-Schütze Stephan Rachberger.

16 Nach diesem Vorfall wurden die ukrain. Trawniki-Männer größtenteils nach Buchenwald überstellt. Das WVHA, Amt D I ordnete an, dass in Zukunft keine Kompanien aus ausschließlich volksdeutschen und ausländischen SS-Angehörigen gebildet werden durften.

17 Standortbefehl vom 5.7.1943; Standort- und Kommandanturbefehle (wie Dok. 9, Anm. 1), S. 301.

Rechtsanwälte und Ingenieure. Es wurde gedroht, *daß bei einer neuen Flucht 100 andere erschossen werden.*[18]
Es kommen wöchentlich ungefähr 2–3 Polentransporte, wovon die meisten Männer als auch Frauen hingerichtet werden. Auch Hinrichtungen an Häftlingen, die schon lange Zeit eingesperrt sind, ist an der Tagesordnung.
Am 28. Juli fand in Auschwitz eine Aussiedlung von Polen statt. Es wurden hauptsächlich ältere Leute genommen und Frauen und Kinder deren Männer bezw. Väter entweder im Krieg gefallen, Kriegsgefangen, in den Konzentrationslagern oder hingerichtet wurden, genommen. Von denen kam ein Teil nach Oderberg, ein Teil ins G.G. und ein kleiner Teil der ganz Alten wurde im KL belassen, die wahrscheinlich vergast und sodann verbrannt werden, da man von ihnen überhaupt keine Nachricht bekam.
Tschechen: Während dieser Zeit kamen auch zwei Transporte von je 100 Mann aus Tschechei, wovon 50 % wegen angeblichen Hochverrats hingerichtet wurden. 50 % verblieben weiter im KL Auschwitz.
Auch zwei Transporte von Tschechen, die schon längere Zeit im KL Auschwitz waren, wurden nach Buchenwald überführt.
Juden: Vom 15. Juli bis 1.8. kamen vereinzelte Transporte von Juden aus den verschiedenen Arbeitslagern in Deutschland. Diese Menschen waren nur mehr als Leichen zu betrachten. Es waren ganz bagezerte[19] Körper, die schon von der Arbeit, Qualen und Entbehrungen nicht mehr auf den Füßen stehen konnten. Den Weg vom Waggon ins Auto konnten sie nicht mehr zurücklegen und wurden von den SS-Leuten ganz einfach auf den Weg geworfen wie ein Stück Holz. Diese kamen alle gleich nach Birkenau, wo sie vergast wurden.
Für den 1.2. und 3.8. war eine Entlausung des gesamten Männer- und Frauenlagers angesagt. Diese Entlausung ist nichts anderes als eine Massenvergasung. Es wurden sämtliche nur halbschwache Menschen ausgesucht, gleich ob Arier oder Jud, und wessen Gesicht nur einem [der] SS-Männer nicht gefiel, wurde aussortiert und zur Vergasung geschleppt.
Zugleich mit dieser Entlausung fand eine Aussiedlung sämtlicher Juden aus Sosnowitz, Bendsburg statt. Es kamen 15 komplette Eisenbahnzüge von ca. 15 000 Menschen. Außerdem fuhren die ganzen Nächte Autos hin und her.[20]
Auf einem Wagen mußten 100 Leute Kinder und Frauen und Männer hineingepfercht werden. Ebensoviel auf jedem Anhänger eines jeden Wagens. Diese Leute kamen schon in einem ganz unmenschlichen Aussehen hier an. Auf freiem Felde wurden sie von den Wägen ausgeworfen, wobei Kinder zertreten wurden, Frauen halbtot geschlagen und standen in der größten Hitze den ganzen Tag halbnackt, blutig geschlagen und ohne jede Hilfeleistung, ohne einen Tropfen Wasser auf dem Felde herum. Wie diese Menschen bis zu dem Tode, der für sie schon eine Erlösung ist, gequält werden, kann man sich überhaupt nicht vorstellen und findet man keine Worte das zu beschreiben. Unschuldige

18 Am 19.7.1943 wurden am Galgen vor der Lagerküche zwölf poln. Häftlinge aus dem Vermessungskommando hingerichtet, darunter Janusz Pogonowski; siehe Dok. 17 vom 14.7.1942.
19 Vermutlich „abgezehrte“.
20 Während der endgültigen Gettoliquidierungen in der Region Zagłębie wurden zwischen dem 1. und 12.8.1943 rund 32 000 Juden aus Będzin, Sosnowiec und Zawiercie nach Auschwitz gebracht, von denen rund 27 600 unmittelbar in der Gaskammer getötet wurden; siehe Dok. 83 vom 6.8.1943.

Kinder, kranke Frauen, die sich nicht führen können, werden ohne Erbarmen hin und hergeworfen, geschlagen und zertrampelt. Eine Menschenvernichtung auf diese Art und Weise ist in der Geschichte noch nicht dagewesen und kann von keinem anderen als nur von einem Deutschen, der ja Träger der höchsten Kulturstufe ist, erfunden werden. Diese Menschen schämen sich aber nicht, von einem erbarmungslosen Bombardieren auf Städte, Kirchen und Altertümer zu sprechen.
Da die Krematorien die Anzahl von Menschen nicht aufarbeiten konnten, wurden die Leichen ganz einfach in einer offenen Grube auf dem Felde bei Birkenau verbrannt und 3 Tage sah man nichts anderes wie die lohenden Flammen, wo Menschen verbrannt wurden.
Außerdem kamen Transporte von Frankreich, die auf die gleiche Art und Weise hingerichtet wurden.
Birkenau feierte seinen Rekord, in dem auf einen Tag 30 000 Menschen vergast wurden.
Auschwitz, den 12.8.1943
Tadeusz[21]

Anlage Nr. 9
Beschreibung des KL Lagers Auschwitz (Fortsetzung)
Namen der Verbrecher des KL Lagers Auschwitz
Obersturmbannführer *Höß* Lagerkommandant
Hauptsturmführer *Schwarz*[22] bewährte sich außerordentlich bei den Aussiedlungen der Polen in den umliegenden Dörfern von Auschwitz. Außerdem geht er erbarmungslos gegen die Polen vor, und ihm kann man die größten Massenhinrichtungen der Polen verdanken. Einer der größten Polenhasser.
Hauptsturmführer *Aumeier*
Leiter der Exekutionen von Aufhängen, Erschießungen
Untersturmführer *Sell*[23]
ein gefürchteter Mann im ganzen Lager, wo er einem Häftling irgendetwas Schlechtes oder eine Strafe auferlegen kann, tut er es erbarmungslos und sehr oft ganz grundlos. Speziell im Frauenlager.
Bei den Sortierungen und Vergasungen der Juden haben größten Anteil:
Oberscharführer *Schoppe*[24]
Oberscharführer *Stibitz*[25]

21 Im Original durchgestrichen.
22 Heinrich Schwarz.
23 Max Sell (*1893), Kaufmann; Nov. 1931 NSDAP-, April 1932 SS-Eintritt; Febr. 1942 Arbeitseinsatzführer in Ravensbrück, Ende 1942 nach Auschwitz versetzt, Aug. 1943 bis Jan. 1945 Arbeitseinsatzführer in Auschwitz I; 1944 SS-Ostuf.; Febr. 1945 Arbeitseinsatzführer in Mittelbau-Dora; weiteres Schicksal ungeklärt, 1950 durch das Amtsgericht Kiel für tot erklärt.
24 Richtig: Johann Schoberth (1922–1988), Waldarbeiter; Fronteinsatz, nach Verwundung 1943 in das KZ Auschwitz, zunächst Wachmann, Mitte 1943 bis Mitte 1944 Angehöriger der Politischen Abt., war an Selektionen auf der Rampe und Erschießungen von Häftlingen beteiligt; im Aug. 1945 aus sowjet. Kriegsgefangenschaft entlassen, danach Landwirt, 1965 Freispruch vor dem Landgericht Frankfurt a. M.
25 Richtig: Friedrich Stiwitz (*1910), Dreher; April 1933 bis Sept. 1939 SA-Mitglied; Okt. 1940 nach Auschwitz, dort zunächst Blockführer, 1943 stellv. Rapportführer, Jan. 1944 Lagerführer von Goldfields, einem Außenlager des KZ Vaivara in Estland; 1957 für tot erklärt.

Hauptsturmführer *Müller*[26]
Aufseherin *Drexel*[27]
Speziell diese Frau hat im Frauenlager in Birkenau sehr viel Schlechtes angestiftet. Erbarmungslos ging sie gegen die Frauen und Kinder vor. Bei schlechtestem Wetter ordnete sie das Barfußgehen in die Arbeit an, ohne Kopfbedeckung bei Regengüssen und bei größter Hitze und so weiter.
Bei den Übernahmen der polnischen und tschechischen Transporte waren anwesend die Oberscharführer *Schoppe* und *Stibitz* und empfingen die Menschen gleich bei der Auswaggonierung, wo sie noch gefesselt waren mit Fußtritten in den Bauch mit Schlägen und Prügeln. Dies aber nur deshalb, weil sie nicht genug schnell die Mützen abnahmen, sich nicht gleich in die Reihen aufstellten und nicht wußten, wie sich zu benehmen, wo sie doch die Verordnungen und Befehle des Lagers überhaupt nicht kannten. Auch gegen Frauen gingen sie erbarmungslos auf dieselbe Art und Weise vor. Je schwächer und kränker schon eine Frau war, mit desto größerer Wonne wurden sie von diesen Henkersknechten geschlagen und Tode getrampelt.
Eine der größten Teufel ist im Frauenlager Birkenau auch die Oberaufseherin *Mandl.*
Diese Frau ist das Schlechteste und Sadistischste, was sich nur ein Mensch vorstellen kann. Schon im Konzentrationslager in Ravensbrück war sie Aufseherin des sogenannten Strafblocks und trieb viele Frauen und Mädchen in den Hungertod. Die härtesten Strafen dachte sich dieses Weib aus und konnte mit ganz ruhigem Gewissen zuschauen, wie man von ihren Schlägen und Martern hinfiel und oft auch liegenblieb. Die Strafe von 25 Stockhieben teilte auch diese Frau immer aus. Im Lager Birkenau ist sie zur Oberaufseherin ernannt worden und hier kann sie ihren Zügeln ganz freien Lauf lassen. Zu den Vergasungen und zu den Strafen suchte sie mit Wonne die Leute aus. Diese Strafen geschahen aber immer zumeist aus gar keinem Grunde, nur weil man vielleicht nicht genug schnell vor ihr arbeitete und so viele ähnliche ganz minimale Sachen.
Ein ganz besonderes Kapitel im Lager Auschwitz ist die Politische Abteilung.
Leiter dieser Abteilung ist Untersturmführer *Grabner.*
Ihm unterliegt das Urteil über sämtliche Strafen und alle Todesurteile. Aber dieser Mensch unterschreibt eigentlich nur das, was man ihm vorlegt. Noch viel ärger sind die kleinen Beamten. Die erledigen ihre Sache aber desto gründlicher.
Bei den Verhören ist zumeist Oberscharführer *Kirschner,*[28] Oberscharführer *Boger,*[29] *Lachmann*[30] und Untersturmführer *Woznica*[31] anwesend. Diese Menschen sind die

26 Paul Müller (*1896), Maschinenbauer; 1933 SS-, 1937 NSDAP-Eintritt; 1939 in Sachsenhausen, 1940 in Flossenbürg, April bis Juni 1942 Kompanieführer der 1. Wachkompanie in Auschwitz; Juli 1942 SS-Ostuf.; Aug. 1942 bis Aug. 1943 Schutzhaftlagerführer im FKL, Nov. 1943 Kompanieführer der I. und II. Wachkompanie in Monowitz, Sept. 1944 Lagerführer des Außenlagers Neustadt; 1953 für tot erklärt.

27 Richtig: Margot Drechsel.

28 Herbert Kirschner (*1912), Kaufmann; 1932 SS-Eintritt; zunächst in der Gauverwaltung der DAF tätig, spätestens 1943 im KZ Auschwitz, Leiter des Geschäftszimmers in der Politischen Abt., rechte Hand von Maximilian Grabner; 1955 für tot erklärt.

29 Wilhelm Boger (1906–1977), Kaufmann; 1929 NSDAP-, 1930 SS-Eintritt; 1933 Hilfspolizist in Friedrichshafen, 1937 Kriminalsekretär, 1940 wegen Nötigung zur Abtreibung inhaftiert, Dez. 1942 bis Jan. 1945 Politische Abt. in Auschwitz, Jan. bis April 1945 Politische Abt. im KZ Mittelbau-Dora; vor der Auslieferung nach Polen geflohen, kaufmännischer Angestellter in Zuffenhausen, 1965 im Frankfurter Auschwitz-Prozess zu lebenslanger Haft verurteilt, starb in Haft.

schrecklichsten des ganzen Lagers. Ein jeder Einzelne von ihnen schlägt und martert die Häftlinge auf das grausamste. Sie werden so lange gemartert, bis sie Aussagen machen müssen, über die Sachen, die sie nie im Leben getan haben. Zu diesen Zwecken ist ein separates Zimmer mit Folterqualen errichtet worden. Dies sind solche Vorrichtungen, die man nicht einmal im Mittelalter benützt hat.
Die ärgste Vorrichtung ist dort eine sogenannte „Schaukel“,[32] von welcher keiner lebend herauskommt. Zu diesem Zwecke sind nur solche SS-Männer ausgewählt wie die oben angeführten, d. h. die größten Sadisten. Die meiste Arbeit in der politischen Abteilung besteht aber nur in Ausschreiben von Karteikarten für die Gestorbenen und Vergasten. Die Vergasten bekommen auf ihrer Karteikarte die Bezeichnung „SB“ (Sonderbehandlung). Die Arbeit einer „sogenannten politischen Abteilung“ ist nichts anderes, wie ein Ausschrei von Toten und Ermordeten.
Auschwitz, den 12.8.1943

DOK. 86

Der polnische Innenminister Władysław Banaczyk schlägt am 24. August 1943 vor, Bombenangriffe auf Auschwitz für die Befreiung von Häftlingen zu nutzen[1]

Schreiben, gez. Orkan,[2] an Sobol,[3] London, vom 24.8.1943.

Der englische Stab signalisiert seine Bereitschaft, Auschwitz zu bombardieren, insbesondere die Fabriken für synthetischen Kautschuk und synthetisches Benzin sowie andere Fabriken dieser Art in Schlesien.[4] Von unserer Seite wollen wir dies mit einer Massenbefreiung der Häftlinge aus Auschwitz verbinden. Eure ausdrückliche Bereitschaft zur Kooperation und Unterstützung ist notwendig, um die Befreiung sofort nach dem Luftangriff zu realisieren. Außerdem müsst Ihr uns helfen, die Ziele nach ihrer Bedeutung zu klassifizieren und die Flugzeuge so zu lenken, dass Verluste unter den Polen möglichst

30 Gerhard Lachmann (*1920), Melker, Meierist; 1939 SS-Eintritt; von Juni 1940 an in Auschwitz, 1941 SS-Uscha; arbeitete in der Politischen Abt., soll 1945 nach Flossenbürg überstellt worden sein.

31 Richtig: Erich Wosnitza (1909–1981), Kriminaloberassistent; SS-Ustuf.; Angehöriger der Stapoleitstelle Kattowitz, führte in der Politischen Abt. Vernehmungen durch, zeitweise Vertreter von Grabner.

32 Da insbesondere Wilhelm Boger dieses Folterinstrument verwendete, wurde es auch als „Boger-Schaukel“ bezeichnet. Der Häftling wurde an Armen und Beinen gefesselt über eine Stange gelegt und auf das Gesäß geschlagen, während der Kopf nach unten hing.

1 SPP, MSW 12, Bl. 219. Das Dokument wurde aus dem Polnischen übersetzt.

2 Tarnname von Władysław Banaczyk (1902–1980), Juli 1943 bis Nov. 1944 Innenminister in der poln. Exilregierung unter Stanisław Mikołajczyk in London.

3 Tarnname von Jan Stanisław Jankowski.

4 In brit. Archiven konnten bisher keine Hinweise auf Diskussionen zur Bombardierung von Auschwitz im Jahr 1943 gefunden werden. Brit. Luftwaffenstützpunkte waren zu diesem Zeitpunkt weit entfernt. Am 4.5.1943 hatten US-Flugzeuge neun Bomben in unmittelbarer Nähe des Lagers Monowitz abgeworfen; BArch, NS 19/994.

vermieden werden. Gebt Bescheid, was Ihr darüber denkt und diesbezüglich von uns erwartet und ob Ihr die Häftlinge vorab darauf vorbereiten könnt. Die Operation ist für die Zeit der besonders langen Nächte geplant.[5]

DOK. 87
Gerhard Maurer wundert sich am 4. September 1943, dass nur ein kleiner Teil der in Auschwitz inhaftierten Juden arbeitseinsatzfähig ist[1]

Schreiben des Chefs des Amtes D II, SS-Obersturmbannführer Maurer, Amtsgruppe D des SS-Wirtschafts-Verwaltungshauptamts, Oranienburg, Abteilung D – Konzentrationslager, Diktatzeichen D II/1 21/3 So./Hü., an den Kommandanten SS-Obersturmbannführer Rudolf Höß, KL Auschwitz, vom 4.9.1943

Betrifft: Abgabe von Juden-Häftlingen
Bezug: Dort. FS Nr. 20 460 vom 1.9.43[2]
Im KL Auschwitz sitzen zur Zeit 25 000 jüdische Häftlinge ein. Ich habe am 25.8.43 SS-Hauptsturmführer Schwarz[3] gesagt, daß ich die Zahl der voll arbeits- und einsatzfähigen Juden wissen muß, da ich beabsichtige, Juden vom KL Auschwitz abzuziehen, um sie bei Rüstungsfertigungen im Reich einzusetzen. Am 26.8.43 habe ich dies durch FS noch einmal mitgeteilt.[4] Nach dem dortigen FS vom 29.8.43 sind von den einsitzenden 25 000 Juden nur 3581 arbeitsfähig.[5] Diese sind aber restlos bei Rüstungsvorhaben eingesetzt und können nicht abgegeben werden.
Was machen die restlichen 21 500 Juden? Irgend etwas kann hier nicht stimmen!
Ich bitte den Vorgang erneut zu überprüfen und mir zu berichten.[6]

5 Nachdem bei schweren Luftangriffen auf Hamburg Ende Juli 1943 zahlreiche Kriegsgefangene und Zwangsarbeiter geflohen waren, ordnete Himmler im Aug. 1943 an, Gefangenenlager aus bombengefährdeten Gebieten zu entfernen. Der Kattowitzer Regierungspräsident Walter Springorum stufte im Aug. und Sept. 1943 die Gefahr von Luftangriffen auf Schlesien zwar als hoch ein, doch würden die Häftlinge in der Rüstungsproduktion gebraucht. Um Fluchten im Zusammenhang mit Luftangriffen zu verhindern, sei die Bewachung zu erhöhen; AP Kat, 119/6374, Bl. 159, 170–172, 184 f.

1 AŻIH, 209/49. Abdruck in: Eksterminacja Żydów (wie Dok. 32, Anm. 1), S. 253.
2 Nicht aufgefunden.
3 Heinrich Schwarz.
4 Fernschreiben des Amts D II an Höß, 26.8.1943; BArch, NS 3/425, Bl. 108. Abdruck in: Johannes Tuchel, Die Inspektion der Konzentrationslager 1938–1945. Das System des Terrors, Berlin 1994, S. 126.
5 Fernschreiben Arbeitseinsatzführer Auschwitz, SS-Untersturmführer Max Sell, an das Amt D II, 28.8.1943; APMAB, D-Au-I-3a, Abt. Arbeitseinsatz, Bd. 4, Bl. 357. Abdruck in: Tuchel, Inspektion (wie Anm. 4), S. 127.
6 Eine schriftliche Antwort ist nicht überliefert.

DOK. 88

Henryk Rosenblatt beschreibt die Schikanen, die er nach seiner Überstellung in das Außenlager Lagischa am 9. Oktober 1943 über sich ergehen lassen muss[1]

Protokoll des Berichts von Henryk Rosenblatt,[2] aufgenommen durch Helena Chaim,[3] Jüdische Historische Kommission in Będzin, o. D.[4]

Das Lager Lagischa
Während des Kriegs wohnte ich in Zawiercie. Am 25.9.1943 wurde ich nach Auschwitz II, nach Birkenau, deportiert. Dort blieb ich zwei Wochen. Weil man gerade einen Transport junger, gesunder Leute für den Bau eines Elektrizitätswerks in Lagischa benötigte, wählte man 100 von uns zu diesem Zweck aus.[5] Wir fuhren in zwei Lkw dorthin. Die Fahrt dauerte nur eine Stunde, weil Lagischa von Auschwitz nur ungefähr 35 km entfernt ist. Am 9. Oktober 1943 kamen wir in Lagischa an. Dort arbeiteten bereits Juden, die einen am Bau des Elektrizitätswerks, andere beim Bau von Gleisanlagen, insgesamt ungefähr 800. Mit denselben Lkw brachten die Deutschen etwa 150 kranke und schwache Juden sowie Tote nach Auschwitz zurück. Die Kranken waren kaum zwei Wochen in Lagischa gewesen. Es war ihnen hier so schlecht ergangen, dass sie schnell am Ende waren. Wir kamen Sonntagnachmittag in Lagischa an und standen bis zum Abend auf dem Hof. Es goss in Strömen. Am Abend brachte man uns in einem noch nicht fertiggestellten Block unter. Es gab weder Fenster noch Fußboden oder Türen. Das Lager verfügte über insgesamt drei Baracken. Wir stellten uns an der Wand entlang auf und warteten auf Befehle. Ein jüdischer Kapo kam und sagte uns, wir täten ihm leid, hier gelandet zu sein, denn hier würde man fertiggemacht. Die Arbeit sei schwer, man würde geschlagen, bekomme nichts zu essen und die Wachleute seien grausam. Eine halbe Stunde später kam der deutsche Blockführer namens Schmid.[6] Er war klein, und auf seinem Gesicht lag ein ironisches Lächeln. Er fragte uns, wer aus Łódź komme und „mit heiße Bajgelech und heiße Würstel"[7] gehandelt habe. Wir entgegneten ihm, dass keiner von uns aus Łódź

1 AŻIH, 301/709. Das Dokument wurde aus dem Polnischen übersetzt.
2 Henryk Rosenblatt, später Henry Rosenblatt (*1919), Koffermacher; 1939 in Siewierz festgenommen und zur Zwangsarbeit verschleppt, im Sept. 1943 aus dem Getto Zawiercie nach Auschwitz deportiert, von dort in die Außenlager Lagischa und Jaworzno überstellt, im Jan. 1945 nach Flossenbürg, dort im April 1945 befreit; 1951 in die USA ausgewandert, Geschäftsmann in New York, 1997 Interview mit der USC Shoah Foundation, VHA # 26461.
3 Helena Chaim (*1907), Lehrerin aus Będzin.
4 Henryk Rosenblatt berichtete vermutlich kurz nach seiner Ankunft in Będzin im Mai 1945 der Jüdischen Kommission von seinen Erfahrungen.
5 Im Außenlager Lagischa (heute Ortsteil von Będzin) waren seit Juni 1943 mehrere Hundert jüdische Häftlinge aus Auschwitz beim Bau des Kraftwerks „Walter" für die Energieversorgung Oberschlesien AG eingesetzt.
6 Richtig: Josef Schmidt (*1922), Maurer; Volksdeutscher aus Bácsalmás (Ungarn), 1942 Einberufung zur Waffen-SS, Einsatz in den Außenlagern Jawischowitz und Kobier, Sept. 1943 bis Juli 1944 Blockführer in Lagischa, danach Blockführer in Monowitz und Gleiwitz I; 1947 vom Bezirksgericht Wadowice zu sieben Jahren Haft verurteilt, 1953 entlassen, arbeitete als Maurer und Pförtner in Hofheim (Taunus), 1981 in Frankfurt a. M. zu acht Jahren Haft verurteilt.
7 Im Original deutsch.

komme. Anschließend befahl er dem neben ihm stehenden Kapo, er solle uns durchsuchen, obwohl wir in Häftlingskleidung vor ihm standen. Während der Durchsuchung bekam jeder von ihm einen Schlag in die Bauchgegend und auf die Brust. Zehn von uns 100 wurden daraufhin in die Krankenstube gebracht. Dann befahl man uns, wir sollen uns bäuchlings auf den Boden legen, und so lagen wir dann, bis Schmid zurückkam. Der Kapo stand da und beaufsichtigte uns, er erlaubte uns nicht aufzustehen, denn er hatte vor diesem Mistkerl Angst. Nach etwa einer Stunde kam er [Schmidt] und befahl uns aufzustehen. Er trat auf jeden zu und sah ihm ins Gesicht, lachte teuflisch und fragte jeden nach seinem Beruf. Keine Antwort gefiel ihm. Sagte man ihm, man sei Schneider, schlug er zu. Diese Prozedur dauerte zwei Stunden. Als er ging, legten wir uns müde und zerschunden zum Schlafen auf den Boden. Morgens um 4.00 wurden wir geweckt. Auf Glockenschlag weckte uns der Kapo. Er ließ uns wissen, dass alle außer unserem Transport nun Brot bekommen würden, weil es für uns noch keine Zuteilung gebe. Wir tranken kalten, ungesüßten Kaffee. Um 5.00 kam der Befehl „Arbeitskommando antreten". Daraufhin musste man schnell zum Platz vor dem Tor laufen. Da wir als Neulinge die Bedeutung dieses Befehls noch nicht kannten, gingen wir langsam und wussten nicht, wohin und warum man uns schon wieder schlug. Danach befahlen sie uns, uns aufzustellen, und jeder Kapo wählte sich Leute für sein Arbeitskommando aus.

Mich teilte man zur Arbeit außerhalb des Lagers ein, zum Ausladen von Baumaterial aus Bahnwaggons. Das Gleis befand sich im Wald. Unsere Kolonne umfasste 50 Personen und einen Kapo. Mit uns gingen vier SS-Männer, die uns beaufsichtigten. Als wir durch das Tor hinausgingen, erhielten wir wieder Schläge, weil wir die Arme nicht gerade hielten. Zur Kolonne, der ich zugeteilt war, gehörten zwei erfahrene jüdische Häftlinge. Sie sahen sich heimlich um, um festzustellen, welche SS-Männer uns begleiteten. Später während der Arbeit informierten sie uns, dass es im Lager vier SS-Männer gebe, die den Auftrag hätten, jeden Tag vier Leute umzubringen. Von denen, die mit uns gegangen waren, gehörte nur einer zu diesen vieren. Das tröstete uns ein wenig. Wir hofften, dieser eine würde von den drei anderen beeinflusst werden. So war es dann auch. Wir liefen zu einem Schuppen, in dem sich Schaufeln und Spitzhacken befanden. Der Kapo teilte uns zur Arbeit ein. Jeweils vier Leute wurden einem Waggon zugeteilt, um Baumaterial wie Eisen, Holz, Steine und Zement auszuladen. Wenn diejenigen, die weniger Material hatten, fertig waren, schlugen die SS-Männer die anderen, damit sie schneller fertig würden. Wer schwach wurde, wurde von den SS-Männern bis zur Bewusstlosigkeit geschlagen. Die Arbeit dauerte von 6.00 Uhr morgens bis 6.00 Uhr abends. Der Weg zur Arbeit dauerte eine Stunde, deswegen gingen wir schon um 5.00 vom Wald los, um pünktlich da zu sein. Um 6.00 war Appell. Wir wurden gezählt, dann übten sie mit uns „Mütze ab, Mütze auf".[8] Dann ging es im Laufschritt in die Baracke. Sie bestand aus einer einzigen großen Halle, in der sich 800 Menschen befanden. Wir erhielten Abendessen, eine Suppe aus Kohlblättern und Brennnesseln. Wir waren sehr hungrig. Man kündigte Nachschlag an. Alle drängten sich zu den Suppenkübeln. Der Blockälteste schlug jeden, der wegen weiterer Suppe kam. Inzwischen war der Blockführer eingetreten und befahl, den Rest der Suppe auf den Müll zu gießen. Das wurde auch gemacht. Abends um 8.00 Uhr teilte man 250 g Brot und ein bisschen Marmelade aus.

8 Im Original deutsch.

Um 9.00 Uhr war Appell, der Blockälteste zählte uns ab und gab den Befehl, uns schlafen zu legen. Das Licht wurde gelöscht. Um 10.00 kam er wieder und kontrollierte die Sauberkeit unserer Beine. Egal, ob man saubere oder schmutzige Beine hatte, jeder musste aufstehen, sich über einen Schemel legen und bekam 25 Stockschläge. Dieses Theater dauerte bis nachts um eins. Wir weinten vor Schmerzen. Diese grausamen Zustände hielten über vier Wochen an, bis ein neuer Transport mit Juden aus Frankreich ankam. Es waren 300 Personen, die man sich nun vornahm. Nach drei Wochen waren von diesen 300 Menschen nur noch 60 übrig. Abends kontrollierte der Blockführer unsere Blechnäpfe und warf uns allen eine Schüssel an den Kopf. Nach zwei Wochen kam ein neuer Blockältester. Im Winter wurde die Stube erst abends geheizt. Wenn der Meister behauptete, es sei schlecht gearbeitet worden, mussten die Arbeiter den ganzen Weg auf dem Bauch durch den Schnee robben. Wenn wir ins Lager zurückkamen, mussten wir weitere drei Stunden arbeiten.
Anfangs gab es keine Krankenstube. Auch einen Arzt gab es nicht. Ein Pfleger musste tagsüber [auf der Baustelle] arbeiten; abends legte er Verbände an. Nach ungefähr zwei Monaten wurde eine Abteilung eingerichtet, die 15 Kranke aufnehmen konnte. Dann traf auch ein Arzt ein, ein Jude. Sehr viele Kranke starben. Zwei Monate später kam Obersturmführer Schwarz[9] aus Auschwitz und führte eine Selektion durch. Er wählte 200 Personen für Auschwitz aus, die zwei Tage später von einem Lkw abgeholt wurden. Mit demselben Wagen wurden neue Arbeiter aus Auschwitz gebracht. Beim Arzt meldete man sich abends zwischen 7.00 und 8.00 Uhr. Der Meister behielt das Arbeitstempo bei. Zusätzlich teilten sie uns für den Bau eines Beckens im Lager ein. Als es fertig war, warf unser Blockführer häufig Arbeiter hinein. Wenn der Blockälteste bei jemandem einen schmutzigen Teller fand, musste der sich nackt ausziehen, in den Schnee hinausgehen und sich nach einer Stunde unter den kalten Wasserhahn legen. Wenn wir durch die Stadt gingen, kam es manchmal vor, dass uns jemand ein Stück Brot zuwarf. Wenn es einer aufhob, wurde er sofort erschossen.
Das Lager war von einem dreifachen Stacheldrahtzaun umgeben, der mit Strom geladen und an dem in dichter Folge Lampen angebracht waren. Dazwischen gab es Wachhäuschen, in denen immer SS-Männer saßen. Die Opfer starben an Hunger und Krankheiten. Das Essen wurde bis zum Schluss nicht besser. In der Vorerntezeit bekamen wir drei Tage lang kein Brot. Mit einer Suppe mussten wir auskommen. Am vierten Tag fragte uns der Meister während der Arbeit nach dem Grund unserer Schwäche. Wir erzählten ihm alles. Er rief daraufhin den Kommandoführer an. Nachmittags um 2.00 Uhr kam ein Wagen mit Brot beim Elektrizitätswerk an. Im Mai 1944 traf ein Transport mit ungarischen Juden aus Auschwitz ein. 200 13- bis 14-jährige Jungen mussten die gleiche Arbeit leisten wie wir. Es gab sofort viele Tote. Bis August waren von den Neuankömmlingen noch 180 übrig. Im August 1944, als sich die Russen Warschau näherten, transportierten die Deutschen Maschinen und Material nach Berlin ab, im September schickten sie uns ins Lager Neu-Dachs.[10]

9 Als Lagerkommandant von Auschwitz III ab Nov. 1943 war Heinrich Schwarz auch für die Außenlager bei Rüstungsunternehmen zuständig.

10 In Neu-Dachs (Jaworzno) baute die Energieversorgung Oberschlesien AG ein weiteres Kraftwerk und betrieb dort seit Juni 1943 ein Außenlager von Auschwitz, das im Aug. 1944 über 3000 Häftlinge zählte.

DOK. 89
Oberingenieur Max Faust beklagt am 27. Oktober 1943 auf einer Betriebsversammlung der I.G. Farben Auschwitz, dass Wachmänner und Gestapo nicht streng genug gegen Häftlinge vorgehen[1]

Beilage, gez. Faust, zum Wochenbericht Nr. 126/127 der I.G. Farben, Werk Auschwitz, für die Zeit vom 18.10.1943–31.10.1943[2]

Eine Sorge, die von Woche zu Woche brennender wird, bildet die ständig abnehmende Arbeitsmoral auf der Baustelle. Wenn ich auch bei meinem letzten Besuch in Ludwigshafen feststellen konnte, daß auch dort die Arbeitsmoral auf der Baustelle zu wünschen übrig läßt, so ist doch auf unserer Baustelle wegen der außerordentlich bunten Zusammensetzung der Belegschaft, wobei die Häftlinge[3] und kriegsgefangenen Engländer[4] eine besonders bedenkliche Rolle spielen, die Durchführung besonderer Maßnahmen notwendig.
Bedauerlich hierbei ist, daß die Gestapo bei der Behandlung von Fragen der Arbeitsbummelei nicht so prompt arbeitet, wie dies von uns gewünscht wird. So werden z. B. Reklamationen bei der Gestapo wegen Behandlung von uns gemeldeter Arbeitsbummelanten mit dem einfachen Hinweis beantwortet, daß sich die Gestapo nicht drängeln ließe. Diese Tatsache allein zeigt, daß man dort noch nicht erkannt hat, um was es geht. Bezüglich der Behandlung der Häftlinge habe ich zwar stets dagegen opponiert, daß Häftlinge auf der Baustelle erschossen oder halbtot geschlagen werden. Ich stehe jedoch auf dem Standpunkt, daß eine Züchtigung in gemäßigten Formen unbedingt notwendig ist, um die nötige Disziplin unter den Häftlingen zu wahren. Es geht nicht an, daß ein Häftling einem Meister nachruft: „Dich werden wir auch noch von Deinem Fahrrad herunterholen.“[5]
Dasselbe gilt aber auch für einen Teil der Polen und Ukrainer.[6] Es war von jeher üblich, daß ein energischer und tatkräftiger deutscher Polier auf der Baustelle auch einmal handgreiflich wurde, und es hat Zeiten gegeben, in denen es der jugendliche Geselle dem Meister durchaus nicht übelnahm, wenn er für eine Dummheit, die er gemacht hatte, eine Backpfeife bekam. Das man nun heute in das Gegenteil verfällt und sämtliche Arbeitskräfte wie die rohen Eier behandelt, liegt wohl in der Hauptsache daran, daß instinktlose Unterführer ihre Machtvollkommenheit mißbraucht haben. Diese Einzelfälle wären aber sehr schnell festzustellen und der gerechten Strafe zuzuführen.

1 LASA, MER, Leuna-Werke, Nr. A 1364, Bl. 1–9, hier Bl. 9. Teilweise abgedruckt in: I.G. Farben-Auschwitz-Massenmord (wie Dok. 10, Anm. 1), S. 30.

2 Eintrag im Wochenbericht vom 27.10.1943: Firmenversammlung. Herr Obering. Faust nimmt Stellung zu der ständig sinkenden Arbeitsmoral auf unserer Baustelle (s. beil. Bericht!).

3 Im Herbst 1943 waren rund 5500 Häftlinge des KZ Auschwitz-Birkenau auf der Baustelle der I.G. Farben in Auschwitz eingesetzt. 90 bis 95 % der Häftlinge waren Juden.

4 Seit Sept. 1943 existierte in Monowitz ein Lager für brit. Kriegsgefangene, die für die I.G. Farben Zwangsarbeit leisteten.

5 Anspielung auf die Redewendung vom Radfahrer, der vor den Vorgesetzten buckelt und nach unten tritt; siehe Dok. 27, Anm. 8.

6 Die I.G. Farben beschäftigte zu diesem Zeitpunkt fast 13 000 zivile Zwangsarbeiter aus Polen, der Ukraine und anderen Ländern, die keine KZ-Häftlinge waren.

Für falsch halte ich es aber, wenn die amtlichen Organe – Stapo und Gestapo – eher einen Deutschen bestrafen, der einem Ostarbeiter ein Haar gekrümmt hat, als sie einen Ostarbeiter bestrafen, der tagelang gebummelt hat.
Dasselbe gilt auch für die englischen Kriegsgefangenen.
Die zur Verfügung stehenden Wachmannschaften sind so schlapp und teilweise von einer so minderwertigen Moral, daß unter ihren Schützlingen einfach keine Arbeitsmoral und keine Disziplin herrschen kann. Dazu kommt noch, daß die englischen Kriegsgefangenen mit Liebesgaben überschüttet werden. Zigaretten und Schokolade verschenken sie an die Polen, Häftlinge und wahrscheinlich auch an die Wachmannschaften. Sie legen eine hochnäsige Haltung an den Tag und ihre Leistungen sind, wenigstens da, wo sie in Massen eingesetzt sind, durchaus unterdurchschnittlich. Der Einsatz von kleinen Gruppen bei der Montage wird dagegen gut beurteilt.
Zu dem Kapitel Arbeitsmoral könnten noch zahllose Einzelbeispiele genannt werden, alle zusammen sind jedoch ein Hinweis darauf, daß hier schnellstens Wandel geschaffen werden muß.

DOK. 90

Walter Dürrfeld von der I.G. Farben lobt am 28. Oktober 1943 gegenüber dem SS-Wirtschafts-Verwaltungshauptamt den Häftlingseinsatz und bittet um weitere Zuweisungen[1]

Schreiben von I.G. Farbenindustrie Aktiengesellschaft, Werk Auschwitz O.S., Bau- und Montageleitung, gez. Dürrfeld (Ihre Zeichen Ch. Po. Ra. Ihre Nachricht vom 20.10.1943), an Oswald Pohl, SS-WVHA, Berlin Lichterfelde-West, vom 28.10.1943

Obergruppenführer!
Haben Sie herzlichen Dank für Ihre gütige Nachfrage nach der Erfüllung der seinerzeit von uns vorgebrachten Wünsche. Ich darf Ihnen im folgenden kurz berichten:
1.) Wir baten Sie um Zuweisung von 5000 Männergarnituren und 2000 Frauengarnituren. Letztere wurden uns zur Verfügung gestellt. Über die Auslieferung der 5000 Männergarnituren wurde uns spätere nähere Anweisung in Aussicht gestellt. Wir wären Ihnen dankbar, wenn uns auch diese baldigst, noch vor Antritt des Winters, zur Verfügung gestellt werden könnten.[2]
2.) Sie hatten die Güte, uns 300 Schlafzimmer-Garnituren in Aussicht zu stellen. Wir haben nunmehr mit Datum vom 21.10.43 Nachricht erhalten, uns mit SS-Hauptsturmführer Opperbeck,[3] Chef des Amtes W IV, Berlin-Wannsee, Dreilindenstraße, in Verbindung zu setzen. Dies ist sofort veranlaßt worden. Wir sind durch unsere ausgebombten

1 Original nicht aufgefunden. Kopie: BArch, R 187/596, Bl. 113 f. Teilweise abgedruckt in: I.G. Farben-Auschwitz-Massenmord (wie Dok. 10, Anm. 1), S. 74.
2 Die SS in Auschwitz stellte der I.G. Farben Kleidung der ermordeten Juden zur Verfügung, die diese an I.G.-Mitarbeiter verkaufte; siehe Dok. 53 vom 6.2.1943.
3 Josef Opperbeck (1900–1973), Bankkaufmann; 1933 SS-, 1937 NSDAP-Eintritt; von 1940 an SS-Hauptamt Verwaltung und Wirtschaft, Febr. bis Juli 1942 Chef des Amts W I (Steine und Erden – Reich), von Juli 1942 an Chef des Amts W IV (Holzbearbeitungsbetriebe) im WVHA; Nov. 1943 SS-Stubaf.; nach dem Krieg leitende Positionen in der Privatwirtschaft.

Familien unserer Gefolgschaftsmitglieder in große Verlegenheit geraten und würden Wert auf baldige Lieferung legen.
3.) Wir baten um leihweise Überlassung von 17 Baracken vom Typ RAD RL IV/4. Es wurde uns die Lieferung von 10 Baracken PL IV/2 in Aussicht gestellt. Wir erwarten z. Zt. die Anlieferung der ersten Baracken.
Bei dieser Gelegenheit darf ich Ihnen berichten, daß sich der Einsatz der Häftlinge auch auf der Fürstengrube und der Janinagrube bestens bewährt hat.[4] Unsere Wünsche wurden voll befriedigt. Die Zusammenarbeit mit den Dienststellen des KL klappt ausgezeichnet. Sie klappt so gut, daß bei dem Mangel an Zuweisungen anderer Arbeitskräfte der Wunsch entstanden ist, bei dem weiteren für unser Werk vor 2 Jahren in Angriff genommenen Schachtausbau der unmittelbar der Fürstengrube benachbarten Pleß'schen Güntergrube ebenfalls Häftlinge einzusetzen. Wir wären zu Dank verpflichtet, wenn Sie prüfen lassen wollten, ob auch auf dieser Grube der Einsatz von Häftlingen ermöglicht werden könnte. Wir würden auch dort für die Barackenläger und die Verpflegung wie bei den anderen Lägern in gleicher Weise einstehen. Erwünscht wäre der Einsatz ab Januar mit etwa 200 Häftlingen, steigend auf 800–1000 Häftlinge Mitte des Jahres 1944.[5]
Darf ich Ihnen noch einmal zusammenfassend herzlichst danken für Ihr großes Interesse, das Sie unserer Arbeit stets entgegenbringen und die tatkräftige Hilfe, die Sie uns jederzeit angedeihen ließen. Die übermittelten Wünsche erlaube ich mir auf das herzlichste zu erwidern.
Heil Hitler!

DOK. 91
Jerzy Tabeau schildert nach seiner Flucht am 19. November 1943 die Zustände in Auschwitz-Birkenau[1]

Handschriftl. Bericht von Jerzy Tabeau,[2] Krakau, vom Dezember 1943/Januar 1944[3]

I. Der Transport
Am 24. März 1942 werden wir in der Transportzelle Nr. 2 im Montelupich-Gefängnis in Krakau gesammelt. Wir wissen bereits, dass wir ins Konzentrationslager in Auschwitz kommen. Wir sind 60. Gegen 8 Uhr morgens kommen zwei SS-Männer mit Listen herein, um die Anwesenheit zu kontrollieren, anschließend müssen wir uns anziehen und

4 Seit Sept. 1943 waren in der Fürstengrube und der Janinagrube, die die Steinkohleversorgung der I.G. Farben sichern sollten, mehrere Hundert überwiegend jüdische KZ-Häftlinge aus Auschwitz eingesetzt.
5 In der Günthergrube waren von Febr. 1944 an KZ-Häftlinge aus Auschwitz eingesetzt, deren Zahl Mitte 1944 durchschnittlich 600 betrug.

1 APMAB, Ruch oporu, Bd. 5 a, Bl. 307 a–329 b. Erstabdruck in deutscher Sprache als „Bericht eines höheren polnischen Offiziers" in: Adolf Silberschein (Hrsg.), Die Judenausrottung in Polen. Augenzeugenberichte. Dritte Serie: Die Vernichtungslager, Genf, Aug. 1944, S. 46–76; in engl. Übersetzung als Bericht eines poln. Majors in: German Extermination Camps – Auschwitz and Birkenau, Washington, Nov. 1944, hrsg. durch das US War Refugee Board. Das Dokument wurde aus dem Polnischen übersetzt.

warten. Einen Augenblick später öffnet sich die Tür, und wir sehen auf beiden Seiten eine Reihe SS-Männer und Polizisten mit Bajonetten auf den Gewehren. Wir verlassen die Zelle. Auf dem Hof stehen zwei kleine Lastwagen. Jeweils 30 von uns besteigen ein Fahrzeug. Sie sind klein und in der Mitte mit einer Kette in zwei Hälften unterteilt. Die Ersten, die das Auto besteigen, stehen in gebückter Haltung – es ist zu niedrig, um sich aufzurichten – an der Vorderwand des Wagens. Diese erste Gruppe besteht aus ungefähr 15 Leuten. Die Nächsten müssen im Sitzen die Beine weit gespreizt vor sich ausstrecken, so dass einer zwischen den Beinen des anderen sitzt und man auf diese Weise 30 Leute auf 2 x 1 ½ Metern unterbringen kann. Sie [die Bewacher] schieben uns mit ihren Gewehrkolben hinein und sparen dabei nicht mit Schlägen und Geschrei. Schließlich sind wir aufgeladen. In der hinteren, leeren Hälfte des Wagens stehen zwei SS-Männer mit Maschinengewehren als Wache. Wir setzen uns in Bewegung. Neben und hinter uns flankieren uns drei Motorradfahrer mit Maschinengewehren. Die Wagen sind abgedeckt, so dass wir nichts sehen können. Die Fahrt dauert ungefähr 1 ½ Stunden mit einigen Zwischenstopps, vermutlich an der Grenze. Wir sind alle völlig steif, weil wir uns überhaupt nicht bewegen können. Einer derjenigen, die mit dem Rücken gegen die Kette gedrückt werden, wird ohnmächtig, und sie bringen ihn mit ihren Gewehrkolben ganz schnell wieder zu Bewusstsein. Schließlich sind wir am Ziel. Wir steigen aus. Stehen vor dem Tor mit der Aufschrift „Arbeit macht frei“. Drinnen spielt ein Orchester. Sie erwarten uns. Wir sind in Auschwitz.

Sie stellen uns in Fünferreihen auf (die Fünferreihe ist das übliche System im Lager) und lesen noch einmal die Namen der Zugänge[4] vor (Zugänge heißen die Neuankömmlinge im Lager). Jeder Aufgerufene muss sofort zu dem neben dem verlesenden SS-Mann stehenden Häftling[5] („Häftlinge“ sind die Gefangenen) laufen und erhält auf (drei) Kärtchen seine Nummer, anschließend stellt er sich in der Gruppe der bereits Abgefertigten auf. Von diesem Augenblick an ist er namenlos und wird zu einer Nummer. Dieses Aufnahmesystem wurde bis zum Sommer 1943 beibehalten, später tätowierte man allen Häftlingen (außer den deutschen) ihre Nummer auf den linken Unterarm. Bei den Juden wurde von Anfang an so verfahren. Also wurden alle Häftlinge, die vor dem Sommer 1943 angekommen waren, dann tätowiert.[6] Begründet wurde das

2 Dr. Jerzy Tabeau, im Lager Jerzy Wesołowski (1918–2002), Arzt; geboren in Zabłotów (heute Zabolotiv, Ukraine), studierte in Krakau, im März 1942 aufgrund von Widerstandstätigkeiten verhaftet und nach Auschwitz gebracht, am 19.11.1943 Flucht aus Auschwitz gemeinsam mit Roman Cieliczko, danach aktiv im Widerstand in der Region Krakau, Kampf in einer Partisaneneinheit; nach dem Krieg Fortsetzung des Studiums, arbeitete als Kardiologe in Krakau.

3 Der Bericht wurde zu Beginn des Jahres 1944 von den Krakauer Untergrundaktivisten Teresa Lasocka und Adam Rysiewicz über die Slowakei in die Schweiz gesandt, wo er im April 1944 von Jaromír Kopecký, dem ständigen Vertreter der Tschechoslowakei beim Völkerbund in Genf, Leland Harrison, dem US-Gesandten in Bern, Roswell McClelland, dem US-Vertreter des War Refugee Board bei der Gesandtschaft in Bern, und Gerhard Riegner vom Jüdischen Weltkongress zur Kenntnis genommen wurde. Im Nov. 1944 wurde er im Rahmen der Auschwitz-Protokolle in Washington publiziert; siehe Dok. 154 vom 26.11.1944.

4 Im Original deutsch.

5 Im Original deutsch.

6 Sowjet. Kriegsgefangene wurden bereits im Herbst 1941 tätowiert, von 1942 an auch die ins Lager aufgenommenen jüdischen Häftlinge. Ab Anfang 1943 wurden alle Häftlinge, auch die bereits registrierten, tätowiert, bis auf die deutschen nichtjüdischen Häftlinge sowie die Häftlinge des Arbeitserziehungslagers.

damit, dass dies die Möglichkeit zur Flucht verringere und eine genauere Identifizierung der Leichen ermögliche.[7]
Wir erhielten vor der Blockführerstube also eine Nummer, anschließend führte man uns, natürlich barhäuptig und unter den Klängen des Orchesters, ins Lager. Das war gegen 11 Uhr. Dort befassten sich dann nur noch Häftlinge mit uns. Wir wurden zur Effektenkammer geführt und im Abort eingesperrt, wo wir bis 5 Uhr warteten. In der Zwischenzeit kamen die dort arbeitenden Häftlinge zu uns und erklärten, dass wir, da wir ohnehin alles abgeben müssten, ihnen Uhren, Ringe, Feuerzeuge, Zigaretten überlassen sollten; Essbares sollten wir aufessen, denn auch das würden sie uns wegnehmen. Im Gegenzug versprachen sie, uns später im Lager mit Brot, Suppe usw. zu versorgen. Schließlich kam der Kapo (der Kapo ist so eine Art Chef). Er hielt eine Ansprache, aus der hervorging, dass ein Häftling im Lager ohne die Hilfe seiner Kameraden nicht länger als zwei Monate überleben könne, was sich in der Praxis als durchaus richtig herausstellte. Von den 60 Leuten aus unserem Transport bin nur ich übrig geblieben.
Es ist 5 Uhr. Sie führen uns auf den Korridor. Wir ziehen uns aus. Jeder bekommt einen Sack, in den wir zusammen mit einer der drei Nummernkärtchen unsere Kleidung packen. Wir sind vollkommen nackt. Wir dürfen lediglich den Gürtel und zwei Taschentücher behalten. Ich wollte ein kleines Medaillon behalten, aber der Häftling, der uns den Sack abnahm, riet mir: „Lass es, sie werden dich auslachen und es dir wegnehmen, und noch dazu kriegst du eine Tracht [Prügel].“ Bevor wir zum Bad gehen, werden wir noch gründlich geschoren und rasiert. Das Bad ist heiß, diese ganze Aufnahmezeremonie findet im Bl[ock] 27 statt. Jetzt müssen wir, obwohl es schneit, von dort zu Bl[ock] 26 zur Bekleidungskammer laufen. Hier wird uns die Häftlingskleidung ausgehändigt, also: Hemd, Unterhose, Stiefel, Socken, Pullover, Hose, Jacke, Mütze und Mantel. Alles ist völlig verschmutzt und zerrissen und zerfällt in Stücke, wenn man bloß daran zieht. Mein Pullover z. B. sah folgendermaßen aus: Das Vorderteil war aus Wolle gestrickt und wurde mit Knöpfen zusammengehalten, der Rücken und die (zu kurzen) Ärmel bestanden aus schwarzen Lappen. Endlich eingekleidet, stellen wir uns in Fünfergruppen auf und werden zum Block abgeführt. Hier erwartet uns der Blockälteste mit einer Peitsche, umringt von seinen Stubendiensten (alles Polen aus Schlesien), und die Dressur beginnt. Sie lehren uns, auf Befehl die Mütze auf- und abzusetzen, Wenden, Ausrichten, Aufstellen in Zweierreihen usw. Werden die Befehle, die auf Deutsch erteilt werden, schlecht ausgeführt, bekommt der Blockälteste einen Wutanfall und schlägt jeden, der ihm unterkommt. Schließlich befreit uns der Gong zum Abendappell von diesen Exerzitien. Der Appell im Lager läuft so ab, dass jeder Blockälteste seine Leute vor seinem Block aufstellt und durchzählt. Anschließend berichtet er dem Blockführer, der eine kleine Tafel mit dem Häftlingsstand dem Rapportführer meldet. Anschließend wird der Stand aller Blocks gemeldet, und wenn die Summe mit dem Soll übereinstimmt, endet der Appell. Appelle gehören jedoch auch zu den Methoden, die Häftlinge zu quälen. Schon in den Jahren 1940, 1941 und 1942 war es die Regel, dass Appelle (insbesondere der Abendappell) bei strengem Frost, Regen oder Unwetter mindestens eine Stunde zu dauern hatten. Das ist umso unangenehmer, wenn der ganze Block vom Moment der Übergabe an den Blockführer bis zum Schluss ohne Kopfbedeckung dastehen muss. Ist am Tag jemand

7 Tempuswechsel hier und im Folgenden wie im Original.

geflohen und fehlt zum Abendappell, dann müssen alle Häftlinge stehen bleiben und das Ergebnis der Suche innerhalb der großen Postenkette abwarten. Das dauert immer drei bis vier Stunden. Erst nach Rückkehr aller Suchtrupps werden die Häftlinge in die Blocks entlassen. Eine der ersten Fluchten aus dem Lager im Winter 1940 kostete auf diese Weise rund 100 Menschenleben. Es war Winter, und die Häftlinge mussten von 3.15 Uhr bis ungefähr 11 Uhr am folgenden Morgen stehen bleiben. Am Morgen sammelte man ungefähr 100 erfrorene Tote und Halbtote auf.
Nach dem Appell kehren wir zum Block zurück. Sie teilen uns eine Stube zu. Alles ist bereits überbelegt. Wir schlafen zu dritt in einem Bett. Die Kleider, so lehren es uns die erfahreneren Häftlinge, müsse man gut unter dem Kopf verstauen, ansonsten gehe bestimmt etwas verloren. Wir legen uns ins Bett, ohne an diesem Tag etwas zu essen bekommen zu haben. Nach diesem Empfang werfen sich alle auf die Strohsäcke und schlafen sofort ein. Um 4 Uhr morgens der Gong. Nun beginnt etwas Schreckliches. In dem kleinen Raum drängen sich ungefähr 100 Leute, die um die Wette ihre Betten machen (und wehe dem, bei dem der Blockälteste auf der Decke auch nur die kleinste Falte findet) und sich anziehen. Von Waschen kann gar keine Rede sein. Ungefähr 10 Minuten nach dem Gongschlag kommt der Stubendienst und treibt uns mit dem Ochsenziemer auf den Korridor hinaus. Der Raum muss schließlich aufgeräumt werden. Auf dem Korridor ebenfalls Gedränge, der ganze Block wird hier zusammengetrieben. Wir ziehen uns fertig an. Haben Angst, uns zu rühren, jeder steht in einer möglichst dunklen Ecke an die Wand gepresst, schließlich kann man nicht wissen, wofür und von welcher Seite man einen Tritt oder eins mit dem Ochsenziemer übergezogen bekommen könnte. Nach 24 Stunden geben sie uns endlich etwas zu essen. Es ist bloß Kaffee, natürlich ohne Zucker und völlig kalt. Aber immerhin etwas.
So warten wir etwa anderthalb Stunden bis zum Appell. Danach gehen alle Häftlinge zur Arbeit, nur wir Neuankömmlinge kehren zum Block zurück. Hier füllen wir die Fragebögen aus, unter anderem muss jeder eine Adresse angeben, an die er Briefe schicken will. Keine Briefe zu schreiben und keine Adressen anzugeben ist nicht erlaubt. Sie brauchen schließlich diese Angaben, damit sie wissen, wohin sie die Todesnachricht schicken sollen. Danach bekommt jeder ein Stückchen weißen Stoff mit einem aufgemalten Dreieck und seiner Nummer. Wir nähen sie uns an der linken Brustseite auf das Hemd und rechts an die Hosen, seitlich 10 cm über dem Knie. Die Häftlinge erhalten Nummern, von 1 beginnend.[8] Im November 43 lag die letzte laufende Nummer bei über 170 000.[9]
Die Dreiecke sind verschiedenfarbig. Die Farbe bezeichnet die Art des Verbrechens.

Arierwinkel:	rot	–	politischer Häftling
	grün	–	Berufsverbrecher
	schwarz	–	Arbeitsscheuer
	rosa	–	Homosexueller nach § 175
	violett	–	Bibelforscher

8 An dieser Stelle befindet sich eine Skizze mit einem roten Winkel mit einem P und der Nummer 75 463.

9 Am Tag der Flucht von Tabeau lag die Nummerierung für männliche Häftlinge bei 164 393 und für weibliche bei 68 944.

Außerdem gibt ein Buchstabe auf dem Dreieck Auskunft über die Nationalität des Häftlings, so z. B. „P" für Polen usw. Die Juden haben einen Stern, das hintere Dreieck ist immer gelb, das vordere hat dieselbe Aufgabe wie bei den Ariern, es bezeichnet die Art des Verbrechens und die Nationalität: polnischer, französischer, slowakischer usw. Jude.[10] Als wir mit dem Aufnähen fertig sind, bringen sie uns zum Krankenbau. Ein deutscher Arzt untersucht, ob wir arbeitsfähig sind. Sie befehlen uns, uns auszuziehen, und stellen uns nackt auf dem Korridor auf. Wir warten etwa drei Stunden, sind schrecklich durchgefroren. Schließlich herrscht Frost, obwohl es schon Ende März ist. Hier treffe ich die ersten Bekannten von früher. Sie arbeiten im Krankenbau und sind schrecklich neugierig, was es von ihren Familien zu berichten gibt. Schließlich kommt der Arzt. Wir gehen der Reihe nach hinein, jeder steht stramm, bewegt mit ausgestreckten Armen die Finger, macht kehrt und verlässt den Raum. Das ist die ganze Untersuchung. Selbstverständlich sind alle arbeitsfähig. Schließlich sind wir dafür hergekommen, im Übrigen „macht Arbeit frei".[11] Als nicht arbeitsfähig beurteilt zu werden bedeutet außerdem, sich im [nächsten] Transport ins Gas wiederzufinden. Dann schon besser arbeiten. Wir kehren zum Block zurück. Mittagessen. Endlich, nach 36 Stunden, etwas Warmes. Die Verpflegung im Lager besteht aus: morgens Kaffee oder kalter Tee (Wermut, Eichenblätter usw.), mittags relativ dicke Suppe, abhängig von der Jahreszeit mal besser, mal schlechter. Als ich ins Lager kam, bestand sie fünf Monate lang aus Wasser mit Kohlrüben, abends nach dem Appell das Abendessen: 300 g Brot (das war die Ration, aber bevor sie beim Häftling ankam, wurde fast immer ein Teil davon gestohlen) und zusätzlich montags und samstags 30–40 g Käse, Bauernhandkäse, oft mehr Maden als Käse. Dienstag, Donnerstag, Freitag Margarine, ½ kg auf 12 ½ Portionen, Mittwoch und Sonntag Streichwurst – im Lager bedeutet das Kräuterwurst, Blutwurst oder Rotwurst – ebenfalls 30–40 g. Außerdem gab es am Dienstag und Freitag außer der Margarine noch einen Löffel Marmelade pro Häftling (auf den Gläsern stand, dass sie speziell für die Lager produziert sei, daraus lässt sich auf ihre Qualität schließen). Theoretisch sollten diese Mengen jedem Häftling zukommen, praktisch kam viel weniger bei ihnen an, abhängig davon, wie viel unterwegs gestohlen wurde. Zum Brot wurde abends Kaffee oder Tee ausgegeben. Nach dem Essen der Suppe und dem genauen Abzählen der Schüsseln, einen Löffel besitzt ein Durchschnittshäftling nicht (ich vergaß zu erwähnen, dass wir das Mittagessen hockend einnahmen, weil der Stubendienst fand, dass wir uns zu sehr um den Kessel drängen), gehen wir zum Fotografieren beim Erkennungsdienst:[12] Wir werden in drei Positionen aufgenommen. Heute wird das Verbrecheralbum um 60 Aufnahmen erweitert. Man wird einzeln vor die Kamera geholt. Mir ist aufgefallen, dass beim Herauskommen alle einen merkwürdig erschrockenen Gesichtsausdruck haben. Ich beschließe, vorsichtig zu sein. Schließlich komme ich an die Reihe. Sie setzen mich auf einen Drehstuhl. Schließlich sind die Aufnahmen gemacht, ich stehe auf und will mich hinstellen, in dem Moment verliere ich das Gleichgewicht und werde gegen die Wand geworfen. Unsere Kameraden, die Fotografen, alles Häftlinge und zudem Polen, machen sich einen Spaß daraus, den Stuhl beim Aufstehen anzustoßen – kein Wunder, man

10 Hier befindet sich eine Skizze mit einem Zeichen eines jüdisch-poln. Häftlings (vorderes Dreieck rot mit einem P, hinteres Dreieck gelb) und der Nummer 115 327.

11 Im Original deutsch.

12 Im Original deutsch.

muss sich das eintönige Lagerleben doch etwas versüßen, und sei es auf Kosten seiner Kameraden.
Wir kehren zum Block zurück. Bald ist Appell, und so endet der zweite Tag im Lager. Morgen gehen wir zur Arbeit wie die anderen Häftlinge, denn alle Häftlinge im Lager müssen arbeiten. (Eine Ausnahme sind die Kranken im Krankenbau, die Häftlinge in der Eingangs- oder Entlassungsquarantäne und die im Bunker Einsitzenden.) Zu diesem Zweck werden sie in Gruppen aufgeteilt, in sogenannte Arbeitskommandos. Jedes Kommando hat seinen eigenen Kapo, d. h. einen Chef, und Vorarbeiter. Wenn ein Kommando sehr groß ist, steht ein Oberkapo an der Spitze, der die Kapos und Vorarbeiter unter sich hat. Die Kommandogröße schwankt zwischen ein paar und einigen Hundert Personen. Der Kapo ist für alle verantwortlich, die Vorarbeiter für die ihnen zugeteilten Gruppen von 10, 20 oder 50 Häftlingen. Der Kapo wird vom Arbeitsdienstführer in Abstimmung mit dem Kommandoführer benannt, der Kapo sucht sich die Vorarbeiter aus. Die Häftlinge werden vom Arbeitseinsatz[13] den Kommandos zugeteilt. Die Arbeit beginnt nach dem Morgenappell. Im Sommer von 5 bis 12 und von 13 bis 18 Uhr. Im Winter ohne Pause von 7 bis 15 Uhr. Im Lager gibt es handwerkliche, landwirtschaftliche und teilweise industrielle Arbeitsstätten, die Häftlinge arbeiten in Kohlebergwerken, übernehmen die gesamte Verwaltungs- und Büroarbeit des Lagers, es gibt einen Krankenbau, eine Kantine, eine Wäscherei, eine Fleischerei etc. Also können Leute, die eine Fachausbildung haben, in ihren Berufen arbeiten. Für die Intellektuellen ist es am schwierigsten, eine angemessene Beschäftigung zu finden, weil die Anzahl der Plätze sehr begrenzt ist, sich aber 70–85 % aller Häftlinge aus der Intelligenz rekrutieren. Deshalb arbeiten die meisten von ihnen als ungelernte Arbeiter, d. h. in den schwersten Kommandos, was die hohe Sterblichkeitsrate erklärt. Das liegt auch daran, dass die Lagerleitung immer bestrebt war und weiterhin ist, speziell diese Kategorie von Häftlingen fertigzumachen.

II. Die erste Zeit im Lager. Der Krankenbau
Mein erstes Kommando ist der „Abbruch“. Weil die Umgebung des Lagers in einem Umkreis von einigen Dutzend Kilometern entsiedelt wurde, werden alle nicht für den Bedarf des Lagers genutzten Gebäude abgerissen, darunter auch viele völlig neue Häuser. Das war also unsere Aufgabe. Die Arbeit war sehr schwer, weil sie in einem irren Tempo vor sich gehen musste. Das Kommando umfasste 50 Leute. Im Schnitt dauerte der Abriss eines großen eingeschossigen Steinhauses drei bis vier Tage. Da Baumaterial und Dachziegel prinzipiell erhalten werden sollten, mussten wir sie sehr vorsichtig abnehmen und wegtragen. Holzteile mussten wir abtragen, ohne sie dabei zu zerstören, denn für Beschädigungen jeder Art erhielt man 25 [Hiebe] mit dem Spatenstiel. Die Wände rissen wir mit Hilfe des sogenannten Balkens ein, den wir so lange gegen eine Mauer stoßen mussten, bis sie einstürzte. Von den verstreuten Ziegeln wurde mit Eisenstangen sorgfältig der Zement abgeschlagen, dann wurden sie aufgestapelt. Zum Schluss gruben wir die Fundamente aus und ebneten den Boden ein. Diese Tätigkeit forderte jedoch jeden Tag ihre Opfer. Außerdem wurden [Leute] häufig verschüttet, von einstürzenden Mauern erschlagen oder starben aufgrund von Kälte und Erschöpfung. Wer alt, ungeschickt oder nicht schlau genug war, um sich irgendwie zu drücken, hatte keine

13 Für den Häftlingsarbeitseinsatz zuständige Dienststelle der Lagerverwaltung.

Chance. Jeden Abend kamen von den 50 Arbeitern, die das Lager verlassen hatten, nur ungefähr 40 aus eigenen Kräften zurück. Den Rest, entweder schon tot oder so erschöpft, dass sie aus eigener Kraft nicht mehr gehen konnten, trugen wir auf Brettern, stützten sie oder transportierten sie auf Schubkarren. Im Lager trugen wir sie nach dem Appell (sie mussten ohne Rücksicht auf ihren Zustand anwesend sein) in den Krankenbau. Von den dort Eingelieferten habe ich persönlich keinen wiedergesehen.
Einen Monat lang arbeitete ich so im „Abbruch". Danach wurde ich dem Kommando „Kanalbau" zugeteilt, wo wir 2 ½–3 m tiefe Gräben aushoben. Die letzten 50 cm mussten wir im Wasser stehend graben, und wir durften den Graben während der Arbeit nicht verlassen. Dieses Kommando gehörte ebenfalls zu den sehr schweren und forderte seinen täglichen Tribut. Danach arbeitete ich in der „Betonkolonne". Anfangs trug ich schwere Pfosten und Zementsäcke. Später, als neue Häftlinge kamen, teilte mich der Kapo der Betonpfostenproduktion zu. Das hatte den Vorteil, dass ich endlich eine Arbeit unter Dach erhielt – der Traum eines jeden Neuankömmlings im Lager. Die Wetterbedingungen haben nämlich keinerlei Einfluss auf den Arbeitstakt: Die im Freien Eingesetzten müssen ohne Unterbrechung arbeiten, ohne Rücksicht auf Regen, Sturm oder Schneegestöber.
Neben der schweren Arbeit lastet immer die Angst vor den Schikanen und Misshandlungen durch Kommandoführer, Kapo und Vorarbeiter auf den Häftlingen. Überhaupt hält es jeder im Lager, der einem anderen vorgesetzt ist, für seine Pflicht, ihn das auf die schlimmste Weise spüren zu lassen. Eine große Rolle spielt dabei der Charakter der jeweiligen Person, eine noch größere wohl aber die Lagererziehung, das Prinzip der direkten Verantwortung der Vorgesetzten für ihre Untergebenen und der Kollektivverantwortung. Besonders Letztere führt zu Denunziationen. Ich gebe ein Beispiel: Einer meiner Kameraden fand Kohlrübenstücke im Abfall. Er stopfte sich die Taschen damit voll, arbeitete weiter und aß heimlich dabei. Nach ein paar Minuten kam der Kapo angelaufen, von einem anderen Häftling bereits genauestens informiert. Im Kommando ist der Kapo allmächtig, er teilt die Arbeit zu, einzelnen Häftlingen gibt er Nachschlag. Es ist also ganz normal, dass die Häftlinge versuchen, sich seine Gunst zu erkaufen. Dass sie das sehr häufig auf Kosten des Lebens und der Gesundheit von anderen tun, kümmert niemanden. Der Kapo durchsuchte den Betreffenden, fand die Kohlrüben, wir warfen den Häftling, der sich kaum auf den Beinen halten konnte, mit einigen Stößen zu Boden, und er [der Kapo] fing an, ihn gegen Kopf, Bauch und Gesicht zu treten. Dann befahl er dem Häftling, sich hinzuhocken, legte ihm einen Ziegelstein auf die ausgestreckten Arme, den er halten musste, und stopfte ihm ein Stück Rübe zwischen die Zähne. Dann rief er uns zusammen und verkündete, dass der Häftling eine Stunde in dieser Position ausharren müsse und jeden dasselbe Schicksal treffen würde, wenn er sich etwas Ähnliches erlaube. Zur Bewachung des Delinquenten teilte er einen Vorarbeiter ein, der seine Aufgabe sehr bereitwillig erfüllte und den Häftling bei jedem Versuch, seine Position auch nur ein bisschen zu verändern, mit einem Knüppel schlug. Es wundert also nicht, dass der Belehrte nach gut zehn Minuten ohnmächtig wurde. Man goss einen Eimer Wasser über ihn und setzte ihn wieder in dieselbe Position. Als er erneut ohnmächtig wurde, warf man ihn an die Wand, und keiner interessierte sich weiter für ihn. Nach dem Appell trugen wir ihn in den Krankenbau. Am nächsten Tag war er tot.
Noch ein weiteres Beispiel, das sich am zweiten Ostertag 1942 zutrug. Das Wetter war schrecklich. Nasser Schnee fiel in großen Flocken vom Himmel. Wir sitzen in einem

großen Kreis im Schlamm und schlagen Ziegel aus dem Zement. Wir sind schrecklich durchgefroren. Plötzlich taucht der Kommandoführer bei uns auf. Dann kommt der Befehl: „Mützen ab, Mäntel und Jacken runter."[14] Soweit wir so etwas überhaupt besitzen, ziehen wir uns gehorsam bis auf Hemd und Pullover aus und arbeiten weiter. Der Kommandoführer ist glücklich: „Ihr dreckige Polacken, jetzt habt ihr Ferien."[15] Ein ganz junger, vielleicht 16-jähriger Bursche hatte sich im Fundamentgraben versteckt. Er war schrecklich abgemagert, zitterte vor Kälte und gehorchte also dem Befehl nicht. Ich vermute, ihm war vielleicht schon alles egal, ein Tag mehr oder weniger, was macht das für einen Unterschied. Der Kommandoführer geht schwankend davon (er ist komplett betrunken, wozu draußen herumstehen, wenn das Wetter scheußlich ist, an die Häftlinge denkt er wahrscheinlich gar nicht mehr, schließlich sind sie hier, um zu krepieren, je früher desto besser für sie). Der Schneefall hatte immerhin aufgehört, aber ein kräftiger Wind lässt die durchnässten Hemden gefrieren. Uns ist allen klar, zum Tode verurteilt zu sein. Wann er kommt, weiß keiner, vielleicht im nächsten Moment, vielleicht in einer Woche, einem Monat, zwei, aber er kommt bestimmt. Wir warten also. Es schneit nicht mehr, also kommen die Vorarbeiter hinter dem warmen Ofen hervor, um zu kontrollieren, ob wir gewissenhaft arbeiten. Einer findet den im Graben versteckten Jungen: „Zieh Mantel und Hemd aus, du Mistvieh." Der Häftling reagiert nicht. Der Vorarbeiter wirft sich auf ihn, stößt ihn zu Boden und tritt auf ihn ein: „Ziehst du es aus oder nicht, ich erschlag' dich wie einen Hund, oder besser noch, ich melde dich dem Kommandoführer." Schon kommen Kommandoführer und Kapo angelaufen. Ein Pfiff: „Antreten". Wir stellen uns in Kolonne auf. Das kennen wir schon. Alle für einen. Sie führen uns auf ein frisch gepflügtes Feld, wo wir tief im Schlamm versinken. Es beginnt der sogenannte Sport. Hinwerfen, aufstehen, laufen usw. übers Feld, sie triezen uns im Schlamm, „rollen, hüpfen",[16] in der Hocke mit ausgestreckten Armen springen, wir sind völlig verdreckt und halten uns kaum auf den Beinen. Der Spaß dauert nun schon ungefähr 30 Minuten. Schließlich Liegestütze. Der Kommandoführer stürzt sich zwischen die auf der Erde liegenden Häftlinge. Ein älterer Mann kann nicht mehr, er hat sich auf den Bauch gelegt, liegt einfach da. Der SS-Mann stürzt sich wutentbrannt auf ihn, tritt den am Boden Liegenden gegen den Kopf und ins Gesicht, traktiert ihn mit seinen schweren, beschlagenen Stiefeln, schließlich schlägt er ihm mit einer Brechstange ins Genick und auf den Kopf. Erst als der Häftling kein Lebenszeichen mehr von sich gibt, lassen sie von ihm ab. Auch uns erlaubt er aufzustehen und zur Arbeit zurückzukehren. Wir heben den Misshandelten auf und legen ihn auf die trockene Erde zwischen den Ziegeln, er öffnet die Augen, will etwas sagen, röchelt aber nur. Wir lassen ihn liegen, denn sie treiben uns zurück zu den Spaten und Spitzhacken. Schließlich geht der Arbeitstag zu Ende, wir kehren ins Lager zurück und tragen eine Leiche mehr mit uns. Wir haben uns daran gewöhnt. Also singen wir auf Anweisung des Kapos beim Gehen fröhliche deutsche Lieder. Der Kommandoführer geht neben uns und lobt uns: „Schön singt ihr."

Als ich in der Betonkolonne arbeitete, bekam ich (wie sich später herausstellte) eine Lungenentzündung. Anfangs hatte ich Angst, in den Krankenbau zu gehen, dachte, dass es von alleine weggeht, ich kannte die dort herrschenden Verhältnisse. Zu dieser Zeit

14 Im Original deutsch.
15 Im Original deutsch.
16 Im Original deutsch.

kam kaum einer aus dem Krankenbau zurück. Als ich aber so geschwächt war, dass ich mich kaum noch bewegen konnte, beschloss ich doch hinzugehen. Es war mir letztlich alles egal. Ich hatte Glück, dass meine dort arbeitenden Bekannten mich pflegten. Ich erhielt also besondere Bedingungen. Als ich ins Lager kam, bestand der Krankenbau aus drei Blocks. Bl[ock] 28 Internenblock, 20 Infektionsblock, 21 Chirurgischer Block.[17] Später wurden die Blocks 19 und 9 und Block 10 als Versuchsblock unter der Bezeichnung Hygiene-Institut angegliedert. Die Versuche bestanden aus Sterilisationen mit Hilfe von Röntgenstrahlen, künstlichen Befruchtungen von Frauen und der Produktion von pulverisiertem Blut für Transfusionen.[18] Versuchsmaterial waren selbstverständlich Häftlinge, Frauen und Männer, meist Juden. Dieser Block war sorgfältig vom Rest des Lagers abgeschottet, so dass Nachrichten nur selten und spärlich nach außen drangen.[19]
Im Krankenbau aufgenommen zu werden war ein äußerst schwieriges Unterfangen. Zwingende Voraussetzung und einziges Kriterium war anfangs, dass man Fieber über 38,6 Grad hatte. Mit einer niedrigeren Temperatur wurde fast niemand aufgenommen. Außerdem musste man zunächst das Einverständnis des Blockältesten bekommen, der es auch verweigern konnte. Erst danach konnte der Kranke sich untersuchen lassen, worauf er oft ein oder zwei Stunden draußen warten musste. Falls der Arzt (ein Häftling) ihn für krank befand, musste er sich ausziehen und baden (fast immer mit kaltem Wasser), anschließend wartete er stundenlang nackt auf den deutschen Arzt, der sich alle Neuzugänge ansah. Selbst Schwerstkranke mussten ihm vorgestellt werden, also wurden sie von den Pflegern hingeschleppt. Für die Kontrolle wurden die Kranken in zwei Gruppen aufgestellt. Zuerst wurden die Arier, dann die Juden begutachtet. Der deutsche Arzt nahm prinzipiell alle Kranken auf, teilte sie dann aber in zwei Gruppen ein. Die erste Gruppe sollte im Krankenbau bleiben und behandelt werden; die zweite Gruppe, die zu Schwachen, chronisch Kranken, Ausgehungerten und Ausgezehrten, deren Behandlung zu lange dauern würde, wurden dazu verurteilt, mittels einer Phenolinjektion ins Herz zu sterben.

Die Rasse spielt dabei eine große Rolle. Arier mussten schon in einem sehr schlechten Zustand sein, um zu einer Injektion verurteilt zu werden, während 80–90 Prozent der Juden, die sich im Krankenbau meldeten, durch Phenol starben.[20] Viele von ihnen wussten das und meldeten sich, wenn sie sterben wollten, im Krankenbau, um nicht in den Elektrozaun laufen zu müssen. Dieser Zustand dauerte das ganze Jahr 1942 hindurch an, bis zu dem Augenblick, als man in Auschwitz anfing, die Juden massenhaft umzubringen.[21]
Aber nicht nur den Neuaufnahmen drohte im Krankenbau die Gefahr einer Injektion. Der deutsche Arzt inspizierte von Zeit zu Zeit (meistens einmal im Monat) den gesamten Krankenbau und kontrollierte jeden Patienten. Jeder Saalpfleger (meistens ein Arzt) war verpflichtet, ihm alle Kranken und die Krankenblätter, die sehr detailliert geführt werden mussten, vorzulegen. Wenn sich ein Kranker zu lange, z. B. länger als einen Mo-

17 Die Bezeichnungen der Blöcke im Original deutsch. Im Block 28 befand sich neben der Abt. für Inneres auch die Ambulanz, in der Neuaufnahmen dem Arzt vorgestellt wurden.

18 Für künstliche Befruchtungen von Frauen sowie die Erzeugung von pulverisiertem Blut für Bluttransfusionen in Auschwitz-Birkenau existieren keine Belege.

19 Siehe Bericht von Dorota Lorska; Dok. 103 vom 25.3.1944.

20 Es wird geschätzt, dass in Auschwitz bis zu 30 000 Menschen durch Phenolinjektionen starben, die meisten von ihnen Juden.

21 Die Massenvernichtung begann im Mai 1942.

nat, im Krankenbau aufhielt oder sehr geschwächt war, landete er auf der Liste der Verurteilten. Diese Krankenblätter bewahrte der Arzt bei sich auf, um Manipulationen durch die Häftlinge zu verhindern. Bei einer solchen Kontrolle kamen 200–400 Verurteilte zusammen, bei den täglichen Kontrollen der Neuzugänge 20–80. Die Injektion wurde immer noch am selben Tag verabreicht, die zur „Spritze“ (so wurde das im Lager genannt) verurteilten Neuzugänge bekamen auch keine Wäsche mehr, sondern warteten nackt in einem Durchgangszimmer und wurden anschließend von Bl[ock] 28 nach Bl[ock] 20 gebracht, wo es einen speziellen Raum gab, in dem der Eingriff vorgenommen wurde. Die Injektionen verabreichte der SS-Mann Kler,[22] von Beruf Schuhmacher, der seinen Dienst im Spital als Sturmmann begonnen hatte und zum Oberscharführer aufgestiegen war, obwohl er ein ausgemachter Trottel und Idiot war. Außerdem erhielt er für seine Tätigkeiten zusätzliche Lebensmittelzuteilungen und ein Eisernes Kreuz.[23] Als er angewiesen war, die Injektionen auf eigene Faust und ohne Anordnung eines deutschen Arztes durchzuführen, ging er durch den Krankenbau und suchte sich Kranke heraus, an denen er seine Technik übte. Weil er ein eingefleischter Sadist war, quälte er die Verurteilten vor ihrem Tod noch. Mit der Zeit setzte ihm der Dienst aber so zu, dass er sich einen Polen suchte, der bereit war, ihn zu vertreten. Er hieß Palszczyk, stammte aus Krakau, die Nr. 607. Im Winter 1942 wurde er in ein anderes Lager im Reichsinneren verlegt und ist dort anscheinend gestorben.[24] Später nahmen der jeweilige S.D.G. (Sanitätsdienstgehilfe),[25] also der Leiter des Krankenbaus, die Injektionen vor. Eine Zeitlang wurden sie dann wieder, und wieder freiwillig, von einem Polen, Nr. 15 490, Jerzy Szymkowiak,[26] übernommen. Er starb im Sommer 1943. Mit Injektionen tötete man nicht nur die physisch Schwachen und Kranken, sondern auch diejenigen, die von der Politischen Abteilung zum Tode verurteilt worden waren und im Krankenbau lagen. Außerdem gab es zwei Gruppenhinrichtungen. Die erste Gruppe bestand aus 40, die zweite aus 80 gesunden kräftigen Jungen zwischen 13 und 17 Jahren. Der einzige Grund war, dass ihre Eltern nicht mehr lebten (sie waren in der Gaskammer getötet worden) und sie selbst noch zu jung waren, um ihre Arbeitskraft im Lager ausbeuten zu können. Im Spätherbst 1942 trafen dann die Transporte aus Lublin ein und verursachten viel Aufregung im Lager. Der damalige S.D.G. weigerte sich nämlich trotz Befehls, die Injektionen vorzunehmen (sie wurden dann von einem anderen S.D.G. ausgeführt), und meldete sich beim Standortarzt. Dort soll er erklärt haben, er sei SS-Mann und kein Kindermörder und würde den Befehl deshalb nicht befolgen.[27] Weil die Sache bereits ziemlich weite

22 Richtig: Josef Klehr (1904–1988), Tischler; 1932 NSDAP- und SS-Eintritt; 1939 Wachmann in Buchenwald, 1940 SDG in Dachau, von 1941 an in Auschwitz, dort auch Leiter des Desinfektionskommandos; Febr. 1943 SS-Oscha., Juli 1944 Leiter des Häftlingskrankenbaus im Außenlager Gleiwitz I; 1945–1948 in US-Kriegsgefangenschaft, danach Tischler in Braunschweig, 1965 im Frankfurter Auschwitz-Prozess zu lebenslanger Haft verurteilt, 1988 auf Bewährung entlassen.

23 Im Original deutsch. Im April 1943 erhielt Klehr das Kriegsverdienstkreuz 2. Klasse mit Schwertern.

24 Mieczysław Pańszczyk, Funktionshäftling im Block 20.

25 Richtig: Sanitätsdienstgrad.

26 Jerzy Szymkowiak (1911–1943), Spitzname Perełka, die Perle, Funktionshäftling im Block 20.

27 Gemeint sind wahrscheinlich die Ereignisse vom Febr. und März 1943, als SDG SS-Uscha. Herbert Scherpe rund 120 Jungen im Alter von 13 bis 17 Jahren im Block 20 (Häftlingskrankenbau) des Stammlagers mit Phenolspritzen ermordete. Viele der Jungen waren im Dez. 1942 aus der Region Zamość nach Auschwitz gebracht worden. Die dort lebende poln. Bevölkerung sollte ausgesiedelt werden, um im Rahmen der Ostsiedlung Deutsche anzusiedeln.

Kreise gezogen hatte und man sich gerade zu diesem Zeitpunkt in Berlin fragte, woher diese kolossale Sterblichkeit im Krankenbau komme (durch die Spritzen waren schon Zehntausende von Menschen ermordet worden), gab sich der Standortarzt Wirtz[28] ganz überrascht und behauptete, dass ihm diese Prozedur völlig unbekannt sei. Er wälzte die gesamte Verantwortung auf den Lagerarzt Entress[29] (einen Volksdeutschen[30] aus Posen) ab. Um dies zu bekräftigen, inszenierte er eine Untersuchung, bei der die in der Schreibstube des Krankenbaus beschäftigten Häftlinge vorgeladen und die Totenbücher geprüft wurden. Der Lagerarzt wurde zur Strafe von Auschwitz ins Lager Buna versetzt, wieder als Lagerarzt. Die Injektionsmorde wurden zunächst eingestellt, nach einiger Zeit aber eingeschränkt für hoffnungslose Fälle wiederaufgenommen.
Viele der zur „Spritze" Verurteilten waren zuvor als Versuchskaninchen im Hygiene-Institut in Bl[ock] 10 benutzt worden. Die Injektionen waren einer der Gründe, warum die Häftlinge den Krankenbau mieden. Eine nicht weniger bedrohliche Angelegenheit für das gesamte Lager und speziell für den Krankenbau waren die Entlausungen. Weil das gesamte Lager schrecklich unter Läusen und Flöhen litt, wurden diese Aktionen ziemlich häufig, aber – möglicherweise sogar absichtlich – auf so unzureichende Weise durchgeführt, dass sie nur mäßige Ergebnisse zeitigten. So fanden sich in der direkt aus der Desinfektion kommenden Wäsche fast immer Läuse. Die Entlausungen dienten nicht nur der Bekämpfung von Ungeziefer, sondern auch des Flecktyphus, der eine Geißel des Lagers war und ist. Jede Entlausungsaktion war mit einer Kontrolle aller Lagerhäftlinge verknüpft. Wer schlecht aussah oder geschwächt war, den bestimmte der Lagerarzt je nach Laune für das Gas. Dies galt insbesondere für den Krankenbau, wo 40–50 Prozent der Kranken weggeschafft wurden. Besonders blutig verlief die Entlausung im Juli 1942, als außer den Geschwächten und Schwerkranken fast ausnahmslos alle Flecktyphus-Kranken und auch die, die sich nach ihrer Gesundung noch in der Quarantäne befanden, nach Birkenau gebracht wurden. Man nannte das den radikalen Kampf gegen den Flecktyphus. Der Abtransport selbst war unmenschlich. Schwerkranke, Frischoperierte, Häftlinge mit Phlegmonen und Rekonvaleszente, die lediglich noch sehr geschwächt und abgemagert waren, lud man nur mit Unterwäsche bekleidet auf offene Lastwagen. Es war ein furchtbarer Anblick. Der Wagen fuhr rückwärts bis vor die Tür des Blocks, man legte eine Rampe an, und die Pfleger (auch ich habe viele solcher Transporte erlebt) schleppten die schwankenden Menschen herbei und warfen sie übereinander [in den Laderaum], denn jeweils hundert mussten hineinpassen. Natürlich wussten die Verurteilten, wohin sie fuhren. Die Mehrzahl verhielt sich apathisch, aber einige, meist Kranke aus der Chirurgie mit riesigen Wunden und Phlegmonen, gaben unmenschliche Schreie von sich. SS-Männer liefen wie besessen umher und schlugen mit ihren Knüppeln auf die schreienden und sich sträubenden Kranken ein. Wir durchlebten furchtbare Augenblicke, wenn wir einen unserer engsten Kameraden in den Tod

28 Richtig: Dr. Eduard Wirths.

29 Dr. Friedrich Entress (1914–1947), Arzt; 1939 SS-Eintritt; Assistenzarzt im Diakonissenkrankenhaus Posen, 1941 Lagerarzt im KZ Groß-Rosen, Dez. 1941 bis Febr. 1943 in Auschwitz I; Jan. 1942 SS-Ostuf.; März bis Okt. 1943 Lagerarzt in Monowitz, Okt. 1943 bis Juli 1944 in Mauthausen-Gusen, danach erneut in Groß-Rosen; 1946 im Dachauer Mauthausen-Prozess zum Tode verurteilt und 1947 hingerichtet.

30 Im Original deutsch.

schleppen mussten. Sie verhielten sich in der Regel ruhig, verabschiedeten sich von uns, doch nie vergaß einer, „vergesst nicht, uns zu rächen“, zu sagen. Unter solchen Bedingungen werden Menschen zu Stein. In meinem Krankensaal lag ein hoffnungslos an fortgeschrittener Lungen- und Darmtuberkulose Erkrankter. Sein eigener Bruder, der ihm diese schrecklichen Augenblicke ersparen wollte, tötete ihn (ich kenne Namen und Nummern). Unter solchen Bedingungen nahmen wir die deutschen Geschichten über Katyń[31] mit einem Schulterzucken auf.

III. Die Juden

Das Lager in Auschwitz war am Anfang seines Bestehens ein ausschließlich polnisches Lager. Die Aufsicht über die Häftlinge führte eine Gruppe von Deutschen (die anfangs übrigens nicht sehr groß – etwa 30 Leute – war), die zu diesem Zweck eigens aus einem Lager im Reichsinneren hergebracht worden war.[32] Es handelte sich zwar ebenfalls um Häftlinge, aber, wenn man das so nennen will, um Lagerveteranen, denn die meisten von ihnen waren bereits 1934, also in der Anfangszeit des Hitlerregimes, inhaftiert worden. Es waren ausschließlich Berufsverbrecher. Im Lauf der Zeit entwickelte sich Auschwitz im wahrsten Sinne des Wortes zu einem internationalen Lager. Und so fing man 1941 auch an, Juden dorthin zu schaffen. Sie wurden allerdings sofort von den Ariern separiert und in einem eigenen Block zusammengefasst.[33] Ihr Schicksal war von vornherein besiegelt. Denn obwohl zu jener Zeit noch keine Exekutionen durchgeführt wurden, konnte ein Jude sich aufgrund der Behandlung sowohl durch die SS als auch durch die Kapos und Vorarbeiter (meist Deutsche, aber auch Polen), die oft zu einem solchen Vorgehen gezwungen wurden, ungeachtet seiner körperlichen Widerstandsfähigkeit nicht länger als zwei Wochen am Leben halten (zwei Wochen waren die Obergrenze). Wer stark genug war, um die stets im Laufschritt zu leistende Arbeit zu bewältigen (z. B. schwere, mit Sand beladene Schubkarren zu schieben), was langfristig physisch nicht möglich ist, der starb unter den Knüppelschlägen (geschlagen wurde mit Schaufel- und Hackenstielen). Damals arbeiteten alle Juden grundsätzlich im Kommando „Kiesgrube“. Ihre Arbeit bestand darin, im Laufschritt Sand aus einer etliche Meter tiefen Grube zu transportieren (alles im Laufschritt). Dazu mussten sie an einer senkrecht abfallenden Halde entlanglaufen. Dort stellten sich SS-Männer und Kapos auf und stießen alle, die (ihrer Meinung nach) zu langsam liefen, mit Schlägen und Tritten zusammen mit ihrer Ladung in den Abgrund. In der Zeit des größten Terrors war das eines der Lieblingsvergnügen der SS-Männer, mit immer demselben Resultat. Das war in der Zeit der Ankunft der ersten Juden im Lager, bis zum Frühjahr 1942, als die ersten riesigen Transporte ausländischer Juden kamen, die oft mehrere Tausend Menschen zählten,

31 Im April 1943 waren im Wald bei Katyn' Massengräber von etwa 4400 Polen, darunter vielen Offizieren, entdeckt worden, die im Frühjahr 1940 vom NKVD erschossen worden waren. Die Entdeckung der Gräber nutzte die deutsche Propaganda für eine Kampagne gegen die Sowjetunion. Die sowjet. Führung behauptete, es handelte sich um Opfer deutscher Einsatzgruppen.

32 Am 20.5.1940 wurden 30 deutsche Häftlinge der Kategorie „Berufsverbrecher“ aus dem KZ Sachsenhausen nach Auschwitz gebracht, um dort als Funktionshäftlinge eingesetzt zu werden.

33 Bis 1942 gab es keine systematischen Überstellungen von Juden nach Auschwitz. Allerdings befanden sich in den Transporten mit poln. Häftlingen Menschen jüdischer Herkunft. Sie wurden in der Regel der Strafkompanie zugewiesen, die von den anderen Häftlingen isoliert wurde und sehr schwere Arbeiten bei besonders mangelhafter Verpflegung zu verrichten hatte.

und man mit ihrer systematischen Vernichtung begann. Bis zu diesem Zeitpunkt war die Zahl der Juden im Lager nicht sehr hoch. Es handelte sich größtenteils um polnische Juden, die gemeinsam mit den Polen hergebracht und erst hier von ihnen getrennt wurden. Sie waren nicht aufgrund ihrer jüdischen Herkunft verhaftet worden, sondern wegen irgendwelcher Vergehen gegen das Reich.

Erst seit dem Frühjahr 1942 fing man an, Juden aufgrund ihrer Herkunft zu deportieren und zu vernichten. Um die vorgesehenen Menschenmassen aufnehmen zu können, mussten bestimmte Vorbereitungen zu ihrer Aufnahme getroffen werden. Das K.L. Birkenau (im Dorf Rajsko)[34] wurde eigens für sie eröffnet, die Leitung lag in den Händen von Deutschen und Polen, die SS-Männer führten dort nur Aufsicht. Die Bedingungen waren furchtbar. Das Lager verfügte über kein Wasser, keine Kanalisation, nicht einmal über die bescheidensten Sanitäreinrichtungen. Die Häftlinge (Juden) trugen Zivilkleidung, die vorschriftsmäßig mit roter Farbe gekennzeichnet wurde. Die Verpflegung sollte genau wie in Auschwitz ausgegeben werden, doch kam es zu derart großem Missbrauch, dass einige mehrere Tage lang sehr wenig oder überhaupt nichts zu essen bekamen. Sie wurden nicht wie Menschen behandelt. Eine Beschwerdemöglichkeit hatten sie nicht. Jeder, der mutig war und es versuchte, musste dies mit dem Leben bezahlen. In den ersten großen Transporten befanden sich Juden aus Frankreich und der Slowakei. Gesunde Männer wurden im oben erwähnten Lager, kinderlose Frauen oder solche mit größeren Kindern im F.K.L. Birkenau untergebracht. Der Rest, d. h. alte Männer, physisch Schwache, Frauen mit kleinen Kindern und alle zur Arbeit Ungeeigneten, wurde in die Gaskammer in Birkenau gebracht und dort mit Blausäure vergiftet.[35] Um solche Exekutionen durchzuführen, waren in einem Wäldchen in Birkenau spezielle Gaskammern gebaut worden. Es handelte sich um Hallen, die außer einer Ventilation, die man nach Bedarf öffnen oder dicht verschließen konnte, keine Wandöffnungen besaßen.[36] Um das Misstrauen der Eintretenden zu zerstreuen, waren sie wie Badestuben hergerichtet.

Die Exekutionen selbst gingen folgendermaßen vor sich: Nach der Selektion in Arbeitsfähige und -unfähige wurden die Häftlinge, die ins Gas gehen sollten, auf Lastwagen verladen. Ein solcher Konvoi bestand meistens aus acht bis zehn dicht beladenen Fahrzeugen (eine Partie). Die Verurteilten blieben ohne Bewachung, weil alles auf dem Lagergelände vor sich ging. Am Ende [des Konvois] fuhr ein Krankenwagen, da bei jeder Exekution ein Lagerarzt anwesend zu sein hatte. Bei der Gaskammer angekommen, deren Gelände von Stacheldraht umzäunt ist, mussten sich alle Verurteilten nackt ausziehen (Männer, Frauen und Kinder gemeinsam, sofern sie zusammen abgeliefert wurden), anschließend bekam jeder ein Handtuch und Seife. Anschließend wurden sie in die Kammer getrieben, wobei man nicht an Schlägen und Misshandlungen sparte. Es wurden so viele hineingepresst, wie die Kammer fassen konnte. Anschließend schloss man

34 Das Lager Birkenau entstand auf dem Gebiet des Dorfes Brzezinka, dessen Bevölkerung 1941 ausgesiedelt worden war und dessen Häuser größtenteils zerstört waren. Rajsko war der Name des angrenzenden Dorfes.

35 Die ersten Transporte aus Frankreich und der Slowakei durchliefen keine Selektion. Ende April 1942 fanden erste Selektionen von Transporten statt, von Juli 1942 an wurden Juden regelmäßig bei der Ankunft auf der Rampe in Arbeitsfähige und nicht Arbeitsfähige unterschieden.

36 Zu den ersten Gaskammern in umgebauten Bauernhäusern in Birkenau siehe Einleitung, S. 19, sowie Dok. 42 vom Dez. 1942.

sorgfältig die Türen, und speziell dafür zuständige SS-Männer warfen Kartuschen mit der Blausäure durch Ventile in den Wänden. Nach zehn Minuten öffnete man die Türen, und ein spezielles Kommando (das immer aus Juden bestand) holte die Leichen heraus und schaffte Platz für die nächste Partie.
Zu dieser Zeit waren die Krematorien noch im Bau, und das eine kleine Krematorium, das sich im Übrigen in Auschwitz befand, wurde für die Leichenbeseitigung gar nicht erst in Betracht gezogen. Man hob also riesige Gruben aus und legte sämtliche Leichname hinein, einen auf den anderen. Dies dauerte ungefähr bis zum Herbst 1942 an. Weil in dieser Zeit die Judenvergasung sehr intensiv betrieben wurde, entstanden riesige Felder, auf denen Massen von Juden lagen, die nur eben mit einer dünnen Schicht Erde bedeckt worden waren. Durch die Verwesung der Leichname entstand auf diesem Gelände ein Morast, über dem ein unerträglicher Leichengestank lag. Deswegen mussten im Herbst 1942 alle Gruben geöffnet, die verwesten Überreste herausgehoben und entweder in den vier gerade fertiggestellten Krematorien eingeäschert oder auf riesigen Scheiterhaufen gestapelt, mit Benzin übergossen und verbrannt werden. Die dabei massenhaft anfallende Asche wurde abtransportiert und auf Feldern verstreut. Seit die Krematorien fertiggestellt waren, fanden Vergasung und Verbrennung an einem Ort und größtenteils sofort hintereinander statt. Manchmal kam es vor, dass die Krematorien mit dem Verbrennen nicht hinterherkamen, dann kehrte man zur alten Methode zurück und errichtete Scheiterhaufen. Oberflächliche Schätzungen erlauben die Annahme, dass auf diese Weise mehr als 1 ½ Millionen Juden liquidiert wurden.[37]
Die nach Auschwitz deportierten Juden hatten – bis auf die polnischen Juden zu einem späteren Zeitpunkt – keine Ahnung, was sie erwartete. Wie wir von französischen und holländischen Juden erfuhren, lag das daran, dass die Deutschen ihnen erklärten, sie müssten ihr Land verlassen, würden aber in Polen weiterhin in ihrem Beruf arbeiten oder eine gleichwertige Arbeit wie die, die sie aufgeben, erhalten. Deshalb sollten sie ihr ganzes Vermögen und Lebensmittel für sechs Wochen mitnehmen. Diese Anordnung hatte zur Folge, dass wahre Schätze (z. B. von holländischen Bankiers oder Diamantschleifern) nach Auschwitz gebracht wurden, von denen ein großer Teil von den diensthabenden SS-Männern und Häftlingen gestohlen wurde. Die zum Tode Verurteilten verhielten sich im Allgemeinen ruhig, obwohl sich im Jahr 1943 die meisten ihres Schicksals bereits bewusst waren. Beim Aussteigen aus den Waggons kam es allerdings auch zu Widerstand oder zu Massenfluchtversuchen, die aber immer blutig unterdrückt wurden. Die (speziell zu diesem Zweck errichtete) Entladerampe war von Scheinwerfern und Maschinengewehrnestern umstellt.
Es gab nur einen einzigen Fall, in dem der Selbstverteidigungsreflex eine gewisse Auswirkung hatte. Das war im September oder Oktober 1943. In der Nacht kam ein Transport mit Frauen am Krematorium an. Die den Konvoi begleitenden SS-Männer stürmten in die Gruppe der Frauen, befahlen ihnen, sich auszuziehen, und trieben sie in die Kammern. Dabei bot sich die beste Gelegenheit, etwas zu stehlen, Armbänder oder Ringe von den Fingern abzuziehen oder Uhren wegzunehmen. Dabei misshandelten sie die Verurteilten, um ihre Anwesenheit zu rechtfertigen und den Anschein zu erwecken, eine dienstliche Funktion zu erfüllen. Im entstandenen Durcheinander entriss eine der

37 Diese Zahl ist überhöht. Zu den Opferzahlen siehe Einleitung, S. 45.

Frauen Scharführer Schilinger[38] den Revolver und verletzte ihn mit drei Kugeln schwer (er starb am nächsten Tag). Das war das Fanal für den Rest, sich auf die SS-Männer zu stürzen. Einem von ihnen bissen die Frauen die Nase ab, einem anderen schlitzten sie die Kopfhaut auf. Es konnte sich jedoch keine retten. Eine Folge der Ereignisse war, dass sich die SS-Männer nach 8 Uhr nicht mehr im Lager aufhalten durften.[39] Man bemühte sich, diesen Vorfall so weit wie möglich geheim zu halten. Die Judenvernichtung lief ohne jede Veränderung weiter, auch wenn sich im Lager selbst die Verhältnisse etwas entspannten. Über das Schicksal der sich im Lager befindenden Juden habe ich in meiner Erzählung zur Vergasung und Abspritzung der Kranken berichtet.

IV. Die Exekutionen

Seit Beginn seines Bestehens bis zum Sommer 1941 war das Lager Auschwitz ausschließlich ein Konzentrationslager und keine Exekutionsstätte. Die erste Exekution fand für die meisten Häftlinge völlig unerwartet im Sommer 1941 statt.[40] Nach dem Abendappell wurde eine Anzahl von Nummern vorgelesen (soweit ich mich erinnere, waren es 18 [Häftlinge] aus Krakau). Man nahm sie mit zur Bekleidungskammer, gab ihnen die übelsten Lumpen (nur Hemd und Hose) und führte sie zur Kiesgrube, wo sie alle mit einer Maschinengewehrsalve getötet wurden. Wer noch lebte, wurde aus nächster Nähe mit dem Revolver erschossen. Den übrigen Häftlingen war es zwar verboten, der Exekution beizuwohnen, aber sie wurde an einer Stelle und auf eine Art vollstreckt, dass de facto das gesamte Lager zusehen konnte. Danach wurde ein Häftlingskommando eingesetzt, das die Leichen begrub. Dieses Ereignis löste bei den Häftlingen Niedergeschlagenheit aus, weil sie bisher davon ausgegangen waren, dass sie mit der Einweisung ins Lager keine Todesstrafe für das begangene Vergehen gegen das Reich erwartete. Von dieser Zeit an fanden in mehr oder minder großen Zeitabständen Exekutionen statt, meistens dienstags und freitags. Nach einer Weile wurde auf dem Lagergelände zwischen Block 10 und 11 eine spezielle Exekutionsstätte eingerichtet.[41] Die Exekutionen wurden nun immer vormittags vollstreckt und folgendermaßen durchgeführt: Gleich nach dem Morgenappell las der Blockschreiber Häftlingsnummern von Zetteln vor, die aus der Hauptschreibstube in die Blocks geschickt wurden. Wenn auf dem Zettel „gleich nach dem Morgenappell zum Rapportführer“[42] stand (und mit dessen Unterschrift versehen war), dann konnte man sich ganz sicher sein, dass die entsprechende Nummer erschossen würde. Nach dem Vorlesen der Nummern sammelte der Blockschreiber die Verurteilten und führte sie zur Hauptschreibstube, wo sich alle, die auf der entsprechenden

38 Richtig: Josef Schillinger (1908–1943), Böttcher; 1930 SA-, 1932 SS-Eintritt; 1940 Rapportführer in Auschwitz, Sept. 1942 SS-Uscha., Okt. bis Dez. 1942 Kommandoführer im Außenlager Chelmek. Am 23.10.1943 wurde Schillinger im Auskleideraum des Krematoriums II von einer Jüdin angeschossen und starb kurz darauf.

39 Gemeint ist 20 Uhr abends. Eine schriftliche Anordnung ist nicht erhalten; es ist aber möglich, dass eine mündliche Anordnung dazu ergangen ist.

40 Tabeau weiß von diesen Ereignissen ausschließlich aus den Berichten anderer Häftlinge, da er zu diesem Zeitpunkt noch nicht in Auschwitz war. Die erste Exekution im Lager fand am 22.11.1940 an 40 von der Kriminalpolizei Kattowitz eingelieferten Polen statt. Am 14.3.1941 wurden die ersten Lagerhäftlinge, 72 poln. politische Häftlinge, in der Kiesgrube erschossen, am 3.7.1941 weitere 80 poln. politische Häftlinge.

41 An dieser Stelle befindet sich eine Skizze des Exekutionsplatzes zwischen Block 10 und Block 11.

42 Im Original deutsch.

Liste standen, zusammenfanden. Man überprüfte anhand der Gesamtliste noch einmal die Nummern, die Namen und Geburtsdaten, anschließend stellten der Lager- und die Blockältesten (jeweils Häftlinge) die Verurteilten in Fünfergruppen auf und führten sie zur Hinrichtungsstätte bei Bl[ock] 11. Wenn die Exekution erst in einigen Stunden stattfinden sollte, sperrte man sie in den Bunker. Wenn sie jedoch sofort stattfinden sollte, führte man sie in den Waschraum, wo sie sich nackt ausziehen mussten und man jedem mit Tintenstift seine Nummer auf den Oberschenkel schrieb. Nach diesen Vorbereitungen stellte man sie wieder in Fünfergruppen auf und führte sie zuerst zu vieren und dann zu zweien zur schwarzen Wand, wo die Exekutionen stattfanden. Geführt wurden sie entweder vom Blockältesten von Bl[ock] 11 oder vom Bunker-Kapo (ein Jude).[43] Er nahm je zwei Verurteilte an die Hand, zog sie aus der Fünfergruppe und stellte sie zu beiden Seiten an die Wand. Anfangs mussten sie sich noch hinknieen und den Kopf senken, später fand die Exekution im Stehen statt. Der Henker ging zu den so zur Urteilsvollstreckung Vorbereiteten hin, legte dort, wo die Wirbelsäule in den Schädel mündet, den Lauf an und vollstreckte die Exekution. Dazu diente eine Kurzwaffe in der Art eines Luftgewehrs, der Schuss war so gut wie lautlos. Falls der Tod nicht sofort eintrat, wurde auf den am Boden Liegenden ein weiterer Schuss abgegeben.

Bei den Exekutionen waren immer Häftlinge aus dem „Leichenträger"-Kommando anwesend. Sie legten die Leichname nach jeder Doppelexekution in eine große Kiste und stapelten sie an einer Wand auf, anschließend bestreuten sie die Blutflecken mit Sand, und die Stätte war bereit zum Empfang des nächsten Paares. Nach Beendigung der Exekutionen wurden die Leichname in die Leichenhalle in Bl[ock] 28 getragen, wo sie bis zum Abend desselben Tages blieben. Abends wurden sie mit den am selben Tag Verstorbenen oder Ermordeten auf einen großen Wagen verladen, den Häftlinge zum Krematorium zogen. Später wurden die Leichen, falls es nicht zu viele waren, direkt nach der Exekution in Särgen weggeschafft, oder Lastwagen transportierten sie ab. Während eines solchen Transports wurde im Lager immer eine Blocksperre verhängt, d. h. alle Häftlinge blieben so lange in den Blocks eingesperrt, bis der Wagen weggefahren war und die Blocksperre wieder aufgehoben wurde.

Generell bemühte man sich, die Exekutionen unter größter Geheimhaltung durchzuführen, allerdings ohne jeden Erfolg. Wie eingangs erwähnt, begannen die Exekutionen im Sommer 1941 und erreichten ihren Höhepunkt im Jahr 1942. Es begann Ende April/Anfang Mai 1942 mit der Verlegung der Strafkompanie von Auschwitz nach Rajsko.[44] Anschließend wurden viele kerngesunde und kräftige Häftlinge zusammen mit den Muselmännern in die Strafkompanie verlegt (ein Muselmann ist ein von Hunger und schwerer Arbeit vollkommen Ausgezehrter). (Sie alle erhielten einen roten Punkt.) Alle Angehörigen der Strafkompanie hatten auf Brust und Rücken einen roten (für Vergehen vor ihrer Inhaftierung) oder schwarzen (für ein Lagervergehen) Punkt genäht. Es handelte sich um etwa 500 [Personen]. Alle paar Tage wurden 10–15 von ihnen ausgewählt und erschossen. Die anderen mussten schwer arbeiten und darauf warten, bis sie an die Reihe kamen. Zu dieser Zeit, ungefähr Mitte Mai, begannen in Auschwitz die Massenexekutionen. Ein-, zwei- oder dreimal pro Woche wurden große Gruppen von

43 Jakub Kozalczyk (1902–1953); da er sowohl an Exekutionen mitwirkte als auch im Block 11 festgehaltene Häftlinge unterstützte, war er eine umstrittene Person.

44 Siehe Anm. 34.

durchschnittlich 40–60 Personen selektiert und erschossen. Als sich die Lage Mitte Juni nicht änderte, nahm die Unruhe im Lager zu. (Damals gab es eine Exekution von mehr als 120 Leuten.) Die Situation war so angespannt, dass sie zu explodieren drohte. Die Lagerleitung war darüber allerdings genau informiert, denn während eines Appells im Juni teilte man den Häftlingen mit, die Exekutionen würden eingestellt und die Todesstrafe abgeschafft. Obwohl Letzteres mit Misstrauen aufgenommen wurde, beruhigte sich die Lage etwas. Die darauffolgende Pause dauerte nicht länger als 1½–2 Monate, dann begannen erneut Exekutionen, allerdings nur in kleinen Gruppen und relativ selten.

Es kam der Oktober 1942 und mit ihm die größte Exekutionsaktion von Polen in Auschwitz, die 247 Personen aus den Regionen Lublin und Podhale betraf.[45] Das Lager reagierte ebenso entsetzt wie apathisch darauf. So endete die Serie der Exekutionen von Personen, die bereits mit einem Todesurteil ins Lager gebracht worden waren. Unter ihnen befanden sich welche, die bereits ein Jahr oder länger im Lager verbracht hatten und sich nicht über ihr zu erwartendes Schicksal im Klaren waren. War einer der zur Exekution bestimmten Häftlinge krank und lag im Krankenbau, wurde das Urteil an Ort und Stelle mit einer Phenolspritze ins Herz vollstreckt. Auf diese Weise starb der bekannte Künstler Witold Zacharewicz.[46]

Das bedeutet jedoch nicht, dass nach Oktober 1942 Menschen, die mit einem Todesurteil nach Auschwitz gekommen waren, nicht mehr hingerichtet worden wären. Man änderte lediglich die Vorgehensweise. Bisher hatten alle ins Lager eingewiesenen arischen Häftlinge eine Nummer erhalten und waren ins Lager aufgenommen worden. Nun aber teilte man jeden neu eintreffenden Transport in solche, die zu Lagerhaft verurteilt worden waren, und andere, die zum Tode verurteilt waren. Letztere erhielten keine Nummern mehr, sondern wurden direkt von der Blockführerstube zum Bunker (Bl. 11) gebracht, wo entweder sofort oder nach ein paar Tagen die Exekution vollstreckt wurde. Damit wollte man die Exekutionen besser geheim halten (sie wurden oft spätabends durchgeführt) und die Häftlinge beruhigen, die glauben sollten, es würden nur Zivilisten und keine Häftlinge erschossen. (Im Lager ist ein Häftling ein Lagerinsasse, ein Zivilist besitzt keine Nummer und gehört deshalb nicht zum Lager.) Wurde eine Exekution an Zivilisten vollstreckt, machte das auf die Häftlinge keinen sonderlichen Eindruck. Trotz all dieser Änderungen wurden die Exekutionen von Häftlingen nicht eingestellt, man erfand nur neue Gründe. Die Strafen für sogenannte Lagervergehen, d. h. Verstöße gegen die Lagerordnung, wurden drastisch verschärft. Wegen Kleinigkeiten wurden Leute in den Bunker gesperrt, und die Chance, dort wieder herauszukommen, war sehr gering. Verschlimmert wurde die Situation dadurch, dass Angehörige der Politischen Abteilung (Lager-Gestapo) nun Urteile verhängten und damit zu Herren über Leben und Tod jedes einzelnen Häftlings wurden. Von diesem Zeitpunkt an nahm auch das Spitzelwesen innerhalb des Lagers enorm zu. Im Bunker konnte man landen wegen Verdächtigungen

45 Am 28.10.1942 wurden 280 poln. Häftlinge in Block 11 erschossen, die von der Sipo und dem SD aus Radom und Lublin eingeliefert worden waren. Ihre Erschießung sollte eine Vergeltung für Sabotageakte und Partisanenaktionen in der Region Lublin darstellen.

46 Witold Zacharewicz (1914–1943), Film- und Theaterschauspieler in Warschau; organisierte 1942 falsche Dokumente für versteckte Juden, nach Verrat im Okt. 1942 verhaftet, im Nov. 1942 nach Auschwitz gebracht, am 16.2.1943 durch eine Phenolspritze ermordet.

politischer Natur, Kontakten zu Zivilisten, der Verbreitung politischer Nachrichten, selbst wegen der gemeinschaftlichen Kommentierung eines O.K.W.-Berichts aus der Zeitung, ebenso wegen Trunkenheit, Diebstahl (von Lebensmitteln, Gold, Brillanten), unterstellter Fluchtabsichten etc. Unter diesen Umständen war der Bunker fast immer überfüllt. Folglich wurden sogenannte Bunkersäuberungen durchgeführt: Der Lagerführer und Chef der Politischen Abteilung, Grabner, tauchte mit seinem gesamten Tross – meist während eines fröhlichen Gelages, also betrunken – im Bunker auf und ging von Zelle zu Zelle. Wenn sich die Zellentür öffnete, mussten alle Häftlinge der Reihe nach ihre Nummer, das Vergehen, dessentwegen sie im Bunker saßen, und die Zeit, die sie bereits dort verbracht hatten, melden. Hatte der Häftling Glück, dann besaß der Lagerführer eine von der Politischen Abteilung angefertigte Liste der zum Tode Verurteilten. Meistens war das jedoch nicht der Fall. Dann entschied nicht ein Urteil über das Leben des Häftlings, sondern die Laune des Kommandanten und der Eindruck, den der Häftling auf die betrunkene Bande machte. War er gut, konnte der Häftling bis zur nächsten Exekution dieser Art bleiben, wenn nicht, ging er in den Tod. Es ging dabei nie ohne Quälereien und Misshandlungen des Verurteilten ab. Gewöhnlich mussten 85–90 Prozent der im Bunker Einsitzenden an die Wand gehen, und schon war wieder Platz für Neue. Alle Exekutionen in Auschwitz waren Femeurteile. Es wurde niemals bekannt gemacht, an wem für welches Vergehen die Todesstrafe vollstreckt wurde. Das wurde nicht nur vor den Häftlingen, sondern auch vor aller Welt verheimlicht. Man benachrichtigte zwar die Angehörigen der Erschossenen von deren Tod, doch war er dann immer eines natürlichen Todes gestorben. Im Lager wurde jede Menge Papier für Krankengeschichten und Fieberkurven von Verurteilten verbraucht. Ebenso verschickte man an Tagen, an denen eine größere Zahl von Exekutionen vollstreckt worden war, die Telegramme mit der Todesnachricht zeitlich versetzt ab, um keinen Verdacht zu erregen. Die Exekutionen wurden von Beginn an immer von einer Person vollstreckt. Zuerst von Oberscharführer Palitsch.[47] Später, als man ihn auf einen Offizierslehrgang schickte – den er übrigens nicht abschloss –, übernahm Scharführer Stiwetz[48] diese Aufgabe, bis heute. In Auschwitz wurden auch Frauen exekutiert, wenn auch nie in großer Zahl. Andererseits erschoss man massenhaft Leute, die man in ganzen Wagenladungen direkt aus der Freiheit oder aus Gefängnissen herbrachte. Es gab auch Fälle, dass man ganze Familien mit kleinen Kindern erschoss. In einem Fall war ein Kind sogar nur wenige Monate alt.

[...][49]

47 Richtig: Gerhard Palitzsch.

48 Richtig: Friedrich Stiwitz.

49 Auf weiteren sieben Seiten berichtet Tabeau von einer Selektion, von der er selbst betroffen war, von den Bedingungen im Frauenlager und der Situation der Kranken. Dieser Teil des Berichts ist nicht in die Auschwitz-Protokolle eingegangen.

DOK. 92

Juda Kalvo muss sich am 26. November 1943 dafür rechtfertigen, dass er zwei seiner Goldzähne gegen Lebensmittel eingetauscht hat[1]

Vernehmungsniederschrift Juda Kalvo,[2] Konzentrationslager Auschwitz, Nebenlager Neu-Dachs, gez. Witowski,[3] SS-Sturmmann, vom 26.11.1943

Vernehmungsniederschrift
Vorgeführt erscheint der griech. jüdische Schutzhäftling Nr. 122 059, Kalvo Juda, geb. 1907 zu Karagatsch in der Türkei, von Beruf Klempner, verheiratet, mosaisch und macht auf Befragen und zur unbedingten Wahrheit ermahnt, folgende Angaben:
Im Monat Mai 1943 wurde ich in das KL Auschwitz eingeliefert, wo ich in verschiedenen Außenkommandos arbeitete, bis ich am Anfang Juli 1943 dem Nebenlager Neu-Dachs überstellt wurde. Vom ersten Tag an arbeitete ich hier beim Kommando Kraftwerk Wilhelm, Firma Ph. Holzmann, zuletzt beim Gleisbau.
Bei einer Gelegenheit, des Datums kann ich mich nicht mehr genau erinnern, sagte ich gesprächsweise meinem Vorarbeiter *Jankel* Leo, daß ich Hunger hätte. Der Vorarbeiter sagte mir darauf, daß er mir Lebensmittel beschaffen könnte, wenn ich Goldzähne zum Einhandeln dafür hätte. Ich erklärte mich bereit, zwei von meinen Goldzähnen für Lebensmittel zu riskieren, welche der Vorarbeiter auch sofort mittels einer Zange abzog. Ich erhielt für diese beiden Zähne an mehreren Tagen hintereinander zu je einem kg Brot, insgesamt *fünf* Kilogramm. Es ist mir außerdem bekannt, daß dieser Vorarbeiter auch von anderen Häftlingen Goldzähne gegen Lebensmittel eintauschte.[4]
Auf die Frage, ob ich auch anderweitig irgendeinen unerlaubten Handel getrieben hätte, muß ich antworten, daß mir dies nie in den Sinn kam. Ich habe in Allem die Wahrheit gesagt, nichts verschwiegen und nichts hinzugefügt.[5]

1 APMAB, D-Au-I-2, Meldunki karne, Bd. 4, Bl. 528.
2 Juda Kalvo (*1907 in Karağaç, Türkei), Klempner; am 5.5.1943 in Thessaloniki verhaftet; weiteres Schicksal ungeklärt.
3 Feliks Witowski (*1919), geboren und aufgewachsen in Kaczika, Kreis Suczawa, Bukowina, 1941 Annahme der deutschen Staatsangehörigkeit, spätestens von 1943 an Leiter der Politischen Abt. im Außenlager Neu-Dachs.
4 Am selben Tag wurde mit fast identischem Wortlaut Chaim Kalvo vernommen, vermutlich ein Bruder oder Cousin von Juda Kalvo. Chaim Kalvo (*1910 in Karağaç), Kaufmann, griech. Jude, im Mai 1943 nach Auschwitz deportiert, im Juli 1943 nach Neu-Dachs überstellt, dort im Kommando der Firma Holzmann eingesetzt; wie Anm. 1, Bl. 532.
5 Juda und Chaim Kalvo erhielten laut offizieller Strafverfügung jeweils zehn Stockschläge, die der Häftling Franz Fichtinger (*1910) ausführen musste; wie Anm. 1, Bl. 530, 534.

DOK. 93

Bruno Fischer arbeitet von Dezember 1943 an als Häftlingsarzt im Krankenrevier und wird Zeuge medizinischer Experimente an Häftlingen[1]

Protokoll der Vernehmung von Bruno Fischer[2] durch den Untersuchungsrichter der Militärstaatsanwaltschaft des Truppenteils Feldpost 14 911, Hauptmann der Justiz Lišenko, Oświęcim, vom 19.2.1945

Bis 1942 lebte ich in Prag und arbeitete in einer psychiatrischen Klinik als Professor für Psychiatrie und Neurologie. Am 30. Juli 1942 wurde meine Frau, eine ausgebildete Pianistin, von den Deutschen abgeholt und in das Städtchen Theresienstadt gebracht.[3] Am 4. August 1942 wurde auch mein 20-jähriger Sohn Fischer, ebenfalls Pianist, abgeholt und ins Lager Theresienstadt überstellt.[4] Am 15. Dezember 1942 wurde schließlich auch ich abgeholt und in dasselbe Lager gebracht. Der einzige Grund dafür war, dass wir Juden sind. Am 3. September 1943 wählten die Deutschen 5000 von uns zur Zwangsarbeit aus. Darunter befanden sich auch mein Sohn Jan Fischer und meine Frau, die sich nicht von unserem Sohn trennen wollte. Deshalb baten wir die SS-Führung, bei unserem Sohn bleiben zu dürfen.

Mir wurde die Bitte abgeschlagen, und ich musste als Arzt in Theresienstadt bleiben. Meine Frau durfte mitfahren. Wohin sie gebracht wurden, wusste ich nicht. Die Deutschen erlaubten ihnen, ihre persönlichen Sachen mitzunehmen. Am 15. Dezember 1943 ging ein Transport mit 5000 Personen aus Theresienstadt ab, darunter war auch ich. Am 17. Dezember 1943 kamen wir im Lager Auschwitz an. Dort traf ich meine Frau und meinen Sohn Jan wieder. Nach meiner Ankunft wurde ich im Lager Birkenau untergebracht, wo sich auch meine Frau und mein Sohn befanden. In Birkenau bekam ich die Nummer 163 860 auf den Arm tätowiert, ohne irgendwelche Kennzeichen und Winkel. Ich wurde gezwungen, als Arzt im Krankenrevier des Lagers zu arbeiten. Die Baracken, in denen die Häftlinge, Männer und Frauen getrennt, untergebracht wurden, waren nur mit einem doppelreihigen Stacheldraht voneinander getrennt. Er war an Stahlbetonpfosten befestigt, die unter Hochspannung standen. Daher konnte man von einem Teil des Lagers gut in den anderen sehen. Das Lager Birkenau war in zwei Felder eingeteilt, „A" und „B".[5] Am 7. März 1944 wurden meine Frau und mein Sohn Jan während einer Selektion ins Feld „A" und am 8. März 1944 mit Lkw ins Krematorium gebracht, wo man sie verbrannte. An diesem Tag wurden im Krematorium etwa 3400 Menschen verbrannt, allein aus dem Feld „A". Wie viele an diesem Tag insgesamt ermordet wurden, ist mir

1 GARF, P 7021/108/3, B. 50–54. Kopie: ITS, Digitales Archiv, 1.1.2.0,/15/82347779–82347783. Das Dokument wurde aus dem Russischen übersetzt.

2 Dr. Bruno Fischer (1888–1972), Professor für Psychiatrie und Neurologie; im Dez. 1942 nach Theresienstadt, von dort im Dez. 1943 nach Auschwitz deportiert, arbeitete als Häftlingsarzt, im Jan. 1945 befreit.

3 Grete Fischer (1895–1944), Konzertpianistin in Prag; am 6.9.1943 nach Auschwitz deportiert und dort im März 1944 ermordet.

4 Jan Herbert Fischer (1924–1944), am 6.9.1943 nach Auschwitz deportiert und dort im März 1944 ermordet.

5 Gemeint sind die Abschnitte B II a und B II b. In B II b befand sich das Theresienstädter Familienlager; siehe Einleitung, S. 30.

nicht bekannt.[6] Ich blieb bis Juni 1944 in Birkenau und wurde am 30. Juni nach Auschwitz gebracht, wo man mich erneut zwang, als Arzt zu arbeiten.
Frage: Wer von der Lagerleitung gab den Befehl, die 3400 Menschen, unter denen sich auch Ihre Frau und Ihr Sohn befanden, ins Krematorium zu bringen?
Antwort: Lagerkommandant *Liebehenschel,* Lagerleiter *Schwarzhuber*[7] und der Rapportführer, Unterscharführer *Buntjuk.*[8]
Frage: Erzählen Sie, was Ihnen über die deutsch-faschistischen Gräueltaten im Lager Auschwitz bekannt ist.
Antwort: Während ich im Lager Auschwitz war, erzählte mir einer der Häftlinge, der polnische Friseur *Gorjalinok,* dass er schon vier Jahre im Lager sei und wisse, dass in den ersten Jahren seines Bestehens, als es noch keine Gaskammern gab, Häftlinge mit Phenol (Karbolsäure)-Spritzen getötet wurden. Die Injektion wurde entweder direkt ins Herz oder in die Vene verabreicht, und der Häftling starb innerhalb von drei bis vier Stunden. Wer physisch robust war und am Leben blieb, wurde von den Kapos mit einem Pickel erschlagen. Die Spritzen setzte der polnische Arzt Wasilewski[9] auf Anordnung und unter Anleitung eines deutschen Arztes, Sturmbannführer *Eduard Wirths.* Wasilewski gehörte zu den Häftlingen, die die Deutschen ins Reich verschleppt haben. Außerdem sind mir folgende Fakten zu Experimenten an Häftlingen bekannt:
Ausgewählten Personen wurden Spritzen unter die Haut verabreicht, und zwar mit Benzin und Kerosin. Daraufhin bildeten sich Geschwüre. Die SS-Ärzte beobachteten den Verlauf der Erkrankungen und stellten Untersuchungen an usw. Die meisten Opfer wurden wieder gesund und von den Deutschen nach Deutschland gebracht. Einige, deren Namen ich nicht kenne, sind auch heute noch krank und befinden sich im Lager.[10] Die Experimente führte der deutsche Feldscher und Oberscharführer *Kaschub*[11] unter Anleitung von Sturmbannführer Wirths durch.[12] Anweisungen kamen von dem in Breslau

6 In der Nacht vom 8. zum 9.3.1944 sind in den Gaskammern von Krematorium II und III 3791 Häftlinge des Theresienstädter Familienlagers ermordet worden.

7 Johann Schwarzhuber (1904–1947), Buchdrucker; 1933 NSDAP- und SS-Eintritt; von 1933 an in Dachau, 1939–1941 in Sachsenhausen, Kommandoführer im Außenlager Klinkerwerk, von Sept. 1941 an in Auschwitz, Nov. 1943 bis Nov. 1944 Schutzhaftlagerführer in Birkenau; 1944 SS-Ostuf.; Nov. 1944 Lagerführer in Dachau-Kaufering, Jan. 1945 Schutzhaftlagerführer in Ravensbrück; 1947 im 1. Hamburger Ravensbrück-Prozess zum Tode verurteilt und hingerichtet.

8 Richtig: Oswald Kaduk (1906–1997), Fleischer; 1939 SS-Eintritt; Dez. 1941 bis Jan. 1945 in Auschwitz, zunächst im Wachsturmbann, dann Blockführer, später Rapportführer; 1947 durch ein Sowjet. Militärtribunal zu 25 Jahren Haft verurteilt, 1956 entlassen, arbeitete als Krankenpfleger in Westberlin, 1965 vor dem Landgericht Frankfurt a. M. zu lebenslanger Haft verurteilt, 1989 wegen Haftunfähigkeit entlassen.

9 Dymitr Wasilewski (*1913), Arzt; poln. politischer Häftling, im Dez. 1943 nach Auschwitz gebracht, dort Häftlingsarzt, im Dez. 1944 nach Buchenwald überstellt.

10 Zum Zeitpunkt der Vernehmung von Bruno Fischer war Auschwitz seit drei Wochen befreit. Mehrere Tausend Häftlinge waren so krank, dass sie nicht transportfähig waren. Diese wurden in den ehemaligen Lagergebäuden von Angehörigen des poln. Roten Kreuzes medizinisch versorgt.

11 Dr. Heinz Kaschub (1919–1977), Chirurg; experimentierte von Aug. bis Okt. 1944 im Auftrag der Wehrmacht an jüdischen Häftlingen mit dem Ziel, Methoden zu erforschen, mit deren Hilfe deutsche Soldaten Krankheiten simulierten oder provozierten, um den Fronteinsatz zu umgehen; von 1963 an Leiter der Chirurgie im Bethanien-Krankenhaus in Frankfurt a. M.

12 In drei Versuchsreihen wurden den Häftlingen toxische Seren injiziert, Verbrennungen zugefügt sowie die zur Vortäuschung von Gelbsucht verwendete Pikrinsäure verabreicht.

tätigen deutschen Arzt Major Schmitt.[13] Ein Häftling, Ingenieur Max Ippen,[14] der nach Deutschland gebracht wurde, erzählte mir, dass an den Häftlingen Sterilisationsexperimente durchgeführt wurden. Man entfernte den Männern die Hoden und den Frauen die Eierstöcke und schickte diese dann zur Untersuchung. Über die Sterilisation berichteten mir auch Frauen, die diesen Experimenten ausgesetzt waren. Ich selbst habe das nicht gesehen. Im Lager gab es einen Häftling, einen Gynäkologen namens Samuel.[15] Er hatte eine Methode erfunden, mit der man Fotos von der Gebärmutter machen konnte. Danach hat man Samuel ins Krematorium gebracht und verbrannt. Seine Erfindung eignete sich irgendein deutscher Arzt an, wer genau, weiß ich nicht. Das war 1943. Ich habe das von Max Ippen und einem Bekannten von Samuel gehört, dessen Namen ich nicht kenne. Die Experimente, d. h. die Sterilisationen von Männern und Frauen, führten der deutsche Arzt *Wirths* und seine Helfer *Gobele*[16] und *Fischer*[17] durch. Mir selbst ist bekannt, dass der Arzt *Fischer* sich an Leistenbruchoperationen übte und der Arzt *Thilo* an Tumoroperationen an der Gebärmutter. Ich weiß, dass viele Gefangene gar nicht krank und diese Operationen medizinisch nicht gerechtfertigt waren. Fischer und Thilo zwangen die Häftlinge zu diesen Operationen, um ihre Berufserfahrungen zu erweitern. Andere Fälle von Experimenten sind mir nicht bekannt. Ich weiß nur, dass man die Häftlinge heftig geschlagen hat. Geschwächte und infolge der Entbehrungen bläulich verfärbte Lagerinsassen nannten die Deutschen „Muselmänner" und schickten sie zwei- bis dreimal pro Woche ins Krematorium.

Frage: Ist Ihnen bekannt, welche Wissenschaftler von den Deutschen im Lager Auschwitz umgebracht wurden und auf welche Art und Weise?

Antwort: Im Oktober 1944 wurden folgende Personen von den deutschen Henkern durch Ersticken mittels Gas im Krematorium ermordet:

1. Professor Otto Sittig,[18] Neurologe
2. Professor Leo Taussig,[19] Psychiater

13 Die Experimente wurden vom Wehrkreis VIII Sanitätswesen in Breslau in Auftrag gegeben, das die in Auschwitz entnommenen Gewebe- und Eiterproben analysierte.

14 Max Ippen (1906–1957), Ingenieur aus Wien; 1940 in Prag verhaftet, im März 1943 nach Auschwitz überstellt, im Jan. 1945 nach Dachau transportiert, Flucht vom Todestransport bei Gelting; lebte nach dem Krieg in Mailand und Salzburg.

15 Dr. Maximilian Samuel (1880–1943), Gynäkologe; Emigration nach Belgien und Frankreich, am 2.9.1942 aus Drancy nach Auschwitz deportiert, von Mai 1943 an im Versuchsblock 10 an medizinischen Experimenten beteiligt, im Nov. 1943 von der SS ermordet.

16 Richtig: Johannes Goebel (1891–1952), Chemiker; Mitarbeiter der Schering-Werke in Berlin, stellte Clauberg das Einspritzmittel für die Sterilisationsexperimente zur Verfügung und wechselte im Nov. 1943 als Assistent von Clauberg nach Auschwitz, blieb jedoch Angestellter von Schering, spritzte dort ohne medizinische Ausbildung Frauen in den Unterleib; nach dem Krieg in alliierter Gefangenschaft.

17 Dr. Horst Fischer (1912–1966), Arzt; 1933 SS-, 1937 NSDAP-Eintritt; 1939 Truppenarzt der Waffen-SS in Oranienburg, Dachau und Stralsund, von Nov. 1942 an in Auschwitz, von Nov. 1943 an Lagerarzt in Monowitz, später stellv. Standortarzt; 1943 SS-Hstuf.; Febr. 1945 Tätigkeit im SS-WVHA; nach 1945 Landarzt in Golzow und Spreenhagen, 1966 vor dem Obersten Gericht der DDR zum Tode verurteilt und hingerichtet.

18 Dr. Otto Sittig (1884–1944), Neurologe; im März 1943 aus Prag nach Theresienstadt, von dort im Dez. 1943 nach Auschwitz überstellt.

19 Dr. Leo Taussig (1884–1944), Psychiater; im Dez. 1942 aus Prag nach Theresienstadt, von dort im Okt. 1944 nach Auschwitz überstellt.

3. Professor Jan Levit,[20] Chirurg
4. Dozent Franz Trodor, Psychiater und Neurologe
5. Dozent Erwin Gino, Psychiater und Neurologe
6. Dr. Robert Zeckendorf,[21] Internist
7. Levit,[22] Arzt für Haut- und Geschlechtskrankheiten
8. Fischmann, Arzt für Haut- und Geschlechtskrankheiten
9. Švejk, Psychiater und Neurologe
10. Sonnenstein,[23] Psychiater und Neurologe
11. Klimko, Psychiater und Neurologe

Alle stammen aus Prag und anderen Städten der Tschechoslowakei und wurden von den deutschen Henkern ins Lager Auschwitz gebracht.

DOK. 94
Schutzpolizeimeister Hans Heitmann erklärt am 31. Januar 1944, dass sein Kollege Karl Lohnegger den Judenmord in Auschwitz verurteilt hat[1]

Protokoll der Vernehmung von Hans Heitmann,[2] Meister der Schutzpolizei, durch den Gerichtsoffizier beim Kommandeur der Gendarmerie in Kattowitz, Bezirkshauptmann der Gendarmerie, Unterschrift unleserlich, zur Zeit Tichau,[3] vom 31.1.1944

Verhandelt.
Der Meister der Schutzpolizei Hans Heitmann, 42 Jahre alt, in Tichau in seiner Dienststelle aufgesucht, mit dem Gegenstand der Vernehmung vertraut gemacht, zur Wahrheit ermahnt, gab folgendes an:
1. Zur Person:
Ich bin Meister der Schutzpolizei der Gemeinde Tichau. Den Meister der Gendarmerie Lohnegger[4] kenne ich seit etwa Sommer 1940. Er war im Nachbarbezirk[5] stationiert. Ich bin nicht verwandt oder verschwägert mit ihm.

20 Dr. Jan Levit (1884–1944), Chirurg; im Juni 1942 aus Prag nach Theresienstadt, von dort im Okt. 1944 nach Auschwitz überstellt.
21 Dr. Robert Zeckendorf (1895–1944), Arzt; im Dez. 1942 aus Prag nach Theresienstadt, von dort im Dez. 1943 nach Auschwitz überstellt.
22 Richtig: Dr. Rudolf Levith (1895–1944), Hautarzt; im Nov. 1942 aus Prag nach Theresienstadt, von dort im Okt. 1944 nach Auschwitz überstellt.
23 Dr. Gustav Sonnenschein (*1868), Arzt; im Juli 1942 aus Olomouc nach Theresienstadt, von dort im Dez. 1943 nach Auschwitz überstellt.

1 AIPN, GK 701/923, Bl. 254 f.
2 Hans Heitmann (1902–2003), Polizeihauptwachtmeister; 1937 NSDAP-Eintritt; von 1941 an bei der Polizeiwache in Tichau; lebte nach dem Krieg als Polizeibeamter in Lübeck.
3 Tichau (poln. Tichy), Stadt in Oberschlesien, 20 km nordwestlich von Auschwitz.
4 Karl Johann Lohnegger (1896–1944), Gendarmeriemeister; von 1919 an bei der österr. Gendarmerie; 1930 NSDAP-Eintritt; 1934 wegen NS-Propaganda vom Staatsdienst suspendiert; 1938 SS-Eintritt; nach dem Anschluss Österreichs rehabilitiert, 1940 zur Gendarmerie Kattowitz abgeordnet, am 6.9.1944 wegen Zersetzung der Wehrkraft durch das SS- und Polizeigericht XV zu sechs Jahren Haft verurteilt; starb bei einem Fliegerangriff auf das Straflager in Dachau.
5 Pless (poln. Pszczyna), Stadt in Oberschlesien, 25 km westlich von Auschwitz.

2. *Zur Sache:*
Auf den mir jetzt bekanntgegebenen Vorgang kann ich mich im allgemeinen noch gut besinnen. Es war im Juli 1942, als wir gemeinsam mit der Gendarmerie eine Großfahndung nach einem entwichenen französischen General durchführten. Der Dienst erstreckte sich auf mehrere Tage und Nächte. Ich stand zweimal am Tage mit Lohnegger, Wille[6] und anderen Beamten zusammen. Gleich am 1. Tage war ich mit Lohnegger, Wille und einem Soldaten von der Wehrmacht zusammen am Dienstorte. Der Dienst an diesem Tage begann wohl 14 Uhr. Lohnegger war der dienstälteste Meister und führte demzufolge auch die Dienstaufsicht. Nachdem wir uns kurz begrüßt hatten, führte er auch schon die Unterhaltung. Mich hat er gefragt, ob ich mit der hiesigen Bevölkerung gut auskäme, weil ich aus Norddeutschland wäre.
Er führte dann das Gespräch auf die militärische und politische Lage. Mich fragte er, ob ich der Meinung sei, daß wir den Krieg noch gewönnen. Ich bejahte diese Frage. Lohnegger widersprach aber sofort und sagte: „Wir werden diesen Krieg nie gewinnen." Als Begründung führte er an, daß unsere Presse wohl schreibe, die zweite Front käme nie zustande. In Wirklichkeit wäre sie aber schon da, denn die Luftangriffe auf unsere Heimatstädte kämen einer zweiten Front gleich.
Weiter sagte er, er hätte Gelegenheit gehabt, in das K.-Z. Lager Auschwitz Einsicht zu nehmen und sich von den dort herrschenden Zuständen persönlich zu überzeugen.
Er fragte mich, ob ich Erkenntnis hätte, wie das Ableben der Juden vor sich ginge. Ich verneinte diese Frage. Er sagte, es würden dort irgendwelche Gase in einen Raum gelassen, in welchem sich Juden befänden, die dadurch den Tod finden würden. Das könne kein Mensch, auch unsere Regierung nicht verantworten. Die Juden wären doch auch Menschen von Fleisch und Blut.
Dann kam er auf die Polen zu sprechen. Er sagte, das Verbot an die Polen, sich ihrer Landessprache zu bedienen, wäre eine Ungerechtigkeit, denn es wäre ihre Muttersprache. Er würde dagegen nie einschreiten. Er dulde es auch nicht, daß die ihm unterstellten Gendarmerie-Beamten Anzeige gegen Polen vorlegen würden, die sich der polnischen Sprache bedient hätten. Auch gegen solche Polen würde er nicht einschreiten, die sich aus dem hiesigen Gebiet Kartoffeln oder Lebensmittel holten.
Über diese seine Meinung hat er mir, dem Meister Wille und dem Soldaten, der mit uns Dienst verrichtete, einen regelrechten Vortrag gehalten. Ich war an sich erstaunt über seine Gewandtheit, mit der er dies alles vortrug. Er trug es so vor, daß wir gar nichts dazu sagen konnten. Meister Wille und ich sonderten uns dann ab, denn wir wollten nichts davon hören. Lohnegger blieb einige Schritte von uns entfernt mit dem Soldat stehen. Ob er diesem gegenüber seine Vorträge noch weiter fortgesetzt hat, weiß ich nicht.
Meister Wille sagte zu mir, wenn Lohnegger wieder derartige Äußerungen ausspreche, werde er ihn einfach niederschießen. Ich habe Wille beruhigt. Lohnegger hat an diesem Tage auch nicht mehr zu uns gesprochen, weil er bemerkt hatte, daß wir seine Meinung nicht teilten.

6 Robert Wille (*1903), Gendarmeriehauptwachtmeister; 1938 NSDAP-Eintritt; von Febr. 1940 an im Regierungsbezirk Kattowitz eingesetzt, zunächst im Kreis Pleß, von Jan. 1944 an im Kreis Bendsburg; Zeugenaussage im Verfahren gegen Lohnegger am 29.1.1944; wie Anm. 1, Bl. 252 R.

Wenn wir auch nicht mehr von diesen Dingen sprachen, so wurde die von Lohnegger geführte Unterhaltung doch bekannt und in der Schutzpolizeidienstabteilung Tichau hinterher mehrfach besprochen.
Ich habe später gehört, daß Lohnegger aus dienstlichen Gründen versetzt worden ist.
Ich habe die reine Wahrheit gesagt, nichts weggelassen und nichts hinzugefügt und kann meine Angaben mit gutem Gewissen beeiden.

DOK. 95
Heinz Herrmann beschreibt am 4. Februar 1944 in einem illegalen Brief an seinen Onkel Auschwitz als die modernste Massenhinrichtungsstätte der Welt[1]

Handschriftl. Brief, unterz. Heinz,[2] Auschwitz, an Käthe und Erwin Herrmann[3] vom 4.2.1944[4]

Liebste Tante und Onkel,
vor allem danke ich Euch herzlichst für alles, was Ihr mir schickt, auch dafür, was ich vom Überbringer dieses Briefes bekommen habe.[5] Es stimmte alles mit dem Inhaltsverzeichnis, das Du, allerliebster Onkel, beigelegt hast, überein. Es ist ein wirklich glücklicher Umstand, daß ich gerade mit einem Landsmann und noch dazu mit einem so anständigen zusammenarbeite. Nun will ich die heutige Schreibgelegenheit dazu benutzen, Euch erstens erklären zu dürfen, warum ich so eindringlich immer um Pakete bat, die ja gottlob jetzt vollkommen in Ordnung und vollzählig eintreffen, und will daher gleichzeitig die traurige Frage des lb. Onkels: – Schreibe Details Ottos[6] Schicksal – beantworten. – Nun, wir trafen mit meinen liebsten Eltern am 26. Oktober 1942 aus Theresienstadt hier ein. Es war eine bodenlose Gemeinheit des Herrn Vogel, meine Eltern nicht aus dem Polentransport hinauszuziehen, doch war das scheinbar eine absichtliche Spitze gerichtet gegen meinen liebsten Vater. Dieser hatte sich nämlich in Theresienstadt derartig mit meiner lieben Mutter[7] versöhnt, dass Ihr es kaum glauben würdet. Der Augenblick, da die beiden gemeinsam mich besuchen kamen, war für mich die Erfüllung mei-

1 YVA, O.75/206. Abdruck in: Mitteilungsblatt der Lagergemeinschaft Auschwitz, Freundeskreis der Auschwitzer e.V. , 13, 8/88, S. 3–5.
2 Heinz J. Herrmann (1921–1993), Installateur; am 30.6.1942 aus Olomouc nach Theresienstadt deportiert, am 26.10.1942 nach Auschwitz überstellt, zunächst in einem Arbeitskommando in Monowitz, nach Verletzung bei der Zentralbauleitung beschäftigt, Todesmarsch nach Dachau; wanderte 1949 nach Israel aus. Autobiographie: „Mein Kampf" gegen die Endlösung, St. Pölten 1994.
3 Käthe und Erwin Herrmann, Markgrafenstraße 2, Proßnitz. Beide überlebten den Krieg.
4 Herrmanns Onkel Erwin versteckte den Brief bis Kriegsende und gab ihn dann Heinz Herrmann zurück, der ihn schließlich in das Archiv der Gedenkstätte Yad Vashem gab.
5 Herrmann lernte an seiner Arbeitsstelle den tschech. Zivilarbeiter Jan Zatloukal kennen, dessen Ehefrau in der Nähe von Proßnitz lebte. Er leitete mehrere Briefe an Käthe und Erwin Herrmann weiter. Im Juni 1944 entdeckte die SS die Briefsendungen. Herrmann wurde mit 15 Schlägen bestraft. Jan Zatloukal erhielt als Strafe 14 Tage Einzelhaft auf Block 11 und wurde an eine andere Arbeitsstelle versetzt.
6 Otto Herrmann (1889–1942), Kaufmann aus Troppau; Vater von Heinz Herrmann, gemeinsam mit ihm nach Theresienstadt und Auschwitz deportiert, unmittelbar nach der Ankunft ermordet.
7 Sofie Haasová (1899–1943), Angestellte; Mutter von Heinz Herrmann, nach Scheidung von Otto Herrmann Heirat mit Leo Haas, am 30.9.1942 aus Mährisch Ostrau nach Theresienstadt deportiert, am 26.1.1943 nach Auschwitz überstellt und dort ermordet.

nes Lebenstraumes. Nur der Herr V. wollte nun scheinbar sehen, dass während Otto und Frieda[8] abgingen, ich mit meiner Mutter in Theresienstadt bleiben sollte. Ich meldete mich selbstverständlich freiwillig mit meinen Eltern.
Wie erstaunt waren wir aber, als wir anstatt in ein polnisches Getto [zu fahren] am Bahnhof Auschwitz Halt machten. Wir waren damals 2000 Menschen in einem von hunderten Transporten, die alle dasselbe Schicksal hatten. Am Bahnhof wurden 230 junge, kräftige Männer sortiert und gingen ins KZ. Der Rest ging den traurigsten Weg, den die Weltgeschichte kennt.
Ich schreibe euch dies absichtlich so ausführlich, da Ihr ja den Brief persönlich übergeben bekommt und da ich unbedingt will, daß, falls wir uns nicht wieder sehen sollten, Ihr wißt, was mit uns geschehen ist. Hier gibt es die modernste Massenhinrichtungsanstalt der Welt. Egal ob alt oder jung, ob Greis oder Kind, ob Mann oder Frau, alles kommt in eine Halle, wird „vergast“ und gleich im anschließenden Krematorium verbrannt. Regt Euch darüber nicht allzusehr auf, ich schreibe Euch das kurz, ich habe hier schon so viel miterlebt und durchgemacht, daß ich für Gefühl hier nicht mehr Zeit habe. Das ist aber noch nicht alles. Das betraf nur die Menschen, die von der Bahn direkt einen unbewußten leichten Tod sterben. Ärger ist es aber für die, die vom Lager aus ins Gas gehen. Dazu werden nur Juden und zwar die, die körperlich heruntergekommen sind, genommen. Deshalb liegt mir so viel daran, daß ich viel zu essen habe. Nun im allgemeinen. Als ich hierher kam, war es [für] mich die Hölle auf Erden. Schläge, schwerste Arbeit und erbärmlicher Hunger waren Tagesprogramm. Von den 230 Menschen blieben wir ungefähr 10. Auch ich wog bereits 45 kg, aber Gott stand immer an meiner Seite. Heute sind die Verhältnisse schon bedeutend besser. Schlagen ist verboten, Essen ist zwar dasselbe, aber Ihr helft ja Gott sei Dank und die Arbeit macht mir Spaß. Heute kenne ich mich hier schon aus. Interessant und erfreulich ist es, daß die Transporte, die Ende letzten Jahres (Peter,[9] L. Reich[10] usw.) aus Th[eresienstadt] kamen, von obigem vollkommen ausgeschlossen sind und daß sie das auch in Zukunft wohl kaum befürchten müssen.[11] Sie sind auch in einem gesonderten Lager, Männer und Frauen beisammen. Also seht Ihr nun selbst, was ich für Aussichten habe. Momentan sehe ich gut aus und bin vollkommen gesund. Gesünder denn je.
Befürchten brauche ich eigentlich nur mehr das Ende. Denn solange jemand arbeitsfähig ist, wird er auch als Arbeiter anerkannt. Wir haben seit einigen Wochen einen neuen Lagerkommandanten, der ein sehr feiner Mensch ist und sich mit so mancher erfreulichen Neuerung eingeführt hat.[12] Oft habe ich schon daran gedacht, ob Ihr nicht an ihn

8 Frieda Herrmannová (1900–1942), zweite Ehefrau von Otto Herrmann, gemeinsam mit Otto und Heinz Herrmann nach Theresienstadt und Auschwitz deportiert, dort unmittelbar nach der Ankunft ermordet.

9 Peter Herrmann (*1913), Jurastudent; am 9.4.1943 aus Prag nach Theresienstadt, von dort am 6.9.1943 nach Auschwitz deportiert; Cousin von Heinz Herrmann; starb vermutlich im März 1944 während der Mordaktion im Theresienstädter Familienlager.

10 Leo Reich (*1903); am 8.7.1942 aus Olomouc nach Theresienstadt, von dort am 6.9.1943 nach Auschwitz deportiert; Onkel von Heinz Herrmann; starb vermutlich während derselben Mordaktion.

11 Die meisten der im Sept. und Dez. 1943 aus Theresienstadt nach Auschwitz deportierten Häftlinge fielen den Mordaktionen am 8./9.3.1944 zum Opfer; siehe Einleitung, S. 30.

12 Seit Nov. 1943 war Arthur Liebehenschel Kommandant in Auschwitz I.

herantreten könntet, was sicher keine unangenehmen Folgen für Euch hätte, doch kann ich kein rechtes Motiv finden.
Wollen wir es deshalb dem Glück überlassen.
Mischlinge werden hier wie Arier geführt und sind vollkommen ungefährdet. Interessant ist, daß man vergangene Woche alle Tschechen, auch tschechische Juden, aufgeschrieben hat. Das kann nichts Schlechtes bedeuten.
Für heute will ich schließen. Schreibt mir doch einen ausführlichen Brief mit der Überbringerin.[13] Euch und Arthur Hönig danke ich für die schönen Sachen, die Ihr mir schickt. Von Euch habe ich Paket VII erhalten. Arthur Hönig lasse ich aber bitten, besser und fester zu packen, Inhaltsverzeichnis beizulegen und deutlicher zu beschreiben.
Sendet mir auch etwas zum Lesen – 30 Pf Kriminalromane.
Mit Gruß und Kuß
Auf baldiges Wiedersehen!!!
Euer

DOK. 96
Die jüdischen Häftlinge in Auschwitz müssen am 8. Februar 1944 angeben, wem sie ihr zurückgelassenes Eigentum anvertraut haben, damit es steuerlich erfasst werden kann[1]

Schreiben von SS-Obersturmführer Schöttl,[2] 1. Schutzhaftlagerführer des KZ Auschwitz III, Abt. III, Az.: KL 14 k 1/2.44/Schö.-Mi., Monowitz, an alle Arbeitslager K.L. Auschwitz III, vom 8.2.1944

Betreff: Gold- oder Sachforderungen jüdischer Häftlinge
Die im dortigen Lager einsitzenden Juden sind durch geeignete Vertrauensleute in unten angeführter Weise zu belehren. Als Vertrauensleute sind in diesem Falle Juden zu betrachten, die auf Grund ihres Berufes (Kaufleute, Akademiker usw.) die nötige Auffassungsgabe besitzen, um die folgenden Ausführungen zu verstehen und den anderen Juden begreiflich machen zu können.
Unter den dort einsitzenden Juden wird es eine gewisse Zahl geben, die bei ihrer Verhaftung bzw. Überführung aus Ghettos oder in ein Lager Geld- oder Sachforderungen an Arier hinterlassen haben. Mag sein, daß das jüdische Geschäft oder die Fabrik arisiert wurde oder einem Arier zu treuen Händen überlassen wurde und der Jude, schon durch seine Verhaftung, keine Entschädigung erhalten hatte. Ferner kommen in Frage Bankguthaben sowie Geld- und Sachforderungen irgendwelcher Natur an Bankhäuser oder Privatpersonen. (Es kann sich auch um die Überlassung von Anzugstoffen, Hausgerät, Haustieren usw. handeln.)

13 Gemeint ist die Ehefrau von Jan Zatloukal.

1 BArch, NS 4/Au 8, Bl. 21.
2 Vinzenz Schöttl (1905–1946), Bürodiener; 1928 NSDAP-, 1931 SS-Eintritt; von 1933 an Wachmann, später Führer von Wachkompanien in Dachau, Neuengamme und Lublin-Majdanek, Juli 1942 Kommandoführer in Monowitz, Dez. 1943 bis Jan. 1945 Schutzhaftlagerführer in Monowitz, Febr. bis April 1945 stellv. Lagerführer im Kaufering-Lagerkomplex des KZ Dachau; 1945 im Dachauer Hauptprozess zum Tode verurteilt und 1946 hingerichtet.

Der Sinn der ganzen Aktion ist, die Arier herauszufinden, die ehemals jüdische Geld- oder Sachwerte erhalten haben, ohne dieselben dem Steueramt anzugeben, so daß es oft unmöglich ist, die übertragenen ehemals jüdischen Geld- oder Sachwerte steuermäßig zu erfassen.
Die im Lager einsitzenden Juden sind eingehend zu belehren, daß sie bei der Angabe von eben erwähnten Forderungen nicht nur keine Gefahr laufen, sondern auch Belohnungen durch Sachprämien (Brot, Lebensmittel usw.) erhalten.
Die Prämien liegen in folgender Höhe:
bei Geldforderungen 5 %
bei Sachforderungen 10 %.
Weiß ein Jude von Fremdforderungen, die möglicherweise verstorbene Verwandte erheben könnten, so werden dieselben als Eigenforderungen mit dem gleichen Prozentsatz behandelt.
Gibt ein Jude Fremdforderungen von dritten Personen an, so ist der Prozentsatz folgender:
bei Geldforderungen 2 %
bei Sachforderungen 5 %.
Für die Auszahlung der eben erwähnten Belohnungen kommen auch Angaben von Verstecken von Geld, Juwelen usw. in Frage.
Es werden folgende Angaben benötigt:
1. Nr., Name u. Geb.-Datum des Juden, der eine Forderung anmeldet.
2. Name des Ariers bzw. der Firma, an welche die Forderung besteht, unter Angabe des Ortes, wo das Geschäft zustande gekommen ist.
3. Gegenstand der Forderung.
4. Schätzwert der Sachforderung im Zeitwert des Geschäftsabschlusses.

DOK. 97

Arthur Liebehenschel fordert am 14. Februar 1944 in einem Sonderbefehl, die Arbeitskraft der Häftlinge effizienter auszubeuten[1]

Sonderbefehl des Standortältesten, gez. Liebehenschel, SS-Obersturmbannführer, F. d. R. unterz. Zoller, SS-Hauptsturmführer und Adjutant, an Amtsgruppe D, Kommandantur I, II, III, SS-Standortverwaltung, Bauinspektion Schlesien, Zentralbauleitung, Landwirtschaft, SS-Standortarzt, Kantinenverwaltung, Sola-Hütte, DAW, Deutsche Lebensmittel GmbH, TWL, Dest, Hyg.-bakt. Uns. Stelle,[2] Befehlsstelle Au, Ablage, vom 14.2.1944

Geheim! Nur für den Dienstgebrauch!
Sonderbefehl über die Herabsetzung der Häftlingsarbeitskommandos bei allen Dienststellen im Standort Auschwitz

1 APMAB, D-Au-I-1/102, Bd. 4, Bl. 105 f. Abdruck in: Standort- und Kommandanturbefehle (wie Dok. 9, Anm. 1), S. 410 f.

2 Hygienisch-Bakteriologische Untersuchungsstelle. Gemeint ist das SS-Hygiene-Institut in Rajsko unter Leitung von Bruno Weber.

Jeder deutsche Mensch, insbesondere der SS-Mann, weiß, worum es jetzt im 5. Kriegsjahr geht. *Alle Arbeitskräfte und jede Arbeitsstunde gehören der Rüstung und damit dem Siege.* Die Durchführung dieser Forderung steht bei der Lösung aller anderen, auch noch so notwendigen Aufgaben, an erster Stelle. Es muß nun endlich danach *gehandelt* werden; gesprochen ist darüber genug. Wir haben im eigenen Lagerhaushalt damit sofort angefangen. Wenn hier in Auschwitz von rund 41 000 arbeitsfähigen Häftlingen über 12 000 Häftlinge für die Aufrechterhaltung der Lagerbetriebe pp. eingesetzt sind, so ist diese friedensmäßige, arbeitseinsatzmäßig verschwenderische Auffassung nicht mehr zu verantworten. Durch längere persönliche Betrachtungen habe ich festgestellt, daß auf *allen* Arbeitsplätzen – außer den Rüstungsbetrieben – viel zu viel Häftlinge eingesetzt sind, die nicht ausgenutzt werden, faulenzen und durch falsche Arbeitseinteilung und unzulängliche Beaufsichtigung sogar zum Faulenzen erzogen werden. Während draußen in den Rüstungsbetrieben usw. bei dauernd reduziertem Arbeiterbestand die Arbeitsleistungen von Tag zu Tag gesteigert werden, haben verantwortliche SS-Dienstgrade auch hier im K.L.-Dienst diesen Standpunkt noch nicht erfaßt. Damit mache ich nunmehr Schluß. Ich werde als verantwortlicher SS-Führer für den Gesamtarbeitseinsatz im Standort Auschwitz die notwendige Zahl von Arbeitskräften für die einzelnen Arbeitsplätze, beginnend in den Lagerbetrieben, selbst festsetzen. Mit diesen Zahlen muß die bisherige Arbeitsleistung nicht nur geschafft, sondern noch gesteigert werden. Unterführer, die das nicht fertig bringen, sollen mir das melden; ich werde das betreffende Arbeitskommando dann einige Tage selber übernehmen und ihnen zeigen, daß das von mir befohlene Arbeitsziel mit den gestellten Häftlingen in jedem Falle erreicht werden kann.

Die Lagerkommandanten II[3] und III[4] bitte ich, für ihren Dienstbereich sofort ebenso zu verfahren.

In den zukünftigen Beförderungsbeurteilungen sind die dienstlichen Leistungen in dieser Hinsicht besonders hervorzuheben und zu bewerten.

Daß zur Steigerung der Arbeitsleistungen der Häftlinge eine stärkere Beaufsichtigung durch SS-Dienstgrade notwendig ist, wissen wir, wir wissen aber auch, daß solche SS-Aufsichtsdienstgrade *zusätzlich* nicht zur Verfügung stehen, weil sie an der Front oder bei uns an anderen wichtigen Stellen Dienst machen. Wir helfen uns also selber. Hierzu befehle ich:

Alle im Innendienst (Bürodienst) tätigen SS-Angehörigen werden nach einem besonderen Dienstplan, der von mir und den Lagerkommandanten II und III festgelegt wird, täglich 1–2 Stunden zur Beaufsichtigung und Kontrolle der Außen-Häftlingsarbeitsstelle herangezogen. Es gibt keinen Arbeitsplatz mehr, der nicht dauernd überwacht wird. Die ausfallenden Arbeitsstunden sind, soweit sie durch geeignete Maßnahmen nicht während der fortgesetzten Dienstzeit ausgeglichen werden können, nach beendeter Bürozeit nachzuholen. Die Überwachung der Arbeitsstellen hat sich darauf zu erstrecken, daß

3 Friedrich Hartjenstein (1905–1954), Landwirt; 1939 SS-Eintritt; 1926–1938 Berufssoldat, 1939 Führer der Wachkompanie im KZ Wewelsburg, Fronteinsatz, Sept. 1942 Führer der Wachmannschaften in Auschwitz, Nov. 1943 bis Mai 1944 Kommandant des Lagers Auschwitz II (Birkenau); 1944 SS-Ostubaf.; danach bis Febr. 1945 Kommandant des KZ Natzweiler; 1947 und 1954 Todesurteile durch die franz. Militärgerichte in Rastatt und Metz; starb vor der Vollstreckung in Haft.

4 Heinrich Schwarz.

jeder Häftling während der Arbeitszeit auch dauernd arbeitet. Häftlinge, die nicht arbeiten oder nicht wissen, was sie tun müssen, sind von den Kontrollorganen namentlich zu erfassen und meiner Abteilung IIIa – Zentraler Arbeitseinsatz – zu melden. Sie rücken am nächsten Tag nicht mehr aus und werden zusammengefaßt einem Rüstungsbetrieb zugeführt bezw. abgegeben.
Andererseits muß, wie mehrfach befohlen, alles getan werden, um die Arbeitsfähigkeit und die Arbeitskraft der Häftlinge zu erhalten. Dazu gehört, daß der Häftling nach ordentlich getaner Arbeit auch entsprechend behandelt wird. Das Wichtigste sei nochmal gesagt:
1. Es gibt am Tage, wie bisher, nur *einen* Zählappell, der nicht länger als 10–15 Minuten dauert.
2. Die Freizeit dient der Wiedererlangung verbrauchter Arbeitskräfte; hierzu gehört ausreichender Schlaf. Unnötige und gar schikanöse Beanspruchung der Häftlinge in der Freizeit fällt weg. Verstöße hiergegen sind mit strengsten Strafen zu ahnden.
3. Der Verpflegung ist höchstes Augenmerk zuzuwenden, d.h. es muß jeder Häftling auch wirklich das bekommen, was ihm zusteht (Schwer- und Schwerstarbeiterzulagen). Die Paketzufuhr spielt hierbei ebenfalls eine wichtige Rolle. In Auschwitz sind innerhalb von 2 ½ Monaten weit über 1 Million Pakete eingegangen. Empfänger vieler Pakete, die verderbliche Ware enthalten, die sie, wie ich mich überzeugt habe, nicht allein verzehren können, werden bei entsprechender Belehrung, wenn sie es schon nicht allein tun, an andere diesbezüglich schlechter gestellte Häftlinge abgeben.
4. Der Zustand der Bekleidung muß laufend überwacht werden, besonders das Schuhwerk.
5. Kranke Häftlinge rechtzeitig herausziehen. Lieber bei entsprechender ärztlicher Behandlung eine kurze Zeit in dem Krankenbau, und dann wieder gesund an den Arbeitsplatz, als eine lange Zeit ohne Arbeitsleistung krank am Arbeitsplatz belassen.
6. Den fleißigen Häftlingen Erleichterungen jedmöglichster Art, gesteigert bis zur Wiedererlangung der Freiheit; dem faulen, unverbesserlichen Häftling die Härte aller bestimmungsmäßig möglichen Strafen.
Ich habe noch einmal schriftlich auf die Wichtigkeit dieser dringlichen Maßnahmen hingewiesen, für weitere schriftliche Erklärungen auf diesem Gebiet habe ich keine Zeit. Mit den Lagerkommandanten II und III werde ich mich persönlich von der Durchführung dieses Befehls überzeugen.
Daß nun schlagartig gehandelt werden muß, ist klar, und ich hoffe, daß ein jeder von sich aus schon das Erforderliche tun wird.
Dem Hauptamtschef, SS-Obergruppenführer und General der Waffen-SS, Pohl, habe ich hierüber entsprechend berichtet.[5]
Für die Häftlingsarbeitskommandos der Bauleitung ergeht durch den Hauptamtschef gesonderter Befehl.

5 Am 8.3.1944 wies Oswald Pohl die Kommandanten von Auschwitz I bis III an, die Arbeitskraft der Häftlinge effektiv einzusetzen, keine Häftlinge mehr mit Verschönerungsarbeiten oder in privaten Haushalten zu beschäftigen und ihnen ausreichend Schlaf zu ermöglichen; ITS, Dok.-ID 82 347 690.

DOK. 98

Salmen Gradowski trauert um seine Kameraden vom Sonderkommando, die am 24. Februar 1944 zur Deportation bestimmt wurden[1]

Notizen von Salmen Gradowski,[2] o. D.[3]

Im Block

Man hat uns, die vermeintlich Glücklichen, in den Block getrieben, zurück in die fröhliche Gruft. Und dort, dort auf dem Hof blieben „sie" stehen, unter der Aufsicht der Lagerbanditen.[4] Wir gingen in den Block, verharrten wie betäubt, als ob wir ihn zum ersten Mal betreten hätten. Niemand fand Ruhe, allen hatte es die Sprache verschlagen. Keiner fand den Mut, zu seiner Pritsche zu gehen, um sich zu setzen oder hinzulegen. Niemand wagte, den Mund aufzumachen und die Totenstille mit einem lauten Wort zu stören.

Jeder Einzelne weiß und fühlt, dass gerade etwas Trauriges geschieht, ein schauerlicher Akt, und er selbst ist daran beteiligt. Doch er kann sich das noch nicht bewusst machen, kann noch nicht nachvollziehen, was da passiert. Jeder Einzelne bleibt bei seinen engsten Freunden, um seine Trauer, seine Sorgen mit ihnen zu teilen. Er fühlt, dass in der Luft eine bleierne Trauer liegt, die von „dort" kommt, aus der Menge derjenigen, die auf dem Hof stehen, und die die Leere des ganzen Blocks ausfüllt, überall eindringt und sich wie eine Last auf Herz und Seele legt – doch worin sie besteht und was sie bedeutet, konnten wir nicht ausmachen.

Eine Sache aber fühlten wir: Dort, hinter der Wand, stehen sie, meine Liebsten und Teuersten. Mit ihnen waren wir vor einer Stunde als einheitliche, geschlossene, verschmolzene Masse hinausmarschiert und hätten auch genauso zurückkommen sollen, doch plötzlich geschah das unerwartete große Unglück. Sie, sie hat man dort, dort hinter der Wand festgehalten, sie dürfen mit uns, mit uns nie wieder beisammen sein. Sie dürfen nie, nie wieder hierher, hier in den Block kommen. Mit einem Mal entstand eine eiserne Wand zwischen uns und ihnen. Und zwei Welten schieden sich voneinander. Aus

1 Das Original wurde nicht aufgefunden. Handschriftl. Transkript: YVA, JM/1793, hier Bl. 12–23. Abdruck in: Chaim Wolnerman (Hrsg.), In harts fun gehenom, Jerusalem 1977, S. 120–128. Das Dokument wurde aus dem Jiddischen übersetzt.

2 Salmen Gradowski (zwischen 1908 und 1910–1944), Handelsangestellter in Suwałki; nach 1941 im Getto Łunna (heute Weißrussland), im Nov. 1942 in das Durchgangslager Kiełbasin bei Grodno und im Dez. 1942 von dort nach Auschwitz deportiert, zur Arbeit im Sonderkommando ausgewählt, beteiligt an der Aufstandsplanung im Sonderkommando; kam während des Aufstands ums Leben.

3 Salmen Gradowski vergrub umfangreiche Notizen auf dem Gelände der Krematorien von Birkenau. Dieser Text entstammt einem Notizbuch, das Chaim Wolnerman im Jahr 1945 von einem unbekannten Mann in Oświęcim kaufte. Er veröffentlichte ihn im Jahr 1977 auf Grundlage seiner eigenen Abschrift. Das Original fiel einem Diebstahl zum Opfer. Ein weiteres Notizbuch mit über 80 Seiten und ein Brief wurden 1945 aufgrund eines Hinweises von Szlomo Dragon von der Sowjet. Kommission gefunden und werden im Archiv des Militärmedizinischen Museums in St. Petersburg, Nr. 21 429, 21 430, aufbewahrt; siehe Dok. 139 vom 6. 9. 1944.

4 Am 24. 2. 1944 wurden 200 Mitglieder des Sonderkommandos selektiert, in das KZ Lublin-Majdanek transportiert und dort erschossen; siehe auch Dok. 38 von Nov. 1942, Dok. 148 vom 10. 10. 1944 und Dok. 152 vom 6. 11. 1944.

dem großen Familienorganismus haben sie, die Banditen, die Mörder, deren schallenden Gesang wir hier jetzt hören, zwei Teile gemacht.
Sie setzten rücksichtslos das Skalpell an und schnitten, schnitten unseren Körper auseinander. Wir fühlen, dass uns noch Tausende Fäden an sie binden. Wir sind im Block und sie hinter der Wand, sie stehen noch auf dem Hof, doch wir fühlen schon das Leid, die Schmerzen des großen Risses, den sie in unserem Organismus hinterlassen. Noch hören wir die Diskussionen, die Gespräche der Kameraden. Wir wissen, jetzt hören wir zum letzten Mal den Klang ihrer Stimmen, aber verstehen, uns über das große Unglück klarwerden, das konnten wir noch nicht.

Die Trennung
Das Echo einer bestialischen Befehlsstimme schallte mit brutaler Rohheit durch den Block, der von Kummer erfüllt war. Sie weckte, erschreckte die in tiefer Trauer versunkene Menge. Der neue Befehl lautete: „Alles raus!“ Niemand von uns durfte jetzt im Block bleiben, weil, weil sie, unsere Brüder, die draußen auf dem Hof stehen, bald hereinkommen und ihre Sachen holen, ihr Essen mitnehmen und sich von ihrem Heim trennen würden. Während sie von ihrem Lagerleben Abschied nahmen, durften wir nicht bei ihnen sein – wir, ihre Nächsten und Liebsten, ihre Teuersten, die einzigen Freunde, die ihnen in der Welt der Toten noch geblieben waren. Wir, ihre wenigen noch am Leben gebliebenen Brüder, auf die sich die Piratenhand noch nicht herabgesenkt hatte, durften jetzt in diesem Moment, in dem ein Bruder tatsächlich alles ist – Vater, Mutter, Frau oder Kind –, nicht die Befriedigung empfinden, ihre Hand zu drücken, sie zu küssen und sich zu verabschieden. Wir durften ihnen nicht alles Gute wünschen, nicht unsere brüderlichen Gefühle zeigen, die jetzt im Moment der Trennung zum Ausdruck kommen wollen. Wir werden auf die Lagerstraße hinausgeführt. Niemand kann ruhig stehen bleiben. Nervös und erschrocken laufen kleine Gruppen von Kameraden hin und her, manche reden, manche schweigen, alle sind in Trauer eingehüllt und durchleben Minuten peinigenden Schmerzes. Alle wissen, alle fühlen, dass ihr Platz jetzt nicht hier ist, sondern dass sie dort hinter der Wand, im Block, sein sollten. Denn dort „bereiten sie sich darauf vor“, bald wegzugehen, und man möchte mit ihnen zusammen sein. Jeder fühlt, dass ihn Tausende Fäden mit der Menge verbinden, mit den Menschen, die sich dort in Richtung des Blocks bewegen, um ihre Sachen zu holen. Jeder fühlt, dass er, er, der nun hier steht, auf der Straße, sich zugleich „dort“ befindet. „Er“ und „die anderen“ sind ein Körper und eine Seele, die sich nicht teilen können, sich nicht trennen können, sich nicht zerreißen lassen wollen, doch eine grausame Hand hat sie gepackt und zerschneidet ihr zusammengewachsenes Herz, zerreißt ihre verbundenen Seelen. Sie fühlen das Leid, spüren den Schmerz der chirurgischen Operation, die hier ausgeführt wird. Jeder möchte sie trösten, ihnen etwas Mut zusprechen, ihnen Hoffnung geben, damit sie nicht zusammenbrechen, durchhalten bis zum letzten Moment. Jeder von uns fühlt die Leiden, die sie jetzt ausstehen, da ein jeder sich von seiner Pritsche verabschiedet, auf der er sich 15 Monate aufgehalten hat, sich von dem Block trennt, in dem er 15 Monate gelebt hat. Jeder von uns fühlt, dass dort hinter der Wand Bruderaugen zu uns herübersehen, die mit Tränen gefüllt sind, die vor sich die Augen ihrer Brüder sehen, die sich nach einem letzten Blick sehnen. Einige legen ihre Ohren an die kalte Wand, um wenigstens zu hören, was die Brüder in den letzten Minu-

ten vor ihrem Aufbruch reden. Die Wand wurde zur Barriere,[5] die sich mitten durch unser Herz und unsere Seele zog.
Mit einem Mal wurde es still, sie warfen den letzten Blick auf die Lager-Gruft und wurden hinaus auf die Straße getrieben.
Sie marschieren schon ab, flüsterte ein Kamerad leise dem anderen zu. Das gab uns einen Stich ins Herz, alle fühlten, dass bald „etwas" geschehen würde. Bald wird sich der letzte Akt, der letzte Akt der Trennung, abspielen. Alle erzittern beim Gedanken an die kommenden Minuten. Sie wissen, dass alles, was hier geschieht, auch sie betrifft und sie nicht ungeschoren davonkommen werden.
Alle drängten sich zusammen, die verstreuten Gruppen sammelten sich an einem Punkt, genau „ihnen" gegenüber. Jeder würde sich gern aus der vermeintlich bevorzugten Gruppe losreißen und zu „ihnen" laufen, ein paar Worte mit ihnen sprechen, ihnen etwas sagen, sie in die Arme nehmen, ihnen die brüderlichen Gefühle zeigen, die von Minute zu Minute stärker werden, und einen Weg finden, zu ihnen zu gelangen. Jeder, von dem du dich vor ein paar Stunden fast ganz entfremdet hattest, ist jetzt zu einem lieben und teuren Bruder geworden. Man möchte ihnen um den Hals fallen, sie umarmen, irgendeinen, wenigstens einen von ihnen abküssen und ein paar heiße Tränen auf seinen Hals rinnen lassen, die in sein leidendes Herz eindringen und seinen Schmerz wegschwemmen. Jeder hätte ihnen jetzt so viel zu sagen und ihnen auch irgendein Geheimnis anzuvertrauen. Alle wollen einen Teil ihres scheinbaren Glücks abgeben, der ihnen Trost, Ermutigung und Hoffnung spenden soll, doch sie bleiben mit ausgestreckten Armen stehen, zu ihnen hingezogen – ein Spalier von Wachtposten trennt uns voneinander.
Wir können uns nur mit Blicken verständigen. Sie betrachten uns mit neiderfüllten Augen. Wir sehen und spüren das, ihre Augen sprechen und erzählen alles: Sie sind eifersüchtig auf uns. Sie kennen unser Endziel,[6] wissen aber auch, dass wir „vorläufig" noch bleiben. Wir werden bald in den heimeligen Block zurückkehren und uns an den angenehm warmen Ofen setzen können. Oder uns auf die Pritsche legen und einige Stunden glücklichen Schlafs genießen, der uns die Vergangenheit, die schreckliche Gegenwart und die noch schauerlichere Zukunft vergessen macht. Sie aber, sie werden bald, wie damals vor 15 Monaten, ins Bad geführt, wo sie die warme Winterkleidung ausziehen müssen, die sie jetzt tragen.[7] Man wird ihnen die Stiefel herunterreißen, ihnen dann ihre Gefängniskleidung zuwerfen, ihnen Holzschuhe anziehen, die wie Ketten an den Füßen hängen. Sie werden vor Wind und Kälte zittern wie all die Tausenden Menschen, die sie jeden Tag sehen. Und dann wird man sie wegführen – wer weiß, wohin? Wohin geht es? Erwartet sie denn nicht das gleiche Schicksal wie die Millionen Schwestern und Brüder, die ihrer Heimat entrissen und angeblich zur Arbeit gebracht wurden? Und wohin, wohin führte deren Weg? Zu den Krematorien brachte man sie, und ihre Spuren sind schon lange durch das Feuer von der Welt getilgt. Wir fühlen mit ihnen, würden

5 Jidd. mekhitse: Trenn- oder Scheidewand, die im Judentum das Heilige und das Profane auseinanderhält; auch die Trennwand zwischen Männer- und Frauenbereich in der Synagoge.

6 Im Original deutsch.

7 Im Dez. 1942 waren die Mitglieder des bisherigen Sonderkommandos ermordet worden, und ein neues wurde aus eintreffenden Transporten zusammengestellt; siehe Dok. 38 vom Nov. 1942, Dok. 41 vom 9.12.1942 und Dok. 42 vom Dez. 1942. Die Häftlinge des Sonderkommandos erhielten bessere Kleidung und Unterbringung als die übrigen Häftlinge.

ihnen gerne ein tröstendes Wort sagen, ihnen einen Teil der schweren Leiden abnehmen, die ihr Herz zerfressen, und ihn stattdessen selbst tragen. Aber wir müssen stumm stehen bleiben und die auflodernden Gefühle, die uns keine Ruhe lassen, in uns ersticken. Die letzte Stunde hat geschlagen, die letzte Minute bricht an.
Schon steht eine in langen Reihen aufgestellte Menge bereit und „Ausrichten!"; es wird abgezählt, die Zahl stimmt. 200 Brüder wurden jetzt von uns weggerissen, die uns bald ganz genommen und auf einen unbekannten, so schrecklich geheimnisvollen Weg geführt werden. Wir betrachten sie voller Mitleid, wir sind bereit, ihnen zu Hilfe zu eilen, ihnen alles, alles, was wir besitzen, zu geben, wenn es für sie nötig und nützlich sein könnte. Doch wir müssen starr an Ort und Stelle stehen bleiben.
Ein Kommando ertönt: „Im Gleichschritt Marsch!"[8] Ein tiefes Stöhnen dringt aus all unseren Herzen. Wir fühlten mit Schmerz, wie der letzte Faden zerreißt. Unsere Familie wurde zerfetzt, zerrissen. Unser Haus ist eingestürzt. Unsere Angehörigen haben sich zerstreut. Sie marschieren. Die Herzen beider Brüder schlagen jetzt in einem Takt, das Herz dessen, der verschwindet, und das Herz dessen, der hier bleibt. Die Augen aller begleiten die Abziehenden. Still murmelt jeder seine Wünsche. In der Luft schwebt der herzliche Segen der unglücklichen Brüder, die zurückbleiben. Dort in der Ferne erkennt man noch einen großen Schatten, der sich bewegt und auf einer toten, ausgestorbenen Straße marschiert. 200 Brüder gehen jetzt den Weg, auf dem der Teufel sie in sein Reich holt. Sie gehen ängstlich und mit gesenkten Köpfen. Wir können unsere Blicke nicht von ihnen losreißen, denn das ist der einzige Faden, der uns noch verbindet. Auf einmal ist alles verschwunden. Der Platz ist leer, von ihnen verlassen. Und wir selbst blieben einsam und allein stehen. Unsere Augen blickten nur starr in jene Richtung, auf jenen Punkt, in dem sie, die Brüder, verschwunden waren.

Zurück im Block
Wir fühlten uns wie Trauernde, die gerade ihre Liebsten und Teuersten zur ewigen Ruhe geleitet haben und jetzt vom Friedhof zurückkehren. Wie Trauernde, die sich nicht von dem Ort losreißen können, an dem sie soeben einen Teil ihres Lebens zurückgelassen haben, und nun instinktiv jene Ecke, jenen Platz betrachten, von dem ihnen das Schönste und Beste, was sie im Leben besaßen, weggerissen wurde, mit dem sie sich jetzt zusammengewachsen fühlen und von dem sie sich nicht trennen können – so fühlten wir uns in den Minuten, als uns befohlen wurde, zurück in den Block zu gehen.
Wie Trauernde, die mit schweren Schritten den Friedhof verlassen, die Köpfe gesenkt, tief gebeugt, in Trauer eingehüllt und resigniert – so fühlten wir uns.
Wie Trauernde, die noch den frischen, schmerzhaften Schnitt spüren, den der barbarische Tod ihnen zugefügt hat – so fühlten wir uns. Wie Trauernde, deren ganzes Wesen von dem schauerlichen, tragischen Erlebnis durchdrungen ist, dem Übergang vom Leben zum Tod – so fühlten wir uns in diesem Moment.
Wie Trauernde, die spüren, dass Teile ihres Herzens und ihrer Seele in einem tiefen Abgrund versunken sind, die jetzt zerfetzt, in Stücke gerissen zurückkommen; die fühlen, dass ein Teil ihres Lebens fehlt, ohne den sie nicht sein können – so fühlten wir uns in dem Moment, als wir die weit geöffneten Türen unseres Blocks erreichten.

8 Im Original deutsch.

Wie Trauernde, die wieder in ihr Heim zurückkehren, aus dem vor kurzer Zeit der tote, starre Körper ihres Liebsten herausgetragen wurde – so fühlten wir uns. Eine Welle von Schwermut und Tod floss uns aus dem leeren, verlassenen Block entgegen. Wie Trauernde, mit schlurfenden Schritten, gingen wir auf der Erde, die jetzt von Totenstarre durchdrungen war, und schauten mit wehmütigen Blicken auf die verstreuten, im Raum verteilten Sachen, die achtlos an verschiedenen Stellen liegen geblieben waren, als ob eine verzweifelte Hand sie in einem Wutanfall unüberlegt weggeschleudert hätte.

Wie Trauernde, die gebrochen das Zimmer betreten, in dem der Tote lag, und dann fühlen, wie ihnen von überall der schreckliche Tod entgegenweht – so fühlten wir uns, als wir in die gemeinsame, nicht aufteilbare, große Baracke hineingingen, in der sie sich aufgehalten hatten. Vom Boden, aus den Wänden, von den Pritschen, überall stieg Schwermut auf. Du fühlst, wie ringsum ein Stück des Lebens fehlt, das noch vor kurzem in allen Ecken spürbar war; und jetzt auf einmal ist die Bewegung, das Geräusch, der Pulsschlag des Lebens verschwunden, ersetzt von einer toten, leeren, unbeweglichen Starre, die dich wie ein Gespenst ängstigt und wie ein Schatten verfolgt, von überall dringt sie in dein Herz und erfüllt deine Seele, und du fühlst dich, als wärst du von ihm – dem Tod – gefangen worden.

Wie Trauernde, die weinend die Dinge betrachten, die von ihren Nächsten geblieben sind – so fühlten wir uns, als wir auf dem Boden neben ihren Pritschen verschiedene Dinge verstreut fanden, die ihnen noch vor ein paar Stunden lieb und teuer waren und jetzt herumlagen wie Rezepte bei einem Toten: verwaist, sich selbst überlassen, niemand braucht sie, niemand hat Verwendung für sie. Sie sorgen nur für Kummer, sie erinnern daran, dass dies alles die Überbleibsel eines Lebens sind, an das du mit Tausenden Fäden gebunden warst. Aber jetzt, wohin ist das kostbare Leben verschwunden? Jetzt trittst du auf etwas und fühlst einen Stich im Herzen. Das hat gerade noch dein Freund und Bruder in der Hand gehalten. Es ist noch warm von der Hand, die es gehalten hat. Auf ihm ruht noch der letzte Blick, mit dem er es betrachtet hat, bevor er es in seiner Verzweiflung auf den Boden warf.

Wie Trauernde fühlten wir uns, als wir die Augen hoben und die schreckliche Leere sahen, aus der der Tod aufstieg. Du hast gefühlt, wie sich aus der Leere und der Verlassenheit unsichtbare Hände ausstrecken, die den Abgrund mit den noch Lebenden füllen wollen.

Wie Trauernde, denen der Tod vor Augen schwebt und von dem sie sich nicht befreien können, weil sie mit ihm zusammengewachsen sind – so fühlten wir uns. Wir spürten, dass wir mit dieser zufällig geleerten Hälfte des Blocks zusammengewachsen waren. Der Tod bildete mit dem Leben eine Synthese der zwei Extreme, die unter Schmerzen zerrissen, zerschnitten worden war – doch hier in diesem Fall fühlten wir, dass beide vereint waren: Der Tod ging mit dem Leben Hand in Hand.

Wie Trauernde, denen das Andenken an jenes Wesen lieb ist, an das sie mit Tausenden Fäden gebunden waren und dessen Aussehen ihnen auch jetzt, nach dem Tod, noch tief ins Gedächtnis, ins Herz und in die Seele eingebrannt bleibt – so atmeten und lebten wir in diesen Momenten mit ihnen. Wir fühlten, dass die von uns gerissenen Brüder sich jetzt in unseren Organismus einprägten. In allen Gliedern spürten wir einen Teil ihres Lebens, der uns jetzt fehlt, ohne den wir keinen Schritt mehr gehen können.

DOK. 99

Die 14-jährigen Zwillinge Jiří und Zdeněk Steiner werden am 7. März 1944 aus dem Theresienstädter Familienlager geholt, um Josef Mengele für Experimente zur Verfügung zu stehen[1]

Protokoll der Vernehmung von Jiří Steiner[2] durch den Untersuchungsrichter der Militärstaatsanwaltschaft der 107. Schützendivision, Hauptmann der Justiz, Popov,[3] Auschwitz, vom 16.2.1945

Unsere Familie bestand aus vier Personen, meinem Vater Pavel, 47, meiner Mutter Jana,[4] 37, meinem Bruder Zdenek,[5] geb. 1929, und mir. Wir lebten in Prag, mein Vater war im Handel tätig. 1941 kamen die Deutschen und befahlen unserer Familie, im Registrierungsbüro zu erscheinen. Bis Dezember 1942 lebten wir weiterhin in Prag, dann befahl man uns, zum Bahnhof zu kommen. Die Deutschen vertrieben uns aus unserem Haus und besetzten es selbst. Auf dem Bahnhof wurden wir in Waggons verladen und nach Theresienstadt gebracht, wo meine gesamte Familie wie alle Übrigen im Lager untergebracht wurde. Dort lebten wir 8 Monate zusammen, danach wurden wir wieder in Züge geladen und nach Polen gebracht, nach Birkenau, das im Bezirk der Stadt Oświęcim liegt. Im Lager Birkenau lebte unsere Familie zunächst in einer Baracke. Nach 6 Monaten wurden wir jedoch von unseren Eltern getrennt. Mein Bruder und ich kamen in die Abteilung F,[6] meine Eltern wurden in das Quarantäne-Lager[7] verlegt. Wir durften uns in den folgenden 24 Stunden nicht sehen. Am 7. März 1944 um 8 Uhr abends erreichten etwa 30–40 Lkw die Kaserne meiner Eltern, und man begann mit der Verladung der Menschen. Da sich die Häftlinge weigerten, die Ladefläche zu besteigen, eröffneten die deutschen Wachen das Feuer, trieben sie auf die Lkw und fuhren davon. Wir versuchten zu verfolgen, wohin die Lkw fuhren, und stellten fest, dass sie in Richtung Krematorium Nr. 4 abbogen. Von dort kam niemand zurück. Es folgten noch einige Fahrten, und wir konnten in Erfahrung bringen, dass keiner aus dem Quarantäne-Lager am Leben geblieben war.

1 GARF, P 7021/108/4, Bl. 67–84. Kopie: ITS, 1.1.2.0/0015/ Dok-ID 82 347 807–82347817. Das Dokument wurde aus dem Russischen übersetzt.

2 Jiří Steiner (*1929), Schüler; am 22.12.1942 von Prag nach Theresienstadt, von dort am 6.9.1943 nach Auschwitz deportiert, befreit im Jan. 1945; nach dem Krieg in Kinderheimen und bei Pflegeeltern, von 1970 an Öffentlichkeitsreferent der Staatlichen Tschechoslowak. Versicherung, berichtete mehrfach über Auschwitz.

3 Vermutlich Dmitrij Andreevič Popov (*1914), Jurist; von Dez. 1941 an bei der Roten Armee, 1945 Ermittler der Militärstaatsanwaltschaft der 107. Schützendivision.

4 Pavel Steiner (1897–1944), Textilgroßhändler, und Jana Steinerová (1907–1944), Hausfrau; im Dez. 1942 mit ihren Söhnen nach Theresienstadt und von dort im Sept. 1943 nach Auschwitz deportiert, sie wurden dort im März 1944 bei der Auflösung des Theresienstädter Familienlagers ermordet.

5 Zdeněk Steiner (1929–1947), Schüler; Deportation nach Theresienstadt und Auschwitz mit seinem Zwillingsbruder Jiří und seinen Eltern; Befreiung 1945 mit seinem Bruder, starb bei einem Autounfall; Aussage von Zdeněk Steiner am 22.2.1945; wie Anm. 1, Bl. 60–63.

6 SS-Lagerarzt Josef Mengele forderte kurz vor der Mordaktion im März 1944 ca. 70 Ärzte und Zwillingspaare für seine Forschung an. Sie wurden in den Häftlingskrankenbau im Abschnitt B II b und im Juli 1944 in den Häftlingskrankenbau der Männer im Abschnitt B II f verlegt.

7 Abt. B II a. Die Juden, die im Sept. 1943 aus Theresienstadt nach Auschwitz gebracht worden waren, wurden zur Vorbereitung der Mordaktion am 7.3.1944 vom Abschnitt B II b, dem Theresienstädter Familienlager, in den Abschnitt B II a verlegt.

Frage: Wie viele Menschen befanden sich im Quarantäne-Lager?
Antwort: Es waren etwa 5000 Menschen dort, davon starben ungefähr 1400 an Hunger und Kälte, 3600 Menschen wurden in der Nacht des 7. März zum Krematorium Nr. 3 und 4 gebracht.[8] Unter anderem wurden auch mein Vater und meine Mutter verbrannt. Sobald das Quarantäne-Lager gesäubert war, behielten sie uns nicht mehr im Lager, sondern verlegten uns sofort ins Krankenrevier, obwohl wir uns eigentlich ganz wohl fühlten. Dort waren wir 16. Wir wurden von einem Arzt untersucht, er vermaß unsere Finger und Zehen, den Leibesumfang, Hände und Füße, beschrieb unsere Haar- und Augenfarbe usw. Wir wurden fotografiert, es wurden Abdrücke unserer Hände und der einzelnen Finger gemacht, und uns wurde Blut abgenommen. Das erste Mal waren es 2 Kubik,[9] danach immer größere Mengen. Bei mir und meinem Bruder wurde insgesamt 16 Mal Blut abgenommen, wie viel insgesamt, kann ich nicht sagen.
Frage: Wie vielen Personen wurde dort Blut abgenommen?
Antwort: Vor Ankunft der Roten Armee in Birkenau befanden sich im Krankenrevier des Lagers Birkenau 300 Personen.
Frage: Wer führte die medizinischen Untersuchungen durch, und wer nahm Blut ab?
Antwort: Während der ganzen Zeit wurden wir von Hauptsturmführer Doktor Mengele untersucht, auf seine Anweisung hin nahmen aber auch andere Blut ab.
Frage: Wie viele Personen hielten sich im Lager „F" auf?
Antwort: Beim Lager „F" handelte es sich um ein tschechisches Lager.[10] Bis wir in das Krankenrevier verlegt wurden, waren dort etwa 10 000 Tschechen untergebracht, von denen etwa 3000 abtransportiert wurden, wohin, weiß ich nicht. Die übrigen 7000 wurden ins Krematorium geschafft und in den Gaskammern ermordet. [11] Nur wir 16 kamen ins Krankenrevier, wo man uns Blut abpumpte.
Frage: Wie behandelte man die Menschen, denen man Blut abnahm?
Antwort: Uns Kinder hielt man separat, wir erhielten die übliche Lagerkost. Von den Erwachsenen starben viele an Blutarmut. Von den 16 Kindern starben zwei.

8 In der Nacht vom 8. zum 9.3.1944 wurden in den Gaskammern von Krematorium II und III 3791 Häftlinge des Theresienstädter Familienlagers ermordet.

9 Zwei Kubikdezimeter entsprechen 200 ml.

10 Steiner meint das Theresienstädter Familienlager, das sich im Abschnitt B II b befand. Im Abschnitt B II f befand sich das Krankenlager für männliche Häftlinge.

11 Im Sept. und Dez. 1943 waren jeweils ca. 5000 Menschen in das Theresienstädter Familienlager überstellt worden, von denen etwa ein Viertel bis März 1944 an den Lagerbedingungen gestorben war. Im März 1944 wurden 3791 Menschen ermordet; eine zweite Mordaktion fand im Rahmen der Auflösung des Lagers im Juli 1944 statt; siehe Einleitung, S. 30.

DOK. 100

Ein deutscher Deserteur informiert am 16. März 1944 sowjetische Ermittler über den Judenmord in Auschwitz[1]

Protokoll der Vernehmung von Hans Heinrich[2] durch den stellv. Leiter der Aufklärungseinheit beim Stab der 50. Armee, Oberstleutnant Blinov, übersetzt von Hauptmann Rostomov, vom 16.3.1944

Im Lager befinden sich vor allem Juden, außerdem Zigeuner, eine geringere Anzahl russischer Kriegsgefangener und eine kleine Gruppe deutscher politischer Gefangener. Die Gesamtzahl der Häftlinge beläuft sich auf mehr als 100 000 Menschen.
Das Lager Auschwitz besteht aus zwei Abteilungen und ist von dreifachem Stacheldraht umzäunt. Die Häftlinge werden zu Erdarbeiten herangezogen, sie bauen Straßen, eine Fabrik aus dem Westen des Reichs, aus Essen, wurde dorthin verlegt.[3]
Wie viel sie zu essen bekommen, weiß ich nicht, aber natürlich ist es zu wenig, um bei Kräften zu bleiben. Als ich mit einem Freund dorthin kam, war das Lager von fürchterlichem Gestank überzogen. Der Geruch kam von den Krematorien, wo die Leichen der ermordeten Häftlinge verbrannt wurden.
Täglich kamen 4 Züge mit je 40 Waggons am Bahnhof an, in jedem befanden sich 50 Personen. Während meines Aufenthalts erreichten vor allem rumänische Juden[4] das Lager, später auch Juden aus anderen Ländern. Sie wurden immer in Gruppen aufgeteilt: 1.) Kranke, 2.) Mütter mit Kindern bis zu 12 Jahren und 3.) körperlich gesunde Männer und Frauen.[5] Die Kranken wurden sofort in die Gaskammern geschickt, wo sie mit einem speziellen Gas vergiftet wurden. Die Personen aus der dritten Gruppe brachten die Leichen ins Krematorium, wo diese verbrannt wurden. Daraufhin wurden die Juden der zweiten Gruppe in die Gaskammern gebracht und ebenfalls vergiftet. Die Juden der ersten[6] Gruppe wurden bis zur völligen Erschöpfung zur Arbeit herangezogen und danach ebenfalls ermordet. Ihre Leichen wurden von den Neuankömmlingen, die der ersten[7] Gruppe zugeordnet worden waren, ins Krematorium getragen.
Die persönliche Habe der ermordeten Juden wurde sortiert: Warme Kleidung wurde in die Vorratslager der Armee gebracht, alles andere nach Deutschland geschafft.
Von den jüdischen Häftlingen kam niemand zurück.

1 CA MORF, Fond 50. Armee, 9783/110, Bl. 278. Kopie in: YVA, M.40 MAP 93. Abdruck in: Dokumenty obvinjajut: Cholokost. Svidetel'stva Krasnoj Armii, hrsg. von F. D. Sverdlov, Moskva 1996, S. 109 f. Das Dokument wurde aus dem Russischen übersetzt.

2 Möglicherweise Hans Heinrich (1908–1944), Schreiner aus Blaubeuren/Ulm; von März 1942 an 1. Kompanie Pionier-Bataillon 186, im Jahr 1943 für drei Wochen im SS-Wachbataillon in Auschwitz, dann an der Ostfront, am 26.8.1943 bei Jupiter, 120 km südwestlich von Orel, vermisst, lief am 1.3.1944 in der Gegend von Štavin zur Roten Armee über, im Nov. 1944 in sowjet. Kriegsgefangenschaft gestorben.

3 Im Frühjahr 1943 plante die Krupp AG Essen die Verlagerung der Zünderfertigung nach Auschwitz; siehe Einleitung, S. 33.

4 Juden aus Rumänien wurden erst von Mai 1944 an nach Auschwitz gebracht.

5 In der Regel wurden zunächst Männer und Frauen voneinander getrennt und dann erst nach ihrer Arbeitsfähigkeit sortiert.

6 Gemeint ist die 3. Gruppe.

7 Gemeint ist die 3. Gruppe.

Ich weiß nur sehr wenig, da ich der Wache des Lagers lediglich drei Wochen angehört habe, danach wurde ich an die Front geschickt. Die SS-Männer erzählten nur sehr wenig. Offenbar hatten sie Angst vor ihrer Verantwortung für die Verbrechen.

DOK. 101

Otmar von Verschuer, Direktor des Kaiser-Wilhelm-Instituts in Berlin, berichtet am 20. März 1944 von anthropologischen Untersuchungen in Auschwitz[1]

Schreiben Prof. Dr. Frhr. v. Verschuer,[2] Direktor des Kaiser-Wilhelm-Instituts für Anthropologie, menschl. Erblehre und Eugenik, Tgb.-Nr. 1233 v.V./M., Berlin-Dahlem, Ihnestraße 22/24, an den Präsidenten des Reichsforschungsrates,[3] Berlin-Steglitz, Grunewaldstraße 35, vom 20.3.1944

In der Anlage übersende ich die Berichte über den Fortgang der Arbeiten zu den einzelnen Forschungsaufträgen für die Zeit vom 1. Oktober 1943 bis zum 31. März 1944. Sämtliche Arbeiten befinden sich noch im Gange, ich bitte deshalb, die Forschungsaufträge um ein weiteres Jahr zu verlängern.
9 Anlagen[4]
Anlage
Kennwort: Spezifische Eiweißkörper[5]
Wehrmachtsauftragsnummer: S 4891–5378 (1593/10) – III/43
Bei der Erprobung der Methode haben sich erneute Schwierigkeiten herausgestellt, die im Einvernehmen mit Geheimrat Abderhalben,[6] Halle, behoben worden sind.[7] Serien von Kaninchen wurden durchgeprüft, um für den Versuch geeignete, von Spontan-Fermenten freie Tiere ausfindig zu machen.

1 BArch, R 73/15342, Bl. 60, 64.

2 Dr. Otmar Freiherr von Verschuer (1896–1969), Mediziner und Humangenetiker; 1940 NSDAP-Eintritt; 1935–1942 Professor für Erbbiologie und Rassenhygiene in Frankfurt a. M., 1942–1948 Direktor des Kaiser-Wilhelm-Instituts für Anthropologie, menschliche Erblehre und Eugenik in Berlin-Dahlem, Fachmann für Biologie der Forschungsabt. Judenfrage des Amtes Rosenberg; 1951–1965 Professor für Humangenetik in Münster.

3 Bernhard Rust (1883–1945), Lehrer; 1922 NSDAP-Eintritt; 1925–1940 Gauleiter von Südhannover-Braunschweig, 1930 vom Schuldienst suspendiert, 1933 kommissar. preußischer Kultusminister, 1934–1945 Reichsminister für Wissenschaft, Erziehung und Volksbildung; nahm sich das Leben. Rust übernahm 1940 die Präsidentschaft des Reichsforschungsrats. Die tatsächliche Führung oblag jedoch dem Präsidenten der DFG Rudolf Mentzel (1900–1987).

4 Im Folgenden abgedruckt ist die Anlage mit dem Kennwort: Spezifische Eiweißkörper. Es befinden sich acht weitere Anlagen in der Akte, die hier nicht abgedruckt sind. Ihre Kennwörter sind: Erbpathologische Forschung (Epilepsie, Pelger-Anomalie, Hydrops unversalis congenitus), Tuberkulose, Zwillingslager, Rassenhygiene, Arbeiten zur Erforschung der Erbbedingtheit der Entwicklung der Augenfarbe als Grundlage für Rassen- und Abstammungsuntersuchungen vom 24.9.1943 und 15.3.1944.

5 Das Projekt lautete: „Experimentelle Forschung zur Feststellung der Erbbedingtheit spezifischer Eiweißkörper als Grundlage von Erb- und Rassenforschung".

6 Dr. Emil Abderhalden (1877–1950), Mediziner; 1908 Professor in Berlin, 1911–1945 in Halle/Saale, forschte während des Kriegs zu Ersatzstoffen; nach dem Krieg Professur in Zürich.

7 Abderhalben hatte 1939 behauptet, dass die Eiweißstoffe im Gewebe und Blut von Schweinen und Schafen Rassemerkmale enthielten. Seine bereits 1909 entwickelte Untersuchungsmethode, die „Abderhaldensche Reaktion", wurde in der NS-Rassenforschung aufgegriffen. Verschuers Vorhaben baute auf dieser heute überholten Methode auf.

Als Mitarbeiter in diesen Forschungszweig ist mein Assistent Dr. med. et Dr. phil. Mengele eingetreten. Er ist als Hauptsturmführer und Lagerarzt im Konzentrationslager Auschwitz eingesetzt. Mit Genehmigung des Reichsführers SS werden anthropologische Untersuchungen an den verschiedensten Rassengruppen dieses Konzentrationslagers durchgeführt und die Blutproben zur Bearbeitung an mein Laboratorium geschickt.[8]

DOK. 102
Die polnische Exilregierung gibt am 21. März 1944 in einer Presseerklärung bekannt, dass bereits mehr als 500 000 Menschen, vor allem Juden, in Auschwitz ermordet wurden[1]

Pressemeldung des poln. Ministeriums für Information und Dokumentation vom 21.3.1944

[...][2]
Das berüchtigte Konzentrationslager in Auschwitz ist zu Deutschlands größter Todesfabrik geworden. Drei Krematorien, die bis zu 10 000 Körper am Tag bewältigen können, wurden im Lager errichtet. Es ist nicht möglich, die genaue Zahl der Menschen, die in den an die Krematorien angeschlossenen Gaskammern zu Tode gekommen sind, festzustellen, aber ganz sicher sind es mehr als eine halbe Million, mehrheitlich Juden, sowohl aus Polen als auch aus anderen Ländern. 60 000 Juden aus Griechenland, hauptsächlich aus Athen und Thessaloniki, wurden nach Auschwitz gebracht. 50 000 aus Böhmen, Mähren und der Slowakei, 60 000 aus den Niederlanden, Belgien und Frankreich. Nur ein kleiner Teil von ihnen hat überlebt. Wenn ein Transport ankommt, werden Männer und Frauen voneinander getrennt. Die Mehrheit, vor allem Frauen und Kinder, wird auf Lkw geladen und ohne weitere Selektion zu den Gaskammern transportiert. Die Ermordung dauert zehn bis fünfzehn Minuten; danach werden die Leichen in die Krematorien geworfen. Da die Versorgung mit Giftgas limitiert ist, sind einige Opfer nicht tot, wenn sie in die Krematorien gebracht werden. Vor dem Betreten der Gaskammern werden die totgeweihten Menschen zum Baden gezwungen.[3] Drei Krematorien arbeiten Tag und Nacht unter Volldampf. Die Anwohner nennen sie das „ewige Feuer“.

8 Am 2.10.1944 berichtete Verschuer der DFG: „Die Forschung ist intensiv weitergeführt worden. Blutproben von über 200 Personen verschiedenster rassischer Zugehörigkeiten wurden verarbeitet und Substrate des Blutplasmas hergestellt.“; wie Anm. 1, Bl. 47.

1 HIA, Polish Information Centre Papers, Box 3, Folder 9, Cable from London, 21.3.1944. Das Dokument wurde aus dem Englischen übersetzt.

2 Weitere Themen der vierseitigen Pressemeldung sind der poln. Beitrag im alliierten Luftkrieg, der Tod eines deutschen Besatzungsfunktionärs und eines weißruss. Kollaborateurs, die steigende Zahl von Frauen und sowjet. Kriegsgefangenen in schles. Kohlegruben, die in der brit. Presse kritisierte fehlende Koordination in der alliierten Politik, ein Interview mit Władysław Kot über die künftige Zusammenarbeit der poln. Regierung mit der Sowjetunion sowie die Kurzzusammenfassung eines Berichts der Stockholm Times über die bislang gute Situation von 60 000 Flüchtlingen aus Polen in Ungarn, die sich – ebenso wie die Situation der Juden – unter der deutschen Besatzung stark verschlechtern wird.

3 Die Menschen wurden gezwungen, sich zu entkleiden, die Duscheinrichtungen in den Krematorien waren jedoch bloß Attrappen.

Die Frauenabteilung des Lagers ist der verheerendste Ort, den man sich vorstellen kann. Es gibt dort weder Wasser noch die einfachsten Sanitäranlagen, Typhus breitet sich aus. Die Infizierten werden sofort vergast. Darüber hinaus werden kräftige jüdische Mädchen im Männerlager für Experimente zur künstlichen Befruchtung[4] und Sterilisation benutzt. Im Winter müssen die Häftlinge bei Temperaturen von 25 Grad unter null unter freiem Himmel arbeiten, bekleidet mit Holzschuhen und einfachen Drillichanzügen. Täglich werden Erfrorene von den Arbeitsstätten zurückgeschleppt.
Große Transporte von polnischen Frauen, Kindern und Alten kommen im Lager an und werden in letzter Zeit sofort ermordet. Einige Häftlinge, die die ihnen auferlegte Behandlung drei oder vier Jahre überlebt haben, werden auch vergast, weil die Mehrheit von ihnen der Intelligenz angehört. Es gibt keine Regelungen, wer vergast wird – die Opfer werden wahllos selektiert. Zu Beginn wurden nur Juden auf diese Weise massakriert, aber inzwischen wird diese Methode für alle angewandt.[5] Viele Wachleute sind Ukrainer, und vor kurzem meldeten sich 100 slowakische Soldaten als SS-Männer freiwillig für das Lager. Eines Nachts flohen 16 Ukrainer, die von Untersturmführer Lange als Wachleute ausgebildet wurden, mit Waffen und Munition.[6] In der Folge wurden alle ukrainischen Wachleute in den Arrest gebracht, während die deutsche Militärpolizei die Verfolgung aufnahm und nach den geflohenen Ukrainern suchte. Ein Kampf war die Folge. Aus Kattowitz und Myslowitz mussten Verstärkung und eine SS-Abteilung mit Panzerwagen und automatischen Revolvern geholt werden. In heftigen Kämpfen wurden zwei SS-Männer getötet, vier schwer und acht leicht verletzt. Elf Ukrainer wurden getötet und fünf gefangen genommen, die nach schwerer Folter starben. Einige Tage später wurde Lange in Haft genommen. Andere Ukrainer behaupten, dass die geflohenen Männer vor allem frühere russische Offiziere waren.[7]

4 Für künstliche Befruchtungen existieren keine Belege.

5 Nichtjüdische Häftlinge wurden vor allem nach Selektionen in den Krankenbauten mit Phenolspritzen oder in der Gaskammer ermordet.

6 Siehe Dok. 85 vom Aug. 1943.

7 Die Pressemitteilung fand ein breites Echo in den USA: Am 22.3.1944 berichteten die Los Angeles Times, die Washington Post, die New Herald Tribune und andere US-Tageszeitungen darüber. Als Reaktion mahnte Roosevelt in einer Erklärung vom 28.3.1944, die als Flugblatt über Deutschland abgeworfen wurde, das deutsche Volk, den Mord an den europäischen Juden nicht länger hinzunehmen; Abdruck in: Klaus Kirchner, Flugblatt-Propaganda im 2. Weltkrieg, Bd. 6: 1943/1944, Erlangen 1977, S. 76.

DOK. 103

Józef Cyrankiewicz sendet am 25. März 1944 Informationen über die Ermordung der Theresienstädter Juden, über Experimente an Frauen in Block 10 und die Situation im Lager Monowitz[1]

Kassiber von Józef Cyrankiewicz an Adam Rysiewicz vom 25.3.1944

1.

Adam

Mein Lieber!

1. Ich schicke noch ein bisschen mehr Material und weise noch einmal – mit Blick auf das Internationale Rote Kreuz – nachdrücklich auf die propagandistische Verwertung der Vergasung der Menschen aus Theresienstadt hin.

Was die Benachrichtigung von Theresienstadt selbst angeht, so könnte Franz Čejka, Professor der Handelsakademie Rakovink, als Mittelsmann dienen.[2] Wenn es Euch möglich ist, dann informiert ihn über die ganze Sache.

2. Zur Zeit hält sich eine Sonderkommission aus Berlin hier auf, die sämtliche Unterschlagungen der SS (Diebstahl von Gold, Dollar etc.) untersucht und Verhöre wegen illegaler Erschießungen, Todesspritzen und Vergasungen durchführt.[3]

Seitens einiger SS-Führer, über die ich geschrieben habe, sind sehr scharfe, die lokalen Täter belastende Aussagen gemacht worden. Aber schon jetzt fehlen größtenteils konkrete Beweise für diese Aussagen, weil die ehemalige Lagerleitung und die *Polit*[ische Abteilung] die meisten Dokumente vernichtet haben.

Es gibt Vorschläge, Häftlinge aussagen zu lassen, aber wir lehnen das ab. Die Sache ist zu riskant und bringt uns für den Augenblick keinen unmittelbaren Vorteil, der sich in Zukunft auszahlen könnte.

Es gibt auch Dokumente, die wir verstecken konnten, aber auch die sind für einen anderen Zweck und nicht für dieses Schmierentheater vorgesehen.

(Die Sache mit der Sonderkommission ist selbstverständlich vertraulich und nicht zu publizieren!)

Warte auf Nachrichten, auf Antwort auf das bereits geschickte Material und auf *Presse*!

Herzliche Grüße

J

Anlagen: Block 10, Verschiedene Daten[4]

1 APMAB, MF 1570, Bl. 44–46 (Buna), 47 f. (Union), 52–55 (Block 10), 58 f. (Briefe aus dem Jenseits), Bl. 60 (Anschreiben). Abdruck in: Paczyńska, Grypsy (wie Dok. 51, Anm. 1), S. 224–238. Das Dokument wurde aus dem Polnischen übersetzt.

2 Richtig: Rakovník, mittelböhmische Stadt, 70 km von Theresienstadt entfernt.

3 Dr. Konrad Morgen war von Himmler ermächtigt worden, Korruption in SS-Konzentrationslagern zu untersuchen; siehe Einleitung, S. 28.

4 Es handelt sich um vier separate Anlagen: Block 10, Opfer der Buna-Werke, Briefe aus dem Jenseits und Union. Der Anhang mit Informationen zu Block 10 ist von einer Nicht-Muttersprachlerin in deutscher Sprache erstellt worden.

[Anhang 1][5]
Ad[am] u Tell[6]
Block 10
Der Block 10 als Experiment-Block existiert ungefähr 1 Jahr. Circa 450 Frauen sind hier als Patientinnen vom Prof. Schumann,[7] Prof. Glauberg,[8] Dr. Wirths und Weber.[9]
1. Die ersten Versuche waren die vom Schumann, angefangen in Birk[enau] hauptsächlich auf die jüngste Griechinnen (im Alter von 15–18 J).
Die V[ersuche] bestehen in Sterilisierung durch Bestrahlung mit nachfolgender Operation (beiderseitige ovariectomia).[10] In den letzten Monaten waren keine neuen unternommen. Die letzten Operationen, bei schon lange früher bestrahlten hat vor ca. 3 Monate der Dr. Dehring[11] auf 10 Mädels durchgeführt. Eine ist sofort gestorben (wahrscheinlich von eine innere Blutung – Fehler der Operationstechnik) von den 9 sind noch 2 schwer krank, die meisten müssen noch liegen.[12]
2. 175 Frauen sind im Augenblick Patientinnen von Prof. Glauberg. Man kann nicht mit Sicherheit sagen, was er macht.
Er spritzt eine, nur von ihm bekannte Flüssigkeit in der Gebärmutter zum Füllen der Eierstockleiter, und macht dann davon Röntgenaufnahmen. Es ist wahrscheinlich, dass es handelt sich um ausprobieren von einem neuen Mittel für Röntgenaufnahmen der Gebärmutter und Eierstockleiter und dass es überhaupt nicht schädlich ist.[13] Nur – wiederholt er den Eingriff mehrmals (4–5) bei denselben Frauen in verschiedenen Zeitintervallen, behält alle Frauen, die er behandelt hat (viele darunter haben die erste Spritze

5 Diese Informationen stammen von Dorota Lorska, geb. Goldszajder (1913–1965), Ärztin; im Aug. 1943 aus Drancy nach Auschwitz deportiert, Kontakt zum Lagerwiderstand, Jan. 1945 Todesmarsch nach Ravenbrück, befreit im Lager Neustadt-Glewe. Ihr Bericht über Block 10 wurde nach Warschau und London weitergeleitet.

6 Teresa Lasocka.

7 Dr. Horst Schumann (1906–1983), Arzt; 1930 NSDAP-, 1934 SA-Eintritt; 1939–1941 Leitung der „Euthanasie"-Tötungsanstalten Grafeneck und Sonnenstein, Nov. 1942 bis Sept. 1944 Experimente zur Röntgensterilisation an Häftlingen in Auschwitz, danach in Ravensbrück; 1945 interniert, Arzt in Gladbeck, nach Ermittlungen 1951 Flucht nach Afrika, dort als Arzt tätig, 1966 Auslieferung aus Ghana, 1970 Prozess in Frankfurt a. M., wegen Verhandlungsunfähigkeit eingestellt.

8 Richtig: Dr. Carl Clauberg.

9 Dr. Bruno Weber (1915–1956), Arzt und Bakteriologe; 1937 NSDAP- und SS-Eintritt; von Jan. 1942 an Mitarbeiter des Hygiene-Instituts der Waffen-SS in Berlin, April 1943 bis Jan. 1945 Leiter des SS-Hygiene-Instituts in Rajsko, führte dort Versuche mit psychotropen Substanzen und Fleckfieberexperimente durch; Nov. 1944 SS-Hstuf.; seit Jan. 1945 SS-Arzt im KZ Dachau; 1946 in brit. und poln. Internierung; lebte nach dem Krieg in Homburg/Saar.

10 Entfernung der Eierstöcke.

11 Richtig: Władysław Dering (1903–1965), Arzt; wegen Widerstandstätigkeit 1940 nach Auschwitz überstellt, von 1941 an Leiter der chirurgischen Abt. im Häftlingskrankenbau, seit 1943 von Clauberg und Schumann zu Kontroll-OPs nach Sterilisierungen herangezogen, Jan. 1944 entlassen und in Claubergs Frauenklinik in Königshütte tätig; nach dem Krieg untergetaucht, 1947 in Großbritannien verhaftet, wegen unzureichender Beweislage entlassen, von 1960 an Praxis im Norden Londons.

12 Unter den im Nov. 1943 Operierten waren die griech. Jüdinnen Eleonora Matali, Dora Varsano, Rivka Agi, Lea Beracha, Bella Mallach, Gilda Termin und Buena Bitran. Bella Malach und Buena Bitran verstarben kurz nach der Operation.

13 Die Einspritzungen führten zu Verklebungen der Eileiter und in der Folge zu Unfruchtbarkeit. Außerdem riefen sie zum Teil lebensgefährliche Entzündungen hervor.

noch in Birk.[enau] bekommen), besteht darauf, man soll auf ihnen kein anderen Versuch machen, und man kann nicht wissen, was für Absichten er hat für die Zukunft. Er macht alles allein mit ein nichtgeschulten Personal, der nichts davon versteht.[14]

3. Bis vor 4 Monate hat der Dr. Samuel[15] auf Wirths Anordnung Operationen durchgeführt: Ausschneidung eines Teils der Schleimhaut bei der äußeren Mündung der Gebärmutter. (Excisio partialis portionis vaginalis uteri.) Das sollte dienen zur Serienuntersuchungen für frühzeitige Krebsdiagnose. Die Operation ist allein für sich ein leichter Eingriff ohne dauerhafte Schädigung, führte aber sehr oft zu Nachblutungen wegen ungeschickter Operationstechnik. Dazu hat der Samuel entwickelt (3 oder mehr täglich), was man von ihm gar nicht verlangt hat.

Die abgenutzten Objekte hat man mit den nächsten Transporten nach Birk[enau] weggeschickt.

Die Versuche sind seit 4 Monaten eingestellt; S[amuel] um seine Stelle weiter zu behalten, quält mehrere Frauen, indem er sie gynäkologisch untersucht und fotographiert (kolposcopiert).

4. Das Laboratorium des Hyg[iene]-I[nstituts] hat bis vor Neujahr bei fast alle Frauen die Blutgruppen bestimmt (Testbestimmung), und bei denen, die sich dazu eigneten, hat man Blutentnahmen gemacht. Das Blut diente zu Testserumvorbereitung (d. h. Serum, das notwendig ist zur Blutgruppenbestimmung).

Die Blutentnahmen sind durchgeführt worden bei ca. 150 Frauen während 6 Mon[aten]. Die Menge war durchschnittlich 100–150 ccm. Die Frauen bekommen eine zusätzliche Suppe und eine einmalige Zulage (Brot, Wurst).

Jetzt macht man andere Versuche: es wird Speichel untersucht auf Blutgruppenelement (agglutinin), und der Dr. Münch[16] macht Experimente. Sie bestehen in intrakutanen Injektionen von verdünnten Streptokokkentoxinen, die beweisen sollen, ob im Körper ein entzündlicher Herd existiert oder nicht. Die Versuche sind absolut harmlos.

Im jetzigen Moment sind weitergeführt:

a) die Einspritzungen von Prof. G[lau]b[erg]

b) Kolposkopieren von S[amuel]

c) Versuche von Hyg[iene]-I[nstitut]

Vom wissenschaftlichen Standpunkt haben alle diese Versuche keinen Sinn; dagegen beeinflussen sie den Gesundheitszustand der Frauen und zwar:

a) die Schumann-Patientinnen bleiben Krüppel für das Leben,

b) die von Glauberg (mit wenigen Ausnahmen, die eine unangenehme sofortige Reaktion haben) merken subjektiv nichts; man weiß aber nicht, was noch mit ihnen geschehen soll,

c) die von S[amuel] Operierten sind meistens nicht mehr im Block, die übriggebliebenen dienen zu anderen Versuchen,

14 Clauberg ließ Einspritzungen durch den SS-Sanitätsfeldwebel Bühning, einen gelernten Friseur, durchführen, da er keinem anderen Arzt Einblicke in seine Methode gewähren wollte, bevor sie veröffentlicht war; Aussage Clauberg vom 20.12.1955, LAS, Abt. 352.3, Nr. 16 434.

15 Dr. Maximilian Samuel.

16 Dr. Hans Münch (1911–2001), Arzt; von Juni 1943 an Stellvertreter von Bruno Weber, dem Leiter des SS-Hygiene-Instituts in Rajsko, experimentierte mit Streptokokkentoxinen an jüdischen Frauen; 1947 im Krakauer Auschwitz-Prozess freigesprochen.

d) die Versuche ausgeführt von Labor H[ygiene] I[institut] lassen keine dauernden Spuren.
Ein Vorteil der Experimente ist, dass ca. 450 Frauen bleiben in verhältnismäßig guten Bedingungen, davon die Patientinnen von Clauberg waren besonders berücksichtigt während die Transporte nach Birk[enau].
Verzeihe die Sprachfehler, zum ersten Mal muss ich deutsch schreiben, und ich habe es nie gelernt.

[Anhang 2]
Ad.[am][17]
Opfer der Buna-Werke:
Gesamtzahl aller Häftlinge, die in den Buna-Werken gearbeitet haben: ca. *25 000*, davon sind *1223* in den Buna-Werken gestorben bzw. erschossen worden. *11 547* sind als „Körperschwache“[18] nach Auschwitz und Birkenau verlegt worden. Davon wurden mindestens 95 % vergast bzw. sind gestorben.[19]
Die genaue Stärke der SS- + Flak-Einheiten beträgt 3200–4000. Veränderungen ergeben sich aufgrund verschiedener, temporärer Kompanieverlegungen.
Ab April werden auch die Besatzungen in der Umgebung (z. B. Kęty) aus der hiesigen Versorgungszentrale TWL ernährt.
In den hiesigen Magazinen des TWL befinden sich zurzeit ziemlich große Vorräte an Konserven, Schokolade, Fett, Sardinen etc., die nicht hier an die SS verteilt werden, sondern wahrscheinlich für die Front bestimmt sind. Auch viele Toilettenartikel.
Alles wird sehr streng bewacht, trotzdem wird bei Ankunft der Transporte für jeden Waggon ein Warenverlust verzeichnet. In den Waggons zeugen eingeschlagene Fenster und aufgebrochene Verriegelungen von Einbrüchen, die zum Teil vermutlich von der „Wache“[20] vorgetäuscht werden.
In der Slowakei ist ein Judentransport nach Auschwitz zusammengestellt worden, aber nicht zustande gekommen, weil die Hälfte geflohen ist und die Übrigen sich freigekauft haben.[21]
Ein SS-Mann, der im Auftrag der „Zentralbauleitung“ in Prag war, um verschiedene Dinge zu prüfen und einzukaufen sowie um über die Einrichtung eines SS-Hauptquartiers in Prag zu verhandeln, musste sich wegen einiger Angelegenheiten, die er auf den tschechischen Ämtern nicht erledigen konnte, direkt an Staatsminister Frank[22] um Intervention wenden, denn, wie er es ausdrückte: „Die Tschechen wollen von uns nichts hören und bekommen gleich rote Köpfe, wenn eine SS-Uniform kommt.“[23]

17 Dieser Anhang wurde aus dem Polnischen übersetzt.
18 Im Original deutsch.
19 Insgesamt starben im Lager Monowitz zwischen Okt. 1942 und Jan. 1945 etwa 1670 Häftlinge, mind. 10 000 wurden nach Auschwitz und Birkenau überstellt.
20 Im Original deutsch.
21 Im Okt. 1942 fuhr der vorerst letzte Deportationszug aus der Slowakei nach Auschwitz. Trotz zahlreicher deutscher und slowak. Initiativen wurden die Deportationen aus der Slowakei erst im Sept. 1944 nach der Besetzung des Landes durch deutsche Truppen wiederaufgenommen.
22 Karl Hermann Frank (1898–1946), Buchhändler; 1919 NSDAP-, 1938 SS-Eintritt; 1939–1945 HSSPF in Böhmen und Mähren; 1946 in Prag zum Tode verurteilt und hingerichtet.
23 Im Original deutsch.

Das Familienlager der Juden aus Theresienstadt: Die nach der Vergasung des 1. Transports Übriggebliebenen werden in 2 Gruppen eingeteilt: Die Arbeitsfähigen werden beschäftigt, der Rest (Alte, die Mehrzahl der Frauen und Kinder) [bekommt] die sog. „S.B." *(Sonderbehandlung)*, geht also ins Gas.
Das SS-Lazarett der Bauinspektion „Schlesien" hat bereits folgende Objekte besetzt: Bystra, Schloss Bobrek, das *Waisenhaus* in Bobrek, das Pfarrhaus in Bobrek, das Krankenhaus in Myszków, Schloss Młoczowa, Kloster Poremba und Schulen in Teschen.
Es wird eine Liste derjenigen jüdischen Häftlinge geführt, die Päckchen erhalten. Im Moment ist noch nicht klar, zu welchem Zweck. Es steht jedoch fest, dass sog. *„Führungsberichte"* über einzelne jüdische Häftlinge für Berlin angefertigt werden, die wahrscheinlich freikommen oder gegen deutsche Kriegsgefangene ausgetauscht werden sollen. Jeder dieser Häftlinge wird jetzt unter die Lupe genommen, wie er sich führt, wie er arbeitet etc. Außerdem finden in Berlin irgendwelche Gespräche zu diesen Themen statt.
Ein Brief zu diesem Thema ist einem Mädchen in die Hände gefallen, das als Bürokraft in der Polit[ischen Abteilung] arbeitet (die Politische beschäftigt Jüdinnen als Stenotypistinnen in der Annahme, dass sie zunächst viel zu viel Angst haben, um Geheimnisse zu verraten, und später so oder so umgebracht werden). Also musste das Mädchen, das diesen Brief zufällig gesehen hatte, schwören, dass sie niemandem davon erzählen würde. Das Einzige, was sie bisher dazu gesagt hat, ist, dass, falls es klappt, Juden gerettet werden.
Wahrscheinlich hängen diese beiden Angelegenheiten – d. h. die „Führungsberichte" und die andere Sache – miteinander zusammen. Sobald die Gespräche der Polit[ischen Abteilung] in Berlin zu diesem Thema beendet sein werden, werden wir das Resultat sofort erfahren. Jedenfalls hängt es mit einer amerikanischen Intervention zusammen, bzw. mit einer Androhung von Vergeltungsmaßnahmen.
Kürzlich angekommene französische Häftlinge erzählen von einer starken Widerstandsbewegung gegen die Besatzung. In Städten, in denen man bis vor kurzem noch keine derartigen Aktivitäten feststellen konnte, sind Sabotageakte jetzt an der Tagesordnung.
Die Sardinenaktion: Slowakische Jüdinnen erhalten regelmäßig aus Portugal Päckchen mit Sardinen. Diese Päckchen werden von ihren Familien beim Roten Kreuz in der Slowakei bezahlt. Außerdem schickt das slowakische R[ote] Kreuz Päckchen mit Marmelade. Jedes Päckchen enthält Empfangsquittungen, aber sie werden nicht abgeschickt.
Die Austauschaktion: Von der „Jewish Agency" sind über das Rote Kreuz vier Anfragen auf Austausch von vier Juden angekommen. Alle v[ier] sind längst tot. Deshalb wurden die Formulare zurückgeschickt. Bisher gab es keine neuen Anfragen.
Der Zweck der Reise von *Lagerführer* Hoffmann[24] nach Theresienstadt war folgender: Demnächst geht ein Transport von 500 Juden von hier nach Theresienstadt. Sie sollen in der Rüstungsindustrie beschäftigt werden. Hoffmann hat die Unterbringungsmöglichkeiten erkundet. Die Polit[ische] Abt. war wegen möglicher Kontakte zur Stadtbevölkerung und zu den Familien gegen diesen Transport.

24 Richtig: Franz Hofmann (1906–1973), Tapezierer, Kellner; 1932 NSDAP- und SS-Eintritt; Sept. 1933 in Dachau, von Dez. 1942 an in Auschwitz, Febr. bis Nov. 1943 Schutzhaftlagerführer im „Zigeunerlager", bis Mai 1944 1. Schutzhaftlagerführer im Stammlager, 1944 SS-Hstuf., von Mai 1944 an Schutzhaftlagerführer in Neckarelz und Bisingen (Natzweiler); nach 1945 untergetaucht, 1961 in München und 1965 in Frankfurt a. M. zu lebenslanger Haft verurteilt.

Die Tschechen aus sämtlichen „Nebenlagern“[25] (die Tschechen aus Auschwitz sind bereits in Buchenwald) sowie die sog. „Frontkämpfer“ (von denen ich an anderer Stelle schreibe) sind in ständiger Transportbereitschaft. Einige von ihnen sind von der Polit[ischen] Abt. festgehalten worden.
In der vergangenen Woche ist ein Transport mit 20 Leuten in das Lager Na[t]zweiler in Elsass-Lothringen abgefahren. Zurzeit wird ein Transport von Hilfsarbeitern (Zimmereikommando) vorbereitet etc.
Die „Deutschen Erd- und Steinwerke“ sind von einem SS-Führer aus Berlin inspiziert worden. Dieser „menschenfreundliche“ Berliner hat sich sogar dafür interessiert, ob die Häftlinge genug zu essen haben. Die gestreifte Kleidung der Frauen hat dem „Ästheten“ nicht gefallen. Als der örtliche Fabrikchef die im Büro arbeitenden Jüdinnen lobte und zum Ausdruck brachte, dass es doch schade sei, dass solche Kräfte am Ende zur Vernichtung verurteilt seien, war die Antwort des Oberen aus Berlin: „Schade, man kann nicht helfen.“[26]
Die Stimmung nach der Rückkehr aus Berlin. Unterscharf[ührer] Kirschner,[27] eine der Gestalten aus der Politischen Abteilung, war in Berlin und ist ziemlich skeptisch zurückgekehrt. In einem von Häftlingen mitgehörten Gespräch sprach er von Unruhen, die nicht weit von Aufständen entfernt seien, „und dass bei weiter andauerndem Druck des Luftterrors eine Revolution zu erwarten“[28] sei.
In einem anderen von Häftlingen mitgehörten Gespräch in der Polit[ischen] Abt. sprach man von einer angeblich geplanten Verhaftung von 300 zivilen Arbeitern. Irgendwo in der Umgebung habe man Pläne des Lagers und zur Befreiung der Häftlinge gefunden. Es ist möglich, dass dies im Zusammenhang mit der Verhaftung einer örtlichen Organisation von *Volksdeutschen* steht, die aufgeflogen ist und Kontakt zum Militär hatte. Nähere Details zu dieser Angelegenheit haben wir noch nicht, denn die Verhafteten sitzen in Auschwitz in Gestapo-Arrest.
Aus den Lebensmittelmagazinen im Lager (TWL) sollen außer den Lagerbesatzungen zusätzlich und dauerhaft weitere 24 Besatzungen in der Umgebung versorgt werden. (für die Propaganda)
Am 24. März sind 15 Kriegsgefangene gebracht worden, darunter zwei höhere Offiziere (Ob.),[29] die am 15.2. bei Dubno gefangen genommen wurden. Sie wurden im 4. Krematorium *erschossen*. Unter den Erschossenen waren acht Russen, vier Polen und drei Juden.
Entlang der Großen Postenkette werden Standorte für schw[ere] M[aschinengewehre] vorbereitet und die Schützengräben verstärkt. Der Plan sieht die Aufstellung von mehr als 40 schw. Mg. und mehr als 20 l[eichten] M[aschinengewehren] vor. Im Moment sieht es danach aus, als ob sie auf das Lager ausgerichtet werden, aber selbstverständlich ist der Einsatz auch in beide Richtungen möglich.[30]

25 Im Original deutsch.
26 Im Original deutsch.
27 Herbert Kirschner.
28 Im Original deutsch.
29 Oberste.
30 Die SS bereitete sich zu dieser Zeit auf einen möglichen Häftlingsaufstand vor; siehe Dok. 106 vom 5.4.1944.

[Anhang 3]
Adam
Ins Ausland senden!
Briefe aus dem Jenseits
In Tschechien gibt es eine spezielle Judenstadt, Theresienstadt, in der die tschechischen Juden konzentriert werden. Sie haben dort eine Selbstverwaltung, ihr eigenes Geld und eine Art Exterritorialität unter Aufsicht des Internationalen Roten Kreuzes.[31]
Die Deutschen haben mit dem Versprechen auf Arbeit unter besseren Bedingungen 2 Transporte mit tschechischen Familien von dort weggelockt, die im vergangenen Jahr mit etwa 6000 Personen in einem speziellen Lager bei Auschwitz untergebracht wurden. Dort ist man verdächtig höflich mit ihnen umgegangen. Man hat ihnen erlaubt, mit ihren Familien zusammenzuwohnen, sie mussten nicht arbeiten.[32] Die Transporte aus *Theresienstadt* sind mit eigenen Ärzten und Sanitätern angekommen.
Das ging einige Monate so weiter. Jetzt sollen weitere große Transporte aus *Theresienstadt* kommen. Um Platz für die neuen Gäste zu schaffen, hat man auf Anordnung Berlins den gesamten ersten Transport mit 3800 Personen (1800 Frauen, 2000 Männer) samt Ärzten und übrigem Personal eingesammelt – überwiegend gesunde Menschen, Männer, Frauen und Kinder – und in die Gaskammer gesteckt. Anderntags stieg aus allen Schornsteinen des Krematoriums schwarzer Rauch. An der Überführung dieser Leute in die Gaskammer haben auch Häftlings-Kapos teilgenommen, einige unter Zwang und andere freiwillig, wie z. B. Zabielski,[33] Wierzbica[34] und Katarzyński.[35] Die drei Letzteren haben die in die Gaskammer Geführten besonders grausam gequält und u. a. 2 Männer mit Knüppeln verprügelt, die versucht haben, Widerstand zu leisten, als sie ahnten, wohin man sie führt.
Der am Leben gebliebene Rest, also der 2. Transport (etwa 2500 Menschen), hatte keine Ahnung, was mit dem 1. Transport passiert ist, da man bei dessen Abholung spezielle Vorsichtsmaßnahmen ergriffen und eine strikte „Sperre"[36] verhängt hatte.
Um die restlichen Juden in Theresienstadt und das Internationale Rote Kreuz in die Irre zu führen, inszenierte man wieder einmal das deutsche Lieblingsspielchen mit den Briefen. Vier Tage vor der Vergasung hat man allen befohlen, Briefe an ihre Nächsten in Tschechien zu schreiben, mit der Nachricht, dass es ihnen hier sehr gut gehe. Es wurde befohlen, die Briefe auf den 25. März! zu datieren, während deren Verfasser bereits am 15.3. im Gas erstickt wurden.[37] Die Briefe warten unterdessen hier in der Politischen

31 Das Lager Theresienstadt stand nicht unter der Aufsicht des IKRK.
32 Die Häftlinge waren beim Bau von Straßen, Entwässerungsanlagen und beim Lagerausbau eingesetzt. Die Frauen arbeiteten in einer Weberei der DAW, die im Familienlager untergebracht war.
33 Alfred Zabielski (*1913), Buchhalter; poln. politischer Häftling, im Sept. 1941 aus Radom nach Auschwitz gebracht, 1944 nach Buchenwald überstellt.
34 Stefan Wierzbica (*1906), poln. politischer Häftling, im Juni 1940 aus Sosnowiec nach Auschwitz gebracht.
35 Mieczysław Katarzyński (1920–1948), Schlosser; im Juli 1940 nach Auschwitz gebracht, Blockältester im Quarantänelager B II a, im Sept. 1944 in das Flossenbürger Außenlager Leitmeritz überstellt, von dort im Febr. 1945 geflohen; 1948 in Polen wegen Häftlingsmisshandlungen zum Tode verurteilt und hingerichtet.
36 Im Original deutsch.
37 Die Mordaktion im Theresienstädter Familienlager fand in der Nacht vom 8. zum 9.3.1944 statt.

Abteilung bis zum 25. März und werden dann abgeschickt, um neue Opfer anzulocken und die Behauptung zu widerlegen, hier werde irgendwer vergast.
Das riesige Ausmaß der bestialischen Grausamkeit des Hitlerregimes lässt sich wohl nur mit dem riesigen Ausmaß der Feigheit vergleichen, mit der diese Tiere versuchen, die Spuren ihrer Verbrechen zu verwischen.
Die ins Gas gehenden Transporte müssen jetzt von einem Angehörigen der Abteilung II (Politische) eskortiert werden, um für Geheimhaltung zu sorgen.
Auf dem Kattowitzer Flughafen befinden sich seit kurzem außer Jagdfliegern auch Zerstörer-Flugzeuge.
In Auschwitz sind die Arbeiten an den Flugabwehrgräben in vollem Gang.
In *Alten Eichen* bei *Rosenberg* wird ein Lager gegründet, wo „besonders wertvolle Güter" aufbewahrt werden. Täglich kommen acht bis zehn Waggons aus dem Osten an. *Lagerführer* ist ein SS-Mann, der auf speziellen Befehl aus dem *Lager „Russland-Süd"* abkommandiert wurde. Sie bauen dort viele Baracken.
Die Bauinspektion in Auschwitz hat den Befehl erhalten, in der ganzen Gegend nach Räumlichkeiten für die Armee bzw. für ein SS-Lazarett zu suchen. Gesucht hat man bisher in:
Teschen, wo man die Schlageter- und die H. Schemen-Schule als Lazarette vorgesehen hat,

Mischkow – Bau eines Lazaretts mit	400	Betten,
Bystra	500	"
Eulenburg-Auschwitz[38]	49	"

Herrenhaus Oberbobrek – Krankenhaus für Rekonvaleszente.
Überall ist die maximale Bettenzahl bereitzuhalten, es herrscht große Konkurrenz zwischen Armee und SS, wer diese Objekte zuerst belegt.
Die Zahl der vom Lager mit Proviant versorgten SS und Flak beträgt 2700.

Experimente
Eine medizinisch-gerichtliche Sonderkommission der SS hat einigen kranken jüdischen Häftlingen sowie Sanitätern intramuskuläre Injektionen gesetzt und ihnen oral ein geheimnisvolles Mittel verabreicht; die Reaktionen werden sorgfältig untersucht. Gefragt wird nach der psychischen Verfassung (nach 15 Minuten), ob etwa völlige Gleichgültigkeit dem Leben gegenüber eingetreten sei. Man hält ihnen einen Revolver an den Kopf und fragt, ob sie Angst oder Gleichgültigkeit empfänden, stellt ihnen die Frage, ob sie leben oder lieber sterben wollen, fragt sie über ihre persönlichen Feinde aus.
Erreicht werden soll: 1. Völlige Offenheit 2. Völlige psychische Gleichgültigkeit.
Man hat das auch mit einigen im Bunker einsitzenden Zivilisten, denen die Todesstrafe droht, ausprobiert. Fürs Erste ist das Experiment gescheitert. Beobachtete Wirkungen: Leichte Eintrübung und Schläfrigkeit nach 30–45 Minuten, Orientierungslosigkeit, kein Stuhlgang.[39]
Den Bericht aus der Werkhalle *„Union"* füge ich bei.
Den Bericht aus Block 10 (Experimente an Frauen) füge ich bei.

38 Gemeint ist das Schloss in Auschwitz.

39 In Auschwitz wurden an Häftlingen Experimente mit Meskalin und anderen wahrnehmungsverändernden Substanzen durchgeführt. Es soll sich um Aufträge der Gestapo auf der Suche nach effektiveren Methoden zur Erpressung von Informationen gehandelt haben.

Heldentod der vom „Standgericht" Verurteilten
Die 160 zuletzt standrechtlich zum Tode Verurteilten wurden sofort nach der Urteilsverkündung aus Bl. 11 nach Birkenau in die Gaskammer und das Krematorium gebracht. Beim Ausladen aus dem Auto trat eine Frau vor und sagte zu den SS-Männern, allen Anwesenden sei bewusst, dass sie gleich in der berühmten Gaskammer von Auschwitz sterben und im Krematorium verbrannt würden. Die Zeiten seien jedoch vorbei, in denen sich solche Verbrechen im Geheimen vollzögen. Die ganze Welt wisse heute, was in Auschwitz geschehe, und für jeden hier Ermordeten würden die Deutschen teuer bezahlen. „Wir verabschieden uns von der Welt in der Überzeugung, dass das Ende eurer Verbrechen nicht mehr fern ist", so schloss eine der zum Tode Verurteilten.
Die Verurteilten betraten das Krematorium Nr. 4 mit den Liedern „Noch ist Polen nicht verloren" und „Auf die Barrikaden" auf den Lippen.[40]

[Anhang 4][41]
Ad[am] und Tell.
Union
Belegschaft.

Tagschicht,	M[änner] 700 (⊥),	F[rauen] 450	=	1150
Nachtschicht	M[änner] 200,	F[rauen] 150	=	350
				1500

10 Zivilmeister, 2 SS-Männer, 2 U-Offiziere
Arbeitszeit: netto 10 ½ Std. (T[ag] u. N[acht] = 21 Std.)
Esspause je ½ Std.

Produktion.
Geschoßköpfe f Werfer- u. Flakmunition
Werfermunit[ion] groß …
" " klein
Flakmunit[ion]
(Einsätze, Stifte, Schrauben, Böden, äußere u. innere Mäntel, Füllung u, Pressung von Bakelit).
Haupt- u. wichtigste Arbeit ist das maschinelle Füllen u Pressen auf 6 großen u. 2 kleinen Bakelit-Gut-Pressen.
Produktionsmengen (täglich).

Große Werferköpfe	5000
Kleine " "	175
Flakköpfe	150

Davon ca. 10 % Ausschuß.

40 Am 29.2.1944 hatte das Polizeistandgericht der Gestapo Kattowitz auf seiner Sitzung im Stammlager Auschwitz 163 poln. politische Häftlinge zum Tod verurteilt, die dann in der Gaskammer ermordet wurden.
41 Dieser Anhang ist in deutscher Sprache verfasst.

Maschinelle Arbeitsgänge:
Drehen, Bohren, Stanzen, Pressen, Gewindeschneiden, Nieten, Schleifen, Fräsen, Hobeln.

Werkstatthalle
Der Betrieb wird privatwirtschaftlich geführt, unter Aufsicht eines Direktors, eines Ingenieurs, eines Obermeisters u. der besagten Meister, die sämtlich Reichsdeutsche u. verläßliche Parteileute sind.
Für die Wehrmacht zeichnet u. übernimmt die Ware nach genauester Kontrolle ein höherer Offizier, unterstützt durch einen Unteroffizier. (Es gibt dauernd Differenzen zwischen Wehrmacht u. Betriebsführung, da letztere den hohen Prozentsatz an Ausschußware durch ständige Reklamationen zu verringern sucht, während die Wehrm[acht] nur *absolut* einwandfreies Material anerkennt.)
Über die Häftlinge wachen formell zwei SS-Leute.
Im Gegensatz zu früher ist die Behandlung der Häftlinge jetzt korrekt: Während früher geschlagen wurde u. daumenschraubenähnliche Quetschvorrichtungen verwendet wurden, um die Produktion zu steigern, bemüht man sich derzeit, durch Zigaretten u. künftig auch Geldprämien diesen Zweck zu erreichen.
Verpflegung ist Lagerkost (1 l Suppe täglich). Seit mehreren Wochen wird[42]

DOK. 104

Der Leiter der Standortverwaltung beantragt am 27. März 1944 eine Sonderzulage für die Oberaufseherin Maria Mandl, da die hygienischen Zustände im Frauenlager unzumutbar sind[1]

Schreiben des Leiters der SS-Standortverwaltung Auschwitz,[2] SS-Obersturmbannführer, VK 1–86 (143), 3.44/Mö/Zö., an das SS-WVHA, Chef des Amtes A II,[3] Berlin-Lichterfelde-West, vom 27.3.1944 (Abschrift)

Betrifft: Sondervergütung für die Oberaufseherin des FKL Auschwitz, Frl. *Mandl*
Bezug: Az: AII/1b/224d/11.42/Kl/Sch.
Anlagen: keine
Im Rechnungsjahr 1943/44 hat auf Weisung des Amtsgruppenchefs A die Oberaufseherin des hiesigen Frauenlagers, Frl. Maria Mandl, eine Sonderzuweisung von monatlich RM 100,– erhalten. Ich bitte, diese Sondervergütung auch ab 1.4.44 weiter bewilligen zu wollen.

42 An dieser Stelle ist der Originalkassiber abgerissen. Aus einer erhaltenen Abschrift geht hervor, dass seit mehreren Wochen die zuerkannte Zusatzverpflegung nicht ausgeteilt wurde. Außerdem werden im hier fehlenden Abschnitt Möglichkeiten zu Sabotage und Verringerung der Produktion diskutiert und darauf hingewiesen, dass die Produktionshallen des Werks aufgrund der kurzfristigen Verlegung und nicht vorhandenen Transportmittel nicht gut ausgestattet waren, aber ausgebaut werden sollen; APMAB, Ruch oporu, Bd. 47, Bl. 94.

1 BArch, NS 3/405, Bl. 7. Abdruck als Faksimile in: Tuchel, Inspektion (wie Dok. 87 vom 4.9.1943, Anm. 4), S. 169.

2 Karl Möckel.

3 WVHA, Abt. A II Kassen- und Besoldungswesen, Leiter war bis April 1944 SS-Ostubaf. Gustav Eggert.

Frl. Mandl unterliegt bei ihrer Tätigkeit als Oberaufseherin einer erhöhten Seuchengefahr, zumal die sanitären und hygienischen Verhältnisse im Frauenlager noch mangelhaft sind. Ihr ausgedehntes Aufgabengebiet erfordert weiterhin täglich eine Mehrzahl von Überstunden, die insbesondere noch dadurch erhöht werden, da sie nach Dienstende noch die Gesamtaufsicht über die Aufseherinnen im Stabsgebäude wahrzunehmen hat. Die sonst übliche monatliche Überstundenpauschale von RM 35,– für Aufseherinnen ist ihren Leistungen entsprechend bei weitem nicht angemessen.
Es wird gebeten, diesen Betrag in Form einer Mehrleistungs- und Gefahrenzulage zu genehmigen.[4]

DOK. 105
Otto Schön schreibt seiner Frau Edith am 31. März 1944 einen illegalen Brief aus dem Lager[1]

Handschriftl. Brief von Otto Schön[2] an Edith[3] vom 31.3.1944

Meine liebe Editka!
Ich weiß nicht, meine Liebste, wie ich beginnen soll und wie ich für das Paket danken soll, das ich im September des Vorjahres erhalten habe. Du kannst Dir gar nicht vorstellen, welche Freude mir dadurch bereitet wurde, und dass es gerade zur rechten Zeit ankam, brauche ich Dir eigentlich nicht zu schreiben. Wie geht es Dir, meine Editka, und was macht Ivan? Ich denke oft an Euch, aber bisher hatte ich keine Möglichkeit, Dir zu schreiben. Ich möchte auch mehr schreiben, aber ich weiß nicht, ob mein Brief in unbefugte Hände gelangt, und dann weißt Du, was mir blüht.[4] Was ich in der ersten Zeit mitgemacht habe, lässt sich nicht beschreiben. Ich war hier zweimal krank, aber habe es Gott sei Dank bisher immer überstanden. Ich arbeite und hoffe, dass wir uns beide noch sehen werden und alles nachholen können. Einstweilen bin ich für jede Hilfe dankbar, alles ist mir willkommen, auch trockenes Brot, für alles bin ich dankbar. Pakete und Briefe erhalte ich, kann sie aber nicht immer bestätigen. Ich hoffe, dass Du mich nicht vergessen wirst, wofür ich Dir im Voraus danke. Falls ich Gelegenheit haben werde, werde ich Dir schreiben, was mit den übrigen Bekannten geschehen ist. Interessehalber: Frau Dux, Frankl, Politzer, Mandler, Malyr sind zu ihren Männern gegangen, genau wie viele andere Bekannte.[5]
Mit Grüßen an Dich, Ivan und alle Bekannte,
Dein Otto
Meine Adresse: Otto Schön, geb. 12.4.1916, Nr. 94145, Arbeitslager Birkenau bei Neuberun, Haus Nr. 31

4 Am 31.3.1944 genehmigte das Amt A II Mandl die beantragte außertarifliche Gehaltszulage; wie Anm. 1, Bl. 5 f.

1 AŻIH, 209/53. Das Dokument wurde aus dem Tschechischen übersetzt.
2 Otto Schön (*1916), Elektriker; am 23.1.1943 aus Uherský Brod nach Theresienstadt, im Jan. 1943 nach Auschwitz-Birkenau deportiert, im Jan. 1945 nach Buchenwald überstellt, dort befreit.
3 Nicht ermittelt.
4 Dieser Brief wurde wegen Unzustellbarkeit ins Lager zurückgeschickt. Otto Schön erhielt im Mai 1944 wegen des illegalen Verfassens 25 Stockschläge; APMAB, D-Au-I-2, Meldunki karne, Bd. 2, Bl. 172.
5 Umschreibung, dass die gemeinsamen Bekannten gestorben sind.

DOK. 106

Der Chef des SS-Wirtschafts-Verwaltungshauptamts erläutert Himmler am 5. April 1944 neue Sicherungsmaßnahmen für das Lager Auschwitz im Fall von Aufständen oder Massenausbrüchen[1]

Schreiben (geheime Reichssache!) des Chefs des SS-Wirtschafts-Verwaltungshauptamtes (D II/1, Az:27/2, Ma./F., Tgb. Nr. 236/44 geh.), SS-Obergruppenführer und General der Waffen-SS[2] an den Reichsführer SS, Berlin, 2 Ausfertigungen, 1. Ausfertigung, Berlin, vom 5.4.1944

Betrifft: Sicherungsmaßnahmen in Auschwitz.
Reichsführer!
Bezug: Dortg. Schreiben vom 24.3.44, Tgb. Nr. 38/32/44 geh. Bra/H.[3]
Anlagen: 2 Pläne[4]
Die Ausdehnung und die hohe Belegstärke des Konzentrationslagers Auschwitz veranlaßten mich, bereits im Oktober v. J. eine Dreiteilung des Lagers vorzuschlagen. Nach Erteilung Ihrer Zustimmung wurde sie mit Wirkung vom 10.11.1943 durchgeführt.[5] Es bestehen seitdem somit in Auschwitz 3 Konzentrationslager.
Über die für den A-Fall[6] getroffenen Sicherheitsmaßnahmen berichte ich folgendes:
1.) Das *Lager I*[7] umfasst massive Männerlager und hat zur Zeit eine Belegstärke von rund 16 000 Häftlingen.
Es ist mit einer Umzäunung und mit Drahthindernissen umgeben, die, wie in allen Konzentrationslagern, elektrisch geladen werden. Außerdem sind Postentürme vorhanden, die mit Maschinengewehren besetzt sind.
Das *Lager II*[8] befindet sich von dem Lager I etwa 3 km entfernt. In diesem sind 15 000 männliche und 21 000 weibliche Häftlinge untergebracht. Von der Gesamtzahl der rund 36 000 Häftlinge entfallen etwa 15 000 auf nicht einsatzfähige.
Das Lager II ist ebenfalls mit einer elektrisch geladenen Drahtsicherung umgeben, auch Postentürme sind vorhanden.
Das *Lager III*[9] umfaßt alle in Oberschlesien bestehenden Außenlager bei Industriebetrieben, die räumlich weit voneinander entfernt liegen. Es besteht zur Zeit aus 14 Außenlagern mit einer Gesamthäftlingsstärke von rund 15 000 Männern. Diese Arbeitslager sind ebenfalls mit der üblichen Drahtsicherung umgeben und haben gleichfalls Postentürme. Das größte dieser Arbeitslager befindet sich in Auschwitz bei der I.G. Farbenindustrie AG. Es ist zur Zeit mit etwa 7000 Häftlingen belegt.

1 Original nicht aufgefunden. Kopie: StAN, KV-Dokumente Anklage, NO-021. Erstabdruck in engl. Übersetzung: Trials of War Criminals before the Nurnberg Military Tribunals, Volume V, Washington 1950, S. 384–386, in deutscher Sprache: SS im Einsatz (wie Dok. 75, Anm. 1), S. 287–289.
2 Oswald Pohl.
3 Nicht aufgefunden.
4 Die Pläne befinden sich nicht in der Akte.
5 Standortbefehl 53/43 vom 22.11.1943; BArch, NS4/Au 11, Bl. 1–4.
6 Mit dem A-Fall (Alarm-Fall) waren verschiedene Bedrohungsszenarien wie Häftlingsaufstände, Luftangriffe sowie das Eintreffen von alliierten Armeeeinheiten gemeint.
7 Gemeint ist das Stammlager Auschwitz.
8 Gemeint sind das Lager Birkenau und die landwirtschaftlichen Außenlager.
9 Gemeint ist das Lager Monowitz, das gleichzeitig alle Außenlager der Industrie verwaltete.

Die übrigen Außenlager haben wesentlich geringere Stärken.
Zusammengefaßt ergibt sich folgendes Bild:

Auschwitz I	16 000 Männer	–
Auschwitz II	15 000 Männer	21 000 Frauen
Auschwitz III	15 000 Männer	–[10]
	46 000 Männer	21 000 Frauen
	Zusammen:	67 000

Die größte Belegstärke hat das Lager II, wobei jedoch berücksichtigt werden muß, daß von der dort vorhandenen Gesamtzahl mit 36 000 Häftlingen etwa 21 000 auf Frauen entfallen.
2.) Von der Gesamthäftlingszahl mit 67 000 sind die in den Außenlagern befindlichen und die stationär kranken Häftlinge abzusetzen, wenn die Frage der Gefährdung durch einen etwaigen Aufstand oder Ausbruch für Oberschlesien betrachtet werden soll.

Von der Gesamthäftlingszahl mit	67 000
werden die in den Außenlagern (Lager III)	
Untergebrachten	15 000 abgesetzt.
Die Zahl der stationär Kranken und Invaliden	
beträgt zur Zeit	18 000,
so daß praktisch mit	34 000 Häftlingen

zu rechnen ist. Diese würden für Auschwitz für den A-Fall dann eine Gefährung bedeuten können, wenn die Sicherungsmaßnahmen ungenügend wären.
3.) Zur Bewachung der Häftlinge sind für die Lager I und II einschließlich der Kommandanturangehörigen, die im A-Fall mit eingesetzt werden, 2300 SS-Angehörige vorhanden. Für die Außenlager des Lagers III stehen 650 Wachmannschaften außerdem zur Verfügung.
SS-Obergruppenführer Schmauser[11] stellt bis Mitte ds. M. eine Polizeikompanie in Stärke von 130 Mann ab. Diese Kompanie soll zur zusätzlichen Sicherung des Lagers II gegebenenfalls eingesetzt werden. Sie wird daher in unmittelbarer Nähe dieses Lagers untergebracht.
4.) Neben der unmittelbaren Sicherung der Lager I und II durch besetzte Postentürme und durch elektrisch ladbare Drahtumzäunung ist als *innerer* Ring eine Bunkerlinie geschaffen worden, die von SS-Angehörigen besetzt wird. Auf beiliegender Karte ist diese Bunkerlinie rot eingezeichnet.
Im A-Falle wird als weitere Sicherung der *äußere* Ring gebildet, der von der Wehrmacht besetzt wird. Auf beiliegender Karte ist dieser äußere Ring durch die eingezeichneten Feldstellungen, mit Angabe der zum Einsatz vorgesehenen Wehrmachtsteile, zu erken-

10 Die Frauenaußenlager in der Landwirtschaft waren Auschwitz II zugeordnet. Frauenaußenlager in der Industrie wie in Neustadt und Hindenburg entstanden erst in der zweiten Jahreshälfte 1944.

11 Ernst-Heinrich Schmauser (1890–1945), Offizier; Kompanieführer im Ersten Weltkrieg, 1919–1933 Tätigkeit als Kassierer in Zwickau; 1930 NSDAP- und SS-Eintritt; April 1937 SS-Ogruf., von 1941 an HSSPF in Breslau und Führer des SS-Oberabschnitts Süd-Ost; im Febr. 1945 in der Nähe von Breslau vermisst.

nen. In den äußeren Ring ist auch das Arbeitslager bei der I.G. Farbenindustrie AG mit zur Zeit 7000 Häftlingen und das gesamte Werk der I.G. Farbenindustrie AG, in dem außer unseren Häftlingen rund 15 000 Menschen beschäftigt werden, einbezogen. Der Einsatz der Wehrmacht wurde vor einigen Wochen in Auschwitz zwischen SS-Obergruppenführer Schmauser und dem Komm. General des VIII. W.K., Herrn General der Kavallerie von Koch-Erbach,[12] festgelegt.
Ich füge ferner einen Alarmplan bei, nach dem es dem SS-Standortältesten[13] in Auschwitz möglich ist, alle beteiligten Stellen unmittelbar durch Telefon, Funk oder Fernschreiber in kürzester Zeit zu alarmieren.
Es ist weiter dafür Vorsorge getroffen, daß bei Massenausbrüchen eine Groß-Fahndung unter Leitung der Kripoleitstelle Kattowitz einsetzt.
Die in Auschwitz liegenden Luftwaffeneinheiten in Stärke von 1000 Mann stehen zur Verfügung, wenn der Alarm nicht mit einem Luftangriff zusammenfällt. Es kann mit diesen Luftwaffeneinheiten jedoch nicht unbedingt gerechnet werden. Bei Ausarbeitung des Einsatzplanes ist diesem Umstand Rechnung getragen worden.
In Kürze werden Planspiele mit allen beteiligten Stellen durchgeführt.
Ich glaube, Reichsführer, daß die getroffenen Vorkehrungen und Sicherungsmaßnahmen im A-Falle ausreichen werden.[14]
Heil Hitler!

12 Rudolf Koch, seit 1939 Koch-Erpach (1886–1971), Offizier; nach Teilnahme im Ersten Weltkrieg Generalstabsoffizier in der Reichswehr, 1935 Kommandeur der 8. Inf.-Div., 1942 Befehlshaber im Wehrkreis VIII in Breslau.

13 Der SS-Standortälteste war zu diesem Zeitpunkt der Lagerkommandant des KL Auschwitz I, Arthur Liebehenschel.

14 In seinem Antwortschreiben vom 9.5.1944 stimmte Himmler den Sicherungsmaßnahmen für Auschwitz zu; wie Anm. 1.

DOK. 107

Der Kommandoführer des Außenlagers Golleschau bittet am 20. April 1944, gegen einen Zivilarbeiter des Einsatzbetriebs vorzugehen, der jüdische Häftlinge schikaniert[1]

Schreiben des Kommandos Golleschau,[2] ungez., Kommandoführer SS-Oscha,[3] an den 1. Schutzhaftlagerführer KL Auschwitz III,[4] vom 20.4.1944 (Durchschlag)

Meldung
Am 20.4.44 um 6.30 Uhr früh wurde mir vom Vorarbeiter des Kommandos „Kalkofen-I", dem jüd. Häftl. Nr. 51 876, Manheimer Samuel,[5] Folgendes vermeldet:
Seit einigen Tagen werden die Häftlinge des obenerwähnten Kommandos von dem als Brenner eingesetzten Zivilisten Paul Ozyes, Godischen Nr. 54, dauernd schikaniert und beschimpft.
Ferner gebraucht er Redensarten wie „ob ihr Stinkjuden arbeitet oder nicht, ihr kommt doch ins Krematorium und geht durch den Ofen" usw. Er wollte auch bei einer der früheren Schichten einen Juden, der auf einer Leiter in den Kalkofen herunterstieg, von derselben abschütteln mit derselben Bemerkung „Ihr kommt doch in den Ofen".
Da sich diese Redensarten auf die Verfassung der Häftlinge schlecht auswirken und die Arbeit und Sicherheit des Lagers gefährden, bitte ich Obersturmführer, sofortige Maßnahmen zu ergreifen.
Das Kommando selbst ist seit einem Jahr am Kalkofen, zählt zu den besten, und von seiten des Betriebes wurde bisher noch nie weder über den Vorarbeiter noch über die anderen dort eingesetzten Häftlinge Klage geführt.
Ich wurde diesbezüglich bei der Direktion vorstellig und auch diese legt großen Wert auf strenge Bestrafung des Obenerwähnten.
1 Durchschlag für die Pol. Abtlg.

1 ITS, Digitales Archiv, 1.1.2.1/56/504900.

2 Das Lager Golleschau war im Juli 1942 bei der Golleschauer Portland-Zementfabrik AG errichtet worden und war das erste ständige Außenlager von Auschwitz. Von Sommer 1944 an stellten Juden aus Ungarn die Mehrheit der Häftlinge, die überwiegend in den vier nahegelegenen Steinbrüchen arbeiten mussten.

3 Johann Mirbeth (1905–1975), Schreiner; 1931 NSDAP-, 1934 SS-Eintritt; von Jan. 1941 an Wachdienst in Auschwitz, von April 1943 an in den Außenlagern Golleschau, Althammer und Blankenburg-Oesig (Lagerkomplex Mittelbau-Dora); 1953 in Bremen zu sechs Jahren Haft verurteilt, danach Bürogehilfe in einer Münchner Anwaltskanzlei.

4 Vinzenz Schöttl.

5 Samuel Manheimer (*1896), Friseur aus Węgrów in Polen; im Juli 1942 nach Auschwitz deportiert, Jan. 1945 Todesmarsch nach Sachsenhausen, am 6.2.1945 nach Flossenbürg überstellt und dort im April 1945 befreit.

DOK. 108
Nach ihrer Flucht aus Auschwitz berichten Alfréd Wetzler und Rudolf Vrba um den 23. April 1944 von der Ermordung der Juden[1]

Protokoll, ungez.,[2] nach dreitägiger Berichterstattung von Alfréd Wetzler[3] und Rudolf Vrba,[4] Žilina, vom 25.4.1944[5]

I.[6]

Am 13. April 1942 wurden wir – 1000 Mann – im Sammellager Sered[7] einwaggoniert. Die Waggontüren wurden geschlossen, weshalb wir die Fahrtrichtung nicht feststellen konnten. Als die Türen nach langer Fahrt geöffnet wurden, konstatierten wir, daß wir die slowakische Grenze passiert haben und uns in Zwardon[8] befinden. Die Bewachungsmannschaft, welche bis hierher durch die Hlinka-Garde[9] gestellt wurde, wurde durch Waffen-SS abgelöst. Nach Abkopplung eines kleineren Teiles unseres Transportes fuhren wir dann weiter und kamen bei Nacht in Auschwitz an, wo wir auf einem Nebengeleise[10] haltmachten. Die Zurücklassung des kleineren Transport-Teiles erfolgte angeblich wegen augenblicklichen Raummangels in Auschwitz. Übrigens kamen uns diese nach einigen Tagen nach. Wir wurden nun in Fünferreihen gestellt und gezählt. Wir waren 643 Mann angekommen.[11] Nach einem Marsch von etwa 20 Minuten mit unserem schweren Gepäck – wir sind gut ausgerüstet aus der Slowakei weggefahren – kamen wir in das Lager Auschwitz.

1 YVA, M 20/153. Erstabdruck in deutscher Sprache in: Silberschein (Hrsg.), Judenausrottung (wie Dok. 91, Anm. 1), S. 21–32 (Vrba), S. 77–108 (Wetzler); in englischer Übersetzung in: German Extermination Camps (wie Dok. 91, Anm. 1).

2 Das Protokoll verfasste Dr. Oskar Krasňanský, später Oscar Yeshayahu Karmil (*1902), Ingenieur; 1939 slowak. Vertreter beim Zionistischen Kongress in Genf, organisierte 1939/40 die Emigration von Juden aus der Slowakei nach Palästina, 1942–1944 Mitarbeiter der slowak. Arbeitsgruppe, die sich für die Rettung von slowak. Juden einsetzte; 1949 Auswanderung nach Israel, in den 1950er-Jahren israel. Attaché in Köln. Zu den Hintergründen zur Entstehung des Dokuments siehe Einleitung, S. 49 f.

3 Alfréd Wetzler, später Jozef Lánik (1918–1988), Arbeiter; im April 1942 aus dem Sammellager Sered nach Auschwitz deportiert, Schreiber im Block 7, im April 1944 Flucht aus Auschwitz; arbeitete nach dem Krieg als Redakteur in Bratislava sowie in der Landwirtschaft.

4 Walter Rosenberg, später Dr. Rudolf Vrba (1924–2006), Chemiker; am 16.6.1942 aus dem Sammellager Nováky in das KZ Lublin-Majdanek deportiert, von dort Ende Juni 1942 nach Auschwitz, Einsatz in „Kanada I und II“ und als Schreiber in Birkenau, April 1944 Flucht; nach dem Krieg studierte er Chemie und Biochemie in Prag, emigrierte 1958 nach Israel, von 1976 an Professor für Pharmakologie an der University of British Columbia in Vancouver.

5 Dieser Bericht wurde anonymisiert als „Bericht zweier junger slowakischer Juden“ an den Vatikan, den WJC und die Weltzentrale des Hechaluz in Genf geschickt und durch diese weiterverbreitet. Einer breiten Öffentlichkeit bekannt wurde er im Nov. 1944 aufgrund der Veröffentlichung durch das War Refugee Bord; siehe Dok. 154 vom 26.11.1944.

6 Unter I. der Bericht von Alfréd Wetzler.

7 Sered war eines von fünf Sammellagern, aus denen slowak. Jüdinnen und Juden von März 1942 an nach Auschwitz deportiert wurden. Der Transport von Alfréd Wetzler fuhr am 12.4.1942 ab und traf am Folgetag in Auschwitz ein.

8 Zwardoń ist die erste poln. Stadt nach der slowak.-poln. Grenze auf dem Schienenweg von Wien über Žilina nach Katowice.

9 Die Hlinka-Garde war 1938–1945 der paramilitärische Arm der Slowakischen Volkspartei, die sich 1942 aktiv an den Deportationen slowak. Juden nach Auschwitz beteiligte.

Wir wurden da sofort in eine große Baracke geführt. An der einen Seite mußten wir hier das ganze Gepäck abgeben, an der anderen Seite uns völlig nackt auskleiden und unsere Kleider und Wertsachen abführen. Nackt begaben wir uns dann in eine benachbarte Baracke, wo unser Kopf und Körper rasiert und durch Lysol desinfiziert wurden. Beim Ausgang aus dieser Baracke erhielt ein jeder eine Nummer in die Hand gedrückt. Die Nummern begannen mit 28 600 und waren fortlaufend. Mit dieser Nummer in der Hand jagte man uns dann in eine dritte Baracke, wo dann die Aufnahme stattfand. Die Aufnahme bestand darin, daß uns die in der zweiten Baracke erhaltene Nummer auf eine äußerst brutale Art – wobei viele von uns in Ohnmacht fielen – an die linke Brust tätowiert und unsere Personalien aufgenommen wurden. Wir wurden in Hundertergruppen in einen Keller gebracht, später in eine Baracke, wo wir gestreifte Häftlingskleider und Holzschuhe bekamen. Diese ganze Prozedur dauerte bis 10 Uhr vormittags. Noch am selben Nachmittag wurden uns die Häftlingskleider abgenommen und durch alte schmutzige russische Militärmonturen (eher Monturfetzen) ersetzt. So ausgerüstet wurden wir dann nach Birkenau geführt.

Auschwitz ist ein Konzentrationslager für politische, sogenannte Schutzhäftlinge. In der Zeit meiner Einlieferung, d. h. April 1942, befanden sich dort etwa 15 000 Häftlinge, vorwiegend Polen, Reichsdeutsche und zivile sogenannte Schutzrussen.[12] Einen kleineren Teil der Häftlinge stellten die Kategorie der Kriminalhäftlinge und der „arbeitsscheuen Elemente“.

Dem Lagerkommando Auschwitz ist auch das Arbeitslager Birkenau, ferner die kleine Lagerlandwirtschaft Harmense[13] unterstellt. Alle Häftlinge werden in Auschwitz präsentiert, dort mit Häftlingsnummern versehen und dann entweder dort behalten oder nach Birkenau oder in ganz geringer Zahl nach Harmense geschickt. Die Häftlinge werden nach der Reihenfolge ihrer Einlieferung numeriert. Eine jede Nummer wird nur einmal benützt, so daß die letzte Nummer immer die jeweilige Gesamtzahl aller bisher eingelieferten Häftlinge zeigt.[14] Zur Zeit unserer Flucht aus dem Lager Birkenau, d. h. Anfang April 1944, war diese Zahl um die 180 000.[15] Die Nummern wurden anfangs an die linke Brust tätowiert, später – weil sich dort die Tätowierung etwas verwischt hat – an den linken Unterarm.

10 Gemeint ist ein Nebengleis am Tabakmonopol in der Nähe des Stammlagers Auschwitz, das noch vor dem Krieg gebaut worden war.

11 Am 13.4.1942 ging in Auschwitz ein Transport aus Sered ein, der 634 slowak. Juden und 443 Jüdinnen umfasste.

12 Die Zahlen sind durch Lagerdokumente bestätigt. Außer den erwähnten Gruppen befanden sich auch kleinere Gruppen tschech. politischer Häftlinge, slowak. Jüdinnen sowie franz. und poln. Juden im Lager. Die erwähnten „Schutzrussen“ waren politische Häftlinge sowjet. Staatsangehörigkeit, die aus Sammellagern in Polen und dem Deutschen Reich nach Auschwitz gebracht worden waren. Außerdem lebten zu diesem Zeitpunkt 281 sowjet. Kriegsgefangene im Lager.

13 Im etwa 7 km vom Stammlager entfernten Dorf Harmęże entstand am 8.12.1941 das erste Außenlager im Bereich der Landwirtschaftsbetriebe im SS-Interessengebiet. Zu diesem Zeitpunkt befanden sich 50 bis 70 Häftlinge dauerhaft dort.

14 Sowjet. Kriegsgefangene, Häftlinge des Arbeitserziehungslagers, Polizeihäftlinge, „Zigeuner“ und von 1944 an auch Juden erhielten gesonderte Registrierungen.

15 Am 7.4.1944 gab die Lagerführung die laufende Nummer 179 962 für Männer und 76 750 für Frauen in der allgemeinen Serie aus.

Alle Häftlinge – ohne Rücksicht auf die Kategorie oder Nationalität – werden gleichmäßig behandelt.[16] Zur Erleichterung der Evidenz sind sie aber unterschiedlich durch verschieden gefärbte Dreiecke an der linken Oberbrust unter der Häftlings-Nummer gekennzeichnet, wobei der Anfangsbuchstabe die Nationalität des Häftlings verrät. Dieser Buchstabe (z. B. bei Polen „P") erscheint im Inneren des Dreieckes. Die einzelnen Farben bedeuten:

rotes	Dreieck	politischer Schutzhäftling
grünes	"	Berufsverbrecher
schwarzes	"	arbeitsscheu, asozial (vorwiegend Russen)[17]
rosa	"	homosexuell
violett	"	Angehöriger der Sekte der Bibelforscher

Die Bezeichnung der jüdischen Häftlinge unterscheidet sich von der beschriebenen Art der Bezeichnung der Arier dadurch, daß das entsprechende Dreieck (im überwiegenden Teile rot) durch gelbe Spitzen zu einem Davidstern ergänzt ist.
Innerhalb des Gebietes des Lagers Auschwitz befinden sich diverse Fabriken. Eine Fabrik der deutschen Aufrüstungswerke (DAW),[18] eine Fabrik der Fa. Krupp und eine der Siemens-Werke. Ferner etwas außerhalb des Lagerbereiches ein sich auf viele Kilometer ausbreitendes riesiges Bauobjekt, „Buna" genannt. In diesen Betrieben arbeiten die Häftlinge.
Das Wohngebiet, also das Lager im engeren Sinne, liegt auf einem Territorium von einem etwaigen Ausmaße von 500 x 300 m.[19] Es ist mit einer doppelten Reihe von 3 m hohen Betonpfosten umgeben, die beiderseits (also von innen und außen) durch dicht angelegte, auf Isolatoren befestigte Hochspannungsleitungen miteinander verbunden sind. Zwischen diesen beiden Zäunen, in einem Abstand von 150 m, stehen 5 hohe Wachtürme, die mit Maschinengewehren und Scheinwerfern ausgestattet sind.[20] Etwas vor dem inneren Hochspannungszaun ist noch ein gewöhnlicher Drahtzaun. Schon die Berührung dieses Zaunes wird durch Schießen aus den Wachtürmen beantwortet. Dieses Bewachungssystem wird „kleine Postenkette" genannt. Das Lager selbst besteht aus 3 Häuser-Reihen. Zwischen der ersten und dritten war in der ersten Zeit eine Mauer gestanden. In den Häusern der durch diese Mauer getrennten Reihe waren bis Mitte August 1942 jene jüdischen Mädchen aus der Slowakei untergebracht, 7000 an der Zahl, die in den Monaten März bis April 1942 deportiert wurden.[21] Nach der Überführung dieser Mädchen nach

16 Dem widersprechen zahlreiche Berichte Überlebender, in denen von einer Privilegierung deutschsprachiger Häftlinge und der Schlechterbehandlung jüdischer Häftlinge und sowjet. Kriegsgefangener die Rede ist.

17 Zu den Häftlingskategorien siehe Einleitung, S. 24 f.

18 Richtig: Ausrüstungswerke. Das SS-Unternehmen hatte im Aug. 1941 ein Werk in der Nähe des Stammlagers in Betrieb genommen, in dem zunächst Gebrauchsgegenstände und Holzmöbel für SS und Wehrmacht, später auch Granatbehälter, Munitionskisten und Skier gefertigt wurden. Im März 1943 eröffneten die DAW auf dem Lagergelände eine Weberei, eine Flechterei, im Okt. Flugzeug-Zerlegebetriebe.

19 Das Stammlager hatte die Form eines Rechtecks mit den Maßen 300 x 200 m.

20 Der Abstand zwischen den Wachtürmen betrug etwa 80 m.

21 In den Blocks 1 bis 10 des Stammlagers befand sich zwischen Ende März und Aug. 1942 das Frauenlager, in dem neben den slowak. Jüdinnen auch nichtjüdische Polinnen, Deutsche, Tschechinnen und Jugoslawinnen sowie franz. und niederländ. Jüdinnen untergebracht waren.

Birkenau wurde die Mauer zwischen der Häuserreihe 2 und 3 abgetragen. Quer durch die Häuserreihen führt der Einfahrtsweg. Über dem Eingangstor, das selbstverständlich ständig bewacht wird, ist mit großen Buchstaben die ironische Aufschrift „Arbeit macht frei" angebracht.

Das ganze Lager ist in einem Umkreis von etwa 2000 m in einem Abstand von 150 m wieder mit Wachtürmen umgeben, d. h. die „große Postenkette".[22] Im Raume zwischen der kleinen und großen Postenkette befinden sich die Betriebs- und sonstigen Arbeitsstellen. Die Türme der kleinen Postenkette sind nur bei Nacht besetzt, zugleich wird auch der elektrische Strom in die doppelte Umzäunung eingeschaltet. Bei Tag wird die Wachturm-Besatzung der kleinen Postenkette abgezogen und zur gleichen Zeit werden die Türme der großen Postenkette besetzt. Eine Flucht durch diese Postenkette – es hat viele Versuche gegeben – ist fast ausgeschlossen. Die kleine Postenkette bei Nacht zu passieren, ist ganz und gar unmöglich, während die Türme der großen Postenkette so dicht beieinander stehen (nur 150 m, also ein pro Turm zu bewachender Umkreis von einem Radius von 75 m), daß ein unbemerktes Herannahen nicht möglich ist. Bei Herannahung wird ohne Aufforderung geschossen. Der Abzug der Bewachungsmannschaft der großen Postenkette nach der Abenddämmerung erfolgt erst nach dem innerhalb der kleinen Postenkette abgehaltenen Appell, wo festgestellt wird, daß sich alle Häftlinge im Kreise der kleinen Postenkette befinden. Wird beim Appell festgestellt, daß ein Häftling fehlt, wird durch Sirenen Alarm geblasen.

22 Die Wachtürme der äußeren Postenkette standen 200 m voneinander entfernt.

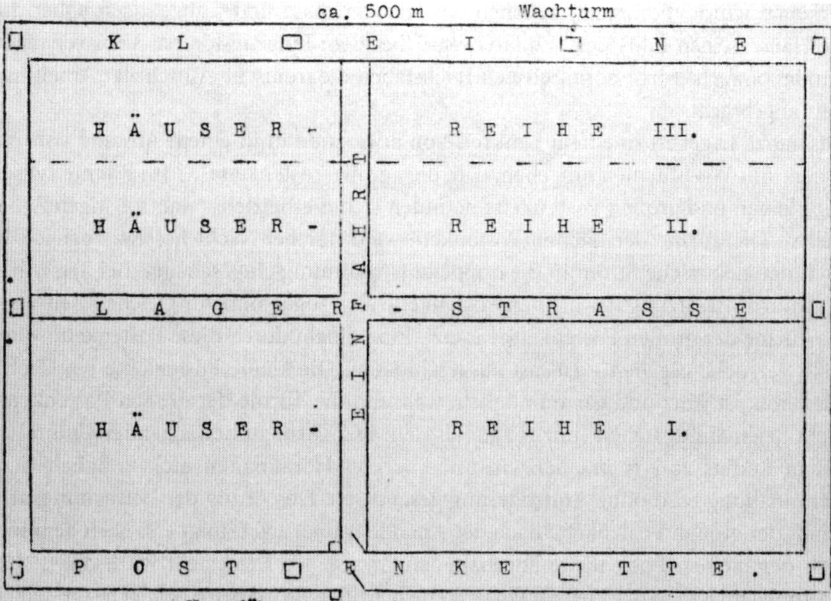

Ungefährer Grundriss des Lagers Auschwitz

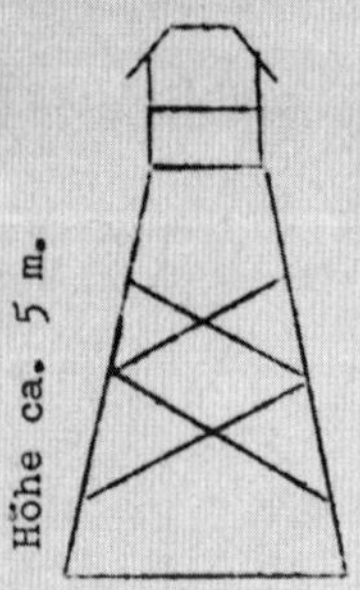

Wachturm

Die Bewachung der grossen Postenkette bleibt in ihren Tü men, die Mannschaft der kleinen Postenkette bezieht ihre Stellungen und dann beginnt das Absuchen des Terrains zwischen den beiden Postenketten, welches von hunderten SS Leuten und Spürhunden durchgeführt wird. Durch den Si renenton wird auch die weite Umgebung von Auschwitz in Alarmzustand versetzt, sodass wenn es dem einen oder anderen Häftling auf ganz wunderbare Art irgendwie gelunge ist, die grosse Postenkette zu passieren, muss mit grosser Wahrscheinlichkeit damit gerechnet werden, dass er durch die dichten Patrouillen der deutschen Polizei und SS erwischt wird. Ein grosses Hinderniss für den Flüchtling ist der kahl geschorene Kopf, die gekennzeichnete Kleidung (gestreifte Häftlingskleider oder andere mit roter Farbe bestrichene Fetzen) und das im besten Falle passive Verhalten der ungemein stark eingeschüchterten Bevölkerung. Nicht nur eine kleine Hilfeleistung, schon die Unterlassung einer sofortigen Anzeige über das Verweilen eines vermeintlichen Flüchtlings wird durch den Tod bestraft. Wenn der Flüchtling nicht eher erwischt wird, bleibt die grossen Postenkette 3 Tage und Nächte hindurch bewacht. Nach dieser Zeit wird angenommen, dass es dem Flüchtling gelungen ist, die Postenkette irgendwie zu passieren, weshalb am nächstfolgenden Abend die Bewachung abgezogen wird. Wenn der Flüchtling lebend erwischt wird, wird er in Anwesenheit des ganzen Lagers gehängt. Wenn er tot aufgefunden wird,

Die Bewachung der großen Postenkette bleibt in ihren Türmen, die Mannschaft der kleinen Postenkette bezieht ihre Stellungen, und dann beginnt das Absuchen des Terrains zwischen den beiden Postenketten, welches von Hunderten SS-Leuten und Spürhunden durchgeführt wird. Durch den Sirenenton wird auch die weite Umgebung von Auschwitz in Alarmzustand versetzt, so daß, wenn es dem einen oder anderen Häftling auf ganz wunderbare Art irgendwie gelungen ist, die große Postenkette zu passieren, muß mit großer Wahrscheinlichkeit damit gerechnet werden, daß er durch die dichten Patrouillen der deutschen Polizei und SS erwischt wird. Ein großes Hindernis für den Flüchtling ist der kahl geschorene Kopf, die gekennzeichnete Kleidung (gestreifte Häftlingskleider oder andere mit roter Farbe bestrichene Fetzen) und das im besten Falle passive Verhalten der ungemein stark eingeschüchterten Bevölkerung.[23] Nicht nur eine kleine Hilfeleistung, schon die Unterlassung einer sofortigen Anzeige über das Verweilen eines vermeintlichen Flüchtlings wird durch den Tod bestraft. Wenn der Flüchtling nicht eher erwischt wird, bleibt die große Postenkette 3 Tage und Nächte hindurch bewacht. Nach dieser Zeit wird angenommen, daß es dem Flüchtling gelungen ist, die Postenkette irgendwie zu passieren, weshalb am nächstfolgenden Abend die Bewachung abgezogen wird. Wenn der Flüchtling lebend erwischt wird, wird er in Anwesenheit des ganzen Lagers gehängt. Wenn er tot aufgefunden wird, wird seine Leiche immer – mag sich der Auffindungsort wo immer befinden – in das Lager zurückgebracht (durch die eintätowierte Nummer kann die Identität und Lagerzugehörigkeit leicht festgestellt werden), sodann am Eingangstor bei der kleinen Postenkette mit einer Tafel in der Hand hingesetzt. Die Tafel trägt die Aufschrift: „Hier bin ich". Es hat während unserer fast zweijährigen Haft sehr viele Fluchtversuche gegeben. Bis auf 2 oder 3 Fälle wurden aber die Flüchtlinge immer wieder lebend oder tot zurückgebracht. Ob es den ganz wenigen, die nicht wieder in das Lager gebracht wurden, gelungen ist, tatsächlich zu entkommen, wissen wir nicht. Mit Sicherheit kann aber behauptet werden, daß von den Juden, die aus der Slowakei nach Auschwitz bzw. Birkenau eingeliefert wurden, bis heute wir die einzigen sind, denen es geglückt ist, sich zu retten.[24]

Wie bereits erwähnt, wurden wir am ersten Tage unserer Ankunft in Auschwitz nach Birkenau gebracht.

Eine Gemeinde mit der Bezeichnung „Birkenau" existiert eigentlich nicht. Auch der Name „Birkenau" ist neu geprägt und von dem in der Nähe liegenden Birkenwald (Brezinky) abgeleitet.[25] Das Gebiet, das heute den Namen „Birkenau" trägt, wurde und wird noch heute von der Bevölkerung „Rajska"[26] genannt. Das heutige Lagerzentrum von Birkenau liegt vom Lager Auschwitz ca. 4 km entfernt. Die beiden großen Postenketten von Auschwitz und Birkenau berühren sich, sie werden voneinander lediglich durch ein Eisenbahngleis getrennt. Von Neu-Berun, das wir unbegreiflicherweise als Post-Stelle für Birkenau angeben mußten, haben wir nie etwas vernommen. Diese Stadt dürfte 30–40 km von Birkenau entfernt sein.[27]

Zur Zeit, als wir in Birkenau ankamen, fanden wir dort lediglich eine enorm große Küche für 15 000 Personen vor, ferner 2 fertiggestellte und ein sich im Bau befindliches Steinhaus. Diese Bauobjekte waren mit einem gewöhnlichen Stacheldrahtzaun umgeben. Die Häuser, welche wir vorfanden, als auch jene, die später erbaut wurden, beherbergen

23 Dennoch sind etliche Fälle belegt, in denen sich die örtliche poln. Bevölkerung für Flüchtige einsetzte.

24 Von den mehr als 800 versuchten Fluchten aus dem Lagerkomplex Auschwitz, davon mindestens 115 von Juden, endeten ca. 144 erfolgreich.

25 Bis 1941 befand sich dort das Dorf Brzezinka, dessen ca. 4000 Einwohner von 1941 an ausgesiedelt wurden.

26 Siehe Dok. 17, Anm. 12.

27 Der Ort Nowy Bieruń (deutsch: Neu Berun) befindet sich ca. 7 km nördlich von Birkenau. Wenn jüdische Häftlinge zensierte Briefe verschicken durften, mussten sie als Absendeort Arbeitslager Birkenau bei Neu Berun bzw. Post Neu Berun, Oberschlesien, angeben.

die Häftlinge. Sie sind alle nach dem gleichen Muster gebaut. Ein jedes Haus ist etwa 30 m lang und 8–10 m breit.[28] Die Wandhöhe dürfte kaum 2 m überschreiten, während der Dachstuhl unverhältnismäßig, ca. 5 m hoch ist. Es erweckt den Eindruck eines Stalles, über welchen ein großer Heuboden gebaut ist. Der Raum ist von innen nicht abgedeckt, sodaß die innere mittlere Raumhöhe sich auf etwa 7 m beläuft. Der Raum wird durch eine Wand, welche durch die Mitte der Länge nach gezogen wurde, in zwei Teile geteilt, wobei diese in der Mitte abgebrochen ist, um die Kommunikation zwischen den beiden Teilen des Hauses zu ermöglichen. Sowohl an beiden Seitenwänden, als auch an beiden Seiten der mittleren Teilungswand sind der ganzen Länge nach je zwei parallele Etagen in einer Höhe vom Fußboden und voneinander ca. 80 x 80 cm eingebaut. Es entstehen hierdurch drei Etagen (Fußboden und zwei Etagen an den Seitenwänden). In einer Kammer werden normalerweise drei Personen untergebracht.[29] Sie sind, wie es sich aus den Maßen ergibt, zu schmal, um ausgestreckt liegen zu können, und kaum hoch genug, um darin aufrecht sitzen zu können. Von Stehen kann gar keine Rede sein. Auf diese Weise werden in einem Haus oder „Block", wie sie benannt werden, 400–500 Personen untergebracht.[30]

Das heutige Lager Birkenau liegt auf einem Territorium von etwa 1600 x 850 m, welches ebenso wie das Lager Auschwitz mit einer sogenannten kleinen Postenkette umgeben ist.[31] Anschließend wird derzeit auf einem Territorium gearbeitet, welches noch größer ist als das bereits bestehende Lager und soll nach Fertigstellung dem bereits bestehenden Lager angeschlossen werden. Der Zweck dieser riesenhaften Vorbereitungen ist uns nicht bekannt.[32]

In einem Umkreis von etwa 2 km ist das Lager Birkenau, ebenso wie das Lager Auschwitz, mit einer großen Postenkette umgeben. Das Bewachungssystem ist das gleiche wie im Lager Auschwitz.

Die Bauobjekte, welche wir bei unserer Ankunft in Birkenau vorfanden, wurden von 12 000 russischen Kriegsgefangenen errichtet, die im Dezember 1941 hingebracht wurden.[33] Sie arbeiteten im strengsten Winter unter solchen unmenschlichen Bedingungen, daß sie bis auf eine ganz kleine Anzahl, u. zwar jene, die in der Küche beschäftigt waren, umgekommen sind. Sie waren von 12 000 numeriert, dies jedoch außerhalb der laufenden, früher beschriebenen Numerierung. Bei der Einlieferung von weiteren russischen Gefangenen erhielten diese in Auschwitz nicht die laufenden Nummern der sonstigen Häftlinge, sondern immer wieder eine Nummer von 1–12 000 an die Stelle eines bereits verstorbenen Russen. Bei dieser Häftlingskategorie kann also aus der oben erteilten Nummer nicht auf die Anzahl der bisher eingelieferten geschlossen werden. Angeblich sollen russische Gefangene von den Gefangenenlagern strafweise nach Auschwitz bzw. Birkenau versetzt werden. Den Rest dieser Russen trafen wir in schrecklich verwahr-

28 Die Baracken in Birkenau waren 36,25 m lang, 11,40 m breit und 5,80 m hoch.

29 Laut Bauplan sollten vier Personen in einem Verschlag untergebracht werden. In Zeiten großer Überfüllung schliefen dort auch sechs oder mehr Häftlinge.

30 In Zeiten von Überfüllung waren dort über 700 Häftlinge untergebracht.

31 1944 betrugen die Maße des Lagers Birkenau mit den Bauabschnitten B I (a–b), B II (a–f) und B III 1600 x 720 m. Angeschlossen waren außerdem das Effektenlager „Kanada" in Abschnitt B II g und das Gelände der vier Krematorien.

32 Es handelt sich um den nicht fertiggestellten Bereich B III „Mexiko". Zum Zeitpunkt ihrer Flucht konnten Wetzler und Vrba von der geplanten Deportation der Juden aus Ungarn nichts wissen.

lostem Zustand an, sie bewohnten die noch nicht fertiggestellte Baustelle, ohne jedweden Schutz vor Kälte und Regen und starben in Massen. Ihre Leichen wurden zu Hunderten und Tausenden ganz oberflächlich in die Erde gekratzt und verbreiteten einen pestartigen Geruch. Später mußten wir diese Leichen ausgraben und der Verbrennung zuführen.[34]

Eine Woche vor unserem Eintreffen in Auschwitz ist dort der erste jüdische Männertransport (die Mädchen wurden separat behandelt und hatten eine mit den Männern parallele Numerierung; die slowakischen Mädchen erhielten die Nummern 1000–8000),[35] 1300 naturalisierte französische Juden aus Paris, eingetroffen.[36] Sie wurden beiläufig mit No. 27 500 beginnend numeriert. Da wir – wie bereits erwähnt – Nummern mit 28 600 beginnend erhielten, ergibt sich, daß zwischen dem französischen und unserem Transport kein Männertransport in Auschwitz eingetroffen ist.[37] Den am Leben gebliebenen Rest dieser französischen Juden, etwa 700 an der Zahl, trafen wir in fürchterlich herabgekommenen Zustande in Birkenau an. Die fehlende Hälfte ist innerhalb der einen Woche gestorben.[38]

In den drei folgenden Blocks waren untergebracht:

I. Die sogenannte Prominencia – Berufsverbrecher und ältere polnische politische Häftlinge, die die Lagerverwaltung innehatten,[39]

II. Rest der französischen Juden, ca. 700 an der Zahl,

III. Slowakische Juden, anfangs 643,[40] nach einigen Tagen kamen auch die in Zwardon Zurückgebliebenen an.

IV. Die noch lebenden Russen hausten in dem noch nicht fertiggestellten Bau und auch im Freien. Ihre Zahl nahm derart rapid ab, daß sie mehr keine nennenswerte Gruppe repräsentierten.[41]

33 Im Okt. 1941 wurden ca. 10 000 sowjet. Kriegsgefangene aus den Stalags VIII E Neuhammer und VIII F Lamsdorf nach Auschwitz gebracht, die in speziell abgetrennten Blöcken im Stammlager untergebracht waren. Außergewöhnlich viele von ihnen starben.

34 Anfangs wurden die Leichen der Kriegsgefangenen im Krematorium I im Stammlager verbrannt. Als dieses die vielen Toten nicht mehr bewältigen konnte, wurden die Leichen in Birkenau in Massengräbern im nördlichen Teil des Lagergeländes vergraben. Im Frühjahr 1943 wurden die Massengräber ausgehoben und die Leichen verbrannt.

35 In diesem Nummernbereich sind auch Frauen anderer Nationalitäten registriert, darunter im April und Mai 1942 als politische Häftlinge eingewiesene Polinnen aus Gefängnissen in Tarnów und Krakau sowie Jüdinnen aus dem Durchgangslager Drancy, die am 24.6.1942 im Lager ankamen.

36 Am 30.3.1942 war in Auschwitz ein Transport mit 1112 Juden aus dem Internierungslager in Compiègne eingetroffen, der vor allem aus in Frankreich internierten ausländischen und staatenlosen Juden bestand; siehe VEJ 5/318.

37 Zwischen der Ankunft des Transports aus Compiègne und der Ankunft des Transports von Alfréd Wetzler aus Sered wurden 258 Nummern an poln. Häftlinge ausgegeben, die Sipo und SD eingewiesen hatten. Vom RSHA organisierte Judentransporte trafen in dieser Zeit nicht ein.

38 Aus dem Stärkebuch des Lagers geht hervor, dass aus dem Transport aus Compiègne zwischen 1.4. und 3.5.1942 603 Personen starben.

39 Es handelt sich um Häftlinge mit niedrigen Nummern, die in den ersten Monaten des Lagerbestehens eingeliefert worden waren.

40 Richtig: 634.

41 So im Original. Aus dem Stärkebuch des Lagers geht hervor, dass sich am 13.4.1945 281 sowjet. Kriegsgefangene im Lager befanden, deren Zahl am 30.4.1942 auf 186 gesunken war.

Die slowakischen Juden arbeiteten zusammen mit dem Rest der russischen Gefangenen am Bau, während die französischen Juden Erdarbeiten verrichten mußten. Nach drei Tagen wurde ich zusammen mit 200 slowakischen Juden zur Arbeit in die deutschen Aufrüstungswerke[42] nach Auschwitz kommandiert. Unsere Wohnstätte blieb weiterhin in Birkenau. Wir gingen zeitlich früh zur Arbeit und kehrten abends zurück. Wir arbeiteten in der Tischlerwerkstätte und bei Straßenbauten. Zu Essen bekamen wir zu Mittag 1 Liter Suppe aus Steckrüben und am Abend 30 dkg. schlechtes Brot. Die Arbeitsbedingungen waren von einer unvorstellbaren Härte, sodaß die meisten von uns, durch das Hungern und durch das ungenießbare Essen abgeschwächt, es nicht aushielten. Die Mortalität war erschreckend. Wir hatten täglich in unserer zweihunderter Gruppe 30–35 Tote. Sehr viele wurden von den Aufsehern, „den Capos", ohne daß sie sich eine Schuld zukommen ließen, während der Arbeit einfach erschlagen. Der Ausfall, welchen diese Gruppe durch das Absterben erlitt, wurde aus dem in Birkenau arbeitenden Teil täglich ergänzt. Sehr schwer und für uns alle gefährlich, war allabendlich die Rückkehr aus der Arbeit. Wir mußten unsere Arbeitsgeräte, Brennholz, schwere Kochkessel und unsere Toten, die während der Arbeit starben oder erschlagen wurden, auf einer Strecke von 5 km nach Hause schleppen. Es musste mit der schweren Last stramm marschiert werden. Wer dem Capo missfiel, wurde grausam geschlagen, wenn nicht erschlagen. Bis der zweite slowakische Männertransport nach etwa 14 Tagen bei uns ankam,[43] blieben von unserem Transporte nur mehr ungefähr 150 am Leben. Allabendlich wurden wir gezählt, die Leichen wurden auf flachen Feldbahnwagen gelegt oder auf ein Lastauto verladen [und] nach dem sich in der Nähe befindlichen Birkenwald (Brezinky) geführt, wo sie in einer einige Meter tiefen und etwa 15 m langen Grube verbrannt wurden.[44]
Am Wege zum Arbeitsplatz begegneten wir täglich einem Kommando (Arbeitsgruppe) von 300 jüdischen Mädchen aus der Slowakei, die in der nahen Umgebung Erdarbeiten verrichteten. Sie waren in alten russischen Uniformfetzen angezogen und trugen Holzschuhe. Die Köpfe hatten sie kahl geschoren, sprechen konnten wir sie leider nicht. Bis Mitte Mai 1942 trafen insgesamt 4 jüdische Männertransporte[45] aus der Slowakei in Birkenau ein, die auf dieselbe Art wie wir behandelt wurden.
Von den Angehörigen des ersten und zweiten Transportes wurden 120 Mann (darunter auch ich) ausgewählt und auf Verlangen der Lagerverwaltung Auschwitz, welche Ärzte, Dentisten, Hochschüler und Berufsbeamte anforderte, derselben zur Verfügung gestellt. Die Gruppe bestand aus 90 slowakischen und 30 französischen Juden. Da ich mir inzwischen in Birkenau eine gute Stelle erkämpft hatte, in dem ich einem Kommando von 50 Personen vorstand, und hierdurch keinen unbedeutenden Vorzug genoß, wollte ich anfangs nicht nach Auschwitz. Doch ließ ich mich überreden und ging. Nach 8 Tagen wurden von den 120 Intelligenzlern 18 Ärzte und Krankenpfleger und 3 weitere Personen

42 Richtig: Ausrüstungswerke.

43 Weitere Transporte aus der Slowakei trafen schon am 17., 19., 23., 24. und 29.4.1942 in Auschwitz ein.

44 Im Frühjahr 1942 wurden die Leichen der Ermordeten lediglich vergraben. Im Sept. 1942 begann man mit Leichenverbrennungen in Birkenau.

45 Im April 1942 wurden sechs Transporte mit jüdischen Männern aus der Slowakei nach Auschwitz gebracht. Bis Mitte Mai 1942 gab es keinen weiteren Männertransport aus der Slowakei.

ausgewählt. Die Ärzte wurden „im Krankenbau" Auschwitz beschäftigt, wir drei wurden nach Birkenau zurückgeschickt. Meine zwei Genossen Ladislav Braun aus Trnava[46] und Gross aus Vrbové (?),[47] die seitdem gestorben sind, kamen zum slowakischen Block, ich zum französischen, wo wir mit der Verrichtung der Evidenzarbeiten und der sogenannten „Krankenpflege" betraut wurden. Die restlichen 99 Personen wurden in die Kiesgrube zur Arbeit geschickt, wo sie alle nach kurzer Zeit umgekommen sind.

Kurz darauf wurde in einem Objekt ein sogenannter „Krankenbau" errichtet. Es war der berüchtigte „Block 7". Ich wurde dort zuerst als „Hauptpfleger", später als Verwalter angestellt.[48] Chef dieses Krankenhauses war der Pole Viktor Mordarki,[49] Häftlingsnummer 3550. Der Krankenbau war nichts anderes als eine Sammelstelle von Todeskandidaten. Hierher wurden alle arbeitsunfähigen Häftlinge eingeliefert. Von einer ärztlichen Behandlung oder Pflege konnte gar keine Rede sein. Täglich hatten wir ca. 150 Tote zu verzeichnen. Die Leichen wurden täglich in das Krematorium nach Auschwitz geführt. Gleichzeitig begannen auch die sogenannten „Selektionen". Zweimal wöchentlich, Montag und Donnerstag, bestimmte der Standortarzt (Lagerarzt) die Zahl jener Häftlinge, die durch Vergasung getötet und dann verbrannt werden sollen. Die Selektierten wurden in Lastautos verladen und in den Birkenwald geführt. Jene, die dort noch lebend ankamen, wurden in einer bei der Verbrennungsgrube zu diesem Zweck errichteten großen Baracke[50] vergast und dann in die Grube geworfen und verbrannt. Der wöchentliche Ausfall in Block 7 war um die 2000, hiervon etwa 1200, die „natürlichen Todes", und etwa 800, die durch Selektionen starben. Über die Nichtselektierten wurden Totenmeldungen ausgestellt und diese dem Lageroberkommando nach Oranienburg eingesandt.[51] Über die Selektierten wurde ein Buch mit der Bezeichnung „SB" (Sonderbehandelt) geführt. Bis zum 15. Jänner 1943, bis zu welcher Zeit ich im Block 7 die Verwalterstelle innehatte und daher die Möglichkeit besaß, die Geschehnisse unmittelbar zu beobachten, sind in diesem natürlichen Todes oder durch Selektionen ca. 30 000 Häftlinge umgekommen.

Da die Häftlinge – wie bereits beschrieben – fortlaufend numeriert wurden, sind wir in der Lage, die Reihenfolge und das Los der einzelnen eingelieferten Transporte mit einer ziemlichen Genauigkeit zu rekonstruieren.

Der erste jüdische Transport, welcher nach Auschwitz bzw. Birkenau eingeliefert wurde, war – wie bereits erwähnt – der Transport der 1320 naturalisierten französischen Juden mit Häftlingsnummern:

46 Ladislav Braun (1909–1942); am 13.4.1942 aus Sered nach Auschwitz deportiert, starb am 12.6.1942.

47 So im Original. Vojtech Gross (1887–1942), Kaufmann; geboren in Hrnciarovce, am 13.4.1942 aus Sered nach Auschwitz deportiert, starb am 25.5.1942.

48 Wetzler war Schreiber im Block 7.

49 Richtig: Wiktor Modarski (*1910); seit Aug. 1940 als poln. politischer Häftling in Auschwitz, im Jan. 1945 nach Mauthausen überstellt und dort befreit.

50 Bis zur Errichtung der neuen Krematorien in Birkenau wurden Kranke in einem umgebauten Bauernhaus (Bunker II) durch Gas ermordet; es wurde keine Baracke speziell zu diesem Zweck errichtet.

51 Gemeint ist die für die Konzentrationslager zuständige Amtsgruppe D des WVHA in Oranienburg.

Ca. 27 400–28 600[52]	
" 28 600–29 600	im April 1942 der erste Transport mit slowakischen Juden (unser Transport)
" 29 600–29 700	100 Männer (Arier) aus diversen Konzentrationslagern
" 29 700–32 700	3 komplette Transporte mit slowakischen Juden
" 32 700–33 100	400 Berufsverbrecher (Arier) aus Warschauer Gefängnissen
" 33 100–35 000	2000 Krakauer Juden
" 35 000–36 000	1000 Polen (Arier) politische Häftlinge
" 36 000–37 300	im Mai 1942 1330[53] slowakische Juden aus Lublin-Majdanek
" 37 300–37 900	600 Polen (Arier) aus Radom, darunter einige Juden
" 37 900–38 000	100 Polen aus dem Konzentrationslager Dachau
" 38 000–38 400	400 französische naturalisierte Juden. Diese Juden kamen mit ihren Familienangehörigen an. Der ganze Transport zählte etwa 1600 Seelen, hiervon wurden ca. 400 Männer und ca. 200 Mädchen durch die beschriebene Prozedur dem Lager zugeführt, während die übrigen 1000 Personen (Frauen, Alte, Kinder und auch Männer) ohne jedwede Evidenz oder Behandlung direkt vom Abstellgeleise nach dem Birkenwald geführt und dort vergast und verbrannt wurden. Von diesem Zeitpunkte an wurden alle jüdischen Transporte ähnlich behandelt. Ungefähr 10 % der Transportteilnehmer an Männern und 5 % an Frauen wurden dem Lager zugeführt, während die übrigen unmittelbar vergast wurden. Mit polnischen Juden wurde auch schon früher auf diese Weise verfahren. Unaufhörlich brachten Lastautos während langer Monate hindurch Tausende von Juden aus den verschiedensten Ghetti direkt zur Grube in den Birkenwald.
" 38 400–39 200	800 naturalisierte französische Juden. Rest des Transportes – wie oben beschrieben – vergast.
" 39 200–40 000	800 Polen (Arier) politische Häftlinge.
" 40 000–40 150	150 slowakische Juden. Familientransporte. Außer weiteren 50 Mädchen, die dem Frauenlager zugeführt wurden, wurden alle übrigen im Birkenwald vergast. Unter den 150 Männern, die in das Lager kamen, befand sich u. a. Zucker aus der Ostslowakei (Vorname unbekannt) und Sonnenschein Viliam aus der Ostslowakei.
" 40 150–43 800	ca. 4000 französische naturalisierte Juden, durchweg Intelligenzler. Aus diesen Transporten wurden gleichzeitig etwa 1000 Frauen dem Frauenlager zugeführt, die restlichen ca. 3000 Personen wurden in Birkenwald vergast.

52 Die folgenden Angaben von Nummern und Transporten enthalten Fehler im Detail, sind aber angesichts der Umstände ihrer Übermittlung erstaunlich korrekt. Zur Überprüfung der Transportdaten und Nummern siehe Czech, Kalendarium (wie Dok. 47, Anm. 1).

53 So im Original. Die Zahlen stimmen mit den Nummernangaben nicht überein.

Ca. 43 800–44 200 — 400 slowakische Juden aus Lublin, darunter Matej Klein und No. 43.820 Meiloch Laufer aus der Ostslowakei. Dieser Transport kam am 30. Juni an.

" 44 200–45 000 — 200[54] slowakische Juden. Der Transport bestand aus 1000 Personen. Eine Anzahl von Frauen wurde dem Frauenlager zugeführt, der Rest im Birkenwald vergast. Unter denen, die den Lagern zugeführt wurden, befanden sich: Jozef Zelmanovic, Snina – Adolf Kahan, Bratislava – Walter Reichmann, Sucany – Ester Kahan, Bratislava – Mit der letzteren habe ich am 1.IV.1944 Gelegenheit gehabt zu sprechen. Sie ist Blockälteste im Frauenlager.

" 45 000–47 000 — 200[55] Franzosen (Arier), Kommunisten und andere politische Häftlinge, darunter der Bruder von Thorez und der junge Bruder von Léon Blum.[56] Letzterer wurde furchtbar gemartert, dann vergast und verbrannt.

" 47 000–47 500 — 500 Juden aus Holland, vorwiegend deutsche Emigranten. Der Rest des Transportes, etwa 2500 Personen im Birkenwald vergast.

" 47 500–47 800 — Einige sogenannte Schutzrussen.

" 48 300–48 620 — 320 Juden aus der Slowakei. Etwa 70 Mädel wurden in das Frauenlager gebracht, der Rest von ca. 650 Personen im Birkenwald vergast. In diesem Transport befanden sich 80 Personen, welche seitens der ungarischen Polizei nach Sered überstellt wurden. Mit diesem Transport kamen u. a. Dr. Zoltan Mandel, Presov (inzwischen gestorben), Holz (Vorname unbekannt), Fleischhauer aus Piestany, wurde später nach Warschau geschickt. Miklos Engel, Zilina, Chaim Katz, Snina, arbeitet dzt. in der „Leichenhalle", Frau und 6 Kinder wurden vergast.

" 49 000–64 800 — 15 000 naturalisierte französische und belgische, weitere holländische Juden. Die obige Zahl dürfte kaum 10 % der Transportteilnehmer ausmachen. Dies war in der Zeit vom 1. Juli 1942 bis 15. September 1942. Große Familientransporte kamen aus allen Ländern, die direkt nach dem Birkenwald geführt wurden. Das Sonderkommando, welches bei der Vergasung beschäftigt wurde, arbeitete in Tag- und Nachtschichten. Zu Hunderttausenden wurden in dieser Zeit Juden vergast.

" 64 800–65 000 — 200 slowakische Juden. Aus diesem Transport wurden etwa 100 Frauen dem Frauenlager zugeführt, der Rest nach dem Birkenwald. Unter den Eingebrachten befanden sich: Ludwig Katz,

54 So im Original. Die Zahlen stimmen mit den Nummernangaben nicht überein.

55 So im Original. Die Zahlen stimmen mit den Nummernangaben nicht überein.

56 René Blum (1878–1942), Künstler; am 23.9.1942 von Drancy nach Auschwitz deportiert und kurze Zeit später ermordet, Bruder des früheren franz. Premierministers Léon Blum (1872–1950), der von Mai 1943 bis April 1945 Häftling im KZ Buchenwald war.

	Zilina – Avri Burger, Bratislava – Poprad (Frau gestorben) – Mikulas Steiner, Povazska Bystrica, Juray Fried, Trencin – ?[57] Buchwald – Josef Rosenwasser, Ostslowakei – Julius Neumann, Bardejov – Sandor Wertheimer, Vrbové – Misi Wertheimer, Vrbové – Bela Blau, Zilina –
Ca. 65 000–68 000	naturalisierte französische und belgische, weitere holländische Juden. Aus den angekommenen Transporten wurden ca. 1000 Frauen dem Frauenlager zugeführt und zumindest 30 000[58] Personen vergast.
" 68 000–70 500	2500 deutsche Juden aus dem Konzentrationslager Sachsenhausen.
" 71 500–80 000	naturalisierte französische, belgische und holländische Juden. Die in das Lager eingebrachte Zahl ist kaum 10 % der Gesamtzahl der Transporte. Bei vorsichtiger Schätzung kann man annehmen, daß 65–70 000 Personen vergast wurden.

Am 17. Dezember 1942 wurden 200 jüdische Jungen aus der Slowakei, die als sogenanntes Sonderkommando bei der Vergasung und der Verbrennung der Leichen gearbeitet haben, in Birkenau hingerichtet. Die Hinrichtung erfolgte wegen vorbereiteter Meuterei und Fluchtversuch, welches Vorhaben frühzeitig durch einen Juden verraten wurde. Das Kommando wurde durch 200 polnische Juden, die soeben mit einem Transport aus Maków eintrafen, abgelöst. Unter den Hingerichteten befanden sich: Alexander Weiss, Trnava – Fero Wagner, Trnava – Scheiner Oskar, Trnava – Wetzler Dezider, Trnava – Aladar Spitzer, Trnava, Vojtech Weiss, Trnava.
Durch den hierdurch eingetretenen Wechsel beim Sonderkommando haben wir den direkten Kontakt mit dieser „Arbeitsstelle" verloren, was sich insbesondere auf unsere Versorgung sehr schlecht auswirkte. Die Transporte, welche nach dem Birkenwald gebracht wurden, – wenn sie auch ihr Gepäck in Auschwitz zurücklassen mußten – brachten ganz beträchtliche Summen Geldes in Valuten, vorwiegend Papier- und Golddollars, eine Unmenge von Gold und Edelsteinen, ferner auch Lebensmittel mit sich. Obwohl die Wertsachen selbstverständlich abzuführen waren, konnte es doch nicht vermieden werden, daß nicht einige Wertgegenstände (hauptsächlich Golddollars) bei der Durchsuchung der zurückgelassenen Kleider der Vergasten in die Taschen unserer Burschen verschwinden sollen. Sie brachten auf diese Art beträchtliche Mittel in das Lager, außerdem auch Lebensmittel. Man konnte wohl für Geld im Lager offiziell nichts kaufen, man konnte jedoch mit den SS-Leuten und sonstigen Zivilarbeitern, die bei verschiedenen Facharbeiten im Lagergebiet verwendet wurden und Gelegenheit hatten, etwas Lebensmittel und Zigaretten mitzubringen, Geschäfte machen. Die Preise waren selbstverständlich, an den Umständen gemessen, ganz abnormal. Für einige hundert Zigaretten wurde eine 20 Dollar Goldmünze gezahlt. Auch der Tauschhandel florierte. Die Teuerung spielte aber bei uns keine Rolle, Geld hatten wir soviel, wieviel wir nur wollten. Auch Kleidungsstücke erhielten wir durch das Sonderkommando. Wir konnten unsere Fetzen durch die guten Kleider der zur Vergasung Gelangten austauschen. Der

57 So im Original.
58 Zahl ist überhöht.

Rock, den ich noch heute anhabe, gehörte einem holländischen Juden (im Inneren desselben ist tatsächlich das Firmenzeichen eines Amsterdamer Schneiders angebracht).
Die Leute des Sonderkommandos wohnten abgesondert. Man hatte mit ihnen auch schon wegen des fürchterlichen Geruchs, der von ihnen ausging, wenig Verkehr. Sie waren immer dreckig, ganz verwahrlost, waren ganz verwildert und ungemein brutal und rücksichtslos. Es war nicht selten – es galt übrigens auch bei den anderen Häftlingen als Sensation –, daß der eine den anderen einfach erschlug. Das Erschlagen eines Häftlings ist kein Delikt. Es wird einfach registriert, daß Nummer soundso viel gestorben ist. Auf welche Art jemand ins Jenseits befördert wird, ist ganz nebensächlich. Einmal habe ich zugesehen, wie ein junger polnischer Jude namens Jossel einem SS-Mann gegenüber das „fachgemäße Morden" an einem Juden demonstrierte, indem er den Juden mit der Hand, ohne irgendeine Waffe zu benützen, ermordete.
Mit Nummer ca. 80 000 begann die systematische Vernichtung der polnischen Ghetti.

Ca. 80 000–85 000	ca. 5000 Juden aus diversen polnischen Ghettos, darunter aus Mljawa,[59] Makow, Zichenow,[60] Lomza, Grodno, Bialostok.[61] 30 Tage hindurch rollten diese Transporte unaufhörlich. Nur 5000 von ihnen wurden dem Lager zugeführt, alle anderen sofort vergast. Das Sonderkommando arbeitete in zwei Schichten 24 Stunden täglich. Sie konnten mit der Vergasung und Verbrennung kaum nachkommen. Ohne Übertreibung kann man annehmen, daß die aus diesen Transporten zur Vergasung Gelangten mit 80 000–90 000 zu beziffern sind. Diese Transporte brachten ganz besonders viel Geld, Valuten und Edelsteine mit sich.[62]
" 85 000–92 000	6000 Juden aus Grodno, Bialostok und Krakau und 1000 arische Polen. Der weit größere Teil der jüdischen Transporte wurde direkt vergast. Täglich wurden ca. 4000 Juden in die Gaskammern getrieben. Mitte Jänner 1943 kamen 3 Transporte zu je 2000 Personen aus Theresienstadt. Sie trugen die Bezeichnung „CU", „CR" und „R". (Die Bedeutung dieser Zeichen ist uns unbekannt. Diese Bezeichnungen waren an den Gepäckstücken angebracht.)[63] Aus diesen 6000 Personen wurden nur ca. 600 Männer und 300 Frauen den Lagern zugeführt, die übrigen wie gewöhnlich vergast.
" 99 000–100 000	Ende Jänner 1943 kamen große Transporte mit französischen und holländischen Juden. Nur ein Bruchteil von ihnen kam in das Lager.
" 100 000–102 000	im Februar 1943 2000 arische Polen, vorwiegend Intelligenz.

59 Richtig: Mława.
60 Richtig: Zichenau.
61 Richtig: Białystok.
62 Zwischen Nov. 1942 und Febr. 1943 wurden rund 70 000 Juden aus den Gettos des Regierungsbezirks Zichenau und des Bezirks Bialystok nach Auschwitz deportiert.
63 Ende Jan./Anfang Febr. 1943 wurden in fünf Transporten rund 7000 Juden aus Theresienstadt nach Auschwitz deportiert. Die Transporte waren mit den Buchstaben Cq–Cu gekennzeichnet. 981 Männer und 475 Frauen wurden im Lager registriert, die Übrigen in der Gaskammer ermordet.

Ca. 102 000–103 000	7000 Tschechen-Arier. Später wurden die noch am Leben Gebliebenen dieses Transportes nach Buchenwald geschickt.
" 103 000–108 000	3000 französische und holländische Juden und 2000 Polen (Arier). Im Monat Februar 1943 kamen durchschnittlich 2 Transporte mit polnischen, französischen und holländischen Juden, die zum größten Teil – ohne daß man auch nur einen Bruchteil in das Lager gebracht hätte – vergast wurden. Die Zahl der in diesem Monat zur Vergasung Gelangten kann mit ca. 90 000 beziffert werden.

Ende Februar 1943 wurde das neu gebaute moderne Krematorium und Vergasungsanstalt in Birkenau eröffnet.[64] Die Vergasungen und Verbrennungen der Leichen wurden im Birkenwald aufgelassen, und fortab wurden diese Prozeduren in den 4 neuen, zu diesem Zwecke gebauten Krematorien durchgeführt. Die große Grube wurde aufgeschüttet, das Terrain planiert, die Asche wurde schon auch vorher als Dünger in der Lagerlandwirtschaft Harmense verwendet, so daß man heute kaum eine Spur des fürchterlichen Massenmordens, das hier stattgefunden hat, entdecken kann.

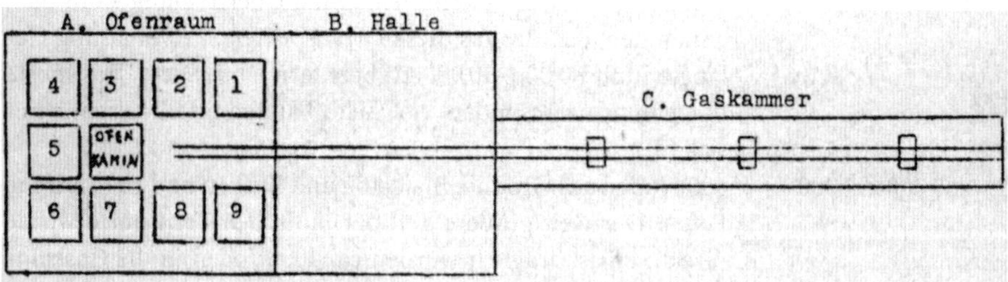

Ungefährer Grundriss der Krematorien I.und II. in Birkenau.

Derzeit sind in Birkenau 4 Krematorien in Betrieb. Zwei größere I. und II. und zwei kleinere III. und IV. Die Krematorien der Type I. und II. bestehen aus drei Teilen. A. der Ofenraum, B. die große Halle, C. die Vergasungskammer. Aus der Mitte des Ofenraumes ragt ein riesiger Kamin in die Höhe. Ringsum sind 9 Öfen mit je 4 Öffnungen. Eine jede Öffnung faßt 3 normale Leichen auf einmal, welche innerhalb 1 ½ Stunden vollkommen verbrennen.[65] Dies entspricht einer täglichen Kapazität von etwa 2000 Leichen. Daneben ist die große Vorbereitungshalle, die so ausgestattet ist, daß sie den Anschein erweckt, als ob man in einer Halle einer Badeanstalt wäre. Sie faßt 2000 Personen und [es] soll sich angeblich noch darunter eine ebenso große Wartehalle befinden. Von hier

64 Zu den Inbetriebnahmen der Krematorien siehe Dok. 75 vom 28.6.1943.
65 Der Zeitraum betrug 20 bis 30 Minuten; siehe Dok. 62 vom März 1943.

geht eine Tür und einige Treppen führen hinunter in die etwas tiefer gelegene schmale und sehr lange Vergasungskammer. Die Wände dieser Kammer sind durch blinde Duschanlagen maskiert, sodaß es einen riesigen Waschraum vortäuscht. Am flachen Dach sind 3 durch Klappen von außen hermetisch verschließbare Fenster. Von der Gaskammer führt durch die Halle ein Gleispaar zum Ofenraum. Die Vergasung wird nun so vorgenommen, daß die Unglücklichen in die Halle B gebracht werden, wo ihnen gesagt wird, daß sie in das Bad geführt werden. Dort müssen sie sich auskleiden, und um sie in der Meinung, wonach sie tatsächlich zum Baden geführt werden, zu bekräftigen, erhält ein jeder von zwei in weißen Mänteln gekleideten Männern ein Handtuch und ein Stückchen Seife. Hierauf werden sie in die Gaskammer C gedrängt. 2000 Personen füllen diese Kammer derart, daß ein jeder nur aufrecht stehen kann. Um diese Mengen in die Kammer einpferchen zu können, werden öfters Schüsse abgegeben, um die sich bereits in der Kammer Befindlichen dazu zu veranlassen, daß sie sich zusammendrängen. Wenn schon alles in der Kammer ist, wird die schwere Türe geschlossen. Eine kleine Zeit wird dann zugewartet, vermutlich darum, damit die Temperatur in der Kammer auf eine gewisse Höhe steigen soll, dann steigen SS-Männer mit Gasmasken auf das Dach, öffnen die Fensterklappen und schütten aus Blechdosen ein Präparat in Staubform in die Kammer. Die Dosen tragen die Aufschrift „Cyklon" zur Schädlingsbekämpfung und werden in einer Hamburger Fabrik erzeugt.[66] Es ist anzunehmen, daß es sich um ein Cyanpräparat handelt, welches sich bei einer gewissen Temperatur vergast. Nach 3 Minuten ist in der Kammer alles tot. Es ist bisher noch niemand angetroffen worden, der bei Öffnung der Kammer ein Lebenszeichen gegeben hätte, was bei dem primitiven Verfahren im Birkenwalde keine Seltenheit war. Die Kammer wird dann geöffnet, gelüftet und das Sonderkommando führt die Leichen auf flachen Feldbahnwagen zum Ofenraum, wo die Verbrennung stattfindet. Die beiden anderen Krematorien III. und IV. sind im Großen und Ganzen auf ähnlicher Grundlage errichtet. Ihre Kapazität ist aber nur halb so groß. Die Gesamtkapazität der 4 Krematorien in Birkenau ist somit 6000 Vergasungen und Kremationen täglich.

Zur Vergasung gelangen grundsätzlich nur Juden, Arier nur in seltenen Ausnahmefällen. Diese werden gewöhnlich durch Erschießen „sonderbehandelt". Vor der Inbetriebnahme der Krematorien geschah dies im Birkenwalde, wo die Leichen nachher in der Grube verbrannt wurden, später in der großen Halle des Krematoriums, welche zu diesem Zwecke eine besondere Einrichtung hatte.

Zu der Einweihung des ersten Krematoriums Anfang März 1943, welche durch die Vergasung und Verbrennung von 8000 Krakauer Juden begangen wurde, kamen prominente Gäste aus Berlin, hohe Offiziere und Zivile. Sie waren mit der Leistung sehr zufrieden und haben fleißig das Guckloch, welches an die Türe zur Gaskammer angebracht ist, benützt. Sie sprachen sich sehr lobend über das neu errichtete Werk aus.[67]

66 Die Hamburger Firma Tesch & Stabenow lieferte das Zyklon B an Auschwitz. Produziert wurde es in Dessau.

67 Siehe dazu auch Dok. 62 vom März 1943.

Ca. 109 000–119 000	Anfang März 1943 kamen 45 000 Juden aus Saloniki. 10 000 von ihnen kamen in das Lager, außerdem ein kleiner Teil von Frauen, der Rest weit über 30 000 in das Krematorium.[68] Fast alle 10 000 aus diesen Transporten starben kurz darauf entweder durch eine malariaähnliche Krankheit, die unter ihnen gewütet hat und scheinbar ansteckend war, ferner Flecktyphus oder zufolge der allgemein im Lager herrschenden Bedingungen, die sie nicht ertragen konnten.

Da die Malaria unter den griechischen Juden und der Flecktyphus überhaupt die Mortalitätsziffer der Häftlinge sehr in die Höhe schießen ließ, wurden die „Selektionen" zeitweilig eingestellt. Die kranken griechischen Juden wurden aufgefordert, sich zu melden. Trotz der unsererseits erfolgten Mahnungen haben sich von ihnen tatsächlich viele gemeldet. Sie wurden alle durch intercordiale Fenolinjektionen getötet. Diese Injektionen wurden von einem Sanitätsdienst-Gefreiten, wobei ihm tschechische Häftlingsärzte assistierten mußten, verabreicht. Die Ärzte waren Dr. Honsa Cespira,[69] Prag, dzt. Kzt. Buchenwald, und Dr. Zdenek Stich,[70] Prag, dzt. Kz. Buchenwald, die ihr Möglichstes getan haben, um den Opfern zu helfen.
Der noch am Leben gebliebene Rest der 10 000 griechischen Juden, nahezu 1000 Männer, wurden mit weiteren anderen 500 Juden zusammen zu Fortifikationsarbeiten nach Warschau geschickt. Einige Wochen später kamen einige Hundert von ihnen in hoffnungslosem Zustand zurück und wurden sofort vergast. Der andere Teil ist vermutlich dort umgekommen. 400 malariakranke griechische Juden wurden nach Einstellung der Fenolbehandlung angeblich zur „weiteren Behandlung" nach Lublin geschickt. Sie sollen dort tatsächlich angekommen sein. Über ihr weiteres Schicksal ist uns aber nichts bekannt. Soviel steht allerdings fest, daß sich heute kein einziger griechischer Jude von diesen 10 000 im Lager befindet.[71]
Gleichzeitig mit der Einstellung der Selektionen wurde das Ermorden der Häftlinge verboten. Berüchtigte Mörder, wie der reichsdeutsche Berufsverbrecher Alexander Neumann, Zimmer, Albert Hämmerle,[72] Rudi Osteringer,[73] Rudi Berchert,[74] polit. Häftling Alfred Kein, Alois Stahler[75] wurden wegen häufig begangenen Mordes bestraft

68 Von März bis Aug. 1943 wurden mindestens 48 500 griech. Juden, hauptsächlich aus Thessaloniki, nach Auschwitz deportiert; siehe Einleitung, S. 29.
69 Dr. Jan Češpiva (*1911), Arzt aus Prag; im April 1942 wegen Widerstandstätigkeit von der Gestapo Prag verhaftet und im Jan. 1943 aus Prag nach Auschwitz gebracht, am 20.8.1943 nach Buchenwald überstellt, später Häftlingsarzt im KZ Mittelbau-Dora.
70 Dr. Zdenek Stich (*1911), Arzt aus Prag; im April 1942 wegen Widerstandstätigkeit von der Gestapo Prag verhaftet und im Jan. 1943 aus Prag nach Auschwitz gebracht, am 20.8.1943 nach Buchenwald und im Nov. 1943 nach Mauthausen überstellt, dort als Häftlingsarzt tätig.
71 Trotz der hohen Sterblichkeit lebten im Jahr 1944 noch griech. Juden im Lager.
72 Albert Hämmerle (*1912), Bauarbeiter; wurde im Mai 1941 von Dachau nach Auschwitz überstellt.
73 Richtig: Rudolf Ofteringer (*1903), Kellner; im Mai 1941 von Dachau nach Auschwitz überstellt, im Jan. 1945 nach Mauthausen und dort befreit.
74 Rudolf Berchert (*1906); von 1940 an Häftling in verschiedenen Konzentrationslagern, zunächst in Papenburg.
75 Richtig: Alois Staller (*1906), 1938 aus dem Zuchthaus in das KZ Sachsenhausen überstellt, im Aug. 1940 nach Auschwitz, im Jan. 1945 nach Flossenbürg, dort entlassen.

und mußten eine schriftliche Erklärung darüber abgeben, daß sie eine Anzahl von Häftlingen ermordet haben.[76]
Anfang des Jahres 1943 erhielt die politische Abteilung in Auschwitz 500 000 Entlassungsformulare. Wir nahmen nun mit Freude an, daß wenigstens einige Entlassungen vorgenommen werden. Sie wurden aber mit den Daten der zur Vergasung Gelangten ausgefüllt und im Archiv hinterlegt.[77]

Ca. 119 000–120 000	1000 Polen (Arier) aus dem Zuchthaus Pawiak-Warschau
" 120 000–123 000	3000 griechische Juden, welche teilweise dann als Ersatz für ihre verstorbenen Landesleute nach Warschau gesandt wurden. Der Rest ist rasch ausgestorben.
" 123 000–124 000	1000 Polen (Arier) aus Radom und Tarnow
" 124 000–126 000	2000 Personen aus gemischten arischen Transporten.

Inzwischen kamen pausenlos [sowohl] Transporte polnischer als auch einiger französischer und belgischer Juden, die restlos, ohne daß auch nur ein Teil in das Lager gebracht worden wäre, vergast wurden. Darunter auch ein Transport von 1000 polnischen Juden aus Majdanek, unter welchen sich auch 3 Slowaken befanden. Der eine unter ihnen, ein gewisser Spira aus Stropkov oder Vranov.
Ende Juli 1943 hat die Flut der Transporte plötzlich aufgehört. Es ist eine kleine Pause eingetreten. Die Krematorien wurden gründlich gereinigt, die Einrichtungen repariert und für den weiteren Betrieb vorbereitet. Am 3. August begann die Mordmaschine wieder zu laufen.[78] Es kam der erste Transport der Juden aus Benzburg und Sosnowitz und weitere folgten während des ganzen Monats August.

Ca. 132 000–136 000	Nur 4000 Männer und eine kleine Anzahl von Frauen wurden in das Lager gebracht. Weit über 35 000 wurden vergast. Von den 4000 in das Lager gebrachten Männern sind zufolge Schikanierungen, Hunger und zugezogenen Krankheiten als auch direkten Mordes viele schon in der sogenannten Quarantäne gestorben. Die Hauptschuld trägt hierfür der reichsdeutsche Verbrecher Tyn aus dem Konzentrationslager Sachsenhausen und der polnische politische Häftling Nr. 8516 Mieczislav Katerzinski[79] aus Warschau. Die Selektionen wurden wieder eingeführt u, zw. in erschrekkend hohem Maße, insbesondere im Frauenlager. Der Lagerarzt, ein SS-Hauptsturmführer, der Sohn oder Neffe des Berliner Polizeipräsidenten[80] (der Name ist uns entfallen), hat sich

76 Dokumente über Bestrafungen und schriftliche Schuldeingeständnisse von Funktionshäftlingen sind nicht erhalten. Zum Dienstantritt von Arthur Liebehenschel als Kommandant im Nov. 1943 wurde angeordnet, den Terror im Lager zu mildern. Damals mussten sich alle SS-Männer schriftlich verpflichten, keine Häftlinge zu misshandeln oder zu töten.

77 Nicht erhalten.

78 Schon am 1.8.1943 begann die Auflösung der Gettos in Będzin und Sosnowiec; bis zum 12.8.1943 waren 32 000 Juden aus dieser Region nach Auschwitz deportiert worden.

79 Richtig: Mieczysław Katarzyński.

80 Berliner Polizeipräsident war von Juli 1935 bis Juli 1944 Wolf-Heinrich Graf von Helldorff. Der erwähnte Lagerarzt konnte nicht identifiziert werden.

	hierbei durch seine Brutalität ausgezeichnet. Das System der Selektion wurde von nun an unaufhörlich bis zu unserer Flucht fortgesetzt.
Ca. 137 000–138 000	Ende August kamen 1000 Polen aus dem Zuchthaus Pawiak und 80 Juden aus Griechenland.
" 138 000–141 000	3000 Männer aus diversen arischen Transporten.
" 142 000–145 000	Anfang September 1943. 3000 Juden aus polnischen Arbeitslagern und russische Kriegsgefangene.
" 148 000–152 000	In der Woche nach dem 7. September 1943 trafen Familientransporte mit Juden aus Theresienstadt ein. Es war für uns ganz unverständlich, daß diese Transporte eine noch nie dagewesene Ausnahmestellung genossen. Die Familien wurden nicht getrennt,[81] kein einziger von ihnen kam zur sonst selbstverständlichen Vergasung. Ja sie wurden gar nicht geschoren und wurden so wie sie gekommen sind, Männer, Frauen und Kinder zusammen, in einem abgeteilten Lagerabschnitt untergebracht und durften sogar ihr Gepäck behalten.[82] Die Männer mußten nicht zur Arbeit,[83] für die Kinder wurde sogar eine Schule unter der Leitung von Fredy Hirsch[84] (Makabi, Prag) gestattet und hatten sogar freie Schreibbewilligung.[85] Sie wurden lediglich durch ihren „Lagerältesten“, einen reichsdeutschen Berufsverbrecher namens Arno Böhm,[86] Häftlingsnummer 8, einem der größten Banditen im Lager, in unerhörter Weise schikaniert. Unsere Verwunderung ist noch gestiegen, als wir nach einiger Zeit das offizielle Verzeichnis dieser Transporte zu sehen bekamen, dessen Aufschrift lautete: „SB – Transport tschechischer Juden mit 6 monatlicher Quarantäne“. Wir wußten sehr gut, was „SB“ (Sonderbehandlung) bedeutet, konnten uns aber die Behandlungsweise und überaus lange Quarantänezeit von 6 Monaten nicht erklären, zumal die höchste Quarantäne-Frist nach unseren bescheidenen Erfahrungen

81 Männer und Frauen waren in unterschiedlichen Blocks untergebracht.

82 Ehemalige Häftlinge des Theresienstädter Familienlagers berichteten, dass ihnen das Gepäck bereits an der Rampe abgenommen wurde.

83 Die Häftlinge waren beim Bau von Straßen, Entwässerungsanlagen und im Lagerausbau eingesetzt. Die Frauen arbeiteten in einer Weberei der DAW, die im Familienlager untergebracht war.

84 Alfred Hirsch (1916–1944); geboren in Aachen, leitete von 1933 an den Jüdischen Pfadfinderbund Deutschland, 1935 Exil in der Tschechoslowakei, 1941 nach Theresienstadt deportiert, engagierte sich für die Kinder- und Jugendfürsorge in Theresienstadt, am 6.9.1943 nach Auschwitz-Birkenau überstellt, dort Blockältester im Kinderblock 31, am 8.3.1944 tot aufgefunden.

85 Die Post aus dem Familienlager war reglementiert.

86 Arno Böhm (1913–1962), Zweiradhändler; seit März 1940 als Berufsverbrecher kategorisierter Häftling in Sachsenhausen, im Mai 1940 im ersten Transport deutscher Häftlinge nach Auschwitz überstellt, erster Lagerältester im Theresienstädter Familienlager, im März 1944 in die SS aufgenommen und an die Front geschickt; nach Kriegsende in sowjet. Gefangenschaft, 1950 entlassen, lebte danach in Frankfurt a. M.

3 Wochen nie überschritten hat. Wir wurden stutzig. Je mehr sich aber die 6-monatliche Quarantäne-Frist ihrem Ende näherte, um so mehr gewannen wir die Überzeugung, daß auch das Los dieser Juden in der Gaskammer enden wird. Wir suchten Gelegenheit, mit den Leitern dieser Gruppe in Verbindung zu kommen. Wir haben es ihnen klargelegt, wie es um sie steht und was sie zu erwarten haben. Einige von ihnen, insbesondere Fredy Hirsch, der augenscheinlich das Vertrauen seiner Lagergenossen hatte, haben uns mitgeteilt, daß sie für den Fall, daß sich unsere Befürchtungen bewahrheiten sollten, einen Widerstand organisieren werden. Die Leute des „Sonderkommandos" sagten uns zu, daß im Falle sich die tschechischen Juden zur Wehr setzen werden, sie sich ihnen auch anschließen werden. Einige glaubten, auf diese Art eine Generalrevolte im Lager inszenieren zu können. Am 6. März 1944 erfuhren wir, daß die Krematorien zur Aufnahme der tschechischen Juden vorbereitet werden. Ich eilte zu Fredy Hirsch, um ihm dies mitzuteilen und bat ihn eindringlich zu handeln, da sie ja nichts mehr zu verlieren hätten. Er antwortete mir, er wisse, was seine Pflicht sei. Vor Abend schlich ich wieder zum tschechischen Lager, da erfuhr ich, daß Fredy Hirsch im Sterben liegt. Er hat sich mit Luminal vergiftet. Am nächsten Tag, am 7. März 1944, wurde er im bewußtlosen Zustand mit seinen 3791 Gefährten, die am 7.IX.1943 nach Birkenau kamen, mit Lastautos zu den Krematorien gebracht und vergast.[87] Die Jugend fuhr singend in den Tod. Es hat zu unserer größten Enttäuschung keinen Widerstand gegeben. Die Männer des Sonderkommandos, die entschlossen waren, mitzutun, haben vergeblich gewartet. Etwa 500 ältere Personen starben noch während der Quarantänezeit.[88] Nur 11 Zwillingspaare wurden von diesen Juden am Leben gelassen.[89] An diesen Kindern werden in Auschwitz verschiedene medizinische Versuche durchgeführt. Als wir Birkenau verließen, waren diese noch am Leben. Unter den Vergasten befand sich u. a. aus der Slowakei stammend auch Rozsi Fürst aus Sered.

Eine Woche vor der Vergasung, also am 1.3.1944, mußten alle Lagerinsassen an ihre Angehörigen im Auslande über ihr Wohlbefinden schreiben. Die Briefe mußten mit dem Datum von 23.–25. März 1944 versehen werden. Es wurde ihnen aufgetragen, Paketsendungen von den Angehörigen im Auslande zu verlangen.

87 Die Tötungsaktion fand in der Nacht vom 8. zum 9.3.1944 statt.
88 Bis März 1944 waren im Theresienstädter Familienlager rund 3000 Menschen gestorben.
89 Siehe Dok. 99 vom 7.3.1944.

Ca. 153 000–154 000	1000 polnische Arier aus dem Zuchthaus Pawiak.
" 155 000–159 000	Im Oktober und November 1943, 4000 Personen aus diversen Zuchthäusern und kleinere Transporte von Juden aus Benzburg und Umgebung, die aus ihren Verstecken ausgehoben wurden, ferner eine Gruppe von Schutzrussen aus dem Gebiet Minsk-Witebsk. Es kamen auch russische Kriegsgefangene, die, wie bereits erwähnt, Nummern von 1 bis 12 000 erhielten.
" 160 000–165 000	Im Dezember 1943, 5000 Männer aus Transporten von vorwiegend holländischen, französischen, belgischen und zum ersten Male auch italienische Juden aus Fiume, Triest und Rom. Mindestens 30 000 Personen aus diesen Transporten wurden sofort vergast. Die Mortalität unter diesen Juden war enorm groß. Außerdem wütete noch immer das System der Selektion. Diese Bestialität erreichte ihren Höhepunkt um den 10. und 24. Jänner 1944, als man auch kräftige, gesunde Jugend, ohne Rücksicht auf Beruf und Arbeitseinteilung – bis auf Ärzte – selektierte. Alles mußte antreten, es wurde streng kontrolliert, ob alles anwesend ist, dann wurden die Selektion durch den Lagerarzt (Sohn oder Neffe des Polizeipräsidenten von Berlin) und den Lagerführer von Birkenau, SS-Untersturmführer Schwarzhuber, vorgenommen. Die Juden, die sich im „Krankenbau" befanden, der inzwischen vom Block 7 in eine separate Abteilung übersiedelte und wo in der letzten Zeit verhältnismäßig annehmbare Bedingungen herrschten, wurden restlos vergast. Außer diesen wurden zufolge dieser Aktion 2500 Männer und über 6000 Frauen vom Frauenlager in die Gaskammern gebracht.
" 165 000–168 000	Am 20. Dezember 1943 kamen wieder 3000 Juden aus Theresienstadt. Die Transportliste trägt dieselbe Aufschrift wie bei denen, die am 7. September angekommen sind: „SB-Transport, tschechische Juden mit 6 monatlicher Quarantäne". Nach ihrer Ankunft wurden sie, Männer, Frauen und Kinder in dem Lagerabschnitt, zu den im September angekommenen logiert. Sie genießen alle Begünstigungen, ebenso wie ihre Vorgänger. 24 Stunden vor der Vergasung der ersten Gruppe wurden sie in das zufällig leerstehende Nebenquartal gebracht und auf diese Weise von der Gruppe abgesondert. Noch heute befinden sie sich in diesem Quartal. Nachdem nach der Vergasung der ersten Gruppe keine Zweifel mehr darüber bestehen, was man mit ihnen plant, bereiten sie sich schon heute auf Widerstand vor. Die Organisierung des Widerstandes wird von Ruzenka Laufschner,[90] Prag, und Hugo Lengsfeld,[91] Prag, durchgeführt. Sie beschaffen sich langsam Brennstoff und beabsichtigen, im Ernstfalle die Blocks ihres Quartals anzuzünden. Ihre Quarantäne-Frist läuft am 20. Juni 1944 ab.

Ca. 169 000–170 000	1000 Personen in diversen kleineren Gruppen, Juden, Polen und Schutzrussen.
" 170 000–171 000	1000 Polen und Schutzrussen, auch eine Anzahl von Jugoslawen.
„ 171 000–174 000	Ende Februar/Anfang März – 3000 Juden aus Holland, und zum ersten Male altansässige französische Juden (nicht naturalisiert) aus Vichy – Frankreich. Der überaus größere Teil dieser Transporte wurde nach Ankunft sofort vergast.

Mitte März kam eine kleine Gruppe von Benzburger und Sosnowitzer Juden, die aus ihren Verstecken ausgehoben wurden. Von einem erfuhren wir, daß sich viele polnische Juden nach der Slowakei und von dort nach Ungarn retten und daß ihnen hierbei die slowakischen Juden halfen.
Nach der Vergasung des Theresienstädter Transportes hatten wir bis zum 15. März 1944 keinen Zuwachs. Der Lagerbestand sank, weshalb dann alle Männer von fortlaufend ankommenden Transporten von insbesondere holländischen Juden in das Lager gebracht wurden. Wir verließen das Lager am 7. April 1944 und hörten noch, daß große Transporte mit griechischen Juden ankommen.

90 Růžena Lauscherová (1908–1944), Kindergärtnerin; am 22.12.1942 von Prag nach Theresienstadt deportiert, dort Mitglied des kommunistischen Widerstands, am 18.12.1943 von Theresienstadt nach Auschwitz überstellt, dort Leiterin einer Schneiderwerkstatt und aktiv im Widerstand, kam dort ums Leben.

91 Hugo Lengsfeld, später Pavel Lenek (*1909); im März 1943 von Prag nach Theresienstadt deportiert, von dort im Dez. 1943 nach Auschwitz, überlebte den Krieg.

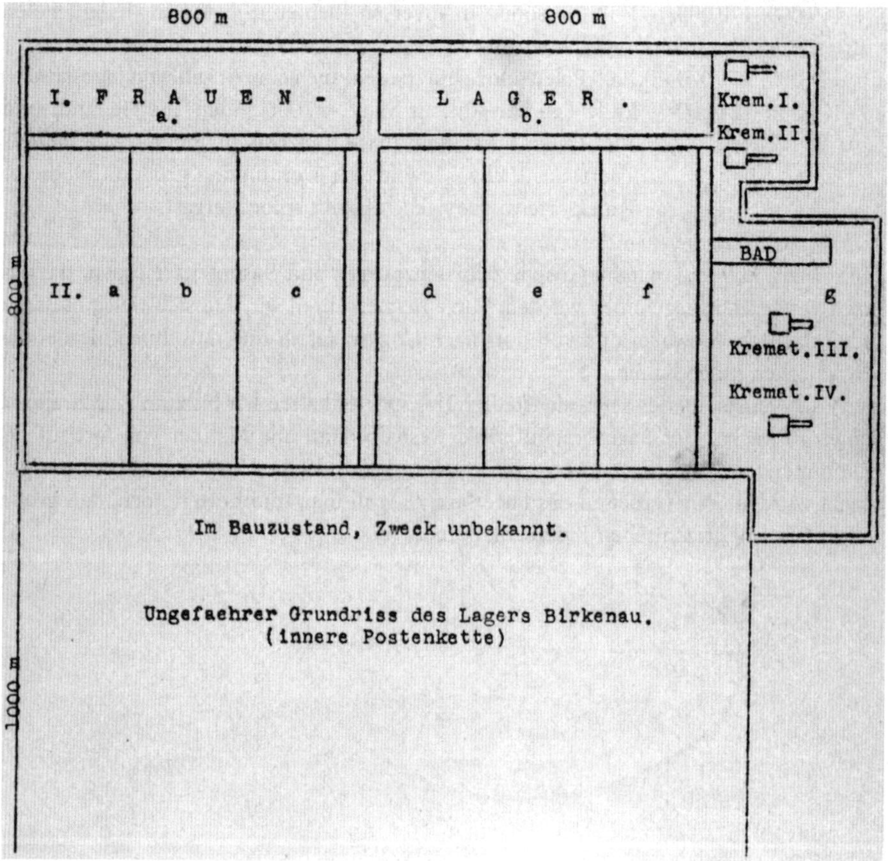

Das Lager Birkenau besteht aus drei Bauabschnitten. Derzeit sind nur die Bauabschnitte I und II durch die kleine Postenkette umgeben, weil der Abschnitt III sich noch im Bau befindet und unbewohnt ist. Zur Zeit, als wir Birkenau verließen (Anfang April 1944), war das Lager wie folgt belegt:

Bauabschnitt I. (Frauenkonzentrationslager)				
	Slow. Juden	*andere Juden*	*Arier*	*Anmerkung*
Ia und Ib	ca. 300	ca. 7000	ca. 6000	Außer den 300 slowakischen Mädchen sind noch ca. 100 im Stabsgebäude Auschwitz
Bauabschnitt II				
IIa Quarantänelager	2	ca. 200	ca. 800	unter den 2 slowakischen Juden Dr. Andrej Müller[92] aus Podolinec, Blockältester
IIb Juden aus Theresienstadt	–	ca. 3500	–	Mit Quarantänefrist von 6 Monaten

IIc drzt. unbelegt	–	–	–	
IId Stamm-Lager	58	ca. 4000	ca. 6000	
IIe Zigeunerlager			ca. 4500	Das ist der Rest von 16 000 Zigeunern. Sie werden zur Arbeit nicht verwendet, sterben rasch aus.
IIf Häftlings-Krankenbau	6	ca. 1000	ca. 500	Die 6 slow. Juden sind alle Funktionäre im Häftlingskrankenbau u. zw.[ar]

Nr. 36 832	Walter Spitzer – Blockältester aus Nemsova, aus Lublin nach Birkenau gekommen.[93]
" 29 867	Jozef Neumann (Leichencapo) aus Snina
" 44 989	Jozef Zelmanovic „Personal" aus Snina.
"	Chaim Katz „Personal" aus Snina
" 32 407	Ludwig Eisenstädter, Tätowierer aus Krempachy
" 30 049	Ludwig Solmann „Schreiber", Kezmarek[94]

Die innere Verwaltung des Lagers Birkenau erfolgt durch hierzu bestimmte Häftlinge. Die Blocks werden nicht nach Nationalitäten bewohnt, sondern vom Gesichtspunkt der gleichen Arbeitsleistung (Arbeits-Kommando). Ein jeder Block hat 5 Funktionäre u. zw.[ar] ein Blockältester, der Blockschreiber, der Pfleger, 2 Stubendienste.

Der Blockälteste
trägt eine Binde am linken Arm mit der Bezeichnung seines Blocks: Block No..... Er ist für die allgemeine Ordnung im Block verantwortlich, ist in seinem Block der Herr über Leben und Tod. Bis Februar 1944 waren etwa 50 % aller Blockältesten Juden, dann kam aus Berlin die Direktive, wonach Juden diesen Posten nicht bekleiden dürfen. Sie wurden also bis auf 3 slowakische Juden, die diesen Posten trotz des Verbotes weiter behalten konnten, abgelöst.[95] Die drei slowakischen Juden sind:

Arnost Rosim[96] (Haček),	Zilina – Blockältester im Block 24, Aufräumungskommando und Benzburger Handwerker.
Dr. Andreas Müller,	Podolinec – Blockältester im Block 15, Quarantänelager
Walter Spitzer,	Nemsova – Blockältester im Block 14, Krankenbau.

92 Dr. Andrej Milar (*1915); am 17.4.1942 von Žilina nach Auschwitz deportiert, im Jan. 1945 nach Groß-Rosen, von dort im Febr. 1945 nach Flossenbürg überstellt, im Mai 1945 befreit.
93 Dr. Walter Spitzer (*1912), Mediziner; im März 1942 aus Nováky nach Auschwitz deportiert, im Jan. 1945 nach Mauthausen überstellt.
94 Richtig: Kežmarok, Stadt in der Slowakei.
95 Siehe Einleitung, S. 25.
96 Arnošt Rosin (1913–2000), Verkäufer, Arbeiter; im April 1942 mit den ersten Transporten slowak. Juden aus Žilina nach Auschwitz deportiert, dort am 27.5.1944 zusammen mit Czesław Mordowicz geflohen; nach dem Krieg Arbeit beim tschechoslowak. Fernsehen in Bratislava; 1968 Emigration in die Bundesrepublik Deutschland, wohnte in Düsseldorf.

Der Blockschreiber
ist ausführendes Organ des Blockältesten, er macht alle angeordneten schriftlichen Arbeiten, führt den Stand und die Kartei. Die Arbeit des Blockschreibers ist sehr verantwortungsvoll. Der jeweilige Stand ist peinlich genau zu führen. Die Häftlinge werden nach ihren Nummern und nicht nach ihren Namen in Evidenz gehalten, weshalb sich ein Irrtum leicht einschleichen kann. Dies kann aber verhängnisvoll werden. Hat der Blockschreiber eine Nummer irrtümlicherweise tot gemeldet – was bei der gewohnt hohen Mortalität leicht möglich ist und auch öfters vorgekommen ist –, so wird dieser Fehler einfach dadurch gutgemacht, daß der Betreffende tatsächlich nachträglich hingerichtet wird. In dieser einmal weiter beförderten Meldung kann keine Korrektur vorgenommen werden. Die Blockschreiber-Stelle ist eine Machtstellung im Block und wird häufig mißbraucht.

Der Pfleger- und die Stubendienste
haben die manuellen Arbeiten in und um den Block zu erledigen, wobei von einer Pflege natürlich keine Rede sein kann.
Über das ganze Lager steht der Lagerälteste.[97] Er ist auch Häftling. Der gegenwärtige Lagerälteste in Birkenau ist: Häftlingsnummer: 11 182 Franz Danisch,[98] politischer Häftling aus Königshütte, Oberschlesien. Er ist uneingeschränkter Herr über das ganze Lager, er kann Blockälteste und Blockschreiber ernennen oder absetzen, Arbeitsstellen anweisen etc. Danisch verhält sich auch Juden gegenüber sehr korrekt, ist objektiv und unbestechlich.
Neben dem Lagerältesten steht der Rapportschreiber. Er besitzt die größte Machtposition im Lager. Er steht in direkter Verbindung mit dem Lagerkommando, indem er derjenige ist, der die Befehle der Lagerführung übernimmt und ihr auch alle Meldungen erstattet. Er übt einen großen Einfluß auf die Lagerführung aus. Ihm unterliegen direkt alle Blockschreiber, die ihre Meldungen ihm zu unterbreiten haben. Der Rapportschreiber im Lager Birkenau ist: Häftlingsnummer: 31 029 Kasimir Gork,[99] Pole, ehemaliger Bankbeamter aus Warschau. Er ist wohl Antisemit, hat aber den Juden direkt nicht geschadet.
Die obere Kontrolle über die Blocks haben 6–8 „Blockführer" inne, diese sind SS-Männer. Durch diese wird allabendlich der Appell angenommen, dessen Ergebnis sodann ihrem Vorgesetzten: dem Lagerführer Untersturmführer Schwarzhuber aus Tirol gemeldet wird. Schwarzhuber ist Alkoholiker und Sadist. Über dem Lagerführer steht der Lagerkommandant. Er ist gleichzeitig Lagerkommandant von Auschwitz. Das Konzentrationslager Auschwitz hat ebenfalls einen Lagerführer, der dem gemeinsamen Lagerkommandanten Auschwitz-Birkenau unterstellt ist. Der Lagerkommandant heißt: Höß.
Führer des Arbeitskommandos (Arbeitsgruppe) ist der Capo.
Während der Arbeit ist der Capo die höchste Autorität, er verfügt vollkommen über die ihm unterstellten Häftlinge. Es ist nicht selten, daß der Capo einen ihm unterstellten

97 So im Original.
98 Franz Danisch (1902–1945), Kaufmann; im Febr. 1941 als reichsdeutscher Häftling der Kategorie „Berufsverbrecher" nach Auschwitz, im Jan. 1945 nach Mauthausen überstellt, am 11.6.1945 in Linz verstorben.
99 Richtig: Kazimierz Gosk (*1912), Buchhalter; im Aug. 1940 von Warschau nach Auschwitz deportiert (richtige Häftlingsnr. 3129), Räumungstransport nach Mauthausen, dort befreit.

Häftling während der Arbeit erschlägt. Bei größeren Kommandos gibt es mehrere Capos, über welche dann der Obercapo steht. Früher waren häufig auch Juden Capos, eine Verfügung aus Berlin hat dies jedoch verboten. Ein Jude hat diesen Posten dennoch beibehalten können, es ist ein gewisser: Roth aus Michalovce, Installateur von Beruf.
Die höchste Arbeitskontrolle wird durch deutsche Fachleute durchgeführt.

II.[100]
Am 14. Juni 1942 verließen wir Novaky, passierten Zilina und kamen gegen 5 Uhr abends in Zwardon an. Dort mußten wir aussteigen und wurden gezählt. Der Transport wurde von SS-Männern übernommen. Der eine SS-Mann hat sich sehr darüber aufgeregt, daß wir ohne Wasser fuhren, indem er die laute Bemerkung machte: „Diese Barbaren-Slowaken, kein Wasser gegeben!" Die Fahrt ging dann weiter, nach zwei Tagen kamen wir in Lublin an. In Lublin wurde der Befehl gegeben: „Arbeitsfähige zwischen 14 und 50 Jahren aussteigen, Kinder und Alte sollen im Waggon bleiben." Wir sind ausgestiegen. Die Station war von Litauern in SS-Uniformen umgeben, die mit Maschinenpistolen bewaffnet waren. Die Waggons, in welchen sich die Arbeitsunfähigen, Kinder und Alte befanden, wurden sofort geschlossen und der Zug fuhr ab. Wohin und was mit ihnen geschehen ist, wissen wir nicht.
Der kommandierende SS-Scharführer sagte uns, daß wir einen längeren Weg vor uns haben. Wer sein Gepäck mitnehmen will, kann es tun, wer hingegen nicht, kann es auf einem bereitstehenden Lastwagen aufladen, dieser wird bestimmt ankommen. Ein Teil unseres Transportes hat sein Gepäck mitgeschleppt, der andere Teil auf den Wagen geladen. Gleich hinter der Stadt lag eine Fabrik „Bekleidungswerke". Am Hofe der Fabrik standen etwa 1000 Menschen in Reihen, mit schmutzigen, gestreiften Häftlingskleidern, sie warteten auf das Mittagessen. Dieser Anblick – wir erkannten, daß es Juden waren – war nicht allzu hoffnungserregend. Ganz plötzlich erblickten wir von einer Höhe das riesenhafte große Barackenlager Majdanek, umgeben von einem 3 m hohen Stacheldrahtzaun. Kaum passierte ich das Lagertor, da sah ich den Trnavaer Maco Winkler, der mich sofort darauf aufmerksam machte, daß hier einem jeden alles abgenommen wird. Rings um uns standen slowakische Juden in verwahrlostem Zustande, abgeschoren, alle in schmutzigen Häftlingskleidern, mit Holzschuhen oder barfuß, abgerissen, sehr viele mit geschwollenen Füßen. Sie haben gebettelt, daß wir ihnen etwas von unserem Proviant schenken sollen. Was möglich war, haben wir unter ihnen verteilt, weil uns ja gesagt wurde, daß uns alles abgenommen wird. Wir wurden zur Effekten-Kammer geführt, wo wir alles, was wir bei uns hatten, abgeben mußten. Dann wurden wir im Laufschritt zu einer anderen Baracke gejagt, wo wir uns auskleideten, unsere Haare wurden geschoren, wir mußten unter eine Dusche, erhielten Häftlingswäsche und Kleider, Holzschuhe und eine Mütze.
Ich wurde auf das sogenannte „Arbeitsfeld 2" zugeteilt. Das ganze Lager bestand nämlich aus 3 voneinander durch Drahtzaun abgeteilten Arbeitsfeldern. Das Arbeitsfeld 2 war von slowakischen und tschechischen Juden besetzt. Zwei Tage hindurch wurden wir darin unterwiesen, wie wir die Mütze zum Gruß ab[zu]nehmen und wieder aufzusetzen haben, wenn wir einem Deutschen begegnen. Dann wurden im strömenden Regen stundenlange Appells abgehalten.

100 Hier beginnt der Bericht von Rudolf Vrba.

Die Barackeneinrichtung war ganz originell. Drei lange Tische (fast so lang wie die Barackenlänge) waren aufeinander gestellt. Diese 4 Etagen (Fußboden und drei Tische) dienten als Nachtlager. Um die Tische entlang der Wände wurde ein schmaler Gang freigelassen.
Zum Essen bekamen wir in der Früh eine „Suppe". Sie war ziemlich dicht und musste mit der Hand gegessen werden. Mittag eine ähnliche Suppe, am Abend sogenannten Tee und 30 dkg ungenießbar schlechtes Brot. Außerdem 2–3 dkg Marmelade oder Kunstfett, ärgster Qualität.
Das größte Gewicht wurde in den ersten Tagen auf die Erlernung der „Lagerhymne" gelegt. Stundenlang standen wir und mußten singen:

Aus ganz Europa kamen
Wir Juden nach Lublin
Viel Arbeit gibt's zu leisten
Und dies ist der Beginn

Um diese Pflicht zu meistern
Vergiß Vergangenheit
Denn in der Pflichterfüllung
Liegt die Gemeinsamkeit

Drum rüstig an die Arbeit
Ein jeder halte mit
Gemeinsam wollen wir schaffen
Im gleichen Arbeitsschritt

Nicht alle wollen begreifen
Wozu in Reihen wir stehen
Die müssen wir dann zwingen
Dies alles zu verstehen

Die neue Zeit muß alle
Uns alle stets belehren
Daß wir schon nur der Arbeit
Der Arbeit angehören

Drum rüstig an die Arbeit
Ein jeder halte mit
Gemeinsam wollen wir schaffen
im gleichen Arbeitsschritt.

Das Arbeitsfeld	I.	war durch slowakische Juden besetzt.
" "	II.	durch slowakische und tschechische Juden,
" "	III.	durch Partisanen[101]
" "	IV.	und V. wurde von den Juden der Arbeitsfelder I. und II. gebaut.[102]

Die Partisanen im Arbeitsfeld III. waren in ihren Baracken eingesperrt, haben nicht gearbeitet, das Essen wurde ihnen wie Hunden hingeworfen. Die Wache traute sich nicht in ihre Nähe. Sie starben in ihren überfüllten Baracken massenhaft und wurden seitens der Wache bei allen möglichen Gelegenheiten beschossen.
Die Capos waren Reichsdeutsche und Tschechen. Die ersteren waren brutal, während die Tschechen, wo es ihnen möglich war, halfen. Der Lager-Älteste war ein Zigeuner aus Holic, namens Galbavy,[103] sein Stellvertreter der Sereder Jude Mittler.[104] Wahrscheinlich hat Mittler seine Stellung seinem brutalen Vorgehen zu verdanken gehabt. Er hat seine Machtposition dazu benützt, um die schon ohnehin schwer geprüften Juden noch mehr zu peinigen, er schlug und schikanierte sie, wo er etwas Böses anstellen konnte, hat er es nicht versäumt. Bei den allabendlichen Appellen wurden wir von den SS-Männern auf brutalste Weise schikaniert. Stundenlang mußten wir draußen stehen, nach der schweren Arbeit und mußten die „Hymne" singen, wobei ein jüdischer Kapellmeister vom Dache eines Hauses unter hellem Gelächter der SS-Männer dirigieren mußte. Bei diesen Anlässen ließen es die SS-Männer an körperlichen Züchtigungen nicht fehlen. Auf tragische Weise endete der Sereder Rabbiner Eckstein.[105] Er kam einmal einige Minuten verspätet zum Appelle, weil er Diarrhöe hatte und am Klosett war. Der Scharführer ließ ihn hierauf zweimal nacheinander mit dem Kopf nach unten tief in die Klosettmündung tauchen, worauf er ihn mit kaltem Wasser abgoß, seinen Revolver zog und ihn erschoß.
Zwischen dem Arbeitsfeld I. und II. stand das Krematorium. Dort wurden die Leichen verbrannt. Die Mortalitätsziffer pro Feld betrug bei einer Gesamtzahl von 6000–8000 Personen etwa 30 pro Tag, später hat sich diese Zahl auf das Fünf- und Sechsfache gehoben. Dann wiederholten sich Fälle, daß man aus dem Marodenzimmer 10 bis 20 Kranke in das Krematorium brachte, wo sie auf eine mir unbekannte Art umgebracht und dann verbrannt wurden. Es war ein durch elektrischen Strom geheiztes Krematorium, bei welchem Russen beschäftigt waren.[106]
Zufolge der unmöglichen Kost und der sonstigen sehr schlechten Lebensbedingungen vermehrten sich allmählich die Krankheiten. Außer den schweren Magenerkrankungen grassierten im Lager unheilbare Fußödeme. Die Menschen bekamen geschwollene Füße und konnten sich nicht bewegen. Man begann diese Kranken in immer größerer Anzahl in das Krematorium zu führen. Als dann am 26. Juni 1942 die Zahl der im Krematorium

101 Es handelt sich um poln. politische Häftlinge, die aufgrund ihrer Tätigkeit im Widerstand verhaftet worden waren.
102 Das KZ Lublin-Majdanek befand sich zu dieser Zeit noch im Bau. Die Wohnbaracken auf allen Feldern waren noch nicht vollständig fertiggestellt. 1943/44 kam ein sechstes Feld hinzu.
103 Richtig: Johann Galbavi (*1904) aus Prag; Mai 1940 bis Juni 1942 in Dachau inhaftiert, von dort in das KZ Lublin-Majdanek überstellt; wurde später auf Betreiben der Lubliner Gestapo entlassen.
104 Möglicherweise Geza Mittler (1902–1942).
105 Mojzis Asher Eckstein (1891–1942), Oberrabbiner von Sered; 1942 in das KZ Lublin-Majdanek deportiert und dort ermordet.
106 Es handelt sich um das erste kleine Krematorium, das im Juni 1942 zwischen den Feldern I und II eingerichtet wurde. Es bestand bis Okt. 1942. Mit Tötungen durch Gas wurde im KZ Lublin-Majdanek im Sept. 1942 begonnen.

umgebrachten Kranken auf 70 stieg,[107] beschloss ich, die sich mir eben bietende Gelegenheit auszunützen, und mich freiwillig zur Versetzung nach Auschwitz zu melden. Am 27. Juni 1942 führte ich die Sträflingskleider ab, erhielt Zivilkleider und fuhr mit einem Transport nach Auschwitz.[108]
Nach einer Fahrt von 48 Stunden, welche wir im Waggon eingeschlossen, ohne Essen und Trinken verbrachten, kamen wir halbtot in Auschwitz an. Am Eingangstor begrüßte uns die große Aufschrift „Arbeit macht frei". Der Hof war rein, geordnet, die Ziegelbauten machten auf uns nach den schmutzigen und primitiven Baracken in Lublin einen sehr guten Eindruck. Wir dachten, einen guten Tausch gemacht zu haben. Wir wurden sofort in einen Keller geführt, bekamen Tee und Brot. Am nächsten Tag wurden uns die Zivilkleider abgenommen, wir wurden rasiert, unsere Häftlingsnummern wurden uns am linken Unterarm eintätowiert, schließlich erhielten wir ähnliche Häftlingskleider, wie wir sie in Lublin hatten, und nachdem unsere Personalien aufgenommen waren, waren wir regelmäßige sogenannte „politische Häftlinge" im Konzentrationslager Auschwitz.[109]
Wir wurden im Block 17 untergebracht, wo wir auf dem Fußboden zu liegen hatten. In einer Häuserreihe, welche von uns durch eine Mauer getrennt war, waren die jüdischen Mädchen aus der Slowakei, die im März und April 1942 nach Auschwitz gebracht wurden, untergebracht. Als Arbeitsplatz wurde uns die Baustelle des enorm großen Fabrikobjektes „Buna" zugewiesen. Um 3 Uhr früh wurden wir zu der Arbeit getrieben.[110] Zu essen bekamen wir mittags eine Kartoffel- oder Steckrübensuppe, am Abend Brot. Während der Arbeit wurden wir fürchterlich mißhandelt. Da die Arbeitsstelle außerhalb der großen Postenkette lag, wurde der Arbeitsplatz auf Quadrate von 10 x 10 m geteilt. Jedes Quadrat wurde durch einen SS-Mann bewacht. Wer während der Arbeit die Grenzlinie seines Quadrates überschritt, wurde ohne Warnung „auf der Flucht erschossen". Es kam oft vor, daß der SS-Mann einem Häftling die Weisung gab, ein Werkzeug oder einen Gegenstand, welcher jenseits des Quadratstriches lag, zu holen. Wenn dann der Häftling den Befehl befolgte, wurde er wegen Übertretung der Grenzlinie erschossen. Die Arbeit war sehr schwer, man gewährte uns keine Ruhepause. Der Weg aus der Arbeit musste in strammer militärischer Ordnung zurückgelegt werden, wer aus der Reihe trat, wurde erschossen. Zur Zeit, als ich auf diese Arbeitsstelle kam, arbeiteten dort etwa 3000 Personen, darunter 2000 slowakische Juden. Die harte Arbeit, ohne Nahrung und Rast, haben aber sehr wenige von uns ausgehalten. Fluchtversuche, obwohl diese fast gar keine Aussicht auf Erfolg hatten, waren an der Tagesordnung. Wöchentlich wurden einige gehängt.
Nach einigen Wochen qualvoller Arbeit an der Baustelle „Buna" brach im Lager plötzlich eine fürchterliche Flecktyphus-Epidemie aus. Die abgeschwächten Häftlinge fielen

107 Es handelt sich vermutlich um den 24.6.1942, als 64 Tote im Totenbuch des Lagers verzeichnet wurden.

108 Zusammen mit Rudolf Vrba kamen am 30.6.1942 400 slowak. Juden in Auschwitz an, die die Nummern 43 781–43 832 erhielten. Mitte Aug. 1942 lebten von ihnen noch 208.

109 Sie waren als jüdische politische Häftlinge registriert.

110 Im April 1941 war mit dem Bau des I.G. Farben-Werks in Monowitz begonnen worden. Häftlinge aus Auschwitz waren auf der Baustelle eingesetzt und mussten täglich 7 km vom Lager zum Werk zu Fuß zurücklegen, später fuhren sie mit dem Zug. Erst im Okt. 1942 wurde am Werk ein eigenes Häftlingslager errichtet (Auschwitz-Monowitz/Buna-Lager).

zu Hunderten. Lagersperre wurde angeordnet und die Arbeiten am „Buna“ wurden eingestellt.[111] Die noch am Leben Gebliebenen von dieser Arbeitsstelle wurden Ende Juli 1942 in die Kiesgrube geschickt. Die Arbeit war hier womöglich noch schwerer als die am „Buna“. Mit unseren abgeschwächten Kräften konnten wir beim besten Willen keine Leistung hervorbringen, die unsere Aufseher zufriedengestellt hätte. Die meisten von uns bekamen geschwollene Füße. Unser Kommando wurde daher angezeigt, daß wir faul sind und unordentlich arbeiten. Es kam eine Kommission, ein jeder von uns wurde eingehend untersucht. Alle jene, die geschwollene Füße hatten oder nicht ganz sicher auftreten konnten, wurden separiert. Obwohl ich in den Füßen furchtbare Schmerzen verspürte, habe ich mich beherrscht und trat stramm vor die Kommission. Ich wurde für gesund befunden. Von 300 Personen wurden 200 für krank befunden. Sie wurden sofort nach Birkenau geschickt und im Birkenwald vergast. Ich wurde dann zur Arbeit in die DAW (Deutsche Aufrüstungswerke)[112] kommandiert. Wir hatten dort Skier mit Farbe anzustreichen. Die vorgeschriebene Anzahl war täglich Minimum 120 Stück. Wer dieses Quantum nicht fertigstellte, wurde am Abend tüchtig durchgeprügelt. Man mußte schon fleißig zugreifen, um den Prügeln zu entgehen. Eine andere Gruppe stellte Kisten für Granaten her. Als einmal 15 000 solcher Kisten fertig waren, stellte es sich heraus, daß sie um einige Zentimeter zu klein waren. Hierauf wurde eine Anzahl von jüdischen Häftlingen, darunter ein gewisser Erdély[113] (er soll in Banovce Verwandte haben) wegen Sabotage erschossen.

Mitte August 1942 wurden die jüdischen Mädchen aus der Slowakei, die jenseits der Mauer untergebracht waren, nach Birkenau überführt. Ich hatte sie kurz sprechen können. Sie waren sehr herabgekommen und ausgehungert. Sie waren mit zerfetzten alten russischen Uniformen bekleidet und trugen Holzschuhe oder gingen barfuß herum. Die Haare hatte sie abgeschoren und waren ganz verwahrlost. Am selben Tage wurden wir alle wieder streng untersucht, alle Flecktyphusverdächtigen wurden nach dem Birkenwald geschickt, wir Gesunden wurden nackt in die Ubikationen,[114] die die Mädchen eben geräumt haben, einquartiert. Man hat uns aufs neue total rasiert, gebadet und [wir] bekamen neue Kleider. Ich erfuhr zufällig, daß beim „Aufräumungskommando“[115] Plätze frei geworden sind. Ich habe mich gemeldet und wurde hinzugeteilt.

Das „Aufräumungskommando“ zählte 100 Häftlinge, ausschließlich Juden. Wir wurden in eine völlig abgeteilte Ecke des Lagers gebracht, wo riesige Berge und volle Magazine von Rucksäcken, Koffern und allerhand Gepäck waren. Unsere Arbeit bestand darin, dieses Gepäck zu öffnen und die darin befindlichen Gegenstände in Koffern bzw. separaten Magazinen zu sortieren. Es gab also Koffer mit Kämmen, Spiegeln, Zucker, Konserven, Schokolade, Medikamenten. Die Koffer wurden dann laut Sorten gestapelt. Die

111 Zwischen Ende Juli und Okt. 1942 waren aufgrund der vom Kommandanten verhängten Lagersperre keine Häftlingsarbeiter auf der Baustelle der I.G. Farben eingesetzt.

112 Richtig: Ausrüstungswerke.

113 Josef Erdei (1920–1942), Landwirt; aus Bánovce nad Bebravou in der Slowakei, zusammen mit Rudolf Vrba im Juni 1942 aus Lublin-Majdanek nach Auschwitz überstellt und dort am 21.10.1942 ermordet.

114 Veraltet: Unterkunft, Kaserne.

115 Häftlingskommando, das die Habseligkeiten der in den Gaskammern ermordeten Juden sortierte. Es handelt sich hier um das im Lagerjargon als „Kanada I“ bezeichnete Kommando.

Wäsche und Konfektion wurde in eine große Baracke gebracht, wo diese durch jüdische Mädchen aus der Slowakei sortiert und gepackt wurden. Diese Textilien wurden dann in Waggons verladen und zum Versand gebracht. Die schlechten, unbrauchbaren Kleidungsstücke wurden an die Adresse „Textilfabriken, Memel" gesandt, während die brauchbaren irgendeinem Ankleidungsheim (ich habe die Anschrift nicht beibehalten) nach Berlin geschickt wurden. Die Wertsachen, wie Gold, Geld, Valuten und Edelsteine, mußten der politischen Abteilung abgeführt werden.[116] Ein sehr großer Teil dieser Gegenstände wurde aber von der SS-Aufsicht gestohlen oder ist in die Taschen der hier beschäftigten Häftlinge verschwunden. Chef dieser Sortierungsarbeit, der eine Autorität in diesem Fach geworden ist, ist Albert Davidovic aus Spisska Nova Ves,[117] der diesen Posten auch heute noch bekleidet. Kommandant der Abteilung ist der SS-Scharführer Wykleff,[118] ein roher, brutaler Mensch, der auch die Mädchen oft verprügelte.

Die Mädchen kamen täglich aus Birkenau an die Arbeit. Sie erzählten über die schrecklichen Zustände, die dort herrschten. Sie wurden tyrannisiert und geschlagen. Die Mortalität unter ihnen war größer als unter den Männern, wöchentlich zweimal fanden Selektionen statt. Täglich kamen frische Mädchen an die Arbeit, an Stelle der Selektierten oder anderer Hingerichteter.

Anläßlich meiner ersten Nachtschicht hatte ich zum ersten Male die Gelegenheit gehabt, zuzusehen, wie die nach Auschwitz angekommenen Transporte behandelt wurden. Es kam ein Transport mit polnischen Juden. Sie hatten in den Waggons kein Wasser und als sie ankamen, hatten sie etwa 100 Tote. Die Waggontüren wurden geöffnet, und wir mußten die von der Reise und den Entbehrungen völlig erschöpften Juden mit einem großen Geschrei aus den Waggons treiben. Sie wurden auch durch häufige Stockhiebe der SS-Mannschaft zum raschen Aussteigen veranlaßt. Sie wurden dann in Fünferreihen gestellt. Die Waggons von den Toten, Halbtoten und von Paketen zu räumen, war unsere Arbeit. Die Toten wurden auf eine Sammelstelle auf einen Haufen geworfen. Alles, was nicht auf eigenen Füßen gehen konnte, galt als tot. Die Pakete wurden auf einen Haufen gelegt und die Waggons mußten gründlich gereinigt werden. Es durfte vom Transport keine Spur zurückbleiben. Eine Kommission der politischen Abteilung hat dann ca. 10 % Männer und 5 % Frauen ausgewählt, die abgeführt und durch die bekannte Prozedur den Lagern zugeteilt wurden. Die Restlichen wurden auf Lastautos verladen und nach dem Birkenwald geschickt, wo sie vergast wurden. Die Toten und die sich unter ihnen befindlichen Halbtoten wurden ebenfalls auf Autos verladen. Diese wurden im Birkenwald direkt verbrannt. Häufig wurden kleine Kinder auf die Autos der Toten geschleudert. Die Pakete wurden durch Lastautos in die Magazine gebracht und dann auf die bereits beschriebene Weise sortiert.

116 Die Wertsachen mussten der Gefangeneneigentumsverwaltung übergeben werden, die sie regelmäßig zum WVHA nach Berlin sandte; siehe Einleitung, S. 26 f.

117 Albert Abraham Davidovic (*1901); im Juni 1942 nach Auschwitz deportiert, Überstellung nach Buna-Monowitz, am 19.11.1944 in das KZ Mittelbau-Dora verlegt, floh aus einem Transport nach Mauthausen; lebte nach dem Krieg in der Tschechoslowakei.

118 Richtig: Richard Wiegleb (1914–1944); 1932 NSDAP-, 1934 SS-Eintritt; 1940 vom Kommandanturstab Buchenwald nach Auschwitz versetzt, Leiter der Effektenverwaltung; 1943 Ermittlungsverfahren wegen Diebstahls und Versetzung zu einer Bewährungseinheit an die Ostfront; dort umgekommen.

In der Zeit vom Juli bis September 1942 hatte im Lager Auschwitz, aber besonders im Frauenlager Birkenau, die Flecktyphus-Epidemie gewütet. Die Kranken wurden überhaupt nicht behandelt. Anfangs wurden alle Typhus-Verdächtigen durch Phenolinjektionen getötet, später massenweise vergast. In zwei Monaten starben 15 000–20 000 Häftlinge, meistens Juden.[119] Insbesondere schwer litt das Mädchenlager. Es hatte gar keine sanitären Einrichtungen, die Mädchen waren total verlaust. Allwöchentlich fanden große Selektionen statt. Die Mädchen hatten sich hierzu, ohne Rücksicht auf die Witterung, nackt zu präsentieren und mußten jedesmal mit Todesangst erwarten, ob sie selektiert werden oder ob ihnen noch eine Woche Aufschub gewährt werden wird. Es gab sehr viele Selbstmorde, die einfach so begangen wurden, daß man sich abends zur kleinen Postenkette begab und sich an die Hochspannungsleitung lehnte. Dies ging so lange, bis ihre Zahl auf nur ca. 5 % des ursprünglichen Standes sank. Heute leben noch in Auschwitz und Birkenau nur ca. 400 dieser Mädchen, der größte Teil von ihnen konnte sich später gute administrative Posten im Frauenlager sichern. Die eine von ihnen, eine gewisse Katja (Familienname mir unbekannt) aus Povazska Bystrica (wo sie Verwandte namens Langfelder hat), bekleidet den hohen Posten des Rapportschreibers.[120] Etwa 100 jüdische Mädchen aus der Slowakei fanden im Stabsgebäude in Auschwitz Beschäftigung. Sie verrichten da die gesamte schriftliche Arbeit, die mit der Verwaltung der Lager Auschwitz und Birkenau zusammenhängt. Dank ihrer Sprachkenntnisse werden sie zu Dolmetscherdiensten bei Verhören von fremdsprachigen Häftlingen verwendet. Teilweise arbeiten sie auch in der Küche und in der Wäscherei des Stabsgebäudes. In der letzten Zeit sind diese Mädchen verhältnismäßig gut gekleidet, da sie die Möglichkeit hatten, ihre Garderobe aus dem Bestand des Arbeitskommandos entsprechend zu ergänzen. Häufig tragen sie sogar Seidenstrümpfe. Sie lassen ihre Haare wieder wachsen und es geht ihnen verhältnismäßig gut. Dies kann freilich keineswegs von den anderen, einige tausend Köpfe zählenden Häftlingen des Frauenlagers behauptet werden.[121] Die slowakischen jüdischen Mädchen sind eben die ältesten Häftlinge im Frauenlager. Sie haben bis heute unsagbar viel gelitten und haben jetzt eine kleine Ausnahmeposition.

Meine verhältnismäßig gute Einteilung beim Aufräumungskommando konnte ich zwar nicht lange beibehalten. Nach kurzer Zeit wurde ich strafweise nach Birkenau versetzt, wo ich über 1½ Jahre verbrachte.[122] Am 7. April 1944 gelang es mir mit meinem Gefährten zu entkommen.

[...][123]

119 Auf Grundlage der Lagerstatistiken kann man davon ausgehen, dass etwa 15 000 registrierte Häftlinge im Juli und Aug. 1942 ums Leben kamen.

120 Katarína Singerová aus Považská Bystrica, Slowakei, am 28.3.1942 aus Bratislava nach Auschwitz deportiert, dort als Rapportschreiberin der Kommandoführerin eingesetzt, im Sept. 1944 nach Stutthof überstellt; nach dem Krieg Direktorin des tschechoslowak. Nationalfonds für Künstler in Prag.

121 Im April 1944, kurz vor der Flucht Vrbas und Wetzlers, befanden sich 21 000 weibliche Häftlinge im Frauenlager.

122 Vrba war dort im Effektenlager („Kanada II") eingeteilt.

123 Auf der folgenden Seite befinden sich unter der Überschrift „Vorsichtige Schätzung der in Birkenau seit April 1942 bis April 1944 vergasten Juden nach Herkunftsländern" Zahlenangaben, die von der Forschung überholt sind.

DOK. 109

Amtsleiter Werner Blankenburg aus der Kanzlei des Führers informiert Himmler am 29. April 1944, dass Versuche in Auschwitz die Unwirksamkeit von Röntgenkastrationen gezeigt haben[1]

Werner Blankenburg,[2] Kanzlei des Führers der NSDAP (Az. IIa/Kt.), an Heinrich Himmler, vom 29.4.1944

Sehr verehrter Reichsführer!
Im Auftrage von Reichsleiter Bouhler[3] überreiche ich Ihnen anliegend eine Arbeit des Dr. Horst Schumann über die Einwirkung der Röntgenstrahlen auf die menschlichen Keimdrüsen. Sie baten seinerzeit Oberführer Brack[4] um Durchführung dieser Arbeit und unterstützten dieselbe durch Zurverfügungstellung des entsprechenden Materials im KL Auschwitz.[5] Ich verweise speziell auf den 2. Teil der vorliegenden Arbeit, der den Nachweis führt, daß eine Kastration des Mannes auf diesem Wege ziemlich ausgeschlossen ist oder einen Aufwand erfordert, der sich nicht lohnt.[6] Die operative Kastration, die, wie ich mich selbst überzeugt habe, nur 6–7 Minuten dauert, ist demnach zuverlässiger und schneller zu bewerkstelligen als die Kastration mit Röntgenstrahlen. Eine Fortsetzung der Arbeit werde ich Ihnen demnächst überreichen können.
Heil Hitler!

1 BArch, NS 19/1583, Bl. 37. Abdruck in: Mitscherlich/Mielke, Das Diktat der Menschenverachtung (wie Dok. 73, Anm. 1), S. 156.

2 Werner Blankenburg (1905–1957), Vertreter; 1929 NSDAP- und SA-Eintritt; von 1938 an Vertreter von Viktor Brack als Leiter des Amts II a in der Kanzlei des Führers, von Aug. 1942 an Nachfolger von Brack als Amtsleiter, in dieser Funktion mitverantwortlich für die „Euthanasie"-Morde, die „Aktion Reinhardt" und Röntgenkastrationen in Konzentrationslagern; lebte nach dem Krieg unter dem Namen Werner Bieleke als Firmenvertreter in Stuttgart.

3 Philipp Bouhler (1899–1945), Verlagskaufmann; 1922 NSDAP-Eintritt; Reichsleiter der NSDAP; von 1934 an Chef der Kanzlei des Führers, in dieser Funktion Beauftragter für die „Euthanasie-Aktionen" und die Röntgenkastrationen in KZ; nahm sich nach der Verhaftung das Leben.

4 Viktor Brack (1904–1948), Wirtschaftswissenschaftler; 1923 SA-, 1929 NSDAP- und SS-Eintritt; von 1934 an Stabsleiter und von 1936 an stellv. Leiter der Kanzlei des Führers, in dieser Funktion maßgeblich verantwortlich für die „Euthanasie"-Morde; 1947 in Nürnberg zum Tode verurteilt und hingerichtet.

5 Schreiben Brack an Himmler vom 23.6.1942, Schreiben Himmler an Brack vom 10.8.1942, Schreiben Blankenburg an Himmler vom 14.8.1942; BArch, NS 19/1583, Bl. 34–36.

6 Bis dahin hatte Horst Schumann bei mehreren Hundert jüdischen Häftlingen Hoden bzw. Eierstöcke bestrahlt. Dies führte zum Teil zu schweren Verbrennungen und Entzündungen; einige Häftlinge starben. Zur Überprüfung der Wirksamkeit ließ er Frauen die Eierstöcke operativ entnehmen.

DOK. 110

Rosa Grünbaum beschreibt, wie sie im April 1944 nach einer Selektion im Krankenbau zur Gaskammer geführt und gerettet wurde[1]

Bericht von Rosa Grünbaum,[2] Włocławek, vom Mai 1945

Ich will leben …

Ich will leben … Wie sehr wünsche ich mir zu leben! … So schrie mein Herz, schrie meine Seele, als mein Ende nahte. Jeder Augenblick, jede Stunde waren entscheidend, jede Sekunde zählte. Ich fühlte, dass mein Leben nun zu Ende geht.

Ich werde nicht mehr stundenlang beim Appell stehen, nicht mehr frieren, weit zur Arbeit laufen, täglich kilometerweit laufen. Genug davon, von dieser verdammten Sklavenarbeit …

Ich werde in das Revier gehen (K.B.),[3] werde ruhig daliegen und auf das Ende warten. So befahl es mir mein Verstand … und ich war damals 21 Jahre alt.

Ich bin ein richtiger, ein 100-prozentiger Muselmann geworden. In Lumpen gehüllt, dahinsiechend. Auf Schritt und Tritt beobachten sie mich und nennen mich „Schmuckstück".[4]

Ich habe mich schrecklich vor meinem eigenen Schatten gefürchtet, mich von Menschen ferngehalten, immer kam es mir vor, als würde ich von etwas gejagt, getrieben …

Wie verloren ich mich fühlte … Das war mir vollkommen bewusst, aber ich wusste mir nicht zu helfen.

10. April.[5] Nun liege ich in der Krankenstube. Und auch hier ist mir vollkommen klar, dass dies meine letzten Augenblicke sind. Ich sehe mich um. Betten, überall Betten … Auf jedem drei oder vier Muselmänner, Frauen. Höre deutlich die Schreie aus dem Block, ständiges Rufen …

Und hier ist es so still … Plötzlich unterbricht ein Flüstern diese behagliche Stille, eine sieche Stimme wie von einer alten Frau. Schwester, Schwester … Ich schaue in ihre Richtung … Komme näher … Vor meinen Augen das tödlich abgemagerte Gerippe eines jungen, einst schönen Mädchens. Die Diagnose: allgemein bekannt. Immer hohes Fieber … 40, 41 Grad. Der Grund: Unterernährung, Schwäche. Und auch sie will leben … Auch sie wünscht sich zu leben.

Sieh nur, die letzten Sonnenstrahlen fallen auf den Block … Dort hinter dem Stacheldraht bewegen sich Menschen. Die Stadt pulsiert.

Warum müssen wir so leiden? Im Saal ist es vollkommen still. Ich lausche den Erzählungen meiner Kameradin. Ihr Leben, eine Reihe von Fehlschlägen … Auch sie träumte

1 AŻIH, 301/373. Das Dokument wurde aus dem Polnischen übersetzt.

2 Rosa Grünbaum, später Schnurbach (1923–1997), Schneiderin aus Włocławek; Häftling im Zwangsarbeitslager für Juden in Warthbrücken (Koło), am 23.8.1943 zusammen mit 2000 Häftlingen des Lagers nach Auschwitz deportiert, 1000 wurden sofort ermordet, die anderen ins Lager eingewiesen; nach dem Krieg kehrte sie zunächst nach Włocławek zurück, wanderte später nach Montreal, Kanada, aus.

3 Krankenbau.

4 Im Original deutsch.

5 1944.

von einem besseren, von einem ruhigen Leben, von Glück, das so unerreichbar ist … und jetzt ist es schon zu Ende.
Sie hat sich mit ihrem Schicksal abgefunden.
Es befinden sich noch viele andere Kameradinnen im Saal. Wir plaudern miteinander. Weißt du was?, sagt eine. Heute bin ich nicht mehr so aufgedunsen. Ich habe auch mehr Brot gegessen.
18. April. Heute ist es also passiert. Die SS-Männer sind gekommen und mit ihnen der Doktor. Die Blockälteste erteilt Befehle. Wir verlassen das Bett. Heute wird eine *Selektion* durchgeführt.
Der Zeigefinger des Doktors entscheidet über Leben oder Tod. Sie marschieren an uns vorbei. Ich ziehe mich nicht einmal mehr aus. Mein Schicksal ist besiegelt.
Der Doktor leckt sich danach die Finger … Heute wird ihm genügend Ware geliefert, das Krematorium wird heute prima „arbeiten" … Ich liege da, vollkommen zugedeckt. Jedes Mal, wenn sich die Tür öffnet, wende ich den Kopf und schaue zur Tür. Gleich werden sie uns holen. Verschiedene Gedanken schwirren in meinem Kopf umher, schreckliche Kopfschmerzen. Ich zähle, wie meine Stunden verstreichen, reihe die Minuten aneinander, kann mich ein bisschen trösten, dass ich noch lebe …
Gleich kommen die Autos, wir werden weit fahren … sehr weit … zu unseren Eltern, Brüdern und Schwestern …
Langsam beginne ich, die Selbstbeherrschung zu verlieren. Ich kann meine Gedanken nicht mehr zusammenhalten.
Wie durch einen Nebel sehe ich Moniek Kopfer. Der Name schrillt aufdringlich in meinen Ohren. Vor kurzem habe ich in der Weberei gearbeitet. Neben mir saß eine Griechin (eine richtige griechische Schönheit). Eines Tages lernte sie auf dem Weg zur Arbeit Moniek kennen. Er arbeitete im „Sonderkommando". Sie konnte nicht Polnisch schreiben, also wurde ich ihre Privatsekretärin. Daher kenne ich ihn …
Ich warte bereits den dritten Tag auf meinen Tod. Gott! Wie schrecklich es ist, so bewusst aus dem Leben zu gehen. Ich habe absolut keinen Appetit. Essen ist Gift für mich. Ich habe fürchterliche Angst vor der Nacht, und der Tag erfüllt mich mit Schrecken.
Gleich kommen sie also und holen mich ab. So jung muss ich euch verlassen. Meine Schwester besucht mich ständig, tröstet mich dauernd. Doch ich bin untröstlich, ich verstehe es zu gut. Das Bewusstsein, dass es die Welt und die Menschen auch weiterhin geben wird, dass viele ihre Freiheit zurückerlangen werden, ich aber sterben muss, quält mich, denn auch ich will leben – ich will leben. Und wenn ich sterben muss, dann soll die ganze Welt in Trümmer fallen, soll keiner übrig bleiben.
Ich bin eine Egoistin … Richtig … Aber glaubt bloß nicht, dass sich nicht jedem in einem solchen Augenblick solche Gedanken aufdrängen.
Es ist Abend. Bewegung im Block. Man hört das Tuckern von Fahrzeugen. Sie verladen uns wie Vieh in die Autos. Ein Gedanke durchfährt mich. Am besten fliehen. So weit fliehen, wie einen die Beine tragen. Ich versuche, mich unter dem Wagen zu verstecken, aber es klappt nicht. Das Auto fährt los. Jetzt gibt es noch eine, die letzte Möglichkeit, sich zu retten: Ich springe ab. Falle auf den Asphalt. Die Kugeln pfeifen über unseren Köpfen. Ich stehe auf und renne. Renne wie verrückt. Wohin? Ich weiß es selbst nicht.
Starke Hände greifen nach mir. Sie führen mich zurück. Ins *Krematorium*. Wir gehen über die Treppe in die Gaskammer. Das „Sonderkommando" im Gänsemarsch. Das bekam ich noch mit. Ein niedriger, nicht allzu großer Raum ohne Fenster, Duschköpfe an

der Decke. Wir sind schon ausgezogen, gleich kommt die Dusche. Neben mir stehen Männer. Ach! Für uns gibt es keine Scham mehr, keine Zimperlichkeiten.
Die Männer setzen sich zusammen mit den Frauen. Gleich leiten sie das Gas ein. Durstige bitten um Wasser, andere rauchen Zigaretten. Streifen durch die Menge. Da kommt mein Bekannter zu mir. Eilig stelle ich ihm den Ablauf der Ereignisse dar. Er geht hinaus.
12 Uhr nachts. Die SS-Männer drehen die Stöpsel heraus. Minuten vergehen, ich empfinde sie wie eine Ewigkeit. Wird er kommen? Ich lache über mich selbst. Wie dumm ich bin, an Wunder zu glauben.
Plötzlich sehe ich das bekannte Gesicht. Das ist er … er ist gekommen … Mit einem Lächeln auf den Lippen ruft er mich heraus. „Sag, dass du meine Frau bist." Ich beginne zu verstehen. Er will mich retten! …
Mein Erlöser gibt mir eine Hose. Ich ziehe sie an. Ich sehe aus wie verkleidet. Schmutzig, ohne Haare. 100 Prozent Muselmann. Ein richtiges Gespenst.
Ich bin wieder im Lager. Ich darf nicht krank sein. Wieder sitze ich da und grüble. War es ein Fehler, der Rückkehr ins Lager zuzustimmen? Wäre es nicht besser gewesen, sofort zu sterben? Wozu sich noch quälen, schließlich wird es in ein paar Tagen wieder eine Selektion geben. Ich bin ohnehin nicht mehr lebensfähig. Alles in mir tut so weh, so schlimm haben sie mich geschlagen. Wozu also leben …
Gemurmel dringt an meine Ohren, menschliche Geräusche, allmählich ersterben sie. Die Menschen in der Kammer geben einen letzten Seufzer von sich, sie haben ihr Dasein beendet … und hoch über dem Krematorium steigt Rauch auf …
Auch ich war dort. Auch ich hätte ein Häuflein Asche werden sollen, das man später mit dem Feuerhaken herausholt. Wenn es mich doch nicht mehr gäbe …
Sie alle wollten auch leben, wünschten sich ebenso, hinaus in die Freiheit zu gehen! Die Freude auszukosten.
Aber das Schicksal der Juden ist schwer und grausam. Wir dürfen nicht leben, dieses Recht steht uns nicht zu. Für uns gibt es nur einen Weg … in den Ofen.
All das geschah im April 1944 in Auschwitz. Ich gehe wieder zur Arbeit, schreibe wieder Briefe für die Griechin an ihren Bekannten, meinen Retter. Aber ich lebe in der unablässigen Angst, dass es wieder eine Selektion geben wird, ich all das wieder erleben muss.
Es gab Selektionen, aber ich war nicht dabei. Ich muss mich zusammennehmen, denn wenn ich leben will, muss ich es riskieren. Denn seht eines, ihr Lieben, die am Leben blieben, taten dies nur aus Zufall, Glück oder Vorsehung.
Aber uns, meine teuren Kameraden, die wir am Leben geblieben sind, die wir der Hölle getrotzt haben, rufe ich auf zur Vergeltung! Wir müssen jene rächen, die gemeinsam mit uns gekämpft haben und nun in der Erde liegen und verwesen. Sie sind für unsere gemeinsame gute Sache gestorben.

DOK. 111
Stanisław Kłodziński macht am 13. Mai 1944 darauf aufmerksam, dass in Birkenau die Ermordung der Juden aus Ungarn vorbereitet wird[1]

Kassiber von Stanisław Kłodziński, Auschwitz, an Władysław Pytlik,[2] Brzeszcze, vom 13.5.1944[3]

Mein Lieber,
Krakau meldet sich nicht. Vielleicht technische Schwierigkeiten? Bei uns im Lager gibt es Personalwechsel.[4] Wir warten ab und beobachten die Stimmung. Warum schreibst Du nichts?
Die 15. [Sendung] ist angekommen, schick weitere.[5] Pakete aus der Schweiz treffen ein (150).[6]
In Birkenau gibt es gewaltige Vorbereitungen zur Vergasung der Transporte mit ungarischen Juden. Die erste Gaskammer wird restauriert.[7] Man hebt Gräben aus, um die Leichen vorläufig unterbringen zu können. Das Sonderkommando (das bei der Vergasung eingesetzte Personal) wurde um 200 Personen vergrößert. Erwartet wird die Vergasung von etwa 500 000 Juden.
Lublin – das Lager ist vollständig verlassen. Ein Transport mit jüdischen Frauen aus Lublin ging ins Gas.[8]
Was ist mit den Eichen?[9] Schnell, sehr vorsichtig. Die Posten wurden verstärkt – die durchsuchen Zivilisten. Es sieht nach Säuberungsaktionen aus – bei uns und bei Euch. Lech[10] muss s[ehr] vorsichtig sein.

1 APMAB, Ruch oporu, Bd. 44, S. 150. Abdruck in: Paczyńska, Grypsy (wie Dok. 51, Anm. 1), S. 272. Das Dokument wurde aus dem Polnischen übersetzt.

2 Władysław Pytlik, Deckname „Birkut" (1922–1965), Bergarbeiter; 1940/41 in Gusen I („Polenlager") inhaftiert, 1941 Arbeiter im Bergwerk in Brzeszcze bei Auschwitz, aktive Unterstützung des Lagerwiderstands in Auschwitz im Rahmen der PPS-Gruppe in Brzeszcze.

3 Das Kassiber ist teilweise mit Ziffern verschlüsselt. Das Datum ist schwer lesbar, es könnte sich auch um den 3.5.1944 handeln.

4 Vor der sog. Ungarn-Aktion fand in Auschwitz ein umfassender Personalaustausch statt: Liebehenschel wurde als Kommandant in das KZ Lublin-Majdanek versetzt, Hartjenstein wurde Kommandant in Natzweiler, Kramer, der bisherige Kommandant von Natzweiler, kam als Kommandant nach Auschwitz II, und Höß wurde unter Beibehaltung seiner Dienststellung als Amtschef D I SS-Standortältester in Auschwitz.

5 Kłodziński bestätigt den Erhalt eines Medikamentenpakets.

6 Das PWOK in Krakau übermittelte Namen ausgewählter Häftlinge an das IKRK, das daraufhin Lebensmittelpakete an diese Häftlinge schickte.

7 Von Mitte Mai bis Nov. 1944 wurde Bunker II erneut als Gaskammer verwendet.

8 Die meisten Häftlinge des KZ Lublin-Majdanek wurden in den ersten drei Aprilwochen 1944 abtransportiert, mindestens 4600 nach Auschwitz-Birkenau. Die endgültige Räumung des Lagerkomplexes fand im Juli 1944 kurz vor Einmarsch der Roten Armee statt.

9 Gemeint sind Granaten.

10 Helena Datoń, verh. Szpak (1922–2014), Zivilarbeiterin in der Kantine der Grube Brzeszcze, von 1942 an in der SS-Kantine in Auschwitz, fungierte als Kurierin zwischen dem Lager und der Brzeszczer Gruppe der PPS, beteiligte sich an Sammelaktionen von Lebensmitteln und Medikamenten, überbrachte Kassiber und Päckchen ins Lager, half bei Fluchtvorbereitungen; nach dem Krieg arbeitete sie bei der Sozialversicherung in Chrzanów.

Herzlich,
Stakło
Was nötig ist, schnell nach Krak[au] und Funken. Verbeugung von Józi.[11]

DOK. 112
Michael Dov Weissmandl und Gizi Fleischmannová senden angesichts der Massendeportationen aus Ungarn am 16. Mai 1944 einen Hilferuf aus Bratislava[1]

Schreiben, ungez.,[2] an die Hechaluz-Zentrale in Genf vom 16. Mai 1944

Friede und Segen [sei mit Euch]
Wir übermitteln diese besondere Botschaft, um Euch Folgendes mitzuteilen:
a.) Gestern hat man begonnen, Juden aus Ungarn, die östlich der Theiß leben, d. h. Juden aus Siebenbürgen, Karpathorussland und aus dem Bezirk Košice, zu deportieren. Es handelt sich um den ersten Teil der Deportationen sämtlicher Juden Ungarns, und dieser erste Teil umfasst 320 000 Menschen.
b.) An jedem Tag werden auf diese Weise 12 000 Menschen deportiert. In jedem Waggon befinden sich bis zu 70 Menschen – stehend, ohne Brot und Wasser, ohne Möglichkeit, sich zu waschen. Die Waggons sind verschlossen und verriegelt, auch die Fenster sind verplompt.
c.) Vier solcher Deportationszüge mit jeweils 45 Waggons fahren täglich ab, so dass die Deportationen aus dem gesamten Gebiet in 25 oder 26 Tagen abgeschlossen sein werden.
d.) Die erwähnten Transporte gehen jetzt von Csap[3] (bei Ungvár) über Košice, Prešov,[4] Orlov[5] und Muszyna[6] nach Auschwitz (Oswiencim).
e.) Die Transporte kommen in Auschwitz nach zwei bis drei Tagen an, die die Menschen ohne Luft, ohne Essen und Trinken und die Möglichkeit, sich zu waschen, im Stehen, Körper an Körper zusammengedrängt, verbracht haben, so dass viele von ihnen bereits unterwegs sterben. Die am Leben Gebliebenen müssen sich entkleiden und werden

11 Józef Cyrankiewicz.

1 LI, Nathan Schwalb Collection IV-104-89-103. Abdruck in: Livia Rothkirchen, Hurban yahadut Slavakyah: te'ur histori be-te'udot, Jerusalem 1961, Dok. 101, S. 237–242. Das Dokument wurde aus dem Hebräischen übersetzt.

2 Die Autoren des Textes sind Michael (Ber) Dov Weissmandl (1903–1957), orthodoxer Rabbiner; Funktionär von Agudath Israel, von 1942 an aktiv in der slowak. Arbeitsgruppe (Pracovná Skupina), einer jüdischen Untergrundorganisation, die sich für die Rettung von slowak. Juden einsetzte, im Herbst 1944 gelang ihm die Flucht aus einem Deportationszug; 1946 Auswanderung in die USA, Gründer eines orthodoxen Seminars, und Gizela (Gisi, Gizi) Fleischmannová, geb. Fischer (1892–1944), Funktionärin der slowak. zionistischen Frauenbewegung, nach 1933 unterstützte sie jüdische Flüchtlinge u. a. bei der Ausreise nach Palästina, von 1941 an Koordinatorin im Netzwerk der Hechaluz, Engagement für die Rettung slowak. Juden vor der Deportation, Mitglied der slowak. Arbeitsgruppe, im Okt. 1944 festgenommen, nach Auschwitz deportiert und dort unmittelbar nach der Ankunft ermordet.

3 Heute Čop, Ukraine.

4 Stadt in der Ostslowakei, 40 km nördlich von Košice.

5 Ort in der Slowakei, 45 km nördlich von Prešov.

6 Erster poln. Ort nach der poln.-slowak. Grenze, 15 km nördlich von Orlov.

durch Arglist und Täuschung in große Räume und Hallen gedrängt. Unter dem Vorwand, sie würden sich dort waschen können, werden sie durch Cyan erstickt; 2000 Menschen in jedem dieser Räume, jeden Tag.

f.) Nach bestätigten Informationen einiger Augenzeugen befanden sich dort Ende Februar vier solcher Räume; wie man hört, kamen seitdem mehrere Räume hinzu.

g.) Die Leichen werden in dafür vorgesehenen Verbrennungsöfen verbrannt. In jedem Ofen werden pro Stunde etwa zwölf Leichen verbrannt. Ende Februar waren dort bestimmt 36 solcher Öfen, und wie man hört, wurden weitere installiert.[7]

h.) Früher hat man die Menschen im Wald von Brezinky (Birkenwald) – in der Nähe von Auschwitz – erstickt und verbrannt. Jetzt erstickt und verbrennt man sie in den Erstickungs- und Verbrennungsräumen in Birkenau, wie in der obigen Skizze eingezeichnet ist.[8]

i.) Man lässt nur wenige kräftige Männer und Frauen am Leben, um sie zur Arbeit einzusetzen: beim Sortieren der Kleidung und der Gegenstände der Getöteten, bei der Suche nach Wertsachen in der Kleidung und in Gegenständen sowie beim Bau der Tötungsvorrichtungen und der Leichenverbrennung, neben anderen gefährlichen Arbeiten zu Kriegszwecken, die dort verrichtet werden.

k.) Diejenigen, die am Leben bleiben, werden mit einer eingebrannten Nummer auf dem Arm und einem in die Brust eingebrannten Davidstern gekennzeichnet.[9] Die meisten von ihnen sterben nach einigen Wochen oder Monaten bzw. werden getötet, und es folgen andere an ihrer Stelle. Die Menschen, die gleich aus den Waggons zur Erstickung in die Erstickungskammern gehen, werden nicht gekennzeichnet. Sie verschwinden spurlos und machen etwa 95 Prozent von jedem Transport aus.[10]

l.) Schon im Dezember und im Januar hat man ein spezielles Gleis verlegt, das zu den Erstickungs- und Verbrennungsräumen führt, um diese neue Aufgabe, die Tötung der Juden aus Ungarn, vorzubereiten.[11] (Das berichten verlässliche Personen dort in der Hölle, die ohne Scham oder Skrupel darüber sprechen, ohne Angst, dass jemand von außen sie hören könnte, genau wie die Engel der Zerstörung in der wirklichen Hölle keine Furcht haben, wenn sie sehen, was dort auf Erden passiert.)

m.) Noch vor einigen Monaten gab es zwei weitere Vernichtungsstätten von der gleichen Art wie Auschwitz in Polen: die eine in Malkini-Treblinki[12] bei Bialystok und die andere in Belzec nahe des Flusses Bug. Belzec wurde mit Sicherheit und, wie mir zu Ohren gekommen ist, auch Malkini von den Deutschen bis auf den Grund zerstört, ohne auch

7 In Krematorium II und III befanden sich jeweils fünf Drei-Muffelöfen, in Krematorium IV und V je ein Acht-Muffelofen. Nach der Fertigstellung der Krematorien im Juni 1943 (siehe Dok. 75 vom 28.6.1943) wurden keine weiteren Öfen installiert. Die Anzahl der Gaskammern wurde vergrößert, indem man die vorhandenen Räume teilte.

8 Die Skizze, die nicht überliefert ist, stammt vermutlich aus dem Vrba/Wetzler-Bericht; siehe Dok. 108 vom 23.4.1944.

9 Den jüdischen Häftlingen wurde eine Nummer auf den Arm tätowiert. Die Kleidung wurde an der Brust mit einem dem Davidstern ähnelnden Symbol gekennzeichnet; siehe Einleitung, S. 24.

10 Vermutlich wurden im Sommer 1944 durchschnittlich 75 bis 80 % der eintreffenden Menschen unmittelbar nach Ankunft ermordet, die Übrigen für den Arbeitseinsatz ausgewählt.

11 Die Verlegung eines Gleisanschlusses in das Lager Birkenau war schon seit 1942 geplant; siehe Dok. 50 vom 19.1.1943.

12 Das Vernichtungslager Treblinka entstand im Sommer 1942 unweit des Eisenbahnknotenpunkts Małkinia.

nur die kleinste Spur zu hinterlassen; und zwar durch achttägige schwere Bombardierungen, als dort die Front näher rückte. Es ist mit Sicherheit anzunehmen, dass die Deutschen dies auch in Auschwitz tun, wenn es so weit ist.[13] Sicher ist, dass in Malkini 25–30 000 Menschen pro Tag getötet wurden. Über Belzec haben wir keine genaue Kenntnis.[14] Über Malkini haben wir bereits vor einem Jahr einen Bericht in die Schweiz gesandt. Die Vernehmung fand nach sämtlichen Ermittlungsauflagen vor einem dreiköpfigen Richtergremium statt. Es gab drei Zeugen, zwei Juden und einen Nichtjuden, die Malkini gesehen haben.[15] Auch über Belzec sandten wir den Wortlaut eines Berichts, der die Aussage eines Zeugen erhielt, und auch einige Male Berichte aus Auschwitz. Auch heute senden wir diese zwei Berichte, einer von ihnen ist von einem Nichtjuden (einem polnischen Major), der sich dort 18 Monate aufgehalten hat; der andere stammt von zwei Juden, die von dort geflüchtet sind.[16] Das ist die Situation in Auschwitz, wohin nun seit gestern täglich 12 000 Juden, Männer, Frauen, Kinder und Alte, Kranke und Gesunde, deportiert werden, um dort erstickt und verbrannt zu werden und als Dünger für die Felder zu dienen. *Und ihr, unsere Brüder aus dem Volke Israel in allen freien Ländern, und ihr, Staatsmänner aller Staaten, wie könnt ihr schweigen, während dieser Massenmord geschieht,* während schon *sechs mal eine Million Juden* ermordet wurden und auch jetzt noch *täglich Zehntausende* ermordet werden. *In der Einsamkeit ihrer Herzen schicken die getöteten Juden ihr Wehklagen zu euch: Ihr seid grausam, ihr seid Mörder, wegen eures grausamen Schweigens und eurer Hände, die im Schoß ruhen.* Denn ihr habt zum jetzigen Zeitpunkt die Möglichkeit, zu verweigern, zu verzögern. *Im Namen des Blutes und der Tränen von Abertausenden bitten, flehen und fordern wir euch auf, sofort zu handeln.*

1.) Die Regierungen aller Staaten, ob sie in den Krieg involviert sind oder nicht, sollen *sofort* in der Weltöffentlichkeit *das ganze deutsche Volk und jetzt auch das ungarische Volk in schärfsten Worten vor diesen Mordtaten warnen und mit großem Nachdruck unterstreichen,* dass sie von allen Taten wissen, die bisher verübt wurden und im Moment verübt werden.

2.) Insbesondere der Papst soll entsprechend aufrüttelnd die ungarische Regierung und das ungarische Volk warnen.

3.) In allen Radiokanälen und in der Presse sollen die Gräueltaten in Belzec, Malkini und Auschwitz, über die wir Euch ja Berichte geschickt haben, tage- und wochenlang bekanntgemacht werden – *ebenso wie es die Deutschen mit der Lüge über Katyn' getan haben.*[17] Diese Propaganda muss mit großer Energie betrieben werden.

13 Das Lager Belzec war im Juni 1943, das Lager Treblinka im Nov. 1943 komplett abgebaut worden. An den ehemaligen Vernichtungsorten wurde das Gelände umgepflügt, und Bäume wurden gepflanzt, um die Spuren zu verwischen.

14 In Treblinka wurden zwischen Juli 1942 und Aug. 1943 800 000 bis 900 000 Juden getötet, in Belzec rund 435 000 Juden.

15 „Bericht eines Juden, geflüchtet aus Lodz und sich jetzt in der Slowakei aufhaltend", Bratislava, Sept. 1943; Archiv des Ghetto Fighters' House Beit Lochamei haGeta'ot, Hold. Reg. Cat. No. 029 757/1.

16 Siehe Dok. 91 vom 19.11.1943 und Dok. 108 vom 23.4.1944.

17 Siehe Dok. 91, Anm. 31. Die nationalsozialistische Propaganda begann nach der Aufdeckung des Verbrechens von Katyn' mit einer massiven antisowjetischen Medienkampagne. Dass der NKVD tatsächlich für die Morde verantwortlich war, wurde erst in den 1950er-Jahren bewiesen.

4.) Intervention beim Rat des Internationalen Roten Kreuzes. Er soll umgehend damit drohen, dass Deutschland aus der Rot-Kreuz-Organisation ausgeschlossen wird, wenn im Lager Auschwitz-Birkenau nicht innerhalb von acht Tagen eine dauerhafte Kontrolle des Internationalen Roten Kreuzes zugelassen wird – für die ungarischen Juden, die derzeit dorthin gebracht werden. (Dies kann dazu führen, dass die Deutschen die Erstickungs- und Verbrennungsanlagen zerstören und dort für einige Tage Potemkinsche Dörfer installieren. Es wäre sehr gut, wenn sie das machen würden.)
5.) *Die Vernichtungsanlagen in Auschwitz sollen aus der Luft bombardiert werden. Sie sind – wie aus der beigefügten Skizze ersichtlich – gut zu erkennen. Das wäre eine wichtige Verzögerung für die Verbrecher, denn sie können nur im Geheimen töten.*
6.) *Und noch mehr ist es erforderlich, alle Zugstrecken nach Auschwitz für immer zu zerstören, insbesondere die aus Ostungarn nach Polen führen und wichtige Strecken aus Ungarn nach Deutschland, vor allem die Strecke von Csap über Košice–Prešov–Medzilaborce.*[18]
7.) *Brücken und Bahnhöfe in Karpathorussland sollen dauerhaft und konsequent bombardiert werden, insbesondere jedoch die Bahnhöfe von Košice, Csap, Prešov und Medzilaborce, denn auf diesen Wegen fahren täglich auch Tausende von Soldaten von Polen direkt nach Rumänien und umgekehrt.*
Wir beschwören Euch, keinen Moment zu zögern, sondern die Augen zu öffnen und Euch anzustrengen, denn das, was unter Punkt 6. und 7. und auch was unter Punkt 5. steht, muss unverzüglich geschehen. *Lasst alles stehen und liegen* und kümmert Euch darum, denn jeder Tag, an dem ihr nichts tut, *kostet 12 000 Menschen* das Leben. Auch alles, was in den Absätzen 1 bis 5 gefordert wird, solltet ihr sofort in Angriff nehmen. Vergeudet keinen Moment.
Wir möchten Euch dringend warnen, *jüdische Namen* (von Toten oder Lebenden) aus den zugesandten Berichten zu nennen. Lebende sollen nicht erwähnt werden, weil man sie sofort töten würde, Tote nicht, weil sonst deren Familien sofort getötet würden. Bei den Berichten der aus Auschwitz geflohenen Juden sollt ihr nicht erwähnen, wann und aus welchem Land sie deportiert wurden und wann sie geflüchtet sind. Es soll kein Raum geschaffen werden für Racheaktionen an ihren Familien oder anderen Juden aus ihren Herkunftsländern, die noch am Leben sind. *Legt alles in den Mund des geflüchteten Nichtjuden; nennt auch keine Nummern von Juden. Lasst in dieser Hinsicht viel Vorsicht walten. Passt auf, dass man aus Euren Erzählungen nicht ersehen kann, aus welchem Land und aus welcher Richtung Ihr die Informationen erhalten habt. Erzählt, dass die Nachrichten von Nichtjuden an andere Nichtjuden weitergegeben wurden. Wir haben schon genug Blutzoll gezahlt, und wir senden Euch dies zur Verbesserung und nicht zur Verschlimmerung unserer Lage.*
Außerdem müsst Ihr Geld schicken, in Millionenhöhe. Wir brauchen es für wichtige Zwecke wie:
a.) Für Bestechung, denn viele wollen jetzt gegen Geld Hilfe leisten, um sich zu retten, wenn ihr Unglück kommen wird. Wenn z. B. durch die Bombardierung der Bahnlinien in Ungarn eine Verzögerung entstehen sollte, könnte dadurch viel in die Tat umgesetzt werden. Das Geld wird auf alle Fälle dazu dienen, die Geschwindigkeit der Deporta-

18 Medzilaborce im äußersten Nordosten der Slowakei lag nicht an der Hauptstrecke über Košice–Prešov. Zur Diskussion um die Bombardierung von Auschwitz siehe Einleitung, S. 53 f.

tionen zu bremsen. *Vergesst nicht*, dass die Verbrecher in den ersten Tagen der Besetzung Ungarns mit den Juden Verhandlungen aufnahmen und ihnen anboten, gegen Geldzahlungen die Deportation aufzuschieben. Sie verlangten 60 Millionen Dollar, und man konnte ihnen nur zwei geben (zwei, es handelt sich nicht um einen Irrtum) – das machte sie wütend. Einige der Verantwortlichen sind der Ansicht, dies sei die Hauptursache der Wut, die sich gerade dort ergießt.[19]

b.) Mit *Geld* kann man viele Tausende Menschen retten, indem man ihnen falsche Papiere und Verstecke besorgt.

c.) Für den Bau von Bunkern und Verstecken und ihre Versorgung mit Lebensmitteln für mehrere Monate.

d.) Für die *Ernährung* von Hunderttausenden von Menschen, die ohne Existenzmittel in Verstecken und Lagern an Hunger und Krankheiten sterben – in Polen, in der Slowakei, in Ungarn und Rumänien.

e.) *Für die Unterbringung von Kindern bei Nichtjuden.*

f.) Für Flüchtlinge, die von Land zu Land fliehen, weil dort [wo sie herkommen] Blut vergossen wird.

g.) Um jeden Polizisten, höheren oder niederen Ranges, bestechen zu können und damit Menschenleben zu retten.

h.) *Um durch Unruhen, Sprengungen und gewaltsame Protestaktionen [den Massenmord] zu verzögern.*

Wisst Ihr, wie viel Geld für all dies erforderlich ist? *Wenn Ihr jeden Monat 10 Millionen Dollar schickt, wäre es nicht viel. Und wie viel schickt Ihr uns? ...... Brüder, Angehörige des Volkes Israel, seid Ihr von Sinnen? Wisst Ihr denn nicht, in welcher Hölle wir leben? Für wen bewahrt Ihr das Geld auf? Warum wartet Ihr, bis wir Euch bettelnde Boten aus unserer Hölle schicken? Und all unser Flehen wirkt nicht, nicht einmal die Bitten eines Bettlers wirken. Ihr schleudert uns nach langem Flehen einige Groschen hin und einige Rückfragen entgegen. Wer ist hier der Gerechte? Wem ist es leichter, Euch, die Ihr uns Groschen aus einer erhabenen Situation heraus gebt, oder uns, die Blut und Tränen in dieser Hölle vergießen? Wer gibt Euch das Recht, einen Rechenschaftsbericht und eine Bugdetauflistung zu verlangen, als ob es sich um einen Gebrauchtwarenhandel handelt, bevor Ihr wenigstens ein Prozent von Zehntausenden, die wir bräuchten, gebt?*

Nur in einem Punkt können wir Euch gegenüber nachsichtig sein: dass Ihr nichts wisst, denn die meisten Juden, die hier leben, wissen auch nichts. Sie glauben, dass sie zur Arbeit geschickt werden oder Platz frei machen müssen. Die Verbrecher begehen ihre Taten so arglistig und geheim, dass nur wenige davon Kenntnis haben. Und hier ist es nicht möglich, dass diese wenigen mit der Masse sprechen, denn kaum jemand kommt in Kontakt mit ihnen. Der Verbrecher befiehlt den Einzelnen, die in den Vernichtungslagern von Auschwitz, Birkenau, Lublin usw. leben, Briefe zu schreiben, dass es ihnen gut gehe. Das täuscht auch die Juden hier. Darum gehen die Menschen in die Waggons; und natürlich auch, weil sie nach fünf Jahren *Not*, Hunger, Krankheiten und *Ärger müde und erschöpft sind.* Zwar haben wir Euch bereits mehrere Male über das, was hier wirklich vorgeht, berichtet. Kann es sein, dass Ihr den Mördern mehr *glaubt als uns Getöteten?*

19 Siehe dazu Einleitung, S. 81, 83.

Ist das möglich? Der *gesegnete Gott* möge Euch die Augen öffnen und Euch die Gunst und die Kraft geben, die letzten Überlebenden in letzter Minute zu retten!
Ich bitte, meinem Freund, Rabbiner Schlomo,[20] mit dem ich zusammen studierte, bevor er zum Studium nach Slobodka ging, auszurichten, dass ich noch am selben Ort bin, der ihm bekannt ist. Er soll in den Lambeth Palace[21] gehen, zum Don und zu seinem führenden Kopf, und ihnen sagen und zeigen, was Nichtjuden zu Ohren kam. Er soll ihnen sagen, es sei der Schrei jenes Mannes, der in den Jahren 1938 und 1939 bei ihnen war und von dem ganzen Geschehen Kenntnis hat.
Und nach all diesen Worten, *vergesst das Wichtigste nicht: alles, was in den Punkten 5, 6 und 7*, und alles, was in den Absätzen 1 bis 5 steht. Der letzte Punkt (Bombardements) ist der wichtigste. Den muss man sofort durchführen, da man dadurch die Pläne unserer Mörder noch wirksam durchkreuzen kann.
Der Herrgott – der einzige Behüter der Reste des Volkes Israel – soll sich unser erbarmen und uns retten.
Entsprechend der Bitte des Schreibers aus einem Meer von Tränen des Volkes Israel, auf eine Erlösung wartend.
Bitte in jedem Lager dringend eine Sonderkommission bilden.
Bitte mit größter Sorgfalt auf Diskretion achten. Versteht, welche Aufgabe Euch bevorsteht, und – wenn Ihr aktiv werdet – sagt auf keinen Fall, warum so gehandelt wurde. Nur die Tat ist heute das Wichtigste.
Die Wichtigkeit der Strecken der Reihenfolge nach:[22]
Košice, Kysak, Prešov, Novy-Sandez[23]
Lejene, Sátoraljaújhely[24]
Munkacs, Lawotschne[25]
Zilina, Čadca, Vrútky, Zilina[26]
Mucov, Trencin-Teplá, Nove Mesto[27]
Bitte bedenkt, dass die Unterbrechung der Transporte wichtiger ist als alles andere. Denn der Großteil ist noch nicht aus Ungarn hinaus. Eine Bombardierung von Auschwitz würde nicht reichen. Dem Weisen genügt der Hinweis, um die Situation zu verstehen.

20 Solomon Schönfeld (1912–1984), orthodoxer Rabbiner; Studienkollege von Dov Weissmandl in Nitra; engagierte sich 1938/39 für die Ausreise von deutschen Rabbinern und Tora-Studenten nach Shanghai und für die Aufnahme von jüdischen Kindern in England; nach dem Krieg organisierte er Hilfeleistungen für Holocaust-Überlebende.

21 Dort befindet sich die Londoner Residenz des Erzbischofs von Canterbury.

22 Der folgende, letzte Abschnitt wurde in jidd. Sprache verfasst.

23 Über die 140 km lange Bahnstrecke Košice–Obišovce–Prešov–Muszyna–Nowy Sącz wurden die meisten Juden aus Ungarn deportiert.

24 Ein 15 km langer Abschnitt der Bahnstrecke zwischen dem slowak. Legiňa (heute Luhiňa) und Sátoraljaújhely in Ungarn.

25 Eine 80 km lange Bahnstrecke zwischen Mukačevo und Lavočne im Distrikt Galizien.

26 Es handelt sich um eine 60 km lange Strecke von Žilina bis Čadca, einer der letzten slowak. Städte vor der poln. Grenze. Vrútky liegt rund 20 km hinter Žilina in südöstlicher Richtung auf der Strecke nach Košice.

27 Ein 60 km langer Abschnitt der Bahnstrecke Žilina–Bratislava zwischen Puchóv–Trenčin–Trenčianska Teplá – Nové Mesto nad Váhom in der Westslowakei, nahe der Grenze zum Protektorat Böhmen und Mähren.

DOK. 113

Eliezer Papo muss sich im Mai 1944 vor der Politischen Abteilung verantworten, weil er den Ring seiner Frau als Andenken behalten hatte[1]

Protokoll der Vernehmung von Eliezer Papo[2] durch SS-Unterscharführer, gez. Schmidt,[3] Konz. Lager Auschwitz III, Arb. Lager Blechhammer, Abt. II, o. D.[4]

Vernehmungsniederschrift
Vorgeführt erscheint der jüd. Sch[utz] Häftl[ing] Nr. 178 238, *Papo* Eliezer, geb. am 6.12.1906 in Roszczut, beschäftigt beim Kdo. 40 (Firma Peters), und macht, zur Wahrheit ermahnt, die nachstehenden Aussagen:
Zur Sache: Mein Kdo. wurde gestern abend beim Einrücken zur Seite gestellt und von Blockführern untersucht. Ich hatte einen Brillantring in meinem Besitz, den ich von meiner Ehefrau,[5] als wir uns vor etwa einundeinhalb Jahren in Cosel trennen mußten, als wertvolles Andenken erhalten hatte. Wo sich meine Frau derzeit befindet, ist mir nicht bekannt. Es war mir bekannt, daß ich diesen Ring bei meiner Einlieferung abgeben mußte. Ich habe mit allen Mitteln versucht, diesen Ring in meinem Besitz zu behalten, weil er ein unersetzliches Andenken an meine Frau war. Ich hätte ihn nie im Werkgelände gegen Lebensmittel oder dergleichen veräußert. Trotzdem es mir zeitweise sehr schlecht ergangen ist und ich Hunger leiden mußte, habe ich mit keinem Gedanken daran gedacht, diesen Ring jemals aus den Händen zu geben. Ich weiß, daß ich mich strafbar gemacht habe und werde eine Bestrafung als gerecht empfinden. Ich versuchte, diesen Ring bei der Durchsuchung in die Erde einzuscharren, wurde aber dabei beobachtet und als Besitzer dieses Ringes überführt. Weitere Angaben kann ich nicht machen.[6]

1 APMAB, D-Au-I-2, Strafmeldungen, Bd. 5, Bl. 802.
2 Eliezer Papo (*1906), Uhrmacher; geboren in Ruse (veraltet Rustschuk), Bulgarien, Auswanderung nach Frankreich, im Sept. 1942 aus Drancy in Richtung Auschwitz deportiert, in Cosel zum Arbeitseinsatz im Zwangsarbeitslager Blechhammer ausgewählt, das im April 1944 als Außenlager in die Verwaltung von Auschwitz übernommen wurde, im Jan. 1945 nach Groß-Rosen und im Febr. 1945 nach Buchenwald deportiert; Nachkriegsschicksal ungeklärt.
3 Otto Schmidt (*1906), SS-Oscha.; in Auschwitz zunächst in der Aufnahmeabt. tätig, 1944 Leiter der Politischen Abt. im Außenlager Blechhammer; weiteres Schicksal ungeklärt, 1951 für tot erklärt.
4 Die Strafmeldung wurde am 18.5.1944 abgegeben, die Strafverfügung am 23.5.1944 erstellt. Die Vernehmung hat demnach zwischen dem 18. und dem 23.5.1944 stattgefunden.
5 Nicht ermittelt.
6 Laut Strafverfügung erhielt Eliezer Papo am 3.6.1944 zehn Schläge, die vom Häftling Joseph Braasen ausgeführt werden mussten.

DOK. 114

SS-Unterscharführer Johann Becker verpflichtet sich am 22. Mai 1944, vollen Einsatz beim Judenmord zu zeigen[1]

Verpflichtungserklärung des SS-Unterscharführers Johann Becker,[2] Auschwitz, vom 22.5.1944

Verpflichtungsschein
1.) Mir ist bekannt und ich bin heute darüber belehrt worden, daß ich mit dem Tode bestraft werde, wenn ich mich an Judeneigentum jeglicher Art vergreife.
2.) Über alle während der Judenevakuierung durchzuführenden Maßnahmen habe ich unbedingte Verschwiegenheit zu bewahren, auch gegenüber meinen Kameraden.
3.) Ich verpflichte mich, mich mit meiner ganzen Person und Arbeitskraft für die schnelle und reibungslose Durchführung dieser Maßnahmen einzusetzen.[3]

DOK. 115

Das Hilfskomitee für Konzentrationslagerhäftlinge informiert am 25. Mai 1944 über den Mord an den Juden aus Ungarn[1]

Extrabeilage zum Monatlichen Bericht des PWOK[2] für den Zeitraum 5. bis 25.5.1944

Auschwitz
„Aktion Hees"[3]
Gerade hat ein in der Geschichte der Menschheit und selbst der bisherigen deutschen Verbrechen unerhörtes Morden an den ungarischen Juden begonnen, monströs in seinen Dimensionen, seinem Zynismus und in der Bestialität seiner Durchführung. Hitlers SS-Schergen übertreffen sich selbst, entwickeln sich zu Bestien, zu halb wahnsinnigen Tieren – womit den wilden Tieren nicht zu nahe getreten werden soll –, sie morden in fieberhafter, atemloser Geschwindigkeit, um alle vernichtet zu haben, bevor die Nach-

1 AIPN, GK 126/21, Bl. 31.
2 Johann Becker (1911–1992), Hüttenarbeiter; 1936 SS-Eintritt; von April 1941 an Dienst im KZ Auschwitz, von 1942 an in der Technischen Abt., Ent- und Bewässerung; Mai 1944 SS-Uscha.; 1948 in Krakau zu sechs Jahren Haft verurteilt, danach Friedhofswärter in Schaffhausen (Saar); Zeugenaussage im Frankfurter Auschwitz-Prozess am 4.9.1964.
3 Die in Auschwitz eingesetzten SS-Angehörigen mussten regelmäßig Erklärungen unterschreiben, in denen sie sich zur Verschwiegenheit verpflichteten, Adolf Hitler die Treue schworen und bestätigten, über den Umgang mit Häftlingen belehrt zu sein. Nach Amtsantritt von Liebehenschel im Nov. 1943 mussten sich alle SS-Männer verpflichten, keine Häftlinge zu misshandeln oder zu töten. Wenige Tage nach Beginn der Massentransporte aus Ungarn musste im Mai 1944 jeder SS-Angehörige und jeder Zivilangestellte des Lagers die vorliegende Verpflichtung unterschreiben.

1 APMAB, Ruch oporu, Bd. 7, Bl. 8, 8a, 9, 9a, 9b. Das Dokument wurde aus dem Polnischen übersetzt.
2 Komitee zur Hilfe für Konzentrationslagerhäftlinge PWOK (poln. Pomoc dla Więźniów Obozów Koncentracyjnych); siehe dazu Einleitung, S. 47 f.
3 Gemeint ist der Mord an den Juden aus Ungarn von Mai bis Juli 1944. Die Aktion wurde benannt nach Rudolf Höß, der Anfang Mai 1944 aus Oranienburg zurückbeordert worden war, um die Mordaktion zu leiten; siehe Dok. 111 vom 13.5.1944.

richt davon nach Ungarn und ins Ausland dringt, und sie verlieren jegliches Bewusstsein von Verantwortung. Die schweigenden Mauern von Auschwitz, das erfüllt ist von den Ausdünstungen und dem abscheulichen Geruch verbrannter Leiber, sind stumme Zeugen davon, wie ohne Rücksicht menschliche Lebensfäden zerrissen werden, Zeugen endgültiger Verrohung und Bestialität.

Seit Mitte Mai wurde der Antransport ungarischer Juden intensiviert. Jede Nacht kommen acht Züge an, am Tag fünf. Die Züge zählen jeweils 48–50 Waggons, in jedem Waggon bis zu 100 Personen. Mit den Transporten kommen „Ansiedler" an, die sich auf ein ihnen speziell zugeteiltes Gelände begeben, oder andere, die durch Vermittlung des Internationalen Roten Kreuzes zum „Austausch" gegen deutsche Kriegsgefangene vorgesehen sind – die alten, perfiden Köder und Tricks der Deutschen, die ehrenwerte internationale Institutionen herabwürdigen und jegliche Humanität verleugnen. Den „Ansiedlerzügen" sind jeweils zwei Waggons mit Bauholz angehängt, die sie an der „Todesrampe" ausladen, fortbringen und zu Scheiterhaufen aufstapeln … die für sie selbst bestimmt sind. Die „für den Austausch mit England" vorgesehenen Transporte kommen ohne Holz an, und die Menschen, die zu ihrer Hinrichtungsstätte, in den Tod gehen, fragen in ihrer grenzenlosen, himmelschreienden Unwissenheit, ob es noch weit sei … zum Ärmelkanal, den sie für den Austausch überqueren werden müssen.

Um die Arbeit zu erleichtern, kommen die Menschen bereits vorsortiert, also z. B. Kinder in separaten Waggons, an. Die verschlossenen Züge warten auf einem speziellen Nebengleis jeweils mehrere Stunden auf ihre Entladung. Wenn die beiden Gaskammern nicht hinterherkommen, kampieren die bereits ausgeladenen Transporte im nahegelegenen Wald und in den Gräben, bewacht von „Posten" mit Maschinengewehren.[4] Mittlerweile warten die Menschen bis zu zwei Tage auf ihren Tod, weil sich Staus gebildet haben. Auf dem Weg zwischen Bahnrampe und Gaskammer bewegt sich ununterbrochen Tag und Nacht eine Schlange von Menschen, die sich in Richtung Gaskammer schieben, sobald diese von den bereits „erledigten" Leichnamen geleert worden sind. Entlang der Chaussee zirkulieren ohne Pause Lastwagen, die die Schwachen, Älteren und Kranken, schwächere Frauen und Kinder von der Rampe abtransportieren. Die Gesunden gehen zu Fuß und sind sich bis zum Schluss nicht bewusst, wohin sie gehen. Auf dem Weg liegt die SS mit Maschinengewehren in den Gräben. Alle Koffer samt Inhalt bleiben auf der Bahnrampe zurück und werden anschließend in Autos zu speziellen Magazinen im sog. Kanada gebracht, wo ein spezielles Häftlingskommando die Sachen sortiert. Ein Berg von Koffern, 300 Meter lang, 20 Meter breit und bis zu einem Stockwerk hoch, stapelt sich auf der Rampe, den die pausenlos fahrenden Lkw noch nicht zu den Magazinen haben abtransportieren können. Vor der riesigen Baracke der „Effektenkammer", die mit Kleidung bereits überfüllt ist, lagern Berge von Garderobe, die zu sortieren und zu verpacken man nicht hinterherkommt.

Vor dem Eingang zur Gaskammer geben alle Geld und Wertgegenstände, die sie bei sich tragen … im Depot ab. Anschließend ziehen sie sich nackt aus und geben ihre gesamte Kleidung ab, die später noch einmal nach eingenähten Wertsachen durchsucht wird.

4 Die Gaskammern der Krematorien IV und V in Birkenau waren aufgrund von technischen Problemen von Sept. 1943 an nur unregelmäßig in Betrieb. Die Mordaktion an den Juden aus Ungarn fand daher vor allem in den Krematorien II und III statt, später auch im Krematorium V (nach Einbau einer neuen Entlüftungsanlage im Mai 1944).

Nun gehen die Menschen in Gruppen von bis zu 1000 Personen ins „Bad“, also die Gaskammer. Inzwischen gibt ihnen keiner mehr, wie früher noch, Handtücher und Seife – dafür ist keine Zeit.
Beide Gaskammern arbeiten ununterbrochen und schaffen es dennoch nicht. Zwischen den einzelnen Vergasungen wird nur die zum Lüften nötige Pause eingelegt. Auf der anderen (für die Ankömmlinge selbstverständlich nicht sichtbaren) Seite stapeln sich riesige Leichenberge. Auch mit der Verbrennung kommen sie nicht hinterher.
Alle, insbesondere die Frauen, werden von einem speziellen Friseurkommando geschoren. Die Haare werden als Rohstoff in Säcke gepackt. Ein spezielles Zahnarztkommando untersucht die Mundhöhlen aller Leichname genauestens und zieht Gold- und Platinkronen heraus. Weil die Zeit knapp ist, werden die Kiefer herausgebrochen und erst danach bearbeitet. Ein anderes „Experten“-Kommando hat den Auftrag, mit den Fingern in der Vagina der Frauenleichen nach versteckten Wertgegenständen zu suchen. Erst die auf diese Weise bearbeiteten und kontrollierten Leichname gehen zur Verbrennung. Permanent arbeiten vier Krematorien und eine Ziegelei, außerdem brennen Scheiterhaufen unter freiem Himmel. Der schwarze, dichte Rauch ist von Weitem zu sehen. Dennoch kommt man mit dem Verbrennen nicht nach. Ein Krematorium ist zeitweise außer Betrieb und wird unter Hochdruck repariert, weil aufgrund des ununterbrochenen Betriebs die Roste und ein Teil des Ofens durchgebrannt sind.
Zur Durchführung von Raub, Mord und Leichentransport ist ein vergrößertes „Sonderkommando“ eingesetzt, das zurzeit bereits 2000 Personen umfasst.[5] Es besteht aus gesunden und kräftigen Juden, die man unter den Häftlingen ausgewählt hat. Klare Sache – am Ende ihrer Arbeit sind sie als Zeugen zur Vernichtung verurteilt. Aus den bisher angekommenen ungarischen Transporten hat man 2000 Gesunde am Leben gelassen und ins Lager Gleiwitz geschickt. Sie wurden gleich auf der Rampe von den Übrigen getrennt, so dass sie keine Ahnung von deren Schicksal haben. Ihnen wurde befohlen, optimistische Briefe nach Ungarn zu schreiben. Das ist die übliche Art, Köder für die nachfolgenden Transporte auszulegen.
Zum gegenwärtigen Zeitpunkt hat die Zahl der vergasten ungarischen Juden bereits die 100 000 überschritten, und mit jedem Tag wird sie proportional ansteigen. Auschwitz soll in möglichst kurzer Zeit 1 200 000 ungarische Juden „verarbeiten“.[6] Das Tempo ist bis zum Äußersten gesteigert worden, trotzdem nimmt die Transportintensität noch zu. Der Dienst der SS bei diesem Gemetzel dauert bis zu 48 Stunden ohne Unterbrechung, worauf 8 Stunden Pause folgen. Das Essen wird den Männern an ihre Dienststätte gebracht, sie schlafen abwechselnd auf dem Boden neben ihren Maschinengewehren, damit im Bedarfsfall alle Kräfte zur Stelle sind. Die vom Dienst zurückkommenden SS-Männer werden von speziellen Gestapo-Leuten durchsucht, damit nicht ein Teil der Beute zufällig in ihren Taschen verschwindet. Die SS erhält für den Dienst bei den Transporten eine spezielle Sonderration von ½ Liter Milch und 100 Gramm Wurst täglich.

5 Das Sonderkommando in Birkenau zählte während der Ermordung der Juden aus Ungarn 800–900 Häftlinge.
6 In Ungarn und den ungarisch besetzten Gebieten lebten vor der deutschen Besetzung rund 700 000 Juden.

Ein Teil der SS-Leute bekommt aufgrund des bis dahin nicht da gewesenen Mordtempos, an das sie nicht gewöhnt waren, bereits Nervenzusammenbrüche. Einer ist verrückt geworden und wurde auf der Stelle vergast.[7] Einige sind wegen nervöser Erschöpfung von diesem Dienst abgezogen worden. (Die „Nerven" werden vor allem aus Angst vor der deutlich näher gerückten Strafe und Verantwortung schwach.) Ein rumänischer SS-Mann hat es so ausgedrückt: „Jetzt kommen die Juden, dann die Polen und Russen, und danach wir, denn uns als Zeugen von alldem werden sie nicht am Leben lassen, außer selbstverständlich die Reichsdeutschen." Alle haben eine Erklärung unterschrieben, die sie zu vollständigem Stillschweigen über das verpflichtet, was sie sehen und tun.[8] Beim größeren Teil handelt es sich jedoch um vertierte Bestien, die sich in wilder sadistischer Lust im Blut suhlen. Sie sind umso furchterregender, als sie das Morden genießen und schnell, effizient und ohne den geringsten Zeitverlust „arbeiten". Bei ihnen verbindet sich abgrundtiefe Abscheulichkeit mit größter, maschinenhafter Präzision, monströse Gewalt mit Methode.

Wer wird sich für diese Verbrechen verantworten müssen? In erster Linie die obersten Henker, die die gesamte Liquidierungsaktion leiten. Dies sind der Lagerkommandant, SS-Obersturmbannführer Höß, der berüchtigte Henker und ehemalige Chef der Politischen Abteilung, SS-Untersturmführer Grabner und der ihm behilfliche *Arbeitsdienstführer von Auschwitz, SS-Untersturmführer* Seele.[9] Dies sind die letzten Tiere, die sich – o Graus! Menschen nennen, dies sind nicht nur Vollstrecker von Befehlen aus Berlin, nicht nur Anhänger der Hitlerreligion und ihres rassistischen Programms – es sind vor allem Banditen und Verbrecher, von deren mörderischen Pranken das Blut unschuldig Ermordeter trieft und die Raub und Ausplünderung der Getöteten decken. Sie sind schließlich Millionäre, die sich an Gold und Platin aus zerschmetterten Kiefern, an blutbefleckten Pelzen, an Banknoten bereichern, die in den vom anstrengenden Morden verschwitzten Pranken der SS-Männer fettig geworden sind. Es sind nichtswürdige, feige Kanaillen, die ihre Betrügereien und Intrigen maskieren, die sich auf einträglichen, bequemen Posten halten wollen und Menschen, in denen sich noch gewisse humane Empfindungen regen, zur Seite drängen. Grabner wurde immerhin schon verhaftet, Höß hatte man teilweise abgezogen; doch sie eignen sich einfach zu gut für die Rolle der Henker, als dass man sie einfach vergessen würde. Sie werden sich für all das nicht vor der Clique ebenfalls vor Mordlust wahnsinniger Degenerierter verantworten müssen, auch nicht vor der Wehrmacht, die in Vogel-Strauß-Manier ihre Augen vor diesen Verbrechen verschließt – wir wissen von nichts – und damit die Soldatenehre befleckt, und auch nicht vor dem „disziplinierten" deutschen Volk. Sie werden ihre schwere, schreckliche Verantwortung vor der Justiz, vor dem Kämpfenden Polen[10] tragen müssen!

7 Bislang ist kein derartiger Fall bekannt.
8 Siehe Dok. 114 vom 22.5.1944.
9 Richtig: Max Sell.
10 Das Kämpfende Polen (Polska Walcząca) war eine Parole der poln. Widerstandsbewegung.

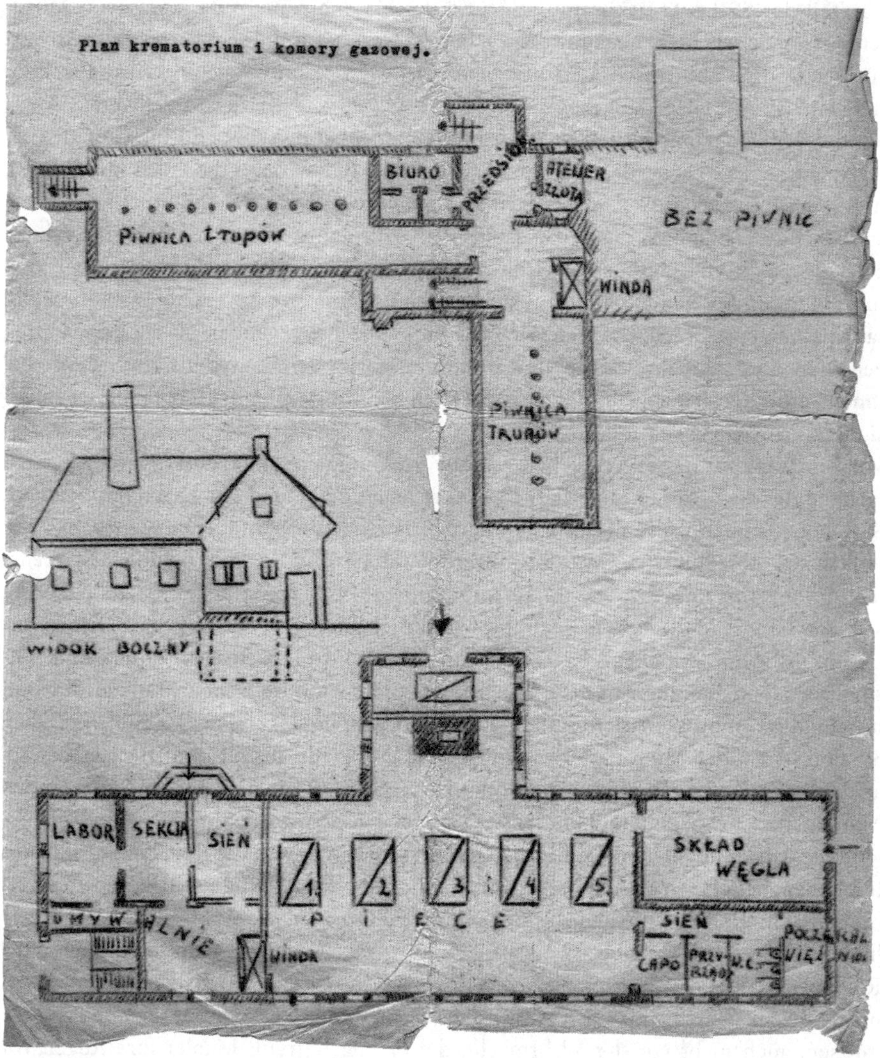

Plan krematorium i komory gazowej = Skizze des Krematoriums und der Gaskammer, piwnica trupów = Leichenkeller, biuro = Büro, przedsion[ek] = Vorraum, atelier złota = Golddepot [Raum zur Aufbewahrung des Zahngolds], bez piwnic = ohne Keller, winda = Fahrstuhl, widok boczny = Seitenansicht, labor = Labor, sekcja = Sektionsraum, sień = Flur/Korridor, umywalnie = Waschräume, piece = Öfen, skład węgla = Kohlenlager, capo = Aufenthaltsraum der Kapos, przyrządy = Geräte, poczekalnia więźniów = Wartebereich für Häftlinge

DOK. 116
Ein aus Târgu Mureş deportierter Jude beschreibt seine Ankunft im Lager Auschwitz-Birkenau Ende Mai 1944[1]

Bericht, ungez., Budapest, vom 12.10.1944[2]

Pro Memoria

Dieses Protokoll wurde am 12. Oktober 1944 aufgenommen und der Erschienene bat uns, seinen Namen nicht in das Protokoll aufzunehmen.[3]

Ich kam am 5. Mai 1944 in das Marosvasarhelyer[4] Ghetto, welches auf dem Gelände der Ziegelfabrik errichtet wurde. Die Anzahl der in diesem Ghetto untergebrachten Menschen betrug ca. 6000. Wir wohnten in wand- und fensterlosen Trockenräumen, ca. 3000 Menschen bauten sich jedoch Holzzelte, welche mit Plachen,[5] Bettüchern bedeckt wurden. Die Ernährung war erträglich, nachdem wir Lebensmittel für 2 Wochen mitnehmen durften, und später war es möglich, von außen Trockengemüse und sonstige Nahrungsmittel hereinzubringen.

Reinigungsmöglichkeit war für Männer von früh 6 bis 7, für Frauen von 7–8, während welcher Zeit wir uns mit dem Wasser des am Fabriksgelände befindlichen Teiches waschen konnten. Anfangs waren für Frauen und Männer separate Latrinen, später aber als die Gendarmerie die Lagerverwaltung übernommen hat (kurz vor dem Abtransport), wurden die Frauen gezwungen, auch die Männerlatrinen zu benützen, so daß wir von diesem Zeitpunkt an unsere Bedürfnisse am gemeinsamen Orte verrichten mußten.

Einige Tage, nachdem wir ins Ghetto gelangten, begann das Verhör zwecks Ausforschung des jüdischen Vermögens und bei denjenigen, bei welchen der Verdacht bestand, daß sie ihr Vermögen zur Gänze oder teilweise verheimlichten, wurden Zwangsmittel angebracht, um sie zum Geständnis zu bringen. Zu diesem Zwecke wurden die betreffenden Leute nackt ausgezogen, dann schlug man sie mit Gummistöcken, besonders die Sohlen und die Handflächen, es geschah sogar, daß die verhörenden Gendarmen sich auf die verhörte Person legten, damit sie sich nicht bewegen kann, oder fesselten sie und schlugen dann den Kopf und den Hals, bis sie das verlangte Eingeständnis erfolterten. Sowohl Männer als auch Frauen wurden auf dieselbe Weise behandelt und sogar 16–17jährige Kinder wurden verhört, deren Eltern nicht so ausgesagt haben, wie dies von ihnen verlangt wurde; die Kinder wurden allerdings nicht so schwer mißhandelt wie die Erwachsenen.

Ich war ca. 16 Tage lang im Ghetto, als die Einwaggonierung begann. Dies geschah in drei Transporten; ich wurde mit dem dritten Transport weggetragen, so daß ich weiß, wie der erste und zweite Transport abgefertigt wurden. Am Vorabend eines jeden

1 CZA, C3/13.

2 Der Bericht umfasst fünf Seiten und wurde am 12.10.1944 vermutlich von Moshe Krausz in der Schweizerischen Gesandtschaft in Budapest zu Protokoll gegeben. Sprachliche Fehler wie im Original.

3 Es war im Okt. 1944 davon auszugehen, dass die SS nach geflohenen Häftlingen fahndete.

4 Ungar. Marosvásárhely, heute Târgu Mureş in Rumänien, 1940–1944 ungar. besetzt.

5 Grobes Leinentuch.

Transportes wurden sämtliche Personen einer Leibesvisitation unterzogen, die mitgebrachten Sachen wurden durchsucht, und es wurden sämtliche Werte, Geld und Bekleidungsstücke weggenommen, bis auf 2 Hemden, 2 Unterhosen, 1 Anzug, 1 Paar Schuhe, 2 Paar Strümpfe bei Männern und bei Frauen die entsprechenden Kleidungsstücke derselben Anzahl. Das Paket durfte samt den verbliebenen Nahrungsmitteln nicht mehr als 6–7 kg wiegen; in Ausnahmefällen wurden höchstens 10 kg bewilligt. (Hier möchte ich bemerken, daß als wir ins Ghetto gingen, wir so viel Kleidungsstücke und Lebensmittel hereintragen konnten, als wir wollten und auch später war es möglich, aus der Wohnung die benötigten Sachen hereinzubringen, natürlich nur unter entsprechender Überwachung.)
Nach der Untersuchung wurden die Leute noch strenger bewacht, bis es zur Einwaggonierung am anderen Tag kam. Mit einem Transport wurden ca. 2000 Menschen weggeführt. Die Einwaggonierung geschah in der Weise, daß in einem 15–20 Tonnen Waggon 70–80 Menschen samt Paketen getan wurden, ohne Rücksicht auf Alter und Geschlecht. Bei dem 1. Transport kam es vor, daß draußen an der Station festgestellt wurde, wonach einige mehr Gepäck bei sich hatten, als erlaubt war und dadurch hätten nicht so viele Menschen untergebracht werden können, als beabsichtigt war. Aus diesem Grund wurden einfach ganze Pakete weggenommen, welche schon keinen Platz mehr im Waggon hatten, so daß viele Leute ganz ohne Ausrüstung abfahren mußten. Im Waggon konnten wir uns setzen und die Schlafmöglichkeit lösten wir auf die Weise, daß wir abwechselnd schliefen. Die Einrichtung des Waggons bestand aus 2 Eimern, der eine mit Trinkwasser, der andere diente als Abort. Letzteren verbarrikadierten wir bei Gebrauch.
Vor Abgang des Zuges bekam ein jeder ½ kg Brot, sonst hatte jeder nur das an Lebensmitteln bei sich, was ihm noch geblieben war. Vor der Abfahrt wurden die einzelnen Waggons abgesperrt, nur eine Spalte von 20 cm wurde an der Türe offengelassen, ferner die Fensterlüftung. Die Reise dauerte von Marosvasarhely über Kassa nach Auschwitz ca. 4 Tage. Während dieser Zeit bekamen wir nirgends zu essen, Wasser auch nur zweimal (einmal war es in Kassa). Wie ich mich erinnern kann, konnten wir uns außerdem noch zweimal Wasser verschaffen, einmal bot sich sogar auch Waschmöglichkeit für Männer (das war, glaube ich auch in Kassa) am Brunnen der Station, wofür jedoch der Wache Geschenke gemacht werden mußten.
Bis Kassa waren die Begleiter Gendarmen, dort übernahmen uns SS-Männer, welche uns noch strenger behandelten. Man teilte uns in Kassa durch die jüdischen Waggonaufseher mit, daß wir zur Arbeit nach Deutschland fahren, wir werden es gut haben, aber jeder Fluchtversuch wird mit dem Tode bestraft. Wir wurden weiter aufgefordert, alle noch bei uns befindlichen Werte abzugeben. Nach einer halben Stunde ging es weiter nach Auschwitz. Während der Fahrt sind meines Wissens zwei Todesfälle vorgekommen und waren dies alte Leute, die die Strapazen nicht ausgehalten haben.
Vormittags um 11 Uhr kamen wir in Auschwitz an. Dieser Ort liegt meines Wissens in Oberschlesien, ca. 50 km nordwestlich von Krakko[6] entfernt. Von da wurden wir noch weiter zur 2 km entfernten Station Birkenau rangiert, wo wir auswaggoniert wurden. Die Auswaggonierung geschah in Anwesenheit der SS-Männer und der im Lager lebenden

6 Richtig: Krakau. Auschwitz befindet sich 60 km westlich von Krakau.

polnischen Juden.[7] Wir mußten ohne Rock und Pakete aussteigen und man sagte uns, daß wir später alles zurückbekämen. Es waren einige, die sogar ohne Schuhe blieben. (Wie wir später erfuhren, nahmen die polnischen Juden sämtliche Sachen, die im Waggon blieben, zu sich und verwendeten sie für ihre eigenen Zwecke. Diese Gruppe von polnischen Juden wurde „Kanada" genannt, mit welchem Spitznamen ausgedrückt werden sollte, wie viel fremde Valuten sie geraubt haben. Ich weiß von einem Fall, wo ein Mann aus Huszt 400 $ bei sich hatte und die Hälfte davon einem Polen antrug, worauf der Pole ihn barsch ohrfeigte, so daß er zum Boden fiel. Danach nahm er natürlich die ganzen 400 $ zu sich). Die bei der Auswaggonierung anwesenden polnischen Juden behandelten uns auf die schmählichste Weise, sie schlugen die Leute, wenn sie nicht schnell genug aus dem Waggon herausstiegen.

Nach der Auswaggonierung wurden wir in 5 Gruppen geteilt: separat die gesunden, separat die kranken Männer und Frauen, letztere mit Kindern bis zu 12 Jahren, sowie alte Leute über 60 Jahren und dann separat die Kinder von 12–17. Ich wurde in die Gruppe der gesunden Männer eingeteilt und bat, von meinem einzigen 12-jährigen Jungen nicht getrennt werden zu müssen, nachdem ich Witwer bin und das Kind keine Mutter hat. Der Leutnant, dem ich meine Bitte zuerst vorbrachte, willigte ein, nach einigen Minuten kam jedoch ein höherer Offizier, der das Kind fragte, wie alt es sei und nachdem es, leider ehrlich, sagte, daß es 12 Jahre alt ist, wurde es von mir [weggenommen und] in die Frauengruppe getragen. Seitdem weiß ich nichts von ihm.

Nach der Einteilung in Gruppen wurden wir in einen Desinfizierraum gebracht. Auch hier verrichteten Juden die Arbeit u. zw[ar] auf die grobste Weise, keine berechtigte Bitte wurde erfüllt (z. B. Zurückbehaltung von Familienfotografien, Andenken, Schriften usw.) und alles wurde von uns weggenommen. Auch die Enthaarung wurde auf die schmerzlichste Weise vollzogen.

Nach der Desinfizierung kamen wir ohne jede Ausrüstung, bloß in einem gestreiften Sträflingsanzug zu 300–400 in eine Baracke, wo der Blockälteste (ein christlicher Pole) uns empfing und uns neuerdings darauf aufmerksam machte, alle unsere Werte, wo immer wir sie in unserem Körper versteckt hätten, abzugeben, denn wir werden röntgenisiert und derjenige, bei dem man etwas findet, wird totgeschossen. Drei, vier Nächte hindurch schliefen wir auf der nackten Erde, eng beieinander, denn es war kalt in der Baracke und wir waren ohne Decke, nur in dem nach der Desinfizierung bekommenen leichten Sträflingsanzug. Zwei Tage lang bekamen wir nichts zu essen, wir wurden geschlagen, wenn wir die Befehle nicht schnell genug befolgt haben. Jeder Blockälteste hatte 2–3 Gehilfen, ebenfalls christliche Polen, die bei dem Schlagen behilflich waren. Dieselben zogen die guten Marschschuhe von einigen Leuten ab und gaben ihnen dafür schlechte Schuhe, Sandalen oder auch gar nichts.

Nach zwei Tagen begann man unsere Daten aufzunehmen und teilte uns nach unserem Fach ein. Ich meldete mich als Wasserleitungsinstallateur. Wir wurden kartothekisiert und in eine andere Baracke geführt, wo man uns zum Abtransport vorbereitete. In dieser Baracke wurden 1000 Menschen gesammelt und wir blieben 3–4 Tage lang.

7 Für den sog. Rampendienst wurden nicht nur poln. Juden eingesetzt. Die dort tätigen Häftlinge mussten das mitgebrachte Eigentum der Eintreffenden sortieren und in die Effektenlager bringen.

Die Verpflegung in Birkenau bestand nach 2-tägigem Hungern aus 3 dl schwarzem Kaffee (bitter) zum Frühstücke, dickem Grünzeuggemüse zum Mittagessen, welches wir zu fünft aus einer Schüssel essen mußten, ohne jedes Esszeug, dann zum Nachtmahl eine dünne Scheibe Salami oder ein Esslöffel Marmelade und 20 dg Brot pro Person. Das Essen wurde in ziemlich schmutzigen Holzfässern von der Küche zu den Blocks gebracht.
In Birkenau war ich unter anderen mit Ing. Joachim Jachtzel, Georg Réti aus Marosvasarhely, Glashändler Komlos aus Nagyvarad[8] von den namhafteren Leuten zusammen.
Dann wurden wir zur Schuttabtragung von Birkenau nach Warschau gebracht.[9] Zu diesem Zwecke wurden wir zuerst zur Station Birkenau getrieben, wo 50 Leute in einem Waggon untergebracht wurden. In jedem Waggon waren zwei SD-Leute, welche den Befehl hatten, uns zu bewachen. Wir mußten uns setzen, und sie hatten den Befehl, daß jeder, der aufsteht, sofort niedergeschossen werden soll. Sprechen durfte auch nur der, welcher die Hand hob und Erlaubnis zum Sprechen bekam. Wir bekamen bei dem Einwaggonieren 1.20 kg Brot, 20 dg Salami und 20 dg Margarine pro Person mit. Die Reise dauerte einen Tag.
Bei der Ankunft in Warschau brachte man uns in ein bereits vorbereitetes Lager, wo man im Hof unsere Daten aufnahm und uns in Blocks einteilte. In einem Block wohnten 300–400 Menschen. Da war die Unterkunft schon besser. Ein jeder hatte ein Soldatenbett, welche Betten übereinander gereiht waren, später mit einem Strohsack und zwei Decken. Zu essen bekamen wir aber erst nach anderthalb Tagen. Waschen konnten wir uns an einem modernen Waschbecken, Seife und Handtücher bekamen wir auch.
Die Arbeitseinteilung war folgende: Um 5 Uhr morgens wurden wir geweckt, dann gingen wir in den Hof, wo SS-Leute uns zählten und um ¾ 6 Uhr marschierten wir zu unserem Arbeitsplatz. Mein Arbeitsplatz war ca. 500 m vom Lager entfernt. Unsere Aufgabe war, die Ziegeln, Eisenstücke aus dem vollkommen zertrümmerten Ghetto Warschaus zu reinigen und zum Transport vorzubereiten. Auch verrichteten wir Ausbesserungsarbeiten, und ich selbst war zum Kalklöschen eingeteilt. Die Arbeitszeit war von früh 6 Uhr bis 12 und von nachmittags 1 bis 6. Von der einstündigen Mittagszeit fielen maximum 10 Minuten auf das Essen selbst, weil die Verteilung des Mittagessens in den Wohnbaracken geschah und mit dem Hin- und Hergehen und mit dem Warten auf die Verteilung die übrige Zeit verging. Hier war das Essen zwar schwach, aber trotzdem annehmbar und jedenfalls besser als in Auschwitz, sowohl der Menge als auch der Qualität nach. Das Schlimmste war nur, daß die Blockältesten, die größtenteils polnische Juden waren, einen wesentlichen Teil der Lebensmittel gestohlen haben, und sie und ihre Gefährten lebten davon gut, was man ihnen auch ansah.
Um den 25. Juli wurden von meinen Arbeitsgefährten ca. 4000 nach unbekanntem Orte abtransportiert.[10] Nach meiner Information wurden sie hingerichtet. Ich habe diesbezüglich von einem zurückgekommenen SS-Mann, der als Begleiter mit dem Transport ging, erfahren, daß die Leute ca. 60 km von Warschau entfernt, in einem Walde, wohin

8 Ungar. Nagyvárad (rumän. Oradea), 1940–1944 ungar. besetzte Stadt in Rumänien.
9 Gemeint ist das Konzentrationslager Warschau, das nach der Zerstörung des Warschauer Gettos im Frühjahr 1943 auf dem ehemaligen Gettogelände für zunächst 4000, später bis zu 6500 Häftlinge, vor allem Juden, errichtet wurde. Sie mussten Abriss- und Aufräumarbeiten im zerstörten Stadtviertel leisten. Am 1.5.1944 wurde das Lager dem KZ Lublin-Majdanek unterstellt.
10 Siehe Dok. 165 vom 27.7.1944 und Dok. 166 vom 28.7.1944.

sie zu Fuß getrieben wurden, von Partisanen überfallen wurden und damit sie nicht in die Hände von Partisanen gelangen, wurden alle 4000 Juden von den Deutschen totgeschossen. Ich betone, daß ich über diesen Umstand nur indirekt informiert wurde.[11]
Nach dem Transport blieben wir ungefähr 400 Leute an dem bisherigen Arbeitsplatz zurück, mit der Aufgabe, bei der Einwaggonierung der deutschen Werte behilflich zu sein, damit sie nicht in die Hände der damals schon herannahenden Russen gelangen. Ungefähr 3 Tage lang arbeiteten wir hier, bis am 1. August um ½ 6 Uhr abends das Lager von den polnischen Freiheitskämpfern angegriffen und wir befreit wurden.[12] Dann gingen wir in die Stadt, wo die polnische Bevölkerung unsere Sträflingskleider gegen Zivilkleider eintauschte, und man teilte uns zur Arbeit in die Truppe der Freiheitskämpfer ein. Ich sollte auch kämpfen, aber ich konnte es nicht und meldete mich lieber als Chauffeur. Als solcher arbeitete ich so lange, bis unsere Wagen nicht von den Deutschen zusammengeschossen waren. Dann wurde ich zum Sanitätsdienst eingeteilt. Die Transportierung der Verwundeten geschah unter sehr schweren Verhältnissen, wir mußten durch Kanäle in kniehohem Wasser waten. Wegen des dauernden Bombardements wurden wir von einem Stadtteil in den anderen versetzt, bis wir schließlich von den Deutschen gefangen genommen und zusammen mit den Partisanen in den in ihrem Besitz befindlichen Stadtteil überführt wurden, von wo man uns am anderen Tag um 11 Uhr vormittags in einen anderen, ca. 8 km entfernten Stadtteil schickte, und in dem Keller einer Kirche unterbrachte, wo man uns verhörte. Hier habe ich mich zuerst als Jude gemeldet, als ich aber vom Feldwebel hörte, daß die Juden zurück nach Auschwitz geschickt werden, berichtigte ich beim zweiten Verhör meine Aussage und erklärte, daß ich ungarischer Nichtjude sei. Daraufhin wurde ich zu der Zivilkompanie eingeteilt, deren Mitglieder ihre Zivilbeschäftigung wieder aufnehmen konnten. Danach wurde ich 30 km von Warschau geschickt, wo ich als Aushilfe in einem Augenspital arbeitete. Als ich erfuhr, daß Ungarn nach Hause befördert werden, meldete ich mich bei einem ungarischen General, welcher mir zur Heimfahrt verholfen hat.[13] Ich kam mit einem gemischten Transport nach Ungarn, wo man mich der Polizei übergab. Da bekam ich einen Beschluß, wonach ich als Flüchtling ins Land kam und mich hier aufhalten darf.
Dies war mein Schicksal. Was mit den übrigen Gruppen geschah, weiß ich nicht. Als wir noch in Birkenau waren, versuchten einige verheiratete Männer mit ihren Frauen, die in den benachbarten Blocks untergebracht waren, zu korrespondieren, und ich weiß, daß kinderlose Frauen antworteten, diejenigen Frauen aber, die zusammen mit ihren Kindern waren, gaben keine Antwort. Hier weiß ich nichts Positives. Das Einzige, was ich weiß, ist, daß, als wir in Birkenau ankamen, strömte uns ein furchtbarer Brandleichengeruch zu, so daß von den Gruppen, die bei Nacht ankamen und außer dem Geruch zu spüren auch noch die von den Krematorien aufsteigenden Flammen sahen, viele dort Selbstmord verübten. Die Krematorien – vier bis fünf an der Zahl – befanden sich neben

11 Im Rahmen der Räumung des Lagers Warschau starben zahlreiche Häftlinge. Rund 200 marschunfähige Häftlinge ermordete die SS im Vorfeld der Räumung, weitere gezielte Massenmordaktionen fanden nicht statt.

12 Am 1.8.1944 begann der Warschauer Aufstand der poln. Heimatarmee gegen die deutsche Besatzung.

13 Da Ungarn ein Verbündeter des Deutschen Reichs war, wurden von dort keine Zwangsarbeiter in das deutsche Herrschaftsgebiet verschleppt. Maximal 50 000 ungar. Zivilarbeiter waren dort jedoch auf freiwilliger Basis in der Landwirtschaft eingesetzt.

unserem Lager, welche während unserem Dortsein Tag und Nacht arbeiteten. Ich selbst habe die Kamions gesehen, welche die zur Vergasung bzw. Verbrennung bestimmten Menschen brachten. Von den polnischen Juden, die in die Gaskammern und Krematorien eingeteilt waren, hörte ich, daß hier die Deportierten umgebracht werden. Dies geschah nach Aussage dieser eingeteilten Leute in der Weise, daß nachdem man den zur Vernichtung bestimmten Leuten gut zu essen gab, führte man sie in ein Bad, wo die Dusche so funktionierte, daß aus dem Hahn außer Wasser auch Gas strömte. Die Leichen wurden dann in das Krematorium gebracht und dort verbrannt.
Im Lager Birkenau wurden die im Lager erkrankten Leute einfach vor die Baracke gelegt und dort blieben die Leute ohne Arznei und Pflege, bis sie umkamen.
Ich bekräftige die Wahrheit meiner Aussage mit meinem Ehrenwort.

DOK. 117
Der 13-jährige Luigi Ferri beschreibt sein Überleben in Auschwitz vom Juni 1944 bis zur Auflösung des Lagers im Januar 1945[1]

Protokoll der Vernehmung von Luigi Ferri[2] durch Jan Sehn, Mitglied der Kommission zur Untersuchung der Hitlerverbrechen in Oświęcim, und Wincenty Jarosiński, unter Mitwirkung von Helena Boguszewska-Kornacka, Krakau, vom 21. und 23.4.1945[3]

[...][4]
Nach achttägiger Fahrt erreichten wir irgendeine Bahnstation, wie wir später erfuhren, war es Auschwitz und Birkenau. Das war am Abend. Von unserem Transport waren noch auf Reichsgebiet einige Waggons mit italienischen und jugoslawischen sogenannten Partisanen abgehängt worden. Der Transport, mit dem wir nach Auschwitz kamen, umfasste 45 Personen. Nach der Ankunft des Transports verschwand der SS-Mann, der uns eskortiert hatte und das Verzeichnis der Deportierten besaß. Ein anderer im Lager tätiger SS-Mann kam, der überhaupt nicht wusste, was für ein Transport angekommen war und ob das Juden oder Arier waren. Ohne überhaupt nachzufragen, wer wir sind, behauptete er, es handele sich um einen Judentransport, und befahl, uns in Fünfergruppen aufzustellen. Anschließend machten wir uns, eskortiert von zwei SS-Männern, auf einen langen Weg. Unterwegs wurden Frauen ohnmächtig. Die Bewusstlosen mussten von uns Übrigen getragen werden. Uns wurde erklärt, wir gingen in ein Bad.[5] Dort teilte man uns in zwei Gruppen auf, Männer und Frauen getrennt. Mich teilte man der Männergruppe zu. Als ich anfing zu weinen und meine Großmutter nicht verlassen wollte, erlaubte man mir, bei ihr zu bleiben. Nach dem Bad kamen meine Großmutter und die übrigen Frauen mit geschorenen Köpfen und ganz jämmerlich gekleidet wieder

1 AIPN, GK 174/225, Bl. 1–14, hier Bl. 4–14. Das Dokument wurde aus dem Polnischen übersetzt.
2 Luigi Ferri (*1932); lebte 1944 bei seiner jüdischen Großmutter in Triest und wurde im Juni 1944 zusammen mit dieser in das Sammellager Risiera di San Sabba gebracht, von dort nach Auschwitz deportiert, im Jan. 1945 befreit; kehrte nach dem Krieg nach Italien zurück.
3 Fotos von der Zeugenvernahme Ferris siehe USHMM Photo Collection #13533 und #13534.
4 Auf den ersten drei Seiten berichtet Ferri von seiner Inhaftierung in Triest, dem Aufenthalt im Durchgangslager Risiera di San Sabba und der Deportation nach Auschwitz.
5 Die Eingangsprozedur fand zu diesem Zeitpunkt in der Zentralen Sauna statt.

zurück. Ihre Kleidung war am Rücken mit einem roten Kreuz markiert. Während die Frauen badeten, wartete ich neben dem Bad und wurde nicht geschoren. Weil ich während der gesamten Zeit im Lager keinem einzigen Mann aus der Gruppe, die mit uns nach Auschwitz gekommen war, wieder begegnete, ging ich davon aus, dass man sie alle mit Gas vergiftet hatte. Nach dem Bad führte man mich zusammen mit den Frauen ins Frauenlager und brachte uns in einer alten, damals nicht benutzten Badestube unter. Bei unserer Ankunft befanden sich dort schon Frauen. Sie waren völlig nackt. Wie wir von ihnen erfuhren, hatte man ihre Kleidung zum Entlausen weggebracht. Dort verbrachten wir eine Nacht. Am Morgen kam ein SS-Mann und verkündete, dass ich nicht länger in der Frauenabteilung bleiben könne, und nahm mich mit. Als ich mich sträubte und bei meiner Großmutter bleiben wollte, schlug mir der SS-Mann zweimal mit der Hand ins Gesicht und drohte, dass er mich erschießen würde. Ich wurde mit Gewalt mitgeschleift und ins Männerlager, in den Abschnitt B II a, in den Quarantäneblock Nr. 2 verbracht. Seither habe ich meine Großmutter nicht mehr gesehen. Ungefähr sechs Monate nach unserer Ankunft in Auschwitz erfuhr ich jedoch von einer Frau aus unserem Transport, dass meine Großmutter zwei Monate zuvor gestorben beziehungsweise mit Gas vergiftet worden war. Ich blieb bis November 1944 in den Quarantäneblocks 2, 7, 10, 12 und 13. Vom ersten Augenblick meiner Ankunft im Männerlager an quälten mich der Blockälteste, Pinkus, ein polnischer Jude, der Pole Mietek Katarzyński und der Blockälteste von Block 5, Franek, mit dem Versprechen, ich würde noch am selben Tag zusammen mit meiner Großmutter in einem Lager untergebracht werden. Dazu führten sie mich mehrmals auf den Flur des Blocks oder in die Schreibstube, um ein Schriftstück zu unterschreiben, aufgrund dessen ich angeblich in den Block meiner Großmutter verlegt werden sollte. Anschließend holten sie andere Häftlinge dazu und lachten mich aus. Diese Art von Scherzen machten sie häufig. Ich wollte aber unbedingt wieder mit meiner Großmutter zusammen sein. Deshalb wandte ich mich nach zwei Tagen im Männerlager an den deutschen Lagerarzt Dr. Tilo[6] und bat ihn, mir zu helfen, in den Block meiner Großmutter verlegt zu werden. Ich war dabei, als Dr. Tilo daraufhin den Rapportführer Kurpanik[7] fragte, was dieser Junge denn hier mache, denn alle Jungen würden direkt nach ihrer Ankunft in die Gaskammer geschickt. Kurpanik erklärte, dass er nicht wisse, woher ich komme und ob ich Jude oder vielleicht ein Mischling sei, worauf Dr. Tilo verkündete, dass er „den morgen hier nicht mehr sehen" wolle. Als ich nach diesem Gespräch in den Block 2 zurückkam und heftig weinte, weil ich Angst hatte, umgebracht zu werden, kümmerten sich die älteren Häftlinge im Stubendienst und Dr. Wolken um mich, der damals als Ambulanzschreiber im Block arbeitete. Sie erklärten, dass sie versuchen würden, mich zu verstecken bzw. in einem anderen Lagerabschnitt unterzubringen. Tatsächlich kümmerte sich dann nur Dr. Wolken um mich, der mir seit meinem ersten Tag in Block 2 immer behilflich war. Dr. Wolken war nicht nur im Block 2 Ambulanzschreiber. Er befahl mir, den Block nicht zu verlassen. Wenn ein SS-Mann oder irgendeine Kontrolle käme, sollte ich mich auf der obersten Bettenetage in einer Ecke verstecken und mich gut zudecken. Dr. Wolken kam des Öfteren tagsüber und jeden

6 Dr. Heinz Thilo.

7 Karl Kurpanik (1909–1946), Arbeiter; 1940 SS-Eintritt; SS-Uscha.; Aug. 1943 Rapportführer im Quarantänelager B II a; 1946 vor dem Sondergericht Katowice zum Tode verurteilt und hingerichtet.

Abend zu mir. Während unserer Gespräche riet er mir, wie ich mich zu verhalten hatte, um meine Anwesenheit im Lager nicht zu verraten. Sowohl der Blockälteste als auch die Männer vom Stubendienst in Block 2 wussten, dass ich mich dort aufhielt, aber sie kümmerten sich nicht weiter um mich. Nach sieben Tagen in Block 2 brachte man mich in den Block 7, wo ich zwei Wochen verbrachte, anschließend in Block 10, in dem ich ungefähr drei Wochen blieb. Der Blockälteste in Block 10 war ein gewisser Warchomy, ein Pole. Er war ein schlechter Mensch. Er befahl mir, zu arbeiten, den Block und die Küche sauber zu machen, und schlug mich oft. Er betrog auch die Häftlinge beim Austeilen von Brot und anderen Zuteilungen. Von Block 10 brachte man mich in den Block 13. Als ich noch im Block 7 war, beobachtete ich, wie den Häftlingen Nummern eintätowiert wurden. Die Häftlinge wurden vom Unterkapo Katzengold, einem französischen Juden, in Empfang genommen und tätowiert. Ich lernte ihn damals kennen, und er mochte mich. Auf Bitten von Dr. Wolken „schmuggelte" er mich, als ich in Block 13 war, in einen gerade eingetroffenen Transport aus Rhodos ein, ich wurde als neu angekommener Häftling registriert, tätowiert und erhielt die Nummer B-7525.[8] Das machte es mir leichter, mich im Lager zu bewegen, aber vor allem ermöglichte es mir, in die Ambulanz zu gehen, in der mein Beschützer Dr. Wolken arbeitete. Dr. Wolken wohnte im Block 16. Aus Block 13 verlegte man mich als Nächstes in den Block 12 und nach zwei Wochen wieder zurück in Block 13, wo zu dieser Zeit arische Kinder untergebracht waren, die aus Warschau hergebracht worden waren. Diese Kinder kamen in vier Transporten an. Das war im August 1944.[9] Dr. Wolken brachte mich in Block 13 unter, weil damals nur in diesem Block keine Selektionen für das Gas stattfanden, während man zur selben Zeit in den anderen Blocks viele Selektionen durchführte. Ich weise darauf hin, dass ich in den Blocks 12 und 14 nie übernachtete und mich dort auch nicht aufhielt. Ich wurde dort nur als Häftling geführt. Tatsächlich verbrachte ich die Tage bei Dr. Wolken in der Ambulanz. Weil dieser fürchtete, man könnte mich dort erwischen, und weil unter den Kindern in Block 13 Scharlach ausgebrochen war und der Block isoliert wurde, wandte sich Dr. Wolken an Dr. Tilo und bat ihn, mich als Ambulanzlaufbursche für die Ambulanz in Block 16 aufnehmen zu dürfen. Dr. Tilo hatte mich und meine am zweiten Tag im Lager an ihn gerichtete persönliche Bitte längst vergessen, und weil er gerade guter Laune war, stimmte er zu. So war ich bis November 1944 Laufbursche der Ambulanz. Damals wohnte ich mit Dr. Wolken in einer Stube, und er behandelte mich wie einen Sohn. Zu meinen Aufgaben gehörte es, sämtliche Botendienste für die Ambulanz zu erledigen. Am 1. November 1944 wurde der Abschnitt B II a aufgelöst. Die Kranken und das Personal wurden in den Abschnitt B II f verlegt. Unmittelbar nach unserer Ankunft in diesem Abschnitt wurde der Lagerälteste, der Pole Dr. Senkteler,[10] auf mich aufmerksam. Er teilte Dr. Wolken mit, ich könne nicht weiter mit den Ärzten und Pflegern zusammenbleiben und müsse ins Arbeitslager verlegt werden. Dr. Wolken erwiderte, dass er in diesem Fall mit mir gehen würde, bat jedoch darum, dass ich im Abschnitt B II f bleiben könne. Senkteler machte das von Dr. Tilos Entscheidung abhängig, der an jenem

8 Diese Nummer wurde am 16.8.1944 vergeben.

9 Nach dem Warschauer Aufstand wurden rund 13 000 poln. Zivilisten nach Auschwitz gebracht. 10 % von ihnen waren Kinder und Jugendliche, davon rund 650 unter 14-Jährige.

10 Richtig: Dr. Zenon (auch Roman) Zenkteller (1889–1974), Arzt; leitender Häftlingsarzt im Quarantänelager B II a und vorübergehend Lagerältester im Häftlingskrankenlager B II f.

Tag jedoch nicht anwesend war, weshalb Dr. Wolken die Angelegenheit nicht klären konnte. Am nächsten Tag kam der Befehl, die Menschen mit Gas zu vergiften. Das war am 3. November, an dem auch ein Transport slowakischer Juden aus Sered mit 800 Personen, Männer, Frauen und Kinder, das Lager erreichte. Da sie medizinisch versorgt werden mussten, wurden sie in den Abschnitt B II a abkommandiert, wo man sie mit zwei Ärzten, einer davon Dr. Wolken, einem Blockältesten und mir unterbrachte. Wir verbrachten ungefähr eine Woche in Abschnitt B II a, im Block 16. In dieser Zeit wurde Dr. Tilo ins Lager Groß-Rosen versetzt. Dieser Umstand erleichterte es Dr. Wolken, mich in die Ambulanz im Abschnitt B II f in den Block 13 zurückzubringen. Dr. Senkteler vergaß meine Anwesenheit im Block, und der Schreiber der Hauptschreibstube versicherte Dr. Wolken, ich könne ruhig in Block 13 bleiben. So war ich auch an dem Tag dort, an dem Dr. Senkteler in einem Transport in ein anderes Lager in Deutschland überstellt wurde. Er war ein sehr böser Mensch.[11]
In Block 13 arbeitete ich als Laufbursche. Der Block bestand aus drei Teilen. In einem Bereich befand sich die sogenannte „Bekleidungskammer",[12] in der ich beschäftigt war, ein Raum für die Pfleger und eine Diätküche. Kapo in der Bekleidungskammer war der Deutsche Paul Bracht, Nr. 3287.[13] Er war ein böser Mensch, der vor allem Juden hasste. Die Häftlinge unterteilte er in drei Kategorien: in Juden, die er am schlechtesten behandelte, in Polen und in Deutsche. Beim Austeilen von Kleidung und Wäsche bekamen die Juden die schlechtesten Sachen ab, den Deutschen überließ er die besten. Ich musste die Unterwäsche sortieren, und wenn ich einem Juden ein besseres Hemd geben wollte, nahm Bracht es mir weg und befahl mir, ein zerrissenes herauszugeben. Dasselbe passierte mit Oberbekleidung und Schuhen. Ohne jeglichen Befehl ließ er verschiedene Blocks durchsuchen, und wenn er ein zusätzliches Wäschestück, eine Hose oder eine Jacke fand, beschimpfte er den Besitzer und schlug ihn. Die Sachen nahm er mit. Die jeweiligen Blockältesten reagierten gar nicht darauf, weil sie Angst vor ihm hatten. Ich erinnere mich, dass Bracht einmal den Block von Dr. Grossmann durchsuchte. Dabei fand er bei ihm irgendwelche Wäsche, die er konfiszierte, und beschimpfte ihn mit den übelsten Ausdrücken wie „Dreck, Schwein". Bracht war ein ganz gewöhnlicher Verbrecher, ein Mörder, der 15 Jahre in verschiedenen Lagern in Deutschland verbracht hatte. Nach einem Monat bat ich darum, in einen anderen Block versetzt zu werden, weil ich Angst vor Bracht hatte. Ich wurde dann nach Block 16 verlegt, wo sich der Waschraum befand. Dort blieb ich bis Ende 1944 und arbeitete als Laufbursche. Der dortige Blockälteste war ein deutscher Kommunist, Hans Denstädter, der später von der Sowjetarmee festgenommen wurde.[14] Er quälte insbesondere die Kranken, die in den Waschraum gebracht wurden. Statt sie zu waschen, schlug er sie so furchtbar mit einer harten Bürste, dass die meisten der Schwerkranken starben. Deutsche behandelte er wesentlich besser, er schlug sie nicht und ging korrekt mit ihnen um. Die Juden behandelte er auf besondere Weise. Ich berichtige, dass ich bis zum Ende meines Lageraufenthalts, d. h. bis die Sowjetarmee das Lager am 28. Januar 1945 einnahm, in der Waschbaracke blieb. Die reguläre Arbeit dort dauerte jedoch nur bis zum 17. Januar 1945. In der Nacht

11 An dieser Stelle wurde die Anhörung unterbrochen und am 23.4.1945 fortgesetzt.
12 Im Original deutsch.
13 Richtig: Carl Bracht (1893–1964), Schachtmeister, Fuhrmann; lebte nach dem Krieg in Meschede.
14 Richtig: Hans Dennstädt, wurde im Aug. 1942 aus Dachau nach Auschwitz überstellt.

des 17. Januar 1945 gab es Fliegeralarm. Ich arbeitete ja ausschließlich tagsüber in Block 16, die Nächte verbrachte ich in Block 12 bei Dr. Wolken, der mich weiterhin illegal bei sich behielt, denn ich war im Block 16 registriert, in den damals die sogenannten Zwillinge[15] kamen. Am 17. Januar 1945 nachts kam der Blockälteste von Block 6, 5 und 7, Karl Isemann,[16] in den Block 12 und forderte uns auf, uns schnell anzuziehen und den Block zu verlassen. Ein Teil der Häftlinge folgte den Anweisungen und begab sich zügig zu Block 1. Dr. Wolken und ich gingen mit einer anderen Gruppe zu Block 1, aber als wir hörten, dass noch zwei oder drei Leute aufgerufen wurden, um die Gruppe zu vervollständigen, gingen wir nicht zu dieser Gruppe. Das war möglich, weil die Nacht vollkommen dunkel war. Später erfuhren wir, dass diese Häftlingsgruppe von etwa 40 Personen irgendwohin verschleppt wurde, aber ich weiß nicht, wohin. Am nächsten Tag wurde allen, die gesund und in der Lage waren, einen Weg von 50 Kilometern zurückzulegen, befohlen, sich in Reihen aufzustellen. Es wurde verkündet, dass der Abtransport aus dem Lager erfolge. Als sich am Morgen alle wie aufgefordert auf dem angewiesenen Platz aufstellten, hielt man sie bis 8 Uhr abends ohne jegliches Essen dort fest. Der Abmarsch aller Häftlinge fand an diesem Tag nicht mehr statt, und nach Überprüfung der Häftlingszahl kehrten wir in den Block zurück. Im Lager herrschte bereits völliges Chaos. Noch am selben Abend teilten die Lagerärzte die Häftlinge in drei Gruppen auf: solche, die einen Fußmarsch von 50 km zurücklegen konnten, solche, die bloß bis zum etwa 3 km entfernten Bahnhof laufen konnten, und die Schwerkranken, die sich gar nicht aus dem Lager fortbewegen konnten. Was Letztere angeht, kursierten im Lager Gerüchte, dass man sie vor Ort vergiften bzw. auf andere Art umbringen würde. Deshalb versuchte jeder irgendwie, in eine der beiden anderen Gruppen eingeteilt zu werden. Weil Dr. Wolken als Arzt die Kranken nicht ohne Betreuung zurücklassen wollte, beschloss er zusammen mit einigen anderen Ärzten, im Lager zu bleiben und mich bei sich zu behalten. Am nächsten Tag gegen 8 Uhr verließ die erste Gruppe mit den Gesündesten das Lager. Aus unserem Abschnitt gingen etwa 1000 Personen. Später hieß es, insgesamt hätten 25 000 Häftlinge das Lager verlassen. Diese Häftlinge wurden unter Bewachung von SS-Männern in Richtung Auschwitz-Buna geführt, und wie geflohene Häftlinge aus dieser Gruppe später erzählten, wurden sie in einem Wald bei Gleiwitz erschossen.[17] Am 19. Januar 1945 morgens befahl die SS allen, die dazu fähig waren, sich zur Arbeit bereit zu machen. Diese bestand darin, Leichen wegzuschaffen und die Kleidermagazine, die sich in der sogenannten „Effektenkammer Kanada" befanden, niederzubrennen. Dieser Tag war für die Häftlinge besonders schwer, denn wenn einer etwas aus den brennenden Magazinen beiseiteschaffen wollte, schlugen und traten ihn die SS-Männer auf unmenschliche Art und Weise. Das geschah auch aus anderen und völlig geringfügigen Gründen. Aufgrund des seit einer Woche im Lager herrschenden Chaos wurden die Leichen nicht mehr vollständig beseitigt. Es häuften sich ganze Berge an.

15 Gemeint sind die Zwillinge, die Josef Mengele für medizinische Experimente missbrauchte; siehe Einleitung, S. 26, 35.

16 Richtig: Karl Isenmann (*1902) gehörte zu den 25 deutschen Häftlingen, die in Dachau als Pfleger gearbeitet hatten und im April 1943 nach Auschwitz überstellt wurden, um dort auch als Häftlingspfleger eingesetzt zu werden; Blockältester im Häftlingskrankenbau in B II f.

17 Aus dieser Gruppe wurden nicht alle Häftlinge erschossen. Gemeint ist möglicherweise das Massaker bei Egersfeld; siehe Dok. 175 vom 20.1.1945, Anm. 8.

Unter anderem sah ich die blutüberströmten Leichen kleiner, sogar ganz kleiner Kinder. Diese mussten die Häftlinge an jenem Tag ins Krematorium IV bringen, wo sie verbrannt wurden. Die übrigen drei Krematorien waren da schon in die Luft gesprengt worden. Das Feuer von Kanada dauerte die ganze Nacht und weitere fünf Tage und Nächte an. Ich, Dr. Wolken und andere Häftlinge versuchten damals, etwas von der Kleidung aus den brennenden Magazinen herauszuholen, um die Kranken damit auszustatten, die keine Kleidung besaßen. Am 20. stürzten sich die Häftlinge, weil keine SS mehr im Lager war, auf die Lebensmittelmagazine, um sich mit Nahrung einzudecken. Auch ich nahm mehrere Brote aus einem Magazin mit. Plötzlich tauchten überraschend SS-Männer auf, begannen in die Luft zu schießen und die Häftlinge, die sich Essen genommen hatten, zu schlagen. Auch mir hielt ein SS-Mann den Revolver vor die Brust und drohte, mich zu töten. Sie blieben eine Stunde im Lager und fuhren dann auf Fahrrädern davon. Danach konnten wir in aller Ruhe alles aus den Lebensmittelmagazinen holen, was sich dort finden ließ. Die SS-Männer hatten auch etwas Munition und einige Gewehre auf dem Lagergelände zurückgelassen. Russische Häftlinge bemächtigten sich dieser Waffen und schossen damit in die Luft. Das hatte zur Folge, dass am nächsten Tag, also am 21. Januar, Dutzende Soldaten mit Maschinengewehren ins Lager kamen und alle Blocks nach Waffen durchsuchten. Ein Häftling verriet ihnen, dass der russische Häftling Andrejew mit einem Gewehr geschossen habe, doch man fand ihn nicht, weil er sich irgendwo versteckt hielt oder weggelaufen war. Nachdem weder die Waffen noch die Personen, die geschossen hatten, gefunden werden konnten, zog sich die Wehrmacht wieder zurück. Die Soldaten hatten die Häftlinge nicht besonders schikaniert, sondern nur mit den Händen geschlagen. Am nächsten Morgen um 6 Uhr kehrten dieselben Soldaten noch einmal zurück. Diesmal fanden sie Andrejew schlafend im Block 13. Sie legten ihn in Handschellen und befahlen ihm, die anderen russischen Häftlinge zu zeigen, nur die Kriegsgefangenen. Außer Andrejew gab es noch fünf. Alle wurden auf den Platz zwischen Block 14 und 15 geführt und dort erschossen. Einer der Russen war nicht sofort tot, sondern wurde bloß angeschossen. Man brachte ihn zusammen mit den Übrigen in die Leichenhalle, und als die Deutschen abgerückt waren, holte man ihn heraus und rettete ihm das Leben. Ich vermute, dass er bis zur Ankunft der Sowjetarmee in Auschwitz blieb. Das letzte Krematorium, Nr. IV, wurde am 26. Januar 1945 in die Luft gesprengt. Am 22., dem Tag nach der Erschießung der Russen, kamen wieder einige Soldaten und befahlen, deren Leichen zum Krematorium IV zu bringen. Ihnen entging, dass einer der erschossenen Russen fehlte. Die Leichen wurden auf einen Scheiterhaufen gelegt, den die Soldaten selbst in Brand steckten. Noch bis zum heutigen Tag befinden sich an dieser Stelle die nicht vollständig verbrannten Überreste der Russen. Am 25. Januar 1945 tauchten erneut zwei SS-Männer im Lager auf und befahlen allen Juden, sich am Weg aufzustellen. Dr. Wolken riet den Kranken, in ihren Betten zu bleiben, er selbst versteckte sich. Ich ging ins Frauenlager hinüber. 100 bis 150 Juden kamen aus den Blocks, die man durch das Tor nach draußen führte, wo noch weitere SS-Männer warteten. Dort fragte man sie, ob jemand ins Lager zurückkehren wolle. Acht bis zehn wollten ins Lager zurückkehren. Sie wurden auf der Stelle erschossen. Den Rest trieb man in Richtung Auschwitz I. Unterwegs wurden viele getötet, insbesondere Frauen. Aus einem uns nicht bekannten Grund überließ die SS-Eskorte den Transport plötzlich sich selbst, so dass die Überlebenden weglaufen konnten. All das erfuhr ich erst später von den Geflohenen. Bei der Zusammenstellung des Transports in Birkenau verhielten sich die

SS-Männer und der deutsche Kapo Otto Schulze den Kranken gegenüber äußerst brutal und schlugen sie. Als die sowjetischen Truppen am Abend des 27. Januar einmarschierten, erschossen sie Schulze. Es handelte sich um eine erste sowjetische Patrouille. Größere Einheiten folgten erst am 28. Januar 1945. Die Sowjettruppen stellten es jedem frei, nach Hause zu gehen. Wir blieben noch einen Monat, bis zur vollständigen Liquidierung des Lagers Birkenau, anschließend brachte man uns ins Lager Auschwitz I, von wo aus uns die Kommission, vor der ich jetzt aussage, nach Krakau brachte.

DOK. 118
Scottish Sunday Express: Ein ehemaliger polnischer Häftling berichtet am 4. Juni 1944 von den Verbrechen in Auschwitz[1]

Die Wahrheit über die deutschen Gaskammern

Der Rauch aus dem großen roten Schornstein
Von Jan Wolny,[2] einem 28-jährigen polnischen Schlosser, der Augenzeuge der Massenvernichtung der Juden in den Gaskammern der Gestapo wurde und sich nach vier Jahren Aufenthalt in deutschen Gefangenenlagern nun in Sicherheit befindet.
Nachdem man mich in Warschau gefangen genommen hatte, verbrachte ich sechs Monate in verschiedenen Lagern. Im Juni 1940 wurde ich schließlich nach Oświęcim (auf Deutsch Auschwitz) verlegt. Die Häftlinge dort haben keine Namen, nur Nummern. Meine Nummer lautete 1574. Als ich das Lager nach zweieinhalb Jahren verließ, war die Zahl der dort Inhaftierten auf 116 000 gestiegen, Juden und Russen nicht eingerechnet.[3]
Wir alle wurden nach Oświęcim geschickt, um dort zu sterben. Im Fall der Juden und Russen sollte der Tod so zügig nach ihrer Ankunft erfolgen, dass sich die Deutschen nicht einmal die Mühe machten, sie zu registrieren.[4]
Alle Neuankömmlinge mussten verschiedene Leibesübungen absolvieren. Man zwang sie, barfuß auf den Schotterwegen im Hof zwischen den Baracken im Kreis zu laufen. Die Wachen trieben die Alten und Schwachen mit Schlagstöcken an. Nach einigen Minuten waren Teile des Schotters bereits vom Blut der Läufer rot gefärbt.

Die Grausamkeit der Wachen
Wenn ein Mann ohnmächtig zusammenbrach, stießen die Wachen einen Schlagstock in seinen Mund und drehten ihn um. Dadurch kam er bald wieder zu Bewusstsein. Wenn

1 Scottish Sunday Express, 4.6.1944, S. 2: Truth about the German gas chambers. The smoke from the big red chimney. Das Dokument wurde aus dem Englischen übersetzt.
2 Die Identität von Jan Wolny konnte nicht geklärt werden. Es handelt sich mit großer Sicherheit um ein Pseudonym.
3 Es sind keine Dokumente erhalten, die es erlauben, die Identität des Häftlings mit der Nummer 1574 zu ermitteln. Es lässt sich jedoch sagen, dass es sich um einen poln. politischen Häftling handelt, der am 15.8.1940 mit dem ersten Transport aus Warschau nach Auschwitz gebracht wurde. Die Nummer 116 000 für männliche registrierte Häftlinge wurde im April 1943 vergeben.
4 Jüdische Häftlinge wurden registriert, wenn sie während der Selektion zur Arbeit ausgewählt worden waren. Erst im Sommer 1944 erhielten die sog. Durchgangsjuden, die zur Arbeit selektiert und in Außenlager anderer Lagerkomplexe gebracht werden sollten, in Auschwitz keine Registrierung mehr. Sowjet. Kriegsgefangene wurden im Lager registriert.

es den Wachen zu langweilig wurde, uns beim Laufen über den Hof zuzusehen, befahlen sie uns, stehen zu bleiben und uns so schnell wie möglich um uns selbst zu drehen. Dabei wurde uns schwindlig, es verursachte Brechreiz und Ohnmachtsanfälle. Am nächsten Tag begann alles wieder von vorne. In Oświęcim heilten Wunden nie.

Ich wurde zusammen mit sieben anderen Männern in einer Baracke untergebracht, die für fünf vorgesehen war. Eines Tages öffnete unser SS-Wachsoldat die Tür, zählte uns durch und sagte: „Es sieht so aus, als wäret Ihr hier ein wenig zusammengepfercht." Wir bestätigten das, worauf er meinte: „Dann muss ich mich wohl darum kümmern." Er deutete auf drei von uns und befahl ihnen, ihm zu folgen. Wenige Minuten später hörten wir Gewehrschüsse. Die drei Männer kehrten nie zurück.

Häftlinge, die nicht arbeiten konnten, wurden getötet. Wie die meisten anderen Häftlinge wurde auch ich zu Bauarbeiten herangezogen. Das Lager wurde ständig erweitert, immer mehr Baracken wurden errichtet. Wir fanden bald heraus, warum. Oświęcim sollte zum Schlachthaus Europas werden, in dem auf wissenschaftliche Weise Massenhinrichtungen durchgeführt werden konnten.

Die Arbeit begann morgens um 5 Uhr nach dem Frühstück, das aus Ersatzkaffee bestand. Um die Mittagszeit erhielten wir einen Teller Suppe ohne Fleisch, mit Mehl angedickt. Um 8 Uhr abends hörten wir auf zu arbeiten. Danach folgten der Zählappell und das Abendessen, bei dem es wieder Ersatzkaffee und weniger als ein Pfund Brot für jeden zu essen gab.

Sobald Häftlinge durch Hunger oder Krankheit so erschöpft waren, dass sie ihren Wert als Sklavenarbeiter verloren, oder wenn sie bei Nachlässigkeiten erwischt wurden, erschoss man sie. Ein SS-Offizier namens Palitch[5] brüstete sich in meiner Gegenwart damit, eigenhändig 15 000 Männer getötet zu haben. Er und einige andere Wachen ersannen ein Spiel, um sich ihre Langeweile zu vertreiben, während wir schufteten.

Sie schlichen sich hinter einen Mann und verpassten ihm mit ihren Knüppeln einen heftigen Schlag auf den Rücken. Das Ziel bestand darin, ihn damit auf der Stelle zu töten. Einige entwickelten in dieser Hinsicht eine solche Fertigkeit, dass sie niemals danebenschlugen. Diejenigen, denen das nicht gelang, wurden von den anderen wegen ihrer Ungeschicklichkeit verspottet.

Die Lagerleitung bekam Wind von einem Gerücht, wonach ein Häftling seine Flucht plante. Ich gehörte zu den Männern, die man deswegen zum Verhör bestellte – was für die Deutschen gleichbedeutend mit Folter war.

Sie banden mir die Arme hinter dem Rücken zusammen und hängten mich an den Handgelenken an einem Haken auf, so dass meine Füße knapp zehn Zentimeter über dem Boden baumelten. Ein paar andere standen um mich herum. Um die Handgelenke vom Körpergewicht zu entlasten, versucht man verzweifelt, mit den Zehen den Boden zu erreichen, wodurch man sich allmählich die Schultern ausrenkt.

Ich weiß nicht, wie lange ich dort hing. Ich konnte vor lauter Schmerz an nichts anderes denken. Als sie mich losbanden, hatte ich das Bewusstsein verloren. Als ich wieder zu mir kam, schlugen sie mich mit Knüppeln.

Sie brachten mich zum Barackenhof, wo alle Häftlinge aufgereiht zum Zählappell angetreten waren. Ich wurde auf eine Streckbank gebunden, wobei meine Füße in einer Art

5 Richtig: Gerhard Palitzsch.

Schubfach verschwanden. Man prügelte mit langen Stöcken oder Rohren auf mich ein. Ich hatte 134 Hiebe gezählt, als ich erneut in Ohnmacht fiel.
Im März 1942 sah ich im angegliederten Lager Birkenau zum ersten Mal die Leichen von jüdischen Opfern der Massenhinrichtungen.
Einmal beobachtete ich, wie mehrere Hundert Männer, alle in Russland gefangen genommene Juden, zu Lastwagen geführt wurden. Man brachte sie zu den Gaskammern, und danach schafften sie die Leichen heraus. Sie waren nackt und wiesen eine grünliche Färbung auf, wie man sie von Soldaten, die Opfer von Giftgasangriffen geworden sind, kennt.
Häftlinge luden die Leichen auf Transportkarren und zogen diese dann zum etwa fünf Minuten zu Fuß entfernten Krematorium.[6]
Das Krematorium in Oświęcim ist mit seinem gewaltigen Schornstein aus roten Ziegeln im Umkreis von mehreren Kilometern das größte Erkennungszeichen. Aus dem Schornstein stieg den ganzen Tag über eine dicke schwarze Rauchsäule auf. Es gab in Oświęcim keinen einzigen Häftling, dem die Existenz dieses Schornsteins und dessen Bedeutung nicht ständig im Bewusstsein gewesen wären.
An Tagen, an denen die Gaskammern besonders stark ausgelastet waren und die Feuer im Krematorium Tag und Nacht in Gang gehalten werden mussten, hing eine dunkle Rauchwolke über dem Lager. Täglich verließen durchschnittlich 50 Leichen die Gaskammern und wurden verbrannt.
Obwohl das Krematorium groß angelegt ist, gab es Wochen, in denen es den Zustrom der grünlich verfärbten Leichen nicht bewältigen konnte. Dann mussten Häftlinge die unverbrannten Leichen verscharren.

Viele Selbstmorde
Jeden Tag kam es in Oświęcim zu Selbsttötungen.
Einmal beging eine ganze Arbeitskolonne von 400 Männern auf dramatische Weise kollektiven Selbstmord. Sie arbeiteten auf einem Zuckerrübenfeld in der Nähe einer Eisenbahnstrecke und beobachteten einen vorbeifahrenden Zug. Sie sahen, dass es sich um einen Transport mit bandagierten, verwundeten deutschen Soldaten handelte, die von der russischen Front zurückkehrten.
Die Häftlinge wurden plötzlich verrückt vor Freude. Sie lachten und schrien, sprangen in die Luft und verspotteten die Deutschen.
Der SS-Wachmann dachte, seine Häftlinge würden Amok laufen. Er rief andere SS-Wachen zur Unterstützung. Dann erschoss er zwei Männer, prügelte zehn mit seinem Schlagstock tot und trieb alle anderen schließlich zurück zum Lager, um sie dort zu bestrafen. Noch in derselben Nacht führte man auch die 388 Überlebenden in das Totenhaus.
Noch Tage nach dieser Meuterei war der Himmel über dem Lager schwarz von Rauch, der aus dem großen roten Schornstein aufstieg.

6 Es handelt sich hier wahrscheinlich um die Tötung von sowjet. Kriegsgefangenen im Bunker von Block 11 und ihre Verbrennung im Krematorium des Stammlagers, siehe Dok. 3 vom 15.11.1941. In Birkenau befanden sich die Gaskammern innerhalb der Krematoriumsgebäude.

DOK. 119

Czesław Mordowicz und Arnošt Rosin bestätigen nach ihrer Flucht aus Auschwitz Mitte Juni 1944 die Berichte über die Ermordung der Juden aus Ungarn[1]

Bericht von Czesław Mordowicz[2] und Arnošt Rosin, notiert in Lipovský Mikuláš, Slowakei, Mitte Juni 1944[3]

Nach der Flucht von zwei slowakischen Juden aus Birkenau am 7. April 1944 herrschte im Lager große Aufregung.[4] Die Politische Abteilung begann ausgedehnte Untersuchungen; Freunde und Vorgesetzte der Flüchtigen wurden genauestens verhört, wenngleich ergebnislos. Da beide die Funktion eines Blockschreibers innehatten, wurden sämtliche Juden zur Strafe und als Vorsichtsmaßnahme aus dieser Funktion entfernt. Da die Gestapo zu Recht annahm, dass die Flucht über den Bausektor Nr. 3[5] erfolgt war, wurde dort die Postenkette wesentlich verkürzt, die nun in der Mitte des Geländes verläuft.
Zu Beginn des Monats April kam ein Transport griechischer Juden, von denen 200 ins Lager aufgenommen wurden, während die übrigen ca. 1500 sofort vergast wurden.[6]
Zwischen dem 10. und 15. April kamen etwa 5000 „Arier“, vornehmlich Polen, in Birkenau an, die zusammen mit 2000 bis 3000 Frauen aus dem aufgelösten Lager Lublin-Majdanek stammten. Sie erhielten Nummern im Bereich 176 000 bis 181 000.[7] Unter den Frauen waren etwa 300 polnische Jüdinnen.[8] Die meisten Neuankömmlinge waren krank, geschwächt und sehr heruntergekommen. Nach ihren Informationen sind die Gesunden von Lublin in deutsche Konzentrationslager gebracht worden. Bezüglich des Schicksals der im Lager Lublin-Majdanek festgehaltenen Juden erfuhren wir von ihnen, insbesondere von den jüdischen Mädchen, dass am 3. November 1943 alle Juden

1 CZA, C3/58 (englische Fassung des Textes, datiert auf den 28.7.1944). Abdruck in: German Extermination Camps – Auschwitz and Birkenau, Washington, Nov. 1944, hrsg. durch das Executive Office of the President, War Refugee Board; siehe Dok. 154 vom 26.11.1944. Das Dokument wurde aus dem Englischen neu übersetzt.

2 Czesław Mordowicz (*1919); geboren in Mława, im Dez. 1942 aus dem Getto in Płonsk nach Auschwitz deportiert, von dort am 27.5.1944 zusammen mit Rosin in die Slowakei geflohen, im Okt. 1944 in Bratislava verhaftet und erneut nach Auschwitz gebracht, Überstellung in das Groß-Rosener Außenlager Friedland, dort befreit; nach 1945 zunächst in Bratislava, 1965 nach Israel, später nach Kanada emigriert; 1995 Interview mit dem USHMM, RG-50.030*0354.

3 Mordowicz und Rosin berichteten in Anwesenheit von Oskar Krasňanský, Rudolf Vrba, Alfréd Wetzler und anderen von ihrer Flucht. Der Bericht wurde wahrscheinlich in slowak. Sprache verfasst und später ins Englische übersetzt. Zu den Hintergründen der Entstehung des Dokuments siehe Rudolf Vrba, Die mißachtete Warnung. Betrachtungen über den Auschwitz-Bericht 1944, in: VfZ, 1 (1996), S. 1–24, hier S. 13 f., und Interview mit Czeslaw Mordowicz in USHMM (wie Anm. 2).

4 Gemeint ist die Flucht von Alfréd Wetzler und Rudolf Vrba; siehe Dok. 108 vom 23.4.1944.

5 Gemeint ist der Bauabschnitt B III, von den Häftlingen „Mexiko“ genannt.

6 Am 11.4.1944 traf ein Transport aus Athen mit 2500 griech. Juden in Auschwitz ein. 320 Männer und 328 Frauen wurden in das Lager eingewiesen, die anderen in der Gaskammer ermordet.

7 Am 9., 14. und 15.4.1944 trafen Transporte aus Lublin-Majdanek in Auschwitz ein. Es handelte sich um ca. 3000 überwiegend kranke Männer und 1000 Frauen mit Kindern.

8 Ein Transport aus dem KZ Lublin-Majdanek mit 299 jüdischen Frauen und zwei Säuglingen wurde am 16.4.1944 nach Birkenau gebracht. Sie erhielten zunächst Lagernummern, wurden dann jedoch am 18.4.1944 in der Gaskammer ermordet.

in diesem Lager, ungefähr 11 000 Männer und 6000 Frauen, ermordet worden waren.[9] Wir erinnerten uns daran, dass zu dieser Zeit die SS-Männer in Birkenau davon berichteten, dass Lublin von Partisanen angegriffen worden sei, zu deren Bekämpfung ein Teil der SS-Mannschaften aus Birkenau zeitweise nach Lublin verlegt worden war. Jetzt wurde uns klar, weshalb die SS nach Lublin gefahren war.[10]
Die Juden mussten einen langen und tiefen Graben in Feld V des Lagers Majdanek ausheben. Am 3. November wurden sie in Gruppen von 200 bis 300 Personen dorthin geführt, erschossen und in die Gräben geworfen. Innerhalb von 24 Stunden war alles vorbei. Während des Massenmords spielte laut Musik, um die Schüsse zu übertönen.
300 Mädchen, die im Aufräumkommando oder als Schreiberinnen eingesetzt gewesen waren, wurden am Leben gelassen. Drei Tage nach ihrer Ankunft in Birkenau wurden sie auf speziellen Befehl aus Berlin vergast und verbrannt. Durch ein Versehen des Schreibers wurden zwei Mädchen nicht in die Gaskammern geschickt. Als das am nächsten Tag, wie auch immer, festgestellt wurde, wurden beide Mädchen erschossen und der Schreiber aus seiner Funktion entfernt.
Das Schicksal der Juden aus Lublin rief eine tiefe Depression bei den Juden in Birkenau hervor, die nun fürchteten, dass ganz Birkenau eines Tages auf die gleiche Weise plötzlich „liquidiert" werden würde.
Ca. Nr. 182 000: Ende April wurden weitere Juden aus Griechenland nach Birkenau gebracht. Ungefähr 200 wurden ins Lager aufgenommen und etwa 3000 ermordet.
183 000 bis 185 000: Anfang Mai kamen kleinere Transporte holländischer, französischer, belgischer und griechischer Juden sowie auch polnische „Arier" an. Die meisten wurden in den Buna-Werken beschäftigt.[11]
Am 10. Mai 1944 traf der erste Transport mit ungarischen Juden in Birkenau ein.[12] Sie kamen hauptsächlich aus Gefängnissen in Budapest, darunter waren auch Juden, die auf Straßen und Bahnhöfen der Stadt verhaftet worden waren. Unter den Frauen befanden sich: Ruth Lorant, Mici Lorant, Ruth Quasztler, Irena Roth und Berna Fuchs.
Der Transport wurde in Auschwitz und Birkenau mit der bekannten Prozedur (Kopfrasur, Tätowieren der Nummern etc.) empfangen. Den Männern wurden Nummern ab 186 000 gegeben. Die Frauen wurden im Frauenlager untergebracht. Etwa 600 Männer, von denen etwa 150 zwischen 45 und 60 Jahre alt waren, wurden nach Birkenau gebracht und dort verschiedenen Arbeitsbereichen zugeteilt. Der Rest blieb in Auschwitz, wo sie in den Buna-Werken arbeiteten.
Alle Angehörigen dieses Transports wurden am Leben gelassen, und keiner von ihnen wurde, wie gewöhnlich, direkt ins Krematorium geschickt.[13] Auf den Postkarten, die sie schreiben durften, mussten sie „Waldsee" als Adresse angeben.

9 Unter der Tarnbezeichnung „Aktion Erntefest" erschossen SS und das Reserve-Polizei-Bataillon 101 am 3. und 4.11.1943 mehr als 42 000 Juden aus den drei verbliebenen KZ im Generalgouvernement: Trawniki, Poniatowa und Lublin-Majdanek.

10 Ende Okt. 1943 waren einige Dutzend SS-Männer aus Auschwitz, darunter Franz Hößler und Otto Moll, für einige Zeit in das KZ Lublin-Majdanek geschickt worden.

11 In den ersten Maitagen trafen in Auschwitz ein Transport aus Drancy (1004 Personen) und zwei Transporte aus Ungarn mit je 2000 Personen ein. Im Transport aus Drancy waren neben franz. Juden auch Juden aus den Niederlanden, Belgien und Griechenland. Die meisten wurden ermordet; die zum Arbeitseinsatz ausgewählten erhielten Nummern ab 186 596 aufwärts.

12 Die ersten Transporte aus den Sammellagern in Kistarcsa und Topol'a trafen am 2.5.1944 in Auschwitz ein.

Seit dem 15. Mai trafen massenhaft Transporte aus Ungarn in Birkenau ein. Es kamen täglich um die 14 000 bis 15 000 Juden an.[14] Das Eisenbahngleis, das ins Lager zu den Krematorien führte, wurde in großer Eile fertiggestellt – die Kommandos arbeiteten Tag und Nacht –, so dass die Transporte direkt zu den Krematorien gebracht werden konnten. Nur etwa 10 % aus diesen Transporten wurden ins Lager aufgenommen.[15] Der Rest wurde sofort vergast und verbrannt. Seit der Gründung von Birkenau waren noch nie so viele Juden vergast worden. Das „Sonderkommando" musste auf 600 Mann und nach zwei, drei Tagen auf 800 Mann (die aus den zuerst aus Ungarn eingetroffenen Judentransporten rekrutiert wurden) vergrößert werden. Das „Aufräumkommando" wuchs von 150 auf 700 Mann. Drei Krematorien arbeiteten Tag und Nacht (das vierte wurde zu dieser Zeit repariert). Da die Kapazität der Krematorien nicht ausreichte, wurden (wie in der Zeit vor den Krematorien) im Birkenwäldchen wieder große Gruben von 30 Metern Länge und 15 Metern Breite ausgehoben, in denen Tag und Nacht Leichen verbrannt wurden. Auf diese Weise wurde die Ausrottungskapazität fast grenzenlos.

Die ungarischen Juden, die man am Leben ließ (etwa 10 %), wurden nicht der normalen Lagerregistrierung unterzogen. Obwohl sie rasiert und geschoren wurden und Häftlingskleidung erhielten, wurden sie nicht tätowiert. Sie waren in einem abgetrennten Teil des Lagers, dem sogenannten Abschnitt „C", untergebracht und wurden später in verschiedene Konzentrationslager ins Deutsche Reich verlegt: Buchenwald, Mauthausen, Groß-Rosen, Gusen, Flossenbürg, Sachsenhausen usw. Die Frauen wurden zeitweise in eigene Blöcke im Zigeunerlager eingewiesen und danach auch an andere Orte gebracht.[16] Jüdische Mädchen aus der Slowakei übten dort die Funktion der Blockältesten aus.

Die ersten Transporte mit ungarischen Juden[17] kamen aus Mukacevo, Sevljus,[18] Nyiregyhaza,[19] Uzhorod, Chust, Kosice, Berehovo, Marmorossieghet,[20] Velka Berezna. Unter denen, die am Leben blieben, befanden sich: Robert[21] und Erwin Waizen,[22] Stark, Ehrenreich, Katz, Chaim.

13 Von 3800 aus Kistarcsa und Topol'a deportierten Juden wurden 2698 direkt nach Ankunft in der Gaskammer ermordet. Möglicherweise liegt eine Verwechslung mit den ebenfalls im Mai 1944 eintreffenden Transporten aus Theresienstadt vor, die vollständig ins Theresienstädter Familienlager gebracht wurden.

14 Zwischen 16.5. und 11.7.1944 kamen 147 Züge mit je rund 3000 Personen aus Ungarn in Auschwitz an, an einigen Tagen bis zu 15 000 Personen.

15 Der Anteil der zur Arbeit selektierten Juden aus den Ungarn-Transporten betrug 20 bis 25 Prozent.

16 Ein Teil der zur Arbeit selektierten Juden aus Ungarn wurde in Auschwitz als Häftlinge registriert. Die meisten wurden jedoch als Depothäftlinge (sog. Durchgangsjuden) nicht in die Auschwitzer Registrierung aufgenommen und bis zu ihrer Weiterleitung in Außenlager bei Rüstungsstandorten in den Abschnitten B II c, zum Teil auch B II e oder im nicht fertiggestellten Bereich B III („Mexiko") untergebracht.

17 Die ersten Deportationen betrafen Juden aus den ungar. besetzten Gebieten der Karpato-Ukraine (vor 1939 Tschechoslowakei), der Slowakei und Nordtranssylvanien (vor 1940 Rumänien).

18 Ungar. Nagyszőlős, heute Vinohradiv, Ukraine.

19 Nyíregyháza, Stadt in Ungarn an der Grenze zur Slowakei, Rumänien und der Ukraine.

20 Ungar. Máramarossziget, heute Sighetu Marmației, Rumänien.

21 Robert Waizen (*1924), aus Košice nach Auschwitz deportiert, im Juni 1944 in das Groß-Rosener Außenlager Kittlitztreben überstellt, Räumungstransport nach Mittelbau-Dora, dort im März 1945 befreit; lebte nach dem Krieg in den USA.

22 Erwin Waizen (*1927), aus Košice nach Auschwitz deportiert, von dort in das Außenlager Jaworzno (Neu-Dachs) überstellt; nach der Befreiung Aufenthalt in Wunsiedel, emigrierte nach dem Krieg nach Israel.

Die beiden Letzteren wurden schon verlegt. Die Eltern der Brüder Waizen wurden vergast. Die Transporte der ungarischen Juden unterstanden der besonderen Kontrolle des ehemaligen Lagerkommandanten, Hauptsturmbannführer Höß,[23] der unablässig zwischen Budapest und Auschwitz hin- und herreiste. In dieser Zeit war der ehemalige Adjutant von Höß, Hauptsturmführer Kramer,[24] der Kommandant von Birkenau.
187 000 bis 189 000: 1600 französische „Arier“, fast ausschließlich Intellektuelle und prominente Persönlichkeiten, sowie auch eine Gruppe polnischer Emigranten. Unter den Franzosen befanden sich hohe Offiziere, Mitglieder der führenden französischen Finanzwelt, bekannte Journalisten, Politiker und sogar, wie erzählt wurde, ehemalige Minister. Etliche von ihnen rebellierten bei ihrer Ankunft im Lager – diese wurden auf der Stelle erschossen. Die Franzosen verhielten sich sehr resolut und stolz. Sie waren in Birkenau streng isoliert, niemand durfte Kontakt mit ihnen haben. Nach zwei Wochen wurden sie auf Befehl aus Berlin in das Konzentrationslager Mauthausen überstellt.[25]
Ab Mitte Mai erhielten die ankommenden Juden keine Häftlingsnummern der aufeinanderfolgenden Serie mehr. Es wurde mit einem neuen Nummerierungssystem begonnen, das mit der Nummer 1 begann, vor der ein tätowiertes „A“ stand.[26] Die Gründe dieser Verfahrensweise kennen wir nicht. Zum Zeitpunkt unserer Flucht am 27. Mai 1944 hatten ungefähr 4000 Juden diese Nummern erhalten. Diese 4000 setzten sich aus tausend holländischen, französischen und italienischen Juden sowie aus 3000 Juden aus Theresienstadt, die am 23. Mai 1944 nach Birkenau gekommen waren, zusammen.[27] Genau wie die beiden vorherigen Transporte aus Theresienstadt wurden diese (ungeschoren) mit den Angehörigen des letzten Transports aus Theresienstadt (die seit dem 20. Dezember 1943 im Lager waren und deren „Quarantäne“ am 20. Juni 1944 ablaufen wird) im Abschnitt IIb untergebracht.
Laut der Aussage eines Juden aus dem „Sonderkommando“ sollte der „Reichsführer“ Heinrich Himmler am 15. oder 16. Mai Birkenau besuchen. An einem dieser Tage sah ich drei Wagen und fünf Männer in Zivilkleidung, die in Richtung der Krematorien fuhren. Der Jude, der dies feststellte, bezeugte, dass er und andere Himmler erkannt hätten, der das Krematorium I besichtigte und nach einem ungefähr halbstündigen Aufenthalt mit seiner Begleitung zurückgefahren sei. Am nächsten Tag erschienen in schlesischen Zeitungen Berichte über die Visite Himmlers in Krakau, so dass dieser Bericht den Tatsachen entsprechen könnte.[28]

23 Richtig: Obersturmbannführer.

24 Josef Kramer (1906–1945), Buchhalter; 1931 NSDAP-, 1932 SS-Eintritt; Aug. 1938 bis Mai 1940 Adjutant in Mauthausen, Mai bis Nov. 1940 in Auschwitz, April 1941 Schutzhaftlagerführer in Natzweiler, Okt. 1942 dort Kommandant, Mai bis Dez. 1944 Kommandant in Auschwitz II (Birkenau), Dez. 1944 bis April 1945 Kommandant in Bergen-Belsen; 1945 im Lüneburger Bergen-Belsen-Prozess zum Tode verurteilt und hingerichtet.

25 Am 30.4.1944 traf ein Transport mit 1655 prominenten Häftlingen aus Paris in Auschwitz ein. Sie erhielten die Nummern 184 936 bis 186 590 und wurden in den Abschnitten B II a (Kranke) und B II b (Gesunde) untergebracht. Am 12.5. wurde ein Teil von ihnen in das KZ Buchenwald verlegt.

26 Die A-Serie wurde am 13.5.1944 für männliche Juden, am 16.5.1944 für weibliche Juden eingeführt. Ende Juli 1944 wurde mit einer B-Serie begonnen. Die Nummerierung erfolgte nicht konsequent; so konnten Juden in Ausnahmefällen auch weiterhin Nummerierungen der ursprünglichen Serien erhalten.

27 Am 27.5.1944 wurden die Nummern bis A-5332 (für Männer) und A-6033 (für Frauen) vergeben. Transporte aus Theresienstadt trafen am 16., 17. und 19.5.1944 in Auschwitz ein, nicht am 23.5.1944.

Ein weiteres Ereignis, das uns die Leute des „Sonderkommandos“ erzählten, sollte nicht vergessen werden. Im Spätsommer 1943 traf eine Kommission von vier holländischen Juden, bedeutend aussehenden Personen, ein. Ihre Visite war dem Lagerkommandanten offensichtlich angekündigt worden, da die holländischen Juden in Auschwitz bessere Kleidung und auch normales Essbesteck (Teller, Löffel usw.) sowie eine bessere Verpflegung erhielten. Die vierköpfige Kommission wurde sehr höflich empfangen und durch die Lagergebäude geführt, vor allem durch die, die sauber waren und einen guten Eindruck machten. Die holländischen Juden aus dem Lager wurden ihnen vorgeführt. Sie erklärten ihnen, dass nur ein Teil der holländischen Juden in diesem Lager sei, die anderen seien in ähnlichen Lagern. Auf diese Weise wurden die vier Herren zufriedengestellt, und sie unterschrieben eine Erklärung, der zufolge die Kommission in Auschwitz alles in vollkommener Ordnung vorgefunden habe. Nachdem die vier holländischen Juden unterzeichnet hatten, äußerten sie den Wunsch, das Lager Birkenau und speziell die Krematorien, über die sie gewisse Geschichten gehört hatten, zu sehen. Die Lagerführung zeigte sich willens, ihnen Birkenau wie auch die Krematorien zu zeigen, welche, wie sie sagten, zur Verbrennung der im Lager Gestorbenen genutzt würden. Die Kommission wurde dann in Begleitung des Lagerführers Aumayer[29] nach Birkenau gebracht und zum Krematorium I geführt. Hier wurden sie von hinten erschossen. Höchstwahrscheinlich wurde ein Telegramm nach Holland gesandt, in dem mitgeteilt wurde, dass die vier Männer, nachdem sie Auschwitz verlassen hatten, Opfer eines unglücklichen Autounfalls geworden seien.[30]

In Auschwitz gibt es ein biologisches Labor, in dem zivile sowie SS-Ärzte und Häftlinge beschäftigt sind. Die Frauen und Mädchen, an denen Experimente durchgeführt werden, sind im Block 10 untergebracht. Lange Zeit war dort Magda Hellinger aus Michalovce[31] und ein Mädchen namens Roszi (Nachname unbekannt) aus Hummené[32] Blockälteste. Die Untersuchungen wurden nur an jüdischen Mädchen und Frauen durchgeführt, auch wenn bis heute keine slowakischen Mädchen betroffen waren.[33] Es wurden auch Untersuchungen an Männern durchgeführt, diese waren aber anderswo untergebracht. Sehr viele sterben infolge der Experimente. Oft werden Zigeuner dafür herangezogen.[34] Block 10, in dem die „Untersuchungsobjekte“ wohnen, ist völlig isoliert, und sogar die Fensteröffnungen sind zugemauert. Niemand hat dort Zutritt.

Die Kommandanten von Auschwitz und Birkenau waren bisher: Aumayer, Schwarzhuber, Weiss,[35] Hartjenstein, Höß und Kramer.

28 Himmler hielt sich vom 18.5. abends bis 19.5.1944 nachmittags in Krakau auf. Über einen Besuch von Auschwitz in dieser Zeit ist nichts bekannt.

29 Richtig: Aumeier.

30 Im Juli 1943 gab es Versuche des Jüdischen Rats in Amsterdam, einen Besuch in Auschwitz zu arrangieren; NIOD 182/4. Es gibt keine Belege dafür, dass dieser Besuch stattgefunden hat.

31 Magda Hellinger, später Magda Blau (1916–2006), Kindergärtnerin aus Michalovce, Slowakei; im März 1942 nach Auschwitz deportiert, war von April bis Aug. 1943 Blockälteste in Block 10, im Jan. 1945 nach Malchow, einem Außenlager von Ravensbrück, deportiert, wurde im Mai 1945 befreit; sie lebte nach dem Krieg in Israel und Australien.

32 Nicht ermittelt.

33 In Block 10 wurden auch an slowak. Jüdinnen Experimente durchgeführt.

34 Josef Mengele missbrauchte Sinti und Roma für Experimente nicht in Block 10, sondern im sog. Zigeunerlager im Abschnitt B II e.

35 Kein Kommandant in Auschwitz trug den Namen Weiß.

DOK. 120

Das Krakauer Hilfskomitee für Konzentrationslagerhäftlinge äußert sich am 15. Juni 1944 über das brutale Verhalten der Mörder in Auschwitz[1]

Monatlicher Bericht des PWOK für den Zeitraum 25.5.1944 bis 15.6.1944

Auschwitz
„Aktion Höß, Aktion Reinhardt"
Das monströse Verbrechen dauert an und nimmt sogar an Gewalt zu. Ununterbrochen kommen Transporte ungarischer Juden an, die immer noch naiv und ahnungslos sind. Die Ankömmlinge erzählen von in den ungarischen Städten ausgehängten Plakaten, die die Juden aufrufen, ihrem Austausch gegen deutsche Kriegsgefangene in England und Amerika zuzustimmen. Die Übrigen würden „interniert" … auf einer Insel irgendwo zwischen England und Deutschland, von wo aus sie nach dem Krieg nach Ungarn zurückkehren oder ins Ausland gehen könnten. Diese Unwissenheit ist einfach unfassbar und erschreckend, diese absolute Leichtgläubigkeit der in den Tod fahrenden Juden. Wie wenig sie an ihren bevorstehenden Tod glauben, belegen einige Äußerungen: Ein Mann fragt einen SS-Mann, wann er seine Frau sehen werde; er habe doch ihr Kleid in seinem Koffer. Eine Frau, zu der die Warnung über das sie erwartende Schicksal dringt, überlegt laut: „Warum? Ich habe doch nichts gestohlen." Diese Leute leben immer noch in einer anderen Welt, einer von Ethik und Recht geprägten Welt, und können weder verstehen noch sich damit abfinden, was sie erwartet. Sie werden es auch nicht mehr verstehen!
Die betrunkene und bis an die Grenzen des Wahnsinns rasende SS-Soldateska fällt während ihres ununterbrochenen Morddienstes vor Müdigkeit um. Sie „arbeiten" bis zu 48 Stunden, verschanzt hinter ihren Maschinengewehren gegen einen eventuellen Aufstand der verlorenen Juden und mit ganzen Batterien von Schnapsflaschen, die sie vor ihrem eigenen Gewissen schützen. Manchmal dringt ein gellender Verzweiflungsschrei, ein letzter Seufzer entfliehenden Lebens in die Herzen dieser Diebe und Mörder, wie sie sich selbst in Anwandlung von Aufrichtigung im betrunkenen Zustand nennen – doch der „Befehl"[2] erstickt jegliche Regung, der Schnaps lässt sie ins Vergessen und in einen Sumpf aus Bestialität und Sadismus sinken …
Das macht sie besonders schuldig! Diese verbrecherischen Tötungs-„Roboter" finden sich ohne den geringsten Widerstand zu diesen blutigen Verbrechen bereit. Es ist noch kein Fall von Gehorsamsverweigerung vorgekommen. Und ist das überhaupt zu erwarten von diesem zusammengewürfelten Abschaum, diesen moralisch komplett Verarmten mit ihren Verbrecherfressen, denen das Morden sein Schandmal aufdrückt? Dieses Mal geht auf alle über, die die deutsche Soldatenuniform tragen, auf alle, die es nicht schaffen, das abscheuliche und fortdauernde Verbrechen zu verurteilen und aufzuhalten. Der deutsche Soldat weiß nichts, will nichts wissen und nicht glauben an die Gewalt, die hinter seinem Rücken ausgeübt wird. Gelegentlich blitzen Erkenntnis und Ablehnung auf, doch beides geht spurlos in der allgemeinen Regungslosigkeit unter. Wenn der deutsche Soldat nichts „mit [den] blutigen Hunden"[3] zu schaffen haben möchte, muss er laut und öffentlich das monströse Henkerswerk anprangern und stoppen.

1 APMAB, Ruch oporu, Bd. 7, Bl. 444–447. Das Dokument wurde aus dem Polnischen übersetzt.
2 Im Original deutsch.

Die SS selbst kommt mit ihrem Henkerswerk nicht hinterher. Ständig warten drei bis vier Züge an der Todesrampe darauf, entladen zu werden. Deshalb wurde auch die Verweilzeit der Opfer in der Gaskammer von einer halben Stunde auf zehn Minuten verkürzt, sie packen 1000 Menschen gleichzeitig in die Kammer, und aus Sparsamkeit und zum einfacheren Auslüften hat man die Menge des jeweils eingesetzten Gases von zwölf auf sechs Dosen reduziert. Mit schrecklichem Resultat! Einige Opfer werden bloß betäubt und erlangen in dem Moment, wo sie auf den Scheiterhaufen geworfen werden, das Bewusstsein wieder und versuchen zu entkommen. Mit Feuerhaken (langen Stangen mit eisernen Haken) werden sie bei lebendigem Leibe ins Feuer zurückgestoßen. Inzwischen ist es zur Regel geworden, dass man kleine Kinder gar nicht mehr vergast, die Größeren werden mit einem Schlag betäubt, oder man betäubt sie mit Gas aus einem Zerstäuber. Den Kleineren schlägt man den Kopf ein, die Allerkleinsten aber wirft man direkt ins Feuer.

Das alles klingt wie ausgedacht, aber es ist die Wahrheit! Es sind Tatsachen, grell erleuchtet von den Flammen der brennenden Scheiterhaufen. Sie brennen ununterbrochen, Tag und Nacht ohne Pause, und ergänzen die Arbeit der Krematorien. In der Dunkelheit der Nacht kreieren sie ein gespenstisches Bild aus rasenden Flammen und zuckenden Leibern, um die vom blutroten Schein des Feuers übergossene Gestalten mit mächtigen Eisen in den Händen wie Teufel herumspringen. Ein Bild wie aus Dantes Inferno, ein Werk mächtiger Vorstellungskraft, das sich mit düsterer und besessener Wucht im deutschen „Programm“ erfüllt. In diesem fürchterlichen, blutigen Drama fehlte und fehlt das Handeln der anderen, der „morituri“.[4] Nur zweimal regte sich Widerstand. Vom 25. auf den 26.5. haben einige Hundert Juden versucht, aus einem ankommenden Transport zu fliehen. Sie verbargen sich im Wald und in den Gräben. Lagerführer Hössler[5] führte die Verfolgung an, während der im Scheinwerferlicht alle Fliehenden erschossen wurden. Zwei Tage später wiederholte sich das noch einmal auf ähnliche Weise. Offiziere und „Posten“ veranstalteten eine Hatz, es „knackte“ wie bei der Jagd, und die Hunde „witterten den Braten“, wie die SS-Männer es ausdrückten.

Es kommt einem die Wut hoch, ganz entschieden. Nicht ungestraft sterben! Die bereits in den Tod gegangen sind, rufen den noch Kommenden zu – Juden, wehrt euch gegen euren Abtransport! Verkauft euer Leben teuer! Wir riskieren nichts, wir gehen auf jeden Fall in den Tod. Die Welt, die von diesen Ungeheuerlichkeiten vielleicht noch nicht weiß, soll von eurer Verzweiflungstat erfahren. Es soll ein neues Warschauer Getto geben.[6] Kämpft überall, auf dem Transport, beim Ausladen und auf dem Weg in die Gaskammer, auf dem Weg in den Tod!

Die Deutschen erledigen, erledigen alle, auch ausländische Staatsbürger. Mit einem Transport kamen 100 englische Juden, mit englischen Papieren, die man zuvor in

3 Im Original deutsch.
4 Latein.: die Sterbenden.
5 Franz Hößler (1906–1945), Lichtbildner; 1932 NSDAP- und SS-Eintritt; von 1940 an im KZ Auschwitz, zunächst Arbeitsdienstführer, von Aug. 1943 an Schutzhaftlagerführer in Birkenau; April 1944 SS-Ostuf.; März bis Mai 1944 Lagerführer im Außenlager Neckarelz des KZ Natzweiler, Juni 1944 bis Jan. 1945 Schutzhaftlagerführer in Birkenau, Jan. 1945 in Mittelbau-Dora, April 1945 stellv. Kommandant in Bergen-Belsen; im Lüneburger Bergen-Belsen-Prozess zum Tode verurteilt und hingerichtet.
6 Gemeint ist Widerstand analog zum Warschauer Gettoaufstand vom April 1943.

Ungarn interniert hatte – bekannte Persönlichkeiten aus der Finanzwelt übrigens –, und bei denen ging man besonders zuvorkommend, mit besonderer Präzision und Raffinesse vor. Sie sollten nicht zusammen mit den Übrigen sterben. Sie wurden von den SS-Schergen selbst, ohne Beteiligung des Sonderkommandos, übernommen, um sie besonders diskret und mit der über die Jahre hinweg erworbenen Raffinesse zu erledigen. In der Gaskammer, bewaffnet mit Ketten und Pistolen, „kämpften" die SS-Männer gegen England in Gestalt von 100 nackten wehrlosen Körpern.

Die Reichtümer mehren sich

Bei diesem Mordgeschäft wachsen natürlich die Reichtümer, die teilweise in den bodenlosen Taschen der Anführer des Verbrechens, des *Lagerkommandanten* Höß und seines Adjutanten Grabner, verschwinden. Allein im Mai sind aus den Zähnen der vergasten Leichname etwa 40 kg Gold und Weißmetall „hereingekommen". Diese Zahl sagt schon etwas aus, wenn man das Gewicht einer einzelnen Goldkrone in Betracht zieht.

Evakuierung

Im Zusammenhang mit der militärischen Lage drängt Berlin darauf, die „arischen" Häftlinge aus Auschwitz fortzuschaffen. Teilweise werden sie bereits evakuiert. Fürs Erste geht ein Transport mit 2000 Polen nach Buchenwald.

[…][7]

DOK. 121

Laut eines deutschen Funk-Abhörberichts vom 16. Juni 1944 besitzt London genaue Informationen über den Mord an den aus Theresienstadt deportierten Juden[1]

Funk-Abhör-Bericht (Geheim) des Sonderdienstes Seehaus,[2] Sender London, Sprache deutsch, Sendezeit 15.6.1944, Vfg. 1. VII B 2, 2. Wvl. VII A 2, z.d.A. 1003-J VA, 121 B II g 32–100, vom 16.6.1944

Eine wichtige Bekanntgabe: Nach London wird gemeldet:[3] Die deutschen Behörden in der Tschechoslowakei haben für den 20. Juni oder für die Zeit um den 20. Juni angeordnet, daß 3000 tschechoslowakische Juden in Gaskammern in Birkenau hingemordet werden sollen. Diese 3000 tschechoslowakischen Juden wurden im Dezember vorigen Jahres vom Konzentrationslager Theresienstadt an der Elbe nach Birkenau geschafft.

7 Es folgen Meldungen zu den Lagern Krakau-Plaszow und Pustkow.

1 BArch, R 58/795, Bl. 28. Abdruck als Faksimile in: Marczewska/Ważniewski, Oświęcim (wie Dok. 3, Anm. 1), S. 157.

2 Im Juli 1940 nahm eine durch Rundfunkpolitiker des AA zentral organisierte Rundfunkabhörzentrale in einem ehemaligen Ausflugsrestaurant, dem „Seehaus", Am Großen Wannsee 28–30, ihren Dienst auf. 1941 dem RMVP unterstellt, hörte der „Sonderdienst Seehaus" systematisch ausländische Rundfunksender ab und fasste relevante Nachrichten in einem Bulletin zusammen, das er dem AA, dem RMVP, dem Oberkommando der Wehrmacht und einigen zivilen Dienststellen zur Verfügung stellte.

3 Der tschech. Vertreter beim Völkerbund in Genf, Jaromír Kopecký (1899–1977), hatte am 10.6.1944 den Wetzler-Vrba-Bericht; siehe Dok. 108 vom 23.4.1944; erhalten. Über die brit. Gesandtschaft in Genf wurde der Teil des Berichts, der über die Morde im Theresienstädter Familienlager Auskunft gab, nach London telegrafiert und dort am 15.6.1944 dechiffriert. Am 16.6.1944 berichtete der brit. Rundfunk darüber.

4000 tschechoslowakische Juden, die im Dezember 1943 von Theresienstadt nach Birkenau transportiert wurden, sind am 7. März in Gaskammern ermordet worden.[4] Die deutschen Behörden in der Tschechoslowakei und die ihnen unterstellten Träger der Amtsgewalt werden darauf hingewiesen, daß über die Massenmorde in Birkenau genaueste Berichte in London vorliegen. Alle Verantwortlichen für diese Massenmorde, von den Trägern der Befehlsgewalt abwärts bis zu den ausführenden Organen, werden zur Rechenschaft gezogen werden.

DOK. 122
Der Chef des Jägerstabs, Karl-Otto Saur, beklagt am 23. Juni 1944, dass die Rüstungsfirmen die in Auschwitz verfügbaren ungarisch-jüdischen KZ-Häftlinge nicht anfordern[1]

Stenographischer Bericht über die Besprechung des Jägerstabs[2] vom 23.6.1944

[...][3]
Maiwald: Weiter: 20 000 KZ-Häftlinge sind noch nicht voll ausgenutzt. Es sind bis jetzt keine Angebote für diese Leute eingelaufen.
Saur: Ja, dieses Kapitel möchte ich zur Sprache bringen. Es ist eine Affenschande, daß hier Kräfte in Gruppen von 1000 jüdischen Frauen, jede beliebige Menge, angeboten werden und in der ganzen Zeit nicht eine einzige Anforderung kommt.[4]
Heyne:[5] Bei mir 8000.
Saur: Schmelter[6] hat vor drei Tagen berichtet, daß er keine Anforderung hat.[7]

4 Die im März 1944 ermordeten Häftlinge des Familienlagers waren bereits im Sept. 1943 nach Birkenau deportiert worden.

1 BArch, RL 3/8, Bl. 215–306, hier Bl. 253 f.
2 Der Jägerstab war ein im März 1944 vom Reichsluftfahrt- und Rüstungsministerium gegründetes Leitungsorgan innerhalb der deutschen Luftrüstung, um die Dezentralisierung und Untertageverlagerung der Luftwaffenproduktion zu koordinieren. Für den Bau der zahlreichen unterirdischen Produktionsstätten war der Einsatz von KZ-Häftlingen zentral.
3 Auf den ersten 38 Seiten des Protokolls geht es um Angelegenheiten einzelner Betriebe der Flugzeugproduktion. Außerdem beklagte Saur, dass die Hauptausschüsse keine Zahlen geliefert hätten, wie viele KZ-Häftlinge zum Zeitpunkt in den Betrieben des Jägerprogramms eingesetzt seien.
4 Zu den Gründen, warum die Firmen zögerten, Häftlinge anzufordern, siehe Einleitung, S. 40.
5 Dr. Hans Heyne (1900–1973), Diplom Ingenieur; 1938 Generalbevollmächtigter der AEG, 1942 AEG-Vorstandsmitglied, Leiter des Hauptausschusses Flugzeugausrüstung und des Sonderausschusses für Flugzeugelektronik, ständiges Mitglied des Jägerstabs; 1951–1964 Generaldirektor der Telefunken, 1962–1964 Vorstandsvorsitzender der AEG.
6 Dr. Fritz Schmelter (1904–1964), Jurist; 1932 NSDAP-, 1933 SS-Eintritt; 1938–1942 Reichstreuhänder der Arbeit in Hessen; Nov. 1941 SS-Ostubaf.; im Dez. 1943 Zentralabt. für Arbeitseinsatz und Arbeitsleistung im RMRuK, Beauftragter für Arbeitskräfte im Jägerstab; im April 1945 in alliierter Gefangenschaft, später Vorstand der Deutschen Industrie-Finanzierungs AG in Frankfurt a. M.
7 Nachdem sich Schmelter in der Jägerstabsbesprechung vom 26.5.1944 beklagt hatte, dass den Baustellen aus Auschwitz „nur Kinder, Frauen und Greise" angeboten würden, gab er am 9.6.1944 bekannt, etwa 20 000 deutsche KZ-Häftlinge und 10 000 bis 20 000 ungar. Jüdinnen der Rüstungsproduktion zur Verfügung stellen zu können. Der Einsatz habe in geschlossenen Gruppen von 1000 Frauen und nicht in Berlin zu erfolgen; BArch, RL 3/7, Bl. 50 f., 558, R 3/1756 a.

Lange: Fieseler will 1000 haben, aber er kann sie nicht unterbringen. Wir haben nicht an einer Stelle die Möglichkeit, 1000 Frauen einzusetzen. Aus diesem Grund ist daraus nichts geworden. Pister–Weimar weigert sich, 1000 zu nehmen wegen Mangels an Überwachungspersonal.[8]
Saur: Jetzt haben wir hier ein Kontingent von 1000. Das müssen wir ausnützen.
Heyne: Ich habe sofort eine Anforderung auf 6800 abgegeben.
Schmelter: Die werde ich gleich bei der SS aufgeben.
Saur: Ausgezeichnet! Wie steht es mit Zelle und Motoren?
Mahnke:[9] Argus will 1000.[10]
Saur: Da schreit alles nach Leuten. Nun sind 1000 Frauen da. Diese Möglichkeit kann man doch nicht auslassen. Ich nehme Ihre Arbeiteranforderungen nicht mehr ernst. Ich werde verlangen, daß allen Werken, die Jahrgang 24[11] haben, der Jahrgang 24 sofort abgezogen wird, wenn sie die Leute nicht nehmen. Man soll da eine Aufstellung machen, wo Jahrgang 24 abgezogen werden kann und solche Einheiten hineingelegt werden können. Wir müssen die Leute auf die anderen Betriebe verteilen.
[...][12]

DOK. 123

Die Kommandantur des Konzentrationslagers Auschwitz meldet am 25. Juni 1944 die Flucht von Mala Zimetbaum[1]

Fernschreiben KL Auschwitz Nr. 6351, gez. Kramer,[2] an 1.) RSHA IV A 6 b und IV A 4 b,[3] Berlin, 2.) SS-WVHA, Amtsgruppe D, Oranienburg, 3) an alle östl. Stapo(leit)-Kripo(leit)stellen und Greko[4] besonders Kattowitz, vom 25.6.1944, 10.20 Uhr

Betrifft: *Schutzhaftjüdin Malka Zimetbaum,*[5] *geb. 26.1.18 zu Brzesko, eingeliefert am 17.9.1942* von RSHA. Personenbeschreibung: 1,65 groß, braune Haare. Spricht franz., fläm., engl., deutsch und poln., graue Augen. Besondere Kennzeichen: am linken Unterarm eintätowierte Nr. 19 880.

8 Im Juni 1944 hatte Hermann Pister, der Lagerkommandant von Buchenwald, mit mehreren Firmen über die Stellung weiblicher Häftlinge als Arbeitskräfte verhandelt. Von Juli 1944 bis Febr. 1945 wurden 13 200 Jüdinnen aus Auschwitz in Außenlager von Buchenwald gebracht.
9 Franz Mahnke (*1900), Ingenieur; von Okt. 1938 an Fliegerstabsoberingenieur, beim Generalluftzeugmeister in der Abt. LC 8 eingesetzt.
10 Im Aug. 1944 entstand bei der Firma Argus-Motorenwerke GmbH in Berlin-Reinickendorf ein Außenlager des KZ Sachsenhausen mit 800 Jüdinnen aus Auschwitz.
11 Seit Anfang 1944 wurden tschech. Männer und Frauen des Jahrgangs 1924 zum Zwangsarbeitseinsatz im Reich herangezogen.
12 Auf den folgenden 52 Seiten des Protokolls geht es um die Planung der Jagdflugzeugproduktion.

1 AIPN, Ld 1/172, Geheime Staatspolizei, Staatspolizeistelle Litzmannstadt, Telegramme und Korrespondenz bezüglich Häftlingsfluchten aus Konzentrationslagern und Gefängnissen, Bl. 158 f.
2 Josef Kramer.
3 Die Amtsgruppe IV A des RSHA unterteilte sich ab März 1944 in sechs Abt. Die Abt. IV A 4 Weltanschauliche Gegner leitete SS-Ostubaf. Adolf Eichmann, Abt. IV A 6 Kartei, Akten, Schutzhaft SS-Ostubaf. Dr. Emil Berndorff.
4 Grenzpolizeikommissariat.

Zimetbaum ist am 24.6.1944 aus dem KL Au II *entflohen.*
Die sofort eingeleitete Suchaktion blieb bisher ohne Erfolg. Es wird gebeten, von dort aus weitere Fahndungsmaßnahmen einzuleiten und im Ergreifungsfalle das KL Auschwitz umgehend zu benachrichtigen.
Zusatz für Stapoleit. Kattowitz. Die umliegenden Gend.-Posten wurden von der Flucht fernmündlich in Kenntnis gesetzt. Desgleichen wurden die Hauptzollämter Kattowitz, Bielitz und Teschen verständigt und um Mitfahndung ersucht.
Zusatz für RSHA. Ausschreibung im deutschen Kriminalblatt wurde durch Blitz FS bei RKPA[6] beantragt.
Zusatz für SS-WVH. Meldung an den RF-SS ist erfolgt. Weiterer Bericht folgt. Das Verschulden eines Postens wurde bisher nicht festgestellt.[7]

5 Mala Zimetbaum (1918–1944), Übersetzerin; geboren in Brzesko, wohnte von 1928 an in Antwerpen, im Sept. 1942 aus Mechelen nach Auschwitz deportiert, im Lager als Dolmetscherin eingesetzt, am 24.6.1944 mit dem poln. politischen Häftling Edward Galiński aus dem Lager geflohen, am 7.7.1944 in der Nähe von Żywiec gefasst, in Block 11 von Wilhelm Boger schwer misshandelt; nahm sich vor ihrer geplanten öffentlichen Hinrichtung am 15.9.1944 das Leben.

6 Reichskriminalpolizeiamt.

7 Die Geschichte von Mala Zimetbaum wurde vielfach künstlerisch verarbeitet, erstmals im Film „Ostatni etap" (1948) von Wanda Jakubowska.

DOK. 124

Vertreter des Reichsjustizministeriums besichtigen am 28. Juni 1944 den Lagerkomplex Auschwitz, um sich über die dortigen Erfahrungen mit Zwangsarbeit zu informieren[1]

Reisebericht (Geheim!), gez. E. Müller,[2] Gündner,[3] o. D.[4]

Besichtigung des Konzentrationslagers *Auschwitz* am 28. Juni 1944 durch MinDirektor *Engert*,[5] MinRat *Müller* und EStA Dr. *Gündner (RJM)*, GStA Dr. *Haffner*,[6] OStA *Scheunpflug*[7] und Vizepräsident *Caliebe*[8] (Kattowitz), Reichshauptamtsleiter *Giese*[9] (Kanzlei des Führers).[10]

Der Kommandant des Lagers, SS-Obersturmbannführer Heß,[11] war verhindert. Die Führung wurde daher durch SS-Sturmbannführer Behr[12] übernommen, der erst seit zwei Monaten im Lager tätig ist. Er konnte über die Lagerangelegenheiten, insbesondere

1 BArch, R 3001/21468, Bl. 57–60.

2 Müller, Vorname nicht ermittelt, Jurist; MinRat, 1943 Personalreferent in der Abt. V Strafvollzug des RJM.

3 Dr. Otto Gündner (1910–1989), Jurist; 1937 NSDAP-Eintritt; 1939 Staatsanwalt, 1940 Strafvollzugsreferent für die württemberg. Strafanstalten beim Generalstaatsanwalt in Stuttgart, 1944 Erster Staatsanwalt im RJM, beteiligt an der Überführung von als asozial deklarierten Strafvollzugshäftlingen in die Konzentrationslager; nach dem Krieg Oberlandesgerichtsrat in Stuttgart.

4 Aus einem Begleitschreiben geht hervor, dass der Bericht am 6.7.1944 an Min. Dirig. Marx, MinRat Dr. Eichler, MinRat Dr. Hörr und Frau Reg. Rätin Marquardt-Ibbeken zur streng vertraulichen Kenntnisnahme weitergeleitet wurde. Es wurde ausdrücklich darum gebeten, das Schreiben nur „von Hand zu Hand" weiterzugeben.

5 Karl Engert (1877–1951), Jurist; 1921 NSDAP-, 1935 SS-Eintritt; 1933/34 Landgerichtsrat in Regensburg und Schweinfurt, 1935 MinRat im RJM, 1936 Senatspräsident im Volksgerichtshof, 1938 dessen Vizepräsident; 1939 SS-Obf.; 1942 Ministerialdirektor im RJM, Leiter der Abt. V (Strafvollzug) und XV, die entschied, welche Justizgefangenen an die KZ abgegeben wurden; 1947 im Nürnberger Juristenprozess angeklagt, schied wegen Verhandlungsunfähigkeit aus dem Verfahren aus.

6 Dr. Harry Haffner (1900–1969), Jurist; 1933 SA- und NSDAP-Eintritt; 1934 Erster Staatsanwalt in Celle, 1936 Oberstaatsanwalt in Kassel und 1938 in Hamm, Nov. 1943 Generalstaatsanwalt in Kattowitz, Febr. bis April 1945 Präsident des Volksgerichtshofs; betrieb nach dem Krieg unter falschem Namen eine Knopffabrik in Sontra.

7 Erhardt Scheunpflug (*1884), Jurist; 1933 NSDAP-Eintritt; von März 1936 an Oberstaatsanwalt beim OLG in Breslau, von Sept. 1942 an Oberstaatsanwalt beim GStA in Kattowitz.

8 Dr. Friedrich Caliebe (*1899), Jurist; 1933 SA-, 1937 NSDAP-Eintritt; 1937 Amtsgerichtsdirektor in Berlin, 1940 Landgerichtspräsident in Kalisch, 1941 Vizepräsident beim OLG in Kattowitz, Okt. 1944 Landgerichtspräsident in Oppeln; nach 1945 Senatspräsident beim Landessozialgericht in Essen.

9 Kurt Giese (1905–1979), Jurist; 1923 NSDAP-Eintritt; von 1935 an Tätigkeit in der Kanzlei des Führers, 1941 Reichshauptamtsleiter, 1940–1944 Beisitzer im 2. Senat des Volksgerichtshofs, beteiligt an der Überführung von als asozial deklarierten Strafvollzugshäftlingen in Konzentrationslager; nach dem Krieg Rechtsanwalt in Hannover.

10 Hintergrund der Besichtigung war der Versuch, in den Justizhaftanstalten ein Zwangsarbeitssystem nach dem Vorbild des Arbeitseinsatzes in den Konzentrationslagern zu errichten.

11 Richtig: Höß.

12 Richtig: Richard Baer (1911–1963), Konditor; 1931 NSDAP-, 1932 SS-Eintritt; von 1933 an Wachmann in verschiedenen KZ, 1942 Adjutant in Neuengamme, Nov. 1942 bis Mai 1944 Adjutant von Oswald Pohl im WVHA, von Mai 1944 an Lagerkommandant von Auschwitz I; Juni 1944 SS-Stubaf.; Febr. 1945 Kommandant in Mittelbau-Dora; lebte nach dem Krieg als Landarbeiter unter falschem Namen, 1960 Untersuchungshaft im Rahmen der Ermittlungen zum Frankfurter Auschwitz-Prozess, starb in Haft.

über die im Laufe der Besichtigung auftretenden Fragen nicht immer Auskunft geben, wie auch bei der ganzen Besichtigung nirgends präzise Zahlenangaben gemacht wurden. Die *Gesamtbelegung* des Lagers – einschließlich aller Außenstellen, die sich über große Teile des Deutschen Reiches erstrecken – wurde mit rund 135 000 angegeben. In Auschwitz selbst scheinen etwas über 30 000 Häftlinge untergebracht zu sein. Darunter befinden sich politische Häftlinge, Asoziale und Gewohnheitsverbrecher, Arbeitsscheue, Dirnen und Vorbeugungshäftlinge. Der überwiegende Teil der Häftlinge sind nach dem bei der Besichtigung gewonnenen Eindruck Ausländer und Juden; neuerdings werden insbesondere ungarische Juden zugeliefert.

Der Personalbestand der *Wachtruppe* wurde zunächst mit 1000, später mit 2500 und über 3000 Mann angegeben. Bei der ersten Zahl handelt es sich anscheinend um die Stärke je einer diensthabenden Schicht. Die Truppe ist im Lager kaserniert. Sie besteht z. T. aus Volksdeutschen. Ihr Dienst beschränkt sich im wesentlichen auf den reinen Sicherheitsdienst.

Der Ordnungsdienst wird weitgehend von Häftlingen wahrgenommen *(Capo-System)*. Die Frage, nach welchen Gesichtspunkten die Capos ausgewählt werden, wurde dahin beantwortet, daß es darauf ankomme, wer unter den Häftlingen sich durchzusetzen verstehe. Man ziehe Deutsche im allgemeinen vor, trage aber auch keine Bedenken, etwa Polen zum Capo über Deutsche oder zum Obercapo über Deutsche und andere Capos zu bestimmen. Juden würden allerdings nicht herangezogen.[13]

Ausgewählte Häftlinge werden auch in die SS eingestellt; kürzlich seien etwa 300 Mann zu einer unter einem SS-Führer Dirlewanger stehenden Sonderformation gekommen.

Entweichungen wurden als nicht selten bezeichnet. Bei Ausländern sei eine Wiederergreifung so gut wie ausgeschlossen, weil sie von sympathisierenden Elementen unterstützt würden, die die Flucht oft von vorneherein bis in die Einzelheiten organisieren. Auch Entweichungen im Kraftwagen und in der Uniform von SS-Führern seien schon vorgekommen.

Eine *Trennung* der Häftlinge nach Vorleben, Haftgrund und Nationalität findet im Allgemeinen nicht statt. Die Häftlingsunterkünfte sind nach Geschlechtern gesondert, auch werden nach Angabe von Sturmbannführer Behr die Juden grundsätzlich von den Deutschen getrennt, aber von deutschen Häftlingen überwacht. Bei der Besichtigung wurden demgemäß unter den Juden deutsche Häftlinge in nicht geringer Zahl angetroffen, die dort als Vorarbeiter, Aufsichts- und Kontrollorgane eingesetzt waren. Im übrigen hielten sich an den Arbeitsplätzen und in den Barackenhöfen Deutsche und Ausländer, Männer und Frauen, gemeinschaftlich auf und kamen vielfach miteinander in engste Berührung. Die Mischung von Häftlingen verschiedenen Volkstums, insbesondere die Durchsetzung fremdvölkischer Häftlinge mit Deutschen, ist nach Auffassung der Lagerleitung notwendig, um Cliquenbildung zu verhüten, die Fremdvölkischen zu überwachen und die Lagerleitung über Vorgänge innerhalb des Lagers zu unterrichten. Auch im Arbeitseinsatz habe sich die Mischung gut bewährt.

13 Standen nicht ausreichend geeignete nichtjüdische Häftlinge zur Verfügung, wurden auch jüdische Häftlinge als Funktionshäftlinge herangezogen, insbesondere wenn sie deutsch sprachen.

Briefverkehr mit Angehörigen ist ohne größere zeitliche Beschränkung zugelassen. Er unterliegt der Zensur. Bei der Zensur fremdsprachlicher Briefe werden Häftlinge als Dolmetscher herangezogen. Die Häftlinge dürfen von ihren Angehörigen *Lebensmittelsendungen* empfangen. *Besuche* werden nur in dringenden Ausnahmefällen zugelassen und bedürfen der Genehmigung des Reichssicherheitshauptamtes.

Im übrigen wurde über die Behandlung und Lebenshaltung der Häftlinge, über die Handhabung der Lagerdisziplin, die Möglichkeiten der Beeinflussung und Beurteilung der Gefangenen, das Entlassungsverfahren usw. nichts in Erfahrung gebracht. Unmittelbar konnten die Häftlinge so gut wie nicht befragt werden.

Das Lager ist *eingeteilt* in die Kommandantur I, offensichtlich der Kern des Lagers, die Kommandantur II mit den in neuerer Zeit entstandenen Barackenlagern und die Kommandantur III, der die Außenstellen unterstehen. Die Besichtigung begann in der Kommandantur I mit einem kurzen Durchgang durch eine zweigeschossige massiv gebaute *Häftlingsbaracke*, die in einzelne Stuben, Waschräume usw. unterteilt ist. Die Fenster sind nicht vergittert. Für jede Baracke ist ein Häftling als Capo eingesetzt, dem für jedes Stockwerk ein Untercapo beigegeben ist. Die Unterkünfte machten einen erfreulichen Eindruck. Bei der Einfahrt gab eine aus mindestens 60 Häftlingen bestehende Kapelle (Blasorchester) ein Platzkonzert. Die Häftlinge in den Nachbarbaracken standen dabei unter den Fenstern und hörten zu.

Anschließend wurde eine im gleichen Block befindliche Baracke vorgezeigt, die ein *Häftlingslazarett* mit Zahnstation, Verbandräumen, Operationssaal usw. enthielt. Als Ärzte für die Häftlinge sind unter Aufsicht eines SS-Arztes 60 Gefangenenärzte tätig, die alle Behandlungen und Operationen selbst ausführen. Unter ihnen sollen sich bedeutende Chirurgen und sonstige Spezialisten befinden. Capo war ein Arzt aus Lemberg (nicht Deutscher). Er gab den Krankenstand auf etwa 2000 an. Auf Befragen erklärte er, daß viele Tbc-Kranke da seien, denen man aber außer Vitamin D, Kalkpräparaten usw. keine besonderen Zuwendungen geben könne. Es sei hier bemerkt, daß der Ernährungszustand der bei der Arbeit angetroffenen Häftlinge, insbesondere der arischen, im ganzen Lager günstiger in Erscheinung trat als in Justizvollzugsanstalten.

In der Kommandantur I wurde noch eine weitere Baracke besichtigt, in der eine *Sammlung* von Häftlingsarbeiten (Zeichnungen, Gemälde, Schnitzereien usw.) und den Häftlingen abgenommenen Gegenständen ausgestellt ist. Ferner befindet sich dort die mit Häftlingen besetzte *Schreibstube*, wo die Häftlinge auch die Personalangelegenheiten der Gefangenen und ähnliche Arbeiten erledigen, die im Strafvollzug der Justizverwaltung den Gefangenen vorenthalten werden. Der Lagerbestand war dort mit etwa 34 000 Personen aufgezeichnet, davon über die Hälfte Frauen. Von den Ausländern waren am stärksten vertreten die Polen, daneben Slowaken, Tschechen, Skandinavier, Juden, Zigeuner usw. Der *Schreibstube* ist eine räumlich nicht sehr große *Häftlingsbücherei* angegliedert, die nach Angabe des Häftlings, der sie verwaltet, 45 000 Bände enthalten soll. Die Bücher werden täglich getauscht.

Zum *Arbeitseinsatz* der Häftlinge ist zu sagen: Das Lager mit den dazugehörenden Landflächen umfaßt ein von Weichsel und Sola umflossenes Gebiet von 5000 ha, auf dem früher mehrere polnische Dörfer und Gutshöfe gestanden haben. Die Polen sind ausgesiedelt, ihre Gehöfte stehen z. T. leer. Im engeren Lagerbereich wurden Kiesgruben, Baustellen usw. angetroffen, wo Gefangene in reicher Zahl beschäftigt waren. Auf dem Außengelände sind Landwirtschaftsbetriebe der verschiedensten Art im Gange. Vor

allem werden dort nach Mitteilung des Sturmbannführers Behr auch heute noch Meliorationen durchgeführt, Teiche trockengelegt, Wiesen verbessert, Wege und Straßen neu angelegt oder befestigt.
Vom eigentlichen Arbeitsbetrieb wurden vorgeführt: eine große Halle, in der für die Firmen Union in Werl *Flakzünder* angefertigt werden. Die Halle ist von der Unternehmerin maschinell gut ausgestattet. Arbeitskräfte sind männliche und weibliche Juden, durchsetzt mit deutschen Häftlingen. Daneben befindet sich ein weiterer Metallbetrieb, der *Gestelle für leichte Flak* anfertigt oder ausbessert. In einer Nachbarhalle ist eine *Schreinerei* untergebracht, anscheinend fabrikmäßig eingerichtet, in der Munitionskisten und Möbel für Bombengeschädigte hergestellt werden. Dieser Betrieb, der nicht gezeigt wurde, wird von den Deutschen Ausrüstungswerken (offenbar Eigenbetrieb der SS oder Polizei) geführt. In der Nähe liegt ein großer *Bauhof*, in dem Baustoffe aller Art in reichem Maße von zahlreichen Häftlingen aufgestapelt wurden. Die Weiterfahrt führte an einem *Flugzeugverschrottungsbetrieb* vorbei, wo auf großen Laderampen Güterwagen mit Resten beschädigter Flugzeuge ankommen, die dort zerlegt werden. Auf einer weiteren Verladestelle wurde ein Güterzug mit ungarischen Juden ausgeladen. An der gleichen Stelle befindet sich ein Lager aus Holzbaracken im Bau, die keine Fenster haben und nur von oben durch laternenartige Dachaufbauten belichtet und belüftet werden. Die Einteilung und Zweckbestimmung dieses Lagers waren bei der Vorbeifahrt im einzelnen nicht zu erkennen. Man sah nur ein buntes Durcheinander von männlichen und weiblichen Häftlingen aller Rassen, hauptsächlich Juden.
Eingehend vorgezeigt wurde eine große, ganz neu und modern angelegte *Gärtnerei* mit weiten Gewächshausanlagen, in denen vorwiegend Frühzucht von Gurken und Tomaten betrieben wurde. Mit dieser Gärtnerei verbunden ist eine Versuchsstation für die Anpflanzung von Kok-Sagis, einer löwenzahnähnlichen Pflanze, aus deren Milch Rohgummi gewonnen wird. Die Pflanze, die in Deutschland bisher unbekannt war, wird in großem Umfang in Sowjetrußland angebaut und soll dort den Bedarf an Naturgummi weitgehend decken. In einem modern eingerichteten *Laboratorium* waren weibliche Häftlinge unter Leitung entsprechender freier Kräfte mit wissenschaftlichen Arbeiten beschäftigt, die der Untersuchung und Weiterzüchtung dieser Pflanze dienen. Auch hier fiel, vom Standpunkt des Strafvollzuges gesehen, auf, daß männliche und weibliche Häftlinge ohne unmittelbare Aufsicht sich ziemlich frei bewegten und ungehindert miteinander in Berührung kamen. Die hier befindlichen weiblichen Häftlinge machten nach Haartracht, Kleidung und Aussehen einen gut gepflegten Eindruck. Alle Häftlinge trugen die Gefangenennummer auf dem Unterarm eintätowiert. Sturmbannführer Behr erklärte dazu, es sei allgemein üblich, die Gefangenen nicht mit dem Namen, sondern nur mit der Nummer zu bezeichnen. Deutschen Gefangenen werde die Nummer jedoch in der Regel nicht eintätowiert.[14]
Die Weiterfahrt führte an *Baumschulen*, in denen winterharte Obstsorten aus dem Kaukasus gezüchtet werden sollen, an Feldern, Wiesen, Fischteichen und einem der Schweinezucht dienenden Hof vorbei zu einer *Geflügelzucht*, die in einem ehemaligen Gutshof eingerichtet ist und von einer freien Angestellten (Gattin eines deutschen Offiziers) geleitet wird. Außer Hausgeflügel werden dort auch Fasanen und Sumpfbiber

14 Jüdischen Häftlingen aus dem Deutschen Reich wurde bei Aufnahme in das Lager eine Nummer in den Arm tätowiert.

gezüchtet.[15] Als Abschluß der *Lagerbesichtigung* wurde ein großer *Hundezwinger* gezeigt, in dem mehrere hundert Hunde für Zwecke der Polizei und der Wehrmacht und für die Jagd bei SS-Reitschulen abgerichtet werden. Der Rückweg ins Lager führte an einem *Krematorium* vorbei, wo Leichen anscheinend auch auf Scheiterhaufen verbrannt wurden.[16]

Auch bei landwirtschaftlichen und Nebenbetrieben gewann man den Eindruck, daß das Lager mit Arbeitskräften nicht entfernt so sparsam umzugehen braucht, wie die Justizvollzugsanstalten. Vielfach waren ganze Herden weiblicher Häftlinge zu Arbeiten angesetzt, die in der freien Wirtschaft mit einem Bruchteil der Kräfte ausgeführt werden. Beispielsweise sah man mit dem Abladen eines Heuwagens mindestens 15 Frauen beschäftigt, von denen allein 2 die beiden Pferde am Halfter hielten.

Am späten Nachmittag wurde die Baustelle des Buna- und Hydrierwerkes der IG-Farben besichtigt, wo neben etwa 20 000 anderen Arbeitern rund 10 000 Lagerhäftlinge mit Bauarbeiten beschäftigt sind. Eine Trennung der Häftlinge untereinander und von den übrigen Arbeitern war nicht erkennbar. Die Werkleitung bezeichnete die Arbeitsleistungen der Häftlinge als zufriedenstellend.

Am folgenden Tag wurde die Grube Jawischowitz der *Reichswerke Hermann Göring* besucht, wo 2500 Häftlinge, größtenteils Juden, untertags beim Kohlenabbau und übertage in einigen Nebenbetrieben arbeiten. Die Arbeitsleistungen untertags wurden mit höchstens 60 % der Leistung freier Arbeiter angegeben. Nach dem Kräftezustand dieser Gefangenen, die an schwere Bergmannsarbeit nicht gewöhnt sind, wird eine höhere Leistung auch nicht erwartet werden können. Das Lager, in dem diese Häftlinge untergebracht sind, wird geführt von einem SS-Untersturmführer (Feldwebel).[17] Die Belegschaft wurde gemeldet von einem Obercapo, der mit dem Untersturmführer die Führung durch das Lager übernahm. Dabei schlossen sich ihm einige andere Capos (deutsche Häftlinge) an. Der Obercapo erklärte auf Befragen, daß er Deutscher und im Zivilberuf Seemann sei und wegen politischer Betätigung sich in Haft befinde. Einer der Begleiter war ein ehemaliger Strafgefangener, der in Ragnit[18] 9 Jahre Zuchthaus verbüßt hatte und anschließend im Jahre 1941 in polizeiliche Vorbeugungshaft genommen worden war.

Auf die Frage, ob eine Freizeitgestaltung oder sonstige Erziehungs- oder Beeinflussungsversuche für die Häftlinge unternommen würden, erwiderte der Obercapo, dazu komme er nicht, weil er mit dem Ausbau des Lagers und der Wirtschaftsführung vollbeschäftigt sei.

Das Lager selbst besteht teils aus massiven Baracken, teils aus Normalbaracken des RAD und macht äußerlich einen guten Eindruck. Im Innern der Baracken, die sehr eng belegt sind, fehlt es an Sitzgelegenheiten und an Spinden für die Gefangenen. Der Krankenstand wurde von dem Lagerarzt (Häftling) mit 11 ¾ % des Gesamtstandes angegeben, eine Ziffer, die nach den Maßstäben des Strafvollzuges reichlich hoch liegt. Tbc-Kranke und sonstige Schwerkranke werden an das Hauptlager abgegeben.

15 Gemeint ist das Außenlager Harmense.

16 In der Zeit der Ungarntransporte zwischen Mitte Mai und Anfang Juli 1944 wurden wegen der Überlastung der Krematorien Leichen auf Scheiterhaufen verbrannt.

17 Das Außenlager Jawischowitz wurde von Aug. 1942 bis Aug. 1944 von SS-Uscha. Wilhelm Kowol (1904–1969) geführt.

18 Kleinstadt in Ostpreußen, heute Neman im Oblast Kaliningrad.

Eine *Arbeitsbelohnung* erhalten die Häftlinge nicht. Da dem Lager aber, wie der stellvertretende Kommandant betonte, alles darauf ankommt, höchste Arbeitsleistungen zu erzielen, werden durch die Lagerleitung und die Unternehmer Gutscheine über 1 oder 2 RM ausgegeben, die im Lager zum Einkauf von Waren berechtigen. Die Unternehmer kaufen die Gutscheine von der Lagerverwaltung. Mit diesen Gutscheinen können die Häftlinge Tabakwaren, Zusatzlebensmittel (Sauerkraut, Salat, Sardellenpaste, Fruchtsäfte), Briefpapier usw. einkaufen. In dem Lager bei der Grube Jawischowitz wurden von dem zuständigen Häftling die Tabakwaren und sonstige Einkaufsgegenstände vorgezeigt, die für diese Zwecke bereitstanden; der Häftling erklärte allerdings dazu, die Gefangenen hätten keine Gutscheine, um sie zu kaufen. Als Leistungsbelohnung wird auch Bordellbesuch gestattet, der ebenfalls mit Gutscheinen bezahlt wird. Ins Bordell kommen nur Frauen, die schon vor der Inschutzhaftnahme sich der Prostitution ergeben haben und sich freiwillig dafür melden.[19]
Insgesamt scheint der Betrieb des Lagers zu groß und zu weitläufig zu sein, um von einer Stelle aus überschaut und rationell gelenkt werden zu können. Auch die Unterteilung in drei Kommandanturen vermag daran nicht viel zu ändern. Unklar bleibt insbesondere, wie die Lagerverwaltung ein Urteil darüber erlangen kann, ob ein Häftling zur Entlassung und Wiedereingliederung in die Volksgemeinschaft reif ist. Das Urteil von Mithäftlingen (Spitzeln, Vertrauensleuten) dürfte dabei eine große Rolle spielen.
Was den Arbeitseinsatz anbelangt, so konnte, abgesehen von der Massierung großer Kräftegruppen für einzelne Aufgaben, im Lager Auschwitz nichts gezeigt werden, was den Arbeitseinsatz der Justizgefangenen hinsichtlich Intensität, rationeller Arbeitsmethoden und Produktivität unter Ausrichtung auf die Kriegsnotwendigkeiten übertrifft.
Insgesamt war nicht zu verkennen, daß die Führung bestrebt war, den Einblick in den eigentlichen inneren Lagerbetrieb möglichst zu beschränken und den Besuchern stattdessen mehr Außenbetriebe und Nebenbetriebe vorzuführen.

19 Im Lagerkomplex Auschwitz rekrutierte man überwiegend deutsche (aber auch poln. und ukrain.) Frauen, die den Kategorien „Asoziale" und „Kriminelle" angehörten, in der sich auch Prostituierte befanden. Dies war jedoch keine Bedingung für die Auswahl. Unter falschen Versprechungen (z. B. auf Entlassung) bemühte sich die SS zunächst um freiwillige Meldungen, später wurden die Frauen von SS-Ärzten bestimmt.

DOK. 125

Churchill fragt am 29. Juni 1944 bei Außenminister Eden an, wie man auf die Forderung, Auschwitz und die Transportrouten zu bombardieren, reagieren soll[1]

Schreiben von Winston Churchill,[2] London, Downing Street Nr. 10, Whitehall, an Anthony Eden,[3] London, vom 29.6.1944

Betreff: Telegramm Nr. 2949 aus Bern an das Foreign Office, datiert vom 26. Juni 1944 – Deportation der Juden aus Ungarn
Außenminister. Was kann getan werden? Wie soll man sich äußern?[4]
W.S.C.[5]

29.VI.
(Dieses Telegramm untersteht besonderer Geheimhaltung und sollte vom autorisierten Empfänger einbehalten und nicht weitergereicht werden.)
Verteiler des Kriegsministeriums
Aus Bern an das Foreign Office
Herr Norton[6] abgeschickt: 19.56 Uhr, 26. Juni 1944
Nr. 2949. eingegangen: 4 Uhr, 27. Juni 1944
Lichtheim[7] im Auftrag der Jewish Agency for Palestine[8]

Dringend
Erhielten neue Berichte aus Ungarn,[9] die besagen, dass annähernd die Hälfte von insgesamt 800 000 Juden in Ungarn bereits deportiert wurde, zwischen 10 000 und 12 000 pro Tag. Die meisten Transporte gehen in das Todeslager Birkenau in der Nähe von Oświęcim in Oberschlesien, wo im Lauf des vergangenen Jahres über 1 500 000 Juden aus ganz Europa ermordet wurden. Wir verfügen über detaillierte Informationen über die Zahlen und die angewandten Methoden. Die vier Krematorien in Birkenau haben die Kapazität, täg-

1 TNA, FO 371/42807, Bl. 147 f. Das Dokument wurde aus dem Englischen übersetzt.
2 Winston Churchill (1874–1965), Politiker, Journalist; Mai 1940 bis Juli 1945 Premier- und Verteidigungsminister Großbritanniens.
3 Anthony Eden (1896–1977), Politiker; 1940–1945 Außenminister Großbritanniens, 1941–1945 Mitglied der Political Warfare Executive, die die brit. Kriegspropaganda lenkte.
4 Abzeichnungen und handschriftl. Vermerke im Original.
5 Winston Spencer-Churchill.
6 Clifford Norton (1891–1990); 1942–1946 brit. Gesandter in der Schweiz; Richard Lichtheim hatte die brit. Botschaft in Bern gebeten, die Nachricht an das Außenministerium weiterzuleiten.
7 Richard Lichtheim (1885–1963), Ökonom, Journalist, Politiker; 1911–1913 Chefredakteur des zionistischen Zentralorgans Die Welt, 1913–1916 Vertreter der WZO in Konstantinopel, 1917–1920 Präsident der Zionistischen Vereinigung Deutschlands; 1934 emigrierte er nach Palästina; 1938–1946 Leiter des Büros der WZO in Genf; lebte später in Israel.
8 Die Jewish Agency wurde 1929 als die im Völkerbundsmandat für Palästina vorgesehene politische Vertretung der Juden errichtet und diente dem brit. Mandatar als Ansprech- und Verhandlungspartner.
9 Die Zahlen stammten aus einem Schreiben von Moshe Krausz, dem Leiter des Palästinabüros der Jewish Agency in Budapest, an Chaim Pozner im Genfer Büro der Jewish Agency vom 19.6.1944; siehe YVA, P12/30.

lich 60 000 Menschen zu vergasen und einzuäschern.[10] In Budapest und Umgebung leben noch zwischen 300 000 und 400 000 Juden, einschließlich der Arbeitsdienstverpflichteten. In den östlichen und nördlichen Landesteilen hingegen gibt es bereits überhaupt keine Juden mehr. Die noch in Budapest und Umgebung lebenden Juden können einem Brief des Leiters unseres Palästinabüros in Budapest[11] zufolge ebenfalls nicht darauf hoffen, verschont zu bleiben. Diese Fakten, die in verschiedenen Briefen und Berichten von glaubwürdigen Quellen bestätigt werden, sollten möglichst große Verbreitung finden. Zudem sollte die amtierende ungarische Regierung erneut gewarnt werden, dass sie für die Unterstützung der Deutschen durch eigene Polizeikräfte bei der Verhaftung, Deportation und letztlich Ermordung der Juden zur Verantwortung gezogen wird. Darüber hinaus wurden folgende Vorschläge unterbreitet: erstens Vergeltungsmaßnahmen gegenüber Deutschen, die sich in alliierter Hand befinden, zweitens die Bombardierung von Eisenbahnstrecken, die von Ungarn nach Birkenau führen, drittens die gezielte Bombardierung von Einrichtungen in den Todeslagern, viertens die Bombardierung aller Regierungsgebäude in Budapest. Wir bitten Sie, diese und andere Vorschläge zu prüfen und auch Jerusalem und New York über die Lage zu informieren.[12]

10 Bei dieser Zahl handelt es sich um einen telegrafischen Übermittlungsfehler. Die im Originalbericht angegebene Zahl war 6000. Sie stammte aus einer Zusammenfassung des Wetzler/Vrba-Berichts (Dok. 108 vom 23.4.1944), die Krausz mitschickte.

11 Moshe (Miklos) Krausz (1908–1985) engagierte sich für die Beschaffung von Schutzpässen für ungar. Juden und stellte Schutzräume zur Verfügung; 1948 emigrierte er nach Israel.

12 Am 3.7.1944 antwortete Eden, dass die brit. Regierung schon mehrfach ihre Entschlossenheit deutlich gemacht habe, die Verantwortlichen für die an Juden begangenen Verbrechen zu bestrafen. Die Regierungen, die ihre Bürger an die Deutschen ausliefern, seien gewarnt worden, dass sie Beihilfe zum Massenmord leisteten. Die brit. Haltung würde durch ständige Wiederholung nicht wirksamer. Ob militärische Maßnahmen in Frage kommen, werde mit dem Luftfahrtministerium besprochen, im Übrigen werde Budapest bereits bombardiert; wie Anm. 1, Bl. 149 f.

DOK. 126

Benjamin Akzin, Vertreter des War Refugee Board, betont am 29. Juni 1944, dass es grausam wäre, Auschwitz nicht zu bombardieren[1]

Schreiben von B. Akzin[2] an L. S. Lesser,[3] Executive Office of the President, War Refugee Board, Interoffice, Communication, vom 29.6.1944

Im Fernschreiben Nr. 4041 vom 21. Juni aus Bern,[4] das von der Deportation und Vernichtung der ungarischen Juden berichtet, stellt McClelland[5] fest, dass „kaum Zweifel darüber besteht, dass viele der ungarischen Juden in die Vernichtungslager von *Auschwitz (Oświęcim)* und *Birkenau (Rajsko)* im westlichen Oberschlesien verbracht worden sind, wo neueren Berichten zufolge seit Frühsommer 1942 mindestens 1 500 000 Juden ermordet worden sind. Es gibt Belege, dass bereits im Januar 1944 Vorbereitungen getroffen wurden, um die ungarischen Juden dort aufzunehmen und umzubringen."
Angesichts der herausragenden Rolle, die diese beiden Vernichtungslager, die dafür ausgerüstet sind, monatlich 125 000 Menschen zu töten, bei der Ermordung der Juden spielen, sollte man davon ausgehen, dass die Zerstörung der baulichen Anlagen das systematische Abschlachten zumindest für eine Weile merklich aufhalten könnte. Die Deutschen würden aufgrund ihres planerischen Vorgehens einige Zeit benötigen, um die Einrichtungen neu aufzubauen oder anderswo ähnlich effiziente Verfahren für den Massenmord und die Beseitigung der Leichen zu entwickeln. Die Zerstörung der beiden Vernichtungslager könnte also zumindest eine gewisse Anzahl von Menschenleben retten. Ohne übertriebene Hoffnungen wecken zu wollen, könnte das sogar in einem nennenswerten Ausmaß gelingen, da die Deutschen im gegenwärtigen Stadium des Kriegs über deutlich weniger Arbeitskräfte und materielle Ressourcen verfügen und die zuständigen Stellen nicht mehr in der Lage sein dürften, neue Vernichtungszentren mit vergleichbarer Kapazität aufzubauen.
Neben der präventiven Bedeutung, die die Zerstörung der beiden Lager hätte, ist dies auch aus prinzipiellen Erwägungen ins Auge zu fassen, weil sie unserer Entrüstung über

1 FDR-Library, Records of the WRB, General Correspondence, Box 42, Measures Directed Towards Halting Persecution – Hungary Nr. 5/2, Bl. 72 f. Abdruck in: David S. Wyman, Bombing Auschwitz and the Auschwitz Escapees' Report, New York/London 1990, S. 157 f., Dok. 47, S. 153 f. Das Dokument wurde aus dem Englischen übersetzt.

2 Benjamin Akzin (1904–1985), Jurist; aufgewachsen in Riga, Studium in Wien und Paris, in den 1930er-Jahren in die USA ausgewandert, 1936–1941 Aktivist der New Zionist Organisation, 1944 Mitglied des War Refugee Board; 1949 Auswanderung nach Israel, Professor für Politik und Verfassungsrecht in Jerusalem, Mitgründer und erster Rektor der Universität Haifa.

3 Lawrence S. Lesser (1907–1979), Jurist; Staatsanwalt in New York City, von 1937 an Tätigkeit in der Securities and Exchange Commission, danach im Treasury Department, von 1944 an Mitglied im Executive Office of the President des War Refugee Board; nach dem Krieg Rechtsanwalt.

4 Zusammenfassung des FS 4041 von McClelland an den Secretary of State, Washington, 24.6.1944, wie Anm. 1, Bl. 77–79. McClelland gibt darin Zahlen aus dem Bericht von Wetzler und Vrba wieder; siehe Dok. 108 vom 23.4.1944. Zudem beschreibt er die wichtigsten Transportrouten aus Ungarn; siehe Dok. 112 vom 16.5.1944.

5 Roswell McClelland (1914–1995), Diplomat; 1944/45 Vertreter des War Refugee Board in Genf; 1945–1949 Mitarbeiter der US-Gesandtschaft in Bern, 1949–1953 im State Department, danach als Diplomat in Spanien, Senegal, Rhodesien, US-Botschafter in Griechenland und Niger.

die bloße Existenz dieser Leichenhäuser einen spürbaren – und vielleicht den einzigen spürbaren – Ausdruck verliehe. Es ist außerdem davon auszugehen, dass die Zerstörung der Vernichtungslager voraussichtlich auch den Tod vieler Angehöriger des Lagerpersonals fordern würde, darunter mit Sicherheit die ruchlosesten und verabscheuungswürdigsten Nazis.
Wir schlagen vor, den entsprechenden politischen und militärischen Stellen die obigen Überlegungen zur Kenntnis zu bringen und die Machbarkeit einer weitgehenden Zerstörung der beiden Lager durch ein Bombardement aus der Luft zu prüfen. Es mag in diesem Zusammenhang von Interesse sein, dass beide Lager in der Industrieregion Oberschlesiens liegen. In der Nähe befinden sich wichtige Bergbaureviere und Zentren von verarbeitender Industrie in *Katowice* und *Chorzów* (Oświęcim befindet sich etwa 22 km südöstlich von *Katowice*), die eine wichtige Rolle für die deutsche Rüstungsproduktion spielen. Die Zerstörung der Lager könnte also erfolgen, ohne Luftstreitkräfte aus einer Zone wichtiger militärischer Angriffsziele abzuziehen.
Aller Voraussicht nach würde bei einem derartigen Bombenangriff ebenfalls eine große Zahl von inhaftierten Juden getötet werden (obwohl einigen aufgrund des entstehenden Durcheinanders auch die Flucht gelingen könnte). Doch die Juden dort sind ohnehin zum Tode verurteilt. Die Zerstörung der Lager würde zwar nichts an ihrem Schicksal ändern, aber sie könnte als sichtbares Zeichen der Bestrafung ihrer Mörder dienen und das Leben zukünftiger Opfer retten.
Es ist anzumerken, dass die in Gettos in der Nähe von Industrie- und Eisenbahneinrichtungen in Ungarn zusammengepferchten Juden, deren Schicksal ebenfalls unausweichlich war, für die Alliierten kein Grund gewesen sind, mit dem Bombardement dieser Anlagen aufzuhören. Deshalb erachten wir es als völlig deplatzierte Sentimentalität, von einer Bombardierung der Vernichtungslager Abstand zu nehmen, was weitaus grausamer wäre als der Entschluss, diese Zentren zu zerstören.

DOK. 127

Georg Wittman muss im Juni 1944 die Dächer der Krematorien reparieren und wird dabei Zeuge des Massenmords[1]

Protokoll der Vernehmung von Georg Wittman[2] durch den Untersuchungsrichter des Militärstaatsanwalts der 1. Ukrainischen Front, Gardehauptmann der Justiz Levin,[3] Auschwitz, vom 20.2.1945

Im Juni 1944 wurde ich zusammen mit meinen Eltern und ungefähr 3000 Männern, Alten, Frauen und Kindern mit einem Zug ins Lager Auschwitz gebracht, in die Abteilung „Birkenau". Wir waren 96 Stunden ohne Wasser und frische Luft unterwegs gewesen. Die Folge war, dass sich bei der Ankunft in jedem Wagen unter den 70–80 Personen

1 GARF, P 7021/108/3, Bl. 92–97. Kopie: ITS, 1.1.2.0., Dok-ID 82 347 773–82347778. Das Dokument wurde aus dem Russischen übersetzt.

2 Ernest Georg Wittman (*1921); aus Oradea, im Juni 1944 von Satu Mare nach Auschwitz deportiert, dort im Jan. 1945 befreit; kehrte nach dem Krieg zunächst nach Rumänien zurück, lebte später in Israel und in Wien; 1997 Interview mit der USC Shoah Foundation, VHA # 31 426.

3 Nikolaj Afanasevič Levin.

etwa fünf bis acht Tote befanden. Beim Ausladen wurden alle Alten, Schwachen sowie Mütter mit kleinen oder kranken Kindern von den Gesunden getrennt, d. h. von denen, die zur körperlichen Arbeit eingesetzt werden konnten. Sie wurden auf der einen Seite der Bahnanlage aufgereiht und anschließend ins Krematorium geschickt, wo man sie verbrannte. Unter den Ausgesonderten waren auch mein 52 Jahre alter Vater und meine 43 Jahre alte Mutter. Von den 3000 Personen wurden nicht mehr als 300 bis 350 aussortiert und ins Lager gebracht, darunter ich. Zehn bis fünfzehn Tage später wurde ich zu Reparaturarbeiten an den Dächern der Krematorien und Gaskammern befohlen. Fünf Personen, die ein Kapo ausgewählt hatte, führten die Arbeit aus. Die Dachreparatur dauerte zwei Wochen. Während dieser Zeit konnte ich feststellen, dass es in „Birkenau" vier Krematorien und fünf Gaskammern[4] gab, wobei sich neben der fünften Gaskammer eine große Grube befand, deren genaue Größe ich nicht angeben kann. Darin wurden Häftlinge des Lagers Auschwitz verbrannt. Von den vier Krematorien und fünf Gaskammern lagen jeweils zwei auf beiden Seiten der Rampe, an der die Züge mit den zur Vernichtung bestimmten Menschen entlangfuhren. Während ich die erwähnten Reparaturen durchführte, wurde ich Augenzeuge der Gräueltaten der deutschen Henker, und es fällt mir schwer, darüber zu berichten, denn solche Vernichtungsmethoden an völlig unschuldigen Menschen, vor allem an Kindern, hat die Menschheit bislang noch nicht gesehen. Ich sah, wie am helllichten Tage Menschen aus den ankommenden Zügen in die Gaskammern getrieben wurden. Es gab Tage, da kamen vier oder fünf Züge an. Aus jedem dieser Züge wurden zwischen 1500 und 2500 Menschen in den Desinfektionskammern ermordet.

Im Lauf eines Tages wurden 10 000 bis 12 000 Menschen vernichtet und verbrannt, wobei die Krematorien ununterbrochen Tag und Nacht in Betrieb waren – zwei tagsüber und zwei in der Nacht. In die Gaskammern passten 800 Personen, aber wenn drei bis vier Züge ankamen, wurden 1800–2000 Personen auf einmal hineingetrieben. Waren es 700 bis 800 Personen, dauerte der Erstickungsprozess ungefähr 15 bis 20 Minuten, wenn die Kammern mit 2000 Personen gefüllt waren, dauerte es etwa acht bis zehn Minuten. Um noch mehr Menschen in die Gaskammern zu pressen, hetzten die SS-Männer Hunde auf sie. Oftmals bissen die Hunde die Menschen zu Tode. Vorausgeschickt werden muss, dass die Menschen zunächst glaubten, Waschräume zu betreten. Die ersten 60 bis 70 gingen deshalb völlig ruhig hinein, die Folgenden, die deren Schreie hörten, wollten schon nicht mehr und wurden von den Sonderkommandos und SS-Soldaten mit Hilfe von Waffen und Hunden vorwärts getrieben. Zuvor wurden alle nackt ausgezogen, zunächst die Frauen und Mütter mit Kindern, danach Männer und Alte.

Nachdem die Menschen in der Gaskammer erstickt waren, warfen die Sonderkommandos die Leichen nach draußen, ein Zahnarzt aus dem Sonderkommando brach ihnen Gold- und Silberkronen aus, andere zogen die Ringe von den Fingern. Wenn sie sich nicht einfach abziehen ließen, wurden die Finger abgeschnitten oder abgehackt. Goldzähne, Ringe und andere Wertgegenstände wurden von einem SS-Mann in einer kleinen Kiste gesammelt.

Danach wurden alle Leichen auf speziellen Wagen ins Krematorium geschafft und in die Öfen geworfen. Wie viele gleichzeitig verbrannt wurden, kann ich nicht sagen, aber

4 Während der Ermordung der ungar. Juden im Sommer 1944 wurde Bunker II als Gaskammer reaktiviert.

die Verbrennung dauerte etwa 20–25 Minuten, danach kam eine neue Ladung. Die Öfen wurden mit Holz beheizt.
Die letzten fünf Tage arbeitete ich bei der fünften Gaskammer, neben der sich eine große, tiefe Grube befand, in der in meinem Beisein Menschen verbrannt wurden. Im Lauf eines Tages wurden zweimal Leichen in die Grube geworfen und verbrannt. Jedes Mal etwa 2000 bis 3000 und einmal sogar 5000 Personen. Am Boden der Grube und um die Grube herum wurde Holz aufgeschichtet, die Leichen wurden in die Mitte geworfen, auf diese wiederum eine Lage Holz gelegt und das Brennholz mit einer Flüssigkeit übergossen und angezündet. Die Leichen wurden innerhalb von drei bis vier Stunden aufgeschichtet. Nach einer oder anderthalb Stunden wurden erneut Brennholz und Leichen aufgestapelt und angezündet.
Dass Leichen nachts verbrannt wurden, habe ich nur einmal erlebt. Persönlich habe ich drei- oder viermal beobachtet, dass die deutschen Henker noch lebende Menschen auf die brennenden Leichen warfen, vor allem Frauen und Kinder.
Das passierte dann, wenn nach Ermordung der letzten Gruppe in der Gaskammer noch etwa 100 oder 150 Menschen übrig geblieben waren. Die Menschen wurden dann bei lebendigem Leibe, bekleidet oder unbekleidet, in die brennende Grube geworfen.
Ich habe außerdem beobachtet, wie diese deutschen Menschenfresser, nicht befriedigt vom Verbrennen lebendiger Menschen, die Mitglieder der Sonderkommandos dazu zwangen, kleine Babys hochzuheben und über ihre Köpfen zu halten, auf die dann wie auf Zielscheiben geschossen wurde. Die Leichen der Kinder wurden ebenfalls in die Grube geworfen. All dies fand vor den Augen der Mütter statt, die dabei fast den Verstand verloren. Die Mütter wurden danach erschossen.
Um die Spuren ihrer Verbrechen zu beseitigen, töteten und verbrannten die deutschen Barbaren regelmäßig auch das Sonderkommando, das ein bis zwei Monate eines der Krematorien bediente. Aus den neu ankommenden Zügen wurden dann neue Sonderkommandos gebildet.[5]
Nach der zweiwöchigen Reparaturarbeit an den Dächern versuchte man, mich und vier weitere Häftlinge umzubringen. In meinem Beisein wurden zwei erschossen, ich und zwei andere wurden mit Gewehrkolben geschlagen. Von einem dieser Schläge verlor ich das Bewusstsein. Ein rumänischer Soldat rettete mich und brachte mich aus dem Bereich des Krematoriums. Er war einige Tage zuvor zu einer SS-Gruppe abkommandiert worden und wusste, dass ich Rumäne bin. Zu Bewusstsein kam ich erst wieder in Block 20.[6] Ich war zwei Wochen lang krank und meldete mich dann freiwillig zur Arbeit, weil ich befürchtete, man würde mich sonst auch ins Krematorium schicken. In der Zeit bis zur Ankunft der Roten Armee und der Befreiung der im Lager verbliebenen Häftlinge war ich zu Dachreparaturen bei verschiedenen Gebäuden, unter anderem beim „Gasbunker", inzwischen Bombenbunker, eingesetzt.[7]

5 Im Dez. 1942 tötete die SS ein komplettes Sonderkommando und tauschte es aus. Von da an wurden die Sonderkommandos je nach Bedarf vergrößert und verkleinert, aber nicht systematisch ausgetauscht. Alle Häftlinge, die die SS vom Sonderkommando abzog, wurden getötet.
6 Der Krankenblock im Stammlager.
7 Das Krematorium I im Stammlager Auschwitz wurde 1944 als Luftschutzbunker für SS-Leute genutzt.

Die persönliche Habe der Kinder und Erwachsenen wurde mit Lkw aus dem Bereich der Krematorien in irgendwelche Magazine gebracht, wo sie sortiert wurden. Vieles wurde in Waggons geladen und offenbar nach Deutschland verschickt, vieles andere haben die Deutschen angezündet, bevor sie sich aus dem Staub machten.
Ich habe selbst beobachtet, wie der deutsche Faschist Doktor Mengele zusammen mit einem Offizier namens Solgi, dessen Dienstgrad ich nicht kenne, Menschen aus den ankommenden Zügen selektiert und in die Krematorien zur Vernichtung geschickt hat.
Der Faschist Filipek – auch seinen Rang kenne ich nicht – schoss auf kleine Kinder, d. h. sie dienten ihm als Zielscheiben. Es ist schwer, Angaben zur Zahl der Kinder zu machen, die Filipek erschossen hat, es waren unzählige.
Ich weiß, dass mein Onkel, der Augenarzt Franz Jižak, im Lager ermordet wurde. Erst wurde er misshandelt, danach erschossen und verbrannt. Der Täter ist mir nicht bekannt.
Beim Sonderkommando gab es einen Arzt, genauer einen Zahnarzt namens Gross, ich glaube aus der Stadt Nagyvarad, der ebenfalls verbrannt wurde.
Die Faschisten erschossen außerdem einen Mitarbeiter der berühmten transsylvanischen Zeitung „Samoš", Georg Fekete, der aus Satu Mare stammt. Er wurde erschossen, weil er Teil eines Sonderkommandos war, das die Faschisten regelmäßig erneuerten.
Der faschistische Arzt Mengele wählte nach der Ankunft der Züge auch gesunde und gutaussehende Menschen aus, denen er Blut aus der Vene der rechten bzw. linken Hand entnahm.[8]
Im Lager Auschwitz-Birkenau gab es ca. 30 000 Zigeuner, die in mehreren Blocks untergebracht waren, und zwar ganze Familien.
Ich erinnere mich nicht mehr genau, aber ich glaube, innerhalb von zwei Nächten wurden alle Zigeuner ermordet, erschossen, erstickt und verbrannt.[9]
Auschwitz war ein Massenvernichtungslager, in dem Menschen aller Länder und Nationalitäten und vor allem europäische Juden ermordet wurden.

8 Zu Mengeles medizinischen Experimenten siehe Einleitung, S. 35.
9 Siehe Einleitung, S. 39.

DOK. 128
Der Wehrmachtsangehörige Erich Clemm kommt Ende Juni 1944 nach Auschwitz und ist über die Verbrechen dort entsetzt[1]

Bericht von Erich Clemm,[2] Stephanstraße 25, Remscheid, vom 26.4.1945 (maschinenschriftl. Abschrift)[3]

Erfahrungsbericht über das Konzentrationslager *Auschwitz*
Am 26. Juni 1944 wurde ich von meinem Truppenteil als av[4] nach Münster in Westf. versetzt. Angeblich sollte ein Batl. Infanterie die in Auschwitz befindliche SS ablösen, damit diese an der Front verwendet werden könnten.[5] Zwei Tage später (28.6.1944) wurde das neu aufgestellte Batl. (750 Mann) um 11.15 Uhr in einem Güterzuge in Marsch gesetzt. Ankunft in Auschwitz in der Nacht zum 30.6.1944, 1.15 Uhr. Aussteigen für die Wehrmacht wurde verboten. Durch dieses Verbot neugierig gemacht, schauten wir durch die am Güterwagen befindlichen Luken und sahen uns gegenüber auf dem gleichen Bahnsteig einen unendlich langen Güterzug. Aus diesem Zuge entstiegen Zivilpersonen beiderlei Geschlechts vom ältesten Greis bis zum kleinsten Kinde in fremdländischer Kleidung.[6] Ihre mitgebrachten Habseligkeiten, Kleidungsstücke, Schuhe, Decken, Koffer usw. mußten sie auf den Bahnsteig werfen und dann in einem Gliede zum Abmarsch antreten. Alles ging mit Windeseile vor sich. Ich fragte einen auf dem Bahnsteig hin und her eilenden Häftling (Capo), um welche Menschen es sich bei dem Transport handele. Die Antwort war unverständlich, und nun hielt es mich, einen von dem Naziregime Gemaßregelten, nicht mehr in dem Zuge. Kaum hatte ich den Zug verlassen, da schrie mich schon ein Hauptsturmführer (Hptm.) an, als wäre ich ein gemeingefährlicher Verbrecher, warum ich trotz Verbots den Zug verlassen hatte. In ruhigem Tone erklärte ich, daß ich meine Bedürfnisse doch nicht in dem Wagen verrichten könne. Nachdem der Hauptsturmführer meinen Namen aufgeschrieben hatte, befahl er mir, den Wehrmachtszug zu bewachen, damit niemand diesen verließe. Nun hatte ich Gelegenheit, mich genauer über die geheimnisvollen Vorgänge zu orientieren. Schon nach kurzer Zeit bot sich mir ein grauenhaftes Bild. Frauen, Kinder und Greise, die auf dem langen Transport von Griechenland und Rumänien *erkrankt* und in völlig erschöpftem Zustand nicht mehr in der Lage waren, auf ihren Füßen zu stehen, warfen

1 Wiener Library, 053-EA-0916. P. III. H Nr. 418 (Auschwitz). Abdruck in: Diethard Aschoff, Münster – Auschwitz, Auschwitz – Gelsenkirchen. Der bisher unbekannte Auschwitzbericht eines Remscheider Soldaten, in: Westfälische Forschungen, 52 (2002), S. 555–567.

2 Erich Clemm (1897–1961), von 1940 an Angehöriger verschiedener Landesschützenbataillone, Dez. 1943 bis Febr. 1944 Reserve-Lazarett Kraschnitz, Febr. 1944 Grenadier-Ersatz-Bataillon Paderborn; lebte nach dem Krieg in Remscheid; siehe Einleitung, S. 50.

3 Erich Clemm schrieb den Bericht am 26.4.1945 in Remscheid. Das Original ist nicht erhalten. Eine Abschrift für die Wiener Library wurde am 27.11.1945 angefertigt. Der Bericht befindet sich als Beweismaterial im Verfahren gegen Rudolf Höß; AIPN, GK 196/98, Bl. 70–73.

4 Arbeitsverwendungsfähig.

5 Von 1944 an waren zahlreiche „bedingt kriegsverwendungsfähige" Männer ab dem 40. Lebensjahr aus dem Ersatzheer zur Verstärkung der SS-Totenkopfverbände als Wachleute in Konzentrationslagern eingesetzt.

6 Am 30.6.1944 traf ein RSHA-Transport mit 2044 griech. Juden aus Athen und Korfu sowie ein Transport mit 1000 italien. Juden aus Fossoli di Carpi in Auschwitz ein.

die Häftlinge, die bereits länger im Lager waren, auf einen Haufen wie altes Eisen. Wimmern und Weinen dieser Menschen erregten tiefstes Mitleid in mir und Abscheu vor jenen Verbrechern, die derartiges anordneten bezw. durchführten. Aber noch Schlimmeres stand diesen Ärmsten bevor. Die Stimme eines SS-Gefreiten ertönte: „Totenkommando" und wie ein Blitz aus heiterem Himmel standen in blau-weiß-gestreiften Anzügen 12 Häftlinge zur Stelle. Ein schwerer Lastwagen war an den Haufen kranker und erschöpfter Menschen gefahren. Die 12 Häftlinge walteten ihres Henkeramtes und warfen die mit dem Tode Ringenden in viehischer Weise auf den Lastwagen. Ein leises Stöhnen begleitete die dem Tode Geweihten auf ihrer letzten kurzen Fahrt. Als ich ½ Stunde später den SS-Gefreiten fragte, was denn mit den Kranken geschähe, antwortete dieser in östlicher Richtung: „Die hat unser Backofen fertig gemacht, die sind schon hinüber!" In der Richtung, die der Gefreite mir zeigte, ca. 3–4 km, sah ich 2 riesige Flammen gen Himmel lodern, in deren Schein sich zwei große Türme abzeichneten. Auf meine Frage an einen Häftling, was dort sei, antwortete er kurz: „Krematorium". Entsetzen und Ekel erfaßten mich, und der Entschluß, unter allen Umständen dieser Mordzentrale zu entweichen, stand fest. In den nächsten Stunden unterließ ich nichts, um zu erfahren, mit welchen Mitteln hier gegen unschuldige Menschen verfahren wurde. Ein Oberscharführer (Feldwebel) erklärte mir auf Befragen, daß in dem Krematorium täglich 2000 Menschen verbrannt würden. Der Rekord an einem Tag sei 4000 gewesen. Auf meinen Einwand, daß ich derartiges nie fertig bringen würde, erklärte der Oberscharführer: „Da gewöhnst du dich auch dran, hier ist noch jeder fügsam und klein geworden." Er erklärte auf meine Fragen, daß die 2000 Menschen in 24 Stunden in Kolonnen zu je 500 Mann erledigt würden. Jede Kolonne ging angeblich zum Baden in eine Baracke, in der es an der Stelle von Wasser Gas gab. Häftlingskompanien sorgten dann [dafür], daß der Backofen in Betrieb bliebe. Diese Angaben wurden mir in den nächsten Tagen, die ich noch im Lager war, von Angehörigen der SS und von Häftlingen, die zu Arbeiten herangezogen *waren,* bestätigt. 2 solcher Kolonnen sah ich den Leidensweg gehen. Mein Bemühen, mit anderen Kameraden diese Mordstätte aus nächster Nähe zu Gesicht zu bekommen, war vergebens, denn diese SS-Horden hatten 6–8 m breite Gräben um das Lager gezogen und somit jeden unerwünschten Einblick verwehrt. Jedes Vordringen von uns barg entweder den Flammentod oder eine Kugel in sich. Selbst Äußerungen wie „Ist das Moral oder menschlich" brachten den Tod. Ein 51-jähriger Feldwebel der Wehrmacht hatte diese Worte gesagt, und wir haben diesen Kameraden nicht mehr gesehen. Bei den Versuchen, dem Unglaublichen näher zu kommen, kam ich in einen noch nicht fertigen Lagerteil. Auch hier zeigte sich namenloses Elend. Ein ca. 8 m langer Holzkasten mit 12 Trichterlöchern stellte die Toilette dar. In 20 Minuten mußten die Häftlinge (nur weiblich) ihr Bedürfnis verrichtet haben. Die große Zahl der Insassen (schätzungsweise 2000) machte dieses unmöglich und so zeigten sich unseren Augen in wenigen Minuten Hunderte entblößte weibliche Hinterteile, die der Not gehorchend und jede Scham beiseite legend ihre Bedürfnisse verrichteten. Ein dort stehender Wehrmachtsposten erläuterte mir: „Wenn ich hier noch lange sein muß, werde ich verrückt." Volksdeutsche SS-Soldaten, die 15 Stunden ununterbrochen Posten stehen mußten, klagten ihr Leid und sagten, es gäbe keinen Weg, aus dieser Verbrecherstadt hinauszukommen, obwohl sie bei dieser Truppe nicht freiwillig waren. Auf meinen weiteren Wegen durch das Lager traf ich auf eine Häftlingskolonne, die Zugtierarbeiten verrichtete. Einen Häftling mit schmerzverzerrtem Gesicht fragte ich, was ihm fehlte.

Er sagte mir, er habe einen schlimmen Hodenbruch und entsetzliche Schmerzen. Auf meine Frage, warum er sich nicht krank meldete, antwortete er mir: „Vielleicht komme ich so noch einmal hier raus und wenn ich mich krank melde, dann muß ich sterben (dabei zeigte er auf das Krematorium), denn Krankmelden gibt es nicht." In einem anderen Lager sah ich weibliche Häftlinge, denen die Häftlingsnummer auf die Arme tätowiert war. Weiter sah ich weibliche Häftlinge mit Lagerarbeiten beschäftigt, die von deutschen weiblichen SS-Angehörigen mit Stöcken geprügelt wurden, weil sie das von ihnen vorgeschriebene Tempo infolge Ermüdung und Erschlaffung nicht einhalten konnten. Ihre Beine waren vom Oberschenkel bis zu den Fersen mit blutunterlaufenen offenen bezw. bereits verkrusteten Wunden besät.

Am 2. Juli gelang es mir, den Händen der SS-Mörder, die auch meinen sicheren Tod bedeutet hätten, zu entkommen. Mit hundert Kameraden mußten wir 2000 Jüdinnen zur Gelsenberg A.G., Gelsenkirchen, bringen.[7] Beim Anmarsch auf den Bahnsteig war allen Häftlingen die Todesangst von den Gesichtern zu lesen. Ihr ganzes Besitztum war ein Kleid, ein Hemd, ein Schlüpfer und ein Paar Schuhe. 55 Frauen, ein Feldwebel und ein Soldat wurden in einem Kolliwagen[8] untergebracht. In diesem Wagen war weder Sitzgelegenheit noch Stroh, auf das man sich hätte legen können. Unter den Häftlingen befanden sich Mütter mit 4 u. 5 Kindern im Alter von 14 bis 25 Jahren, alle mit kahlgeschorenen Häuptern. Ein Waschkessel diente den Frauen als Toilette, die in unserer Gegenwart benutzt wurde. Um 2 Uhr setzte sich dann unser Zug in Bewegung und dankerfüllten Herzens schauten wir und die Häftlinge noch einmal auf die furchtbare Stätte, in der 112 000 Menschen auf einen entsetzlichen Tod warteten, in dem Bewußtsein, vorerst dem sicheren Untergang entronnen zu sein.

7 2000 Jüdinnen aus Ungarn erreichten am 4.7.1944 das neu errichtete Außenlager des Hydrierwerks der Gelsenberg Benzin AG in Gelsenkirchen, das unter die Verwaltung des KZ Buchenwald gestellt wurde. Sie waren in Armeezelten östlich des Werks untergebracht und zu Enttrümmerungs- und Entladearbeiten eingesetzt. Ein Luftangriff am 11.9.1944 forderte viele Todesopfer unter den Häftlingen. Am 16.9.1944 wurde das Lager aufgelöst, und die Häftlinge wurden zur Zwangsarbeit bei der Rheinmetall Borsig AG in Sömmerda verlegt. Dort wurden sie am 4.4.1945 auf einen Todesmarsch gezwungen und Mitte April 1945 von US-Truppen befreit.

8 Waggon für Frachtgut.

DOK. 129

Leon Kubowitzky fordert am 1. Juli 1944, Auschwitz nicht aus der Luft zu bombardieren, sondern durch Fallschirmspringer anzugreifen[1]

Schreiben von A. Leon Kubowitzky, Vorsitzender des Rescue Department des World Jewish Congress,[2] Ref. Zeichen: Nr. 126, an Hon. John W. Pehle,[3] War Refugee Board, Treasury Building, Washington D.C., vom 1.7.1944

Sehr geehrter Herr Pehle,
gestatten Sie mir, auf den Vorschlag zurückzukommen, den ich Herrn Lesser im Rahmen unserer Zusammenkunft am 28. Juni unterbreitet habe.
In Anbetracht der offensichtlichen Entschlossenheit der deutschen Regierung, die Vernichtung der Juden zu beschleunigen, frage ich mich, ob es nicht möglich wäre, das Tempo der Ausrottung erheblich zu verzögern, indem man die Instrumente der Vernichtung – die Gaskammern, die Gaswagen und die Todesbäder – zerstört. Sie werden sich sicherlich an die Ereignisse im August und Oktober 1943 erinnern, als revoltierende Juden die Anlagen in Treblinka und Sobibor in Brand gesetzt haben. Der Aufstand gipfelte in der Flucht einer größeren Anzahl von Juden aus diesen Lagern.
Es gibt drei Regierungen, die ein unmittelbares Interesse daran haben, die Massaker zu beenden: die sowjetische Regierung, deren gefangen genommene Soldaten nach Auskunft eines Telegramms, das am 22. Juni beim polnischen Informationszentrum einging und von dem eine Kopie beigelegt ist,[4] in den Gaskammern von Oświęcim umgebracht werden; die tschechische Regierung, deren Bürger in Birkenau ermordet werden, und aus naheliegenden Gründen die polnische Regierung.
Die Zerstörung der Tötungsanlagen kann nicht durch Bombardierungen aus der Luft erfolgen, weil die in diesen Lagern eingesperrten Juden die ersten Opfer wären und derartige Bombenangriffe den Deutschen zudem einen willkommenen Vorwand liefern würden zu behaupten, die von ihnen ermordeten Juden seien von den Bomben der Alliierten getötet worden.[5]
Ich habe Herrn Lesser vorgeschlagen, sich an die sowjetische Regierung zu wenden und sie aufzufordern, Fallschirmjäger in den Lagern landen zu lassen. Sie müssten dort die

1 FDR-Library, Records of the WRB, General Correspondence, Box 42, Measures Directed Towards Halting Persecution – Hungary Nr. 5/2, Bl. 74 f. Abdruck in: Michael Berenbaum, Witness to the Holocaust, New York 1997, S. 302. Das Dokument wurde aus dem Englischen übersetzt.

2 Dr. Arieh Leon Kubowitzky, später Kubovy (1896–1966), Jurist; emigrierte 1906 aus Litauen nach Belgien, 1940 in die USA, 1943/44 Leiter der Abt. für Angelegenheiten des europäischen Judentums beim WJC in New York, 1945–1948 Generalsekretär des WJC; 1948 Emigration nach Israel, 1949–1953 israel. Gesandter in Polen und der Tschechoslowakei, 1957/58 in Argentinien, Chile und Paraguay, 1959–1966 Vorsitzender der Yad Vashem Remembrance Authority in Jerusalem.

3 John W. Pehle (1909–1999), Jurist; 1934–1940 Sachverständiger für Währungsangelegenheiten beim US-Schatzamt, 1940–1944 stellv. US-Finanzminister, Febr. 1944 bis Jan. 1945 geschäftsführender Direktor des War Refugee Board in Washington; kehrte nach dem Krieg kurzzeitig ins Treasury Department zurück und arbeitete danach als Rechtsanwalt.

4 Kopie liegt nicht in der Akte.

5 Nachdem im Lauf des Juli 1944 aus Europa weitere dringende Bitten um Bombardierung der Gaskammern eingegangen waren, forderte Kubowitzky im Aug. 1944 auch die Zerstörung der Gaskammern durch Luftangriffe; wie Anm. 1, Bl. 58.

Gebäude einnehmen, die Mörderbande ausschalten und die bedauernswerten Häftlinge befreien. Außerdem sollte die polnische Regierung veranlasst werden, den polnischen Untergrund anzuweisen, entsprechende Lager anzugreifen und die Tötungsmaschinen zu zerstören.
Erlauben Sie mir noch hinzuzufügen, dass es wohl auch sinnvoll wäre, die tschechische Regierung zu kontaktieren, damit diese ihren Einfluss auf die sowjetische und polnische Führung geltend macht und sie dazu bewegt, unser Anliegen zu unterstützen.
Abschließend möchte ich meiner Hoffnung Ausdruck geben, dass Sie die in diesem Brief dargelegten Vorschläge gutheißen und dafür Sorge tragen, dass diese umgehend umgesetzt werden.
Hochachtungsvoll
P.S. Ich lege einen Bericht mit dem Titel „Drei Jahre in der Hölle von Oświęcim" bei, der am 16. Juni vom Polish Jewish Observer veröffentlicht wurde.[6]

DOK. 130
New York Times: Bericht vom 3. Juli 1944 über die Dimension der Judenvernichtung in Auschwitz-Birkenau[1]

Todeslager der Nazis durch Untersuchung bestätigt. Bis zum 15. April sollen die Deutschen 1 715 000 Juden ermordet haben
Von Daniel Brigham[2]
Telefonisch an die New York Times übermittelt.
Genf, Schweiz, 2. Juli
Die bei zwei europäischen Hilfswerken mit Hauptsitz in der Schweiz eingegangenen Informationen bestätigen Berichte, wonach mit Auschwitz und Birkenau in Oberschlesien zwei „Vernichtungslager" existieren, in denen zwischen dem 15. April 1942 und dem 15. April 1944 mehr als 1 715 000 Juden ermordet wurden.[3]
Bei den beiden Organisationen, auf die hier Bezug genommen wird, handelt es sich um die International Church Movement Ecumenical Refugee Commission mit Hauptsitz in Genf und die Flüchtlingshilfe in Zürich, deren Leiter, Pfarrer Paul Voght,[4] einen längeren Bericht über die Vernichtungsaktionen veröffentlicht hat.

6 Liegt nicht in der Akte.

1 New York Times, 3.7.1944, S. 3: Inquiry confirms Nazi Death Camps. Abdruck in: Wyman, Bombing Auschwitz (wie Dok. 126, Anm. 1), Dok. 7, S. 79. Das Dokument wurde aus dem Englischen übersetzt.

2 Daniel Brigham (1909–1990), Journalist; berichtete während des Zweiten Weltkriegs als Korrespondent der New York Times aus Bern; 1953–1968 Redakteur bei The Journal-American in New York.

3 Die Zahlenangaben sind überhöht. Sie stammen aus dem Bericht von Rudolf Vrba; siehe Dok. 108 vom 23.4.1944.

4 Richtig: Paul Vogt (1900–1984), evangelischer Pfarrer in Zürich, nach 1933 engagiert in der Unterstützung für die Bekennende Kirche in Deutschland, 1936 Mitbegründer der Schweizerischen Zentralstelle für Flüchtlingshilfe; nach dem Krieg engagiert in der christlich-jüdischen Zusammenarbeit.

In diesem Bericht ist die Rede von lokalen „Säuberungsaktionen", die in regelmäßigen Abständen in den verschiedenen besetzten Ländern angeordnet und in deren Folge Juden regelmäßig in die Vernichtungslager transportiert würden. Die vor zwei Monaten zusammengetragenen Angaben über die Zahl der in den beiden Lagern „ausgerotteten" Juden (Hunderttausende an anderen Orten Ermordete sind hier nicht berücksichtigt), ergeben folgendes Bild:[5]

Polen:	900 000
Holland:	100 000
Griechenland:	45 000
Frankreich:	130 000
Belgien:	50 000
Deutschland:	60 000
Jugoslawien, Italien und Norwegen:	30 000
Böhmen, Mähren und Österreich:	30 000
Ausländische Juden aus verschiedenen Lagern in Polen:	300 000

Das Massaker an den ungarischen Juden

In diese Bilanz müssen nun auch noch die Juden Ungarns eingerechnet werden. Etwa 30 Prozent der insgesamt 400 000 Juden sind ermordet worden oder auf dem Weg nach Oberschlesien gestorben. Im Bericht der ökumenischen Kommission über die „niederträchtige, teuflische und unmenschliche Brutalität", mit der die ungarischen Juden behandelt werden, heißt es: „Rund 400 000 ungarische Juden sind nach den uns vorliegenden gesicherten Informationen seit dem 6. April dieses Jahres unter menschenunwürdigen Bedingungen aus ihrer Heimat nach Oberschlesien deportiert worden. Diejenigen, die nicht bereits unterwegs den Strapazen erlagen, wurden in die Lager Auschwitz und Birkenau in Oberschlesien gebracht, in denen nach den neuesten Erkenntnissen in den vergangenen zwei Jahren mehrere Hunderttausend ihrer Glaubensbrüder und -schwestern auf teuflische Weise umgebracht wurden." Die Juden, heißt es weiter, werden nach einer Haftzeit von zwei Wochen bis drei Monaten, während der sie „selektiert" werden oder sich zu Tode schuften, in Hinrichtungsräume gebracht. Darin befinden sich vorgetäuschte Badeeinrichtungen, durch die täglich 2000 bis 8000 Menschen geschleust werden.

Zyanidgas führt zum Tod

Man führte die Häftlinge in Kabinen und befahl ihnen, sich zum Baden zu entkleiden. Dann soll Zyanidgas eingeleitet worden sein, das in drei bis fünf Minuten zum Tod führt. Die Leichen werden in einem Krematorium verbrannt, deren Öfen gleichzeitig acht bis zehn Körper aufnehmen können. In Birkenau gibt es ungefähr 50 solche Verbrennungseinrichtungen. Sie wurden am 12. März in Anwesenheit einer großen Gruppe von Nazi-Führern eingeweiht, die dem Bericht zufolge von 9 Uhr morgens bis 7.30 Uhr abends der „Entsorgung" von 8000 Juden beigewohnt haben.[6]

5 Bis April 1944 wurden etwa 206 000 Juden aus Polen, 58 000 Juden aus den Niederlanden, 50 0000 Juden aus Griechenland, 64 000 Juden aus Frankreich, 24 000 Juden aus Belgien, 22 000 Juden aus dem Deutschen Reich und Österreich, 15 000 Juden aus Jugoslawien, Italien und Norwegen sowie etwa 20 000 Juden aus Theresienstadt nach Auschwitz deportiert; siehe Piper, Die Zahl der Opfer, Tabelle D (wie Dok. 42, Anm. 1).

6 Siehe Dok. 62 vom März 1943.

DOK. 131

John McCloy erklärt am 4. Juli 1944, dass er die Bombardierung der Eisenbahnstrecken nach Auschwitz aus militärischer Sicht für undurchführbar hält[1]

Schreiben von John McCloy,[2] War Department, Office of the Assistant Secretary, Washington, D.C., an John W. Pehle, Executive Director, War Refugee Board, Treasury Department, Washington 25, D.C., vom 4.7.1944

Sehr geehrter Herr Pehle,
ich beziehe mich auf Ihren Brief vom 29. Juni,[3] der ein Fernschreiben Ihres Repräsentanten in Bern, Schweiz, enthielt und in dem Sie vorschlugen, bestimmte Abschnitte der Eisenbahnstrecken zwischen Ungarn und Polen zu bombardieren, um den Abtransport von Juden aus Ungarn zu unterbrechen.

Das Kriegsministerium ist der Ansicht, dass die vorgeschlagene Luftoperation undurchführbar ist. Sie könnte um den Preis eines Abzugs beträchtlicher Luftwaffenkapazitäten ausgeführt werden, die aber für den Erfolg unserer Truppen, die an anderer Stelle in entscheidende Kämpfe involviert sind, unabdingbar sind.[4] In jedem Fall ist die Wirksamkeit einer solchen Maßnahme derart fragwürdig, dass es nicht zu einer praktischen Umsetzung kommen wird.

Das Kriegsministerium weiß die humanitären Motive, die dem Vorschlag für eine solche Operation zugrunde liegen, sehr zu schätzen, aber aufgrund der oben genannten Gründe erscheinen die vorgeschlagenen Maßnahmen nicht gerechtfertigt.[5]

Hochachtungsvoll

1 FDR-Library, Records of the WRB, General Correspondence, Box 42, Measures Directed Towards Halting Persecution – Hungary Nr. 5/2, Bl. 70. Abdruck als Faksimile in: John Mendelsohn (Hrsg.), The Holocaust. Selected documents in eighteen volumes. Vol. 14: Relief and rescue of Jews from Nazi oppression, 1943–1945, New York 1982, S. 118. Das Dokument wurde aus dem Englischen übersetzt.

2 John McCloy (1895–1989), Jurist, Politiker; 1941–1945 Staatssekretär im Kriegsministerium unter Minister Henry L. Stimson; nach 1945 Tätigkeit als Anwalt, 1947–1949 Präsident der Weltbank, 1949–1952 US-Hochkommissar in der Bundesrepublik Deutschland, 1952 einer der Gründer der Atlantik-Brücke.

3 Schreiben Pehle an McCloy vom 29.6.1944; wie Anm. 1, Bl. 76; Fernschreiben McClelland an das WRB vom 24.6.1944; wie Anm. 1, Bl. 77–79.

4 Auschwitz und seine Umgebung waren aufgrund der dortigen Produktionsanlagen Angriffsziele der US-Luftstreitkräfte. Zwischen Juli und Nov. 1944 fielen mehr als 2800 Bomben in der Region. Ein Abzug von Einheiten zur Bombardierung der Schienenwege nach Auschwitz oder der Vernichtungsanlagen wäre nicht nötig gewesen.

5 Mit ähnlichem Wortlaut beantwortete John McCloy weitere Gesuche, z. B. am 14.8.1944 an Leon A. Kubowitzky; siehe Dok. 129 vom 1.7.1944; Abdruck als Faksimile in: Wyman, Bombing Auschwitz (wie Dok. 126, Anm. 1), Dok. 55, S. 165.

DOK. 132

Vilma Grünwaldová schreibt ihrem Mann am 11. Juli 1944 aus dem Theresienstädter Familienlager, dass sie sich über ihr bevorstehendes Schicksal im Klaren ist[1]

Handschriftl. Brief von Vilma Grünwaldová[2] an Dr. Grünwald,[3] F-Lager, vom 11.7.1944[4]

Du mein Einziger, Einziger, Teuerster, es ist Blocksperre, man wartet auf die Dunkelheit. Wir, Marytta Braunová[5] und ich, waren noch bei Willy,[6] er ließ uns in keinem Moment zweifeln. Wir dachten zuerst zusammen mit Jenda[7] an Verstecken, und das haben wir auch getan, aber dann haben wir es verworfen. In der Annahme, es wäre zu hoffnungslos. Die berühmten Autos sind schon angekommen, wir warten, wann es anfängt. Ich nahm schon fünf Bromid-Tabletten.[8] Ich bin nach diesem anstrengenden und aufregenden Tag ein wenig benommen und ganz ruhig. Du, mein Einziger und Liebster, mach Dir keine Vorwürfe wegen dem, was passiert ist. Es war unser Schicksal. Wir haben getan, was wir konnten. Bleib einfach gesund und erinnere Dich an meine Worte, dass die Zeit alles heilt, und wenn auch nicht ganz, dann doch wenigstens etwas. Kümmere Dich um den kleinen goldenen Jungen[9] und verwöhn ihn nicht zu sehr mit Deiner Liebe. Und bleibt beide sehr, sehr gesund, meine beiden Teuren, Goldenen.
Ich werde an Walterchen[10] denken, kannst Du Dich erinnern, wie ich damals sagte, dass er uns den Weg erleichtern würde?

1 USHMM, 2012.250.1a–b. Das Dokument wurde aus dem Tschechischen übersetzt.

2 Vilma Grünwaldová (1904–1944), Hausfrau; am 13.7.1942 mit ihrem Mann Kurt und den Söhnen Hanuš und František aus Prag nach Theresienstadt, am 15.12.1943 von dort nach Auschwitz deportiert und dort am 11.7.1944 ermordet.

3 Dr. Kurt Grünwald (1900–1967), Gynäkologe; 1942 aus Prag nach Theresienstadt deportiert, im Dez. 1943 nach Auschwitz, am 6.7.1944 als arbeitsfähig selektiert und als Häftlingsarzt in B II f eingesetzt, im Okt. 1944 in das KZ Ohrdruf überstellt; nach 1945 Arzt in Prag, emigrierte 1949 nach Großbritannien, von 1951 an in den USA.

4 Anfang Juli 1944 hatten im Theresienstädter Familienlager umfangreiche Selektionen stattgefunden. Etwa 3500 als arbeitsfähig deklarierte Männer und Frauen wurden in andere KZ überstellt, die übrigen rund 4000 Insassen wurden in der Nacht vom 11. zum 12.7.1944 in der Gaskammer ermordet. Der Brief erreichte Kurt Grünwald im Lagerteil B II f („F-Lager") in Birkenau. Es gelang ihm, ihn bis zur Befreiung aufzubewahren.

5 Eine Freundin von Vilma Grünwaldová.

6 Willy Brachmann (1903–1980), Maler aus Hamburg; Ende Aug. 1940 aus Sachsenhausen als Funktionshäftling nach Auschwitz überstellt, von März 1944 an Lagerältester im Theresienstädter Familienlager; unterstützte die Widerstandsbewegung im Lager; nach dem Krieg Hausmeister in Hamburg. František Grünwald arbeitete als Läufer für Brachmann, der ihn kurz vor der Auflösung des Familienlagers zu einer Gruppe älterer Kinder delegierte, was ihm das Leben rettete.

7 Hanuš Grünwald, genannt Jenda (1928–1944), wurde gemeinsam mit seiner Mutter Vilma in der Gaskammer ermordet.

8 Bromhaltige Tabletten wurden bis in die zweite Hälfte des 20. Jahrhunderts als Schlaf- und Beruhigungsmittel genutzt.

9 Gemeint ist der gemeinsame Sohn František (Miša) Grünwald, später Frank Grunwald (*1932); im Juli 1944 nach B II d überstellt, eingesetzt beim Sortieren von Effekten, vom 18.1.1945 an auf dem Todesmarsch, im Mai 1945 in Gunskirchen befreit; wanderte mit seinem Vater über Großbritannien in die USA aus, dort Industriedesigner.

10 Walter Grünwald (1897–1934); Bruder von Kurt Grünwald, starb 1934 im Alter von 37 Jahren an Krebs.

Und dann werde ich nur noch an Dich und Miša denken. Habt ein wunderbares Leben, wir müssen einsteigen. Bis in Ewigkeit!
Deine

DOK. 133
Ein für Häftlingsbekleidung zuständiger SS-Mann verteidigt sich am 14. Juli 1944 gegen die Kritik, die auf Transport geschickten Juden seien mangelhaft ausgestattet[1]

Schreiben des Kammerwarts der Häftlings-Bekleidungs-Kammern KL Auschwitz II, SS-Unterscharführer, Unterschrift unleserlich, an die Verwaltung, Abt. Bekleidung,[2] vom 14.7.1944

Betreff: Bekleidung u. Wäsche f. jüd. Häftlinge
Bezug: Schreiben Kl. Dachau v. 26.6.44, AZ: V/3 151a/6,44. - H[3]
Anlagen: 3

Vor dem 29. Juni 1944 wurde vom K.L. Auschwitz II nur 1 Transport, u. zw. am 15.6. nach dem K.L. Kaufering abgefertigt.[4] Zur Aufklärung des Sachverhaltes wird im Nachstehenden der gesamte Vorgang vom Eintreffen der ungarischen Judenhäftlinge bis zur Bahnverladung beschrieben.
Nach Eintreffen der Zugänge im hiesigen Konzentrationslager werden den Häftlingen die gesamten Zivil-Bekleidungsstücke abgenommen, und nach gründlichst durchgeführter Entlausung werden diese Häftlinge mit den von der Verwaltung zur Verfügung gestellten Häftl. Bekleidungssorten eingekleidet. Die Bekleidungsstücke sind mit Ausnahme der Wäsche und der Schuhe neu. Hemden und Unterhosen werden aus den jüdischen Sammelbeständen der Effektenkammer entnommen, nachdem diese entlaust und mit Lausetto bespritzt wurden. Eine vorherige Reinigung dieser Wäschestücke ist mit Rücksicht auf den Umfang der Transporte und mangels neuer Wäschegarnituren nicht möglich. Die Unterwäsche wird aber vor Ausgabe sorgfältigst sortiert, so daß nur einwandfreie, also nicht zerrissene Wäsche zur Ausgabe gelangt. Die Schuhe werden den Häftlingen beim Zugang nicht abgenommen.[5] Es behalten daher die Häftlinge ihre eigenen Schuhe, nachdem diese gründlichst desinfiziert wurden. Jene Häftlinge, deren Schuhe stark beschädigt bezw. unbrauchbar sind, erhalten nach Weisung der Standortverwaltung neue Holzschuhe. Strümpfe oder Fußlappen, wie in obzitiertem Schreiben erwähnt, erhalten die Häftlinge überhaupt nicht. Sie erhalten ausschließlich die im K.L. Auschwitz II angefertigten Füßlinge. Das Einkleiden der Zugänge wird vom Kammerwart und dem Capo der Häftl. Bekleid. Kammer strengstens überwacht. Nachdem die einzelnen Zugangstransporte eingekleidet sind, werden diese in das

1 AIPN, GK 174/320, Bd. 3.
2 Die Abt. IV/3 Bekleidung war für die Versorgung der Häftlinge und SS-Angehörigen mit Wäsche, Bekleidung und Schuhen zuständig. Zunächst stattete das WVHA die Kleidungsmagazine aus, später wurden sie durch die Kleidung der in den Gaskammern ermordeten Juden gefüllt.
3 Nicht aufgefunden.
4 Am 18.6.1944 traf der erste Transport mit 1000 Häftlingen aus Auschwitz im Dachauer Außenlager Kaufering ein.
5 Viele Überlebende der Ungarn-Transporte berichten hingegen, dass ihnen bei Ankunft die Schuhe abgenommen wurden bzw. sie nach der Desinfektion nicht wieder aufzufinden waren.

Durchgangslager K.L. Auschwitz II überstellt und vom Arbeitsdienstführer Uscha Olexiuk[6] übernommen. Dieser stellt über die Bekleidungssorten, mit denen die Zugänge bekleidet sind, eine Quittung aus, aus welcher ersichtlich ist, mit welchen Bekleidungsstücken die Häftlinge versehen sind. Diese Quittung wird zur Einsichtnahme vorgelegt. Im Durchgangslager verbleiben die Zugänge mehrere Tage (bis zu 2–3 Wochen). Mit Rücksicht auf den Mangel an ausreichenden Unterkünften sind in jeder Baracke, welche für einen Normalbeleg von 300 Häftlingen vorgesehen ist, 1000–1200 Häftlinge untergebracht. Schon dieser Umstand bedingt eine starke Verunreinigung der Bekleidungsstükke. Im Durchgangslager werden aus den dort untergebrachten Häftlingen Transporte zusammengestellt und diese ins Quarantänelager verlegt, wo sie bis zum Abtransport mehrere Tage verbleiben. Vor dem Abtransport werden die Häftlinge von dem Capo der Häftl. Bekl. Kammer des Quarantänelagers einer genauen Kontrolle unterzogen. Sämtliche Bekleidungsstücke, welche sich bei dieser Kontrolle als schadhaft erweisen, werden vor dem Abtransport ausgetauscht. Der Kammerwart überzeugt sich von der Durchführung dieser Bestimmung. Der Arbeitsdienstführer SS-Uscha Olexiuk, der den Transport zusammenstellt und an den Transportführer übergibt, bestätigt auf einem Lieferschein die Übernahme jener Bekleidungsstücke, mit denen die Häftlinge ausgestattet sind.
Der fragliche Transport, der zur Beanstandung Anlaß gegeben hat, wurde lt. Lieferschein Nr. 12, der in der Anlage beigefügt ist, am 15.6.1944 abgefertigt. Nach diesem Lieferschein wurden die Häftlinge mit neuen Drellgarnituren versehen, lediglich 47 Drelljacken und 43 Drellhosen waren nicht neu, sondern gebraucht, aber in gewaschenem und einwandfreiem Zustand. Diese alten Drellgarnituren mußten ausgegeben werden, da mit Rücksicht auf die umfangreichen Zugänge die neuen Drellgarnituren im entsprechenden Umfang nicht rechtzeitig angeliefert wurden. Es wurde daher von der Verwaltung Auftrag gegeben, in einem solchen Notfall alte Drellgarnituren auszugeben, um eine Stockung zu vermeiden und eine reibungslose Abfertigung der umfangreichen Zugänge zu sichern. Zu diesem Zweck hat die Verwaltung in Auschwitz mit Schreiben vom 5.VI.44 den Auftrag gegeben, sämtliche im Lager befindlichen überzähligen alten Drellgarnituren einzuziehen und für die Einkleidung von Zugängen zur Verfügung zu halten. Wenn die Häftlinge, wie im obzitierten Schreiben behauptet, mit Hosen, die nur ein oder anderthalb Hosenbeine hatten oder mit Röcken mit einem oder sogar ohne Ärmel[7] bekleidet gewesen wären, wären diese Transporte vom Arbeitsdienstführer bei der Übernahme beanstandet bezw. überhaupt nicht übernommen worden. Es ist für diese Beanstandung nur eine Erklärung möglich, d. i., daß die Häftlinge sich während der Fahrt bei der herrschenden Hitze in den geschlossenen Waggons ausgezogen haben und die Bekleidungsstücke, welche dann beim Transport schadhaft wurden, weggeworfen haben. Die Erfahrung hat weiterhin gezeigt, daß speziell Durchfall-Kranke Hemd und Unterhose, die beschmutzt werden, wegwerfen oder zerreißen und sie an Stelle von Toilettenpapier benützen. Die Bekleidungskammern K.L. Auschwitz II haben seit dem 16.V.1944 bis heute ca. 57 000 Häftlinge

6 Viktor Olexiuk (*1905), Webermeister, Stuhlmacher; 1940 aus Radautz, Bukowina (heute Rădăuţi in Rumänien) ins Deutsche Reich umgesiedelt, im Okt. 1941 zum Wachdienst im KZ Auschwitz eingezogen, Arbeitsdienstführer; Verbleib ungeklärt.

7 Gemeint sind die Jacken der Häftlingsuniform.

eingekleidet und 48 Transporte mit 45 132 Häftlingen für den Abtransport abgefertigt, ohne daß bisher die geringste Beschwerde eingelaufen wäre. Die Beanstandungen können daher nur während des Transportes entstanden sein.

DOK. 134

Das SS- und Polizeigericht Kattowitz verurteilt Franz Wunsch am 18. Juli 1944 zu einer Arreststrafe, weil er jüdisches Eigentum aus der Effektenkammer an sich genommen hat[1]

Feld-Urteil des SS- und Polizeigerichts XV, Zweigstelle Kattowitz, ST. L. V 318/44, gez. Klaeden,[2] SS-Oberscharführer und SS-Richter d. R., vom 24.7.1944 (beglaubigte Abschrift)[3]

Im Namen des Deutschen Volkes.
In der Strafsache gegen den SS-Unterscharführer Franz Wunsch,[4] geboren am 21.3.1922 in Drasenhofen/Ndr. Donau, SS-Standortverwaltung K.L. Auschwitz, wegen fortgesetzten militärischen Diebstahls hat das am 18. Juli 1944 in Auschwitz zusammengetretene SS- und Polizei-Feld-Gericht XV, Zweigstelle Kattowitz, an dem teilgenommen haben:
als Richter: SS-Obersturmführer *Klaeden*
Vorsitzer: SS-Richter d. R. SS-Obersturmführer *Ehser*[5]
Beisitzer: SS-Unterscharführer *Hofmann,*[6] beide K.L. Auschwitz
als Vertreter der Anklage: SS-Untersturmführer *Kreis,* SS-Richter d. R.
als Beurkundungsführer der Geschäftsstelle: SS-Unterscharführer *Mertens*
für Recht erkannt:
Der SS-Unterscharführer Franz *Wunsch* wird wegen fortgesetzten Diebstahls zu 5 – fünf – Wochen verschärftem Arrest verurteilt.
Gründe.
I.
Der Angeklagte wurde am 21.3.1922 als zweites Kind des Kaufmanns Franz Wunsch und dessen Ehefrau Martha, geb. Peilhammer in Drasenhofen/Niederdonau geboren. Seine um Jahre ältere Schwester ist im Alter von 9 Jahren verstorben. Er besuchte vom 6. bis 10. Lebensjahr die Volksschule in Drasenhofen. Anschließend bis zum 14. Lebensjahr

1 APMAB, D-Au-I-1/135, SS-Personalakten, Bd. 14, Bl. 18–23.
2 Wilhelm Klaeden (1908–2004), Jurist; 1933 NSDAP- und SS-Eintritt; von 1936 an Assessor bei der Landesbauernschaft Sachsen-Anhalt in Halle/Saale, von April 1944 an SS-Richter der Reserve am SS- und Polizeigericht XV in Breslau; Nov. 1944 SS-Ustuf.; wohnte nach dem Krieg in Tübingen.
3 Im Original Stempel: Rechtskräftig geworden am 11.8.1944, Kattowitz, den 18.8.1944.
4 Franz Wunsch (1922–2009), Handelsschüler; 1939 Meldung zur Waffen-SS, Fronteinsatz, im Sept. 1942 zur Gefangeneneigentumsverwaltung nach Auschwitz versetzt; nach dem Krieg Außendienstmitarbeiter, 1972 vor dem Landgericht Wien freigesprochen.
5 Max Ehser (1893–1951), Formstecher; 1930 NSDAP-, 1931 SS-Eintritt; NSDAP-Ortsgruppenkassierer und Stadtrat der Stadt Eilenburg, 1938 SS-Wachkompanie Flossenbürg; Jan. 1941 SS-Ostuf.; von Dez. 1942 an in Auschwitz, Führer verschiedener Wachkompanien, von Febr. 1945 an in Buchenwald eingesetzt; lebte nach dem Krieg in München.
6 Ernst Hofmann (*1901), Lehrer; 1933 NSDAP-Eintritt; 1941 zunächst in der 3. Wachkompanie in Auschwitz, von Mai 1941 an stellv. Leiter des Erkennungsdienstes, war als Fotograf am Auschwitz-Album beteiligt, vertrat die Politische Abt. im Rahmen des Vernehmungsdienstes.

ein Waiseninternat in Mödling bei Wien. Nach der Schulentlassung war er zunächst 1½ Jahre im elterlichen Geschäft tätig. Anschließend besuchte er etwa 2 Jahre lang bis zu seiner Einberufung zur Waffen-SS die Handelsschule in Retz. Bei Kriegsausbruch meldete er sich freiwillig zur Waffen-SS und wurde daraufhin am 15.8.1940 zum 15./ SS-T.Regt. in Block/Weichsel einberufen. Nachdem er dort und anschließend in Litzmannstadt etwa 4 Monate lang ausgebildet worden war, wurde er zur Panzerjägerkompanie des 4. Rgt. nach Den Haag (Holland) versetzt. Im April 1941 wurde diese Einheit nach Warschau verlegt und war nach Ausbruch des Krieges mit Sowjetrußland in Litauen und später an der Leningradfront eingesetzt. Dort wurde der Angeklagte am 11.9.1941 durch 2 Infanteriegeschosse am linken Fuß und linken Knie verwundet. Nach 8-monatigem Aufenthalt in verschiedenen Lazaretten kam er zur Genesungskompanie nach Büszum[7] bei Hilversum/Holland. Im Mai 1942 wurde er zur Dienstleistung zum K.L. Dachau versetzt, wo er im Juni an einem 4wöchigen Unterführerlehrgang teilnahm und anschließend in der Besoldungsstelle beschäftigt wurde. Im September 1942 wurde er nach Auschwitz versetzt, wo er seitdem in der Effektenkammer Dienst versieht. Der Angeklagte ist ledig und gottgläubig. Der Partei oder einer ihrer Gliederungen gehört er nicht an. Er ist weder gerichtlich noch disziplinar vorbestraft. Sein Dienstleistungszeugnis ist sehr günstig. Es wird ihm darin bescheinigt, daß er gute charakterliche Eigenschaften besitzt, ein gutes soldatisches Auftreten hat und alle ihm übertragenen Arbeiten zuverlässig und mit großem Fleiß erledigt hat. Sein Verwundungsbefund ist infolge der Verwundung am Knie nur bedingt kv.[8]

II.

Die Hauptverhandlung hat folgenden Sachverhalt ergeben:

Der Angeklagte versah seit September 1942 Dienst in der Effektenkammer des K.L. Auschwitz, wo die anfallenden jüdischen Effekten nach Durchführung der Vergasung[9] sortiert und aufbewahrt werden. Sein Dienst bestand hauptsächlich in der Beaufsichtigung der Häftlinge. Da er im Verdacht stand, ebenfalls Effekten entwendet zu haben, wurde am 13.11.1943 bei ihm eine Spindrevision vorgenommen.[10] Hierbei wurden folgende Gegenstände vorgefunden:

1 Paar br[aun] gef[ütterte] Herrenlederhandschuhe, 1 pelzgef[ütterte] Lederhaube, 2 Taschenatlasse, 8–10 Taschen-Foto-Alben, davon 2 mit Lederumschlag, 1 Buch (Maria Stuart), 2 Tuben Zahnpasta, etwa 50 Zigaretten, 1 Dynamo-Taschenlampe, 2 Hirschfänger.[11]

Diese Gegenstände hatte sich der Angeklagte in der Effektenkammer widerrechtlich angeeignet. Der Gesamtwert dieser Sachen beträgt etwa 30,– RM.

Dieser Sachverhalt beruht auf den eigenen Angaben des Angeklagten in Verbindung mit den Berichten der Sonderkommission des Reichskriminalpolizeiamtes.[12]

7 Bussum, Ort in der Provinz Nordholland, Niederlande, 5 km nördlich von Hilversum, heute Ortsteil der Gemeinde Gooise Meren.

8 Kriegsverwendungsfähig.

9 Mit Vergasung ist an dieser Stelle die Entwesung der Kleidung und Wertgegenstände der Ermordeten gemeint.

10 Im Nov. 1943 hielt sich eine Sonderkommission der SS unter Leitung von SS-Stubaf. Dr. Konrad Morgen in Auschwitz auf, die Unterschlagungen von SS-Leuten untersuchte. In der Nacht vom 7. zum 8.12.1943 brannte die Baracke ab, in der die materiellen Schuldbeweise gelagert wurden.

11 Eine 40 bis 70 cm lange Stichwaffe, die vor allem für die Jagd verwendet wird.

Der Angeklagte hat den Diebstahl zugegeben und zu seiner Verteidigung folgendes vorgetragen:
Die Lederhandschuhe habe er nicht für private Zwecke benutzen wollen, sondern habe sie im Dienst getragen. Er hätte auf entsprechenden Antrag ohne weiteres 1 Paar Diensthandschuhe ausgehändigt erhalten. Auch die Lederhaube und die Taschenlampe habe er im Dienst verwendet und gut gebrauchen können. Die beiden Hirschfänger hätte er Juden auf dem Transport abgenommen und sie noch abliefern wollen. Im übrigen habe es sich um wertlose Gegenstände gehandelt, bei deren Aneignung er sich nichts gedacht habe, weil diese anderenfalls nur weggeworfen und im Dreck umgekommen wären. Er habe dadurch also keinen anderen geschädigt. Der Angeklagte stand im Verdacht, noch weitere Sachen, insbesondere einen Lederkoffer und Geld entwendet zu haben. Er hat aber in glaubhafter Weise dargetan, daß es sich hierbei um sein Eigentum handelt und er weitere Sachen als oben angegeben nicht an sich genommen hat. Die umfangreichen Ermittlungen haben auch keinerlei Anhaltspunkte dafür ergeben, daß er noch weitere Sachen entwendet hat. Er hat auch sowohl bei seiner verantwortlichen Vernehmung wie auch in der Hauptverhandlung einen sehr günstigen und glaubwürdigen Eindruck gemacht, so daß das Gericht geglaubt hat, seinen Angaben vollen Glauben schenken zu können.

III.

Hiernach hat sich der Angeklagte eines militärischen Diebstahls schuldig gemacht. Er hat sich fortlaufend Gegenstände, die jüdischen Häftlingen gehörten bzw. von diesen weggeworfen waren, weggenommen und sie sich widerrechtlich zugeeignet. Sämtliche Häftlinge haben bestimmungsgemäß sämtliche Wertsachen usw. abzugeben. Der Gewahrsam an diesen Gegenständen geht deshalb vom Augenblick der Abgabe an auf den Lagerkommandanten über. Das gilt auch für diejenigen Gegenstände, die die Häftlinge verstecken oder wegwerfen. Diesen Gewahrsam des Lagerkommandanten hat der Angeklagte gebrochen und eigenen Gewahrsam dadurch begründet, daß er sich die betreffenden Gegenstände zueignete und in seinen Spind legte. Sämtliche Sachen hat er bei Ausübung des Dienstes in der Effektenkammer entwendet. Diese Gegenstände waren ihm auch nur vermöge dieses Dienstes zugänglich. Er war daher wegen militärischen Diebstahls nach § 138 MStGB[13] i. Vbdg. mit § 242 RStGB[14] zu bestrafen. Als der Angeklagte das erste Mal der Versuchung unterlag und der Diebstahl zunächst nicht bemerkt wurde, faßte er den Vorsatz, bei jeder sich bietenden Gelegenheit weitere Gegenstände dieser Art zu entwenden. Dies geht eindeutig aus der Vielzahl der gestohlenen Gegenstände hervor. Es liegen deshalb keine Einzelhandlungen, sondern eine fortgesetzte Handlung vor.

IV.

Bei der Strafbemessung ist das Gericht von folgenden Erwägungen ausgegangen: Strafmildernd konnte zunächst die Jugend des Angeklagten berücksichtigt werden. Er hat sich mit 17 Jahren freiwillig zur Waffen-SS gemeldet, hat sich an der Ostfront bewährt und ist verwundet worden. Er hat wegen dieser Verwundung 8 Monate lang im Lazarett liegen müssen und ein versteiftes Kniegelenk behalten. Er ist weder gerichtlich noch

12 Siehe Anm. 10.

13 § 138 des Militär-Strafgesetzbuchs für das Deutsche Reich regelte die Bestrafung von Diebstahl und Unterschlagung; als Strafmaß waren mittlerer oder strenger Arrest nicht unter vierzehn Tagen oder Gefängnis bis zu fünf Jahren vorgesehen.

14 § 242 des Reichsstrafgesetzbuchs sah für Diebstahl eine Gefängnisstrafe vor.

disziplinar vorbestraft. Sein Dienstleistungszeugnis ist äußerst günstig. Es wird ihm darin bescheinigt, daß er ein gutes soldatisches Auftreten hat und die ihm übertragenen Aufgaben mit großem Fleiß und zuverlässig erledigt hat. Die Tat ist bei ihm nur darauf zurückzuführen, daß er besonders günstige Gelegenheit hatte, sich derartige Sachen anzueignen, und er dieser Versuchung unterlegen ist. Zu seinen Gunsten spricht hierbei auch noch, daß er sich nicht an wertvollen Geld- und Silbersachen vergriffen hat, sondern nur Kleinigkeiten von geringem Wert genommen hat. Hiervon hat er sogar einige noch für seinen Dienst verwendet und sie auch nur zu diesem Zwecke an sich genommen. Er hat von den entwendeten Sachen auch nichts nach Hause geschickt, sondern sie sämtlich in seinem Spind behalten. Es kann ihm deshalb geglaubt werden, daß er sich bei der Zueignung der Gegenstände keine Gedanken hierüber gemacht hat, daß seine Handlung als Diebstahl angesehen werden könnte, zumal es sich um geringfügige Sachen handelt, die anderenfalls zu einem gewissen Teil unbeachtet gelassen und umgekommen wären. Weitestgehend mildernd konnte ferner berücksichtigt werden, daß der Angeklagte sofort ein umfassendes Geständnis abgelegt hat. Dies ist um so mehr zu werten, als eine Überführung des Angeklagten wegen dieses Diebstahls nur aufgrund seiner eigenen Angabe möglich war, weil die sichergestellten Gegenstände durch Brand vernichtet worden sind. Er hat schließlich in der Hauptverhandlung sich rückhaltlos zur Tat bekannt, den besten Eindruck hinterlassen und ehrliche Reue angezeigt. Erscheint hiernach die Tat in milderem Lichte, so mußte doch über die vom Gesetz vorgesehene Mindeststrafe von 14 Tagen geschärftem Arrest hinausgegangen werden aus folgenden Erschwerungsgründen:

Der Angeklagte gehört bereits seit dem 15.8.1940 der Waffen-SS an und ist über das Grundgesetz betreffend die Heiligkeit des Eigentums genau unterrichtet. Er hätte sich deshalb auch nicht an Sachen, die nach seiner Meinung nur geringen Wert besitzen, vergreifen dürfen. Erschwerend war ferner zu berücksichtigen, daß es sich bei ihm um einen Unterführer handelt und daß er infolge seiner dienstlichen Tätigkeit in der Effektenkammer besonders verpflichtet war, das in ihn gesetzte Vertrauen zu rechtfertigen und darüber zu wachen, daß keine Gegenstände aus Häftlingsbesitz abhanden kamen.

Aus diesen Gründen hat das Gericht eine gerichtliche Bestrafung für erforderlich gehalten und von der vom Anklagevertreter angeregten Einstellung des Verfahrens gemäß § 63 Abs. 3 KStVO[15] abgesehen. Das ganze Verhalten und das gute Auftreten des Angeklagten ließen erkennen, daß bei ihm auch eine Arreststrafe die gebotene erzieherische Wirkung auszuüben vermag. Aus diesem Grunde und im Hinblick auf die oben angegebenen zahlreichen Milderungsgründe hat das Gericht eine Arreststrafe von 5 Wochen als eine ausreichende und angemessene Sühne angesehen.[16]

15 § 63 Abs. 3 der Kriegsstrafverfahrensordnung von 1938 besagte, dass ein Feldgericht mit Zustimmung des Vertreters der Anklage das Verfahren durch Urteil einstellen kann, wenn die Schuld des Täters gering ist und die Folgen der Tat unbedeutend sind, soweit es sich nicht um Missbrauch der Dienstgewalt handele; RGBl., 1939 I, S. 1467.

16 SS-Ogruf. Heinrich Schmauser als Gerichtsherr des SS- und Polizeigerichts XV, Zweigstelle Kattowitz, bestätigte am 11.8.1944 das Urteil und setzte einen Teil der Strafe zur Bewährung aus, so dass nur zwei Wochen Arrest vollstreckt wurden.

DOK. 135

Max Voss muss sich am 2. August 1944 rechtfertigen, dass er mit Zivilarbeitern sprach und Frontnachrichten weitergab[1]

Vernehmungsniederschrift von Max Voss[2] durch SS-Untersturmführer Schmidt,[3] Arbeitslager Blechhammer, Konzentrationslager Auschwitz III, Kommandantur, Abt. III, vom 2.8.1944

Vernehmungsniederschrift

Vorgeführt erscheint der jüd. Schutz. Häftl. Nr. 179 226, Voss Max, Capo v. Kdo. 20 (Fa. Alex und Sohn), geb. am 19.7.03 in Tetz[4] (Holld.), mosaisch und macht, eindringlich zur Wahrheit ermahnt und auf die Folgen seiner Aussagen hingewiesen, die nachstehenden Angaben.

Zur Sache: Seit etwa 5 Monaten arbeite ich mit meinem Kdo. bei der Fa. Alex u. Sohn im Bau 19 656. Seit ungefähr 4 Wochen kenne ich den Kranführer Meyer,[5] welcher im selben Bau beschäftigt ist. Ich kam des öfteren an den Arbeitsplatz des Meyer, und wir unterhielten uns über die neuesten Tagesnachrichten aus den Zeitungen. Dies geschah nicht täglich. Später erzählte mir Meyer Nachrichten, welche der Sender Calais und englische Sender in deutscher Sprache durchgaben. Desgleichen erhielt ich ab und zu Zeitungen von M., welche er zum Einwickeln des Frühstückes benutzt hatte. Durch diese englische Nachrichtenübermittlung durch den Meyer wußte ich immer schon einige Tage vorher die Aufgabe von Städten, ehe dies der deutsche Wehrmachtsbericht brachte. Meyer sagte mir vor einigen Tagen, als die Städte Lemberg, Bialystok, Brest-Litowsk und Dünaburg[6] vom Feind besetzt waren, daß dieses erst in einiger Zeit vom deutschen Oberkommando der Wehrmacht durchgegeben würde. Er fügte hinzu, daß er dieses über einen englischen Sender in deutscher Sprache gehört hatte.

Nach seinen Angaben fährt er allabendlich nach Hause und hört regelmäßig diese Sendungen ab. Gelegentlich bei Frühstückspausen unterhielt ich mich mit Mithäftl. und erzählte ihnen die neuesten Ereignisse. Wenn mir vorgehalten wird, daß ich gesagt haben soll, die Russen seien in 14 Tagen hier und wir wären frei, so muß ich dieses in Abrede stellen. Diese Redensart entstand während einer Unterhaltung mit dem RD Meister Brockhoff,[7] als er mal sagte, die Russen seien anständig im Vorgehen. Ich

1 AŻIH, 209/54. Abdruck in: Blumental, Dokumenty i materiały (wie Dok. 34, Anm. 1), S. 122 f.
2 Max Voss (1903–1945), Händler; nach 1933 aus dem Deutschen Reich in die Niederlande geflohen, wohnte in Susteren, Provinz Limburg, im Sept. 1942 mit seiner Frau Meta Voss-Rosendahl (1909–1942) und dem gemeinsamen Sohn Bernd (1940–1942) von Westerbork nach Auschwitz deportiert, Frau und Sohn wurden unmittelbar nach der Ankunft ermordet, Max Voss starb im Febr. 1945 auf dem Todesmarsch von Auschwitz.
3 Otto Schmidt.
4 Ort im Kreis Jülich, Rheinprovinz.
5 Ernst Mayer (*1905), Kranführer der Firma Alex und Sohn, Blechhammer; wohnte in Antonienhütte (heute Wirek, Teil der Stadt Ruda Śląska), eingestuft als „Reichsdeutscher auf Widerruf“, Abt. III der Deutschen Volksliste, wurde nach dem Vorfall als Rüstungsarbeiter beurlaubt und dem Abwehroffizier zur weiteren Veranlassung übergeben; weiteres Schicksal unbekannt.
6 Daugavpils (Lettland).
7 Hermann Bruckhoff (1904–1970), Maler aus Coswig; seit 1943 als Vorarbeiter bei der Firma Alex und Sohn beschäftigt, denunzierte Voss und Meyer und wurde am 4.8.1944 in obiger Angelegenheit vernommen; wohnte nach dem Krieg in Dessau.

sagte ihm: Ist das so schlimm? Er spornte uns immer zur Arbeit an mit den Worten: Putzt nur und streicht, damit ihr fertig seid, wenn in 14 Tagen die Russen hier sind. Ich weiß, daß ich einen großen Fehler begangen habe, daß ich mich in Privatgespräche einließ und diese Nachrichtenübermittlung durch M. an Mithäftl. weitergab. Die Nachricht über das Attentat auf den Führer erzählte mir ein italienischer Zivilarbeiter, welcher im Augenblick krank ist. Dieses geschah aber erst am anderen Morgen, als das Attentat auf den Führer verübt war. Die Äußerung einige Zeit vor dem Attentat, daß in nächster Zeit in Deutschland was passieren würde, habe ich nicht getan und auch nicht gehört. Meldungen über die Invasionsfront und über die Kämpfe in Italien hat mir Meyer nie mitgeteilt. Mich interessierten nur die Meldungen über die Ostfront. Ich habe in allen Teilen die Wahrheit gesagt und bin mir der Folgen bewußt, die hieraus entstehen können.
Weitere Angaben kann ich nicht machen.[8]

DOK. 136
Die Widerstandsbewegung im Lager informiert am 22. August 1944 über die Zahl und die Kampftauglichkeit der Häftlinge für den Fall eines Aufstands[1]

Kassiber des Militärrats Auschwitz,[2] unterzeichnet von Józef Cyrankiewicz (Rot), an Urban[3] und den Befehlshaber der Heimatarmee im Bezirk Schlesien[4] vom 22.8.1944

Urban
Militärrat Auschwitz an den Befehlshaber der Heimatarmee Schlesien[5]

Aktionsgebiet:
Das Konzentrationslager Auschwitz setzt sich aus 3 Teilen zusammen:
I. Das sog. „Stammlager Auschwitz I", 15 971 Häftlinge.

	3850	Polen
	870	Russen
	950	Deutsche
	11 000	Juden (darunter 1800 polnische)
	400	andere Nationalitäten (Franzosen, Jugoslawen usw.)
Insgesamt	*15 971*[6]	

8 Aus der Strafverfügung vom 26.8.1944 geht hervor, dass Max Voss eine Strafe von 25 Stockschlägen erhielt; wie Anm. 5, Bl. 836–838.

1 APMAB, Ruch oporu, Bd. 2, Bl. 93, 95, 97, 99, 101, 103, 105, 108, 110, 113. Teilweise abgedruckt in: Marczewska/Ważniewski, Oświęcim (wie Dok. 3, Anm. 1), S. XX, erste Seite als Faksimile in: StAu IV, S. 298; kompletter Abdruck in: Paczyńska, Grypsy (wie Dok. 51, Anm. 1), S. 405–413. Das Dokument wurde aus dem Polnischen übersetzt.

2 Der Militärrat Auschwitz RWO (Rada Wojskowa Oświęcim) wurde Mitte 1944 als Leitungszentrum der verschiedenen konspirativen Gruppen im Lager gebildet, um die Selbstverteidigung der Häftlinge zu organisieren und einen bewaffneten Aufstand vorzubereiten.

3 Stefan Jasieński (1914–1945), Deckname „Urban"; Unteroffizier der Heimatarmee, gehörte zu einer Gruppe von Fallschirmspringern, die im März 1943 von Großbritannien aus in Polen landeten, er war von Sommer 1944 an Verbindungsmann der Heimatarmee in das KZ Auschwitz, wurde Ende Sept. 1944 verhaftet, starb Anfang Jan. 1945 in Auschwitz.

Die Gesamtzahl der Häftlinge ist mehr oder minder konstant. Es sind jedoch Verschiebungen in der nationalen Zusammensetzung des Lagers zu erwarten, nämlich durch Abtransporte von Polen und Russen in das deutsche Landesinnere und ein Aufstocken des Lagers mit Juden.

II. Das sog. Auschwitz II in Birkenau. Getrennt von *Auschwitz I* durch die Bahnlinie Auschwitz–Brzeszcze. *19 424* Männer, *39 234* Frauen.

Männerlager:

Polen	5736	
Russen	2118	
Deutsche	200	
Andere Nationalitäten ohne Jud[en]	200	
Juden	11 170	(darunter polnische 5000)
Insgesamt	19 424	

Frauenlager:

Polinnen	7300
Russinnen	4100
Deutsche	300
Andere ohne Jüd[innen]	800
Jüdinnen	26 734
Insgesamt	39 234

Auch hier sind wie in Auschwitz I Veränderungen in der nationalen Zusammensetzung des Lagers zu erwarten.

Beide Lager, Auschwitz I und Auschwitz II, müssen wegen ihrer räumlichen Nähe und der Gleichrangigkeit aller Elemente *im Falle einer militärischen Aktion als Einheit betrachtet werden.*

III. *Auschwitz III.* Sog. Arbeitslager. Insgesamt 30 500 über ein großes Gebiet verteilte Häftlinge. Die wichtigsten und größten Lager von Auschwitz III:

a) *Monowitz* (Buna-Werke) *10 000 Häftlinge* (200 Polen, 95 % Juden).

In den Buna-Werken sind beim Ausbau riesiger Fabriken [zur Herstellung] synthetischen Benzins und anderer chemischer Erzeugnisse mehr als *35 000 Zivilarbeiter* (Polen, Russen, Tschechen, Deutsche) und ca. 1000 Kriegsgefangene, Engländer, beschäftigt. Monowitz (Buna) ist für sich genommen eventuell also ein Objekt separater Aktionen, mit der Möglichkeit einer Verbindung mit Aktionen in Auschwitz I und Auschwitz II zu einer großen Einheit.

b) *Blechhammer* bei *Heydebreck*, *4000* Häftlinge, 99 % Juden (kommt aufgrund der Entfernung nicht in Betracht).

c) *Jawischowitz bei Brzeszcze.* Möglichkeit, sich den Aktionen in den Hauptlagern anzuschließen.

4 Zygmunt Janke (1907–1990), Deckname „Walter"; von 1943 an Stabschef, 1944 Befehlshaber der Heimatarmee im Bezirk Schlesien.

5 Der Begriff Heimatarmee Schlesien ist im gesamten Dokument mit Zahlencodes verschlüsselt. Zur Auflösung der Schlüssel siehe Paczyńska, Grypsy (wie Dok. 51, Anm. 1), S. XXXIII ff.

6 Die Zahlen wurden falsch addiert.

d) *Jaworzno*, 3000 Häftlinge. Im Hinblick auf das Gelände und die Bevölkerung besteht die Möglichkeit, sich den Aktionen in den Hauptlagern anzuschließen.
Außer diesen größeren Lagern zählt eine ganze Reihe von landwirtschaftlichen *Außenkommandos* zu Auschwitz III, die im Falle einer Gesamtaktion von ihrer ohnehin schwachen Bewachung profitieren werden.
Darüber hinaus zählen weiter entfernt gelegene Lager wie Gleiwitz, Sosnowitz etc. zu *Auschwitz III*, die aufgrund der Entfernung bei unserer Aktion nicht berücksichtigt werden.
Gesamtzahl der Häftlinge des KL Auschwitz:

Männer	65 934
Frauen	39 234
Insgesamt	105 168

Hinzuzurechnen ist eine variierende Zahl von „Durchgangs"-Häftlingen (zurzeit 30 000 ungarische Juden).[7]
Zu berücksichtigen sind auch die Lager für Zivilarbeiter, vor allem in Buna (35 000).

Feindliche Kräfte: Anzahl – Kampfmoral – technische Mittel – Vorbereitung
a) Anzahl:

Auschwitz I:	4 SS-Kompanien à 200 Personen	[800]	
	1 SS-Kompanie	340	
	Insgesamt	*1140*	*(Auschwitz I)*
Auschwitz II:	5 SS-Kompanien à 200=	1000	
Auschwitz III:	Buna	320	
	Andere, kleinere Lager	570	
Anzahl der Offiziere in allen Lagern		120	
Gesamtbesatzung aller Lager:		*3250*	(davon *70 % SS, 30 % Wehrmacht*).

Zur permanenten Besatzung sind noch die Artillerie-Einheiten der Luftabwehr hinzuzurechnen – Balloneinheiten (Sperrballons) und Polizei, die im Falle einer Aktion zweifelsohne zur Unterstützung eingesetzt werden.
b) *Die Kampfmoral der SS als Kern des Feindes:*
Die SS setzt sich überwiegend aus Volksdeutschen aus Rumänien, Kroatien, der Slowakei, Ungarn und Schlesien zusammen. Die Moral ist sehr schwach. Die SS stiehlt Staats-„Eigentum" in schier unvorstellbarem Ausmaß. Die Demoralisierung ist enorm. Kaum einer von ihnen, eigentlich niemand, glaubt an die Möglichkeit eines Sieges, wie immer wieder vertrauliche Mitteilungen oder mitgehörte Gespräche beweisen. Gefährlich ist jedoch die durch stärker kompromittierte Einzelpersonen (SS-Unteroffiziere) erzeugte Stimmung, wonach sie, wenn sie schon sterben müssen, die Häftlinge mitreißen werden. Solche Drohungen beziehen sich nicht nur auf Aktionen der Häftlinge, sondern auch auf den Moment, in dem der Krieg für sie definitiv verloren sein wird. Wir bemühen uns, solche Stimmungen durch entsprechende Agitation unter den SS-Leuten zu unterdrücken.

7 Siehe Einleitung, S. 21, 39 f.

c) Technische Mittel:

Bewaffnung des Feindes: 20 schw[ere] M[aschinengewehre]
60 l[eichte] M[aschinengewehre]
2000 G[ewehre]

30 % der Besatzung sind mit automatischen Pistolen ausgestattet. Die Hälfte der Waffen lagert in den Magazinen. Darüber hinaus verfügt das Lagerkommando über zwei Flugzeuge (eine zweimotorige Ju und ein einmotoriges vom Typ Tank).[8]

Transportmittel:

Auf dem Lagergelände befindet sich ein Pkw-Fuhrpark. Bestand nachts: 20–25 Pkw, vier Sanitätswagen, zwei Wachfahrzeuge, 20 Motorräder, 100 Fahrräder (Auschwitz I und II). Tagsüber sind alle Wagen und Motorräder in Betrieb, außerdem 35 Lastwagen auf dem Lagergelände. Sie parken nachts außerhalb des Lagers in der Pragahalle.[9]

Nachrichtenverkehr:

Zwei Kurzwellenapparate, einer im Gebäude der Kommandantur, der andere im Beobachtungsturm des sog. TWL. Besetzung: Zwei Personen – ein Beobachter und ein Funker. Dichtes Netz von Telefonverbindungen. Alarmsystem ist geplant.

Verteilung von Punkten feindlicher Gegenwehr:

A[uschwitz] I ist mit einer Mauer und doppeltem Stacheldraht umzäunt. Einer der Drähte ist mit elektr[ischem] Strom geladen. Rings um den Draht 10 m hohe, stabile hölzerne Wachtürme. Einer davon schließt an das Tor an. Jeder [Wachturm] ist mit schw[eren] M[aschinengewehren] und Gerätschaft belegt. Bei den Türmen befindet sich die entsprechende Anzahl von Luftschutzräumen, die gleichzeitig als Bunker dienen, das Feuer ist zum Lager hin ausgerichtet. Ebensolche Bunker, 22 an der Zahl, befinden sich im äußeren Ring mit 30 Wachtürmen, die die sog. *Große Postenkette* in 1 km Entfernung vom Lager bilden. In allen Bunkern sind Maschinengewehre vorhanden, die so ausgerichtet sind, dass die Ein- und Ausgänge des Lagers abgeriegelt werden können.

Vorbereitung, Reserven des Feindes:

Die SS hat spezielle Übungen abgehalten, mit denen praktisch auf eine von außen kommende Aktion vorbereitet werden sollte. Das Lagergelände wird pausenlos kontrolliert. Im Fall einer Aktion werden die Garnisonen Kattowitz, Bielitz und Wadowice alarmiert – vorgesehen ist, bei einer mit dem Lager zusammenhängenden Aktion einen Teil von dort als mobile Einsatzkräfte zu nutzen, die das Lager in einem weiteren Umkreis umstellen.

Im Fall einer Aktion sind daher Ablenkungsmanöver nötig, um die Reserve des Feindes zu binden.

Die Alarmbereitschaft des Feindes ist hoch.

Allgemeine Lagebeurteilung:

Wir gehen davon aus, dass bis zur tatsächlichen Durchführung einer Aktion zur Befreiung des Lagers die nationale Zusammensetzung [der Häftlinge] weiteren, ungünstigen Veränderungen unterworfen sein wird. Der vorgesehene Abtransport aller Polen und

8 Ju ist ein Kürzel für mehrere Flugzeugtypen aus dem Junkers Flugzeugwerk Dessau. Kurt Tank (1898–1983) war ein Konstrukteur von Jagdflugzeugen für die deutsche Luftwaffe.

9 In dieser Halle mit Werkstätten und Magazinen wurden vor dem Krieg Pkw vom Typ Praga montiert.

Russen ist zwar mit permanenten Transportproblemen verbunden, wird aber trotzdem in dem Moment stattfinden, in dem die Front näher kommt. In den mit Berlin abgestimmten Plänen der Lagerkommandantur ist auf jeden Fall, selbst bei einer frühzeitigeren Evakuierung, vorgesehen, *1100 Polen in Auschwitz I und 900 in Auschwitz II* zu belassen. Diese Zahl markiert somit das Minimum der polnischen Kräfte, die auf jeden Fall im Lager verbleiben werden, selbstverständlich nur bis zur endgültigen und vollständigen Evakuierung.
Eine vollständige Evakuierung würde wahrscheinlich den Abtransport oder Abmarsch der genannten 2000 Polen zusammen mit den Deutschen bedeuten, eventuell zuzüglich eines Teils der arbeitsfähigen jüdischen Fachkräfte. Die Art der Evakuierung wird davon abhängen, ob es bei den Kampfhandlungen an der Südfront ähnlich wie in Lublin ein Überraschungsmoment geben wird. Es ist jedoch anzunehmen, dass die Deutschen aufgrund der in den Bezirken Krakau und Schlesien organisierten Verteidigungslinien, die das Vordringen der sow[jetischen] Armeen auf jeden Fall verzögern werden, in Auschwitz mehr Zeit für eine ruhige Durchführung der Evakuierung haben werden.
Die endgültige Evakuierung wird für den gesamten Rest der nicht evakuierten Häftlinge die massenhafte Liquidierung bedeuten. Dies wird selbstverständlich von der verfügbaren Zeit abhängen.
Wir werden uns bemühen, unter den bis zum Schluss [in Auschwitz] verbleibenden Polen einen *größtmöglichen Anteil unseres Kaders* zu belassen. Er wird bei der endgültigen Evakuierung des Lagers den harten Kern des Widerstands und Kampfes bilden.
Einen entsprechenden Teil des Kaders bis zum Ende [im Lager] zu behalten ist eine schwierige Aufgabe, weil die gegenwärtig vorbereiteten Transporte bereits unter Sicherheitsgesichtspunkten zusammengestellt werden (Intellektuelle, Offiziere).
Wenngleich also der finale Moment in Bezug auf Stimmung und militärische Lage günstig sein wird, wird das Lager in diesem Augenblick nur noch über einen Teil seiner heutigen – z. B. personellen – Möglichkeiten verfügen.
So betrachtet, würden im Fall einer *früheren Aktion* (z. B. einer Luftlandung) mehr organisierte und technisch vorbereitete Kräfte zur Verfügung stehen.
Im Fall einer Aktion würden sich vor allem Juden im Lager befinden. In der Endphase werden sie ca. 95 % ausmachen. Es handelt sich um polnische, französische, tschechische, holländische, griechische und vor allem ungarische Juden. Sie sind zahlenmäßig nur sehr eingeschränkt kampfbereit.
Die überwiegende Mehrheit [der Häftlinge] kann also nur bei einer provozierten oder tatsächlichen Panik bzw. bei weit offen stehenden Lagertoren aktiv werden.
Auf alle Fälle können sie als *Störfaktor* sowohl innerhalb als auch außerhalb des Lagers dienen, quasi als Sand, der im letzten Moment in das Getriebe des SS-Polizeiapparats gestreut wird, *was für einen möglichen Aufstand in Schlesien von Bedeutung sein könnte.*

Organisationsgrad:
a) *Polen:*
Der Militärrat Auschwitz ist für die militärischen Aufgaben zuständig. Er organisiert die Kader, stellt die Kampfgruppen zusammen, arbeitet die Einsatzpläne aus und verteilt die einzelnen Aufgaben. Der Militärrat Auschwitz ist die gemeinsam von allen militärischen Gruppen gewählte *Führung.*

Er versammelt *militärische Kader sowie Kräfte, die aufgrund ihrer Positionen im Lager und ihrer persönlichen Autorität in den einzelnen Kommandos und Abschnitten konspirative Gruppen um sich scharen*, die im entscheidenden Moment in der Lage sein werden, die Abschnitte, in denen sie arbeiten, zu aktivieren und der militärischen Führung zu unterstellen.
b) *Andere Nationalitäten:*
In allen Kommandos sind Polen mit Häftlingen anderer Nationalitäten gemischt und befinden sich dort sogar schon jetzt in der Minderheit. Deswegen ist klar, dass während der vom Militärrat Auschwitz in Abstimmung mit der Heimatarmee Schlesien durchgeführten Aktion das Verhalten der Angehörigen aller anderen Nationalitäten von großer Bedeutung sein wird und sowohl Hilfe als auch Hindernis sein kann. Davon abgesehen besteht permanent die Gefahr, dass andere Nationalitäten die Situation anders beurteilen und auf die eine oder andere Weise – und sei es aus Verzweiflung – auf eigene Faust in einem ungünstigen Moment aktiv werden, was auch Folgen für die Polen hätte.
Deshalb hat der Militärrat Auschwitz die Organisationsarbeit innerhalb der anderen Nationalitäten aufmerksam verfolgt, Fühlung mit deren Leitungen aufgenommen und *für die jetzige Phase organisatorische Beziehungen* mit ihnen geknüpft, wobei er aufgrund der ständigen Gefahr des Verrats dafür sorgt, dass sich die Nationalitäten bei der konspirativen Arbeit in den Kommandos nicht mischen.
Alle Leitungen der nationalen Gruppen, insbesondere deren militärische Arbeit, werden dem Militärrat Auschwitz als der territorial zuständigen Gliederung unterstellt und sind dadurch der Führung der Heimatarmee Schlesien vollständig untergeordnet.
Kampffähigkeit (in der 1. Staffel):[10]
Eigene Kräfte – zweitausend Personen, darunter etwa einhundert Offiziere und junge, kampffähige Fähnriche. Die Organisation der Einheiten ist aktionsbereit.
Es fehlen jegliche technische Mittel (Waffen, Sprengstoff und Brennstoffe).

Bedarf:
Der Militärrat Auschwitz benötigt mindestens vier Kisten Granaten und ein Minimum von 50 Pistolen. Außerdem brauchen wir Sprengstoff (Krematorium, Gaskammern und andere Objekte), Brennstoffe (Zündkerzen), Nebelkerzen und Signalmittel (Leuchtraketen).
Wir weisen darauf hin, dass die Notwendigkeit, z. B. Sprengstoff und Brennstoffe einzusetzen, auch unabhängig von der Generalaktion besteht.

Aktionspläne:
Sind entsprechend den unterschiedlichen Umständen, unter denen eine Aktion stattfinden bzw. das Lager gezwungen sein könnte, aktiv zu werden, ausgearbeitet.
Unter allen Umständen ist der Einsatz von a) Spezialtrupps und b) Stoßtrupps vorgesehen.
Die Aufteilung existiert bereits, die Trupps sind organisiert, die Kommandanten kennen ihre Aufgaben.

10 Die beiden folgenden Sätze sind im Original mit Zahlencodes verschlüsselt. Zur Auflösung der Schlüssel siehe Paczyńska, Grypsy (wie Dok. 51, Anm. 1), S. XXXIII ff.

a) *Spezialtrupps.* Aufgabe: Inbesitznahme bzw. Zerstörung der unbeweglichen und in unterschiedlichen Situationen gleichbleibenden territorial-militärischen Objekte *(Kraftwerke, Radiostationen, Fuhrparks), Zerstörung von Nachrichtenverbindungen, Sprengung bzw. Niederbrennen von Krematorien und Gaskammern, Versuch, die Waffenmagazine in Besitz zu nehmen, Lahmlegungen der feindlichen Befehlsstellen, Terrorisierung der Lagerbesatzung an ihren festen Standorten der Gegenwehr bzw. an den für Zusammenziehungen vorgesehenen Orten.*
b) *Stoßtrupps.* Aufgabe: einen Ausgang aus dem Lager erkämpfen und *ein Verlassen des Lagers für die Häftlingsmassen ermöglichen*, dabei die Gegenwehr des Feindes, wo sie sich zeigt, niederkämpfen (also eine entsprechend improvisierte Taktik anwenden).
Von außen benötigt:
1. Allgemeine Marsch- und Fluchtrichtung,
2. Organisation von Ablenkungsmanövern (zumindest einen Teil der feindlichen Kräfte binden sowie feindlicher Verstärkung den Zugang erschweren – Brücken, Wege, Telefonleitungen –, die benachbarten Garnisonen durch Kampfhandlungen binden),
3. Deckung des Marschs,
4. Aufteilung der Häftlinge in Gruppen auf gesichertem Terrain,
5. Versorgung aller Kampffähigen mit Waffen,
6. Einbindung in die für Schlesien geplante Generalaktion als Einheiten, die der Führung der Heimatarmee Schlesien unterstellt sind.

Vorhersehbare Eventualitäten:
1. *Versuchte Massenliquidierung von Häftlingen.* In einem solchen Fall organisierte Selbstverteidigung ohne Berücksichtigung technischer Mittel. Entschlossenheit der Häftlinge, die nichts mehr zu verlieren haben. Organisierte Trupps werden ungeachtet ihrer Erfolgschancen für ein Ausbrechen kämpfen. – Wir benachrichtigen die Stellung des Befehlshabers Schlesien mit einem entsprechenden Signal (Feuer, Leuchtraketen). Auf dieses Signal hin ist die Verlegung größtmöglicher, in der 1. Staffel mobilisierter Kräfte nach A[uschwitz] I und A[uschwitz] II erforderlich, um das Lager zu beschießen und damit die Trupps, denen der Durchbruch gelingt, abzusichern, damit sie [das Lager] verlassen und sich organisieren können.
Achtung: Diese Aktion kommt einer Kampfaufnahme im Gelände gleich. Eine solche Situation wird wahrscheinlich erst in der Schlussphase eintreten, wenn die Front relativ nah ist und die SS noch über Zeit verfügt, bevor sie selbst evakuiert wird.
2. *Vollständige Evakuierung des Lagers.* Eine ebenfalls erst für die Schlussphase einzukalkulierende Möglichkeit, wenn nämlich das Lagergelände nahezu unmittelbar von der Front bedroht ist. Der Militärrat Auschwitz prophezeit für diesen Fall chaotische Zustände in der SS. Er wird dann die Flucht großer Trupps in die vom Befehlshaber Schlesien vorher angeordneten Richtungen organisieren. Diese Trupps werden nach ihrer zumindest teilweisen Bewaffnung Partisaneneinheiten bilden, die dem Befehlshaber Schlesien im Rahmen seines Generalplans zur Verfügung stehen.
Erforderlich: Verbindungsleute der Heimatarmee für die befreiten Trupps entlang der Evakuierungstrasse. Kampfgruppen der Heimatarmee entlang der Trasse, um Ablenkungsmanöver zu betreiben, die eine Befreiung ermöglichen.

Achtung: Möglich ist auch, dass beide aufgezeigten Varianten kombiniert werden, dass also ein Teil der Häftlinge in der Endphase evakuiert und der Rest gezielt liquidiert wird. Dann kombiniertes Vorgehen wie unter Punkt 1 und 2.
3. *Frühere Evakuierung von Polen und Russen.* In diesem Fall individuelle Fluchten aus den Bahntransporten und Massenfluchten aus den Fußtransporten in die vom Befehlshaber Schlesien vorgegebenen Richtungen. Sofern möglich, Befreiung des Transports durch die Heimatarmee, dann kann er aktionsbereit gemacht werden. Einsatz der befreiten Trupps als Partisanen im Rahmen der Pläne des Befehlshabers Schlesien.
4. *Das Lager wird zum Ziel von Luftangriffen.* Sofern der Militärrat nicht im Voraus über einen solchen Luftangriff informiert wurde, verhalten wir uns passiv. Sofern sich der Luftangriff auf das Lager richtet und mit der Leitung abgestimmt ist, befolgen wir die Anordnungen des Befehlshabers der angreifenden Einheit.
5. *Landung (Angriff auf das Lager, Versorgung mit Waffen).* Diese Möglichkeit böte dem Lager besonders große Chancen und würde Schlesien zum Aufstandsgebiet machen. Auf ein vorab festgelegtes Signal hin treten wir in Bereitschaft und warten auf Verbindung mit den Landeeinheiten.
Schnelle Herstellung der Verbindung, Versorgung mit Waffen und der Zusammenschluss der kämpfenden Trupps mit den von außen kommenden Kräften sind die unerlässliche Voraussetzung für das Gelingen der Aktion. Unseren Informationen zufolge rechnet die SS mit der Möglichkeit einer Landung und sieht dann in erster Linie die *sofortige Liquidierung* der Häftlinge vor, um der Aktion die Massenbasis zu entziehen. Notwendige Überrumpelung mit beträchtlichen Kräften.
Ein Ergebnis dieser Aktion wird sein, nach der Bewaffnung der Häftlinge dem Aufstand in Schlesien große und entschlossene Einheiten zuführen zu können.
6. *Das Lager wird seinem Schicksal überlassen.* Möglicherweise zieht sich die SS überrumpelt zurück. Der Lagerrat übernimmt das Lager, sichert es, stellt die Verbindung nach außen her, organisiert die Häftlinge in Gruppen und führt sie den vom Befehlshaber Schlesien bestimmten Aktionen zu.
7. Durch ein schnelles militärisches Vorrücken *befindet sich das Lager mitsamt der SS-Besatzung im Zentrum von Kampfhandlungen.* In diesem Fall Improvisation, eventuelle Ablenkungsversuche unter Einsatz der existierenden Spezial- und Stoßtrupps von innen heraus.
Wir wiederholen den Bedarf: *Kurzwaffen, Schnellfeuerwaffen, Granaten, Sprengstoff, Brennstoffe, Signalmittel.*

Der Militärrat Auschwitz ist sich der besonderen Schwierigkeiten bewusst, die der Befehlshaber Schlesien auf seinem Gebiet zu bewältigen hat.
Er ist der Auffassung, dass eine Aktion zur vollständigen oder partiellen Befreiung des Lagers aufgrund seiner internationalen Bedeutung als einem der finstersten Symbole Hitler-Deutschlands von enormer moralischer Bedeutung ist.
Der Militärrat Auschwitz wünscht nicht, dass die Aktion zur Befreiung von Auschwitz ausschließlich als Hilfsaktion für die Häftlinge betrachtet wird.
Er ist der Meinung, dass die Lager von Auschwitz aus militärischer Sicht über ein enormes Reservoir an menschlichen Ressourcen verfügen, die, entsprechend eingesetzt, dem Aufstand in Schlesien entschlossene militärische Kader zuführen können.

Der Militärrat Auschwitz appelliert an den Befehlshaber Schlesien, die politischen Häftlinge in Auschwitz als Soldaten zu betrachten, die jederzeit bereit sind, ihre Pflicht zu erfüllen.[11]

DOK. 137
Der Lagerwiderstand sendet am 4. September 1944 Bilder aus Birkenau, die eine Leichenverbrennung zeigen[1]

Kassiber von Józef Cyrankiewicz (Punkt 1 und 2) und Stanisław Kłodziński (Punkt 3 bis 9), gez. Stakło,[2] Auschwitz, an Władysław Pytlik, Brzeszcze, vom 4.9.1944

Ihr Lieben!
1. […][3]
2. Dringend: *Schickt so schnell wie möglich 2 eiserne Filmrollen für einen Fotoapparat 6 x 9. Es gibt die Möglichkeit, Fotos zu machen.*[4] – Wir schicken Euch ein Bild aus Birkenau – von den Vergasungsaktionen. Das Bild zeigt einen der Scheiterhaufen im Freien, auf dem Leichen verbrannt werden, wenn das Krematorium mit dem Verbrennen nicht hinterherkommt. Vor dem Scheiterhaufen liegen Leichen – bereit, um auf den Scheiterhaufen geworfen zu werden. Ein anderes Bild zeigt einen der Plätze im Wäldchen, wo sich die Menschen ausziehen, um angeblich ins Bad geführt zu werden, und dann gehen sie ins Gas. *Schickt so schnell wie möglich eine Rolle!* Die beigefügten Bilder schickt sofort an Tell.[5] Vergrößert kann man das Bild, denken wir, weiterschicken.
3.–8. […][6]
9. Schickt Presse.[7] Habt ihr schon die Sendung von Sprengmaterialien[8] vorbereitet?

11 Die Führung der Heimatarmee entschied, dass eine Aktion zur Befreiung des KZ Auschwitz aufgrund der militärischen Übermacht der SS-Besatzung und der Anwesenheit von Wehrmacht und Polizei in der Region zu risikoreich wäre. Ein militärisches Eingreifen sollte nur im Fall einer Massenliquidation der Häftlinge stattfinden.

1 APMAB, Ruch oporu, Bd. 2, Bl. 135 a, 136 a. Abdruck in: Paczyńska, Grypsy (wie Dok. 51, Anm. 1), S. 437–439. Das Dokument wurde aus dem Polnischen übersetzt.

2 Kurzform von Stanisław Kłodziński.

3 Im ersten Abschnitt des Dokuments geht es um verspätete oder nicht angekommene Korrespondenz.

4 Der Fotoapparat stammte aus dem Kanada-Kommando und wurde von Dawid Szmulewski (1912–1990), Mitglied der Widerstandsbewegung und Schreiber im Block 4 im Lagerbereich B II d, an Alter Feinsilber vom Sonderkommando übergeben, der die Kamera auf das Gelände des Krematoriums V mitnahm. Mitglieder des Sonderkommandos fertigten sieben, zum Teil unscharfe Aufnahmen von Leichen sowie von nackten Menschen an, die sich in Richtung Gaskammer begeben. Die Fotos wurden mit dem Kassiber herausgeschmuggelt und erreichten das PWOK.

5 Teresa Lasocka.

6 In den Punkten 3–8 geht es um Verbindungspersonen, Fluchtplanungen und den Lagerstand vom 2.9.1944.

7 Wort im Original mit Zahlencode verschlüsselt.

8 Wort im Original mit Zahlencode verschlüsselt.

DOK. 138

Stanisław Kłodziński und Józef Cyrankiewicz berichten am 6. September 1944, die SS-Führung wolle das gesamte Lager liqudieren lassen, um Spuren zu beseitigen[1]

Kassiber, gez. Stakło[2] und J,[3] an Tell[4] vom 6.9.1944[5]

L[iebe] Tell.
Nach London senden.[6]
Der ehemalige Kommandant von Auschwitz und Birkenau (eine Außenstelle von Auschwitz, 1 km entfernt), der berüchtigte Massenmörder Obersturmbannführer Höß, der vor kurzem die Vergasungsaktion von Hunderttausenden Juden aus Ungarn leitete, ist zurzeit als Vertrauensmann von Himmler und als sein Offizier für besondere Aufgaben mit einer neuen, besonderen Aufgabe betraut worden.
In diesem Zusammenhang wandte er sich an eine Reihe von SS-Führern mit Fragen bezüglich der technischen Möglichkeit der vollständigen Auflösung des Lagers in Birkenau, bei dem sich die Vergasungsstätten und das Krematorium befinden. In diesem Lager, das eine Außenstelle von Auschwitz darstellt, das sogenannte Auschwitz II, sind zurzeit 16 727 Männer und 39 125 Frauen inhaftiert.[7]
Unter anderem wandte er sich mit dieser konkreten Frage an den Kommandanten dieses Lagers[8] und an den Leiter der Gaskammern und Krematorien, den bekannten Mörder SS-Scharführer Moll.
Welche technischen Mittel benötigt man zur Durchführung einer solchen Aktion, damit keine Spuren von Menschen oder Wohngebäuden und vor allem von Gaskammer und Krematorium bleiben, damit das Lagergelände schnell planiert werden kann?
Es ging also um einen groß angelegten Versuch, alle Spuren des Lagers zu beseitigen, in dem Millionen Menschen in Gaskammern starben, sowohl Häftlinge als auch Juden, die aus ganz Europa hierher gebracht wurden. Sie wollen also verhindern, dass es Beweise für diese Verbrechen gibt, wie sie sie in Lublin hinterlassen haben.[9]
Die Antwort von Moll lautete: Er ist bereit, sich darum zu kümmern, wenn er motorisierte SS-Einheiten, Artillerie für den Beschuss und die Vernichtung der Blocks, sechs Flugzeuge für Bombardierungen sowie anschließend eine entsprechende Anzahl von Menschen zur

1 APMAB, Ruch oporu, Bd. 2, Bl. 140 f. Abdruck in: Paczyńska, Grypsy (wie Dok. 51, Anm. 1), S. 450 f. Das Dokument wurde aus dem Polnischen übersetzt.
2 Stanisław Kłodziński.
3 Józef Cyrankiewicz.
4 Teresa Lasocka.
5 Der Häftling Jan Folwarczny (*1913) übergab das Kassiber, in einem Federhalter versteckt, der Kurierin Helena Datoń.
6 Am 23.9.1944 wurden diese Informationen vom Dechiffrierungsbüro der poln. Exilregierung in London entschlüsselt; siehe Czech, Kalendarium (wie Dok. 47, Anm. 1), S. 886.
7 Im Original sind statt der Zahlen Leerstellen und die Anmerkung „dem letzten Lagerstand entnehmen". Die Zahlen wurden vom Hilfskomitee PWOK in Krakau eingetragen.
8 Von Mitte Mai bis 1.12.1944 war Josef Kramer Lagerkommandant in Birkenau.
9 Siehe Einleitung, S. 58.

Verfügung gestellt bekommt, die das Gelände aufräumen, so dass es dort harmlos aussieht.[10]
Tell.
Die Angelegenheit könnte schon vollständig entschieden sein, da Höß bereit ist, die technischen Mittel zu beschaffen. Im Moment scheitert es nur noch daran, dass die Ausführenden einen schriftlichen Befehl verlangen. Aber es ist schließlich eine von diesen Arbeiten, die man ganz vertrauensvoll und ohne schriftliche Spuren erledigt. Wir haben es derzeit mit dem größten Versuch zu tun, die Spuren der Verbrechen zu verwischen – an einem Ort, der bereits zum Symbol der Hitler-Verbrechen geworden ist. So ein Ort ist Auschwitz.
Schnellstmöglich weiterleiten und über Radio in Umlauf bringen.
Herzliche Grüße

DOK. 139
Salmen Gradowski fordert die Nachwelt am 6. September 1944 auf, in Birkenau nach vergrabenen Häftlingsberichten zu suchen[1]

Brief von Salmen Gradowski, Auschwitz, vom 6.9.1944

Ich schrieb dies, während ich mich im Sonderkommando befand.[2] Man hatte mich aus dem Lager Kiełbasin bei Grodno hergebracht.
Ich möchte diese sowie auch zahlreiche andere Aufzeichnungen der zukünftigen Welt des Friedens als Erinnerung hinterlassen, damit sie erfährt, was hier geschehen ist. Ich habe sie unter Asche vergraben, da ich dies für den sichersten Ort halte. Dort wird man bestimmt graben, um die Spuren von Millionen getöteter Menschen zu finden.
Aber in der letzten Zeit haben sie begonnen, die Spuren zu verwischen – und überall dort, wo es viel Asche gab, haben sie befohlen, sie fein zu zermahlen, zur Weichsel zu bringen und von der Strömung forttreiben zu lassen.
Wir haben viele Gruben geöffnet. Im Moment befinden sich zwei solcher offenen Gruben auf dem Gelände von Krematorium 1 und 2.[3]

10 Die Information hatte vermutlich die mit dem Lagerwiderstand in Verbindung stehende deutsche Krankenschwester Maria Stromberger von SS-Ostuf. Hans Schurz, dem Nachfolger Grabners als Leiter der Politischen Abt., erhalten; siehe Paczyńska, Grypsy (wie Dok. 51, Anm. 1), S. 452.

1 Archiv des Militärmedizinischen Museums, St. Petersburg, Nr. 21 429. Erstabdruck in deutscher Sprache in: Bezwińska/Czech, Handschriften (wie Dok. 38, Anm. 1), S. 79–81. Das Dokument wurde aus dem Jiddischen neu übersetzt.

2 Dieser Brief wurde am 5.3.1945 in der Nähe von Krematorium II zusammen mit einem Notizbuch in einer Aluminiumfeldflasche gefunden. Anhand der Ausführungen ist anzunehmen, dass das Notizbuch mit 81 beschriebenen Seiten schon länger in der Erde lag und Gradowski es am 6.9.1944 aufgrund der befohlenen Ausgrabungen erneut vergrub. Im Notizbuch berichtete Gradowski über die Situation im Durchgangslager Kiełbasin und die Deportation nach Auschwitz-Birkenau, die Ankunft im Lager und die Einteilung zum Sonderkommando; wie Anm. 1, Nr. 21 430.

3 Gemeint sind die Krematorien II und III in Birkenau.

Einige Gruben sind noch voller Asche. Es ist möglich, dass sie sie vergessen oder selbst vor ihren Vorgesetzten verheimlicht haben, denn die Anordnung lautete eigentlich, alle Spuren so schnell wie möglich zu verwischen. Indem sie diesem Befehl nicht rechtzeitig Folge leisteten, haben sie es verheimlicht.
Aus diesem Grund sind noch zwei große Gruben mit Asche auf dem Gelände von Krematorium 1 und 2 vorhanden. Eine Menge Asche von verbrannten Leichen Hunderttausender Juden, Russen und Polen wurde auf dem Gelände der Krematorien verstreut und untergepflügt.
Bei den Krematorien 3 und 4[4] befindet sich auch etwas Asche. Dort wurde sie gleich zermahlen und zur Weichsel gebracht, denn der gesamte Platz wurde für die Verbrennung genutzt.
Das Notizbuch sowie andere Notizen lagen in den Gruben, sie saugten Blut von nicht immer ganz verbrannten Knochen und Fleisch auf. Man kann diesen Geruch gleich erkennen. Lieber Finder, suche überall, auf jedem Zollbreit Erde. Es sind Dutzende Dokumente vergraben, von mir und von anderen, die ein Licht auf alles werfen, was hier geschehen ist. Auch eine Menge Zähne sind hier vergraben. Die haben wir, die Arbeiter der Kommandos, absichtlich verteilt, so viel wir konnten, damit die Welt Lebenszeichen der Millionen Getöteten finden kann. Wir selbst haben schon die Hoffnung aufgegeben, den Augenblick der Befreiung noch zu erleben. Trotz der guten Nachrichten, die zu uns dringen, sehen wir, dass die Welt den Barbaren die Möglichkeit lässt, in riesigem Ausmaß den letzten Rest des jüdischen Volks zu vernichten und mit den Wurzeln auszureißen. Es entsteht der Eindruck, dass die alliierten Staaten, die Gewinner der Welt, auf indirekte Weise zufrieden sind mit dem schrecklichen Schicksal unseres Volks. Vor unseren Augen kommen jetzt Zehntausende Juden aus Tschechien und der Slowakei ums Leben.[5] Diese Juden hätten wahrscheinlich die Freiheit erwarten können. Aber wo auch den Barbaren Gefahr droht und sie fortgehen müssen, nehmen sie den Rest der noch am Leben gebliebenen Juden mit und bringen sie nach Birkenau-Auschwitz oder nach Stutthof bei Danzig – das erfuhren wir von Leuten, die von dort zu uns kamen.
Wir, das Sonderkommando, wollten schon seit langem unserer grausamen, schrecklichen Arbeit ein Ende bereiten, zu der wir unter Todesdrohungen gezwungen werden. Wir wollten ein große Sache vollbringen. Aber die Menschen aus dem Lager, ein Teil der Juden, Russen und Polen, hielten uns mit aller Kraft davon zurück und zwangen uns, den Termin des Aufstands hinauszuschieben.[6] Dieser Tag ist nahe. Es kann heute oder morgen geschehen. Ich schreibe diese Worte im Augenblick der größten Gefahr und Aufgeregtheit. Möge die Zukunft über uns anhand meiner Aufzeichnungen urteilen, und möge die Welt wenigstens einen Tropfen, ein Minimum dieser schauerlichen, tragischen Totenwelt, in der wir lebten, erblicken.

4 Gemeint sind die Krematorien IV und V in Birkenau.
5 Die Deportationen aus Theresienstadt wurden erst Ende Sept. 1944 wiederaufgenommen. Vermutlich bezieht sich Gradowski hier auf die Transporte im Sommer 1944, die zum Teil aus den ungar. besetzten Gebieten der ehemaligen Tschechoslowakei kamen.
6 Aufstandsplanungen des Sonderkommandos lassen sich bis in den Herbst 1943 zurückverfolgen; siehe auch Dok. 147 vom 7.10.1944 und Dok. 148 vom 10.10.1944.

DOK. 140
Józef Cyrankiewicz übermittelt am 16. September 1944 eine Liste der Täter und ihrer Verbrechen, um sie vor internationalen Gerichten bestrafen zu lassen[1]

Handschriftl. Kassiber Józef Cyrankiewicz, Auschwitz, an Teresa Lasocka, Krakau, vom 16.9.1944[2]

Tell.[3] Übersenden grobe Beschreibungen der Henker von Auschwitz. Alle Angaben sind zweifelsfrei glaubhaft. Es wäre sehr wünschenswert, wenn London *schnellstmöglich entsprechende Todesurteile* aussprechen würde.[4]

Die Henker von Auschwitz
SS-Obersturmbannführer Höß, geb. 25.11.1900, vom 18.6.1940 bis zum November 1943 Kommandant des KL Auschwitz I, in der Periode der schlimmsten Misshandlungen und Massenmorde, denen 106 000 registrierte Häftlinge, 12 600 russische Kriegsgefangene und über eine Million Juden aus ganz Europa zum Opfer gefallen sind, die mit Gas erstickt wurden. Der Genannte führte die Vernichtungsaktion in der Zeit seiner Machtausübung ohne Unterbrechung und mit allen Mitteln durch. Er organisierte sie mit Hilfe des kompletten, ihm als administrative und politische Lagerleitung unterstehenden SS-Apparats; a) auf der Ebene der administrativen Lagerleitung hat er ein System der straffreien Ermordung von Häftlingen sowohl durch die ihm unterstellte SS als auch durch speziell geschulte deutsche Kriminelle eingeführt und toleriert und sich dabei an keinerlei, nicht einmal an die eigenen deutschen Lagerbestimmungen gehalten; b) auf der Ebene der politischen Lagerleitung hat er gemeinsam mit dem Chef der Polit. Abt. ein willkürliches Terrorsystem in Form beinahe täglicher Massenerschießungen ohne Ursache, Begründung und Urteil (Beweise: übersandte Dokumente) organisiert. Mit Phenolinjektionen in Herz und Venen sowie der Vergasung von Häftlingen führte der Genannte ein zusätzliches Vernichtungssystem ein und tolerierte es. Diesem fielen sowohl Männer als auch Frauen sowie mit ihren Eltern ins Lager gebrachte Kinder zum Opfer. (Das Abspritzen von 48 polnischen Kindern aus der Umgebung von Zamość ist eines von vielen Beispielen.) (Erste Vergasung: In der Nacht vom 5. auf den 6. September 1941. 230 Kranke und 630 sowjetische Offiziere, die direkt zu Bl[ock] 11[5] gebracht wurden.) Er hat versucht, die Spuren seiner Verbrechen zu verwischen, indem er ein System der Fälschung von Sterbeurkunden einführte und anschließend für die Beseitigung diesbezüglicher Dokumente sorgte (den massenhaft erschossenen Häftlingen wurden fiktive Krankheitsverläufe, Todesursachen und Todesdaten in die Sterbeurkunden eingetragen, ebenso wurden bei den abgespritzten und vergasten Häftlingen Todesursache und -datum gefälscht).

1 APMAB, Ruch oporu, Bd. 7, S. 49–65. Abdruck in: Paczyńska, Grypsy (wie Dok. 51, Anm. 1), S. 476–483. Das Dokument wurde aus dem Polnischen übersetzt.
2 Im Original zahlreiche handschriftl. Unterstreichungen.
3 Teresa Lasocka.
4 Mitte März 1944 hatte die BBC Strafen für 14 namentlich genannte Mitglieder der Lagerbesatzung angekündigt, die auf Grundlage eines Kassibers vom Aug. 1943 ausgewählt worden waren; siehe Dok. 85 von Mitte August 1943.
5 Siehe Dok. 3 vom 15.11.1941.

Der Genannte war ein Befürworter der Massenvergasung, wobei er sich bei der Vergasung der entsprechenden Transporte durch Bestialität und Sadismus auszeichnete und es tolerierte, dass die SS von den ankommenden Transporten Wertgegenstände und Geld stahl. Einen Teil der enormen Beute nutzte er, um seine Position in Berlin zu stärken, einen anderen Teil behielt er für sich selbst.
Persönlich hat er perverse sexuelle Übergriffe auf Frauen, die im Bunker saßen, begangen, die sogar Schwangerschaften zur Folge hatten, zu deren Abbruch man die Häftlingsärzte zwang.[6] Nach dem Verlassen seines Postens im November 1943 setzte der Massenmörder Höß im Jahr 1944 als Leiter der Aktion zur Vergasung der ungarischen Juden, die sogar offiziell als „Aktion Höß" bezeichnet worden ist, seine Methoden fort.
SS-Hauptsturmführer Aumeyer,[7] ehemaliger Lagerführer des KL Auschwitz, später Lagerkommandant in Riga, gegenwärtig in Deutschland.
Massenmörder und Sadist, forcierte persönlich „Urteile" aufgrund beliebiger Vergehen im Lager und verurteilte auf diese Weise Hunderte von Menschen illegal zum Tode. Er suchte vollkommen unschuldige Personen, insbesondere Offiziere oder Intellektuelle, im Lager aus und beorderte sie mit einem Zettel versehen in den Bl. 11, wo sie erschossen wurden. Anschließend gab man als Todesursache eine Krankheit an. Er organisierte gemeinsam mit Grabner illegale Massenexekutionen völlig unschuldiger Menschen, u. a. im Oktober 1942 von mehr als 160 Häftlingen aus Lublin, die während einer Razzia im Januar 1941 festgenommen worden waren und sich wie einige andere seit über einem Jahr im Lager befunden hatten.
Er assistierte zusammen mit Grabner bei den fast täglichen Exekutionen. Erteilte Befehle zur Vergasung. Ein einzelner Fall: Am Samstag, d. 23. Januar 1943, wandte sich der seit mehr als einem halben Jahr in der Strafkompanie befindliche Oberst Jan Karcz,[8] ehemaliger Chef einer Kavallerie-Abteilung, an Aumeyer als Lagerführer. Karcz war wegen eines Lagervergehens zu einem halben Jahr sogenannter Strafkompanie verurteilt. Er wollte um seine Entlassung aus der Strafkompanie bitten, da die Zeit der Strafe abgelaufen war. Aumeyer antwortete ihm höhnisch, dass er ihm seinen Beschluss mitteilen werde. Am Montag, dem 25. Januar 1943, also 2 Tage später, wurde Karcz in Bl. 11 beordert und zusammen mit einer großen Gruppe von Häftlingen erschossen – es war der Tag einer großen Massenerschießung. Es gab viele solche Fälle.
SS-Hauptsturmführer Frietsch,[9] erster Lagerführer des KL Auschwitz, später Lagerkommandant in Flossenburg. Massenmörder und Sadist. Direkter Untergebener von Höß. Organisator verschiedener Systeme zur Ermordung und möglichst schnellen Vernichtung der massenhaft in Auschwitz ankommenden politischen Häftlinge. Sie wurden am Tor mit der offiziellen Aufschrift „Arbeit macht frei" begrüßt. Den deutschen Vorschriften für Konzentrationslager entsprechend sind überall Aufschriften angebracht:

6 Siehe Aussage von Eleonore Hodys, Herbst 1944; IfZArch, ZS 599.
7 Richtig: Hans Aumeier.
8 Jan Karcz (1892–1943), Offizier; Oberst der poln. Armee; am 27.11.1941 nach Auschwitz gebracht und dort am 25.1.1943 erschossen.
9 Richtig: Karl Fritzsch (1903–1945), Dachdecker; 1930 NSDAP- und SS-Eintritt; von 1923 an Donauschiffer, 1933 Kompanieführer in Dachau, 1940 Schutzhaftlagerführer in Auschwitz, setzte 1941 als Erster das Insektizid Zyklon B für die Ermordung von Häftlingen ein, von Jan. 1942 an 1. Schutzhaftlagerführer in Flossenbürg, April 1944 Lagerführer in den Mittelbau-Außenlagern Harzungen und Ellrich-Juliushütte, Okt. 1944 an die Front versetzt, gefallen.

Es gibt nur einen Weg zur Freiheit. Seine Meilensteine heißen: Ehrlichkeit, Sauberkeit, Wahrhaftigkeit, Fleißigkeit, Ordnung, Opfer, Gehorsamkeit, Nüchternheit und Liebe zum Vaterland[10] (Letzteres wurde später in Hinblick auf die nationale Zusammensetzung des Lagers entfernt).

Damit sich niemand, auf diese Lügen vertrauend, Illusionen hingeben konnte, begrüßte Lagerführer Frietsch die aus Tarnów, Warschau, Krakau und anderswoher ankommenden Transporte mit folgender Ansprache: „Ihr seid hier nicht ins Sanatorium gekommen, bloß in ein deutsches Konzentrationslager, aus dem es keinen anderen Ausweg gibt als den durch den Schornstein. Wem der Schornstein nicht gefällt, der kann auch gleich in den Stacheldraht laufen. Falls sich im Transport Juden befinden, ihr habt überhaupt kein Recht, länger als 2 Wochen zu leben. Wenn Priester dabei sind, die können noch 1 Monat leben, der Rest 3 Monate. Das prophezeie ich euch." (wörtlich) So war es dann tatsächlich. Die furchtbare Realität hat die Häftlinge davon überzeugt, dass nicht die deutsche Theorie der Aufschriften, sondern die deutsche Praxis des Verbrechens recht hat.

Transport um Transport schmolz von einem Tag auf den anderen dahin, vernichtet durch Schläge, Krankheiten, Hunger, Tod. In die Zeit von Frietsch fällt der Tod Zehntausender von Menschen. Auf dessen Anordnung wurden für einen geflohenen Häftling 10 bis 15 Häftlinge erschossen oder so lange ohne Essen und Trinken im Bunker eingesperrt, bis alle des Hungers starben, unter schrecklichen Qualen und sich gegenseitig verschlingend (authentisch). Frietsch hat, um die Leute schneller zu erledigen, die sog. Strafkompanie eingerichtet und organisiert. Dorthin kam man auch ohne Vergehen, insbesondere Offiziere und Intellektuelle. Eine der Strafen war die sog. Todeswalze, eine große Eisenwalze zur Straßenbefestigung, geeignet für die Zugkraft von 20–30 Pferden. Vor diese Walze spannte man 20 Gefangene, die sie im Trab über den damals riesigen Lagerplatz ziehen mussten und von den „Blockführern" mit Peitschen angetrieben wurden. Fiel ein Häftling hin, wurde er auf der Stelle erschlagen. Stürzte einer aus der Mitte des Geschirrs, wo man nirgendwohin ausweichen konnte, ging die Walze über ihn hinweg und hinterließ eine formlose Masse. Anstelle des Zerquetschten wurde sofort der Nächste angeschirrt.

Eine andere Quälerei waren die sog. Kiesgruben. In den Gruben nahe der Sola wurde Kies gefördert. Die Aufseher waren SS-Männer und deutsche Banditen. In diesen Gruben fand die Folter statt. Der dafür ausgewählte polnische Gefangene wurde mit Stöcken vorwärtsgeprügelt, bis er ohnmächtig wurde. Man band ihm die Hände hinter dem Rücken zusammen, legte ihn mit dem Gesicht nach oben und platzierte ein schmales Brett von ein bis zwei Metern Länge auf seinem Hals. Die Banditen stellten sich mit vollem Gewicht auf die beiden Enden des Bretts und drückten dem Liegenden die Kehle ein. Nach einigen Minuten war der Häftling tot. Täglich wurden 10–15 Menschen auf diese Weise erstickt. Später wurden auch Juden der Strafkompanie zugeteilt, die dort massenhaft auf dieselbe Weise starben. Nach den Juden kamen Kriegsgefangene aus der Sowjetarmee an die Reihe, die auf diese Weise ermordet wurden, täglich starben bis zu 100 (innerhalb von sechs Monaten wurden 12 000 Gefangene ermordet). Diese Todes-

10 Im Original deutsch. Ein Schild mit dieser Aufschrift blieb erhalten; APMAB, Inv. Nr. Au-II-4-256. Sein Text lautet: Es gibt nur einen Weg zur Freiheit, seine Meilensteine heißen: Gehorsam, Fleiß, Ordnung, Ehrlichkeit, Sauberkeit, Wahrhaftigkeit, Nüchternheit, Opfersinn und Liebe zum Vaterland.

kompanie war das Werk von Kommandant Höß und wurde von Lagerführer Frietsch und Lagerführer Aumeyer organisiert, der Frietschs „Arbeit" nach dessen Weggang fortsetzte.

SS-Untersturmführer Kriminalobersekretär Grabner, Chef der Politischen Abteilung des KL Auschwitz bis November 1943.

Vom 18.6.1940 bis November 1943 der wichtigste Henker und Massenmörder. Er hat in Auschwitz die sog. Politische Abteilung als einen einzigartigen Apparat zur massenhaften Ermordung von Häftlingen organisiert, geschult und angeführt.

Zu diesem Zweck stellte er eine ausgesucht degenerierte Truppe bestialischer Helfer zusammen. In enger Zusammenarbeit mit der Lagerkommandantur hat er für die Pol. Abt. eine uneingeschränkte Macht über das Leben der Gefangenen erlangt und gefestigt. Fast täglich veranlasste und vollstreckte er Massenerschießungen, die er größtenteils auf eigene Faust und nach eigenem Gutdünken vornahm. Auch für andere Formen des Massenmords an Häftlingen wie Erhängen, Abspritzen, Vergasen und Hungertod war er der hauptsächliche Scharfmacher. 1941 führte er den sog. „Genickschuss" als Methode für die Massenerschießungen ein. Für die Verhöre etablierte er ein unerhört raffiniertes Foltersystem, das er mit Vorliebe auch selbst anwandte.

Um das Lager zu terrorisieren, gebrauchte er unerhört raffinierte Tötungsmethoden. Seine Todesurteile, die gleichzeitig Erschießungsbefehle waren, formulierte er stets auf die gleiche Weise: „Weg mit dem Scheisse".[11]

Er zeichnete sich durch einen unglaublichen Sadismus und eine fürchterliche Mordlust aus.

Unterscharführer Herbert Kirschner, geb. 5.11.1912 in Dresden. Hauptsächlicher Vollstrecker besonders raffinierter Foltermethoden. Dezidierter Polenfeind. Engster Mitarbeiter Grabners. Bereitete für diesen jegliche Art von auswärtigem Aktenmaterial auf, um Häftlinge, insbesondere Offiziere und Intellektuelle, die wegen irgendetwas belastet, aber nicht offiziell zum Tode verurteilt waren, bei nächster Gelegenheit zu erschießen. Hat viele Häftlinge bei Verhören ermordet, ein Sadist und Massenmörder.

Unterscharführer Wilhelm Boger, geb. 19.12.1906 in Stuttgart. Grabners rechte Hand, Organisator eines Spitzelnetzes innerhalb des Lagers. Bei Verhören hat er besonders erfindungsreiche Foltermethoden veranlasst und auch selbst gefoltert. Insbesondere schwangere Frauen quälte er durch Schläge in den Bauch, sie kamen niemals lebend aus den Vernehmungen heraus. Organisator von Massenerschießungen im Lager unter dem Vorwand, Geheimorganisationen aufgedeckt zu haben, wodurch er künstlich die Position der Politischen [Abteilung] stärkte. Er führte Massenverhaftungen, 40–50 Personen, durch – nachdem sie mehrere Wochen im Bunker gesessen hatten, wurden sie ohne Verhör auf Bogers Antrag von Grabner zum Tode verurteilt und erschossen. Die durch ihn selbst oder durch Grabner erlassenen Todesurteile vollstreckte er eigenhändig. Erschoss [Häftlinge] per „Genickschuss" aus einer Flobert-Pistole. Einer der größten Sadisten und Massenmörder.

Unterscharführer Walter Quackernack, geb. am 9.7.1907 in Senne, Kr. Bielefeld. Angehöriger der Politischen Abteilung, Sadist, ermordete bei Verhören mehrere Frauen, wandte bei Vernehmungen vor allem Foltermethoden wie Kreuzigen, Zerstechen der Hoden

11 Fehlerhaftes Deutsch im Original.

mit Stahlnadeln und Anzünden von in die Scheide eingeführten Tampons an. Angehöriger der Standgerichte.

Unterscharführer Lachmann,[12] eine der wichtigsten Personen in der Politischen Abteilung. Massenmörder. Verantwortlich für Hunderte von erschossenen und auf bestialischste Weise ermordeten Auschwitz-Häftlingen sowie für das perfide organisierte, beispiellose Spitzelsystem im Lager. Sadist. Folterte mit besonderer Versessenheit Männer durch Kreuzigung und Stiche in die Hoden und quälte auf ausgeklügelte Weise schwangere Frauen, was zum Tod vieler Personen während der Verhöre führte. Erfand und veranlasste diverse Foltermethoden und assistierte stets, wenn andere folterten. Erschoss auf Grundlage seiner eigenen „Urteile" und derjenigen Grabners Häftlinge persönlich per „Genickschuss".

Assistierte zusammen mit dem Chef der Polit. [Abteilung] Grabner bei sämtlichen Massenerschießungen, deren Opfer danach als angeblich an Krankheiten im Krankenbau Gestorbene registriert wurden.

Unterscharführer Friedrich Stiwitz, geb. am 16.5.1910 in Sobernhein, Kr[eis] Kreuznach, ehemaliger Rapportführer im KL Auschwitz (Sohn eines Pastors). Massenmörder, Sadist. Vollstreckte massenhaft die von Grabner oder Lagerführer Aumeyer verhängten Todes„urteile" durch Genickschuss. Zur Tötung vorgesehene Frauen zog er nackt aus, führte sie an der Hand zur Todesmauer im Bl. 11, dann schoss er. Schwangeren Frauen schoss er zuerst in den Bauch, erst einen Moment später in den Kopf. Assistierte bei sämtlichen Exekutionen. Er leitete stets den Transport kranker und gesunder Häftlinge ins Gas und verhielt sich dabei sadistisch.

Bruno Schlage,[13] *Blockführer,* geb. am 11.2.1903. Mörder und Sadist, vollstreckte Todesurteile per Genickschuss, ermordete außerdem viele Häftlinge, Männer und Frauen, durch sadistische Misshandlungen.

Willi Steinberg,[14] *Unterscharführer, Blockführer,* geb. am 22.10.97. Wie der vorherige, Erschießungen durch Genickschuss, Misshandlungen.

Hauptsturmführer Dr. Entress Fryderyk, geboren in Posen, Sohn eines Angestellten der Posener Universitätsbibliothek, mit einer Polin – jetzt Volksdeutsche – verheiratet, Studium in Posen. In Auschwitz von August 1942 bis Herbst 1943 Lagerarzt. Während seiner „ärztlichen" Tätigkeit wurden 21 000 Häftlinge, also durchschnittlich 60 pro Tag, abgespritzt, also durch Phenolinjektionen ins Herz und später in die Venen getötet. Die für das Abspritzen vorgesehenen Opfer wählte er überwiegend selbst aus, gelegentlich übertrug er diese Tätigkeit Klehr.

Entress schickte ca. 9000 Häftlinge ins Gas, die er überwiegend selbst ausgewählt hatte. Am 28. August 1942 hat er u. a. alle an Flecktyphus Erkrankten und Rekonvaleszenten, 824 Menschen, überwiegend Polen, ins Gas geschickt. Entress führte zahlreiche Sterilisationen und Kastrationen durch und assistierte permanent bei Exekutionen. Er fälschte

12 Gerhard Lachmann (*1920), Melker; SS-Uscha. in der Politischen Abt.; seit Kriegsende vermisst.

13 Bruno Schlage (1903–1977), Maurer; 1940–1945 in Auschwitz, zunächst Blockführer im Arrestblock 11, 1943 Kommandoführer im Außenlager Golleschau; Mai 1944 SS-Uscha.; nach 1945 Hausmeister in Bad Oeynhausen, 1965 vor dem Landgericht Frankfurt a. M. zu sechs Jahren Haft verurteilt.

14 Richtig: Karl Fritz Steinberg (*1897), Maurergehilfe; Juli 1941 bis Jan. 1945 in Auschwitz, zunächst Wachmann, dann Blockführer, zuletzt Kommandoführer der Strafkompanie, 1944 Leiter eines Krematoriums, nach Jan. 1945 im Außenlager Ebensee (Mauthausen); Nachkriegsschicksal ungeklärt.

systematisch Sterbedaten, stellte für die im Block 11 Erschossenen normale Sterbeurkunden mit imaginären Krankheitsverläufen aus und verschleierte auf diese Weise die von Höß, Grabner und Aumeyer begangenen Morde. Massenmörder.
Unterscharführer Klehr Józef, von Beruf Tischler, führte Selektionen von Kranken für das Gas durch, wobei er seine Auswahl angeblich unter medizinischen Gesichtspunkten traf. Spritzte Kranken eigenhändig Phenol, wobei er sadistische Befriedigung empfand. Massenmörder und Sadist.
Unterscharführer Scherpe.[15] Führte Selektionen für das Gas durch. Spritzte eigenhändig, nicht nur Kranke. Scherpe hat unter anderem 48 polnische Kinder zwischen 6 und 14 Jahren aus dem Bezirk Zamość abgespritzt.
SS-Hauptsturmführer Mengele Josef, Lagerarzt in Auschwitz II. Sadist und Massenmörder, führte eine Reihe von Vergasungsaktionen durch.
Hauptscharführer Palitsch,[16] erster „Rapportführer" im KL Auschwitz, tätig während der Amtszeit von Lagerkommandant Höß und der Lagerführer Frietsch und Aumeyer, außer für seine unmittelbaren Verbrechen und Morde auch verantwortlich für die Taten seines direkten Stellvertreters.[17] Palitsch besaß aufgrund der Befugnisse seiner oben genannten Vorgesetzten volle Verfügungsgewalt im Lager. Alle Ankömmlinge des ersten Transports von „Politischen" aus Tarnów im Juni 1940 erhielten auf P.s Befehl 25 50 Hiebe mit dem Ochsenziemer. Als im Juli 1940 3 Häftlinge aus dem Lager flohen, wurden zur Strafe auf Frietschs Befehl hin 15 erschossen, und das gesamte Lager hatte auf P.s Befehl 48 Stunden lang stramm zu stehen!! Wurde einer ohnmächtig und konnte nicht aufstehen, tötete P. ihn mit einem Schuss ins Auge. Physiologische Bedürfnisse wurden heimlich erledigt, wenn P. dies sah, erhielt der Delinquent 25 Stockschläge und zwei Tage lang kein Essen. Aus einem am 15.8.1940 aus Warschau ankommenden Transport entflohen 5 [Häftlinge] aus den Waggons. Drei wurden erwischt. P. erschoss sie eigenhändig. Am nächsten Tag befahl er allen Offizieren der polnischen Armee, vorzutreten. 15 traten vor. Er brachte sie zum Block 5 und befahl ihnen im Abort, 10 dorthin gerufenen Blockführern die Stiefel zu küssen. Für sich selbst wählte er zwei aus, einen Major und einen Rittmeister. Sie weigerten sich. Sie wurden gefoltert und gleich darauf erschossen. Die restlichen Offiziere wurden in die Strafkompanie geschickt, um sie dort zu erledigen.
Palitsch war der wichtigste Ausführende von Exekutionen durch Genickschuss. Als Sadist und Massenmörder war er in Auschwitz geradezu legendär.
(Zusatzinformation: Im Jahr 1943 hat er sich in eine jüdische Gefangene verliebt. Besinnungslos. Er wurde verhaftet und saß im Bunker. Es war offensichtlich, dass man einen

15 Herbert Scherpe (1907–1997), Metzger; 1931 NSDAP-, SS-Eintritt; Juni 1939 in Dachau, von Sommer 1940 an in Auschwitz, Mai 1942 SDG im Häftlingskrankenbau Auschwitz I; 1943 SS-Oscha.; von April 1943 an in den Außenlagern Golleschau, Blechhammer und Gleiwitz; nach 1945 als Pförtner in einer Maschinenfabrik in Mannheim tätig, 1965 vor dem Landgericht Frankfurt a. M. zu 4 ½ Jahren Haft verurteilt.

16 Richtig: Gerhard Palitzsch.

17 Oswald Kaduk (1906–1997), Metzger; seit Juli 1941 in Auschwitz, zunächst Wachmann, dann Block-, schließlich Rapportführer, im Jan. 1945 nach Mauthausen; 1946 verhaftet und 1947 vom sowjet. Militärgericht zu 25 Jahren Haft verurteilt, 1956 vorzeitig entlassen, danach Krankenpfleger in West-Berlin, 1959 erneute Verhaftung, 1965 im Frankfurter Auschwitz-Prozess zu lebenslangem Zuchthaus verurteilt, 1989 wegen Haftunfähigkeit entlassen.

unbequemen Zeugen erledigen wollte. Später saß er in München im Gefängnis. Dort legte er ein Geständnis ab, das den Kommandanten von Auschwitz, Höß, schwer belastet.)

Oswald Kaduk, 26.8.1906, Königshütte. Polnischer Polizist aus Chorzów. Stellvertretender Rapportführer. Ausgesprochener Polenfeind, Henker und Mörder. Seine Schläge und Folter führten zu vielen Todesfällen. Als 1943 ein Todesurteil an 12 Polen durch öffentliches Erhängen vollstreckt wurde, führte er sie aus dem Bunker zum Galgen und schlug, trat und bespuckte sie dabei. Vollstreckte Willkürurteile von Grabner bzw. dem Lagerführer durch Genickschüsse mit der Flobert-Pistole.

Wilhelm Nebest,[18] geb. am 1.4.1915 in Groß-Scheuen, Blockführer, Sadist und Mörder. Vollstreckte Todes-„Urteile" durch Genickschuss.

Erich Schulz,[19] geb. am 6.11.1906 in Keula, Kreis Krauschwitz, ehemaliger Arbeitsdienstführer, Mörder und Sadist. Vollstreckte Todes-„Urteile" durch Genickschuss.

Wasil Burak,[20] geb. am 2.10.1925, Blockführer, Sadist und Mörder. Seine Schläge gegen Häftlinge führten zu vielen Todesfällen. Vollstreckte Todes-„Urteile" durch Genickschuss.

Friedrich Löwenday,[21] 15.2.1893 in Langedreler, Kr. Bohum, ehemaliger Unteroffizier der polnischen Armee im Dienstgrad eines Zugführers. In Auschwitz stellvertretender Rapportführer. Schlug und trat polnische Gefangene voller Verbissenheit und unter schlimmsten Beschimpfungen, viele Todesfälle. Nahm mit Vorliebe an Erschießungen durch Genickschuss teil. Beteiligter und Ausführender von Massakern an Häftlingen in der sog. Strafkompanie. Äußerte mehrfach, dass er sich erst in der Uniform, die er jetzt trage, als Soldat fühle.

Willi Stark,[22] geb. am 3.2.11, ehemaliger Blockführer, danach einfaches Kompaniemitglied. Enormer Hass auf polnische Gefangene. Sadist, Mörder und Vergewaltiger. Schlug und folterte wehrlose Personen in den Blocks und verursachte mehrere Todesfälle. Suchte nach Opfern im Frauenlager und vergewaltigte zwei junge Polinnen. Als er erfuhr, dass sie schwanger geworden waren, suchte er bei ihnen nach dem geringsten Anzeichen von Ungehorsam und erschoss sie letztendlich. Als einzige „Strafe" entzog ihm die Lagerleitung den Posten des Blockführers und schickte ihn in die Kompanie zurück.

Unterscharführer Bogusz,[23] aus polnischer Familie, ehemaliger Soldat, Unteroffizier in der polnischen Armee. Besonders großer Polenfeind. Schlug und folterte und verursachte mehrere Todesfälle. Äußerte bei jeder Gelegenheit, er würde, wenn er die Macht dazu hätte, alle Polen wie Hunde erschießen.

18 Wilhelm Nebest (*1915), SS-Uscha., Jan. 1943 bis April 1944 Abt. III, Lagerleitung; Nachkriegsschicksal ungeklärt.

19 Erich Schulz (1906–1989), Schneider; spätestens von Dez. 1942 an in Auschwitz; Mai 1943 SS-Uscha.; Arbeitsdienstführer, Kommandoführer Straßenbau; lebte nach dem Krieg in Bad Muskau.

20 Richtig: Basil Burak (*1925), Volksdeutscher aus Rumänien, Jan. 1943 bis Nov. 1943 als Blockführer in Auschwitz; Juli 1944 SS-Rttf.; Verbleib ungeklärt.

21 Richtig: Friedrich Löwendey (*1913), geboren in Bochum-Langendreer, Okt. 1941 bis Okt. 1943 in der Abt. III, Arbeitseinsatz; 1942 SS-Rttf.; 1944 Verurteilung durch ein SS-Gericht; 1964 für tot erklärt.

22 Vermutlich Hans Stark (1921–1991); 1937 SS-Eintritt; 1938–1940 Wachmann in Sachsenhausen, Buchenwald und Dachau, Dez. 1940 bis Mai 1943 in Auschwitz, zunächst Blockführer, später in der Politischen Abt., 1943 an die Front versetzt; Flucht aus sowjet. Gefangenschaft, 1965 im Frankfurter Auschwitz-Prozess zu 10 Jahren Haft verurteilt, 1968 entlassen.

Oberaufseherin Mandl Maria, 10.1.1912, Wien, Massenmörderin und Sadistin, begnügte sich nicht damit, zu schlagen und zu morden, sondern veranlasste aus eigener Initiative und ohne Befehl zahlreiche Vergasungen.
SS-Hauptscharführer Moll Otto, 4.3.1915 in Hohen-Schönberg, Kr. Grevesmühlen. Massenmörder und Sadist. „Technischer" Leiter der Vergasungen, bei denen er sich besonders brutal verhielt.
SS-Unterscharführer Theyer Adolf,[24] geb. am 20.1.1920, für die Desinfektionen zuständig. Brutales und sadistisches Verhalten bei den Vergasungen.
Auch andere SS-Männer aus Auschwitz werden genau beobachtet. Ihr Schicksal hängt von ihrem weiteren Verhalten ab. Retten können sich nur diejenigen, die, jeder auf seinem Gebiet, alles nur Mögliche tun, um sich durch ihr Verhalten den Häftlingen gegenüber von den bereits verurteilten Massenmördern abzugrenzen.
(Wir schlagen vor, die Urteilsverlesung mit einem derartigen Passus zu schließen, damit auch das Lager einen politischen Nutzen davon hat.)

DOK. 141
Dziunia Liberman erinnert sich in einem Gedicht an den 21. September 1944, als ihre Mutter als arbeitsunfähig ausgesondert wurde[1]

Gedicht von Dziunia Liberman,[2] 1944[3]

Der denkwürdige Tag des 21. Septembers 1944
Herbstliche Kälte fraß sich ins Innere.
Drang durch die Lumpen bis zu den Knochen.
Und Mutter[4] zitterte an diesem Tag so entsetzlich.
Als ob sie unser Unglück im Voraus spürte.
Und dieser Tag, der mit diesem schlechten Gefühl begann,
wurde nun für immer schrecklich und verflucht.

23 Richtig: August Bogusch (1890–1948), Angestellter; 1932 NSDAP-, 1933 SS-Eintritt; zunächst in Buchenwald, Jan. 1941 bis Febr. 1944 Angehöriger der Politischen Abt. in Auschwitz; Jan. 1941 SS-Oscha.; Febr. 1944 Polizeihäftlingslager Grini in Norwegen, danach in Mauthausen; 1947 im Krakauer Auschwitz-Prozess zum Tode verurteilt und 1948 hingerichtet.

24 Richtig: Adolf Theuer (1920–1947), Maurer; von 1940 an in Auschwitz, als SDG beim Krematorium I an den Gasmorden beteiligt, nach der Auflösung von Auschwitz im Außenlager Ohrdruf des KZ Buchenwald, dort für Morde an Kranken verantwortlich; 1947 Todesurteil durch den tschech. Volksgerichtshof in Opava.

1 AŻIH, 226/178. Abdruck in: Bożena Keff (Hrsg.), Tango łez śpiewajcie muzy. Poetyckie dokumenty holokaustu, Warszawa 2012, S. 109 f. Das Dokument wurde aus dem Polnischen übersetzt.

2 Dziunia Liberman, geboren als Jadwiga Liberman, später Yedbigah-Ester Doblin (*1927), Schülerin aus Łódź; von 1940 an im Getto Litzmannstadt, im Aug. 1944 nach Auschwitz deportiert, Anfang Okt. 1944 in das Groß-Rosener Außenlager Halbstadt überstellt, dort im Mai 1945 befreit; Auswanderung nach Israel, 1997 Interview mit der USC Shoah Foundation, VHA # 38 728.

3 Die genaue Entstehungszeit des Gedichts ist nicht überliefert; es ist jedoch wahrscheinlich, dass Dziunia Liberman es im Außenlager Halbstadt schrieb. In den Außenlagern entstanden viele Gedichte, in denen die Häftlinge u. a. ihre Erfahrungen aus Auschwitz-Birkenau verarbeiteten.

4 Fela (Fajga) Liberman (1908–1944), Arbeiterin aus Łódź; von 1940 an im Getto Litzmannstadt, Aug. 1944 nach Auschwitz deportiert und dort im Sept. 1944 ermordet.

Oh, was für ein Unglück hat mich getroffen,
dass das schlechte Leben den Körper meiner Mutter zerstörte!
Warum bloß hat sie sich so für uns aufgeopfert,
warum hat sie sich so wenig um sich selbst gekümmert.
Jetzt ist jeder Tag meines Lebens vergiftet.
Mich quälen schlechte Gedanken, Sehnsucht, Vorwürfe.
Als an diesem Tag angekündigt wurde, dass eine Musterung stattfinden würde,
sah sie gleich noch viel schlechter aus.
Nackt, in der Kälte, ist sie richtig blau angelaufen.
Sie hat sich so verkrampft, fast sah es aus, als wäre sie kleiner geworden.
Und das während eines Handels mit lebender Ware.
Sie haben sich einen jungen, kraftstrotzenden Harem ausgesucht.
Und meine Mutter, so jung von ihnen kaputt gemacht,
wurde wie ein Fetzen von ihnen abgelehnt.
Auf die andere Seite stellten sie meinen jungen Körper,
und das Herz brüllte vor Schmerz und wurde verrückt.
Sprachlos vor Verzweiflung, mit Schluchzen und Zittern,
tauschte ich mit meiner Mutter einen letzten Blick aus.
Und so viel wilde Verzweiflung war in diesem Blick,
dass er sich in mein Gehirn gebrannt hat
und ich sie nur noch nackt und blau angelaufen sehen kann.
Wie ein Ausrufezeichen der Verzweiflung.
So wurde mir meine liebe Mama genommen,
und ich blieb zwischen Fremden allein zurück.
Die Leute betrachteten das sehr unterschiedlich und
schenkten verschiedene Worte des Trostes.
Die, die ein Herz aus Stein haben,
sagten, sie haben die Schwachen zur Hinrichtung geführt.
Und ich weiß nicht, welcher Macht ich es verdanke,
dass ich nicht starb, als ich durch die Nacht auf den Schornstein sah.
Auf der einen Seite Feuer, auf der anderen Trost,
das alles legte sich wie ein Albdruck auf meine Seele.
Und bedrückt mich so stark und hat mich um Jahrhunderte älter gemacht.
Ich kann nicht mehr lachen, es gibt für mich keine Freude mehr.
Ich schickte die Tage meiner Jugend fort, der Mutter hinterher.
Sie nahm mein Herz mit. Ich blieb als Stein zurück.
Bin bis in alle Ewigkeit dem letzten Anblick meiner Mutter ausgesetzt.
Aber ich zerbreche nicht. Ich muss durchhalten und leben,
muss stark sein und leben und mich rächen.
Ein Leben rächen, das so jung ausgelöscht wurde.
Die Waise rächen, die dadurch zurückblieb.
Für alle Kinder, denen die Mutter genommen wurde.
Vergeltung für jedes blutende Herz.
Beruhige dich, Herz, du brüllst umsonst vor Schmerz.
Oh, liebe Mutter, für mich lebst du!

DOK. 142

Józef Cyrankiewicz meldet am 26. September 1944 die beginnende Liquidierung des Lagers und die Ermordung von 200 Mitgliedern des Sonderkommandos[1]

Handschriftl. Kassiber von Józef Cyrankiewicz an Tell[2] und Boruta,[3] Krakau, vom 26.9.1944

Tell – Boruta – dringend!
Die Evakuierung des Lagers
Es wird begonnen, einen Teil der wertvollen Gerätschaften aus den Magazinen und Werken einzupacken. Im Lager bleiben die Häftlinge, die marschfähig sind. Die Kranken will jedoch kein Lager aufnehmen. Infolgedessen wird es keinen speziellen Krankentransport geben. Die leichter Erkrankten mischen sich unter die Gesunden. Für die Schwerkranken ist die Situation gemäß entsprechender (wichtiger) Informationen im Moment der Evakuierung klar. Es gibt zu diesem Thema eindeutige Ansagen.
Die Politische [Abteilung] hat einen großen Teil der Dokumente bis einschließlich 1943 vernichtet – die Papiere wurden im alten Krematorium verbrannt. Die Säuberungsaktion dauert nach wie vor an. Es gibt Hinweise, dass vorgesehen ist, die Häftlinge, die in den verschiedenen Schreibstuben arbeiten und unmittelbare Zeugen der Vergangenheit sind, in Form eines „Transports" zu liquidieren.
Der Plan, über den wir geschrieben haben, die Massenliquidierung, wird weiter besprochen und vorbereitet.[4] Bei der „Großen Postenkette" graben sie alle zehn Meter Bunker, als Nester für schwere Maschinengewehre.
Die Situation entwickelt sich so, wie wir es vorausgesehen haben. Die letzte Phase kann kürzer oder länger dauern, abhängig von der Situation an der Front. Aus den letzten Schritten geht auf jeden Fall hervor, dass sie mit einem Durchbruch der jetzt noch mehr oder weniger stabilen Front rechnen.
Auf außergewöhnliche Weise fand die Vergasung von 200 Juden statt, die zum sogenannten Sonderkommando gehörten. Sie bildeten eine Spezialtruppe, die in Birkenau zum Zuschütten und Einebnen von Löchern eingesetzt war, in denen man Leichen verbrannt hat, wenn das Krematorium überlastet war. Als sie mit ihrer Arbeit fertig waren, wurden sie nicht zurück zu ihrem Kommando gebracht, sondern nach Auschwitz I. Hier hat man sie mit einem Riesenspektakel als Zugänge registriert. Abends brachte man sie ins „Bad" in der sogenannten Entwesungskammer, wo bisher nicht vergast wurde, und hat sie dort vergast.[5] Charakteristisch ist hierbei die Erklärung der Lagerbehörden von

1 APMAB, Ruch Oporu, Bd. 2, Bl. 166 f. Abdruck in: Paczyńska, Grypsy (wie Dok. 51, Anm. 1), S. 512 f. Das Dokument wurde aus dem Polnischen übersetzt.
2 Teresa Lasocka.
3 Edward Hałoń (1921–2012), Tarnname Boruta; geboren in Brzeszcze, von 1940 an im poln. Untergrund aktiv, Mitbegründer des Hilfskomitees PWOK in Krakau, redigierte dessen Berichte für die Londoner Exilregierung; nach dem Krieg Studium der Philosophie an der Jagiellonen-Universität Krakau, Mitarbeiter der Universität Warschau und Mitglied der poln. Akademie der Wissenschaften.
4 Siehe Dok. 138 vom 6.9.1944.
5 In der zentralen Sauna befand sich eine im Jahr 1943 errichtete Kleider-Entwesungsanlage mit vier Kammern.

Auschwitz I gegenüber dem Leiter dieser Aktion, Moll, dass diese 200 in Auschwitz I nur Gäste waren und dass ihr Abgang[6] aus Birkenau gemeldet werden muss.
Derzeit vergast man in Birkenau 2500 Juden, darunter 80 % Kinder im Alter von 13 bis 16 Jahren, die aus dem Getto Litzmannstadt gebracht wurden.
Es gehen Transporte von Juden in Richtung Sosnowiec-Maczki ab.[7]

DOK. 143
Maurice Rossel, Delegierter des Internationalen Komitees vom Roten Kreuz, berichtet am 29. September 1944 von seinem Besuch in Auschwitz[1]

Vertrauliche Mitteilung von Dr. Rossel,[2] Delegierter des Internationalen Komitees vom Roten Kreuz IKRK, Az. Nr. 9926 Del. All., CICR/DAS/CCC, MR/UR,[3] an die Division Assistance spéciale und den CCC, Berlin, vom 29.9.1944

Betreff: Besuch im KZ Auschwitz.
Dem Wunsch von Herrn Schwarzenberg[4] entsprechend haben wir Oranienburg, Ravensbrück und schließlich Auschwitz besucht.[5]
Für den Besuch des letzten Lagers haben wir eine Reise nach Teschen[6] genutzt, der Umweg war folglich unbedeutend.[7]
Überall entlang der Landstraßen, genauer gesagt der polnischen Straßen, die von Teschen nach Auschwitz führen, begegneten wir Gruppen von Männern und Frauen, von SS bewacht, in gestreifter KZ-Kleidung, die kleine Kommandos bildeten. Diese Kommandos arbeiten sowohl in der Landwirtschaft als auch in den Bergwerken.

6 Im Original deutsch.
7 In einem Kassiber vom 18.9.1944 hatten Cyrankiewicz und Kłodziński informiert, dass auf einem sandigen Gelände bei Maczki mobile Gaswagen zur Tötung von Juden eingesetzt werden, die zuvor in Russland in Gebrauch waren; wie Anm. 1, Bl. 66 f.

1 ACIRC, B G 059/12/13–367.01. Abdruck in: Comité International de la Croix Rouge (Hrsg.), Documentation sur l'activité du Comité international de la Croix Rouge en faveur des civils détenus dans les camps de concentration en Allemagne (1938–1945), Genève 1947, S. 91 f. Das Dokument wurde aus dem Französischen übersetzt.
2 Dr. Maurice Rossel (1917–2008), Arzt; April bis Dez. 1944 Delegierter des IKRK in Berlin; nach 1945 Arzt in der Schweiz, später in humanitären Missionen in Vietnam und Ruanda. Über seinen Besuch in Auschwitz berichtete Maurice Rossel im Jahr 1979 im Interview mit Claude Lanzmann (Un vivant qui passe, Frankreich 1997).
3 CICR: Comité International de la Croix-Rouge, DAS: Division d'assistance spéciale (Sonderhilfsabt.), CCC: Service des Colis aux Camps de Concentration (Abt. für Paketsendungen in die Konzentrationslager), MR: Maurice Rossel.
4 Dr. Jean-Etienne von Schwarzenberg (1903–1978), Jurist; bis 1938 im diplomatischen Dienst für Österreich tätig, 1940 beim IKRK, zunächst Leiter des Übersetzungsdienstes, von Ende 1942 an im Judenreferat, Leiter der Sonderhilfsabteilung.
5 Handschriftl. eingefügt: Es handelt sich um einen Besuch der Kommandanturen und nicht der Lager.
6 In Teschen befand sich das Kriegsgefangenenlager Oflag VIII D. Das IKRK besuchte regelmäßig Kriegsgefangenenlager, für die es im Gegensatz zu Zivilgefangenenlagern wie Auschwitz-Birkenau ein Mandat besaß.
7 Im Gegensatz zu Rossels angemeldetem Besuch in Theresienstadt im Juni 1944, der eine Inszenierung der SS zur Folge hatte, erfolgte Rossels Besuch in Auschwitz unangekündigt.

Trotz der Arbeit im Freien sind die Gesichter dieser Leute bleich wie Asche. Sie gehen im Gleichschritt, in Viererreihen; die Wachen, die ihre Gewehre unter den Arm geklemmt tragen, gehören der SS-Totenkopf-Division an. Wir werden hier nicht versuchen, die „Atmosphäre" zu schildern, jeder kann sich mühelos diese Sträflingskolonnen vorstellen, in denen der Einzelne nicht mehr existiert, sondern nur noch Nummern. Jeder KZ-Gefangene, ob Mann oder Frau, ist mit ausgewaschenen, blau und grau gestreiften Leinenanzügen bekleidet. Die Nummer steht auf der Brust und dem linken Ärmel. Die Frauen haben Kittel aus diesem Stoff, die Männer Jacken und Hosen. Alle tragen eine Art Baskenmütze auf dem Kopf. Wenn eine Gruppe an einer der schwarzen SS-Fahnen, einem Offizier oder einem Wachmann vorbeikommt, nehmen die Gefangenen ihre Mütze rasch mit einer mechanischen Geste ab und setzen sie anschließend in erschreckender Übereinstimmung zur gleichen Zeit wieder auf.
Aus der Entfernung sehen all diese kahl rasierten Schädel erstaunlich ähnlich aus. Aus der Nähe betrachtet, mit bloßem Kopf oder die Mütze in die Stirn gezogen, offenbaren die mageren und müden Gesichter eine beachtliche Intelligenz. Ohne den Kopf zu bewegen, mustern sie uns neugierig.
Schließlich erreichen wir Auschwitz und werden – nachdem wir die notwendige Geduld aufgebracht haben – in das KZ vorgelassen. Vom Lager selbst können wir nur sechs bis acht sehr große Kasernengebäude aus roten Ziegelsteinen sehen. Es scheint sich um Neubauten zu handeln, alle Fenster sind vergittert, das Lager wird von einer sehr hohen Mauer aus Betonplatten eingeschlossen, darüber ist noch Stacheldraht befestigt.
Unterhaltung mit dem Lagerkommandanten:[8] Wie schon in Oranienburg und in Ravensbrück sind die Offiziere hier liebenswürdig und zurückhaltend zugleich. Jedes Wort ist wohlüberlegt, und man spürt ihre Angst, ihnen könnte auch nur die kleinste Information entschlüpfen.
1. Die Verteilung der Sendungen des Komitees scheint zulässig und sogar durch eine allgemeine, für alle Konzentrationslager geltende Verordnung geregelt zu sein.
2. Der Kommandant sagte uns, dass die persönlich an einen Schutzhäftling[9] adressierten Pakete immer vollständig ausgeteilt würden.
3. Für jede Nationalität gibt es Vertrauensleute (für Franzosen, Belgier; Angehörige anderer Staaten wurden nicht erwähnt, auch wenn es sie sicher gibt).
4. Es gibt einen Judenältesten,[10] der für alle jüdischen Häftlinge verantwortlich ist.
5. Die Vertrauensleute und der Judenälteste können Gemeinschaftssendungen entgegennehmen. Diese werden von ihnen frei verteilt. Persönliche Pakete, die auf einen im Lager unbekannten Empfänger ausgestellt sind, werden dem Vertrauensmann des entsprechenden Landes übergeben.
6. Wir halten es für gesichert, dass die Sendungen des Komitees zugestellt werden. Dafür haben wir zwar keinen Beweis, aber die Bestätigung des Kommandanten, dass regelmäßig Verteilungen stattfinden und jeder Diebstahl streng bestraft würde, erschien uns glaubwürdig.

8 Kommandant in Auschwitz I war im Sept. 1944 Richard Baer. Ob dieser oder ein Vertreter das Gespräch führte, ist nicht bekannt.
9 Hier und im Folgenden im Original deutsch.
10 Hier und im Folgenden im Original deutsch.

7. Es kommt vor, dass Gefangene einer Staatsangehörigkeit, für die keine Sendungen aus Genf kommen, in Besitz des einen oder anderen vom IKRK gesandten Artikels angetroffen werden. Um dies zu verhindern, hat der Kommandant angeordnet, dass der Inhalt der Pakete umgehend nach der Austeilung konsumiert werden muss. Der Kommandant scheint damit zufrieden zu sein und fragte uns, ob es in unserem Sinne sei, die Pakete nur den Staatsbürgern des Landes zukommen zu lassen, für die sie bestimmt sind. Wir bestätigten dies und bedankten uns beim Kommandanten, wobei wir allerdings auch den humanitären und unpolitischen Charakter dieser Sendungen betonten und dass wir es nicht als schlimm betrachteten, wenn ein Teil der Pakete an andere Gefangene ausgeteilt würde. Unter der Kontrolle eines Wachmanns, der ja nicht unbedingt mit der nötigen Intelligenz ausgestattet ist, könnte sich der Befehl, alles unverzüglich aufzuessen, nämlich auch als eine neue, ausgeklügelte Form der Folter entwickeln. Es wäre vielleicht sinnvoll, in dieser Sache von Genf aus einen Brief zu schicken, um die Haltung des Komitees deutlicher darzulegen.
Wir hoffen, dass wir Ihnen bald Namen, Vornamen und Nummern der in Auschwitz internierten Schutzhäftlinge sowie auch ihre Staatsangehörigkeit zukommen lassen können. Ein Kommando britischer Kriegsgefangener arbeitet in einem Bergwerk in Auschwitz zusammen mit diesen Leuten.[11] Wir haben den Vertrauensmann aus Teschen gebeten, sein Möglichstes zu tun, um vom Vertrauensmann dieses Kommandos in Auschwitz alle für uns hilfreichen Informationen zu erhalten.
Der britische Vertrauensmann aus Teschen fragte uns spontan, ob wir bezüglich des „Duschraums" Bescheid wüssten. Es kursiert in der Tat ein Gerücht, dass es im Konzentrationslager einen sehr modernen Duschraum gäbe, in dem die Gefangenen reihenweise vergast würden. Der britische Vertrauensmann versuchte, über sein Kommando in Auschwitz eine Bestätigung in dieser Sache zu erhalten. Es gab keine Beweise dafür. Die Schutzhäftlinge selbst sprachen nicht davon.
Bei unserem Aufbruch aus Auschwitz hatten wir einmal mehr den Eindruck, dass das Geheimnis gut bewahrt wird. Wir nahmen jedoch die Gewissheit mit, dass für weitere Sendungen gesorgt werden muss, in größtmöglichem Umfang und so schnell wie möglich. Wir wiederholen noch einmal: Wir gehen davon aus, dass die Sendungen vollständig an die Gefangenen ausgeteilt werden.

11 In der Friedrich-August-Grube in Neu-Dachs (Außenlager Jaworzno) sowie auf dem Werkgelände der I.G. Farben in Monowitz waren brit. Kriegsgefangene eingesetzt, die den Kontakt mit den KZ-Häftlingen suchten und sich bemühten, sie zu unterstützen.

DOK. 144
Ein unbekannter Autor beschreibt die Gedanken der Menschen, die im September 1944 im Zug von Theresienstadt nach Auschwitz gebracht werden[1]

Bericht eines unbekannten Autors, aufgenommen durch die Jüdische Historische Kommission in Krakau, Az. Waka., Sagan, vom 19.3.1945

Wir fahren aus Theresienstadt
5000 Männer sitzen zusammengedrängt im Zug, Bauschowitz[2] versinkt hinter ihnen.[3] Der Traum, mit der Familie zusammenbleiben zu können, ist aus. Es geht, so fühlen es alle, ins Ungewisse. Hinein gequetscht zwischen Rucksäcken, Koffern und alle möglichen Gepäckstücken beginnen sie die immer wiederkehrende Debatte „Wohin"? Nach Dresden in ein Arbeitslager? Oder nach Mitteldeutschland? Keiner weiß etwas. Wie so oft hat man sie über die wahren Absichten der SS im Dunkeln gelassen. Zwischen Wachsein und Schlafen, im eintönigen, eintönigen Wagenrhythmus klingt der Abschied vom Teuersten, das sie in Theresienstadt ließen, nach. Ja, die Mutter hat sich brav gehalten, hat tapfer mit den aufsteigenden Tränen gekämpft und fest, fest daran geglaubt, daß alles gut geht. Die Männer wissen es: das Teuerste, das sie bisher behütete, das für sie litt, es ist nun im Ungewissen. Alle die im Zug – die in Theresienstadt – tappen im Dunkeln.
Stationen geistern vorüber, gerade noch erkennbar im verdunkelten Licht, Häuser, Wald, Wiese – immer wieder rattert der Zug. *Dresden das Ziel*! Da sollten sie doch aussteigen! – Doch wie so oft, es ist wieder kein wahres Wort an allem gewesen, weiter geht die Fahrt. SS-Posten auf jeder Plattform, wer irgendein Papier aus dem Fenster wirft, wird erschossen. (Sie dürfen die Wahrheit nicht Theres. St. schicken.) Die Männer sitzen ernst im Zug. Rauchen. (woher)? Wohin geht die Fahrt? Pessimisten melden sich schon: In ein K.Z. Aber nein! Man sagte uns doch, daß … Ja, aber kann man diesen Verbrechern, der SS, die Wahrheit glauben?
Weiter geht die Fahrt: Bautzen, Görlitz, Neiße …
Einer denkt wieder an seine Frau. Was wird sie jetzt wohl machen? Bemerkt auf seinem Platz ein Stück Margarinepapier und wirft es achtlos aus dem Fenster. Die Tür springt auf, im Rahmen erscheint das wilde Gesicht des Untersturmführers, Transportbegleiters, schreit: „Wer hat das Papier aus dem Fenster geworfen?" Stille. „Na wird's." Furcht kriecht hoch. Der nimmt den Revolver, entsichert ihn. „In einer Minute weiß ich, wer das Papier rausgeworfen hat, sonst leg ich den ganzen Waggon um!" *Schaut* auf die Uhr. Bleich steht einer auf, meldet sich: „Es war nur ein Margarinepapier, ich hab es aus dem Fenster geworfen". „Du weißt doch, daß es verboten ist." Noch bleicher wird er. Der Untersturmführer legt an, zielt – die da sitzen, fassen es noch nicht – schießt, der andere

1 AŻIH, 301/820.
2 Bauschowitz an der Eger, tschech. Bohušovice nad Ohři, 2 km nördlich von Theresienstadt, Bahnhof auf der Strecke Prag–Dresden.
3 Es handelt sich um den Transport von 2499 jüdischen Männern, der am 29.9.1944 in Auschwitz eintraf. Einige Tage zuvor war in Theresienstadt angekündigt worden, dass 5000 Männer zwischen 16 und 60 in ein Arbeitslager nach Königstein bei Dresden transportiert würden. Es war der erste von elf Transporten, in denen bis Ende Okt. 1944 rund 18 400 Juden aus Theresienstadt nach Auschwitz gebracht wurden.

sinkt blutüberströmt nieder, lebt noch. Der Grüne tritt auf ihn zu, schießt ihn in den Kopf, dann stößt er den leblosen Körper mit dem Fuß in einen Winkel, geht hinaus. Das Blut strömt. Bedeckt den Boden. Die Männer sind erstarrt. Es hat sie tiefinnerst erschüttert. War das möglich? Ein Margarinepapier, ein Mensch. Nicht hinsehen. Wie das Blut fließt. Wo einer tot liegt, der noch vor wenigen Minuten ihr Kamerad, ihr Leidensgenosse war mit all den Hoffnungen und Wünschen, die sie selber hatten. Nun wissen sie, man zählt sie nicht mehr nach Menschen, jetzt sind sie ganz in den Händen dieser Lumpen, der SS. Weiter geht die Fahrt, unberührt von dem Geschehen in dem Waggon. Einer von den vielen hat schon ausgelitten. Je weiter der Zug rollt, Myslowitz, desto sicherer das Ziel „Auschwitz".

Ein Arbeitslager? Was wissen sie darüber? Alles und nichts. Und dann noch ein paar Stationen, der Zug hält, wird auf ein anderes Gleis geschoben und bleibt stehen. Die 5000 sehen hinaus: Stacheldraht mit den weißen Isolierknöpfen. Für die, welche schon im Lager waren, das bekannte Bild. Das deutsche Konzentrationslager. Schon springen weißblau gestreifte Häftlinge in den Wagen herein. „Alles heraus." Alles Gepäck im Wagen lassen, mitnehmen verboten. Eine schmerzliche Überraschung folgt der anderen. Aufstellen zu zehnt! Da steht eine Schlange der 5000. Schon willenlos, eine Herde schaut und schaut. Sie wissen nicht, was mit ihnen geschieht, das letzte, was sie an Kleidung und Lebensmittel besaßen, bleibt zurück, zur Verfügung der SS. Gutgenährte Sträflinge räumen schon die Waggons aus. Kreaturen der SS. – Versorgen die mit Zigaretten, Armbanduhren, *Gold.* Die 5000 schließen auf. Sie sind in einem Wachtraum. Ist das alles wahr? Ist das möglich? Um sie herum der Straßengraben, Stacheldraht, elektr. geladen. Verbrecher, ja Verbrecher, zu Verbrechern wurden sie gestempelt. Weil sie Juden waren. Nun wissen sie es, was sie befürchteten. Vorbei der Traum von all dem Schönen, was sie noch besaßen.

Nur nicht denken an die Mutter, an den Vater, nur weg, weit weg, mit den Gedanken, sie fühlen, wie es ihnen die Kehle zuschnürt, vor Augen das Gesicht ihrer Lieben, die sie in Theresienstadt ließen, sie denken nur: Gott schütze sie vor diesem Schicksal!

Dann stehen sie vor dem SS-Mann. „Alter?" „26." „Gesund?" „Ja." Kurzer forschender Blick, eine Handbewegung nach rechts. Nächster: „Alter?" „52." „Gesund?" „Kriegsverletzung am Arm." Der Daumen des SS-Mannes deutet nach links. Und so weiter. Der Sohn wird vom Vater gerissen. Bruder von Bruder. „Kann mein Vater mit mir gehen?" „Nein." Sadistisch blickt der SS-Mann und weiter pflügt er sich durch den Haufen. Dann Abmarsch in die Blocks. Verstummt sind 3000. Wo sind die anderen? Keiner fragt den anderen, keiner. Einer fragt. Keine Antwort. Eine ungeheure Spannung herrscht. Der Sohn, ich habe ihm noch etwas zu sagen vergessen, ich muß doch zu ihm können! Bald! Bald!

Plötzlich Kommandos „In die Sauna!" Die Schlange bewegt sich zur Sauna. „Ausziehen! Nackt! Nichts darf mitgenommen werden!" Willenlos werfen sie alles hin: Dokumente, das Bild des Vaters, der Mutter. Alles auf den Boden. In den Schmutz. Jetzt gehen sie in den Baderaum.

Dutzende Brausen. Handtuch und Seife werden verteilt. Sie trippeln herum, warten auf das Wasser. Ein Sträflingsgesicht schaut durch gummiabgedichtete Fenster. „Fertig?" „Jawohl!" Die Türen schließen sich, eng wird's im Raum. Die da drinnen schauen auf die Brausen. Noch kein Wasser. Die Luft ist schlecht, es drückt so. Luft! Luft! Die Augen quellen hervor. Sie wollen schreien, können nicht. Schrien […][4] zerspringt. Gas! Gas!

Ich muß dem Sohn noch was Wichtiges sagen, ich sehe ihn, sehen ja, ich sehe Dich, Du bist so undeutlich, meine Augen, ja was ist denn mit meinen Augen? Die Mutter, ich wollte sie noch streicheln, und sie geht weg von mir, immer weiter weg, ich … Mutter … ich sehe Dich nicht mehr …
So starben sie …… 3000. Wir, der kümmerliche Rest von sechs Millionen Juden, denken an sie und an die, die vor ihnen und nach ihnen starben. Das Grauen hat uns gezeichnet. Wir wissen um Leben und Tod. Wir sprechen nur noch selten darüber, und das Wort Familie ist uns nur ein Schein aus einer fernen, fernen Zeit geworden.
Wir lächeln wieder, weil wir leben. Wir sehen die Sonne, den Frühling, doch einsam bleiben wir.
Wir sehen die Menschen an, die staunen über uns und machen mit uns Reklame, sie verstehen uns nicht.
Einsam bleiben wir.
Geschrieben in Sagan am 19.3.1945
Als Andenken an eine schwere Zeit.

DOK. 145
Der Schutzhaftlagerführer des Lagers Golleschau beschwert sich am 1. Oktober 1944, dass viele der ungarischen Häftlingsarbeiter krank sind und nicht genug leisten[1]

Bericht des SS-Oberscharführer Johann Mirbeth an den 1. Schutzhaftlagerführer KL Auschwitz III,[2] Golleschau, vom 1. 10. 1944

Bericht über das Kommando Golleschau für Monat September
Die Belegstärke des Lagers betrug am 30.9.1944 882 Häftlinge.
Im Laufe des Berichtsmonats sind lediglich 8 Überstellungen von körperschwachen Häftlingen nach KL Auschwitz II und 6 Zugänge zu verzeichnen.
Im Gesundheitszustand des Lagers ist insofern eine Verschlechterung eingetreten, als die Zahl der Kranken und Schonungskranken gegen Ende des Monats beträchtlich angestiegen ist. Diese Erscheinung ist darauf zurückzuführen, daß der weitaus größte Teil der letztens in das hiesige Lager überstellten Häftlinge – grundsätzlich ungarischer Herkunft – nicht im geringsten Maße den an sie gestellten Anforderungen entsprach.
Nach kurzem Einsatz im Werk stieg die Zahl der Kranken und Schonungskranken, die sich größtenteils aus den Reihen dieser Häftlinge rekrutierten, in ungewohntem Maße an und erreichte 95 % im Verhältnis zu den Kranken und Schonungskranken, die aus den Reihen älterer, eingesessener Häftlinge zu notieren waren. Es dürfte anzunehmen sein, daß die erwähnten Neuzugänge geringe Widerstands- und Anpassungsfähigkeit besitzen, und der enorme Ausfall gerade dieser Neuzugänge bestätigt diese Annahme. Es ist das minderwertigste Menschenmaterial, das in Anbetracht der schweren hiesigen Arbeitsbedingungen nach hier überstellt wurde.

4 Zwei Wörter unleserlich.

1 BArch, NS 4/Au 5, Bl. 131 f.
2 Vinzenz Schöttl.

Ein Austausch wäre daher von äußerster Dringlichkeit, da diese Häftlinge vollständig unproduktiv sind und eine unnütze und untragbare Belastung des Lagers darstellen. Nach dem Besuch des SS-Lagerarztes wird auch dieser Austausch in Kurzem stattfinden. Es ist selbstverständlich, daß bei diesen Verhältnissen und unter gleichzeitiger Mitwirkung der gegenwärtig eingetretenen Schlechtwetterperiode die Arbeitsleistung notgezwungenerweise leiden mußte und auch in gewissem Maße gesunken ist. Damit ist hauptsächlich die Produktion im Steinbruch gemeint, die für den Betrieb ausschlaggebend ist. Es muß auch im Zusammenhang damit mit einer kleineren Prämienverteilung gerechnet werden.

Der bereits bezogene 2. Stock der Häftlingsunterkunft wurde vorzüglich ausgestattet, eingeordnet und bildet einen ungemein anmutigen Raum. In gleicher Weise wird auch der untere Raum ausgestattet werden.

Die im Gange befindlichen Umbauarbeiten innerhalb des Betriebes, dessen Dringlichkeit fraglich ist, gehen langsam vonstatten. Dabei werden aber wichtigere Arbeiten, wie die endgültige Ausstattung der Türme, die Mitte Sommer errichtet wurden, der Beleuchtung der Postenkette, Aufstellung der zusätzlichen SS-Baracke, Einrichtung der Wache u.s.w. verzögert.

Ich habe an zuständiger Stelle mehrmals mit Nachdruck auf deren Dringlichkeit hingewiesen, aber bis jetzt ohne Erfolg.

An sonstigen Vorkommnissen sind nur 2 Erschießungen auf der Flucht zu melden.[3]

1.)	Lagerstärke:	Facharbeiter/	Hilfsarbeiter/	Insgesamt	
	Eingesetzt:	62	820	882	
	Nicht eingesetzt:	–	–	–	
2.)	Gesamtpostenstärke	Unterführer/	Männer/	Insgesamt/	Werkschutz
	Eingesetzt:	4	56	60	12
	Nicht eingesetzt	–	1	1	
3.)	Stärke d. Kdtr. Stabes:	Unterführer/	Männer/	Insgesamt	
	Eingesetzt:	2	1	3	
	Nicht eingesetzt:	–	–	–	

3 Am 14.9.1944 waren die Juden Pal Gabor (*1912 in Budapest), am 23.9.1944 Zoltan Földes (*1899 in Budapest) und am 1.10.1944 Icek Bornstein (*1911 in Zawiercie) erschossen worden; APMAB, D-Au-III Golleschau Bd. 1, Bl. 103, 115 f., 122 f.

DOK. 146

Józef Cyrankiewicz bezeichnet am 6. Oktober 1944 den Prozess gegen Grabner angesichts der andauernden Mordaktionen in Auschwitz als Farce[1]

Handschriftl. Kassiber, gez. J[2] an Tell[3] und Boruta,[4] vom 6.10.1944

Grabner wurde von einem SS-Gericht in Buchenwald zum Tode verurteilt – zu zwölf Jahren Haft begnadigt, wegen Überschreitung seiner Kompetenzen und willkürlicher Erschießungen in etwa 40 Fällen (!).
Es gab Tausende dieser Fälle – um nicht von den anderen Formen der Vernichtung zu sprechen, die zur Ermordung von mehr als 100 000 registrierten Häftlingen unter der Führung von Höß als Kommandant und Grabner als Chef der Politischen[5] führten.
Grabner belastete in seinen Aussagen Kommandant Höß und andere Mittäter schwer – Lachmann ging an die Front. Die übrigen Mörder blieben unangetastet. Dieser Prozess ist der Versuch von Grabners Auftraggebern in Berlin, der Verantwortung für Auschw[itz] formal zu entkommen.
Es gab in Auschwitz Monate, in denen die Zahl der erschossenen, vergasten und abgespritzten registrierten Häftlinge 10 000 betrug.
Täglich wurde die Zahl von häufig mehr als 500 gestorbenen Häftlingen nach Berlin gefunkt. Niemand hat damals in Berlin gefragt, was diese riesige Sterblichkeit bedeute. Es wurde als normaler Bericht aus einem „Vernichtungslager"[6] aufgenommen. Heute veranstaltet man eine Gerichtskomödie über einen der Massenmörder, einen der Ausführer, wegen etwa 40 Fällen (!). Und der Haupttäter, Kommandant Höß, und andere Ausführende wie Boger, Aumeyer, Woźnica[7] (und die in der Liste der Henker[8] erwähnten) erfüllen weiterhin ihre Sonderaufgaben, während die Auftraggeber in Berlin versuchen, sich die Hände [in Unschuld] zu waschen.
Sie werden der Verantwortung nicht entgehen.
Die Vergasungen dauern an – 3000 aus Theresienstadt, 2500 aus Ausch[witz], Birk[enau] und Buna; 6000 jüdische Frauen aus Ungarn, 500 Juden aus Łódź, 400 aus Buchenwald.
Selektionen von kranken und *gesunden* Juden.
Wann werden die Henker veröffentlicht?
Grüße

1 APMAB, Ruch oporu, Bd. 3, Bl. 173 a. Abdruck in: Paczyńska, Grypsy (wie Dok. 51, Anm. 1), S. 527. Das Kassiber besteht aus vier einseitig mit Kopierstift beschriebenen Blättern (Maße 6,5 x 3,7 cm). Das Dokument wurde aus dem Polnischen übersetzt.
2 Kürzel von Józef Cyrankiewicz.
3 Teresa Lasocka.
4 Edward Hałoń.
5 Im Original deutsch. Gemeint ist die Politische Abt.
6 Im Original deutsch und in Anführungszeichen.
7 Richtig: Hans Aumeier und Erich Wosnitza.
8 Siehe Dok. 140 vom 16.9.1944.

DOK. 147
Stanisław Kłodziński berichtet dem Krakauer Hilfskomitee für Konzentrationslagerhäftlinge vom Aufstand des Sonderkommandos am 7. Oktober 1944[1]

Kassiber von Stanisław Kłodziński, Auschwitz, an PWOK, Krakau, vom 9.10.1944[2]

Am Sonnabend, dem 7.10., sollte das Sonderkommando, das bei den Vergasungen und Verbrennungen gearbeitet hat, selbst vergast werden. Zu dieser Vergasung kam es jedoch nicht, weil sich die verzweifelten Häftlinge, die den unvermeidlichen Tod vor sich sahen, auf die SS stürzten, 6 töteten und die Postenkette durchbrachen. Etwa 200 wurden während der Verfolgung erschossen, an die 500 retteten sich.[3] Eines der Krematorien wurde angezündet.
Ein abendlicher Überflug alliierter Flugzeuge, verbunden mit einem Luftangriff auf Schlesien, erschwerte die Verfolgung. Derzeit droht die SS mit blutiger Rache an allen Häftlingen. Sie sieht es als unerhörtes Verbrechen, dass es die unglücklichen Häftlinge nicht zuließen, vergast zu werden. Berlin wurde in einem speziellen Bericht über das Ereignis informiert und eine Ausweitung der Vollmachten verlangt, um das Blutbad in Auschwitz vorzubereiten und zu beschleunigen. Die Häftlinge fordern die Festsetzung von Geiseln für das bedrohte Auschwitz.
Sofort an Radio London weitergeben.[4]
Sechs Kammern zur Tötung von Häftlingen mit Arsenik sind im Bau.

1 APMAB, Ruch oporu, Bd. 3, Bl. 175 a. Abdruck in: Henryk Świebocki (Hrsg.), Ludzie dobrej woli: księga pamięci mieszkańców ziemi oświęcimskiej niosących pomoc więźniom KL Auschwitz, Oświęcim 2005, S. 537. Das Dokument wurde aus dem Polnischen übersetzt.

2 Das Dokument ist mit Zahlencodes verschlüsselt. Zur Auflösung der Schlüssel siehe Paczyńska, Grypsy (wie Dok. 51, Anm. 1), S. XXXIII ff.

3 450 von den 660 Mitgliedern des Sonderkommandos überlebten den Aufstand nicht.

4 Das PWOK veröffentlichte am 10.10.1944 eine Zusammenfassung der Informationen und forderte die poln. Untergrundorganisationen auf, den flüchtigen Häftlingen, unter denen sich vermutlich viele Ausländer befänden, jede mögliche Hilfe zukommen zu lassen; wie Anm. 1, Bl. 176 a. Ein Bericht über die Ereignisse traf am 14.10.1944 per Fernschreiben in London ein; TNA, FO 371/39454.

DOK. 148

Salmen Lewental, Mitglied des Sonderkommandos, beschreibt am 10. Oktober 1944 für die Nachwelt den Ablauf des Mordens und die Revolte des Sonderkommandos[1]

Handschriftl. Notizen von Salmen Lewental[2] von Oktober 1944[3]

[...][4]
Bald darauf wurde uns klar, dass Vorbereitungen liefen, die ungarischen Juden hierher zu bringen, um sie zu verbrennen. Das hat uns bis zum letzten Mann gebrochen, dass wir eine Million ungarische Juden verbrennen sollten.[5] Wir, die wir bis jetzt ohnehin schon genug hatten, wir, die wir seit langem mehr als genug davon hatten, sollten jetzt noch unsere Hände mit dem Blut der ungarischen Juden besudeln. Das führte dazu, dass das ganze Kommando ohne Unterschied von Klasse und Schicht, sogar die Schlimmsten von uns, darauf drangen, dass man dem Treiben ein Ende setzen müsse, diese Arbeit beenden müsse und wenn es in diesem Zusammenhang nötig wäre, auch unser Leben. Wir begannen daraufhin, von außen[6] eine schnellere Lösung zu fordern, aber leider [geschah das] nicht so, wie wir uns das vorgestellt hatten. In dieser Zeit hatte die Großoffensive im Osten begonnen, und von Tag zu Tag konnte man sehen, wie die Russen näher kamen. Da wurde bei den anderen der Gedanke stärker, dass die ganze Arbeit unnötig sein könnte und es besser sei, zu warten, noch ein wenig abzuwarten, bis die Front noch näher gekommen sei. Dann werde die Moral sinken und die Desorganisation bei den SS-Männern wachsen, und damit hätte unsere Aktion mehr Aussicht auf Erfolg. Wahrhaftig! Von ihrem Standpunkt aus hatten sie recht, zumal sie selbst

1 APMAB, Wsp. 38 a (Mikrofilm 2290–2297). Teilweise abgedruckt in poln. Sprache in: Biuletyn Żydowskiego Instytutu Historycznego, 65/66 (1968), S. 211–233. Das Dokument wurde aus dem Jiddischen neu übersetzt.

2 Salmen Lewental (1918–1944), Student aus Ciechanów; wurde am 10.12.1942 aus dem Durchgangsgetto Malkinia nach Auschwitz gebracht und dem Sonderkommando zugeteilt, zunächst im Bunker II, später im Krematorium III eingesetzt, gehörte zum Widerstandskreis des Sonderkommandos, wurde vermutlich nach der Selektion der Sonderkommandohäftlinge am 26.11.1944 ermordet.

3 Ein Notizheft in der Größe 10 x 15 cm mit 75 meist zweiseitig beschriebenen Blättern mit den Aufzeichnungen von Salmen Lewental wurde nach Grabungen im Okt. 1962 in einem Einmachglas in der Nähe der Ruinen des Krematoriums III in Birkenau gefunden. Das Original ist in einem außerordentlich schlechten Zustand und über weite Teile nicht mehr lesbar; die ursprüngliche Reihenfolge der Seiten ist nicht mehr sicher zu rekonstruieren. Lewental schrieb den Text über einen längeren Zeitraum. Der hier abgedruckte Abschnitt von 43 Seiten wurde unmittelbar nach dem Aufstand des Sonderkommandos vom 7.10.1944 geschrieben.

4 In weiteren Teilen des Textes berichtet Lewental über seine Ankunft in Auschwitz und die Auswahl zum Sonderkommando, reflektiert über die Frage, warum sich die Mitglieder des Sonderkommandos angesichts ihrer ausweglosen Situation nicht das Leben nahmen oder flohen, schrieb über Fluchtpläne und Fluchtversuche, über die Möglichkeiten zum Widerstand und über einzelne Personen des Widerstands wie Lejb Langfus und Salmen Gradowski. Des Weiteren reflektiert er über die Frage, was über Auschwitz bekannt werden wird und von wem die Informationen stammen werden.

5 Die Vorbereitungen zur Deportation der Juden aus Ungarn begannen im April 1944. Insgesamt wurden 438 000 Juden aus Ungarn nach Auschwitz gebracht.

6 Gemeint sind Häftlinge des Lagerwiderstands, die nicht im Sonderkommando eingesetzt waren.

durch das Warten nicht direkt gefährdet waren. […][7] liquidieren […][8] Sie brauchten sich nicht zu beeilen, wir jedoch, die wir diese Arbeit ausführten, sahen die Realität, dass die Zeit vergehen wird und nichts weiter [passieren werde].
Gerade wir in unserem Kommando waren uns immer darüber im Klaren, dass wir stärker als alle anderen im Lager bedroht sind, sogar stärker als die übrigen Juden im Lager. Vor allem glaubten wir, der Deutsche werde um jeden Preis alle Spuren seiner bisher begangenen Taten verwischen wollen, und das konnte er nur, indem er unser gesamtes Kommando vernichtete und niemanden am Leben ließ. Deshalb sahen wir auch im Näherrücken der Front keine Chance für uns. Im Gegenteil, wir sahen darin die Notwendigkeit, unsere Aktion etwas früher auszuführen, wenn wir handeln wollten, solange wir noch lebten. Unter dem Druck unseres ganzen Kommandos versuchten wir, dem Lager begreiflich zu machen, dass es höchste Zeit sei, doch leider vertröstete man uns von Tag zu Tag. Im Lauf der Zeit hatten wir das wenige Material, das wir besaßen, auseinandergenommen und daraus all das hergestellt, was wir wollten und brauchten.[9] Wir unternahmen alle Anstrengungen, Ruhe und Besonnenheit im Kommando zu bewahren, wir waren alle mit großem Engagement bei der Sache, aber unsere […].[10] Nachdem die 20 aus Lublin eingetroffenen Russen sich bei uns eingelebt hatten, zeigte sich, dass sie für unsere Aktion sehr nützlich sein konnten, besonders wegen ihres Temperaments und ihrer Kräfte.[11] Vor allem einer fiel uns auf, ein kriegsgefangener Major, ein ganz intelligenter Mensch. Anfangs setzten wir große Hoffnung auf ihn, doch es stellte sich heraus, dass man trotz der militärischen Ausbildung, die er erhalten hatte, keine ernsthaften Gespräche mit ihm führen und ihm auch nicht allzu sehr vertrauen konnte. Er war einfach […].[12] Von den anderen russischen Kriegsgefangenen trafen wir Oberste und sogar einen General, mit denen wir in Kontakt standen.[13] Ihnen fehlte aber etwas […][14] politische Reife mit […] eine so komplizierte Tätigkeit, auf eine so konspirative Art wie hier im Lager, gerade das fehlte ihnen. Das Begreifen, die Einschätzung jedes Plans, jeder Handlung […]. Bei ihnen lief nichts rund. […] war irgendetwas unklar für sie selbst, unklar […] noch nicht fertig, nachdem sich unsere Russen mit denen außerhalb des

7 Ein Wort unleserlich.

8 Zwei Wörter unleserlich.

9 Eine Gruppe jüdischer Frauen, die in den Weichsel-Union-Werken zur Zwangsarbeit eingesetzt waren, schmuggelte Sprengmaterial aus der Fabrik zum Sonderkommando. Die daraus gefertigten einfachen Granaten wurden während des Aufstands am 7.10.1944 verwendet. Vier weibliche Häftlinge wurden nach der Niederschlagung des Aufstands in den Bunker von Block 11 gebracht und am 6.1.1945 gehängt.

10 Ein Wort unleserlich.

11 Am 16.4.1944 waren 19 aus dem KZ Lublin-Majdanek nach Auschwitz gebrachte sowjet. Kriegsgefangene dem Sonderkommando zugeteilt worden, die militärische Erfahrung besaßen.

12 Ein oder zwei Wörter unleserlich.

13 Im Juli 1944 kamen 54 sowjet. Kriegsgefangene, vor allem Offiziere, aus den Gefangenenlagern in Częstochowa und Radom nach Birkenau. Sie waren im Abschnitt B II d und B II f (Krankenlager) untergebracht. Die Kontaktaufnahme war kompliziert, da die Mitglieder des Sonderkommandos Ende Juni 1944 aus dem Lager B II d ausziehen mussten und in den Krematoriumsgebäuden untergebracht waren. Bei dem erwähnten General handelt es sich vermutlich um Dmitrij Michajlovič Karbyšev (1880–1945), Generalleutnant der Roten Armee, der am 9.4.1944 mit einer Gruppe sowjet. Kriegsgefangener aus Lublin-Majdanek nach Auschwitz deportiert worden war. Er wurde im Okt. 1944 nach Mauthausen verlegt und dort ermordet.

14 Hier und im Folgenden ein bis sechs Wörter unleserlich.

Lagers verständigt hatten, war wieder etwas nicht klar, wieder kam etwas nicht zustande, so dass wir nun nicht mehr länger warten konnten und uns entschlossen, einfach selbst auf eigene Faust […] einfach nur […] welches Heldentum […] unsere Jungs bewiesen, insgesamt nur wenige. […] sehend […][15] was uns Tag für Tag aufhält. […][16] alle hier hatten schon genug von […][17] der Schlimmste unter uns, der schlecht und unmenschlich gehandelt hatte, hat sich mit der […] an jenem Tag von allem reingewaschen, mit dem, was er [leistete]. Da wir eine Entscheidung getroffen hatten, während sie [glauben, noch] Zeit [zu] haben, werden wir versuchen, sie zum Handeln zu zwingen, wir werden sie vor vollendete Tatsachen stellen, und danach sollen sie tun, was sie wollen, denn wir haben unseren Beitrag geleistet. Am Freitag sollte es losgehen. Wir teilten unser Kommando auf: Eine Gruppe bestand aus denen, die in den Krematorien 1–2 arbeiteten, die andere Gruppe aus den Arbeitern der Krematorien 3–4.[18] In der Mitte zwischen den Krematorien befinden sich die Zone[19] und das Effektenlager. Ein genauer Plan befindet sich an anderer Stelle. Jedenfalls befindet sich all das in einer Ecke des Lagers, nämlich im Westen. Die Krematorien 1–2 liegen im südwestlichen Teil, 3–4 im nordwestlichen. Und dazwischen sind die Zone sowie das Effektenlager, in dem ebenfalls ein jüdisches Kommando arbeitet. Jedenfalls sollten wir um vier Uhr unsere Wachtposten erledigen, bis zu 10 Mann, und ihre Waffen an uns nehmen. Unser Kommando der Krematorien 1–2 bestand aus insgesamt 180 Personen, davon muss man jedoch einige Unfähige, Schwache, Kranke und kleinmütige Feiglinge abziehen, so dass also eine Gruppe von 100 Mann bleibt.[20] Diese stellt sich auf die Straße und wartet, bis um fünf Uhr die Posten der Nachtwache eintreffen, um sich auf die Türme und in die kleine Postenkette zu stellen, dabei handelt es sich um 20 Mann. Wenn die Letzten nah genug herangekommen sind, wirft sich unser Kommando auf sie. Für jeden von ihnen sind fünf von uns vorgesehen, darunter solche, die mit Maschinengewehren umgehen können. Nachdem die 20 Posten erledigt sind, teilen sich die 100 Mann auf: Eine Hälfte greift mit Maschinengewehren die Postenkette an, die den ganzen Tag steht, die andere Hälfte geht ins Lager. Gleichzeitig müssen unsere Verbündeten[21] bei sich nach demselben System vorgehen: Sie entledigen sich der unmittelbaren Wachmänner, und danach stoßen die Leute aus der Zone zusammen mit unserem Kommando aus dem Krematorium 3–4 von der anderen Seite des Lagers vor. Sie überfallen dann die Posten, die sich zum Nachtdienst aufstellen, und danach die Blockführer […][22] [der] angrenzenden Lager: das Krankenlager, das Frauenlager und das Männerlager. Von unseren Leuten aus 1–2 müssen 100 Mann weiterlaufen auf einem Weg, wo sie auf acht Posten mit Maschinengewehren treffen

15 Acht oder neun Wörter unleserlich.
16 Drei Wörter unleserlich.
17 Hier und im Folgenden ein Wort unleserlich.
18 Die Mitglieder der Sonderkommandos in Birkenau bezeichneten die Krematorien in Birkenau mit den Nummern 1 bis 4. Die heute gebräuchliche Nummerierung, die das Krematorium im Stammlager als Nr. I einschließt, bezeichnet die Krematorien in Birkenau mit den Nummern II bis V. Im Folgenden sind die von Lewental genutzten Nummerierungen der Krematorien beibehalten worden.
19 Die „Zentrale Sauna", von den Häftlingen „Zone" genannt, befand sich im Lagerabschnitt B II g zwischen Krematorium III und IV.
20 Tempuswechsel im Original.
21 Gemeint sind die zum Widerstand bereiten Gruppen aus den anderen Krematorien.
22 Zwei Wörter unleserlich.

werden, die sie dann unmittelbar am Zaun unseres Männerlagers angreifen. Eine andere Gruppe von uns, die sich im Lager befindet, wartet dort. In dem Moment, wenn sich die Gruppe von außen nähert, zerschneiden sie von innen die Drähte, eilen mit lautem „Hurra!" zur Hilfe und zünden währenddessen alle Baracken im Lager an. Der Rest unseres Kommandos, der noch aus 100 Mann besteht, und 25 Mann der anderen Gruppe müssen in dieser Zeit die Zäune des Frauenlagers und anderer angrenzender Lager zerschneiden und alle Krematorien sprengen. So war es beschlossen und auch so weit vorbereitet, dass schon alle unsere Leute dafür ausgestattet waren und sogar schon die Aufgaben sowie die dazu nötigen Werkzeuge verteilt waren. Um 9 Uhr sollte es losgehen. Noch um 2 Uhr kam der letzte Bote: Es werde nichts abgesagt. Die Zuhörer küssten sich schier vor Freude, dass sie den Moment erleben würden, in dem sie selbst aus eigenem Antrieb allen Zwängen ein Ende machten. Dabei erlag aber niemand der Illusion, er werde sich dadurch retten können. Ganz im Gegenteil, wir waren uns völlig darüber im Klaren, dass es den sicheren Tod bedeutete, aber trotzdem waren alle damit einverstanden. Doch dann geschah in letzter Minute etwas Wichtiges mit einem Transport, so dass wir in der Sauna nichts unternehmen konnten und dementsprechend die ganze Aktion abbrechen mussten.[23] Ehrlich gesagt waren unsere Jungs in Tränen aufgelöst, denn sie wussten, dass man solche Ereignisse nicht aufschieben dürfe, da sie dann nicht mehr planmäßig verlaufen würden. Nach einer Weile kamen unsere Verbündeten aus dem Lager wieder zu uns und baten, wir sollten weiter Kontakt zu ihnen halten, wobei sie versicherten, dass sie sich bald dazu entschließen würden, mit uns aktiv zu werden. Wir ließen uns darauf ein. Vor allem die politische Lage außerhalb, die sich von Tag zu Tag verbesserte, zwang uns zu warten, abzuwarten. Dabei ging es uns schon gar nicht mehr um Chancen für unsere Rettung, an die wir ohnehin nicht mehr glaubten, sondern einfach um bessere Erfolgschancen für die Aktion. Und bezüglich der Juden, die wir in der Zwischenzeit verbrannten, redete uns das Lager ein, sie würden sowieso verbrannt werden, wenn nicht von uns, dann von anderen. Doch wir stürmten tagtäglich auf sie ein und wollten die Ereignisse beschleunigen. Dies zog sich so lange hin, dass in dieser Zeit eine halbe Million ungarischer Juden verbrannt wurde, aber die im Lager hatten immer noch Zeit, einfach deshalb, weil sie noch nicht an der Reihe waren; je später, desto mehr Chancen für sie. Im Lauf der Zeit wurde unser Plan durch die Beteiligung des gesamten Lagers, vor allem des angrenzenden Lagers in Auschwitz, tatsächlich erweitert. Unser Plan wurde um ein Kommando von Polen, Russen und Juden ergänzt, das bei der Zerlegung alter Flugzeuge arbeitete, wo sich auch verschiedene Munitionslager befanden. Sie sollten an ihrem Arbeitsplatz die Magazine überfallen, die Waffen an das Kommando verteilen, und das Kommando sollte ins Lager kommen, um die SS-Männer im Lager zu bekämpfen, während ein Teil die Baracken der Soldaten[24] überfallen sollte, um sie anzuzünden. Aber sie stellten leider in letzter Minute die Forderung, noch etwas zu warten. Wir bissen die Zähne zusammen und schwiegen, denn wir hatten Pläne vorbereitet, die Aktion auf eigene Faust durchzuführen. Darunter war ein Plan, die Aktion

23 Dieser Aufstand war für den August 1944 geplant. Er wurde abgesagt, als am vorgesehenen Tag überraschend ein Transport in der Sauna abgefertigt wurde, so dass sich plötzlich viele neu angekommene Deportierte und SS-Bewacher im Kampfbereich aufhielten und das Risiko zu groß erschien. Im Nachgang erschoss die SS aufgrund einer Denunziation mehrere Häftlinge.

24 Gemeint sind die Wohnbaracken der SS-Männer.

spät in der Nacht durchzuführen und dann schnell auf das freie Feld zu fliehen und auf diese Weise zu versuchen, uns zu retten, was immer noch machbar schien. Aber davon hielt uns die allgemeine Aktion ab, einfach deshalb, weil sich beide Kommandos, d. h. Krematorien 1–2 und das Kommando der Krematorien 3–4, nicht auf eine gemeinsame Aktion einigen konnten. Und ehe eines unserer Kommandos allein handelte und damit den Rest, das andere Kommando verriet, beschlossen wir, besser zu warten und eine gemeinsame Aktion zu machen, mit denselben Chancen für beide Krematorien-Kommandos. So sehr waren wir daran interessiert, [...][25] zu verbinden.
Es kam ein Tag, an dem sich unsere Lage merklich verschlechterte, nämlich dadurch, dass von nun an unser gesamtes Kommando in den Krematorien 3–4 wohnte.[26] Und dadurch, dass es nichts zu tun gab, war vorauszusehen, dass man schon in den nächsten Tagen eine Gruppe Menschen aus unserer Mitte reißen würde. Und so geschah es auch. Man nahm 200 Mann, brachte sie um und verbrannte sie.[27] Bald danach erfasste uns wieder der Drang, das Spiel zu beenden, weil einfach große Aufregung und Verbitterung herrschte, und wir wussten, dass die Mordaktion noch nicht beendet war.
Uns war klar, dass sie bald, nach Ablauf einer kurzen Frist, wieder darangehen würden, das Kommando zu verkleinern, da die Juden aus Budapest nicht mehr hierher gebracht werden würden. Zudem sprach man bereits offen darüber, wie das Lager zu liquidieren sei, indem sie tagtäglich Transporte von Juden mit der Bahn in die nähere Umgebung brachten, bei denen wir sichere Beweise dafür hatten, dass sie vernichtet wurden, denn sogar ihre Kleider kamen zurück mit [...].[28] Und darüber hinaus führten sie jetzt jeden Tag gesunde, frische junge Menschen ins Krematorium, schon gar keine Selektierten mehr, wie sie es früher getan hatten, sondern ordentlich blockweise, systematisch, planmäßig, so dass man den Zeitpunkt der vollständigen Liquidierung näher rücken sah. Obendrein werden sie versuchen, unser Kommando zu reduzieren, was aber sicher nicht gelingen wird, weil sie auf Leute treffen werden, die mit allem vertraut und zur Arbeit eingeteilt sind, die schon recht lange auf ein solches Ereignis vorbereitet waren, so dass es ihnen nicht gelingen würde, das wussten wir genau. Durch unseren starken Druck auf das Lager, dem wir Tag und Nacht einhämmerten und aufzeigten, dass sie durch das Warten nur ihren eigenen Platz in der Reihe zum Bunker abwarteten und sonst gar nichts, waren sie endlich wieder einmal einverstanden, einen Termin für eine allgemeine, einheitliche, gemeinsame Aktion festzulegen. Wir bereiteten wieder alles vor, aber nun schon vorsichtiger, weil wir vom letzten Mal den Verrat eines unserer polnischen Kapos namens Mietek noch nicht verwunden hatten. Er hatte einen unserer jüdischen Kapos[29] angezeigt, der tatsächlich wegen dieser Anschuldigung mitgenommen und erschossen worden war. Dieses Mal wollten wir besser aufpassen. Nachdem der Termin

25 Ein Wort unleserlich, möglicherweise: alles.
26 Zuvor waren die Sonderkommando-Häftlinge im Block 13 des Lagerbereichs B II d untergebracht. Später wurden sie auf den Dachböden der Krematorien einquartiert, um die Kontaktmöglichkeiten mit dem übrigen Lager zu minimieren.
27 Am 23.9.1944 wurden 200 Häftlinge des Sonderkommandos selektiert und ermordet; siehe Dok. 142 vom 26.9.1944. Ende August 1944 bestand das Sonderkommando aus 874 Häftlingen.
28 Ein Wort unleserlich.
29 Jakub Kamiński (1910–1944), Lehrer; im Dez. 1942 aus dem Getto Ciechanów nach Auschwitz deportiert, Kapo und Mitglied der Widerstandsgruppe im Sonderkommando, wurde nach dem misslungenen Aufstandsversuch erschossen.

schon beschlossen war, erfuhren wir von den mit uns in Verbindung stehenden Juden, die die Häftlinge im Lager vertraten und im ständigen Kontakt zu den Russen und Polen im Lager standen, der Termin sei von den Russen willkürlich angesetzt worden, nicht genügend überdacht, nicht angemessen vorbereitet, einfach nur nach ihrem alten, schon bekannten System: nicht zu viel nachdenken, nur machen und fertig, egal ob geplant oder ungeplant, ob möglich oder nicht möglich, machen und fertig. Zu überlegen, ob etwas gelingen könnte oder nicht, das überfordert sie schon, das […][30] werden planen, das man […] vollständig vorbereiten muss, dass alle, die durch uns vertreten sind […] damit vertraut sein sollen, davon wissen sollen, zumindest die, die etwas tun, etwas ausführen wollen, doch […] selbst vorher davon wissen müssen. Und das heißt schon […] sie werden es schon selbst merken. Sie werden das Hurra hören, das Geschrei, die Schießerei, da werden sie schon wissen, was los ist. Aber das bedeutete ein Abenteuer, auf das wir uns nicht einlassen wollten, denn bei einem gewöhnlichen [Kampf] waren unsere Chancen winzig. Wir hatten bessere Chancen, wenn wir eigenständig handelten, wir würden mehr erreichen. Und um die Wahrheit zu sagen: Unsere eigenen Leute warfen uns oft vor, die Sache zu verzögern […] es auf eigene Faust zu erledigen. Deshalb hat […] schon genug, und wir selbst, wir, die an der Spitze der Aktion standen, ausgerechnet wir mussten diejenigen sein, die aufhielten, um noch einen Tag aufzuschieben, um mehr Chancen, mehr Organisation zu bekommen.

Als der Termin verstrichen war, übergaben wir alle Verantwortung an Einzelne, die es besser verstanden, die ganze Sache zu organisieren, einige Juden und einige Polen. Und die begannen jetzt also mit der Organisation und der entsprechenden Vorbereitung aller Außenkommandos auf die Ereignisse, sie besetzten jedes Kommando mit einem geeigneten Vertrauensmann, der über alles informiert sein und den festgelegten Termin im Voraus kennen sollte, um an Ort und Stelle die nötigen Bedingungen und Mittel für die Aktion vorzubereiten. Selbstverständlich erwies sich das als richtig, als die richtige Methode für ein gutes Gelingen. Allerdings dauerte es eine Weile. Unterdessen geschah aber das, wovor wir uns so sehr fürchteten. Wieder war vom Abgang eines Transports mit 300 (dreihundert) Mann aus dem Kommando der Krematorien 3–4 die Rede. Das löste im Kommando ziemliche Verwirrung aus. Unter den 300 Mann waren einige, die ankündigten, sie würden Widerstand leisten. Und im Fall von Widerstand konnte man logischerweise nicht voraussehen, womit es enden würde. Noch dazu erklärten die anderen, die bleiben mussten, sie seien bereit, zusammen mit den anderen dem Ganzen ein Ende zu bereiten, vielleicht sogar schon ein paar Stunden früher. Man solle nicht warten, bis sie abgeholt würden, sondern schon einen Abend vorher alles beenden. Sie waren zweifellos völlig im Recht, genau so musste man nun handeln. Nur wir selbst verließen uns auf die Versicherungen des ganzen Lagers, die Frage sei in den nächsten Tagen hundertprozentig aktuell. Es sei eine Frage von wenigen Tagen, mit der großen Chance auf Beteiligung des ganzen Lagers mit einigen Zehntausend Menschen. Der Preis für das Gelingen der Aktion sei unsere unbedingte Zurückhaltung beim Abtransport der [300] Mann.

Da wir fühlten, dass wir schon Kräfte für die Einheit der allgemeinen Aktion verbraucht hatten, da wir unsere eigenen Leben schon abgeschrieben hatten und nur noch an

30 Hier und im Folgenden ein bis drei Wörter unleserlich.

besseren Erfolgsaussichten [des Aufstands] interessiert waren, haben [...] ließen [...] oder abseits zu stehen, wir haben [...] und wir sagen ihnen gar nichts.[31] Im Gegenteil, sollen sie den nötigen Widerstand leisten, sollen sie tun, was sie können. Aber wir bleiben außen vor. Dadurch würden wir unsere Chance, die nur ein paar Tage später kommen musste, nicht zunichtemachen. Ein Ereignis, das ein paar Tage zuvor bei uns im Krematorium 2 geschah, brachte leider zum großen [...][32] Unglück und zerstörte viel von unserem Plan. Aber niemand hat irgendein Recht, die moralische Höhe und Kühnheit, den Mut und das Heldentum anzuzweifeln, das unsere Kameraden auch bei diesem gescheiterten Fall zeigten, der bis jetzt noch nicht seinesgleichen hat in der Geschichte von Auschwitz-Birkenau und überhaupt in der Geschichte der Unterdrückungen, Verfolgungen, Sorgen und Leid, die die Deutschen über die ganze besetzte Welt gebracht hatten.

Bei uns waren die 19 Russen, die mit uns zusammenarbeiteten. Sie waren über alles informiert und mit allem vertraut. Mit ihrem Temperament erwiesen sie sich als etwas zu frech für den Kommandoführer. Sie fragten überhaupt niemanden, taten, was sie wollten, und das gefiel unseren Herren absolut nicht. Oft sprachen diese davon, die Russen würden vom Kommando abgelöst werden. Jeder weiß, was es bedeutet, vom „Sonder" abgelöst zu werden: direkt in den Himmel. Aber darüber konnten sie nicht selbständig entscheiden; wahrscheinlich hatten sie keine ausreichende Rechtfertigung dafür. Einige Tage zuvor hatte sich einer von ihnen [den Russen] betrunken und laut Krawall gemacht. Unser Chef, ein Unterscharführer, selbst ein professioneller Mörder, schlug ihn heftig, als er das sah. Der Russe floh, der Chef schoss ihm hinterher und verwundete ihn. Als der Verwundete weggebracht werden sollte, sprang er vom Wagen und warf sich wieder auf den Chef, riss ihm die Peitsche aus der Hand und schlug sie ihm auf den Kopf. Der Chef wiederum zog schnell die Pistole und erschoss den Russen an Ort und Stelle. Dann nutzte er das Ereignis aus, um dem Kommandanten zu melden, er habe schlicht Angst vor den Russen, und zu fordern, sie von hier wegzunehmen, was der Kommandant ihm zuliebe natürlich auch tat. Da schon die Rede davon war, dass aus den Krematorien 3–4 ein Transport mit 300 Mann abgehen sollte, teilte der Chef den Russen mit, sie würden diesem Transport angeschlossen. Was das bedeutete, verstanden sie genau, denn sie selbst, ausgerechnet diese 19 Russen, hatten den ersten Transport von 200 Mann verbrannt, der von uns nach Lublin gegangen und dann in ihre Hände geraten war.[33] Bei uns entstand ein gewaltiges Chaos. Sie selbst wollten das Spiel noch am Abend beginnen. Mit List hielten wir sie davon ab. Wir sprachen mit dem Chef, ob sie nicht bleiben könnten, und erklärten ihm, es habe sich nur um einen zufälligen Zwischenfall mit einem Betrunkenen gehandelt, der nicht verantwortlich gemacht werden könne, und schon gar nicht seien andere für ihn verantwortlich. Er ließ sich etwas von uns beeinflussen, da er zu uns vollstes Vertrauen hatte, dafür hatten wir genügend gesorgt. Die Sache wäre auch bestimmt ruhig verlaufen, doch einen Tag später – es war Sabbatmorgen, der 7.10.1944 – erfuhren wir, dass an diesem Tag der Transport mit den 300 Mann aus den Krematorien 3–4 abgehen würde. Also machten wir zum letzten Mal unsere Einstellung klar und erklärten unseren Verbindungsleuten

31 Tempuswechsel im Original.
32 Zwei bis drei Wörter unleserlich.
33 Siehe Dok. 98 vom 24.2.1944.

ausführlich und deutlich, wie sie sich in verschiedenen Fällen verhalten sollten. Als es aber Punkt 12 Uhr mittags war und sie kamen, um die 300 Mann abzuholen, bewiesen diese ein gewaltiges Heldentum, indem sie den Platz nicht verlassen wollten. Sie brachen in lautes Geschrei aus, stürzten sich mit Hämmern und Hacken auf die Posten, verwundeten einige von ihnen und schlugen und bewarfen die anderen mit allem, was sie hatten, und sei es auch nur mit Steinen. Was das für Konsequenzen hatte, kann man sich leicht vorstellen. Es dauerte einige Minuten, bis eine ganze Schwadron von SS-Männern angefahren kam, die mit Maschinenpistolen und Handgranaten bewaffnet waren, so viele, dass auf jeden Häftling nicht weniger als zwei Maschinenpistolen kamen. Eine solche Armee hatte man für sie mobilisiert! Als unsere Männer sahen, dass sie verloren waren, machten sie den letzten Schritt und zündeten das Krematorium 3 an. Dann fielen sie, unter Kampfgeschrei an Ort und Stelle erschossen. Das ganze Krematorium ging in Rauch auf. Als unser Kommando der Krematorien 3–4 die Flammen und das Feuer sah und die ungeheuer heftige Schießerei hörte, waren wir sicher, dass vom dortigen Kommando niemand mehr übrig war und dass die mit uns in Verbindung stehenden Leute auch dort waren. Es schien uns klar, dass sie die Waffen benutzten, die sie hatten, und das wäre der größte Verrat an uns gewesen, weil wir auch solche Dinge besaßen. Dennoch beschlossen wir, nicht zu früh zu reagieren, weil die Sache ohnehin nicht mehr als ein Abenteuer war, zu dem wir immer noch Zeit hatten, selbst noch in letzter Minute. Unvorbereitet, ohne die Hilfe aller anderen, ohne das Lager, noch dazu am helllichten Tag, konnte niemand ernsthaft daran glauben, dass es auch nur einem Einzigen gelingen könnte, sich zu retten. Deshalb mussten wir abwarten. Vielleicht würde es sich bis zur Dämmerung hinziehen, und wenn man es dann für dringend notwendig hielte, würden wir am Abend etwas unternehmen.[34]

Die Russen, die bei uns waren, konnten wir nicht so leicht zurückhalten, denn sie glaubten, man würde sie gleich dem Transport anschließen, und während dort alle im Kampf starben, meinten sie, nun hätte ihre letzte Stunde geschlagen. Dazu trug auch bei, dass sie von Weitem bemerkten, wie sich uns eine bewaffnete Gruppe SS-Männer näherte. Diese kam aus Sicherheitsgründen zu uns, doch die Russen meinten daran zu erkennen, dass man sie nun gleich abholen würde. Letztendlich war es unmöglich, sie zu kontrollieren, und sie stürzten sich auf den Oberkapo, einen Reichsdeutschen, den sie sofort lebendig in den brennenden Ofen schoben, was er allerdings auch redlich verdient hatte. Vielleicht war selbst dieser Tod noch zu gnädig für ihn. Danach gingen sie wieder an die Arbeit. Unsere Kameraden aus Krematorium 1, die sahen, dass sie vor vollendete Tatsachen gestellt waren und es kein Zurück mehr gab, hatten sich schnell neu […][35] orientiert und versuchten, die Chefs hineinzulocken, die sich zu diesem Zeitpunkt draußen aufhielten. Diese fühlten sich aber schon bedroht und wollten sich auf keinen Fall überlisten lassen. Da wegen der anrückenden bewaffneten Posten jede Minute zählte und sie nicht mehr warten konnten, verteilten sie augenblicklich alles, was sie auf die Schnelle bereit hatten, zerschnitten den Zaun, und alle flohen hinter die Linie der Postenkette. Unter Lebensgefahr zeigten sie noch in den letzten Minuten so viel Verantwortung und Aufopferung, denn sie blieben, als sie von den Posten gejagt wurden und jede

34 Lewental gehörte zum Sonderkommando von Krematorium III, das nicht in den Aufstand involviert war.

35 Ein Wort unleserlich.

Sekunde zählte, kurz zurück und erfüllten ihre letzte Aufgabe: den Zaun des angrenzenden Frauenlagers zu zerschneiden, um den Frauen die Flucht zu ermöglichen. Leider hatten sie sehr wenig Erfolg, obwohl es ihnen noch gelang, sich einige Kilometer vom Lager zu entfernen. Sie wurden von anderen Posten eingekreist, die telefonisch aus den benachbarten Lagern[36] alarmiert worden waren, und von diesen leider auf der Flucht erschossen. Einige nutzten noch das Material, das sie bei sich trugen, und konnten dadurch so weit kommen.[37] Aber die Deutschen waren zu stark. Planmäßig kreisten sie mit Hilfe einer motorisierten Feldarmee alle unsere heldenhaften Brüder ein und ermordeten sie aus der Ferne mit Maschinengewehren. Wer könnte den Mut und die Aufopferung der Kameraden beurteilen, die zu dritt zurückblieben, um das Krematorium in die Luft zu sprengen, wissend, dass sie dabei sterben, und die bewusst auf ihre Gelegenheit verzichteten, zu [...].[38]

Am Ende schleicht sich ein [...] vielleicht doch, und hier auf alles verzichtet, auf [...] geopfert worden, haben sie nicht wirklich ihr eigenes Leben auf dem Altar geopfert? Bewusst und von ganzem Herzen, mit viel Selbstaufopferung, denn in diesem Moment zwang sie niemand dazu. Sie hätten genau wie alle anderen versuchen können, wegzulaufen, und doch verzichteten sie der Sache zuliebe. Also ganz im Gegenteil: Wer ist fähig, die Größe dieser unserer Kameraden zu erfassen, das Heldentum ihrer Tat. Ja! Ja! Unsere Besten sind dort gestorben, zweifellos die Besten, die Wertvollsten, die besten Elemente [...] am würdigsten sowohl im Leben als auch im Tod. Sie waren Menschen, die wussten, wozu sie leben, sie konnten [...] leben [...] bis sich [...] der Nutzen und [...] so [erwarten?] aus dem [Lager?] [...] waren sie Gefährten im Kampf [...] zu leben und zu sterben [...][39] so, wie wir sie die ganze Zeit [gewarnt?] hatten [...][40] von [...][41]

Wir, die [...][42] bei all den Ereignissen abseits standen und nicht wissen, was dort geschehen ist, weil es anders abgemacht war, wussten nichts von dem, was dort in den letzten Minuten passierte, weil sie uns darüber nicht informieren konnten. So blieben wir leider alleine ohne unsere Nächsten, ohne unsere Teuersten; niemand, mit dem man zusammen leben konnte, und noch schlimmer: niemand, mit dem man zusammen sterben konnte. Von all unseren Vertrauten war niemand mehr von [...]. Der bereits erwähnte Jankiel Handelsman[43] blieb am Leben, eine der Stützen der obersten Leitung der ganzen Aktion. Weil er zusammen mit den drei Männern war, die zurückgeblieben waren, um das Krematorium zu sprengen, und zusammen mit ihnen am Leben blieb [...][44] Verspätung [...] war ihnen die Sprengung noch nicht gelungen [...] das Gebäude und sie waren

36 Es handelte sich um die durch eine Sirene alarmierte SS-Garnison sowie die SS-Besatzungen der nahegelegenen Außenlager Rajsko, Budy, Harmense und Babice.

37 Gemeint ist das aus der Weichsel-Union-Fabrik geschmuggelte Sprengmaterial.

38 Hier und im Folgenden ein bis vier Wörter unleserlich.

39 Sechs Wörter unleserlich.

40 Zwei bis drei Wörter unleserlich.

41 Sieben bis acht Wörter unleserlich.

42 Hier und im Folgenden vier Wörter unleserlich.

43 Jankiel Handelsman (1908–1944), Schneider; 1931 aus Radom nach Paris emigriert, von 1941 an in der franz. Widerstandsbewegung aktiv, im Jan. 1943 verhaftet und über Drancy Anfang März 1943 nach Auschwitz deportiert, zum Sonderkommando im Krematorium III eingeteilt, war maßgeblich an den Planungen zum Aufstand beteiligt, wurde im Nov. 1944 nach dem Aufstand des Sonderkommandos im Block 11 erschossen.

44 Hier und im Folgenden drei bis sechs Wörter unleserlich.

[…] doch leider ist er gemeinsam mit ihnen […] einige Russen, die sich befanden […][45] im Krematorium 2 und gefangen genommen wurden. Sie sitzen im Bunker[46] in den Händen der Politischen Abteilung, und natürlich kann man sich leicht vorstellen, was sie dort durchmachen. Hier blieb nur […][47] der Dajan[48] selbst, ein intelligenter Mensch […][49] nicht mehr als elf […] sich mit ihm, aber weit davon entfernt, die ganze Sache zu verstehen, einfach aufgrund seiner Ansichten, die immer nur im Horizont eines jüdischen Dajans bleiben. Außerdem noch einer, der erwähnte Malinka Elusz,[50] welcher der Anführer der Aktion in den Krematorien 3–4 sein sollte, von wo er floh […][51] aber viel von Dingen, die Überlegung erfordern. Er ist zu jung, mit seiner winzigen Lebenserfahrung der Versuchung erlegen. Es ist ein Ereignis, ein Kriegsereignis […] verbunden mit Angelegenheiten des Krieges.

Doch nicht wir sind […] nicht genügend engagiert, schuldig ist […] und dagegen seine große Kraft, die er […] erlebten zum ersten Mal wie Menschen achten […] benötigen das, was von ihnen verlangt […] nicht vom sicheren Tod abschrecken lassen, obwohl sie noch Chancen hatten, länger zu leben und vor allem unter guten Bedingungen zu leben, da es uns an Essen, Trinken und Rauchen […] nicht fehlt […] und sich trotzdem entschieden, heldenhaft das eigene Leben einzusetzen, das ist zu begrüßen, und unsere Geschichte zu schreiben, aber meine getreuen hingebungsvollen, goldenen Kameraden, die ihr nicht mehr unter uns seid, die ihr schon eure Aufgabe erfüllt und eure Pflicht getan habt, seid sicher, dass auch wir, die jetzt noch leben, die sich noch auf diesem traurigen Grab bewegen von unter […] sicher, ob […] ist […] verraten, wir werden […] auch uns schreckt gar nichts […] mit euch […] zusammen kämpfen […] angefangen […] angefangen […] angefangen, aber wir werden das […] und gemeinsam werden wir einiges erreicht haben […], und diese wird uns und denen, die unsere Lage verstehen können, für immer […] in guter Erinnerung bleiben.

ה.ב.צ.נ.ת.[52]

[…] mit unseren Verbindungsleuten getroffen […] in der allgemeinen Angelegenheit. Wir glaubten alle, es werde einige Tage dauern wegen […] Auschwitz wegen unserer Motive […] werden wissen, ob ihr lebt […] oder nicht, ob ihr euch selbst so lange täuscht, dass ihr euch das selbst einredet. Das wird man später sehen. Wir werden deshalb unseren Anteil bestimmt nicht aufschieben. Denkt also daran, wir warnen euch, ihr habt noch eine Chance. Denkt daran, lasst nicht die letzte Chance aus, solange noch Zeit ist. Sie haben gut verstanden, und was sie tun werden und was vorläufig noch nicht, das wird uns die Zeit sagen. […] und an ihren Worten begannen wir schon etwas zu

45 Zwei Wörter unleserlich.

46 Gemeint sind die Arrestzellen in Block 11 des Stammlagers. Nach dem Aufstand wurden dort 14 Mitglieder des Sonderkommandos inhaftiert sowie 5 Frauen, die beschuldigt wurden, den Aufständischen des Sonderkommandos Pulver überbracht zu haben.

47 Ein Wort unleserlich.

48 Gemeint ist Lejb Langfus.

49 Hier und im Folgenden ein Wort unleserlich.

50 Elusz Malinka, stammte aus Gostynin, Angehöriger der Widerstandsgruppe im Sonderkommando im Krematorium II. Ihm gelang zunächst die Flucht; später wurde er in der näheren Umgebung aufgegriffen und etwa zwei Wochen nach dem Aufstand im Krematorium II erschossen.

51 Im Folgenden sind mehrere Wörter, manchmal sogar Zeilen unleserlich.

52 Hebr.: Abkürzung für „Seine/Ihre Seele sei eingebunden im Bündel des Lebens“, Zitat aus 1. Sam 25,29; oft auf jüdischen Grabsteinen zu finden.

zweifeln, durch ihre Inkonsequenz hatten sie bei uns schon etwas Vertrauen verloren und sonst[53]
Aber wir werden […] und ihr entsprechend verwenden, sobald wir verstehen werden und nichts […] wenn man uns […] helfen […], dass unser […]
Oktober 10./10.44
Salmen Lewental

Jetzt, einige Tage nach den Ereignissen, kann ich schon genau angeben, wo wir stehen, wie wir glauben […] fassen wir den Beschluss […] mutige […] bereit sein zu […] dass man nun von Worten zu Taten übergehen musste, zu konkreten Handlungen, stellte sich heraus, dass sie alle noch lange nicht dazu bereit waren. Noch schlimmer ist es, dass sie auch gedanklich noch nicht bereit sind. Sie sind noch nicht fähig, so etwas aufzunehmen. Einfach gesagt, man will noch leben. Zum Sterben, sagt er, ist immer noch Zeit. Deshalb […] im Unterschied zu unseren Jungs […] die ganze Zeit hat man uns vorgeworfen, wir seien die Schwachen, die Feiglinge.
Diejenigen, die Angst vor dem Tod haben, die noch einen Tag leben wollen, für die eine Stunde Leben eine Rolle spielt […] hat sich aber die Wirklichkeit, die Ereignisse […] zeigten die Ereignisse für […] ausgerechnet wir, die Feiglinge, waren die […] die ganze Zeit mit Warten […] etwas erwartet, wir haben […] eine Chance auf etwas […] etwas ausführlicher, aber als es die […] war, als wir sahen, dass wir nichts mehr zu erwarten hatten, dass alle Versprechungen und Zusagen, die wir die ganze Zeit erhalten hatten, nur leere Phrasen waren, gebaut auf Lügen und Betrug. Da beschlossen wir zu sagen: Es reicht. Wir hatten keine Angst vor dem Ende, sie wussten, dass sie sterben würden, und obwohl sie die Gelegenheit hatten, noch etwas zu leben, vielleicht sogar länger als alle anderen im Lager, hatten sie doch die Kraft, bewusst in den Tod zu gehen. Warum, denn wir waren bereit, sich […] Leben. Als wir sahen, dass die […] alle anderen im Lager hatten diese Kraft nicht mehr […] ist unsere Behandlung […] ständig in Kontakt mit den Polen […] es ist einfach der […] Einsatz für die Sache […] sie nutzten uns in jeder Hinsicht aus. Wir lieferten alles, was sie nur von uns forderten, etwa Gold, Geld und andere Wertsachen für harte Millionen.
Und noch wichtiger ist, dass wir ihnen geheime Dokumente lieferten, Material über alles, was bei uns geschah, alles […]. Alles haben wir ihnen mitgeteilt, jede Kleinigkeit, die passierte, Dinge, für die sich die Welt einmal interessieren könnte. Und bestimmt sind alle daran interessiert zu wissen, was aus uns wurde, denn ohne uns wüsste niemand, was und wann es geschehen ist.
Und wenn jemand etwas weiß, dann nur dank unserer Anstrengung, dank unserer Aufopferung, unserer Bereitschaft, das Leben zu riskieren und vielleicht noch sich beim […] wir taten es einfach, weil wir fühlten, dass es unsere Pflicht war. Wir tun, was wir tun müssen. Wir forderten […] Dank für unsere Arbeit […] wir das nicht, doch […] ist auf […] es hat sich herausgestellt, dass uns gerade die Polen verführt haben, unsere Verbündeten, und alles, was sie von uns genommen haben, haben sie für eigene Zwecke verwendet. Sogar das Material, das wir herausgaben, schrieben sie sich selbst zu, und unsere Namen wurden völlig verschwiegen, als ob wir daran keinen Anteil hätten. Ja! Sie schufen sich mit unserem Geld, mit unseren Leiden und Qualen, mit unserem Blut

53 Hier bricht der Satz ab.

Bekanntheit und Ruhm […] begannen aus dem Lager zu fliehen […] sie sind es wert, ihnen bei der Flucht zu helfen […] oder wer sind die wahren Vertreter, wer hat in Wahrheit was […] wird das einmal aufgeschrieben werden? Das weiß niemand […] schmerzlich […] leidend, wir wissen […] warum verdienen wir das, warum haben […] Zeit beansprucht […] mit eigenen […] noch ein paar Tage später und wir wissen […] ihnen fehlt noch eine Kleinigkeit, die wir brauchen […] wir haben unseren Teil getan […] wie sich herausstellte, dass ihr Interesse, uns aufzuhalten, nur deshalb bestand, damit sie […] könnten, von dort noch mehr herausbekommen, denn sie dachten, wenn wir unsere Aktion auf eigene Faust machten, würde später Material für sie [abfallen?], mit dem sie weiter schmieren […] weiter ihre Ziele zu erreichen, ihre eigenen persönlichen Interessen auf unsere Kosten, um den Preis unseres […], um den Preis unseres Lebens, weil wir durch […] verführt wurden und uns jeder […] genommen wurde und die Belastung aushalten musste […] Kommando […]. So bin ich beispielsweise sicher, dass sie so viel Selbstaufopferung gezeigt haben und mit dem Leben […] und nicht […] tragische Bilder, die hier bei uns vorkommen […] getan und ihnen mitgegeben […] weiter besorgt, und […] ihre Adressen aufgeschrieben wurden […] wer die […] solche ähnlichen Geschichten […] Chuzpe, [und man geht?], wenn […] wenn die höchste Zeit gekommen ist, wenn alle […] müssen ohne mit der Hilfe zu […] Liquidierung von […] wurde unterbrochen und […] hatten sich […] und einen Beschluss gefasst […] Transport, und […] Voller […] selbst in […] und besser, zu sterben […] als noch auf den Tod zu warten. Es ist zu riskieren […] schon […] das sagt jeder, aber die Polen […] für draußen, doch wir haben […] uns genug ausnutzen lassen […] Popularität […] der finsteren Unterwelt entkommen und dafür mit ausgeprägtem Antisemitismus bezahlen, den wir auf Schritt und Tritt spürten. So sind beispielsweise schon einige Dutzend Menschen mit ihnen geflohen, aber noch keiner wollte einen [Juden] mitnehmen […] Zeit […] mit vielen Personen […] und wissen […] der […]. Und […] mit dummen, vorgeschobenen Ausreden, und wir Juden sterben, wir kommen um, von uns wird keine Spur bleiben, kein Zeichen an uns erinnern […] zu sagen […] es reicht. Willst du etwas verdienen, willst du etwas schaffen, dann geh das Risiko ein, es allein zu schaffen […] selbst, nicht auf fremde Rechnung […] sogar ihr Gebildeten, ihr […] mit eurer Sprache, mit euren wohlformulierten Reden. Ach, […] jetzt auszudrücken unsere […] Verdruss und Kummer, den wir haben […] Verbündete, wenn sich nur einer von uns noch einmal im Leben mit all den Verbündeten hätte treffen können vor der […] wir hätten ihre wahren Gesichter aufgedeckt, wir hätten ihre […] aufgedeckt und der ganzen Welt gezeigt […] sie haben sich von uns getrennt, von uns, ihren Verbündeten, sie haben uns um alles betrogen und uns […] alleine stehen lassen. Wir hatten kein […] wir mussten [ihnen zuhören] […] weil […] Beschluss […] sehr und […] das für sich ausgenutzt. Wir werden weiter unseren Teil tun. Wir werden alles versuchen, um es für die Nachwelt zu bewahren, aber einfach nur in der Erde bewahren, in […] aber wer etwas finden will, wer […] außerdem werdet ihr noch finden […] vom Hof hinter dem Krematorium, nicht zur Straße hin […] auf der anderen Seite, dort werdet ihr viel finden […] denn wir müssen es bis jetzt, bis zur […] Ereignissen […] fortlaufend chronologisch, geschichtlich der Welt zukommen lassen. Von nun an werden wir alles im Boden verstecken.

Gewidmet meinen Nächsten, Ehre ihrem Andenken:

Jossel Warszawski,[54] geboren in Warschau, gekommen aus Paris

Salmen Gradowski, Suwałki […]

Lejb Herszke Panic,[55] Łomża
Eisik Kolniak,[56] Łomża
Deresinski, Josef,[57] Łunna bei Grodno
Lejb Langfus aus Maków Mazowiecki, geboren in Warschau, jetzt noch im Krematorium
Jankiel Handelsman, Radom – Paris, jetzt im Bunker
Der Autor dieser Zeilen, Salmen Lewental, Ciechanów, jetzt noch im Krematorium.

DOK. 149
Marcel Nadjary aus Thessaloniki verabschiedet sich am 30. Oktober 1944 von seinen Freunden und vergräbt den Brief auf dem Lagergelände[1]

Brief von Marcel Nadjary[2] an Dimitrios A. Stefanidis,[3] Krousovou-Straße 4, Thessaloniki, Griechenland, 30.10. bis 3.11.1944[4]

Bitte den Brief an das griechische Konsulat senden![5]
An meine Lieben Dimitrios Athan. Stefanidis, Ilias Kohen,[6] Georgios Gounaris. An meine lieben Gefährten Smaro Efraimidou[7] (aus Athen) und die vielen anderen, die ich

54 Josef Dorębus, im Lager Josef Warszawski (1906–1944), Schuhmacher aus Żyrardów; 1931 nach Paris emigriert, im März 1943 von Drancy nach Auschwitz deportiert, eingesetzt im Krematorium III, während des Aufstands ums Leben gekommen.

55 Lejb Herszko Panicz (1912–1944), Möbelhändler aus Łomża; im Jan. 1943 aus Zambros nach Auschwitz deportiert, kam während des Aufstands ums Leben.

56 Itzig Kalniak, Händler; im Jan. 1943 aus Łomża nach Auschwitz deportiert, kam während des Aufstands ums Leben.

57 Josef Deresiński (1906–1944), aus Żyrardów; im Dez. 1942 aus Kiełbasin nach Auschwitz deportiert, kam während des Aufstands ums Leben.

1 APMAB. Das Original konnte nicht eingesehen werden. Kopie: ebd., Wspomnienia, Bd. 135, MF 1234. Abdruck mit freundlicher Genehmigung von Nelly und Albert Nadjary. Erstabdruck in der griech. Zeitung Rizospastis am 22.4.1982. Abdruck in deutscher Sprache nach Neuentzifferung in: VfZ, 65 (2017), S. 608–618. Das Dokument wurde aus dem Griechischen neu übersetzt.

2 Marcel Nadjary (1917–1971), Kaufmann aus Thessaloniki; floh 1943 in die italien. Besatzungszone in Griechenland, Okt. 1943 erneute Flucht nach Lamia, von dort nach Spercheiada, in der Widerstandsbewegung ELAS (Nationale Volksbefreiungsarmee) aktiv, im Dez. 1943 verhaftet, im April 1944 aus dem Durchgangslager Chaidari nach Auschwitz deportiert, von Mai 1944 an Mitglied des Sonderkommandos, im Jan. 1945 nach Mauthausen, im Febr. 1945 in das Außenlager Melk überstellt; kehrte nach der Befreiung nach Griechenland zurück und wanderte 1951 nach New York aus.

3 Dimitrios Athanasiou Stefanidis, genannt Mitsos; nichtjüdischer Freund und Unterstützer von Marcel Nadjary aus Thessaloniki.

4 Die Handschrift wurde im Okt. 1980 bei Säuberungs- und Rodungsarbeiten auf dem Gelände der Gedenkstätte Auschwitz-Birkenau in der Nähe der Ruinen von Krematorium III in 30–40 cm Tiefe gefunden. Sie war in einer Thermosflasche verpackt, die sich in einer Ledertasche befand. Es handelt sich um zwölf beschriebene Papierblätter im Format 14 x 20 cm, die aufgrund von Nässe nur schlecht lesbar waren.

5 Diese Zeile ist in Deutsch, Poln. und Franz. verfasst. Die in einem fehlerhaften Deutsch und einem fehlerfreien Poln. verfassten Zeilen wurden vermutlich von einem poln. Juden aus dem Sonderkommando niedergeschrieben, die franz. Passage von Marcel Nadjary.

6 Ilias (auch Elias) Kohen, Cousin von Marcel Nadjary; Weggefährte in der Widerstandsbewegung, wurde 1944 hingerichtet.

7 Junge nichtjüdische Griechin aus Athen, die Nadjary aus der Widerstandsbewegung kannte.

immer im Gedächtnis behalten werde, und schließlich auch an mein geliebtes Vaterland „HELLAS", dem ich immer ein guter Bürger war.
Wir sind am 2. April 1944 aus unserem Athen abgefahren, nachdem ich einen Monat im Lager Chaidari gelitten hatte, wo ich immer Pakete von der guten Smaro erhalten habe, und deren Bemühungen um mich mir unvergesslich geblieben sind in diesen schlimmen Tagen, die ich durchmache [...] immer, dass ihr nach ihr [...] sucht [...].[8]
Lieber Mitsos und irgendwann einmal [...] mir aber ihre Adresse besorgst [...] unseren Ilias und dass Du Dich stets um ihn kümmerst, [...] und dass Manolis sie nicht vergessen hat.[9]
Aber auch, dass wir uns, wie es aussieht, leider nicht mehr werden begegnen können. Nach einer Reise von zehn Tagen kamen wir am 11. April in Auschwitz an, wo sie uns ins Lager Birkenau brachten. Wir blieben ungefähr einen Monat in der Quarantäne, und von da haben sie uns, die Gesunden und Kräftigen, verlegt. Wohin? Wohin, lieber Mitsos? Zu einem Krematorium, ich werde Euch weiter unten unsere schöne Arbeit erläutern, die der Allmächtige uns verrichten lassen wollte. Es ist ein großes Gebäude mit einem breiten Schornstein mit 15 (fünfzehn) Öfen. Unterhalb eines Gartens gibt es zwei große, endlose Kellerräume. Der eine dient uns zum Auskleiden und der andere als Todeskammer, wo die Leute nackt hineingehen, und nachdem er mit etwa 3000 Personen gefüllt ist, wird er verschlossen, und sie vergasen sie, wo sie nach sechs bis sieben Minuten Martyrium den Geist aushauchen. Unsere Arbeit bestand darin, erstens sie in Empfang zu nehmen, die meisten kannten den Grund nicht, weinten, als ihnen erzählt wurde, dass es sich um ein Bad handelt, und gingen nichtsahnend in den Tod.
Bis heute [...] sagte ich ihnen nur, dass sie in den Ofen gehen [...] sie anlügen[10] [...] sagte ich ihnen nur, dass ich ihre Sprache nicht verstehe, in der sie mit mir reden.[11] Und den Menschen, Männern und Frauen, bei denen ich gesehen habe, dass ihr Schicksal besiegelt ist, habe ich die Wahrheit gesagt.
Nachdem [...] alle nackt, gingen sie weiter in die Todeskammer, da drinnen hatten die Deutschen an der Decke Rohre angebracht [...], damit sie glauben, dass sie das Bad vorbereiten. Mit Peitschen in der Hand zwangen die Deutschen sie, immer enger zusammenzurücken, damit möglichst viele hineinpassen, eine wahre Sardinendose von Menschen, danach schlossen sie die Tür hermetisch. Die Gasbüchsen kamen immer mit dem Auto des Deutschen Roten Kreuzes mit zwei SS-[Männern]. Sie sind die Gasspezialisten,[12] die ihnen dann das Gas durch Öffnungen hineingeschüttet haben. Nach einer halben Stunde öffneten wir die Türen, und unsere Arbeit begann. Wir trugen die Leichen dieser unschuldigen Frauen und Kinder zum Aufzug, der sie in den Raum mit den Öfen beförderte, und dort steckten sie sie in die Öfen, wo sie ohne Zuhilfenahme von Brennmaterial aufgrund ihres eigenen Fetts verbrannten. Ein Mensch ergab nur etwa

8 Mehrere Wörter unleserlich. Vermutlich: Ich würde mir wünschen, dass ihr immer nach ihr sucht. Die Auslassungszeichen zeigen auch im Folgenden unleserliche Wörter an.

9 Marcel Nadjary gab sich, als es in Griechenland zu gefährlich war, als Jude erkennbar zu sein und er im Widerstand aktiv war, als Grieche Manolis Lazaridis aus.

10 Vermutlich: Ich kann sie nicht anlügen.

11 Marcel Nadjary sprach griech., franz. und Ladino, eine romanische Sprache der sephardischen Juden. Die Mehrzahl der in der Gaskammer getöteten Juden sprachen ungar., tschech., rumän. und poln.; viele von ihnen außerdem jiddisch.

12 Das Wort existiert im Griech. nicht; es handelt sich um eine Neubildung.

ein halbes Okka[13] Knochenasche, die uns die Deutschen zu zertrümmern zwangen, um sie dann durch ein grobes Sieb zu pressen, und danach holte es ein Auto ab und schüttete es in den Fluss Weichsel, der in der Nähe vorbeifließt, und so beseitigten sie alle Spuren. Die Dramen, die meine Augen gesehen haben, sind unbeschreiblich. An meinen Augen sind etwa 600 000 Juden aus Ungarn vorbeigezogen,[14] Franzosen, Polen aus Litzmannstadt, ungefähr 80 000,[15] und jetzt zuletzt trafen erstmals etwa zehntausend Juden aus Theresienstadt in der Tschechoslowakei ein.[16] Heute kam ein Transport aus Theresienstadt, aber Gott sei Dank brachten sie die nicht zu uns, sie behielten sie im Lager, es hieß, dass der Befehl kam, keine Juden mehr zu töten, und das stimmte allem Anschein nach, da haben sie jetzt im letzten Moment ihre Meinung geändert[17] – jetzt, da allerdings kein einziger Jude mehr in Europa übrig geblieben ist, doch für uns liegt die Sache anders, wir müssen von der Erde verschwinden, weil wir so vieles wissen über die unvorstellbaren Methoden ihrer Misshandlungen und Vergeltungsaktionen.

Unser Kommando nennt sich Sonderkommando (eidiko komando),[18] es bestand anfangs aus rund 1000 (tausend) Leuten, davon 200 Griechen und die Übrigen Polen und Ungarn, und nach Heroischem[19] Widerstand, deswegen weil sie 800 (achthundert) abziehen wollten, sind alle hundert außerhalb des Lagers und die anderen innerhalb gefallen.[20]

Gefallen sind meine guten Freunde Viko Vroudo[21] und Mois Aaron[22] aus Thess/niki.[23] Jetzt, wo dieser Befehl kam, werden sie auch uns eliminieren, wir sind insgesamt 26 Griechen, und die Übrigen sind Polen. Zumindest wir Griechen sind entschlossen, zu sterben wie wahre Griechen, so wie jeder Grieche aus dem Leben zu scheiden weiß, indem er bis zum letzten Augenblick zeigt, trotz der Überlegenheit der Verbrecher, dass in unseren Adern griechisches Blut fließt, wie wir es auch im Krieg gegen Italien gezeigt haben.[24] Meine Lieben, wenn Ihr lest, welche Arbeit ich erledigt habe, werdet Ihr sagen: wie konnte ich, der Manolis, oder irgendjemand anderes diese Arbeit machen und ihre

13 Altes Gewichtsmaß, das in Griechenland damals noch üblich war; ein halbes Okka entspricht 640 gr.

14 Zwischen Mai und Juli 1944 wurden rund 330 000 Juden aus Ungarn in den Gaskammern ermordet.

15 Im Aug. 1944 begann die endgültige Auflösung des Gettos Litzmannstadt. Von den rund 67 000 nach Auschwitz deportierten Gettobewohnern wurden etwa 45 000 unmittelbar nach Ankunft in der Gaskammer ermordet.

16 Es gab von 1942 an mehrere Transportserien aus Theresienstadt nach Auschwitz. Nadjary meint die letzten Transporte, mit denen zwischen Ende Sept. und Ende Okt. 1944 rund 18 400 Juden nach Auschwitz gebracht wurden.

17 Der letzte Transport aus Theresienstadt traf am 30.10.1944 in Auschwitz ein.

18 Griech. Übersetzung von Sonderkommando.

19 Großschreibung im Original.

20 Dieser Satz ist unverständlich. Vermutlich geht es um die geplante Selektion von Häftlingen innerhalb des Sonderkommandos, die zum Auslöser des Aufstands vom 7.10.1944 wurde; siehe Einleitung, S. 43.

21 Viko Vroudo, griech. Häftling im Sonderkommando, kam im selben Transport wie Marcel Nadjary aus Chaidari nach Auschwitz.

22 Mois Aaron, griech. Häftling im Sonderkommando, kam im selben Transport wie Marcel Nadjary aus Chaidari nach Auschwitz.

23 Gebräuchliche Kurzform von Thessaloniki.

24 Gemeint ist der griech.-italien. Krieg im Epirus und in Südalbanien von Okt. 1940 bis April 1941, in dem Nadjary als griech. Soldat gekämpft hat.

Glaubensgenossen verbrennen. Auch ich habe mir das anfangs gesagt, viele Male habe ich daran gedacht, zusammen mit ihnen reinzugehen, um Schluss zu machen. Aber davon abgehalten hat mich immer die Rache; ich wollte und ich will leben, um den Tod meines Vaters, meiner Mutter und meiner geliebten kleinen Schwester Nelly[25] zu rächen. Ich fürchte den Tod nicht, wie könnte ich ihn auch fürchten nach all dem, was meine Augen gesehen haben? Deshalb, lieber Ilias, mein geliebter kleiner Cousin, sollst Du, wenn es mich nicht mehr gibt, Du (und) all meine Freunde wissen, was Eure Pflicht ist. Von meiner kleinen Cousine Sarrika Chouli (Du erinnerst Dich an sie, die damals in meinem Haus war?), die noch lebt, habe ich erfahren, dass Nellika mit Deiner kleinen Schwester Errika[26] zusammen war, in ihren allerletzten Stunden.
Mein einziger Wunsch ist, dass in Eure Hände gelangt, was ich Euch schreibe.
Den Besitz meiner Familie vermache ich an Dich, Mitsos (Dimitrios Athanasiou Stefanidis) mit der Bitte, Ilias zu Dir zu nehmen, meinen Cousin. Ilias ist ein Kohen, und Du sollst ihn ganz so betrachten, als ob ich selbst es wäre, sollst immer auf ihn aufpassen, und falls je meine Cousine Sarrika Chouli zurückkehrt, sollst Du sie so behandeln, lieber Mitsos, wie Deine geliebte Nichte Smaragda,[27] denn wir alle hier erleiden Dinge, die sich der menschliche Verstand nicht vorstellen kann.
Denkt ab und zu an mich, so wie ich auch an Euch denke. Das Schicksal will es nicht, dass auch ich unser Griechenland frei sehe, so wie Ihr es am 12/10/43 erlebt habt.[28]
Wann immer jemand nach mir fragt, sagt einfach, dass es mich nicht mehr gibt und dass ich dahingegangen bin wie ein wahrer Grieche.
Hilf allen, lieber Mitsos, die aus dem Lager von Birkenau zurückkommen. Ich bedaure nicht, dass ich sterben werde, wohl aber, dass ich mich nicht werde rächen können, wie ich das will und weiß. Falls Du einen Brief von unseren Verwandten im Ausland bekommst, dann gib bitte die passende Antwort, dass die Familie A. Nadjary ausgelöscht ist, ermordet von den kultivierten Deutschen (das „Neue Europa", erinnerst Du Dich, lieber Giorgios?).[29] Hol bitte, Mitsos, das Klavier meiner Nelly von der Familie Sionidou ab und gib es Ilias, damit er es zur Erinnerung immer bei sich hat. Er hat sie so sehr geliebt und sie ihn auch. Fast immer, wenn sie töten, frage ich mich, ob Gott existiert, und dennoch habe ich immer an Ihn geglaubt und glaube nach wie vor, dass Gott es will, dass Sein Wille geschehe.
Ich sterbe zufrieden, weil ich weiß, daß unser Griechenland jetzt bereits frei ist.[30] Ich werde nicht leben, lass die anderen leben. Mein letztes Wort wird sein: Es lebe Griechenland. Marcel Nadjary.[31]
Seit nunmehr etwa vier Jahren töten sie die Juden … sie töteten Polen, Tschechen, Franzosen, Ungarn, Slowaken, Holländer, Belgier, Russen und ganz Thess/niki. Ausnahme

25 Nelly Nadjary; (1915–1943), Schwester von Marcel Nadjary, wurde im März 1943 aus Thessaloniki nach Auschwitz deportiert und dort ermordet.
26 Schwester von Ilias Kohen.
27 Smaragda war die Schwester von Dimitrios A. Stefanidis.
28 Gemeint ist der 12.10.1944 – der Tag, an dem die deutschen Truppen aus Athen abzogen.
29 „Das neue Europa" (Nea Evropi) war der Titel einer stark antisemitischen Kollaborationszeitung, die von April 1941 bis Okt. 1944 in Thessaloniki erschien. Mit Giorgios ist vermutlich Ilias gemeint, dessen Deckname im Widerstand so lautete.
30 Als offizielles Datum der Befreiung Griechenlands gilt der 12.10.1944.
31 An dieser Stelle folgt ein Seitenwechsel.

die etwa 300, die bis heute am Leben sind, aus Athen, Arta, Kerkyra, Kos und Rhodos. Insgesamt ungefähr 1 400 000.[32]
Dies sind meine letzten Worte. [...] Die verehrte Griechische Botschaft, die diese Notiz erhalten wird, wird gebeten von einem guten griechischen Bürger namens Emmanouil[33] oder Marcel Nadjary aus Thess/niki, früher wohnhaft in der Odos Italias Nr. 9 in Thess/niki, diese Notiz bitte an folgende Adresse zu senden:
Dimitrios Athanasiou Stefanidis, Odos Kroussovou Nr. 4, Thess/niki – Griechenland
Das ist mein letzter Wunsch. Ich bin von den Deutschen zum Tode verurteilt, weil ich jüdischen Glaubens bin. Dankend, M. Nadjary.

DOK. 150
Ilona Pal wird im Oktober 1944 zu einer Abtreibung gezwungen[1]

Protokoll der Vernehmung von Ilona Pal[2] durch den Militär-Ermittler der Truppeneinheit Feldpost-Nr. 14 940, Hauptmann Levčenko, Oświęcim, vom 22.2.1945[3]

Ich wurde am 8. Mai 1944 in Budapest von der ungarischen Polizei wegen Radiobesitzes[4] verhaftet. Ende Juni wurden wir, eine Gruppe von 200 Personen, ins Lager Birkenau gebracht, wo ich von meinen Eltern getrennt und in das Lager B II b, also das Lager der Ungarn, gebracht wurde. Die Baracken waren dreckig und stark überfüllt. Wir schliefen auf dem Boden. Anfang August fing man damit an, Leute für die Arbeit auszuwählen. Die Selektion wurde durch den deutschen Arzt *Mengele* durchgeführt. Die Häftlingsärztin Ella *Klein*[5] aus Prag sortierte die schwangeren Frauen aus. Wir waren insgesamt 76 Personen und wurden in einer separaten Baracke untergebracht. Dort blieben wir bis Oktober. Danach wurden wir in ein Krankenrevier überstellt, wo man bei 16 Frauen zwangsweise Abtreibungen durchführte, unter anderem auch bei mir. Ich war im sechsten Monat schwanger. Als man mit der Vorbereitung begann, fing ich an zu weinen und flehte darum, es nicht zu tun, doch die Operation wurde unter Anwendung von Gewalt durchgeführt. Die Operation führten Doktor *Herman* aus Bratislava und drei weitere Ärzte durch, an deren Namen ich mich nicht mehr erinnere. Nach der Operation erkältete ich mich, aber ich wurde dennoch aus dem Krankenrevier entlassen und in das C-Lager[6] geschickt. Die anderen 60 Schwangeren wurden woandershin gebracht. Seit

32 Es folgt eine halbe Seite mit größtenteils nicht lesbarem Text und dem Datum 3.11.1944.
33 Manolis ist eine Kurzform von Emmanouil, siehe Anm. 9.

1 GARF, P 7021/108/7, Bl. 12–15. Kopie: ITS, 1.1.2.0/82347683–82347867. Das Dokument wurde aus dem Russischen übersetzt.
2 Ilona Pal (*1910), geboren in Liptovský Mikuláš (Slowakei), wohnte in Budapest, verheiratet, arbeitete als Haushaltshilfe; im Mai 1944 verhaftet und Ende Juni zusammen mit ihren Eltern nach Auschwitz deportiert; weiteres Schicksal unklar.
3 Die Befragung wurde vom ehemaligen Häftling Moses Steinberg vom Deutschen ins Russische übersetzt.
4 Sie wurde nicht wegen Radiobesitzes deportiert, sondern weil sie Jüdin war.
5 Vermutlich Dorota Lorska, die auch unter dem Namen Dr. Kleinová in Auschwitz bekannt war.
6 B II c war zu diesem Zeitpunkt Lager für weibliche sog. Durchgangsjuden, die dort auf ihren Abtransport zum Arbeitseinsatz warteten.

der Operation habe ich keine Menstruation mehr gehabt. Wenn die Frauen Kinder gebaren, wurden die Kinder getötet, nur Zwillinge ließ man am Leben. An ihnen wurden Experimente durchgeführt, bis auch sie starben.[7] Im November 1944 wurde die Ermordung der Kinder eingestellt.

DOK. 151
Aranka Schiffer bringt im Oktober 1944 ein Kind zur Welt, das sofort getötet wird[1]

Protokoll der Vernehmung von Aranka Schiffer[2] durch den Militär-Ermittler der Truppeneinheit Feldpost-Nr. 14 940, Hauptmann Levčenko, Oświęcim, vom 23.2.1945

Ich wurde am 10. Juni 1944 in Balassagyarmat/Ungarn verhaftet und ins Lager Birkenau gebracht. Bis zu 2000 Personen kamen dort an. 500 von uns wurden aussortiert und ins Lager gebracht, alle anderen kamen ins Krematorium. Bei meiner Ankunft in Birkenau war ich im fünften Monat schwanger. Als ich erfuhr, dass man Schwangere zur Abtreibung zwang, versuchte ich, meine Schwangerschaft zu verheimlichen, aber als dies nicht mehr möglich war, wurde ich in eine Krankenstation gebracht. Dort befanden sich bereits 75 weitere schwangere Frauen. Wir erhielten Injektionen, also Spritzen in Beine, Arme und in andere Körperteile, zwei bis drei Spritzen am Tag, bis die Geburt einsetzte. Durch diese Spritzen gebaren nur 14 Frauen, bei den anderen wirkten sie nicht. Die ließ man gar nicht mehr gebären, sondern schickte sie direkt ins Krematorium. Im achten Monat der Schwangerschaft bekam ich ebenfalls solche Spritzen und gebar Anfang des neunten Monats ein Mädchen, das lebte, aber sofort in Papier eingewickelt und ins Krematorium gebracht wurde.
Die Spritzen wurden durch die Häftlingsärztin *Kepich*, Anna[3] verabreicht, die mit ihrer Fürsorge unser Leid zu lindern versuchte. Nach der Geburt war ich sehr geschwächt, wurde aber aus dem Krankenhaus entlassen und musste im Lager arbeiten. Die Arbeit fiel mir sehr schwer, da ich noch krank war. Ich wollte unbedingt ein Kind haben, es war mein erstes, ich flehte und weinte, doch der deutsche Arzt *Mengele* hatte die Abtreibung befohlen, und die vorzeitige Geburt war ohne mein Einverständnis eingeleitet worden. Bei der Arbeit zwang man uns zu völlig sinnlosen Tätigkeiten, so mussten wir Steine von einem Ort zum anderen schleppen und wieder zurück. Dabei wurden wir oft mit Stöcken geschlagen, oder man hetzte ohne jeden Grund Hunde auf uns. Morgens bekamen wir irgendeine Brühe, abends 250 Gramm Brot.

7 Zu den Experimenten an Zwillingen siehe Einleitung, S. 26, 35.

1 GARF, P 7021/108/7, Bl. 54–56. Kopie: ITS, 1.1.2.0. Dok-ID 82 347 868–82347871. Das Dokument wurde aus dem Russischen übersetzt.

2 Aranka Schiffer (*1918), Hausangestellte, im Jan. 1945 befreit; Nachkriegsschicksal ungeklärt.

3 Richtig: Dr. Anna Koppich (1909–2005), Ärztin; Ende Juni 1944 aus Kolozsvár nach Auschwitz deportiert, Einsatz als Häftlingsärztin im Krankenrevier, Jan. 1945 in Auschwitz befreit; nach dem Krieg Rückkehr nach Rumänien, später Auswanderung in die USA; 1995 Interview der USC Shoah Foundation, VHA # 6182.

DOK. 152
Chaïm Herman, Mitglied des Sonderkommandos in Auschwitz-Birkenau, verfasst am 6. November 1944 einen Abschiedsbrief an seine Familie[1]

Brief von Chaïm Herman,[2] Auschwitz-Birkenau, an seine Frau und seine Tochter Simone, Paris, vom 6.11.1944[3] (Abschrift)

Meine liebe Frau und meine liebe Tochter,
Anfang Juli dieses Jahres hatte ich die große Freude, Euren Brief (ohne Datum) zu bekommen; es war wie Balsam für meine Seele an meinen traurigen Tagen hier, ich lese ihn wieder und wieder und werde mich erst bei meinem letzten Atemzug von ihm trennen. Ich hatte keine Gelegenheit, Euch zu antworten, und wenn ich Euch heute unter großem Risiko und Gefahr schreibe, dann um Euch anzukündigen, dass es mein letzter Brief ist, dass meine Tage gezählt sind. Und wenn Ihr eines Tages dieses Schreiben bekommt, so müsst Ihr mich zu den Millionen unserer Brüder und Schwestern zählen, die aus dieser Welt geschieden sind. Bei dieser Gelegenheit muss ich Euch versichern, dass ich in Ruhe gehe und vielleicht heldenhaft (das hängt von den Umständen ab), mit dem einzigen Bedauern, dass ich Euch niemals, nicht mal für einen Augenblick, wiedersehen kann; trotzdem möchte ich Euch hier einige Instruktionen geben. Ich weiß, dass ich Euch materiell nicht viel hinterlassen habe, um Eure Existenz zu sichern, aber nach diesem Krieg wird allein das Leben zählen; mit einem vernünftigen Willen und mit seinen zehn Fingern wird jeder gut leben können. Versucht, Euch mit einem Strickwarenproduzenten zusammenzutun, um ausschließlich für ihn zu arbeiten.
Ich hoffe, dass nichts von dem, was Ihr Euren Freunden anvertraut habt, verloren ist; im Fall von Schwierigkeiten wendet Euch an den Präsidenten unserer Versicherungsgesellschaft, der sich bemühen wird, Euch zu Eurem Recht zu verhelfen. Ich vergesse meinen großen Freund Herrn *Riss* nicht, an den ich oft denke und der auf Euch aufpasst.
Eine wichtige Aufforderung richte ich an meine sehr liebe unvergessliche Simone, ihr Leben sozial und politisch so weiterzuleben, wie sie ihren Vater gekannt hat. Mein Wunsch ist, dass sie sich so früh wie möglich mit einem Juden verheiratet, unter der Voraussetzung, dass sie viele Kinder haben wird; wenn das Schicksal mir die Weitergabe meines Familiennamens verweigert hat, so liegt es an ihr, an Simone, meinen Vornamen zu sichern, so wie die von allen anderen Familienmitgliedern in Warschau, die alle verstorben sind.

1 Original nicht aufgefunden. Abschrift: APMAB, Ruch Oporu, Bd. 24, Bl. 92–96. Es handelt sich um eine Abschrift des Originals, die im Jahr 1948 vom Ministère des Anciens Combattants et Victimes de Guerre an die Amicale d'Auschwitz übersandt wurde. Abdruck in deutscher Übersetzung: Bezwińska/Czech (Hrsg.), Handschriften (wie Dok. 38, Anm. 1), S. 193–203. Das Dokument wurde aus dem Französischen neu übersetzt.

2 Chaïm Herman (1901–1944), Zahntechniker; geb. in Warschau, Emigration nach Paris, am 21.8.1941 festgenommen und im Lager Drancy interniert, am 5.11.1941 entlassen, am 21.2.1943 von der Pariser Polizei erneut festgenommen, am 2.3.1943 von Drancy nach Auschwitz deportiert, am 5.3.1943 dem Sonderkommando in Birkenau zugeteilt und Ende Nov. 1944 bei der Auflösung des Sonderkommandos ermordet.

3 Die Niederschrift erstreckte sich vermutlich über einen längeren Zeitraum. Der Brief wurde im Febr. 1945 von Andrzej Zaorski (1923–2014) in einer Glasflasche in der Nähe des Krematoriums III inmitten menschlicher Asche gefunden und im März 1945 der franz. Mission in Warschau übergeben.

Dich, meine liebe Frau, bitte ich, mir zu verzeihen, wenn wir manchmal im Leben Streit hatten; jetzt sehe ich, wie wenig wir die vergangene Zeit zu schätzen wussten. Hier dachte ich mir immer, wenn ich durch ein Wunder entkomme, werde ich ein neues Leben beginnen … aber leider, das ist ausgeschlossen, niemand kommt hier raus, alles ist aus. Ich weiß, Du bist noch jung und Du musst wieder heiraten. Ich lasse Dir freie Hand, ich gebiete es Dir sogar, denn ich möchte Euch nicht in Trauer sehen. Aber ich möchte Simone keinen Stiefvater geben: Versuche also, sie so früh wie möglich zu verheiraten, dass sie auf ihr höheres Studium verzichtet, und Du wirst dann frei sein.
Denke nie dran, nach Polen zurückzukehren, diese für uns verfluchte Erde. Es ist die Erde von Frankreich, die es zu lieben und zu nähren gilt (außer die Umstände verschlagen Euch woandershin, aber niemals nach Polen).
Ihr werdet Euch sicher für meine Situation interessieren; so sieht sie aus: in aller Kürze, denn wenn ich alles schreiben würde, was ich erlebt habe, seitdem ich Euch verlassen habe, müsste ich mein ganzes Leben lang schreiben, so viel ist geschehen.
Unser Transport, der sich aus 1132 Personen zusammensetzte, hat Drancy am 2. März frühmorgens verlassen, und wir sind hier am 4. in der Abenddämmerung angekommen, im Viehwagen ohne Wasser; beim Aussteigen gab es bereits mehrere Tote und verrückt Gewordene.[4]
Hundert Personen, zu denen ich gehörte, wurden ausgesucht, um in das Lager zu gehen, der Rest ging ins Gas und danach in die Öfen. Am nächsten Morgen, nach einem kalten Bad und entblößt von allem, was wir bei uns gehabt hatten (außer dem Gürtel, den ich noch immer bei mir habe), selbst der Kopf wurde rasiert, ganz zu schweigen von Schnurrbärten und Spitzbärten, hat man uns wie zufällig in das berüchtigte „Sonderkommando" gesteckt. Dort hat man uns erklärt, dass wir als Verstärkung kommen, um als Leichenbestatter oder als „Chevra Kadischa"[5] zu arbeiten. Zwanzig Monate sind seitdem vergangen, es kommt mir wie ein Jahrhundert vor; es ist absolut unmöglich, Euch von allen schweren Prüfungen zu schreiben, die ich hier durchlebt habe. Wenn Ihr lebt, werdet Ihr nicht wenige Werke über dieses Sonderkommando lesen, aber ich bitte Euch, mich niemals schlecht zu beurteilen. Wenn es unter uns Gute und Schlechte gab, so war ich sicherlich nicht unter den Letzteren. Während dieser Zeit tat ich alles, was in meiner Macht stand, ohne Angst vor dem Risiko oder der Gefahr, um das Schicksal der Unglücklichen zu erleichtern, oder tat politisch das, wovon ich Euch nicht schreiben kann, so dass mein Gewissen rein ist und ich am Vorabend meines Todes stolz darauf sein kann.
Anfangs habe ich sehr stark unter Hunger gelitten; ich dachte manchmal an ein Stück Brot, noch mehr an ein bisschen warmen Kaffee. Mehrere meiner Kameraden sind entweder krank oder einfach geschwächt umgefallen. Jede Woche waren wir weniger; zurzeit sind wir nur mehr zwei von hundert. Es ist wahr, dass viele einen mehr oder weniger

4 Es handelt sich um den Transport Nr. 49 vom 2.3.1943, der 1000 Juden vom Bahnhof Le Bourget-Drancy nach Auschwitz brachte. Mehr als zwei Drittel der Betroffenen waren über 60 Jahre alt. 100 Männer und 19 Frauen wählte die SS bei der Ankunft in Auschwitz zur Arbeit aus, alle anderen wurden ermordet.

5 Hebr.: Beerdigungsgemeinschaft. Bezeichnet die Gruppe von Personen in einer jüdischen Gemeinde, die sich um die Einhaltung der rituellen Vorgaben bei Beerdigungen kümmert. Diese wurden beim Massenmord in Auschwitz ignoriert, da das Entfernen von Haaren und Zähnen sowie das Verbrennen der Leichen mit der jüdischen Religion unvereinbar sind.

glorreichen Tod in der Masse gefunden haben,[6] und wenn ich nicht unter ihnen war, so nicht aus Feigheit, nein, sondern einfach aus Zufall. Auf jeden Fall komme ich wahrscheinlich im Lauf dieser Woche an die Reihe.

Meine körperlichen Leiden fanden gegen Ende September 1943 ein Ende. Seitdem bringe ich meinem Chef die Spielregeln von Belote[7] bei; weil ich mit ihm spiele, bin ich von schweren und mühsamen Arbeiten befreit worden. Zum damaligen Zeitpunkt war ich richtig spindeldürr, meine Hände haben meinen Körper beim Berühren nicht einmal wiedererkannt, aber seitdem habe ich wieder aufgeholt. Derzeit mangelt es uns an nichts, vor allem seit dem Monat Mai 1944;[8] wir haben von allem im Überfluss (außer von der geliebten Freiheit). Ich bin sehr gut gekleidet, untergebracht und ernährt, ich bin bei tadelloser Gesundheit, ohne Bauch natürlich, schön schlank und sportlich, abgesehen von meinem weißen Kopf, schätzt man mich auf 30.

Während all dieser zwanzig Monate hier habe ich immer für die angenehmste Zeit gehalten, wenn ich mich auf mein Bett gelegt habe mit dem Gedanken, dass ich bei Euch bin, dass ich mit Euch spreche, und oft sah ich Euch in meinen Träumen. Manchmal weinte ich sogar mit Euch, vor allem am Abend des ersten „Kippur“ oder beim „Kol Nidre“,[9] das wir bei uns improvisiert haben. Ich weinte viel und dachte dabei, dass Ihr irgendwo in einer Ecke, in einem Versteck, das Gleiche tut und an mich denkt.

Ich hatte immer Simone am 17. Februar beim Weggehen mit Herrn Vanhems vor Augen; wenn ich ihnen durch das Fenster nachsah, und mehr als einmal, wenn ich durch die große Halle des (leeren) Krematoriums ging, sagte ich laut den Namen von Simone, als würde ich sie rufen, und ich hörte meiner Stimme zu, die diesen lieben Namen erschallen ließ, den ich leider nicht mehr benutzen werde. Das ist die größte Strafe, die unser Feind uns auferlegen konnte.

Seitdem ich hier bin, habe ich niemals an die Möglichkeit geglaubt zurückzukehren. Ich wusste so wie wir alle, dass jede Verbindung mit der anderen Welt abgebrochen ist. Es ist eine andere Welt hier; wenn Ihr so wollt, ist es die Hölle, aber die Hölle von Dante ist ungeheuer lächerlich gegenüber der echten hier, und wir sind Augenzeugen und dürfen nicht überleben. Trotz allem behalte ich manchmal einen kleinen Funken Hoffnung, vielleicht durch irgendein Wunder, ich, der ich schon so viel Glück hatte, einer der Ältesten von allen hier, der ich so viele Hindernisse überwunden habe, zwei von hundert hielten durch, vielleicht findet dieses letzte Wunder statt? Aber dann würde ich kommen, bevor dieser vergrabene Brief aufgefunden wird.

Auch sollt Ihr wissen, dass alle, die aus Drancy abtransportiert wurden, gestorben sind, wie Michel, Henry, Adèle mit den Kindern und alle unsere Freunde und Bekannten, an deren Namen ich mich nicht erinnere.

Ich war hier froh in meinem Schmerz, da ich Euch am Leben glaubte, und seit ich Euren persönlichen Brief mit Euer beider Schrift bekommen habe, den ich ziemlich oft küsse, seitdem bin ich vollauf zufrieden. Ich werde beruhigt sterben in dem Wissen, dass zumindest Ihr gerettet seid. Die meisten meiner Kameraden hier haben ihre ganzen Familien mitgebracht, und vor allem die Polen, die absolut die einzigen Überlebenden sind

6 Hinweis auf den Aufstand des Sonderkommandos vom 7.10.1944; 452 Mitglieder kamen dabei um.
7 Ein beliebtes franz. Kartenspiel.
8 Anfang Mai 1944 trafen die ersten Transporte mit Juden aus Ungarn in Auschwitz-Birkenau ein.
9 Lied, das am Jom Kippur, dem jüdischen Buß- bzw. Versöhnungstag, gesungen wird.

(zurzeit); wir sind hier aus verschiedenen Nationen oder Ländern. Unter den Polen gibt es einen Figlarz, der ein Cousin des Vaters von unserem Figlarz ist (übrigens, was ist aus ihm geworden?), auch Leute, die Michel und Eva im Getto gekannt haben.

Ich möchte Euch um einen Gefallen für mich bitten. Ich lebte hier mit einem Kameraden meines Transports zusammen, ein französischer Jude, ein Pelzwarenfabrikant und -verkäufer aus Toulouse, ein gewisser David Lahana.[10] Es war zwischen uns beiden abgemacht, dass wir Neuigkeiten an die Familie des anderen weitergeben, sollte einer von uns beiden verscheiden, und nachdem er durch bedauerliches Pech vor mir gegangen ist, liegt es an mir, seine Familie durch Eure Vermittlung zu informieren, dass seine Frau, Frau Lahana,[11] drei Wochen nach unserer Ankunft hier verstorben ist (sie war lebend ins Lager gekommen mit dreißig anderen Französinnen, die alle schon tot sind) und dass er mit einem Transport von 200 Personen, alle vom „Sonderkommando", am 24. Februar 1944 nach Lublin abfuhr, wo sie wenige Tage später vernichtet wurden.[12]

David war ein Engel, ein unvergleichlicher Kamerad; sagt seiner Familie, dass er immer an seine zwei Söhne dachte mit einer unglaublichen väterlichen Liebe, im Glauben natürlich, dass sie in Spanien sicher sind, genauso wie an seine Mutter, seine Schwestern und seinen Schwager. In Verzweiflung wiederholte er immer: „Lieber Gott! Lieber Gott! Warum strafst du mich so, hab Mitleid, Mitleid …", und ich war es, der ihn getröstet hat; er, der weder Deutsch noch Polnisch noch Jiddisch konnte, hatte es immer schwer, und ich konnte ihn nicht vor dem Transport retten, Gott ist mein Zeuge. Schreibt also einen Brief an die Familie, die bestimmt bekannt ist in Toulouse, um Nachrichten über die beiden weiterzugeben. Vielleicht auch über seinen Schwager Babani (wenn ich mich nicht irre), er führt einen Laden für Seidenhandel und Waren aus China am Boulevard Malesherbes.

Ich bitte Euch, niemals das Gute und die Hilfe unserer Freunde zu vergessen, die für Euch in meiner Abwesenheit gesorgt haben, wie die Martinellis, Vanhems und andere, wenn angebracht. Wenn Ihr noch am Leben seid, dann dank Gottes und ihretwegen – vergesst das nicht. Leider bleibt mir nur mehr, meinen aufrichtigen Dank und die besten Wünsche zu schicken; Wünsche, die ein Mensch vor seinem Tod ausspricht, werden von der Vorsehung erhört.

Mein Brief kommt zum Ende, ebenso wie meine Stunden, und ich richte ein letztes Lebewohl an Euch. Es ist der letzte Gruß für immer, ich umarme Euch ein letztes Mal richtig fest, und ich bitte Euch nochmals, mir zu glauben, dass ich leichten Schrittes gehe im Wissen, dass Ihr am Leben seid und dass unser Feind verloren ist. Es ist sogar möglich, dass Ihr durch die Geschichte des Sonderkommandos den genauen Tag meines Todes erfahrt. Ich bin in der letzten Mannschaft von 204 Personen, man liquidiert gerade das Krematorium II, was ich intensiv verfolge; und man spricht von unserer eigenen Liquidierung im Lauf dieser Woche.[13]

10 David Lahana (1906–1944), Kaufmann; wurde im Dez. 1942 von der Kriminalpolizei der Pariser Polizeipräfektur festgenommen und nach Drancy überstellt, am 2.3.1943 nach Auschwitz deportiert.

11 Rebecca Lahana, geb. Behar (1910–1943), Hausfrau; Mutter von zwei Kindern, zusammen mit ihrem Ehemann im Dez. 1942 festgenommen, am 2.3.1943 von Drancy nach Auschwitz deportiert und dort umgekommen.

12 Die Gruppe wurde im KZ Lublin-Majdanek ermordet; siehe Dok. 98 vom 24.2.1944.

13 Chaïm Herman wurde wahrscheinlich gemeinsam mit weiteren 100 Häftlingen des Sonderkommandos am 26.11.1944 ermordet.

Verzeiht, dass mein Text so unübersichtlich ist, wie auch mein Französisch; wenn Ihr wüsstet, unter welchen Umständen ich schreibe. Es sollen mir auch alle meine Freunde verzeihen, die ich aus Platzmangel nicht namentlich anführen kann: Ich schicke ihnen gemeinsam mein letztes Lebewohl und sage ihnen: Rächt Eure Brüder und Schwestern, die unschuldig auf dem Schafott gefallen sind.
Lebewohl, meine liebe Frau und meine liebe Simone, führt meine Wünsche aus und lebt in Frieden, Gott möge Euch beschützen.
Tausend Küsse von Eurem Mann und Vater.
P.S. Wenn Ihr diesen Brief erhaltet, bitte informiert Madame Germaine *Cofen Bank Union in Thessaloniki (Griechenland)*, dass Leon mein Schicksal ebenso wie meinen Schmerz teilte. Er umarmt alle und empfiehlt seiner Frau besonders Bill. Daniel und Lili sind auch schon lange tot, ebenso seit einem Monat *Rechtsanwalt Yacoel* und seine ganze Familie.

DOK. 153
Lejb Langfus notiert am 26. November 1944 den Wunsch, dass die vom Sonderkommando vergrabenen Schriften nach dem Krieg publiziert werden[1]

Notizen von Lejb Langfus, Dez. 1942 bis Nov. 1944[2]

Notizen
Am 14. Oktober 1944 begann man mit dem Abbruch der Wände des Krematoriums 3.[3] Die Arbeiter stammen aus dem Sonderkommando.
Am 20. Oktober brachte man zwei kleine Autos und einen Gefangenentransporter mit Häftlingsdokumenten wie Karteien, Totenscheinen, Anklageschriften usw. zum Verbrennen.
Heute, am 25. November, hat man damit begonnen, das Krematorium 1 abzureißen. Danach kommt das Krematorium 2 an die Reihe. Interessant ist, dass man vor allem den Entlüftungsmotor und die Rohre demontiert und in andere Lager schickt: den ersten nach Mauthausen, die zweiten nach Groß-Rosen. Da diese nur zu Vergasungen in größerem Maßstab taugen, denn in den Krematorien 3 und 4 gab es solche Einrichtungen gar nicht, entsteht der Verdacht, dass in jenen Lagern genau solche [großen] Vernichtungspunkte für Juden geschaffen werden.[4]
Ich bitte, dass man alle meine zu verschiedener Zeit vergrabenen Beschreibungen und Notizen mit der Unterschrift Y.A.R.A[5] sammelt. Sie befinden sich in verschiedenen

1 APMAB, Wspomnienia Bd. 73, unpaginiert, Mikrofilm Nr. 462, Nr. inw. 156 644/420. Abdruck in jiddischer Sprache: In Greuel fun retzikhe, Bleter far geszichte, 7 (1954), S. 100–107. Das Dokument wurde aus dem Jiddischen neu übersetzt.
2 Zur Überlieferungsgeschichte der Aufzeichnungen von Lejb Langfus siehe Dok. 44 von Dez. 1942. Der hier abgedruckte Abschnitt „Notizen" stammt aus der 1952 auf dem Gelände von Krematorium III gefundenen Handschrift.
3 Zur Nummerierung der Krematorien siehe Dok. 44, Anm. 9.
4 Zu den Plänen, in Mauthausen eine Gaskammer zu errichten, siehe Dok. 207 vom 10.2.1945.
5 Yehuda Arye Regel Arucha: hebr. für Langfus.

Schachteln und Gläsern auf dem Hof von Krematorium 2, wie auch zwei größere Beschreibungen: eine mit dem Titel „Aussiedlung". Sie liegt in einer Grube mit Knochen auf dem Gelände von Krematorium 1, wie auch eine Beschreibung mit dem Titel „Auschwitz". Diese liegt zwischen verstreuten Knochen an der südwestlichen Seite desselben Hofs. Später habe ich das abgeschrieben, ergänzt und gesondert zwischen der Asche im Krematorium 2 vergraben. Und alles soll zusammen abgedruckt werden unter dem Titel: „Im Grauen der Gewalt".[6]
Wir gehen jetzt zur Zone, 170 verbliebene Männer.[7] Wir sind sicher, dass sie uns in den Tod führen. 30 Leute wurden ausgewählt, um im Krematorium 4 zu bleiben.
Heute ist der 26. November 1944.

DOK. 154
Das War Refugee Board veröffentlicht am 26. November 1944 die Berichte von fünf ehemaligen Häftlingen, die später als „Auschwitz-Protokolle" bekannt werden[1]

Einleitung zur Publikation vom Executive Office des Präsidenten, War Refugee Board, Washington D.C., vom 26.11.1944

Deutsche Vernichtungslager – Auschwitz und Birkenau
Es ist eine nicht zu leugnende Tatsache, dass die Deutschen bewusst und systematisch Millionen von unschuldigen Zivilisten – darunter sowohl Juden als auch Christen – in ganz Europa umgebracht haben. Diese in der Geschichte einmaligen und bis heute unvermindert anhaltenden Akte des Terrors und der Brutalität sind Teil des deutschen Plans, die freien Völker der Welt zu unterjochen.
Angesichts der Abscheulichkeit und Monstrosität der deutschen Gräueltaten fällt es zivilisierten Menschen schwer zu glauben, dass diese tatsächlich stattgefunden haben. Die Regierungen der Vereinigten Staaten und anderer Länder verfügen diesbezüglich jedoch über eindeutige Beweise.
Das War Refugee Board beteiligt sich an dem verzweifelten Versuch, möglichst viele der von Hitler Verfolgten zu retten. Die Organisation hat Vertrauenspersonen an entscheidenden Orten in Europa, die diese Arbeit unterstützen. Sie verfügen in ganz Europa über bewährte Kontakte und halten das War Refugee Board ständig auf dem Laufenden, was die Ausrottungs- und Foltermaßnahmen der Deutschen angeht.
Vor kurzem erhielt das Board über eine Vertrauensperson, die das Geschehen ganz aus der Nähe verfolgt, zwei Augenzeugenberichte über Ereignisse in den von den Deutschen

6 Die Handschrift wurde 1954 unter diesem Titel in jidd. und poln. Sprache publiziert, konnte aber zu dieser Zeit noch nicht Lejb Langfus zugeordnet werden.

7 70 Häftlinge von dieser Gruppe wurden dem Abbruchkommando zugeteilt, das bei der Demontage der Krematorien eingesetzt war. Sie wurden am 18.1.1945 nach Mauthausen überstellt. Die übrigen 100 wurden vermutlich in Birkenau in einer der Verbrennungsgruben erschossen.

1 FDR-Library, Records of the War Refugee Board, 1944–45, Series 1, Box 7, German Extermination Camps (1). Das Dokument wurde aus dem Englischen übersetzt.

errichteten berühmt-berüchtigten Vernichtungslagern.[2] Der erste Bericht fußt auf Erlebnissen zweier junger slowakischer Juden, die im April 1944 fliehen konnten, nachdem sie zwei Jahre in den Konzentrationslagern der Nazis, in Auschwitz und Birkenau im Südwesten Polens, verbracht hatten.[3] Der zweite Bericht stammt von einem nichtjüdischen polnischen Major, dem einzigen Überlebenden einer in Auschwitz inhaftierten Gruppe.[4]

Beide Berichte wurden unabhängig voneinander abgefasst und werden hier exakt in der Form wiedergegeben, in der wir sie erhalten haben, mit Ausnahme einiger Streichungen, die notwendig waren, um Personen zu schützen, die vielleicht noch am Leben sind. Die Angaben zur Größe der jüdischen Transporte und zur Anzahl der in den beiden Lagern festgehaltenen Frauen und Männer mögen rechnerisch nicht ganz zutreffend sein. Die Verfasser haben selbst eingeräumt, dass es sich lediglich um glaubwürdige Annäherungen handelt. Das Board hat sie als solche akzeptiert.

Das Board hat allen Grund anzunehmen, dass diese Berichte ein getreues Bild der schrecklichen Vorkommnisse in diesen Lagern vermitteln. Es macht sie der Öffentlichkeit in der festen Überzeugung zugänglich, dass sie von allen Amerikanern gelesen und verstanden werden sollten.

2 Die Wege, über die die Auschwitz-Protokolle in den Westen gelangten, sind inzwischen gut erforscht; Fleming, Auschwitz (wie Dok. 26, Anm. 2), S. 219–257.

3 Veröffentlicht wurde eine leicht gekürzte Version der Berichte von Alfréd Wetzler und Rudolf Vrba; siehe Dok. 108 vom 23.4.1944.

4 Veröffentlicht wurde eine leicht gekürzte Version des Berichts von Jerzy Tabeau; siehe Dok. 91 vom 19.11.1943. Dem Protokoll als Kapitel III angegliedert ist außerdem der Bericht von Mordowicz/Rosin; siehe Dok. 119 von Juni 1944.

DOK. 155
Das Reichssicherheitshauptamt verweigert am 28. November 1944 dem Internationalen Roten Kreuz eine Besichtigung des Lagers Auschwitz-Birkenau[1]

Schreiben von Eberhard von Thadden[2] an Staatssekretär Steengracht[3] vom 28.11.1944

zu St.S. Nr. 310[4]
Die Lager Birkenau und Auschwitz kommen nach Auskunft des Reichssicherheitshauptamtes für eine Besichtigung keinesfalls in Betracht. Selbst Reichsdeutschen oder sogar Angehörigen des Reichssicherheitshauptamtes werde ein Besuch dieser Lager nur in besonderen Fällen und meist erst nach Vorlage bei dem Reichsführer[5] gestattet. Eine Anfrage beim Reichsführer selbst hält das Reichssicherheitshauptamt für zwecklos, stellt es aber anheim.
Gegebenenfalls könnte jedoch die Genehmigung für den Besuch einiger anderer Judenlager erwirkt werden, falls hieran Interesse bestehen sollte. Die Schwierigkeiten liegen jedoch daran, dass in fast allen Judenlagern zurzeit besondere Fertigungen für die Wehrmacht erfolgen und es unzweckmäßig erscheint, Ausländer hierauf aufmerksam zu machen.
Hiermit über Herrn Gru Lei Inland II[6] Herrn Staatssekretär v. Steengracht wieder vorgelegt mit der Bitte um Weisung, ob trotz dieser Stellungnahme die Angelegenheit beim Reichsführer unmittelbar zur Sprache gebracht werden soll und verneinendenfalls, ob der Plan eines Besuches anderer Lager als Birkenau und Auschwitz aufgegriffen und vorbereitet werden soll.[7]

1 PAAA, R 99 337 Inl II A 3987/44.
2 Eberhard von Thadden (1909–1964), Jurist; 1933 NSDAP-, 1936 SS-Eintritt; von 1937 an Osteuropareferent in der Politischen Abt. des AA, 1940 Wechsel in die Personalabt., Febr. bis April 1942 Fronteinsatz, danach wieder im AA, April 1943 bis April 1945 stellv. Referatsleiter der Gruppe Inland II und Judenreferent im AA; 1946–1949 in US-Internierung, später im Vorstand der Gollnow-Werke AG in Düsseldorf.
3 Gustav Adolf Steengracht von Moyland (1902–1969), Jurist; 1933 NSDAP- und SA-Eintritt; Okt. 1938 Legationssekretär im AA, 1940–1943 im Persönlichen Stab des Reichsaußenministers Joachim von Ribbentrop, von April 1943 an StS im AA; nach Kriegsende interniert, 1949 im Wilhelmstraßen-Prozess zu sieben Jahren Haft verurteilt, 1950 entlassen, danach Rechtsanwalt in Kleve.
4 Schreiben Steengracht vom 23.11.1944; ebd. Dort heißt es, dass der Schweizer Gesandte die Bitte wiederhole, dass die Lager Auschwitz und Birkenau von einem Vertreter des IKRK besichtigt werden dürfen, um „gegebenenfalls auch über diese Lager Bericht zu geben, die zu einer Entgiftung der Atmosphäre beitragen würden". Im Mai 1944 hatte Himmler dem Deutschen Roten Kreuz und einem Vertreter des IKRK eine Besichtigung von Theresienstadt und eines jüdischen Arbeitslagers zugesagt; siehe Miroslav Kárný, Das Theresienlager Familienlager (B II b), in: Hefte von Auschwitz, 20 (1997), S. 133–237.
5 Heinrich Himmler.
6 Horst Wagner (1906–1977), Journalist; 1936 SS-, 1937 NSDAP-Eintritt; von 1938 an im AA, zunächst als Hilfskraft in der Protokollabt., dann Gruppenleiter der für „Judenmaßnahmen" zuständigen Referatsgruppe Inland II; nach dem Krieg interniert, floh 1948 nach Südamerika, 1958 Rückkehr, 1968 angeklagt wegen Beihilfe zum Judenmord, das Verfahren wurde 1974 wegen Verhandlungsunfähigkeit eingestellt.
7 Im Original handschriftl. Vermerk: „Der Herr St.S. ist dafür, daß die Angelegenheit unter den oben geschilderten Umständen vorläufig ruhen bleibt."

DOK. 156

Der Lagerwiderstand schmuggelt im Dezember 1944 Teile eines privaten Briefs von Eduard Wirths aus dem Lager, in dem dieser von der Schuld der Deutschen spricht[1]

Kassiber von Józef Cyrankiewicz, nach dem 13.12.1944

Wir schicken Auszüge aus einem Brief des Standortarztes, Leiter der Krankenreviere in A[uschwitz] 1, A[uschwitz] 2 und A[uschwitz] 3, Sturmbannführer Dr. Wirtz.[2] Über Wirtz haben wir bereits berichtet. Über seine Rolle und seine Hilfe im Kampf gegen das Spitzelnetz und andere Sachen.[3] Er ist ein raffinierter und schlauer Mensch und will sich für die Zukunft absichern. Daher ist er zu einigen Maßnahmen gezwungen, die für die Häftlinge vorteilhaft sind. Er könnte auch im Fall der Lagerauflösung oder einer gewaltsamen Evakuierung hilfreich sein. Diesen Brief diktierte er „seinem" Stenographen zum Abtippen auf der Maschine. Der Stenograph ist ein Häftling.[4] Er ist an den Vater adressiert, aber gedacht für die Häftlinge ... Es handelt sich um eine wortwörtliche Abschrift des stenographierten Textes.
„... Habt auch noch recht herzlichen Dank für Euren lieben Brief, der mich sehr erfreut hat. Nun ist es aber nicht so, lieber *Vater,* daß *ich* etwa jetzt die großen Veränderungen in Au. erreicht hätte, sondern *der Befehl ist von höchster Stelle gekommen.*[5] Soweit reicht denn mein Arm doch noch lange nicht. Das Einzige, was ich für mich dabei buchen könnte, wäre vielleicht, *daß ich den Stein insofern ins Rollen gebracht habe, als ich bei jeder nur sich bietenden Gelegenheit und bei allen mir zugänglichen hohen Persönlichkeiten gebohrt habe, auf das undeutsche, unmögliche und wirklich unwürdige des ganzen Verfahrens hinzuweisen, daß ich eben in jeder Hinsicht versucht habe, diese furchtbare Belastung in krassesten Farben darzustellen und den Verantwortlichen zu zeigen, was sie unserem ganzen Volke damit aufgebürdet haben und noch weiter aufbürden, solange da keine Änderung erfolgte, dazu noch in der Zeit eines so furchtbaren Krieges.* Es ist eine herzliche Genugtuung für mich, daß ich nun bei meiner Rückkehr nach hier von Berlin, diese klare eindeutige Entscheidung hören könnte, *und die völlige Ablehnung, ja das Verbot derartiger Dinge mit nach Au. bringen durfte.* Es ist ein Aufatmen durch uns gegangen, ich kann Euch gar nicht sagen, wie. Du weißt ja, wie ich denke, lieber Vater. *Die Schuld läßt sich nicht leugnen, aber sicherlich hat unser Volk* vieles wieder gutgemacht, durch sein heldenhaftes Verhalten, durch seine ungeheuren Opfer, gerade unter den Frauen und Kindern, die meines Erachtens *vermieden hätten werden können, wenn man sich von solchen Dingen von vornherein ferngehalten hätte. Es ist vorbei, nun wirklich für alle Zeiten, das weiß ich mit Sicherheit ...*"

1 APMAB, Ruch oporu, Bd. 2, Bl. 12, 12 a–e. Abdruck in: Paczyńska, Grypsy (wie Dok. 51, Anm. 1), S. 574 f. Das Dokument wurde – bis auf die deutschen Briefzitate – aus dem Polnischen übersetzt.
2 Richtig: Dr. Eduard Wirths.
3 Am 22.3.1944 beschrieb Cyrankiewicz in einem Kassiber an Adam Rysiewicz, wie sich das Vertrauensverhältnis von Eduard Wirths zu seinem Schreiber Hermann Langbein positiv auf die Verhältnisse im Lager auswirkte. Abdruck in: Paczyńska, Grypsy (wie Anm. 1), S. 19–208.
4 Nach Überstellung von Hermann Langbein nach Neuengamme fungierte Karl Lill (*1908) als Schreiber von Wirths. Er übergab der Kampfgruppe Auschwitz eine Abschrift des Briefs.
5 Gemeint ist die Einstellung der Ermordungen in der Gaskammer seit Anfang Nov. 1944.

Es folgt ein privater Teil – und zum Schluss die Bitte, den Brief nach dem Lesen zu vernichten. Der Brief wurde, wie überprüft wurde, tatsächlich abgeschickt, aber nicht mit der Post, sondern bei einer privaten Gelegenheit. In diesem Brief könnt Ihr von innen, von Seiten des SS-Apparats in Berlin und bei uns die Wirkung Eurer Propaganda sehen. Eine Folge ist das ausdrückliche, wie Wirtz schreibt, Verbot der Auschwitzer Verfahrensweisen. Wie lange das Bestand haben wird, hängt natürlich von ganz anderen Dingen ab: vom Krieg, das heißt, ob sie in die Mangel genommen werden, ob man ihnen auf die Finger schaut und von der Propaganda. Man sollte diese Verbesserung nicht als etwas Allgemeines behandeln, was in allen Lagern stattfindet. Es ist nur ein Verwischen der Spuren an kompromittierten Orten. Darüber hinaus ist dieser Brief jedoch für uns auch ein Dokument, das eindeutig von einer Schuld von deutscher Seite spricht, „die sich nicht verleugnen lässt". Ein SS-Sturmbannführer stellt fest, welches Leid die SS dadurch über das deutsche Volk gebracht hat, das die Konsequenzen heute und in Zukunft zu tragen hat. Zu diesem Schluss kommt ein SS-Offizier, der selbst in Auschwitz Dienst tat – ein klassischer Zeuge. Deshalb denken wir, dass man die lesbare Abschrift dieses von einem Zeugen diktierten Dokuments irgendwo als Anhang zu unserer Dokumentation und den gefällten Urteilen aufbewahren sollte. Klar ist, dass die Sache zurzeit absolut nicht publiziert oder propagandistisch verwertet werden darf. Wir bitten um Bestätigung dieser Sendung und eine Nachricht, ob sie lesbar war.
Die Situation in Au[schwitz] ist im Allgemeinen entspannt. Ein brisantes Detail ist – da sie wie verrückt nach der Verbindung des Lagers nach außen suchen – die Sache mit dem Londoner Radio. Das ist übrigens ein weiterer Beweis der Wirksamkeit der Propaganda und der Angst vor ihr. Eine wichtige Sendung wartet auf Gelegenheit.[6]
Wir wünschen Euch frohe Feiertage.
Herzliche Grüße. J.
Gebt den Schlüssel zusammen mit der Post ab.[7]

6 Da die SS dazu übergegangen war, Originaldokumente zu verbrennen, bemühte sich die Kampfgruppe Auschwitz, Beweismaterialien aus dem Lager zu schmuggeln und sicherzustellen. Hier geht es um zwei Krankenbücher aus dem Krankenbau des Stammlagers, die Ende Dez. 1944 von Natalia Szpak und Maria Stromberger aus dem Lager geschmuggelt wurden.

7 Das Kassiber wurde in einem ausgehöhlten Schlüssel versteckt.

DOK. 157
Lujza Salamon berichtet über ihre Erfahrungen als Häftlingspflegerin und beim Abbruch der Krematorien in Birkenau im Dezember 1944[1]

Protokoll des Berichts von Dr. Miklósné Salamon,[2] Gebäude des Joint, Calea Moşilor 128 in Bukarest, vom 28.3.1945[3]

Als wir am 27. Mai 1944 in Birkenau ankamen, wurden wir, nachdem wir aus dem Waggon ausgestiegen waren, voneinander getrennt. Nach rechts gingen die Frauen, nach links die Männer. Anschließend wurden die Männer neu gruppiert. Wir Frauen wurden jeweils zu fünft ins Bad gebracht, wo wir uns ausziehen mussten. Die polnischen Mädchen[4] sagten uns, dass wir eine Garnitur Unterwäsche anbehalten dürften, aber als wir schließlich durch die Postenkette Kordon liefen, mussten wir auch diese ausziehen. Unsere Schuhe hielten wir in den Händen. Im Bad wurden uns die Haare geschoren, und wir wurden überall rasiert. Nach dem Duschen führte man uns, ohne dass wir uns abtrocknen durften, in einen leeren Raum. Wir erhielten schmutzige Hosen und ein verlaustes Seidenkleid. Einige – darunter auch ich – durften die eigenen Schuhe behalten. Eigentlich hätte man immer seine Schuhe behalten dürfen, doch die polnischen Mädchen nahmen sie uns weg. Nachdem wir die Sachen also angezogen hatten, gingen wir in Fünfergruppen in das Lager „C" hinüber.[5] Hier wurden wir in einen Block gebracht, in dem 1000 Menschen untergebracht waren. Unsere Betten bestanden aus „Schlafkojen", in Ungarn würde man Pritschen sagen. Eine solche Pritsche hatte drei Etagen, und wir schliefen zu zwölft auf einer. Am Nachmittag rief man uns, wieder in Fünferreihen, zum Appell, wo die Blockältesten uns erklärten, was uns erwartete und dass wir uns an die Vorschriften halten sollten, um möglichst vielem Ungemach zu entgehen. Eigentlich seien wir als Häftlinge zu betrachten und hätten allen Befehlen Folge zu leisten, uns ordentlich zu waschen und die Toilette nur nach Genehmigung zu benutzen. Zweimal täglich müssten wir Appell stehen, egal wie krank und schwach wir seien. Während des Appells lagen regelmäßig Leichen vor dem Block. Bis zum Sonntagnachmittag bekamen wir gar nichts zu essen, erst dann fand die erste Verteilung statt. Wir erhielten 200 Gramm Brot, was einer Ration von zwei Tagen entsprach, und ein wenig Konservenfleisch. Decken zum Schlafen gab es keine. Wir lebten in ständiger Angst, da wir wussten, dass das Krematorium in Betrieb war, aber eben nicht, wann wir an der Reihe sein würden. Wir hörten Schreie und Hundegebell und wussten nicht, was das zu

1 LI, VII/123/1, Prot. 34. Das Dokument wurde aus dem Ungarischen übersetzt.

2 Dr. Lujza Salamon, geb. Beck (*1913), Ärztin; geboren in Tăşnad, Rumänien; am 27.5.1944 aus Kolozsvár nach Auschwitz-Birkenau deportiert; Häftlingspflegerin in der Ambulanz; im Jan. 1945 in Birkenau befreit; Rückkehr nach Rumänien, weiteres Schicksal ungeklärt. Miklósné ist die im Ungar. gebräuchliche Form der Anrede einer Ehefrau mit dem Vornamen des Mannes und der Endung -né.

3 Die jüdische Hilfsorganisation American Jewish Joint Distribution Committee hatte in der Calea-Moşilor-Straße 128 in Bukarest eine Anlaufstelle für jüdische Überlebende eingerichtet, die dort Unterstützung erhielten. Gleichzeitig wurden von über 800 Überlebenden Berichte über ihre Verfolgungs- und Hafterfahrungen protokolliert.

4 Gemeint sind weibliche Funktionshäftlinge, die bei der Häftlingsaufnahme eingesetzt waren.

5 Der Lagerbereich B II c in Birkenau diente im Sommer 1944 als Durchgangslager für jüdische Frauen.

bedeuten hatte. Später erfuhren wir, dass neue Bahntransporte angekommen waren. Das Appellstehen war schrecklich. Um vier Uhr in der Frühe weckte man uns, Massen drängten auf die Toilette, in den Waschraum, aber nur ein Teil konnte sein Geschäft verrichten, da wir rechtzeitig beim Appell sein mussten. Um 7 Uhr morgens kam eine deutsche SS-Frau oder ein SS-Mann, die oder der von der „Blokowa“[6] die Anwesenheitszahl entgegennahm. Wenn diese nicht korrekt war, das heißt die Zahl nicht mit der Zahl der tatsächlich Anwesenden übereinstimmte, mussten wir stundenlang knien. Und dies auch bei Regen, Kälte oder brennender Sonne – es war vollkommen gleichgültig, sie nahmen auf niemanden und nichts Rücksicht. Viele von uns fielen in Ohnmacht und wurden von den deutschen Frauen geohrfeigt, damit sie wieder zu sich kamen. In diesem Lager blieben wir sechs Wochen. In dieser Zeit arbeiteten wir nicht, bis auf die 30 Stubendienste, die die Stube in Ordnung hielten, die Rationen ausgaben usw. Diese hatten eine gewisse Macht über die anderen, die sie auch auszunutzen wussten. Sie prügelten uns unter dem Vorwand, sie müssten für Ordnung sorgen. Zweimal am Tag holten sie Essen und erhielten dabei auch größere Portionen, zweimal pro Woche sogar eine Zulage, mit der sie handelten, ebenso wie mit dem, was sie uns wegnahmen. Auch von unseren Suppenrationen zweigten sie immer etwas ab und tauschten es gegen Brot ein.
Nach sechs Wochen wurde die Ambulanz eröffnet, und man stellte mich dort als „Verbandsschwester“[7] ein. Hier konnten wir den Unglücklichen zum ersten Mal wirklich helfen. In der ersten Zeit hatten wir sehr viel Arbeit mit Verbrennungen (Sonnenbrand), eine Folge des ständigen Appellstehens. Medikamente und Verbandsmaterial standen uns ausreichend zur Verfügung. Wir halfen zahlreichen Menschen, die an verschiedensten Krankheiten litten. Einige hatten Brandwunden und waren in Blocks untergebracht, in denen es keine Pritschen gab. Sie mussten auf nassem Zementboden übernachten, so dass ihre Wunden zu faulen begannen und wieder behandelt werden mussten. Außerdem erkälteten sich viele auf dem kalten Boden, bekamen Fieber und Grippe. Andere litten an Durchfällen. In der ersten Zeit starben viele Menschen an den Folgen dieser beiden Krankheiten. Die Mortalität war sehr hoch.
Die Namen der Patienten mit ansteckenden Krankheiten wie Typhus, Scharlach, Diphtherie usw. mussten wir dem deutschen Oberarzt, *Dr. Mengele,* offiziell melden. Am Anfang wurden sie in ein anderes Lager gebracht, da bei uns nur leichtere Erkrankungen behandelt wurden, denn es handelte sich ja eher um eine Sanitätsstation. Diese Menschen sahen wir nie wieder. Später hatten auch wir Infektionsblöcke, in die wir alle Patienten mit ansteckenden Krankheiten brachten. Wie die Infektionskranken mussten auch schwangere Frauen gemeldet werden. Auch diese sahen wir nie wieder. Als wir begriffen, dass auch sie ins Krematorium gebracht wurden, behielten wir sie bei uns, um sie zu behandeln und vielleicht zu retten. Es kam vor, dass wir die Geburt mit Injektionen beschleunigten, selbstverständlich so, dass zwar das Kind starb, die Mutter jedoch am Leben blieb. Leider konnten wir nur Einzelnen damit helfen, nicht allen. Wenn es zur Selektion kam, die vom Leiter des Lagers, Urbanowski,[8] und von Dr. Mengele durchge-

6 Poln. Bezeichnung für die Blockälteste, die auch von anderssprachigen Häftlingen übernommen wurde.

7 Im Original deutsch.

8 Möglicherweise Philipp Urbanowski (*1921), geboren in Radautz, Volksdeutscher aus Rumänien; Okt. 1944 SS-Rottf.; er war vermutlich lediglich Blockführer.

führt wurde – nur Deutsche waren dazu befugt –, wurden wir kurzerhand vor den Block geschickt. Die Selektion bestand daraus, dass sie [die Kranken] untersuchten [und entschieden], wer wieder arbeitsfähig werden würde und wer keine Hoffnung auf Genesung hatte. Diese Unglückseligen, man nannte sie „Muselmänner", wurden auf Lastwagen gepackt und weggebracht, so dass wir auch sie nie wiedersahen. Nach einiger Zeit bekamen wir dann ihre Kleidung zurück. Das hieß, dass sie im Krematorium verbrannt worden waren. Eine derartige Selektion löste stets große Panik unter den Insassen aus, da sie wussten, dass der Tod auf sie wartete. Es kam vor, dass bei solchen Anlässen Urbanowski und der Arzt Dr. Mengele das Feuer eröffneten und auf die Unglücklichen, die zu fliehen versuchten, schossen. Gelang es jemandem dennoch, in einen anderen Block zu fliehen, konnte er sein Leben bis zur nächsten Selektion retten. Wir wollten am Anfang gar nicht glauben, was der Abtransport ins Krematorium bedeutete, aber als wir sahen, wie nach nur wenigen Minuten die Unterwäsche zurückgebracht wurde, und einmal sogar beobachten konnten, dass von einem Mädchen, dessen Bein in einer Schiene steckte, diese Schiene zurückgebracht wurde, glaubten wir endlich, was das Aufladen auf die Lastwagen bedeutete.
In der Ambulanz gab es eine Innere Medizin, eine kleine Chirurgie und eine Abteilung für Zahnmedizin, in der lediglich Zähne gezogen wurden. Der Arzt für Innere Medizin nahm Erkrankte, die hohes Fieber hatten, für vierzehn Tage auf. Wir waren mit Medikamenten gut ausgestattet. Wir erhielten sie unsortiert in Koffern. In rauen Mengen bekamen wir Aspirin, Zugsalbe, Vaseline, Verbandszeug und sogar teure Injektionen. Zunächst gab es noch kein Insulin, so dass viele Diabetiker starben, später verbesserte sich die Situation jedoch. Eine Krankheit namens Skabies, bekannt als Krätze, behandelten wir mit dem Medikament Mithical. Die Blockärztin war verpflichtet, die an Krätze Erkrankten jeden Tag nach dem Appell hinter dem Block nackt auszuziehen und sie mit der Flüssigkeit einzureiben. Die Prozedur musste dreimal wiederholt werden, und dann waren die Patienten wieder gesund. Manchmal wurde uns befohlen, die an dieser schrecklichen Krankheit Leidenden in einem gesonderten Block zu sammeln. Später hörten wir, dass auch sie ins Krematorium gebracht wurden. Als wir davon Wind bekamen, behandelten wir sie heimlich in unserer Ambulanz, damit sie im Lager bleiben konnten. Ähnlich verfuhren wir mit Schwangeren, die anfangs oft nicht verstanden, dass sie dem Tod durch einen Abtransport als „Muselmann" nur entkommen konnten, wenn wir sie nicht melden und im Block belassen. Sie nahmen uns übel, dass wir ihnen damit möglicherweise reichhaltigere Lebensmittelrationen und andere Vorteile vorenthielten. Immer wieder mussten wir ihnen erklären, dass sie nur auf diese Weise überleben würden, und mit der Zeit verstanden sie es. Im Krankenrevier arbeiteten nur jüdische Ärzte. Während einer Selektion wurde von den gesünderen, kräftigeren Frauen Blut abgenommen, wahrscheinlich für verwundete Soldaten. Nicht die normale Menge, sondern so viel wie möglich. Diese unglückseligen Menschen bekamen aber danach keine geeignete Nahrung, und so starben viele von ihnen. Dies ereignete sich im C-Lager zweimal. Im September fragte Dr. Mengele, ab wann die Frauen, die entbunden hatten, wieder arbeitsfähig seien. Die Leiterin der Frauenheilkunde, Frau Dr. Krauss aus Mármarossziget, stellte uns Injektionen zur Geburtsbeschleunigung zur Verfügung. Die Neugeborenen mussten leider übergeben werden, aber viele Frauen konnten auf diese Weise gerettet werden. Bei der Räumung des Lagers wurden einige leider doch noch ins Krematorium gebracht. Im FKL arbeiteten wir eng mit den Häftlingsärzten zusammen,

die verschiedensten Nationalitäten angehörten. So gab es beispielsweise französische, griechische, italienische und russische Ärzte. Eine Chirurgin war zum Beispiel Russin.
Im Oktober 1944 musste das C-Lager geräumt werden, und wir, also das Personal des Krankenreviers, wurden in das FKL überstellt. Dort erwartete uns die gleiche Arbeit wie im C-Lager, nur in größerem Umfang.
Ich muss als traurige Besonderheit erwähnen, dass Musiker bereits bei ihrer Ankunft in Birkenau ausgesondert und dem Orchester zugeteilt wurden. Der Abmarsch zur Arbeit wurde stets musikalisch begleitet, und die unglücklichen Häftlinge mussten mitsingen. Im FKL wurden nachmittags Konzerte für die Kranken gegeben, und nicht selten kam es vor, dass nach Beendigung des Konzerts der Block geschlossen und die Patienten ins Krematorium gebracht wurden. In solchen Fällen hat man „Blocksperre"[9] verhängt, und niemand durfte seinen Block verlassen. Die Lastwagen hielten vor den Blocks, und die Deutschen luden, besser gesagt warfen, diejenigen auf, die nicht mehr gehen konnten. Die Übrigen, die auf eigenen Beinen ihrem Verhängnis entgegenliefen, wurden von den Deutschen gepeitscht, wenn sie der Auffassung waren, die Häftlinge seien nicht schnell genug. Dafür waren ausschließlich die Deutschen zuständig, ohne Unterstützung seitens der Häftlinge oder von Fremden.
Später mussten wir im Infektionsblock 5 im FKL arbeiten – hier gab es keine Selektionen mehr, weil im Oktober, wie wir über Umwege erfuhren, verordnet worden war, dass keine lebenden Menschen mehr ins Krematorium gebracht werden, sondern nur noch Leichen. Ende Oktober begann man schließlich mit dem Abbruch des Krematoriums. Die Gefangenen, die Ende November mit dem letzten Transport aus Bratislava im Frauen-KZ ankamen, blieben am Leben.
Im November wurde das FKL dann ebenfalls geräumt, und wir, das Pflegepersonal, kamen zurück ins E-Lager.[10] Da das Krematorium nicht mehr im Einsatz war, gab es hier viel mehr Kranke, die wir in Ruhe aufnehmen und behandeln konnten. Dr. Mengele war nicht mehr anwesend, und wir fühlten uns dadurch wie befreit. Der letzte Befehl lautete, das Personal abzubauen und nur Schwerstkranke aufzunehmen. Hintergrund der Bestimmung war das Näherrücken der Front. Als ich dort entlassen wurde, kam ich ins Lager B II b, wo die Leute der Außenkommandos, die sogenannten auswärtigen Arbeiter, untergebracht waren. Sie mussten verschiedene Arbeiten verrichten, beispielsweise Kartoffeln in Kartoffelbunkern für den Winter einlegen oder Wasserregulierungsarbeiten an der Weichsel durchführen, Schleusen bauen, was, nebenbei gesagt, die furchtbarste Arbeit war. Den ganzen Tag in offenen Holzschuhen im Wasser zu stehen, zu einer Jahreszeit, in der es bereits so kalt war, dass viele Frauen starben, weil sie körperlich nicht mithalten konnten. Jeden Morgen mussten die Ärmsten zur Arbeit geprügelt werden, weil sie am Abend zuvor so krank ins Lager zurückgekehrt waren, dass sie morgens einfach nicht mehr aufstehen konnten. Diejenigen, die als Teil des Außenkommandos zur Waldrodung eingesetzt wurden, hatten es leichter. Ich selbst war einen Vormittag lang dort eingesetzt und muss sagen, es war eine verhältnismäßig angenehme Arbeit.
Am 1. oder 2. Dezember wurde ich zum Abbruch des Krematoriums eingeteilt.[11] Als wir damit begannen, war das Gebäude noch vollkommen intakt. Es handelte sich um ein

9 Im Original deutsch.
10 Bis zum 24.11.1944 wurden alle weiblichen Häftlinge aus den Lagerabschnitten B I a und B I b in die Lagerbereiche B II b (arbeitsfähige Häftlinge) und B II e (arbeitsunfähige Häftlinge) überstellt.

recht niedriges rotes Gebäude knapp über dem Boden, von einem wunderschönen Park mit Rasen umgeben. Das eigentliche Krematorium befand sich unter der Erde in einem Bunker. Darin gab es einen sehr großen Raum, eine Gaskammer und einen weiteren großen Raum, in dem sich die Menschen ausgezogen und ihre Kleider auf nummerierte Haken gehängt hatten. Der Ausziehraum sah eigentlich wie ein Desinfektionsraum aus, so dass die Menschen annahmen, sie würden desinfiziert werden. Frauen und Männer, Kinder und Greise hatte man hier wieder zusammengeführt.

1000 Menschen presste man in einer Gaskammer zusammen, und dann ließ ein SS-Mann das Gas über drei Öffnungen, die sich auf dem Dach des Bunkers befanden, hinein. Wenn er wohlwollend war, ließ er die ganze Menge auf einmal hinein – dann tötete es die Opfer innerhalb von zehn Minuten. Aber wenn er die Opfer quälen wollte, dann ließ er das Gas in kleinen Mengen ein, und die Unglückseligen mussten dann furchtbare Qualen erleiden. Laut Aussage eines Augenzeugen (Sonderkommando) rissen sich die Opfer in ihrer Qual die Haare aus und zerfleischten ihre Haut. Fürchterliches Schreien und Weinen war während der Prozedur zu hören. Mütter drückten ihre Kinder an sich – so fand man die Leichen auf. Ich habe gehört, dass Franzosen und Polen, die seit Jahren hier arbeiteten, Fotos und Notizen machten, um diese Gräuel für die Nachwelt zu verewigen und nach dem Krieg öffentlich zu machen.

Es kam vor, dass man den Kopf eines Kindes vor den Augen seiner Mutter so lange auf einen Stein schlug, bis das Hirn herausquoll. Die Kranken und Gehunfähigen wurden auf einer Rutsche in die Gaskammer hineingeschoben. Nachdem das Gas die Unglücklichen getötet hatte, wurden die Leichen mit einem Fahrstuhl zu den Öfen gebracht, die mit Kohle und Holz geheizt wurden. Wie die Verbrennung genau vor sich ging, weiß ich nicht, aber es wurde mir erzählt, dass die Leichen in die Öfen geschoben wurden wie das Brot beim Bäcker. Ich habe erfahren, dass die Goldzähne herausgebrochen und die Haare sortiert wurden. Manchmal gab es so viel zu tun, dass nicht einmal die fünf Krematorien ausreichten. In diesen Fällen wurden die Leichen in riesige Gruben hinter dem Krematorium geworfen. Mit eigenen Augen sah ich solche Leichenberge brennen. Ein im Krematorium bei der Verbrennung eingesetzter Arzt schrieb einer Blokowa, dass er heute seine Ehefrau vergasen musste und sich noch im Lauf des Tages vergiften werde.[12]

Von Anfang Dezember bis zum 23. wohnte ich im Lager B II b und war als Mitglied des Sonderkommandos beim Abbau des Krematoriums eingeteilt. Die Arbeit bestand aus den folgenden Aufgaben: Die Männer mussten das Gebäude sprengen und die Frauen die Ziegel und den Schutt abtragen. Den Schutt sammelten wir in einem Behältnis, das Holz musste systematisch geordnet werden – mit deutscher Gründlichkeit und Präzision. Der Abbruch der Bunker war sehr schwer, wir arbeiteten mit Spitzhacke und Schaufel. Die im Boden eingebetteten Behältnisse, in denen sich Knochen und Asche befanden, mussten ebenfalls zerstört werden.

11 Das Krematorium IV war während des Aufstands vom Okt. 1944 beschädigt und in der Folge abgerissen worden. Die Krematorien II und III wurden ab Ende Nov. 1944 abgetragen; die Weiterverwendung von Teilen der Anlage in Mauthausen war geplant; siehe Dok. 153 vom 26.11.1944 und Dok. 207 vom 10.2.1945. Krematorium V wurde bis Mitte Jan. 1945 weiter zur Einäscherung verstorbener Häftlinge verwendet. Am 20.1.1945 sprengte die SS die Überreste der Krematorien II und III, in der Nacht zum 22.1.1945 das intakte Krematorium V.

12 Es handelt sich um einen Angehörigen des Sonderkommandos, das zu Hilfsarbeiten bei den Gaskammermorden und Leichenverbrennungen eingesetzt war.

Da diese Arbeit so anstrengend war, ließ ich mich in die Weberei versetzen, was mir mit viel Unterstützung auch gelang. Ich dachte, dort würde es einfacher werden. Ab dem 23. Dezember war ich also dem C-Lager zugeteilt. Hier mussten wir Brandschnüre (für die Sprengungen) herstellen, die aus schmutzigen Lumpen und Gummi geflochten wurden. Als ich die Werkstatt zum ersten Mal betrat, erschrak ich: So viele schmutzige, zerlumpte, unglückselige Frauen arbeiteten dort. Ich konnte zuerst gar nicht begreifen, warum das Elend hier so besonders ins Auge stach. Später verstand ich. In diesem Block wurde früh um vier Uhr geweckt, zum Toilettengang standen insgesamt nur zehn Minuten zur Verfügung, was unmöglich war, weil sich dort solche Massen drängten, dass nur ein Teil seine Notdurft verrichten konnte. Man konnte sich auch nicht waschen, da der Waschraum in der Regel zugesperrt war. Selbst wenn man ihn hätte benutzen können und an die Reihe gekommen wäre, so hätte man inzwischen längst beim Appell antreten müssen, denn dort mussten selbstverständlich alle anwesend sein. Nach dem Appell sollte es eigentlich Tee geben, aber auch dazu kam es nicht mehr, weil man um sechs Uhr bei der Arbeit sein musste. Wir saßen in einem ungeheizten, kalten Block an den Arbeitstischen und versuchten, unter Schlägen und Schimpfen ein Soll zu erfüllen, das unmöglich zu schaffen war. Aus den ekelhaftesten Lumpen und stinkendem Gummi mussten wir Schnüre wie Haarzöpfe flechten. 30 Meter am Tag war die vorgeschriebene Menge, aber die meisten kamen lediglich auf zehn. Der gesamte Arbeitsbereich war entsetzlich schmutzig. Im Schlaf noch sah ich die Lumpen über mir zusammenstürzen, so sehr verfolgte mich diese fürchterliche Arbeit. Bei den Aufseherinnen handelte es sich um junge polnische Mädchen (Jüdinnen), die die armen Arbeiterinnen mit den bereits fertiggestellten Schnüren schlugen. Um sie anzutreiben, schlugen sie sie auf den Bauch und zogen sie an den Haaren. Namen kenne ich leider keine.

Es gab da eine Mutter, die gemeinsam mit ihrer Tochter arbeitete. Das arme Ding schuftete mit enormem Einsatz, um neben ihrem eigenen Soll auch das ihrer Mutter zu erledigen oder sie zumindest so weit zu unterstützen, um sie vor Schlägen zu bewahren. Auf die Toilette durften wir nur in Gruppen und in bestimmten Zeitabständen gehen. Wer in der vorgeschriebenen Zeit sein Geschäft nicht verrichtete, musste mitten im Dezember eine Stunde lang auf dem vereisten Hof knien. Das Opfer fiel dabei oft in Ohnmacht und musste zurückgebracht werden. Mittagessen gab es direkt am Arbeitsplatz, ½ Liter Rübensuppe. Die Töpfe wurden nie ausgewaschen, sie wurden einfach so, voll mit Suppe, angeliefert und nach der Benutzung wieder abgegeben. Wir durften dabei nicht einmal für einen Moment aufstehen. Diese qualvolle Arbeit dauerte von sechs Uhr in der Früh bis sieben Uhr am Abend. Wenn wir abends endlich herausgelassen wurden, gingen wir in den Block, wo die Tagesration von 200 g Brot und 25 g Margarine verteilt wurde. Dreimal pro Woche gab es zusätzlich ein kleines Stück Käse, einmal pro Woche einen Kaffeelöffel Honig oder Marmelade. Bis acht Uhr mussten wir mit dem Essen und Waschen fertig sein, weil dann das Licht gelöscht und der Block abgeschlossen wurde. Es war aber unmöglich, Essen und Waschen innerhalb von einer Stunde zu erledigen, und morgens stand uns ebenfalls zu wenig Zeit zur Verfügung. Deshalb befanden sich die hier arbeitenden Frauen in einem äußerlich dermaßen furchtbaren Zustand. Die Blöcke waren völlig verlaust, da auch zum Saubermachen die Zeit fehlte. Alle wurden zur Arbeit angetrieben. Einmal wöchentlich brachte man uns nach Blezsina zum Desinfizieren – das war auch die einzige Gelegenheit zum Waschen. Unsere Kleidung bekamen wir nicht desinfiziert zurück und mussten sie schmutzig, wie sie war, und voller Läuse wieder anziehen.

Dieses unmenschliche Leben ertrug ich bis zum 6. Januar. Dann versuchte ich mit aller Kraft, von dort wegzukommen. Es gelang mir glücklicherweise tatsächlich, als Kranke in das E-Lager überstellt zu werden. Dort arbeitete ich wieder beim Pflegepersonal.
Am 17. Januar wurden wir nachts geweckt. Wir mussten der SS sämtliche Unterlagen des Krankenreviers übergeben. Später erteilte sie den Befehl zum Abmarsch. Die Kranken und Marschunfähigen blieben zurück. Am 18. ließen sie uns den ganzen Tag über Antreten üben, d. h. sie kommandierten uns hin und her, und wir erfuhren auch, warum. Wegen der zurückflutenden deutschen Truppen gab es auf der Strecke keinen Platz mehr für unsere Transporte. Als Wegzehrung erhielten wir ein Brot für zwei Personen und jeder eine Dose Konservenfleisch. Außerdem durften wir alles mitnehmen, was wir tragen konnten und wollten. Um sieben Uhr endlich schickte man uns in Richtung Pless los. (Ursprünglich sollte es in Richtung Grossberg gehen.) Vor dem Abmarsch statteten uns die französischen Ärzte im Lager noch mit guter Kleidung und Stiefeln aus, so dass wir den Weg nicht in Häftlingsanzügen antreten mussten.
Mit diesem Transport waren wir 1 ½ Tage unterwegs – was schrecklich war. Ständig wurde auf die Kranken und Schwachen, die nicht mithalten konnten, geschossen, und wir mussten über die Leichenberge der vorhergehenden Transporte steigen. Mit meinen Freundinnen besprach ich immer wieder Fluchtpläne, und wir erwogen die verschiedensten Möglichkeiten. Wir gingen davon aus, dass wir, wenn wir hinfallen, erschossen würden, also liefen wir vorne mit ordentlichem Tempo in der Gruppe der Gesunden mit. Hinten wurde nämlich ständig auf die Zurückgebliebenen geschossen. Am 20. Januar herrschte während der Morgendämmerung sehr dichter Nebel, den wir nutzten, um kurzentschlossen zu dritt über einen Acker zu fliehen.
Ein deutscher Soldat schrie uns nach, stehen zu bleiben. Als wir nicht gehorchten, schoss er auf uns, traf uns im Nebel aber nicht. Wir hörten auf zu rennen und gingen langsam weiter, damit uns der nachfolgende Transport nicht als Flüchtige erkennen konnte. Wir beeilten uns, ins nächste Dorf, *Brzezce*,[13] zu gelangen, wo wir uns in der Kirche verstecken wollten. Man machte uns aber darauf aufmerksam, dass die SS dort Wache hielt. So schlüpften wir schließlich unbemerkt in ein Haus, wo wir sofort auf den Heuboden kletterten und unter das Heu krochen. Später entdeckte der Hausherr, Paschek, der auch Bürgermeister war, dass wir uns dort oben versteckt hielten, und brachte uns warmen Kaffee und Brot. Er sagte, er könne uns dort nicht behalten, weil sich im Haus deutsche Soldaten befänden. Er versprach aber, uns am Abend in den Wald zu bringen. Am Abend nahm er uns mit zu sich ins Haus, gab uns zu essen, entfernte mit Benzin die roten Streifen aus unserer Kleidung und machte uns im Schweinestall ein Lager aus Heu zurecht. Er sagte, wir könnten ruhig dort bleiben. Im Morgengrauen weckte er uns und erklärte, er habe mit einem Freund besprochen, dass wir bei diesem unterkommen könnten, tagsüber auf dem Heuboden und nachts im Stall. So machten wir es. Am nächsten Tag war es sehr kalt, doch im Haus wurde geheizt, und wir durften uns dort aufhalten. Eine meiner beiden Freundinnen lag mit 39 Grad Fieber danieder. Der Hausherr, der Gottschier hieß, kümmerte sich vorbildlich um uns. Wir bekamen beispielsweise warme Zuckermilch zum Frühstück. Drei Wochen lang blieben wir dort, und

13 Richtig: Brzeszcze. Das 10 km von Birkenau entfernte Dorf Brzeszcze war auf der Räumungsroute nach Pless die erste Siedlung, die nicht im Interessengebiet der SS lag und aus der die poln. Bevölkerung nicht ausgewiesen worden war.

zwar zusammen mit deutschen Soldaten, die allerdings nicht wussten, wer wir sind. Wir behaupteten, wir seien Flüchtlinge. Drei Wochen später kamen die russischen Befreier, und zu dritt gingen wir wieder los, zurück in Richtung Auschwitz. Zu Fuß kamen wir bis Krakau. Die Polen waren unterwegs überall sehr nett zu uns, sie fragten auch nicht, ob wir Juden seien oder Christen oder Flüchtlinge. Wir trafen auf viele politische Gefangene, die ebenfalls befreit worden waren; es waren ja nicht nur Juden in den Lagern. In Krakau traf ich dank eines göttlichen Zufalls meinen Mann[14] wieder, und wir konnten gemeinsam den Weg nach Hause antreten. In Krakau gab es auch Hilfsstationen für Häftlinge verschiedener Nationalitäten, die für die Franzosen und die Italiener waren die menschlichsten und saubersten. Die Anlaufstation für die Ungarn dagegen war sehr primitiv. Noch jetzt halten sich viele in Krakau auf, die sich aufgrund ihrer schwachen körperlichen Kondition und mangels geeigneter Kleidung nicht auf den langen und anstrengenden Heimweg wagten. Sie warten darauf, dass in ihren Ländern Maßnahmen ergriffen werden, um sie nach Hause zu bringen. Ich gebe das Folgende zu Protokoll, damit Sie wissen, wie man diesen unglücklichen Menschen vielleicht helfen kann. In der vom Roten Kreuz aufgestellten Hilfsstation in Homonna[15] gibt es [beispielsweise] kein WC und keine Waschmöglichkeit, wir erhielten nichts zu essen, und sie fragten uns auch nicht, ob wir etwas essen möchten. Erst nach 24 Stunden gab es eine Kleinigkeit. In Sátoraljaújhely, wo es keine Hilfsstation gab, wollten wir in einem Privathaus unterkommen, aber dort sah man uns nicht gerne. In der Station vor Tokaj, im Haus eines alten Juden, begegnete man uns dagegen sehr freundlich, wir bekamen Unterkunft für die Nacht und auch eine Mahlzeit. Von dort aus fuhren wir mit einer Bauernkutsche bis nach Tokaj. Ein rumänischer Offizier besorgte ein Auto, in dem wir bis nach Nagyvárad fuhren, wo wir die Hilfsstation nicht aufsuchten, weil uns eine dort ansässige Bank schnelle Unterstützung zukommen ließ. Endlich erreichten wir Kolozsvár,[16] wo wir am schönsten und wärmsten empfangen wurden. Wir waren die ersten Rückkehrer. Unsere Häuser fanden wir allerdings vollkommen ausgeplündert vor. Ich fuhr dann nach Bukarest, weil meine Geschwister dort leben und wir uns gemeinsam ein wenig besinnen wollten.

Die zusammen mit mir deportierten Familienmitglieder, über deren Verbleib ich nichts weiß, sind: meine Schwester Erzsébet Ordentlich, 35 Jahre alt, ihre Tochter, Edit, 14 Jahre alt, ihr Ehemann, Mihály Ordentlich, 42 Jahre alt. Er ist in Feketelak geboren, war im Arbeitsdienst und wurde in Ratosnya eingezogen, meine Mutter, Frau Lázárné Beck – 50 Jahre alt, und Erzsébet Beck – 22 Jahre alt. Die beiden sah ich zuletzt in Auschwitz.

Bei den zusammen mit mir zurückgekehrten Deportierten handelt es sich um: Dr. Vilma Bánki, Lehrerin (Kolozsvár), Dr. Jenő Király, Arzt, ca. 40 Jahre alt, Dr. Ligeti, Arzt, Frau Dr. Keppich,[17] Friedmann – alle aus Kolozsvár, außerdem Kaufmann Lederer aus Élesd, Stuhl aus Ungvár, Frau Schlich aus Szatmárnémeti und der Schuhhändler Hoffmann, Zoltán Vass, Zahnarzt, sowie Dr. Weinberger – ebenfalls aus Kolozsvár.

14 Dr. Miklós Salamon (*1903), Arzt aus Cluj; Ende Mai 1944 nach Auschwitz deportiert, von dort ins Außenlager Jaworzno überstellt, arbeitete im Grubenkommando, am 28.1.1945 durch sowjet. Einheiten in Jaworzno befreit und nach Krakau transportiert; Rückkehr nach Rumänien, weiteres Schicksal unbekannt.

15 Ungar. für Humenné, Stadt in der Ostslowakei.

16 Heute Cluj, Rumänien.

17 Richtig: Dr. Anna Koppich; siehe Dok. 151 vom Okt. 1944.

DOK. 158

Avrom Levite verfasst am 3. Januar 1945 eine Einleitung für eine geplante Auschwitz-Anthologie[1]

Handschriftl. Manuskript, ungez.,[2] KL Auschwitz, vom 3.1.1945[3]

Einleitung für die geplante Anthologie „Auschwitz"

Ich las einmal etwas über Menschen, die zum Nordpol gefahren waren, deren Schiffe zwischen den Eisschollen stecken blieben und deren SOS-Rufe ohne Antwort blieben. Ihre Vorräte gingen zur Neige, der Frost nahm sie in die Zange, und abgeschnitten von der Welt, halb erfroren und verhungert, warteten sie auf den Tod. Trotzdem legten diese Menschen die Bleistifte nicht aus den erstarrten Fingern. Sie notierten weiter in ihre Tagebücher, denn sie hatten die Ewigkeit vor Augen.

Wie gerührt war ich damals, dass Menschen unter solch tragischen Bedingungen, vom Leben unbarmherzig ausgestoßen, nach denen der Tod schon seine Finger ausstreckte, sich so über ihr eigenes Schicksal erhoben und ihre Pflicht vor der Ewigkeit erfüllten.

Wir alle, die in der arktischen, eiskalten Gleichgültigkeit der Völker sterben, von der Welt und vom Leben vergessen, haben auch das Bedürfnis, etwas für die Ewigkeit zu hinterlassen, und wenn schon keine vollkommenen Dokumente, dann zumindest Brocken dessen, was wir, die lebenden Toten, geglaubt und gefühlt, gedacht und gesagt haben. Auf den Gräbern, in denen wir lebendig verscharrt liegen, tanzt die Welt einen Teufelstanz und erstickt mit den Füßen unser Stöhnen und unsere Hilferufe. Wenn wir erst erstickt sind, wird man beginnen uns auszugraben, aber dann wird von uns nur noch Asche geblieben sein, verstreut über alle sieben Weltmeere. Jeder kulturelle und anständige Mensch wird sich verpflichtet fühlen, uns zu bedauern und Grabreden zu halten. Wenn unsere Schatten auf Leinwänden und Bühnen auftauchen, werden sich hochherzige Damen mit parfümierten Tüchern die Augen wischen und uns beklagen: Ach, die Unglücklichen.

Wir wissen: Wir werden diesen Ort nicht lebend verlassen. Auf das Tor zu dieser Hölle hat der Teufel eigenhändig geschrieben: „Lasst, die ihr eintretet, alle Hoffnung fahren."[4] Wir wollen unsere Sünden bekennen, und so soll dieses Werk unser Shma Israel[5] für die kommenden Generationen sein. Es wird das Bekenntnis einer tragischen Generation sein, einer Generation, die ihrer Aufgabe nicht gewachsen war, deren rachitische Beine

1 YIVO, RG 116, Poland II, box VI, fol. 133. Abdruck: Dos zamlbukh Oyshvits, YIVO-bleter, 27 (1946), S. 194–197. Das Dokument wurde aus dem Jiddischen übersetzt.

2 Autor ist höchstwahrscheinlich Avrom Levite (1917–1990), geboren in Brzozów; 1942 Deportation in das Zwangsarbeitslager Plaszow, wegen Arbeitsunfähigkeit aufgrund eines Arbeitsunfalls in das Getto Krakau überstellt, von dort im März 1943 nach Auschwitz deportiert, im Jan. 1945 über Groß-Rosen nach Buchenwald überstellt; lebte nach dem Krieg in Israel, Herausgeber des Gedenkbuchs der jüdischen Gemeinde in Brzozów (Sefer zikaron kehilat Breziv, 1984).

3 Avrom Levite vertraute das Dokument im Sommer 1945 im DP-Camp in Stuttgart Morris Dembovitz an, der es mit Hilfe von Abraham Joshua Heshel und Max Arzt dem YIVO in New York zukommen ließ.

4 Zitat aus: Dante Alighieri, Göttliche Komödie, 3. Gesang, Vers 9 (Das Höllentor).

5 Hebr.: Höre Israel! Vollständig: „Höre Israel, der Herr ist unser Gott, der Herr ist einzig". Das Shma Israel beinhaltet die monotheistische Kernbotschaft des Judentums und ist ein zentraler Bestandteil des täglichen Gebets.

unter der schweren Last des Märtyrertums zusammenbrachen, das die Zeit auf ihre Schultern gelegt hat.

Und deshalb: Uns geht es an dieser Stelle nicht um Fakten und Zahlen, um eine Sammlung trockener Dokumente – die wird man auch ohne uns zusammenstellen. Auch die Geschichte von Auschwitz wird man ohne unsere Hilfe schreiben können. Wie man in Auschwitz gestorben ist, das werden Bilder, Zeugen und Dokumente ebenso gut erzählen. Wir wollen dagegen hier ein Bild davon zeichnen, wie man in Auschwitz „gelebt" hat. Wie ein normaler durchschnittlicher Arbeitstag im Lager aussah. Ein Tag, der eine Mischung aus Leben und Tod, aus Schreck und Hoffnung, aus Resignation und Lebenswillen ist. Ein Tag, an dem man in keiner Minute weiß, was die nächste mit sich bringt. Wie man gräbt und mit der Axt Stücke des eigenen Lebens abhackt, blutige Stücke, Jugendjahre, und man lädt sie keuchend auf die Lore der Zeit, die so jämmerlich quietscht und so bitter schwer rollt auf den Gleisen der Lagerbedingungen. Und abends kippt man die Lore zu Tode erschöpft über dem tiefen Abgrund aus. Ach, wer wird ihn aus dem Abgrund ziehen, einen so blutigen Tag zusammen mit seinem schwarzen Schatten, einer mit Angst getränkten Nacht, und ihn der Welt zeigen?

Doch, manche Menschen werden lebend hier herauskommen: Nichtjuden. Was werden sie über unser Leben berichten? Was wissen sie von unseren Leiden? Was wussten sie in normalen Zeiten von jüdischer Not? Sie wussten, dass wir ein Volk von Rothschilds waren. Sie werden auch jetzt fleißig die Margarineverpackungen und Wursthüllen sammeln und zeigen: Juden ging es im Lager nicht schlecht. Sie werden kein Verlangen verspüren, im Mistkasten der Erinnerung zu graben und dort die bleichen Schatten heraufzubeschwören, die mit den erloschenen Augen, die sich immer schreckhaft so still bei den Blöcken zusammenscharten und mit den Löffeln in den blauen Händen die Suppenfässer auskratzten. Die zerschunden, zehnmal mit Stöcken vertrieben, in den Mistkästen verschimmelte Brotkrumen suchten. Die Unglücklichen, die wie eine Flamme flackerten und verloschen, ohne die Möglichkeit zu haben, ihren einzigen Traum zu verwirklichen: sich wenigstens einmal satt zu essen. Die Tausenden, in der Lagersprache „Muselmänner" genannten, denen gegenüber jeder Gemeinde- und Lagerfunktionär es für seine Pflicht hielt, eine gute Tat zu vollbringen und nach Auschwitzer Art Nächstenhilfe zu leisten: Man half ihnen – beim Sterben.[6] Das waren jene, die Schwachen und Unbeholfenen, die Tausenden Unbekannten, die auf ihren schwachen Schultern das ganze Elend, die ganze Grausamkeit und das ganze Grauen des Lagers trugen. Das Ganze – weil sie auch den Anteil der Privilegierten schleppen mussten, und sie schleppten so lange, bis sie fielen und ein Paar geputzte „Kapo"-Stiefel sie wie Würmer zu Tode trampelten.

Davon werden sie nicht erzählen, denn wozu die Stimmung ruinieren und Gespenster heraufbeschwören? Gerade wenn das eigene Gewissen auch nicht ganz rein ist … Besser, man redet von den wenigen Satten, die bekannt genug waren. In dem ganzen Ozean des Elends und Unglücks sehen sie nur die paar Öltropfen, die oben schwimmen und vom zerstörten Schiff übrig geblieben sind. So sind sie: Wenn wir vor Kummer in unseren eigenen Leib beißen, sagen sie, wir äßen uns mit Fleisch satt, und wenn man unsere Eltern tötet, beneiden sie uns, dass wir deren Kleidung verkaufen können.

6 Sprachliche Anspielung auf die Bibelstelle 2. Mose 23,5 „Wenn du siehst, wie der Esel deines Gegners unter der Last zusammenbricht, dann lass ihn nicht im Stich, sondern leiste ihm Hilfe."

Wir müssen selbst von uns erzählen. Wir reden uns ein, dass uns die Kräfte fehlen, etwas aufzuschreiben und etwas zu schaffen, das unsere Tragödie widerspiegelt und einen Eindruck davon vermittelt. Aber: Das Geschriebene darf keinesfalls auf die literarische Goldwaage gelegt werden. Es muss als Dokument betrachtet werden und darf als solches nicht nach seinem künstlerischen Wert beurteilt werden, sondern man muss Zeit und Ort berücksichtigen. Und die Zeit ist: kurz vor dem Tod. Und der Ort: auf dem Schafott. Nur vom Künstler auf der Bühne verlangt man, dass er nach allen Regeln der Kunst schreien, weinen und stöhnen soll, denn ihm selbst tut nichts weh. Schließlich wird doch niemand auf die Idee kommen, das tatsächliche Opfer zu kritisieren, weil es zu laut stöhnt oder zu leise weint.

Und zu sagen haben wir etwas, obwohl wir literarische Stotterer sind. Wir werden erzählen, so gut wir können, in unserer Sprache. Auch komplett Stumme können nicht schweigen, wenn es ihnen wehtut. Sie reden dann in ihrer Sprache: Stummensprache. Schweigen, das tun nur die Bontsches. Die machen eine geheimnisvolle Miene, als ob sie wer weiß was zu sagen hätten. Aber erst dort in der wahren Welt, wo Pose und Verstellung nichts mehr gelten, verraten sie das Geheimnis ihres Lebens: ein Brötchen mit Butter.[7]

Das Spiel ist bereits zu Ende. Es wurde eine gigantische Arbeit geleistet, eine Arbeit von Generationen. Jehuda wurde von der Oberfläche der Welt weggewischt. Man löscht jetzt nur noch die Glut. Man reißt bereits die Schornsteine ein, diese Kulturdenkmäler des neuen Europa, diese Musterbauten des neugotischen Stils. Man wäscht sich schon die Hände und spricht den Segen „al kisui dam“,[8] aber bei fünf prächtigen Krematorien ist Asche doch das geringste Problem.

Und die Schlachtung war human:

Ein wunderschöner Sommertag. Ein Zug mit „Ausgesiedelten“ rollt durchs Land. Viehwaggons. Die Fenster mit Stacheldraht versperrt. Auf jedem Trittbrett ein Soldat in voller Bewaffnung. Aus dem verriegelten Fenster schaut ein Kind heraus. Ein leuchtendes Gesicht, klare arglose Augen, ein neugieriger und mutiger Blick. Es ahnt nichts Böses, es sieht ein großes, weit aufgeschlagenes farbiges Bilderbuch: bunte Felder und Weiden – weiterfahren … Wälder und Obstgärten, Häuser und Bäume ducken sich, bewegen sich im Halbkreis, verschwinden … Farben fließen an einer Stelle zusammen, und die Stelle dreht sich eine Weile, aber bald geht sie dem Auge verloren … Menschen und Pferde, klein wie lebendiges Spielzeug, bewegen sich, gehen und stehen trotzdem an einem Ort, doch der Ort selbst fährt … Wohin fährt das alles?

Plötzlich rauscht laut und hastig wie ein schwarzer Teufel ein Zug heran, er verdeckt das Panorama, verdunkelt die Sonne und lässt beißenden Rauch ab … Die Waggons verfolgen sich, einer will den anderen fangen … Aus dem Fenster schauen Menschen in Uniform, unheimlich, schwarz, in Rauch gehüllt, mit Blicken wie böse Geister … ach, der Rauch … jetzt verdeckt er auch das … endlich ist der Zug vorbei und wieder dasselbe

7 Anspielung auf die Kurzgeschichte Bontsche Schweig von Jizchok Leib Perez. Der Protagonist der Erzählung erträgt still und bescheiden alles Leid, das ihm während seines Lebens widerfährt. Als er nach seinem Tod im Himmel für seine Bescheidenheit belohnt werden soll, lehnt er alle Angebote ab und wünscht sich nur ein Brötchen mit Butter.

8 Hebr.: Bedecken des Blutes. Diesen Segensspruch spricht der Schächter nach dem Töten eines Tieres.

Bild: Felder und Wälder, Weiden und Gärten, Berge und Täler fließen so ruhig und gemütlich dahin, bilden ein langes Band, gehen vorbei und verschwinden irgendwo in der Ferne … Häuser und Parks, Bäume und Telegrafenstangen schwimmen vorbei, als würden sie durch einen großen Fluss gezogen. Alles läuft, alles bewegt sich, alles lebt, so seltsam wie in den Geschichten, die Mama erzählt … Wohin läuft das alles?
Drinnen sitzt die Mutter. Den Kopf zwischen den Händen. Das Gesicht finster. Das Herz schlägt so unruhig. Vor den Augen läuft das ganze Leben ab: Kindheit, Jugend, das kurze Familienglück – Heim, Mann, Kind, Elternhaus, das Schtetl, Felder, Wälder, Gärten, alles bewegt sich, mischt sich wie Karten, ein Bild jagt das andere, und auf alldem ein schwarzer Fleck: die zurückgelassene verwüstete Wohnung, das zerstörte Familiennest. Eingeschlagene Türen und Fenster, aufgerissene Schränke, zerbrochenes Geschirr, zertretene Kleidung, auf einen Haufen geworfen, das alles liegt zurück und jetzt: Hilfe, wohin fahren wir?!
Der Zug bewegt sich langsam wie ein Trauerzug. Als ob er den Opfern seine letzte Ehre erweisen wolle. In zehn Minuten fährt er schon leer zurück. Der jüdische Plutokrat und der bolschewistische Jude, die nach der Vernichtung der arischen Welt strebten, sind schon für immer unschädlich gemacht. Das Ausladekommando packt bereits die noch warmen Kleider auf die Autos, lad auf, lad auf, dort im Jecke-Land[9] wurde auf Bestellung der Regierung ein kleiner Kain[10] geboren, die Reichskasse zahlt eine Arbeitsprämie, Krupp hält für ihn schon ein Gewehr bereit. Zu ihm transportiert man Abrahams weißes, von zitternden Mutterhänden besticktes Hemdchen.
Und die Welt? Die Welt tut sicherlich alles, was sie kann. Man appelliert und protestiert, man ruft Komitees von 5, 13 und 18 Mitgliedern zusammen, das Rote Kreuz engagiert sich und sammelt in einer Büchse für „Barmherzigkeit angesichts des Todes“, Presse und Radio halten Grabreden, der Erzbischof von Canterbury bietet seine Version von „El male rahamin“[11] an, in Klöstern spricht man das Kaddisch, und die Kleinbürger dieser Welt stoßen auf uns an, trinken „auf das Leben“ und wünschen uns viel Glück, unsere Seelen mögen aufsteigen und wir erlöst werden.
Der Strick ist um unsere Hälse gelegt. Aber der Henker ist großmütig. Er hat Zeit. Er treibt Spielchen mit dem Opfer. Er trinkt zwischenzeitlich einen Krug Bier, raucht eine Zigarette und lächelt zufrieden. Lasst uns den Moment ausnutzen, in dem der Henker mit Saufen beschäftigt ist; den Galgen werden wir als Schreibtisch benutzen und niederschreiben, was wir zu sagen und zu erzählen haben.
Also, Kameraden: Schreibt, beschreibt kurz und scharf. Kurz wie die Tage, die uns noch zum Leben bleiben, und scharf wie die Messer, die auf unsere Herzen gerichtet sind. Es sollen doch einige Blätter für das YIVO, das Jüdische Wehklagen-Archiv,[12] erhalten bleiben, und diese sollen unsere am Leben gebliebenen, freien Brüder lesen, damit sie vielleicht etwas daraus lernen werden.

9 Abschätziger Begriff für Deutschland.
10 Im Originaltext findet sich hier ein Wortspiel: kin-dl kann einerseits als „Kindchen“ gelesen werden, andererseits als „Kain-chen“.
11 Jüdisches Gebet, das während Bestattungen und an Todestagen sowie an Gräbern vorgetragen wird. Das Gebet wurde für die Opfer der Kreuzzüge, die Opfer von Pogromen und nach dem Krieg auch für die Opfer des Holocaust gesprochen.
12 Die Abkürzung YIVO steht für Yidisher visnshaftlekher institut, der Autor löst dieselbe Abkürzung jedoch auf als Yidisher veytog-arkhiv.

Und wir bitten das Schicksal:
Lass es Dein Wille sein, da Du unser Weinen nicht hörst,[13] gewähre uns wenigstens dies – verberge diese paar Seiten der Tränen im Gefäß Deines Seins, sie mögen in die rechten Hände gelangen und ihre Wiederherstellung[14] erleben.

DOK. 159
Józef Cyrankiewicz beschreibt am Abend des 17. Januar 1945 die Situation kurz vor der Räumung des Lagers[1]

Handschriftl. Kassiber, gez. J,[2] an Tell[3] und Boruta[4] vom 17.1.1945

Meine Lieben!
Jetzt haben wir es also bis zur Evakuierung geschafft. Chaos. Panik bei der SS – alle sind betrunken.
Wir arbeiten mit allen politischen Kräften darauf hin, den Fußmarsch so erträglich wie möglich zu machen und die vermutlich zurückbleibenden Kranken vor der Liquidierung zu bewahren, die offensichtlich geplant war und möglicherweise immer noch ist.
Am Anfang geht es in Richtung Bielsko. Später teilweise in die Sudeten (Leitmeritz), teilweise nach Groß-Rosen. Ein einziger Zug nach Hannover mit leichter Kranken. Ihre Planungen verändern sich von Stunde zu Stunde, so dass sie selbst nicht wissen, welche Befehle sie bekommen werden.
Radiopropaganda wäre nötig. Bei einer solchen Evakuierung kommen mindestens 50 % der Häftlinge um. Eine Kontrolle durch das Rote Kreuz ist notwendig – während des „Interregnums" im Lager unerlässlich, um zu verhindern, dass irgendeine Sonderabteilung[5] der SS die Kranken ermordet.
Wir werden sehen, was sich daraus ergibt. Wir bemühen uns, vom neuen Aufenthaltsort aus möglichst schnell eine Verbindung herzustellen – selbstverständlich nur solange wir nicht durch die Front abgeschnitten werden.
Wir wissen, dass Ihr in Eurer Propaganda an die Konzentrationslager erinnern werdet. Tells Nachricht über den Fotoapparat hat uns gefreut, schade, dass wir ihn nicht mehr abholen können, besonders, weil Tell geschrieben hat, er sei so einfach zu handhaben,

13 Im Original hebr.; ironische Anspielung auf Psalm 6,9 „Weichet von mir, alle Übeltäter, denn der Herr hört mein Weinen". Offenbar bezieht sich der Autor in diesem Absatz auf die Selichot-Gebete zu Beginn des Feiertags Jom Kippur, an dem nach jüdischer Vorstellung im Himmel entschieden wird, wer sündenfrei ist und ins Buch des Lebens eingetragen wird (daher auch die Aufforderung zum Sündenbekenntnis zu Beginn des Textes). Levite überträgt dies auf seine Aufzeichnungen, von denen er hofft, dass sie auf der Seite der Lebenden stehen.

14 Bezugnahme auf den kabbalistischen Begriff des Tikun Olam, das Konzept von der Wiederherstellung einer verbesserten Welt.

1 APMAB, Ruch oporu, Bd. 3, Bl. 207 a. Abdruck in: Paczyńska, Grypsy (wie Dok. 51, Anm. 1), S. 595 f. Das Dokument wurde aus dem Polnischen übersetzt.

2 Józef Cyrankiewicz.

3 Teresa Lasocka.

4 Edward Hałoń.

5 Im Original deutsch.

dass jeder Idiot ihn bedienen könne, was auch mir Ignoranten die Chance gäbe, Fotos zu machen.
Es gäbe noch viel zu schreiben, aber dazu ist keine Zeit mehr, wir fügen noch einige Papiere an.
Tell! Wir nehmen jetzt gewissermaßen „Abschied", und ich möchte Sie bitten, unser aller Wertschätzung, Sympathie, Handküsse und Worte der Dankbarkeit von allen Freunden entgegenzunehmen, ungeachtet der Nationalität und der Überzeugungen.
Genossen! Lasst Euch fest die Hände drücken und seid versichert, dass wir in unserem Kampf zu allem bereit sind.
Bitte küsst auch Mutter und Hela.[6] Wir freuen uns, dass wir nun so eine Niederlage der Hitler-Banditen sehen.

DOK. 160
Die Rote Armee meldet am 28. Januar 1945 die Befreiung des Konzentrationslagers Auschwitz-Birkenau[1]

Telegramm Nr. 469 von Jašečkin,[2] Politische Verwaltung der 1. Ukrain. Front, an Moskau, Glavpurka,[3] Generaloberst Genosse A. S. Ščerbakov,[4] vom 28.1.1945

sofort vorlegen
Dossier
Am 27. Januar befreiten die Fronttruppen Auschwitz und Birkenau, die von den Deutschen in riesige Konzentrationslager für Russen, Ukrainer, Polen, Ungarn, Tschechen, Jugoslawen, Franzosen und Angehörige anderer Nationen verwandelt worden waren. Verwaltung und Lagerwache waren bereits nach Deutschland geflohen. Im Lager befanden sich noch an die 10 000 Häftlinge.[5] Über die Hälfte von ihnen wurde nach Krakau in ein Filtrationslager des NKVD gebracht.[6] Die Russen und Ukrainer werden in Sammel-Umsiedlungslager der Armee überstellt.
Nach Angaben eines Bewohners von L'asgazek,[7] Jan Josef Balus, und anderer Personen wurde das Lager im Frühjahr 1940 von den Deutschen errichtet. Sie ließen Baracken

6 Helena Szlapak.

1 CA MORF, 236/2727/33, Bl. 314 f. Das Dokument wurde aus dem Russischen übersetzt.
2 Filip Vasiljevič Jašečkin (1906–1975), General der Roten Armee; Okt. 1944 bis Juni 1945 Chef der Politischen Verwaltung der 1. Ukrainischen Front.
3 Glavnoe Političeskoe Upravlenie Robočej-Krestjanskoj Krasnoj Armii: Politische Hauptverwaltung der Roten Arbeiter- und Bauernarmee.
4 Aleksandr Sergeevič Ščerbakov (1901–1945), Offizier der Roten Armee; Mitbegründer des sowjet. Schriftstellerverbands, von 1942 an Leiter der Glavpurka, stellv. Volkskommissar für Verteidigung, Direktor des Sowjet. Informationsbüros; starb an einer Herzattacke.
5 Im gesamtem Lagerkomplex, das heißt in den drei Lagerteilen und in den Außenlagern, befanden sich zum Zeitpunkt der Befreiung rund 9000 überwiegend marschunfähige Häftlinge.
6 In einer Entfernung von 20 bis 30 km wurde noch gekämpft, es gab Befürchtungen, die Deutschen könnten die verlorenen Territorien zurückerobern. Viele der befreiten Häftlinge, die kräftig genug waren, begaben sich aus diesem Grund nach Krakau.
7 In der Umgebung von Oświęcim gibt es keinen Ort dieses Namens.

und fünf Spezialöfen zur Verbrennung von Leichen und geschwächten Häftlingen errichten. In der Mitte des Lagers befanden sich Galgen, an denen täglich Häftlinge erhängt wurden. Das Lager war mittels mehrerer Reihen stromführenden Stacheldrahts gesichert und wurde zusätzlich noch schwer von SS-Einheiten bewacht.

Im Juli 1940 erreichte der erste Häftlingstransport mit 5000 bis 6000 Polen aus Warschau das Lager.[8] Während seines Bestehens wurden Hunderttausende Frauen, Kinder und Alte slawischer Nationalität umgebracht.

Das Todeslager Auschwitz vergrößerte sich von Jahr zu Jahr und erstreckte sich Ende 1944 auf einer Fläche von 13 000 km^2.[9] In ihm wurden viele weitere Baracken gebaut.

In einem Zeitraum von drei Monaten, von Ende 1944 bis Anfang 1945, evakuierten die Deutschen täglich Häftlinge aus dem Lager in das Landesinnere Deutschlands.[10] Sie erschossen die Augenzeugen ihrer Verbrechen und versuchten auf verschiedene Art und Weise, die Spuren zu verwischen.

Kommandant des Lagers war ein deutscher SS-Obersturmbannführer – Höß. In dem von unseren Einheiten besetzten Javošno[11] existiert seit zwei Jahren ein Konzentrationslager auf einer Fläche von 500 m^2. Es ist mit zwei Stacheldrahtzäunen umgeben, der innere führt Starkstrom. In diesem Lager befanden sich vor allem Juden aus Polen, Griechenland, Holland und Ungarn.

Alle Häftlinge trugen gestreifte Sackleinen[anzüge] und statt Schuhen Holzpantinen. Auf dem linken Arm waren die Häftlinge mit einer Nummer gekennzeichnet. Sie arbeiteten im Elektrizitätswerk, in den Minen des Bergwerks und in anderen Bereichen. Diejenigen, die nicht mehr arbeitsfähig waren, wurden nach Birkenau oder Auschwitz gebracht und getötet.

Vor ihrem Rückzug aus Javošno ermordeten die Deutschen teilweise noch die Kranken und verschleppten die Arbeitsfähigen nach Deutschland. Von den 4000 Häftlingen sind noch 550 kranke Häftlinge übrig, die sofortige Hilfe benötigen.

Für die befreiten Häftlinge werden sofortige Hilfsmaßnahmen eingeleitet. Ich habe drei Gruppen von Politarbeitern in die Durchgangslager in Krakau und Tschenstochau abkommandiert, die sich um die befreiten sowjetischen Staatsbürger kümmern werden. Nachdem diese untersucht worden sind, wird eine Auswahl den Reservebataillonen der Armee zugeteilt. Außerdem wurden zwei Agitationsfahrzeuge (Propaganda) dorthin beordert.

8 Der erste Transport mit 728 poln. politischen Häftlingen erreichte Auschwitz am 14.6.1940.

9 Das sog. Interessengebiet des KZ Auschwitz erstreckte sich auf 40 km^2. Rechnet man die Außenlager hinzu, ergibt sich eine weitaus höhere Zahl.

10 Seit Sommer 1944 wurden größere Häftlingsgruppen zum Arbeitseinsatz in Konzentrationslager auf Reichsgebiet gebracht. Die eigentliche Räumung des Lagers begann Mitte Jan. 1945.

11 Richtig: Jaworzno; in dem 20 km nördlich von Auschwitz gelegenen Ort existierte seit Juni 1943 das Außenlager Neu-Dachs für bis zu 3600 Häftlinge, die vor allem im Bergbau eingesetzt waren.

Die Zeit der Todesmärsche 1944/45

Ausschnitt I
SACHSEN
SS-Kommando B5
Leitmeritz
Theresienstadt
Johanngeorgenstadt
Graslitz
Žatec
Eger
Helmbrechts
Zwodau
Karlsbad
Elbe
Prag
Main
Eger
SUDETEN-
LAND
Beraun
Bayreuth
FRANKEN
Pilsen
Moldau
Flossenbürg
Weiden
Protektorat
Böhmen und Mähren
Regnitz
Fürth
Nürnberg
Schwarzenfeld
Neunburg
vorm Wald
Cham
DEUTSCHES REICH
BAYERISCHE
OSTMARK
Regensburg
Donau
Wallern
(Volary)
Straubing
Deggendorf
Ingolstadt
Nammering
Aicha vorm Wald
Lech
Isar
Passau
Landshut
Donau
Gusen
Linz
Mauthausen
Augsburg
Schwabhausen
Dachau
Inn
OBERDONAU
Mühldorf
Braunau
Altötting
Karlsfeld
Allach
Poing
Gunskirchen
Wels
St. Valentin
München
Amstetten
und Enns
Kaufering
Landsberg
MÜNCHEN-
OBERBAYERN
Enns
Tutzing
Ebensee
Großraming
Chiemsee
Seeshaupt
Beuerberg
Staltach
Iffeldorf
Salzburg
Bad Ischl
Berchtesgaden
Kufstein
Enns
Garmisch-Partenkirchen
Inn
Mittenwald
SALZBURG
STEIERMARK
Seefeld
Innsbruck
Salzach
TIROL-VORARLBERG
St. Lamprecht
ITALIEN
KÄRNTEN
Stammlager
Außenlager von Mauthausen
Außenlager von Dachau
Außenlager von Flossenbürg
Eisenbahnlinie
Es sind nur die im Band erwähnten
Lager eingezeichnet.
Lienz
Drau
Villach
Klagenfurt
Loibl
0 10 20 30 40 50 km

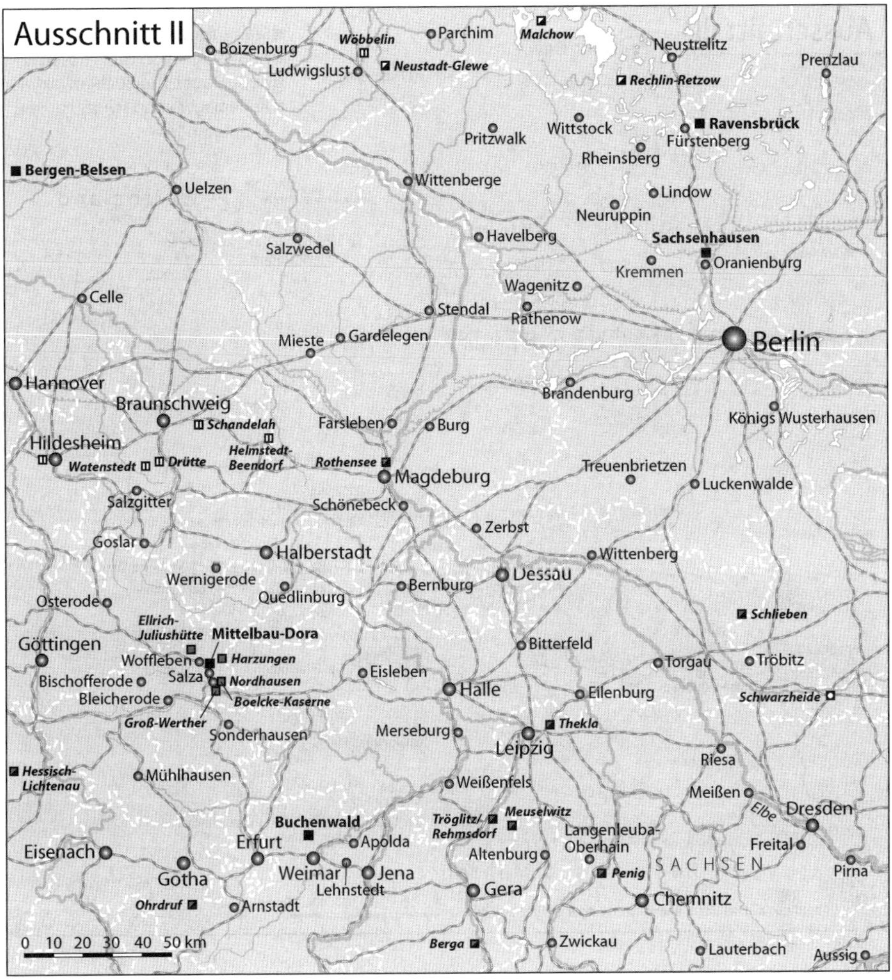

■ Stammlager
■ Außenlager von Buchenwald
■ Außenlager von Mittelbau-Dora
□ Außenlager von Sachsenhausen
■ Außenlager von Ravensbrück
Ⅲ Außenlager von Neuengamme
—— Eisenbahnlinie

Es sind nur die im Band erwähnten Lager eingezeichnet.

Ausschnitt III
Stammlager
Außenlager von Groß-Rosen
Außenlager von Buchenwald
Außenlager von Sachsenhausen
Eisenbahnlinie
Frankfurt/Oder
Schwiebus
Reichsgau Wartheland
Lieberose
Guben
Grünberg
Schlesiersee
Schlesiersee I und II
Neiße
Cottbus
Gassen
Oder
Glogau
Schlieben
Sorau
Sagan
Tröbitz
Bad Muskau
NIEDER-SCHLESIEN
Kurzbach
Schwarzheide
DEUTSCHES REICH
Riesa
Bunzlau
Liegnitz
Meißen
SACHSEN
Bautzen
Görlitz
Breslau
Elbe
Jauer
Groß-Rosen
Fünfteichen
Dresden
Freital
Striegau
Zillerthal-Erdmannsdorf
Pirna
Warnsdorf
Zittau
Hirschberg
Schweidnitz
Brieg
Morchenstern
Waldenburg
Wolfsberg
Reichenberg
Gablonz
Wüstegiersdorf
Reichenbach
Aussig
SUDETENLAND
Reichenau
Hohenelbe
Schotterwerk
Langenbielau
Teplitz
Dörnhau
Parschnitz
Leitmeritz
Trautenau
Mittelsteine
Neiße
Komotau
Rettendorf
Bauschowitz
Gradlitz
Glatz
Theresienstadt
Jungbunzlau
Königinhof
Žatec
Josefstadt
Königgrätz
Kladno
Elbe
Prag
Opotschinek
Pardubitz
Chotzen
Kolin
Switkau
Hohenmauth
Dobschikau
SUDETEN-LAND
Protektorat Böhmen und Mähren
Pilsen
Es sind nur die im Band erwähnten Lager eingezeichnet.
0 10 20 30 40 50 km

Ausschnitt IV
Stammlager
Außenlager von Auschwitz
Eisenbahnlinie
Es sind nur die im Band erwähnten Lager eingezeichnet.
DEUTSCHES REICH
OBERSCHLESIEN
Generalgouvernement
Tschenstochau
Oppeln
Warthenau
Gr. Strehlitz
Miechow
Hubertushütte
Bendsburg
Lagischa
Beuthen
Oder
Hindenburg
Blechhammer
Heydebreck
Königshütte
Cosel
Gleiwitz
Eintracht-hütte
Sosnowitz
Kattowitz
Neu-Dachs (Jaworzno)
Trzebinia
Knizenitz
Nikolai
Myslowitz
Krenau
Egersfeld
Neu-Berun
Auschwitz
Krakau
Auschwitz II
Birkenau
Auschwitz III
Monowitz
Rybnik
Kobier
Harmense
Budy
Auschwitz I
Weichsel
Ratibor
Rajsko
Pleß
Jawischowitz/Brzeszcze
Loslau
Kenty
Oderberg
Tschechowitz Vacuum Oil
Troppau
Hultschin
Mährisch Ostrau
Bielitz
Teschen
Golleschau
SUDETEN-LAND
Saybusch
Zwardon
Protektorat Böhmen und Mähren
0 5 10 15 20 25 km
SLOWAKEI

DOK. 161

Ein SS-Arzt berichtet am 20. Februar 1944 über Räumungen im Lagerkomplex von Vaivara und gibt an, wie viele Häftlinge die Märsche nicht überlebten[1]

Bericht des SS-Arztes b. d. Dienststelle 58 969,[2] Az.: 14 h 8/KL/ 2.44./Dr. Kr. /Sch., gez. der Lagerkommandant SS-Hauptsturmführer[3] und der Lagerarzt der Dienststelle 58 969 SS-Sturmbannführer[4] an den Leiter des San. Wesens in SS-W.-V.-H. Amt und Chef des Amtes D III,[5] Oranienburg bei Berlin, O.U.,[6] vom 20.2.1944

Betreff.: Monatsbericht über den San.-Dienst b. d. Dienststelle 58 969
Bezug: Rundschreiben v. 9.6.42. D. II/Az.: 14 h 8/6.42./K.-R.[7]
Anlagen: keine
Termin: 28. Februar 1944.
Im Monat Februar 1944 ist über den San.-Dienst bei der Dienststelle 58 969 folgendes zu berichten:

I. *Konzentrationslager:*

1.)	Durchschnittliche Belegstärke einschl. weiblicher Häftlinge	8210
2.)	Zahl der Todesfälle	200
3.)	Stationäre Behandlungen	1928
4.)	Durchschnittliche Zahl der in stationärer Behandlung stehenden Häftlinge	894
5.)	Zahl der in amb. Behandlung stehenden Häftlinge	3394
6.)	Zahl der Infektionskranken:	
	Fleckfieber	3
	Typhus	1

1 Eesti Ajaloomuuseum, D 152/2/40.
2 Die Feldpostnummer 58 969 wurde 1943 dem Konzentrationslager Vaivara zugewiesen. Das KZ Vaivara im Nordosten Estlands, etwa 30 km westlich der Grenzstadt Narva, wurde im Sept. 1943 errichtet. Rund 9000 jüdische Häftlinge, vor allem aus den Gettos in Wilna und Kaunas sowie eine kleine Gruppe deutscher, tschech. und ungar. Juden, waren in der Ölschieferproduktion eingesetzt. Kommandant war der ehemalige Schutzhaftlagerführer aus Auschwitz, Hans Aumeier. Bis zu elf Außenlager entstanden in der Region.
3 Hans Aumeier.
4 Dr. Eduard Krebsbach (1894–1947), Arzt; 1933 NSDAP- und SS-Eintritt; von 1933 an Arztpraxis in Freiburg, 1941 Standortarzt im KZ Mauthausen, Okt. 1943 Standortarzt in Riga-Kaiserwald, Jan. bis März 1944 Vertretung für den erkrankten Lagerarzt Franz v. Bodmann in Vaivara, danach wieder in Riga, Herbst 1944 Oberstabsarzt in der Wehrmacht, Dez. 1944 Betriebsarzt in Kassel; 1946 im Dachauer Mauthausen-Hauptprozess zum Tode verurteilt und 1947 hingerichtet.
5 Dr. Enno Lolling (1888–1945), Arzt; 1933 SS-, 1937 NSDAP-Eintritt; 1936 Truppenarzt der SS-Verfügungstruppe an der SS-Junkerschule Bad Tölz, 1940 Standortarzt im KZ Dachau, 1941 im KZ Sachsenhausen, Juni 1941 leitender Arzt bei der Inspektion der Konzentrationslager, März 1942 bis Mai 1945 Chef des Amts D III des WVHA; nahm sich das Leben.
6 Ort unbenannt. Diese Abkürzung wurde in militärischen Kontexten aus Sicherheitsgründen verwendet.
7 Nicht aufgefunden.

Tbc. 2
Erysipel[8] 4

7.) *Allgemeine Lagerhygiene.*

Durch die erfolgte Absetzbewegung mußten das Stammlager und sechs A.-Lager[9] aufgelöst werden, und die Häftlinge wurden zum Teil in noch bestehenden oder in neuen Lagern untergebracht. Bei dieser Umbelegung konnte weder auf die Tauglichkeit der Unterkünfte noch auf sonstige hyg. Verhältnisse Rücksicht genommen werden. Bis zur endgültigen Klärung der Kampflage im Narva-Abschnitt ist die jetzige Unterbringung der Häftlinge nur eine provisorische. Mit Rücksicht auf die hiesige Lage wurden in der Berichtszeit 907 kranke und altersschwache Häftlinge, darunter 184 Kinder dem KL Riga[10] überstellt.

In Verbindung mit der Absetzbewegung ist auch die Sterbeziffer in diesem Monat gestiegen. Sie beträgt bis zum 20.II. 200 und ist somit mit 32 höher als im vorigen Monat.

Die im Schreiben vom 15.XII.43. D III Az.: 87/12.43./Wy. und im Schreiben vom 18.I.44. Az.: 87/1.44./Lg./Wy. für die hiesige Dienststelle zugesagte Schmierseife ist bisher noch nicht eingetroffen.[11] Da selbige hier dringend benötigt wird, wird um baldige Zusendung derselben gebeten. Da der größte Teil der Häftlinge im Frontgebiet eingesetzt ist, muß auf erhöhte Reinlichkeit derselben besonders geachtet werden, da neue Seuchenherde unter allen Umständen zu vermeiden sind. Es wird daher um Lieferung genügender Seifenmengen für die hiesigen Lager gebeten.

II. *SS Truppe.*

1.) Durchschnittliche Stärke der Truppe einschl. Kommandantur 45
2.) Revierkranke 2
3.) Zahl der in amb. Behandlung stehender SS-Angehörigen 11

III. *entfällt*

IV. *Sonstiges*

1.) Die medikamentöse Versorgung ist ausreichend.
2.) Die allgemeine ärztliche Versorgung ist befriedigend.
3.) Verlausung des Lagers und Verminderung einer Weiterverbreitung.

Zu Beginn der Berichtszeit war der Läusebefall stark zurückgegangen und betrug durchschnittlich nur noch 1–2 %. Einige Lager waren bereits läusefrei. Durch die erfolgte Absetzbewegung und dadurch, daß einige neue Lager fast gar keine hygienischen Einrichtungen hatten, die Häftlinge sich tagelang nicht waschen konnten, stieg auch der Verlausungsgrad. Eine E.-Baracke[12] und fünf E.-Kammern[13] konnten wegen Feindein-

8 Bakterielle Infektion der oberen Hautschichten und Lymphwege, auch Wundrose oder Rundlauf genannt.

9 Außenlager.

10 Das KZ Riga-Kaiserwald entstand im März 1943 nach der Auflösung des Gettos in Riga und existierte bis zum Okt. 1944. Es diente als Sammel- und Durchgangslager für jüdische Zwangsarbeiter in Lettland. Seit dem Frühjahr 1944 fanden dort zahlreiche Morde statt.

11 Beide Schreiben liegen nicht in der Akte.

12 Entlausungsbaracke.

13 Entlausungskammern.

wirkung nicht fortgeschafft werden und mußten zurückgelassen werden. Ein Ersatz für diese jetzt fehlenden E.-Baracken und E.-Kammern kann nicht beschafft werden. Es wird darangegangen, in den Lagern feste E.-Anlagen[14] zu bauen. Es wird alles Mögliche getan, um die Lager läusefrei zu halten.

V. *SS- und Häftlingsverpflegung.*

1.) SS-Verpflegung.
Die Verpflegung ist, da hier die Verpflegungsstufe I und II besteht, gut und ausreichend.

2.) Häftlingsverpflegung.
In der Häftlingsverpflegung sind in der Berichtszeit keine Änderungen eingetreten.

Die Aufstellung der Außenlager mit kurzem Überblick über die dortigen hygienischen Verhältnisse, die Krankenbewegung und die augenblickliche Belegstärke der einzelnen Lager.

1.) *Stammlager KL Vaivara.*

a. Zahl der Todesfälle 7

Das Lager wurde in der Berichtszeit aufgelöst. Am 2.2.44 604 kranke und altersschwache Häftlinge (nicht Marschfähige) und 185 Kinder in Vaivara verladen, 1/3 in gedeckten Güterwagen, 2/3 in offenen Güterwagen. Transport geht nach Ereda, wo gesondertes Häftlings-Krankenlager errichtet wird.[15] Bahntransport Vaivara – Ereda dauert 24 Stunden. Auf Transport 1 Toter. Begleitender SDG: SS-Oscha. Schattkus.[16] Am 4. u. 5.II.44 mußte wegen Einbruchs der Sowjets über die Narva[17] das gesamte Stammlager Vaivara zurückgeführt werden, nachdem an Vortagen Häftlinge aus den A.-Lagern Narva-Ost,[18] Auvere, Putki und Vivikonna OT.[19] in Stammlager Vaivara aufgefangen waren. 2466 Häftlinge

14 Entlausungsanlagen.

15 In Ereda, 40 km westlich von Vaivara, existierte zwischen Okt. 1943 und Juli 1944 ein Außenlager des KZ Vaivara mit zunächst 750 Häftlingen, die von der OT in verschiedenen Produktionsstätten für die Ölschiefergewinnung, Kohlegruben, Raffinerien und Baustellen eingesetzt waren. Mit dem Eintreffen der Räumungstransporte aus den östlich gelegenen Lagern stieg die Häftlingszahl im Febr. 1944 auf 1600. Die Gefangenen waren in sog. Nissenhütten untergebracht, die völlig unzureichenden Schutz vor der Witterung boten.

16 Heinrich Schattkus (*1898), Gewerbelehrer; volksdeutscher Umsiedler aus Šiauliai, Litauen, spätestens Dez. 1941 Angehöriger des SS-Wachsturmbanns Auschwitz.

17 Grenzfluss zwischen Estland und Russland.

18 In der Grenzstadt Narva, 30 km östlich von Vaivara, existierte von Herbst 1943 an ein Außenlager mit 1700, im Febr. 1944 700 jüdischen Häftlingen, die in Fabrikgebäuden untergebracht waren und für die OT beim Stellungsbau („Panther-Stellung") eingesetzt waren.

19 Alle drei Außenlager wurden von der OT betrieben. In Auvere, 15 km südöstlich von Vaivara, mussten von Herbst 1943 bis Febr. 1944 durchschnittlich 500 Häftlinge eine Feldbahn durch Sumpfgelände bauen. In Putki, 20 km südlich von Vaivara, arbeiteten zwischen Nov. 1943 und Febr. 1944 rund 300 Häftlinge. Das Lager in Viivikonna entstand im Dez. 1944 in einem abgelegenen Waldgebiet 5 km südöstlich von Vaivara. Die Häftlinge mussten dort Waldarbeiten verrichten, Gleise verlegen und Gräben ziehen.

im Fußmarsch nach neuen Lagern Kiviöli,[20] Ereda, Jewe[21] und Goldfields[22] überführt. Marschweg bis Kiviöli etwa 65 km, bis Ereda 45 km, bis Jewe 28 km und bis Goldfields 50 km. Marschdauer rund 3 Tage. Ausfall 44 Tote. Tote an Ort und Stelle beerdigt. Einzelne Kolonnen auf Marsch mehrfach von sowjetischen Fliegern von Bordwaffen beschossen. Beim Abmarsch am 5.II. auch Lager Vaivara selbst von sowjetischen Fliegern mit Bomben belegt und Häftlinge mit Bordwaffen beschossen. Begleitendes San.-Personal: SS-Uscha. Theiner,[23] SS-Uscha. Schmitz,[24] SS-Uscha. Runde,[25] SS-Schütze Helmlinger[26] und die Obergefreiten Kramer, Rabl, Brand, Karst und Humann.

2.) *A.-Lager Narva-Ost.*
a. Zahl der Todesfälle 3
Das Lager wurde in der Berichtszeit aufgelöst. Ende Januar nähert sich die Front der Narva-(Panther-)Stellung.[27] 29.I. Beginn des Abtransports von Kranken und nicht Marschfähigen mittels LKW nach Stammlager Vaivara. 30.I. Rücktransport der Kranken beendet. Gesamtzahl 210. Arbeit in der Panther-Stellung geht weiter. 31.I.44. 18.00 Uhr müssen Häftlinge aus Panther-Stellung zurückgezogen werden, da II. SS-Panzerkorps Stellung bezieht und Stellung bereits unter sowjetischen Beschuß liegt. Fußmarsch von 733 Häftlingen nach Vaivara. Marschdauer 20 Stunden durch Sümpfe. Auf Marsch Kolonne mehrfach durch sowjetische Flieger mit Bordwaffen im Tiefflug angegriffen. Ausfälle keine.
2 E.-Kammern abtransportiert. E.-Baracke in Narva-Ost zurückgelassen, da schwerer Artilleriebeschuß auf Lager liegt. Zwei spätere Versuche E.-Baracke herauszuholen, schlagen fehl wegen sowj. Artilleriefeuer.
Begleitendes San.-Personal beim Fußmarsch: SS-Uscha. Theiner und Obergefr. Brand.

20 In Kiviöli, eigentlich Kiviõli, einem Industriezentrum etwa 55 km westlich von Vaivara, bestand von Okt. 1943 an ein Außenlager, dessen Belegung aufgrund der Räumungstransporte aus den östlichen Lagern auf bis zu 1462 im Juli 1944 stieg. Die Häftlinge leisteten Zwangsarbeit für die Baltische Öl GmbH (Baltöl).

21 In Jewe, eigentlich Jõhvi, 25 km westlich von Vaivara, existierte von Okt. bis Dez. 1943 ein Außenlager mit 200 Häftlingen, die für die OT arbeiteten. Im Febr. 1944 wurde das Lager im Rahmen der Räumungstransporte reaktiviert.

22 Goldfields war der Name einer ursprünglich brit. Fabrikanlage nahe der Industriesiedlung Kohtla etwa 40 km westlich von Vaivara, die im Zuge der deutschen Besetzung Estlands von der Baltöl übernommen worden war. Von Febr. 1944 an arbeiteten hier 1200 Häftlinge, deren Zahl im Zuge der Räumungstransporte anstieg. Im Aug./Sept. 1944 wurden die Häftlinge nach Stutthof gebracht; siehe Dok. 168 vom Sept. 1944.

23 Karl Theiner (1914–1955), Maler; von 1940 an als SDG in Dachau, Sachsenhausen, Ravensbrück, Gusen sowie in den Lagerkomplexen Vaivara und Groß-Rosen tätig; 1955 vor dem Stadtgericht Berlin (DDR) wegen Misshandlungen und Tötungen von Häftlingen zum Tode verurteilt und hingerichtet.

24 Theodor Schmitz.

25 Ernst Runde (1905–1967), Bootsbauer; 1933 NSDAP- und SS-Eintritt; von Nov. 1941 an Mitglied im SS-Totenkopfsturmbann Stutthof, Okt. 1943 im KZ Vaivara; 1966 vor dem Landgericht Duisburg angeklagt, nahm sich in Haft das Leben.

26 Heinrich Helmlinger.

27 Die Panther-Stellung war eine seit 1943 errichtete Verteidigungslinie gegen die Sowjetunion („Ostwall"), die in dieser Region entlang des Flusses Narva verlief. Während der sowjet. Offensive im Jan. 1944 zog sich die Heeresgruppe Nord auf die Panther-Stellung zurück. Dort kam die Rote Armee im März 1944 vorübergehend zum Stehen. Bis zum Sommer 1944 hatte die Rote Armee die Panther-Stellung in ihrer gesamten Länge weiträumig durchstoßen.

3.) *A.-Lager Auvere*
a. Zahl der Todesfälle 1
Das Lager wurde in der Berichtszeit aufgelöst. Am 29.I.44 40 Kranke in Stammlager Vaivara überstellt. 4.II.44 Fußmarsch von 487 Häftlingen nach Vaivara. Zwei Häftlinge neben Rollbahn bei Fluchtversuch von Wehrmachtsangehörigen erschossen. Beerdigung an Ort und Stelle. Sonst keine Ausfälle. E.-Baracke nach Kiviöli abtransportiert. Begleitendes San.-Personal: SS-Uscha. Runde u. Obergefr. Humann.

4.) *A.-Lager Putki.*
Das Lager wurde in der Berichtszeit aufgelöst. Bis 4.II.44 wird voll gearbeitet. Bei Annäherung sowjetischer Infanterie rückt OT. ohne Benachrichtigung des Lagers ab. Um 24.00 Uhr rückt San.-Obergefr. Rabl mit 334 Häftlingen auf beschwerlichem Fußmarsch durch Wald und Sumpf nach Vaivara ab. Ausfälle keine. Drei E-Kammern mußten zurückgelassen werden, desgleichen Reviereinrichtung. Begleitendes San.-Personal: Obergefr. Rabl.

5.) *A.-Lager Vivikonna OT.*
a. Zahl der Todesfälle 4
4.II.44. wegen Feindnähe Lager aufgelöst. 872 Häftlinge Fußmarsch nach Vaivara (10 km.). Ausfälle keine.
Begleitendes San.-Personal: SS-Uscha. Schmitz u. Obergefr. Karst.

6.) *A.-Lager Soski.*[28]
a. Zahl der Todesfälle 1
Das Lager wurde in der Berichtszeit aufgelöst. Durch Vorstoß der Sowjets bis zur Narva in Gegend von Permisküla und Karoli liegt Soski am 3.II.44 früh nur noch 4–5 km von sowjetischer Stellung entfernt. Permisküla von Sowjets gegen Mittag in Brand geschossen. Häftlinge in Soski, die bereits früher mit sowjetischen Banden erwiesenermaßen Briefverkehr gepflogen [haben],[29] müssen sofort zurückgezogen werden, zumal deutscher Brückenkopf Karjati auf rechtem Narva-Ufer zurückgezogen wurde. Mangels anderer Führer erhielt Lagerarzt Befehl, das A.-Lager Soski zurückzuführen. Straße Jewe, Kuremäe, Soski mit Artillerie, Truppen und Kolonnen sehr stark belegt. Bei Eintreffen Lagerarzt in Soski (11.30 Uhr) bereits deutsche Artillerie 3–400 m hinter Lager in Stellung. Etwa 3 km vor dem Lager deutsche Infanterie in Stellung. 14.45 Uhr Abmarsch der Häftlinge. Zwei LKW und 3 Pferdeschlitten für Kranke und Geräte. Zwei vorhandene E.-Kammern, Medikamente und Reviereinrichtung restlos zurückgeführt. Rückführung der 414 Häftlinge im Fußmarsch, 23 Kranke auf 3 Pferdeschlitten 25 km bis Kuremäe.

28 Das Lager Soski befand sich etwa 60 km südlich von Vaivara in einem Wald- und Sumpfgelände. Rund 500 Häftlinge, die in Tonnenzelten auf dem nackten Boden schliefen, arbeiteten zwischen Okt. 1943 und Febr. 1944 bei der Entladung von Kähnen am nahegelegenen Fluss, beim Bau einer Kleinbahn und bei der Förderung von Ölschiefer.

29 Dies wird von Überlebenden bestätigt. Es gab sogar einen Plan, mit Hilfe der Partisanen eine Massenflucht zu organisieren; siehe Mark Dworzecki, Histoire des camps Nazis en Estonie (1941–1944), Tel Aviv 1967, S. 268, 316.

Auf Marsch keine Verluste, keine Todesfälle unter den Kranken. Am folgenden Tag (4.II.44) in Kuremäe einige Todesfälle durch Herzschwäche bei älteren Häftlingen und einige Erkrankungen an Lungenentzündung. Marsch Soski–Kuremäe mußte ohne längeres Haltmachen, z. Teil neben der Straße über gefrorene Sümpfe durchgeführt werden. Bereits während Aufstellung der Häftlinge und Krankenabtransport mittleres Artilleriefeuer.
Marsch und Schlittenkolonne geführt von Obergefr. Lingg und SS-Uscha. Genth.[30]
Lagerarzt nimmt auf Rückfahrt von Truppenverbandsplatz Ausala schwer verwundeten Esten mit ins Feldlazarett Jewe.

7.) *A.-Lager Vivikonna Baltöl.*[31]

a.	Zahl der Todesfälle	1

Das Lager wurde in der Berichtszeit aufgelöst. 13.II.44. 13.30 Uhr Mitteilung von Qu 1, Gruppe Sponheimer,[32] A.-Lager Vivikonna-Baltöl kann wegen Feindeinwirkung nicht mehr gehalten werden. 16 Uhr Abmarsch der Häftlinge unter ständiger Feindeinwirkung. Kranke bereits vorher zurückgebracht. 698 Häftlinge marschieren. 14.II. 8.30 Uhr findet Lagerarzt 697 Häftlinge auf Marktplatz Jewe. Verpflegung im A.-Lager Jewe, 11 Uhr Weitermarsch nach A.-Lager Ereda. Dort 16 Uhr Eintreffen. Lagerarzt stellt fest, daß ein LKW der Wehrmacht 1 weibl. Häftling mitgenommen hat. Häftling (Jüdin) war bereits im Ziv.-Krankenhaus aufgenommen. Wird herausgeholt. Ausfälle keine. Begleitendes San.-Personal: Obergefr. Kronast.

8.) Die A.-Lager Petzeri, Ülenurme und Kudupe[33] konnten in der Berichtszeit nicht aufgesucht werden, auch liegen von dort keine Meldungen vor. Am 10.II.44. wurde der SDG SS-Uscha. Theiner nach dort in Marsch gesetzt und mit der Betreuung dieser drei Lager beauftragt.

9.) *Stammlager Kiviöli.*

a.	Durchschnittliche Belegstärke des Lagers	1300
b.	Zahl der Todesfälle	29
c.	Stationäre Behandlungen	476
d.	Durchschnittliche Belegstärke des H.-Reviers[34]	92
e.	Ambulante Behandlungen	1184

30 Wilhelm Genth (1894–1964), Musiker; 1934 SA-Eintritt; 1939 als SS-Reservist nach Dachau, 1940 KZ Hinzert, Dez. 1943 SDG im KZ Lublin-Majdanek, von Jan. 1944 an SDG im Lagerkomplex Vaivara, Nov./Dez. 1944 in den Neuengammer Außenlagern Porta Westfalica und Hannover-Stöcken; 1948 vor dem Bezirksgericht Lublin zu fünf Jahren Haft verurteilt.

31 In der estn. Stadt Viivikonna befand sich von Sept. 1943 an neben dem OT-Lager noch ein Lager mit 700 bis 900 Häftlingen, die im Wechsel mit sowjet. Kriegsgefangenen Ölschiefer im Tagebau abbauen mussten.

32 Die Gruppe wurde am 27.1.1944 aus dem Generalkommando des LIV. Armeekorps gebildet und am 23.2.1944 zur Armee-Abt. Narwa umbenannt. Kommandeur war der General der Infanterie Otto Sponheimer (1886–1961).

33 Die im Jan. 1944 errichteten Außenlager Petseri, Ülenurme und Kudupe (richtig: Küdupe) befanden sich am weitesten vom Stammlager entfernt im Süden Estlands, Kudupe bereits auf lett. Gebiet. Mitte März 1944 wurden alle drei Lager aufgelöst und die Häftlinge nach Riga überstellt.

34 Häftlings-Revier.

Die Häftlinge sind gut untergebracht, 650 im Ostländerlager. Die Baracken sind gut und winterfest. 104 kranke und altersschwache Häftlinge nach KL Riga überstellt. Für Revier eigene Baracke zur Verfügung. Besteht eine H.-Zahnstation,[35] welche gut eingerichtet ist. Jede Woche werden die Häftlinge entlaust und gleichzeitig wird eine Scheuerdesinfektion der Unterkünfte durchgeführt. Für Revierbetrieb stehen 3 E.-Kammern zur Verfügung.
Truppe
Die Truppe ist gut untergebracht und auch die Verpflegung ist gut.

10.) *A.-Lager Kuremäe.*[36]

a.	Durchschnittliche Belegstärke des Lagers	850
b.	Zahl der Todesfälle	25
c.	Stationäre Behandlungen	280
d.	Durchschnittliche Belegstärke des H.-Reviers	64
e.	Ambulante Behandlungen	472

Wenig günstige allgemeinhygienische Verhältnisse, die laufend verbessert wurden. 3.–4. Februar Eintreffen der 437 Häftlinge von A.-Lager Soski. Sehr enge Belegung, durch Aufstellen von 3 neuen Zelten leicht gebessert. Auch Waschhaus und Sauna muß belegt werden. Verlausungsgrad der Häftlinge steigt daher von 1 % auf 3 %. Wird jetzt besser, da außer vorhandener E.-Baracke auch die 2 E.-Kammern von Soski aufgestellt werden.
8.II.44. Drei Häftlinge durch Fliegerbeschuß auf Arbeitsstelle verwundet, desgleichen am 16.II.44 Häftlinge verwundet. Lager liegt 15 km hinter deutscher Infanterie-Stellung. In besonders abgedrahtetem Zelt 3 Fleckfieberkranke in Genesung. Seit drei Wochen kein neuer Fall.
Truppe
Der Gesundheitszustand der Truppe ist gut.

11.) *A.-Lager Ereda.*

a.	Durchschnittliche Belegstärke des Lagers	1600
b.	Zahl der Todesfälle	109
c.	Stationäre Behandlungen	904
d.	Durchschnittliche Belegstärke des H.-Reviers	620
e.	Ambulante Behandlungen	526

Ereda ist größeres Lager aus zwei getrennten, nebeneinanderliegenden Lagern bestehend. Westliches Lager wird als Zentralkrankenlager eingerichtet. Dorthin aus allen Lagern Kranke überführt, damit Lager marschfähig bleiben, falls Panther-Stellung nicht gehalten werden konnte. 14.II.44 gesammelte Kranke mit Eisenbahn nach KL Riga überführt. 705 Kranke, 184 Kinder, 2 Häftlingsärzte und 5 Häftlingspfleger. Begleitender SDG: SS-Uscha. Schmitz.

35 Häftlings-Zahnstation.

36 In Kuremäe, 30 km südwestlich von Vaivara, bestand von Okt. 1943 an ein Außenlager in einem früheren Gemeindehaus. Etwa 150 Häftlinge, nach Eintreffen von Räumungstransporten bis zu 850, waren beim Bau einer Schmalspurbahn eingesetzt. Im März 1944 wurden die Häftlinge nach Goldfields überstellt.

12.) *A.-Lager Goldfields.*

a.	Durchschnittliche Belegstärke des Lagers	1200
b.	Zahl der Todesfälle	11
c.	Stationäre Behandlungen	182
d.	Durchschnittliche Belegstärke des H-Reviers	68
e.	Ambulante Behandlungen	365

Lager in der Berichtszeit eröffnet. Genügend RAD-Baracken vorhanden. Häftlinge sind mit Bahnbau beschäftigt. Die hygienischen Anlagen sind nicht ausreichend, werden jedoch noch weiter ausgebaut. Eine Baracke wird als Häftlingsrevier eingerichtet, mit getrennten Zimmern für Männer und Frauen. Ambulanzraum steht zur Verfügung. Der Gesundheitszustand der Häftlinge ist gut.

Truppe.

Die Truppe ist in einer Wachbaracke gut untergebracht. Die Verpflegung wird von der OT. geliefert, ist gut und ausreichend.

13.) *A.-Lager Klooga.*

a.	Durchschnittliche Belegstärke des Lagers	1847
b.	Zahl der Todesfälle	5
c.	Stationäre Behandlungen	34
d.	Durchschnittliche Belegstärke des H.-Reviers	11
e.	Ambulante Behandlungen	685

Das Lager konnte vom Lagerarzt in der Berichtszeit nicht besucht werden, deshalb kann über die dortigen Verhältnisse nichts berichtet werden.

14.) *A.-Lager Port-Kunda.*[37]

a.	Durchschnittliche Belegstärke des Lagers	200
b.	Zahl der Todesfälle	1
c.	Stationäre Behandlungen	38
d.	Durchschnittliche Belegstärke des H.-Reviers	36
e.	Ambulante Behandlungen	98

Durch die Erstellung einer Sauna mit Entwesungskammer ist der Läusebefall stark zurückgegangen und beträgt jetzt nur noch 1 %. In der Berichtszeit sind keine wesentlichen Veränderungen eingetreten.

37 Im Okt. 1943 entstand ein Außenlager bei der Portland-Zementfabrik in Kunda, 80 km westlich von Vaivara. Rund 200, ab März 1944 230 Häftlinge leisteten Zwangsarbeit im Steinbruch und der Zementfabrik, bis sie im Sommer 1944 nach Stutthof gebracht wurden.

15.) *A.-Lager Jewe*

a.	Durchschnittliche Belegstärke des Lagers	190
b.	Zahl der Todesfälle	3
c.	Stationäre Behandlungen	14
d.	Durchschnittliche Belegstärke des H.-Reviers	3
e.	Ambulante Behandlungen	64

Das Lager wurde in den alten Lagerunterkünften neu eröffnet. Der Gesundheitszustand der Häftlinge ist gut. Die hygienischen Verhältnisse sind befriedigend. Ein Ambulanzraum steht zur Verfügung, desgleichen ein gesonderter Raum für Revierkranke.

DOK. 162

Himmler überträgt am 17. Juni 1944 die Befehlsgewalt im Fall der Räumung der Konzentrationslager an die Höheren SS- und Polizeiführer[1]

Schreiben (Geheim!), gez. H. Himmler, Feldkommandostelle, Tgb.-Nr. V 2440/44 geh., 507/44/11, an alle Höheren SS- und Polizeiführer, nachrichtlich an Chef des SS-Wirtschafts-Verwaltungshauptamts, Chef des Reichssicherheitshauptamtes, Chef des Hauptamtes Ordnungspolizei, 70 Ausfertigungen, vom 17.6.1944[2]

Betr.: Sicherung der Konzentrationslager.
Für die Dauer des Krieges ordne ich für die Sicherheit der Konzentrationslager folgendes an:

1. Die Höheren SS- und Polizeiführer übernehmen mit Bekanntgabe dieses Befehls die Verantwortung für die militärische Sicherung der Konzentrationslager und der in ihrem Bereich liegenden Arbeitslager.

2. Die Kommandanten der Konzentrationslager melden den zuständigen Höheren SS- und Polizeiführern listenmäßig die ihnen unterstehenden Arbeitslager nach dem jetzigen Stand und unterrichten sie von der Errichtung neuer Arbeitslager. Hiervon sind diejenigen Sonderlager und Sonderbauten ausgenommen, in denen auf meine Weisung besondere Häftlinge durch das Reichssicherheitshauptamt untergebracht sind.[3]

3. Die Höheren SS- und Polizeiführer überprüfen unverzüglich die gegenwärtigen Sicherheitsmaßnahmen der Konzentrationslager und Arbeitslager. Sie treffen die für die unbedingte Sicherheit noch erforderlich erscheinenden Maßnahmen durch Abstellung von Polizeikräften im Einvernehmen mit dem Lagerkommandanten und unterrichten hiervon den Chef des SS-Wirtschafts-Verwaltungshauptamtes.

4. Alle wirtschaftlichen und verwaltungsmäßigen Einrichtungen der Konzentrationslager (z. B. Häftlingseinsatz, Personalangelegenheiten, Wirtschaftsbetriebe usw.)

1 Original nicht aufgefunden. Kopie: IfZArch, IMT, Dok. PS-3683. Abdruck in: Günter Morsch/ Agnes Ohm (Hrsg.), Die Zentrale des KZ-Terrors. Die Inspektion der Konzentrationslager 1934–1945, Berlin 2015, S. 302 f.

2 Abschrift der Kommandantur KL Natzweiler vom 21.6.1944.

3 Gemeint sind vermutlich kleine Gruppen von Geiselhäftlingen und privilegierten Häftlingen, zum Beispiel Personen, über deren Austausch Himmler noch mit den Alliierten verhandeln wollte.

werden nach wie vor durch den Chef des SS-Wirtschafts-Verwaltungshauptamtes zentral geführt.

5. Auf Einweisungen, Entlassungen, Art der Beschäftigung sowie auf die Organisation und Tätigkeit der Politischen Abteilungen haben die Höheren SS- und Polizeiführer keinen Einfluß. Die Erledigung und Bearbeitung dieser Fachgebiete erfolgt nach wie vor durch das Reichssicherheitshauptamt.

6. Die Kommandanten unterstehen im Normalfall dem Chef des SS-Wirtschafts-Verwaltungshauptamtes.
Im A-Fall[4] übernehmen die Höheren SS- und Polizeiführer die Kommandogewalt über das Konzentrationslager sofort und uneingeschränkt. Die Kommandanten treten dann zum Stab der Höheren SS- und Polizeiführer.

DOK. 163
Walther Bierkamp befiehlt am 20. Juli 1944, Gefängnisinsassen und Juden im Generalgouvernement zu ermorden, damit sie nicht lebend in die Hände der Alliierten fallen[1]

Schreiben (Geheime Reichssache) des Kommandeurs der Sicherheitspolizei und des SD für den Distrikt Radom,[2] gez. Koe.,[3] Az. IV 6b-4/43 gRs., an die Außendienststelle z. Hd. von SS-Hauptstuf. Thiel[4] o.V.i.A. in Tomaschow, 11 Ausfertigungen (4. Ausfertigung), vom 21.7.1944

Betrifft: Räumung von Gefängnissen
Vorgang: Ohne
Der Befehlshaber der Sicherheitspolizei und des SD im Generalgouvernement[5] hat mit FS Nr. 14 002 vom 20.7.1944, IV 6 Nr. 82/44 gRs. folgendes angeordnet:
„Ich weise zum wiederholten Male darauf hin, daß die Insassenzahl der Gefängnisse der Sicherheitspolizei und des SD nach Möglichkeit niedrig gehalten werden muß. Bei der

4 Alarm-Fall; gemeint sind z. B. Häftlingsaufstände, Luftangriffe sowie das Eintreffen von alliierten Armeeeinheiten.

1 Original nicht aufgefunden. Kopie: StAN, KV-Anklage Dokumente L-53 (Fotokopie). Abdruck in: Otto Pannenbecker (Hrsg.), Geheim! Dokumentarische Tatsachen aus dem Nürnberger Prozeß, Düsseldorf 1947, S. 188.

2 Joachim Illmer (1909–2005), Jurist; 1933 NSDAP- und SS-Eintritt; 1936 Gestapobeamter in Dortmund, 1939 stellv. Leiter der Stapoleitstelle Prag, 1942 Chef der Gestapo Dortmund; 1943 SS-Ostubaf.; Okt. 1943 KdS und des SD in Radom; Flucht aus US-Gefangenschaft, lebte unter falschem Namen in Mittelfranken; nach 1955 Syndikus bei einem Industrieunternehmen, später bei einer Wirtschafts- und Steuerberatungsgesellschaft.

3 Margarete König (*1911), Okt. 1940 bis Juli 1944 Angestellte der Sicherheitspolizei zunächst in Lublin, von Juli 1944 an im Distrikt Radom.

4 Erwin Thiel (*1911), Techniker; 1930 NSDAP-, 1931 SS-Eintritt; von 1934 an beim SD, Nov. 1940 SS-Hstuf.; 1941 Tätigkeit beim SD in Radom, 1944 Dienststellenleiter der Außenstelle Tomaszów; seit Dez. 1944 vermisst.

5 Dr. Walther Bierkamp (1901–1945), Jurist; 1932 NSDAP-, 1939 SS-Eintritt; von 1933 an Staatsanwalt in Hamburg, dann Kriminaldirektor am Landgericht Hamburg und Leiter der Kriminalpolizeileitstelle, Febr. 1941 bis Juni 1942 Inspekteur der Sicherheitspolizei und des SD in Düsseldorf, Sept. 1941 bis April 1942 BdS Belgien-Nordfrankreich, 1942 Leiter der Einsatzgruppe D, Juli 1943 bis Febr. 1945 BdS im Generalgouvernement, Nov. 1944 SS-Brif.; nahm sich das Leben.

zurzeit gegebenen Lage können insbesondere von der Ordnungspolizei zugeführte Verdächtige, soweit keine ernstlichen Verdachtsgründe gegen sie vorliegen, *nur noch abgekürzt formularmäßig vernommen werden.* Sie sind alsdann auf dem schnellsten Wege einem KZ zuzuführen, falls nicht ein Standgerichtsverfahren erforderlich wird oder eine Entlassung infrage kommt. *Mit Entlassungen bitte ich sehr zurückhaltend zu sein.* Soweit es die Frontlage erforderlich macht, sind rechtzeitig Vorkehrungen für eine Totalräumung der Gefängnisse zu treffen. Bei überraschender Entwicklung der Lage, die einen Abtransport der Häftlinge unmöglich macht, sind die Gefängnisinsassen zu liquidieren, wobei die Erschossenen nach Möglichkeit beseitigt werden müssen (Verbrennen, Sprengung der Gebäude u. Ä.). Gleichermaßen ist eintretendenfalls mit den noch in der Rüstungsindustrie oder an anderen Stellen beschäftigten *Juden* zu verfahren.[6]
Unter allen Umständen muß vermieden werden, daß Gefängnisinsassen oder Juden vom Gegner, sei es WB[7] oder Rote Armee, befreit werden bezw. ihnen lebend in die Hände fallen."
Ich ersuche um Kenntnisnahme und strikte Beachtung.

6 Im Juli 1944 befanden sich im Distrikt Radom ca. 25 000 jüdische Lagerhäftlinge, vor allem in Zwangsarbeitslagern der Rüstungsindustrie wie in den HASAG-Lagern in Skarżysko-Kamienna und Częstochowa sowie in den KZ-Außenlagern Radom und Bliżyn.

7 Gemeint ist möglicherweise der Westbund, d. h. die westlichen Alliierten, oder die Widerstandsbewegung.

DOK. 164
Jules Schelvis beschreibt den Transport von Radom nach Vaihingen vom 26. Juli 1944 an und die Situation im dortigen Krankenlager[1]

Handschriftl. Bericht von Jules Schelvis,[2] Vaihingen, Fr. Hôpital militaire, beglaubigt durch Reginald C. Burroughs,[3] Vaihingen, vom 26.5.1945[4]

[...][5]
Im Juni 1944 mußten wir abhauen vor den Russen.[6] Das ganze K.L. marschierte 4 Tage durch Polen. 1125 km wurden zurückgelegt.[7] Die meisten hatten Holzschuhe [an]. Kranke und kleine Kinder fuhren auf einem Pferdefuhrwerk. Sie wurden im Wald erschossen. Auch die, die nicht mitkommen konnten, wurden erschossen. Die Tage waren schrecklich heiß, die Nächte aber furchtbar kalt, und wir schliefen unter dem nackten Himmel, bewacht mit Maschinengewehren und Hunden. Nach 4 Tagen kommen wir [nach] Tomaszów. Die Männer fanden Unterkunft in einer kleinen Fabrikhalle der Kunstseidefabrik. Hier war es richtig hungern und die Läuse begannen sich zu rühren. Als wir von hier abtransportiert wurden, dauerte es 6 Tage, bis wir nach Vaihingen[8] kamen. Wir fuhren wieder in Pferdewaggons. Am dritten Tag fuhr der Zug ins K.Z. Auschwitz. Das war gerade in der Zeit, als viele ungarische Juden verbrannt wurden. Eine schreckliche Angst war über uns. Die Frauen und Kinder bis ungefähr 12 Jahre wurden von uns getrennt. Was mit ihnen passiert ist, wissen wir nicht. In Vaihingen war ein neues K.Z. Die Arbeit war schwer und das Essen sehr wenig. 300 Gramm Brot und 2 Liter Wassersuppe am Tag. Unter Leitung von SS-Oberscharführer Miller[9] war das Leben nicht auszuhalten. Einen größeren Sadisten hab ich noch nie gesehen. Es war der Schreck von ganz Vaihingen. Sein Beiname war „der Knochenbrecher". Bald wurde das K.Z. ein Kranken-

1 NARA, RG 549, Box 532, Case 000-50-45.
2 Jules Schelvis (1921–2016), Typograph aus Amsterdam; Mai 1943 von Westerbork nach Sobibor deportiert, von dort über das KZ Lublin-Majdanek zur Zwangsarbeit in das Getto Radom überstellt, das später Außenlager von Lublin-Majdanek wurde, Juli 1944 Räumungsmarsch nach Auschwitz, von dort nach Vaihingen; arbeitete nach dem Krieg in einer Zeitungsdruckerei und gab 1993 ein Standardwerk über das Vernichtungslager Sobibor heraus, Verfasser von: Eine Reise durch die Finsternis (2005).
3 Reginald C. Burroughs (1911–2001), Jurist; 1st. Lt. Infantry, Ermittlungsoffizier der War Crimes Branch, Abt. Militärstaatsanwaltschaft, 7. US-Armee.
4 Das Dokument wurde von einem Nichtmuttersprachler in deutscher Sprache verfasst, die Grammatik behutsam korrigiert.
5 Im ersten Teil des Dokuments berichtet Schelvis von seiner Deportation nach Sobibor, der Ermordung seiner Familie, seiner Überstellung nach Dorohucza und Lublin und der Zwangsarbeit für die DAW in Radom.
6 Rund 3000 jüdische Häftlinge des Außenlagers Radom wurden zwischen dem 26. und 29.7.1944 auf einen Fußmarsch in das KZ Auschwitz getrieben.
7 Die Zeitangabe bezieht sich auf die Strecke zwischen Radom und Tomaszów. Die Streckenangabe von 1125 km bezieht sich auf die Strecke zwischen Radom und Vaihingen.
8 Dort sollte im Frühjahr ein unterirdisches Werk zur Flugzeugproduktion entstehen. Rund 2200 Häftlinge aus Auschwitz wurden im Aug. 1944 nach Vaihingen überstellt, das dem KZ Natzweiler als Außenlager zugeordnet war. Nachdem Ende Okt. 1944 die Bauarbeiten eingestellt worden waren, entwickelte sich Vaihingen zum Krankenlager, in das arbeitsunfähige Häftlinge aus Außenlagern der Region überstellt wurden. Anfang April 1945 wurden viele Häftlinge nach Dachau gebracht.

lager. Nur eine Baracke war arbeitsfähig. Sie arbeiteten im Dienst der Organisation Todt auf einer Baustelle. Eine Typhusepidemie brach aus. Hunderte starben an dieser Krankheit. Auch an Geschwollenheit und Durchfall starben sehr viele. Das Totenkommando, bestehend aus Zelik Pataznik,[10] Maier Chlebowski,[11] Jankel Finkelstein[12] und Mrozek Knobel[13] hatte viel Arbeit. Es gab Tage mit 35 bis 40 Toten. Alle wurden beerdigt in einem großen Loch neben dem Lager. Wie viel Tote [es] waren, weiß ich nicht pünktlich [genau], doch wenn ich schreibe 1800, ist das nicht zu viel.[14] Der Kommandant war SS-Hauptsturmführer Lautenschläger,[15] weiter SS-Stabsscharführer Getz,[16] Hauptscharführer Hecker,[17] Oberscharführer Miller, Unterscharführer Pospischil,[18] Rottenführer Text[19] (Blockführer), Rottenführer Göppert[20] (id[21]), Rottenführer Herzog[22] (id), Rottenführer Pill,[23] Rottenführer Matthias,[24] Sturmmann Ochsenfeld.[25]
Anfang April sollte das Lager evakuiert werden. Nur die, die nicht gehen konnten oder sehr krank waren, blieben im Lager. Wo die anderen hingekommen sind, wissen wir nicht;[26] wir sind geblieben mit ca. 500 Mann. Alle SS-Männer fuhren mit den Evakuierten

9 Richtig: Kurt Möller (1918–1948), Tischler; 1939 SS-Eintritt; Dienst in den KZ Oranienburg, Sachsenhausen, Auschwitz, Lublin, Radom und Vaihingen, beteiligt an der Ermordung von 18 000 Juden während der „Aktion Erntefest" im KZ Lublin-Majdanek; Febr. 1944 SS-Oscha.; 1948 vor dem Bezirksgericht in Lublin zum Tode verurteilt und hingerichtet.

10 Zelik Potaznik (*1917), geboren in Radom; Häftling im dortigen Zwangsarbeitslager, Ende Juli 1944 nach Auschwitz und am 11.8.1944 nach Vaihingen gebracht, am 3.4.1945 nach Dachau, dort befreit; 1946 in die USA emigriert.

11 Majer Chlebowski, später Mayer Lebowski (1922–2007), geboren in Radom; Häftling im dortigen Zwangsarbeitslager, Ende Juli 1944 nach Auschwitz und am 11.8.1944 nach Vaihingen gebracht, dort befreit; 1949 in die USA emigriert, 1995 Interview mit der USC Shoah Foundation, VHA # 9210.

12 Jakub Finkelstein (*1921), geboren in Janow Lubelski; Häftling im Zwangsarbeitslager Radom, Ende Juli 1944 nach Auschwitz und am 11.8.1944 nach Vaihingen gebracht, kam am 14.4.1945 gemeinsam mit Jules Schelvis in das Vaihinger Krankenhaus.

13 Aron Knobel kam am 11.8.1944 nach Vaihingen, am 3.4.1945 nach Dachau.

14 1579 im Lager verstorbene Häftlinge sind nachweisbar.

15 Wilhelm Lautenschlager (1896–1976), Fotograf; 1937 NSDAP-Eintritt; von Juli 1944 an in Vaihingen, Kommandant der 6. Wachkompanie, die auch für die Außenlager Kochendorf, Hessental und Unterriexingen verantwortlich war, von Okt. 1944 an auch Lagerführer; wurde 1947 vor dem franz. Militärtribunal in Rastatt zu lebenslanger Zwangsarbeit verurteilt.

16 Johann Götz (1890–1952); Kompaniefeldwebel für den inneren Dienst der Wachkompanie.

17 Johann Hecker (1910–1948), Metzger; 1935 SS-Eintritt; von 1937 an Wachmann in Buchenwald; 1941 SS-Oscha.; 1944 in Radom; 1948 nach Todesurteil im Natzweiler-Prozess in Rastatt hingerichtet.

18 Josef Pospischil (1899–1948), aus Mährisch-Schönberg; 1922 SA-, 1932 SS- und NSDAP-Eintritt; seit 1934 bei der Gestapo, Kriminalassistenzanwarter, Wachdienst im KZ Lublin-Majdanek, Leiter der SS-Küche in Vaihingen; 1948 nach Todesurteil im Natzweiler-Prozess in Rastatt hingerichtet.

19 Michael Text (*1912), stammte aus Hundertbücheln in Rumänien.

20 Hermann Gebhardt (*1908), Tapezierer; stammte aus Rumänien.

21 Id: identisch.

22 Gustav Herzeg (1912–1948), Schmied aus Sebes-Alba in Rumänien; 1948 nach Todesurteil im Natzweiler-Prozess in Rastatt hingerichtet.

23 Anton Pill (1911–1948), Metzger aus India in Jugoslawien; Leiter der Häftlingsküche; 1948 nach Todesurteil im Natzweiler-Prozess in Rastatt hingerichtet.

24 Andreas Matthias (*1923), geboren in Hermannstadt/Sibiu, Rumänien.

25 Wilhelm Ochsenfeld (*1922), geboren in Dollatz, Rumänien.

26 Die marschfähigen Häftlinge wurden Anfang April 1945 in zwei Transporten per Bahn nach Dachau gebracht, wo am 6. und 9.4.1945 insgesamt 690 Männer eintrafen.

mit.[27] Bloß 6 Wehrmachtposten blieben. Am 8. April kamen die Franzosen und nach 2 Jahren war ich wieder frei. Viele wurden durch Franzosen nach Speyer am Rhein transportiert. Die letzten, auch ich, wurden aufgenommen ins Reserve-Lazarett Vaihingen, jetzt Hôpital militaire. Trotz der guten Verpflegung und Behandlung starben noch viele. Ich bin hier[her] gekommen mit einer Fußentzündung und hohem Fieber, Symptomen von Typhus, doch nach 2 Wochen konnte ich das Bett verlassen. Ich fühle [mich] nicht sehr gut und hoffe, dass ich bald wieder zurückkehren kann, nach Amsterdam. Da muss ich wieder neu anfangen zu leben, ohne Frau[28] und Familie.

DOK. 165
Ernest Landau schildert die Torturen der Gefangenen auf dem Marsch vom Konzentrationslager Warschau in Richtung Dachau, der am 27. Juli 1944 beginnt[1]

Bericht Ernest Landau,[2] niedergeschrieben in Pöcking am Starnberger See, vom 10.6.1945

Das Wunder des Wassers

I. Wir schreiben den 25. Juli 1944. Die Stadt Warschau befindet sich in größter Erregung.[3] Irgendetwas liegt in der Luft. Jeder verspürt es. Niemand indes vermag auszudrücken, was sich vielleicht schon in den nächsten vierundzwanzig Stunden ereignen könnte. Die sommerliche Schwüle wird von Minute zu Minute drückender, lastet geradezu wie ein Alpdruck auf der Bevölkerung. S.S.-Truppen marschieren durch die Straßen Warschaus, bis an die Zähne bewaffnet, suchen nach den Rädelsführern etwaiger Aufrührer …

Jedermann in ganz Warschau mutmaßt, daß jetzt irgendetwas eintreten wird. Die Partisanen sollen bewaffnet und mit genügend Munition, genügend Lebensmitteln versehen sein. Eilig befiehlt der deutsche Generalstab die Heranbringung von Eingreifreserven. Die Situation ist ungemütlich. Knappe achtzig Kilometer bloß vom Weichbilde der polnischen Hauptstadt entfernt stehen die ersten russischen Truppen, die Vorhuten und

27 Ein großer Teil des SS-Personals aus Vaihingen wurde in Dachau von US-Truppen inhaftiert. Neun Wachleute wurden zwischen 1947 und 1950 in Polen zu Haftstrafen, einer zum Tode verurteilt. Im Herbst 1947 fand vor dem franz. Militärtribunal in Rastatt ein Prozess gegen 42 ehemalige Angehörige der Wachmannschaften der Außenlager Vaihingen, Unterriexingen, Hessental und Kochendorf statt. Er endete mit zehn Todesurteilen und acht Freisprüchen.

28 Rachel Schelvis, geb. Borzykowski (1923–1943), Schneiderin; im Juni 1943 von Westerbork nach Sobibor deportiert und dort direkt nach der Ankunft ermordet.

1 YIVO, Leo W. Schwarz Papers, Record Group 294.1, fol. 535, Bl. 1086–1102.

2 Ernest Landau, später auch Ernst Landau (1916–2000), Journalist; 1938 Emigration nach Belgien, im April 1943 von Mechelen nach Auschwitz deportiert, im Aug. 1943 in das KZ Warschau überstellt, Juli 1944 Räumungstransport nach Dachau, am 30.4.1945 bei Tutzing befreit; nach dem Krieg Mitbegründer des Zentralkomitees der befreiten Juden in der US-Zone, Chefredakteur der deutsch-jüdischen Zeitung Neue Welt, Lektor, Redakteur, Vorstandsmitglied und Kulturdezernent der Israelitischen Kultusgemeinde München; 1997 Interview mit der USC Shoah Foundation, VHA # 31 995.

3 Die Rote Armee hatte am 22.7.1944 die erste größere Stadt westlich des Bugs erobert und bewegte sich auf Warschau zu. Am 1.8.1944 begann die poln. Heimatarmee in Warschau einen Aufstand gegen die deutsche Besatzung.

Panzerspitzen. Kommt es aber auch in der Stadt Warschau zu einem Aufstand, dann befindet sich das deutsche Militär zwischen den Russen und den Aufständischen und ist zu einem Zweifrontenkrieg gezwungen. Vorläufig indes können die deutschen Truppen noch nirgendwo eingreifen. Auch die Gestapo steht mit ihrem ganzen enormen Polizeiapparat machtlos gegenüber der untadeligen, keiner Provokation zugänglichen Warschauer Bevölkerung. Schließlich kann man auch nicht ohne jeden ersichtlichen Grund gegen eine friedliche Bevölkerung vorgehen. Und doch ahnt jeder, daß die Ruhe eine künstliche ist, daß bald, sehr bald, Blut in dieser Stadt fließen wird.

Das von der S.S. eingerichtete Konzentrationslager[4] befindet sich im ehemaligen Judenviertel, dem Warschauer Ghetto, einem von dicken Ziegelmauern umgebenen besonderen Teil der Stadt. In ihm sind augenblicklich etwa 6000 Häftlinge, zumeist ungarische Juden, Belgier, Franzosen, Holländer, Österreicher, Tschechen, Griechen, Polen, Rumänen, Norweger, dazu einige deutsche Berufsverbrecher untergebracht – ein deutscher politischer Häftling unter ihnen. Das Lager umfaßt die Gänsestraße, die Gesia,[5] bis zur Wildstraße, der Dzika. Rund um das Lager wiederum dicke Ziegelmauern, alle fünfzig Meter ein Postenturm mit Maschinengewehr und Scheinwerfer.

Dem S.S.-Lagerführer Umschmiss[6] gefällt die ganze Situation in Warschau nicht. Er ist ein ganz Radikaler. Zuschlagen würde er, wäre er der Stadtkommandant von Warschau. Die ganze männliche Bevölkerung verhaften und in das Stadtgefängnis, den Pawiak, sperren, die polnischen Aufrührer gegen die deutsche Besetzung niederschießen. Auch mit den Lagerinsassen möchte er nicht viel Umstände machen. Abknallen die verfluchten Juden – das wäre das Einfachste und man hätte keinen Ärger mit ihnen. Diese Meinung teilt mit ihm der S.S.-Obersturmführer Ruppert.[7] Auch er möchte die Juden am liebsten umlegen lassen. Aber das ist nicht so einfach. Denn Deutschland braucht gerade in diesem schwierigen Stadium, in dem es sich augenblicklich befindet, immer dringender alle verfügbaren Arbeitskräfte für seine Kriegführung.

Eine Niederlage folgt der andern. Schon ist ganz Rußland von den Russen zurückerobert. In weiten Teilen Galiziens stehen die verhaßten Bolschewisten. Mittelbar ist auch Warschau bereits bedroht. Im Westen haben die Amerikaner und Engländer schon ganz Afrika fest in ihrer Hand. Sizilien ist gefallen. Nach dem Sturze Mussolinis marschieren die Armeen der Westmächte auch in Italien unaufhaltsam vorwärts. In Rom hat Bonomi eben eine neue Regierung gebildet.[8] Dreierpack,[9] Achse – alles ist am Zerfallen. Der deutsche Wirtschaftsraum wird von Tag zu Tag kleiner, die materiellen

4 Siehe Einleitung, S. 73 f.

5 Ulica Gęsia, heute ul. Anielewicza.

6 Nicht ermittelt. Schutzhaftlagerführer im KZ Warschau war Heinz Villain (*1921), der 1981 im Düsseldorfer Majdanek-Prozess zu sechs Jahren Haft verurteilt wurde.

7 Friedrich Wilhelm Ruppert (1905–1946), Elektriker; 1933 NSDAP- und SS-Eintritt; 1933 Angehöriger der Wachmannschaft im KZ Dachau, Sept. 1942 Leiter der technischen Einrichtungen im KZ Lublin-Majdanek; Nov. 1943 SS-Ostuf.; Mai bis Juli 1944 Lagerführer im KZ Warschau, von Aug. 1944 an Schutzhaftlagerführer in Dachau; im Dez. 1945 im Dachau-Hauptprozess zum Tode verurteilt, 1946 hingerichtet.

8 Ivanoe Bonomi (1873–1951) löste nach der Befreiung Roms von der deutschen Besatzung im Juni 1944 Pietro Badoglio als Regierungschef Italiens ab und bildete ein Kabinett aus zurückgekehrten Emigranten und Antifaschisten.

9 Gemeint sind die sogenannten Achsenmächte: das Deutsche Reich und seine Bündnispartner Italien und Japan. Das Bündnis zerfiel bereits 1943 mit der Kapitulation Italiens.

Ressourcen und Reserven werden geringer, die alliierten Offensivbewegungen hingegen immer drückender. Immer mehr Deutsche müssen an die Fronten, müssen von den wichtigsten Arbeitsplätzen innerhalb Deutschlands entfernt werden. Schon stehen zahlreiche Frauen an den Plätzen der Männer. Hunderttausende zur Arbeit gepreßte Ausländer aus allen von Deutschland in den Jahren 1940 und 1941 besetzten Ländern sollen gleichfalls das Rüstungspotential der deutschen Industrie verstärken. Auch Häftlinge werden in vergrößertem Maßstabe eingesetzt.
Während in den Jahren 1942 und 1943 rund achtzig Prozent aller aus den verschiedensten europäischen Ländern, in welche die deutsche Wehrmacht ihren Fuß gesetzt hatte, deportierten Juden in Auschwitz und Birkenau stets gleich in die Gaskammern gebracht und hingemordet wurden, erfolgt jetzt ein rigoroses Aussortieren: Nur wer wirklich nicht mehr arbeitsfähig erscheint, wird jetzt gleich bei seiner Einlieferung umgebracht. Die Übrigen müssen Zwangsarbeit leisten. Denn Deutschland braucht stets neue Munition, neue Flugzeuge, neue Panzer, neue Kanonen, neue größere Bunker, nun da der Bombenkrieg das Land in verheerendem Maße heimsucht.
Die Herren Umschmiss und Ruppert können also wirklich nicht so radikal handeln, wie sie es gerne möchten. Man würde ihnen das im Oberkommando der Wehrmacht sehr verübeln. Nicht wegen der paar tausend Juden, die umgebracht worden wären. Nein, durchaus nicht darum. Denn dann hätte Deutschland sogar ein paar Esser weniger. Nein! Sondern wegen der ausfallenden Arbeitskräfte.
Immerhin wird der Befehl gegeben, alle Kartotheken des Lagers, sämtliche schriftlichen Aufzeichnungen zu verbrennen. Die in der Schreibstube des Konzentrationslagers beschäftigten Häftlinge dürfen ihre Büros nicht verlassen. Denn es soll nichts ausgeplaudert werden.
Am Abend tragen zwei Lagerschreiber sämtliche Kartotheken ins Freie. Sämtliche Aktenbündel, Notizblöcke: Papier, Papier und wieder Papier. Ein Scheiterhaufen wird errichtet, angezündet.
Aus den Fenstern ihrer Blocks sehen die Häftlinge dem Schauspiel zu. Niemand darf die Lagerstraßen betreten. Es ist strengste Blocksperre verfügt worden. S.S.-Posten streifen im Lager, haben Befehl, jeden die Straße betretenden Häftling ohne Anruf zu erschießen.

II. Das Häftlingsrevier ist im Lager II untergebracht. In ihm befinden sich augenblicklich ungefähr dreihundert Kranke, ungefähr 25 Häftlingspfleger, acht Häftlingsärzte und ein dem S.D.G. – dem Sanitätsdienstgefreiten[10] – unmittelbar unterstellter verantwortlicher Leiter: der Revierälteste, ein deutscher Berufsverbrecher.
Gegen acht Uhr abends kommt der S.S.-Lagerführer Umschmiss ins Revier. Verlangt, die Kranken zu sehen. Will selbst alle Fälle überprüfen. Wer in der Lage sei, hundert Kilometer zu Fuß zurückzulegen, will er wissen. Alle Vernünftigen melden sich. Die mit dem letzten Transport eingelangten ungarischen Juden und noch im Konzentrationslager am Bestehen von Gaskammern und Krematorien zweifelnd, mitunter oft gar nicht so schwer krank, unterlassen es, sich zu melden. Der Lagerführer heißt alle Marschfähigen aufstehen und antreten. Zahlreiche Kranke, darunter auch solche, die bestimmt einen längeren Fußmarsch nicht aushalten würden, erheben sich von ihren Betten und Pritschen.
Nun beginnt der Lagerführer auszuwählen. Er wendet bloß den linken Daumen.

10 Richtig: Sanitätsdienstgrad.

Wenn er seinen Daumen nach links dreht, dann bleibst du hier, Kamerad! Dann bist du morgen eine Leiche! Hast du aber Glück und er wendet bei dir seinen Daumen nach rechts, dann weißt du zwar nicht, ob du die Strapazen des Marsches überleben und die Evakuierung gesund überstehen wirst – aber jetzt bist du vorläufig noch durchgerutscht. Etwa vierzig Menschen „fanden Gnade vor seinen Augen" … Sie erhielten Wäsche, Kleider, Schuhe, durften sich ankleiden und zu den Gesunden auf die Blocks ins Lager I gehen, wo inzwischen die gesamte übrige Belegschaft des Konzentrationslagers Warschau aus Sicherheitsgründen zentralisiert worden war.
Zur selben Zeit findet auch im Lager I ein Zählappell statt. Alle Häftlinge sind angetreten. Auf ihren Motorrädern fahren der S.S.-Arbeitsdienstführer Temple,[11] der S.S.-Lagerkommandant Ruppert und später auch der S.S.-Lagerführer Umschmiss vor. Auf dem Platz selbst herrscht Grabesstille. Kein Wort wird gesprochen. Bloß von der Ferne, von außerhalb der Ghettomauern hört man geradezu vereinsamt das Klingeln einer Straßenbahn, undeutlich vermengt mit dem Lärm der Großstadtstraßen.
Auf dem Appellplatz, der Lagerführer hält die gleiche Ansprache wie eben im Häftlingskrankenbau. Wer nicht imstande sei, hundert Kilometer zu Fuß zurückzulegen, möge sich melden.
Alle alten Häftlinge, solche mit mehrjähriger Lagerpraxis, sind unbeweglich stehen geblieben. Keinem von ihnen fällt es ein, sich zu melden. Denn das hieße ja, das eigene Todesurteil selbst unterzeichnen zu wollen. Bloß ein paar von jenen Ungarn, die zurückzuhalten es uns nicht möglich ist, laufen in ihrer Unerfahrenheit vor, um sich zu melden, laufen in ihr Verderben, laufen in den Tod. Der Lagerführer läßt sie gleich besonders aufstellen. Ein S.S.-Posten soll sie zum Revier führen. „Werden wir mit der Bahn oder mit Lastautos evakuiert werden?" fragt ein ungarischer Intellektueller einen der gleichgültig dastehenden S.S.-Posten. „Mit Flugzeugen!" beantwortet der zufällig anwesende S.S.-Lagerführer zynisch die Frage. Einem andern aber, der sich noch seine wenigen Habseligkeiten aus der Unterkunft holen will, bedeutet er: „Das brauchst du dort nicht. Dort bekommst du schon alles viel schöner und besser!"
Hundertsiebenunddreißig ungarische, rumänische und slowakische Juden, alle mit den letzten ungarischen Transporten ins Lager gekommen, werden aus dem Lager I und II geführt, in welchen bloß die Revierkranken zurückgeblieben waren. Keinen von ihnen haben wir jemals wiedergesehen …[12]
Mittlerweile war es halb elf Uhr abends geworden. Der Appell war beendet. Die Häftlinge mußten geschlossen in die Blocks zurückmarschieren. Im Block II befanden sich die Prominenten des Lagers: die Kommandierten und Facharbeiter. Das Büropersonal der Bauleitung und der Schreibstube war unter ihnen. Alles alte Häftlinge, gute Organisatoren, verläßlich, keine Verräter, auch keine von den unerfahrenen Magyaren unter ihnen.

11 Richtig: Wilhelm Tempel (1908–1946), 1932 SS-Eintritt; im Okt. 1942 in Lublin-Majdanek, bis Juli 1944 Arbeitsdienstführer im KZ Warschau, Aug. 1944 bis Jan. 1945 Arbeitsdienstführer in Kaufering IV, danach bis April 1945 Rapportführer in Kaufering I; im Dez. 1945 im Dachau-Hauptprozess zum Tode verurteilt, 1946 hingerichtet.

12 Die SS erschoss vor der Räumung des Lagers etwa 200 kranke und marschunfähige Häftlinge.

In diesem Block hatte auch der einzige jüdische Rapportschreiber, Egon Ochshorn[13] seine Unterkunft.
Obwohl es Egon, genauso wie allen übrigen Schreibern, verboten worden war, sich auf einen Block zu begeben, fanden wir ihn jetzt, als wir vom Appell zurückkehrten, in dem kleinen abgesonderten Raum, den die Blockältesten innehatten. Aufgeregt wollten wir ihn mit Fragen bestürmen. Aber er winkt uns ab und ruft bloß zwei Menschen zu sich. Nach wenigen Minuten schon sind diese beiden Kameraden bei uns zurück. Die Fenster werden geschlossen, die Eingangstüre zum Block bewacht. Dann erst berichten sie. Ihr Bericht ist nüchtern, ernst, sachlich. Es scheint bei der S.S.-Lagerführung offenbar die Absicht zu bestehen, uns Häftlinge umzulegen. Widerstand muß organisiert werden. So einfach wollen wir uns nicht abschlachten lassen! Gruppen werden eingeteilt, welche die Postentürme zu stürmen, sich in den Besitz der dort vorhandenen Maschinengewehre zu setzen haben. Die aufgestellten Posten sind niederzumachen. Die S.S.-Unterkunft ist sofort unter MG-Feuer zu nehmen. Andere Gruppen haben die Werkzeugmagazine, die Autogaragen in der Fahrbereitschaft und das Waffenarsenal im Gebäude des ehemaligen Judenrates in der Dzika zu besetzen. Alles wird eingeteilt. Nichts vergessen für den Fall, daß die S.S. aktiv zu werden beabsichtigt.
Doch es kommt zu keiner Aktion. Die Nacht vergeht in Ruhe. Offenbar hat sich die S.S.-Führung nun doch dazu entschlossen, das Lager zu evakuieren.
Am Morgen des 25. Juli findet der Frühappell wie gewöhnlich statt. Neuerliche Ansprache des Lagerführers. Nun sollen wir endgültig aus Warschau weggebracht werden. Ein diesbezüglicher Befehl sei eingetroffen. Da Waggons indessen nicht zur Verfügung stünden, ist vorgesehen, daß die Häftlinge bis Kutno, ein kleines polnisches Städtchen in der Nähe von Łódź, zu Fuß marschieren sollten. Von Kutno aus würden wir in Waggons nach Dachau gebracht werden.
Das Wissen um einen Befehl zur Evakuierung löste unter den Häftlingen ein befreites Aufatmen aus. Wußten wir doch, daß wir damit zwar noch nicht gerettet, aber immerhin schon gesicherter als noch gestern abends waren. Wohin es gehen sollte, war uns gleichgültig. Wir wußten ja, daß wir bloß wieder in ein Konzentrationslager kommen mußten. Ob es Dachau hieß oder einen andern Namen hatte, tat nur wenig zur Sache. Schlimmer als Warschau konnte es ja doch nicht werden. Und so fürchterlich die Drohung Dachau in den Ohren jedes zivilisierten Menschen zu jeder Zeit geklungen hätte, so unsagbar gleichgültig war uns dieser Name. Was konnte es denn noch Schlimmeres geben, nach den Gaskammern von Auschwitz, nach den Scheiterhaufen von Birkenau und nach den Meßapparaten, den Krematorien, dem Sprengkommando und der Typhus-Station von Warschau?! Es hätte wahrhaftig schon einer ungeheuren Phantasie bedurft, um Schlimmeres überhaupt noch ausdenken zu können.

III. Zu dieser Stunde, als uns der Evakuierungsbefehl mitgeteilt wurde, wußten wir freilich noch nicht, was sich bereits in der vergangenen Nacht, nur wenige hundert Meter von uns entfernt, im Lager II abgespielt hatte. Wir wußten nicht, daß der Herr S.S.-Lagerführer in eigener Person und nur in Begleitung einiger Blockführer nach vorhergegangenem reichlichem Alkoholgenuß die vergangene Nacht dazu benutzt hatte, um

13 Isaak Egon Ochshorn (*1901), Fleischer; geboren in Myschkow, lebte in Wien; 1939 in Buchenwald, 1940 in Dachau, 1941 in Groß-Rosen, 1942 in Auschwitz-Birkenau, 1943 im KZ Warschau, Juli 1944 Todesmarsch nach Dachau-Kaufering, Ende April 1945 in Allach befreit.

die im Revier befindlichen kranken oder nicht marschfähigen Häftlinge kalten Blutes mit eigener Hand zu ermorden.
Sagte ich morden?
Ein Mörder muß im Vergleich mit diesen S.S.-Männern, mit dieser Blüte des deutschen Volkes, ein Gentleman genannt werden. Ein Mörder hat im allgemeinen Motive, die ihn zu seiner grausigen Tat veranlassen. Ganz selten bloß sind diese Motive aber ausschließlich purer Blutdurst und schlechthin sadistische Wollust am Morden.
Aber dieser Massenmord, vollzogen in nur wenigen nächtlichen Stunden an hunderten wehrlosen und zum größten Teil schwer kranken Häftlingen, dieses kaltblütige Abschlachten, wie es in jenen Stunden massenweise geschah, kann wohl nicht anders bezeichnet werden als eine zur Potenz erhobene Barbarei, deren Menschen normalerweise nie fähig sein können, wenn sie nicht in ihrem Innern zutiefst bestialisch-grausam sind. Wobei wir es seelenruhig dahingestellt sein lassen dürfen, ob diese Kreaturen schon von vornherein ihre bösen Triebe nie zu unterdrücken wußten oder ob sie erst bei der S.S. zu solch viehischer Grausamkeit erzogen wurden.
Kein Häftling ist in der Lage, Einzelheiten über jene Nacht zu berichten. Denn man hütete sich wohlweislich, Zeugen zu hinterlassen. Das was hier berichtet wird, muß darum unvollkommen sein. Es ist lediglich von den Teilnehmern eines am nächsten Morgen zur Aufräumung herangezogenen Arbeitskommandos, soweit sie der nachfolgenden Liquidierung dieses Kommandos durch einen glücklichen Zufall entgingen, rekonstruiert worden, welche Szenen sich in dieser Nacht abgespielt haben mußten. Denn gehört haben wir gar nichts. Dafür sorgte schon der Lärm der in Betrieb gesetzten schweren Dieselmotoren zahlreicher Lastkraftwagen, der uns in jener Nacht indessen nicht außergewöhnlich schien, wußten wir doch, daß die S.S. ihre Evakuierung vorbereitete, bei der die Lastautos ständig kamen und gingen.
Wir haben nicht die Schmerzensschreie der gequälten Kreaturen vernommen, nicht ihre Bitten. Nicht ihr Flehen. Nicht auch ihre letzten Flüche und Gebete. Aber wir wissen von ähnlichen Fällen, was sich damals abgespielt haben muß. Und es bedarf wahrhaftig keiner großen Phantasie, um sich ein Bild jener Nacht mit all ihren Schrecken und dem fürchterlichen Ende zu machen. Und es bedarf auch keiner Mahnung an uns, damit wir wissen sollen, daß wir unsern getöteten Kameraden gegenüber die heilige Pflicht haben, sie an allen jenen zu rächen, die einmal das Kleid der S.S. getragen haben.

IV. Im Lager unterdessen herrscht fieberhafte Tätigkeit. Längst rücken die üblichen Arbeitskommandos in die Stadt nicht mehr aus. Lediglich ein gewisser Innendienst wird im Lager aufrechterhalten: Die mit der Verpflegung beschäftigten Häftlinge arbeiten. In der Schuhmacherwerkstatt werden schnell noch Schuhe für S.S.-Männer repariert, denn auch die S.S.-Männer sollen ja den Fußmarsch bis Kutno als Begleitung mitmachen. In der Schneiderwerkstatt ist der Betrieb sogar verstärkt. Die Kleiderkammer gibt auf Befehl des Lagerkommandanten die stets in Reserve bewahrten, besser erhaltenen Häftlingskleider aus. Den Russen soll ja möglichst wenig in die Hände fallen. Und die Preisgabe der Stadt Warschau an die Rote Armee scheint an diesem 26. Juli 1944 nur noch eine Frage weniger Tage.
Gegen vier Uhr nachmittags neuerlicher Appell aller Häftlinge. Neuerliche Ansprache des Lagerführers, in welcher er bekannt gibt, daß der Abmarsch endgültig morgen, den 27. Juli um vier Uhr früh erfolgen wird. Er gibt uns Verhaltensmaßregeln: Jeder Versuch einer Fühlungnahme mit der Zivilbevölkerung ist während des Transportes auf das

strengste verboten. Ein Zurückbleiben aus Müdigkeits- oder Krankheitsgründen gibt es nicht. Zurückbleibende werden als fluchtverdächtig betrachtet und erschossen. Man sieht es dem Lagerführer an, daß es ihm Ernst ist und er auch nicht eine Sekunde lang zögern wird, seine Drohung auszuführen, wenn einer von uns es wagen sollte, nicht zu gehorchen. Wenn einen von uns die Kraft verlassen sollte ...

Die Nacht vergeht ruhig. Um zwei Uhr früh wird geweckt. Jeder Häftling erhält eine Marschverpflegung bestehend aus einem Drittel Laib Brot, hundert Gramm Wurst, fünfundzwanzig Gramm Margarine. Tüchtigeren Häftlingen war es inzwischen gelungen, sich Brot auf Umwegen, ebenso auch Margarine oder Wurst zu organisieren, wußte doch kein Mensch zu sagen, welchen Zeitraum der Transport beanspruchen würde.

Um vier Uhr früh des 27. Juli traten die Häftlinge des Konzentrationslagers Warschau zu ihrem letzten Appell in Warschau an. Jeder einzelne hatte auf seinem Rücken eine oder auch zwei Decken übergeschnallt, manche trugen dazu noch einen zumeist selbst verfertigten Rucksack, der ihre geringe Verpflegung und übrigen Habseligkeiten barg.

Bei manchem Leser könnte die Bezeichnung „Habseligkeiten" den Eindruck hervorrufen, als ob wir vielleicht eine Zahnbürste besessen hätten. Nein! Von den 6000 Häftlingen im Lager Warschau gab es vielleicht kaum zehn, die eine Zahnbürste ihr eigen nannten. Von Zahncreme oder einem anderen Körperpflegemittel ganz zu schweigen. Kamm und Bürste brauchte auch niemand, denn unsere Köpfe wurden ja in regelmäßigen Abständen von 14 Tagen kahlgeschoren. Rasierwasser hatten nur die wenigen zugelassenen Friseure, ebenso Rasierseife und Pinsel. Seife war im Konzentrationslager sehr knapp: Einmal in 14 Tagen, mitunter sogar einmal im Monat, wurde ein Stück für je zwei Mann ausgegeben.

Wenn ich also von Habseligkeiten spreche, dann meine ich damit vielleicht ein paar Machorkazigaretten oder ein zweites Paar Fußlappen, einen Eßlöffel, Draht, etwas Bindfaden, ein paar Streichhölzer, ein kleines Stückchen Leder und ähnliche, normalerweise auf Kehrichthaufen liegende Gegenstände, die in der Phantasie des Häftlings irgendeinem noch unbestimmten Zwecke diesen sollten und über deren Verwendung er sich zumeist noch gar nicht im klaren war. Sie waren aber sein Eigentum und bildeten für ihn die nun einmal bei allen Menschen übliche Freude am persönlichen Besitz. Die Untersuchung des Tascheninhalts bei manchen Häftlingen würde für einen Psychologen gewiß recht aufschlußreich gewesen sein. Nunmehr zu einer normalen geistigen Assoziation zurückgekehrt, frage ich mich oftmals, wieso derlei Unsinn überhaupt möglich gewesen ist.

Auf dem Appellplatz werden mittlerweile Hundertschaften aufgestellt. Jede dieser Hundertschaften erhält einen Capo als Aufsichtsperson.

Bei der Einteilung der Hundertschaften herrscht das größte Durcheinander. Persönliche Freunde wollen möglichst zusammenbleiben. Es sind solche darunter, die schon miteinander aus den Konzentrationslagern Deutschlands oder des besetzten Westeuropas kamen. Menschen, welche schon in Auschwitz der Gaskammer und dem in den mannigfaltigsten Variationen lauernden Tode entgangen waren, welche die Hölle von Birkenau überlebt und auch, dank irgendwelchen glücklichen Einflüssen und Zufälligkeiten den Hunger und den Typhus, die Sprengkommandos und Massenerschießungen und Warschau überstanden hatten. Alte Häftlinge durchwegs, Menschen, die hart wurden und oftmals auch abgestumpft, die aber Kameradschaft und Freundschaft miteinander geschlossen hatten in den Stunden bitterster Not, größtem Hunger und härtesten Terror.

Sie wollten ihren Weg auch weiter gemeinsam gehen, einerlei ob zu einem bösen oder guten Ende.
Denn wenn ich selbst einmal versagen, nicht mehr die Kraft aufbringen sollte, allein weiterzukommen, Hunger oder Durst mich daran zweifeln lassen sollten, ob ich noch das Aufgehen der Sonne am nächsten Tage erleben würde, dann wußte ich, daß meine Kameraden da waren, um für mich einzutreten, um mir zu helfen, ebenso wie auch ich fest entschlossen war, meine Kameraden unter keinen Umständen im Stiche zu lassen. Das mag nach großen Worten klingen. Wer aber, so wie ich selbst, mehr als viereinhalb Jahre im Konzentrationslager verbracht hat, der wird mir bestätigen müssen, daß auch ihm ein oder mehrere Male seine Kameraden das Leben retteten und auch er seinerseits wieder wankenden Kameraden auf die Beine geholfen hat, wenn sie einmal nicht weiter konnten. Ob das nun mit einem Stück Brot war oder mit einer Kartoffel, oder moralisch mit Worten oder hilfreich bei der Ausführung einer besonders schwierigen Arbeit, ist dabei gleichgültig. Einzelgänger gab es jedenfalls im Konzentrationslager nicht, konnte es auch nicht geben. Nirgendwo auf der ganzen Welt ist ein Mensch so sehr auf die Hilfe seines Nächsten angewiesen wie dort. Ich darf es getrost aussprechen: Das Konzentrationslager hat manchen von uns geläutert, hat aus krassen Egoisten gute Kameraden gemacht und viele charakterlich erst zu Menschen geprägt.
Bis zur endgültigen Einteilung der Hundertschaften war es fünf Uhr geworden. Zum letzten Male innerhalb der Lagertore zählten die Blockführer den Stand der Häftlinge ab. Auf seinem Motorrad, der Lagerführer fährt die Reihen der aufgestellten Häftlinge entlang, inspiziert, ob alles in Ordnung vonstatten geht.
Auf einen normalen Beschauer dürften wir vermutlich den Eindruck einer Herde von Schafen gemacht haben: Gleichgültigkeit, Müdigkeit, Abgestumpftheit, Aufgeregtheit, Nervosität, bei manchen auch eine gewisse Angst vor dem Kommenden, fatalistisch ertragen, gepaart gelegentlich mit zuversichtlichem Draufgängertum und einer zumeist überkompensierten Mutlosigkeit – das etwa dürfte der Durchschnittsausdruck in den Gesichtern dieser mehrtausendköpfigen Menge gewesen sein. Denn schließlich hatte jeder irgendeinen Glauben, daß man glücklich ankommen, daß alles gut ausgehen und daß man endlich einmal doch wieder ein freier Mensch sein werde. Das wünschte, hoffte und glaubte schließlich jeder einzelne.
Ich sah alte Juden, deren Lippen mechanisch Gebete murmelten und ich sah junge Kinder, deren Gesichter vor Heiterkeit strahlten. Ihre Augen waren erwartungsvoll nach vorne gerichtet, in kindlich naiver Unwissenheit ob des Kommenden. Selten bloß konnte ich jenen so wunderbar erfrischenden revolutionären Trotz in einem Augenpaare lesen. Überwiegend war die Anzahl der glanzlosen, umwölkten, sorgenvollen Blicke und zerfurchten Stirnen, wodurch kaum dreißigjährige Männer mit ihren pergamentenen Gesichtern, die aus dünnen Hälsen und schlecht sitzenden Kleidern über den ausgemergelten Körpern hervorsahen, den Eindruck boten, als handle es sich um Greise. Und dennoch schien jeder dieser Greise den Mut zu haben, den Kampf mit dem Schicksal auch weiter aufnehmen zu wollen und am Ende vielleicht doch noch siegreich zu bestehen.
Daß dies leider nur wenigen geglückt ist, lag indes nicht in ihren persönlichen Qualitäten oder an ihrem Mut. Es waren vielmehr die zahlreichen mißlichen Umstände, welche über die gequälte Kreatur siegten und dann so oft zu einem jämmerlichen Tode führten. Die wenigen Überlebenden betrachteten es heute nicht anders als ein Wunder, als eine zufällige Fügung des Schicksals, daß gerade sie noch leben und nicht gleich den

zahlreichen andern auf dem Wege blieben, die Opfer geworden waren eines zum System erhobenen Unrechts. Freilich, der Preis, den diese Überlebenden für ihr Leben bezahlt haben, ist auch kein geringer: Jahre der Freiheit und des Glücks, ein großes Stück ihrer Gesundheit und ihrer Nerven. Wahrlich nicht wenig! Und dennoch erscheint es uns müßig, mit dem Schicksal hadern zu sollen. Wir danken bloß dem Herrgott, daß wir das alles trotzdem überlebt haben.

V. Um sechs Uhr morgens öffnen sich die großen Flügeltore des Lagers. Ausmarschiert die erste Hundertschaft. Als wollten sie uns einen letzten Abschiedsgruß zurufen, kreischen die Tore recht laut in ihren Angeln. Oder scheint es mir bloß so? Dumpf hallt das Straßenpflaster von unseren Schritten. Zu beiden Seiten der Ausmarschstraße entlang stehen S.S.-Posten mit Stahlhelm, Karabiner oder Maschinenpistole, Munitionstaschen und Handgranaten im Gürtel.

Die erste Hundertschaft ist etwa einen Kilometer marschiert, als die letzte erst das Lagertor verläßt. Nach einem kurzen Halten des ganzen Zuges erhalten die S.S.-Männer den Befehl, ihre Gewehre zu schultern, und in Abständen von etwa fünf Metern marschieren von nun an die S.S.-Männer zu beiden Seiten der Häftlinge.

Wir gehen und gehen. Die Holzschuhe, mit denen wir bekleidet sind, wirbeln den Staub der Landstraße auf. Wir achten nicht des Staubes, den wir schlucken, der sich auf unsere Zungen legt, auf unsere Gaumen, der unsern Hals austrocknet. Die Sonne steigt höher und höher. Es wird drückend heiß. Die sommerliche Schwüle des heißen Julitages lastet immer mehr und mehr auf uns. Aber keine Pause. Keine Rast. Ununterbrochen wird marschiert. Schon sind wir fünfzehn Kilometer gegangen. Schon machen sich bei vielen bereits die ersten Anzeichen der Erschöpfung bemerkbar. Das wenige Wasser, das wir in Flaschen mitnehmen konnten, ist längst verbraucht. Müdigkeit, Mattigkeit, brennender Durst ergreifen von uns Besitz. Wir versuchen, uns zu helfen, so gut es eben möglich ist, nehmen ein bißchen Margarine in den Mund, um sie auf der Zunge zergehen zu lasen. Aber auch das nützt nichts. Die Speichelzufuhr in unserem Munde wird immer geringer, um endlich völlig zu unterbleiben. Im Halse kratzt und würgt es uns. Immer langsamer werden unsere Schritte, immer matter die mechanischen Bewegungen. „Wasser!" – rufen die ersten. Und: Wasser! Wasser! hallt es wider, wird es lauter; bittend, beschwörend zu den uns begleitenden S.S.-Posten und der neugierig und mitleidsvoll schauenden Zivilbevölkerung.

In einem Gehöft, an dem wir vorbeikommen, hart am Straßenrande, steht ein Brunnen. Wir sind nicht mehr zu halten. Schon laufen zehn, zwanzig, fünfzig Menschen aus den Reihen, nicht achtend der drohenden Mienen der S.S.-Posten, ihres Schreiens, ihres Fluchens, ihrer Drohungen, und stürzen sich zu dem Brunnen. Wie nicht anders möglich, entsteht dort sogleich ein wüstes Durcheinander, eine Schlägerei: jeder will zuerst dagewesen sein, will zuerst Wasser schöpfen und trinken. Bereits geschöpftes Wasser wird im Gedränge verschüttet. Und schon schlagen die S.S.-Männer mit ihren Gewehrkolben auf die durstige Menge ein, versuchen, den Zug, der zwangsläufig eine Unterbrechung erfahren hat, wieder in Ordnung zu bringen.

Die ersten Schüsse: die ersten Opfer.

Um einen Schluck Wasser hast du dein Leben hingegeben, Kamerad!

Der Transportführer, der in seinem kleinen Volkswagen den Zug andauernd auf und ab fährt, läßt halten. Schimpft, schreit, fuchtelt aufgeregt mit erhobener Pistole. Eine Schweinerei sei das. Die Saubagage wird schon ihr Wasser kriegen, bis die Zeit kommt.

Und jetzt heißt es marschieren und das Maul halten. Und die Posten wollen gehörig durchgreifen, schreit er sie an, wenn die Saujuden nochmals so einen Spektakel machen. Vor Wut gerät er immer mehr in seinen sudetendeutschen Dialekt. Seine Stimme vibriert, um endlich einem Hustenanfall Platz zu machen, der ihn indes noch wütender macht und schließlich dazu verleitet, auf offener Straße, vor den Augen einer zahlreichen, entsetzt blickenden polnischen Zivilbevölkerung zwei total erschöpfte und aus diesem Grunde zurückgebliebene Häftlinge eigenhändig niederzuschießen, als warnendes Beispiel für die andern.
Den peitschenden Knall der Schüsse hörend, begreifen auch die schon entfernter Marschierenden, daß es auf diesem Marsch wirklich um Leben und Tod geht. Konnten auch bloß die rückwärtigen Reihen den Vorfall mit eigenen Augen mit ansehen, verbreitet sich die Kunde von dem Mord an diesen beiden Kameraden doch innerhalb weniger Sekunden unter allen.
In diesem Augenblick begriff jeder einzelne, daß unser Motto lauten mußte: Zähne zusammenbeißen und durchhalten! Ob mit oder ohne Wasser – das Wesentliche hieß: ankommen! Und so marschierten und marschierten wir, bis endlich gegen sechs Uhr abends eine Brücke überquert und anschließend daran Halt befohlen wurde. Wir wurden auf eine Wiese in Ufernähe geführt. Die Posten bildeten zu beiden Seiten des Flusses eine Sperrkette, und endlich durften die einzelnen Hundertschaften zum Wasser gehen, um zu trinken. Wir schwammen hinaus bis in die Mitte des Flusses, um möglichst sauberes Wasser zu trinken, denn in Ufernähe war das Wasser mittlerweile durch die zahlreichen Menschen schmutzig geworden und ungenießbar. Wir badeten. Wir füllten unsere Flaschen und kamen immer, immer wieder. Nicht genug konnten wir von dem köstlichen Naß bekommen. Dann erst begannen wir zu essen. Denn der Durst war so stark gewesen, daß wir bisher auch nicht einen einzigen Bissen hätten herunterwürgen können. Und bald stellte sich der Durst aufs Neue ein …
Aber die S.S. war müde geworden, auf beiden Seiten des Flusses Posten zu stehen. Und als sich einer unserer Kameraden zu weit in den Strom hinauswagte, machte sich einer dieser S.S.-Männer das geradezu teuflische Vergnügen, auf ihn zu schießen.
Heute noch gellen mir die Hilferufe des dreimal getroffenen und noch immer am Leben befindlichen Kameraden schaurig in den Ohren nach. Heute noch sehe ich vor meinem geistigen Auge, wie sich das Wasser in der Umgebung seines Körpers rot zu färben begann und röter und röter wurde, um dann allmählich wieder heller zu werden, als der Körper verblutet war. Und ich kann das Bild nicht wegwischen. Es taucht immer wieder in mir auf, wie der Leichnam, mit dem Rücken nach oben gekehrt, zum Spiele des Wassers wurde, willenlos hin und her getrieben, um endlich, immer undeutlicher werdend, ein Fleck bloß noch, stromabwärts zu verschwinden. Mit rohen Scherzen und Lachen begleiteten die S.S.-Männer den Heimgang unseres Kameraden. Und dem Rapportschreiber in sein Transportbuch diktierte der Lagerführer später: „Selbstmord eines unbekannten, nicht mehr zu identifizierenden Häftlings durch Ertrinken." Und wir sahen es und schwiegen! …
In gedrückter Stimmung richten wir auf dieser Wiese unser Nachtquartier her. Körperlich total erschöpft, sind wir zu müde, um zu sprechen, sogar um zu denken. Sind zu willenlosem Vieh herabgewürdigt, das zur Schlachtbank getrieben wird und ohnmächtig ist, dem Schlächter auch nur den geringsten Widerstand entgegenzusetzen.
Langsam schwindet die Sonne am Horizont. Stechmücken fallen über uns her, aber wir sind zu müde, um sie auch nur verscheuchen zu wollen. Nur dann und wann zeigt ein

unwilliges Aufflackern im Gesichte eines Schläfers, daß in ihm etwas vorgehen muß: Ob es bloß eine Mücke ist, die ihn stach, oder ob ihn ein schwerer Alpdruck plagt, ist für den Beobachter unergründbar. Wir schlafen …

VI. Die Sonne war noch kaum recht hinter den Bergen im Osten aufgegangen, waren die ersten schon wieder beim Wasser. Sie wuschen sich und tranken. Es schien, als ob sie in ihrem Körper eine Flüssigkeitsreserve schaffen wollten: So gierig tranken sie. Ja, mit allen Fasern ihres Körpers atmeten sie geradezu das Wasser in sich ein. Jedes Gefäß, das vorhanden war, wurde benutzt, um in ihm Wasser zu speichern für den Marsch, der uns auch an diesem Tage wieder bevorstand. Die in der Schnelligkeit ausgeteilte Brotration und das aus einer Dose auf stets zwölf Häftlinge ausgegebene Büchsenfleisch konnte kaum ausgegeben werden, als bereits der Befehl kam, neuerlich den Zug zu formieren und den Marsch wieder aufzunehmen. Und wieder marschierten wir … Manche warfen bald ihre Decken weg, um weniger belastet zu sein. Viele zogen ihre Holzschuhe aus und gingen, derart ihre Füße bloß in Fußlappen gehüllt, solange diese eben einen Marsch überdauern konnten. Heute brannte die Sonne noch glühender als gestern. Heute schien es uns schon in den frühen Vormittagsstunden, als ob keiner von uns den Marsch überdauern würde. Unsere Gesichter waren rot und der Schweiß rann in breiten Strömen über Stirne, Wangen und Nacken. Hemden und Unterhosen klebten am Körper. Der Atem fast aller ging keuchend und stoßweise. Waren es am gestrigen Tage bloß zwei gewesen, die mit den Übrigen nicht Schritt halten konnten, so war die Zahl derer, die am heutigen Tage zurückblieben, bereits Legion, obwohl das Marschtempo diesmal ein viel langsameres als am Vortage war. In unseren Gedanken sehnten wir wieder einen großen Fluß herbei, wie es jener war, aus dem wir am gestrigen Abend und heutigen Morgen das Wasser geschöpft hatten. In unseren erregten Gehirnen, vor unser aller geistigem Auge spiegelte sich wie eine Fata Morgana das gestrig abendliche Bild wider und unsere Phantasie trank das Wasser, nach dem unser Körper lechzte. Dabei sahen unsere Augen links und rechts der Straße, die entlang wir marschierten, Brunnen über Brunnen und eine freundliche Bevölkerung, die uns gerne Wasser und gewiß auch noch etwas anderes geben möchte, hätte sie nicht terroristische Repressalien seitens der uns begleitenden S.S. befürchtet.

Immer häufiger wurde es nun, daß Menschen, die oben noch an unserer Seite, links und rechts von uns marschiert waren, zusammenbrachen und niederfielen, indes die Nächstkommenden über sie stolperten, bis sich endlich irgendjemand ihrer erbarmte und sie mehr oder weniger sanft in den Straßengraben beförderte. Und immer häufiger zeigte uns jetzt der Knall eines Schusses an, daß wieder einer, der sich nicht erheben und weitermarschieren konnte, ehe der Zug zu Ende war, von der S.S. mit einer Kugel ins Jenseits befördert worden war. Kaum, daß wir mehr darauf achteten, so abgestumpft waren wir geworden. So sehr war jeder einzelne mit sich selbst beschäftigt, unfähig zu denken und, gepackt von der Angst, es könnte ihn das gleiche Schicksal ereilen, wollte er sich um einen liegen gebliebenen Kameraden bekümmern und dadurch vielleicht selbst zurückbleiben müssen.

Und dennoch wird dieser Marsch einmal als das hohe Lied der Treue und Kameradschaft besungen werden! Denn unzählbar sind jene, die ihre wankenden Kameraden stützten, durch Worte anfeuerten und hilfreich, oft unter Aufbietung der letzten eigenen Kräfte, den Arm boten, wenn einer zu fallen und zurückzubleiben drohte. Aber dann wurde es selbst für die Kräftigsten immer schwerer und schwerer …

Schon hatte der Zug durch die vergrößerten Abstände zwischen den einzelnen Reihen nahezu die doppelte Länge wie am Vortage erreicht. Die wütenden S.S.-Begleitposten begannen zu schimpfen und zu fluchen. Der Sauhaufen möge aufgehen und sich an die Vordern anschließen. Man begann zu laufen, und wer nicht laufen konnte, dem schlugen sie mit ihren Gewehrkolben eben so lange in den Rücken, bis er dann lief oder eben zusammenbrach, um kurz darauf durch einen Genickschuß sein Leben zu beenden.
Schon waren wir zwölf Stunden marschiert, bloß mit einer kaum fünfminütigen Unterbrechung während einer Marschstunde. Und Wasser hatten wir heute überhaupt noch nicht zu Gesicht bekommen. Es kam so weit, daß selbst die Stärksten, die Kräftigsten von uns, Menschen, welche im Konzentrationslager, dank ihrer hervorragenden körperlichen Konstitution die schwersten Arbeiten auszuführen in der Lage waren, ins Wanken gerieten.
Und noch immer kein Wasser! Endlich, gegen sieben Uhr abends kamen wir wieder zu einem größeren Fluß. Wir dachten, daß es nun so gehen würde wie am Vortage. Aber wir sollten uns getäuscht haben! Bloß die ersten zwei Hundertschaften durften zum Wasser gehen und dort ihren Durst stillen. Dann nämlich schien der Transportführer festgestellt zu haben, daß an diesem Orte offenbar nicht ausreichende Sicherheit vorhanden war, und er verbot den weiteren Hundertschaften kurzerhand den Zugang zum Wasser. Nun sahen wir das Wasser wohl unmittelbar vor uns, keine fünfzig Meter entfernt, und durften es nicht trinken, uns nicht waschen.
In diesem Augenblicke sah ich, wie einer von uns einen Tobsuchtsanfall bekam. Laut aufschreiend, riß er sich die Kleider vom Leibe und stürzte dann, mit den erhobenen Händen wild in der Luft gestikulierend, zum Wasser. Kaum am Ufer angelangt, als er sich eben bückte, um den ersten Schluck Wasser zu trinken, knallten, von mehreren S.S.-Posten nahezu gleichzeitig abgefeuert, drei Schüsse, die den Unglücklichen niederstreckten. Er hatte den einen Schluck Wasser mit seinem Leben bezahlt …
Ich kann die Gefühle nicht beschreiben, die in dieser Minute von mir Besitz ergriffen. Sie müssen mehrerlei Art gewesen sein: Entsetzen, Ekel, Angst, Verzweiflung, Hilfeflehen an irgendetwas Unbestimmbares, nebelhaft Verschwommenes, Resignation …
Stalin! – betete ich, kommen denn deine Truppen noch immer nicht, um uns zu befreien? Und du, großer Gott der Rache und der Liebe du, ist es denn noch nicht genug der Opfer, die dein Volk bringen muß, bis du ihm endlich deinen Befreier sendest?! Hast du dich denn so ganz abgewendet von deinen Kindern, denen du einstmals vor Tausenden von Jahren auf dem Berge Sinaj deine Lehre gegeben hast? Wo bleibt alle Gerechtigkeit dieser Welt, bleibt die Nemesis?! …
Der Transportführer mittlerweile ließ die als Führer der einzelnen Hundertschaften eingesetzten Capos zu sich rufen. Von fernher sahen wir, wie er auf sie einsprach und mit erhobenem Zeigefinger drohte. Bald darauf kamen die Capos zu ihren Hundertschaften zurück, nahmen ihre Feldflaschen und gingen, von nur wenigen S.S.-Posten begleitet, zum Wasser hinab. Sie wuschen sich und badeten, sie tranken und füllten ihre Flaschen. Dann marschierten sie in geschlossener Gruppe zu einem für die S.S.-Posten mitgeführten Verpflegungsauto, bei dem sie Kaffee und eine warme Mahlzeit erhielten. Trinken und Essen beendet, kehrten sie zu ihren Hundertschaften zurück, und dort begann jeder einzelne, je nach seinem Temperament und oratorischen Fähigkeiten, eine Rede zu halten.
Der Capo, der meine Hundertschaft befehligte, ein häßlicher, etwa vierzigjähriger Zwerg, mit dem grünen Winkel der Berufsverbrecher geschmückt, aber reichsdeutscher

Arier seiner Abstammung nach und in den Augen der S.S. infolgedessen bereits der gegebene Vorgesetzte für charaktervolle politische Häftlinge, hielt ungefähr folgende Suada, die ins Deutsche nur schwer übersetzbar ist: „Der Hauptscharführer hat gesagt, daß ihr ka Disziplin habt. Darum werdet ihr auch so lang ka Wasser kriegen, bis ihr euch diszipliniert und folgsam benehmen werdet. Früher gibt's auf keinen Fall ka Wasser net, und wer meutert, der wird erschossen, das habts ja gsehn. Also, habts mich verstanden?" Und, etwas leiser werdend, fügte er hinzu: „Aber ihr habts ja gsehn, daß ich früher beim Wasser unten war und mich gewaschen habe, da habe ich auch ein bisserl Wasser in meiner Feldflasche mitgenommen. Ich hätt zwar selber großen Durst, aber ich wills doch an euch verteilen, denn ich bin ein braver Kerl. Aber ihr wißt ja auch, daß ich nur ein armer Teufel bin, und ich kann das Wasser nur dann hergeben, wenn ich dafür was von euch kriegen kann. – Komm her, du keuscher Josef, mit deine Goldzähn! Hast du Durst?"
„Jawohl, Herr Capo!" erwiderte der Angesprochene.
„Siehst du: du hast Durst, und ich hab schlechte Zähn und muß mir meine Zähn reparieren lassen!!"
Und dann, den Ton der polnischen Juden in ihrem Jargon nachahmend: „Siehst du, wern mer machen ä Geschäft. Wirst du mir geben deine Goldzähn, werd ich dir geben Wasser zu trinken."
Bewegung ging durch unsere Reihen. Was nützen mir meine Goldzähne, wenn ich zuletzt doch nicht mit dem Leben davonkommen sollte? Oder: Besäße auch ich bloß Goldzähne, dann bekäme ich vielleicht jetzt auch einen Schluck Wasser! Oder: der Erpresser! Der gemeine Schuft! – ging es uns, je nach unserem Temperament, durch den Kopf.
Und nach wenigen Augenblicken sah ich, wie die Kameraden sich gegenseitig, oft nur mit Hilfe eines Taschenmessers und eines Stückchen Bindfadens ihre Goldzähne, Kronen, ganze Brücken aus dem Munde rissen und alles für einen geringen Trunk Wasser eintauschten, mit dem sie ihr Leben zu retten glaubten. Im Nu war die Flasche leer. Aber der Capo nannte mindestens fünfundzwanzig Gramm reines Zahngold sein eigen …
Von dem knappen Liter Wasser, der sich in der Feldflasche befand, hatten etwa zwölf Menschen unserer Hundertschaft getrunken. Ich selbst befand mich nicht unter ihnen.
Wie wir dann geschlafen haben, ist mir heute noch unerklärlich. Und doch haben wir geschlafen! Unter freiem Himmel, während ein kalter Wind durch unsere dünnen Dekken und Kleider fuhr und wir alle, obwohl einer dicht neben dem andern lag, froren und vor Kälte zitterten. Aber ich kann dennoch nicht sagen, daß uns dieser Wind sehr unangenehm gewesen wäre. Auch er hatte sein Gutes, wirkte er doch in gewissem Sinne erfrischend.

VII. Am nächsten Morgen wieder zeitiger Aufbruch. Todmüde noch vom gestrigen und vorgestrigen Marsche, mit ausgetrockneter Kehle, torkeln wir schon in dem gleichen Moment, da wir uns erheben. Was wird heute werden? Werden wir durchhalten können, wenn es so weitergeht, ohne Wasser andauernd in der stärksten Hitze marschieren müssend? Die Brotration ist heute noch geringer als gestern und vorgestern. Denn die mitgeführten Nahrungsmittel gehen zur Neige und an Stelle einer Fleischkonservenration gibt es heute bloß ein kleines Stückchen Margarine, die fast jeder von uns sofort auf seiner Zunge zergehen läßt.

Aber durch den Durst ist keiner von uns imstande, selbst diese verringerte Brotration zu essen. Man kann kaum einen Bissen hinunterwürgen. Schon erlahmen unsere Kräfte immer mehr und mehr. Doch ein neuer Hoffnungsstrahl zeigt sich, als die ersten Gerüchte zu uns dringen von einem Vormarsch der russischen Truppen in der Richtung auf Warschau. „Dann müßten sie uns ja bald eingeholt haben!“ – erklären die Optimisten. „Aber vorher wird uns die S.S. umlegen!“ denken die Pessimisten, wenn sie es auch nicht wagen, diesen Gedanken auszusprechen.

Die Stimmung unter den Häftlingen wird von Minute zu Minute gereizter. Jeder einzelne ist nervös, aufgeregt, leicht reizbar. Das körperliche Unbehagen der Menschen findet seine Reaktion am leichtesten im Streiten und Fluchen, bis die Gegner vor lauter Erschöpfung wieder ebenso plötzlich von selbst aufhören, wie sie begonnen hatten.

Auch dem Transportführer entgeht diese Stimmung nicht, und er läßt darum bei allen Hundertschaften durch die eilig zusammengerufenen Capos verlautbaren, daß wir in Kürze zu einem andern Fluß kommen würden, wo jedermann dann nach Herzenslust trinken könnte. Noch zwanzig Minuten – heißt es.

Wir marschieren eine Stunde, zwei Stunden, drei Stunden. Die Mittagszeit ist längst vorüber, ohne daß es irgendwelche Verpflegung gegeben hätte, ohne das jemand auch nur den Wunsch oder das Verlangen verspürt hätte, etwas zu essen. Denn aller Gedanken sind auf das Eine konzentriert: Wasser!

Es wird drei Uhr nachmittags, vier Uhr, fünf Uhr. Noch immer kein Fluß, noch immer kein Wasser. „Noch zwanzig Minuten!“ ruft einer dem andern ironisierend zu.

Und so wird es Abend, und wir gelangen wieder auf eine Wiese, ohne Wasser zu bekommen, ohne Wasser überhaupt gesehen zu haben. Wir betteln die Begleitposten an, sie mögen doch intervenieren, und, tatsächlich: Es hat den Anschein, als ob sich der Transportführer erweichen ließe, denn in zwei Bierfässern wird von einigen Häftlingen, unter S.S.-Begleitung, Wasser herangeschafft. Kaum sind die vollen Fässer von ihren Trägern auf die Wiese gebracht worden, beginnt ein Sturm dieser sechstausendköpfigen Menge zum Wasser. Jeder will der erste sein. Man drängt und stößt einander. Das kostbare Wasser wird verschüttet, ehe es getrunken werden kann. Und der Transportführer sieht die Schlägerei unter den Häftlingen, nicht ohne darüber eine innere Befriedigung zu empfinden, gibt sie ihm doch den willkommenen Anlaß, das weitere Heranbringen von Wasser aus dem nächstliegenden Bauernhofe zu untersagen.

Und wir bleiben wieder ohne Wasser! Die Erregung unter den Häftlingen steigert sich ins Ungeheure. Jetzt sind wir bereits achtundvierzig Stunden ohne Wasser! Jetzt sind wir am Ende!

Schon liegen die meisten von uns ganz apathisch ausgestreckt auf dem nackten Erdboden, unfähig, sich zu rühren, unfähig, auch nur ein Wort zu stammeln. Und nur die unregelmäßigen Atemzüge, das wilde Hämmern des Pulses in ihren erhitzten, ausgetrockneten Leibern, das Glucksen und die rollenden Pupillen – sind die einzigen Anzeichen, daß in diesen Körpern doch noch etwas Leben zu bestehen scheint. Aber geistig sind sich diese Menschen darüber im Klaren, daß es unsere letzten Stunden sind, wenn kein Wunder geschieht.

Und es geschieht ein Wunder: das Wunder des Wassers!

Und es beginnt so, daß ein kleiner unscheinbarer Jude, ein Landwirt aus dem ungarisch-rumänischen Grenzgebiet, ein Stückchen Erde in die Hand nimmt, daran riecht und die Erde dann zwischen seinen Fingern zerreibt.

„Hier werden wir Wasser finden!“ sagt er leise, mehr zu sich selbst gewendet als zu den andern, und wir hören ihm auch kaum zu. So ungläubig sind wir bereits geworden und tun ihn in unserm Innern bloß als einen überspannten Narren ab, der durch den Durst und die Entbehrungen bereits geistesgestört ist.
Aber der kleine Jude läßt nicht locker und zieht auch sogleich die Konsequenz aus seinen Worten.
Aus der Hosentasche nimmt er seinen blechernen Eßlöffel und sticht das Gras in Handbreite auf. Und beginnt nur mit diesem Löffel als Werkzeug, in die Erde zu graben. Er gräbt wie ein Besessener, wie einer, der von dem Erfolg, von dem Gelingen, von der absoluten Richtigkeit seiner Sache felsenfest überzeugt ist und sich von niemandem beirren zu lassen beabsichtigt.
Schon hat er handtief gegraben. Schon ist er ellenbogentief. Schon verbreitert er seinen Graben, um tiefer gehen zu können, noch tiefer. Er achtet nicht der Erdbrocken und des Sandes, die ihm ins Gesicht spritzen, nicht des Schweißes, der ihm in Strömen über das Gesicht, den Nacken rinnt. Und wir sehen ihm neugierig zu, mit seinem verzerrten und auch etwas ungläubigen Lächeln auf unsern Gesichtern über so viel Naivität, über den kindlich harmlosen Wahn dieses Dorfkindes.
Aber bald erstirbt das überlegene Lächeln auf unsern Lippen. Denn innerhalb einer knappen Stunde hat dieser jüdische Landarbeiter, nur mit Hilfe seines Eßlöffels, einen Graben geschaffen, in welchem nun zwei Männer bequem stehen können und der durch ein Stufensystem auch hinlänglich breit ist, um einen Menschen in gebückter Stellung weitergraben zu lassen.
Auf einmal ein Schrei – aus der Tiefe, wie ein Jubelruf klingend: „Ich habe Wasser!“
Wir reichen ihm eine Eßschale hinab und schon nach wenigen Sekunden klettert er, die gefüllte Schale vorsichtig in der Hand haltend, nach oben. Was wir sehen, hat zwar mit dem in der ganzen Welt gültigen Begriffe von Wasser nichts gemein, denn die Farbe dieses Wassers entsprach am ehesten noch etwa der des deutschen Ersatzkaffees. Vorsichtig filtern wir die Flüssigkeit durch unsere Handtücher von einer Eßschale in die andere. Aber schon beim Filtern spüren wir es, beim bloßen Angreifen der Eßschale: Es ist eiskaltes Wasser. Und sein Entdecker erklärt uns auch gleich: Wenn wir noch einen knappen halben Meter tiefer graben, dann erhalten wir sauberes, klares Grundwasser.
Der Kamerad hat uns überzeugt. Und über alle Apathie, über alle Schwäche und Erschöpfung siegt der Wille zum Leben!
Schon ist ein anderer hinuntergestiegen und beginnt weiterzugraben. Schon verbreitern die übrigen Kameraden, bloß mit ihren Eßlöffeln arbeitend, die Einstiegsstelle an der Oberfläche und, wie ein Lauffeuer hat es sich auch sofort unter den resigniert daliegenden Häftlingen herumgesprochen: Wenn wir graben, gibt uns die Erde Wasser!
Und was sich jetzt erhebt, ist ein Taumel der Begeisterung, ist der wiedererwachte Glaube. Der Wille zum Leben findet seinen Ausdruck darin, daß unmittelbar nach der Bekanntgabe des ersten Resultats gleichzeitig an zehn, fünfzehn, zwanzig verschiedenen Stellen Brunnen gegraben werden. Mit den primitivsten Dingen, mit Eßlöffeln, Eßschalen und Taschenmessern – so daß innerhalb dreier kurzer Stunden, während welcher sich alle Menschen in einer wilden Aufregung befinden, soviel Wasser vorhanden ist, daß jeder einzelne trinken kann. Trinken, soviel sein Herz begehrt, so lange er das Bedürfnis hat, zu trinken. Und es wird nicht nur getrunken. Jeder einzelne wäscht sich, erfrischt seinen Körper, säubert die angegriffenen Füße und Beine. Und wir speichern nun das Wasser in

allen unseren Gefäßen, und auch die SS-Männer kommen herzu und sehen sich diese Leistung an. Und trinken mit und staunen und wundern sich. Und können es sich dann endlich auch nicht versagen, mit einem Ton, der Achtung birgt und Anerkennung und Bewunderung zugleich, aber gleichzeitig auch eine vielleicht nur im Unterbewußtsein schlummernde Furcht vor der sittlichen Größe und dem Lebenswillen eines Volkes in sich birgt, die Worte auszusprechen, die da bloß schlicht lauten: diese Juden! …
An diesem Abend haben wir alle unsern Durst gestillt. Und dann sind viele von uns niedergekniet, in gläubiger Inbrunst ihrem Schöpfer dankend für das Wunder, das sich an ihnen vollzogen hat und das seine historische Analogie bloß in dem Auszuge der Juden aus Ägypten findet, wo Moses einen granitenen Felsen mit seinem Stabe berührte und aus dem eine Quelle herausrieselte, die ausreichte, ein ganzes Volk zu tränken und vor dem Verdursten in der Wüste zu retten.
Und wenn ich heute daran zurückdenke an diesen 30. Juli 1944, dann beuge ich dankbar mein Knie vor diesem Wunder, das sich an uns vollzogen hat: diesem Wunder des Wassers!

DOK. 166
Fryderyk Winnykamień erfährt am 28. Juli 1944 in seinem Versteck vom Abtransport der Juden aus dem Konzentrationslager Warschau[1]

Handschriftl. Tagebuch von Fryderyk Winnykamień,[2] Warschau, Eintrag vom 28.7.1944[3]

Freitag, der 28.: Morgens um 6.30 Uhr kam Jadzia Ł.[4] direkt von der Straße und erzählte, sie habe Massen von Juden aus dem Getto gesehen, etwa 5000, in gestreifter Kleidung. Streng bewacht von Gendarmerie und Armee mit Maschinengewehren und Hunden, marschierten sie in Richtung Wola. Sie gingen barfuß, mit geschwollenen Beinen, in nur einem Schuh usw. Wenn einem eine Schüssel herunterfiel, durfte er sich offenbar nicht danach bücken, sie wurde nur zur Seite gestoßen. Es wäre interessant zu wissen, wohin sie geführt wurden. Vermutlich irgendwohin, wo man sie ermorden konnte, um sie nicht den Bolschewisten zu überlassen.[5]
[...][6]

1 USHMM, Acc. 2008.321.1. Abdruck in: Frederick Weinstein, Aufzeichnungen aus dem Versteck. Erlebnisse eines polnischen Juden 1939–1946, Berlin 2006, S. 336. Das Dokument wurde aus dem Polnischen neu übersetzt.

2 Fryderyk Winnykamień, später Frederick Weinstein (*1922), Auszubildender; im Nov. 1939 Flucht aus Łódź nach Warschau; dort Zwangsarbeiter; floh im Okt. 1940 nach Gniewoszów, von Mitte 1942 bis Febr. 1943 lebte er im Warschauer Getto, dann im Versteck auf der „arischen" Seite; 1944/45 unter Angabe einer falschen Identität als Dolmetscher für deutsche Truppen tätig; emigrierte 1946 in die USA und arbeitete dort als Werkzeug- und Feinmechaniker.

3 Das Tagebuchfragment ist Teil der Aufzeichnungen Winnykamieńs, die nach seiner Flucht aus dem Warschauer Getto von Dez. 1943 bis Aug. 1944 entstanden, als er sich in einem Keller in der Wolska-Straße 54 im Stadtteil Wola versteckte.

4 Jadwiga Łazarowicz, Nachbarin im Haus in der Wolska-Straße 54, half der Familie Winnykamień.

5 Rund 4000 jüdische Häftlinge aus dem KZ Warschau trieb die SS am 28.7.1944 zu Fuß in Richtung Westen. Von Kutno aus wurden sie in Güterwagen ins KZ Dachau gebracht, wo am 6.8.1944 weniger als 2000 lebend eintrafen; siehe Dok. 165 vom 27.7.1944.

6 Im Folgenden berichtet Winnykamień von der schwierigen Versstecksituation bei Bombenangriffen auf Warschau, von vorbeifahrenden Panzern, von der drohenden Gefahr der Zerstörung Warschaus, von antisemitischen Äußerungen des Briefträgers, von den Schwierigkeiten des Postverkehrs, den Vorbereitungen zum bewaffneten Aufstand in Warschau, Spekulationen über das Vorgehen der Roten Armee und von Getreidebeschlagnahmungen der Deutschen.

DOK. 167
Ingeborg Gerson-Brin wird Ende Juli 1944 von Riga nach Stutthof gebracht und flieht in der Nähe von Bromberg[1]

Bericht von Ingeborg Gerson-Brin,[2] Gebäude des Joint, Calea Moşilor 128 in Bukarest,[3] vom 2.4.1945

[...][4]
Als die russische Armee im Sommer 1944 näher auf Riga zu rückte, wurde unser Lager eines Tages von SS mit Maschinengewehr umstellt, und man forderte uns auf, Kleidungsstücke und Lebensmittel zusammenzupacken und damit auf dem Hof anzutreten. Da ich fest überzeugt war, daß man nun auch uns zum Erschießen führen würde, nahm ich nur meine Schlafdecke, um nicht ohne Gepäck anzutreten, mit. Auf einem kleinen Dampfer zusammengepfercht brachte man uns über den Fluss Düna in ein anderes Lager.[5] Auf dem Dampfer unternahm eine Freundin von mir, Eva First geb. Bloch,[6] zusammen mit ihrem Mann einen Selbstmordversuch durch Einnehmen von Veronal. Als wir sie, die kaum noch laufen konnten, vom Schiff herunterführten, sagte ein deutscher SS-Mann: „Diese Idioten denken wohl, wir wollen Euch umbringen. Das tun wir doch nicht, wir bringen Euch nach Deutschland." Das Ehepaar First ist später durch Auspumpen des Magens auf Veranlassung der SS gerettet worden.
Doch auch in dem neuen Lager blieben wir nur einen Tag und bekamen dort Sträflingskleidung.
Fluchtversuche unternahmen nur 3 Männer, die aber auf der Flucht erschossen wurden. Aus dem vorigen Lager hatten auch schon einige sich geflüchtet, aber man hatte jedesmal die evtl. zurückbleibenden Angehörigen und Freunde, zehn Personen für einen Flüchtling, als Geiseln genommen.
Als wir also umgekleidet waren, wurden wir auf ein großes Truppentransportschiff geladen. Hier war es entsetzlich. Ungefähr 3000 Menschen aus allen Lagern Rigas waren hier ohne Wasser, ohne Verpflegung und ohne Luft zusammengepfercht. Um auf das WC zu gelangen, mußte man mindestens drei bis vier Stunden Schlange stehen. Nach dreitägiger Fahrt erreichten wir am 6.8.44 Danzig, von dort aus auf Schleppkähnen Stutthof.

1 LI, VII-123/1, Prot. 53.
2 Ingeborg Gerson-Brin, später Inge Berner (1922–2012); 1941 Zwangsarbeit in Berlin; im Sept. 1941 wegen deutschfeindlicher Propaganda verhaftet, im Jan. 1942 nach Riga deportiert, im dortigen Getto von Ende Jan. 1944 an im Außenlager Heereskraftfahrpark; Anfang Aug. 1944 Räumungstransport nach Stutthof; nach der Befreiung in Bukarest Rückkehr nach Berlin, emigrierte 1949 in die USA, 1997 Interview mit der USC Shoah Foundation, VHA # 31 206.
3 Zum Entstehungshintergrund des Berichts siehe Dok. 157 vom Dez. 1944, Anm. 3.
4 Auf den ersten fünf Seiten des neunseitigen Protokolls berichtet Gerson-Brin von ihrem Aufwachsen in Berlin, der Judenverfolgung, ihrer Verhaftung und Deportation nach Riga sowie von ihrer Gefangenschaft im Getto Riga und im Lager Heereskraftfahrpark, wo die Häftlinge in Autoreparaturwerkstätten der Wehrmacht eingesetzt waren.
5 Die Düna, lett. Daugava, fließt durch Riga und mündet in die Ostsee. Die Häftlinge wurden in das Stammlager Riga-Kaiserwald gebracht, das vor der Räumung als Sammellager aller Häftlingstransporte aus den Außenlagern diente.
6 Eva Rosette First, geb. Bloch (*1919), wurde am 15.12.1941 aus Hannover nach Riga deportiert.

Stutthof liegt ungefähr 35 km von Danzig entfernt und ist ein kleines Ostseebad. Das Konzentrationslager besteht meiner Schätzung nach aus ungefähr 60 Baracken. Es ist umgeben von elektrischem Stacheldraht und hohen Wachtürmen, in denen Posten mit Gewehren sitzen. Innerhalb des Lagers sind immer 2 bis 3 Baracken ebenfalls mit Stacheldraht umgeben, damit die Bewohner der einzelnen Blocks nicht miteinander in Verbindung treten können.
Als ich dort war, wurde überall außerhalb des Lagers gebaut, aber zu welchem Zweck die Gebäude dienen sollten, wußte niemand. Es ist mir mehrfach von langjährigen polnischen Lagerinsassen berichtet worden, daß sich unterhalb des Lagers eine Munitionsfabrik befinden sollte, die eben durch das Lager vor Bombenangriffen geschützt werden sollte. Tatsächlich hörte man auch fortwährend Geschützsalven. Dies erklärte man mir damit, daß dort die hergestellten Geschütze und Munitionen ausprobiert würden.
Die Gaskammer und das Krematorium, von dem ständig eine schwache Rauchfahne aufstieg, sah ich nur von weitem.
In den einzelnen Blocks standen Holzpritschen drei Stock hoch übereinander und auf jeder schliefen 3 bis 4 Frauen. Von den Männern sahen wir gar niemanden, erst ein paar Tage später von weitem.
In den einzelnen Blocks lebten 800 bis 1000 Frauen. Um 4 Uhr mußten wir aufstehen und zum Appell antreten; oft standen wir bis 12 Uhr. Die Blockältesten waren dort Russinnen und Polinnen, die furchtbar und ohne jeden Grund schlugen. Sie teilten auch die Verpflegung [aus] und unterschlugen einen großen Teil, so daß die an und für sich schon kleinen Rationen noch geringer wurden. Das Mittagessen wurde um 9 Uhr gebracht und um 12 Uhr ausgeteilt, so daß wir es meist kalt bekamen. Je zwei Frauen erhielten eine Schüssel mit ca. dreiviertel Liter Suppe aus Kohl und Kartoffeln. Abends gab es ein kleines Stück Brot und etwas Marmelade.
Nach drei Tagen meldete ich mich zur Landarbeit und kam zu einem Bauern Dodenhöft in Steegen bei Danzig, zusammen mit 5 anderen Kameradinnen. Dort mußten wir von 4 Uhr früh bis oft 10 Uhr abends schwerste Männerarbeit verrichten, so daß wir vor Erschöpfung nicht essen und schlafen konnten. Nach 8 Tagen war diese Arbeit beendet, und wir kamen zurück nach Stutthof.
Von der Landarbeit kamen viele Frauen so geschwächt und krank zurück, daß sie als Arbeitsunfähige in einen besonderen Teil des Lagers kamen. Dort fanden täglich Selektionen statt.
Eines Tages überführte man auch den Block, in dem ich wohnte, in diesen Teil des Lagers. Dort trafen wir uralte Menschen, und ich sah einige Bekannte wieder, die ich kaum erkannte, so wenig menschenähnlich waren sie geworden. Dort schliefen wir auf der bloßen Erde, ohne Decken, das heißt von Schlafen kann keine Rede sein, denn man mußte mit angezogenen Beinen sitzen, um überhaupt ein wenig Platz zu finden. Auch hier war, wie im ganzen Lager, sehr viel Ungeziefer.
Nachdem ich dort zwei Tage war, fand eine Selektion statt. Wir mußten alle unbekleidet an dem kontrollierenden SS-Arzt vorbeigehen, und dieser wählte aus. Von meinen Bekannten war niemand unter den Ausgewählten. Diese wurden, nachdem auch die Insassen des Spitals gesiebt worden waren, in einen besonderen Block eingesperrt und am nächsten Tage herausgeführt. Die Rauchfahne über dem Krematorium wurde stärker. Dies war jedoch nur die eine Selektion, die ich miterlebte. Gehört habe ich allerdings, daß in anderen Teilen des Lagers täglich solche stattfanden.

Wir übrigen nicht Ausgewählten kamen wieder in einen anderen Block, wo ich mich sofort wieder zur Arbeit meldete. Am nächsten Tag kam ich mit 1700 Frauen zusammen in das Bad, wo wir gänzlich entkleidet wurden und nur unsere Schuhe behalten durften, soweit sie [nicht] zu gut waren, denn dann nahmen uns arische Sträflingsfrauen diese fort und gaben uns schlechte dafür. Anstelle der gestreiften Kleider bekamen wir dünne graue Einheitskleider, einen meist zerrissenen Mantel mit einem aufgedruckten roten Davidsstern und eine Schlafdecke.
Dann verließen wir das Lager Stutthof. Auf dem Wege zum Bahnhof begegneten wir einem unabsehbar langen Zug von Männern, Frauen und kleinen Kindern, alle mit schwerem Gepäck beladen. Im Vorbeigehen flüsterten sie uns zu, das dies die bei dem Aufstand in Warschau gefangene Zivilbevölkerung sei. Dann lag endlich Stutthof hinter uns.
Die mit uns aus Riga nach Stutthof gekommenen Männer sind von dort angeblich nach Buchenwald bei Weimar in Thüringen im Innern des Deutschen Reiches verschleppt worden. Dort ist ein riesiges Konzentrationslager. Von meinen Angehörigen bzw. Bekannten kamen dorthin: Max Brin,[7] 23 Jahre alt, dessen Vater Micha Brin, 50 Jahre alt, und Eugen Borkum,[8] 34 Jahre alt. Von andern weiß ich die Namen leider nicht vollständig. Ich schätze ihre Zahl auf ca. 1500.
Nachdem wir also Stutthof verlassen hatten, fuhren wir mit Personenzügen nach Argenau bei Thorn im ehemaligen polnischen Korridor, 180 km von Stutthof. Wir kamen dort in ein leeres Lager, das aus Zelten bestand.[9] Es lag mitten im Wald, wir schliefen zu 60 in einem Zelt auf dem Waldboden auf ein wenig Stroh. Unsere Arbeit war das Bauen von Schützengräben. Jede Frau mußte täglich einen Meter Boden 1 Meter 80 breit und 1 Meter 20 tief fertigstellen. Das war im Sommer noch möglich, aber bald wurde es kalt und der Boden gefror, so daß es selbst den polnischen Vorarbeitern nicht möglich war, den schweren Spaten in die Erde zu stoßen.
Zu unserer Bewachung waren 70 litauische SS-Posten eingesetzt, die oft grausam bis zu Rippenbrüchen schlugen und schlimmer [waren] als der Lagerführer, ein deutscher SS-Oberscharführer namens Heinz Binding aus Elbing.[10]
In diesem Lager wurde ich scharlachkrank und nur, weil keine Transportmöglichkeit nach Stutthof zurück bestand, blieb ich bis zu meiner Genesung im Lagerlazarett.

7 Max Brin (*1924), Kfz-Schlosser aus Riga; damals verheiratet mit der Verfasserin des Dokuments; 1941 Getto Riga, am 9.8.1944 nach Stutthof, am 16.8.1944 nach Buchenwald überstellt; weiteres Schicksal ungeklärt.

8 Eugen Borkum (*1911), Künstler aus Riga; 1941 im Getto Riga, 1944 nach Stutthof gebracht, von dort nach Buchenwald, befreit in Theresienstadt.

9 In Argenau (Gniewkowo) befand sich von Aug. bis Sept. 1944 ein Stutthofer Außenlager, das dem Baukommando Weichsel der OT Thorn unterstand. Die dort inhaftierten 1700 Jüdinnen mussten Befestigungsgräben entlang der Weichsel ausheben.

10 Heinrich Binding (1911–1987), Arbeiter; 1933 SS-Eintritt; Angehöriger des Nachrichtentrupps der 66. SS-Standarte Elbing, seit spätestens Sept. 1944 in der Wachmannschaft von Stutthof; lebte nach dem Krieg in Kamen/NRW. Lagerführer von Argenau war nach zeitgenössischen Dokumenten SS-Hauptsturmführer Hans Wilhelm Robert Jacobi (1887–1949), der durch das Bezirksgericht Toruń im Jahr 1949 zu sechs Jahren Haft verurteilt wurde.

Nach 14 Tagen brachte man uns alle wieder in ein anderes Lager nach Korben, gleichfalls in der Nähe von Thorn und wieder mitten im Wald in den gleichen Zelten wie in Argenau zu der gleichen Arbeit.[11]
Allmählich war es kalt geworden, und wir waren nur mangelhaft bekleidet, ohne Strümpfe und in schlechten Schuhen. Das Eis hing in langen Zapfen bis auf unser Lager herunter. Eine Waschmöglichkeit war gar nicht vorhanden, nur eine Pumpe für 1700 Menschen und für je 60 einen Kübel zum Waschen. Da es schon früh dunkel war, kamen täglich höchstens 5 bis 6 Frauen dazu, sich zu waschen. Dadurch und auf Grund skandalöser WC-Verhältnisse kam es bald zu typhusartigen Erkrankungen, die in vielen Fällen zum Tode führten, da wir nur eine Ärztin, eine tschechische Jüdin hatten, der wenig Medikamente und nur ein Zelt mit etwas Stroh auf dem Waldboden für die Kranken zur Verfügung stand. Auch war die Verpflegung sehr knapp.
Binding bemühte sich sehr, bei der Zentrale Stutthof Medizin, Kleidung und größere Lebensmittelrationen zu erhalten, was ihm auch teilweise gelang. Er war erst kurze Zeit SS-Mann, hatte vorher in der Wehrmacht gedient und blieb in seinem Herzen auch immer Soldat, wie er auch mit Vorliebe im Lager seine Wehrmachtsuniform anstelle der SS-Uniform trug. Er wurde eines Tages von Stutthof aufgefordert, Kranke dorthin zu bringen, und er fuhr mit 40 Frauen dorthin ab. Er kam völlig gebrochen zurück, da er mit ansehen mußte, wie man diese Kranken in die Gaskammer und in das Krematorium brachte. Er äußerte sich, daß er das nie wieder machen würde.
Wir hatten bald eine erschreckend hohe Zahl an Todesfällen im Lager. Die Leichen wurden nackt im Wald begraben. Das Beerdigungskommando bekam für seine Tätigkeit eine tägliche Brotzulage. Es bestand aus zehn Frauen.
Ich selbst bekam auch Kopftyphus und lag wiederum 6 Wochen im Lagerlazarett und verdanke es nur meiner im Grunde gesunden Konstitution, daß ich lebend wieder herauskam. In dieser Zeit hat mich meine Schulfreundin Charlotte Borkum geb. Arpadi[12] rührend gepflegt, und auch ihr verdanke ich zum großen Teil meine Genesung.
Zwei junge Mädels aus Budapest, Edith Spitzer und Aranka Klein, unternahmen einen Fluchtversuch in einem Anfall von geistiger Umnachtung, wurden gefunden, und Binding erschoss sie im Wald, nachdem er sich vorher stark betrunken hatte. Später wollte er von dieser Angelegenheit nie mehr hören.
Ende Januar bekam Binding den Befehl, das Lager Korben aufzulösen und alle Arbeitsfähigen nach Deutschland zu bringen. Alle Gehunfähigen sollten zurückbleiben, und ich hörte selbst, wie Binding den Wachposten, die mit den ca. 200 Kranken zurückblieben und ihn baten, diese erschießen zu dürfen, antwortete, er könnte ihnen dies nicht gestatten, nur wenn die ersten russischen Truppen, die schon nahe Thorn waren, durchbrechen sollten, könnten sie die Ärmsten erschießen und uns dann folgen. Binding selbst vertrug sich schlecht mit der Wache und auch mit deren Kommandanten, ebenfalls einem Litauer.

11 In Korben (Chorabie) befand sich von Mitte Sept. 1944 bis 19.1.1945 ein Stutthofer Außenlager, das dem Baukommando Weichsel unterstand. Die dort inhaftierten 1700 Jüdinnen wurden beim Ausheben von Schützen- und Panzergräben eingesetzt.

12 Charlotte Borkum, geb. Arpadi, verh. Baum (1922–1991), aus Berlin; zog in den 1930er-Jahren nach Riga, von 1943 an war sie im KZ Riga-Kaiserwald, im Aug. 1944 in Stutthof, Außenlager Korben, dann in Bromberg; nach dem Krieg emigrierte sie nach New York.

Wir sollten zunächst nach Bromberg, polnisch Bydgoszcz, etwa 50 km von Thorn entfernt gehen. Wir erreichten Bydgoszcz in anstrengenden Märschen, wobei nur auf dem Wege von den uns begleitenden Posten alle diejenigen, die nicht mehr laufen konnten, kurzerhand erschossen wurden. In B. herrschte ein völliges Chaos, und Binding wußte nicht wohin mit uns, da seine Dienststelle schon von dort geflüchtet war. Er schickte zunächst die Wache fort und ging mit uns noch etwa 25 km weiter bis zu einem großen Rittergut, da es die deutschen Besitzer bereits verlassen hatten. Von dort bin ich mit meiner Freundin Charlotte Borkum geb. Arpadi geflüchtet, und wir hielten uns in einem ebenfalls von Deutschen verlassenen Hause, wo wir Lebensmittel vorfanden, auf.
Verschiedene andere Frauen versteckten sich ebenfalls in den Dörfern, der größte Teil blieb aber mit Binding auf dem Gut, bis dieser sie dort alleine ließ und mit einem Pferdeschlitten in Richtung Danzig fortfuhr. Die übriggebliebenen Frauen wurden am nächsten Tag von Feldgendarmerie noch ca. 25 km weitergeschleppt, aber dort von den vorwärtsstürmenden Russen befreit.
Meine Freundin und ich hielten uns 6 Tage lang versteckt, dann sahen wir den ersten russischen Reiter. Die Stunde, auf die wir fast 4 Jahre gewartet hatten, war gekommen: wir waren frei!
[...][13]

DOK. 168
Margit Adler beschreibt die Räumung des Außenlagers Goldfields nach Bromberg im September 1944 und ihre Flucht[1]

Bericht von Margit Adler,[2] im Büro des Joint, Calea Moşilor 128 in Bukarest,[3] vom 25.3.1945

[...][4]
Im September 1944, als die Deutschen bereits wussten, dass die Russen anrücken würden, überstellte man uns ins Konzentrationslager Stutthof. Dort waren insgesamt 20 000 Menschen untergebracht. Man brachte uns wie die Insassen aus den benachbarten Lagern Kluga,[5] Warnowo usw. mit dem Schiff nach Danzig. Die Fahrt dauerte

13 Im Folgenden berichtet Gerson-Brin über die Rückkehr nach Hause, den Verbleib ihrer Familie und ihr Ziel, Europa zu verlassen.

1 LI, VII-123/1 Prot. 30. Das Dokument wurde aus dem Ungarischen übersetzt.

2 Margit Adler (*1924); lebte im März 1944 in Kalotanádas (heute Nadăşu) im ungar. besetzten Teil Rumäniens, im Juni 1944 von Kolozsvár nach Auschwitz deportiert, von dort nach wenigen Tagen in das Außenlager Goldfields des KZ Vaivara in Estland gebracht, im Aug. 1944 nach Stutthof und von dort in das Stutthofer Außenlager Bromberg-Ost überstellt, floh im Jan. 1945 vom Räumungsmarsch; im März 1945 in Bukarest, weiteres Schicksal ungeklärt.

3 Zum Entstehungshintergrund des Berichts siehe Dok. 157 vom Dez. 1944, Anm. 3.

4 Auf den ersten zwei Seiten berichtet Margit Adler von ihrer Haft im Getto Kolozsvár sowie ihrer Deportation nach Auschwitz und in das Außenlager Goldfields.

5 Das Außenlager Klooga des KZ Vaivara in Estland bestand von Okt. 1943 bis Sept. 1944. Zeitweilig waren über 2000 Häftlinge, die vor allem aus den Gettos in Wilna und Kaunas nach Klooga deportiert worden waren, beim Bau von Betonminen für die Marine eingesetzt. Im Zuge der Auflösung des Lagers wurde Klooga zum Sammelpunkt von Häftlingen aus aufgelösten Lagern der Umgebung; siehe Einleitung, S. 72.

sechs Tage. Bei der Abfahrt versorgte man uns mit ein, zwei Kilo Brot, einem kleinen Stück Käse und Salami, aber während der Fahrt gab man uns nichts mehr. Das Schiff wurde von estnischen Posten begleitet, es passierte aber nichts Wesentliches, da wir alle auf engstem Raum zusammengepfercht waren.

Als wir Stutthof endlich erreichten, trafen wir dort auf sehr viele Häftlinge aus Auschwitz. Hier hatten wir es sehr schwer, weil wir nicht arbeiten durften und geschlagen wurden. Auch die Versorgung war miserabel, zum Frühstück gab es schwarzen Kaffee, abends einen halben Liter dicke Suppe. In der Frühe und mehrmals am Tag fanden Appelle statt; stundenlang mussten wir stehen. SS-Soldaten und Frauen aus der Ukraine bewachten uns. Ohne jeden Grund prügelten sie auf uns ein. Zwei Wochen war ich dort. Danach schickte man mich zum Arbeitseinsatz bei der Reichsbahn nach Bromberg bei Danzig.[6] Wir legten Schienen und Bahnschwellen, es wurde eine neue Bahnstation gebaut. Wir erhielten 400 Gramm Brot (die Schwerarbeiterration), dicke Suppe und zweimal pro Woche Marmelade oder Käse als Zulage. Wir arbeiteten von halb 5 in der Früh bis halb 5 am Nachmittag. Unser Vorarbeiter, ein sogenannter Rottenführer, war ein Pole. Er hieß Jan Reblecki. Alle übrigen Aufseher waren schlechte Menschen, unter ihnen auch der Oberaufseher, ein deutscher Offizier namens Starnwitz, der zwei Mädchen totgeschlagen hatte.[7]

Wir wurden dann befreit und sollten am 12. Januar 1945 eigentlich nach Berlin transportiert werden.[8] Man schickte uns zu Fuß los, doch nach zwei Tagen konnten wir nicht mehr. Wer noch laufen konnte, ging weiter, wir jedoch, eine Gruppe von zwölf Leuten, blieben in einem Gutshof 100 Kilometer hinter Bromberg zurück. Zu dieser Zeit waren die SS-Aufseherinnen bereits nicht mehr bei uns, wir waren ohne Bewachung. Wir gingen zu einem polnischen Haus, aber die Polen hatten Angst, uns einzulassen, weil immer noch Deutsche in der Gegend waren. Immerhin versorgte uns die Frau mit Brot und schickte uns auf den Dachboden, damit wir uns dort versteckten, bis die Russen kämen. Die Deutschen zogen noch in derselben Nacht weiter, steckten zuvor jedoch die Scheune in Brand. Dabei verschwand ein Mädchen, wir wissen nicht, was mit ihm geschehen ist, vielleicht ist es mitverbrannt. Ihr Name war Janka Stern. Wir rannten fort und erreichten nach 25 Kilometern einen deutschen Gutshof, der bereits verlassen war. Dort gab es Kühe, Schweine und jede Menge köstlicher Dinge. Wir verbrachten dort einige Zeit, bis drei deutsche Soldaten auftauchten, die uns sofort erschießen wollten. Wir weinten und erklärten, wir seien nur deshalb hier, weil wir aufgrund unserer blutenden und geschwollenen Füße von unserer Gruppe zurückbleiben mussten. Sie fragten, ob wir etwa auf die Russen warteten. Wir entgegneten, dass wir am nächsten Morgen weitermar-

6 Das Stutthofer Außenlager Bromberg-Ost wurde im Sept. 1944 errichtet. 300 Jüdinnen, die im Sommer 1944 aus Kaunas und Riga nach Stutthof gebracht wurden, waren für die Deutsche Reichsbahn beim Schienenbau eingesetzt.

7 Nicht ermittelt. Die Aufsicht über das Lager führten 34 Männer vom Bahnschutz und sieben Aufseherinnen. Bei dem poln. Rottenführer handelt es sich um einen sog. Volksdeutschen.

8 Die Häftlinge wurden nicht in Bromberg befreit. Die Räumung von Bromberg-Ost und Bromberg-Braunau begann am 24.1.1945. Rund 1290 Häftlinge wurden zu Fuß in Richtung Sachsenhausen getrieben. Zwischen Flatow (poln. Złotów), 80 km von Bromberg entfernt, und Tempelburg (poln. Czaplinek) konnten sie eine Teilstrecke mit der Bahn zurücklegen. In Tempelburg übernahm eine Volkssturmeinheit die Bewachung und trieb sie weiter westlich nach Falkenberg (Dolice), wo die Überlebenden befreit wurden.

schieren und uns unserer Gruppe nach Berlin wieder anschließen würden. Dann gingen sie fort, und wir blieben dort. Am nächsten Tag stiegen wir in den Keller und versteckten uns dort. Ständig gingen deutsche Truppen ein und aus, in größeren und kleineren Gruppen. Die Soldaten drangen ins Haus ein, liefen herum und demolierten die Einrichtung. Wir fürchteten schon, das Haus würde einstürzen. Endlich zogen sich die Deutschen zurück. Wir warteten noch ein, zwei Tage, aber es kamen keine Russen. Am dritten Tag ging ein Mädchen auf den Hof hinaus und sah einen russischen Soldaten mit einer roten Fahne in der Hand. Er fragte das Mädchen, ob sich hier deutsche Soldaten befänden, was sie verneinte. Er forderte uns auf, aus dem Keller zu kommen, aber wir hatten zu große Angst. Wie auch immer, sagte er, ihr könnt herauskommen, ihr seid frei. Dann kamen immer mehr Russen, und sie gaben uns zu essen. Unter ihnen befand sich ein jüdischer Major, der 60-jährige Avramovič, der uns auch Essen gab und Mitleid mit uns hatte, weil wir nichts mehr zum Anziehen hatten und unsere Beine so angeschwollen waren. Er sagte, wir sollten die Pferde vor den Wagen spannen und zurück nach Bromberg fahren, was wir dann auch taten. Unterwegs nahmen uns andere Russen die Pferde wieder weg, so dass wir mit unserem Bündel auf dem Rücken zu Fuß gehen mussten. Irgendwann erreichten wir Bromberg. Dort gab uns das russische Kommando Unterkunft und ausreichend zu essen. Wir blieben zwei Wochen. Mit einem russischsprachigen Ausweis ausgestattet, fuhren wir schließlich in Richtung Krakau weiter. Auf der Fahrt haben wir mehrmals haltgemacht, ich kann mich an die einzelnen Ortsnamen nicht mehr erinnern. Nach einer vierwöchigen Fahrt durch Polen, die Slowakei und Ungarn erreichten wir Klausenburg. Überall gab man uns etwas zu essen, und wir waren bei den jüdischen Komitees zu Gast, am herzlichsten hat man uns in Łódź empfangen. Von allen Deportierten aus Klausenburg kehrten nur wir zwölf zurück.

Angaben zu meinen Eltern, von deren Verbleib ich nichts weiß: Mózes Adler, 1866, meine Mutter Lea, geb. Rosenberg, 1866. Meine Geschwister: Samu Adler, 1912. Ferenc Adler, 1906. Seine Ehefrau, geb. Sári Paszternák. Ihre Kinder: Margit Adler, 1938, und Helén Adler, 1940.

DOK. 169
Solomon Silbersteins Odyssee durch die Lagerkomplexe Groß-Rosen, Buchenwald und Natzweiler beginnt im Dezember 1944[1]

Protokoll der Aussage von Solomon Silberstein[2] vor Ermittlungsoffizier Bert C. Engel,[3] Memmingen, vom 28.4.1945

[…][4]
Als sich im Dezember 1944 die Russen näherten, überstellte Maywald[5] die noch verbliebenen männlichen Häftlinge ins Arbeitslager Annaberg.[6] Die Russen rückten weiter vor, und wir wurden ins Konzentrationslager Groß-Rosen gebracht. Man registrierte uns ohne jeden Anlass erneut, als politische Häftlinge – danach verlief unser Leben so, wie es in einem deutschen Konzentrationslager üblich ist. Nach unserer Ankunft auf dem Gelände führte man uns einen knapp einen Meter langen Gummischlauch vor und erklärte, damit würde man uns wissen lassen, wer hier der Herr sei. Wir wurden entlaust und gebadet, danach gab man die übliche Bekleidung aus, eine gestreifte Hose und Jacke, dazu ein Paar dünne Unterhosen und ein Unterhemd. Sämtliche Körperhaare wurden abrasiert, der Kopf wurde geschoren. Um uns als Juden zu kennzeichnen, beließen sie uns in der Mitte des Hinterkopfes eine etwa 2,5 cm breite Strähne. Hunger war unser ständiger Begleiter. Im Lager befanden sich 40 000 Gefangene. Täglich starben Hunderte infolge von Unterernährung und Misshandlungen. Immer wieder sagten die Lageraufseher: „Das Leben eines Gefangenen hat keinerlei Wert."
Im Februar 1945 wurden wir erneut verlegt, dieses Mal ins Konzentrationslager Buchenwald. Unser Transport dorthin dauerte fünf Tage, und die Verpflegung, die jeder für die gesamte Fahrt erhielt, bestand aus einem dreiviertel Laib Brot (1,5 Kilogramm). Als wir das Lager erreichten, war es so überfüllt, dass es für unsere Gruppe aus mehr als 4000 Männern keinen Platz mehr bot. Wir verbrachten die nächsten zwei Tage am Rande des Lagers im Freien, wo wir auf dem Boden schliefen und die Glücklicheren unter uns dürftigen Schutz fanden. In diesen ersten beiden Tagen außerhalb des Lagers starben sechs- bis siebenhundert [Menschen] aus unserer Gruppe. Bis zu unserer offiziellen Aufnahme erhielten wir keinerlei Lebensmittelrationen. Danach durften wir baden, wurden

1 NARA, RG 549, Box 524, Case 000-50-16. Das Dokument wurde aus dem Englischen übersetzt.
2 Solomon Silberstein (1920–1996), Sattler und Tapezierer; aufgewachsen in Hindenburg/O.S., 1938 nach Polen übergesiedelt, von 1940 an in verschiedenen Zwangsarbeitslagern der Organisation Schmelt, im Jan. 1945 im Zuge der Räumungen nach Groß-Rosen, Buchenwald und Natzweiler überstellt, floh im April 1945 vom Marsch aus dem Außenlager Spaichingen; emigrierte 1948 in die USA.
3 Bert C. Engel, 1st Ltd. Inf., Ermittlungsoffizier der War Crimes Branch, 7. US-Armee.
4 Auf der ersten Seite des zweiseitigen Dokuments berichtet Silberstein über seine Zwangsarbeit in Lagern der Organisation Schmelt in Schlesien, zuletzt in Parzymiechy.
5 Willy Maywald (*1896), Schachtmeister; SS-Oscha., Okt. 1940 Truppführer im Bautrupp Dlugosch, Lagerführer im Zwangsarbeitslager Parzymiechy; wurde vermutlich im Mai 1945 von Soldaten der Roten Armee in seinem Heimatort Burgstätte im Kreis Falkenberg/O.S. erschossen.
6 In Annaberg (poln. Góra Święty Anny bei Leśnica) errichteten die Deutschen eines von mehreren Zwangsarbeitslagern der Organisation Schmelt entlang der Autobahn Breslau–Kattowitz. Die jüdischen Häftlinge wurden beim Autobahnbau eingesetzt, später in den nahegelegenen chemischen Werken. Annaberg war zwischenzeitlich zentrales Kranken- und Durchgangslager im Lagersystem der Organisation Schmelt. Von Aug. 1943 an residierte die Organisation Schmelt dort.

erneut geschoren und bekamen die übliche Tagesration, die aus 300 Gramm Brot, 50 Gramm Fett und einem Liter Suppe bestand. Die Suppe war gut. Wir hörten, dass das Internationale Rote Kreuz große Anstrengungen unternahm, dazu einen Beitrag zu leisten, und die Zubereitung überwachte, was ich jedoch nicht mit eigenen Augen gesehen habe.

Kurz darauf brachte man uns nach Bissengen.[7] Unsere Gruppe bestand aus 1000 Männern, und der Transport dauerte fünf Tage. Wir rückten für eine Gruppe etwa gleicher Größe nach, die schon vor einiger Zeit dorthin verlegt worden war. Von dieser Gruppe waren bei unserer Ankunft nur noch 600 Männer übrig, ein weiteres Viertel starb in den folgenden beiden Wochen an den Folgen von Unterernährung und der Prügel, die wir erhielten. Aufgrund der schlechten Versorgungslage rührten uns unsere Aufseher selbst nicht an, sondern überließen dies ausgewählten Häftlingen, die sie zu Vertrauensleuten erklärten und die dafür etwas großzügigere Essensrationen erhielten. Diese Männer schreckten vor keinerlei Brutalität zurück, um ihre Position zu behalten.

60 Männer wurden ausgewählt, die man in das Außenlager Spaichingen[8] brachte. Obwohl dieses Lager nicht als Vernichtungslager bekannt ist, war es in Wirklichkeit eines. Die Essensrationen waren dort, soweit überhaupt möglich, noch schlechter, und es ging noch brutaler zu. Selbst den Leuten aus der Stadt und den Bauern aus der Umgebung war bekannt, wie sehr wir litten. Sie versuchten daher, uns mit Brot und Kartoffeln zu versorgen. Die Kapos konfiszierten dann alles wieder, gaben den größten Teil an die Aufseher weiter und schlugen uns zur Strafe dafür, dass wir die Lebensmittel angenommen hatten.

Aufgrund des Vormarschs der Amerikaner wurden wir Anfang April erneut zwangsevakuiert. Diesmal ging es nach Dachau, in das Hauptlager der Region. Unsere Marschverpflegung war äußerst knapp bemessen, einmal mussten wir 48 Stunden am Stück marschieren, unterbrochen nur von wenigen zehnminütigen Pausen. Ein anderes Mal waren wir drei Tage und drei Nächte unterwegs, und die längste Pause dauerte 30 Minuten. Auf diesem Gewaltmarsch blieben immer mehr Männer hinter der Kolonne zurück, weil sie nicht mehr weiterkonnten. Sie wurden sofort an Ort und Stelle erschossen, und wir gingen weiter, ohne sie zu begraben. Insgesamt zählte ich bis zu meiner erfolgreichen Flucht 20 bis 25 Männer, die auf diese Weise getötet wurden.

Als wir eine Wegbiegung erreichten, gelang es mir, in einen dichten Wald zu flüchten. Ich schlug mich zu einem Bauernhof durch und erhielt dort vom Besitzer etwas zu essen. Ich saß zusammen mit einem anderen geflohenen Häftling, der wie ich diesen Hof gefunden hatte, am Tisch, als zwei deutsche Soldaten eintraten, uns festnahmen und erklärten, sie würden uns bei der nächsten Polizeistation abliefern. Wir marschierten in Richtung Memmingen, Bayern, querfeldein auf einen Wald zu. Die beiden Soldaten liefen hinter uns. Gerade als wir die ersten Bäume passierten, feuerte jeder von ihnen zwei Schüsse ab, durch die der andere Häftling umkam und die mich im Genick erwischten.

7 Das Außenlager Bisingen stand unter der Verwaltung des KZ Natzweiler und wurde im Rahmen des Programms zur Treibstoffgewinnung aus Ölschiefer (Unternehmen „Wüste") im Aug. 1944 gegründet. Zu den insgesamt 3150 Häftlingen des Lagers kamen am 8.3.1945 1000 Juden aus dem KZ Buchenwald, darunter Solomon Silberstein.

8 Das Außenlager Spaichingen des KZ Natzweiler entstand im Sept. 1944. Bis zu 400 Häftlinge mussten in der Waffenfabrik Mauserwerke Zwangsarbeit leisten.

Wir stürzten beide zu Boden, ich stellte mich tot und blieb etwa eine halbe Stunde in derselben Position liegen, ohne mich zu rühren. Als ich aufblickte, stellte ich fest, dass ich allein war. Ich kehrte zu dem Bauern zurück, der mich mit Zivilkleidung versorgte, mir Erste Hilfe leistete und mich später, als die Gegend von amerikanischen Truppen eingenommen worden war, mit seinem Fuhrwerk nach Memmingen brachte. Die Schüsse waren am Rand eines Waldes gefallen, etwa knapp einen Kilometer von einem Dorf namens Hitzenhofen entfernt, ungefähr sieben Kilometer südöstlich von Memmingen. Während meines Aufenthalts bei dem Bauern erfuhr ich, dass die beiden Soldaten noch zehn weitere Häftlinge, die auf ihrer Flucht auf diesen Hof gestoßen waren, auf gleiche Weise hingerichtet hatten.

DOK. 170
Gauleiter Fritz Bracht gibt am 21. Dezember 1944 einen Evakuierungsplan aus, der die Marschstrecke der Häftlinge aus Auschwitz für zivile Flüchtlingstrecks sperrt[1]

Richtlinien (geheim) des Reichsverteidigungskommissars für den Reichsverteidigungsbezirk Oberschlesien, Oberpräsidium, O.P.I 3 a/ Az. 870/2/OP. PI.L 554/44 g, gez. Bracht,[2] Kattowitz, vom 21.12.1944 (Abschrift)

Betr.: Räumung; hier: U-Plan (Treckplan).
Bezug: Die verschiedenen Besprechungen der beteiligten Dienststellen beim Landesplaner.[3]
Anlagen: p.p.
Die arbeitsgebundene Bevölkerung, die Häftlinge, Kriegsgefangenen, ausländische Arbeiter, Justizgefangene und ggf. Flüchtlinge aus den Oberschlesien benachbarten Räumen werden im Falle unmittelbarer Feindbedrohung mit Trecken umquartiert.
Falls die Reichsbahn nicht in der Lage ist, zur Umquartierung der Nichtarbeitsgebundenen (s. meinen Erlass vom 19.12.44 O.P.I 3 a Az. 870/1/L OP.Pl.[4]) genügend Wagenraum zur Verfügung zu stellen, müssen auch diese mit Trecken zurückgeführt werden. *Den Trecken kommt deshalb die größte Bedeutung zu.* Oberster Grundsatz: *Den Vorrang hat vor der Bergung von Gütern die Umquartierung der deutschen Menschen.*
A. *Beteiligte Treckführungsstellen.*
Die Verantwortung für die Vorbereitung und Durchführung der Treckmaßnahmen tragen folgende Stellen:

1 VHA, Fond Stalag VIII B, Karton 59, IVa/323/1/59. Abdruck als Faksimile in: Andrzej Strzelecki, Endphase des KZ Auschwitz. Evakuierung, Liquidierung und Befreiung des Lagers, Oświęcim 1995, S. 315–325.

2 Fritz Bracht (1899–1945), Gärtner; 1927 NSDAP- und SA-Eintritt; 1929–1933 Stadtverordneter der NSDAP in Plettenberg, 1932/33 MdL in Preußen, 1935 stellv. Gauleiter, 1940 Gauleiter in Schlesien, 1941 Gauleiter und Oberpräsident der Provinz Oberschlesien, von Nov. 1942 an Reichsverteidigungskommissar; nahm sich das Leben.

3 Gerhard Ziegler (1902–1967), Diplom-Ingenieur, MinRat; in den 1930er-Jahren Tätigkeit im Oberpräsidium von Königsberg, 1938/39 abgeordnet zum Aufbau der Verwaltung im Sudetengebiet, von 1940 an als Landesplaner im Oberpräsidium in Breslau u. a. an den Planungen im Gebiet des KZ Auschwitz beteiligt; nach 1945 Landschaftsplaner in Württemberg.

4 Nicht aufgefunden.

1.) Für die Trecke der Zivilbevölkerung (landwirtschaftliche und nicht landwirtschaftliche) die Kreisleiter (NSV).

2.) Für die Trecke der Polizeigefangenen einschl. der KL-Häftlinge der Höhere SS- und Polizeiführer.[5] Diesen angeschlossen sind die durch die Vomi[6] betreuten Ausländer.

3.) Für die Trecks der Kriegsgefangenen der Höhere Kommandeur der Kriegsgefangenen.[7]

4.) Für die Rückführung der ausländischen Arbeiter das Gauarbeitsamt zusammen mit der DAF.

5.) Für die Rückführung der Justizgefangenen der Generalstaatsanwalt.[8]

6.) Für die ggf. aus den angrenzenden Gebieten um Oberschlesien eintreffenden Flüchtlinge

a) soweit sie Reichsdeutsche sind, die Kreisleiter (NSV),

b) soweit sie Volksdeutsche sind, die Volksdeutsche Mittelstelle,

c) für den Rest und für alle Zweifelsfälle bei a) und b) das Gauarbeitsamt mit der DAF.

7.) Für die Gestellung der notwendigen Fahrzeuge und Gespanne die Landräte (Fahrbereitschaftsleiter), in diesem Rahmen für die Zuführung der landwirtschaftlichen Gespanne die Stabsleiter der Kreisbauernführer.

Die verkehrspolizeiliche Steuerung auf den Straßen und Brücken übernehmen die Kommandeure der Ordnungspolizei bei den Regierungspräsidenten mit Hilfe ihrer Straßenkommandanten.

B. *Auslösung der Treckmaßnahmen.*

Stichworte:

a) Umquartierung der nichtarbeitsgebundenen Bevölkerung mit Bahn oder Trekken: „Nikolaus“.

b) Umquartierung der arbeitsgebundenen Bevölkerung, soweit nicht für Notwirtschaft und -verwaltung oder für unmittelbare Zwecke der Landesverteidigung benötigt: „Goldfisch“.

c) Umquartierung der Polizeigefangenen (einschl.) KL Auschwitz und Justizgefangenen: „Karla“.

d) Umquartierung der Kriegsgefangenen: „Krebs“.

e) Umquartierung der ausländischen Arbeiter: „Amerika“.

Gegebenenfalls werden die Stichworte zu gleicher Zeit oder in verschiedener Reihenfolge ausgelöst. Sie werden von mir über Konferenzschaltung der Gauleitung an die Kreisleiter und unteren Verwaltungsbehörden bekanntgegeben, soweit möglich auch unmittelbar an die Treckführungsstellen. *Aufnahme und Weitergabe der Stichworte nur mit eindeutiger Bezeichnung des Gebietes, für die sie gelten.*

Vorbereitungen:

Bis 1. Januar sind die Vorbereitungen abzuschließen. Dazu gehört:

5 Heinrich Schmauser.

6 Volksdeutsche Mittelstelle.

7 Rolf Detmering (1889–1964), Offizier; von Juni 1941 an Generalleutnant, von Dez. 1944 an Kommandeur der Kriegsgefangenen im Wehrkreis VIII; Mai 1945 bis Aug. 1946 in US-Gefangenschaft, lebte nach dem Krieg in Gießen.

8 Dr. Harry Haffner.

1.) Festlegen der nötigen Rast- und Verpflegungsplätze nur im Einvernehmen mit Landräten (Oberbürgermeistern):

a) deutsche zivile Trecks möglichst in überdeckten Unterkünften,

b) ausländische Arbeiter, Kriegsgefangene und Häftlinge nur soweit außer für a) noch gedeckter Raum zur Verfügung steht.

2.) Bezeichnung und Schutz der Wasserstellen.

3.) Genaue Unterrichtung der Treckführer über ihre Pflichten und die Treckwege, Erläuterungen zum Treckplan sorgfältig durcharbeiten.

4.) Bereitstellung der nötigen Kalkfarben zur Bezeichnung der Wege (Wege erst nach Auslösung von Treckmaßnahmen bezeichnen).

5.) Soweit möglich sofortige Ausbesserung schlechter Wegstücke und Brückenrampen. Mit Landräten und Kreisleitern (freiwilliger Arbeitseinsatz) deswegen Verbindung aufnehmen.

6.) Mit Gauärzteführer wegen ärztlicher Betreuung während des Marsches in Verbindung setzen. Festlegen, wo ernstlich Erkrankte unterzubringen sind.

7.) Stellmacher und Schmiede an den Haupttreckwegen (über Landräte) verpflichten zum Bleiben und Ausbessern schadhafter Fahrzeuge und Gespanne.

8.) Planspiele durchproben für die verschiedenen möglichen Räumungszonen.

Wichtig: Durch Vorbereitungen keine Beunruhigung schaffen. Größte Sorgfalt, daß nur leitende Personen von den Maßnahmen erfahren.

D[9] *Durchführung.*

Bergung der Menschen geht vor Güterbergung (s. Erläuterungen).

1.) Sofort nach Bekanntgabe eines Stichwortes handeln die Treckführer mit größter Beschleunigung und sorgen für unbedingte Ordnung nach dem Treckplan (s. Anlagen). Jede Panikstimmung sofort unterdrücken. Durch Panik kann mehr Schaden entstehen als durch Feindeinwirkung. Gegen Saboteure (bei nicht zivilen Trecken gegen Flüchtlinge) mit äußerster Schärfe vorgehen.

2.) Die Treckführer sind besonders sorgfältig auszuwählen. Sie haben den verkehrspolizeilichen Anordnungen der Straßenkommandanten und deren Organe Folge zu leisten. Die Treckführer für die zivilen Trecke benennt der Kreisleiter (s. Erläuterungen III 1 a.) Keine Verzögerungen bei Abmarsch. Keine Überlastung mit Gepäck. Nur bei Fliegergefahr offene Marschordnung. Bei Zwischenrasten stets Straßen verlassen, damit Nachkommende überholen können. Latrinen ausheben.

3.) Benutzung anderer als der für die einzelnen Trecke vorgesehenen Straßen nur mit Genehmigung der Straßenkommandanten gestattet.

a) wenn vorgesehene Straßen unpassierbar sind. Unbedingt möglichst bald wieder auf den vorgeschriebenen Treckweg zurückkehren. Wo verschiedene Treckmöglichkeiten vorgesehen sind (Gabelungen) Benutzung der Varianten nach vorheriger Erkundung ihrer derzeitigen Belastung (s. Erläuterungen).

b) wenn die Richtung des Feinddrucks dazu zwingt. Dabei kann auch auf andere Haupttrecke ausgewichen werden, jedoch Gefahr der Überfüllung und Verstopfung der angesteuerten Trecke. Deshalb nur im äußersten Notfall oder auf meine besondere Anordnung,

9 Teil C fehlt im Original.

c) bei akuter Gefahr. Auch Benutzen der für Wehrmacht vorgesehenen Straßen, jedoch nur soweit diese nicht durch Wehrmachtsbewegungen besetzt sind.

4.) Vormarschrecht haben im Zweifelsfall immer die geschlossen marschierenden zivilen Trecks der Deutschen. Ausnahmen aus Sicherheitsgründen für die Polizeigefangenen (KL). Bei Brückenverstopfungen die nächstgelegenen Wehrstege und Fähren benutzen, nächstgelegene Brücken nur im äußersten Notfall, da alle Brücken ausgelastet sind. Vorher erkunden.

5.) Die Treckführer sind für möglichst beschleunigtes Marschtempo und Schutz gegen Sabotage verantwortlich. Zum Schutz dienen auch die Verkehrspolizei und bei zivilen Trecks die etwa mittreckenden Angehörigen des Volkssturmes (2. Aufgebot).

6.) Geeigneten Meldedienst einrichten. Ebenso Schleusenposten zum Durchschleusen über die Brücken (5 km vor und 5 km nach den Brücken). Über Brücken nicht mit Gleichschritt, die Relaisstellen auf den Treckwegen der Kriegsgefangenen können von anderen Treckführern zum Meldedienst mitbenutzt werden. Notfalls muss nachts marschiert werden, (Fliegergefahr) vor allem über Brücken und Stege.

7.) Flüchtlinge gem. Abschnitt A 6 werden von allen Waffenträgern im Grenzgebiet an die nächstgelegenen Sammelplätze verwiesen. Von da aus werden sie zu a) und b) auf den zivilen Treckstraßen, zu c) auf den Treckstraßen für ausländische Arbeiter zurückgeführt. Verwendung der mitgebrachten Fahrzeuge wie bei Ziffer D 8.

8.) Falls Auflösung der Trecks und Weiterbeförderung mit Reichsbahn vom ersten Auflösungsort (s. Plan) nicht möglich, Weitermarsch zum nächsten und übernächsten Auflösungsort. Ziel möglichst rasche Überführung in den Arbeitseinsatz (vor allem Ausländer und Kriegsgefangene). Familien möglichst zusammenhalten. Bei Festlegung der einzelnen Ziel-Bahnhöfe stets Gauarbeitsamt und Reichsbahndirektion beteiligen. Sichere Unterbringung der Häftlinge und Kriegsgefangenen. Gespanne werden am Auflösungsort dem Stabsführer der Kreisbauernschaft übergeben, der für Verpflegung des Zugviehs und im Einvernehmen mit Fahrbereitschaftsleiter für neuen Einsatz der Gespanne sorgt. Ausstellung und Weiterleitung der Quittungen für abgegebene Fahrzeuge und Gespanne besorgt Kreisbauernschaft.

9.) Falls notwendig, werde ich Arbeit an rückwärtigen Stellungsbau anordnen. Vor allem Ausländer, Kriegsgefangene und Häftlinge haben dann den Treck sofort zu unterbrechen und sind zum Stellungsbau einzusetzen. Das nötige Werkzeug ist in der Umgegend oder auf sonst geeignete Art zu beschaffen.

10.) Die Treckführungsstellen und die Landräte berichten mir über alle geplanten und getroffenen Maßnahmen laufend, damit ich für gegenseitige Verständigung sorgen kann.

Anlage zum RVK Erlass v. 21.12.44/O.P.I 3 a/OP.Pl.L./870/2/ 554/44 g
Erläuterungen zum Treckplan.

I Der Treckplan wurde vom Landesplaner in Zusammenarbeit mit den verschiedenen Treckführungsstellen ausgearbeitet. Um die verständnisvolle Erfüllung des Planes in Vorbereitung und Durchführung zu erleichtern, werden die leitenden Grundgedanken, die zu seiner Aufstellung geführt haben, dargestellt:

1.) Es läßt sich nicht voraussagen, aus welcher Richtung und in welchem Ausmaß ein feindlicher Druck eintreten kann. Aus diesem Grunde sind keine Räumungszonen vorgesehen. Die Umquartierung kann aber nach Bedarf kreisweise erfolgen.

In allen Fällen muß jedoch die Oder als größtes Hindernis so schnell als möglich überschritten werden. Deshalb ist als Hauptrichtung der Trecke die Ostwestrichtung vorgesehen. Nur auf besondere Anordnung des Reichsverteidigungskommissars oder bei ungewöhnlichem Feinddruck kann von dieser Richtung abgegangen, d. h. auf den nächsten Haupttreckweg ausgewichen werden (s. zugehörigen Erlaß).

2.) In den südlichen Kreisen wird zunächst in nördlicher und dann in nordwestlicher Richtung getreckt.
Der besonders gefährdete Knotenpunkt Oderberg wird absichtlich nur von einem verhältnismäßig kleinen Treck berührt.
Die umfangreichsten Trecke kommen aus dem Zentralrevier. Die Treckteilnehmer werden zur Vermeidung von Verstopfungen der Straßen auf dem raschesten Wege aus dem Revier herausgeführt und, insbesondere auch um Feindeinwirkung zu vermindern, nicht durch das Revier geschleust.

3.) Soweit möglich, sind für die Marschkolonnen der KL-Häftlinge, Kriegsgefangenen und der ausländischen Arbeiter besondere, von den Treckstraßen der zivilen Trecks getrennte Wege vorgesehen.
Soweit gemeinsame Wegbenutzung unerläßlich ist, siehe Vorschriften über Vormarschrecht im zugehörigen Erlaß.

4.) Die für die Wehrmacht vorgesehenen Straßen (DG-Straßen[10] und besonders wichtige Reichsstraßen, im Plan aus Geheimhaltungsgründen nicht angegeben) sind für alle Trecke außer wehrmachtseigenen nach Abs. A 6 des zugehörigen Erlasses gesperrt. Auf klare Kreuzungen der Treckwege mit den für die Wehrmacht vorbehaltenen Straßen ist großer Wert gelegt worden. Nur in Fällen akuter Gefahr und nur soweit diese Straßen nicht durch Wehrmachtsbewegungen besetzt sind, dürfen die Wehrmachtsstraßen- und -brücken auch von den Trecken benutzt werden (s. zugehörigen Erlaß). Mit dem Wehrkreiskommandeur ist vereinbart, daß die Wehrmacht die Treckstraßen soweit irgend möglich während der Räumungszeit nicht benutzt.

5.) Es ist Wert darauf gelegt worden, daß die als Treckstraßen ausgesuchten Wege jederzeit, auch bei schlechtem Wetter passierbar sind. Wo jedoch unter Vermeidung der Wehrmachtsstraßen auf keine andere Weise zügige Verbindungen zu finden waren, mußten auch einige weniger gut ausgebaute Wege als Treckwege vorgesehen werden. Sie sind auf den Karten im Maßstab 1:100 000 für die zivilen Treckwege im Allgemeinen gestrichelt bezeichnet. Ausbesserungen an solchen Wegen und Brücken sind, wo diese möglich erscheinen, auf Antrag der Treckführungsstellen von dem zuständigen Landrat bzw. Kreisleiter (freiwilliger Arbeitseinsatz) bald zu veranlassen.
Die ausländischen Arbeiter werden in Ermangelung besserer Wege zum großen Teil auf Feld- und Waldwegen geführt, da für sie auf Gespanne verzichtet wird.
Wo es aus Gründen der Fliegerdeckung notwendig erscheint, können die zivilen Trecke in der allgemeinen Marschrichtung auf Feld- und Waldwege ausweichen. Sie müssen so bald als möglich jedoch auf die vorgeschriebenen Treckwege zurückkehren (kartenkundige Lotsen vorsehen. Vorsicht, falls Ausweichwege für andere nichtzivile Trecks vorgesehen sind).

10 Durchgangsstraßen.

6.) Die Haupttreckstraßen sind auf den Karten mit Buchstaben nach den Oderübergängen bezeichnet. Ihre Belastung hängt von der Größe des zugehörigen Einzugsgebietes ab. Die Größe der Einzugsgebiete und die Aufnahmefähigkeit der Abzugswege und Oderübergänge sind sorgsam aufeinander abgestimmt. Willkürliches Überwechseln auf einen nicht im betreffenden Einzugsgebiet liegenden Abzugsweg würde zu gefährlichen Verstopfungen führen und den erhofften Zeitgewinn zunichte machen (s. Vorschriften des zugehörigen Erlasses.)
Die Haupttreckstraßen sind unverzüglich nach Auslösung des Stichwortes besonders an den Kreuzungen mit den vorgesehenen Buchstaben (mit Kalkfarbe) zu bezeichnen (weiß für zivile Trecke, farbig entsprechend den im Plan gegebenen Farben bei den anderen Trecken, jedoch hier nur soweit es den verantwortlichen Treckführungsstellen notwendig erscheint).

7.) Auf den Karten sind die Oderbrücken, die Wehrstege und die Wagen- und Kahnfähren bezeichnet. Einige Brücken sind im Zuge der Treckstraßen neu errichtet worden oder im Bau. An den am meisten benötigten Wehrstegen werden zusätzliche Geländer angebracht. Bei Verstopfungen der Brücken kann auf die nächstgelegenen Stege und Fähren ausgewichen werden.
Eine Brücke kann auf jeden Meter Breite (zwischen den Geländern gemessen) von 3500–4000 Menschen stündlich, ein Wehrsteg von 3000 Menschen stündlich überschritten werden.
Die Mitnahme von Handwagen bereitet bei Wehrstegen Schwierigkeiten (nur 1 m Breite, Auffahrt oft schlecht, Schleusenüberquerung). Die Wehrstege werden bei Eisgang eingezogen. Eine Wagenfähre überführt etwa 1000 Menschen je Stunde, eine Kahnfähre 60 bis 150 Menschen. Furten sind nur im oberen Teil der Oder vorhanden.

II *Durchführung, Allgemeines*

1.) Wenn größere Teile von Oberschlesien geräumt werden müssen, so ist eine große Überfüllung des Raumes um Neiße, Grottkau, Falkenberg vorauszusehen. Deshalb ist jede Anstrengung gerechtfertigt, mit größter Beschleunigung weiter zu trecken oder mit der Bahn zu fahren.

2.) Die Einrichtung eines Nachrichtendienstes vor allem zur Vorankündigung großer Trecks an Oderübergängen, Rast- und Verpflegungsstationen durch die Treckführungsstellen ist erforderlich.
An stark belasteten Wegegabeln, wie bei Blütenau westl. Groß-Strehlitz, wo durch Rechts- oder Linksverteilung der ankommenden großen Trecks die Belastung der Oderübergänge bei Groß-Schimmendorf bzw. Krappitz ausgeglichen werden muß, ist die Einrichtung eines besonders zuverlässigen Nachrichtendienstes zwischen den Brücken und den Wegegabeln Aufgabe der Verkehrspolizei. Die Relaisstationen des Kommandeurs der Kriegsgefangenen an den Treckwegen der Kriegsgefangenen können zur Verständigung von den Führern der anderen Trecke mitbenutzt werden. Der Kommandeur der Kriegsgefangenen gibt Auskunft über deren Standorte.

3.) Wegen der Sicherung der Trecks s. den zugehörigen Erlaß.

4.) Mit Nachtmärschen muß gerechnet werden. Dies ist besonders wichtig bei den Brückenübergängen. Gelände- und kartenkundige Treckführer oder Lotsen müssen hier vorgesehen werden.

5.) Lagern auf oder an den Treckstraßen muß unterbleiben, da sonst die nachfolgenden Trecke aufgehalten werden.

III *Durchführung, Besonderes*

1.) *Zivile Trecke.* Die landwirtschaftliche und die nicht landwirtschaftliche Bevölkerung treckt gemeinsam (zivile Trecke).

a) Für die geordnete Durchführung der Trecke hat die *Person der Treckführer* eine ausschlaggebende Bedeutung. Trotz aller Vorüberlegungen und Vorbereitungen wird der Treckführer häufig vor schwierigen Lagen stehen, die selbständige und rasche Entschlüsse erfordern. Er muß Panikstimmungen begegnen können und seine Leute zusammenhalten sowie unbedingt für gegenseitige Hilfsbereitschaft der Treckteilnehmer sorgen. Bei ihrer Auswahl durch die Kreisleiter (s. zugehörigen Erlaß) *muß allein die persönliche Eignung für diese Sonderaufgabe maßgeblich sein.* In der Regel wird der Treckführer in überwiegend landwirtschaftlichen Gebieten oder Orten aus den Reihen der Bauernschaft, in überwiegend nicht landwirtschaftlichen Gebieten aus den Reihen der NSV gewählt werden. Keine Angehörigen der Polizei auswählen.

b) Die Ortstreckführer sorgen dafür, daß die Grundsätze, nach denen die Verteilung der Gespanne vom Fahrbereitschaftsleiter vorgenommen wird, auch praktisch durchgeführt werden.

Bergung von Menschenleben geht vor Güterbergung!

Auch der Gespanneigentümer darf nur dann auf seinem Wagen mitfahren, wenn die gebrechlichen und marschbehinderten Deutschen auf den Wagen Platz gefunden haben. Bei Verstößen muß der Treckführer das Abladen der Güter und die Aufnahme der auf Mitnahme durch Fuhrwerke angewiesenen Menschen erzwingen.

c) Der Haupttreckführer (in der Regel der Kreisamtsleiter der NSV oder Stabsleiter der Kreisbauernschaft) ist für alle Treckvorbereitungen im Kreis verantwortlich. Er sorgt für geordnete Einführung der Ortstrecke auf die richtigen Treckstraßen, die Hintereinanderschaltung der Ortstrecke und ihre Zusammenfassung zu geschlossen marschierenden Haupttrecken für die Weiterführung auf den vorgezeichneten Treckwegen (s. auch Abschnitt 5 KL-Häftlinge) und für geordnete Auflösung der Trecke an den Auflösungsorten.

d) In geeigneten Orten an den Haupttreckstraßen müssen Verpflegungs- und Raststationen vorbereitet werden.

Insbesondere an den stark belasteten Haupttreckstraßen ist mit Unterstützung des Landrats (Reichsleistungsgesetz) und der Kreisbauernschaft in allen von den Trecken berührten Orten für Bereitstellung heizbarer Räumlichkeiten und hinreichenden Scheunenraum (Stroh!) zu sorgen. (Im Hinblick auf die Jahreszeit auch Scheunenraum für die Zugtiere). Auf den Luftschutzerlaß des Reichsführers SS und Chef der deutschen Polizei v. 23.6.44 MBld. IV 1944 Nr. 28 S. 673/84 und zugehörigen Erlaß des Reichsbauernführers, nach dem die Scheunen von Getreide und Stroh weitgehend geräumt sein müssen, sei in diesem Zusammenhang erneut hingewiesen.[11] Die Bereitstellung von geschützten Räumen ist besonders wichtig an den Sammel- (Auflösungs)orten, sowie in allen Gemeinden im Umkreis von 15 bis 20 km um den eigentlichen Auflösungsort (s. folgenden Absatz e).

Verpflegungs- und Raststationen sind etwa alle 10 km nötig. Da unter Umständen Kinder und Gebrechliche mittrecken, kann nur bei unmittelbarem Feinddruck mit mehr als 15 km

11 Runderlaß des RFSS und ChdDtPol. vom 23.6.1944 und Richtlinien des Reichsbauernführers, in: Ministerialblatt des RMI, Nr. 28 vom 14.7.1944, Bl. 674 f.; BArch, R 1501/141221.

Tagesdurchschnittsleistung gerechnet werden. Die Einrichtung der Raststationen hängt auch von der Größe der vorbeiziehenden Trecke ab. (Keine Überdimensionierung!)
Die Schätzungen für die Treckstärken sind der Gauamtsleitung NSV mitgeteilt worden.

e) Die zivilen Straßentrecks werden möglichst an den in den Plänen verzeichneten Sammelstellen westlich der Oder aufgelöst.
Für jeden Haupttreckweg links der Oder sind hintereinandergeschaltet mehrere Auflösungsorte vorgesehen. Trecke, die am ersten Sammelort nicht mehr aufgelöst werden können oder zu lange auf Abtransport mit der Bahn warten müssen, ziehen weiter bis zum zweiten ggf. dritten Auflösungsort. An einigen Auflösungsstellen werden nach Anweisung der Reichsbahn Einsteigebahnhöfe in mehreren an der Bahnstrecke liegenden Orten benutzt werden müssen (Beispiel Bösdorf). Das ist bei der Bereitstellung von Quartieren zu berücksichtigen.
Vom Auflösungsort sollen die Menschen baldmöglichst mit der Bahn weiterbefördert werden.

2.) *Trecks der ausländischen Arbeitskräfte*
Zumal beim Rückmarsch der ausländischen Arbeitskräfte die Mitführung von Fahrzeugen nicht vorgesehen ist, konnten z. Tl. besondere Wege und Oderübergänge ausgewiesen werden. Soweit Treckwege der zivilen Bevölkerung mitbenutzt werden müssen, ist in besonderem Maße auf dichtgeschlossene Marschanordnung unbedingt zu achten. Nach der Rückführung sollen die fremdvölkischen Arbeitskräfte so schnell wie möglich wieder dem Arbeitseinsatz zugeführt werden.
Gegebenenfalls werden sie im rückwärtigen Gebiet umgehend zum Stellungsbau eingesetzt. Ist das nicht der Fall, so ist möglichst früh an einem Ort ihres Rückmarschweges links der Oder Abtransport durch die Reichsbahn anzustreben. Im Hinblick auf die voraussichtlich sehr begrenzte Leistungsfähigkeit der Reichsbahn muß jedoch mit weiten Fußmärschen gerechnet werden.
Auffanglager zur arbeitseinsatzmäßigen Sichtung und Aufenthalt bis zum Abtransport mit der Reichsbahn bzw. Fortsetzung des Fußmarsches sind im Raum Patschkau für etwa 110 000 und im Raum Grottkau für etwa 20 000 Personen vom Gauarbeitsamt mit Unterstützung durch die Deutsche Arbeitsfront und im Benehmen mit den zuständigen Landräten vorzubereiten.

3.) *Trecke der Flüchtlinge aus den Oberschlesien benachbarten Gebieten.*
Es muß damit gerechnet werden, daß Flüchtlinge, vor allem aus dem Generalgouvernement, bei Gefahr im Verzug auf allen über die Grenze führenden Wegen den Gau Oberschlesien betreten.

a) Falls die Wehrmacht Zwangsevakuierungen vornimmt, werden die Trecks solcher Zwangsevakuierter soweit möglich auf den für die Wehrmacht vorbehaltenen Straßen unter Wehrmachtbedeckung zurückgeschafft.

b) Die übrigen freiwillig Evakuierten werden nicht nur auf den Hauptverkehrswegen einrücken. Ihre Sammlung und Zusammenführung sowie auch die der Einzelgänger wird erst auf oberschlesischem Gebiet möglich sein. Aus den verschiedensten Gründen ist es wichtig, daß diese Sammlung möglichst restlos durchgeführt wird.
Von allen im Grenzgelände anwesenden waffentragenden Verbänden werden die Flüchtlinge in die nächstgelegenen Sammelplätze verwiesen und dort den zugehörigen Trecken (s. zugehörigen Erlaß Absatz A 6 und D 7) angeschlossen. In den für die ausländischen Arbeitskräfte vorgesehenen Auffangräumen (um Patschkau und Grottkau),

jedoch in von diesem gesonderten Auffanglagern, werden die Flüchtlinge (außer Reichs- und Volksdeutschen) aus den Oberschlesien benachbarten Gebieten einer polizeilichen und arbeitseinsatzmäßigen Sichtung unterzogen, mit dem Ziel, so baldmöglichst zu einem Arbeitseinsatz in westlichen Gebieten weiterzuleiten. Die erforderlichen sanitären Maßnahmen klärt das Gauarbeitsamt mit der Gesundheitsbehörde unmittelbar.

4.) *Trecke der Kriegsgefangenen.*

Die außer Lamsdorf noch vorgesehenen Rastlager (für 3-tägige Zwischenrast) werden vom Kommandeur der Kriegsgefangenen im Benehmen mit den zuständigen Landräten ausgemacht und dem Reichsverteidigungskommissar mitgeteilt. Die Kriegsgefangenen werden nach der Zwischenrast möglichst schnell aus Oberschlesien abtransportiert.

5.) *Trecke der KL-Häftlinge.*

Besondere Berücksichtigung erfordert wegen ihrer Länge und Bedeutung für die allgemeine Sicherheit die Marschsäule des KL-Auschwitz. Um ihre Marschleistung nicht zu beeinträchtigen, wurde ihr die Benutzung eines Haupttreckweges für die zivile Bevölkerung und das Vormarschrecht bei Kreuzungen zugestanden, die im linken Odergebiet nicht ganz zu vermeiden waren. Dieser Treckweg ist also von Rastplatz zu Rastplatz fortschreitend auf rd. 20 km für alle anderen Trecks gesperrt. Das gleiche gilt für die nördliche Ausweichstraße, über Alt-Berun, Tichau usw., falls diese gewählt werden muß.

Zivile Trecke können auf dieser Straße nur jeweils vor oder hinter der Marschsäule des KL marschieren (Bielitz Ost durch frühzeitigen und besonders eiligen Aufbruch – Vorbereitung insb. für Nachrichtenübermittlung bei Stichwortauslösung! – möglichst davor). Die Lagerführung des KL ist angewiesen, die Rastplätze soweit abseits von den Treckwegen zu wählen, daß die Straße selbst auch vom Posten- und Schießdienst nicht beeinträchtigt wird. Da die KL Marschkolonnen den Rastplatz bei Eintritt der Dunkelheit erreicht haben müssen, ist Überholung durch zivile Trecks nach Eintritt der Dunkelheit möglich. Die Verkehrspolizei des zuständigen Kreises wird dafür sorgen, daß an den Kreuzungen mit zivilen Treckwegen die zivilen Trecks rechtzeitig an den vor den Kreuzungen gelegenen Orten zurückgehalten werden.

An der Straßengabel bei Blütenau westlich Groß-Strehlitz wählt der KL Treck den nördlichen Weg über die im Bau befindliche Schiffsbrücke Groß-Schimmendorf, sobald diese fertiggestellt ist.

DOK. 171

Der Lagerwiderstand in Auschwitz fordert im Januar 1945 die internationale Beobachtung der Räumungstransporte und prognostiziert hohe Opferzahlen[1]

Kassiber, gez. J,[2] an Edward Hałoń, um den 16.1.1945[3]

Ihr Lieben! In diesem Moment kommt für die Häftlinge von Auschwitz die entscheidende Stunde. Die Evakuierungspläne sind fertig.[4] Das Tempo ihrer Realisierung hängt von der Front ab. Auf jeden Fall schwebt über einem ernst zu nehmenden Anteil der Häft-

1 APMAB, Ruch oporu, Bd. 44, Bl. 138–141. Abdruck in: Paczyńska, Grypsy (wie Dok. 51, Anm. 1), S. 593. Das Dokument wurde aus dem Polnischen übersetzt.

2 Józef Cyrankiewicz.

3 Die Datumsangabe wurde in einer anderen Handschrift auf dem Kassiber notiert.

linge die Gefahr der Vernichtung. Wenn nicht in Form einer Massenliquidierung, dann während des Marschs, für den ein Tempo von 40 km am Tag vorgesehen ist, das für die meisten der schlecht Ernährten, vor allem Frauen (miserable Kleidung, Holzschuhe, Übernachtung unter freiem Himmel) – mörderisch ist. [Bei der Räumung] von Lublin hat man die vor Schwäche Zurückbleibenden erschossen. Das Schicksal der Kranken, vor allem Juden, steht fest.

Die Polen werden wahrscheinlich zuerst abtransportiert – aus Gründen der Sicherheit des Marschs. Natürlich nur soweit die Eisenbahnsituation es zulässt. Die Deutschen sollen wissen, dass der Welt das Schicksal von 60 000 Auschwitz-Häftlingen im Moment ihrer Evakuierung nicht gleichgültig ist. Ein Marsch von so vielen Tausenden (in Lublin liefen gerade mal 1000)[5] im Winter, bei Frost und bei den Methoden der SS-Eskorte ist ein Marsch in den Tod. Er soll unter der unschuldigen Bezeichnung „Evakuierung" zuvor beabsichtigte Vernichtungsmethoden ersetzen. Auschwitz muss von jetzt an unter Beobachtung der Welt stehen. Das Internationale Rote Kreuz sollte konkrete Anfragen und Forderungen zur inneren Kontrolle stellen. Der internationale Charakter des Lagers muss betont werden – denn ohne Zweifel sind die Juden, die jetzt die Mehrheit bilden und jeglicher Rechte beraubt sind, am stärksten gefährdet. Die Propaganda sollte mit der ganzen Vergangenheit von Auschwitz verbunden und mit dieser Vergangenheit begründet werden. Unbedingt Repressionen gegen deutsche Gefangene androhen!

Die Verbindung mit Euch ist jetzt sehr nötig, Schnelligkeit wird eine große Rolle spielen. Vielleicht kann jemand aus Auschw[itz] irgendwo nach Krak[au] telefonieren mit verabredetem Code? Denkt darüber nach. Und über die Eisenbahner!

Wir grüßen herzlich,

4 Der Lageruntergrund war über die Planung stets gut informiert. Bereits am 18.10.1944 baten Józef Cyrankiewicz und Stanisław Kłodziński in einem Kassiber: „Überlegt Euch außerdem Punkte, die Verstecke sein könnten für Gruppen, die von Fußtransporten bei der endgültigen Evakuierung des Lagers fliehen – zwischen Auschwitz und Groß-Rosen."; APMAB, Ruch oporu, Bd. 3, Bl. 190 a.

5 Am 22.7.1944 waren 800 Häftlinge des Lagers Lublin-Majdanek in Richtung Auschwitz in Marsch gesetzt worden, denen unterwegs 200 Häftlinge aus dem Außenlager Lipowa-Straße angeschlossen wurden. Am 28.7. erreichten sie Auschwitz. 837 Personen wurden dort registriert; die Übrigen hatten den Marsch nicht überlebt oder waren unterwegs geflohen.

DOK. 172

Helene Persitz notiert ab dem 17. Januar 1945 stichwortartig die Etappen auf dem Transport von Auschwitz nach Ravensbrück[1]

Tagebuch von Helene Persitz,[2] Einträge vom 17.1. bis 15.5.1945[3]

Nacht von Mittw. 17/1 auf Do. 18/1 – Wecken, Fertigmachen

Do 18/1	Aufbruch, unser Block etwa um 13 h, Ankunft in Auschwitz,[4] 15 h, warten im Hof bis ca. 22 h, Marsch durch die Nacht
Fr 19/1	Marsch über Pless (24 km v. Auschw.) via Poremba (30 km v. A.) Nacht in der Scheune
Sonn. 20/1	Marsch bis Loslau (35 km) Ankunft nachts, große Scheune
Sonnt. 21/1	Einwaggonierung cca 12 h in offenen Waggons, 80 Menschen, Abfahrt nachts
Mo. 22/1	Nacht im Zug, Tag im Zug
Di. 23/1	" " " "
Mi. 24/1	gegen Mittag Groß-Rosen, Weiterfahren, 5 Brote für 80 Leute
Do. 25/1	gegen Mittag Berlin-Oranienburg, nachmittags in Ravensbrück. Warten draußen. Marsch zum Jugendlager,[5] Baracke, Saal für 400 Leute
Fr. 26/1	Baracke, auf der Erde, man ißt Schnee
So. 27/1	" " " " " " "
Sonnt. 28/1	½ Liter Suppe
Mo. 29/1	zum 1. Mal ⅕ Brot
Di. 30/1	Baracke Jugendlager
Mi. 31/1	" "
Do 1/2	" "
Fr 2/2	" " ⅗ Brot für 3 Tage
So 3/2	Einzug im Hauptlager Ravensbrück, Zelt f. 600 Leute auf Erde
Sonn. 4/2	Zum 1. Mal Suppe, kein Brot
Mo 5/2	⅕ Brot, Wassersuppe, Aussuchen f. Transp.,[6] Kontrolle
Di 6/2	Kein Brot, Wassersuppe, Einzug in anderes Zelt

1 CDJC, CMLXXV (11)_7.

2 Helene Persitz, geb. Verstermans (1912–2005), geboren in Lettland, lebte in Berlin, Prag, Paris und von 1940 an in Nizza; dort tauchte sie mit ihrem Mann Alexandre unter, wurde denunziert und am 13.4.1944 von Drancy nach Auschwitz deportiert, arbeitete in Birkenau in einem Baukommando, später als Übersetzerin und Botin; im Jan. 1945 Transport nach Ravensbrück und Malchow, am 2.5.1945 bei Lübz befreit; nach dem Krieg Dokumentarin für internationale Organisationen in Paris.

3 Das Dokument wurde auf Lagerbriefpapier verfasst, auf dem die Regelungen der Lagerordnung zum Postverkehr abgedruckt waren.

4 Gemeint ist der Fußmarsch von Birkenau in das Stammlager.

5 Das Jugendkonzentrationslager Uckermark wurde im Frühjahr 1942 zur Inhaftierung von Mädchen im Alter von 16 bis 21 Jahren in unmittelbarer Nähe des KZ Ravensbrück errichtet. Im Jan. 1945 wurden Häftlinge aus Ravensbrück auf dem Gelände untergebracht und in den letzten Monaten vor Kriegsende viele von ihnen gezielt vernichtet. Von Jan. bis April 1945 starben dort ca. 5000 Frauen.

6 Aufgrund der Überfüllung des Stammlagers Ravensbrück wurden viele aus Auschwitz eintreffende Häftlinge in Außenlager überstellt.

Mi 7/2	⅕ Brot, keine Suppe
Do 8/2	Antreten zum Transport, Rückkehr ins Zelt, ⅕ Brot
Fr 9/2	kein Brot
Sonn. 10/2	Kein Brot
Sonnt. 11/2	Antreten z. Transport, Adieu Ravensbrück, 17 h Ankunft in Malchow (Meckl.),[7] Baracke m. Stroh
Mo. 12/2	Strohsäcke, 600 Leute in der Baracke
Di. 13/2	Registrierung
Mi 14/2	Wir helfen bei der Registrierung mit. 1. Mal ganz waschen!
Do. 15/2	Nichts Neues, ⅕ Brot
Fr 16/2	" " ⅕ Brot
So. 17/2	" " Danz[8] ist da, ⅕ Brot, Marg., Wurst!
Sonnt. 18/2	Audienz bei Danz, ⅕ Brot, Marg. Wurst, 3 Kart.[9]
Mo 19/2	Wiedersehen mit Mela. ⅕ Brot und Marmelade
Di 20/2	Nichts Neues ⅕ Brot
Mi 21/2	" " ⅕ Brot und Käse
Do 22/2	" " ⅕ Brot und Syrup
Fr 23/2	Schmus mit Raya,[10] Lola Kagan[11], ⅕ Brot + Topfen
So 24/2	Nichts Neues ⅕ Brot, Marg. Fleisch
Sonnt. 25/2	" " " " " "
Mo 26/2	" " Nur Brot
Di 27/2	" " Frühlingsmode 1945! Nur Brot
Mi 28/2	Brot und Marmelade
Do 1/3	Türk. + griech. Jüdinnen werden registriert??
Fr 2/3	Nichts Neues
So 3/3	Abfahrt am 8.??? Colis[12] vom Roten Kreuz?
Sonnt. 11/3	Kabarett
Mo 12/3, Di 13/3, Mi 14/3, Do 15/3	Die Tage vergehen und ähneln sich. Die Stimmung ist gut.[13]

7 In Malchow befand sich seit 1943 ein Außenlager des KZ Ravensbrück, dessen Häftlinge bei der Malchow GmbH zur Verwertung Chemischer Erzeugnisse in der Sprengstoffproduktion eingesetzt waren. Zu den fast 2000 männlichen und weiblichen Gefangenen kamen im Febr. 1945 weitere 3000 Frauen.

8 Luise Danz (1917–2009), Postangestellte; von März 1943 an Aufseherin im KZ Lublin-Majdanek, von April 1944 an im KZ Plaszow, Sept. 1944 Versetzung in das KZ Auschwitz, dort im Dez. 1944 Rapportführerin in den Lagerbereichen B I a und B I b, im Jan. 1945 begleitete sie einen Häftlingstransport nach Ravensbrück, Oberaufseherin im Außenlager Malchow; 1947 in Krakau zu lebenslanger Haft verurteilt, 1957 entlassen, lebte in Walldorf/Thüringen.

9 Kartoffeln.

10 Raya Kagan, geb. Rapaport (1910–1997), Beamtin; wuchs in Wilna auf, emigrierte 1937 nach Paris, im Juni 1942 aus Drancy nach Auschwitz deportiert, wo sie als Schreiberin im Standesamt tätig war; im Jan. 1945 nach Ravensbrück gebracht; nach dem Krieg kehrte sie nach Frankreich zurück, wanderte später nach Israel aus; Verfasserin von Nashim be-lishkat ha-Gehinom (pirke Oshventsim) (1947).

11 Lola Kagan arbeitete nach ihrer Deportation nach Auschwitz ebenfalls im Standesamt; lebte nach dem Krieg in Paris.

12 Franz.: Paket, Päckchen.

13 Im Original in franz. Sprache.

Fr, So, Sonnt, Mo 19/3	Ein Brot für 8![14]
Di 20/3, Mi 21/3, Do 22/3	Ein Brot für 8![15]
Mo 26/3	Flitz. Strafestehen 4 Stunden, kein Essen.
1/4	Ostersonntag. Kabarett? Abgeblasen. Antreten zum Transport, die ganze Nacht auf Montag.
2/4 Mo	Transport cca. 2000 geht ab.[16]
3/4 Di	Verlegung auf Block 5, auf Betten
4/4 Mi	Nichts Neues
5/4 Do.	14 Tage „Planierung", aber nur ¾ l Suppe und ⅕ Brot
6/4 Fr	Nichts Neues, ⅙ Brot
7/4 So.	" " ⅕ Brot, Manzi[17] Hofkolonne!
8/4 Sonnt.	" " (Zulagen zum Brot täglich!)
9/4 Mo	" " ⅕ Brot, nichts zum Brot
10/4 Di	Man „planiert" weiter, man ißt sehr wenig, aber – Mut!!
11/4 Mi	Manzi wird Anweiserin Hofkolonne! Ich trete dem Kommando bei. Es gibt *gute* Suppe! Seife!
12/4 Do	Hofkolonne bestraft, Kostabzug!
23/4	Es ist kalt, man nimmt Mäntel weg! ⅛ Brot
24/4	Schwedisches Rotes Kreuz?? Aber ⅛ Brot, dünne Suppe
25/4	Colis sind wirklich da! Wir laden sie ab. ⅕ Brot, süße Gries-Suppe!
26/4	I. Transport cca 500 poln. Jud. geht ab. Nach Lübeck? Keine Pakete für uns, ⅙ Brot.
27/4	Erwartung der weißen Autos![18] Nervenkrieg.[19] Keine Pakete. Abends kommen Männer aus Ravensbr. ins Lager!
28/4 Sa	Man wird immer verrückter. Zurück in die Kantine. Mehr Männer kommen, auch polit. Häftlinge hinter Gittern. ⅐ Brot.
29/4 So.	Autos sind da?? Falscher Alarm.[20] Frauen kommen aus Neu-Brandenburg.[21] Kein Appell?
30/4 Mo.	Massenankunft von Häftlingen. Tausende aus Ravensbrück.[22]

14 Im Original in franz. Sprache.

15 Im Original in franz. Sprache.

16 Am 2.4.1945 wurden 1000 Jüdinnen in das Außenlager Leipzig-Schönefeld des KZ Buchenwald überstellt.

17 Enge Lagerfreundin von Helene Persitz.

18 Das Lager Malchow war in die Rettungsaktion des Schwedischen Roten Kreuzes eingebunden. Einige, vor allem westeuropäische Häftlinge wurden von den „weißen Bussen" abgeholt und nach Malmö gebracht; Tagebucheintrag vom 1.5.1945, wie Anm. 1.

19 Im Original in franz. Sprache.

20 Im Original in franz. Sprache.

21 In Neubrandenburg existierte von Herbst 1942 an ein Frauenaußenlager, dessen Häftlinge bei den Mechanischen Werkstätten Neubrandenburg GmbH eingesetzt waren. Mit 6000 bis 7000 Häftlinge war es das größte Außenlager von Ravensbrück. Als am 27.4.1945 die Rote Armee vor Neubrandenburg stand, trieb das Bewachungspersonal die Häftlinge über Waren/Müritz nach Malchow.

22 Das Außenlager Malchow diente als Zwischenstation auf den Todesmärschen von Ravensbrück.

1. Mai Di.	cca 16 h Antreten Französ., Belg., Holl. etc. Abmarsch 1. Kolonne 300 Leute, 2 Colis für 5 Leute, schöner Waldspaziergang, Abends: Iwan ist da! Abwarten in Walde, Nachtmarsch, Rasten und Feuermachen, forcierter Marsch bis Lübz, Ankunft am Nachm., Rasten.
2. Mai, Mi	Ratlosigkeit des Kommandoführers. Abmarsch? Wir warten ab. Amerikanische Truppen kommen!! Monsieur Roger hilft uns, Übernachtung in der Scheune.
3. Mai Do	Wir kochen, campieren, – weiter nach Parchim? cca 12 h Abmarsch, langsam und gemütlich. Auf der Landstraße – Auflösung.[23] Alles zum Amerikaner nach Parchim, Soldaten, Häftlinge, Flüchtlinge ... Rast im Gasthaus 6 km vor Parchim. Man bringt uns Lebensmittel, Italiener und Franzosen um die Wette, wir „organisieren" im großen Stil, kochen und fressen. Iwan ist in Lübz, auch in Parchim? Die Karawanen machen kehrt.
15/5 Di	19 h Ankunft in Schaerbeck, 24 h Ankunft in Lille.

DOK. 173
Paul Heller beschreibt am 19. Januar 1945, wie Häftlinge während des Fußmarschs vom Außenlager Neu-Dachs wahnsinnig werden[1]

Tagebuch von Paul Heller,[2] Eintrag vom 19.1.1945 (Abschrift)[3]

Die meisten gehen wie in Trance, einer unbekannten, zwingenden, hypnotisierenden Macht gehorchend.[4] Fast alle quält ein unerträglicher Durst, der Durst der Erschöpfung. Wir schlucken Schnee. Ich nehme meine letzte geistige Kraft zusammen, um an mir selbst die Symptome der Erschöpfung zu erkennen. Der Kopf schmerzt, es scheint, als hätten die durcheinanderwirbelnden Gedanken, in die man keine Ordnung mehr bringen kann, die Form von spitzen Nadeln angenommen. Sie martern. Alle Assoziationen sind zerfallen. Vergangenheit, Gegenwart, Zukunft – ein wildes Chaos. Alpträume in wachem Zustand. Wie ein Süchtiger durchschaut man plötzlich die auftretende Fehlerhaftigkeit einer seelischen und geistigen Konstruktion, die Bestandteile fallen

23 Im Original in franz. Sprache: „la débandade".

1 LBI, M.E. 285 (LBI Berlin ME 32).

2 Dr. Paul Heller (1914–2001), Arzt; 1939 in Prag verhaftet und in das KZ Buchenwald gebracht, im April 1943 nach Auschwitz überstellt; 1944 Häftlingsarzt im Außenlager Neu-Dachs (Jaworzno); Jan. 1945 Marsch und Transport nach Buchenwald, dort befreit; Ausreise in die USA, Hämatologe und Professor in Chicago, 1995 Interview mit der USC Shoah Foundation, VHA # 2904.

3 Paul Heller schrieb während seiner Lagerhaft ein Tagebuch, von dem sich nur die Einträge vom 17.1. bis 7.2.1945 erhalten haben. Dieser Text ist eine kurz nach dem Krieg erstellte und ergänzte Abschrift der Originaleinträge.

4 Am Abend des 17.1.1945 begann der Abmarsch von ca. 3200 Häftlingen aus dem Außenlager Jaworzno. Auf Nebenstraßen liefen sie 250 km bis zum KZ Groß-Rosen, das sie am 3.2.1945 erreichten.

auseinander; man erkennt die Fehler und kann sich ihnen nicht entziehen, sie wehren sich mit all den Nadelstichen gegen eine Korrektur. Man kann nicht anders, man muß sich ihnen hingeben, obwohl man immer noch weiß: du mußt noch alle Kräfte zusammennehmen, um durchzukommen, du bist noch nicht vollends verrückt, denn in einem Gehirnteil hat das Bewußtsein deinen Namen, die Orientierung über Zeit und Ort und dein Schicksal eingegraben. Irgendwo ertönt in dir die ermahnende Stimme: raffe dich auf, halte dich zusammen, du mußt, du mußt durchhalten, denn neben dir droht das Gewehr des SS-Postens. Es wird Tag und wir marschieren weiter, ohne Aufenthalt. Am späten Vormittag bin ich so weit, daß ich von Kameraden auf einen Wagen geladen werden muß. Ich kann nicht mehr. Ich habe das Gefühl, ich hätte hohes Fieber. Ich rede unsinniges Zeug, ich weiß es, aber als ob es eine automatische Hirnpurgation gäbe, ich muß, ich muß es sagen, im vollen Bewußtsein des Unsinns. Wie ein halb Betrunkener erzähle ich, daß wir nun wieder zuhause im Krankenbau sind, ich mich auf mein Bett freue, ich betrachte die Straßen von Preiskretscham,[5] wo wir nun angekommen sind, als ob es die Dorfstraße von Jaworzno wäre, ich suche das Lager, ich suche die Kirche. Ich weiß, daß meine Orientierung falsch ist, daß das ja nicht sein kann, aber ich kann mein Gehirn nicht bändigen, das ungehindert und ungestört mit all den Phantasien und Illusionen spielen will. Ich erinnere mich jetzt ganz deutlich dieses Kampfes zweier Bewußtseinsteile. Es war, als ob die Schizophrenie in mir ausbräche. Der 12-stündige Schlaf, der mir dann vergönnt war, brachte alles in Ordnung, er fügte, wie ein Magnet die Teilchen in einem Eisenstück polar ausrichtet, die Gedanken wieder zusammen und stellte sie wieder an den richtigen Platz. Es gab wieder Klarheit. Die 12 Stunden Schlaf fand ich unter den gräßlichsten Umständen. Wir, eine Menge von Hunger, Müdigkeit, Durst in ihrer Reaktionsweise veränderter und verwilderter Menschen, wurden in ein Lagerhaus von landwirtschaftlichen Maschinen getrieben, wo wir unsere Lagerstatt für die Nacht aufrichten sollten. Kein Stroh, kein weicher Platz, nur Holzboden und Erde. Wie ein Wunder schien es mir, daß ich da in einer versteckten Stelle Platz fand und ungestört und unbehelligt blieb, denn die fast irrsinnigen Häftlinge gingen hemmungslos in der Nacht mit dem Messer aufeinander los, trampelten auf den auf dem Boden liegenden Schlafsuchenden herum, erschlugen einander gegenseitig. Es war der Ausbruch eines Massenirrsinns, vor dem ich bewahrt blieb.

5 Poln. Pyskowice, ca. 60 km von Jaworzno entfernt.

DOK. 174
Arthur Simon Trautmann verlässt am 19. Januar 1945 Auschwitz und wird dreieinhalb Monate später befreit[1]

Bericht von Arthur Simon Trautmann,[2] Karlsruhe, vom Sommer 1945

[...][3]

Am 15. Januar war es aus mit dem Sanatoriumleben[4] in Auschwitz. Die Abtransporte begannen, wohin wußte niemand. Täglich wurden bis zu 10 000 Menschen evakuiert. Am 18. Januar sollte DAW abrücken, aber wir, als „kriegswirtschaftlich wichtiger Betrieb" – ich erinnere an die Pferdeställe für Finnland[5] – mußten am letzten Tag, nachdem wir schon marschbereit standen, mittags um zwei Uhr nochmals zurück zur Arbeit. Ein Teil des Kommandos war schon verschwunden. Allerdings wurden keine Munitionskisten mehr gezimmert, sondern Kisten zum Packen für die „Herren". Noch dringlicher als die Fabrikation der SS-Kisten war die schnelle Abmontierung und Verladung der Maschinen. Letztere sollten noch gerettet werden. Der Betriebsführer[6] lief mit hängendem Kopf herum, im Gegensatz zu seiner früheren stolzen Haltung „mir kann keiner". Wo ist der Kapo? Wo ist der Transportmeister? schrie er. Ich ging auf ihn zu, und er befahl mir, sofort Männer zu holen und mit dem Abmontieren der Maschinen zu beginnen. Er ging weiter, und ich ging langsam an die Arbeit, um etwas zu tun. Ich wußte ja, die ganze Geschichte hat keinen Wert mehr. Zwei kleine Maschinen ließ ich noch in die Waggons bringen, eine große und schwere Fräsmaschine, die ich auf halbem Weg zu den Waggons hatte, ließ ich unterwegs stehen. Es ertönte im gleichen Augenblick ein greller Pfiff, es war 4.30 Uhr und der Ober-Kapo brüllte: „Alles sofort antreten und einrücken!" Nachgezählt wurde schon gar nicht mehr. Ich sah den Verbrecher, den SS-Obersturmführer und Betriebsleiter sehr bedrückt ins Auto springen, um sich von seinem so heiß geliebten Werk möglichst weit zu entfernen. Die Russen werden ihn schon geschnappt haben. Mit der Dividende war es aus.

1 LBI, ME 645 MM 78, S. 1–74, hier S. 51–66. Abdruck in: Arthur S. Trautmann, In Auschwitz Häftling 62 118: von Karlsruhe durch Gurs und Rivesaltes, Auschwitz, Groß-Rosen, Dachau nach Karlsruhe und Konstanz 1940–1945, Konstanz 2015.

2 Arthur Simon Trautmann (1892–1977), Handelsvertreter; arbeitete im Ledergroßhandel in Karlsruhe, nach dem Novemberpogrom 1938 vier Wochen in Dachau interniert, wurde im Okt. 1940 im Rahmen der Judendeportationen aus Baden und der Saarpfalz in das Lager Gurs gebracht, im März 1942 nach Rivesaltes, im Aug. 1942 über Drancy nach Auschwitz, im Jan. 1945 Räumungstransport nach Dachau; emigrierte 1946 nach New York.

3 Auf den ersten 51 Seiten des Berichts beschreibt Trautmann seine Deportation nach Auschwitz sowie seine Erfahrungen in den Kommandos Kanada I, Bauhof, Holzhof und zuletzt bei den DAW.

4 Trautmann hatte zuvor berichtet, dass sich die Lebensbedingungen in Auschwitz sowohl allgemein als auch für ihn persönlich in den letzten Monaten verbessert hatten, da er die Aufsicht über ein Arbeitskommando der DAW übertragen bekommen hatte.

5 Die DAW begannen im Jahr 1945, einen bereits länger vorliegenden Auftrag über 1200 Pferdestallbaracken für die finnische Regierung auszuführen, obwohl Finnland bereits im Sept. 1944 einen Separatfrieden mit der Sowjetunion geschlossen hatte; wie Anm. 1, S. 47.

6 Julius Sauer (1905–1990), Kaufmann; 1933 NSDAP-, SS-Eintritt; 1940 Rechnungsprüfer der SS-Betriebe in Dachau, von 1942 an Leiter der DAW in Auschwitz; 1943 SS-Ostuf. (F); 1948 stufte die Spruchkammer in Würzburg ihn als Mitläufer ein.

Am Eingang des Lagertores warteten schon die verschiedenen Blockältesten und befahlen: „Sofort fertig machen und zum Abmarsch antreten!“
Ich ging auf die Stube, holte mir einen Löffel und eine Schlafdecke, sonst nahm ich nichts mit. Es gab zwei Brote und eine Büchse Fleisch offiziell. Inoffiziell hatte ich 4 Brote, einen Würfel Margarine und eine Büchse Fleischkonserven mitgenommen. Einen warmen Überrock konnte ich mir noch im K.B. besorgen. Mäntel hatten wir im Winter 44/45 nicht erhalten. Die Kleiderkammer war für jedermann offen. Ein Paar Handschuhe und ein Paar Strümpfe steckte ich mir in die Tasche. Lange hatte ich mir überlegt, ob ich mitgehen sollte oder abwarten, bis die Russen kommen. Viele hatten sich bereits versteckt. Doch man sprach von einer Razzia der SS sowie der Sprengung des K.B. Die Kranken und Pfleger kamen nicht zur Evakuierung. Was die Russen mit den Häftlingen machen würden, wußte man auch nicht. Ich entschloß mich deshalb, mit dem großen Haufen abzumarschieren. Zusammen mit 3000 Häftlingen verließ ich abends 8 Uhr *lebend* die Hölle von Auschwitz. Als einziger von meinem damaligen Transport aus der Unterwelt Auschwitz entkommen zu sein, war für mich eine besondere Fügung Gottes. Aber noch war ich in den Händen der Banditen, und noch war ich nicht zu Hause, soweit ich von „Hause“ sprechen konnte.[7]
Der Marsch ging nun unter Begleitung der Auschwitzer SS-Wachposten die Nacht durch bei grimmiger Kälte und eisigem Schneesturm über die waldreichen Beskiden.[8] Und schon hatte der Kampf ums Leben wieder von neuem begonnen. Viele meiner Bekannten, die nicht mitkamen und sich aus Müdigkeit niedersetzten, wurden ohne weiteres von einem SS-Scharführer, der eine MP umgehängt trug, niedergeschossen. Alle 10 Minuten hörte man in der dunklen Nacht und im grausigen Wald einen Schuß fallen. 3 Tage und 3 Nächte sind wir mit ganz kurzer Unterbrechung durchmarschiert. Auf einer Höhe bei Pless in Oberschlesien wurde in der Sonne gerastet. Der mitgenommene Marschproviant war eingefroren, das Brot konnte man kaum essen. Trotzdem hatte ich nicht das Geringste – wie viele es unterwegs schon taten, weil ihnen die Last zu schwer wurde – weggeworfen. Da lagen Brote, Decken, Rucksäcke usw. auf dem ganzen Weg zerstreut am Boden. Der Marsch ging nach 4stündiger Ruhepause abends um 7 Uhr in die Nacht hinein weiter. Unterwegs trafen wir eine Kolonne Frauen, die, von Birkenau kommend, schon vor uns abgerückt waren und auch ausruhten. Ich möchte nicht untersuchen, wie viele von den ermüdeten Geschöpfen nicht mehr am Ziel ankamen. – Wir marschierten unter Zurücklassung vieler, die nicht mehr konnten und tot liegen blieben, weiter, bis wir am Bahnhof Loslau ankamen. Meinen Kollegen von der DAW-Halle, der auch nicht mehr gehen konnte, ein 28jähriger Bursche aus Paris, führte ich am Arm. Bis nach Loslau konnte ich ihn retten. Beim Einsteigen in die bereitgestellten offenen Wagen habe ich ihn verloren und nicht wiedergesehen. Der Bahnhof wurde umstellt. Ausrükken konnte keiner. Abends ging der Zug in Richtung Breslau ab. Zu essen gab es nichts.

7 Trautmanns Frau Emilie (1896–1942) war in Auschwitz direkt nach der Ankunft in der Gaskammer ermordet worden. Ihre gemeinsamen Kinder Hannelore (*1923) und Oskar (*1926) konnten dank des Kinderhilfswerks Œuvre de secours aux enfants (OSE) Rivesaltes im Juni 1942 verlassen und überlebten im Versteck in Frankreich.

8 Die Beskiden sind südlich von Auschwitz gelegen und wurden von den Todesmärschen in Richtung Gleiwitz und Loslau nicht tangiert.

Wer noch Brot hatte, mußte dieses mit dem Löffel essen, weil es nur als Krümel genossen werden konnte, so durchgefroren war es.
In dem mir von Auschwitz her bekannten Lager Groß-Rosen, unweit Breslau, wurde Halt gemacht. Hier war das sogenannte Ausweichlager für die östlich gelegenen und nach und nach geräumten KZs. – An einem Sonntagmittag angekommen, wurden wir in das Lager gebracht. Versteckt hinter hohen Hügeln, außerhalb des Ortes, lag dieses KZ. Ein großer Steinbruch lag daneben. Das Lager war noch nicht ganz fertig.[9] Die Baracken waren noch im Rohbau. In eine dieser Baracken wurden wir geführt. Der Lagerälteste und seine Trabanten kamen unmittelbar nach der Ankunft statt mit warmer Suppe mit einem Prügel, um damit erbärmlich auf die Häftlinge einzuschlagen. Anschließend hielt er eine großangelegte Rede, mahnte zur Ruhe und bezeichnete, den Stock in die Höhe haltend, das Lager als das „komische" Lager. Ein schlimmeres KZ als dieses dürfte es wohl nicht gegeben haben. Mord und Totschlag gab es hier in höchster Potenz. Der Steinbruch kann leider nichts davon erzählen. Ein Herauskommen aus diesem Lager hatte ich nicht mehr erwartet. Nachdem wir die Nacht durch, eng zusammengedrückt wie die Heringe im Faß, auf blankem Boden geschlafen hatten, war um 4.30 Uhr morgens Wecken. Viele sind nicht mehr aufgestanden, insbesondere die nicht, welche im Freien schlafen mußten, aus Platzmangel. Einem dieser im Freien Schlafenden habe ich die Schuhe ausgezogen, weil meine durch den Marsch vollständig zerrissen waren. Noch immer gab es nichts Warmes zu essen – und der Hunger war groß. Viele waren so geschwächt, daß sie nicht mehr stehen konnten und alsdann in eine Krankenbaracke ohne jegliche Behandlung gebracht wurden.
Während ich dem Toten die Schuhe auszog, hörte ich von einem Lagerschreiber zu dem SS-Posten sagen: „Es sollen 1500 Mann von hier wegkommen. Wir brauchen Platz, weil neue Zugänge bereits unterwegs sind." Da gehe ich mit, dachte ich mir, denn schlimmer als hier konnte es anderswo auch nicht sein. Nur schnellstens weg von diesen Mördern, aus diesem schmutzigen, unwegsamen steinigen Lager. Unterdessen wurde der Transport zusammengestellt. Mit einem Pforzheimer Juden, den ich bei mir haben wollte, stellte ich mich mit der Kolonne auf. Nach 20 Min. ging's schon los. Es gab vorher einen knappen Liter warme Rübensuppe, ein halbes Brot, eine kleine Portion Gehacktes, scheinbar Pferdefleisch. Das war der Reiseproviant. Vor dem Abmarsch zur Bahn wurde nochmals gezählt. 1500 Mann traten die Reise an, wohin wurde wie immer nicht verraten. Am Bahnhof angekommen, standen schon die leeren Waggons bereit. Diese brachten eine Abteilung Soldaten von der Luftwaffe, die sich irgendwo vom Feinde „erfolgreich abgesetzt hatten", mit. Ich konnte mich mit einem dieser Wehrmachtsangehörigen unterhalten und erfuhr bei dieser Gelegenheit, daß wir nach „*Dachau*" kämen. Dachau dachte ich, ist schon besser als Groß-Rosen. Ich hatte dieses KZ von 1938 her noch gut in Erinnerung, weil ich damals bei der November-Aktion von Karlsruhe aus nach Dachau

9 Im westlichen Teil des KZ Groß-Rosen hatte die SS im Jahr 1944 mit einer Erweiterung begonnen, die „Auschwitzer Lager" genannt wurde und zur Aufnahme von Häftlingen aus weiter östlich gelegenen Lagern, insbesondere Auschwitz, dienen sollte. Die Baracken waren im Jan./Febr. 1945 nur halb fertiggestellt, so dass Häftlinge hier bei winterlichen Temperaturen auf dem Steinboden schlafen mussten.

verhaftet worden war.[10] So war ich eigentlich froh, nicht bei den Russen geblieben zu sein. Denn bei einem evtl. Freikommen wäre ich von Dachau aus schneller in der Schweiz als von Auschwitz. Dachau ist ungefähr 1200 km von Auschwitz entfernt.[11] Plötzlich gab es einen Krach! Es kamen SS-Oberbonzen und schrien: Einsteigen in die Waggons! Nicht schnell genug konnte es gehen. Stöcke flogen über die Köpfe, 100 bis 150 Mann (!) mußten in die wenigen teils offenen, teils geschlossenen Wagen mit Gewalt hineingetrieben werden. Ich kam in einen offenen, noch mit Kohlenstaub bedeckten Wagen. 120 Mann wurden hineingepfercht. Sitzen war unmöglich und Liegen ganz ausgeschlossen. Nach 15-stündigem Stehen auf der Station kam der Zug endlich ins Rollen. Es war schon dunkel, als wir von Groß-Rosen abfuhren. Entgegen meiner Meinung bin ich auch aus dieser Mördergrube glücklich und lebend herausgekommen. Daß aber Dachau, wie es sich bald herausstellte, noch ein schlimmeres Lager geworden war, hatte ich nicht erwartet. – Die Fahrt ging nur auf Nebenstrecken – die Hauptlinien waren den Militärtransporten vorbehalten – u. a. durch die Sächsische Schweiz, Dresden, Hof, München, Dachau. 5 Tage und 5 Nächte waren wir in den offenen Wagen unterwegs, bei großer Kälte und häufigem Sturmwetter.
Zu essen gab es nur einmal etwas Warmes, und zwar am Bahnhof Regensburg. Einen halben Liter Graupensuppe; wer Glück hatte, erhaschte eine Scheibe Brot. Vom Hunger getrieben, aßen viele den auf dem Waggon zusammengekratzten Schnee. Es ist mir unmöglich zu beschreiben, was sich während der Dauer dieser Fahrt in dem offenen Waggon abspielte. Da die Verpflegung soviel wie nichts, der Hunger aber groß war, hat einer dem anderen seine ohnedies wenige Habe gestohlen, einer den anderen totgeschlagen oder totgetreten. Schreien, Toben, Trampeln, Niederboxen der Schwachen, Menschenknäuel im Wagen, hemmungslose Brutalität der Stärkeren – kurzum – eine Panik von größtem Ausmaß hat sich hier abgespielt. Viele wurden durch die lange Fahrt während der dunklen Nacht wahnsinnig. Keine Minute habe ich auf dieser Todesfahrt schlafen können. Keiner hat dem anderen seinen Platz gegönnt. Man wurde hin und her geworfen, bis man schließlich auf einem Menschenhaufen machtlos umfiel. (Bei diesem brutalen Benehmen haben sich die unkultivierten polnischen Juden besonders hervorgetan. Viele der Umgekommenen haben sie auf dem Gewissen.) –
Bei unserer Ankunft in Dachau, an einem Sonntagnachmittag, lagen 25–30 Leichen in jedem Waggon. Auch auf dieser beängstigenden Fahrt habe ich auf die Zähne gebissen und durchgehalten, bis das neue Schlamassel im KZ Dachau wieder losging. –
Am Bahnhof wurden wir von älteren SS-Männern, die schon etwas zahmer waren als die in Groß-Rosen, in Empfang genommen und ins Bad geführt. Vor dem Eingang wurde entkleidet, und dann ging es unter die Dusche. Es war ein Genuß und eine Wohltat, von der dreckigen und verlausten Kleidung befreit zu sein und frische Wäsche zu erhalten. Die Halbtoten aus dem Waggon, welche nicht mehr laufen konnten, wurden in den Baderaum gefahren. Man wurde registriert und numeriert. 300 Mann waren weniger angekommen. Wir kamen alle in eine Baracke. Anschließend gab es einen Liter Suppe und eine Portion

10 Im Zusammenhang mit den Pogromen im Nov. 1938 waren 25 000 bis 30 000 jüdische Männer in Konzentrationslager gebracht worden. Die meisten kamen nach einigen Wochen unter der Bedingung frei, das Land binnen weniger Tage oder Wochen zu verlassen.

11 Auschwitz und Dachau sind auf direktem Weg rund 700 km voneinander entfernt. Die Route über Dresden, die die Häftlinge nehmen mussten, beträgt allerdings rund 1200 km.

Brot. Für eine Zigarette konnte ich bei alten Insassen noch einen Liter Suppe dazu kaufen. Einen besseren Kauf konnte ich mir nicht wünschen. – Das erste warme Essen nach 5 Tagen und 5 Nächten war mehr als ein Genuß. Es hatte den Anschein, als ob Dachau seit meinem Aufenthalt im Jahre 1938 in puncto Behandlung besser geworden wäre. Aber welche Täuschung! – Wir wurden 4 Wochen in der uns überlassenen Baracke ununterbrochen in Quarantäne gehalten. Wir durften nicht hinaus, mußten hungern wie die Affen und 5–6 Mann gemeinsam in einem Bett liegen. Schlafen war nicht möglich, obwohl wir die Ruhe sehr nötig gehabt hätten. In der Baracke, in der wir untergebracht waren, hatten vor uns Typhus-Kranke gelegen. Die Baracken rechts und links von uns waren noch voll mit diesen Kranken. Täglich wurden viele Tote aus den Stuben dieser Krankenräume herausgetragen. Bei uns sollte allem Anschein nach das Gleiche erreicht werden. Die vorsätzliche Unterbringung in der mittlersten dieser Baracken sprach jedenfalls dafür. Welche Intrige! Aber Gott sei Dank, wir hatten ausgehalten, und keiner von uns wurde krank, keiner starb. Nach Ablauf der Quarantäne wurde ein Arbeitstransport zusammengestellt. Ein Trupp von ca. 1000 Mann, meist jüngeren Menschen, wurde ausgesucht, die in eine unterirdische Kriegsfabrik nach Mühldorf bei München kamen. Die über 50 Jahre alten und hinfälligen Menschen wurden verlegt und kamen in die sogenannte Alters- und Invaliden Baracke, auch ein ehemaliger Seuchenraum, in dem 2 Tage vorher noch viele Kranke an Typhus gestorben waren. Es war ein niederdrückender, schauriger Anblick, viele künstliche Glieder, Füße, Arme und Beine zu sehen, die von den toten Invaliden zurückgelassen vor dem Eingang der Stuben lagen. Diese künstlichen Glieder und der Umstand, daß in der Baracke selbst alles zerstört war – wir mußten auf blanken Brettern ohne Decke schlafen, die Fenster waren zerbrochen –, war ein neuer Beweis für uns Zurückgebliebenen. Ich hätte besser getan, freiwillig mit [den] anderen fortzufahren, dachte ich mir. Hier gehen wir unbedingt zu Grunde, war die Meinung und Überzeugung aller. Es war uns verboten, auch aus diesem Verschlag ohne Erlaubnis herauszugehen. Mit Stacheldraht umgeben, war diese Baracke im Lager selbst eigens verschlossen und bewacht. Wir mußten hungern und sterben. Im Gegensatz zu Auschwitz, wo wir in zweistöckigen Steinbauten untergebracht waren, gab es hier in Dachau nur ganz primitive Holzbaracken. Überhaupt war es hier viel schmutziger und ungepflegter. Durch die vielen Neuzugänge in Dachau und infolge Rückverlegung der Außenlager kamen täglich neue Zugänge zu uns in die Baracke. Nur „Muselmänner!" Abgearbeitete und ermüdete Menschen. Bald waren fast 2000 Mann zusammen. Die Ankömmlinge wurden bei ihrem Eintreffen von einem Häftlingsarzt untersucht. Wer schon Todeskandidat war, bekam mit einem Blaustift seine Nummer in großen Ziffern auf die Brust gezeichnet. Ab! In die Stube 3! hieß es. Das war die Stube der Internierten und ¾ Toten. Wer dort hinkam, lag bald im Waschraum mit einer am rechten Fußzeh hängenden Etikette, auf welcher Name und Nummer stand, um beim Verbrennen aus der Lagerkartothek, weil gestorben, gestrichen zu werden. Jeden Morgen war schon um 4 Uhr Aufstehen und Waschen. Im Waschraum lagen die von morgens 10 Uhr bis zum nächsten Morgen 10 Uhr angefallenen Toten. Es waren immer einige Dutzend. Um 10 Uhr kam der sogenannte „Fleischwagen", der von 10 kräftigen Russen gezogen wurde, und lud die wie ein Skelett aussehenden toten Gestalten auf. Ho-hopp, und schon flog einer nach dem anderen auf den Wagen. Nachdem im ganzen Lager die Verstorbenen gesammelt waren, fuhren die Russen den Wagen, beladen wie mit geschlachteten Kälbern, nach dem Krematorium. Um Platz zu gewinnen, wurde ein Kopf nach rechts und einer

nach links gelegt und, hochgestapelt, ging die Fuhre ab, ohne zugedeckt zu werden. Anfangs konnte ich es nicht mit ansehen, wie man hier mit Menschen umging. Aber mit der Zeit hatte ich mich durch die täglichen Wiederholungen der Fuhren daran gewöhnt. Ebenso hatte ich mich daran gewöhnt, daß im selben Waschraum, in dem die Toten lagen, die Eßnäpfe gereinigt werden mußten.
Da um diese Zeit unseres Dachauer Aufenthaltes und infolge der täglichen Fliegerbesuche und Bombardierungen – Dachau selbst war bombensicher – vieles schon zerstört und wenig Arbeit vorhanden war, mußten wir unsere Zeit von morgens 4 Uhr bis abends 8 Uhr zum großen Teil mit Läusesuchen verbringen. Es sollte ja in Dachau niemand krank werden, geschweige denn sterben! Die Kontrolle war sehr streng. Fünf vom Blockältesten bestimmte und vereidigte Läusekontrolleure saßen in einer Reihe nebeneinander. Jeder Einzelne mußte unter Vorzeigung seines Hemdes und seiner Unterhose und, wenn er einen Pullover hatte, auch mit diesem, bei einem der 5 Kontrolleure vorbeigehen und seine Sachen vorzeigen. Es wurde Buch geführt und kontrolliert, damit sich keiner drücken konnte. Derjenige, bei dem Läuse gefunden wurden, bekam am Tage der Kontrolle nichts zu essen. Die Kleider wurden desinfiziert. Bis zur Rückkunft derselben, was manchmal 3, 4, oder 5 Tage dauerte, mußte der arme Kerl nackt herumlaufen. Selbst zum Appell mußte er in diesem „Kostüm" erscheinen. Ab und zu bekam man eine Dekke. Auch ich hatte einmal das „Glück" und war 4 Tage ohne Kleidung.
Täglich nachmittags, manchmal zweimal am Tage, war dieser Zirkus mit der Läusesucherei. – Am 23. April 1945 während der Kontrolle, kam der Befehl, – es war gegen 3.30 Uhr nachmittags – wohl durch das Näherrücken der Front beeinflußt: „Alle Juden antreten." Es wurden sämtliche Juden auf den Appellplatz geführt, schon in der Erwartung, daß etwas kommen werde. Was wir erhofften, kam nicht, denn wir wurden alle winterlich eingekleidet. Wir mußten nochmals baden gehen, und als wir den Baderaum verließen, lagen 35 Leichen am Boden, welche infolge der Entkräftung und der heißen Dusche das Baden nicht hatten aushalten können. Über Nacht waren wir nochmals in unserer Baracke eingesperrt worden und am anderen Morgen ging's um 4 Uhr raus. Es wurde Kaffee mit Ovomaltine verabreicht und anschließend auf dem Appellplatz angetreten. Trotz des guten Kräftigungsmittels Ovomaltine, das die Lagerleitung aus den großen Beständen in letzter Minute verteilte – vorher haben es die SS-Bonzen uns weggestohlen –, blieben auf dem Appellplatz nach Abrücken mindestens 50 Mann tot liegen. Es gab noch Schlafsäcke, die aus imprägniertem Papier hergestellt waren, aus Finnland stammten und schon lange in der Kammer lagerten. Um zu räumen, hat man diese Bestände, genau wie die aus Italien herrührenden gestrickten wollenen Mützen noch schnell an uns verteilt. Bei dieser Gelegenheit hatte man uns vorgegaukelt, wir führen nach Tirol an eine Grenzstation und würden dort durch die Schweiz mit deutschen Kriegsgefangenen ausgetauscht. Es klang zu schön, um wahr zu sein, dachte ich, und die Angst-Psychose war über uns Allen, denn wir kannten den Nazi-Schwindel ja zur Genüge. Es wurde 10 Uhr, es gab Marschverpflegung und durch das Lagertor gehend wurden wir bei dem sich unmittelbar anschließenden Abmarsch von 8 SS-Chargierten genauestens gezählt, damit gar keiner unterwegs verloren gehe. Zum dritten Mal bin ich nun lebend aus einem KZ-Lager entkommen. Aber noch war ich in den Händen der Verbrecher. Einige hundert Meter weiter stand schon unser Zug zum Einsteigen bereit. Wir gingen aus dem Lager hinaus, andere Gruppen kamen hinein. Es war um diese Zeit ein außergewöhnlich großer Betrieb in Dachau. Im großen D-Zug Wagen wurde nun

eingestiegen, 18 Mann mußten in ein Abteil, in dem normalerweise nur 8 Mann vorgesehen sind. Wenn es auch alte 2.-Klasse-Wagen waren, war es mit der Bequemlichkeit nicht weit her. Sitzen oder Schlafen war unmöglich. In den Gängen der Wagen durfte niemand [stehen]. An jeder Türe, hinten und vorne, standen 2 Posten, die den Austritt aus dem Abteil überwachten. In dem Glauben, daß wir bald abfahren würden, warteten wir auf die Maschine: Aber leider kam sie nicht so schnell. Drei Tage und drei Nächte standen wir am Bahnhof Dachau auf dem Zufahrtsgeleise für das Lager. Indessen durften wir hungern, und – was bei uns schon eine Selbstverständlichkeit war – sterben. In diesen drei Tagen unseres Wartens wurden mindestens 100 Tote aus den Waggons geholt. Zur allgemeinen Überraschung wurden plötzlich, auch um zu räumen, belgische Rote-Kreuz-Pakete verteilt. Jeder bekam ein Paket mit gutem und reichlichem Inhalt, als Ersatz für die während der Hungertage nicht erhaltenen Essen. Nur ein einziges Mal gab es warmen Kaffee und aus den mitgenommenen Beständen Brot. Es war schon Nacht, als der Zug endlich ins Rollen kam. Er fuhr über den schwer zusammengeschlagenen Bahnhof München-Wolfratshausen, Garmisch-Partenkirchen, Mittenwald, immer mehr den Alpen zu. In den Alpen sollte, wie uns später verraten wurde, unserem Leben ein Ende gemacht werden. Himmlers Befehl, alle KZ-Juden zu vernichten, gab dazu die Veranlassung.[12] Die mächtigen Schluchten in dem gebirgigen österreichischen Alpenmassiv sollten hierfür der geeignete Platz sein. Aber die göttliche Vorsehung, im Gegensatz zu der Adolf Hitlerschen Vorsehung, hatte es anders gewollt. Der Zug fuhr weiter, in Scharnis[13] fuhren wir über die österreichische Grenze und in *Seefeld* hielt der Zug an. „Alles aussteigen!", hörte man die Kommandos. „Seid ihr noch nicht draußen?" Der Zug fuhr nicht weiter, weil bei Innsbruck eine Brücke gesprengt worden war. Am Bahnhof in Seefeld, auf einer großen Wiese wurde biwakiert. Plötzlich kam große Bewegung in die Masse. Der Ruf „Der Krieg ist aus!" wurde von allen Häftlingen, welche mehr als glücklich waren, durchgegeben. Man umarmte sich, viele weinten, die SS-Posten beglückwünschten uns und schlossen Freundschaft. Es war ein großer Rummel auf der schneebedeckten Wiese. Die Schlafdecken flogen in die Luft. Alle waren gut gestimmt. Das ging so eine ganze Stunde, dann hörte man einen grellen Pfiff.

Alle antreten, wurde befohlen. – Die kalte Freude war vorüber. Es hatte sich herausgestellt, daß ein sogenannter Freiheitssender eine Falschmeldung durchgegeben hatte, welche durch das uns bestaunende Publikum an uns weitergegeben und von allen Häftlingen von einem zum anderen durchgegeben worden war. Es dürfte der 26. April gewesen sein.

Es wurde weitermarschiert. Weil die Bahn nicht mehr fuhr, ging's zu Fuß. Es sollten an diesem Tage 13 km zurückgelegt werden. Vor dem Marsch gab es aus den in einem Spezial[14] mitgeführten Lebensmitteln ein Brot und eine Portion Margarine. Nach der Verteilung ging es weiter. Der Weg führte durch ein Seitental auf einen steinigen Pfad bis zu dem hochgelegenden Tiroler Dorf Mösern. Bei Einbruch der Nacht kamen wir an, wurden in Heustadeln, Scheunen und Ställen untergebracht. Es war furchtbar kalt, und der Wind pfiff durch die undichten Bretterwände in unserer sommerlichen Unterkunft. Um 6 Uhr früh war Wecken, und es sollte um 8 Uhr weitergehen. Man kochte sich selbst etwas, um etwas Warmes zu genießen. Die erhaltenen Rote-Kreuz-Pakete taten gute

12 Siehe Einleitung, S. 90.
13 Richtig: Scharnitz.
14 Transportwagen.

Dienste. Gleich darauf wurde angetreten. Der Marsch begann, aber nicht vorwärts, sondern wieder zurück in Richtung Seefeld. Weil wir uns in Österreich nicht aufhalten durften, kam von der höheren SS der Befehl, auf gleichem Wege wieder zurückzugehen, den wir tags vorher als Hinmarschweg benützt hatten. Zu unserem nicht geringen Erstaunen lagen auf dem Weg einige Dutzend Tote, welche auf dem Hinmarsch schlappgemacht hatten und über Nacht erfroren waren. Gefangene Russen mußten die Leichen später begraben. Die Disziplin war schon stark demoralisiert, die Posten waren gleichgültig und kontrollierten nicht mehr. Wer da war, war da, wer fehlte, fehlte eben. Auf der großen Wiese am Bahnhof Seefeld angekommen, wurde wieder gerastet. Neue Befehle für den Weitermarsch wurden abgewartet. Es kamen aber keine Befehle. Die Seefelder Einwohner, die zahlreich erschienen waren, durften sich uns nicht mehr nähern. Trotzdem hatten sie großes Mitleid mit uns und unserem Schicksal, insbesondere wegen des schlechten Zustandes, in dem wir uns befanden. Wir lagen auf der nassen Wiese und warteten auf das, was wohl kommen würde. Zwei und drei Stunden vergingen. Endlich hieß es, wir gehen noch weiter zurück und kommen in eine bayrische Garnisonsstadt in eine Kaserne, in welcher der vorgesehene Gefangenenaustausch stattfinden sollte. Wir würden nicht marschieren, sondern mit der Bahn fahren.

Tatsächlich kam nach kurzer Zeit ein Güterzug mit nur wenigen Wagen, der auch nicht mehr weiter konnte. Wir mußten die beladenen Wagen leeren und dann einsteigen. Nur ein Drittel unserer Leute konnten in den wenigen Wagen Platz finden. Der andere Teil der Häftlinge blieb am Bahnhof Seefeld stehen. Der Zug fuhr ab in Richtung Mittenwald–Garmisch. – Plötzlich hielt er auf der offenen Strecke an. „Aussteigen, seid ihr noch nicht draußen?" war wieder der Ton der umgestimmten Posten. Neben der Bahn lief die Landstraße. Auf dieser mußten wir uns aufstellen und Richtung Mittenwald weitermarschieren. Von hinten her kamen plötzlich ein Auto und einige Motorräder, mit SD-Leuten besetzt, welche mit MP ausgerüstet waren. Sie versperrten uns den Weg und trieben uns in die Isarschluchten, die sich entlang der Straße hinzogen. Wir erwarteten das Schlimmste, denn SD-Sicherheitsdienst, noch gefährlichere Banditen als die SS, hatten uns dauernd überwacht und umkreist mit der Pistole in den Händen. Sie trieben uns zusammen wie eine Schafherde und gaben den Befehl „Alles hinlegen". Weil ich wissen wollte, was sie vorhaben, und die anderen Häftlinge, die kein Deutsch verstanden, sehr erregt waren, ging ich auf einen der SD-Posten zu und bat ihn, mir zu sagen, was geschehen sollte, denn die Kameraden seien der Meinung, sie würden jetzt erschossen. Der SD-Mann gab mir zur Antwort: „Niemand wird erschossen, aber alles muß sich hinlegen und darf nicht herumlaufen." Ich hatte es durch einen Ungarn verdolmetschen lassen und die Aufregung hatte sich daraufhin gelegt. Wir lagen nun im Gestrüpp und erwarteten die Ankunft der noch in Seefeld Zurückgebliebenen. Gegen 9 Uhr abends waren alle da. Es war schon dunkel geworden und immer wußten wir noch nicht, was die Lumpen mit uns vorhatten. Angezündete Biwakfeuer mußten plötzlich gelöscht werden, und wir – wie eine Schafherde zusammengetrieben – mußten auf den Befehl „Alles legt sich hin und rührt sich nicht mehr!" still sein. Komme was kommen mag, ich kann's nicht ändern, war mein Gedanke. Ich steckte mich in den Schlafsack, den ich mir noch organisierte, denn den meinigen hatte ich auch schon weggeworfen – und legte mich schlafen. Mein Paket verstaute ich in meinen Sachen neben mir. In dieser eiskalten Nacht, bei größtem Schneegestöber unter freiem Himmel und auf Steingeröll zu liegen, war eine Strapaze erster Klasse. Solange ich lebe, werde ich diese Nacht nicht vergessen!

Die SD-Posten hatten sich inzwischen abgelöst, und SS kam wieder an ihre Stelle. Trotz der eisigen Nacht hatte ich so gut geschlafen, daß ich nicht bemerkte, wie mir der Schlafsack aufgeschnitten und mir mein Paket gestohlen wurde.
Gegen drei Uhr morgens wurde ich durch laute Stimmen aufgeweckt, die sich erzählten, die Wachen seien nicht mehr anwesend. Sofort bin ich aufgesprungen, auf die Straße gelaufen, um mich von der Tatsache zu überzeugen. Und tatsächlich – diese Überraschung – meine brave und tapfere SS, die beste Truppe der Welt – war ausgerückt, weil ihnen die Amerikaner auf den Fersen waren, und sie hatten uns unserem Schicksal überlassen. Kurz entschlossen machte ich mich auf den Weg, in die goldene Freiheit zu marschieren. Trotzdem ich mir dessen bewußt war, daß es mit der Freiheit noch nicht recht klappen konnte. Auf meinen Marsch Richtung Mittenwald bemerkte ich starken Verkehr. Tausende von Fußgängern sowie Autos und Wagen, welche sich in Richtung Innsbruck im schnellsten Tempo vor dem vorgehenden Feinde absetzen mußten, waren auf ungeordnetem Rückzug. Es war für mich immerhin gefährlich, hier zu gehen, denn wie leicht hätte ich gefaßt werden können. Doch ich schlängelte mich durch. Unterwegs stieß ich auf zwei ihre Räder schiebende Soldaten, die sich unterhielten, und ich erkannte an ihrer Sprache, daß es Karlsruher sein mußten, was sie mir auch bestätigten. Sie waren auch auf dem Wege nach Tirol, um abzuhauen. Ich ging meines Weges weiter, es war gegen 5 Uhr morgens, bis ich nach Mittenwald kam. Ein Berliner von unserem Transport, der auch weggelaufen war, begegnete mir, und zusammen mit ihm gingen wir vorsichtig in die Stadt hinein. An einem großen, am Anfang der Stadt gelegenen Hotel klopften wir an die Türe. Es war schon dunkel. Man hat uns nicht geöffnet. Dagegen kam unerwartet ein Zivilist mit Gewehr und weißer Armbinde. „Hier Polizei", rief er. Und schon ist es mit der Freiheit wieder aus, dachte ich. „Wer sind Sie?", fragte er weiter. In Anbetracht unseres verwahrlosten Zustandes konnten wir nichts anderes als die Wahrheit sagen. Aber welche angenehme Überraschung! Der Beamte war schon von der *neuen* Polizei, ein Antinazi. „Wir wissen schon von eurer Ankunft an der Isar", meinte er, „kommt mit in die warme Turnhalle. Es sind noch mehr dort, die sich wärmen." Wir gingen natürlich gerne mit und wurden wohlwollend aufgenommen. Nach und nach kamen immer mehr. Morgens gab es heißen Kaffee, das war eine Wohltat!
Nachdem ich mich jetzt freier fühlte, ging ich gegen 6 Uhr allein, trotz Verbotes, die Halle zu verlassen, in die Stadt. Ich wollte von den Magyaren endlich mal wegkommen. Allein kommt man bei solchen Dingen immer am besten durch. Als ich am Ende der Stadt war, frug ich eine an ihrer Haustür stehende Frau nach dem Weg nach Garmisch und wie weit die Amerikaner von hier noch entfernt seien. „Die können bald kommen, aber es kann auch noch länger dauern", meinte sie. „Vorsichtig muß man schon sein, die Deutschen sind immer noch in der Gegend." Schon wieder eine faule Sache, dachte ich. „Wo kommen Sie her? Haben Sie Hunger?", frug mich die über mein Aussehen bestürzte Frau. Hunger? Ich hatte schon drei Tage nichts mehr gegessen und sagte ihr das. „Gibt's denn dees aa?", erwiderte sie. „Kommen Sie mit hinauf, ich gebe ihnen etwas", lud sie mich ein. Anscheinend weil ich so verwahrlost aussah, frug sie mich auf der Treppe: „Sie tun mir doch nichts?" Ich mußte lachen und antwortete: „Ich bin froh, wenn man mich in Ruhe läßt!" Zum ersten Mal seit fünf Jahren kam ich wieder in eine saubere, moderne Wohnung, und das war für mich schon eine Erholung. Ich durfte mich in einem schönen Badezimmer waschen und rasieren und nachher war ich ein anderer Mensch. – Nachher mußte ich im Speisezimmer einen „Schmarrn" und ein Stück Wurst zu mir nehmen. Das

hatte ich nicht erwartet, nachdem ich 4 Stunden vorher noch unter SS-Bewachung unter freiem Himmel schlafen mußte. Das war eine sonderbare Abwechslung! Nach dem Essen wollte ich mich bedanken und verabschieden. „Nein, nicht so schnell, Sie bekommen noch andere Kleidung." Tatsächlich brachte mir die Frau einen schönen Anzug, Strümpfe und meinte, wenn ich Geld brauchte, stünde es mir zur Verfügung. Die Kleider nahm ich an, für die Anleihe dankte ich ihr. Ich kam mir vor wie neu geboren. Von den Kameraden, die später an mir vorbeigingen, erkannte mich keiner mehr in dieser neuen „Häftlingskleidung", dazu noch nach so kurzer Zeit, in der ich mich veränderte. Von der Dame wollte ich mich nun endgültig verabschieden und sie meinte: „Sie können ein Stück mit mir gehen." Es wären in der bereits geräumten Jägerkaserne Lebensmittel verteilt worden, und ich würde sicher auch etwas bekommen. Ich hatte gern zugesagt, zumal ich ihre Sachen, die ich bekam, heimtragen wollte. Meine alten Dachauer Klamotten nahm ich unter den Arm, ging an die Isar, warf sie ins Wasser und aus war es mit der KZ-Uniform. Mit welcher Freude sah ich das Zeug wegschwimmen! Schnell gingen die Sachen unter. Ich war wieder im zivilen Gewande! Nachher ging ich wie verabredet an das Proviant-Depot und habe zugesehen, wie die Unmengen von Waren an die Einwohner von Mittenwald verteilt, sprich geplündert wurden. Einige Büchsen Fleisch und Käse nahm ich auch mit.
Aber noch waren die Amerikaner nicht da, und noch war die deutsche Wehrmacht in der Umgebung. Meine Gönnerin, die junge Frau, habe ich nicht mehr gesehen. Das ungewohnte Essen ist mir nicht gut bekommen, deshalb hatte ich mich in die Sonne gelegt, um den Tag über auszuruhen. Gegen Abend suchte ich mir Quartier. In einer außerhalb der Stadt gelegenen Pension fand ich ein Unterkommen. Als ich in das Haus eintrat, sah ich zufällig von weitem die anderen Häftlinge, die inzwischen auch aus den Schluchten heraus in die Stadt gekommen waren, in großer Zahl, sehr bedrückt, natürlich auch verwahrlost, daherkommen. Was kam hinter ihnen her? Eine Kompanie Wehrmacht, Infanterie mit Gewehren unter dem Arm, trieben die wankenden schmutzigen Gestalten zur Stadt hinaus. – Ein neben der Villa wohnender Nazi hatte mich beobachtet, als ich mein Quartier suchte und denunzierte mich bei den Soldaten. Als ich dieses merkte, ging ich weiter, doch wurde ein Soldat nachgeschickt, der mich faßte und mich zum Leutnant mitnahm. Dieser typische, mit nationalsozialistischer Weltanschauung geschulte Hitler-Offizier frug mich: „Wo haben Sie die Kleidung her?" – „Eine Frau hat sie mir geschenkt", war meine Antwort. Er glaubte mir nicht und drohte mir mit Erschießen, wenn ich ihm nicht genau sagen würde, wo ich die Sachen gestohlen hätte. „Sofort ziehen Sie die Kleider aus", schnauzte er mich an. Ich ließ mich nicht einschüchtern und blieb auf meiner Behauptung nach wie vor bestehen. Auf keinen Fall hätte ich der guten Frau Unannehmlichkeiten machen wollen. Als er sah, daß ich nicht nachgab, ließ mich der Leutnant zur weiteren Bearbeitung an den Feldwebel verweisen. Der Soldat, der mich hinbrachte, klärte den Feldwebel auf, und dann ging es wieder von neuem los. „Woher sind die Kleider? Und woher sind die Konserven?", frug er mich. Wieder bestand ich auf meiner Aussage. „Und die Büchsen, wo haben Sie die geholt?" – „Die wurden heute früh im Depot verteilt." Er rief einen seiner Landser herbei und meinte: „Wir wollten nicht so kleinlich sein, nimm die Büchsen, eine laß ihm, die Kleider soll er behalten, aber so schnell wie möglich verschwinden." – Und schon war ich weg. So sah meine Freiheit aus!
Inzwischen waren die anderen Häftlinge weitergelaufen und befanden sich schon auf freiem Feld auf der Straße nach Garmisch. Langsam begann die Sonne unterzugehen,

ich wollte doch endlich mal wieder unter Dach übernachten. Da kam mir der Gedanke: „Halt, ich gehe in die Kaserne." Diese lag in der Nähe des Stadt-Ausgangs. Dort am Tor angekommen, begann ein neuer Tag. Der Posten, ein Jäger von einem bayrischen Jägerbataillon, das in der Kaserne lag, aber schon abgerückt war, ließ mich nicht hinein. Nach langem Hin und Her wünschte ich, er möge mich dem Wachthabenden vorführen. Er tat dies, der diensthabende Offizier hatte mehr Verständnis für meine Lage, stimmte nicht sofort, aber nach einigen Fragen meinem Übernachten in der Kaserne zu. Zwei Kameraden, die mich in die Kaserne gehen sahen, wollten mir nach. Der eine war ein Rechtsanwalt aus Prag, der andere ein Schuhmacher aus Wien. Sie durften dann ebenfalls mit mir in der Kaserne schlafen. Alle drei zusammen erhielten wir eine Arrestzelle zugeteilt. Wir waren damit auch zufrieden; zwei legten sich auf die Pritsche, und ich legte mich auf einen Strohsack auf den Boden. In den Stuben selbst war alles durcheinandergeworfen. So wie diese Räume in der Kaserne aussahen, hatte ich noch keine gesehen. Alles war zusammengehauen, verschmutzt, zerbrochen, insbesondere lagen zerschlagene Geschirre überall herum. Daß man hier deutsches Militär, dazu noch die Gebirgsjägerschule mit der Fähnrichsabteilung untergebracht hatte, war kaum zu glauben.[15] Hitlers heilige Schrift „Mein Kampf" lag mit vielen anderen nationalsozialistischen Büchern, besonders solche über Rassentheorie, zum größten Teil noch unausgepackt in den Ecken aller Mannschaftsstuben. Mit solcher Lektüre sollte dem deutschen Soldaten besonders Mut zum Kampfe für die Hitler-Welteroberungspläne beigebracht werden. Leider hat diese geistige Schulung schmählich versagt! In einem von mir mitgenommenen Band war die Widmung des Bürgermeisters der Hauptstadt der Bewegung an einen Fähnrich, der im Jahre 1944 heiratete.
In unserer Zelle schliefen wir sehr gut. Während der Nacht war die Wache auch abgerückt und hatte unsere Zellentür von außen zugeriegelt. Wir konnten nicht hinaus und mußten warten, bis jemand kam und uns öffnete. Nach langem Klopfen wurde endlich die Türe aufgemacht. Wer kam? Der gleiche Hilfspolizist, welcher mich tags zuvor auch empfangen hatte. Er schloß die Zelle auf und sagte im bayrischen Dialekt: „Oh mei, gibt's denn dees aa? Die Türe zuschließen. Auf geht's! Die Amerikaner sein kimme! Um 6 Uhr seins einmarschiert!" Die zwei anderen sprangen vor Freude von der Pritsche. Ich blieb noch liegen, weil ich sehr müde war. Auch war mein Magen von dem guten Schmarrn, den ich tags zuvor gegessen hatte, nicht in Ordnung. Meiner guten Stimmung gab ich dadurch Ausdruck, daß ich den gemütlichen Bayern beauftragte, folgende Antwort an die Amerikaner bestellen zu lassen: „Einen Gruß von mir, und ich hätte schon lange auf sie gewartet, aber nachdem sie jetzt da seien, könnte [ich] erst recht gut schlafen. Ich käme gegen 11 Uhr, um mich persönlich vorzustellen."
Alle lachten, schon gingen der Herr Justizrat und der Schuhmacher mit dem Ordnungspolizisten, der aber heute ohne Gewehr da war, in die Stadt. Bis zu ihrer Rückkehr 11.30 hatte ich wirklich gut geschlafen. Schon brachten sie Eß- und Rauchwaren mit und erzählten mir nur Gutes und Schönes von den eingetroffenen Befreiern.

15 In der von 1937 an erbauten Jägerkaserne in Mittenwald waren mehrere Gebirgsjägerbataillone stationiert. Im Mai 1945 übernahmen die US-Truppen die Kaserne und errichteten dort ein DP-Camp, das bis 1951 existierte. Nach der Gründung der Bundeswehr wurden von 1956 an wieder Gebirgsjägerbataillone in der Kaserne (von 1964 an Edelweißkaserne) untergebracht.

Dann habe ich mich auch aufgemacht und bin, von den in den letzten Tagen durchgemachten Strapazen noch immer sehr geschwächt, aber frohen Mutes, in die Stadt gegangen, um die Amerikaner zu begrüßen. Schon von weitem sah ich ein großes Lagerfeuer und die sich an ihm wärmenden Soldaten. Darauf lief ich zu. Den ersten begrüßte ich, gab meine Hand und stellte mich als 5jährigen KZ-ler vor. Vor Freude mußte ich weinen, und ich dankte ihm, nach so langer schwerer Zeit am 1. Mai 1945 *die echte, goldene und unbegrenzte Freiheit* mit amerikanischer Hilfe erlangt zu haben. [...][16]

DOK. 175
Maurits Auerhaan beschreibt, wie während der Räumung des Auschwitzer Außenlagers Hubertushütte vom 20. Januar 1945 an Häftlinge erschossen werden[1]

Protokoll des Berichts von Maurits Auerhaan,[2] aufgenommen durch Spilman im Haus der Flüchtlinge zu Bukarest, Calea Moşilor 128,[3] vom 13.4.1945

Ich habe nach der Einberufung der Juden bei uns in Holland mich in einer anderen Wohnung mit falschen Papieren zusammen mit meinem Bruder versteckt. Leider ist mein Bruder aber doch gefaßt worden und erschossen worden. Ich wurde später gefaßt und bin im Oktober 1943 in das Lager Westerbork in Holland gebracht worden. Nach 2 Wochen bin ich mit einem Transport von 1050 Holländern nach Birkenau abgegangen.[4] Sofort nach der Ankunft sind wir selektiert worden. Mütter mit Kindern sind sofort ins Krematorium überführt worden, auch die meisten anderen Frauen und alle Kinder und alle älteren und kranken Männer. Die Übriggebliebenen kamen auf 3 Wochen in ein Quarantäne-Lager, gekleidet in Lumpen und Fetzen. Nach der Entlassung aus der Quarantäne wurden wir ins Arbeitslager geschickt. Es war inzwischen schon sehr kalt geworden, und wir mußten Holz schleppen und wurden dabei sehr geschlagen. Nach 3 Monaten hat man die Fachleute ausgesucht – auch ich war dabei – und zum Ausladen von Waggons verwendet. 2 Monate war ich dort Muselmann.
Glücklicherweise fragte man mich damals, wer Techniker sei oder wer Uhren reparieren kann. Ich meldete mich sofort und arbeitete als Mechaniker und reparierte Uhren, dadurch wurde ich nicht ins Krematorium geschickt. Dort habe ich auch keine Schläge erhalten und hatte es besser als die anderen.

16 Im folgenden Teil berichtet Trautmann von seinen ersten Tagen in Freiheit, seiner Rückkehr nach Karlsruhe und seinen Plänen, Europa zügig zu verlassen.

1 LI, VII-123/1, Prot. 85. Das Protokoll ist von einem Niederländer in deutscher Sprache verfasst.
2 Maurits Auerhaan (1910–2002), Diamantenschleifer; in Amsterdam untergetaucht, im Okt. 1943 verhaftet und nach Westerbork gebracht, im März 1944 nach Auschwitz deportiert; dort beim Ausladen von Waggons und Reparieren von Uhren eingesetzt; im Nov. 1944 in die Strafkompanie versetzt, im Dez. 1944 in das Außenlager Hubertushütte überstellt, im Jan. 1945 Flucht vom Todesmarsch; nach dem Krieg Reifen- und Elektronikhändler in Amsterdam.
3 Zum Entstehungshintergrund des Berichts siehe Dok. 157 vom Dez. 1944, Anm. 3.
4 Die Häftlingsnummer von Maurits Auerhaan, Nr. 174 686, lässt vermuten, dass er mit dem Transport vom 5.3.1944 aus Westerbork in Auschwitz ankam. Von den 732 Personen wurden 477 in den Gaskammern ermordet.

Im November 1944 kam ein SS-Mann vom Sicherheitsdienst und fand bei mir eine Taschenuhr, die ich einem Capo heimlich reparieren sollte. Er machte sofort Meldung – da ja niemand eine Uhr besitzen durfte. Ich wurde verurteilt, 8 Tage an der Türe zu stehen mit erhobenen Händen im Nacken gefaltet und dieses bei 10 Grad Kälte.[5]
Danach wurde ich zur Strafkompanie eingeteilt, wo ich sehr viele Schläge erhielt. Nach kurzer Zeit wurde die ganze Strafkompanie in die Hubertus-Grube zur schweren Untertagsarbeit geschickt.[6] Während dieser Zeit war ich 6 Wochen Muselmann, so wenig hat man zu essen gegeben. Es gab buchstäblich mehr Schläge als Essen.
Ich habe mit Elektroschweißung arbeiten müssen, und da ich durch langes Hungern nicht mehr widerstandsfähig war, schadeten die Strahlen meinen Augen sehr, so daß sie ganz entzündet waren. Aber auch auf meinen ganzen Körper wirkten sich die Strahlen aus.
Am 20.1.1945 ließ die SS alles antreten. Wir mußten fort, die Russen waren im Anzuge. Zu Fuß ging es nach Gleiwitz. Der Weg war schwer, alles war vereist, außerdem viel Schnee und bitter kalt. Ich hatte ein besonderes Pech auf diesem Weg. Vor einigen Tagen nämlich hatte mir mein Capo das bißchen Tabak, welches ich bei mir hatte und welches ich mir gelegentlich gegen Lebensmittel eintauschen wollte, abgenommen. Dazu war er nicht berechtigt, so daß ich ihn beim Lagerführer anzeigte. Dafür rächte er sich an diesem Weg. Ich mußte nämlich einen großen schweren Schlitten, auf welchem Lebensmittel mitgenommen wurden, ziehen, und da ich schwach war und durch den hohen Schnee sowieso der Weg sehr ungängig war, ging es ihm nie schnell genug. Er schlug mich beständig auf den Rücken und schrie: schneller, schneller! Ich fiel einige Male hin, wurde dann von ihm mit Fußtritten bearbeitet, mußte wieder weiter, so kamen wir nach einem qualvollen Weg endlich nach Gleiwitz an. Wir wurden ins dortige Lager gesteckt, welches von Insassen leer war, da diese bereits vorher forttransportiert waren. Nur ungefähr 200 Leichen waren dort, das waren die Kranken, die man nicht forttransportieren konnte und gleich an Ort und Stelle erschossen hatte. Wir blieben dortselbst 2 Tage, ohne auch nur etwas zu essen zu bekommen. Im Laufe dieser 2 Tage kamen noch verschiedene Transporte aus mehreren Lagern an, die dort konzentriert wurden, zusammen ungefähr 10 000 Mann.[7] Dann wurden wir alle zusammen in offene Waggons gesteckt. In einem Waggon war regulär Platz für 40 Mann, hineingepreßt wurden jedoch bis zu 200. Von dem Raum war jedoch noch ein Stück abgeteilt, welches nur für die Capos bestimmt war. Wir fuhren ungefähr 20 km von Gleiwitz und blieben auf offener Strecke stehen. Wir blieben dort einen ganzen Tag und eine ganze Nacht stehen in dieser Kälte, konnten und durften uns nicht rühren, nicht einmal die natürlichen Exkremente konnten wir an einem anderen Platz tätigen als an dem Ort, an welchem wir standen. Es war meine schrecklichste Nacht damals. Viele sind vor Hunger und Kälte zusammengesackt und man warf die Toten einfach über den Waggon hinaus.

5 Strafmeldung vom 29.11.1944, Vernehmung vom 29.11.1944 und Strafverfügung vom 2.1.1945; APMAB, Meldunki karne, Bd. 4, Bl. 640 f.

6 Das Auschwitzer Außenlager Hubertushütte in Hohenlinde bei Beuthen (poln. Łagiewniki Śląskie, heute ein Stadtteil von Bytom) wurde im Dez. 1944 errichtet. 200 überwiegend jüdische Häftlinge waren für die Königs- und Bismarckhütte AG beim Bau neuer Produktionshallen, in der Kokserei und bei Verladearbeiten eingesetzt. Im Jan. 1945 wurden die Häftlinge zu Fuß nach Gleiwitz und von dort mit dem Zug nach Leitmeritz gebracht; siehe Dok. 218 und 219 vom 12. und 13.3.1945.

7 Es wird geschätzt, dass insgesamt 14 000 bis 17 000 Häftlinge aus Auschwitz über die Zwischenstation in Gleiwitz abtransportiert wurden.

Dann kam SS und sagte uns, wir sollten uns nicht vielleicht freuen, daß wir durch die Russen befreit werden, sie werden schon dafür sorgen, daß uns die Freude vergeht. Nach 30 Stunden kam endlich der Befehl, „alles raus!"
Man führte uns in einen Wald. Ungefähr eine halbe Stunde zu laufen. Ich ahnte nichts Gutes und versuchte immer mehr zurückzubleiben. Schließlich kamen wir zu einem freien Platze und die SS sortierte die Reichsdeutschen heraus. Dann machten sie aus den Häftlingen einen Kreis und begann dieselben mit Maschinengewehren zu beharken. Ich sah meine Kameraden fallen und sterben und hatte keine andere Wahl, als entweder auch zu fallen oder zu fliehen.[8] Es war nicht aussichtsreich, aber ich hatte ja nichts zu verlieren. Ich lief, was ich konnte in den Wald hinein. Aber man hatte es bemerkt und schoß hinter mir her. Ich hörte die Kugeln an mir vorbeifliegen und in die Bäume einschlagen. Ich fand ein Erdloch, in welches ich mich hineinwarf und so lange wartete, bis die Schießerei aufhörte. Nach vieler Mühe kam ich in ein Dorf. Ich hatte bei mir eine zivile Mütze verborgen gehabt, die setzte ich statt der Sträflingsmütze auf. Wir hatten ja auch Zivilmäntel an, aus denen rückwärts ein viereckiges Stück ausgeschnitten sein mußte und ein Stück Stoff mit dem Sträflingsmuster eingesetzt sein mußte.[9] Aber ich hatte schon seinerzeit mir nur dieses Stück aufgenäht, um es notwendigenfalls wieder abreißen zu können, da ich immer Fluchtabsichten hatte. Es war sehr gefährlich, daß man, wenn man darauf kam, diese Leute sofort erschoß aus Fluchtverdacht. Jetzt kam es mir zugute, und so schlug ich mich in ein Dorf durch. Dort angekommen, sah ich die Straßen des Ortes mit Leichen von geflüchteten Sträflingen, welche man dort erwischt hatte, besät. Ich ging in ein Haus und fand dort 2 Mädchen, welche mit mir Mitleid hatten und mir sagten, ich solle in ein Haus gehen und mich dort verstecken. Grade als ich in das Haus eintreten will, kommt von dort ein deutscher Polizist heraus, der mich erkannte. Nun, dachte ich, ist alles zu Ende und er wird mich sofort verhaften. Doch tat er nichts dergleichen, sondern sagte mir, ich solle dort bleiben und nicht hinausgehen. Nach kurzer Zeit kam er zurück, brachte mir etwas zu essen und ließ mich allein. Es kamen aber wieder SS-Truppen, die nach Flüchtlingen suchten, und ich versteckte mich in der Scheune des Hauses ganz ins Stroh hinein. Es kamen auch tatsächlich in der Nacht Streifen, welche die Scheune innen ableuchteten, aber mich glücklicherweise nicht entdeckten. Wie gut man sich in Lebensgefahr verstecken kann, war zu ersehen, als die Russen kamen. [Es] waren in derselben Scheune noch 2 andere Juden versteckt gewesen und im selben Orte noch andere Häftlinge. Jedenfalls waren wir alle 5 volle Tage und Nächte dort versteckt. Nach der Befreiung bin ich in ein Bauernhaus gegangen und [habe] nach völliger Erschöpfung 5 Tage lang nur geschlafen, nur unterbrochen von Essen.

8 Einer der in Gleiwitz abgefertigten Transporte mit 2500 Häftlingen wurde in der Nacht vom 21. zum 22.1.1945 auf der Bahnstation Egersfeld (poln. Leszczyny-Rzędówka) bei Rybnik angehalten. Die Häftlinge mussten die Waggons verlassen und sich zum Abmarsch aufstellen. Wer dazu nicht in der Lage war, wurde erschossen. Dem Massaker fielen über 250 Menschen zum Opfer. Die Überlebenden wurden zu Fuß in Richtung Ratibor getrieben. Auf einer Waldlichtung kam es zu weiteren Schüssen. Viele Häftlinge starben, andere wurden von der SS wieder zusammengetrieben und zum weiteren Fußmarsch gezwungen; siehe Dok. 180 vom 22.1.1945, Dok. 189 vom 27.1.1945, Dok. 218 vom 12.3.1945 und Dok. 219 vom 13.3.1945.

9 Aufgrund des Mangels an Häftlingskleidung gab die SS bereits seit 1943 Zivilkleidung an Gefangene in Stammlagern aus, die von den ermordeten Juden stammte und durch farbliche Markierungen oder eingesetzte Stoffstücke als Häftlingskleidung kenntlich gemacht wurde.

Nach vielen Abenteuern bin ich endlich nach Rumänien aus eigener Kraft gekommen, wo selbst mir die erste Hilfe von seiten des *Joint* zukam. Nun warte ich auf die erste Möglichkeit, wieder in meine Heimat zurückzukehren, um zu suchen, ob jemand von meinen Familienangehörigen noch lebt.

DOK. 176
Josef Dischel notiert nach seiner Ankunft in Buchenwald die Strapazen auf dem Marsch aus dem Außenlager Blechhammer, der am 21. Januar 1945 begann[1]

Handschriftl. Bericht von Josef Dischel,[2] KZ Buchenwald, niedergeschrieben im Februar 1945

Der Bericht, den ich hier gebe von der Evakuierung des K.L. Blechhammer in Oberschlesien, ist nicht in chronologischer Reihenfolge, sondern blitzlichtartig, wie mir die verschiedenen Episoden einfallen.
Das Lager Blechhammer setzte sich zum überwiegenden Teil aus Juden zusammen, bei denen die aus Polen stammenden in der Mehrzahl waren.
Zwei Tage vor der Evakuierung erklärte Rapportführer SS-Oberscharführer Tschappler:[3] „Dieses Lager hier wird nicht evakuiert, und ich trete auf das energischste allen Gerüchten entgegen, die besagen, daß Unterscharführer Schmidt[4] oder ich uns zur Abreise fertig machen. Wir denken gar nicht daran, das Lager zu verlassen. Oder wollt Ihr vielleicht fort von hier?" Die versammelten Blockältesten schrien begeistert: Nein, denn alle hatten den sehnlichen Wunsch, gemeinsam mit der SS den Sowjets in die Hände zu fallen. Das ganze Lager wußte aus den Zeitungsberichten und auch durch die Informationen, die man von den Zivilarbeitern auf der Baustelle bekam, daß die russische Offensive mit unerhörter Wucht begonnen hatte, und es war anzunehmen, daß Blechhammer von den Russen im ersten Ansturm überrannt werden würde.
Genau 48 Stunden nach dieser Erklärung Tschapplers, am 21. Januar 1945, wurden die Blockältesten spätnachts zu ihm gerufen und erhielten die Erklärung: „Wir (die SS) haben den Befehl erhalten, das Lager zu räumen. Es wird sofort gepackt und alles mitgenommen, was getragen werden kann!"
Die Nachricht wirkte auf die Lagerinsassen wie eine Bombe; hatte man doch schon die Befreiung unmittelbar vor der Türe gesehen.
Am nächsten Morgen, einem Sonntag, begann frühzeitig ein fieberhaftes Leben im Lager. Jeder Häftling erhielt aus dem Bestand der Magazine, die geleert wurden, 1200 g Brot,

1 Original in Privatbesitz. Abdruck in: Dachauer Hefte, 11 (1995), S. 66–77.
2 Josef Dischel (1909–1984), später Peter Sturm, Radioelektriker, Schauspieler; 1935 wegen politischer Aktivität verhaftet, 1938 in Dachau und Buchenwald, emigrierte nach der Entlassung nach Südfrankreich, im Herbst 1942 von Drancy nach Auschwitz deportiert, in das Außenlager Blechhammer überstellt, von dort im Jan. 1945 nach Buchenwald; nach dem Krieg in Wien, von 1956 an Schauspieler und Synchronsprecher in Ostberlin.
3 Richtig: Karl Czapla (1911–1976), Kaufmann; Volksdeutscher aus Königshütte; 1940 SS-Eintritt; 1941 Wachmann im KZ Hinzert, 1942 im KZ Arbeitsdorf, Juni 1944 Rapportführer im Quarantänelager für Männer (B II a) und im Männerlager (B II d) in Birkenau; April 1944 SS-Oscha.; Okt. 1944 in Blechhammer; lebte nach dem Krieg in Wolfenbüttel.
4 Otto Schmidt.

500 g Margarine, etwa 500 g Büchsenfleisch oder einen kleinen Würfel Kunsthonig. Die Kleidermagazine gaben aus, was da war, und die aufs höchste aufgeregte Masse riß sich die Kleider und Schuhe aus der Hand. Alles war entfesselt, und man hatte das deutliche Gefühl: Auflösung!
Zu Mittag war Abmarsch. Als es „Antreten" hieß, versteckte sich ein Teil der Leute in der Masse der indessen neu hinzugekommenen etwa 3000 Gefangenen, die tags zuvor angekommen waren und aus dem evakuierten Lager Gleiwitz stammten. Im Großen und Ganzen aber formierte sich der Zug von 4000 Menschen, an der Spitze die Handwagen und Schlitten mit dem Gepäck der SS und Nahrungsmitteln. Daran schlossen die 150 Frauen [an], die, isoliert von uns, gleichfalls zu den Internierten zählten und die Lagerarbeiten in Küche, Wäscherei und Schneiderei für uns verrichtet hatten.
Viele der Häftlinge – man kann sagen, die Mehrzahl – waren schlecht gekleidet und vor allem unzureichend beschuht. Sie trugen die zebra-artig gestreiften Leinenanzüge, hatten keine Pullover, und die Holzschuhe waren viel zu schwer und zu groß, um einen Fußmarsch von etwa 220 km! in Eis und Schnee zurückzulegen.
Vor dem Lager standen zu beiden Seiten des Zuges die SS-Posten. Sie waren fast alle um die 50 Jahre alt und kamen aus der Wehrmacht, die vor der Übernahme des Lagers durch die SS die Bewachung durchführte. Sie waren feldmarschmäßig ausgerüstet und hatten meist noch einen Handkoffer bei sich.
Als sich der Zug in Bewegung setzte, da war die Stimmung bei den meisten gut. Das hatte verschiedene Ursachen: Erstens hörte man den Kanonendonner der nahenden Front, und man konnte hoffen, daß uns die Sowjets einkesseln würden. Zweitens war der größte Teil von uns jahrelang nicht aus dem Lager herausgekommen, und nun stand ein größerer Spaziergang bevor. Drittens hatte man den Brotsack voll, ein Zustand, den man schon längst vergessen hatte. Und last [but] not least: marschierten die Frauen mit uns. Das bedeutete für manchen sehr viel, der seine Frau, Mutter, Schwester, Braut unter ihnen hatte. Aber auch für die anderen verbreiteten die in Männerkleider gesteckten Frauen eine gewisse Atmosphäre der Freiheit. Und tatsächlich waren nach wenigen Kilometern die strengen Bande der Lagerdisziplin durchbrochen, und man sah über den ganzen Zug verstreut die bunten Kopftücher leuchten.
Wir marschierten ins Ungewisse. Vage Gerüchte sprachen von dem in Niederschlesien befindlichen Konz. Lager Groß-Rosen als Ziel. Aber weder die Posten noch die SS-Leute konnten oder wollten Auskunft geben.
Die nächste, uns unmittelbar bedrückende Frage war: Wie und wo werden wir die Nächte verbringen? Die Antwort war diese: Nach Zurücklegung von etwa 18 km, erfroren, müde, mit wundgelaufenen Füßen, wurden wir in das schwer bombardierte Gefangenenlager der Baustelle Heydebreck[5] gebracht. Die Baracken hatten keine Fenster, und es fehlten bei vielen die Wände, Türen und auch das Dach. Unsere Schuhe waren hartgefroren, und wir wagten nicht, sie auszuziehen, aus Angst, wir könnten sie am nächsten Tag nicht mehr auf die Füße kriegen.

5 Poln. Kędzierzyn, deutsch Kandrzin, zwischen 1934 und 1945 Heydebreck/O.S. Die I.G. Farben hatte hier 1939 mit dem Bau mehrerer Chemiewerke begonnen, von denen 1944 die ersten den Betrieb aufnahmen. Sie waren bevorzugtes Ziel von alliierten Luftangriffen. Zahlreiche Zwangsarbeiter und Kriegsgefangene waren hier beschäftigt, jedoch keine KZ-Häftlinge.

Ich legte mich mit einigen Freunden in einen fensterlosen Verschlag, und wir rückten eng aneinander und breiteten die Decken über uns. Aber trotzdem wir todmüde waren, konnten wir nicht einschlafen, denn die Kälte nahm ständig zu, und wir mußten uns dauernd bewegen, um die Kälteschmerzen weniger stark zu spüren. Mit Bangen sehnten wir die Morgenstunde herbei und waren froh, uns endlich wieder erheben zu können.
Verpflegung gab es keine. Damit hatten wir auch gar nicht gerechnet. Hingegen gab es eine sensationelle Nachricht: Wir gehen zurück ins Lager Blechhammer! Die Russen haben uns den Weg abgeschnitten, wir können ohnehin nicht mehr fortgebracht werden!
In unerhört gehobener Stimmung traten wir den Rückmarsch an. Im Geiste pflanzten wir schon die weiße Fahne über dem Lager auf und hängten die SS-Leute an die Galgen. Das Donnern der Geschütze wurde immer lauter, und unsere Posten und die SS-Leute wurden immer nervöser. Ein alter Posten erklärte uns: „Ich hab mit der SS nie etwas zu tun gehabt. Uns Alte hat man gezwungen, die verhaßte Uniform anzuziehen. Aber wenn die Russen kommen, dann schmeiß ich die Pistole weg." – „Dann schmeißen Sie sie dorthin, wo ich stehe", sagte ich. „Ich werde dich nicht hindern, sie aufzuheben", gab er zur Antwort, und damit bestand volle Klarheit zwischen uns beiden.
Wenige Kilometer vor dem Lager heißt es plötzlich: „Halt! Das Ganze, kehrt marsch!" ??? – Gerücht: Das Lager ist schon von den Russen besetzt, man kann nicht mehr zurück.
Mit einem merkwürdigen Gefühl auf der Brust beginnt der neuerliche Marsch ins Ungewisse.
Einige Tage später: Die in Blechhammer gefaßte Ration ist längst verbraucht, und wir haben noch keinen Bissen Verpflegung bekommen und noch keinen Schluck zu trinken. Unser Marschziel ist unbekannt. Nach dem Aufbruch in der Frühe formiert sich ein Zug von Halbtoten. Vorne marschieren die, welche noch Lebenskraft haben. Sie wollen an der Spitze sein. Denn hinter ihnen ist das nackte Grauen.
Zerlumpte, verdreckte, bärtige Gestalten, in Decken gehüllt, kauern, liegen im Stroh und müssen mit Gewalt auf die Beine gebracht werden. Großvätergesichter haben die Menschen bekommen, die vor wenigen Tagen dreißig Jahre alt waren.
Nach einigen Stunden Marschzeit dehnt sich der Zug über mehrere Kilometer. Den Abschluß bilden diejenigen, die sich aufgegeben haben. Ihre Holzschuhe schlottern zentnerschwer an den ausgemergelten Füßen. Socken haben sie keine, die Fußlappen sind Fetzen. Die Zehen sind gefroren, offen. Seit Tagen hat man keinen Bissen im Munde gehabt. Und das Schlimmste sind die Nächte.
Sie torkeln Schritt für Schritt vorwärts. Der Wind pfeift ihnen um den blutleeren Leib, sie halten mit Leibeskräften die Decke fest, die sie über den Kopf gezogen haben. Der Abstand zwischen ihnen und dem Zug vergrößert sich zusehends. Die SS treibt sie mit Stock- und Peitschenhieben an. Besonders tut sich da der Sturmmann Hermann Leinkenjost[6] hervor, der im Lager den Spitznamen „Tom Mix"[7] führt. Er heißt so, weil bei ihm der Revolver sehr locker sitzt.

6 Hermann Leinkenjost (1903–1945); SS-Rttf. im Außenlager Blechhammer; starb am 19.4.1945 in Breslau.

7 Tom Mix, eigentlich Thomas Mix (1880–1940), Schauspieler, Regisseur und Produzent; Westernstar der Stummfilmzeit.

„Steh auf, Drecksack, du willst wohl nicht mehr?" Tom Mix hat es eilig! Er möchte gerne schon jenseits der Oder sein, und so ein paar „Drecksäcke" verhindern das raschere Vorwärtskommen. Wenn Stock und Peitsche versagen, dann hilft der Stiefel.
Aber wenn ein Häftling von 1,70 Meter Größe und 45 kg Lebendgewicht einmal in dem Schnee liegt, dann sind Argumente wie Peitsche oder Stiefel – die nationalsozialistischen Hoheitszeichen – nicht stark genug.
Dann hört der marschierenden Leichenzug nach einiger Zeit einen Ton, der wie ein Peitschenknall klingt, und der Wald oder die Berge gegenüber werfen das Echo zurück, gewissermaßen als akustische Bestätigung.
Tom Mix findet Anschluß an den Zug. Er hat gerötete Wangen von der Anstrengung. Es ist auch zu blöd! Zehn-, fünfzehnmal am Tag die gleiche Geschichte. Da lobe ich mir die Nächte!
Wie sind die Nächte?
Sie sind so: Der Leichenzug kommt in tiefster Finsternis zu einer Scheune. Die Türen werden aufgerissen, und die Herren von der SS beschleunigen das Tempo des Eintretens. Es ist so finster, daß man nicht die Hand vor den Augen sieht. Man hat keinerlei Einfluß auf seinen Körper. Von hinten wird gedrückt, und man *muß* nach vorn! In der Scheune stehen Maschinen herum, Wagen, Werkzeuge, Strohhaufen, Pfosten bringen einen zu Fall. Wer fällt und liegenbleibt, ist ein toter Mann. Er wird niedergewalzt von den Nachkommenden, die ihrerseits wieder über den Gestürzten fallen. Über den Menschenknäuel, der da liegt, klettern die anderen. Sie steigen ihnen mit den eisenbeschlagenen Schuhen ins Gesicht, auf den halbtoten Körper, geben ihnen den Rest.
Mitleid! Hilfe! Hier liegen Menschen!
Aber du hast nicht einmal Zeit zu lachen über soviel Mitgefühl, das die mit sich selbst haben. Weiter! Klettern! Treten! Du trittst um dein Leben; vor dir ist das Leben, hinter dir ist der Tod, er hat dich schon beim Kragen! Wenn es dir gelingt, bis an die Wand zu kommen, dann bist du ein Glückskind, dann ist dein Rücken gedeckt.
Die Nächte fressen den Rest unserer Kräfte. Bei Tag arbeitet der Verstand, und er stürzt sich auf die Wahrnehmungen des Auges. Es gibt so viele Vorgänge, häßliche, widerwärtige, sadistische zwar, aber man sieht sie und kann mit dem Verstand darauf reagieren. Bei Nacht arbeitet das Gefühl, die Phantasie, und die stützt sich nur auf das Ohr.
Die ganze Nacht über gellen schrille, markerschütternde Schreie. Man liegt, aber beileibe nicht waagerecht. Man liegt senkrecht, bestenfalls diagonal. So eng sind wir aneinandergepreßt, daß wir nicht umfallen können. Im Laufe der Stunden geht die aneinandergepferchte Masse in die Knie und sinkt um. Als Kinder haben wir Dominosteine hintereinander aufgestellt. Wenn man dem letzten einen Stoß gab, so fiel er auf den Vordermann und der wieder auf seinen Vordermann, und auf ja und nein lag die ganze Dominoreihe auf dem Bauch. Wenn ich um mein Leben stieß und drängte, mußte ich immer an die Dominosteine denken.
Da liegt man nun in vollkommen verkrümmtem Zustand. Irgendwer klemmt einem den erfrorenen linken Fuß zwischen einem Rucksack und einem Holzschuh fest, und der rechte liegt weißgottwo, erfroren, wund. Man weiß nicht, wo die Gliedmaßen liegen, man hat keine Gewalt über sie.
Die einzige Beziehung, die man noch zu ihnen hat, sind die rasenden Schmerzen. Eine Änderung der Lage ist unmöglich. Man kann die zum Zerreißen gespannten Sehnen und Muskeln nicht einen einzigen Moment entspannen. Alles, was zu meinem Körper

gehört, ist eingekeilt, verklemmt, belastet mit anderen Menschen, die in der gleichen Lage sind wie ich. Keiner kann eine Änderung herbeiführen, keiner außer der SS, die morgens die Tore öffnet und uns mit Knüppeln hinaustreibt. Aber wie viele Stunden vergehen noch bis zu diesem herrlichen Augenblick?
Ich bin nun schon viele Jahre gefangen, und ich habe Schreckliches erlebt. Den Transport nach Dachau, Dachau selbst, Buchenwald, Hunger, Kälte, Todesangst. Aber diese Nächte sind kaum noch zu ertragen.
Während meiner Gefangenschaft habe ich erst einmal geweint. Das war am 22. Dezember 1938, als in Buchenwald ein Kamerad von uns auf dem Appellplatz im Lichte der Scheinwerfer gehenkt wurde. Das ganze Lager war dazu angetreten, und man hatte einen riesigen Galgen aufgebaut, zu dem Stufen hinaufführten, damit jedermann die Exekution genau sehen konnte. Als wir nachher wieder in die Baracke kamen, da warf ich mich mit dem Gesicht aufs Bett und heulte wie ein Kind. Warum, wußte ich nicht, aber ich konnte all das nicht mehr ertragen.
Nun weinte ich wieder, Jahre später. Aber nicht, weil die Nerven versagten, sondern weil ich so unsägliche körperliche Schmerzen litt. Jede Bewegung tat weh, und das Nicht-Bewegen-Können war die Hölle. Ich weinte leise, um zu vermeiden, daß mein Freund, der möglicherweise neben mir eingeklemmt lag, merkte, daß ich schwach wurde.
Wieder eine Lüge vor mir selbst: nach außen Haltung, Vorbild; in Wirklichkeit nicht um ein Haar anders als die anderen, ebenso abhängig von physischen und psychischen Leiden. Diese Erkenntnis verstärkt die Qual, und nun wird mein Mitleid mit mir selbst riesengroß. Ich weine hemmungslos.
Warum muß ich das ertragen? Wie ein Blitz rollt mein Leben rückwärts, und es rasen alle Schrecken, Peinigungen, Demütigungen an mir vorbei: x-mal verhaftet, verhört, gefoltert. Ja, aber ist es denn ein Zufall, daß ich hier bin? Gewiß nicht! Und wieder stehen die Dominosteine da. Der erste Dominostein ist schuld! Warum fällt er?
Der erste Dominostein ist mein freiwilliger Entschluß, gegen den Faschismus zu kämpfen. Als Dollfuß[8] unsere österreichische Demokratie zerbrach, war ich entschlossen, mich einzureihen in die Schar derer, die nicht gewillt sind, sich wie stumpfes Vieh mißbrauchen zu lassen, sondern die bereit sind, um ihre Freiheit mit *allen Mitteln* zu kämpfen. Eines folgt aus dem anderen: der Kampf, die Verhaftung, die Verhöre, die Verurteilung, das Zuchthaus. Nun war ich polizeibekannt, vorbestraft. Besetzung Österreichs durch Hitler. Verhaftung, Polizeihaft, Transport unter grauenhaften Folterungen nach Dachau. Umschulung! Buchenwald. Entlassung. Emigration, Internierung in Frankreich, Flucht vor den fremdenfeindlichen französischen Behörden, Zwangsarbeiterkompanie, französischer Steinbruch, Deportation nach Deutschland. Lager auf Lager, dauernd in Gefahr, zu erkranken und in Auschwitz vergast und verbrannt zu werden. Blechhammer und jetzt das hier. Das ist der letzte Dominostein.
Ist das hier auch das Ende? Oh nein, das ist eine Episode im Kampf um die bessere Welt. Ich Antifaschist liege hier und weine, weil mir der Fuß weh tut! Und der russische Soldat, der tagelang in Eis und Schnee liegt, ebenso krank und müde wie ich, und der noch den

8 Engelbert Dollfuß (1892–1934), Jurist, Politiker; 1932–1934 österr. Bundeskanzler, löste im März 1933 das Parlament auf und regierte per Notverordnung, wurde von österr. Nationalsozialisten ermordet.

Kugelregen über sich ergehen lassen muß und noch schießt, kämpft – für mich kämpft, damit ich meine Beine wieder ausstrecken kann.
Er kämpft und ich heule!
Da faßt mich eine teuflische Wut. Unter Konzentrierung aller Kräfte reiße ich meine Füße los und stehe. Ich habe keinen Schmerz gefühlt, denn der Zorn ist ein stärkeres Gefühl als der Schmerz.
Alle Dominosteine liegen, aber der letzte Dominostein steht. Er muß stehen, wenn er noch andere zu Fall bringen will.
Nicht alle ziehen diese Konsequenz. Sie schreien, brüllen, flehen die ganze lange Nacht hindurch. Gegen Morgen nickt man vor Erschöpfung ein – stehend, kniend, irgendwie. Das Tor wird geöffnet; raus! Nun kann man die Ernte dieser Nacht sehen.
Vor mir, zwei Meter vor mir, ragt aus dem Stroh ein gelber, blutiger Arm. Die Hand ist zur Kralle geformt. Der Kopf weist Fußspuren auf. Vielleicht ist der Tote kein Erfrorener, Erschöpfter, Verhungerter. Vielleicht ist er ein Ermordeter. Im Kampf um wenige Quadratzentimeter Lebensraum sterben jede Nacht Menschen. Ein Schlag gegen den Kopf, ein kleiner Würgegriff – nicht in der Absicht zu morden, sondern nur in Abwehr gegen den Tod, der einen sonst selbst faßt – und ein geschwächter Körper stellt das Atmen ein. Dann kann man sich drauflegen, und niemand protestiert mehr. Man hat eine Nacht gewonnen. Zehn bis vierzig Tote sind die nächtliche Ausbeute dieser Einquartierungen. Das sind aber bloß die, bei welchen das Herz in medizinisch einwandfreier Weise das Schlagen eingestellt hat.
Eine ebenso große Anzahl liegt im Stroh und kann noch nicht sterben.
Eine Nacht verbrachten wir in einer Kasernenanlage irgendwo in Schlesien. Ich gehörte zu den letzten, die aufbrachen. Im großen Kasernenhof standen sieben Pferdewagen, große Bauernfahrzeuge, von starken Gäulen gezogen. Diese Wagen waren vollbepackt mit Gehunfähigen. Also endlich – endlich ein menschlicher Zug bei der SS. Man gibt die armen Kerle nicht auf, sondern befördert sie mit Fahrzeugen. Ich habe einen älteren Mann bei mir, er war im zivilen Leben Schriftsteller, Kritiker. Er hat beide Füße erfroren und hatte unvorsichtigerweise seine Schuhe ausgezogen. Nun sind die Füße gefroren und die Schuhe auch, aber beide in einer anderen Form. Barfuß kann er nicht laufen, da fällt er nach 100 m Tom Mix zum Opfer. Ich wende mich an den Oberscharführer der SS und sage: „Dieser Mann war bisher tapfer und hat alle Strapazen mitgemacht. Er kann aber jetzt nicht mehr laufen und verdient fahren zu dürfen."
„Immer rauf auf den Wagen wo noch Platz ist", sagte liebenswürdig der Oberscharführer. Ich habe dem Alten das Leben gerettet. „Kommt mal mit", sagt der Oberscharführer. Im Pferdestall liegen zwischen den Hufen der Rosse ein paar Tote. Wir schleppen sie hinaus und legen sie vor die Tür. Einige liegen da, die bewegen sich noch. „Steh auf Kamerad", beschwöre ich sie, „es geht um dein Leben." Aber sie verstehen es nicht mehr, und das einzige, was bei ihnen noch lebt, ist das Augenlid. Wir wollen sie auf die Wagen laden, aber der SS-Mann hindert uns daran: „Auf die Toten drauf, aber ruck-zuck!" Wir legen sie auf die Toten. „Nicht legen, sie sind nicht aus Glas, schmeißen!" Im Kreise herum stehen Soldaten der Wehrmacht und sagen kein Wort. Man weiß nicht: sind sie zufrieden oder entsetzt? Auf jeden Fall sehen sie das nicht zum ersten Mal.
Wir ziehen den Toten und den Sterbenden die brauchbaren Schuhe von den Füßen. Damit kann man vielleicht noch manchem Lebenden das Leben retten, denn die Schuhfrage wird immer katastrophaler.

Wir marschieren ab. Heute war ein guter Tag. Ein Teil von uns hat einen Becher Suppe bekommen oder eine Scheibe Brot, die erste Nahrung seit vielen Tagen.
Peng, peng, peng hören wir hinter uns. Jetzt sind die Augenlider auch unbeweglich, und aus der Kopfwunde wird wohl kaum mehr Blut gekommen sein, denn das Herz hatte keine Kraft mehr zu pumpen.
Die Pferdefahrzeuge überholen den Zug und fahren ihrem Bestimmungsort entgegen. Kann sein, daß sie in die Bahn verladen werden, nach Groß-Rosen, oder wo es sonst hingeht.
Peng, peng macht es am Ende des Zuges. Man merkt es, wir sind schon wesentlich weniger. Das bringt gewisse Erleichterungen mit sich, denn man kann 3000 Menschen eher unterbringen als 4000. Wenn wir nur schon an einem Ziele wären, gleichviel wo!
Am Abend erfahren wir den Bestimmungsort der Pferdefahrzeuge: Sie haben ihre Last auf dem Friedhof entladen, und einige geschickt geworfene Handgranaten hatten den Rest erledigt. Armer, alter, tapferer Kritikenschreiber, entschuldige bitte, ich habe es nicht gewußt. Aber die Kritik wird dennoch geschrieben werden, so wie es sich gehört.
Die Menschen des Zuges sind meist nicht mehr zu erkennen. Sie sind vor Hunger und Angst entstellt und aller höheren menschlichen Eigenschaften verlustig gegangen. Es gibt keine Kameraden mehr, nur noch Todfeinde. Jeder bildet eine Welt für sich und der, der unterwegs besser betteln, lügen, stehlen, schlagen und morden kann, siegt. Das Hitlerwort hat Richtigkeit bekommen: Nach diesem Kriege wird es keine Sieger und keine Besiegten geben, sondern nur Überlebende.[9] Ob aber wir zu ihnen zählen werden, ist noch mehr als eine Frage.
Nein, es ist keine Frage! Wenn auch keiner diesem Todesmarsch trotzt, wir, ein paar Freunde und ich, Politische, wir müssen überleben, schon wegen der Abrechnung. Wir leben im Kollektiv. Sechs Kartoffeln, für einen von uns ein Tropfen auf den heißen Stein, werden in sechs Teile geteilt. Nicht an morgen denken, das ist zu weit weg: Die nächste Stunde interessiert uns bloß. In einer Stunde können wir alle tot sein, oder wir können wieder einige Kartoffeln oder vielleicht sogar eine Schnitte Brot bekommen.
Die Hauptstraßen werden fast nie benutzt. Wir schieben unsere Karren über Feldwege, und jede Grube, in die das Wagenrad einsinkt, bedeutet eine unnütze Kraftausgabe.
Wir sind sparsam mit unseren Kräften und rechnen mit jedem Schritt und jedem Handgriff.
Die Hauptstraßen gehören dem rückflutenden Militär. Wir, elender Häftlingstransport, dürfen die Straßen nicht verstopfen.
Es ist unglaublich, wie dieser hochorganisierte Nazi-Militärapparat hier versagt. Weder für Verpflegung noch für Unterkunft ist gesorgt. Wenn wir hie und da von der mitleidigen Dorfbevölkerung, in deren Scheunen wir übernachten, einige Kartoffeln oder ¼ l Suppe bekommen, so ist das für die allermeisten Nahrung für mehrere Tage.

9 „Angesichts der Erkenntnis, daß es in diesem Krieg nicht Sieger und Besiegte, sondern nur Überlebende und Vernichtete geben kann, wird daher der nationalsozialistische Staat den Kampf mit jenem Fanatismus weiterführen, den die Bewegung vom ersten Augenblick an besaß, als sie begann, die Macht in Deutschland zu erobern.“; Proklamation von Adolf Hitler vom 30.1.1943, abgedruckt in: Max Domarus (Hrsg.), Hitler. Reden und Proklamationen 1932–1945, Bd. 2, zweiter Halbband, München 1965, S. 1979.

Man geht betteln. Wenn wir durch die Dörfer ziehen, springen einige Flinke in die Häuser. Meist sind es unsere Kleinen, Jungens von 10–14 Jahren, die durch die Jahre der Entbehrung die Größe von Achtjährigen und die Gesichter von Greisen haben.[10] Sie kommen relativ gut über den Transport. Auch die Frauen werden noch irgendwie versorgt und jene, die Fahrzeuge stoßen, auf denen das Gepäck der Posten und der SS liegt. Auch die Posten erhalten keinerlei Verpflegung. Aber sie können unbehindert in die Bauernhöfe und in die Bäcker- und Fleischerläden gehe, und welcher Bauer oder Kaufmann sollte es wagen, einem Mann in SS-Uniform ein Nein zu sagen.
Wenn aber ein Häftling aus der Reihe springt, um ein Stück Brot zu erbetteln, dann wird er von den Posten mit Kolbenhieben zurückgejagt, denn Betteln ist das Monopol der bewaffneten Macht. Nur wenige von ihnen sind aus Schlechtigkeit brutal zu uns; der größte Teil tut es, um die eigenen Versorgungszentren zu schützen, dann aus Angst vor der sie ständig beobachtenden SS und aus Bequemlichkeit.
Es ist nämlich ein sehr angenehmes Gefühl, wenn man den eigenen Mißmut, die eigene Unzufriedenheit durch ein paar Fußtritte oder Schläge loswerden kann, zumal wenn der, welcher sie bekommt, sich nicht wehren darf.
Einigen reichsdeutschen Häftlingen hat man beim Ausmarsch aus dem Lager Gewehre gegeben. Diese Reichsdeutschen waren „Arier" und trugen den grünen Winkel. Der grüne Winkel (der Winkel bezeichnet die Häftlingsart) heißt: Berufsverbrecher.[11]
Im allgemeinen kann man sich nicht nach den Bezeichnungen richten, die einem die Nazis geben. Sie klassifizieren die Menschen, um sie zu spalten. Fast das ganze Lager trug rote Dreiecke (Politische Häftlinge), wiewohl nur ein kleiner Teil wirklich bewußter, organisierter, politischer Gegner war. Hingegen konnte der mit einer mehrjährigen Zuchthausstrafe wegen eines politischen Delikts vorbestrafte Antifaschist als Grüner eingeliefert werden.
Die in Blechhammer mit der Waffe ausgestatteten „Grünen" waren aber wirklich Lumpen, und der Gefährlichste unter ihnen war der reichsdeutsche Obercapo Heinrich Krudwig[12] aus Weißenturm. Er trug Gewehr und Hakenkreuz mit Stolz, und er war fest entschlossen, mit allen Mitteln die rasche und glatte Abwicklung des Transports durchführen zu helfen, um ja nicht den „Bolschewisten" in die Hände zu fallen. Seine Brutalitäten stehen der der SS in keiner Weise nach. Er unterstützte Tom Mix in kameradschaftlichster Weise, und sein Verbrauch an Patronen war kein geringer.
Wir haben eine Nacht verbracht, die weniger schrecklich war als die meisten anderen. Wir waren noch bei Tageslicht angekommen, und man hatte uns in kleineren Gruppen untergebracht.
Unsere Gastgeberin war eine fesche junge Bauersfrau, die auf dem Hofe das Regiment führte. Sie sprach von der SS in Ehrfurcht und Bewunderung, und wenn sie das Wort „Sturmführer" aussprach, so merkte man, wie sie in jeder Beziehung auf Seiten des eleganten SS-Offiziers stand.

10 Im Lager Blechhammer lebten mindestens 40 Kinder im Alter bis zu 14 Jahren.

11 Zu den Häftlingskategorien siehe Einleitung, S. 24 f.

12 Heinrich Krudwig (*1902), Buchhalter; im Jan. 1943 durch die Kripo Köln als Befristeter Vorbeuge-Häftling in das KZ Mauthausen eingeliefert, im April 1943 nach Auschwitz überstellt, zunächst Buna-Werke Monowitz, später Kapo in Blechhammer, Jan. 1945 Räumungsmarsch nach Groß-Rosen, im Febr. 1945 im KZ Flossenbürg, Außenlager Plattling; Nachkriegsschicksal ungeklärt.

Die „gute Stube“ war einigen höheren SS-Leuten zur Verfügung gestellt worden, und wir bildeten gewissermaßen das „Führer-Hauptquartier“. Man gab uns zu fressen. Unsere Gruppe von 100 Mann bekam Kartoffeln gekocht. Wären nicht alle so fürchterlich verhungert und daher so ohne Würde und Stolz gewesen, so hätten wir der Gastgeberin die Kartoffel an den Schädel geschmissen. Nicht einmal einem fremden, häßlichen Hund verabreicht man das Futter in der Weise, wie wir unser „Fressen“ erhielten.
Es war ein halber Ruhetag eingeschaltet worden. Auch die Gesündesten unter uns waren schwer angeschlagen, und man war glücklich, einige Stunden der Ruhe gewonnen zu haben. Aber nicht unseretwegen war der Ruhetag gegeben worden, sondern wegen der Posten, die einfach nicht mehr konnten.
Im Hofe unserer Wirtin war Wäsche zum Trocknen aufgehängt: ein Damenhemd, ein Pyjama, einige Taschentücher. Da schiebt sich durch die offene Hoftür ein Häftling herein. Er schaut nach allen Seiten und macht einen raschen Schritt zur Wäscheleine. Mit einem Ruck hatte er ein Taschentuch entfernt und will zur Tür hinaus. In diesem Augenblick steht die Bäuerin in der Tür und hält den Täter auf. Sie überblickt die Situation und ruft den Oberscharführer aus der Stube zu Hilfe. Der kommt, hört von dem „Diebstahl“, zerrt den Gefangenen in eine Ecke des Hofes und stellt die Bäuerin als Wache zu ihm. Er geht ins Haus, kommt mit dem Gewehr zurück, ladet, legt an und schießt dem Mann eine Kugel durch den Kopf. An der Austrittsöffnung am Hinterkopf hängt das Gehirn heraus, und der Schnee im Umkreis ist rot. Die junge Bäuerin sagt: „Ganz recht geschieht ihm, dem Lumpen. Da ist man gut zu den Leuten und dafür bestehlen sie einen noch, wenn man den Kopf wegdreht.“
„Da“, sagt der Oberscharführer zu einem Kollegen und mir, „aufladen auf den Wagen und zum Bürgermeister bringen.“ Wir laden auf und fahren, ohne Posten, quer durch das menschenleere Dorf zum Bürgermeister. Die Kartoffeln kommen uns hoch, wenn wir den Ermordeten ansehen. Er ist etwa 40 Jahre alt, vielleicht auch erst 20, das kann man bei unseren Leuten schon lange nicht mehr erkennen. Er trägt ganz gute Kleider und einen Pullover, aber der klebt von Blut. Beim Anfassen habe ich mich auch blutig gemacht, und jetzt faßt mich ein Ekel.
Beim Bürgermeister liegen noch einige von der Sorte – alle Kopfschuß. „Nur da drauf“, sagt der Posten und zeigt auf den Haufen. Die Kinder des Bürgermeisters stehen erstaunt und Butterbrot essend vor den Leichen. Sie verstehen nichts vom Tod, denn sie waren noch nie tot, und wenn der Vater nichts sagt, dann wird es wohl so richtig sein. Wir überdecken die Toten mit einer Decke, um sie den Blicken der Kinder zu entziehen. Da kommt ein ganz kleines aus der Tür des Elternhauses, sieht unsere letzte Bewegung und faßt einen Zipfel der Decke, um zu gucken, was da drunter liegt. Pfui! sagt da der ältere Bruder, der schon alles kennt. Pfui, laß doch das! Die Kleine sieht die Geschwister an und uns und lässt dann den Deckenzipfel wieder los. Sie sieht uns noch einmal an und dann schämt sie sich. Man merkt ihr deutlich an, daß sie sich schämt. Zwar schämt sie sich nicht wegen des Mordes, für den sie ja auch nicht verantwortlich ist, aber sie schämt sich wegen ihrer Neugier. Beinahe wäre sie den Erwachsenen hinter ihre Geheimnisse gekommen. Pfui, hatte da der ältere Bruder gesagt, und wir sind darin ganz seiner Ansicht.
Ich bin wieder einmal ganz am Ende des Zuges. Ich will sehen, Eindrücke sammeln für später. Tom Mix hat eine verbundene rechte Hand und trägt sie in einem Pelzmuff. Er wird heute vom Obercapo Krudwig vertreten. Krudwig kenne ich gut, denn ich war

Blockältester, als er nach Blechhammer kam, und er wurde mir zugewiesen. Er war mir als äußerst gefährliches Subjekt signalisiert worden, und ich vermied aus diplomatischen Gründen jede Reiberei mit ihm. Es bestand daher ein zwar nicht freundschaftlicher Ton, aber immerhin ein Ton Gleichgestellter zwischen uns, der sich auch in den Tagen des Transportes nicht änderte.
Eine lebende Leiche wankt auf mich zu und streckt mir die völlig erfrorenen Hände entgegen. „Kamerad, hilf mir! Meine Hände sind tot, ich kann sie nicht mehr gebrauchen, mach mir die Hose fest!" Er hat seinen Gürtel auf dem letzten Loch, aber das ist schon 5 Tage her und da waren seine Hände noch etwas gebrauchsfähig.
Ich ziehe den Gürtel zu und muß vier Löcher weiter gehen, denn nun hält die Hose bloß noch auf den Beckenknochen. Das Hemd ist ihm hochgerutscht und ich kann seinen nackten Körper sehen. Es ist schauderhaft, wie häßlich die Menschen werden, wenn sie leiden. Sein Gesicht ist schmutzstarrend, voller Bartstoppel und aufgedunsen. Die Augen sitzen in tiefen Höhlen, und die Nase wirkt riesig. Seine Hautfarbe ist gelb.
Ich sage ihm ein paar gute Worte, die ihn aufmuntern sollen, aber er beginnt stattdessen zu schluchzen. Ob ich ihn nicht kenne? Nein! Wer bist Du?! Ein halbes Jahr lang bin ich mit ihm täglich am Abend beisammen gewesen, weil er eine Funktion in meinem Block ausgeführt hatte. „Also so verändert bin ich?" fragt er. Ich versuche ihn zu beruhigen und so zu tun, als ob ich einen Spaß gemacht hätte, aber er merkt, daß ich schwindle. Er weiß, daß er vom Tod gezeichnet ist, und die Hilfe, die ich ihm leistete, und das gute Wort, das ich ihm gab, waren in Wirklichkeit der Todesstoß für ihn. Auch er starb, wie so viele hundert, am Straßenrand.
Man hört keinen Kanonendonner mehr. Es ist ihnen gelungen, uns zu verschleppen! Wenn wir gewollt hätten, dann wären wir unterwegs geflüchtet, aber die Frage stand für uns so: Gehen die Sowjets vor oder sind es nur Panzerspitzen, die vorfühlen? Unsere Informationen unterwegs waren mangelhaft, denn die Bevölkerung wußte so gut wie nichts, und die Kriegsgefangenen, die gleich uns evakuiert wurden, hatten dieselben Nachrichtenquellen wie wir. Die Russen sind ganz nahe bei uns, sie schließen uns ein. Ja, das war unser aller Wunsch, aber inwieweit war das von der Wahrheit entfernt. Wenn es uns nicht gelingen sollte, über die sowjetischen Linien zu kommen, dann wären wir losgelöst von der Masse und der die Gegend dicht bevölkernden Feldgendarmerie preisgegeben. Wir mußten auffallen, denn alle Männer in unserem Alter waren bei irgendeiner militärischen Formation oder als ausländischer Arbeiter mit Papieren versehen, zu einer Arbeit eingesetzt. Die Feldgendarmerie liquidierte aber jeden Flüchtling, den sie aufgriff, auf der Stelle.
So faßten wir also den Entschluß, beim Zug zu bleiben und mit das Ziel zu erreichen, wenn nicht eine besondere Situation eintreten sollte.
Wir kamen durch viele Städte. Oft und oft sahen wir entsetzte, weinende Frauen. Überall blickten uns ernste Gesichter an. Aber niemals sahen wir bei der Bevölkerung, auch nicht bei Kindern, ein Lachen oder gar Schadenfreude oder Spott. Viel öfter begegnete uns glattes Entsetzen.
Es ist wahr, das half uns nichts – materiell zumindestens –, aber es zeigte uns, daß das deutsche Volk nicht wußte, was in den Konzentrationslagern los war.
Der Bürgermeister eines kleinen Dorfes, in dem wir nächtigten und wo wir von der durchwegs katholischen Bevölkerung nach besten Kräften unterstützt wurden, sagte mir: „Ich bin Mitglied der Partei (er trug das Parteiabzeichen), aber ich versichere Ihnen,

wir hatten keine Ahnung von dem, was sich hinter den Mauern der Konz.-Lager abspielte. Damit“, sagte er, indem er die Hände weit von sich streckte, „haben wir nichts zu tun.“ Unser Zug marschierte …

DOK. 177
Ernest Wolf wird Zeuge, wie die SS nach der Räumung des Lagers Blechhammer am 21. Januar 1945 Baracken in Brand setzt und marschunfähige Häftlinge ermordet[1]

Bericht von Ernest Wolf,[2] 17, rue Saint-Joseph, Paris, für das Ministère des Anciens Combattants, Paris, vom 15.4.1945

[…][3]
Am 21. Januar 1945, einem Sonntagmorgen, händigten die SS-Männer jedem von uns zwei Hemden und eine Hose, Brot und mehrere Konservendosen aus. Nie zuvor waren sie so großzügig gewesen. Sie kündigten an, dass sie uns evakuieren würden. Nun war ich bereit, etwas zu riskieren. Ich bin zum Krankenbau Nr. 1 gegangen, habe mich ausgezogen und wie ein Kranker in ein Bett gelegt. Eigentlich wollte ich das Ganze mit meinem besten Freund Rudi *Kerensaum* aus Paris zusammen machen. Wir haben aus demselben Blechnapf gegessen und manchmal im selben Bett geschlafen. Im letzten Moment hat er dann Angst bekommen, denn er sah, wie andere Freunde aufbrachen. Ich habe also so getan, als sei ich krank. Die Gesunden hatten alle das Lager verlassen, außer den Sterbenden und den Kranken. Der Lagerführer, die Ärzte und Krankenpfleger sind alle mitgegangen.[4] Es waren auch Krankenschwestern dabei. Ein Arzt namens *Pollack* aus Theresienstadt (Tschechoslowakei) schaffte es, sich zu verstecken. Gemeinsam haben wir die Kranken gepflegt. Einige andere Internierte taten es mir nach und versteckten sich, so gut sie konnten. Insgesamt waren wir ein Dutzend Personen, die sich versteckt hatten, darunter der Ingenieur *Widerski* aus Brüssel von der Firma *Duranton,* Vater und Sohn *Segall* aus Brüssel, *Hunt* aus Brüssel, Eugène *Rubinstein* aus Clichy und noch zwei Krankenschwestern, an deren Namen ich mich nicht mehr erinnere.
Wir haben die Kranken gepflegt, so gut wir konnten. Nach einigen Tagen hatten wir kein Wasser und kein Licht mehr, zum Kochen und für die Suppe mussten wir Schnee schmelzen. Einige riskierten es, das Lager zu verlassen. Wir sahen etliche Personen aus anderen Lagern, die bei uns im Lager ankamen und die wie wir den Deutschen entflohen waren.

1 AN, 72 AJ 318–321, 6. Das Dokument wurde aus dem Französischen übersetzt.
2 Ernest Wolf (*1902), Mechaniker; aus Rumänien nach Frankreich emigriert, im Sept. 1942 aus Drancy in Richtung Auschwitz deportiert, in Cosel zum Arbeitseinsatz der Organisation Schmelt selektiert, nach drei Wochen im Durchgangslager Niederkirch nach Blechhammer gebracht, das im April 1944 in die Verwaltung des KZ Auschwitz überging; kehrte im April 1945 nach Frankreich zurück; weiteres Schicksal ungeklärt.
3 Auf den ersten vier Seiten des siebenseitigen Dokuments berichtet Wolf vom Aufenthalt in den Lagern Niederkirch und Blechhammer.
4 Am 21.1.1945 wurden ca. 4000 Häftlinge des Lagers Blechhammer auf einen Todesmarsch in Richtung Groß-Rosen getrieben, wo die Überlebenden am 2.2.1945 eintrafen. Von dort aus wurden sie mit dem Zug nach Buchenwald gebracht.

Dann kamen zwei SS-Männer zusammen mit dem Rapportführer Flichen, dem Lagerchef, zurück. Ein Zivilist hatte uns gemeldet. Dreißig von uns, die in das Dorf Blechhammer geflohen waren, wurden von SS-Männern verfolgt und gefasst. Die SS-Männer brachten sie zurück ins Lager, stellten sie vor eine Mauer und erschossen alle dreißig.
Die SS-Männer wurden rasend vor Wut. Sie brachten alle um, die sich vor ihnen im Hof befanden, ungefähr 150 Personen. Dann gingen sie, um nach zwei Stunden wieder zurückzukommen. Erneut schossen sie auf etwa hundert Gefangene. Einige der Verletzten flehten um den Gnadenschuss. Die SS-Männer schossen ihnen drei Kugeln in den Kopf. Dann warfen sie eine Handgranate durch ein Fenster in den Krankenbau. Wir haben uns auf den Boden gelegt, so dass niemand verletzt wurde. Der Schuppen begann zu brennen, aber wir schafften es, den Brand zu löschen.
Einige Tage blieb alles ruhig. Eines Nachts fiel dann eine Granate auf das Lager, und Block 25 fing Feuer. Nur ein paar Verletzte. In einer anderen Nacht kamen die SS-Männer wieder. Sie waren zu fünft und weiß gekleidet. Das war eine deutsche „Spreng-Kolonne", die die SS-Baracken und -Schreibstuben sprengte, um alle Spuren von Dokumenten zu beseitigen. Als sie kamen, gab es 150 neue Opfer, denn beim Abbrennen der Schreibstuben fing Block 17 Feuer. Dort befanden sich zahlreiche Kranke, die bei lebendigem Leib verbrannten.
Aus Mangel an Strom, Wasser, Medikamenten, Spritzen und Verbänden starben viele Kranke. Wir hoben ein großes Grab aus und brachten die Leichen dorthin. Wir schaufelten das Grab aber nicht zu, weil wir den Russen die Verbrechen der SS zeigen wollten. Die Häftlingsnummern der Toten haben wir aufgeschrieben. Sie sind im Besitz von Doktor *Pollack*.
Immer mehr Gefangene kamen einzeln im Lager an. SS-Männer tauchten nicht mehr auf. Die Neuankömmlinge, die aus Lagern stammten, die von den Deutschen evakuiert worden waren, und es geschafft hatten zu fliehen, waren ausgehungert. Seit einer Woche hatten sie nichts gegessen. Sie hatten Geschäfte geplündert und sich gegenseitig wegen eines Stück Brots umgebracht. Zuletzt fürchteten wir sogar, sie könnten die Vorräte für die Kranken plündern, und standen Wache gegen die Neuankömmlinge, um die Kranken zu retten.
Als von zwei Seiten Artillerie Tag und Nacht ohne Unterlass zu schießen begann, wussten wir, dass die Russen nicht weit von uns entfernt waren. Alle versteckten sich, um keine Splitter abzubekommen. Eines Nachts kam die SS zurück, das war um den 26. Januar herum, mitten in der Nacht, gegen ein Uhr morgens. Sie haben alle versammelt, die sie finden konnten. Sogar die Kranken wollten sie mitnehmen und gaben uns zwei Minuten, um uns anzuziehen und aufzubrechen. Daraufhin sprach Doktor *Pollack* mit einem der Offiziere. Dieser inspizierte einige Krankenbetten und erklärte sich einverstanden, uns mit den Kranken und etwas Pflegepersonal zurückzulassen. Die anderen, ungefähr 1200 Personen, sind mit 20 vollständig bewaffneten SS-Männern aufgebrochen. Wer versuchte zu fliehen, wurde erschossen. Die Richtung, in die der Transport ging, ist unbekannt.
Am 28. Januar habe ich das Lager schließlich ganz allein verlassen.[5] Ich ging in ein deutsches Haus und nahm mir dort Zivilkleidung.[6] Dann bin ich allein nach Glawicz[7] aufgebrochen, wo ich mich beim russischen Kommandanten vorstellte. Er sagte mir, ich solle einfach die Nacht in irgendeinem deutschen Haus in Glawicz verbringen. Die Russen gaben mir etwas zu essen und behandelten mich auch sonst sehr gut. Von dort bin ich

einen Weg von etwa 160 km zu Fuß in mehreren Etappen gelaufen. Als ich in Krakau angekommen war, habe ich mich dort beim Polnischen Roten Kreuz vorgestellt. Das war am 5. Februar. Dort traf ich befreite Kriegsgefangene aller Nationalitäten, Deportierte usw. Wie schon die Russen behandelten auch die Polen mich sehr gut. Von Krakau aus sind wir auf nach Lwow, von dort nach Przemyśl[8] und von Przemyśl nach Odessa. In Odessa bin ich an Bord der Princesse E. gegangen, die uns nach Port Saïd brachte. Von dort aus fuhren wir auf der Santa Maria bis Neapel und von dort auf einem holländischen Schiff, der „India", bis Marseille. Auf dem Schiff wurden wir sehr gut versorgt und verpflegt. In Russland sind wir sehr gut empfangen worden. Die Russen gaben uns alles, was sie konnten. Als ich aufbrach, blieben ungefähr zwanzig Deportierte in Odessa zurück. In Krakau befanden sich etwa 600 befreite Deportierte. Auf der Straße zwischen Blechhammer und Gleiwitz habe ich viele Leichen von Deportierten gesehen.

DOK. 178
Josef Weil berichtet von der Ermordung marschunfähiger Häftlinge im Auschwitzer Außenlager Tschechowitz-Vacuum Oil am 21. Januar 1945[1]

Bericht Josef Weil,[2] Auschwitz, vom 15.2.1945

Ich kam in den ersten Oktobertagen 1944 von Birkenau mit einem Arbeitstransport nach dem Lager „Tschechowitz", wo wir in der Vacuum Oil Fabrik arbeiten mußten.[3] Etwa vier Wochen vor uns waren bereits an die 300 junge Burschen aus Litzmannstadt gekommen, und unser Transport bestand aus 300 Juden meist tschechischer und holländischer Nationalität, die aus Theresienstadt kamen.
Am 18. Januar 1945 kam der Befehl, daß alle Marschfähigen ins Lager Groß-Rosen abzugehen hätten. Um 7 h abends marschierten etwa 400 Leute ab, und es blieben nur 131 kranke und gehunfähige Häftlinge zurück.[4] Am 21.1.1945 kamen Soldaten der Organisation Todt und beauftragten uns, ein Grab von 2 Meter Tiefe, 6 m Breite und 10 m Länge zu graben, angeblich zur Beerdigung der inzwischen verstorbenen 17 Kranken, erklärten

5 Im Lauf des 28.1.1945 wurde das Lager von Soldaten der Roten Armee befreit.
6 Die deutsche Zivilbevölkerung hatte Blechhammer beim Nahen der Roten Armee verlassen.
7 Vermutlich Gleiwitz, 30 km von Blechhammer entfernt.
8 Przemyśl liegt zwischen Krakau und Lemberg. Aufgrund der schwierigen Transportsituation konnten die Überlebenden oftmals nicht auf direktem Weg zu ihrem Zielort gelangen.

1 APMAB, Oświadczenia, Bd. 1, Bl. 59 f.
2 Dr. Josef Weil (1890–1971), Arzt; am 9.6.1942 aus Poděbrady nach Theresienstadt deportiert, am 28.9.1944 von Theresienstadt nach Auschwitz transportiert, im Okt. 1944 in das Außenlager Tschechowitz-Vacuum Oil überstellt, dort befreit; 1952 in die USA ausgewandert, zuletzt wohnhaft in New York.
3 Das Auschwitzer Außenlager in Tschechowitz entstand im Sept. 1944 und zählte rund 600 Häftlinge. Sie wurden bei der Vacuum Oil Company, die im Aug. 1944 bei einem Bombenangriff stark beschädigt worden war, vor allem zur Enttrümmerung, bei Maurer-, Beton- und Erdarbeiten sowie bei der Instandsetzung von Gleisen und Wegen eingesetzt.
4 Die Häftlinge marschierten in zwei Tagen bis Loslau, wo sie in offene Waggons verladen und nach Buchenwald gebracht wurden. Nur 300 kamen dort lebend an. Ein Teil wurde in das Buchenwalder Außenlager Tröglitz/Rehmsdorf weitergeleitet.

uns aber ganz offen, daß wir in der Nacht alle erschossen würden. Es kamen um 9 h abends 8 Leute von S.D., beauftragten uns, die Toten heranzutragen und einen Scheiterhaufen zu errichten u. z. derart: eine Lage Strohsäcke, darauf die Toten, dann Bretter, Holz und wieder Strohsäcke, Tote u.s.w. Er erklärte mir ganz offen: „Wir kennen keine Weichheit, wer nicht arbeiten kann, geht drauf." Er ging dann in den Krankenbau und die anderen Unterkünfte, wo die leichten Fußkranken lagen, und schoß systematisch alles, was in den Betten lag, mit seiner Pistole nieder. Wir mußten die Toten heraus auf den Scheiterhaufen tragen. Um Mitternacht waren an die 80 Leute erschossen, der Scheiterhaufen ca. 7 m lang, 5 m breit und 3 m hoch. Die SS schoß auch systematisch die ermüdenden Leichenträger nieder. Da ich wußte, daß in den nächsten Minuten ich an die Reihe komme, flüchtete ich mit 3 anderen.
Von den 131 Leuten des Lagers dürften außer uns Vieren und fünf Leuten, die sich verstecken wollten, niemand am Leben geblieben sein. Unter den 80 Erschossenen, die ich sah, war ein Kollege Dr. Lustig (Tscheche) aus der Gegend von Pilsen, der vor meinen Augen niedergeschossen wurde.

DOK. 179
Ludwig Berger muss am 21. Januar 1945 das Lager Fünfteichen in Schlesien verlassen und wird in das Sterbelager Boelcke-Kaserne gebracht[1]

Protokoll des Berichts von Ludwig Berger,[2] aufgenommen durch Dr. Georg Tolnai, Haus der Flüchtlinge zu Bukarest, Calea Moşilor 128,[3] vom 25.6.1945

[...][4]
Dann kam die Front näher, so daß wir evakuiert wurden. Am 21. Januar 1945 verließen wir Fünfteichen.
Um 1 Uhr nachts wurden wir versammelt und in Gruppen von je 500 geteilt. Jeder Gruppe wurden 40 SS als Wache zugewiesen, die uns vorn, hinten und an der Seite begleiteten. Gleich als wir aus dem Lager herauskamen, begannen die schwächeren Leute, sich hinzusetzen. Jeder, der sich hinsetzte, wurde sofort erschossen. Wir gingen inzwischen weiter, aber die Schüsse waren sehr häufig, alle 25 Meter wurde einer hingerichtet. Das war in der ersten Nacht. Wir marschierten bis zum Morgen, dann gaben uns die SS eine Stunde Rast. Wir gingen in die Richtung von Groß-Rosen, wir mußten aber um Breslau einen Bogen machen, damit unsere Kolonne von 6000 Leuten den Verkehr der Stadt

1 LI, VII-123/5 A, Prot. 811. Das Dokument wurde von einem Nichtmuttersprachler auf Deutsch verfasst.
2 Ludwig Berger (*1924), Abiturient; geboren in Strabychovo, Tschechoslowakei (heute Strabičovo, Ukraine), vom Getto Munkács Ende Mai 1944 nach Auschwitz deportiert, von dort Anfang Juni in das Groß-Rosener Außenlager Fünfteichen überstellt, im Jan. 1945 Fußmarsch nach Groß-Rosen, von dort überstellt in das Lager Boelcke-Kaserne (Mittelbau-Dora), Anfang April 1945 befreit; Rückkehr in die Tschechoslowakei, 1947 in die Schweiz ausgewandert.
3 Zum Entstehungshintergrund des Berichts siehe Dok. 157 vom Dez. 1944, Anm. 3.
4 Auf den ersten anderthalb Seiten des vierseitigen Dokuments berichtet Ludwig Berger über seine Deportation nach Auschwitz, die Überstellung nach Fünfteichen und die Lebensbedingungen im dortigen Lager.

nicht stören soll. Nach der Rast gingen wir weiter, bis nächsten Vormittag, dort drängte man uns in ein Stallgebäude hinein, wo normal 800 Mann Platz gehabt hätten. Wir waren aber noch immer 5500. Es gab eine fürchterliche Unordnung, Gedränge, und als wir am nächsten Morgen wieder losmarschierten, blieben 500 Tote dort, die unter den anderen lagen und zumeist erstickt sind. Es sind nicht alle erstickt, denn es gab in unserer Kolonne auch russische und ukrainische Häftlinge, die die anderen mit Messern erstochen haben, denn sie hatten noch keinen Platz und waren daneben Antisemiten. Diese Häftlinge kannten wir vom Lager gar nicht, denn dort waren die jüdischen Baracken separat. Auch in der Fabrik arbeiteten sie nicht mit uns. Den nächsten Tag bekamen wir 200 gr Brot, und wir marschierten weiter, gegen Strigau.[5] Während dieser Etappe wurden noch mehr Juden erschossen, die müde und hungrig waren und nicht weiterkonnten, sonst geschah aber nichts Besonderes. Diesen Abend kamen wir in ein noch schlechteres Quartier. Der Lagerführer hielt den Lärm nicht mehr aus, stand auf, nahm zwei Revolver zu sich, kam zum Tor, wo der größte Lärm war und schoß in die Menge hinein. Er verwundete einen Juden aus Munkacs namens Szantó Déncs am Kinn, der dann in Groß-Rosen starb. In dieser Nacht gab es noch mehr Tote. Den nächsten Tag kamen wir mittags in Groß-Rosen an.

In Groß Rosen lernten wir dann das wirkliche KZ kennen. Das Frühstück (¼ l Suppe) bekamen wir mittags, das Mittagessen nachts, und das Brot gegen 2–3 Uhr morgens. Der Grund dafür war, daß dieses KZ für höchstens 10 000 Leute errichtet wurde, und dort waren damals alle evakuierten Häftlinge aus Auschwitz, Monowitz-Buna, Fünfteichen und anderen Lagern versammelt. Ich glaube, wir waren ungefähr 100 000.[6] Es gab dort auch Frauen. In einem Block, der für 180–200 Leute gebaut war, schliefen 1000, so daß in der größten Kälte selbst im Vorraum Leute lagen. Ich wurde dort krank und machte Bekanntschaft mit dem Revier, wo ich 2 Tage lang war. In einem solchen Block lagen dort über 1500 unglückliche Kranke aus Auschwitz, mit Typhus, Fleckfieber etc. Sie starben täglich zu Hunderten. Es gab Tage, wo 30 % der Kranken gestorben ist. Sie lagen in Kleidern auf der Erde, alle auf einem Haufen. Im Lager war viel Schmutz, die Toten wurden in den Kot geworfen, wo sie dann tagelang lagen, denn es gab nur ein Krematorium, und auch dieses brannte anfangs nur zweimal in der Woche. Im WC stand der Schmutz kniehoch. Die Leichen wurden bei den Füßen ins Krematorium geschleppt, denn es gab keinen Gesunden mehr, der stark genug gewesen wäre, sie zu tragen. Es gab dort zwei Lager, ein altes und ein neues, das daneben dazugebaut wurde.[7] Im neuen Lager waren wir. Im alten Lager war die Lage etwas besser, bei uns aber war es fürchterlich. Ich war im Block Nr. 34, unser Blockältester war ein Reichsdeutscher, der uns damit empfing, daß er von Lagerführer Befehl bekommen hat, von 1000 Juden täglich mindestens 200 totzuschlagen. Er sah aus wie ein Orang-Utan und war ein erstklassiger Antisemit. Das mit den 200 Leuten täglich war natürlich nicht wahr, er hat aber viele totgeschlagen, mit Stangen und Spatenstielen. Wir waren zwei Wochen lang

5 Richtig: Striegau, poln. Strzegom, ca. 80 km von Fünfteichen entfernt.

6 Rund 15 000 Häftlinge aus Auschwitz waren im Jan. 1945 in das KZ Groß-Rosen gebracht worden; insgesamt war das Lager mit weit über 20 000 Häftlingen belegt. In den für 100 bzw. 200 Personen ausgelegten Blöcken waren in der Regel mehrere Hundert, zum Teil bis zu 1800 Häftlinge untergebracht.

7 Siehe Dok. 174 vom 19.1.1945, Anm. 9.

dort und konnten uns kein einziges Mal waschen. Die Häftlinge vom alten Lager arbeiteten im Steinbruch, wir brauchten nicht zu arbeiten, dafür bekamen wir aber noch weniger zu essen. Bei uns gab es keine Margarine, nur trockenes Brot. 200 gr täglich. Dort begann das große Sterben unter den ungarischen Häftlingen. Als wir weggingen, war mehr als die Hälfte von uns tot, darunter viele meiner Freunde. Nach anstrengendem Marsch nach Groß-Rosen setzte dort die Reaktion ein, die Leute wurden krank und konnten sich unter den dortigen Verhältnissen nicht mehr erholen.
Eines Tages hörten wir wieder die Kanonen, und es kam sofort der Befehl, das Lager zu evakuieren. Wir fuhren 4 Tage lang mit Zug, ohne irgendetwas zum Essen oder zum Trinken zu bekommen. Viele Tote wurden unterwegs aus dem Zug hinausgeworfen. Wir wußten nicht, wohin wir fahren. Nach 4 Tagen kamen wir in einem anderen KZ an, das aus zwei großen Garagehallen bestand, die mit elektrischem Drahtzaun umgeben waren.[8] Ursprünglich war das ein militärisches Lager. Das war Nordhausen. Wir waren dort 6000. Natürlich konnten die Amerikaner und Engländer nicht wissen, daß dort ein KZ ist, so daß wir fortwährend gebombt wurden, und von den 6000 sind vielleicht 300 am Leben geblieben. In diesem Lager gab es nur Kranke und Schwache, nur 5[00]–600 Häftlinge arbeiteten. Als wir hinkamen, hatten wir zuerst einen guten Eindruck, denn man gab uns 1 Liter fette und ziemlich gute Suppe. Später aber sahen wir, daß wir wieder in einen schrecklichen Platz gekommen sind. Schon am nächsten Tag wurde die Suppe reduziert, und Brot haben wir nach dem ersten Tag überhaupt nicht mehr bekommen. Nach den ersten zwei Wochen ging selbst der Vorrat an Kartoffeln aus, bis dahin bekamen wir täglich 2–3 Kartoffeln, aber danach nur ½ Liter Suppe und 15 gr Margarine, ohne Brot. Die Folge war eine Epidemie von Durchfall und nebenbei auch von Fleckfieber. Es gab sehr viele Tote, auch deshalb, weil aus Buchenwald und den kleineren KZs die Schwerkranken dorthin gebracht wurden. Es kamen fortwährend große Transporte an, sie starben aber so schnell, daß unser Bestand immer gegen 6000 blieb.
Es war an einem Dienstagnachmittag, so gegen den 25. März 1945, als die Amerikaner unser Lager zuerst bombten.[9] Die eine Garagenhalle stürzte ein, es gab aber nicht mehr als 300 Tote. Am nächsten Morgen kam ein neuer Bombenangriff, der bis zum Abend dauerte, und es gab nur eine kurze Pause gegen 10–11 Uhr vormittags. Wer während dieser Pause nicht davongelaufen ist, ist tot dort geblieben. Die Häftlinge durften nicht in den Luftschutzkeller gehen, bloß die SS. Wir mußten im Block bleiben. Wir sahen ringsherum abgerissene Hände, Köpfe, Glieder. Auch ich lief davon und versteckte mich in einem Wald, wo ich die Ankunft der Amerikaner abwartete. 4–5 Tage später trafen sie auch ein.[10]

8 Die Häftlinge des Außenlagers waren in zwei Fahrzeughallen der Boelcke-Kaserne in der Rothenburgstraße am südwestlichen Stadtrand von Nordhausen untergebracht; siehe auch Einleitung, S. 81, 87, sowie Dok. 244 vom 14.4.1945 und Dok. 278 vom 2.5.1945.

9 Am 3. und 4.4.1945 wurde die nicht als Häftlingsunterkunft gekennzeichnete Boelcke-Kaserne bei zwei brit. Luftangriffen schwer getroffen; mehrere Hundert Gefangene starben.

10 Am 11.4.1945 trafen US-Soldaten im Lager Boelcke-Kaserne ein und fanden einige Hundert überlebende Häftlinge vor; siehe Dok. 244 vom 14.4.1945.

DOK. 180
Armin Simon entkommt auf dem Todesmarsch von Auschwitz am 22. Januar 1945 einem Massaker[1]

Bericht von Armin Simon,[2] abgegeben vor Vilmos Farkas, Sandor Mezei, József Révész und Frau József Varnai, Oradea Mare, vom 20.2.1945

[...][3]
Vor ungefähr vier Wochen, Mitte Januar 1945, gab es eines Nachts Alarm, wir mussten uns aufstellen und bekamen aus einem Magazin Zivilkleidung zugeteilt. Diese wurde mit sogenannten Fenstern versehen, d. h. es wurden Stücke von zerschnittenen gestreiften Häftlingsanzügen zur Markierung aufgenäht. Nachdem wir uns umgezogen hatten, setzte man uns mit einer bewaffneten Begleitung in Marsch nach Gleiwitz, 64 Kilometer von Auschwitz entfernt. Die Strecke haben wir durchweg zu Fuß, ohne jegliche Pause, in 24 Stunden zurückgelegt. Wer während des Marschs anhielt, wurde erschossen. Die ersten drei, die nicht weiterkonnten, wurden noch mit einer Kugel hingerichtet. Später fand der Chef des Begleitkommandos, die Kugeln seien für Juden zu schade. Daraufhin wurden alle, die nicht mehr weiterkonnten, stranguliert, indem man ihnen einen Strick um den Hals legte und ein SS-Mann so lange auf die Brust des Betreffenden trat und dabei am Strick zog, bis dieser erstickte. Die Leiche ließen sie am Straßenrand liegen. Beim Abmarsch bekamen wir ein wenig Proviant, wobei je nach Lager unterschiedlich große Rationen ausgeteilt wurden. Es gab Lager, in denen 300 Gramm Brot und 60 Gramm Margarine pro Person verteilt wurden. Weitere Verpflegung bekamen wir bis zum Ende unseres Wegs, d. h. bis Ochojec bei Breslau,[4] nicht mehr.
Der kommandierende Offizier ließ die marschierende Kolonne irgendwann anhalten und befahl allen, die sich für den Fußmarsch zu schwach fühlten, beiseitezutreten, um mit einem Auto nach Gleiwitz transportiert zu werden. Wir gingen weiter und hörten von unseren Glaubensbrüdern, die später in 19 Kolonnen wieder zu uns stießen, dass ein Offizier die Kräftigeren unter ihnen geschlagen und wieder auf den Weg geschickt habe. Zuvor mussten sie jedoch mit ansehen, wie die tatsächlich Schwachen, insgesamt 139 Personen, von den SS-Wachsoldaten durch einen Schuss in den Hinterkopf hingerichtet und ihre Leichen am Straßenrand liegen gelassen wurden.
Schließlich erreichten wir Gleiwitz. Das Lager „Gleiwitz I", neben dem Bahnhof gelegen, bestand aus vier Baracken. Wir wurden alle zusammen, etwa 20 000 Menschen, dort hineingepfercht.[5] Selbstverständlich passten nicht alle in die zur Verfügung stehenden

1 LI, VIII-123/1, Prot. 2. Das Dokument wurde aus dem Ungarischen übersetzt.
2 Armin Simon (*1909), Weinhändler; am 28.5.1944 aus dem ungar. besetzten Beszterce (heute Bistrița in Rumänien) nach Auschwitz deportiert, dort im Straßenbaukommando eingesetzt, im Jan. 1945 vom Räumungsmarsch geflohen; Rückkehr nach Rumänien, weiteres Schicksal ungeklärt.
3 Im ersten Teil des Protokolls berichtet Simon von seiner Deportation nach Auschwitz, der Selektion und den Lebensbedingungen in Auschwitz.
4 Gemeint ist vermutlich der Ort Ochojec bei Rybnik.
5 Zwischen 14 000 und 17 000 Häftlinge aus Auschwitz mussten die 50 km lange Strecke über Tychy und Mikołów zu Fuß nach Gleiwitz zurücklegen. Sie wurden dort in den ehemaligen Außenlagern untergebracht und sukzessive mit Bahntransporten ins Reichsinnere abtransportiert.

Unterkünfte, und wer draußen bleiben musste, verbrachte die Nacht im Freien. Viele starben an Erfrierungen. Am nächsten Tag wählte der kommandierende Oberscharführer erneut etwa 150 Menschen aus, die seiner Meinung nach zu schwach waren, und ließ sie vor unseren Augen erschießen. Auch ich wohnte der Hinrichtung bis zum Schluss bei. Dann wurden wir in das Lager Nr. 2 gebracht, das ein paar Kilometer entfernt lag. Dort gab es zwar etwas mehr Platz, aber immer noch so wenig, dass die Hälfte der Menschen gezwungen war, die Nacht im Freien zu verbringen. Wir bekamen nichts zu essen, waren aber hungrig und stürmten daher das Lebensmitteldepot, wo wir Kartoffeln und Rüben fanden. Wir machten ein Feuer, und einige begannen, die Kartoffeln und Rüben zu braten. Daraufhin erschienen die SS-Wachen erneut und erschossen an Ort und Stelle alle, die sie am Feuer antrafen. Sie löschten das Feuer und zertrampelten die Lebensmittel. Nach zwei Tagen, an einem Sonntagvormittag, wurden wir schließlich zur Bahnstation geführt, von wo wir in offenen Waggons – in einen einzigen Waggon wurden 100–120 Menschen gepresst – in Richtung Breslau transportiert werden sollten.
An der ersten Station nach Gleiwitz ordnete die SS-Wache an, uns so im Waggon zu platzieren, dass unsere Köpfe nicht sichtbar seien. Sollte dennoch ein Kopf herausragen, werde diese Person erschossen. Gleichzeitig nahmen sie uns sämtliche gut erhaltenen Decken ab. 30 Kilometer hinter Gleiwitz forderten sie uns auf, auszusteigen und uns in Reih und Glied aufzustellen, um den restlichen Weg zu Fuß zurückzulegen. Die polnischen und russischen nichtjüdischen Häftlinge unter uns, etwa 1500 Menschen, wurden abgesondert und an die Spitze der Kolonne gestellt. Und dann ging es los. Unser Weg führte durch einen Wald. Ich marschierte unmittelbar hinter den Christen. Nach der ersten Weggabelung hörte ich, wie die Eskorte an der Spitze der Kolonne schrie: „Hände hoch!" Unmittelbar darauf ratterten Maschinengewehre, und ich, wohl ahnend, was auf uns zukam, ließ mich auf den Boden fallen und wurde unter den Erschossenen begraben. Ungefähr anderthalb Stunden lang lag ich so, ohne mich zu bewegen, bis die Bewacher an mir vorbeiliefen. Das Rattern der Maschinengewehre dauerte die ganze Nacht über an.[6]
Als das Maschinengewehrfeuer aufhörte, krabbelte ich unter den Toten hervor und lief in den Wald. Auf dem Weg fand ich einen Gutshof, wo ich mich in der Scheune versteckte. Vier Tage verbrachte ich dort ohne Essen und Trinken. Als ich es vor Durst nicht mehr aushielt, verließ ich die Scheune und schöpfte aus einem nahegelegenen Bach Wasser. Dabei beobachtete mich die Gutsherrin, eine Polin, und bedeutete mir, den Hof zu verlassen, denn wenn mich die SS hier erwische, würde sowohl ich als auch sie erschossen werden. Auf einem Feld fand ich einen halben gefrorenen Kürbis, von dem ich aß und den Rest in meine Taschen steckte. Ich versteckte mich im Wald. Ganz in meiner Nähe hielten Panzer, und Soldaten stiegen aus. Da ich keine Ahnung hatte, um welche Soldaten es sich handelte, lief ich davon. Die Soldaten sagten der Gutsfrau, sie solle mich zurückrufen. Das tat sie, und so ging ich zurück auf den Hof und sah, dass die Soldaten der Roten Armee angehörten. Ich war gerettet.
Noch bevor ich auf meiner Flucht den Gutshof erreichte, hatte ich mich einem jüdischen Kameraden angeschlossen. Unterwegs hörten wir zufällig eine polnische Stimme, und mein Kamerad schaute nach, was dort los sei. Er traf auf zwei Polen und kam ins Ge-

6 Zum Massaker bei Egersfeld siehe Dok. 175 vom 20.1.1945, Anm. 8.

spräch mit ihnen. Nach einigen Minuten hörte ich Schüsse. Als ich nach meinem Kameraden sah, fand ich alle drei erschossen. Vom Transport, der zusammen mit mir von Auschwitz startete, also ungefähr 20 000 Menschen, sind mir nach meiner Rettung nur 16 Überlebende begegnet, und meines Wissens haben sich auch nicht mehr gerettet.

DOK. 181
Der Lagerkommandant von Stutthof, Paul Werner Hoppe, befiehlt am 25. Januar 1945 die Räumung des Lagers[1]

Befehl der Kommandantur des Konzentrationslagers Stutthof, gez. Hoppe,[2] SS-Sturmbannführer und Kommandant, F. d. R. Stahl, SS-Oberscharführer und Adjutant,[3] Stutthof, vom 25.1.1945, 5.00 Uhr

Einsatzbefehl Nr. 3

1.) Gemäß Befehl[4] des Höheren SS- und Polizeiführers Weichsel, SS-Gruppenführer und Generalleutnant der Waffen-SS *Katzmann*[5] werden sämtliche männlichen und weiblichen Häftlinge beginnend ab 25.1.1945, 6.00 Uhr, im Fußmarsch zurückgeführt. (Teile anfangs mit Kleinbahn).
Im Lager verbleiben nur noch die kranken sowie nichtmarschfähigen Häftlinge und die für den Abbau des Lagers notwendigen Kräfte, die auf ein Mindestmaß beschränkt werden müssen, vorwiegend sind Germanenhäftlinge einzusetzen.
Verlegung der Sippen- und Haudegenhäftlinge[6] wird gesondert befohlen.

1 BArch, NS 4/St 2, Bl. 7–9+RS. Abdruck in: Janina Grabowska, Marsz śmierci: Ewakuacja piesza więźniów KL Stutthof i jego podobozów 25 stycznia – 3 maja 1945, Gdańsk 1992, S. 91–96.

2 Paul Werner Hoppe (1910–1974), Gärtner; 1933 SS-Eintritt; 1936 Zugführer der Wachmannschaft im KZ Lichtenburg, Nov. 1938 Adjutant von Theodor Eicke, dem Inspekteur der Konzentrationslager, Fronteinsatz; Sept. 1942 SS-Stubaf.; von Sept. 1942 an Kommandant des KZ Stutthof; 1946 in brit. Internierung, floh 1949 in die Schweiz, 1952 Rückkehr nach Deutschland, 1955 wegen seiner Tätigkeit in Stutthof zu neun Jahren Haft verurteilt, 1960 entlassen.

3 Josef Stahl (*1908), Angestellter; April 1944 SS-Oscha.; Juni 1944 bis April 1945 Adjutant des Kommandanten von Stutthof; im Febr. 1947 aus der US-Zone nach Polen ausgeliefert, 1947 vor dem Bezirksgericht Gdańsk zu zehn Jahren Haft verurteilt, 1955 entlassen.

4 Räumungsbefehl für das Danziger Gebiet vom 16.1.1945; AP Gdansk, Bestand NSDAP, Gauleitung Danzig, VI 12, Nr. 2.

5 Friedrich Katzmann (1906–1957), Zimmermann; 1928 NSDAP-, 1930 SS-Eintritt; 1933/34 Ratsherr in Düsseldorf, von 1934 an hauptamtl. SS-Führer, 1939–1941 SSPF im Distrikt Radom, 1941–1943 SSPF im Distrikt Galizien; Jan. 1943 SS-Gruf.; April 1943 bis Mai 1945 HSSPF in Danzig, als solcher verantwortlich für die Räumung des KZ Stutthof; lebte nach dem Krieg unter falschem Namen, zuletzt in Darmstadt.

6 Nach dem Attentat vom 20.7.1944 waren Familienmitglieder der an den Attentatsplänen beteiligten Offiziere, aber auch der Spionage verdächtige Deutsche und Ungarn in einem als Sonderlager deklarierten Teil des Lagers Stutthof inhaftiert. Sie wurden am 30.1.1945 ins SS-Straflager Matzkau und von dort nach Sachsenhausen bzw. Buchenwald gebracht.

2.) Die Leitung der gesamten Rückführung übernimmt auf Befehl des H.SS u. PF. SS-Hauptsturmführer *Meyer*[7] als Transportkommandant. Zu seiner Unterstützung tritt SS-Unterscharführer *Reiß*,[8] Kommandanturstab.
Zum Stabe tritt ferner als Arzt SS-Hauptsturmführer Dr. *Laub*.[9] Als Transportmittel wird ein PKW (SS-16 702) zugewiesen. Der PKW ist aufzutanken, außerdem sind 2 Reservekanister mitzugeben.
Fahrer bestimmt Fahrdienstleiter.

3.) Für die Rückführung wird folgender Marschweg befohlen:
Stutthof, Nickelswalde, dort Übersetzen über die Weichsel, Weitermarsch über Schleuse Einlage, Haltepunkt Schusterkrug, Schmerblock, Klein-Zünder, Groß-Zünder, Trutenau, Praust, Straschin, Bankau, Löblau, Kahlbude, Nestempohl, Zuckau, Seefeld, Zahlense, Pomiczyn, Lusin, Gaddenow, Lauenburg.
Vorgesehen 7 Marschtage.
Für den Ablauf des ersten Marschtages wird ein besonderer Plan aufgestellt.
Die Marschziele der übrigen Marschtage legt der Transportkommandant fest.
Wegen Mangel an Kartenmaterial können Karten an den Transportkommandanten ausgegeben werden. Um Fehllaufen der Kolonnen zu vermeiden, sorgt der Transportkommandant rechtzeitig für Beschilderung der Marschstraßen.

4.) Die Häftlinge werden getrennt nach männlichen und weiblichen Häftlingen in Marschkolonnen zu je rund 1000 Häftlingen eingeteilt. Die Einteilung der Marschkolonnen richtet sich nach den Blöcken im Schutzhaftlager. Entsprechende Aufteilung übernimmt Transportkommandant.
Zwischen den einzelnen Marschkolonnen ist ein Abstand von mindestens 5 km zu halten.

5.) Zur Bewachung werden je Marschkolonne bei den männlichen Häftlingen 1 Unterführer als Kolonnenführer und 40 Wachposten eingeteilt, je Marschkolonne weiblicher Häftlinge 1 Kolonnenführer, 1 Posten und eine entsprechende Anzahl von Aufseherinnen.
Gemäß der Einteilung des Transportkommandanten tritt zu den Marschkolonnen männlicher Häftlinge außerdem ein Blockführer des Schutzhaftlagers zur Unterstützung des Kolonnenführers.
Als Führungsorgan des gesamten Wacheinsatzes werden SS-Hauptsturmführer *Haufschild*[10] und SS-Hauptsturmführer *Tschesny*[11] eingeteilt. Sie arbeiten nach Weisung des Transportkommandanten.
Zur weiteren Sicherung der Marschkolonne sind durch SS-Hauptsturmführer *Haufschild* die Hundeführer einzusetzen, 2 Hundeführer verbleiben vorläufig im Stammlager.

7 Theodor Traugott Meyer (1904–1948), Elektromonteur; ab April 1938 Lageringenieur im KZ Dachau, 1941 Schutzhaftlagerführer in Ravensbrück, von Jan. 1942 an Adjutant und Schutzhaftlagerführer in Stutthof, nach der Räumung im Auffanglager Wöbbelin; 1947 im zweiten Stutthof-Prozess zum Tode verurteilt und 1948 hingerichtet.

8 Werner Reiß (*1911), Kaufmann; 1939 SS-Eintritt; April 1941 SS-Uscha.; von Aug. 1941 an Wachmann im KZ Stutthof, von Aug. 1942 an in der Abt. IIIa (Arbeitseinsatz) im KZ Stutthof.

9 Dr. Michael Laub (*1905), Arzt; aufgewachsen in Serbien, Banat; Nov. 1943 SS-Hstuf.; zunächst der SS Division Prinz Eugen unterstellt, vom 19.5.1944 an Lagerarzt in Stutthof.

10 Fritz Haufschild (*1895); von Juni 1944 an Hstuf. der Reserve der Waffen-SS und Kompanieführer eines Wachbataillons in Stutthof.

11 Paul Tschesny (*1895), Juni 1944 SS-Hstuf.; von Juni 1944 an Führer der 6. Wachkompanie im KZ Stutthof, Aug. 1944 bis Jan. 1945 Baukommando Weichsel des KZ Stutthof, von Jan. 1945 an Kompanieführer im Wachsturmbann Stutthof.

Für besondere Sicherungsaufgaben werden den Führungsorganen 2 Reservegruppen mit je 1 Unterführer und 10 Mann abgestellt. Diese Gruppen marschieren am Ende der 3. und am Ende der 6. Marschkolonne.
Die Einteilung der gesamten Bewachungskräfte übernimmt SS-Hauptsturmführer *Reddig*[12] verantwortlich.
Die Sicherheit ist während des gesamten Marsches mit allen zu Gebote stehenden Mitteln zu gewährleisten. Die Marschkolonnen haben dicht aufgeschlossen zu Fünfen nebeneinander zu marschieren. Fluchtversuche und Meutereien sind rücksichtslos mit der Waffe zu brechen.

6.) Zur Wegeerkundung, Quartiervorbereitung usw. steht dem Transportkommandanten ein ständiges Vorkommando von 1 Unterführer und 10 Mann zur Verfügung. In Bezug auf Quartier während der Ruhepausen ist weitgehendst zu improvisieren.

7.) Für ausreichende Bewaffnung der eingesetzten Wachkräfte hat SS-Hauptsturmführer *Reddig* Sorge zu tragen. Es sind MPi., Handgranaten und je Kolonne männlicher Häftlinge außerdem 2 l.M.G. mitzuführen.
Die Bewachungskräfte tragen Marschgepäck, fehlende Brotbeutel, Stahlhelme, Patronentaschen, sind noch auszugeben. Privatgepäck darf nicht mitgeführt werden, es ist bei den Kompanien zur Verladung in den Umschlaghafen bereitzustellen. Notwendiger Transportraum ist beim Verladeoffizier anzufordern.

8.) An Verpflegung ist zunächst 2 Tage Marschverpflegung auszugeben. Die nächsten Verpflegungsausgaben erfolgen durch ein Zwischenverpflegsdepot, welches im Außenlager Burggraben[13] einzurichten ist. Der Leiter der Verwaltung ist verantwortlich, daß das Verpflegungsdepot rechtzeitig aufgefüllt wird. Zum Transport der Verpflegung wird LKW rechtzeitig auf Anforderung abgestellt. Durch den Leiter der Verwaltung ist auch möglichst dafür Sorge zu tragen, daß dort, wo ausreichend Kochgelegenheit vorhanden ist, warme Verpflegung verabfolgt wird.
Notwendige Essenkübel sind in das Verpflegsdepot zu schaffen.

9.) Für die ärztliche Versorgung sind je Marschkolonne ein Häftlingsarzt und 2 Häftlingspfleger abzustellen.
Für je 2 Marschkolonnen ist außerdem 1 SDG abzustellen.
Für die ärztliche Versorgung sind besondere ärztliche Versorgungsstellen in überholendem Einsatz durch SS-Hauptsturmführer Dr. *Plaza*[14] einzurichten. Zu seiner Unterstützung tritt 1 SDG.

12 Richard Reddig (*1893), Schlosser und Maschinenbauer; 1931 NSDAP- und SS-Eintritt; 1935 Senatsangestellter der Freien Stadt Danzig; Nov. 1940 SS-Hstuf.; von 1941 an im KZ Stutthof, Führer verschiedener Wachkompanien.

13 Ein Außenlager des KZ Stutthof war im Sept. 1944 in Danzig-Kokoschken eingerichtet worden. Die Häftlinge waren in der Schichau-Werft AG Elbing eingesetzt und in Danzig-Kokoschken und Danzig-Burggraben untergebracht. Im Jan. 1945 dienten die Baracken als Durchgangslager von Häftlingstransporten aus dem Stammlager. Im Febr. 1945 wurden 990 verbliebene Gefangene in Richtung Lauenburg getrieben.

14 Dr. Heinrich Plaza (1912–1968), Mediziner; 1938 NSDAP-, 1940 SS-Eintritt; von 1940 an Lagerarzt in verschiedenen KZ; Nov. 1942 SS-Hstuf.; im Jan. 1945 nach Stutthof versetzt, beteiligt an zahlreichen Tötungsverbrechen; nach 1945 Arztpraxis in Perach bei Altötting, 1954 durch ein franz. Militärgericht in Abwesenheit zum Tode verurteilt.

Am 1. Marschtag marschiert SS-Hauptsturmführer Dr. *Plaza* und der ihm zugeteilte SDG am Ende der 2. Marschkolonne.
Ärztliche Versorgungsstelle ist dann zunächst im Lager Kochstedt b./Praust aufzubauen. Während des Marsches völlig ausfallende Marschierer sind in den einzelnen Ortschaften den polizeilichen Wachen zunächst zu übergeben und später durch die dort zuletzt passierende Kolonne auf einem mitgeführten Schlitten aufzunehmen.
Für die Beerdigung der während des Marsches anfallenden Toten hat der Transportkommandant einen besonderen Beerdigungstrupp aufzustellen. Beerdigung erfolgt gemäß mündlicher Weisung. Beerdigungsgerät ist vom Schutzhaftlager bereitzustellen und auf einem Schlitten mitzuführen.

10.) Zur Beförderung von Marschkranken usw. werden dem Transportkommandanten 6 bespannte Schlitten zur Verfügung gestellt. Als Kutscher sind Häftlinge einzuteilen. Verteilung dieser Schlitten auf den gesamten Marschverband ist Sache des Transportkommandanten.
Für die Fertigung der noch fehlenden Schlitten hat der Leiter der Verwaltung schnellstens Sorge zu tragen. Die Pferde sind von der Kommandantur, DAW und Bauleitung bereitzustellen. 1 Pferd ist als Reserve mitzuführen. Fehlende Geschirre sind durch die Verwaltung zu beschaffen.

11.) Das Übersetzen über die Weichsel bei Nickelswalde geschieht mit der Eisenbahnfähre bzw. mit den bereitgestellten Schleppern und Frachtkähnen.
Das gesamte Übersetzen ist verantwortlich durch SS-Untersturmführer *Thun*[15] und SS-Untersturmführer *Lenkeit*[16] zu überwachen. Sie werden für die Zeit des Übersetzens in Nickelswalde stationiert. Hintransport am 25.1.1945 früh mit PKW, Rückfahrt nach Beendigung des gesamten Übersetzens mit sich bietender Fahrtgelegenheit.

12.) Der Transportkommandant ist verantwortlich, daß täglich spätestens bis 20.00 Uhr Meldung über den Standort der einzelnen Marschkolonnen mit Vorkommnissen, Ausfällen usw. an den Führungsstab des Höheren SS- und Polizeiführers Weichsel rechtzeitig erfolgt. Soweit möglich, ist über die Fernschreibstellen der Gendarmeriestationen oder sonstiger polizeilicher Dienststellen schriftlich Meldung mit der Bitte um Weitergabe an den Höheren SS- und Polizeiführer Weichsel zu machen.
Soweit möglich, hat außerdem fernmündliche Meldung unmittelbar an das K.L. Stutthof oder an das Außenarbeitslager Burggraben zur Weitergabe an das K.L. Stutthof zu erfolgen.
Der Transportkommandant hat sich weiterhin bei dem Verbindungsführer des K.L. Stutthof beim Höheren SS- und Polizeiführer Weichsel, SS-Hauptsturmführer Dr. *Pütz,*[17] laufend über die Lage zu orientieren. Auf Befehl des Höheren SS- und Polizeiführers Weichsel ist bei Erreichen der Gaugrenze dieses über eine noch im Gau Danzig-

15 Erich Thun (1893–1950), Kaufmann; 1930 NSDAP-, 1937 SS-Eintritt; 1940 SS-Ustuf.; 1940 Kriminaloberassistent bei der Stapoleitstelle Danzig, von Juni 1944 an Leiter der Politischen Abt. in Stutthof; 1947 vor dem Bezirksgericht Gdańsk zu lebenslanger Haft verurteilt; starb in Haft.

16 Friedrich Lenkeit (*1893), Musiker; 1931 NSDAP-, 1933 SS-Eintritt, 1939 SS-Ustuf.; Verwaltungssekretär bei der AOK Königsberg, 1945 Angehöriger der Lagerbesatzung von Stutthof.

17 Dr. Heinrich Pütz (1908–1974), Zahnarzt; 1933 NSDAP- und SS-Eintritt; Febr. 1940 bis Okt. 1941 Zahnarzt im KZ Flossenbürg, Okt. 1941 bis April 1943 bei der SS-Panzer-Grenadier-Div. „Totenkopf"; Nov. 1942 SS-Hstuf.; 1944 Leiter der SS- und der Häftlingszahnstation in Stutthof; kehrte nach Internierung 1948 nach Essen zurück, wo er eine Zahnarztpraxis führte.

Westpreußen liegende Polizeidienststelle an ihn zu melden. Im Gau Pommern hat Meldung über das Betreten dieses Gaues an den Höheren SS- und Polizeiführer Nord, SS-Obergruppenführer und General der Waffen-SS *Matzuw,*[18] in Stettin zu erfolgen.

Ablaufplan
Für den 1. Marschtag der Häftlingsverlegung vom K.L. Stutthof

Marschkolonne 1. 6.00 Uhr Abtransport mit Kleinbahn ab Waldlager Stutthof nach Nickelswalde.
Übersetzen in Nickelswalde mit Kleinbahnfähre, dann Weitertransport mit Kleinbahn nach Trutenau. Von dort Weitermarsch über Praust bis Straschin-Prangschin. Dort erster Ruhetag.

Marschkolonne 2. 6.30 Uhr Abtransport mit Kleinbahn ab Waldlager Stutthof nach Nickelswalde. Übersetzen in Nickelswalde mit Kleinbahnfähre oder mit bereitstehenden Schleppern und Frachtkähnen. Weitermarsch über Schleuse Einlage, Haltepunkt Schusterkrug, Schmerblock, Klein-Zünder, Groß-Zünder, Trutenau nach Lager Kochstedt b./ Praust. Dort erster Ruhetag.

Marschkolonne 3. 7.00 Uhr Fußmarsch ab K.L. Stutthof über Steegen nach Nickelswalde. Übersetzen in Nickelswalde.
Nach Übersetzen Weitermarsch nach Trutenau. Dort erster Ruhetag.

Marschkolonne 4. 8.00 Uhr Abmarsch ab K.L. Stutthof bis Nickelswalde.
Nach Übersetzen Weitermarsch nach Groß-Zünder. Dort erster Ruhetag.

Marschkolonne 5. 9.00 Uhr Abmarsch ab K.L. Stutthof nach Nickelswalde.
Nach Übersetzen Weitermarsch nach Groß-Zünder. Dort erster Ruhetag.

Marschkolonne 6. 10.00 Uhr Abmarsch ab K.L. Stutthof nach Nickelswalde.
Nach Übersetzen Weitermarsch nach Klein-Zünder. Dort erster Ruhetag.

Marschkolonne 7. Abtransport mit Kleinbahn nach Station Nickelswalde.
Von dort Weitermarsch nach Schönbaumerweide. Dort Übersetzen erst am 2. Marschtag über Fähre Schönbaum.
Abfahrtszeit der Kleinbahn wird noch im Laufe des 25.1.45 mündlich gesondert befohlen.

Marschkolonne 8 bis einschließlich [...][19] Abtransport bzw. Abmarsch wird noch im Laufe des 25.1.1945 bzw. 26.1.1945 mündlich gesondert befohlen.

18 Emil Gottlieb Mazuw (1900–1987), Schlosser und Maschinenbauer; 1928 NSDAP-, 1930 SS-Eintritt; Aug. 1938 bis Mai 1945 HSSPF Ostsee in Stettin.

19 Zahl unleserlich.

DOK. 182

Der Gendarmerieposten Dobschikau teilt am 25. Januar 1945 mit, dass Leichen entlang der Gleise gefunden wurden, die nach jüdischem Brauch beschnitten seien[1]

Schreiben von Pawelka, Oberwachtmeister und Kommandant des Gendarmeriepostens Dobschikau,[2] Bezirk Hohenmauth,[3] Zahl 87/1945, an die Bezirksbehörde Hohenmauth, Dobschikau, vom 25.1.1945

Betrifft: Auffindung von Leichen auf der Eisenbahnstrecke
Bezug: Zu hiesiger KM.[4] vom 24.1.1945
Am 24. Jänner 1945 um 14 Uhr 21 Min. ist aus Richtung Chotzen gegen Pardubitz der Transport Güterzug Nro. 6226 durchgerollt. Nach dem Freiwerden der Strecke wurde festgestellt, daß entlang der Eisenbahnstrecke Srub bis Zamrsk (14/4-5/55 und 14/4-5/62) insgesamt 12 Leichen männlichen Geschlechts in kleineren oder größeren Abständen umher liegen, soweit dies den hiesigen Postenbereich anbelangt.
Zweifellos handelt es sich um Sträflinge jüdischer Abstammung, worauf aus Folgendem geschlossen werden kann. Alle tragen einheitliche Kleidung, nämlich blau-weiß gestreifte Jacken und ebenso gestreifte Hosen. Zivile Unterwäsche. Alle sind kurz geschoren und nach jüdischem Brauch beschnitten.
Etwaige Personalbelege oder andere Gegenstände sind bei den Leichen nicht vorhanden. Was die Identität der Einzelnen anbelangt, konnten deren Namen infolge dessen hier nicht festgestellt werden, sondern nur die Evidenznummern, welche diese am linken Vorderarm tragen.
Die Leichen wurden folgend aufgefunden:

1)	Beim Kilometer		273,4	187028
2)	"	"	273,5/6	127013
3)	"	"	274,4/5	B 10561
4)	"	"	274,8/9	A 14123
5)	"	"	275,1	A 8243
6)	"	"	275,2/3	B 10591
7)	"	"	276,1	B 13 425
8)	"	"	276,4	B 10 011
9)	"	"	276,5	129625
10)	"	"	277,3/4	B 5375
11)	"	"	277,4	B 5596
12)	"	"	278,1/2	A 9253[5]

1 Original nicht aufgefunden. Kopie: APMAB, IZ/26, Bd. 2, Bl. 320 f. Abdruck als Faksimile in: Strzelecki, Endphase (wie Dok. 170 vom 21.12.1944, Anm. 1), S. 345 f.
2 Der Ort gehörte zum Protektorat Böhmen und Mähren, tschech. Dobříkov.
3 Tschech. Vysoké Mýto.
4 Vermutlich: Kurzmitteilung.
5 Es handelte sich um jüdische Häftlinge, die im Juni 1943 aus Berlin, im Juli 1943 aus dem KZ Lublin-Majdanek, im Mai und Juni 1944 aus Ungarn, im Aug. 1944 aus dem Zwangsarbeitslager Ostrowiec und aus Italien, im Sept. 1944 aus dem Getto Litzmannstadt sowie im Sept. und Okt. 1944 aus Theresienstadt nach Auschwitz gebracht worden waren.

Die unter 1) bis 7) aufgefundenen Leichen wurden im Katastralgebiet der Gemeinde Srub aufgefunden und in der Totenkammer dieser Gemeinde (in Srub) bis zur Beerdigung untergebracht. Die unter 8) bis 12) angeführten Leichen wurden im Katastralgebiet der Gemeinde Dobschikau aufgefunden und in der Totenkammer dieser Gemeinde (in Zamrsk) bis zur Beerdigung untergebracht.
Dr. Karl Ledvinka aus Chotzen als Distriktsarzt hat sämtliche Leichen untersucht und bei allen den eingetretenen Tod festgestellt.
Die Meldung gleichen Wortlauts überreiche ich:

Der Geheimen Staatspolizei Pardubitz	1
Der Deutschen Kriminalpolizei Pardubitz	1
Dem Gend. Abteilungskommando Chrudim	3
Dem Gend. Bezirkskommando Hohenmauth	1
Dem Deutschen Gend. Kommando Hohenmaut	1
Der Bezirksbehörde Hohenmauth	1
Der PKP. KA.[6] Pardubitz	1

DOK. 184
Der Gendarmerieposten Switkau meldet am 25. Januar 1945, dass erfrorene Häftlinge aus durchfahrenden Zügen geworfen wurden[1]

Schreiben des Gendarmerieposten Switkau, Bez. Pardubitz, i.V. Smutný, Gend. Bezirksstabswachtmeister, G.Z. 100/1945, an das Gendarmerie-Abteilungskommando in Chrudim, Switkau, vom 25.1.1945 (Abschrift)

Betrifft: Leichen auf den Eisenbahnstrecken Switkau–Opotschinek.[2]
Bezug: Fonogramm des G.B.K.[3] in Pardubitz vom 24.1.1945
Anlagen: / .
Ich melde, daß am 24. Jänner 1945 rund 16 Uhr ein Bahntransport mit den Züchtlingen in der Richtung von Chotzen gegen Prag gefahren ist. Am selben Tag kam in derselben Richtung ähnlicher Transport. Während der Fahrt wurden von diesen Transporten aus den Eisenbahnwagen Leichen heruntergeworfen, die entlang der Strecke liegengeblieben waren.
Im hiesigen Dienstbereiche mit dem Bahnwächterhause Nr. 258 angefangen und mit dem Wächterhause Nr. 264 endend, wurden entlang der Strecke 12 (zwölf) männliche Leichen gefunden
Diese Eisenbahnstrecke tangiert die Katastralgemeinden Sernojed, Lahn ob der Gruben[4] und Opotschinek, welchen in den Bereich des Pfarramtes in Lahn ob der Gruben gehören.

6 Protektoratskriminalpolizei, Kriminalabt.

1 NA Praha, KT-OVS, Pochody smrti, Hlaseni, svazek S (Svítkov), Kt. 163 a. Das Dokument wurde von einem Nichtmuttersprachler in deutscher Sprache verfasst.
2 Diese Orte gehörten zum Protektorat Böhmen und Mähren, tschech. Svítkov und Opočínek.
3 Gendarmeriebezirkskommando.
4 Tschech. Srnojedy und Lány na Důlku.

Aus dem Grunde wurde angeordnet, die Leichen in das Leichenhaus in Lahn ob der Gruben zu überführen.
Die Leichen wurden von dem Distriktsarzt Dr. Adolf Ježek aus Pardubitz visitiert und bei allen wurde der Tod durch Erfrieren konstatiert.
Die Leichen wurden auf dem Gemeindefriedhof in Lahn ob der Gruben bestattet.
Diese Leichen hatten folgende Identifikationszeichen und Nummern:[5]

1.	▽ (F)	200 779	an der linken Hand	
2.	△ ✡	141954	-"-	
3.	▽	173967	-"-	
4.	▽	B-11748	-"-	/ A-7286 an dem Anzuge: /
5.		B-861	-"-	
6.	▽	A 15 334	-"-	
7.		186765	-"-	
8.		A 12 416	-"-	
9.		A 8256	-"-	
10.	▽	A 18 773	-"-	
11.		B 13 443	-"-	
12.		A 14 567[6]	-"-	

Diese Meldung lege ich in dreifacher Ausfertigung vor, Abschrift davon dem Bezirkshauptmann in Pardubitz, dem Gendarmerie-Abteilungskommando in Chrudim, dem Deutschen Gendarmeriekommando in Pardubitz, der Protektoratskriminalpolizei Prag – Kriminalabteilung in Pardubitz und der Sicherheitspolizei – Außendienststelle Abt. IV in Pardubitz.

5 Bis Mitte 1944 wurde die Kleidung von jüdischen Häftlingen in Auschwitz mit einem auf der Spitze stehenden roten Dreieck, hinterlegt von einem gelben Dreieck, gekennzeichnet, danach mit einem roten Dreieck und einem gelben Strich darüber. Die nationale Herkunft wurde mit einem Buchstaben im Dreieck markiert (z. B. F für Frankreich). Die Nummern wurden in den linken Unterarm (nicht in die Hand) tätowiert; siehe auch Einleitung, S. 24.

6 Es handelte sich um einen franz. nichtjüdischen Häftling, der im Nov. 1944 vermutlich aus dem KZ Dachau nach Auschwitz überstellt wurde, sowie um jüdische Häftlinge, die im Aug. 1943 aus dem Zwangsarbeitslager Küstrin, im Febr. 1944 aus Frankreich, im Mai und Juni 1944 aus Ungarn, im Juni 1944 aus Athen und Korfu, im Juli 1944 aus dem Zwangsarbeitslager Pionki und anderen Arbeitslagern im Distrikt Radom sowie im Okt. 1944 aus Theresienstadt nach Auschwitz überstellt wurden.

DOK. 184
Der Lagerführer von Hessisch-Lichtenau informiert am 26. Januar 1945 den Arbeitseinsatzführer in Buchenwald, dass arbeitsunfähige Häftlinge nicht mehr in Auschwitz aufgenommen werden[1]

Schreiben des SS-Kommandos Lager Vereinshaus Hessisch-Lichtenau, SS-Sturmscharführer Schäfer,[2] Az. 14 (KL) D 14/4 x[3] Schw./b.[4] an Waffen-SS, Konzentrationslager Bu. Kommandantur-Arbeitseinsatz, Weimar-Buchenwald, Hessisch-Lichtenau, vom 26.1.1945

Betrifft: Überstellung nichteinsatzfähiger Häftlinge
Meldung!
Auf Ihr Schreiben vom 10.1.45,[5] hier Eingang am 23.1.1945, meldet das hiesige Außenkommando[6] seiner vorgesetzten Dienststelle, daß die zwei Häftlinge Nr. 20 452[7] und 20 789[8] am 4. Januar 1945 durch den Transportführer SS-Oberscharführer Ernst Zorbach[9] nach Auschwitz transportiert worden sind. Die zwei Häftlinge wurden jedoch dort nicht angenommen. Der Transportführer Z. erhielt in Oranienburg die Anweisung, die zwei Häftlinge nach Bergen-Belsen zu transportieren. Dort sind die Häftlinge am 8. Januar 1945 abgeliefert und behalten worden.

1 ITS, 1.1.5.1/5322758. Abdruck als Faksimile in: Dieter Vaupel, Spuren die nicht vergehen. Eine Studie über Zwangsarbeit und Entschädigung, Kassel 1990, S. 330.
2 Wilhelm Schäfer (*1906 oder 1908), Handelsreisender; von Aug. 1944 an Lagerführer des Außenlagers Hessisch-Lichtenau; weiteres Schicksal ungeklärt.
3 Nach dem Einheitsaktenplan des WVHA vom Juni 1944 wurden diese Kürzel zur Identifizierung einzelner Einsatzträger verwendet; siehe Nbg. Dok. NO-597.
4 Albert Schwartz (1905–1984), Sparkasseninspektor; 1930 NSDAP-, 1931 SS-Eintritt; 1942 Adjutant des Kommandanten von Stutthof, Okt. 1942 bis April 1945 Arbeitseinsatzführer in Buchenwald; 1947 Todesurteil im Dachauer Buchenwald-Prozess, 1948 Umwandlung des Urteils in lebenslange Haft, 1954 entlassen und anschließend in leitender Position in der Industrie tätig.
5 Nicht aufgefunden.
6 Das der Verwaltung von Buchenwald zugeordnete Außenlager in Hessisch-Lichtenau entstand im Aug. 1944. 1000 ungar. Jüdinnen leisteten im Sprengstoffwerk Hirschhagen für die Dynamit-Nobel AG Zwangsarbeit. Im Okt. 1944 waren 206 arbeitsunfähige Frauen von Hessisch-Lichtenau nach Auschwitz überstellt worden. Zur Funktion von Auschwitz als Aufnahmeort arbeitsunfähig gewordener Häftlinge siehe Einleitung, S. 40.
7 Aranka Steiner, geb. Kohn (1911–1945), aus Ujpest; im Mai 1944 aus dem Getto Pincehely nach Auschwitz deportiert, im Aug. 1944 nach Hessisch-Lichtenau überstellt, im Jan. 1945 wegen ihrer fortgeschrittenen Schwangerschaft nach Bergen-Belsen überstellt und dort gestorben.
8 Rozsa Schüssler (*1906) aus Felsögyöröd; am 4.1.1945 nach Bergen-Belsen gebracht und dort vermutlich ums Leben gekommen.
9 Ernst Zorbach (1904–1994), kaufmännischer Angestellter; 1931 NSDAP- und SS-Eintritt; 1940–1942 SS-Standortkommandantur in Prag, 1943 Arbeitseinsatzleiter in Neuengamme, stellv. Lagerführer im Außenlager Wittenberge, Sept. 1944 bis Nov. 1944 Lagerführer in Witten-Annen, danach stellv. Lagerführer in Hessisch-Lichtenau; lebte nach dem Krieg in Duisburg.

DOK. 185

Der Bürgermeister von Ruppertsgrün notiert am 26. Januar 1945, dass herbeigerufene SS einen Häftling erschoss, der aus einem Transportzug aus Auschwitz geflohen war[1]

Gemeindeakte Ruppertsgrün, gez. Vieweg, Bürgermeister,[2] Eintrag vom 26.1.1945 (Abschrift)[3]

Nachmittags um 16 Uhr wurde ich vom Bahnhof Neumark benachrichtigt, daß bei dem Reichsbahnblock „Römertal“, 30 m entfernt auf dem Felde, ein Flüchtling liege, der aus einem in Richtung Reichenbach i.V[ogtland] fahrenden Zug entsprungen wäre und erschossen worden sei.[4] Mit dem Gemeindebeamten Gemeinhardt[5] von hier begab ich mich an die bezeichnete Stelle, an der Gend. Wachtmstr. Hellinger[6] von hier schon eingetroffen war, der den als Hauptaugenzeugen in Betracht kommenden Weichenwärter Gemeinhardt-Gospersgrün[7] bei sich hatte. Auf dem in der Nähe der Reichsbahnlinie Leipzig–Hof befindlichen Felde, Flurstück 107 des Flurbuchs für Ruppertsgrün, lag auf der Schneedecke ein kahlgeschorener Mann auf der rechten Seite. In der beginnenden Finsternis war nicht viel zu erkennen, man sah nur, daß er Blutspuren am Kopfe und einen Brustschuß rechts hatte. Er war der aus dem fahrenden Güterzug mit noch einem Genossen entsprungen gewesene Gefangene. Ihn hatte der Weichenwärter Gemeinhardt in die Blockstation Römertal gebracht, hatte von dort Hilfe herbeigerufen und den Bahnhof Neumark benachrichtigt, sodaß der Transportführer verständigt werden konnte. Während dem hatte der Bahnwärter Becher[8] den anderen Gefangenen sichergestellt. Nach kurzer Zeit kam ein Kommando von 3 Mann der NSKK-Unterführerschule Römersgrün[9] mit 1 SS-Mann,[10] die die Gefangenen durchsuchten, von denen den einen, etwa 40-jährigen Flüchtling, der Kommandoführer[11] umlegte, während der andere, ein etwa 20-jähriger Mensch, mitgenommen und dem Transport zugeführt wurde.[12]

1 Sächs. StA, HStA Dresden, 11 391, Landesregierung Sachsen, Ministerium für Arbeit und Sozialfürsorge, Nr. 992, Bl. 75.

2 Carl Vieweg (*1886), Politiker; 1923–1945 Bürgermeister der Gemeinde Ruppertsgrün; im Juni 1945 wegen Mitgliedschaft in der NSDAP und SA entlassen, weiteres Schicksal ungeklärt.

3 Amtliche Abschrift der Gemeindeakte Ruppertsgrün.

4 Es handelte sich um den Güterzug Nr. 6628, der Häftlinge transportierte und den Ort gegen 11.30 Uhr in Richtung Neumark/Reichenbach passiert hatte.

5 Max Gemeinhardt (1888–1968); Gemeindeaufseher in Ruppertsgrün; 1937 NSDAP-Eintritt.

6 Paul Hellinger (*1899), Gärtner; Ende Jan. 1945 Wachtmeister der Reserve im Gendarmerieposten Ruppertsgrün.

7 Walther Gemeinhardt (1887–1975), Weichenwärter im Block Römertal; 1937 NSDAP-Eintritt; wohnte in Gospersgrün, Bruder von Max Gemeinhardt.

8 Kurt Paul Becher (*1910), Reichsbahn-Rttf.; 1933 NSDAP-Eintritt; beaufsichtigte zu diesem Zeitpunkt brit. Kriegsgefangene, die an den Gleisanlagen zwischen Werdau und Neumark Schnee schaufelten.

9 Ortsteil von Gospersgrün. Die NSKK-Unterführerschule war verständigt worden, um die Suche nach den geflohenen Häftlingen zu unterstützen.

10 Es handelte sich nach Angaben der Beteiligten um einen SS-Ostuf. Pfeifer, der den Transport begleitet hatte und zur Entgegennahme der Häftlinge geschickt wurde.

11 Hans Morche (*um 1891); NSKK-Sturmführer, wohnte ursprünglich in Dresden, dort ausgebombt; befand sich im Aug. 1945 in der Strafanstalt I (Schloss Osterstein) in Zwickau.

12 Der Transport hatte einen längeren Aufenthalt in Reichenbach (Vogtland). Der ergriffene Häftling gab an, aus der Türkei zu stammen. Sein weiteres Schicksal ist ungeklärt.

Abends in der 10. Stunde wurde die Leiche ins alte Leichenhaus auf dem Friedhof Ruppertsgrün gebracht. Sie wird heute Abend an der Nordseite des abgelegten[13] Friedhofteiles, etwa 12 m östlich der alten Leichenhalle bestattet werden.[14]
Der Transportstandort ist nicht bekannt. Anscheinend Auschwitz bei Breslau, denn eine Papierwertmarke über 1 M lautete auf Konzentrationslager Auschwitz. Der Gefangene trug auf dem rechten Unterarm die Nr. 173 353[15] eintätowiert. Sein Name ist unbekannt.

DOK. 186

Lieba Tiefenbrunn wird am 26. Januar 1945 aus dem Stutthofer Außenlager Praust getrieben, gibt sich als nichtjüdische Polin aus und überlebt im Lager Kokoschken[1]

Bericht von Lieba Tiefenbrunn[2] vor der Jüdischen Historischen Kommission Tarnów, protokolliert durch Rachela Borgenicht,[3] vom Mai 1945

[...][4]
Nach den Feiertagen gingen wir wie gewohnt zur Arbeit. Unser polnischer Vorarbeiter las die Zeitung und erzählte uns, was in der Welt passiert. Am 12. Januar 1945 sagte er uns, dass an der Ostfront eine Offensive begonnen habe und man sogar mit der Befreiung rechnen könne. Von diesem Tag an wussten wir, welches Datum wir haben. Wir zählten die Tage und Stunden. Wir hatten große Angst, dass Emma[5] uns umbringen würde. Während des Minenlegens auf dem Flugplatz waren wir mit einem deutschen Flieger bekannt geworden, der uns riet, dass wir fliehen sollten, weil man uns umbringen würde. Aber es gab keinen Ort, wohin wir hätten fliehen können. Am 20. Januar fuhr die gesamte Bauleitung ab, danach verminten wir alles. Wir mussten in Eis und Schnee Löcher graben, und erst wenn ein Loch tief genug in die Erde reichte, legten wir Minen hinein und schütteten es wieder zu. Auch die Franzosen wurden abtransportiert. Wir blieben

13 So im Original.
14 Die Grabstelle, an der drei weitere Opfer des Todestransports bestattet wurden, ist mit einem Gedenkstein gekennzeichnet.
15 Die Nummer gehörte zu Ernst Smilowski (1903–1945), geboren in Nikolajew, Russland; wohnte später in Paris, verheiratet, zwei Kinder, im Febr. 1944 mit dem 67. Transport des RSHA aus Drancy nach Auschwitz deportiert.

1 AŻIH, 301/1182. Das Dokument wurde aus dem Polnischen übersetzt.
2 Lieba Tiefenbrunn, später Lillian Lebenkorn (1919–1994), Stenotypistin; Sept. 1943 im Getto Tarnów, über das KZ Plaszow im Juli 1944 nach Auschwitz, im Sept. 1944 nach Stutthof überstellt, Flucht vom Todesmarsch aus dem Außenlager Praust; Rückkehr nach Tarnów, dann im DP-Lager in Bamberg, 1951 in die USA ausgewandert, lebte zuletzt in Brigdeport, Fairfield, Connecticut, USA.
3 Rachela Borgenicht (*1915); geboren in Staszów, 1945 Mitarbeiterin der Jüdischen Historischen Kommission in Tarnów.
4 Auf den ersten acht Seiten des zehnseitigen Dokuments berichtet Lieba Tiefenbrunn von Zwangsarbeit und Verfolgung in Tarnów, dem Tod ihrer Familienangehörigen, der Überführung ins Getto Tarnów, der Deportation in die KZ Plaszow, Auschwitz und Stutthof bis zu ihrer Überstellung nach Praust, wo die Häftlinge auf einem Flugplatz zu Bau- und Räumungsarbeiten eingesetzt waren.
5 Emilie Macha (1905–1949), Arbeiterin; Aufseherin in den KZ Auschwitz, Lublin-Majdanek, Kaunas, Stutthof, seit 25.9.1944 im Außenlager Praust; 1946 aus der brit. Zone nach Polen ausgeliefert und 1948 in Krakau zu zwölf Jahren Haft verurteilt; starb in Haft.

noch ein paar Tage. Sie zogen uns alle in einer Baracke zusammen. Schließlich kam die Reihe auch an uns. Wir wussten, dass die Front näher kam, und glaubten nicht, dass sie uns evakuieren, sondern dass sie uns umbringen würden, und falls nicht, dass die Minen explodieren und uns unter sich begraben würden.
Am 26. Januar rückten auch wir aus dem Lager ab. Unterwegs trafen wir auf einen Transport mit Polinnen aus Stutthof. Ich konnte nicht laufen. Ich war krank und fiel in den Schnee. Ein Posten kam zu mir und fragte, ob ich Jüdin sei. Ich sagte Nein. Und er, sag die Wahrheit, sonst erschieß ich dich. Ich stritt ab, Jüdin zu sein, und gab an, Zofia Kwiatkowska zu heißen. Der Posten ließ mich schließlich in Ruhe. Das war 35 km westlich von Praust. Die Mädels trugen mich bis zu einer Kirche, dort legten sie mich auf eine Bank. Ich blieb 3 Tage dort. Später transportierten sie mich mit einem Fuhrwerk nach Kokoschken, einem 12 km vom Meer entfernten Ort. Mein Bein war vereitert. Man brachte noch acht weitere kranke Polinnen dorthin. Kokoschken war ein Männerlager, von dem aus die Männer zur Arbeit nach Danzig liefen.[6] Man steckte uns in eine separate Baracke und notierte unsere Namen. Ich gab mich als Polin aus. Wir lagen auf Heu auf der Erde. Niemand pflegte uns. An den ersten beiden Tagen bekamen wir ⅙ Brot und Margarine, später erhielten wir überhaupt kein Brot mehr, nur noch ein bisschen Suppe. Hin und wieder wurde ein verendetes Pferd gekocht. Später verlegten sie uns in eine andere Stube. Dort waren weniger Leute, denn sie starben weg. Wir bekamen eine Pritsche, und der Ofen wurde ein bisschen geheizt. Hier gab es ausschließlich ältere Russinnen, ich war die Jüngste und Polin. Wir hatten hier einen polnischen Arzt. Mein Bein begann zu heilen, aber weil es so schmutzig war, erkrankte ich an Flecktyphus und zwei Wochen später an Bauchtyphus. Erschossen wurde hier aber niemand. Die Deutschen sagten, für Häftlinge und insbesondere für Juden seien ihnen die Kugeln zu schade, deshalb schickten sie Transporte zum Meer. Ich weiß nicht, wie sie es genau machten, aber man hat mir erzählt, dass sie sie [die Häftlinge] mit Schiffen aufs Meer hinausfuhren und dann ins Wasser warfen. Auf alle Fälle kamen die Menschen nicht zurück. Auf dieselbe Weise wurden auch die Leichen abtransportiert. Ein Fuhrmann nahm sie auf seinem Fuhrwerk die 12 km zum Meer mit, was dann passierte, weiß ich nicht. Auch ich wurde einmal, weil ich krank war, von einem Deutschen für einen Transport zum Meer ausgesondert, doch der polnische Arzt zog mich im letzten Augenblick aus dem Transport heraus. Langsam kam ich wieder zu Kräften. Bis plötzlich, das war am 20. März, ein furchtbares Bombardement einsetzte. Bomben fielen auf das Lager. Aus der uns gegenüberliegenden Baracke wollte eine Frau zur Latrine gehen, aber kaum war sie draußen, traf sie ein Bombensplitter und tötete sie. In dieser Baracke waren nur noch jüdische Frauen übrig geblieben, die Männer hatte man nach Deutschland abtransportiert.[7] In der Nacht vom 20. auf den 21. März fiel eine Bombe auf die Nachbarbaracke und tötete alle dort untergebrachten Frauen. Wir sahen von unseren Barackenfenstern aus, wie das gesamte Gebäude in Trümmer gelegt wurde, und waren sicher, dass uns dasselbe erwartete. Die Deutschen blieben an diesem 21. März noch bis um

6 Das Stutthofer Außenlager in Danzig-Kokoschken entstand im Sept. 1944. Die Häftlinge waren in der Danziger Filiale der Schichau-Werft Elbing eingesetzt. Als die Arbeit auf der Werft im Jan. 1945 eingestellt wurde, mussten sie Straßen und Schienen von Schnee befreien.

7 990 jüdische Häftlinge aus Danzig-Kokoschken wurden am 10.2.1945 in Richtung Lauenburg in Marsch gesetzt. Nur die Kranken blieben im Lager zurück.

4 Uhr nachmittags im Lager. Um 4 Uhr 30 ging ich zum Fenster, um es zu verdunkeln, da hörte ich die Worte „Dawaj sjuda".[8] Ich begann vor Freude zu schreien, obwohl ich gleichzeitig auch fürchtete, es könnte sich um einen Trick der Deutschen handeln. Doch dann öffnete sich die Tür, und Russen kamen herein. Wir begannen vor Freude zu weinen. Eine Frau drehte vor Freude durch. Die Russen trösteten uns und sagten: „Weint nicht, ihr seid frei. Wir sind extra hergekommen, um euch zu befreien. Ihr liegt uns besonders am Herzen." Abends kam ein Arzt und sagte zu mir, dass wir uns morgen auf den Weg in die Freiheit machen würden. Am nächsten Tag bekamen wir von den Soldaten viel Brot und Schuhe, und sie sagten zu uns, wir seien zwar krank, aber wir sollten versuchen, uns einige Kilometer zu entfernen, weil es hier noch Kampfhandlungen geben werde und uns dabei etwas passieren könnte. Wir machten uns auf den Weg. Zwei russische Frauen begleiteten mich. Eine von ihnen wurde unterwegs von einem Bombensplitter verletzt. Auf unserem Weg begegneten wir einem russischen General, der uns einen Passierschein ausstellte, damit uns ein Auto mitnimmt nach Kartuzy, von dort sollte es eine Bahn geben. In Kartuzy stellte man uns weitere Passierscheine für die Bahn aus, doch weil noch keine Züge fuhren, liefen wir zu Fuß nach Kościerzyna. Dort bestieg ich den Zug. Vorher hatten uns die Soldaten alles gegeben, was wir benötigten, und sich um uns wie um ihre eigenen Kinder gekümmert. An den Bahnhöfen versorgte uns das Rote Kreuz. So kam ich nach Tarnów. Meine erste Frage an einen Eisenbahner war, ob Juden in der Stadt seien. Er erwiderte, es seien einige da, aber sie fürchteten sich und hielten sich versteckt. Ich bekam Angst und ging in die Stadt. Ich war völlig geschwächt und konnte mich kaum auf den Beinen halten. So schaffte ich es bis zu unserer Hausmeisterin, die mir von diesem Komitee[9] berichtete.

DOK. 187

Das 48. Polizeirevier in Prag meldet der Sicherheitspolizei am 26. Januar 1945, dass zwei entflohene Juden auf dem Bahnhof Prag-Hostiwar erschossen wurden[1]

Meldung des Kommandos der Uniformierten Regierungspolizei, Polizeiabschnittskommando V, Pol. Lt. und Kommandant des 48. Polizeireviers Prag-Hostiwar, V. Dražil,[2] G.Z. 100/45.Tgb.48. Pol.Rev., an die Sicherheitspolizei Abt. IV, Prag, vom 26.1.1945

Betrifft: Zwei Judensträflinge erschossen bei Fluchtversuch.
Am 26. Jänner 1945 um 22.20 Uhr wurden 2 Juden, welche vom Transport Nr. P.O.L.M. 566, welcher in der Station Prag-Hostiwar stand, bei dem Fluchtversuch von der Sträflingswache erschossen.
Die Leichen wurden ins Zuchthaus in Prag-Pangratz laut des Befehls der Sicherheitspolizei Abt. IV. überfahren.

8 Russ.: „Los, hierher".
9 Gemeint ist die Jüdische Historische Kommission.

1 NA Praha, OVS, Pochody smrti, Hlaseni, svazek P (Praha), Kt. 163 a. (Abschrift). Das Dokument wurde von einem Nichtmuttersprachler auf Deutsch verfasst.
2 Václav Dražil (*1902), Polizeirevierleiter in Prag.

Verständigt wurden: Sicherheitspolizei Abt. IV.
Kommando URP.[3]
Pol. A.K.-V.[4]
Vorgelegt: Sicherheitspolizei Abt. IV.
Kommando URP.
Pol. A.K.-V.

DOK. 188
Gustav Kleinmann beschreibt in seinem Tagebuch, wie sein Sohn am 26. Januar 1945 aus dem von Auschwitz nach Mauthausen fahrenden Zug springt[1]

Tagebuch von Gustav Kleinmann,[2] Einträge vom 18.1. bis 15.4.1945 (Abschrift)

[…][3]
Am 18ten[4] heißt es packen und am Abend ½ 5 geht es an. Wir werden zu je 100 Mann zusammengestellt, es ist der berühmte Moll Hauptscharführer, bekomme noch von ihm zum Abschied 2 Ohrfeigen, aber das kann den Seemann nicht erschüttern. Wir kriegen 1 kg Brot, 100 gr. Margarine, 1 Konserve. Jetzt geht es bis Nikolai, Oberschlesien. Ein Marsch von 42 km. Da [werden] in einer Ziegelei 6000 Mann einquartiert, bis Mittag Rast, dann weiter bis Gleiwitz. 2 Tage Rast, wieder ohne Essen. Am 22ten geht es weiter, wir werden in offene Waggons verladen zu 140 Mann im Waggon. Wir kriegen ½ Brot sowie 100 gr. Wurst. Jetzt geht es über Riebnig,[5] Oderberg, Lundenburg nach Wien, Ostbahnstrecke, Korneuburg, Amstetten, wo wir am 26.1.45 einlangen. Am Abend ging die Fahrt weiter. Die ganze Zeit nichts zu essen. Täglich werden die Insassen des Waggons weniger, da wir täglich 8–10 Tote haben. Wegen eines Stückchen Brots bringt einer den anderen um. Wir sind wahre Hungerkünstler: An Wasser mangelt es, und so müssen wir uns mit Schnee begnügen. Wir fischen Schnee mit Bechern, der an einem Strick angebunden wird und beim Waggon herausgeschleudert wird. Wenn er voll ist heraufgezogen und der Durst gestillt. Und alles bei einer Temperatur von 18–20 Grad unter Null. Bei der Ausfahrt von Amstetten springt mein Junge[6] vom fahrenden Zug, bei der höchsten Geschwindigkeit. Der Herrgott beschütze meinen Jungen. Ich kann nicht mit, da

3 Uniformierte Regierungspolizei.
4 Polizeiabschnittskommando V.

1 Original nicht aufgefunden. Abschrift in: DÖW, 19 732, S. 1–33, hier S. 21–27. Abdruck in: Reinhold Gärtner/Fritz Kleinmann (Hrsg.), Doch der Hund will nicht krepieren. Tagebuchnotizen aus Auschwitz, Innsbruck 1995, S. 22–25.
2 Gustav Kleinmann (1891–1976), Tapezierer; im Sept. 1939 in Wien mit seinem Sohn verhaftet und im Okt. 1939 nach Buchenwald gebracht, im Okt. 1942 nach Auschwitz deportiert, von dort nach Monowitz überstellt, im Jan. 1945 nach Mittelbau-Dora und von dort nach Bergen-Belsen gebracht, dort befreit; Rückkehr nach Wien.
3 Im ersten Teil der Aufzeichnungen geht es um seine Gefangenschaft in Buchenwald und in Auschwitz.
4 18.1.1945.
5 Richtig: Rybnik.

ich schwach bin. Es wurde auf ihn nicht geschossen. Hoffe, daß sich der Junge durchschlägt und bei unseren Lieben einen Unterschlupf findet. Die Fahrt geht jetzt nach Mauthausen, dort werden wir nicht aufgenommen,[7] kriegen jeder ½ Brot, [und für] 5 Mann 1 Konserve. Jetzt geht die Irrfahrt weiter, so fahren wir nach Linz. Am 27ten am Abend bei der Ausfahrt springen 12 Mann vom Waggon. Darunter Sandor Weiss, Ignaz Bombel,[8] Kurt Ziffer, Karl, Oskar Kurz,[9] Gschweidl[10] und sein Junge und noch einige, ich bleibe mit Paul Schmidt, Stark im Waggon und so geht es weiter. Am 4.2. sind wir endlich in Nordhausen angelangt, wo man 766 Tote aus den Waggons schafft. Verhungert und ermordet, ein Teil erfroren, also das ganze nicht zu beschreiben. In Dora angekommen, werden wir auf die einzelnen Blocks verteilt. 4.2.45 kriegen wir das erste warme Essen nach einer Irrfahrt von 14 Tagen, dann kriegen wir ½ Brot, 50 gr. Margarine, 50 gr. Wurst, über das wir wie die hungrigen Wölfe stürzten. In Dora bleiben wir 2 Tage, wo wir registriert [werden] und unsere Nummern bekommen. Ich kriege die Nummer 106 498. Jetzt werden wieder Transporte zusammengestellt. Ich gehe nach Ellrich zu Fuß. Bei 12 [Grad], 2 Tage Rast.[11] Jeden Tag 50–60 Tote, alles verhungert, die reinste Knochenmühle. Jeden Tag 1 dünne Suppe früh und am Abend. 14 Tage kein Brot, nur die 2 Mahlzeiten. Um 3 Uhr früh Tagwache, einrücken um ½ 8 Abend, alles todmüde, man kann sich kaum schleppen, aber ich habe mir vorgenommen, den Gang bis zum Ende mitzumachen. Ich nehme mir Gandhi, den indischen Freiheitskämpfer, als Vorbild, er ist so dünn und lebt, und ich sage mir täglich das Gebet vor „Gustl, verzage nicht, die Zähne zusammenbeißen, die SS Mörder sollen dich nicht schaffen". Jetzt hilft mir auch Bernd Groth täglich mit einem Liter Suppe. Wir fahren täglich nach Woffleben in die Arbeit im Stollen. Ich komme zu den Russen.[12] Die Arbeit ist sehr schwer, wir arbeiten beim Gleisbau, die Meister, jeder mit Stock, jagen an und schlagen.
Ich denke mir, die Hunde kommen auch noch dran. Dann komme [ich] als Zimmermann in den Stollen. Erich ist Kapo, gibt mir täglich seine Suppe, [ich] erhole mich wieder. Die Arbeit geht bis 3.4. Am 4.4. Alarmbereitschaft. Wieder heißt es weg von hier, von diesem Drecknest, wo wir im größten Dreck und monatelang ohne Wäsche und

6 Fritz Kleinmann (1923–2009), Dreher, später Kalkulant; mit seinem Vater verhaftet und nach Buchenwald und nach Auschwitz ins Arbeitskommando in Monowitz überstellt, nach der Flucht aus dem Räumungstransport wurde er aufgegriffen und nach Mauthausen gebracht, dort im Mai 1945 befreit; Rückkehr nach Wien.

7 Siehe Dok. 192 vom 28.1.1945.

8 Ignatz Bombel (*1895), Metallschleifer aus Skierniewice; im Okt. 1942 zusammen mit Kleinmann von Buchenwald nach Auschwitz deportiert.

9 Oskar Kurz (*1906), Arbeiter; im Okt. 1942 zusammen mit Kleinmann von Buchenwald nach Auschwitz deportiert.

10 Richtig: Herbert Gerstmann.

11 Das Außenlager Ellrich-Juliushütte des Lagerkomplexes Mittelbau-Dora entstand im Mai 1944. Bis zu 8000 Häftlinge mussten auf den ober- und unterirdischen Bauvorhaben B 3, B 11 und B 12 bei Woffleben und Niedersachswerfen arbeiten. Zwischen dem 4. und 6.4.1945 wurden 4000 Häftlinge nach Bergen-Belsen gebracht; die Übrigen kamen in das Außenlager Heinkelwerke in Sachsenhausen.

12 In Woffleben, heute ein Ortsteil der Gemeinde Ellrich, mussten von Mai 1944 an Häftlinge aus dem Außenlager Ellrich in einer Untertageanlage (Bauvorhaben B 12) Zwangsarbeit leisten.

verlaust sind. Der Kommandant von Ellrich, Hans Brinkmann[13] Hauptsch.f., der uns, wenn wir von der Arbeit am Abend heimkommen, Sport auf den spitzigen Steinen hat machen lassen, dieses Schwein, der uns täglich gedroht hat, er läßt uns alle umlegen, verladet uns. Die ganzen Lebensmittel werden auch verladen, auch Brot und Konserven, und wie wir auf der Fahrt sind, da sieht man, daß die Waggons mit den Lebensmitteln abgehängt wurden. Dieses Mal sind wir in geschlossenen Waggons. Ich habe einen Sitzplatz und kann mich ausruhen. Jetzt läßt sich die Fahrt besser ertragen, da es wärmer ist und etwas mehr zu essen gibt. In Schneverdingen gehen wir Brot fassen in eine Brotfabrik, wo ich von einem englischen Kriegsgefangenen 2 kg Brot und Pumpernickel kriege. Habe wieder auf 3 Tage Brot. Wir sind 5 Tage unterwegs. Am 9.4. in Bergen-Belsen angekommen, alles aussteigen. Jetzt heißt es marschieren, auch die ganzen Toten werden wieder ausgeladen. Es ist alles schaurig. Unterwegs treffen wir eine Kolonne ungarischer Juden, mit Frauen und Kindern. Es ist ein großer Jammer, das Ganze mit anzusehen. Und da trifft es sich, daß sich zwischen beiden Kolonnen Verwandte treffen. Man kann sich das Wiedersehen vorstellen. Und jetzt geht es weiter ins Ungewisse. Wir kommen in die Kasernen[14] nach Bergen in der Heide. Die Verpflegung ist jetzt etwas besser, aber da alles verhungert ist, so frißt man Kartoffelschalen und Steckrübenschalen, die vom Mist aufgelesen werden. Alles nur um den Hunger zu stillen. In der ersten Nacht habe ich Nachtwache und beobachte in Richtung Zelle[15] große Sprengungen sowie Feuerschein. Denke mir, jetzt müssen die Befreier bald da sein und habe wieder Vertrauen. Denke mir immer, der Herrgott verläßt uns nicht. [Nach] 3 Tagen ist es so weit, die ungarische Bewachung trägt weiße Armbinden, auch einige SS Leute darunter. Der Lagerführer im Lager ist Sommer,[16] Untersch. von Auschwitz, auch einer von den Bluthunden. Jetzt wissen wir, daß wir an die Engländer übergeben werden. Es ist höchste Zeit, denn sie wollten uns eine Bartholomäusnacht machen mit englischer Beleuchtung. Aber der ungarische Oberst wollte nicht mitmachen, und so ließen sie uns in Ruhe. Am 14ten kamen die ersten Panzer bei uns vorüber, der Jubel nahm kein Ende. Und am 15ten wurde das Lager von den Briten übernommen.
[...][17]

13 Richtig: Otto Brinkmann (1910–1985), Buchbinder; 1932 NSDAP- und SS-Eintritt; 1934 Wachtruppe Esterwegen, 1939–1941 Rapportführer in Buchenwald, 1941–1944 in Neuengamme, Jan. bis Okt. 1944 Rapportführer in Dora, Okt. 1944 bis April 1945 Schutzhaftlagerführer in Ellrich-Juliushütte; 1947 zu lebenslanger Haft verurteilt, 1958 entlassen.

14 Wegen der vielen Häftlingstransporte nach Bergen-Belsen wurden 2 km vom Lager entfernt Teile eines Kasernenkomplexes auf dem Truppenübungsplatz in Belsen-Hohne von der Wehrmacht geräumt und dort vom 8.4.1945 an bis zu 15 000 Häftlinge, vor allem aus dem Lagerkomplex Mittelbau-Dora, untergebracht.

15 Richtig: Celle.

16 Möglicherweise Adalbert Karl Sommer (*1907), Kaufmann; SS-Uscha.; 1947 aus der US-Zone nach Polen ausgeliefert und vor dem Bezirksgericht Wadowice zu zwei Jahren Haft verurteilt.

17 Im Folgenden beschreibt Kleinmann die Zeit nach der Befreiung, seine Flucht aus dem wegen Seuchengefahr gesperrten Lagerbereich und seine etappenreiche Rückreise. Das Tagebuch endet im Juli 1945.

DOK. 189
Vierzehn jüdische Häftlinge erklären am 27. Januar 1945, dass Bruno Jurytko aus Książenice sie nach ihrer Flucht vom Räumungsmarsch versteckte[1]

Erklärung von vierzehn ehemaligen Häftlingen aus Auschwitz-Birkenau vom 27.1.1945 (Abschrift)[2]

Wir Unterzeichnende, Flüchtlinge aus dem Lager Auschwitz, teilen mit, dass Bruno Jurytko aus dem Dorf Książenice unter Gefährdung seines und des Lebens seiner Familie[3] acht Tage für uns aufgekommen ist, uns ernährt hat, uns Unterkunft und Übernachtungsmöglichkeit gegeben hat und jegliche Hilfe erteilte. Dies alles tat er in einer Zeit, als deutsche Einheiten und SS in der ganzen Umgebung nach Flüchtlingen suchten.[4] Auf diese Weise rettete er uns allen das Leben, und zwar ohne davon einen materiellen Nutzen zu haben, als anständiger Mensch.

1.	B-1926	D. Wajnapel[5]	Doktor der Medizin, Radomsko
2.	A-5289	Rotenberg Joseph[6]	24 rue Saintopies Paris 13 c
3.	B-3215	Szmul Liberman[7]	Kielce Płotek
4.	117704	Stern A.[8]	Antwerpen, Walvischstraße 19 oder 29, Belgien
5.	128012	Fiszman L.[9]	Rejowiec Lubelski
6.	46751	Jakobson Abram[10]	Garbatka

1 AP Kat, 1793 KW PZPR Kat., Kolekcja Dąbrowskiego, Sygn. 105/III/44, Bl. 25. Teilweise abgedruckt in: Wacław Długoborski/Franciszek Piper (Hrsg.), Auschwitz 1940–1945. Studien zur Geschichte des Konzentrations- und Vernichtungslagers, Bd. IV, Oświęcim 1999, S. 288. Das Dokument wurde aus dem Polnischen neu übersetzt.

2 Das Dokument, eine beglaubigte Abschrift vom 10.11.1948, wurde Jahrzehnte nach Kriegsende von Bruno Jurytkos Witwe Bronisława Jurytko (*1907) bei der Kriegsveteranenvereinigung ZBoWiD (Związek Bojowników o Wolność i Demokrację/Verband der Kämpfer für Freiheit und Demokratie) eingereicht, um durch eine Anerkennung der Widerstandstätigkeit ihre Rente aufzubessern.

3 Bruno Jurytko (*1903), Landwirt; lebte mit seiner Ehefrau Bronisława und dem zweijährigen Sohn Gerard auf einem Gehöft in Książenice, heute Teil der Gemeinde Czerwionka-Leszczyny, 20 km von Gleiwitz entfernt; er starb einige Jahre nach dem Krieg. Im Jahr 1991 wurde das Ehepaar von Yad Vashem als Gerechte unter den Völkern geehrt.

4 Die Männer waren im Zuge der Räumung von Auschwitz bis Gleiwitz gelaufen, dort in Waggons verladen und mit dem Zug bis zum Ort Egersfeld gefahren worden. Dort mussten alle Häftlinge die Waggons verlassen. Über 250 Menschen wurden ermordet; siehe Dok. 175 vom 20.1.1945, Anm. 8. Den 14 Häftlingen gelang es, in den Wald zu fliehen und sich bis in das nahegelegene Dorf Książenice durchzuschlagen. Nachdem am 27.1.1945 die Rote Armee in die Region einmarschiert war, verließen die ehemaligen Häftlinge das Versteck, um sich ärztlich behandeln zu lassen.

5 Dr. Dawid Wajnapel (1907–1988), Arzt; von 1940 an im Getto Radom, März 1943 bis Juli 1944 im Lager Bliżyn, dann nach Auschwitz überstellt; nach dem Krieg in DP-Camps in Süddeutschland, 1948 Emigration in die USA. „From death row to freedom" (1984).

6 Joseph Rotenberg (*1904), Elektriker; vor 1939 aus Polen nach Frankreich ausgewandert, 1941 in Paris verhaftet, im Mai 1944 aus Drancy nach Auschwitz deportiert; weiteres Schicksal ungeklärt.

7 Szmul Liberman; am 2.8.1944 aus dem Zwangsarbeitslager in Kielce nach Auschwitz deportiert; nach dem Krieg in die USA ausgewandert.

8 Abraham Stern (*1917), Schneider; aus Galizien nach Belgien ausgewandert, im Nov. 1942 in Brüssel verhaftet und nach Auschwitz deportiert; weiteres Schicksal ungeklärt.

9 L. Fischmann, aus Rejowec Lubelski; kam mit einem Transport aus Lublin-Majdanek am 8.7.1943 nach Auschwitz; weiteres Schicksal ungeklärt.

10 Jakub Adam Jakobsohn Jakubowski (*1919), aus Garbatka; am 13.7.1942 von Sipo und SD Radom nach Auschwitz überstellt; weiteres Schicksal ungeklärt.

7.	B-8304	Beniek Goldberg[11]	Łódź
8.	19708	B. Fajgenbaum[12]	Biała Podlaska
9.	B-2154	M. Eisenberg[13]	Elektrotechniker (Płock)
10.	B-9925	Sangleben[14]	Łódź Lokatorska 4
11.	157592	David Kropveld[15]	Amsterdam
12.	105074	Hans Lehmann[16]	Berlin
13.	105205	Leo Lehmann[17]	Berlin
14.	171509	Alfons Sass[18]	Wien

DOK. 190

Der Kreispostenführer in Kaplitz meldet am 27. Januar 1945, dass die aus dem Zug geworfenen nackten Leichen von Häftlingen rasch beerdigt werden, um die Bevölkerung zu schonen[1]

Schreiben des Kreispostenführers, Bez. Oberleutnant d. Gend., Unterschrift unleserlich, Tgb. Nr. 83/45, an den Kommandeur der Gendarmerie bei dem Reichsstatthalter Oberdonau in Linz – Donau, Kaplitz,[2] vom 27.1.1945

Betrifft: Zugtransport mit Juden
Vorgang: Ohne
Anlagen:
Am 25. Jänner 1945 in den Vormittagsstunden fuhr ein aus dem Protektorat kommender Transportzug mit Kz.Häftlingen, die sich auf offenen Waggons befanden, in Richtung Linz. Dieser Transport wurde vom Hauptsturmführer Otto Voll,[3] SS Standarte Auschwitz – Oranienburg Kz.Lager, begleitet.

11 Beniek Goldberg kam am 30.8.1944 aus dem Getto Litzmannstadt nach Auschwitz, arbeitete im Außenlager Janinagrube oder Günthergrube; weiteres Schicksal ungeklärt.
12 B. Fajgenbaum wurde laut Häftlingsnr. bereits am 30.7.1941 von Sipo und SD aus dem Gefängnis im Schloss von Lublin nach Auschwitz gebracht; weiteres Schicksal ungeklärt.
13 M. Eisenberg wurde am 31.7.1944 aus dem Lager Bliżyn nach Auschwitz überstellt; weiteres Schicksal ungeklärt.
14 Sangleben wurde am 8.9.1944 aus dem Getto Litzmannstadt nach Auschwitz überstellt; weiteres Schicksal ungeklärt.
15 David Kropveld (*1918), Schneider; am 20.1.1943 in Brüssel verhaftet und am 22.4.1943 aus Mechelen nach Auschwitz deportiert, Häftlingsnummer richtig: 117 592; 1994 Interview durch das Montreal Holocaust Museum, 2001 Interview mit der USC Shoah Foundation, VHA # 51 383.
16 Hans Lehmann (*1908); Anfang März 1943 nach Auschwitz deportiert, Jan. 1945 Flucht vom Todesmarsch; weiteres Schicksal ungeklärt.
17 Leo Lehmann (*1898); Anfang März 1943 nach Auschwitz deportiert, Jan. 1945 Flucht vom Todesmarsch; weiteres Schicksal ungeklärt.
18 Alfons Sass (1898–1956) kam im Jan. 1944 mit einem Sammeltransport nach Auschwitz, Jan. 1945 Flucht vom Todesmarsch; weiteres Schicksal ungeklärt.

1 Archiv bezpečnostních složek Praha, 325/46/3, Bl. 88.
2 Tschech. Kaplice. Kaplitz war nach dem Münchner Abkommen 1938–1945 dem Reichsgau Oberdonau angegliedert.
3 Richtig: Otto Moll.

Aus diesem Transportzug wurden auf offener Strecke die während des Transportes verstorbenen Leichen förmlich entkleidet aus den Waggons abgeworfen. Im Einvernehmen mit der Reichsbahn wurden die Leichen auf der Strecke Oberhaid[4] – Kaplitz wurden noch am selben Tage 41 männliche Leichen zumeist Juden in einem Massengrab begraben.[5]
Der Jude Katz Hirsch, geb. am 25.10.1906 in Neu-Sandez,[6] ist auf dem Bahnhof in Gr. Umlowitz vom Transportzug entsprungen und wurde vom Wachtm[eister] d. Gend. d. Pol. Res. Johann Schweighart des Gend. Kreispostens Kaplitz auf der Flucht erschossen. Er wurde mit den übrigen Kz.Häftlingen begraben.
Da dieser Transportzug in Mauthausen nicht übernommen wurde,[7] fuhr er am 26.1.1945 in den Vormittagsstunden die gleiche Strecke wieder retour und wurden auf der Strecke Gr. Umlowitz – Bahnhof Kaplitz im Postenbereich Kaplitz abermals 17 Leichen auf offener Strecke abgeworfen. Diese Leichen wurden im Einvernehmen mit den zuständigen Gemeindebehörden Kl. Umlowitz Strodau, Schors und Zitesch gesammelt und entlang der Bahnstrecke begraben.
Die Leichen wurden von den Kz. Häftlingen selbst aus den Waggons geworfen, nachdem ihnen vorher die Kleider abgenommen wurden. Nachdem die Leichen förmlich entkleidet waren oder die Oberhose samt der Unterwäsche bis unter die Knie gezogen wurde, mußten die Leichen infolge dieses Zustandes rasch aus den Augen der umliegenden Bevölkerung und der Reisenden entfernt werden.
Da die Leichen keine Dokumente bei sich hatten, konnte die Identität nicht sichergestellt werden. Infolge der Abnahme der Kleidungsstücke war auch die Gefangenennummer nicht ersichtlich.
Ich bitte, die durch den Waffengebrauch verschossenen Patronen anher übersenden lassen zu wollen.

4 Tschech. Horní Dvořiště.

5 So im Original. Die Toten wurden im Dez. 1945 exhumiert und in einem Gemeinschaftsgrab nahe der Gemeinde Netřebice links der Straße Richtung Bahnhof Kaplice beerdigt. Einige Häftlingsnummern waren feststellbar: 3865, B-10549, 172 117, A-16785, B-13390, A-6154, A-16394, 186 682, 172 396, B-10020, 124 269, 9901, B-2704, A-7936 und 314; siehe Schreiben des Kreispostenführers Kaplitz an den Kommandeur der Schutzpolizei in Linz-Donau vom 29.1.1945; wie Anm. 1, Bl. 89.

6 Poln. Nowy Sącz.

7 Siehe Dok. 192 vom 28.1.1945.

DOK. 191

Der Gendarmerieposten in Grobau im Vogtland gibt am 27. Januar 1945 weiter, dass von Leichenfunden an der Bahnstrecke wenig Aufhebens gemacht werden soll[1]

Gendarmerieposten Grobau,[2] Kreis Plauen, Anz. Akte Nr. 54/45, gez. Teichmann,[3] Hauptwachtmeister d. Gend. an die Kriminalpolizeistelle Zwickau über den Gend.-Kreis Plauen, vom 27.1.1945

Betr.: Auffinden eines unbekannten Toten
Am 27.1.45 gegen 7.55 Uhr zeigte der Bahnhofsobervorsteher Gruber[4] aus Gutenfürst fernmündlich an, daß sich unweit des Blocks Grobau 1 unbekannter Toter befände. Beim Eintreffen an der Unfallstelle um 9.30 Uhr wurde folgendes festgestellt:
Eine erwachsene männliche Person lag etwa 2 m von der Eisenbahnschiene entfernt rechts der Strecke Hof–Plauen. Die Person war tot und lag mit der Vorderseite des Körpers im Schnee. An verschiedenen Körperteilen waren Hautabschürfungen, die aber nicht bluteten. Blutflecken waren im Schnee nicht vorhanden.
Der Tote war bekleidet mit einer dicken, dunkelbraunen Jacke. Darunter befanden sich 3 guterhaltene Sträflingsjacken. Unter diesen ein grauer ärmelloser Pullover. Außerdem trug er 2 Sträflingshosen und 2 blaue mit weißen Streifen versehene Unterhosen. Die Sträflingskleidung bestand aus grauem Stoff mit blauen Längsstreifen.
Ob der Unbekannte aus dem fahrenden Zug gestürzt ist, ist unwahrscheinlich. Wahrscheinlich ist, daß der vermutliche Sträfling bereits im Zuge verstorben war.
Beim Durchsuchen des Toten wurden Ausweispapiere nicht vorgefunden. In einer Sträflingsjacke wurde ein Stoffstreifen angenäht mit der Zahl B 13 029,[5] vor dieser Zahl ein Dreieck in rötlichbrauner Farbe aufgefunden. Dieses Zeichen wurde gesichert und wird dem Vorgang angeheftet. Eine nähere Beschreibung des Toten ist in einem beigefügten RKP-Vordruck Nr. 8[6] festgelegt.
Die Auffindungsstelle befindet sich etwa 900 m nördlicher Richtung von der Ortschaft Grobau entfernt in Richtung Reuth, unweit des Blocks Grobau auf Grobauer Flur.
Nach Abschluß der Erörterungen wurde die Leiche dem Bürgermeister in Grobau[7] zur Aufhebung übergeben. Die Aufhebung ist am gleichen Tage gegen 15.00 Uhr und gleichzeitige Überführung nach der Leichenhalle des Friedhofes in Mißlareuth erfolgt.
Um die Freigabe der Leiche zur Beerdigung wird gebeten.[8]
In der Angelegenheit wird hiermit Anzeige erstattet.

1 Sächs. StA, HStA Dresden, 11 391, Landesregierung Sachsen, Ministerium für Arbeit und Sozialfürsorge, Nr. 993.
2 Heute ein Ortsteil der Gemeinde Weischlitz in Sachsen.
3 Erwin Teichmann (*1897), Maurer, Gendarmeriehauptwachtmeister; 1940 NSDAP-Eintritt; im Sept. 1945 Kreispolizeihauptwachtmeister.
4 Walter Gruber (*1898), Oberbahnvorsteher in Gutenfürst.
5 Die Häftlingsnummer lässt sich dem Auschwitzer Außenlager Hindenburg zuordnen, dessen männliche Insassen am Abend des 19.1.1945 nach Gleiwitz und von dort in offenen Güterwaggons nach Buchenwald gebracht wurden. Da es sich um eine Jacke gehandelt hat, die getauscht worden sein kann, ist von der Nummer nicht zwingend auf die Identität des Häftlings zu schließen. Der Mann wurde auf ca. 32 Jahre geschätzt.
6 RKP: Reichskriminalpolizei.
7 Vermutlich Reinhard Schmuck (1892–1968), Landwirt; Ortsbauernführer in Grobau.

Nachtrag: Bei einer fernmündlichen Aussprache mit dem Obervorsteher Gruber vom Bahnhof Gutenfürst hat dieser vertraulich mitgeteilt, daß ein Güterzug mit Sträflingen von Wien nach Nordhausen am 27.1.45 um 7.18 Uhr den Bahnhof Gutenfürst passiert hätte. Das Betriebsamt in Plauen wünscht von der Sache wenig Aufhebens zu machen, weil längs der Strecke tote jüdische Häftlinge lägen.

DOK. 192
Richard Glücks genehmigt am 28. Januar 1945 dem Kommandanten von Mauthausen, eintreffende Häftlingstransporte weiterzuschicken[1]

Fernschreiben Nr. 1464 von SS-Gruppenführer und Generalleutnant Glücks, Oranienburg, an den SS-Obergruppenführer und General der Waffen-SS Frank, Prag, vom 28.1.1945, 11.45 Uhr

FS 4536 KDS Prag vom 27.1.1945 erhalten.[2] Ich habe entsprechende Anweisung an den Lagerkommandanten[3] erteilt und ihm befohlen, Häftlingstransporte, die er nicht unterbringen kann, über Linz–München nach Mitteldeutschland zu leiten.[4] Ich bitte, auch von dort der Reichsbahndirektion Linz gleiche Anweisung zu geben.

8 Nachdem diese und eine weitere an der Bahnstrecke aufgefundene Leiche zunächst notdürftig verscharrt worden waren, wurden sie im Sept. 1945 exhumiert und auf dem Ehrenhain für die Opfer des Faschismus auf dem Hauptfriedhof in Plauen beigesetzt.

1 NA Praha, 110/5/5, Bl. 14.
2 Nicht aufgefunden.
3 Franz Ziereis (1905–1945), Kaufmann; 1936 SS-Eintritt; Febr. 1939 bis Mai 1945 Lagerkommandant in Mauthausen; April 1944 SS-Staf.; im Mai 1945 verhaftet, wurde nach einem Fluchtversuch angeschossen und starb wenige Tage später an der Verletzung.
4 Es handelt sich um einen Häftlingstransport aus Auschwitz, dem in Mauthausen die Aufnahme verweigert worden war; siehe Dok. 188 vom 26.1.1945 und Dok. 190 vom 27.1.1945.

DOK. 193
Anni Keller erklärt, welche Verbrechen die SS auf dem mehrmonatigen Todesmarsch von Grünberg vom 29. Januar 1945 an beging[1]

Protokoll der Befragung von Anni Keller[2] durch Oberstleutnant Robert F. Bates,[3] Volary, vom 10.5.1945[4]

Frage: Ich hätte zunächst gerne einen Bericht darüber, was Sie mit den Mädchen, die sich jetzt hier befinden, verbindet und wie Sie mit der Gruppe in Berührung kamen.
Antwort: Wir verbrachten sieben Monate in Auschwitz, Polen, und drei Monate in Schlesiersee, Schlesien, und kamen am 29. Januar 1945 nach Grüneberg[5] in Schlesien.[6] Am 29.1.1945, während ich Gefangene in Grüneberg war, wurden etwa 1000 jüdische Frauen aus Auschwitz, Polen, und aus einem anderen Konzentrationslager gebracht. (Grüneberg liegt etwa auf halber Strecke zwischen Berlin und Breslau.) Am 30.1.1945 wurden die zusammengeführten Gefangenen wieder in zwei Gruppen aufgeteilt; zu jeder dieser beiden Gruppen kamen 500 von den Frauen aus Auschwitz und 500 von den Insassen des Grüneberger Lagers. Was mit der anderen Gruppe geschah, weiß ich nicht.[7]
Frage: Was geschah mit Ihrer Gruppe?
Antwort: Die Gruppe, der ich angehörte, verließ Grüneberg am 31.1.1945 mit dem Ziel Flossenbürg, Deutschland. Die ganze Gruppe ging zu Fuß; ein Pferdewagen war für die Kranken bestimmt. Die 500 Frauen aus Auschwitz befanden sich in einem äußerst schlechten körperlichen Zustand, die meisten von ihnen gingen barfuß. Damals lag Schnee, und eigentlich hätten alle von ihnen gefahren werden müssen. Unsere Gruppe erreichte etwa 6 Wochen später Helmbrechts[8] in Deutschland, das etwa 500 km von Grüneberg entfernt ist. Diese ganze Strecke haben wir zu Fuß zurückgelegt.

1 NARA, RG 549, Box 446, Case 000-8-6. Das Dokument wurde aus dem Englischen übersetzt.
2 Anni Keller, später Hanah Kotlizki (*1921), aufgewachsen in Leipzig und Gera, 1938 nach Polen abgeschoben, wohnte dort in Chrzanów, von Febr. 1943 an im Zwangsarbeitslager Grünberg, Jan. 1945 Räumungsmarsch in das Außenlager Helmbrechts (Flossenbürg), von dort im März 1945 erneut auf Räumungsmarsch, in Volary befreit; emigrierte nach Israel, 1997 Interview mit der USC Shoah Foundation, VHA # 29 401.
3 Robert F. Bates, Lieutenant Colonel, 5. US-Inf.-Div., Leiter der Ermittlungen in Volary.
4 Die 5. US Inf.-Div. hatte am 5.5.1945 den Ort Volary (deutsch: Wallern, gehörte 1939–1945 zum Regierungsbezirk Niederdonau und Oberpfalz) erreicht und dort über 100 erschöpfte Überlebende des Todesmarschs aus Helmbrechts entdeckt. US-Ermittler begannen unverzüglich mit Befragungen; siehe auch Dok. 234 vom 13.4.1945 und Dok. 286 vom 7.5.1945.
5 Richtig: Grünberg (poln. Zielona Góra). Dort befand sich seit Febr. 1942 ein Zwangsarbeitslager für Juden, das zunächst von der Organisation Schmelt, von Frühjahr 1944 an durch das KZ Groß-Rosen verwaltet wurde. Über 1000 jüdische Frauen waren dort inhaftiert, die für die Deutschen Wollenwarenmanufaktur Zwangsarbeit leisten mussten.
6 Anni Keller selbst war von Beginn an im Lager Grünberg und gehörte nicht zu der Gruppe, die von Schlesiersee nach Grünberg gebracht wurde; BArch B 162/20487, Bl. 148–155. Letztere war im Okt. 1944 von Auschwitz in die Lager Schlesiersee I und II gebracht und im Zuge der Räumungsmaßnahmen vom 21.1.1945 an in Richtung Westen getrieben worden. Am 28.1.1945 erreichten die Häftlinge völlig erschöpft das Lager Grünberg. Am 29.1.1945 wurden sie zusammen mit den Häftlingen aus Grünberg in zwei gemischten Kolonnen in Richtung Westen getrieben. Anni Keller gehörte zur Kolonne, die in Richtung Helmbrechts in Marsch gesetzt wurde.
7 Die zweite Kolonne marschierte nach Jüterbog, wurde dort in einen Zug verladen und nach Bergen-Belsen gebracht.

Frage: Wie viele von der ursprünglichen Gruppe erreichten Helmbrechts?
Antwort: Ungefähr 600.
Frage: Was geschah mit den anderen?
Antwort: Einige flohen, sehr viele starben, und viele wurden erschossen. Diejenigen, die nicht weiterlaufen konnten, wurden von den Deutschen erschossen, weil kein Transportfahrzeug zur Verfügung stand.
Frage: Wer begleitete die Gruppe auf diesem Teilabschnitt des Marschs?
Antwort: Zuerst war es deutsche Polizei, und nach etwa drei Wochen stießen SS-Mannschaften dazu.
Frage: Wer erschoss die Frauen, die nicht weiterkonnten?
Antwort: Die Wachen, sowohl Polizei als auch SS.
Frage: Können Sie irgendjemanden persönlich identifizieren, der so eine Erschießung vorgenommen hat, und seinen Namen nennen?
Antwort: Ja; ein Polizist namens Kovatsch,[9] ein Schlesier.
Frage: Wann und wo war Kovatsch beteiligt?
Antwort: Kovatsch war einer von den fünf oder sechs Deutschen, die am 15. Februar 1945 etwa 50 oder 60 Mädchen in Bautzen erschossen.[10] Ich selbst habe diesen Vorfall nicht gesehen; aber zwölf Mädchen wurden gezwungen, mitzugehen und ein Grab zu schaufeln. Sie kamen später mit Kleidung und Habseligkeiten der Erschossenen zurück. Ich sah diese Sachen, nachdem sie zurückgebracht worden waren.
Frage: Können Sie Kovatsch beschreiben?
Antwort: Er war klein, hatte etwa meine Größe, 1,63 m, schwarzes Haar, einen schwarzen Schnurrbart und war stämmig. Er hatte ein gewöhnliches Gesicht.
Frage: Würden Sie ihn wiedererkennen, wenn Sie ihn sähen?
Antwort: Ja.
Frage: Können Sie noch jemanden von der Wachmannschaft nennen?
Antwort: Ja, Hermann Jäschke[11] war der Kommandant meiner Gruppe und gehörte der Polizei an. Er war sehr groß, etwa 1,83 m, hatte hellgraues Haar, sah gut aus, war gut gebaut, nicht dünn und nicht dick.
Frage: Würden Sie ihn erkennen, wenn Sie ihn sähen?
Antwort: Ja.
Frage: Haben Sie gehört, dass er Befehle zur Erschießung von Mädchen gegeben hat?
Antwort: Nein, aber ich sah, wie er fünf erschossen hat. Ich glaube, das war noch vor der Erschießung der 50 oder 60 Frauen, die ich schon erwähnt habe. Es passierte, als fünf oder sechs Mädchen in den Wald liefen, um zu fliehen. Die Wachmänner umstellten daraufhin den Wald und brachten die Mädchen wieder heraus; Kovatsch schlug sie

8 Im Juli 1944 war in Helmbrechts, einer Kleinstadt in der Nähe von Hof, ein Außenlager des KZ Flossenbürg errichtet worden. Rund 500 nichtjüdische weibliche Häftlinge mussten für das Nürnberger Rüstungsunternehmen Kabel-Metall-Neumeyer Zwangsarbeit leisten. Am 6.3.1945 trafen 621 stark erschöpfte Jüdinnen aus den Lagern Schlesiersee II/Grünberg in Helmbrechts ein.

9 Richtig: Erich Kowatsch (1896–1967), Wachtmeister der Schutzpolizei; 1939 Fronteinsatz, danach Polizist in Breslau, 1942 Polizeibeamter zur besonderen Verwendung in Minsk, 1944 Rückkehr nach Breslau, 1945 Transportbegleitung auf dem Todesmarsch von Schlesiersee nach Helmbrechts; nach dem Krieg in US-Kriegsgefangenschaft, lebte danach in Dortmund.

10 In den Morgenstunden des 12.2.1945 erschossen die Wachmannschaften 43 Frauen in einer Sandgrube nahe der Ortschaft Salzenforst bei Bautzen. Seit 1948 erinnert ein Mahnmal an das Massaker.

11 Hermann Jäschke (1894–1966), Hilfspolizist.

nach ihrer Rückkehr in Gegenwart der ganzen Gruppe furchtbar mit Knüppeln, und zwei andere Wachmänner erschossen die fünf Mädchen vor unseren Augen. Diese Mädchen waren alle bis zu diesem Vorfall vollkommen gesund.
Frage: Sind Ihnen noch andere Vorfälle bekannt, die sich in Bautzen zugetragen haben?
Antwort: Ein Mann namens Grätz,[12] Angehöriger der Polizei, schlug Hanni Vogel[13] brutal wegen eines angeblichen Diebstahls von Brot; sie hatte aber niemals eines gestohlen. Grätz war generell sehr brutal gegenüber den Mädchen.
Frage: Was geschah noch in Bautzen?
Antwort: Ich kenne keine weiteren Vorfälle, aber häufig führten Wachmänner Mädchen in den Wald, wir hörten dann Schüsse und sahen diese Mädchen nicht wieder. Bei vielen Mädchen, die in dieser Phase auf dem Marsch starben, ist es unmöglich, die genaue Todesursache zu bestimmen. Dazu beigetragen haben: die schwere Arbeit, der lange Marsch barfuß im Schnee, ungenügende Ernährung und Erholung; viele hatten Tuberkulose, Typhus, Durchfall und Herzbeschwerden, sie waren nicht in der Lage, den Marsch durchzuhalten, und starben unterwegs.
Frage: Wie wurden diese Frauen beerdigt?
Antwort: Sie wurden in den verschiedenen Orten, durch die wir kamen, der Polizei übergeben. Die Erschossenen, mit Ausnahme der genannten größeren Gruppe, wurden in den Wäldern liegen gelassen, denn die Wachen kehrten sofort wieder zur Marschkolonne zurück, und niemand wurde herausgeholt, um die Frauen zu begraben.
Frage: Wurden die fünf Mädchen, deren Erschießung Sie sahen, beerdigt?
Antwort: Sie wurden am Straßenrand liegen gelassen, als wir weitermarschierten.
Frage: Würden Sie bitte mit der Schilderung der Vorfälle in Helmbrechts fortfahren?
Antwort: Wir waren fünf Wochen in Helmbrechts.
Frage: Kamen in Helmbrechts Misshandlungen vor?
Antwort: Alle Mädchen hatten dort Beschwerden, hauptsächlich wegen der Geschwüre an den Füßen. Viele litten an Durchfall; unsere Körper waren vollkommen verlaust und dreckig. Wir wurden in Ställen eingepfercht, schliefen auf Heu, hatten nur kaltes Wasser, keine Seife zum Waschen und erhielten so gut wie keine Nahrung. Morgens bekamen wir 300 gr Brot und schwarzen Kaffee; mittags gab es vielleicht einen halben Liter Suppe, die man kaum essen konnte, und zum Abendessen erhielten wir nichts. Manchmal ersetzten drei kleine Kartoffeln das Brot, und an vielen Tagen bekamen wir nicht einmal ein Mittagessen. Ärztliche Betreuung wurde uns nicht zuteil, nicht einmal auf dem Marsch. Es gab keinerlei Medikamente, so dass wir überhaupt nicht behandelt wurden. Wenn die Suppe zubereitet war, zwang der Hunger die Mädchen, sich darum zu raufen; zur Strafe mussten wir dann drei Tage lang von früh 7 Uhr bis nachmittags 5 Uhr ohne Essen in der bitteren Kälte arbeiten. Und das drei Tage lang. Ich vermute, dass der SS-Mann, den ich nicht kenne und der das Lager Helmbrechts befehligte,[14] dafür die Verantwortung trägt. Ich glaube, dass die Mädchen, die auf diese Weise bestraft wurden, alle gestorben sind.

12 Artur Grätz (1896–1970); ursprünglich Mitarbeiter der Deutschen Wollenwarenmanufaktur in Grünberg, leitete das Zwangsarbeitslager für jüdische Männer; lebte nach dem Krieg in Wernshausen, Thüringen.
13 Chana Fogel (*1920), aus Wielki Boczków; lebte nach dem Krieg in Herzlija, Israel.
14 Alois Dörr (1911–1990), landwirtschaftlicher Hilfsarbeiter; 1932 NSDAP-, 1933 SS-Eintritt; 1940 Wachmann in Flossenbürg, von Juli 1944 an Lagerführer in Helmbrechts, Transportführer beim

Frage: Können Sie irgendjemanden identifizieren, der in Helmbrechts bei Ihrer Gruppe die Aufsicht führte?
Antwort: Für die Bewachung in diesem Lager waren SS-Frauen verantwortlich; Männer durften das Lager nicht betreten.
Frage: Wie viele starben in Helmbrechts?
Antwort: Ungefähr 50 bis 60.
Frage: Wann verließ Ihre Gruppe Helmbrechts?
Antwort: Ich glaube, am 13. April 1945.
Frage: Wohin marschierte die Gruppe dann?
Antwort: Wir gingen wieder zu Fuß und kamen durch Asch, Franzensbad, Marienbad, alles Orte im Sudetenland, Taus, Böhmer-Wald und gelangten schließlich nach Volary in der Tschechoslowakei. Wir erreichten Volary am 2. oder 3. Mai 1945; ich glaube, es war der 3. Mai.
Frage: Wie viele von den Mädchen fuhren auf diesem Marsch?
Antwort: Ungefähr 180 bis 200 fuhren, denn sie waren zu schwach und zu krank, um zu laufen. Der SS-Mann, der in Helmbrechts das Kommando führte, ging als Kommandeur unserer Gruppe mit uns. Jeden Morgen ging er die Reihen der Mädchen entlang und drohte ihnen mit einer auf ihren Kopf gerichteten Pistole, falls sie nicht laufen wollten. Die Mädchen, die fuhren, waren so schwach, dass sie nicht einmal eine Pistole erschreckte.
Frage: Wie wurden diese kranken Mädchen transportiert?
Antwort: In acht von Pferden gezogenen Wagen. In diesen Wagen lagen die Schwerkranken unten. Die Mädchen mit erfrorenen Füßen kauerten an den Seiten, und die anderen mussten im Wagen stehen, wo sie konnten. Ich war die Führerin dieser Krankengruppe. Jeden Tag starben ungefähr zehn, die ich entlang der Straße begraben musste. Ihre Plätze wurden von anderen eingenommen, die zu schwach zum Laufen geworden waren.
Frage: Wie viele begruben Sie persönlich zwischen Helmbrechts und Volary?
Antwort: Ungefähr 200.[15]
Frage: Wie wurden sie begraben?
Antwort: Sie wurden meistens in Sammelgräbern bestattet. In vielen Fällen waren das sehr kleine Löcher mit etwas Erde darüber. Wir waren nur sieben, die diese Arbeit zusätzlich zur Aufsicht über die Kranken zu verrichten hatten, und wir erhielten keine Hilfe vom Aufsichtspersonal.
Frage: Wie viele Aufseher hatten Sie auf diesem Marsch?
Antwort: Zwölf SS-Frauen und ungefähr 15 SS-Männer.
Frage: Kennen Sie einen dieser Wachmänner oder -frauen beim Namen?
Antwort: Nein.
Frage: Kennen Sie einen Mann mit Namen Jaritz?[16]
Antwort: Ja.

Räumungsmarsch in Richtung Volary und Prachatitz; 1945/46 in US-Kriegsgefangenschaft, danach Tätigkeit als Landwirt in Höpfingen, 1969 in Hof zu einer lebenslangen Haftstrafe verurteilt, 1979 begnadigt.

15 Nachkriegsermittlungen bestätigten, dass über 200 Häftlinge auf dem Marsch gestorben waren; BArch B 162/20485–20487, 19 354, 14 383.

16 Dr. Werner Jaritz, zur SS versetzter Wehrmachtsangehöriger aus Bad Lauterberg im Harz.

Frage: Wer war das?
Antwort: Er war zur Aufsicht bei der Krankengruppe.
Frage: Wie behandelte er Sie?
Antwort: Zu mir war er anständig, aber den anderen Mädchen gegenüber war er brutal.
Frage: Auf welche Weise war er brutal?
Antwort: Er schlug sie mit einem Stock und mit einem Gummiknüppel.
Frage: Aus welchem Grund schlug er sie?
Antwort: Um sie zum Aufstehen zu bewegen.
Frage: Warum behandelte er Sie anständig?
Antwort: Das weiß ich nicht.
Frage: Wie viele Mädchen kamen lebend in Volary an?
Antwort: Etwa 140 Kranke und 170 Gesunde.
Frage: Wurde die Gruppe in Volary noch einmal geteilt?
Antwort: Die 170 Gesunden gingen weiter.
Frage: Wann gingen sie weiter?
Antwort: Am 3. Mai 1945.
Frage: Blieben einige Wachen bei Ihnen, als die anderen losgingen?
Antwort: Nach ihrem Abmarsch blieben fünf Frauen und sieben Männer zur Bewachung zurück.
Frage: Wann verließen diese zwölf Aufseher Ihre Gruppe?
Antwort: Es wurde unter den 140 Kranken noch ein Transport von 40 zusammengestellt, der bewacht von vier SS-Frauen und einem SS-Mann abtransportiert wurde. Eine der SS-Frauen wurde bei einem Luftangriff getötet,[17] und zwei erlitten Verwundungen.[18] Sie liegen jetzt im Krankenhaus von Volary. Was aus den zwei anderen wurde, weiß ich nicht.
Frage: Kennen Sie die Namen der beiden verwundeten Frauen?
Antwort: Die Namen nicht, aber ich kann sie identifizieren.
Frage: Kennen Sie einen Aufseher namens Reimann?[19]
Antwort: Nein.
Frage: Bekamen Sie oder andere Mädchen in Volary Hilfe von einem Mann namens Knäbel?[20]
Antwort: Ja; er tat, was immer er konnte. Er besorgte den Stall, brachte Milch, Suppe, Brot und Kartoffeln. Er nahm mich auch mit in sein Haus.
Frage: Kennen Sie einen Mann mit Namen Tichavsky?[21]
Antwort: Ja; ich glaube, das ist einer der Männer, die Herrn Knäbel halfen, sich um uns zu kümmern.

17 Ruth Schulz (1923–1945); Aufseherin in Helmbrechts, begleitete den Todesmarsch nach Volary und starb nahe der Ortschaft Zuderschlag (tschech. Záblatí u Prachatic) an den Verletzungen nach einem US-Tieffliegerangriff.

18 Herta Haase und Charlotte Stummer.

19 Max Reimann (*1896), Zeichnungsbeschneider; SS-Uscha.; Wachmann in Buchenwald, Dachau, Groß-Rosen, Okt. 1942 bis Jan. 1945 im Außenlager Dyhernfurth, dann in Helmbrechts; lebte nach dem Krieg in Dachau.

20 Oskar Knäbel, Fabrikant; Besitzer der Metallwarenfabrik Knäbel und Co. OHG in Volary; versorgte die Frauen nach Abzug der SS mit Brot, Suppe und Milch; Aussage am 9.5.1945; wie Anm. 1.

21 Einwohner von Volary, der in der Holzfachschule tätig war, die zum Lazarett umgewandelt wurde, Leiter der örtlichen NSV.

Frage: Bekam irgendeines der Mädchen vor dem Eintreffen der Amerikaner in Volary eine ärztliche Versorgung?
Antwort: Nein.
Frage: Können Sie sich noch an andere Fälle von Misshandlungen erinnern?
Antwort: In einem Dorf nahe Helmbrechts hielten drei Mädchen bei einem Abfallhaufen an, um sich mit Erlaubnis des Bauern einige Stücke herauszuholen. Zwei oder drei SS-Männer, die ich nicht kenne, schossen auf die Mädchen, töteten sie und schafften die Leichen weg. Ich war Zeuge dieser Erschießung.
Frage: Wie viele Mädchen starben in Volary, bevor sie in dieses Lazarett kamen?
Antwort: Zwölf; Herr Knäbel kümmerte sich um ihre Beerdigung.
Frage: Können Sie sich noch an andere Misshandlungen erinnern?
Antwort: Ja. Herr Noack,[22] der Direktor der „Deutschen Wollenwarenfabrik", für den wir in Grüneberg arbeiteten, sowie sein Werkmeister, Herr Neukirchener,[23] behandelten uns grausam, solange wir dort waren. Herr Noack, ein Sturmbannführer der SA und großer Freund von Göring, ließ uns zwölf Stunden arbeiten und gab uns fast nichts zu essen. Herr Neukirchener, auch ein SA-Mann, behandelte die Mädchen grausam, schlug sie mit den Fäusten und gab ihnen vier Stunden Extraarbeit – für die Dauer von einem Tag bis zu drei Monaten – für das leichteste Missgeschick. Anna Viebig,[24] SS Frau und Wache in Grüneberg, misshandelte die Mädchen und erschwerte ihnen das Leben in jeder erdenklichen Weise. Herr Grosmann, ein Vorarbeiter in der Fabrik in Grüneberg, misshandelte die Mädchen äußerst brutal. Die Namen von vier SS-Frauen in Grüneberg sind: Waltraud Schirmer, Hildegard Kühn,[25] Helga Siebert[26] und Anna Hempel[27] (wahrscheinlich tot), die die oberste Leiterin und Aufseherin im Lager Grüneberg war.[28]
Frage: Gab es Vergewaltigungen?
Antwort: Alfred Hanisch, ein Vorarbeiter in Grüneberg, behandelte ein Mädchen namens Anni Pinkus brutal und versuchte, sie zu vergewaltigen; sie wurde daraufhin nach Auschwitz, Polen, geschickt. Das geschah in Grüneberg.
Frage: Gibt es noch weitere Fälle, an die Sie sich erinnern können?
Antwort: Hilsche,[29] ein Unteroffizier in der SS, war äußerst brutal und erteilte Strafen für das geringste Missgeschick. Er hatte die Gewohnheit, 25 Schläge mit einem Knüppel als Strafe zu verhängen und die Vollstreckung selbst zu übernehmen. In Schlesiersee

22 Walter Noack; Geschäftsführer der Deutschen Wollenwarenmanufaktur Grünberg.
23 Heinrich Neukirchner; Betriebsleiter und Prokurist der Deutschen Wollenwarenmanufaktur Grünberg.
24 Richtig: Anna Fiebig (*1920), Arbeiterin; spätestens von Juni 1944 an Aufseherin im Außenlager Grünberg.
25 Hildegard Kühn (*1922), geboren in Heinerdorf, seit spätestens Juni 1944 Aufseherin im Lager Grünberg.
26 Richtig: Helga Sieber (*1919); spätestens im Juni 1944 Aufseherin im Lager Grünberg.
27 Anna Hempel, geb. Herdlitschke (*1900), Arbeiterin; spätestens von Mai 1944 an Aufseherin im Außenlager Grünberg, nach dessen Räumung Aufseherin in Bergen-Belsen; 1945 vom brit. Militärgericht in Bergen-Belsen zu zehn Jahren Haft verurteilt, 1951 entlassen, lebte danach in Hamburg.
28 Lagerführerin war Anna John (*1899), Spinnerin; von 1917 an Spinnerin in der Deutschen Wollenwarenmanufaktur in Grünberg, seit 1942 Lagerführerin in Grünberg; nach dem Krieg Haushälterin in Hamburg.
29 Kurt Hielscher (1902–1964), Kaufmann; 1931 SS-Eintritt; von Okt. 1941 an beim SS-T-Stuba. Groß-Rosen, Zugführer, Ausbilder und Kommandoführer, SS-Oscha.; lebte nach dem Krieg in Grohnde.

schlug ein Paul Zaetler von der SA die Mädchen äußerst brutal mit einem Knüppel. Der Mann, der die Erschießungen während des ersten Teils des Marschs organisierte, war Willi Krause von der Polizei; er stammt aus Breslau.

DOK. 194
Die Kriminaldirektion Prag verfügt am 29. Januar 1945, dass Flüchtige von Auschwitz-Transporten festzunehmen und Leichenfunde der Protektoratskriminalpolizei zu melden sind[1]

Schnellbrief der Protektoratskriminalpolizei – Kriminaldirektion Prag, Kriminalabt. Pardubitz, Zweigstelle Hohenmauth, i. A. Sadovský, Smetanagasse Nr. 92/1, K 10–105–35 Nr. 4, vom 1.2.1945

Betrifft: Auflösung des KL Auschwitz – Häftlingstransporte durch Protektorat – Maßnahmen.
Vorgang: Auftrag der KD[2] Prag vom 29.1.1945.
Im Zuge der Auflösung des KL Auschwitz sind verschiedene Häftlingstransporte durch Böhmen geleitet worden. Es wurde festgestellt, daß KL. Häftlinge aus den fahrenden Transportzügen entwichen sind. Ferner wurden Leichen an der Bahnstrecke gefunden. Angetroffene Flüchtlinge aus dem Transport sind festzunehmen und sofort der zuständigen Außendienststelle des Kommandeurs der Sicherheitspolizei – Abt. 1V – zuzuführen. Leichen, die aufgefunden werden, sind sofort der zuständigen Dienststelle der Protektoratskriminalpolizei zu melden, welche auch alles weitere veranlasst.
Es ist darauf achtzugeben, daß die Nummer, welche am linken Unterarm eintätowiert ist, notiert der zuständigen Dienststelle der Protektoratskriminalpolizei mit einem Vermerk, welcher – soweit feststellbar – Personalien enthalten muß, zugesandt wird.
Die Gendarmerieposten, welche bisher der hiesigen Dienststelle die schriftlichen Meldungen nicht vorgelegt haben (Ereignismeldung über den obenangeführten Fall), sind verpflichtet, sofort so zu machen. Diejenigen, welche die Meldungen vorgelegt haben, berufen sich auf ihre Geschäftszahl bzw. vervollständigen, ob in ihrer Meldung eine Änderung eingetreten ist. Zum nächsten Male wird auf die Bestimmung des Meldeblattes der Protektoratskriminalpolizei Nr. 22/42 vom 30. Oktober 1942 und zwar Berichterstattung, Tagesmeldungen St. I-14-101–71 Punkt a/[3] usw. aufmerksam gemacht.

1 NA Praha, Pochody smrti, Hlaseni, Svazek B, Karton 163 (Abschrift).
2 Kriminaldirektion.
3 Nicht aufgefunden.

DOK. 195
Karl Hermann Frank ordnet am 31. Januar 1945 an, Gerüchten über die Todesmärsche durch das Protektorat entgegenzuwirken[1]

Schreiben (sehr dringend!) des Deutschen Staatsministers für Böhmen und Mähren, gez. Frank, B.Nr. BdS-IV-486/45, an die Bezirkshauptmänner in Böhmen, die Polizeipräsidenten zu Prag und Pilsen durch die Hand des Landespräsidenten Prag, die Bezirkshauptmänner in Mähren, die Polizeipräsidenten zu Brünn und Mähr. Ostrau, den Polizeidirektor in Olmütz durch die Hand des Landespräsidenten in Brünn, die Oberlandräte – Inspekteure des Deutschen Staatsministers, nachrichtlich an das Ministeramt, die Abt. I und IV, den Befehlshaber der Ordnungspolizei vom 31.1.1945

Betrifft: Vorfälle bei der Durchschleusung jüdischer Häftlinge durch das Protektoratsgebiet.
Räumungsmaßnahmen in den östlichen Gebieten machten auch den Abtransport einer größeren Anzahl jüdischer – z. T. tschechisch sprechender – Häftlinge auf dem Bahnwege durch das Protektorat notwendig. Eine Belassung dieser Juden an Ort und Stelle oder eine vorherige Freilassung war aus Gründen der Staatssicherheit ausgeschlossen.
Da ein Teil der Verladung bereits unter Feindeinwirkung vor sich ging, mußte das gerade vorhandene Wagenmaterial – auch offene Wagen – benützt werden. Dieser Umstand und die winterlichen Unbilden (Schneestürme bei 20° Kälte) brachten eine Anzahl von Sterbefällen während der Fahrt mit sich. Entgegen den Anordnungen der Begleitmannschaft wurden die Leichen der Verstorbenen von den jüdischen Mithäftlingen aus dem fahrenden Zug geworfen, so daß die ordnungsgemäße Bestattung nicht erfolgen konnte. Außerdem kam eine Anzahl von Häftlingen bei Fluchtversuchen aus dem fahrenden Zug ums Leben.
Die Auffindung dieser Leichen entlang der Bahnstrecke hat bei der tschechischen Bevölkerung zu den unsinnigsten Gerüchten geführt.
Es ist dafür Sorge zu tragen, daß in allen Siedlungen entlang der durchfahrenen Bahnstrecken der oben geschilderte wahre Sachverhalt in geeigneter Weise bekanntgemacht und dadurch schnellstens der Gerüchtebildung entgegengewirkt wird. Zu diesem Zwekke sind die Bürgermeister, Ortsvorsteher und ähnliche Funktionäre mit öffentlichem Wirkungsbereich in kleineren Gruppen zusammenzuholen oder aufzusuchen und sofort mit einer entsprechenden mündlichen Aufklärung der Bevölkerung zu beauftragen.

1 NA Praha, 110/5/5, Bl. 13 f.

DOK. 196
Der Standortarzt von Mittelbau-Dora beschreibt am 31. Januar 1945 in seinem Monatsbericht den schlechten Gesundheitszustand der aus Auschwitz eintreffenden Häftlinge[1]

Monatsbericht des Standortarztes d. Waffen-SS, K.L. Mittelbau, SS-Untersturmführer,[2] vom 31.1.1945

I. *Häftlinge*

1.	Durchschnittlicher Lagerbestand		31 043
	davon jüdische Häftlinge		2902
2.	*Todesfälle im Berichtsmonat*		
	eines natürlichen Todes	746	
	auf der Flucht erschossen	2	
	Tod durch Unfall	4	
	Freitod	4	
			756
3.	*Stationäre Behandlung (im Tagesdurchschnitt)*		
	im K.L. Mittelbau	1397	
	in Außenlagern	995	
			2312[3]
4.	*Ambulante Behandlung*		
	im K.L. Mittelbau	1233	
	in Außenlagern	873	
			2106
5.	*Infektionskrankheiten*		
	Typhus abdom.	8	
	Tbc	660	
	Scharlach	8	
	Erycipel[4]	122	
	Lues[5]	4	

6. *Allgemeine Lagerhygiene*

Die allgemeine Lagerhygiene hat im K.L. Mi. insofern eine Beeinträchtigung erlitten, als durch die zahlreichen Zugänge eine Überbelegung des Stammlagers eintrat, die in der Folge sehr bald zu einer weitgehenden Verlausung führte. Eine sofort aufgenommene Generalentlausung brachte eine wesentliche Verbesserung der Ergebnisse der wöchentlichen Gesundheitskontrolle.

1 NARA, RG 153, Box 274, File 12–481, Vol. 1, Part 2.

2 Dr. Alois Gaberle (*1907), Arzt; 1939 NSDAP-, 1939 SS-Eintritt; Aug. 1943 bis Jan. 1945 Lagerarzt in Sachsenhausen; April 1944 SS-Ustuf., von Jan. 1945 an in Mittelbau-Dora; von 1950 an Kassenarzt in Hamburg-Harburg; 1962 in Münster zu drei Jahren Haft wegen Beihilfe zum Mord verurteilt.

3 Hier handelt es sich vermutlich um einen Rechenfehler. Die korrekte Summe beträgt 2392.

4 Auch Wundrose; bakterielle Infektion der oberen Hautschichten und Lymphwege.

5 Syphilis.

Infolge der kalten Jahreszeit haben sich die Erkältungskrankheiten, wie zu erwarten, erheblich vermehrt, wenn sie auch in normalen Grenzen blieben. Die Todesfälle entsprechen mit ihrer jahreszeitlich bedingten Steigerung im K.L. Mi. gleichfalls der Norm. Dagegen muß die erhebliche Steigerung der Todesfälle im Außenlager Ellrich[6] (511 plus 63 im K.L. Mi verstorbene Kranke aus Ellrich) vor allem zu Lasten der dort noch sehr mangelhaften Lagerhygiene gebucht werden. Das Lager leidet nach wie vor an Wassermangel. Durch die schlechte Versorgung mit Schuhwerk und winterlicher Kleidung machen sich häufig Erfrierungen, namentlich der unteren Gliedmaßen bemerkbar. Das Lager Ellrich ist außerdem total verlaust. Entlausung wurde zwar durchgeführt, blieb aber nur zum Teil von Erfolg gekrönt, da mangels genügender Holzwolle die verlausten Strohsäcke nicht ersetzt werden konnten. Die hygienischen Verhältnisse in dem zweitgrößten Außenlager Hans sind befriedigend, wenn auch über ungenügenden Wäschewechsel geklagt wird, der eine Totalentlausung noch in Frage stellt.[7] In den übrigen, kleineren Außenlagern entsprechen Krankheits- und Sterbefälle der Lagernorm.
Am 28. Januar traf nach längerer Fahrt von Auschwitz kommend ein Transport von 3917 männlichen und rund 500 weiblichen Häftlingen im K.L. Mi. ein.[8] Aus dem Transport wurden 379 Tote geborgen und 130 Schwerkranke in den HKB[9] aufgenommen. Tote und Schwerkranke rekrutierten sich ausschließlich aus den männlichen Häftlingen, während die Frauen die Fahrt relativ gut überstanden hatten.
Am 11. Januar schied der nach K.L. Groß-Rosen versetzte Standortarzt SS-Obersturmführer Dr. Kahr[10] aus dem K.L. Mittelbau aus. Die Geschäfte des Standortarztes übernahm von diesem Zeitpunkt an SS-Obersturmführer Dr. Rindfleisch,[11] der nach Versetzung zum Haupt-Sanitätsamt nach Berlin am 19. Januar durch SS-Untersturmführer Dr. Gaberle als Standortarzt abgelöst wurde.
[…][12]

6 Siehe Dok. 188 vom 26.1.1945, Anm. 11.
7 In Harzungen existierte seit April 1944 ein Außenlager mit der Tarnbezeichnung „Hans". Bis zu 5000 Häftlinge mussten vor allem im Stollenvortrieb (Bauvorhaben B 3) am Himmels- und Mühlberg bei Niedersachswerfen und Woffleben, später auch auf der Baustelle B 11 am Kohnstein Zwangsarbeit leisten.
8 Die meisten dieser überwiegend jüdischen Frauen wurden zwei Wochen später in das KZ Bergen-Belsen weitergeleitet. Zehn nichtjüdische Frauen blieben in Dora zurück und mussten dort im neu eingerichteten Häftlingsbordell arbeiten.
9 Häftlingskrankenbau.
10 Dr. Karl Kahr (1914–2007), Arzt; 1934 SA-, 1938 NSDAP-, 1940 SS-Eintritt; von Nov. 1942 an Lagerarzt in Dachau, Jan. 1944 in Buchenwald, von Mai 1944 an Standortarzt im KZ Mittelbau-Dora, Jan. 1945 in Groß-Rosen; Jan. 1945 SS-Hstuf.; nach dem Krieg in US-Internierung, danach Arzt in Graz.
11 Dr. Heinrich Rindfleisch (1916–1969), Arzt; 1938 SS-Eintritt; 1942 Lagerarzt in Sachsenhausen, Aug. 1942 im Männerlager Ravensbrück, März 1943 2. Lagerarzt im KZ Lublin-Majdanek, Mai 1944 Lagerarzt in Groß-Rosen; nach dem Krieg Arzt in Berlin und Rheinhausen/Ruhrgebiet.
12 Der zweite Teil des Berichts befasst sich mit dem Gesundheitszustand der SS-Besatzung und der Wachmannschaften.

DOK. 197

Bronisława Krakauer überlebt in der Nacht vom 31. Januar 1945 das Massaker am Strand von Palmnicken, indem sie mehrere Stunden im Eiswasser verharrt[1]

Protokoll des Berichts von Bronisława Krakauer[2] vor der Jüdischen Historischen Kommission in Krakau, Nr. 21, o. D. [1945]

[...][3]

Am 10.9.1944 wurde sie [Bronisława Krakauer] für einen Transport nach Stutthof selektiert, für unterwegs gab man den Häftlingen Wäsche, Holzpantoffeln und Proviant. In Stutthof war es hinsichtlich Verpflegung und Unterbringung noch schlimmer. 1500 Frauen schliefen in einem Saal auf dem Boden. Von Zeit zu Zeit kamen die Herren vom Arbeitsamt und suchten sich die kräftigsten Frauen zum Arbeitseinsatz aus, die nicht mehr ins Lager zurückkehrten. Am 23.9.1944 wurde sie zum Arbeitseinsatz nach Jesau bei Königsberg deportiert.[4] Sie wurde zuvor sehr gut ausgestattet (Mantel, Pullover, Kleid, Wäsche, neue Strümpfe, Socken, Holzpantoffeln und ein Taschentuch).

Sie fuhren mit dem Personenzug. Vor Ort wurden sie in ordentlichen Baracken untergebracht (jeder bekam ein eigenes Bett und eine Decke). Am nächsten Tag schickte man sie zur Arbeit, 900 Frauen aus Krakau und 900 Männer aus Wilna. Sie fällten Bäume und legten einen Weg unter der Aufsicht der Organisation Todt an. Die Aufseher waren deutsche Zivilisten. Wecken morgens um 4 [Uhr], als Verpflegung bekamen sie einmal täglich 600 g Brot, 25 g Margarine, schwarzen Kaffee und Suppe. Um 5 [Uhr] zum Appellplatz, um 6 [Uhr] zur Arbeit. Es gab auch eine Schneider- und eine Schusterwerkstatt, in denen ungefähr 20 Personen beschäftigt waren. Das waren Ältere und Kranke, es ging ihnen dort gut. Allerdings wurden sehr viele von der schweren Arbeit und vom Frost krank, und von Zeit zu Zeit überstellte man sie mit einem Krankentransport nach Stutthof. Am 21.1.1945 befahl man, das Lager zu räumen, und brachte die Insassen ins 22 km entfernte Lager nach Königsberg. Sie erhielten kalte Verpflegung[5] und blieben bis zum 25.1.45 dort. In Königsberg wurden 5 Transporte gesammelt, die seinerzeit von Stutthof gekommen waren und in der Gegend um Königsberg, in Seerappen, Heiligenbeil oder Jesau stationiert gewesen waren, insgesamt ungefähr 3000.[6] Am 26.1.1945 brachte man sie aus Königsberg in das 22 km entfernte Palmnicken und in einer Scheune

1 AŻIH, 301/381. Das Dokument wurde aus dem Polnischen übersetzt.

2 Bronisława Krakauer, geb. Landgarten (*1914), Bankangestellte; im März 1943 vom Krakauer Getto in das KZ Plaszow überstellt, im Aug. 1944 nach Auschwitz, im Sept. 1944 nach Stutthof und von dort in das Außenlager Jesau in Ostpreußen überstellt, Jan. 1945 auf Räumungsmarsch; nach dem Krieg Rückkehr nach Krakau.

3 Im ersten Teil berichtete Bronisława Krakauer von ihrer Deportation nach Plaszow und Auschwitz.

4 Das Stutthofer Außenlager im ostpreußischen Jesau (heute Nivenskoe bei Kaliningrad) wurde im Sept. 1944 auf einem Flugplatz der Luftwaffe eingerichtet. Die Häftlinge, überwiegend Frauen, waren bei Waldarbeiten, im Straßen- und Gleisbau sowie beim Ausheben von Panzerabwehrgräben eingesetzt. 890 Frauen und 200 Männer wurden am 21.1.1945 in Richtung Königsberg in Marsch gesetzt; die meisten starben während des Todesmarschs oder durch das Massaker von Palmnicken; siehe Einleitung, S. 70, 77.

5 Im Original deutsch.

6 Es hielten sich zu diesem Zeitpunkt vermutlich 6500 bis 7000 Personen im Sammellager Königsberg auf.

unter (wer nicht mehr gehen konnte, wurde erschossen). Drei Tage lang gab man ihnen nichts zu essen. Am 31.1.1945 abends um 7 Uhr ging es dann weiter, angeblich sollten die Häftlinge nach Pillau laufen und von dort mit Schiffen weitertransportiert werden. Die SS begleitete sie. Doch man hatte sie getäuscht. Die Kranken wurden an Ort und Stelle erschossen, und unterwegs trennte man in halbstündlichen Abständen von hinten jeweils 7 Reihen mit 500 Personen ab, stieß sie auf das zugefrorene und schneebedeckte Meer hinaus und erschoss sie. Nachts, bei Sturm, Frost und Nebel. Sie konnte sich retten, weil sie sich in den vorderen Reihen befand und die Revolverkugel in einem Döschen stecken blieb, das sie in der Tasche ihres Kleides trug. Die Menschen wussten nicht, dass sie sich auf Eis befanden. Durch die Wärme und das Gewicht der Körper taute das Meer. Sie lag ungefähr 3 Stunden auf und unter den Leichen. Erst nachdem das Schießen aufgehört hatte und niemand mehr da war, versuchte sie herauszukommen.
Nach einer halben Stunde Anstrengung schaffte sie es, aus dem Wasser zu kommen, vollkommen nass und blutverschmiert. Sie bemerkte, dass noch einige Menschen am Leben waren. Sie machten sich auf den Weg, wo ein Wehrmachtsangehöriger sie erwischte – und ihnen den Weg ins nächste Dorf zeigte. Die Dorfbewohner wollten sie nicht aufnehmen und ihnen auch sonst nicht helfen. Am 1.2.1945 regnete es. Es war Tauwetter, das Eis taute, und sämtliche Leichen wurden weggespült. Übrig blieb nur jede Menge Blut im Sand. Im Dorf drohten sie ihr mit der Polizei. Also lief sie zum Dorf Sorgemann,[7] dort nahm eine Deutsche namens Venohr sie (drei Jüdinnen) sehr herzlich auf, gab ihnen ein eigenes, gut geheiztes Zimmer, ausreichend Essen und versorgte sie mit trockener Wäsche. Am 2.2.45 marschierten die Russen ein.[8]

7 Vermutlich Sorgenau, russ. Prokovskoe, 3 km von Palmnicken entfernt.
8 Die 32. Division der Roten Armee erreichte Palmnicken erst am 15.4.1945.

DOK. 198

Dora Hauptman wird in der Nacht zum 31. Januar 1945 während des Massakers am Strand von Palmnicken durch Schüsse verletzt[1]

Bericht von Dora Hauptman[2] vom Mai 1945[3]

[...][4]
Ende Januar eröffnete man uns, dass wir mit einem Schiff ins Reichsinnere fahren sollten. Der Sammelpunkt war das Lager in Königsberg. Dort trafen vorwiegend junge Frauen aus der ganzen Umgebung ein, wir waren etwa 3000 oder sogar mehr. Nach einigen Tagen erklärte man uns, dass wir weitergehen würden, und wer sich nicht bei Kräften fühlt, wird gefahren. Nachts brachen wir auf. Als wir das Lager verließen, hörten wir Schüsse – unsere Kameraden wurden erschossen. Man führte uns durch hohen Schnee, unwirtliche Kälte, eisigen Wind – so war das Wetter, mit dem wir zu kämpfen hatten. Wir durften nicht ausruhen, dann wurde man sofort erschossen. Wir mussten zügig laufen, nicht gehen. Unterwegs schoss man auf uns und trieb uns weiter, bis wir in der kleinen Stadt Palmnicken in eine riesige Schlosserei getrieben wurden. Mit erfrorenen Gliedmaßen, hungrig, müde, warteten wir auf das Ende. Man erklärte uns, dass wir nichts zu essen bekämen, aber später stellte sich heraus, dass die Bevölkerung Brot und Kartoffeln für uns gesammelt hatte und uns das zukommen ließ, damit wir nicht vor Hunger sterben.
Am dritten oder vierten Tag brachte man uns weiter, nachts, wieder in Fünferreihen. Am Anfang die Frauen, am Ende die Männer. So brachte man uns ans Meer. Plötzlich tauchte ein Mann bei uns auf, der uns erklärte, dass sie zuerst die Männer erschießen werden. Er erklärte uns, wir sollten uns unter das Eis oder ins Meer fallen lassen. Er sagte, jemand müsse überleben, damit diese Barbarei erzählt werden kann. In meiner Fünferreihe waren nur Mädchen aus einer anderen Stadt. Als ich mich ins Meer fallen ließ, erhielt ich einen Schuss in die rechte Hand, die Kugel ging durch mich hindurch. Eine andere erhielt einen Schuss in die Lunge. Als alles ruhig geworden war, ging ich zusammen mit ihr in das Dorf. Ich ging zu einem Haus und sie zu einem anderen. Dort wärmte ich mich auf und bekam etwas zu essen. Die Leute erklärten mir aber, dass sie Angst haben, mich länger dazubehalten, und dass ich zu einem Arzt gehen soll, um mir einen Verband machen zu lassen. Als ich mich zu einem Arzt schleppte, traf ich die Deutsche Berta Pulver,[5] die mich aufnahm und mich bis zum Eintreffen der Roten Armee, das heißt bis zum 15.4.1945, beherbergte.

1 CAMO, 303/4021/199. Kopie: YVA, M 40/MAP/86. Abdruck in engl. Sprache in: Shmuel Krakowski, Massacre of Jewish Prisoners on the Samland Peninsula – Documents, in: Yad Vashem Studies, XXIV (1994), S. 363–366. Das Dokument wurde aus dem Polnischen übersetzt.

2 Dora Hauptman, geb. Bachmann, verh. Glowicka (*1919), Buchhalterin; im April 1944 nach Plaszow deportiert, dann ins Außenlager Wieliczka, im Juli 1944 nach Auschwitz und von dort nach Stutthof verbracht, Zwangsarbeit im Außenlager Jesau, Jan. 1945 Todesmarsch nach Palmnicken; siehe Einleitung, S. 70, 77.

3 Die näheren Umstände der Berichterstattung sind nicht genau bekannt. Vermutlich hat Dora Hauptman die Aufzeichnungen für die Rote Armee verfasst.

4 Im ersten Teil des Dokuments berichtet Dora Hauptman von ihrer Gefangenschaft in Plaszow, Wieliczka, Auschwitz, Stutthof und dem Außenlager Jesau.

5 Berta Pulver berichtete am 23.2.1961 im Rahmen bundesdeutscher Ermittlungen von ihrer Begegnung mit Dora Hauptman; BArch, B 162/3215, Bl. 250–253. Ein Foto, das beide zusammen zeigt, ist abgedruckt in: Martin Bergau, Todesmarsch zur Bernsteinküste, Heidelberg 2006, S. 148.

An diesem Tag erhielt ich eine Verletzung von einer Bombe, als die Stadt bombardiert wurde. Unteroffizier Garnberg leistete mir Erste Hilfe und schickte mir täglich einen Arzt zur Versorgung meiner Wunde. Eines Tages kam zufällig Major Zubanow zu uns, um das Haus für das Militär zu beschlagnahmen. Ich sprach mit ihm auf Russisch, und so schlossen wir Bekanntschaft, die ihm half, das Rätsel aufzuklären, was für Leichen das sind, die die Bevölkerung ausgegraben hatte. Ich sagte ihm, was ich wusste, und am zweiten Tag fand ein Meeting statt, auf dem ich zu unseren Soldaten sprach, ihnen alles erzählte und in meinem und im Namen meiner toten Kameraden dankte. Nachdem wir die Toten geehrt hatten, sprach ich einige Worte zu der versammelten Zivilbevölkerung, damit sie auch von der Barbarei erfuhr, die sie an unseren Mädchen verübt hatten. Ich danke noch einmal herzlich und drücke aus Dankbarkeit Eure Hände für die Befreiung vom Joch der deutschen Herrschaft.

DOK. 199
Bewohner von Palmnicken und aus Dörfern in der Umgebung berichten, wie sie Ende Januar 1945 Zeugen von Erschießungen jüdischer Frauen am Ostseestrand wurden[1]

Schreiben des leitenden Instrukteurs unter den Truppen und der Bevölkerung des Feindes, Politabt. der 32. Garde-Schützendivision, Gardemajor Lizvanov, an den Leiter der Politabt. der 2. Gardearmee, Generalmajor Genosse Danilov,[2] vom 31.5.1945

Ich übersende Ihnen Aussagen von Bewohnern der Stadt Palmnicken über die an sowjetischen Bürgern begangenen hitlerfaschistischen Grausamkeiten.
Franz Forell, geb. 1897. Ende Januar 1945 ereignete sich hier ein Verbrechen, das von den Leuten als überaus bestialisch und grausam wahrgenommen wurde. Am 25. Januar sah ich, wie sich bei starkem Frost, auf der Chaussee von Königsberg kommend, eine rund 5000 Menschen umfassende Kolonne in Richtung Palmnicken bewegte. Ein Großteil dieser in Lumpen gehüllten, bemitleidenswerten Leute wurde, soviel ich weiß, kurz darauf erschossen. Viele, die den Grausamkeiten ihrer Peiniger nicht standhielten, den Schlägen mit den Gewehrkolben, dem Hunger und der Kälte, blieben auf dem Weg zurück. Ich selbst habe auf der Chaussee in der Nähe von Palmnicken Leichen dieser gequälten und grausam getöteten unschuldigen Menschen gesehen. Die Chaussee war nicht nur mit Leichen übersät, sondern auch mit menschlichen Schädelteilen und Blutlachen. Ich denke, etwa 4000 dieser Unglückseligen haben Palmnicken erreicht. Auf beiden Seiten der Chaussee im Wald befinden sich sehr viele Gräber, die die Bevölkerung zeigen kann. Förster Marter aus Gumbinnen kann viele Stellen im Bezirk Gumpener-Walsch zeigen, wo die grausam ermordeten Menschen einen Monat lang aufgehäuft lagen und erst dann verscharrt wurden. Die Leichen waren teilweise schon

1 CA MORF, 32/1/24, Bl. 46. Kopie in YVA, M 40/MAP/125. Abdruck in engl. Sprache in: Krakowski, Massacre (wie Dok. 198 vom 31.1.1945, Anm. 1), S. 377–381. Das Dokument wurde aus dem Russischen übersetzt.

2 Vasilij Varfolomeevič Danilov (1900–1966); 1944 Generalmajor und Leiter der Politabt. der 2. Gardearmee.

von Füchsen, Hunden und Raben angefressen. Die SS-Männer, die diese Menschen bewachten, waren blutrünstig und hatten keinerlei Gewissen.

Verlautbarung (Übersetzung aus dem Deutschen)
Hiermit gebe ich bekannt, dass alle Bewohner von Palmnicken und Umgebung, die etwas über die brutalen Verbrechen wissen, die Ende Januar 1945 von der SS an Tausenden unschuldigen Menschen auf der Chaussee zwischen Königsberg und Palmnicken und am Strand zwischen Palmnicken und Pillau begangen wurden, verpflichtet sind, im Amt des Bürgermeisters von Palmnicken entsprechende Mitteilung zu machen und die Gräber dieser unschuldigen Menschen zu zeigen. Bürgermeister,[3] 21.5.1945

Ohne Aufforderung erschienen Emil Glogau, geb. 1893, sowie seine Frau Luise Glogau, geb. 1896, und berichteten über die am 26. und 27. Januar 1945 in Palmnicken begangenen Morde.[4] Um 4 Uhr [nachmittags] kam ich gerade vom Arzt und sah, wie sich auf der Chaussee von Königsberg zur Fabrik in Palmnicken eine große Kolonne von Menschen unter Bewachung der SS näherte. Diejenigen, die nicht mehr laufen konnten, wurden von den SS-Männern mit den Füßen getreten und danach mit mehreren Schüssen getötet. Die Toten blieben auf der Straße liegen. Emil Glogau, Luise Glogau, 24.5.1945

Ohne Aufforderung erschienen Kurt Bischof, geb. 1884, sowie seine Frau Margarete Bischof und berichteten: Zunächst waren es 5000 Häftlinge, die in Jesau und auf einer Schiffswerft in Schichau und an anderen Orten arbeiteten – allesamt Juden. Ende Januar 1945 wurden sie in Königsberg gesammelt. Verantwortlich dafür war der Regierungsbeamte Frenteg, ebenso wie Dr. Baeren und Ivnermin.[5] Alle drei arbeiten mit der Gestapo zusammen. Am 22.1. sollten diese unglücklichen Menschen auf bestialische Art und Weise umgebracht werden. Nur aufgrund des schnellen Vorrückens der Russen wurden sie nach Palmnicken gebracht. Kurt Bischof, Margarete Bischof

Ohne Aufforderung erschien Bruno Kreck, geb. 1878, wohnhaft in Sorgenau.[6] Er berichtete Folgendes: Am 27.1.1945 beobachtete ich vormittags, wie die Leichen der in der Nacht vom 26. zum 27.1.1945 ermordeten Menschen nach Palmnicken auf Fuhrwerken und Schlitten gebracht wurden. Am 28.1. war die Straße von Sorgenau nach Palmnicken bereits frei geräumt, allerdings übersät mit Blutlachen, offensichtlich hatten dort Leichen gelegen. Am Nachmittag des 27.1. sah ich, wie SS-Männer den Wald von Sorgenau durchkämmten, auf der Suche nach Unglückseligen, die trotz Verletzungen und der schrecklichen Kälte dorthin geflüchtet waren. Zwei von ihnen wurden entdeckt, sie hatten sich nicht weit von meinem Haus versteckt. Beide waren schwer verletzt und wurden von den SS-Männern erschossen. Sie blieben noch lange im Schnee liegen. Auf Anord-

3 Rudolf Folger (*1886); 1919–1945 Buchhalter bei den Staatlichen Bernsteinwerken in Palmnicken; Mai 1945 bis Juni 1947 Bürgermeister in Palmnicken, wohnte danach in Düsseldorf.

4 Bei den Opfern handelt es sich um Jüdinnen, die bereits vor dem Massaker am Ostseestrand auf dem Todesmarsch ermordet worden waren.

5 Nicht ermittelt. Der Todesmarsch war höchstwahrscheinlich vom KdS Königsberg, SS-Stubaf. Kurt Gormig, angeordnet worden; BArch B 162/3220.

6 Sorgenau liegt an der Strecke Königsberg–Palmnicken, etwa 3 km vor Palmnicken. Es geht hier um die Personen, die noch vor dem Massaker, während des Marschs, erschossen wurden.

nung des damaligen Bürgermeisters Friedrich[7] wurden sie schließlich beerdigt. Ich versorgte eine der armen jüdischen Frauen, die bei mir Zuflucht gefunden hatte, mit Lebensmitteln und Kleidung. Sie hatte Schusswunden erlitten. Ihr körperlicher Zustand war katastrophal. Schwer verletzt und völlig erschöpft, erzählte sie mir, sie sei Jüdin aus Warschau und zusammen mit vielen ihrer Glaubensschwestern in einem Lager in der Nähe von Hohenstein eingesperrt gewesen. Bei fürchterlichem Frost und Schneeverwehungen seien sie von dort zunächst nach Königsberg und dann nach Palmnicken getrieben worden. Noch in Hohenstein wurde jeder Häftling, der aufgrund von Schwäche mit der Kolonne nicht mehr Schritt halten konnte, erschossen. Ein Großteil dieser Menschen war barfuß und besaß bis auf die jämmerliche Häftlingskleidung gar nichts mehr. Bruno Kreck, 26.5.1945

Ohne Aufforderung erschien Heinz Pipereit, geb. 1920, aus Lesnicken, wohnhaft in Sorgenau, und berichtete von der Ermordung der Juden durch die SS in der Nacht vom 26. auf den 27. Januar 1945. Am 27.1. war er auf dem Weg von Lesnicken nach Palmnicken. Die Chaussee und die Straßengräben quollen buchstäblich über von getöteten Menschen. Ich sah, wie zwei offenbar schwer verletzte Frauen von Bruno Kecks Grundstück in den Wald krochen. Sie wurden verfolgt. Sie rangen die Hände und flehten, nicht erschossen zu werden, aber sie wurden von SS-Männern mit Knüppeln geschlagen und erschossen. Als ich am 5. Februar nachts den Strand entlang in Richtung Sorgenau ging, hörte ich heftiges Gewehrfeuer. Ich glaube, es fanden Erschießungen mit Maschinengewehren statt. Am nächsten Tag, am 6. Februar, ging ich erneut zum Strand und erfuhr, dass die SS wahrscheinlich viele weibliche Häftlinge aus Palmnicken in Richtung Pillau getrieben hatte. Im Ufergebüsch und am Strand sah ich viele weibliche und männliche Leichen. Sie waren ohne Ausnahme erbärmlich gekleidet, teilweise vollständig nackt. Das waren die Bedauernswerten, die man in der Nacht vom 5. auf den 6. Februar aus der Fabrik in Palmnicken hinausgetrieben und am Strand erschossen hatte.[8] Ihre nackten Körper wiesen blaue Flecken auf, die nur von Stiefelabsätzen und Knüppeln stammen konnten. Es ist möglich, dass ein Teil an Schlägen und inneren Verletzungen starb, da viele Leichen keine Schussverletzungen aufwiesen. Ich habe außerdem gesehen, dass viele Leichen, vor allem weibliche, vom Meer angeschwemmt worden waren. Ich kann deshalb mit Sicherheit sagen, dass die SS in der Nacht auf den 6.2. diese Unglückseligen nicht nur am Strand ermordet, sondern sie teilweise auch ins Meer getrieben hat. Das Meer schwemmte noch 14 Tagen lang Leichen in Richtung Sorgenau an, größtenteils die von Frauen. Leichen wurden aber nicht nur bei Sorgenau angeschwemmt, sondern die ganze Küste entlang von Palmnicken bis Rothenen. Ich kenne viele Stellen im Bezirk Sorgenau, wo die ermordeten Menschen liegen, teilweise von den Wellen mit Sand bedeckt. Heinz Pipereit, 25.5.1945

7 Richtig: Kurt Friedrichs (*1883), Drogist; 1932 NSDAP-Eintritt; Febr. 1936 bis April 1945 Bürgermeister und NSDAP-Ortsgruppenführer in Palmnicken, 15.4.1945 Flucht über die Frische Nehrung; in brit. Internierung bis Okt. 1947, danach Rentner in Winsen.

8 Das große Massaker ereignete sich in der Nacht vom 31.1. auf den 1.2.1945. In den folgenden Tagen kam es zu weiteren Morden.

Von 1919 bis zum 19. Februar[9] 1945 arbeitete ich als Hilfsarbeiter in der Gemeinde Norgau. Ende Januar 1945 lief ich nach Palmnicken. Ende Februar bekam ich vom Ortsbauernführer Zastrow die Anordnung, gemeinsam mit anderen Leuten im Langen Wald Leichen zu begraben. Das Begräbniskommando bestand aus 20 Personen. Im Wald wurde mir klar, dass es sich um die Leichen der Menschen handelte, die in der Nacht vom 26. zum 27. Januar auf der Chaussee Königsberg–Palmnicken umgebracht, danach eingesammelt und in den Langen Wald gebracht worden waren. Wir begruben sie an drei Stellen. In dem Kommando war auch mein Bekannter Fritz Neumann, ein Einwohner aus Polennen. Emil Stahlbaum, 25.5.1945

Ohne Aufforderung erschien Luise Metzat, geb. 1892, wohnhaft in Palmicken, und berichtete Folgendes: Als ich am Montag, den 27.1.1945, mit meinen Einkäufen aus Sorgenau unterwegs war, sah ich von der Chaussee, wie 4 Bewacher 6 Personen in den Wald führten. Dort zwang man sie, sich hinzuknien, und erschoss sie rücklings. Luise Metzat, 25.5.1945

Ohne Aufforderung erschien Grossin, Elisa, geb. 1893, und berichtete Folgendes: Ich habe von den grausamen Verbrechen in der Nacht vom 26. auf den 27. Januar 1945 an den unschuldigen weiblichen und männlichen Häftlingen gehört. Es lagen viele Leichen auf der Chaussee von Panis nach Germau. Ein Teil dieser unschuldig Ermordeten ist auf meinem Grundstück in Panis beerdigt. Elisa Grossin, 25.5.1945

Ich arbeitete im Büro in der Verwaltung Palmnickens und kann vom Transport der 4000 unglückseligen Menschen berichten, die von den nationalsozialistischen Machthabern in der Nacht vom 26. auf den 27. Januar 1945 auf grausame Weise umgebracht worden sind. Ich, Wanda Meierwald, geb. am 27.1.1908, war auf dem Weg zum Dienst nach Palmnicken, als ich auf dem Weg verschiedene Kleidungsstücke von Häftlingen – Mützen, Strümpfe, Holzpantoffeln – sah. Auf dem Fabrikhof überall Blutlachen, auf dem Boden lagen menschliche Schädelteile. In der Fabrik erfuhr ich, dass mehr als 3000 Gefangene in der Schlossereiwerkstatt eingesperrt und eingemauert worden waren. Ich erfuhr, dass ein Polizist eine Frau herausholte, sie im Stroh versteckte und dann vergewaltigte. Ein anderer SS-Mann erschoss sie danach. Wanda Meierwald, 25.5.1945

Ohne Aufforderung erschien Trude Hermann, geb. 1886, aus Palmnicken. Sie berichtete von den Morden der SS in der Nacht vom 26. auf den 27. Januar 1945. Mir wurde erzählt, dass hinter dem Restaurant Leichen von ermordeten Menschen vergraben seien, dies jedoch nur ein kleiner Teil der Opfer sei. Trude Hermann, 25.5.1945

Ohne Aufforderung erschien Pultke, Emil, geb. 1897, aus Palmnicken und machte folgende Aussage: Als ich am 27.1. zur Arbeit ging, sah ich einen Schlitten, auf dem sechs bis sieben Leichen lagen. Mir kamen Fuhrwerke entgegen, auf denen je 180–190 von der SS erschossene Menschen in Lagerkleidung transportiert wurden. Einige Tage später ging ich am Strand entlang. Mir bot sich ein fürchterlicher Anblick [als Folge der Verbre-

9 Richtig: Januar.

chen, die] die SS in der Nacht zum 27.1. angerichtet hatte. Am Ufer lag eine Männerleiche mit zerschlagenem Schädel. Das Gehirn lag einige Meter von ihr entfernt. Daneben lagen weitere Leichen von Menschen, die offenbar auch mit Gewehrkolben erschlagen worden waren. Emil Pultke

Rudolf Folger, geb. 1886, seit 1904 Einwohner von Palmnicken, Buchhalter. In der Nacht vom 26. auf den 27.1.1945 hörte man von der Chaussee aus Richtung Sorgenau Schüsse. Sie kamen immer näher, danach hörte man Schreie. Ich sah, wie man eine Kolonne dieser Unglückseligen an meinem Haus vorbei trieb. An der Spitze fuhren zwei Autos, auf denen mit Maschinengewehren bewaffnete Männer saßen. Die Kolonne wurde von der SS bewacht. Ich selbst habe gesehen, wie man Menschen, die auf der Straße gestürzt waren, einfach erschoss. Als ich morgens zur Arbeit ging, sah ich auf der Chaussee und in den Straßengräben viele Leichen liegen. 4000 wurden in der Schlosserwerkstatt zusammengetrieben. In der Nacht zum 27.1. wurden sie zum Meer hinausgetrieben und am Strand entlang nach Pillau gebracht. Rudolf Folger

DOK. 200

Der tschechische Widerstand informiert in einem Flugblatt Anfang Februar 1945 über die Todestransporte aus Auschwitz[1]

Flugblatt des tschechischen Widerstands, o. D. (Abschrift)[2]

Bürger, Arbeiter!
Es traf gerade die erschütternde Nachricht ein, daß die Deutschen das Lager Auschwitz räumten, und zwar so, daß sie unsere tschechischen Kameraden und Brüder, die bloß Leinenfetzen anhatten, in offene Waggons aufluden und bei 20 Grad Kälte transportierten. Allein auf dem Wege nach Mähr. Ostrau sind 31 von ihnen, durch Hunger erschöpft, erfroren. Wer ein Stückchen annahm von den entsetzten Menschen, die diesem Todestransport zusahen, wurde von den deutschen Soldaten sofort erschossen. Diese Szenen wiederholten sich auf allen Bahnhöfen.
Diese Nachricht verbreitete sich wie ein Blitz in allen tschechischen Gegenden. Sie ist wahr und entsetzlich.
Ist noch irgendein Deutscher ein Mensch?
Ihr wisst, was Ihr zu tun habt, bis die Zeit kommt und wir Euch rufen.

1 NA Praha, 110/5/5, Bl. 11.
2 Das Flugblatt wurde per Post an Einzelpersonen versandt und als Anhang zum Schreiben des Landesvizepräsidenten in Brünn, Karl Schwabe, an den Deutschen Staatsminister für Böhmen und Mähren, SS-Obergruppenführer und General der Waffen-SS und Polizei K. H. Frank in Prag, vom 10.2.1945 übermittelt; ebd., Bl. 10.

DOK. 201

Der Generalstaatsanwalt von Kattowitz, Harry Haffner, beschreibt am 1. Februar 1945 dem Reichsjustizminister die Situation auf den Straßen Oberschlesiens[1]

Anlage zum Lagebericht,[2] gez. Haffner, z. Zt. Neiße O.S., an den Reichsminister der Justiz[3] in Berlin vom 1.2.1945

Betr.: Abtransport der Gefangenen. Anlage 1 Schriftstück
Die Entwicklung der Lage in Oberschlesien ergibt sich aus dem gemeinschaftlichen Bericht vom heutigen Tage, auf den ich mich beziehe.[4] Die sich überstürzenden Ereignisse konnten naturgemäß auf den Abtransport der Gefangenen nicht ohne Wirkung bleiben. Die vorgesehenen Marschrouten konnten zum Teil nicht benutzt werden, weil die Straßen verstopft waren oder weil sie unter Feindeinwirkung lagen. Die Straßenverstopfungen hatten ihren Grund darin, daß aus den bedrohten Gebieten etwa 1 500 000 Zivilpersonen herausgeführt wurden, und zwar zum Teil im Fußtreck. Unabsehbare Wagenkolonnen bewegten sich tagelang auf den wenigen, nach Westen und Südwesten führenden Ausfallstraßen. Hinzu kamen zurückflutende Wehrmachts- und Polizeitrecks. Schließlich wurden die Häftlinge des Konzentrationslagers Auschwitz – angeblich etwa 50 000 Männer und Frauen –, englische und russische Kriegsgefangene zu Tausenden und Abertausenden auf den gleichen Straßen abgeleitet. Es ist mir berichtet worden, daß von einem Kriegsgefangenentreck von 3000 Mann nur 1000 am Bestimmungsort angelangt sind. Ich halte das bei dem völligen Durcheinander auf den Straßen, das noch durch feindliche Fliegerangriffe vermehrt wurde, für durchaus möglich. Die Sprache reicht kaum aus, die Bilder des Grauens und Entsetzens zu schildern, die sich dem Auge darboten. Ungezählte Tote, gefallene Pferde und umgestürzte Fahrzeuge säumten den Weg.
Die Sicherheitslage hatte sich in den Tagen um den 20. bis 23. Januar wesentlich verschärft, und zwar nach Mitteilung des Chefs der Sicherheitspolizei[5] zu einem nicht unerheblichen Teil dadurch, daß 8000 bis 9000 Konzentrationslagerhäftlinge nicht hatten abtransportiert werden können, sondern ohne jede Aufsicht hatten zurückgelassen werden müssen. Ich habe bei zunehmender Bedrohung wiederholt mit dem Vertreter des erkrankten Reichsverteidigungskommissars[6] und mit dem Kommandeur der Rüstungsinspektion Kattowitz[7] persönlich Fühlung genommen, um die Genehmigung zum Abtransport der nicht zu entlassenden Gefangenen zu erwirken. Bei der durchweg optimistischen Beurteilung der Lage ist mir immer wieder gesagt worden, ein vorzeitiger

1 BArch, R 3001/24051. Teilweise abgedruckt in: Strzelecki, Endphase (wie Dok. 170 vom 21.12.1944, Anm. 1), S. 329.
2 Lagebericht von Friedrich Caliebe und Harry Haffner vom 1.2.1945; BArch, R 3001/23372, S. 302–305.
3 Dr. Otto Georg Thierack (1889–1946), Jurist; 1926 Staatsanwalt in Leipzig und Dresden, 1932 NSDAP-, 1934 SA-Eintritt; 1933 Justizminister in Sachsen, 1936 Präsident des Volksgerichtshofs, von Aug. 1942 an Reichsminister für Justiz; 1945 verhaftet, nahm sich das Leben.
4 Siehe Anm. 2.
5 Dr. Johannes Thümmler (1906–2002), Jurist; 1932 NSDAP-, 1937 SS-Eintritt; 1941 Gestapochef in Dresden und Chemnitz; April 1943 SS-Ostubaf.; Sept. 1943 KdS in Kattowitz, Leitung des SS-Standgerichts Oberschlesien; 1946–1948 in US-Internierung, später Abteilungsleiter bei den Optischen Werken Zeiss-Opton in Oberkochen.

Abmarsch werde den reibungslosen Ablauf der Rüstungsfertigung in Frage stellen, jedermann werde bis zur letzten Minute benötigt, und zwar jetzt mehr denn je, und die Gefangenen hätten daher auf ihren Arbeitsplätzen zu verbleiben.
Im einzelnen ist dann der Abtransport folgendermaßen verlaufen:
1.) *Die Haftanstalt Oppeln* ist am 20.1. nachts 1.30 Uhr in Richtung Brieg abmarschiert und ist dort am 21.1. gegen 18 Uhr eingetroffen. Leiter des Trecks: Strafanstaltsvorsteher Kattner. Über das weitere Schicksal des Trecks ist mir nichts bekannt geworden.
2.) a) Das *Zuchthaus Groß-Strehlitz* sollte den gleichen Weg nehmen. Die Zahl der von dort abtransportierten Gefangenen ist mir mit 500 bis 600 angegeben. Offenbar ist der Treck abgeleitet und über Neiße nach Neustadt O.S. marschiert. Vor Neiße ist er von feindlichen Tieffliegern angegriffen [worden] und hat dabei an Toten verloren: 2 Erste Hauptwachtmeister und 11 Gefangene. Annähernd 30 Verwundete und kranke Gefangene befinden sich noch im hiesigen Krankenhaus. Soweit sie transportfähig werden, sammle ich sie im Gerichtsgefängnis Neiße und werde sie von hier aus weiterleiten.
Leiter des Trecks: Regierungsrat Bachmair.
Über den derzeitigen Stand des Trecks keine Nachricht.
b) *Blechhammer.*[8] Der Treck aus Blechhammer unter Führung des Oberinspektors Thesinga hat als erster Neiße passiert und sich in Richtung Reichenbach fortbewegt.
c) *Laband.*[9] Die NN-Gefangenen haben Laband am 22. Januar abends 20 Uhr unter unmittelbarer Feindbedrohung verlassen. 20 Kranke mußten zurückgelassen werden. Abmarschiert sind 446 Mann über Ratibor, Leobschütz, Neustadt O.S. nach Neiße. Ankunft in Neiße am 28.1. mit noch 282 Mann. Danach sind 164 Mann auf dem Marsch ausgefallen. Zu einem Teil sind sie bei Fliegerangriffen oder bei Übernachtungen in Scheunen geflüchtet. Ein anderer Teil ist wegen Entkräftung auf der Strecke liegengeblieben und angeblich zum Teil von Stapobeamten erschossen [worden].
Die in Neiße angekommenen 282 Mann habe ich am 31.1.1945 in Güterwagen der Reichsbahn weitergeleitet in das K.L. Groß-Rosen. Leiter des Trecks: Erster Hauptwachtmeister Bauch. Begleitung: 10 von der Stapo gestellte Beamte, 24 Aufsichtskräfte, von denen 4 Wachschutzleute unterwegs geflüchtet sind.
3.) *Haftanstalt Beuthen.* Abmarsch mit etwa 150 Männern und 50 Frauen am 23.1.1945 vormittags 7 Uhr über Gleiwitz, Rybnik nach Ratibor. Zu diesem Treck haben sich Gefangene aus *Hindenburg* gesellt. Nach meinen Unterlagen sind alle Beuthener Frauen mangels Marschfähigkeit in Gleiwitz verblieben. Bericht über die näheren Umstände steht noch aus. Weiter hat Beuthen etwa 100 Männer in Ratibor belassen. Der Rest –

6 Fritz Bracht erlitt um den 20.1.1945 einen Herzinfarkt. Als Vertreter fungierte kurzzeitig Dr. Paul Sornik (1900–1982), Lehrer; 1940 Regierungs- und Schulrat in Kattowitz; 1946 aus der Internierung entlassen, 1953–1957 MdB Gesamtdeutscher Block/Bund der Heimatvertriebenen und Entrechteten, 1958–1962 MdL in Bayern. Spätestens ab 26.1.1945 vertrat Regierungspräsident Walter Springorum Bracht.

7 Adolf Hüter (*1888); 1943–1945 Kommandeur der Rüstungsinspektion Kattowitz, März 1945 Rüstungsinspektion Prag; kurzzeitige Internierung in Prag; lebte nach dem Krieg in Berlin-Steglitz.

8 In Blechhammer (poln. Blachownia) befand sich neben dem Außenlager von Auschwitz auch ein 1941 eingerichtetes Justizstraflager.

9 In Laband (poln. Łabędy) bei Gleiwitz befand sich ein Lager für sog. Nacht- und Nebel-Gefangene (NN), die 1941 wegen Widerstands gegen die Besatzungsmacht in Frankreich, Belgien, Luxemburg, den Niederlanden und Norwegen in KZ und Haftstätten im Reich verschleppt worden waren.

etwa 50 Männer – ist im Fußmarsch nach Leobschütz weitergegangen, dort am 27.1. verladen, nach Glatz abgefahren und dort auch angekommen.
Leiter des Trecks: Verwaltungsoberinspektor Mack.
4.) *Haftanstalt Kattowitz.* Abfahrt mit etwa 30 Gefangenen im Gefangenentransportwagen über Ratibor nach Neustadt O.S. am 21.1.1945. Die Gefangenen werden – voraussichtlich heute – entsprechend meinen Weisungen weitergeleitet nach Glatz.
Leiter des Trecks: Regierungsrat Krätzig.
5.) *Haftanstalt Gleiwitz.* Die Gefangenen aus Gleiwitz – etwa 50 – sind am 23.1.1945 abmarschiert über Rybnik nach Ratibor und zunächst dort belassen (vgl. im übrigen Ziffer 6.)
6.) *Zuchthaus Ratibor.* Nach den bisher vorliegenden Meldungen ist das Zuchthaus Ratibor am 25.1.1945 mit 256 Männern und 19 Frauen abmarschiert. Ein Teil der Gefangenen ist bei einem Luftangriff geflüchtet. Am 30.1.1945 bestand der Treck noch aus 176 Männern und bewegte sich in der Nähe von Ziegenhals in Richtung Glatz.
Leiter des Trecks: Verwaltungsamtmann Ecke.
In Ratibor selbst saßen am 29.1. noch ein: 392 Gefangene. Zusammensetzung: Gefangene aus Ratibor selbst und aus Beuthen mit je etwa 100, weitere 100 Gefangene aus *Warthenau*, *Bendsburg* und *Sosnowitz*, der Rest aus *Rybnik*, *Gleiwitz* und *Myslowitz*.
Diese Gefangenen sind auf Anordnung des Reichsverteidigungskommissars zurückbehalten, um bei wichtigen Schanzarbeiten, bei der Freimachung der Straßen von Schnee im Interesse der Wehrmacht und zur Aufrechterhaltung der Zuchthausbäckerei im Interesse der Bevölkerung eingesetzt zu werden. Der Abtransport mit Wagen der Reichsbahn ist zugesagt worden und nach meinen neuesten Informationen auch bereits in die Wege geleitet.
Ich selbst habe mich am 24.1. mehrere Stunden in Ratibor aufgehalten, die notwendigen Anordnungen erteilt und den Oberstaatsanwalt Dr. Dettmann gebeten, sich um die Anstalt zu kümmern. Gleichzeitig habe ich den Regierungsrat Krätzig von der Haftanstalt Kattowitz beauftragt, den Leiter der Anstalt bei Durchführung aller Maßnahmen zu unterstützen. Leider besteht schon seit dem 25. oder 26. Januar keine Möglichkeit mehr, mit Ratibor Verbindung aufzunehmen. Meine Bemühungen, mit der Bahn oder einem Fahrzeug nach Ratibor zu kommen, sind gescheitert. Auch eine fernmündliche Verständigung war nicht mehr herzustellen.
7.) *Stammlager Teschen.*[10] Über das Stammlager verhält sich der anliegende Vermerk. Auch mit dieser Dienststelle war eine Verbindung nicht zu erreichen. Ich habe – vergeblich – versucht, mit einer Lok nach Teschen zu fahren. Voraussichtlich werde ich morgen – am 2.2. – eine Fahrmöglichkeit nach Teschen haben. Alsdann werde ich die Dinge dort klären. Nach meiner jetzigen Beurteilung hat der Anstaltsleiter den Kopf verloren und Maßnahmen angeordnet, die nicht zu rechtfertigen sind. Meine telefonischen Weisungen waren völlig eindeutig und gingen dahin, daß alle nicht zu entlassenden Gefangenen abtransportiert werden müßten. Wenn in dem anliegenden Vermerk die Rede davon ist, daß ich erklärt hätte, ich könne keine besonderen Richtlinien geben, bezog sich das unmißverständlich nur auf den von dem Treck einzuschlagenden Weg, der selbstverständlich den gegebenen Möglichkeiten angepaßt werden mußte.

10 Das Kriegsgefangenenlager in Teschen (poln. Cieszyń) existierte zwischen 1943 und 1945.

8.) Das *Gerichtsgefängnis Neiße* ist mit 38 Männern und 12 Frauen abmarschiert und am 30.1. in Reichenbach angekommen. Der Treck bewegt sich weiter in Richtung Schweidnitz, Görlitz. Gefangen ist anscheinend nur ein Mann.
Die vorstehenden Angaben können keinen Anspruch auf Richtigkeit und Vollständigkeit erheben. Bei den dürftigen Nachrichtenverhältnissen im Restgebiet des Gaues, bei der nahezu völligen Lahmlegung des Verkehrs für die zivilen Dienststellen und bei dem Brennstoffmangel waren andere Unterlagen nicht zu beschaffen. Ich werde laufend weiter berichten, sobald ich dazu in der Lage bin.
Den inzwischen freigewordenen Regierungsrat Krätzig habe ich nach Glatz abgeordnet, um dort den Abfluß der oberschlesischen Gefangenen zu regeln.

DOK. 202
Anton Kaindl befiehlt am 2. Februar 1945 die sofortige Auflösung des Lagers Sachsenhausen[1]

Befehl der Kommandantur des Konzentrationslagers Sachsenhausen, SS-Standartenführer Anton Kaindl,[2] AZ.: 14 / 2.44 / Ka./Eck., Tgb. Nr. 6/45 geh. Kdos, Prüf-Nr. 5, Oranienburg, vom 2.2.1945

Betrifft: Stichwort „Sonnenburg"
Verteiler: Umseitig.[3]
Der Abtransport des Lagers K.L. Sachsenhausen sowie der Zweiglager und der verschiedenen Arbeitskommandos ist *sofort* vorzubereiten.[4]
Bei Auslösung des Stichwortes „Sonnenburg" setzen sich die Lager und Arbeitskommandos in Marschsäulen von etwa 2500 Häftlingen zu Fuß in Marsch. Zusammensetzung der einzelnen Marschsäulen und Marschroute nach beigefügtem Marschplan.
Für die schnellste Zusammenziehung der verschiedenen Arbeitskommandos zu einer Marschsäule hat der Marschsäulenführer zusammen mit den Arbeitskommandoführern Vorsorge zu treffen.

1.) *Die Kompanien nehmen mit:*

Die Personalpapiere der Truppe (Wehrpässe an die Männer ausgeben), Schreibmaschine, Dienstsiegel und notwendigstes Schreibzeug, Kompaniekartei. Geheimpapiere und

1 GARF, P 7021/104/8. Kopie: SBG/GUMS, D 25 A 8. Abdruck als Faksimile in: Antje Zeiger, Die Auflösung des Konzentrationslagerkomplexes Sachsenhausen im Frühjahr 1945, in: Detlef Garbe/ Carmen Lange (Hrsg.), Häftlinge zwischen Vernichtung und Befreiung. Die Auflösung des KZ Neuengamme und seiner Außenlager durch die SS im Frühjahr 1945, Bremen 2005, S. 251–270, hier S. 258.

2 Anton Kaindl (1902–1948), Kaufmann; 1933 SA-, 1935 SS-Eintritt; 1935 Verwaltungsführer beim SS-Verwaltungsamt, 1937 NSDAP-Eintritt; 1941 Leiter der Verwaltungsabt. der IKL, März bis Aug. 1942 Amtsleiter D IV im WVHA, Sept. 1942 bis April 1945 Kommandant von Sachsenhausen; Nov. 1943 SS-Staf.; 1947 im Berliner Sachsenhausen-Prozess zu lebenslanger Haft verurteilt, starb in sowjet. Haft in Workuta.

3 Der Befehl ging an die Amtsgruppe D des SS-WVHA sowie an verschiedene Abt. und SS-Führer des KZ Sachsenhausen.

4 Weniger als ein Viertel der Sachsenhausener Häftlinge wurde im Febr. 1945 in die Lagerkomplexe Bergen-Belsen, Mauthausen, Mittelbau und Buchenwald überstellt. Die eigentliche Räumung des Lagers erfolgte erst im April 1945.

nicht mehr benötigter Schriftkram sind unter Aufsicht des Kompaniechefs oder Kommandoführers durch Verbrennen zu vernichten.
Die überzähligen Hand- und Maschinenwaffen sowie die Munition sind restlos mitzunehmen.
Wenn noch nicht vorhanden, beschafft sich die Kompanie bezw. jeder Marschsäulenführer einen Rollwagen, auf dem neben einem Vorrat an Verpflegung die Schreibstubenutensilien sowie der Rest an Waffen und Munition verstaut wird. An einen geregelten Verpflegungsnachschub während des Marsches kann nicht gedacht werden. Nach Verbrauch des Verpflegungsvorrates muß der Marschsäulenführer für die weitere Verpflegung selbst sorgen. (Landrat, Wehrmacht, NSV, usw.) Ermächtigungsausweise stellt die Verwaltung KL. Sachsenhausen zur Verfügung. Bei jeder Kompanie bleibt ein Nachkommando von 5 Mann (schlechte Marschierer) zurück.

2.) *Die Posten nehmen mit:*
Soweit vorhanden Tornister oder Rucksäcke sowie 2 Decken gerollt, evtl. über die Schulter gezogen, für 3 Tage Marschverpflegung, Gewehr mit 60 Schuß Munition (MPi, und MG, entsprechend), 3 Handgranaten. Zur Verfügung stehende Unterwäsche über die andere überziehen. Sonstige Privatsachen können nicht mitgenommen werden.

3.) *Die Häftlinge nehmen mit:*
2 Decken gerollt über die Schulter gezogen. Überzählige Wäsche, Drelljacken usw. sind anzuziehen. Sonstige Privatsachen bleiben zurück.

An Verpflegung sollen, wenn möglich, 2 Kommißbrote ausgegeben werden.
Vorhandene Lebensmittelbestände (Wurst, Konserven usw.) können für 3 Tage ebenfalls ausgegeben werden.
Sonstige Bestände, insbesondere Nährmittel, Kaffee, Tee usw. auf Rollwagen verstauen.
Kranke und nicht marschfähige Häftlinge bleiben zurück, ebenso solche, die auf dem Marsch ausfallen.
Vor dem Abmarsch müssen alle Häftlinge gefilzt werden, ob sie Messer, Schlagwerkzeuge, Streichhölzer usw. bei sich führen.
Sie sind außerdem zu belehren, daß jeder bei einem Fluchtversuch sofort erschossen wird.
Zuverlässige deutsche Häftlinge können herausgezogen werden und als eine Art Hilfspolizei die Wachtruppe verstärken. Eine Bewaffnung dieser Häftlinge kommt nicht in Frage (Prügel!).

DOK. 203

Hazofeh vom 5. Februar 1945: Sydney Silverman berichtet auf einer Pressekonferenz von den Räumungen der Konzentrationslager aufgrund der Frontannäherung[1]

Die Henker vernichten Juden vor ihrer Flucht

London 2 (Palestine Telegraphic Agency). Die Nazis intensivieren die Vernichtung der Juden. Die Führung der Vernichtungslager, die mit dem Näherrücken der Roten Armee in Richtung Westen verlegt werden, bekam aus Berlin die Anweisung, die Lagerinsassen vor dem Rückzug zu liquidieren. Das meldete der Gesandte Silverman[2] während einer hier stattfindenden Pressekonferenz unter Berufung auf Informationen, die im Büro des Jüdischen Weltkongresses eingegangen sind. Silverman insistierte darauf, die laufenden Warnungen des Oberbefehlshabers der Alliierten zu erneuern und darüber hinaus denjenigen Deutschen, die den Opfern nachweislich helfen und zu deren Rettung beitragen, eine Anerkennung in Aussicht zu stellen.

DOK. 204

Das SS-Wirtschafts-Verwaltungshauptamt gibt der Lagerführung von Groß-Rosen am 6. Februar 1945 knappe Anweisungen zur Räumung[1]

Fernschreiben, gez. Moser,[2] SS-WVHA Oranienburg, an KL Groß-Rosen (Eing. 7.2.1945, SS-Standortarzt Groß-Rosen), vom 6.2.1945, 01.03 Uhr

Ft.[3] des SS-Hptstuf. Dr. Mengele v. 5.2. ist Ihnen wohl bekannt.[4] Häftl. Transp. musz SS-Ogruf. Schmauser[5] befehlen. Aufnahmefähig sind Bu. Mi. u. Flo.[6] Veranlasztes melden. Telef. durchgegeben am 6.2. 10 : 30

1 Hazofeh vom 5.2.1945, S. 2: .התליינים משמידים יהודים לפני ברחיתם Hazofeh war eine 1937 in Palästina gegründete, zionistische Tageszeitung. Das Dokument wurde aus dem Hebräischen übersetzt.
2 Sydney Silverman (1895–1968), Politiker, Jurist; seit 1935 Abgeordneter der Labour-Partei im brit. Unterhaus, Präsident der brit. Sektion im Jüdischen Weltkongress, setzte sich während des Zweiten Weltkriegs für verfolgte Juden ein; nach dem Krieg aktiv gegen Wiederbewaffnung Deutschlands, gegen nukleare Rüstung und Todesstrafe.

1 BArch, NS 4/GR 5, Bl. 25. Abdruck als Faksimile in: Bella Gutterman, A narrow bridge to life: Jewish forced labor and survival in the Gross-Rosen Camp system 1940–1945, New York 2008, Anhang von Kapitel 8.
2 Hans Moser (1907–1996),Verwaltungsbeamter; 1936 SS-, 1937 NSDAP-Eintritt; 1936 Wechsel von der Polizei- in die SS-Verwaltung, Sept. 1943 SS-Staf., Jan. bis April 1945 Vertreter von Gerhard Maurer in der Führung des Amts D II; wohnte nach dem Krieg in Korb (Baden-Württemberg).
3 Funktelegramm.
4 Nicht ermittelt. Josef Mengele kam nach der Auflösung von Auschwitz als SS-Standortarzt nach Groß-Rosen.
5 Ernst-Heinrich Schmauser war als HSSPF im SS-Oberabschnitt Süd-Ost für die Räumung der Konzentrationslager Auschwitz und Groß-Rosen zuständig.
6 Buchenwald, Mittelbau-Dora und Flossenbürg.

DOK. 205

Eine Abteilung der 3. Weißrussischen Front findet am 6. Februar 1945 ein Massengrab mit jüdischen KZ-Häftlingen in der Nähe von Königsberg[1]

Schreiben des Generalmajors Kazbincev[2] an den General-Oberst Genosse Ščerbakov[3] vom 8.2.1945

Am 6. Februar 1945 wurden in einem 15 Kilometer nordwestlich von Königsberg entfernten Waldstück, in der Nähe der Straße von Dallwehnen[4] Richtung Galtgarben,[5] mehr als 100 Leichen von Männern und Frauen entdeckt, die von Hitler-Faschisten erschossen wurden. Außerdem wurde eine 5 mal 4 Meter große, oberflächlich zugeschüttete Grube entdeckt, in der sich ebenfalls Leichen befinden.
Die medizinische Untersuchung ergab, dass die überwiegende Zahl der Leichen charakteristische Verletzungen aufweisen, wie sie durch Kopfschüsse aus unmittelbarer Nähe verursacht werden. Aufgrund des Frostes waren sie keiner Verwesung ausgesetzt und sind gut erhalten. Es war offensichtlich, dass diese Menschen entsetzlich erschöpft waren. Die Leichen sind in gestreifte Lagerlumpen gekleidet, die statt mit Gürteln mit Drähten gehalten werden. Auf den Rücken und, soweit erkennbar, auch auf den Ärmeln befinden sich verschmutzte gelbe sechszackige Sterne. Auf den Armen oberhalb der Handgelenke ist eine fünfstellige Nummer tätowiert.
Nach Aussagen der deutschen Bewohner von Dallwehnen (Elli Gau, Gustav Lange, Albert Schlick und anderer) lässt sich rekonstruieren, dass die Gestapo nach unserem Vormarsch auf Ostpreußen Mitte Januar mehr als 10 000 Menschen aus den Konzentrationslagern im Bezirk Königsberg gewaltsam evakuiert hat. Ungefähr die Hälfte wurde in einer Kolonne nach Nordwesten getrieben, die andere Hälfte in Richtung Westen, nach Fischhausen und Pillau. Die auf dem Marsch zurückbleibenden Menschen wurden erschossen, die Leichen in den Straßengraben geworfen oder einfach auf der Chaussee liegen gelassen. Auf Befehl des Bürgermeisters mussten von jedem Hof jeweils zwei bis drei Personen mit einem Fuhrwagen ausrücken, um die Leichen in den Wald zu bringen und dort zu vergraben.

1 CA MORF, 32/11302/284, Bl. 177. Abschrift in: YVA, M 40/MAP/86. Abdruck in engl. Übersetzung in: Krakowski, Massacre (wie Dok. 198 vom 31.1.1945, Anm. 1), S. 367 f. Das Dokument wurde aus dem Russischen übersetzt.

2 Sergej Bogdanovič Kazbincev (1903–1971), Generalmajor und Leiter der Politabt. der 3. Beloruss. Front; nach dem Krieg Leiter der Politabt. im Außenministerium der UdSSR und stellv. Stabsleiter im Nordkaukasischen Militärbezirk.

3 Aleksandr Sergeevič Ščerbakov.

4 Ort in Ostpreußen, russ. Kamyšinka, 20 km nordwestlich von Königsberg.

5 Der Galtgarben ist der höchste Punkt des Alkgebirges im Samland.

DOK. 206

Izrael Lewental beschreibt am 8. Februar 1945 die Situation auf dem Marsch von Monowitz und seine Flucht in der Nähe von Gleiwitz[1]

Protokoll des Berichts von Izrael Lewental[2] vor dem Jüdischen Komitee in Radom, Mira Erlichowa, vom 8.2.1945

[...][3]
Zuletzt befand sich das Lager unter Dauerbeschuss, es gab ständig Alarm. Eine Woche lang waren wir ohne Wasser, ohne Brennstoff, sogar ohne Essen. Wir hungerten und dachten, es wäre besser, wenn die amerikanischen und englischen Flieger nicht über uns hinwegfliegen würden. Die Front näherte sich aus Richtung Tschenstochau und Krakau. Am Mittwoch, den 17.1.45, gingen wir nicht mehr zur Arbeit, sondern machten uns bereit für die Evakuierung. Um 10 Uhr, nach dem Appell, schickten sie uns alle in die Blocks. Wir erklärten uns das auf unterschiedliche Weise. Einige sagten, dass wir wegen des strengen Frostes nicht arbeiten würden, andere behaupteten, dass die SS-Männer nach der gestrigen Bombardierung zu erschöpft seien. Um 1 Uhr kommandierte man uns zur Arbeit. Als wir nach drei Stunden ins Lager zurückkehrten, erfuhren wir, dass das Lager evakuiert werden sollte.
Am Donnerstag, den 18.1.45, gingen wir nicht mehr zur Arbeit. Einigen gab man vor dem Abmarsch noch zwei oder drei Jacken und Hosen. Andere erhielten gar nichts, sie blieben halbnackt und barfuß. Wir bekamen Brot für zwei Tage. Wir liefen umher und begannen uns Sorgen zu machen. Die Lageralarme wurden häufiger. Nachmittags um 3 Uhr kam der Befehl, dass wir uns auf dem Appellplatz versammeln sollten. Im Lager Buna stellte man uns zu je 100 Personen in Reihen auf, und wir marschierten in Richtung Westen los. Insgesamt waren wir 10 000 Personen, davon 9000 Juden. 100 kranke Juden wurden zurückgelassen. Über ihr Schicksal weiß ich nichts. Vom 18.1. bis Freitag, den 19.1.45, morgens um 6 Uhr, liefen wir 14 Stunden zu Fuß. Viele fielen unterwegs hin. Man lud sie auf Fuhrwerke, wo sie unter ärztlicher Aufsicht weiterfuhren. Anfangs verhielten sich die SS-Männer uns gegenüber loyal. Wir durften uns ein bisschen ausruhen. In Mikołów legten wir eine Pause ein, wir schliefen auf dem Boden. Von 12 Uhr bis abends um 8 Uhr marschierten wir weiter, bis zur Stadt Gleiwitz, der ersten deutschen Stadt in Oberschlesien. Auf dem Weg dorthin schlossen sich uns die Insassen kleinerer Lager wie Fürstengrube, Janinagrube u. a. an. In Gleiwitz wurden wir in vier Gruppen aufgeteilt, so dass wir von unseren Bekannten getrennt wurden. Am Sabbatmorgen, den 20.1., marschierten wir von Gleiwitz in Richtung Westen. Nach acht Kilometern hielten wir auf der anderen Seite der Stadt beim Bahnhof und warteten auf weitere Befehle. Von einem deutschen Schaffner erhielten wir einige Zeitungen und lasen eine Meldung vom 17.1., dass die sowjetische Armee bereits die Vororte von Krakau erreicht habe und dass

1 AŻIH, 301/62, S. 1–19, hier S. 11–18. Das Dokument wurde aus dem Jiddischen übersetzt.
2 Izrael Lewental (*1919), Buchbinder; Zwangsarbeit in den Lagern Wolanów, Starachowice und Ostrowiec, wurde im Aug. 1944 aus Ostrowiec nach Auschwitz deportiert, dort im Außenlager Monowitz (Buna) eingesetzt; nach dem Krieg Rückkehr nach Radom, weiteres Schicksal ungeklärt.
3 Auf den ersten zehn Seiten des Berichts beschreibt Lewental die Existenzbedingungen in den Lagern Starachowice, Ostrowiec und Auschwitz.

Tschenstochau schon besetzt worden sei. Die sowjetische Offensive stoße mit hohem Tempo auf Krakau vor.[4] In uns allen blitzte der Gedanke an Freiheit auf. Nach einigen Stunden des Wartens führte uns der Arbeitsdienstführer[5] in ein Lager. Wir hatten Hunger, und so suchten wir nach Kartoffeln und machten ein Feuer, um diese zu backen. Lagerführer Scholl[6] und der Erfinder der Krematorien, Wal,[7] ein brutaler Henker, die uns begleitet hatten, wurden auf das Feuer aufmerksam und schossen sofort. Es gab erste Opfer. Als einer von uns nicht schnell genug seine Mütze abnahm, wurde er auch sofort erschossen. Wir lagen verängstigt in den Baracken, versteckt in den Ecken, und zitterten vor Hunger und Kälte. Weitere Transporte aus Auschwitz I und III und verschiedenen anderen Lagern stießen zu uns. Am Morgen des 21.1.45 sperrte man uns zu jeweils 150 Personen in unbeheizbare Waggons. Für die reichsdeutschen Häftlinge stellte man hingegen Waggons für jeweils 40–50 Personen bereit und rüstete sie mit Koksöfen aus. Im Waggon, in dem mein Bruder[8] und ich waren, befanden sich 180 Personen. Der Zug wurde auf einem Nebengleis abgestellt, wo wir von morgens 10 Uhr bis 1 Uhr in der Nacht standen. Nachdem wir ein paar Kilometer gefahren waren, blieb der Zug zwischen Gleiwitz und Rybnik, bei Egersfeld, wieder stehen und ließ eine Menge Güterzüge passieren. Die SS-Männer gaben uns ein bisschen Schnee, um uns die Lippen zu befeuchten. Viele erstickten, wurden ohnmächtig, viele starben. Die SS-Männer wurden unruhig. Es kamen sechs Lokomotiven an. Blitzschnell luden die SS-Männer, insbesondere die aus Auschwitz, ihr Gepäck auf und befahlen uns, auszusteigen. Nur die Kranken und Schwachen sollten in den Waggons bleiben, Gesunde sollten zu Fuß gehen. Kaum hatten wir den Bahnhof verlassen, hörten wir Maschinengewehrschüsse. Die Kranken wurden liquidiert, ungefähr 1000 bis 2000 Personen.[9] Mit noch 7000 Personen marschierten wir auf ein deutsches Dorf in der Nähe des Waldes zu. Auf dem Weg dorthin, am Waldesrand, erging der Befehl: „Alle reichsdeutschen Häftlinge zurück". Da begriffen wir, dass sie jetzt uns Juden umbringen wollten. Wir gingen ein Stück weiter, entlang eines Baches, in dem dichten, verschneiten Wald. Ein Häftling, ein ungarischer Jude, der von Hunger und Müdigkeit geschwächt war, wollte sich kurz ausruhen. Er setzte sich an einem kleinen Haus hin. Ein Jude reichte ihm die Hand, um ihm beim Aufstehen zu helfen. Da forderte ihn ein SS-Mann auf: „Lass ihn in Ruhe, er soll liegen bleiben", und erschoss den ungarischen Juden; mit einer zweiten Kugel tötete er den Kameraden, der ihm hatte helfen wollen. Das gefiel mir alles gar nicht. Bis Gleiwitz waren sie nicht so mit uns umgegangen. Wir bogen auf einen Waldweg ein, und mein Herz setzte aus. Ich sagte zu meinem Bruder: „Hoffentlich werden wir den Wald unbeschadet überstehen. Lass uns nicht als Erste gehen, sondern in der Mitte, da werden wir einige Bekannte treffen." Wir ließen uns also zurückfallen, zusammen mit bekannten Gesichtern und einigen Kameraden. Neben dem Waldweg ging es einen Berg hinauf. Von der Seite sahen wir, wie die SS uns schneller den Berg hinauftrieb. Wir hörten einen Gewehrschuss, dann noch einen. Die SS-Männer, auch die innerhalb der marschierenden Kolonnen, legten ihre Ge-

4 Die Rote Armee zog am 16.1.1945 in Tschenstochau und am 19.1.1945 in Krakau ein.
5 Im Original deutsch.
6 Möglicherweise Vinzenz Schöttl, letzter Lagerführer in Monowitz.
7 Hier ist vermutlich Otto Moll gemeint.
8 Meir Lewental.
9 Zum Massaker bei Egersfeld siehe Dok. 175, Anm. 8.

wehre an. Die Kugeln flogen über unsere Köpfe. Mein Bruder und ich flohen in den Wald hinein. Wir warfen unsere Decken und Mäntel weg; alles, was man abwerfen konnte, ließen wir liegen. Wir liefen, so schnell wir konnten. Tiefer Schnee. In unseren Holzschuhen sprangen wir über Stock und Stein. So liefen wir zwei Stunden bei 12 Grad unter Null und schlugen uns durch die Büsche. Die Schüsse verstummten. Etwa 1500 Personen waren geflohen. Viele starben vor Hunger, Kälte und Erschöpfung. Es war schwierig, den Weg zu erkennen, und wir verliefen uns. Wir trafen Leute aus Ostrowiec und blieben mit ihnen zusammen. Das war am 22.1.45 um 1 Uhr nachts.[10] Dann erreichten wir den Rand des Waldes. Vorsichtig blickten wir hinaus, ob dort nicht eine Patrouille stand. Vorsichtig …

In der Ferne sahen wir ein Dorf und betraten eines der Häuser. Wir trafen Polen an, anständige Leute. Sie gaben uns etwas warmen Kaffee und einige Stücke Brot, und erklärten uns, wo wir uns befanden. Sie zeigten uns, wie man auf Nebenwegen[11] Kattowitz erreichen konnte. Vielleicht näherten wir uns schon der Frontlinie. Unterwegs gingen wir noch einmal in ein polnisches Haus. Niemand war dort. Wir befanden uns zwei Kilometer von der Chaussee zwischen Gleiwitz und Rybnik entfernt. Unterwegs trafen wir auf viele Uniformierte. Dann trafen wir einen weiteren Polen, der uns Zigaretten spendierte und uns zwei Kilometer weiter schickte, wo eine abgebrannte Scheune stünde; dort könnten wir übernachten. Wir liefen zu sechst weiter. Wieder trafen wir einen Bauern. Ich begrüßte ihn mit den Worten „Gelobt sei Jesus Christus!",[12] und er antwortete: „Ich weiß, ich weiß. Amen."[13] Ich appellierte an sein Gewissen, erzählte ihm unsere Geschichte und sagte, wir seien zerlumpt, hungrig, erfroren und bäten ihn, bei ihm übernachten zu dürfen. Zunächst zögerte er, dann war er einverstanden, uns in seiner Scheune aufzunehmen. Wir traten in sein Wohnhaus ein. Er versorgte uns mit Kartoffeln, Milch, Butter und Tabak. Wir gaben uns als Juden zu erkennen. Er erzählte, dass seine beiden Söhne nach Deutschland deportiert worden seien. Er gab uns Zivilkleidung, warmes Wasser zum Waschen und Seife.

Wir übernachteten im Stall. Dort war es warm, denn er war mit Stroh, Decken und dicken Mänteln ausgelegt. Der Bauer schrieb uns den Weg nach Kattowitz auf und erklärte uns in allen Einzelheiten, durch welche Dörfer wir gehen müssten. Außerdem gab er uns fünf Stücke Brot und eine Flasche Milch für den Weg. Um 5.30 Uhr kam er mit einem Päckchen Tabak, Zigarettenpapier und Streichhölzern zu uns und verabschiedete uns mit den Worten „Gott möge euch auf den rettenden Weg führen". Er weinte wie ein kleines Kind, wünschte uns viel Glück und bat uns, nach der Befreiung von uns hören zu lassen. Ich übernahm nun die Führung der Gruppe. Wir waren immerhin 18 Personen. „Chai – auf das Leben!"[14]

So umgingen wir drei Dörfer und vermieden Kohlengruben, wo deutsches Militär stationiert war. Im siebten Dorf befand sich eine deutsche Bäckerei, ein Volksdeutscher gab

10 Gemeint ist der Morgen des 23.1.1945.

11 Da die Hauptrouten für Wehrmachtstransporte genutzt wurden, waren sie für flüchtige Häftlinge gefährlich.

12 Im Original poln. Es handelt sich um eine Begrüßungsformel zwischen poln. Katholiken.

13 Im Original poln.

14 Das Wort Chai, deutsch Leben, entspricht im Hebräischen dem Zahlenwert 18, daher gilt die 18 als Glückszahl. Lewental gebraucht das Wortspiel in dem Sinne, dass die Gruppe aus 18 Personen überleben wird.

uns ein halbes Brot, so dass wir keinen Hunger litten. Ich sagte zu meinen Kameraden: „Kaum sind wir einen Tag frei, […][15]" Später stoppte uns ein deutscher Bürgermeister mit den Worten „Halt!" und drohte dabei mit seinem Revolver. Er nahm uns fest und übergab uns der Gendarmerie.

Wir legten das Sündenbekenntnis ab und verabschiedeten uns voneinander, denn wir wussten, dass uns der Tod erwartete. Die Kameraden kritisierten mich, weil ich sie hierher geführt hatte. Ein Sturm im Herzen. Ein Kampf der Gefühle. Aber ein kleiner Funke Hoffnung: Vielleicht hat Gott Erbarmen.[16] „Beruhigt euch, denkt daran, gestern wären wir fast vor Hunger gestorben, und heute sind wir satt." Mein Funke Hoffnung täuschte mich nicht. Sie führten uns in den Arrest ab, notierten unsere Namen und die Nummer. Wir wurden nach unserer Nationalität gefragt und antworteten, dass wir Juden seien. Im Arrest befanden sich außer uns noch zwei Häftlinge: ein Reichsdeutscher und ein Jude, der einem Deutschen als Kalfaktor diente. Nach zwei Stunden wurde die Zelle geöffnet, und man befahl uns, herauszutreten. Wir hatten Angst, dass sie uns nun erschießen würden, aber der Reichsdeutsche beruhigte uns und sagte, die Polizei würde niemanden ohne Zustimmung der SS erschießen. Weil sie die SS aber nicht erreichen konnten, führten uns die Gendarmen an einen anderen Ort und steckten uns wieder in eine Zelle. Dort saßen schon elf Personen, später wurden es 19. Der Reichsdeutsche kam frei, dann waren wir noch 18 Mann. Das ist ein gutes Zeichen. Wir merkten, dass die Gendarmerie die Lage nicht beherrscht. Sie könnten im letzten Moment noch schießen. Auf einmal erfahren wir, dass der Leiter der Gendarmerie und zwei seiner Untergebenen von einem Attentäter ermordet wurden.[17] Damit bleibt noch ein Gendarm, der gut Polnisch spricht. Er redet mit dem Deutschen: Ich werde schon bald kein Brot mehr kaufen müssen. Wir hören, wie das Radio spielt. 9 Uhr: nervöse Schritte. 12 Uhr: Es kommt kein Essen. Plötzlich hören wir: „Jungs, die Gendarmerie ist geflohen." Wir sind frei. Wir sehen die Gendarme, die uns festgenommen haben, sie reden mit dem Bürgermeister und erklären uns: „Wir wollten euch eigentlich erschießen, ihr habt Glück gehabt." Sie geben uns Verpflegung für 18 Personen: 5 Brote, ein Kilo Wurst, ein Päckchen Zigaretten, 10 Kilo Kartoffeln, Sauermilch, eine Büchse Sardinen. Die Kerle wollen, dass wir abhauen. „Besser, wir schlafen hier, es ist finster, draußen auf den Wegen können noch bewaffnete Deutsche sein." In der Nähe gibt es ein Kohlebergwerk, das schon von Polen verwaltet wird. Eine Polin rät uns, dort zu arbeiten. Am nächsten Tag treffen wir auf Angehörige der Bürgermiliz.[18] Sie raten uns, nicht zum Bergwerk zu gehen. In der Nähe gebe es ein Lager für russische Kriegsgefangene mit etwa 100 Insassen, die nicht evakuiert worden seien. Das Stadtkomitee gab den Russen und uns Brot aus. Sie beruhigen uns: „Heute oder morgen kommen die Russen, ihr könnt warten, an Essen wird es euch nicht fehlen." Man händigt uns neun Brote, drei Päckchen Margarine, holländischen Käse, Marmelade, Honig, Rasiermesser und Seife aus, dazu Suppe und Berge von Reis, so viel wir nur essen konnten. Die Russen raten uns, nicht weiterzugehen, sondern bei ihnen zu bleiben. Wir sollen uns verstecken, bis die Rote Armee einmarschiere. Bald

15 Einige Wörter unleserlich.
16 Im Original hebr.
17 Tempuswechsel im Original.
18 Poln. Polizeiformation, die 1944 in den befreiten poln. Gebieten gegründet worden war.

kommen uns zwei russische Soldaten entgegen. Russen! Vivat! Schon tauchen die ersten Aufklärer, der erste Panzer auf.
Die Nacht vergeht fröhlich. Wir essen und trinken. [...][19] Allen werden Zivilkleidung und Schuhe zugeteilt. Wir marschieren nach Gleiwitz. Sowjetische Fahrzeuge treffen ein, beruhigt laufen wir nach Osten.
Am 25.1. erreichen wir Gleiwitz. Häuser brennen, überall liegen Leichen, die deutschen Zivilisten gehen zur Arbeit. Nun kommt Mikołów. Dann Auschwitz. Die Hölle, ein Meer von Tränen und Mord. Der Weg nach Kattowitz und Hindenburg ist noch gesperrt. Ein sowjetischer Offizier rät uns, auf Nebenwegen weiterzulaufen. Unterwegs treffen wir fünf russische Zivilisten und acht junge russische Frauen zu Pferd. In den deutschen Häusern jede Menge Proviant. Die Häuser stehen offen, drinnen Konfitüre, Mehl, Fleisch, Kartoffeln – alle Lebensmittel im Überfluss. Die meisten Juden stopfen sich damit voll. Wir laufen in Richtung Tschenstochau und Wolanów. In Wolanów sind wir die ersten zurückkehrenden Juden. Von dort aus fuhr ich nach Radom.
[...][20]

DOK. 207
Die Firma Topf & Söhne schickt am 10. Februar 1945 Entwürfe zum Neuaufbau eines der Birkenauer Krematorien in der Nähe von Mauthausen[1]

Schreiben (geheim) J. A. Topf und Söhne Erfurt (geheim), (D IV/Prf./B/Schu.), gez. Sander und Prüfer, an die Bauleitung der Waffen-SS und Polizei, Mauthausen (Oberdonau), vom 10.2.1945

Betrifft: Neubau Krematorium (Sonderanlage)
In der Anlage übersenden wir Ihnen durch unseren Herrn Polier Koch eine Zeichnung D 61654. Aus dieser Zeichnung wollen Sie die Hälfte der Gesamtanlage ersehen.
Das mittlere Hauptgebäude enthält zweimal 5 Stück Dreimuffel-Einäscherungs-Öfen,[2] die an 2 Stück dreiröhrigen Schornsteinen angeschlossen sind. Der Mittelbau erhält nach der Außenseite den Raum für die Aufsichtspersonen. Auf der gegenüberliegenden Seite liegt der Kohlenraum. Rechts und links befinden sich die Räume für die Müllverbrennungs-Öfen mit Abgas-Vorwärmer.[3] An dem Abgas-Vorwärmer haben wir einen Dreimuffel-Einäscherungs-Ofen und den Müllverbrennungs-Ofen angeschlossen, d. h. also, daß die Abgase der 2 Öfen durch diesen Abgas-Vorwärmer hindurchgeleitet werden. Die Ausarbeitung der Ausführungspläne über die Rauchkanäle, Schornsteine und Einäscherungs-Öfen erfolgt, sobald Sie Ihr Einverständnis mit der Anordnung bekannt gegeben haben.

19 Mehrere Sätze unleserlich.
20 Auf den folgenden anderthalb Seiten ergänzt Lewental Einzelheiten aus Auschwitz.

1 APT, A 8845 Mauthausen, Bl. 1–3. Abdruck als Faksimile in: Schüle, Industrie und Holocaust (wie Dok. 23, Anm. 1), S. 461–463.
2 Es handelt sich um die Öfen aus den Krematorien II und III, die seit Dez. 1944 abgetragen worden waren. Dass sie weiterverwendet werden sollten, war den Häftlingen bereits damals bekannt; siehe Dok. 153 vom 26.11.1944 und Dok. 157 vom Dez. 1944.
3 Der Abgas-Vorwärmer verweist auf den Einbau einer Gaskammer; siehe Dok. 61 vom 6.3.1943.

Sie erhalten anliegend eine Aufzeichnung über die Benennung der einzelnen Räume. Bei eventuellen Rückfragen bitten wir, uns nur die Raum-Nummer zu nennen.
Wir setzen beim Entwurf der Anlage voraus, daß alle Teile vom KL Auschwitz wieder Verwendung finden sollen. Das bezieht sich sowohl auf die Eisenteile für die Öfen und für die einzelnen Be- und Entlüftungsanlagen. Es werden neue Rohrleitungen notwendig, welche wir dann später, sobald wir Ihre Zustimmung zum Aufbau der Neuanlage in Händen haben, anbieten werden.
Nicht mit projektiert haben wir die Fenster bezw. die Aufteilung dieser, da wir nicht wissen, was von A[uschwitz] nach Mauthausen zum Versand kommt. Das Gleiche bezieht sich auf die Dachbinder. Eventuell macht es sich doch noch erforderlich, daß, bevor die Ausführung der Anlage vorgenommen wird, nochmals eine Besprechung mit einem unserer Herren an Ort und Stelle stattfindet. Sie müßten uns dann allerdings die Dringlichkeit für diesen Auftrag mit nach hier geben, damit wir die Reisegenehmigung erhalten. Gegebenenfalls wollen Sie uns Wehrmachts-Fahrscheine II. Klasse einsenden, welche Sie ohne weiteres von der Hauptverwaltung Berlin erhalten werden.
Ihren weiteren Nachrichten in dieser Angelegenheit sehen wir entgegen.[4]
Heil Hitler!
Anlagen: 1 Zeichnung D 61 654, 1 Aufzeichnung, handschriftlich.[5]

DOK. 208

Lili Müller und Hanka Stahl fliehen Mitte Februar 1945 vom Todesmarsch aus Schlesiersee und verstecken sich bis zur Befreiung bei einer deutschen Bäuerin[1]

Protokoll des Berichts von Lili Müller,[2] aufgenommen durch Ingeborg Gerson[3] im Gebäude der Flüchtlinge zu Bukarest, Calea Moşilor 128,[4] vom 31.5.1945

Über das Munkacser Ghetto und die Ankunft in Auschwitz ist schon im Protokoll Nr. 25 berichtet worden.[5] Ich kam mit meiner Mutter und sieben Geschwistern nach Auschwitz und wurde hier gleich zusammen mit meiner Schwester Rozsi von der übrigen Familie getrennt. Wir beide kamen nach den üblichen Prozeduren – Auskleiden, Baden, Scheren etc. – nach Birkenau und blieben dort drei Monate. Dann wurden wir einem Arbeitstransport nach Pliskau[6] in Oberschlesien eingereiht. Dies war ein Lager, das aus zwei weit auseinander liegenden Stallgebäuden bestand. In jedem Stall schliefen 1000 Frauen.

4 Der Wiederaufbau der Krematorien in der Nähe des KZ Mauthausen wurde nicht mehr realisiert.
5 Hier nicht abgedruckt.

1 LI, VII-123/4, Prot. 441.
2 Lili Müller (*1926); im Juni 1944 aus Munkács nach Auschwitz-Birkenau deportiert, im Okt. 1944 in das Groß-Rosener Außenlager Schlesiersee II überstellt, floh im Jan. 1945 vom Todesmarsch; bei Kriegsende in Bukarest, weiteres Schicksal ungeklärt.
3 Siehe Dok. 167 von Ende Juli 1944.
4 Zum Entstehungshintergrund des Berichts siehe Dok. 157, Anm. 3.
5 Wie Anm. 1, VII-123/1, Prot. 25.
6 Es handelt sich um das Lager Schlesiersee II im Kreis Militsch, das von den Häftlingen nach der nahegelegenen Ortschaft auch Pürschkau (poln. Przybyszów) genannt wurde. 1000 Jüdinnen wurden im Okt. 1944 aus Auschwitz-Birkenau zum Bau von Panzergräben nach Schlesiersee gebracht.

Um 4 Uhr wurden wir geweckt, um 5 Uhr gingen wir zur Arbeitsstelle, an der wir um 9 Uhr ankamen, so weit war der Weg. Um 6 Uhr abends waren wir wieder im Lager. Unsere Arbeit war der Bau von Schützengräben. Die uns bewachende deutsche SS war sehr schlecht.

Durch das minderwertige Essen und das Schlafen auf ein wenig schmutzigem Stroh auf dem Zementboden bei großer Kälte brach im Lager Typhus aus, und wir hatten mehr Kranke als Gesunde. Im Dezember[7] mußten wir infolge der näherrückenden russischen Armee das Lager räumen, und alle Kranken, auch die Halbtoten, wurden mitgeschleppt. Ich trug meine Schwester, die schon so krank war, daß sie völlig unzusammenhängend sprach. Hinter Kattowitz wurden in einem Wald 50 Kranke erschossen, darunter auch meine Schwester.[8] Ich wollte mit ihr gehen, aber die SS-Leute stießen mich zurück. Unser Transport bestand aus 1000 Frauen, die restlichen tausend aus dem anderen Unterkunftsgebäude gingen von Grünberg in Schlesien aus einen anderen Weg, und bis jetzt habe ich noch keinen wiedergesehen.[9] Wir gingen noch zwei Wochen weiter und in dieser Zeit wurden jeden Tag mindestens 20 Marschunfähige erschossen. Nach diesen zwei Wochen lief ich mit einer Freundin, Hanka *Stahl* aus *Strykau*[10] in Polen von der Kolonne fort. Sie konnte gut deutsch sprechen und sagte überall, wir wären Deutsche auf der Flucht vor den Russen. Wir suchten uns Quartier und gingen von Dorf zu Dorf, bis wir schließlich hinter Muskau in der Nähe von Weißwasser bei einer geisteskranken deutschen Bäuerin Unterkunft fanden. Bei ihr blieben wir drei Monate unter schrecklichen Schwierigkeiten und Ängsten, da der Mann der Frau unbedingt Papiere von uns sehen wollte und vor allem, da ich kein Deutsch sprach.

Es gelang uns, durch verschiedene Tricks, die Leute hinzuhalten, und wir blieben so lange dort, bis eines Tages der Befehl kam, daß alle das Dorf zu verlassen hätten, weil die Rote Armee schon ganz nahe war. Unsere Wirtin weigerte sich zu gehen. Wir blieben auch beide dort, und ich sagte, daß ich krank sei, damit ich nicht sprechen mußte. Es begann eine heftige Beschießung und als ich von meinem Versteck im ersten Stock nach unten sah, bemerkte ich die Bauersfrau im Gespräch mit einem Soldaten. Als er mich bemerkte, fragte er mich auf deutsch, ob ich krank sei, ich sah genauer hin und merkte, daß es ein russischer Soldat war. Voller Freude lief ich die Treppe ganz herunter und rief nach meiner Freundin, die sich im Keller versteckt hatte. Sie glaubte, es wären deutsche Soldaten gekommen und daß wir das Dorf verlassen mußten. Wie groß war ihre Freude,

7 Die beiden Außenlager in Schlesiersee wurden am 21.1.1945 geräumt.

8 Die Route führte nicht über Kattowitz, sondern von Pürschkau in zunächst nördlicher, später westlicher Richtung bis zum Oderübergang in Oderreck (poln. Cigacice). Das Massaker fand nahe der Ortschaft Alt Hauland (poln. Stary Jaromierz) statt, wo am Abend des 25.1.1945 41 erschöpfte Frauen erschossen wurden, um aufgrund des bereits hörbaren Geschützdonners das Marschtempo der Gruppe zu erhöhen.

9 Am 28.1.1945 erreichten etwa 1700 Überlebende das Groß-Rosener Außenlager Grünberg. Die Gruppen wurden dort geteilt. Die Gruppe aus Schlesiersee I und die Hälfte der Grünberger Häftlinge zogen am 29.1.1945 in Richtung Bergen-Belsen; die Gruppe aus Schlesiersee II und die zweite Hälfte der Grünberger Häftlinge, zu der Lili Müller und Hanka Stahl gehörten, liefen mit dem Marschziel Dachau in südlicher Richtung. Dieser Todesmarsch mit Zwischenstation in Helmbrechts endete erst am 3.5.1945 in Volary; siehe Dok. 193 vom 29.1.1945 und Dok. 286 vom 7.5.1945.

10 Es handelt sich vermutlich um Stryków bei Łódź. Eine Häftlingsgruppe des Lagers Schlesiersee II war im Aug. 1944 aus dem Getto Litzmannstadt nach Auschwitz deportiert und von dort nach Schlesiersee gebracht worden. Zu dieser Gruppe gehörte vermutlich Hanka Stahl.

als sie sah, daß es unsere Befreier waren. Bald darauf kamen russische Soldaten und Offiziere, und wir konnten uns auf den Heimweg machen. Hier in Bukarest habe ich durch ein Wunder meinen Vater, der vor sieben Jahren nach Belgien gefahren war, getroffen.

DOK. 209

Franz-Xaver Kraus berichtet am 17. Februar 1945 von der Abwicklungsstelle in Zittau über die Neuverteilung der SS-Wachmannschaften auf verbliebene Konzentrationslager[1]

Schreiben, gez. Kraus,[2] Sturmbannführer, Konz.-Lager Groß-Rosen, Verbindungsstelle Zittau, Klein-Schönau[3] bei Zittau, an das SS-Wirtschafts-Verwaltungshauptamt, Amtsgruppe D, Oranienburg bei Berlin, und an K.L. Mittelbau - Abwicklungsstelle K.L. Au., Salza/Harz, vom 17.2.1945

Betreff: Abwicklung K.L. Auschwitz
Anlage: 1[4]
Beifolgend wird eine Zusammenstellung aller ab 19.1.–19.2. zuerst im K.L. Groß-Rosen und zuletzt bei der Verbindungsstelle in Zittau erfaßten ehemaligen SS-Angehörigen des K.L. Au. überreicht. Mit diesem Schreiben ist die Verbindungsstelle für K.L. Au. aufgelöst und sämtliche Unterlagen abgeschlossen. Anhand der Einzelaufstellungen ist der Verbleib der Inmarschgesetzten leicht zu ermitteln und kann durch Rundfrage bei den in Frage kommenden K.L. der Aufenthalt festgestellt werden.
Durch Stubaf. Hassebroek[5] bin ich als sein Vertreter für die Kommandantur K.L. Groß-Rosen in Zittau befohlen, während H. die Außenstellen auf Ruhe und Sicherheit und gegebenenfalls Räumung überwacht und deshalb ständig auf der Achse ist.
Verbindungsstelle K.L. Auschwitz.
Zittau, den 17.2.1945.
Summarische Aufstellung:
über die von der Verbindungsstelle K.L. Auschwitz in der Zeit vom 19.1. bis 19.2.1945 erfaßten und wieder abgestellten SS-Angehörigen.

1 BArch, NS 3/441.
2 Franz-Xaver Kraus (1903–1948), Kaufmann; 1931 NSDAP- und SS-Eintritt; 1938 SS-Stubaf.; von 1934 an Verwaltungsführer in verschiedenen KZ, 1942–1944 Chef des SS-Hauptwirtschaftslagers in Breslau, Dez. 1944/Jan. 1945 Sonderbevollmächtigter zur Auflösung des Lagers Auschwitz; 1947 in Krakau zum Tode verurteilt und 1948 hingerichtet.
3 In einer ehemaligen Kaserne im Zittauer Ortsteil Klein-Schönau (poln. Sienawka) entstand nach der Räumung von Auschwitz eine sog. Verbindungsstelle für versprengte Wachtruppen, die von dort auf andere Lager verteilt wurden. Im Febr. 1945 wurde diese Stelle in das KZ Mittelbau verlegt. Nach der Räumung von Groß-Rosen hielt sich der dortige Kommandanturstab ebenfalls temporär in Zittau auf.
4 In der Anlage befinden sich Namenslisten der an die jeweiligen Orte abgestellten SS-Männer.
5 Johannes Hassebroek (1911–1977), Kaufmann; 1929 NSDAP- und 1934 SS-Eintritt; von 1936 an in Esterwegen, von Nov. 1942 an Führer des Außenlagers der Heinkelwerke in Oranienburg, Okt. 1943 bis Mai 1945 Kommandant des KZ Groß-Rosen; 1948 vom brit. Militärgericht in Hamburg wegen Tötungen brit. Offiziere zum Tode verurteilt, begnadigt und 1954 entlassen, danach Kaufmann in Braunschweig.

Erfaßt:			*1147*	
Abgestellt	an	K.L. Oranienburg	360	
"	"	K.L. Buchenwald	135	
"	"	K.L. Mittelbau	134	
"	"	Verb. Stelle Monowitz[6]	128	
"	"	K.L. Groß-Rosen	58	
"	"	K.L. Dachau	66	
"	"	K.L. Mauthausen	6	
"	"	Lebensm. A.G. Freudenthal[7]	7	
"	"	SS-Zentr.Verw. Auschwitz in Reichenberg	21	
"	"	Bauleitung Breslau	35	
"	"	Einsatzkompanie	142	
"	"	Lazarette u.s.w.	21	
		Reiseziel unbekannt	31	*1144*
		Restbestand		
		Verbindungsstelle Auschwitz		*3*
		Zusammen		*1147*

DOK. 210

Der Kommandeur der Sicherheitspolizei in Reichenberg, Bernhard Baatz, fordert am 17. Februar 1945 die Erlaubnis zum Bahntransport von 9000 Häftlingen[1]

Fernschreiben Blitz–Reichenberg, Nr. 3151, Prell, gez. Baatz,[2] an den BdS Prag, SS-Staf. Dr. Weinmann[3] persönlich, vom 17.2.1945, 12.55 Uhr

Betr. Abtransport KL. Groß-Rosen
Ich bitte, dem Höheren SS- u. Polizeiführer[4] umgehend folgendes vorzutragen:
Bei mir spricht der Kommandant des KL. Groß-Rosen, SS-Stubaf. *Hassebroek,* vor, teilt mit, daß er die Insassen des KL. per Achse abtransportiert hat. Die Insassen der Außenlager auf dem schlesischen Raum sich aber [auf] dem Fußmarsch nach Flossenbürg befinden.

6 Die Verbindungsstelle Monowitz befand sich nach der Räumung von Auschwitz im KZ Mittelbau.

7 Das SS-Unternehmen Freudenthaler Getränke GmbH betrieb in Freudenthal (tschech. Bruntál) seit Nov. 1943 ein Frauenaußenlager mit 300 Jüdinnen, das bis zum 8.5.1945 bestand.

1 NA Praha, 110/5/5, Bl. 7, 7a.

2 Bernhard Baatz (1910–1978), Jurist; 1932 NSDAP- und SS-Eintritt; von 1939 an im Referat für die besetzten poln. Gebiete im RSHA, 1941 im Referat für ausländische Arbeiter; Nov. 1943 SS-Ostubaf.; Nov. 1943 bis Okt. 1944 KdS Estland in Reval, Ende 1944 KdS in Reichenberg; nach dem Krieg Direktor der Mannesmann-Wohnungsbaugesellschaft in Duisburg.

3 Dr. Erwin Weinmann (*1909), Arzt; 1931 NSDAP- und SA-, 1937 SS-Eintritt; von 1936 an Angehöriger des SD, von 1937 an Stabsführer beim SD-Führer Ost in Berlin, Jan. 1941 Kommandoführer bei der Einsatzgruppe C, danach Chef der Abt. IV D im RSHA, von Sept. 1942 an BdS in Prag; Dez. 1944 SS-Oberf.

4 Karl Hermann Frank.

Wachmannschaften übermüdet, nur Verpflegung zum Teil für diese vorhanden. Für Häftlinge fehlt ab heute jede Verpflegungsmöglichkeit. Der Treck von 9000 Häftlingen ist in 3 Kolonnen aufgeteilt, Spitze der Kolonne erreicht heute die Nähe der Stadt Trautenau.[5] Abtransport per Bahn unbedingt erforderlich, da politische Häftlinge[6] bei dieser Sachlage nicht durch das Protektorat transportiert werden können, außerdem sich diese Kolonnen mit den Kgf. kreuzen und die Straßen restlos verstopfen würden. KL. Groß-Rosen ist auf Entgegenkommen der BMB.[7] angewiesen. Notwendig ist, daß der Treck möglichst frühzeitig von der Straße kommt. Es wäre daher wünschenswert, daß schon Einwaggonierung in Trautenauer Gebiet erfolgen könnte, enxx. T. Arnau.[8] Von hier läßt sich Verladungsbahnhof nicht festlegen. Bitte geht dahin,
1) grundsätzliches Einverständnis zur Benutzung der Bahn, Anzahl der Waggons für Gesamttreck 120 (auch offene Wagen) zu geben
2) Auswahl des Verladebahnhofs möglichst in die Nähe des jetzigen Aufenthalts der Spitzenkolonnen zu legen
3) baldmöglichst Nachricht, ob und wo Verladung erfolgen kann, damit von hier aus Treckstraßen bis dorthin mit dem Reichsverteidigungskommissar festgelegt werden können, und 40 Verpflegungsbeschaffung hier sehr fraglich. Dringend wünschenswert daher auch Bereitstellung von Brot für wenige Tage auf den Transport.[9]

5 Es handelte sich um Häftlinge aus dem Groß-Rosener Außenlagerkomplex „Riese", die Mitte Febr. 1945 aufgrund der sich nähernden Roten Armee zu Fuß in Richtung Westen abmarschieren mussten. Sie waren zuvor im Stollenbau, u. a. für ein neues unterirdisches Führerhauptquartier, zur Zwangsarbeit eingesetzt.

6 Es handelte sich fast ausschließlich um jüdische Häftlinge. Die Bezeichnung „politische Häftlinge" diente hier zur Abgrenzung gegenüber Kriegsgefangenen.

7 Das Protektorat verfügte über eine eigene Staatsbahn, die Böhmisch-Mährischen Bahnen (BMB), die nicht in die Organisationsstruktur der Deutschen Reichsbahn eingegliedert war.

8 Abkürzung nicht entziffert. Arnau (tschech. Hostinné) ist eine 20 km südwestlich von Trautenau gelegene Stadt mit Bahnanschluss.

9 Da die Raumbewirtschaftungskommission in Prag am selben Tag empfahl, keine Häftlingstransporte über das Protektoratsgebiet zu genehmigen, und auch ORR Klose aus Königgrätz dringend darum bat, „daß die Genehmigung zu einer Durchschleusung dieser Häftlinge versagt wird", stellte Frank letztendlich 120 Züge zum Abtransport der Häftlinge zur Verfügung – mit der Auflage, dass diese nicht über das Protektoratsgebiet fahren dürften; wie Anm. 1, Bl. 1–9. Die Häftlingsgruppe war unterdessen weiter in Richtung Gradlitz marschiert, wo die SS zahlreiche Massaker verübte; siehe Dok. 211–213 vom 19.2.1945.

DOK. 211
Václav Hofmann wird am 19. Februar 1945 Zeuge von Häftlingserschießungen im Wald von Zboží[1]

Protokoll der Aussage von Václav Hofmann,[2] (Tv 63/4) auf der Gendarmeriestation Choustníkovo Hradiště,[3] Kreis Dvůr Králové nad Labem,[4] vom 28.5.1945[5]

Was ist Ihnen bekannt über die Massenerschießung politischer Häftlinge[6] im Wald bei Zboží,[7] Kreis Dvůr Králové an der Elbe?
Es war im Februar dieses Jahres, also des Jahres 1945, und zwar am Montag früh[8] etwa um 8.00 Uhr, als ich mit einem Pferdefuhrwerk Holz zu den Panzersperren im Wald an der Straße von Choustníkovo Hradiště nach Kocbeře[9] fuhr, da verständigte mich unser Vorarbeiter vom staatlichen Gutshof, Josef Skořepa, ich solle mir die ermordeten Juden ansehen gehen. Daraufhin sah ich im Wald an der steinernen Wasserleitung, noch im Katastergebiet der Gemeinde Choustníkovo Hradiště, neun erschossene Häftlinge in unterschiedlicher Entfernung zueinander auf der Erde liegen.
Da alle Gesichter bis zur Unkenntlichkeit zerfetzt waren, erkannte ich als alter Soldat, dass sie durch Genickschuss erschossen worden waren. Alle waren mit weiß-blau gestreiften Sträflingsanzügen bekleidet. Auf dem Rücken hatten alle ein gewöhnliches Kreuz in irgendwelchen Farben, und zwar der eine blau, der andere gelb, rot oder grün aufgemalt. Einige von ihnen sahen typisch jüdisch aus. Ich betrachtete sie von oben, vom Graben aus, in dem sich die Wasserleitung befindet. Ich weiß deshalb nicht, ob jemand von ihnen Identitätsnachweise bei sich trug. Etwa 150 Meter entfernt sah ich noch einen erschossenen Häftling, und zwar unmittelbar an der Landstraße von Choustníkovo Hradiště nach Kocbeře. Dieser lag ebenfalls im Wald, er war mit Reisig zugedeckt. Ich sah nur seine Beine, näher habe ich ihn nicht untersucht. Ich weiß bloß, dass auch er mit gestreiften Sträflingshosen bekleidet war.
An diesem Tag zwischen 10.00 und 11.00 Uhr sah ich, wie auf dem Fuhrwerk des Landwirts Josef Jank aus Choustníkovo Hradiště, gelenkt von dessen polnischem Kutscher,[10]

1 SOka Trutnov, Okresní narodní výbor Dvůr Králové, Inv. Nr. 1441, Karton 379. Das Dokument wurde aus dem Tschechischen übersetzt.
2 Václav Hofmann (1901–1958), Landwirt, später Staatsangestellter; wohnte in Choustníkovo Hradiště.
3 Stadt im Kreis Trutnov; 1938–1945 Gradlitz.
4 Stadt im Kreis Trutnov; 1938–1945 Königinhof an der Elbe.
5 Nach der Übernahme des Gebiets durch die tschech. Verwaltung wurden zahlreiche Massengräber exhumiert. In diesem Zusammenhang führte die tschech. Gendarmerie im Mai 1945 Befragungen durch, um den Hergang der Erschießungen zu klären.
6 Es handelte sich um vorwiegend jüdische Häftlinge, die Mitte Febr. 1945 aus dem Groß-Rosener Außenlagerkomplex „Riese" bei Wüstegiersdorf auf den Todesmarsch getrieben wurden. Einzelne Kolonnen des Räumungsmarschs sollten nach Josefstadt (tschech. Josefov, heute Ortsteil von Jaroměř) gebracht und dort in Züge verladen werden. Sie durften jedoch die Proktoratsgrenze nicht passieren; siehe Dok. 210 vom 17.2.1945. Auf dem Rückweg durchzogen die Kolonnen Gradlitz; siehe auch Einleitung, S. 76, 79.
7 Ortschaft drei km nordwestlich von Gradlitz, deutsch: Rennzähn.
8 Gemeint ist der 19.2.1945.
9 Ortschaft fünf km nördlich von Gradlitz, deutsch: Rettendorf.
10 Tomasz Jurek (*1917), Sattler; poln. Zwangsarbeiter auf dem Hof von Josef Jank in Gradlitz.

38 Häftlinge in den Wald gefahren wurden, und zwar aus Richtung Choustníkovo Hradiště.
Auch diese Häftlinge waren mit gestreiften Sträflingsanzügen bekleidet. Vier deutsche Soldaten, die mit einfachen graugrünen deutschen Uniformen bekleidet waren, begleiteten den Wagen. Diese Soldaten waren mittleren Alters, etwa 30 bis 40 Jahre alt. Bei dem Waldweg, der zu der kleinen Siedlung führt, die „Grund“ genannt wird, jagten die Soldaten die Häftlinge mit Gewalt vom Wagen und führten sie von der Straße weg, in den Wald. Dort, am Waldrand, mussten sich alle Häftlinge gruppenweise aufstellen.
Die Soldaten stellten sich zu zweit an jede Seite. Dann hielt einer der Soldaten dem vorderen Häftling den Gewehrlauf vor die Brust und zählte „1, 2“, worauf der zweite Soldat von hinten aus einer großen Pistole in das Genick schoss. Es schoss immer derselbe Soldat, der auf diese Weise 38 Häftlinge tötete. Als der letzte Gefangene erschossen werden sollte, gab dieser dem mit vorgehaltener Flinte unmittelbar vor ihm stehenden Soldaten ein paar Ohrfeigen, dass es diesen zu Boden riss. Er wurde unmittelbar danach von der Pistole des hinter ihm stehenden Soldaten durch Genickschuss getötet.
Als die Soldaten fortgingen und die Erschossenen ohne irgendeine Bewachung an Ort und Stelle zurückgeblieben waren, ging ich näher hin und betrachtete sie. Ich zählte sie und weiß deshalb ganz gewiss, dass es 38 waren. Auch diese Erschossenen waren mit gestreiften Sträflingsanzügen bekleidet. Auf dem Rücken der Mäntel hatten sie einfache Kreuze in blauer, grüner, gelber und roter Farbe aufgemalt. Auch unter diesen Erschossenen waren verschiedene jüdischen Aussehens.
Am Nachmittag desselben Tages arbeitete ich bei der Siedlung Ferdinandov, Gemeinde Choustníkovo Hradiště, als ich etwa um 17.00 Uhr viele Schüsse aus Flinten oder Revolvern hörte, und zwar wieder von jener Stelle, wo die vorher genannten 38 Gefangenen erschossen worden waren. Diese zuletzt Erschossenen habe ich nicht gesehen, jedoch erzählten mir Landarbeiter, die in der Nähe der Schießerei gearbeitet hatten, dass auch am Nachmittag, ähnlich wie am Vormittag, deutsche Soldaten Gefangene erschossen hatten. Die Zahl der Erschossenen sagten sie mir aber nicht.
Sonst habe ich nichts zu berichten.

DOK. 212

Emilia Chvalinová erinnert sich an die Nacht vom 19. Februar 1945, als 2000 Häftlinge auf ihrem Gutshof in Choustníkovo Hradiště untergebracht waren[1]

Protokoll der Aussage von Emilia Chvalinová,[2] (Tv 63/45), auf der Gendarmeriestation Choustníkovo Hradiště, Kreis Dvůr Králové nad Labem, vom 30.5.1945

Was ist Ihnen bekannt über die Massenerschießung politischer Häftlinge im Wald bei Zboží, Kreis Dvůr Králové an der Elbe, und gegebenenfalls auch über Sterbefälle und den Aufenthalt oder die Misshandlung von Häftlingen auf dem Gutshof Rycholka?[3]
Mein Ehemann, Josef Chvalina, war während der Besatzungszeit als Verwalter auf dem Gutshof Rycholka angestellt, der zum Großgrundbesitz in Choustníkovo Hradiště gehört. In Rycholka haben wir auch unsere Wohnung.
Soweit ich mich erinnere, kam wohl in der zweiten Februarhälfte des Jahres 1945, und zwar am Montag, etwa um 15.00 Uhr herum (nach genauer Feststellung handelte es sich um den 19. Februar 1945), ein Häftlingstransport zu uns auf den Gutshof, dem nach Angaben einiger SS-Leute etwa 2000 Personen angehörten. Einer der SS-Männer erzählte uns, dass sie an diesem Tage am Morgen um 4.00 Uhr aus Trutnov abmarschiert waren und zu Fuß auf der Landstraße über Choustníkovo Hradiště in Richtung Josefov bis in die Ortschaft Heřmanice gegangen seien, also bis zur ehemaligen Protektoratsgrenze, wo sie angeblich die Anordnung erhielten, umzukehren.[4]
Die Häftlinge boten insgesamt einen äußerst elenden Anblick. Allen merkte man die Müdigkeit und ihre körperliche Schwäche an. Ein Drittel der Häftlinge war mit gestreiften Anzügen bekleidet, die Übrigen hatten Zivilkleidung, einige waren ganz ordentlich angezogen. Die Mehrzahl sprach deutsch, und einer von ihnen, dem sich die Gelegenheit bot, mit uns zu sprechen, bestätigte, dass sie sich aus den verschiedensten Nationalitäten zusammensetzten; die meisten von ihnen waren wohl Polen. Der Häftling, der mit uns sprach, erzählte über sich selbst, dass er *Tscheche sei, dass er Pick*[5] heiße und dass er aus Prag II, Peterská Nr. 18 sei. Auch berichtete er über sich, dass er ein noch nicht fertig ausgebildeter Arzt sei. Pick erzählte außerdem, dass sich im Transport noch etwa acht Tschechen befänden, die alle aus Prag stammten. Nach seiner Darstellung gingen sie zu Fuß, doch teilweise seien sie auf ihrem Weg vom *Konzentrationslager in Litzmannstadt* auch mit der Eisenbahn befördert worden.
Diesen Transport begleiteten etwa 48 SS-Männer. Einer von ihnen sprach sehr gut tschechisch und erzählte uns, dass im Transport lauter Juden seien. Die Häftlinge wurden in der Scheune des Gutshofs untergebracht; sie wurden dort alle zusammengepfercht. Am

1 SOka Trutnov, Okresní narodní výbor Dvůr Králové, Inv. Nr. 1441, Karton 379. Das Dokument wurde aus dem Tschechischen übersetzt.
2 Emilia Chvalinová, geb. Tlučhořová (*1905), Landwirtin; wohnte in Choustníkovo Hradiště (deutsch: Gradlitz).
3 Bei der deutschen Bevölkerung hatte der Gutshof die Bezeichnung „Schäferei". Zum Hintergrund der Geschehnisse und der Befragung siehe Dok. 211 vom 19.2.1945, Anm. 5 und 6.
4 Zu den Hintergründen des Einmarschverbots auf Protektoratsgebiet siehe Dok. 210 vom 17.2.1945.
5 Vermutlich: František Pick, Medizinstudent aus Prag; aus dem Getto Litzmannstadt im Sommer 1944 nach Auschwitz deportiert, von dort in den Groß-Rosener Lagerkomplex „Riese" überstellt, Räumungsmarsch im Febr. 1945; weiteres Schicksal ungeklärt.

Abend wurden ihnen etwa 15 kg Kartoffeln zugeteilt, die sie auf dem Hof kochten und am Morgen um 9.00 Uhr an die Häftlinge verteilten. Die Verteilung erfolgte so, dass alle Häftlinge antreten und einer nach dem anderen an die Kessel herantreten musste, wo jeder dann eine Handvoll gekochter Kartoffeln bekam. Bei den Kesseln stand ein SS-Mann, wahrscheinlich ihr Führer, der in der Hand einen Holzknüppel hielt und jedem Häftling, der Kartoffeln erhielt, einige Male auf den Kopf oder den Rücken schlug. Ich habe gesehen, dass einige nach diesen Schlägen zu Boden stürzten; dieser SS-Mann schlug dann auf den betreffenden Häftling so lange ein, bis dieser selbst wieder aufstand. Einige der Häftlinge wurden auf unmenschliche Weise mit Knüppeln direkt ins Gesicht geschlagen, so dass sie blutige Wunden im Gesicht hatten.
Dieser Transport verließ uns am 20. Februar 1945 etwa um 12.00 Uhr in Richtung Choustníkovo Hradiště und ging dann wieder zurück nach Trutnov. Gegen 17 Uhr am selben Tag stellte ich fest, dass im Schweinestall unseres Gutshofs ein Häftling geschlafen hatte, der in diesem Moment aufwachte. Es handelte sich um einen etwa 14-jährigen Jungen, der erzählte, dass er Tscheche aus Prag-Žižkov sei, von den dortigen Tomatengärtnereien. Dieser Junge floh gegen Abend.
Über die Erschießung von Häftlingen im Wald bei Choustníkovo Hradiště weiß ich nichts. Darüber könnte ich nur berichten, was ich von anderen gehört habe.
Nachtrag:
In der oben niedergeschriebenen Aussage vergaß ich zu erwähnen, dass während der Nacht ein Häftling in der Scheune starb. Er war etwa 30 Jahre alt und starb ganz offensichtlich an Entkräftung. Dieser Häftling wurde nach drei Tagen in der Nähe des Gutshofs unter den Kastanienbäumen beerdigt.

DOK. 213
Der Gemeindediener von Choustníkovo Hradiště, Josef Jank, kümmert sich vom 19. Februar 1945 an darum, die im Wald von Zboží erschossenen Häftlinge zu beerdigen[1]

Protokoll der Aussage von Josef Jank,[2] (Tv 63/45), auf der Gendarmeriestation Choustníkovo Hradiště, Kreis Dvůr Králové nad Labem, vom 29.5.1945

Was ist Ihnen bekannt über die Massenerschießung politischer Häftlinge im Wald bei Zboží, Kreis Dvůr Králové?[3]
Ich bin Gemeindediener in Choustníkovo Hradiště. Am Samstag, den 17.2.1945, ging im Gemeindeamt von Choustníkovo Hradiště die telefonische Weisung ein, wahrscheinlich vom Landrat aus Trutnov,[4] dass für die Nacht von Sonntag auf Montag, den 19.2.1945,

1 SOka Trutnov, Okresní narodní výbor Dvůr Králové, Inv. Nr. 1441, Karton 379. Das Dokument wurde aus dem Tschechischen übersetzt.
2 Josef Jank (*1901), Gemeindeangestellter; wohnte in Choustníkovo Hradiště; später in Ludwigslust (Mecklenburg).
3 Zum Hintergrund der Geschehnisse und der Befragung siehe Dok. 211 vom 19.2.1945, Anm. 5 und 6.
4 Wilhelm Sölter (*1901); 1937 NSDAP-, 1939 SS-Eintritt; Reg.Rat; 1939–1945 Landrat in Trautenau, Fronteinsatz im Okt. 1944; weiteres Schicksal ungeklärt.

Unterkünfte für etwa 9000 Häftlinge besorgt werden müssen, die auf dem Weg nach Josefov durch Choustníkovo Hradiště transportiert würden. Der erste Transport dieser Häftlinge kam zu Fuß auf der Landstraße aus Trutnov nach Choustníkovo Hradiště, und zwar am nächsten Tag, also am Sonntag, gegen Abend. Dieser Transport quartierte sich in der örtlichen Brauerei ein. Ich selbst habe mich um diese Unterkunft nicht gekümmert, da ich an diesem Abend als Kinovorführer im örtlichen Lichtspielhaus eingesetzt war. Erst gegen 22.30 Uhr, als ich nach Hause ging, sah ich, dass eine Gruppe von SS-Männern vor der Brauerei stand, woraus ich den Schluss zog, dass die Häftlinge bereits in der Brauerei untergebracht waren.
In der Nacht von Sonntag auf Montag versah ich an der bewaldeten Straße zwischen Choustníkovo Hradiště und Kocbeře bei den Panzersperren Dienst. Der ortsansässige Bürger Josef Reschke hatte mich angewiesen, dort bis zum Morgen zu wachen. Während der Nacht machte mich der Landwirt Josef Kindler,[5] der dort den gleichen Dienst wie ich verrichtete, darauf aufmerksam, dass im Straßengraben neben der Landstraße ein toter Häftling liege, der von SS-Männern erschossen worden sei, als der Transport auf dem Weg nach Choustníkovo Hradiště hier vorbeikam.
Daraufhin richtete ich meine Taschenlampe auf den Leichnam und sah, dass es sich um einen Häftling des genannten Transports handelte, da er gestreifte Kleidung trug. Die Leiche hatte auf der Stirn eine deutliche blutige Öffnung, die von einem Schuss stammte, und eine Austrittsstelle am Hinterkopf, was davon zeugt, dass der Gefangene aus allernächster Nähe erschossen wurde.
Am Montag, den 19. Februar 1945 gegen 9.00 Uhr, wurde ich zum Ortsbürgermeister Wilhelm Schmidt[6] gerufen, um eine Beförderungsmöglichkeit für einige kranke Häftlinge zu besorgen, die nach Josefov und weiter gebracht werden sollten; ferner sollte ich ein Transportmittel für den Abtransport von neun Häftlingsleichen besorgen, die bei der Übernachtung in der Brauerei gestorben waren. Ich besorgte sogleich ein Fuhrwerk beim Landwirt Josef Jank in Choustníkovo Hradiště Nr. 14, das die SS-Männer zur Brauerei brachten. Ich selbst wartete auf der Wiese des Wiesner,[7] wo die Häftlinge gesammelt wurden, bis das Fuhrwerk zurückkehrte. Dieses Fuhrwerk war ein langer Leiterwagen, der mit kranken Häftlingen vollgeladen wurde. Es fuhr sie der Kutscher des Landwirts Jank, ein Pole, der Tomasz Jurek hieß. Das Fuhrwerk fuhr in Richtung Josefov.
Am selben Tag gegen 12.30 Uhr ließ mich Wiesner, der örtliche NSDAP-Chef (inzwischen verstorben), kommen. Ich sollte mich um den Abtransport des Fuhrwerks mit den kranken Häftlingen kümmern, die in der Zwischenzeit aus Josefov wieder nach Choustníkovo Hradiště zurückgekommen waren. Sie sollten in den Wald oberhalb von Choustníkovo Hradiště in Richtung Kocbeře abtransportiert werden; ich sollte dort eine passende Stelle aussuchen, wo diese kranken Häftlinge, wie Wiesner behauptete, erschossen werden sollten. Das Fuhrwerk stand an der Straßenkreuzung in Choustníkovo Hradiště, wo sich auch eine ganze Reihe politischer Häftlinge aufhielt. Sofort fuhr ich den Wagen auf die Straße Richtung Kocbeře. Die SS-Männer befahlen mir, keine Zivilisten an den Wagen heranzulassen. Ich selbst ging etwa 100 Schritte hinter dem Wagen.

5 Josef Kindler (*1893), Landwirt; wohnte in Choustníkovo Hradiště.
6 Wilhelm Schmidt (1878–1946), Ortsbürgermeister von Gradlitz; lebte nach 1945 in Erfurt.
7 Franz Wiesner (*1890), Schlosser; 1938 NSDAP-Eintritt; Ortsgruppenleiter der NSDAP in Gradlitz; soll sich und seine Familie im Mai 1945 im Wald bei Gradlitz erschossen haben.

Den Transport führten etwa 10 SS-Leute mit irgendeinem SS-Führer, dessen Rang ich nicht kannte. Alle diese SS-Leute sahen sehr aufgeregt aus.
Am Waldabschnitt beim Haus Nr. 158 holten uns Wiesner und der Ortskommandant der deutschen Gendarmerie, Heinrich Gierl,[8] auf Motorrädern ein. Sie fuhren mit uns bis zur Stelle des jetzigen großen Grabes, wo etwa 78 oder 79 Personen beerdigt sind. Dort hielten wir an. Die begleitenden SS-Männer ordneten an, dass die Häftlinge vom Wagen herunterkommen und sich sofort alle ihrer gestreiften Kleidung entledigen, sich also ganz ausziehen sollten. Wer sich weigerte, wurde von einzelnen SS-Männern mit Holzknüppeln misshandelt.
So kam es, dass einzelne Häftlinge nur mit Unterwäsche bekleidet und barfuß waren, obwohl recht viel Schnee lag. Andere hatten auch noch zivile Unterkleidung an. So mussten sie sich in Gruppen zu fünft unter ständigen Schlägen zum Waldrand begeben, etwa 30 Schritt von der Straße entfernt.
Ich selbst musste an der Straße bleiben und hatte die ausgezogene Kleidung, die Schuhe und andere Gegenstände einzusammeln, die ich auf den Wagen legte. Der Kutscher Tomasz Jurek musste mit seinem Wagen etwa 50 Schritte zurück in Richtung Choustníkovo Hradiště fahren, um nicht an der Hinrichtungsstelle anwesend zu sein. Ich selbst blieb in der Nähe des Waldrands, denn ich wollte sehen, wie die SS-Männer auf die Häftlinge schießen. Ich wurde aber auch weggejagt. Ich erinnere mich noch, dass je eine Häftlingsgruppe bestehend aus fünf Personen einzeln in den Wald geführt wurde, von wo ich jedes Mal nur eine Schusssalve hörte. Auf diese Art wurden alle Kranken beseitigt, obwohl ich mir nicht recht erklären konnte, wie so viele erschossen werden konnten, da ich nur etwa sieben Salven hörte und es demnach insgesamt nur 28 bis 30 Häftlinge gewesen sein können. Ich habe nicht einen Schrei von den Hingerichteten gehört, obwohl ich nur etwa 30 Schritte entfernt stand.
Als das Schießen verstummte, gingen sämtliche SS-Männer auf der Landstraße in Richtung Choustníkovo Hradiště davon.
Der Gendarmeriekommandant Gierl wies mich an, einige Leute zu organisieren und mich darum zu kümmern, dass eine Grube ausgehoben wird, um die Erschossenen zu beerdigen. Daraufhin verständigte ich die Totengräber A. Heinrich[9] und den Landwirt Josef Kindler aus Choustníkovo Hradiště. Mit ihnen zusammen ging ich gegen 15.00 Uhr zur Stelle der Hinrichtung vom Vormittag. Als wir zum Haus Nr. 158 kamen, das am Waldrand steht, hörten wir eine weitere Salve, ebenfalls vom Waldrand, etwa 300 Schritte von uns entfernt.
Die Bewohner des genannten Hauses standen draußen und weinten. Wir erfuhren von ihnen, dass die SS-Männer im Wald weitere Opfer erschießen.
Wir gingen ohne Pause weiter zu der Stelle, wo am Vormittag die 28 oder 30 Häftlinge erschossen worden waren. Erst an der Stelle der Hinrichtung sahen wir, wie die Erschossenen im Schnee lagen, manche einzeln, manche in Gruppen zusammen. Alle hatten Schusswunden am Kopf, und zwar so, dass es den meisten den halben Schädel abgerissen hatte, entweder den Hinterkopf oder das Gesicht, so dass der Anblick der Leichen

8 Heinrich Gierl (1904–1957), Bezirksoberleutnant der Gendarmerie; 1933 NSDAP-Eintritt; Abteilungsführer der Gendarmerie-Abt. Gradlitz, Kreis Trautenau; nach dem Krieg Polizeiobermeister der Bayerischen Landpolizeistation Straßbessenbach, Landkreis Aschaffenburg.
9 Armand Heinrich (*1901), Landwirt; wohnte in Gradlitz, später in Zwickau.

furchtbar war. Einige Leichen hatten einen Draht um sich geschlungen, an dem meist ein Essgeschirr oder auch Erkennungsmarken aus Blech vom Format eines größeren Knopfes mit 5- oder 6-stelligen Zahlen hingen. Einige trugen ordentliche Anzüge. Unter den Leichen dürften auch Juden gewesen sein.[10]

Ich zeigte dem Totengräber Heinrich die Stelle, wo die Grube ausgehoben werden sollte, und er begann sofort zu graben. Ich selbst ging zurück auf die Straße zu der Stelle, wo sich jetzt das kleinere Grab befindet. Dort lag zu diesem Zeitpunkt der erschossene Häftling, von dem zu Beginn dieses Protokolls bereits die Rede war. Dort wies ich Kindler an, an einer bestimmten Stelle ein Grab auszuheben, in das wir den erschossenen Häftling sowie weitere Opfer legen wollten, die am Nachmittag am Waldrand in der Nähe des Hauses Nr. 158 erschossen worden waren.

Ich schickte noch einige von den Arbeitern, die bei den Panzersperren beschäftigt waren, zum Ausheben der beiden Gräber. Dann ging ich wieder zu der Stelle, wo am Nachmittag die Hinrichtungen stattgefunden hatten. Diese Stelle befindet sich im Wald, etwa 300 Schritte nördlich vom Haus Nr. 158, und bildet so etwas wie eine längliche Vertiefung, in die man die Wasserleitung gebaut hat, die vom Wald zum Gutshof und der Brauerei in Choustníkovo Hradiště führt. Dort fand ich neun Leichen politischer Häftlinge auf einem Haufen, einer über dem anderen liegend. Sie waren auf die gleiche Weise wie die anderen erschossen worden, nämlich durch Kopfschuss. Es handelte sich um die Häftlinge, die erschossen wurden, als ich mit dem Totengräber Heinrich und dem Landwirt Kindler auf der Landstraße zum Wald hinaufging, um die Gräber auszuheben, und wir die Salve gehört hatten.

Die Häftlinge waren ebenso wie die anderen sowohl mit gestreifter als auch mit ziviler Kleidung angezogen.

Ich ging nun nach Choustníkovo Hradiště zurück und sah gegen 17.00 Uhr ein weiteres Fuhrwerk, das dem Landwirt František Paul, wohnhaft Nr. 79, gehörte. Auf diesem Wagen hatten die Häftlinge in der Brauerei neun Leichen von Häftlingen gelegt, die bei der Übernachtung bis zum Morgen gestorben waren. Zusammen mit dem Kutscher Anton Komarov, ukrainischer Nationalität, der bei Paul arbeitet, fuhr ich auf dem Fuhrwerk zurück in den Wald zu der Stelle, wo bis dahin am Rand des Grabens ein erschossener Häftling gelegen hatte. Dort legten wir die neun Leichen ab und bedeckten sie mit Reisig.

Am nächsten Tag, nämlich am Dienstag, den 20. Februar 1945, half ich zwischen 13.30 und 16.30 Uhr Kindler beim Ausheben des unteren kleinen Grabes. Die obere Grube wurde durch den Totengräber Heinrich ausgehoben; um diese kümmerte ich mich nicht. Als wir die Grube ausgehoben hatten, die mehr als zwei Meter lang, etwa drei Meter breit und über zwei Meter tief war, legten wir die neun verstorbenen Häftlinge aus der Brauerei und den erschossenen Häftling, der seit Sonntag am Rand des Straßengrabens gelegen hatte, hinein.

Wir legten sie nebeneinander auf den Rücken, mit den Köpfen auf die Seite, so dass die neun nebeneinanderlagen, während wir den Zehnten auf den verbliebenen Platz unterhalb der Beine der neun Leichen legten. Danach bedeckten wir alle mit Reisig.

10 Es handelte sich fast ausschließlich um jüdische Häftlinge. Groß-Rosener Häftlinge bekamen kleine Blechmarken mit fünfstelligen Häftlingsnummern ausgehändigt, die sie stets bei sich zu tragen hatten.

Am nächsten Tag, nämlich am Mittwoch, den 21. Februar 1945, liehen der Totengräber Heinrich und ich uns in den Häusern Nr. 118 und 119, die sich am Waldrand befanden, Schubkarren aus, mit denen wir zu den Gräbern fuhren, in die wir am Tag zuvor die zehn Häftlinge hineingelegt hatten. Inzwischen war auch der NSDAP-Ortsgruppenleiter Wiesner zum Grab gekommen, der uns auf unsere Bitte hin Unterstützung schickte, und zwar einen Kutscher aus der Ortschaft Zboží, dessen Namen ich nicht kenne, sowie einen 12-jährigen Jungen namens Boruvka, der im Haus Nr. 158 wohnte.
Mit Hilfe dieser beiden fuhren wir zuerst die neun erschossenen Häftlinge, die, wie bereits erwähnt, auf einem Haufen unweit des Hauses Nr. 158 lagen, in den Wald, und zwar zu der Vertiefung, wo die unterirdische Wasserzufuhr für den Gutshof sowie die Bierbrauerei verläuft.
Bald fand ich unweit der Stelle im Wald in Richtung Straße noch weitere zehn Häftlingsleichen von auffällig kräftigem Körperbau; sie waren wahrscheinlich von den anderen neun abgesondert und an dieser Stelle getrennt von den Übrigen erschossen worden. Auch diese Leichen legten wir in das Massengrab. Arbeiter, die in der Nähe beim Ausheben von Panzersperren eingesetzt waren, schaufelten Lehm auf die Leichen.
An diesem Nachmittag gegen 14.00 Uhr ging ich zusammen mit dem Totengräber Heinrich zum zweiten, höher gelegenen Massengrab, das nur zum Teil fertig ausgehoben war. Dort stellte ich fest, dass im Umkreis des Grabes inzwischen erheblich mehr Leichen lagen als noch am Montag, den 19. Februar. Von der Zahl her waren es 78 oder 79 Leichen politischer Häftlinge. Wann diese Häftlinge erschossen worden waren, ist mir nicht bekannt, zumal ich ab Montag, den 19. Februar 1945, nicht mehr an dieser Stelle gewesen war. Ich vermute aber, dass sie beim Abzug des Transports aus Choustníkovo Hradiště in Richtung Trutnov erschossen worden waren, und zwar Dienstag, den 20. Februar 1945 im Laufe des Nachmittags. Alle Leichen, folglich auch die, die an dieser Stelle zuletzt erschossen worden waren, hatten eine Schusswunde im Kopf, und zwar so, dass ihre Schädel meist völlig und zur Unkenntlichkeit zertrümmert waren. Die Kleidung dieser Leichen war die gleiche wie bei denen, die am Montag, den 19. Februar 1945, an dieser Stelle gelegen hatten.
An diesem Tag, nämlich am Mittwoch, den 21. Februar 1945, beteiligte ich mich zusammen mit dem Totengräber Heinrich bis zum Einbruch der Dunkelheit beim Aushub des großen Grabes.
Am Donnerstag, den 22. Februar 1945, waren wir, der Totengräber Heinrich und ich, überhaupt nicht am Grab, da der Totengräber eine andere Arbeit in der Landwirtschaft hatte und ich mich ausruhen wollte, zumal ich in diesen Tagen wenig geschlafen und außerdem vom Graben blutige Blasen an den Händen hatte.
Erst am Freitag, den 23. Februar 1945, ging ich zusammen mit dem Totengräber Heinrich wieder zu der großen Grube, die wir dann an diesem Tag ausreichend tief aushoben und verbreiterten. Diese Grube war 6 x 2 Meter breit und etwas über 2 Meter tief. Den Transport der Leichen organisierten wir so, dass der Totengräber Heinrich im Grab stand, während ich mit einem gewissen Stanisław Borowicz, einem Kutscher polnischer Nationalität, der beim Landwirt Herbert Rösler in Choustníkovo Hradiště, Haus Nr. 28, beschäftigt war, die Leichen zur Grube trug, wo sie der Totengräber Heinrich nebeneinander ablegte.
Die Leichen wurden genauso wie im unteren Grab abgelegt, und zwar alle nebeneinander auf den Rücken, mit dem Kopf zur Seite; sofern noch etwas Platz war, legten wir

einige Leichen quer, entweder bei den Köpfen oder bei den Füßen. So trugen wir am Freitagnachmittag sämtliche Leichen in die Grube, die noch am selben Tag durch den Bürger Václav Rösler[11] und einige andere Arbeiter mit Lehm zugeschüttet wurde.
Dies ist alles, was ich nach meinem Wissen über die Massenerschießungen politischer Häftlinge und ihre Bestattung im Wald bei Zboží berichten kann.[12]

DOK. 214
Die Arbeitsstatistik des Lagers Buchenwald meldet am 24. Februar 1945, dass zahlreiche Häftlinge aus Groß-Rosen im Krankenbau liegen[1]

Schreiben der Arbeitsstatistik, gez. St.,[2] KL Buchenwald, an den Arbeitseinsatzführer[3] vom 24.2.1945

Betr.: 55 Zugänge von Groß-Rosen
Von den 55 Häftlingen aus Groß-Rosen liegen bereits 14 Häftlinge im Krankenbau. 25 Häftlinge davon können befragt werden. Sie arbeiteten bei der Herstellung von Flugzeugmodellen in Gasen[4] bei Sommerfeld. Sie sind Schlosser und Mechaniker. Außer einigen Juden sind es in der Hauptsache Tschechen und Jugoslawen. Gesundheitszustand außerordentlich schlecht.

11 Václav Rösler; Geschäftsvertreter.
12 Im Aug. und Sept. 1945 wurden die im Wald begrabenen Toten exhumiert und in einem Sammelgrab in Choustníkovo Hradiště beigesetzt.

1 ITS, 1.1.5.0/0048/0119, Dok-ID 82 080 319.
2 Willy Seifert (1915–1986), Maurer; 1931 KPD-Eintritt; 1938–1945 politischer Häftling in Buchenwald, April 1942 bis April 1945 Kapo in der Arbeitsstatistik; 1945 stellv. Chef der sächs. Polizei und Präsident des Landeskriminalamts Sachsen, 1949–1956 stellv. Chef der Deutschen Volkspolizei, 1957–1983 stellv. Innenminister der DDR.
3 Albert Schwartz.
4 Richtig: Gassen. Im Groß-Rosener Außenlager Gassen (poln. Jasień) waren etwa 700 Häftlinge bei der Produktion von Flugzeugteilen für die Focke-Wulf AG eingesetzt. Am 12.2.1945 wurden die Häftlinge auf einen Todesmarsch getrieben; elf Tage später trafen sie im Buchenwalder Außenlager Leipzig-Thekla ein. 580 Häftlinge dieses Transports wurden in Buchenwald registriert. 55 kranke Häftlinge waren in Güterwaggons direkt von Gassen nach Buchenwald gebracht worden.

DOK. 215

Etel Herskovits berichtet vom Fußmarsch nach Parschnitz Ende Februar 1945 und ihrer Rückkehr in das Lager Langenbielau I[1]

Bericht von Etel Herskovits,[2] aufgenommen durch György Tolnai im Haus der Flüchtlinge, Calea Moşilor, Bukarest,[3] vom 6.6.1945

[...][4]

Ende Februar waren die Russen bereits so nahe gerückt, dass man sie schießen hören konnte. Daraufhin wurden 400 Frauen rasch abtransportiert.[5] Als Wegzehrung waren uns drei Kilogramm Brot und ein Stück Margarine mitgegeben worden. Wir waren bei schönem Wetter aufgebrochen, aber bald setzte ein Schneesturm ein. Wir marschierten, müde und hungrig, in Holzschuhen. Immer wieder fiel ich in den Schnee. Uns begleiteten SS-Soldaten aus Siebenbürgen. Sie ließen uns in Ruhe, aber wir waren furchtbar erschöpft. Manchmal bekamen wir von den Soldaten Kartoffeln, manchmal gaben sie uns sogar ihre eigene Suppe. Jeden Abend gab es Kaffee. Wir waren fünf Tage unterwegs, bis wir nach Parschnitz[6] kamen.

Wir erreichten Parschnitz am 5. März 1945. Dort traf ich auf Menschen, die ich noch aus Auschwitz kannte, erkannte sie jedoch kaum wieder. Sie waren völlig ausgehungert und verlaust. Wir hausten in einer stillgelegten Fabrik, in der bereits 1200 Frauen untergebracht waren.[7] Die Heizung funktionierte nicht, es gab kein warmes Wasser, obwohl wir es bitter nötig gehabt hätten. So konnten wir unsere Sachen nur unter der kalten Dusche waschen. Es gab dort keine Arbeit für uns, nur wenige von uns wurden zum Schanzenbau herangezogen. Mittags erhielten wir einen Liter Wasser und ein paar Kartoffelschalen, zum Abendbrot drei oder vier Kartoffeln mit zwei, drei Löffeln Soße. Ein halbes Brot, ohne jeden Aufstrich, sollte für sechs Menschen reichen. Sogar schon vor unserer Ankunft hatten die dort lebenden Häftlinge kein Brot mehr bekommen. Die Jüngeren sahen sehr schlecht aus, hielten sich aber noch irgendwie aufrecht, während die Älteren völlig verwirrt waren. Hatte irgendjemand ein Stück Kartoffel von den Deutschen ergattert und es auf dem Tisch liegen lassen, stürzten sich alle darauf und prügelten sich darum. Viele wurden grundlos geschlagen.

1 LI, VII-123/4, Prot. 488, S. 186–188. Das Dokument wurde aus dem Ungarischen übersetzt.

2 Etel Herskovits (*1925); wohnte im ungar. besetzten Tornalja (heute Tornal'a in der Slowakei), wurde im Juni 1944 nach Auschwitz und im Aug. 1944 in das Groß-Rosener Außenlager Langenbielau I deportiert, dort im Mai 1945 befreit; nach dem Krieg in Bukarest, weiteres Schicksal ungeklärt.

3 Zum Entstehungshintergrund des Berichts siehe Dok. 157, Anm. 3.

4 Im ersten Teil berichtet Etel Herskovits von ihrer Gettoisierung in Tornalja und Miskolc im Mai 1944 sowie der Deportation nach Auschwitz und Langenbielau I.

5 Das Lager Langenbielau I wurde nur teilweise geräumt. Nach welchen Kriterien Häftlingsgruppen zum Abtransport bestimmt wurden, ließ sich nicht vollständig klären – wahrscheinlich handelte es sich um Beschäftigte bestimmter Einsatzträger, die ihre Produktion eingestellt hatten.

6 Im Groß-Rosener Frauenaußenlager Parschnitz machten im Febr. und März 1945 mehrere Todestransporte aus dem Lagerkomplex Groß-Rosen Station, darunter auch zahlreiche Männertransporte.

7 Gemeint ist das Fabrikgebäude der Firma Aloys Haase.

Als schließlich in der Dihrig-Fabrik[8] in Langenbielau die Arbeit wiederaufgenommen wurde, brachte man 150 Frauen wieder zurück. Glücklicherweise war auch ich unter ihnen. Als ich dort ankam, fragten mich alle, was mit mir los sei, ich war völlig abgemagert und kaputt, obwohl wir nicht einmal zwei Wochen in Parschnitz verbracht hatten. Ich war derart entkräftet, dass ich von der „besseren" Lagerkost in Langenbielau sogar krank wurde. Ohne dass ich darum bat, erlaubten sie mir, mich zwei Tage zu schonen. Ich legte mich jedoch nicht hin, sondern lief im Lager herum. Die Judenälteste erwischte mich und befahl mir, die gerade angelieferte Rote Bete auszuladen. Ich war aber dermaßen geschwächt, dass ich nicht schnell genug arbeiten konnte. Daraufhin erhielt ich Ohrfeigen und die Aufforderung, zu verschwinden.
In der Zwischenzeit war Berlin schon eingenommen, und die Russen rückten dort ein. Dennoch mussten wir bis zum letzten Augenblick schuften. Am 5. Mai arbeitete ich noch, am folgenden Morgen wachten wir auf, und die Bewacher waren verschwunden. Zu dieser Zeit wussten wir bereits, dass die Befreiung bevorstehen würde, denn die Meister in der Fabrik hatten uns erzählt, dass es eine diesbezügliche Anordnung der Amerikaner gab. Ob das stimmte, weiß ich nicht.[9] Tatsache ist, dass sich am nächsten Tag, nachdem die Wachen verschwunden waren, auch die SS-Frauen absetzten. Nur einige Soldaten blieben.[10] Am Morgen des 8. Mai verschwanden sie ebenfalls, obwohl die Russen noch gar nicht da waren. Immerhin konnten wir uns unter den Deutschen nun frei auf der Straße bewegen.
Als die Russen endlich zu uns vorgedrungen waren, hofften wir, sie würden Lebensmittel mitbringen, da es zum Ende hin nur noch wenig zu essen gegeben hatte und wir hungrig waren. Sie haben uns nicht unmittelbar versorgt, uns jedoch erlaubt, auf welche Art auch immer Nahrungsmittel dort zu beschaffen, wo es welche gab. Etwa fünf oder sechs Mädchen betraten dann gemeinsam mit einem Russen ein Haus und „organisierten" etwas zu essen. Die Geschicktesten unter uns haben auf diese Weise viele Leckereien aufgetrieben. Nach drei Tagen erteilte ein russischer Offizier den Befehl, dass wir alle wieder arbeiten sollten, da die Eisenbahn noch nicht verkehre, in Russland jedoch Kleidung und Schuhe benötigt würden. Ich war allerdings der Auffassung, dass ich hier bereits genug gearbeitet hatte, und machte mich noch am selben Nachmittag mit fünf anderen auf den Weg nach Hause. Wir liefen etwa 200 Kilometer, bis wir in Freudenthal die Eisenbahn erreichten und den Rest der Fahrt mit der Eisenbahn zurücklegen konnten.

8 Das 1805 in Langenbielau von Christian Gottlob Dierig gegründete Textilunternehmen war um 1930 zum größten Baumwollkonzern Europas aufgestiegen. Die Dierig AG setzte seit 1943 jüdische Zwangsarbeiterinnen ein.
9 In dieser Region befanden sich keine westalliierten Truppen.
10 In vielen Außenlagern wurden nach der Flucht der SS-Lagermannschaft Wehrmachtssoldaten als Bewachung abgestellt.

DOK. 216

Kommandant Josef Kramer weist Richard Glücks am 1. März 1945 darauf hin, dass Bergen-Belsen keine weiteren Häftlingstransporte aufnehmen kann[1]

Schreiben des Lagerkommandanten SS-Hauptsturmführer Kramer, Bergen-Belsen, an den Chef der Amtsgruppe D im SS-W.V.-Hauptamt SS-Gruppenführer Glücks, Oranienburg, vom 1.3.1945

Gruppenführer!
Schon lange hatte ich die Absicht, mich bei Ihnen zum Rapport zu melden, um Ihnen die hiesigen Verhältnisse zu schildern. Da dies zur Zeit aus dienstlichen Gründen nicht möglich ist, möchte ich in einem schriftlichen Bericht auf die unhaltbaren Zustände hinweisen und um Ihre Unterstützung bitten.
Mit Fernschreiben vom 28.2.1945 teilten Sie mir mit, daß ich als 1. Rate von Ravensbrück 2500 weibliche Häftlinge aufnehmen muß. Ich habe für diese Zahl die Unterbringung gesichert. Die Aufnahme weiterer Raten scheitert nicht nur unterkunftsmäßig an Platzmangel, sondern ganz besonders auch an der Verpflegungsfrage. Bei Besichtigung des Lagers durch SS-Standartenführer *Lolling* Ende Januar wurde festgestellt, daß eine Belegung des Lagers mit über 35 000 Häftlingen als zu stark angesprochen werden muß. Inzwischen ist diese Zahl mit 7000 überschritten, weitere 6200 sind derzeit unterwegs. Die Folge davon ist, daß alle Baracken mit mindestens 30 % überbelegt sind. Die Häftlinge können sich zum Schlafen nicht hinlegen, sondern müssen im Sitzen auf dem Fußboden schlafen. Dreiteilige Bettstellen oder Pritschen wurden dem Lager in letzter Zeit von Amt B III[2] wiederholt zugewiesen, aber immer aus Gegenden, in denen eine Waggongestellung oder Transportmöglichkeit nicht gegeben ist. Hätte ich für die Unterkünfte ausreichend Bettstellen zur Verfügung, wäre die Unterbringung der hier liegenden und noch weiter zukommenden Häftlinge eher möglich. Zu dieser Überbelegung kommt nun eine Fleckfieber- und Typhusepidemie, die ständig im Steigen begriffen ist. Die Sterblichkeitsziffer, die Anfang Februar täglich noch 60–70 betrug, ist inzwischen auf einen Tagesdurchschnitt von 250–300 angestiegen und wird sich bei den derzeitigen Verhältnissen noch weiter erhöhen.
Verpflegung:
Bei Übernahme des Lagers durch mich waren hier Wintervorräte für 15 000 Häftlinge vorgesehen, zum Teil auch eingelagert, ein großer Teil noch nicht ausgeliefert. Es scheiterte dies nicht nur an Transportmöglichkeiten, sondern auch daran, daß gerade im hiesigen Gebiet fast nichts angebaut wird und alles von außerhalb bezogen werden muß. Die hier gelagerten Vorräte reichten buchmäßig nur bis 20. Februar – durch größte Sparmaßnahmen wurde erreicht, daß zur Zeit noch Kartoffeln für 8 Tage und Steckrüben für 6 Tage vorhanden sind. Neue Verhandlungen mit *dem Kreisbauernführer* wegen weiterer Lieferungen sind aufgenommen. Ähnlich verhält es sich auch mit Brot – außer der Lieferung vom Truppenübungsplatz Bergen bekamen wir täglich einen Waggon von einer Brotfabrik aus Hannover. Seit 4 Tagen fällt diese Lieferung ebenfalls aus wegen Streckenschaden, und

1 Original nicht aufgefunden. Beglaubigte Kopie: TNA, WO 309/17. Abdruck in engl. Übersetzung in: Raymond Phillips (Hrsg.), Trial of Josef Kramer and Forty Four Others (The Belsen Trial), London 1949, S. 164–166.
2 Amtsgruppe B Truppenwirtschaft des WVHA.

ich bin gezwungen, falls dieser bis Ende der Woche nicht behoben ist, Brot ebenfalls mittels Lkw aus Hannover zu beschaffen. Die der hiesigen Dienststelle zugeteilten Lkw's reichen nun für diesen Betrieb in keinem Falle mehr aus, und ich muß um Zuweisung von mindestens 3–4 Lkw und 5–6 Anhängern bitten. Nachdem ich eine Zugmaschine hier habe, kann ich die Anhänger in der näheren Umgebung einsetzen. Sollten die Verhandlungen mit der Kreisbauernschaft wegen Kartoffellieferungen erfolgreich beendet werden, ist damit zu rechnen, daß auch diese mit Lkw herangeholt werden müssen. Diese Ernährungsfrage muß unter allen Umständen in den nächsten Tagen geklärt werden. Sie, Gruppenführer, bitte ich in diesem Falle um Zuteilung von Fahrzeugen. Die Beschaffung der Lebensmittel wird von hier aus durchgeführt. Außerdem benötige ich hier dringend noch Kochkessel. Sämtliche Kochkessel des Lagers sind zur Zeit Tag und Nacht in Betrieb. Bei Ausfall auch nur eines Kessels können uns große Schwierigkeiten entstehen. Hier steht eine Zeltküche mit 30 Kesseln à 300 Litern, die von der DAF für den SS-Fall zur Verfügung gestellt wurden. Auf unsere Anfrage vom 29.12.44 wegen vorübergehender Benutzung dieser Kessel wurde mit Schreiben vom 5.1.45 mitgeteilt, daß eine Benutzung nicht genehmigt werden kann. Abschrift dieses Schreibens lege ich bei. *SS-Sturmbannführer Burger*[3] hat sich diesen Fall bei seinem Besuch seinerzeit notiert. Was aus den Verhandlungen geworden ist, entzieht sich meiner Kenntnis. Vielleicht ist es unter den veränderten Umständen möglich, die Kessel frei zu bekommen. Zusätzlich zu diesen 30 Kesseln benötige ich hier mindestens noch weitere 20 Kessel, um einen evtl. Ausfall ausgleichen zu können.

Krankenstand:

Der Krankenstand ist im Verhältnis zur Zahl der hier untergebrachten Häftlinge sehr hoch. Bei meiner Vorstellung am 1.12.44 in Oranienburg sagten Sie mir, daß Bergen-Belsen Krankenlager für alle Konzentrationslager in Norddeutschland werden soll. Besonders durch die in letzter Zeit aus dem Osten eingehenden Häftlingstransporte, die teilweise 8–14 Tage in offenen Loren gefahren wurden, hat sich die Zahl der Kranken ganz gewaltig gesteigert. Eine Besserung des Zustandes, besonders aber eine Rückführung dieser Häftlinge in den Arbeitseinsatz, ist bei den derzeitigen Verhältnissen ausgeschlossen. Die Kranken siechen hier langsam dahin, bis sie an Herz- und Kreislaufschwäche eingehen. Wie schon beschrieben, ist der tägliche Anfall an Toten 250–300. Von dem Zustand der eingehenden Transporte aus dem Osten kann man sich am besten eine Vorstellung machen, wenn ich mitteile, daß einmal bei einem Transport mit 1900 Häftlingen über 500 Tote mitkamen. Die Bekämpfung des Fleckfiebers ist wegen der Mängel an Desinfektionsmitteln sehr erschwert. Durch den Tag- und Nachtbetrieb ist die Heißluftentlausung nun auch schadhaft geworden und fällt mehrere Tage aus. SS-Standartenführer Dr. *Lolling* hat mir bei seinem Besuch eine Kurzwellenentlausung zugesagt. Dazu benötige ich einen stärkeren Transformator, der nach Mitteilung der Bauinspektion Nord in Berlin, Wismarer Straße zur Abholung bereit steht. So dringend ich die Anlage benötige, ist es im Moment doch unmöglich, ein Fahrzeug dieserhalb nach Berlin zu senden. Ähnlich verhält es sich mit den Teilen für die neuen Verbrennungsöfen und Dachpappe sowie Zement. Nach meinem Dafürhalten müßte es der Bauinspektion möglich sein, wenn nicht mittels Lkw, so doch in einem Waggon alle diese hier so dringend benötigten Teile zu verladen und diesen evtl. mit einem Häftlingstransport aus Sachsenhausen oder Ravensbrück

3 Wilhelm Burger.

nach hier zu verladen. Damit, daß die Bauleitungen mitteilen, die Sachen können da oder sofort abgeholt werden, ist für diese der Fall erledigt. Wenn die Lkw's dann nicht gestellt werden, kann eben nicht gebaut werden. Diese Dienststellen haben wohl den Glauben, daß hier Lastfahrzeuge im Überfluß vorhanden sind, die nur darauf warten, daß sie Betätigung bekommen. – Ein weiteres Kapitel, was die Bauleitung betrifft, ist hier die Kläranlage. Seit 1943 ist bereits festgestellt, daß die vorhandene Anlage für die damalige Häftlingszahl zu klein ist. In der Zwischenzeit wurde mehrmals bescheinigt und geplant, darüber hinaus aber nicht das Geringste getan. Heute bei dieser Überbelegung erfolgt nun die Katastrophe, für die bestimmt niemand die Verantwortung übernehmen will. Vielleicht ist es von dort aus möglich, geeignete Schritte zu unternehmen, damit die Angelegenheit in Gang kommt.
Gruppenführer! Ich darf Ihnen versichern, daß von hier aus alles getan wird, die gegenwärtige Krise zu meistern. Mit meinem heutigen Schreiben wollte ich Ihnen nur die Schwierigkeiten aufzeigen, die hier vorhanden sind. Es ist für mich eine Selbstverständlichkeit, daß diese Schwierigkeiten überwunden werden müssen. Nur bitte ich Sie, soweit es Ihnen möglich ist, um Ihre Unterstützung. Neben den bereits aufgeführten Punkten benötige ich hier vor allem Unterkunftsgeräte, Bettstellen, Decken, Eßgeschirre, und zwar für rund 20 000 Häftlinge.
Wegen Arbeitseinsatz der Häftlinge habe ich mich mit den Arbeitsämtern in Verbindung gesetzt. Es besteht Aussicht, weibliche Kräfte in nächster Zeit beschäftigen zu können. Männliche einsatzfähige Häftlinge stehen hier nicht zur Verfügung.
Außer den KL-Häftlingen befinden sich hier noch rund 7500 Lagerinsassen (Austauschjuden).[4] SS-Hauptsturmführer *Moes*[5] vom RSHA IV A 4 b war vergangene Woche hier und teilte mit, daß er diese Juden in nächster Zeit hier wegholen will. Es wäre zu begrüßen, wenn dies möglichst bald geschehen könnte, da dann auch auf diese Weise wieder Platz für mindestens 10 000 KL-Häftlinge geschaffen wird. Wegen der Fleckfiebergefahr will SS-Hauptsturmführer Moes diese Juden zur Zeit nicht abnehmen. Die Juden sollen zum Teil nach Theresienstadt, zum Teil in ein neues Lager nach Württemberg kommen. Der Abzug dieser Lagerinsassen ist schon aus dem Grunde unbedingt erforderlich, weil verschiedene KL-Juden unter diesen Lagerinsassen ihre nächsten Anverwandten, seien es Eltern oder Geschwister, vorgefunden haben. Auch aus rein politischen Gründen, ich erwähne dabei nur die hohe derzeitige Sterblichkeitsziffer hier im Lager, ist es notwendig, daß diese Juden möglichst schnell hier verschwinden.
Damit möchte ich meinen heutigen Bericht abschließen. Zusammenfassend darf ich Ihnen, Gruppenführer, nochmals versichern, daß von meiner Seite bestimmt alles getan wird, die derzeitige Notlage zu überbrücken. Ich weiß, daß Sie noch größere Schwierigkeiten zu überwinden haben und verstehe auch, daß Sie gezwungen sind, alle dort freiwerdenden Häftlinge nach hier zu verlagern; andererseits erbitte ich für hier zur Überwindung dieses Zustandes Ihre Unterstützung.[6]
Heil Hitler

4 Siehe Einleitung, S. 84, 88.

5 Ernst Moes (1898–1945), Bankbeamter; 1940 NSDAP- und SS-Eintritt; Regierungsoberinspekteur im RSHA, u. a. im Judenreferat, Abt. IV B 4b; 1942 SS-Hstuf.

6 Es sind keine Reaktionen auf diesen Bericht bekannt. Bis zum 12.4.1945 trafen regelmäßig Räumungstransporte in Bergen-Belsen ein.

DOK. 217

Drahomír Bárta notiert am 3. und 4. März 1945 in seinem Tagebuch, wie viele Häftlinge aus dem Transport vom Lager Wolfsberg nach Ebensee gestorben sind[1]

Handschriftl. Tagebuch von Drahomír Bárta,[2] Eintrag vom 3. und 4.3.1945

Morgens gegen 9 Uhr Transport aus Wolfsberg.[3]
115 Tote wurden am Bahnhof in Mauthausen ausgeladen.
49 starben auf dem Weg von Mauthausen zu uns.
182 starben in der Nacht vom 3. auf den 4. März, als sie beim Krematorium stehen mussten.
2059 gingen am Morgen des 4. März durch die Desinfektion. Bis zum 13. März starben von diesen 191 Menschen.[4]
2290[5]
Sie wurden auf Block 26 und 27 untergebracht, ohne Fenster, Betten und Decken.[6]

1 Original in Privatbesitz. Abdruck in: Drahomír Bárta, Tagebuch aus dem KZ Ebensee, hrsg. von Verena Pawlowsky und Florian Freund, Wien 2007, S. 93. Das Dokument wurde aus dem Tschechischen übersetzt.

2 Drahomír Bárta (1921–1998), Historiker, Philosoph; im Juni 1942 wegen Widerstandstätigkeit in Prag verhaftet, Okt. 1942 Deportation nach Mauthausen, Sept. 1943 in das Außenlager Ebensee überstellt, dort als Lagerschreiber eingesetzt; nach dem Krieg Mitarbeiter der tschechoslowak. Akademie der Wissenschaften.

3 Rund 2400 überwiegend jüdische Häftlinge aus dem Groß-Rosener Außenlager Wolfsberg waren am 15.2.1945 auf einen Todesmarsch getrieben worden. Nach einem Fußmarsch von 30 km in das Außenlager Friedland wurden sie in Richtung Mauthausen weitertransportiert.

4 Dieser Satz wurde später hinzugefügt.

5 Die Anordnung der Ziffern lässt vermuten, dass es sich hierbei um die Gesamtzahl der Häftlinge des Wolfsberger Transports handelt, abzüglich der Menschen, die bereits auf dem Weg nach Mauthausen starben.

6 Zu einem späteren Zeitpunkt ergänzte Bárta: „Die Häftlinge des Transports aus Wolfsberg, die vor Erschöpfung nicht mehr gehen und den Weg vom Bahnhof zum Lager nicht mehr bewältigen konnten, wurden auf die Pritschenwagen zu den Toten aufgeladen. Körper neben Körper, so dass oft Lebende unter Toten begraben waren. Vor dem Revier wurden sie dann wie Kartoffelsäcke auf den Boden geworfen. Ich höre bis heute die dumpfen Geräusche der auf den Boden aufschlagenden Köpfe. Alle Toten wurden dann nebeneinander auf dem Boden vor dem Krematorium aufgereiht. Es waren lange Reihen, und sie lagen dort fast zwei Tage. Ihre Identität wurde festgestellt, und dann verbrannte man sie. Das Schicksal der Transporte, die in der ersten Hälfte des Jahres 1945 kamen, hauptsächlich von März an, war ähnlich."

DOK. 218

SS-Untersturmführer Brückner meldet, dass die meisten Häftlinge aus dem Auschwitzer Außenlager Hubertushütte den Transport am 12. März 1945 nach Leitmeritz nicht überlebt haben[1]

Der Führer des SS-Kommandos B5,[2] SS-Untersturmführer Benno Brückner,[3] Post. Lobositz 2, Schließfach 213, O.U., an die Kommandantur des KL Flossenbürg vom 12.3.1945

Betr.: Häftlingszugang aus dem K.L. Monowitz, SS-Kommando Hohenlinde am 12.3.1945
Bezug: ohne
Anlg.: 2 Überstellungslisten[4]
Am 12.3.45 traf hier aus dem K.L. Monowitz (Auschwitz I)[5] Außenarbeitslager SS-Kommando Hohenlinde[6] ein Häftlingstransport von 58 SS-Häftlingen ein. Ferner waren bei dem Transport 39 Zivilgefangene, die dem evakuierten SS-Kommando Hohenlinde in Gleiwitz von dem Polizeigefängnis auf dem Rückmarsch übergeben wurden. Diese Gefangenen sollten ursprünglich in Ratibor abgeliefert werden, wurden jedoch dort nicht abgenommen.[7]
Das SS-Kommando Hohenlinde sollte in Gleiwitz verladen werden mit Ziel Groß-Rosen. Wegen Feindeinwirkung konnte dieses Ziel nicht erreicht werden, und der Transport wurde von den Stapodienststellen nach Leitmeritz geschleust, da das SS-Kommando in Leitmeritz das nächstgelegene und am günstigsten zu erreichen war.
Über die Vorgänge in Gleiwitz und auf dem Marsch bis Ratibor, wie Partisanenüberfälle, und sonstige besondere Vorkommnisse wurde dem Leiter der Sicherheitspolizei in Ratibor Meldung zur Weitermeldung an die Amtsgruppe D erstattet.
Der Abmarsch in Hohenlinde erfolgte ohne jegliche Unterlagen über die Personalien der Häftlinge. Auch über diesen Vorfall wurde in Ratibor Meldung erstattet.
Der Abmarsch erfolgte mit 202 Häftlingen, 144 Häftlinge sind unterwegs gestorben, und hierüber wurde von Fall zu Fall an die nächsten Stapodienststellen Meldung erstattet.

1 ITS, 1.1.8.1/10809749. Abdruck in: Strzelecki, Endphase (wie Dok. 170 vom 21.12.1944, Anm. 1), S. 347 f.
2 Das Lager „SS-Kommando B 5" in Leitmeritz entstand im Mai 1944 im Zuge des Unternehmens „Richard" zum Bau unterirdischer Anlagen zur Panzerproduktion. Es gehörte mit einer Belegung von 9000 Häftlingen (Ende April 1945) zu den größten Außenlagern des KZ Flossenbürg und war gegen Kriegsende Ziel zahlreicher Räumungstransporte. Im Frühjahr 1945 reichten die Unterkünfte nicht mehr aus, und die Häftlinge mussten unter freiem Himmel übernachten.
3 Benno Brückner (*1893), Kaufmann; 1934 NSDAP-Eintritt, SS-Eintritt ungeklärt; 1944 Treuhänder beim Vermögensamt des Deutschen Staatsministers im Protektorat; Juni 1944 SS-Ustuf.; von Febr. 1945 an Kommandoführer im Außenlager Leitmeritz; seit Mai 1945 verschollen.
4 Liegen der Akte bei.
5 Richtig: Auschwitz III. Die Außenlager der Rüstungsindustrie waren formal dem Lager Auschwitz III in Monowitz unterstellt.
6 Siehe dazu Dok. 175 vom 20.1.1945, Anm. 6.
7 Mehrere Haftstätten in Ratibor wurden bereits Ende Januar 1945 geräumt. Am 31.3.1945 nahm die Rote Armee die Stadt ein; siehe Dok. 201 vom 1.2.1945.

Beim Partisaneneinsatz in Eggersfelde[8] bei Gleiwitz und auf dem Marsche bis Ratibor hatten sich folgende 5 Häftlingscapos auf das vorzüglichste bewährt, so daß der Transportführer wegen Ausfall von Wachmannschaften und mit Genehmigung der Stapo in Ratibor diese 5 Häftlinge als SS-Männer einkleidete und bewaffnete. Diese Häftlinge wurden am 13.3.45 nach dort überstellt mit der Bitte um weitere Veranlassung.[9]
Auch auf dem ganzen Marsch hatten sich diese Häftlinge als Posten auf das allerbeste bewährt.
Als Wachmannschaften kamen mit: 1 Transportführer SS-Oscha Kühner,[10] 4 Unterführer und 18 Männer. Die Namen der 5 bewährtesten Häftlinge sind:
1) Lagerältester 11 344[11] SV[12] Erich Bartsch, geb. 29.11.90 Allenstein[13]
2) Capo 11 409 SH[14] Karl Plöschinger, geb. 11.8.15 Speyer[15]
3) Capo 112 129 SH Ernst Wilczek, geb. 3.7.17 Gleiwitz[16]
4) Capo 112 071[17] SV Franz Kaiser, geb. 24.9.08 Granowitz[18]
5) Capo 18 025 SH Viktor Hermann, geb. 6.12.01 Friebeck.[19]
Das SS-Kommando 5 bittet um weitere Veranlassung. Es wird weiter um Mitteilung gebeten, ob die 39 Zivil- bzw. Polizeigefangenen der hiesigen Sicherheitspolizei übergeben werden sollen. Es handelt sich hierbei teils um Partisanen, teils um kurzfristig eingelieferte.

8 Richtig: Egersfeld (poln. Leszczyny-Rzędówka); zum Massaker in Egersfeld siehe Dok. 175 vom 20.1.1945, Anm. 8.
9 Siehe Dok. 219 vom 13.3.1945.
10 Möglicherweise Friedrich Kühner (*1889); von Juli 1944 an SS-Oscha.
11 Richtig: 113 440.
12 SV: Sicherungsverwahrung.
13 Erich Bartsch (*1890), Malermeister; 1936 wegen Kuppelei verhaftet, im Dez. 1941 nach Auschwitz überstellt, Kapo in den Außenlagern Monowitz und Hubertushütte, Jan. bis März 1945 Räumungstransport nach Flossenbürg, am 20.3.1945 zur Ersatz-Kompanie Dirlewanger in Karlsbad überstellt; Nachkriegsschicksal ungeklärt.
14 SH: Schutzhaft.
15 Richtig: Karl Plöchinger (1915–1981), Vermessungsangestellter; 1941 verhaftet, im Sept. 1942 nach Groß-Rosen überstellt, am 6.4.1943 als Vermessungsassistent in der Abt. Landwirtschaft nach Auschwitz versetzt, Jan. 1945 Transport nach Flossenbürg, April 1945 Frontbewährungseinheit in Forst/Guben; bis 1950 in sowjet. Kriegsgefangenschaft, danach wohnte er in Speyer und Essen.
16 Ernst Wilczek (*1915), Bäcker; 1938 in Frankfurt/Oder verhaftet, 1939 nach Sachsenhausen, im Frühjahr 1943 nach Dachau und am 11.1.1943 auf Anweisung des WVHA nach Auschwitz überstellt, um dort als Pfleger zu arbeiten, Jan. bis März 1945 Räumungstransport nach Flossenbürg, am 20.3.1945 entlassen; weiteres Schicksal ungeklärt.
17 Richtig: 112 074.
18 Franz Kaiser (*1908), Ofensetzer; Ende März 1943 nach Auschwitz überstellt, dort Funktionshäftling, Jan. bis März 1945 Räumungstransport nach Flossenbürg, am 20.3.1945 zur Ersatz-Kompanie Dirlewanger in Karlsbad abgeordnet; weiteres Schicksal ungeklärt.
19 Viktor Hermann (*1901), Bäcker und Koch; 1940 in Dachau, später in Sachsenhausen und Auschwitz inhaftiert, Kapo im Außenlager Hubertushütte, Jan. bis März 1945 Räumungstransport nach Flossenbürg, am 20.3.1945 zur Ersatz-Kompanie Dirlewanger in Karlsbad abgeordnet; weiteres Schicksal ungeklärt.

DOK. 219
Deutsche Funktionshäftlinge berichten am 13. März 1945 über ihre Bewacherdienste auf dem Todesmarsch von Hubertushütte nach Leitmeritz[1]

Bericht, gez. Ernst Wilczek, Karl Plöchinger, Erich Bartsch, Franz Kaiser, Viktor Hermann, Flossenbürg, vom 13.3.1945

Nachstehend aufgeführte Häftlinge des KL Auschwitz wurden heute, in SS- bezw. Polizeiuniform gekleidet, zum KL Flossenbürg überstellt:
1). *Bartsch*, Erich, geb. 29.11.90 in Allenstein
2.) *Plöschinger,*[2] Karl, geb. 11.8.15 in Speyer
3.) *Wilczek,* Ernst, geb. 3.7.15 in Gleiwitz
4.) *Kaiser,* Franz, geb. 24.9.08 in Granowitz Krs. Liegnitz
5.) *Hermann,* Viktor, geb. 6.12.01 in Triebek.
Nachfolgend erfolgt der Bericht über den Einsatz obenstehender Häftlinge lt. Bescheinigung und persönlicher Angaben als Posten bezw. Partisanenbekämpfer:
Wir waren im Außenlager des KL Auschwitz in Hohenlinde bei Beuthen. Am 18. Januar 1945 wurde das Lager auf Grund des Russeneinbruchs evakuiert und nach Gleiwitz in Marsch gesetzt.
Das Lager I Gleiwitz war das Sammellager Oberschlesien.
Am 20. Januar 1945 waren in diesem Lager ca. 13 000 Häftlinge, die am gleichen Tage in offene Waggons verladen wurden.
Verantwortlich für den Transport waren ein SS-Hauptscharführer und drei Unterscharführer des KL Auschwitz. Diese sind am selben Tage noch mit einem anderen Transportzug, mit der Verpflegung, verschwunden. Ein SS-Oberscharführer übernahm darauf das Kommando und die Verantwortung. Der Zug stand 12 Stunden auf einem toten Gleis, dann kam der Befehl zur Abfahrt. Im Laufe der nächsten 24 Stunden fuhr man uns ca. 10 km nach vorn und dann wieder 10 km zurück, und zwar nach Egerfelde,[3] in der Nähe von Rybnik. Als wir dort einlangten, kam der Befehl zum Aussteigen. Während des Aussteigens der Häftlinge aus den offenen Waggons eröffneten die Partisanen vom nahen Walde aus sowie aus den in der Nähe liegenden Häusern Maschinengewehrfeuer auf die Truppe. Es entstand infolge des Feuerüberfalls eine ungeheure Panik. Viele der Bewachungsmannschaften, es waren dies Volksdeutsche, die meisten aus Ungarn, schmissen die Uniform weg und standen in Zivil da, da sie Zivilkleidung untergezogen hatten.
Wir reichsdeutschen Kapos – namentlich obenstehend aufgeführt – gingen unter dem Feuer der Partisanen zum Munitionswaggon, nahmen dort Maschinengewehre, Maschinenpistolen und Gewehre samt Munition und eröffneten mit den nichtgetürmten Wachmannschaften das Feuer gegen die Angreifer. Diese flohen in Richtung Rybnik.
Ein großer Teil der auswaggonierten Häftlinge benutzte diese Gelegenheit zur Flucht. Ein Teil der Häftlinge wurde von uns, viele auch von den Partisanen erschossen. Wir versuchten hierauf, die versprengten Häftlinge so gut es möglich war, sobald wieder einzufangen, formierten sie und setzten uns mit ihnen in Richtung Rybnik in Marsch.

1 ITS, 1.1.8.3/10820125.
2 Richtig: Plöchinger.
3 Richtig: Egersfeld. Zu den Ereignissen in Egersfeld siehe Dok. 175 vom 20.1.1945, Anm. 8.

Der Marsch selbst führte dauernd durch Wälder. Von Ebersfelde[4] bis in die Nähe von Ratibor hatten wir dauernd Berührung mit Partisanen, denen wir uns erwehren mußten. Hinter Ratibor selbst war die Lage günstiger und ruhiger.
Auf Grund unseres Einsatzes und Bewährung erwirkte unser Kommandoführer SS-Oberscharführer Kühnert bei der Geheimen Staatspolizei in Ratibor die Genehmigung, uns weiterhin als Posten und Begleitmannschaften zu verwenden. Diesen Dienst taten wir in Uniform gekleidet, pflichtbewußt bis zu dem Tage unserer Einlieferung ins Arbeitslager Leitmeritz.
Dazu ist noch zu bemerken, daß unser Einsatz als Posten für Bewachung notwendig war, da der größte Teil der Begleitmannschaften unseres Kommandos aus Ungarn stammte, denen in keiner Weise zu trauen war. Einer dieser ungarischen Posten wurde von einem Unterscharführer erschossen, da er offen die Äußerung tat, daß er diesen Unterscharführer bei bester Gelegenheit umlegt.
6 ungarische Posten wurden schon bereits zwei Wochen vorher von der Geheimen Staatspolizei entwaffnet und abgeführt, da sie in einem entdeckten Telefongespräch die Äußerung taten, daß sie bei Erreichen der Protektoratsgrenze die reichsdeutschen Posten umlegen würden, so daß für sie der Krieg aus wäre.
Wir haben, wie schon erwähnt, bis zur Ablieferung des Transportes in Leitmeritz voll Postendienst versehen.
Das ist die reine Wahrheit.

DOK. 220

Der Verwaltungsführer des Außenlagers Essen kritisiert am 14. März 1945 die Kürzung der Verpflegung für die abmarschierenden Jüdinnen[1]

Handschriftl. Mitteilung, gez. Verwaltungsführer Maier,[2] SS-Uscha, an die Kruppsche Oberlagerführung, Abt. Verpflegung, Essen, vom 14.3.1945

Betr. Marschverpflegung
Da das SS Arb. Kdo.[3] morgen oder übermorgen abrückt, ersuchen wir um Bereitstellung von Marschverpflegung für 3 Tage. Es wäre wünschenswert, dem Wachmann die Bestellscheine für Wurst u. Butter gleich mitzugeben, damit dieselbe beschafft werden kann.[4]
Nach Einsichtnahme des Verpflegsplanes stünden den Häftlingen pro Tag nur 350 g. Brot, 43,75 g. Fleisch, 43,75 g. Margarine als Marschverpflegung zu, was in Hinsicht auf

4 Richtig: Egersfeld.

1 IfZArch, IMT, Dok. NIK-7014.
2 Otto Maier.
3 Im Aug. 1944 wurden 520 Jüdinnen aus Ungarn, die zuvor im Außenlager Gelsenkirchen (siehe Dok. 128 von Ende Juni 1944) inhaftiert waren, zur Zwangsarbeit im Walzwerk II der Friedrich Krupp AG nach Essen gebracht, wo ein Außenlager unter der Verwaltung des KZ Buchenwald entstand. Am 17.3.1945 mussten die Frauen zu Fuß nach Bochum marschieren. Von dort wurden sie mit der Bahn nach Buchenwald und im Anschluss nach Bergen-Belsen gebracht, wo die Überlebenden am 15.4.1945 befreit wurden.
4 So im Original.

die sonstige Verpflegung weniger wäre, obw. sonst überall als Marschverpflegung höhere Sätze ausgegeben werden.
Mindestens verlangen wir die gewöhnlichen Sätze, die täglich zur Ausgabe kommen. Bitten um Ihre Stellungnahme. Dasselbe gilt auch für die Wachmannschaften. Auch möchten wir auf unser letztes Schreiben betr. Zucker hinweisen.[5]

DOK. 221
Pfarrer Alfred Bähr aus Lauterbach gibt zu Protokoll, dass am 21. März 1945 KZ-Häftlinge ohne urkundlichen Nachweis auf dem Gemeindefriedhof begraben wurden[1]

Handschriftl. Bericht, gez. Pfarrer Bähr[2] und Gertrud Nicolai,[3] Pfarrhaus Lauterbach,[4] vom 26.3.1945

Am Dienstag, 20. März 1945, vorm[ittags] gegen 10 Uhr erschien im Pfarrhaus bei der mitunterzeichneten Frau Pfarrer Nicolai ein Obergefreiter der Luftwaffe[5] und forderte Anweisung eines Platzes auf dem hiesigen Friedhof zur Beerdigung von Toten aus einem K.L. (Konzentrationslager), das in Lauterbach in den Scheunen des Rittergutes[6] auf dem Marsche von ungenanntem Ausgangspunkte nach ungenanntem Ziele seit dem Abend des 19. März 1945 Station gemacht hatte.[7] Frau Pfarrer Nicolai wendete sich telefonisch an den mitunterzeichneten Pfarrer Bähr und schlug als Platz den unbelegten Raum südwestlich der Friedhofshalle vor. Pfarrer Bähr sprach sofort unmittelbar telefonisch mit dem erschienenen Obergefreiten und äußerte Bedenken dagegen, daß ohne urkundliche Unterlagen auf dem Friedhofe Tote in unbekannter Zahl und unbekannten Namens begraben werden sollten. Der Obergefreite lehnte jede Auskunft über Zahl, Geschlecht und Person der Toten ab, erklärte, daß alles nur Sache des K.L. (Konzentrationslagers)

5 Am 9.3.1945 hatte Maier die Krupp'sche Oberlagerführung aufgefordert, den „zu Unrecht zurückbehaltenen Zucker“ an das Arbeitskommando auszuliefern; wie Anm. 1. Es ist nicht ersichtlich, ob die Verpflegungszuteilungen tatsächlich den Jüdinnen zukommen sollten. Möglicherweise diente das Schreiben als Vorwand, um die eigene Versorgung mit Lebensmitteln sicherzustellen.

1 Archiv der Ev.-Luth. Kirchgemeinde Lauterbach.
2 Alfred Bähr (1879–1951), Theologe; 1930–1948 Pfarrer für die Gemeinden Gablenz, Lauenhain und Waldsachsen, von 1943 an Vertretung für den zum Wehrdienst eingezogenen Pfarrer Johannes Nicolai (*1905) in den Gemeinden Lauterbach und Königswalde.
3 Gertrud Nicolai, Ehefrau des Pfarrers Johannes Nicolai; wohnte während der Abwesenheit ihres Mannes im Pfarrhaus Lauterbach.
4 Lauterbach, Kreis Zwickau, seit 1996 Teil der Gemeinde Neukirchen/Pleiße.
5 Angehörige der Luftwaffe begleiteten den Marsch als Wachmannschaften. Ihr Kommandeur soll ein Hauptfeldwebel der Luftwaffe (Breslau) namens Ambroß gewesen sein, der im bürgerlichen Beruf Oberlehrer am Gymnasium zu Brünn war. Transportführer war jedoch der Lagerführer von Kittlitztreben, SS-Oscha. Otto Weingärtner (1918–1961), der Häftlinge auf dem Marsch erschossen haben soll. Er nahm sich 1961 nach seiner Verhaftung das Leben.
6 Das Rittergut in Lauterbach gehörte seit Ende des 18. Jahrhunderts der Kaufmanns- und Fabrikantenfamilie Esche; es wurde 1948 enteignet und als Mehrfamilienhaus genutzt.
7 Es handelte sich um Häftlinge aus dem Groß-Rosener Außenlager Kittlitztreben, die vom 9.2.1945 an in Richtung Westen marschieren mussten und über Görlitz, Bautzen, Dresden bis Buchenwald liefen, wo am 4.4.1945 746 der ursprünglich 1200 Häftlinge eintrafen. Vom 19. bis 21.3.1945 waren etwa 800 Häftlinge auf dem Rittergut in Lauterbach untergebracht.

sei, daß bisher auf allen Friedhöfen der Dörfer, in die sie gekommen wären, ihre Toten anstandslos hätten begraben werden können, daß sie selbst alles besorgen, nämlich das Loch herstellen, die Toten „einbuddeln“, das Loch schließen u. mit Rasen bedecken würden und daß diese Arbeit umgehend begonnen werden müsse. Pfarrer Bähr erklärte demgegenüber, daß die Angelegenheit für ihn sehr peinlich sei, daß er selbst nicht an Ort und Stelle der Beerdigung sein könne u. auch nicht entscheiden könne, welches der geeignete Platz wäre, daß er unbedingt sich über die Angelegenheit Anweisung seiner vorgesetzten Behörde durch Fernsprecher holen wolle, und er sagte zu, daß er etwa ½ 11 Uhr seine Antwort telefonisch nach Lauterbach ans Pfarramt geben werde. In diese Frist willigte der Obergefreite ein.
Pfarrer Bähr konnte aber keine telefonische Verbindung erhalten, da die Leitung für heereswichtige Belange in erster Linie zur Stunde vorbehalten u. die telefonische Verbindung mit der Superintendentur Pfarrer Tzschaaschel, Lichtentanne, gestört war. Auf Anruf von Frau Pfarrer Nicolai etwa 10.35 Uhr sagte Pfarrer Bähr, daß er nichts weiter unternehmen könne, bat aber Frau Pfarrer Nicolai, umgehend Herrn stellvertr. Kirchenvorstandsvorsitzenden Karl Haschker,[8] Lauterbach, zu ersuchen, sofort zum Friedhof zu kommen, um dafür zu sorgen, daß hinsichtlich der Beerdigung alles geordnet würde und ein geeigneter Platz ausgesucht würde. Mit dem Obergefreiten kam Herr Bähr nicht wieder ins Gespräch. Herr Haschker leistete dem Ersuchen Folge u. kam alsbald zum Friedhof. Als Platz für das Massengrab wies er einen freien Raum am westlichen Rand des Friedhofes hinter und unter Lebensbäumen an. Über die Toten konnte auch Herr Haschker nichts erfahren.
Das Grab ist von den KZ-Häftlingen am Nachmittag des 20. März hergestellt worden, die Belegung des Grabes mit Leichen ist am 21. März früh gegen 7 Uhr erfolgt. Das Grab ist, ohne daß jemand der Unterzeichneten oder Herr Haschker als Zeuge der Beerdigung herbeigezogen wurden, geschlossen worden. Das Grab hat eine Größe von etwa 2 x 2,5 m u. ist notdürftig mit Rasen bedeckt.
Wir stellen folgende Niederschrift aus, weil uns keine Bestimmung, Gesetz oder Verordnung bekannt oder namhaft gemacht ist, wonach auf einem Friedhof in Sachsen eine Beerdigung ohne urkundlichen Nachweis des zuständigen Standesamtes erfolgen dürfe, u. weil wir nicht klar sehen, ob uns bindende Gesetze von uns bei der Anweisung des obengenannten Grabes verletzt worden sind. Eine Verordnung von Dresden, auf die der Obergefreite Frau Pf. Nicolai hinwies und die eine Anordnung solcher Beerdigung auf sächsischen Friedhöfen regeln soll, ist hier nicht bekannt.

8 Karl Haschker (1885–1954), war 1933–1945 stellv. Kirchenvorstandsvorsitzender in Lauterbach.

DOK. 222

Paul Dukes erreicht am 26. März 1945 das Auffanglager Ahlem, in dem Häftlinge nicht mehr versorgt werden[1]

Zeugenaussage von Paul Dukes,[2] Heide-Haus Lazarett bei Hannover, aufgenommen von Major Albert D. Levin, Ermittlungsoffizier, vom 28.5.1945

Ich, Paul Dukers,[3] geboren am 8.1.1913 in Hlohowec in der Tschechoslovakei. Habe in der Lotterie dieses gigantischen Massenmordes an Juden den höchsten Treffer gezogen – ich lebe. Auf Aufforderung der amerikanischen Behörde will ich nur kurz meine Erlebnisse im Konzentrationslager Ahlem,[4] wo ich glücklicherweise nur 14 Tage war, mitteilen.
Mein Leidensweg führte über das berüchtigte Auschwitz in ein schlesisches Arbeitslager[5] im K.Z., Kreis Groß Rosen, von wo uns die SS im Donner der russischen Kanonen nach Westen beförderte. Von da an beginnt das schwerste und leidenvollste Kapitel meines Lebens.[6] Nach 3 Tagen Weges zu Fuß wurden wir in Scheunen im Orte Qualisch an der tschechisch-schlesischen Grenze untergebracht. Dort verbrachten wir 5 Tage und Nächte, pro Tag mit nur 5 Stück Kartoffeln. Schon sehr abgeschwächt und meist mit erfrorenen Zähnen[7] wurden wir am sechsten Tage bei Trautenau einwaggoniert, 70 bis 95 Mann in einem offenen Waggon. Nach 100 Stunden Fahrt bei teilweise Regen und Schnee, voll unbeschreiblicher Leiden, kamen wir mit zahlreichen Toten und sehr vielen Kranken abgehärmt, schwach und hungrig in Bergen-Belsen an. In diesem Lager gingen in den nächsten Stunden auf natürlichem und unnatürlichem Wege ungefähr 15 bis 20 % zu Grunde. Glücklicherweise war ich im ersten Transport, der nach 36 Stunden (ohne Speise und Trank) abfuhr, Endziel Hildesheim.[8] Nach 3 schweren Wochen starker Arbeit bei Hungerkost (die letzten 5 Tage mussten wir auf offenem Felde schlafen, ohne Decken) verließen wir Hildesheim, um am 26. März 45 ins KZ-Lager Ahlem bei Hannover befördert zu werden. Vollkommen abgeschwächt, die meisten bis auf die Knochen abgemagert – ich selbst

1 NARA, RG 549, Box 535, Case 000-50-79.
2 Paul Dukes (1913–1999), Landarbeiter; nach der ungar. Besatzung seines Heimatorts zur Zwangsarbeit herangezogen, Haft im Zwangsarbeitslager Kistarcsa, Deportation von Budapest nach Auschwitz, dann in das Groß-Rosener Außenlager Wüstegiersdorf überstellt, im Febr. 1945 nach Bergen-Belsen und nach Ahlem transportiert; nach dem Krieg in den USA; 1996 Interview mit der USC Shoah Foundation VHA # 13 694.
3 Richtig: Dukes.
4 Das Neuengammer Außenlager in Hannover-Ahlem entstand im Nov. 1944, als 840 überwiegend jüdische Häftlinge aus dem Außenlager Hannover-Stöcken in eine Unterkunft nach Ahlem verlegt wurden, um eine unterirdische Produktionsanlage für die Continental Gummi Werke AG Hannover zu errichten. Am 26.3.1945 kamen etwa 340 Häftlinge aus dem Außenlager Hildesheim nach Ahlem.
5 Wüstegiersdorf, Außenlager des Konzentrationslagers Groß-Rosen. Die überwiegend jüdischen Häftlinge waren dort beim Bau eines geplanten Führerhauptquartiers eingesetzt. Mitte Febr. 1945 wurden sie auf einen Todesmarsch Richtung Trautenau geschickt und dort in Zugtransporten nach Flossenbürg und Bergen-Belsen weiterbefördert.
6 Tempuswechsel im Original.
7 So im Original.
8 Im Neuengammer Außenlager Hildesheim mussten 480 Häftlinge aus Bergen-Belsen vom 2.3.1945 an für die Reichsbahn Bombenschäden an Gleisen beheben und beschädigte Waggons entladen. Sie waren auf Stroh in der Stadthalle untergebracht, die bei einem Luftangriff am 22.3.1945 völlig abbrannte. Danach waren die Häftlinge bis zu ihrer Überstellung nach Hannover-Ahlem am 26.3.1945 auf freiem Feld untergebracht.

habe seit 6 Wochen 40 Pfund abgenommen – kamen wir dort an. Ich kam infolge meines wunden und stark angeschwollenen Fußes ins [Kranken-]Revier. Zuerst wurden uns nach vielen Stunden Stehens in der Kälte Kleider, Wäsche abgezogen, alles was bei uns war, abgenommen, und wir bekamen je ein zerrissenes Hemd und Unterhose durch und durch voll mit Läusen. Zwei Mann lagen wir in einem Bett. Unter uns Strohmatratze ohne Stroh, voll mit Menschenkot, zwei Mann eine Decke, auf der es buchstäblich von Läusen wimmelte. Von da an begann der Kampf unseres abgeschwächten Körpers nicht so sehr gegen unsere Krankheit als gegen die Läuse, den furchtbaren Schmutz (Wasser war keines, jedwede Reinigung unmöglich) und die Indolenz der Kapos. Beispielsweise, als ich nach schwerer Mühe auf meinen vereiterten Fuß einen Papierverband erhielt, war die Wunde nach einer Stunde voll mit Läusen. Dieser Hauptfeind ließ uns auch in der Nacht nicht schlafen, und so hörte ich, ja ich hörte, meine Kameraden über mir und neben mir sterben. Ein 14-jähriger junger Pole kämpfte so seinen Endkampf in einigen Stunden, nur Wasser verlangte er fortwährend. Es konnte ihm nicht gegeben werden, denn die Kapos wuschen sich ja mit dem bißchen überflüssigen Tee, der eventuell zur Verfügung stand. Sein wirres Reden wurde immer schwächer, er sprach zur Mutter, die er nun bald wiedersehen werde und dankte Gott mit Halleluja, daß er ihn nun endlich zu sich aufnehme. So hörte ich meinen 21-jährigen jungen Freund Kurt Steiner im Fieber reden, mit seinen Eltern, mit den jungen Mädchen seiner Stadt, mit seinen Freunden sprechen, Nächte hindurch, bis er endlich erlöst wurde. Auch er war am 16. Februar 45 stark und munter gewesen. So starb unser Kamerad Roth, der nicht urinieren konnte und nur deshalb, weil kein Katheter [da] war, nach 48 qualvollen Stunden, die er laut durchklagte.

Unser Kamerad Ing. Fein konnte infolge seiner Schwäche in der Reihe nicht gerade stehen, er wurde von einem Kapo auf den Kopf geschlagen, legte sich am Abend bei uns im Revier nieder, um in der Früh nicht mehr aufzuwachen.

Ein Teil der abgeschwächten, skelettartigen Leute konnte nicht mehr auf den total verschmutzten Abort gehen, geholfen wurde ihnen durch keinen, sie benutzten Teller. Um mich herum erntete der Tod, und ich wusste und fühlte es, wenn nicht in kürzester Zeit die Befreiung kommt, ich eines Tages auch unter ihnen sein würde. So lagen wir schon ganz abgestumpft neben unseren Toten, die auch 24 Stunden neben ihren lebenden Nachbarn lagen, bis sie herausgeschafft wurden. Diese Zeit, bis die SS die Gesunden wegbeförderte und die Kranken und Schwachen, ca. 190 Mann, wie durch ein Wunder auf sich gelassen wurden, diese 10 Tage waren wie eine Ewigkeit.[9] Als die Alliierten einmarschierten, waren das Lager und seine Insassen in einem ganz unbeschreiblichen Zustand, diesen hat übrigens ein amerikanischer Filmoperateur zu verewigen versucht.[10] In welchem Zustand die Leute waren, beweist der Umstand, daß nach Zuführung ärztlicher Hilfe, von Medikamenten und genügender Nahrungsmittel durch das Rote Kreuz und nach Unterbringung im Erholungsheim blieben nur 60 % Lebende übrig.[11] Dieses [waren] in ganz großen Konturen meine Erlebnisse in Ahlem – 10 Tage.

9 Am 6.4.1945 setzte sich die SS mit 600 gehfähigen Häftlingen nach Bergen-Belsen in Marsch. Etwa 250 kranke und schwache Häftlinge, darunter Paul Dukes, wurden in Ahlem zurückgelassen. US-Truppen befreiten das Lager um den 10.4.1945.

10 Zahlreiche Fotos des US-Soldaten Vernon W. Tott (1924–2005), die am 10.4.1945 in Hannover-Ahlem aufgenommen wurden, sind überliefert; USHMM, 1997.A.0287.

11 Fehlerhaftes Deutsch im Original.

DOK. 223
Der Lagerarzt von Buchenwald, Gerhard Schiedlausky, berichtet am 31. März 1945 vom schlechten Gesundheitszustand der aus Stutthof, Auschwitz und Groß-Rosen eingetroffenen Häftlinge[1]

Bericht des Standortarztes der Waffen-SS Weimar,[2] (Az.: 14 h 8/3.45-Sch/Wi.), Weimar-Buchenwald, an den Chef des Amtes D III, *Oranienburg*,[3] vom 31.3.1945

Betreff: Vierteljahresbericht über den San.-Dienst für die Zeit vom 1. Januar 1945 bis 31. März 1945
Bezug: Dort. Rundschreiben v. 27.12.44, D III/Az. 14 (KL) 12.44 Lg/K.[4]

1. *Durchschnittlicher Lagerbestand*			77 390
Frauen in Außenkommandos am 31.3.43			23 289
2. *Todesfälle im KL. Buchenwald und den Außenkommandos*			
Eines natürlichen Todes	Januar 1945	1959	
	Februar 1945	3709	
	März 1945	4617	10 285
Eines unnatürlichen Todes	Januar 1945	18	
	Februar 1945	397	
	März 1945	52	467
Frauen			
Eines natürlichen Todes	Januar 1945	28	
	Februar 1945	17	
	März 1945	25	70
Eines unnatürlichen Todes	keine Frau.		
Lager S III:[5]			
Eines natürlichen Todes	v. 12.12.44–4.2.45	1506	
	bis 31.3.45	843	2349
Eines unnatürlichen Todes	v. 12.12.44–4.2.45	18	
	bis 31.3.45	16	34

Die hohe Zahl der Häftlinge, die im Februar im KL Buchenwald eines unnatürlichen Todes starben, erklärt sich aus dem feindlichen Bombenangriff auf die Gustloff-Werke Weimar[6] sowie aus Tieffliegerbeschuss von Transportzügen.

3. *Stationäre Behandlung* (im Tagesdurchschnitt)		
Im KL. Buchenwald	2264	
Männer in Außenlagern einschl. S III	2106	
Frauen in Außenlagern	492	4862

1 LATh – HStA Weimar, KZ und Haftanstalten Buchenwald, Nr. 10, Bl. 2+RS. Abdruck als Faksimile in: Harry Stein (Hrsg.), Konzentrationslager Buchenwald 1937–1945. Begleitband zur ständigen Ausstellung, Göttingen 1999, S. 222 f.

2 Dr. Gerhard Schiedlausky (1906–1947), Arzt; 1931 NSDAP-, 1932 SS-Eintritt; Dez. 1941 bis Aug. 1943 Standortarzt in Ravensbrück; April 1943 SS-Hstuf.; Okt. 1943 bis April 1945 Lager- und Standortarzt in Buchenwald; 1947 im ersten Hamburger Ravensbrück-Prozess zum Tode verurteilt und hingerichtet.

4. *Ambulante Behandlung* (im Tagesdurchschnitt)

Im KL. Buchenwald	2332	
Männer in Außenlagern (einschl. S III)	4144	
Frauen in Außenlagern	1589	8065

5. Im Laufe der Berichtszeit wurde eine Unfruchtbarmachung vorgenommen.
6. *Infektionskrankheiten im KL. Buchenwald*

Fleckfieber (am 29.3.45 25 von Bad Sulza[7] übernommen)	28
Ruhr	99
Ruhrverdacht	114
Scharlach	21
Lungentuberkulose	410
Erysipel[8]	104
Trachom[9]	7

7. *Allgemeine Lagerhygiene*
Im Verlaufe des Berichtsvierteljahres wurde das Bild des Lagers vor allen Dingen durch den starken Zuzug aus evakuierten Lagern bestimmt. Es handelt sich vor allem um Häftlinge aus den Lagern Auschwitz, Groß-Rosen und Stutthof, die regelmäßig in sehr geschwächter Verfassung hier ankamen und sowohl einen großen Bestandteil der angestiegenen Sterbeziffer wie des Krankenstandes ausmachten.
Im einzelnen handelte es sich um folgende größere Transporte:

am 26. und 27.1.45:	2750 Mann von Auschwitz	(Zustand schlecht)
am 6.2.45:	2500 Mann vom KL. Sachsenhausen	(Zustand schlecht)
am 10.2.45:	2400 Mann von Auschwitz über Groß-Rosen	(Zustand sehr schlecht)
am 11.2.45:	2000 Mann von Auschwitz über Groß-Rosen	(sehr schlecht)
am 12.2.45:	2500 " " " " "	(sehr schlecht)
am 7.3.45:	1000 Mann von Groß-Rosen	(Zustand sehr schlecht)

3 Enno Lolling.

4 Nicht ermittelt.

5 Auf einem ehemaligen Truppenübungsplatz zwischen Ohrdruf, Crawinkel und Arnstadt entstand im Nov. 1944 das KZ „S III". In mehreren Teillagern (Nord- und Südlager, Crawinkel und Espenfeld) waren über 10 000 Häftlinge inhaftiert, die 25 Stollen in einen Muschelkalkhang im Jonastal schlugen. Hier waren der Bau von unterirdischen Rüstungsproduktionsstätten sowie eines weiteren Führerhauptquartiers geplant. Im Jan. 1945 wurde das Lager in die Verwaltung von Buchenwald übernommen. Am 1.4.1945 begann die Räumung des Lagers in Richtung Buchenwald, wo zwischen dem 4. und 7.4.1945 9900 Häftlinge aus Ohrdruf eintrafen.

6 Im Buchenwalder Außenlager Weimar waren im Jan. 1945 2270 Häftlinge zur Zwangsarbeit für die Gustloff-Werke eingesetzt. Am 9.2.1945 wurde das Werk durch einen Bombenangriff stark zerstört, viele Häftlinge starben oder wurden verletzt. Das Kommando wurde daraufhin nach Buchenwald zurückverlegt.

7 In Bad Sulza befand sich das Kriegsgefangenenlager Stalag IX C. Am 29.3.1945 waren die dort inhaftierten Kriegsgefangenen auf einen Todesmarsch in östliche Richtung geschickt worden, bis sie nach vier Wochen von der US-Armee befreit wurden. 25 Fleckfieberkranke wurden in den Krankenbau des KZ Buchenwald gebracht.

8 Siehe Dok. 161 vom 20.2.1944, Anm. 8.

9 Augenentzündung.

Trotzdem die Zugänge regelmäßig in stark verlaustem Zustand hier ankamen, konnte die Gefahr der Fleckfieberverseuchung durch genaue Kontrollen und sofortige Isolierung vereinzelter Fälle behoben werden.
Neuerdings hat sich die Zahl der Fleckfieberkranken wieder gehoben, da von Bad Sulza eine Reihe von Fleckfieberkranken übernommen wurden.
Die Zahl der Durchfallkranken war unter den Neuzugängen aus den evakuierten Lagern sehr hoch und führte zu einem Ansteigen der Ruhrverdachts- und Ruhrfälle. Jedoch ist mit dem Beginn der wärmeren Jahreszeit ein Absinken der Zahlen beobachtet worden. Das gleiche gilt von der Zahl der Erysipelkranken.
Durch den Bezug einer neuen Revierbaracke, die als Tbc-Station dient, ist die Möglichkeit geboten, in erhöhtem Maße Tbc-Verdächtige zu isolieren. Auch der Bau neuer Wohnbaracken dient dazu, die sanitären Verhältnisse vor allem im sog. kleinen Lager zu heben, wo die Überfüllung der Blocks unübersichtliche Zustände geschaffen hat.
Transportschwierigkeiten wie Materialknappheit sind die Ursache, daß von der Genehmigung der Erdbestattungen neuerdings weitgehend Gebrauch gemacht wird. Das gleiche ist in den Außenkommandos der Fall.
In der Berichtszeit wurden verschiedene Außenkommandos zurückgezogen:
am 7.1.45 das Außenkommando Schwerte[10]
am 16.2.45 die Außenkommandos Magdeburg BRABAG[11] und Eisenach-BMW[12]
am 9.3.45 das Außenkommando Halle-Siebel,[13]
am 10.3.45 das Außenkommando Düsseldorf[14] und in den letzten Tagen im Zuge der militärischen Entwicklung die Außenkommandos Kassel[15] und Arolsen[16] und vorher die beiden Außenkommandos in Bochum.[17]
[…][18]

10 Das Außenlager Schwerte-Ost bestand von April 1944 an. Knapp 700 Häftlinge waren dort zur Zwangsarbeit im Reichsbahnausbesserungswerk eingesetzt.

11 Das Außenlager Magdeburg-Rothensee, genannt „Magda“, bestand von Juni 1944 an. Über 2000 vorwiegend jüdische Häftlinge waren dort zur Zwangsarbeit für die Braunkohle-Benzin AG (Brabag) eingesetzt. Nach mehreren Bombenangriffen war das Werk stark zerstört.

12 Das Außenlager im Eisenacher Ortsteil Dürrerhof, genannt „Emma“, bestand von März 1944 an. Rund 380 Häftlinge mussten Flugzeugmotorenteile für die Bayerischen Motorenwerke (BMW) herstellen.

13 Rund 500, zwischenzeitlich auch 1000 Häftlinge waren von Juli 1944 an im Außenlager Halle zur Zwangsarbeit bei den Siebel-Flugzeugwerken eingesetzt.

14 In Düsseldorf existierten vier Außenlager von Buchenwald, deren Häftlinge bei der Rheinmetall-Borsig AG sowie bei der Trümmerbeseitigung im Stadtgebiet arbeiteten. Alle vier Lager wurden im März 1945 aufgelöst und die Häftlinge nach Buchenwald überstellt.

15 Das Außenlager Kassel-Druseltal entstand im Juli 1943. Rund 140 Häftlinge führten dort Bauarbeiten (Verwaltungsgebäude, Garagen, Ersatzbaracken nach Luftangriffen) für den HSSPF Josias Erbprinz zu Waldeck und Pyrmont durch.

16 120 Häftlinge waren von Nov. 1943 an im Außenlager Arolsen inhaftiert, um Dienstleistungen in der dort ansässigen SS-Führerschule des WVHA zu verrichten. Das Lager wurde am 30.3.1945 wenige Stunden vor Einmarsch von US-Truppen in Arolsen geräumt.

17 Die zwei Bochumer Außenlager, eines beim Stahlkonzern „Bochumer Verein“ mit rund 1330, das andere bei der Eisen- und Hüttenwerke AG mit rund 620 vorwiegend jüdischen Häftlingen, wurden am 21.3.1945 aufgelöst und die Häftlinge in Zugtransporten, die zum Teil mehrere Tage andauerten, nach Buchenwald geschickt.

18 Im Folgenden geht es um die Gesundheit der SS-Truppe und um das Kriegsgefangenenlager.

DOK. 224

Oswald Pohl gibt dem Höheren SS- und Polizeiführer Benno Martin am 5. April 1945 zu verstehen, dass er über die Räumung der Konzentrationslager allein zu entscheiden habe[1]

Dringendes Fernschreiben von ORBG.,[2] gez. Pohl, an SS-Gruppenführer Dr. Martin,[3] nachrichtlich an K.L. Flossenbürg, vom 5.4.1945 (Abschrift)[4]

Lieber Martin!
Ihr FS von heute[5] wegen Anweisung für den Kdt. des KL. Flossenbürg[6] setzt mich in Erstaunen. Lesen Sie doch bitte den Befehl des RF-SS vom 17.6.1944,[7] die Sicherung der Kl. betreffend, durch. Sie werden dann sehen, daß Sie dann allein zuständig und verantwortlich sind. Von hier aus ist keinerlei Befehl zu erwarten.[8]

1 NA Praha, 110/4/88, Bl. 15.
2 Oranienburg.
3 Dr. Benno Martin (1893–1975), Jurist; 1933 NSDAP-, 1934 SS-Eintritt; 1934 Polizeipräsident in Nürnberg-Fürth, 1937 Leiter der Staatspolizeistelle Nürnberg, Dez. 1942 bis Mai 1945 HSSPF Main, in dieser Funktion für Lagerräumungen in seinem Gebiet zuständig; Aug. 1944 SS-Ogruf.; 1945–1948 in alliierter Internierung, lebte danach in München.
4 Handschriftl. Anm.: Zum Vorgang 11.4.45.
5 Liegt nicht in der Akte. Vermutlich fragte Martin an, wer über die Räumung des Lagers Flossenbürg zu entscheiden hat. In einer späteren Vernehmung erklärte Martin, er sei nicht einverstanden gewesen, dass die HSSPF Verantwortung für die KZ trugen; Vernehmung Martin vom 16.6.1947, StA Nürnberg, Nürnberger Prozess, Anklage VI, M 27.
6 Max Koegel (1895–1946), Handelsvertreter; 1932 NSDAP- und SS-Eintritt; von 1933 an in verschiedenen Funktionen in den KZ Dachau, Columbia-Haus und Lichtenburg tätig, Mai 1939 Adjutant, später Kommandant in Ravensbrück, 1942 SS-Ostubaf., Aug. 1942 Kommandant im KZ Lublin-Majdanek, Mai 1943 bis April 1945 Kommandant im KZ Flossenbürg; im Juni 1946 verhaftet, nahm sich in Haft das Leben.
7 Siehe Dok. 162 vom 17.6.1944.
8 Dem HSSPF oblag es, anhand der örtlichen Sicherheitslage den Zeitpunkt der Lagerauflösungen festzulegen. Allerdings koordinierte das WVHA die Räumungen, indem es Hinweise auf Aufnahmelager gab; siehe Einleitung, S. 60 f.

DOK. 225

Vera Gombosová und andere Jüdinnen aus dem geräumten Lager Groß-Werther weigern sich am 6. April 1945 weiterzulaufen[1]

Protokoll der Vernehmung von Vera Gombosová[2] durch Major Fulton C. Vowell,[3] War Crimes Investigation Team Nr. 6822, übersetzt von Major Herman Bolker,[4] U.S. Army, Nordhausen, vom 18.4.1945

[...][5]

Als die Russen nach Morgenstern[6] kamen, evakuierten sie [die Deutschen] uns und brachten uns nach Nordhausen. Wir wurden nicht direkt in Nordhausen untergebracht, sondern in Großwerther, das sechs Kilometer von Nordhausen entfernt liegt. Die dort zuständige Lagerführerin war Erna Petermann.[7] Sie stammt aus Leipzig. Ich habe ein Foto von ihr. Sie war eine sympathische, aber auch strenge Frau, die insbesondere Juden hasste: Allerdings schlug sie uns nie. Sie ist groß und hat braunes, seitlich gelocktes Haar. Ihre Stellvertreterin war Gertrud Sieber,[8] groß und schwer, um die 24 Jahre alt, sie hat im April Geburtstag und wiegt mindestens 70 bis 74 Kilo. Ihre Spezialität bestand darin, unsere Decken zu stehlen und daraus für sich Kleidungsstücke zu machen, die wir für sie nähen mussten. Sie ließ uns Mützen herstellen, außerdem Strümpfe und Taschen in verschiedenen Ausführungen und verteilte in erheblichem Ausmaß Schläge.

Frage: Wissen Sie, wo sie wohnt?

Antwort: Ich glaube, ihr Vater wohnt irgendwo in der Nähe von Nordhausen. Am Tag, an dem sie wegging, telefonierte er mit ihr. Drei Tage lang waren wir zu Fuß und ohne Verpflegung unterwegs, wir kamen durch mehrere Orte, während die Front immer näher rückte. Wir hatten nichts mehr zu essen und zu trinken. Zufällig hörten wir, wie sie darüber sprachen, dass sie uns in den Süden, Richtung München, bringen sollten. Die dritte Nacht verbrachten wir in Bleicherode, in einer Schule, wo wir auf dem nackten Estrich schliefen. Wir waren in der Nacht des 4. April 1945 aufgebrochen, die Nacht vom 4. auf den 5. April verbrachten wir in Bleicherode, die folgende Nacht in Bischofferode

1 NARA, M-1079, Reel 2, Bl. 377–385, hier Bl. 384 f. Das Dokument wurde aus dem Englischen übersetzt.

2 Vera Gombosová (*1924), Studentin aus Prag; nach 1939 Flucht in die ungar. besetzte Zone der Tschechoslowakei, 1944 in Košice verhaftet und im Mai 1944 nach Auschwitz deportiert, im Juli 1944 in das Groß-Rosener Außenlager Zillerthal-Erdmannsdorf überstellt, von dort im Febr. 1945 nach Morchenstern und im März 1945 nach Groß-Werther gebracht, Flucht vom Todesmarsch nach Mauthausen; weiteres Schicksal ungeklärt.

3 Fulton C. Vowell (1905–1966), Ermittlungsoffizier.

4 Dr. Herman Bolker, Major; Stabsarzt im War Crimes Investigation Team Nr. 6822.

5 Auf den ersten sieben Seiten der Vernehmung berichtet Gombosová von den Bedingungen in Auschwitz und in Zillerthal-Erdmannsdorf.

6 Richtig: Morchenstern. Seit Frühjahr 1944 hatten die Mitteldeutschen Motorenwerke aus Taucha Teile ihrer Produktion nach Morchenstern im Sudetengebiet (tschech. Smržovka) verlagert. Am 19.2.1945 kamen 300 weibliche Häftlinge aus dem Groß-Rosener Außenlager Zillerthal-Erdmannsdorf nach Morchenstern und wurden dort zur Produktion von Flugmotoren eingesetzt. Schon einen Monat später wurden die Frauen nach Groß-Werther gebracht, das als Außenlager neu gegründet und dem Lagerkomplex Mittelbau-Dora unterstellt wurde.

7 Erna Petermann (*1912), zuvor vermutlich Aufseherin im Buchenwalder Frauenaußenlager Taucha.

8 Gertrud Sieber (*1920) aus Bobernick bei Grünberg; seit Mai 1944 für die SS tätig.

auf einem Heuboden.[9] Wir sollten uns einer Leibesvisitation unterziehen und den Weg auch diesmal, wieder ohne etwas zu essen, fortsetzen. Wir beschlossen, nicht weiterzugehen, weil wir recht lautes Artilleriefeuer der Amerikaner hörten. Ein Kriegsgefangener aus der Ukraine erzählte uns, dass die Amerikaner in etwa zwei Tagen hier seien. Wir weigerten uns, den Heuschober zu verlassen. Die SS versuchte uns dazu zu zwingen, indem sie uns mit Handfeuerwaffen bedrohte. Als wir von einigen herbeigerufenen deutschen Soldaten mit Maschinengewehren bedrängt wurden, verließen wir den Heuboden und stellten uns auf einem dreieckigen Platz auf. Meine Freundin Rosa Funk[10] erklärte dem Gruppenführer, die Menschen könnten nicht weitergehen, weil sie nichts zu essen hätten und zu schwach seien. Einige Mädchen sanken – wie vereinbart – zu Boden und täuschten vor, sie seien zu schwach, um den Marsch fortzusetzen. Sie wurden von der SS umstellt. Es kamen einige Lastwagen. Wir waren insgesamt 290, deren Namen alle auf meiner Liste verzeichnet sind.[11] In einem geeigneten Augenblick floh ich, zusammen mit sechs Mädchen. Wir versteckten uns in einer Scheune und bedeckten uns mit Stroh. Etwa zwei Meter über uns befand sich ein Heuboden, also ziemlich weit oben. Ich bin hochgeklettert, den anderen gelang es jedoch nicht, sich hochzuziehen. Dann tauchten einige Kinder auf, um in der Scheune zu spielen, und entdeckten die Mädchen. Sie riefen ihre Mutter, die daraufhin die Polizei benachrichtigte. Die Polizei führte die Mädchen ab und durchsuchte mit Hilfe eines Hundes namens „Sonia" den Heuboden, fand mich aber nicht. Ich blieb einen ganzen Tag dort. Am nächsten Tag entdeckte mich ein russisches Kind, ein fünfzehnjähriger Junge, der dort arbeitete. Er brachte mir jeden Tag Brot. Am 10. tauchte er auf und informierte mich, dass die Amerikaner eingetroffen seien.

Frage: Können Sie mir den Namen, die Staatsangehörigkeit und die Anschrift von jemandem nennen, der das, was sie berichtet haben, bestätigen kann?

Antwort: Ein französischer Kriegsgefangener, Jean Prijon, wohnhaft 140, Rue Vaugirardes in Paris.

Frage: Wissen Sie, wo er sich gegenwärtig aufhält?

Antwort: Er war [ebenfalls] in Sellertal.[12] Wir verließen den Ort vor den Franzosen. Der russische Junge, der mich gefunden hat, befindet sich an einem Ort 30 Kilometer von hier entfernt.

Frage: Können Sie mir Namen von Freunden nennen, die mit Ihnen unterwegs waren?

Antwort: Ich kenne alle Namen, alle 290.

Frage: Wissen Sie, wo diese zu Hause sind?

Antwort: Ich kenne nur die Adressen derjenigen, die aus meiner Heimatstadt stammen.

Frage: Möchten Sie noch etwas hinzufügen?

Antwort: Nein.

9 Die Häftlinge verließen am 4.4.1945 Groß-Werther. Am 6.4.1945 erreichten sie die Stadt Herzberg, wo sie in Züge steigen mussten, die sie nach Mauthausen brachten.

10 Rosa Funk, geb. Winburger (*1921); wohnte vor der Deportation in Rakospolota bei Budapest; im Frühjahr 1944 nach Auschwitz und von dort im Juli 1944 in das Groß-Rosener Außenlager Zillerthal-Erdmannsdorf überstellt, von dort im Febr. 1945 in das Außenlager Morchenstern und im März 1945 in das Außenlager Groß-Werther gebracht.

11 Transportliste Morchenstern–Groß-Werther sowie Häftlingsliste A-Lager Karl Nolze, B-Lager Ernst Schönemann; wie Anm. 1, Reel 3.

12 Richtig: Zillerthal-Erdmannsdorf.

DOK. 226

Der Kommandant von Buchenwald, Hermann Pister, meldet am 6. April 1945 beim SS-Wirtschafts-Verwaltungshauptamt den Beginn der Lagerräumung[1]

Fernschreiben Hermann Pister[2] an Amtsgruppe D, Oranienburg, vom 6.4.1945, 22.00 Uhr[3]

RF-SS hat über KDS Weimar[4] befohlen, Lagerstärke durch Abtransport weitgehendst zu vermindern in Richtung Flo.[5] –
Beginn mit Eisenbahntransport und Treck morgen früh, 7.4.45.
Werde täglich Zahl des Abtransports melden. Wieviel sollen abgestellt werden?[6]
Derzeitige Lagerstärke 48 000.

DOK. 227

Hermann Pister beauftragt Hans Merbach am 7. April 1945, 4500 Häftlinge von Buchenwald nach Flossenbürg zu bringen[1]

Transportbefehl von SS-Oberführer Pister, Lagerkommandant, F. d. R. unterzeichnet SS-HStuf. und Adjutant Schmidt,[2] Weimar-Buchenwald, vom 7.4.1945

Transportbefehl
Betreff: Häftlingsüberstellung zum SS-Konz.-Lager Flossenbürg
Verteiler: Abtg. Ia – Abtg. II – *Abtg. III* – Abtg. III E – Abtg. IV – Abtg. V – Transportführer – SS-T. Stuba Bu. – Rechnungsführer –
KL Buchenwald überstellt zum Konz.-Lager *Flossenbürg 4500 Häftlinge*[3]
Abgang des Transportes: Sonnabend, den 7. April 1945 um 14.00 Uhr Tor I
Verladebahnhof: Güterbahnhof – *Weimar* – Ladestraße –

1 ITS, 1.1.5.0/82066319. Abdruck als Faksimile in: Tuchel, Inspektion (wie Dok. 87 vom 4.9.1943, Anm. 4), S. 214.
2 Hermann Pister (1885–1948), Kfz-Mechaniker; 1932 NSDAP- und SS-Eintritt; 1939 Hauptabteilungsleiter der motorisierten SS-Einheiten in Berlin, 1939–1941 Kommandant des KZ Hinzert, 1942–1945 des KZ Buchenwald; Jan. 1945 SS-Obf.; 1947 während der Dachauer Prozesse zum Tode verurteilt, starb vor Vollstreckung des Urteils.
3 Im Original Stempel „Erledigt Funkstellenleiter" und Unterschrift Heller.
4 Hans Helmut Wolff (1910–1969), Jurist; 1932 NSDAP-, 1937 SS-Eintritt; 1938–1940 stellv. Leiter verschiedener Staatspolizeistellen, 1941 Leiter der Abt. IV beim BdS in Den Haag, 1943 Referatsleiter IV B 3 im RSHA; 1945 SS-Ostubaf.; März 1945 Leiter der Staatspolizeistelle Weimar und KdS in Thüringen; Okt. 1947 Flucht aus dem Internierungslager Dachau, später Fremdsprachenkorrespondent in Düsseldorf.
5 Flossenbürg.
6 Am 7.4.1945 antwortet Glücks, dass 15 000 Häftlinge in Dachau und 5000 in Flossenbürg aufgenommen werden können, die übrigen Lager seien überfüllt; ITS, 1.1.5.0/82066315. Abdruck als Faksimile in: Tuchel, Inspektion (wie Dok. 87 vom 4.9.1943, Anm. 4), S. 215.

1 NARA, RG 153, US Army JAG War Crimes Case Files, Box 251, fol. 2, Case 12–390.
2 Hans-Theodor Schmidt (1899–1951), Kaufmann; 1932 NSDAP- und SS-Eintritt; 1940/41 SS-Sonderlager Hinzert, Ende 1941 KZ Buchenwald, dort von 1942 an Adjutant des Lagerkommandanten; April 1944 SS-Hstuf.; 1947 im Dachauer Buchenwald-Hauptprozess zum Tode verurteilt und 1951 hingerichtet.

Von der Reichsbahn werden gestellt: 59 – G. u. O. – Wagen[4]
Effekten werden mitgegeben.
Stärke des Transports: 1/10/120 Begleitmannschaften,[5] 4500 Häftlinge
Transportführer: SS-Obersturmführer Hans Merbach[6]
Begleitmannschaft: 10 Unterführer und 120 Männer stellt SS-T. Stuba Bu.[7] dazu 90 SS-Unterf. u. Männer, die den Transport bis zum Güterbahnhof Weimar begleiten.
Marschverpflegung: wird für 2 (zwei) Tage mitgegeben.
Der Transportführer ist für die Sicherheit des Transportes und für die Vernagelung der Waggons voll verantwortlich und meldet die ordnungsgemäße Übergabe und ev. Vorkommnisse fernmündlich oder fernschriftlich nach hier.
Abmarsch am Tor I: um 14.00 Uhr
Verladung: erfolgt nach Ankunft sofort auf dem Güterbahnhof in Weimar.
Abfahrtszeit: wird noch bekanntgegeben.
Der Abfertigungsschein: ist bei der Transport Abteilung Bahnhof Buchenwald in Empfang zu nehmen.

DOK. 228

Der amerikanische Journalist Mike Levin beschreibt am 9. April 1945 das Schicksal jüdischer Jugendlicher im befreiten Nordlager von Ohrdruf[1]

Nachtreport Nr. 1470 der Overseas News Agency, 101 Park Avenue, New York 17, von Mike Levin[2] vom 9.4.1945

Horror in Deutschland
Unterwegs mit der Vierten Panzerdivision in Deutschland, 9. April (ONA)[3] – Erst wenn man die persönlichen Geschichten einiger Überlebender des Nordlagers Ohrdruf[4] hört, versteht man den systematischen Horror der Nazi-Gefängnisse.

3 Die Mehrheit der überwiegend jüdischen Häftlinge war erst wenige Tage zuvor vom Außenlager Ohrdruf zu Fuß ins Stammlager Buchenwald getrieben worden und stark erschöpft; siehe Einleitung, S. 86.
4 Gedeckte und offene Wagen.
5 1 Führer, 10 Unterführer, 120 einfache Mannschaftsgrade.
6 Hans Merbach (1910–1949), Schlosser, Bankangestellter; 1930 NSDAP- und SS-Eintritt; Sept. 1939 SS-Ostuf., von 1939 an in der Wachmannschaft Buchenwald, 1942 deren Kommandeur, 1943–1945 Kommandeur der Hundestaffel in Auschwitz II, Febr. 1945 2. Schutzhaftlagerführer in Buchenwald; 1947 im Dachauer Buchenwald-Hauptprozess zum Tode verurteilt und 1949 hingerichtet.
7 SS-Totenkopf-Sturmbann Buchenwald.

1 NARA, RG 153, Box 273, Case 12–468. Das Dokument wurde aus dem Englischen übersetzt.
2 Mike, auch Meyer Levin (1905–1981), Schriftsteller und Journalist; während des Zweiten Weltkriegs Arbeit für das Office of War Information, begleitete als Kriegsberichterstatter US-Truppen auf ihrem Vormarsch und schrieb Artikel über die Situation im befreiten Dachau, Buchenwald und Theresienstadt; publizierte nach dem Krieg über den Holocaust.
3 Overseas News Agency.
4 Zum KZ „S III“ in Ohrdruf siehe Dok. 223 vom 31.3.1945, Anm. 5. Anfang April 1945 wurden 9900 der rund 13 700 Häftlinge in den verschiedenen Teillagern des Außenlagers Ohrdruf zu Fuß nach Buchenwald getrieben. Im Nordlager wurden kranke Häftlinge aus den Baracken gejagt und auf dem Appellplatz erschossen. Am 4.4.1945 erreichte die 4. Panzerdivision der 3. US-Armee Ohrdruf.

Ich sprach mit einer Gruppe von sieben gespenstisch wirkenden, kahlgeschorenen Zwangsarbeitern, die durch den unaufhaltsamen Vormarsch der Vierten Panzerdivision befreit werden konnten. Einer von ihnen, ein 19-jähriger Junge namens Yehuda, ist der einzige Überlebende einer fünfköpfigen Familie. Die übrigen Familienmitglieder wurden im Todeslager Auschwitz vergast und verbrannt. Yehuda berichtete mir, wie er in den vergangenen Jahren von einem Lager zum nächsten gebracht wurde. Er ist ein Krüppel. Ihm wurden nach furchtbarer Folter durch die Gestapo die Zehen amputiert.
Ein anderer Überlebender ist ein 17-jähriger ungarischer Jude namens Alex. Er sagte: „Ich bin seit vier Monaten hier. Ich wurde vom Gefangenenlager Birkenau hierher gebracht. Dort hatte man mich zusammen mit meinem kleinen Bruder und anderen Häftlingen in die Gaskammer geführt. In den Gaskammern suchten Nazis sich diejenigen heraus, die arbeitsfähig sind. Mich wählten sie aus, aber mein Bruder war zu klein. Ich musste mit ansehen, wie er durch das Gas getötet wurde. Die Kleidung, die ich trage, stammt aus der Gaskammer. Als wir hier ankamen, mussten wir unseren eigenen Stacheldrahtzaun errichten. Es handelte sich um ein Lager der Hitler-Jugend, aber die Nazis sagten, die Gebäude seien zu gut für uns."
Unter den Gefangenen waren Franzosen, Belgier, Holländer, Italiener, Russen und selbst deutsche politische Häftlinge und Strafgefangene, alle zusammengewürfelt. Sie schliefen auf den spärlich mit Stroh bedeckten Böden der nicht unterteilten Baracken. In einer in der Nähe gelegenen unterirdischen Fabrik wurden sie beim Bau von V-Bomben eingesetzt.[5]
Es heißt, dass zwei Amerikaner hier gestorben seien. Die Überlebenden erzählten mir, mindestens 24 amerikanische und britische Kriegsgefangene seien in das Gefangenenlager Buchenwald gebracht worden. Außer der Handvoll Übriggebliebener wurden auch alle zivilen Häftlinge nach Buchenwald verlegt.
Der völlig ausgezehrte Joachim Leipziger, der in Brüssel auf der Flucht gefangen genommen worden war, konnte nicht aufhören zu zittern. Er ist grässlich abgemagert und krank, und sein Leben hängt an einem seidenen Faden. Der Sanitätsoffizier der Vierten Panzerdivision, Major John Scotti aus Brooklyn, New York, kümmert sich um ihn.
Lieutenant Ted Tannenbaum aus New York City (417 E. 89. Straße) und Sergeant Egon Fleck aus Los Angeles haben die ratten- und typhusverseuchten Baracken inspiziert.[6]
Trotz der schnellen Einnahme dieses Schlachthauses durch die Amerikaner gelang es der Lagerverwaltung noch, die meisten Gefangenen zu evakuieren.

5 Das Projekt „S III" war im Nov. 1944 der Gesamtleitung von Hans Kammler unterstellt worden. Hier sollten unterirdische Produktionsstätten entstehen. Die Häftlinge waren ausschließlich für Stollenbau- sowie Lade- und Reparaturarbeiten eingesetzt. US-Truppen befreiten das Lager vor Fertigstellung der unterirdischen Anlagen.

6 Richtig: Edward A. Tenenbaum und Egon W. Fleck. Sie waren die Ersten, die das Lager Buchenwald inspizierten und einen detaillierten Bericht anfertigten; Harry S. Truman Library & Museum, Edward A. Tenenbaum Papers, Box 1 Buchenwald Concentration Camp, Preliminary Report vom 24.4.1945.

DOK. 229

Die Häftlingsärztin Chaja Trocki betreut während des Räumungstransports aus dem Lager Helmstedt-Beendorf vom 10. April 1945 an kranke Häftlinge[1]

Bericht von Chaja Pauline Trocki-Musnicki,[2] aufgezeichnet in Schweden, Sommer 1945[3]

Seit einigen Tagen leben wir in einem unbeschreiblichen Zustand fieberhafter Erwartung.[4] Die Nachrichten, die uns über das Herannahen der alliierten Streitkräfte erreichen, machen uns nervös und ungeduldig. Wir haben kaum noch die Geduld, die Kranken hinauszubringen. Es mangelt an Medikamenten. Wir tun das Nötigste, um unsere Tage von drei Uhr morgens bis zehn Uhr abends auszufüllen. Die Kranken mit ihren abstoßenden und stinkenden Phlegmonen wollen behandelt werden. Tägliche Bäder. Wir arbeiten zu zweit. Von Bertha und Dora kommt keine Unterstützung. Sie haben nur Männer im Kopf. Am Freitag, den 6. April 1945, wechseln wir noch einmal alle Verbände, verrichten die übrige Arbeit und beschließen, uns am Samstag auszuruhen. Als es hell wird, wird uns mitgeteilt, dass Frauen nicht mehr hinunter zur Mine dürfen.[5] Es ist ein ermutigendes Zeichen, offenbar rücken die Alliierten näher. Wir erfahren, dass sie 25 km entfernt sind. Zu diesem Zeitpunkt können wir uns noch nicht vorstellen, wie alles enden wird. Einige Kranke konnte ich mit der Vorstellung einer plötzlichen Befreiung am Leben erhalten, mit dem Bild eines Sanitätszugs, der sie so schnell wie möglich in ihre jeweiligen Heimatländer bringt. Uns wird eine weitere Ärztin an die Seite gestellt, wir haben sehr viel zu tun. Wir müssen 300 Kranke versorgen und machen tolle Pläne, wie wir unsere Arbeit organisieren werden, sobald wir frei sind, selbst darüber zu bestimmen. Wir sprechen nur flüchtig über Transportfragen. Margots Erfahrung sagt, dass die Deutschen wie immer, wenn der Feind naht, alles daransetzen werden, den Rückzug mit den Häftlingen anzutreten. Doch heimlich malen wir uns aus, wie der Aufbruch verhindert werden könnte. Es ist die Rede von Einkesselung und fehlenden Transportmitteln. In dieser fieberhaften und erwartungsvollen Stimmung erleben wir den Samstag und Sonntag, 7. und 8. April. Verschiedene Gerüchte machen die Runde von der Befreiung der deutschen Häftlinge, angeblich aus Angst vor möglichen Exzessen gegen die

1 YVA, 01/167. Das Dokument wurde aus dem Französischen übersetzt.

2 Dr. Chaja Trocki-Musnicki (*1905), Ärztin und Zahnärztin; geboren in Chişinău, 1923 nach Belgien ausgewandert, bis Sommer 1944 im belg. Widerstand aktiv, am 31.7.1944 aus Mechelen nach Auschwitz deportiert, von Mitte Dez. 1944 an Häftlingsärztin in Helmstedt-Beendorf (Außenlager von Neuengamme), am 10.4.1945 auf Räumungstransport nach Hamburg, von dort nach Dänemark und Schweden; wohnte nach dem Krieg in Giwataim, Maonot Paolim (Israel).

3 Das handschriftl. Original in einem Heft mit 14 mit Bleistift geschriebenen Seiten übergab die Schwägerin von Dr. Trocki, Szifra Werber, im Jahr 1956 an Dr. K. J. Ball-Kaduri im Tel Aviver Büro von Yad Vashem, der diese Abschrift anfertigte und von Dr. Trocki beglaubigen ließ. Kurt Jacob Ball-Kaduri (1891–1976), Jurist; betrieb von 1927 an eine Rechtsanwaltspraxis in Berlin, 1933 Berufsverbot, 1938 Internierung in Sachsenhausen, danach Emigration nach Palästina; dort als Historiker tätig.

4 Trocki-Musnicki befand sich zu diesem Zeitpunkt, Anfang April 1945, im Neuengammer Außenlager Helmstedt-Beendorf, wo sie als Häftlingsärztin im Krankenrevier eingesetzt war.

5 In Helmstedt-Beendorf waren 3000 weibliche Häftlinge in der unter Tage verlagerten Produktion von V 1-Steuerungen eingesetzt.

kriminellen Frauen, die unser Lager leiten.[6] Am Montag gibt der deutsche Sanitäter Bertha Bescheid, dass sie, wenn der Befehl zum Aufbruch kommt, alle Medikamente mitnehmen soll. Zu mir sagt er nichts, das gibt mir zu denken, möglicherweise sollen die Jüdinnen bleiben, dann sind also noch gewisse Aktionen gegen uns möglich, zumindest gegen die Kranken.[7] Die Situation ist sehr unklar, niemand kann sich sicher sein. Und dann, am Dienstag, den 10. April, kommt der Befehl zum Aufbruch. In aller Eile müssen wir die Medikamente einpacken und unsere Päckchen schnüren. Die Bekleidungskammer[8] wird ausgeräumt, den Häftlingen werden Mäntel, Wäsche und gestreifte Kittel zugeteilt. Die Bekleidungskammer wird hinter dem Rücken der Häftlinge leer geräumt. Unter den Kranken, insbesondere unter den Juden, die zuvor Auschwitz erlebt haben, herrscht seit zwei Tagen große Angst. Wir können uns nicht vorstellen, dass sie mit den Übrigen evakuiert werden, und alles, was noch irgendwie laufen kann, will das Revier[9] verlassen. Wer eine Mutter, eine Schwester oder Freundin hat, will hinaus, um mit ihr zusammen zu sein. Ich weiß selbst nicht, wozu ich raten soll. Ich erkläre die Situation, wie sie ist, und überlasse den Kranken die Entscheidung. Von den 300 sind noch 150 übrig, die Schwerkranken unter den Juden bleiben, die Arierinnen sind ruhiger, sie haben nicht solche Vernichtungsängste wie die Juden. Später werden wir feststellen, dass es ein schwerer Fehler war, das Revier zu verlassen. Ein Fehler, der viele vermeidbare Todesopfer gefordert hat. Doch in dem unvorstellbaren Durcheinander des überstürzten Aufbruchs, den ich den Deutschen niemals zugetraut hätte, wollten alle als gesund gelten. Für die Kranken sind vier Waggons vorgesehen. Selma und Margot werden für den Waggon mit den Schwerkranken eingeteilt und empfinden das als große Strafe. Sie beneiden mich darum, dass ich bei den leichter zu versorgenden Kranken bleibe.

Ich bin Berthas Liebling,[10] und sie arrangiert alles so, dass wir zusammenbleiben, was während der gesamten Reise viel Unruhe auslöst und mir viel Ärger bereitet. So beginnt unser Geistertransport, unser Todestransport. Wir fahren zwölf Tage, um unser Ziel, Hamburg, zu erreichen, und unser Konvoi, der 3000 Frauen zählt, wird auf vier verschiedene Lager in der Nähe von Hamburg aufgeteilt.

Es ist beinahe unmöglich, den Transport selbst zu beschreiben. Es gibt keine Begriffe in unserem Wortschatz, um die Gräuel, diese Bestialität, diesen kollektiven Wahn zu schildern. Zu 120, 130 in einem Waggon zusammengepfercht, werden die Schwächsten angegriffen, vor allem unsere Jüdinnen. Die zweite Nacht des Transports ist überschattet vom Tod von fünf Jüdinnen in einem Waggon, in dem mehrheitlich Deutsche sind. Sie sind an Verletzungen aufgrund von Schlägen gestorben. Die Bilanz dieses Transports beläuft sich auf insgesamt 570 Tote, Männer und Frauen, die große Mehrheit Juden. Unsere Beschützer denken an unsere Gesundheit und weigern sich, Trinkwasser auszuteilen, wir könnten uns Krankheiten holen. Und wir werden wirklich krank, krank vor

6 Lagerführer in Helmstedt-Beendorf war SS-Ostuf. Gerhard Poppenhagen. Neben dem Block- und Rapportführer Anton Brunken waren 300 Soldaten der Luftwaffe für die Bewachung des Lagers und 52 Aufseherinnen für die täglichen Abläufe und den Arbeitseinsatz der Häftlinge zuständig.

7 Die ersten Häftlingsgruppen im Frauenlager Helmstedt-Beendorf bestanden aus nichtjüdischen deutschen Frauen, die Ende Juli und Anfang Aug. 1944 aus Ravensbrück überstellt worden waren.

8 Im Original deutsch.

9 Hier und im Folgenden im Original deutsch.

10 Im Original deutsch.

Durst, wahnsinnig vor Durst, und unsere Beschützer wollen das nicht verstehen und machen sich einen Spaß daraus, die Wahnsinnigen anzuketten und zu Tode zu prügeln. Einige von ihnen werden in den Krankenwaggons aufgenommen. Die Verhältnisse dort, zu 70. zusammengepfercht, sind unbeschreiblich. Als Ärztin bleibt mir lediglich die Aufgabe, darum zu kämpfen, dass ich meinen Kranken Wasser geben darf. Bertha verhält sich mir gegenüber abscheulich, zwischen uns gibt es keine Freundschaft mehr. Ich habe das Pech, dass in unserem Waggon einige deutsche Kranke sind, und mit Bertha zusammen machen sie mir das Leben zur Hölle. Ich gelte als jüdische Ärztin, die nur ihre Jüdinnen beschützt, nur an ihre Jüdinnen denkt. Ich bin nicht mehr die Ärztin, die sich um die Französinnen kümmert, obwohl ich das ebenfalls mache, sondern nur um die Jüdinnen. Und es ist ein Glück, dass ich da bin, um sie vor dem Wahn der Deutschen zu beschützen, die von den deutschen Aufseherinnen[11] angestachelt werden.

Es ist ein Kampf, Wasser auszuteilen. Während der Nacht hageln Schläge auf die armen Kranken, die sich kaum hinkauern können, denn die Damen beanspruchen die gesamte Mitte des Waggons für ihren Schlaf, sie sind sehr müde. Mittlerweile liegen die Kranken auf den Sterbenden. Stundenlang verbleiben die Toten in den Waggons, und die Kranken liegen auf ihnen. Der Anblick dieses Horrors macht mich völlig wütend. Ich kann kaum sprechen, kämpfe ständig mit den Tränen. Ohne Unterlass werde ich zu den Waggons gerufen, in denen die Frauen sterben wie Fliegen, vor Durst, vor Erschöpfung. Es sind 120 bis 150 Frauen pro Waggon zusammengepfercht. Es ist heiß. Wir bekommen kaum Luft. Nur eine schmale Tür steht offen. Ich beschwere mich bei unserem Transportleiter,[12] vielleicht ist es möglich, die Fenster zu öffnen, für etwas frische Luft zu sorgen. Ich bekomme die zynische Antwort: „Was, sie werden sterben? Dann haben wir weniger zu transportieren!" So viel zu der Verbesserung, die ich erwirkt habe. Und die Frauen sterben erschöpft vor Durst und Hunger.

Unser Leidensweg dauert weiter an. Wir halten in einem Wald in der Nähe von Ludwigslust. Es wird gesagt, dass wir weder vor noch zurück könnten, wir seien eingekreist. Wir hören das Kanonenfeuer. Wir schätzen, dass die Alliierten noch 20 km von uns entfernt sind, manche sagen sogar, es seien nur 12 km. Neben uns liegt ein Lager, in dem sich 10 000 Männer befinden, die aus verschiedenen Lagern in ganz Deutschland evakuiert worden sind und den gleichen Leidensweg hinter sich haben wie wir, bis sie hierher gelangten.[13] Die 2000 Männer, die mit auf unserem Transport waren, werden ebenfalls in diesem Lager untergebracht. Das Schicksal von uns 3000 Frauen bleibt ungewiss. Es ist vage die Rede davon, dass wir trotz allem nach Hamburg, nach Neuengamme weiterfahren. Der Lärm um uns herum stimmt uns skeptisch, wir glauben nicht mehr an die Möglichkeit eines Rückzugs. Wir warten drei Tage lang, ohne Verpflegung. Es werden nur die Toten abtransportiert. Und dann geht die Fahrt doch weiter.

11 Im Original deutsch.

12 Im Original deutsch.

13 Das Lager Wöbbelin bei Ludwigslust entstand im Febr. 1945 als Außenlager des KZ Neuengamme. Von April 1945 an diente es als Auffanglager mehrerer Räumungstransporte aus dem Lagerkomplex Neuengamme, aber auch aus Sachsenhausen und Ravensbrück. Von den mehr als 5000 Häftlingen starben aufgrund katastrophaler Zustände mehr als 1000, bis US-Truppen am 2.5.1945 das Lager erreichten.

Schon auf der Fahrt nach Hamburg wird als Ziel Dänemark erwähnt. Am 21. April kommen wir schließlich in Hamburg an, wo der Kommandant von Neuengamme[14] eintrifft. Als Erstes fährt die Gruppe der holländischen Jüdinnen, die Philipsgruppe, ab, die in ein Lager nicht weit von Hamburg, nach Eidelstedt, kommen.[15] Eine Nacht lang steht unser Zug noch am Hamburger Bahnhof, bevor er am 22. April frühmorgens aufgeteilt wird und in drei verschiedene Lager in der Umgebung von Hamburg weiterfährt. Wir, eine Gruppe von 900 Frauen, kommen nach Ochsenzoll in der Nähe von Langenhorn. Dort befinden sich schon 60 jüdische Frauen und 500 Frauen verschiedener Nationalitäten. (Die Russinnen und Polinnen sind in der Mehrzahl).[16] Der Großteil der Jüdinnen wird in einem eigenen Block untergebracht. Wir haben nichts dagegen. Wir haben mehr als genug von den Arierinnen, die zwar auch Häftlinge sind, von denen wir aber im Lauf der Fahrt ausreichend Beleidigungen und Demütigungen erfahren haben.

Im Lager sterben wir fast vor Hunger. Es gibt kaum Überwachung und keinen Appell; wir können uns waschen und ausruhen. Nach neun Tagen Ruhe werden eines Nachmittags die Jüdinnen zusammengetrommelt, und wir brechen wieder auf. Ich persönlich bin nicht mehr beunruhigt darüber, was mit uns geschehen wird, aber die meisten treibt weiterhin die Angst um, was aus uns wird, zumal nur die Jüdinnen geholt wurden. (Eine kleine Episode: Eines Tages kommt der Lagerkommandant und kontrolliert, ob in unserem Block alles in Ordnung sei. In unserer Stube hält er eine Ansprache, dass wir unseren Aufenthalt in diesem Lager gut nutzen sollten, da ein erneuter Abtransport nicht auszuschließen sei. Deswegen sollten wir versuchen, uns ordentlich zu waschen und auszuruhen, damit wir gut aussehen, wenn wir in Freiheit kämen. Als er die mögliche Freiheit erwähnt, erlaube ich mir die Bemerkung: „Ein schöner Traum".[17] Er dreht sich zu mir um und fragt: „Was sagen Sie?" – „Na, das ist ein schöner Traum, die Freiheit." – „Was, Sie glauben es nicht? Aber so ist es.")

Das war am Tag vor unserer Abfahrt. Der kurze Schlagabtausch, den ich mit dem Kommandanten hatte, hat für kleine Diskussionen gesorgt. Einige bewundern meinen Mut, so etwas zu sagen (denn der Mann war schrecklich, das hat er zwei Tage zuvor bewiesen, als er zwei Frauen bestrafte und zu Tode prügelte). Andere kritisierten meinen gewagten Vorstoß. Ich schließe aus dem Ganzen jedoch, dass sie von irgendeiner uns betreffenden

14 Max Pauly (1907–1946), Verkäufer; 1928 NSDAP-, 1930 SS-Eintritt; Okt. 1939 kommissarischer Leiter von Stutthof, Febr. 1942 Kommandant von Stutthof, Sept. 1942 bis Mai 1945 Kommandant von Neuengamme; März 1945 SS-Staf.; 1946 im Hamburger Neuengamme-Hauptprozess zum Tode verurteilt und hingerichtet.

15 Der Philips-Konzern hatte seit 1943 im KZ Herzogenbusch (Vught) elektronische Bauteile von Häftlingen herstellen lassen. Diese Häftlinge standen auch nach ihrer Deportation nach Auschwitz unter der Fürsorge des Philips-Konzerns, der sich dafür einsetzte, dass diese Gruppe bei Telefunken (im Groß-Rosener Außenlager Langenbielau) und nach dessen Räumung für den Philips-Konzern im Neuengammer Außenlager Porta-Westfalica eingesetzt war. Nach der Räumung des Lagers Porta-Westfalica wurden die Häftlinge nach Helmstedt-Beendorf gebracht und zusammen mit den dortigen Lagerinsassen nach Hamburg transportiert.

16 Das Neuengammer Außenlager in Hamburg-Langenhorn war im Sept. 1944 entstanden, um 500 Jüdinnen aus Stutthof unterzubringen, die bei den Hanseatischen Kettenwerken und der Deutschen Messapparatebau eingesetzt waren. Die Mehrzahl von ihnen war Anfang April 1945 nach Bergen-Belsen gebracht worden. Die erwähnten Häftlinge stammten vermutlich ebenfalls von Räumungstransporten und waren erst seit kurzem dort untergebracht.

17 Im Original deutsch.

Entscheidung Wind bekommen hatten und er deswegen von dieser wahrscheinlichen Befreiung sprach. Und so brechen wir am 31. Mai[18] auf und treffen in Eidelstedt[19] ein, wo sich schon die Holländerinnen befinden und gerade auch die Französinnen und die Polinnen aus anderen Lagern ankommen. Es gibt keinen Platz, um uns unterzubringen. Zu viert teilen wir uns ein Bett. Einige Frauen schlafen auf dem Boden, ich schlafe auf einem Tisch. Am nächsten Tag ist an Waschen nicht zu denken. Es ist auch unmöglich, hinauszugehen. Ich treffe wieder auf die holländische Ärztin Levy, sie hat erfahren, dass ich hier bin, und bringt mich ins Revier. Eine lächerliche Bezeichnung, denn dort gibt es nichts, um Kranke zu behandeln. Gegen vier Uhr nachmittags werden wir alle zusammengerufen. Wir brechen wieder auf. Es ist vage vom Roten Kreuz die Rede, an das wir überstellt werden sollen. Nichts ist sicher. Wir gehen zu Fuß bis zum Hamburger Bahnhof, der zwei bis drei km vom Lager entfernt liegt.

Als wir ankommen, erwartet uns ein ganzer Konvoi von Waggons. Nach Nationalität getrennt, werden wir zu jeweils 55 Personen auf die Waggons verteilt, die mit Stroh ausgelegt sind und von jeweils zwei deutschen Posten[20] begleitet werden, die aber nicht der SS, sondern der Polizei angehören.

Von den Posten erfahren wir die großartige Neuigkeit, dass wir nach Dänemark fahren und sich das Rote Kreuz unser annehmen wird. Noch am selben Abend erhalten wir eine ordentliche Ration Brot und Margarine. Und auf geht's, auf geht's nach Dänemark. Wir fahren den ganzen 1. Mai. Während der Fahrt sehen wir die deutsche Armee tatsächlich auf der Flucht, Zivilisten, die sich in Sicherheit bringen. Im Lauf unserer Reise erfahren wir, dass die Engländer und Amerikaner schnell vorankommen, dass Hamburg, das wir hinter uns gelassen haben, kapituliert hat, Berlin besetzt ist und Hitler und Mussolini tot sind. Am Abend des 2. Mai erreichen wir die dänische Grenze. Als wir durch Flensburg fahren, die letzte deutsche Stadt, spricht man schon davon, dass die Engländer und Amerikaner erwartet werden. Wir gelangen in die erste dänische Stadt, Padborg. Der Empfang dort ist unbeschreiblich, doch zugleich ist es die schlimmste Erinnerung meiner Reise in die Freiheit.

Die ausgehungerten Frauen reißen den hilfsbereiten Dänen und Däninnen, die mit allen möglichen Leckereien zu unserem Konvoi kommen, buchstäblich alles aus den Händen. Vor allem die ungarischen Jüdinnen stürzen sich auf die Menschen, reißen alles an sich. Die Leute schaffen es nicht einmal, bis zu unserem Waggon zu gelangen, um irgendetwas verteilen zu können. Was mir besonders wehtut ist, dass es gerade die Jüdinnen sind, die sich so verhalten, nur die Jüdinnen. Die Arierinnen wiederum sind erbost, dass nichts bis zu ihnen durchkommt, und das bietet ihnen erneut Gelegenheit, zu schimpfen und über uns herzuziehen. In einigen Waggons lassen die deutschen Wachen die Frauen nicht aussteigen, doch die meisten pfeifen auf das Durcheinander. Wir flehen sie an, Ordnung zu schaffen, um dieses schreckliche Spektakel nicht weiter mit ansehen zu

18 Fehler im Original. Es handelt sich um Ende April 1945.

19 Das Außenlager Hamburg-Eidelstedt entstand im Sept. 1944 zur Unterbringung von 500 tschech. und ungar. Jüdinnen, die zuvor im Außenlager Wedel inhaftiert gewesen waren. Sie wurden beim Bau von Behelfsunterkünften für ausgebombte Hamburger Familien eingesetzt. Am 4.4.1945 wurden sie nach Bergen-Belsen gebracht. Im Zuge der Räumungen wurde das Lager Ende April 1945 mit weiblichen Häftlingen aus Helmstedt-Beendorf, Hamburg-Wandsbek und Hamburg-Langenhorn belegt.

20 Im Original deutsch.

müssen. Einige Wachen beschweren sich bei dem SS-Mann, der uns begleitet, aber auch ihm ist alles egal.
Wir erfahren, dass wir in Padborg übernachten und am nächsten Tag nach Schweden weiterfahren, in die Freiheit. Diese Nachricht löst herzzerreißende Freudenszenen aus. Viele wissen, dass sie alles verloren haben, ihre Eltern, ihre Kinder, dass sie weder Familie noch Heimat haben. Doch das Leben ist stärker. Es erobert sich sein Recht. Freude herrscht vor allem unter den jungen Leuten, die sich trotz allem unbesorgt zeigen. Es wird viel gesungen und gelacht. Doch meine eigene Freude vermischt sich mit viel Traurigkeit. Während der langen Monate in Gefangenschaft habe ich alle Gedanken an mein Zuhause, an meine Liebsten wie etwas Unmögliches verdrängt. Dabei wurde ich von Anfang an unter Bedingungen festgehalten, die mir die Hoffnung ließen, diese Katastrophe lebend zu überstehen. Doch aus einem Überlebensinstinkt heraus verdrängte ich jeglichen Gedanken an mein Zuhause, an Brüssel, an alle und alles und lebte in der Erwartung des Endes. Nachrichten erreichten uns dann über Zivilisten, mit denen die Häftlinge täglich in Kontakt kamen. Sie waren immer leicht verzerrt, entsprachen aber mehr oder weniger der Wahrheit. Ich hoffte, dass Dode,[21] der in Auschwitz geblieben war, seit Januar befreit sei; doch durch einen Frauentransport aus Ravensbrück, der uns erreichte, wurde mir klar, dass ich mich keinen Illusionen hingeben darf, dass Auschwitz am 18. Januar unter extremen Bedingungen evakuiert worden war. Ich fragte mich, ob Dode das durchhalten konnte. Die Erfahrung hat gezeigt, dass wir Frauen weitaus widerstandsfähiger sind als die Männer. Und Dode ist nicht unbedingt ein starker Mann. Und mit seinem Magen. Und so weiter und so fort. In unserem Lager in Beendorf sind 150 Juden eingetroffen, Ungarn und Polen (die meisten aus Łódź). Von ihnen erfuhr ich, dass sie in einer Autofabrik gearbeitet hatten, nach 7 Monaten waren 650 Männer tot, und die 150, die bei uns ankamen, waren nur noch Haut und Knochen. Ja, so waren diese Transporte! Vernichtungstransporte. Nichts von dem, was ich in Erfahrung brachte, konnte meine Befürchtungen, meine Ängste lindern. Ebendeshalb war meine Freude eher mäßig und von viel Kummer durchsetzt, trotz dieser großartigen Sache, die wir seit so langen Monaten erwartet hatten: die Freiheit.
In der Nacht des 3. Mai erreichen wir Padborg (in einer Scheune), großartiger Empfang, Räumlichkeiten, die vom dänischen Roten Kreuz eigens aufgebaut wurden, um Tausende von Gefangenen, Männer und Frauen, vorübergehend aufzunehmen.[22]

21 David Trocki-Musnicki (1905–1945), Ingenieur; aus Vilnius nach Belgien ausgewandert, Ehemann von Chaja Trocki-Musnicki, im Jan. 1945 von Auschwitz nach Mauthausen überstellt, starb dort am 20.3.1945.

22 Tempuswechsel im Original. In den Orten Frøslev, Kruså und Padborg wurden im Mai 1945 Quarantänestationen errichtet, in denen die Häftlinge gesammelt und versorgt wurden.

DOK. 230

Lüneburger Zeitung: Ein Aufruf vom 11. April 1945 warnt die deutsche Bevölkerung vor KZ-Häftlingen, die Räumungstransporten entflohen sind[1]

Bei einem Angriff feindlicher Flieger auf einen Transport sind *Konzentrationsgefangene entflohen.* Die Häftlinge befinden sich im *Gebiet der Lüneburger Heide.* Auch die gesamte zivile Bevölkerung und besonders die Führer der nationalsozialistischen Gliederungen und Politischen Leiter werden aufgefordert, sich an der Fahndung nach diesen KZ-Häftlingen zu beteiligen, die bekanntlich besonders zu Diebstahl, Raub und Plünderungen usw. neigen. Sie sind zu stellen und festzunehmen. Für den Fall, daß die Konzentrationsgefangenen sich zur Wehr setzen sollten, sind sie unter allen Umständen *unschädlich zu machen.* Die Häftlinge sind im allgemeinen an der gestreiften Gefangenenkleidung zu erkennen, wobei aber darauf hingewiesen wird, daß es etlichen gelungen sein könnte, sich andere Kleidung zu beschaffen. Jedenfalls ist anzunehmen, daß sie es bei Einbrüchen besonders auf Zivilkleidung abgesehen haben.[2]

DOK. 231

Der Wachmann Adam Busch äußert sich zu Häftlingserschießungen auf dem Marsch aus dem Außenlager Leipzig-Schönefeld nach dem 12. April 1945[1]

Protokoll der Vernehmung von Adam Busch,[2] durch Sgt. Fred Howard, ohne Ortsangabe,[3] vom 7.5.1945

Am 12. April 1945[4] bekamen wir von Obersturmführer Plaul[5] Befehl, mit 5000 Häftlingen (Frauen) abzumarschieren. Ein Ziel wurde uns nicht bekanntgegeben. Die Häftlinge

1 Lüneburger Zeitung, 11.4.1945: Achtet auf entwichene KZ.-Häftlinge! Die Lüneburger Zeitung war das amtliche Organ des Gaues Osthannover der NSDAP und der Behörden. Abdruck als Faksimile in: Katharina Hertz-Eichenrode (Hrsg.), Ein KZ wird geräumt. Die Auflösung des KZ Neuengamme und seiner Außenlager durch die SS im Frühjahr 1945, Bremen 2000, Bd. 1, S. 221.

2 Gewarnt wird hier vor einem Räumungstransport aus dem Neuengammer Außenlager Wilhelmshaven, der am 7.4.1945 in Lüneburg bei einem Bombenangriff der US-Luftwaffe getroffen wurde. Nach Fluchtversuchen ermordete die SS am 11.4.1945 in Lüneburg 60 bis 80 Häftlinge.

1 NARA, RG 549, Box 440, Case 000-Buchenwald-10.

2 Adam Busch (*1908) Schneider; Volksdeutscher aus Jugoslawien; 1943 SS-Eintritt; Mitglied des 2. SS-Totenkopf-Sturmbanns Buchenwald; bis mindestens 1947 in US-Internierung, weiteres Schicksal unklar.

3 Aus einer späteren Aussage von Adam Busch geht hervor, dass die Vernehmung in Herzfeld stattgefunden hat.

4 Das Datum wurde handschriftlich ergänzt.

5 Wolfgang Plaul (*1909), Elektromechaniker; 1931 SS- und NSDAP-Eintritt; von 1934 an in verschiedenen Funktionen in den KZ Sachsenburg, Sachsenhausen, Wewelsburg, Buchenwald und Saalfeld tätig, von Aug. 1944 an Lagerführer für alle von der Hugo Schneider AG (HASAG) betriebenen Buchenwalder Außenlager, setzte sich während des Todesmarschs ab; weiteres Schicksal unklar.

waren Frauen aus Polen, Rußland und Ungarn und zirka 1000 jüdische Frauen.[6] Wir marschierten von Leipzig in Richtung Taucha. Vor Abmarsch wurden wir in 5 Gruppen eingeteilt und wurden zum Gruppenführer SS-Oberscharführer Grings berufen. Er sagte uns, daß wir jeden Häftling, der nicht weitermarschieren kann, erschießen sollen. Wer die Erschießung selbst nicht vornehmen könne, solle es ihm melden, er würde es dann selbst tun. In der zweiten Gruppe wurde eine Russin erschossen, weil sie sich auf einem Felde Kartoffeln suchte. Dieses tat Rottenführer Mauschering. Ich habe es mitangesehen. Ich habe auch auf Frauen geschossen, die auf die Felder gelaufen sind. Ich mußte es tun, weil es so viele Frauen waren, die auf die Kartoffelfelder liefen. Den Befehl dazu bekam ich vom Oberscharf. der ersten Gruppe, dessen Namen ich nicht kenne. Einen Tag zuvor bekam eine Frau vom Rottenführer Schaalko einen Brustschuß, warum, weiß ich nicht. Die dritte Gruppe bestand aus 600 Häftlingen. Wir gingen in Richtung Oschatz nach Garnitz,[7] dort wurden die Häftlinge in einer Scheune untergebracht. Wir kamen dort um ½ 2 Uhr nachts an. Der Marsch dauerte bis dort 10 Tage. In diesem Zeitraum wurden zirka 100 Häftlinge erschossen, genaue Zahlen kann ich jedoch nicht angeben. In Garnitz wurden wir abgelöst. Vor der Ablösung schlug ich verschiedene Häftlinge mit der Faust, weil sie ein zweites Mal Essen fassen wollten. Befehl dazu gab mir Unterscharführer Dietrich. Ich habe diese Frauen nur auf den Rücken geschlagen. Ob die oben genannten 100 Frauen von den 8 SS-Männern meiner Gruppe erschossen worden sind, weiß ich nicht. Es kann auch sein, daß verschiedene vor Schwäche liegen geblieben sind. Diese Frauen wurden dann bestimmt von der letzten Gruppe erschossen, damit die übrigen Häftlinge die Erschießungen nicht sehen sollten.

6 Im Buchenwalder Außenlager Leipzig-Schönefeld mussten von Juni 1944 an nichtjüdische und von Aug. 1944 an jüdische Frauen Zwangsarbeit in der Granatenfertigung für die HASAG leisten. Anfang April 1945 erreichte das Lager ein Transport mit 1000 Jüdinnen aus dem Ravensbrücker Außenlager Malchow. Insgesamt wurden am 13. und 14.4.1945 6000 Frauen auf den Todesmarsch gezwungen, die nach einigen Tagen von US-Einheiten befreit wurden.

7 Richtig: Gaunitz, heute Teil der Gemeinde Liebschützberg im Landkreis Nordsachsen, 50 km von Leipzig-Schönefeld entfernt.

DOK. 232
Willy Süssland wird am 12. April 1945 aus Meuselwitz abtransportiert und kümmert sich auf dem Marsch um seinen schwerkranken Bruder Jiří[1]

Handschriftl. Brief von Willy Süssland,[2] Krankenhaus in Žatec, Abt. 6, Zimmer Nr. 4, an Illy Schulmannová,[3] Praha 2, Pod Slovany 13, vom 7.6.1945

Meine goldene Illy!
Du kannst Dir meine Überraschung gar nicht vorstellen, als Dein Brief in meine Hände gelangte.
Ich kann Dir alles beschreiben, was Jirka,[4] der Ärmste, und ich bis zum Ende durchgemacht haben. Natürlich würde ich lieber mit Dir über alles sprechen, aber das wäre vielleicht schwer für Dich. Ich werde wenigstens versuchen, Dir alles kurz zu schildern, denn auch ich bin krank und furchtbar geschwächt.
Erlaube mir, dass ich zuvor nach Deiner Familie frage, nach Helenchen[5] und allen anderen. Sind sie schon zurückgekehrt, und sind sie gesund?
Franta[6] habe ich zuletzt in Auschwitz gesehen, wo er bald zusammen mit seinem Bruder, Töpfer und ich glaube auch mit Peter Engelmann nach Gleiwitz[7] abfuhr. Damals war Jirka noch nicht in Auschwitz, und ich habe mich sogar darüber geärgert, dass ich nicht zusammen mit Franta in einem Transport fahren konnte. Ich hatte angenommen, dass sich Jirka irgendwie in Theresienstadt halten könne. Dann kam er leider doch mit Schwenk,[8] dennoch war ich wahnsinnig glücklich, dass wir nun alle zusammen sein würden. Und so gelangten wir auch zusammen in einen Transport mit der Bezeichnung „Leipzig" – als Metallarbeiter. In Auschwitz warteten wir genau einen Monat, dann

1 Original in Privatbesitz von Helena Glancová, Prag. Abschrift in: JMP, DP/18/78/224/044. Abdruck in tschech. Sprache in: Terezínské Studie a Dokumenty 1999, S. 281–287. Das Dokument wurde aus dem Tschechischen übersetzt.
2 Willy Süssland (1915–1945), Angestellter; am 24.11.1941 aus Prag nach Theresienstadt, von dort am 28.9.1944 nach Auschwitz deportiert, am 29.10.1944 in das Buchenwalder Außenlager Meuselwitz überstellt, befreit in Žatec; starb dort zwei Monate später an Tuberkulose.
3 Julie Schulmannová, geb. Schorschová, später Glancová (1913–1990), Spitzname Illy; am 6.4.1943 aus Prag nach Theresienstadt deportiert und dort 1945 befreit, gehörte zum Freundeskreis von Willy und Jiří Süssland; nach Kriegsende in Prag und Liberec Rechnungsführerin in Theatern und Verlagen, Leiterin des Studienbüros am Pädagogischen Institut in Liberec, Sprachlehrerin und Übersetzerin.
4 Jiří Süssland (1920–1945), Schauspieler; Bruder von Willy Süssland, am 24.4.1942 nach Theresienstadt, am 1.10.1944 nach Auschwitz deportiert, am 29.10.1944 Überstellung in das Buchenwalder Außenlager Meuselwitz; starb am 12. oder 14.5.1945 in Žatec.
5 Helena Adamová, später Glancová (*1938), Regisseurin; Tochter von Julie Schulmannová, am 6.4.1943 aus Prag nach Theresienstadt deportiert und dort 1945 befreit; lebt in Prag.
6 František Schulmann (1916–1945), Student der Medizin; zweiter Ehemann von Julie Schulmannová, am 6.3.1943 aus Prag nach Theresienstadt deportiert, von dort am 28.9.1944 nach Auschwitz, dort selektiert für den Arbeitseinsatz in den Außenlagern Gleiwitz und Golleschau, starb vermutlich auf dem Todesmarsch.
7 Außenlager Gleiwitz.
8 Karel Švenk (1917–1945), Komiker und Kabarettist; 1941 aus Prag nach Theresienstadt deportiert, dort zahlreiche Auftritte in Kabarettrevuen, 1.10.1944 Deportation nach Auschwitz, am 29.10.1944 in das Buchenwalder Außenlager Meuselwitz überstellt, starb kurz nach der Befreiung in Most (Brüx).

transportierte man unsere Gruppe von 150 „Metallarbeitern" nach Thüringen in das Städtchen Meuselwitz, wo uns schon ein kleines KZ erwartete und wir in der Munitionsfabrik HASAG arbeiten sollten.[9] In dem Konzentrationslager befanden sich schon etwa 2000 Frauen, hauptsächlich Polinnen aus Warschau. Unsere Gruppe wurde einem Block zugeteilt. Von unseren Bekannten waren noch Bubík,[10] Honza Roubícek[11] und Vilem Polák[12] dabei, die in Theresienstadt immer mit Franta zusammen gewesen waren. Ich kann mich nicht erinnern, wen Du sonst noch kennen könntest. Nach einigen Tagen hat man uns dann zur Arbeit eingeteilt, in Tag- und Nachtschichten. Die Fachkräfte wurden an die Drehbänke gestellt, wir, die überhaupt keine Ahnung hatten, arbeiteten an großen Automaten, ein Teil arbeitete dann am Bahnhof oder wurde zu anderen Hilfsarbeiten eingesetzt.
Jirka und ich arbeiteten zwar in verschiedenen Hallen, waren aber beide drinnen beschäftigt, was, abgesehen von zahlreichen Nachteilen, im Winter ein großer Vorteil war, da wir nicht so frieren mussten wie z. B. Schwenk und Bubík. So begann ein monotones Leben für uns, lange Arbeitszeiten, wenig Essen und Schlaf, früh am Morgen wieder die Fabrik. Den ganzen Tag freut man sich auf das Stück Brot am Abend, und so geht das jeden Tag, einschließlich Sonntag, ohne Ruhezeit, eine Woche tagsüber, die andere nachts, jeden Tag Luftangriffe in unmittelbarer Umgebung, zwei Angriffe direkt auf hiesige Objekte, Bomben auch direkt auf das Lager, zahlreiche Tote, vor allem Polinnen, auch bei uns Verwundete. Während der Angriffe sitzen Jirka, Schwenk und ich am Ofen in der Baracke und drücken uns aneinander, damit es uns entweder alle zusammen oder gar keinen erwischt. Wir leben nur von den Nachrichten, wenn uns einmal Zeitungen in die Hände gelangen, das ist das Einzige, was uns aufrecht hält. Jirka und ich sind froh, dass wir zusammen sind, alle beneiden uns, dass wir einander haben. Jirka erträgt alles besser, vor allem den Hunger, sehr viel besser als ich. Gibt es dann zufällig keine Neuigkeiten, ist er gleich deprimiert. Karel erträgt den Hunger nur schwer und friert schrecklich, besonders bei der Arbeit im Freien, die für ihn schwer ist. Er ist unduldsam, hysterisch, reichlich unbeliebt, nur wir beide verstehen ihn, können ihm aber leider nicht helfen. Bubík ist einfach nur verzweifelt und möchte sich darüber nicht auslassen. Jirka und ich sind nach all der Zeit noch verhältnismäßig gesund, obwohl es uns oft wundert, was der Mensch unter den gegebenen Umständen aushält.
Eines Morgens schickt man uns von der Fabrik ins Lager. Wir wissen, dass die Amerikaner näher rücken. Wie ein Blitz ist die Nachricht im Lager eingeschlagen, dass sie Meuselwitz räumen und das KZ liquidieren.[13] Sie schaffen alle Lagerinsassen fort, insgesamt

9 Im Okt. 1944 errichtete die HASAG in Meuselwitz, 30 km südlich vom Leipziger Stammwerk, ein Außenlager. Bis zu 334 jüdische Männer und 1500 vorwiegend nichtjüdische Frauen mussten in der Rüstungsproduktion arbeiten.

10 Josef Lederer (1913–1945), Kabarettist; am 23.7.1942 nach Theresienstadt, am 28.9.1944 nach Auschwitz deportiert.

11 Richtig: Jan Robitschek, nach 1945 Roček (*1924), Chemiker; im Mai 1942 nach Theresienstadt, von dort nach Auschwitz und Ende Okt. 1944 nach Meuselwitz überstellt, befreit in Žatec; 1946 Chemiestudium in Prag, 1960 Flucht über die Ostsee, emigrierte in die USA, Professor in Chicago.

12 Vilém Polák (*1927), Schüler; am 5.12.1942 aus Pardubice nach Theresienstadt und am 28.9.1944 nach Auschwitz deportiert; weiteres Schicksal unbekannt.

13 Zwischen dem 12. und 14.4.1945 wurden alle Häftlinge des Meuselwitzer Lagers in Richtung Graslitz abtransportiert.

etwa 300 Männer (inzwischen war das Männer-KZ nämlich um 100 polnische Juden und 50 anderer Nationalitäten aus Buchenwald erweitert worden) und Frauen. Wir fahren zusammengepfercht in offenen Waggons los, ohne nennenswerten Proviant, mit beinahe sämtlichen SS-Männern als Begleitung, ebenfalls ohne Proviant, und mit unbekanntem Ziel. Es wird behauptet, in Richtung Sudeten, irgendeiner sagt, nach Dachau, keiner weiß etwas Genaues. Auf alle Fälle verändert sich etwas, „es passiert etwas", und im Allgemeinen ist die Stimmung gut.
In der Rückschau war die Zeit seit unserer Evakuierung bis zum Ende das Schlimmste, was wir je erlebt haben, vielleicht auch deshalb, weil ich alles mit Blick auf den tragischen Tod meines Bruders sehe.
Tatsächlich fahren wir in Richtung Sudeten, und nach etwa vier Tagen hält der Zug am Grenzbahnhof Graslitz-Kraslice.[14] Weiter geht es nicht, wir bleiben auf dem Bahnhof auf einem hinteren Gleis stehen. Zunächst gibt man uns Proviant, einen Laib Brot für zehn Leute! Wir wohnen in den Waggons, in der Nacht frieren wir und sind froh, wenn wir wenigstens eine Weile sitzen können. Diejenigen, die noch um etwas kämpfen können, hauptsächlich polnische Juden (die ein Kapitel für sich sind), vielleicht, weil es die Letzten, die Stärksten, die Rücksichtslosesten und Gewieftesten sind und sie deshalb so lange durchgehalten haben, liegen sogar, dafür müssen andere stehen. Wir freuen uns auf den Morgen, warten sogar darauf, vielleicht gibt es etwas zu essen. Ein Laib Brot für 16 Leute. Das fängt gut an. Die Polen haben eine Kartoffelmiete aufgespürt. Bevor Jirka und ich uns entschieden haben, wühlen dort schon 70 Polen, Jirka und ich stopfen uns die Taschen voll. Die Polen haben große Säcke bei sich, in denen die Kartoffeln verschwinden, dann kommen schon die SS-Männer, schießen blind um sich, wir weichen zurück, jeder hat etwa zehn Kartoffeln, Karel hat gar nichts, er ist indisponiert, ein armer Kerl, der seit längerem schrecklich geschwollene Füße hat und nicht gehen kann. Die Lage scheint einigermaßen sicher, wir machen ein Feuer, braten Kartoffeln. Die Polinnen pflücken irgendetwas Grünes von der Wiese und kochen daraus Suppe. Die Polen und die Kräftigsten anderer Nationalitäten kochen eine dicke Kartoffelsuppe, Kartoffeln mit Spinat und Ähnliches. So kommt es bereits zu den ersten Unterschieden. Irgendeiner hat Hunger, einer hat weniger Hunger, einer bekommt wegen eines kleinen Dienstes von einem SS-Mann ein Stück Brot.
Wieder in den Waggons, möglichst schnell, um vielleicht einen Sitzplatz zu ergattern, aber natürlich kommen Jirka und ich wieder zu spät. Dennoch haben wir Glück und können uns abwechseln, Jirka sitzt bereits. Der Junge ist wirklich geschickt, da kommst du nicht gegen an. Der dritte Tag. Ich denke, es gibt kein Brot, dafür abends einen Tieffliegerangriff auf den Bahnhof, sein Ziel: der Munitionszug auf dem benachbarten Gleis. Die Maschinengewehre treffen versehentlich den Nachbarwaggon, unter den Männern und den Polinnen gibt es Tote. Während des Angriffs liegen Jirka und ich auf dem Waggonboden, erst als alle schon in Richtung des nahegelegenen Waldes rennen, erheben wir uns. Die SS-Männer sind machtlos, haben selbst am meisten Angst. Die Waggons leeren sich, und alles macht sich auf und davon. Jirka läuft irgendwie langsam, mach keine Dummheiten, rufe ich ihm zu, vielleicht geht es gut. Schon hat er mich eingeholt, er ist noch einmal umgekehrt, um Decken zu holen, aber hier kennen wir doch nichts.

14 Siehe Dok. 242 vom 14.4.1945.

Zwei Kameraden winken uns, wir schließen uns ihnen an und laufen in den Wald. Wir klopfen an die Türen einiger Häuser, bekommen ein wenig zu essen, aber von Nachtlager wollen die Leute nichts hören, sie haben Angst. Diese Erfahrung machen wir auch bei den nächsten Versuchen. Zwei sind dafür umzukehren, immerhin haben wir uns satt gegessen, jeder hat noch ein Stück Brot in der Tasche; der Dritte will bis morgen früh warten, der Vierte ist dafür, sich auf den Weg nach Karlsbad zu machen. Die Entscheidung trifft der Volkssturm, der uns auf dem Weg begegnet und uns nach längerem Hin und Her bereitwillig zum Bahnhof bringt. Wir erzählen unseren Begleitern von den Tieffliegerangriffen. So gelangen wir zum Bahnhof, wo man uns überaus dienstbeflissen der SS übergibt. Die schickt uns in die Waggons zurück. Bis auf einige wenige sind in der Zwischenzeit alle wieder zurückgekehrt. Der Rest findet sich am zweiten Tag nach und nach ein. 1 : 0 für die Deutschen. Am vierten Tag dann ein Brot für 16, eine Fleischkonserve für 20 Personen. Man muss bei der Verteilung aufpassen, der Hunger verwandelt manche Leute in Tiere. Tagsüber beobachten wir unzählige Flugzeuge über uns. Irgendein großer Luftangriff, wieder „tut sich irgendwas". Auf den Landstraßen Lärm, ziemlich viele Autos mit Soldaten und Zivilisten, ein beträchtliches Chaos, wir treten vor die Waggons, teilen den noch vorhandenen Proviant auf. Ein Laib Brot pro Person, eine Konserve für sechs Personen. Sie stellen uns an der Straße auf, und unser Marsch beginnt. Irgendetwas passiert, offensichtlich kommen die Amerikaner wieder näher. Ziel unseres Marschs: Falknov. Mit einem Mal beginnt es zu dämmern, und wir stellen fest, dass die SS-Männer, von den ranghöchsten bis zu den untersten Chargen, immer weniger werden. Wir jubeln, wir sind frei, jetzt übernachten wir erst einmal irgendwo und lassen uns morgen früh von den Amerikanern festnehmen. Wir verleben einen schönen Abend, zum ersten Mal sind wir frei! Wir teilen uns in Gruppen auf, ich gehe mit Jirka, Honza Roubícek, seinem Kameraden[15] und Vilém Polák.

Nach Einbruch der Dunkelheit hält uns der Volkssturm auf, führt die ganze Gruppe in ein Dörfchen in den Arrest und von dort aus, in tiefster Nacht, an irgendeinen anderen Ort. Dort warten schon andere Gruppen, die man zuvor gefangen genommen hat. Nun haben sie uns wieder alle zusammen. Viele Tschechen fehlen. Die Polen und Ungarn begrüßen uns mit beinahe gehässigem Gelächter. 2 : 0 für die Deutschen. Der Vormarsch der Amerikaner ist in diesem Abschnitt offenbar stecken geblieben, die SS-Männer erscheinen einer nach dem anderen wieder auf der Bildfläche und befehlen uns, weiter zu marschieren. Nur Vilém Polák bleibt mit hohem Fieber im Dorf zurück. Für uns beginnt ein von Hunger und Qualen begleiteter Marsch. Das Ziel, sagt man uns, sei das Ende des Kriegs. Wahrscheinlich zerrt man uns in die Sudeten und liefert uns kurz vor Schluss an das Protektorat aus, damit wir nicht als Horde Hungernder unter der sudetischen Bevölkerung plündern und die SS-Männer bei den deutschen Bewohnern trotzdem für ihren Proviant sorgen können. Und so ging's los, zuerst Karlsbad, Podbořany, Ludice,[16] nach Manětín, nach Pilsen und wieder zurück, scheinbar Richtung Louny, zum Schluss Žatec und schließlich vielleicht nach Leitmeritz und Theresienstadt. Jeden Tag 20–25 Kilometer, manche tragen Holzschuhe, manche sogar nur einen Schuh, Karel

15 Jan (Jenda) Sander (*1925), am 5.7.1943 von Prag nach Theresienstadt und von dort am 28.9.1944 nach Auschwitz, später nach Meuselwitz deportiert, in Žatec befreit; nach dem Krieg Arzt in Havlíčkův Brod.

16 Vermutlich Žlutice, das sich zwischen Podbořany und Manětín befindet.

Schwenk geht mit seinen schrecklich geschwollenen Füßen barfuß. Wir gehen oft durch bergiges Gelände, es fällt Schnee, in dem Schwenks Füße waten. Er sagt, er könne nicht mehr weiter, bleibt zurück, SS-Männer treiben ihn mit ihren Gewehrkolben wieder an, und letztendlich geht es doch vorwärts. Wir drei werden müde. Wir schaffen es nicht einmal, uns um die Verpflegung zu prügeln. Nur Jirka treibt immer noch etwas für mich und Karel auf. Wie froh ist er, als er ein Stück Brot in der Hand hält, das ihm eine Frau aus einem deutschen Haus zugeworfen hat, als die SS nicht hinschaute. Oder als er ein Stück Kohl, ein paar Rüben oder Kartoffeln findet.
Wieder ein Tag ohne Wasser, zufrieden beißen wir in eine Zuckerrübe, als ob sie ein besonderer Leckerbissen wäre. Wir schlafen draußen, es ist ziemlich kalt, aber wir schmiegen uns aneinander, so dass es uns ganz gut geht mit etwas im Magen und nachdem Jirka sogar einen Zigarettenstummel ergattert hat, den wir vor Schwenk in aller Ruhe unter der Decke anzünden. Am schlimmsten ist es, morgens aufzuwachen und weiter marschieren zu müssen. Besonders wenn es anfängt zu regnen. Heute wieder 25 Kilometer, wir schauen nicht einmal mehr, wohin wir gehen, Hunger, die Zuckerrübe brennt so merkwürdig im Hals, wir haben Durchfall, fast jeder, die Straßengräben sind besetzt von gekrümmten Männern und Frauen, auch ich und Jirka müssen oft die Hosen runterlassen, oft lohnt es nicht einmal, den Gürtel wieder zu schließen. Je mehr Kohl, kalte Kartoffeln und wenig Brot, umso häufiger springt man in den Graben. Die Polen können sich hervorragend um Brot prügeln, und abends kochen sie sich eine vorzügliche Suppe. Aber man ist ganz geschwächt vom ständigen Springen in den Graben. Abends führt man uns in Scheunen, wir sind so schwach und müde, dass wir nicht mal mehr etwas zu essen auftreiben können, und nachdem wir einen Schlafplatz in der Scheune ergattert haben, vergraben wir uns im Stroh und schlafen ein. Jirkas Durchfall hat sich verschlimmert, er hat Angst, etwas zu essen. Jeden Tag setzen wir unseren Marsch fort, wir schleppen uns von Dorf zu Dorf, schlafen in Scheunen, bekommen irgendwoher einen Kanten Brot, einen für vier Tage, sonst Kartoffeln, manchmal sogar Suppe. Wir haben großen Hunger. Jirkas Durchfall wird immer schlimmer, wenn er steht, kann er den Stuhlgang nicht mehr halten, und bei der allerkleinsten Bewegung kotet er sich ein. Das deprimiert ihn schrecklich. Die Mithäftlinge, der jüdische und der SS-Arzt, kennen keine ähnlichen Qualen. Der arme Jirka verweigert jegliche Nahrung. Am meisten fürchten wir uns vor der Nacht, wenn wir nebeneinanderliegen und uns alle als Schweine beschimpfen, die sich einsauen. Jirka ist völlig entkräftet. Wir liegen nebeneinander, wenigstens von einer Seite kann ich ihn vor dem polnischen Nachbarn schützen, der gewillt ist, ihn zusammenzuschlagen, weil er sich wieder eingemacht hat. Illy, Du kannst Dir nicht vorstellen, was Jirka durchgemacht hat … Beide sind wir furchtbar schwach, wir rasieren uns nicht mehr, waschen uns nicht einmal mehr, um Essen versuche ich mich noch zu kümmern, obwohl ich selbst auch schon sehr geschwächt bin. Der Großteil der Tschechen ist unterwegs abgehauen, nur wir paar sind zwischen Polen und Ungarn zurückgeblieben. Schwenk habe ich in einer Scheune im Stroh versteckt, er konnte nicht mehr weiter, seitdem weiß ich nichts mehr von ihm. Jirka und ich hatten uns vorgenommen, dass wir versuchen werden, gleichzeitig zu flüchten. Aber jetzt geht das nicht mehr, wir sind zu schwach dafür, die SS würde uns augenblicklich wieder einfangen und weiterschicken. Wieder liegen wir in einer Scheune, Jirka sagt, er könne nicht weiter. Nach langem Abwägen entschließen wir uns, uns frühmorgens im Stroh zu verstecken und den Weg nicht fortzusetzen. Ich bin nicht überzeugt von diesem Plan.

Auf Jirkas Drängen kriechen wir in der Frühe auf den Heuboden und verstecken uns dort, entschlossen, nicht weiterzugehen. Am Morgen steht alles auf, die SS-Männer suchen den Boden ab, es scheint, als sei alles in Ordnung. Wir atmen kaum, doch heute findet offenbar eine besonders gründliche Durchsuchung statt, schon nähert sich ein SS-Stiefel, jemand sticht mit dem Gewehr in den Strohballen, sieht uns, welche Freude, sogar zwei, und wie gut sie sich getarnt haben, und gerade ich habe sie gefunden. Auf! Los! Ihr Schweinehunde![17] Jirka bewegt sich nicht, ich sage, dass er mein Bruder und schrecklich krank sei und nicht aufstehen könne. Dabei bitte ich Jirka auf Tschechisch, hochzukommen und herauszukriechen. Jirka will sich lieber erschießen lassen, ich schließe mich an, der SS-Mann tut jedoch nichts dergleichen, dazu fehlt ihm offenbar der Befehl. Er dreht das Gewehr um und versetzt Jirka mit dem Kolben so lange Stöße auf den Kopf, bis es mir gelingt, ihn mit aller Gewalt aus dem Stroh zu ziehen. So treibt er uns mit dem Kolben über die Stufen auf den Hof. Jirka blutet schrecklich am Kopf. Im Transport sind schon an die 20 Kranke, die man im Wagen mitführt, ich bitte darum, Jirka ebenfalls mit auf den Wagen zu nehmen, weil er sich nicht mehr auf den Beinen halten kann. Dies wird abgelehnt mit dem Hinweis, dass wer in der Scheune auf den ersten Stock kriechen konnte, genauso gut zu Fuß gehen könne. Der Arme stützt sich blutüberströmt auf mich, und so machen wir uns hinter den anderen auf den Weg, begleitet von einem brüllenden SS-Mann. Hinter dem Dorf sinkt Jirka zu Boden, ich ziehe ihn zum Graben. Mir wird befohlen, ihn liegenzulassen und weiterzugehen. Ich kann mich nicht bewegen. Der SS-Mann wird wieder gewalttätig, drischt mit dem Kolben auf mich ein. Jirka bittet mich, ich möge gehen. Der SS-Mann prügelt weiter wie besessen auf mich ein. Mit Gott, Jirka! 3 : 0 für die Deutschen.

Schließlich legen sie Jirka doch auf den Wagen, seitdem fahren sie ihn. Am Abend treffen wir in der Scheune wieder zusammen. Ich dachte schon, dass der Ärmste nicht überleben würde. Er sieht schrecklich schlecht aus, abgemagert (wie letztendlich auch ich), unsere Haut ist aufgekratzt, wir leiden alle furchtbar unter den Läusen, Tausende und Abertausende plagen uns, aber wir fangen sie nicht einmal mehr. Er gibt mir seine Hose, damit ich sie an der Pumpe auswasche. Er ist mir dafür so dankbar, als ob ich weiß Gott was für ihn getan hätte. Es deprimiert ihn schrecklich, dass er sich nicht sauber halten kann. Die Polen in der Scheune schreien uns schon mit „verschissene Süsslands“ an und wollen uns nicht erlauben, uns irgendwo hinzulegen. Wir sind völlig isoliert, nur schwach wehre ich mich noch, aber was kann ich schon mit Worten gegen ihre Gewalt ausrichten. Wie Jirka und ich sie hassen! Es ist keiner darunter, der – wenn schon keiner hilft – zumindest ein bisschen Rücksicht nimmt. Jirka will nichts essen, nur einen Schluck Kaffee oder Tee würde er gerne trinken. Es gelingt mir, etwas aufzutreiben, er lächelt und sagt, es wird alles gut werden, Vildo, wir überleben das. Hitler haben wir schon überlebt, lange kann das also nicht mehr dauern. Am nächsten Tag geht der Marsch weiter, Jirka fährt im Wagen, ich gehe zu Fuß. Wieder treffen wir uns abends in der Scheune, stark geschwächt, vor allem Jirka, der nach dem grausamen Durchfall kaum noch gehen kann. Irgendwann beobachten wir auf der Landstraße wieder viel Betrieb, Autos mit Soldaten aus Richtung des Protektorats, großes Chaos.

17 Im Original deutsch.

Die SS führt uns von der Straße auf einen Feldweg, an der Ohře machen wir halt. Jirka und die anderen Kranken werden gleich auf dem Feldweg vom Wagen geholt und humpeln hinter uns her in Richtung Fluss. Man sagt mir, Jirka und vier andere seien irgendwo auf der Wiese liegen geblieben. Ich mache kehrt und wundere mich, dass mich der SS-Mann von unserem Lagerplatz weggehen lässt. Ich komme zu der Wiese, dort liegt Jirka in der prallen Sonne und ist völlig mit Kot beschmiert, alles voller Fliegen und einfach in schrecklicher Verfassung. Er lächelt schwach und winkt mir zu. Neben ihm liegen noch Honza Roubícek, sein Freund, und ein Pole, der überhaupt keine Lebenszeichen mehr zeigt. Wir sind alle derart erschöpft, dass ich es nicht mal mehr schaffe, die Jungs wenigstens irgendwo in den Schatten zu bringen. Erst am Abend gelingt es mir, Jirka zum nächsten Schober zu ziehen. Wir beschließen, dort zu übernachten. Zuvor will ich zum nächsten Dorf laufen, um etwas Essbares aufzutreiben. Dort haben sich schon viele Polen eingefunden. Ich erfahre, dass die SS den Lagerplatz verlassen habe und auch aus dem Dorf abgehauen sei. Das ist das Ende, ich jubele, kümmere mich nicht mehr um das Essen, sondern eile so schnell wie möglich zu den Jungs zurück. Wir sind in bester Laune, morgen machen wir uns auf ins Dorf und werden gerettet. Schließlich legen wir uns ins Stroh und schlafen beruhigt ein. Jirka, jetzt musst du keine Angst mehr vor den Polen haben, jetzt haben wir Ruhe vor ihnen, richte dich ordentlich ein im Stroh, und dann hast du Ruhe. Wie glücklich er ist. Wir werden wieder frei sein, es wird wieder Theater geben, Freunde, einen schönen Sommer und vor allem Freiheit.
Grelle Sonnenstrahlen wecken uns. Ich treibe die Jungs an aufzustehen. Vergeblich. Nur der Kamerad von Honza Roubícek erhebt sich, die anderen sind einfach zu schwach. Ich bin verzweifelt. Ich dachte, Jirka würde es bis zum Dorf schaffen. Wir zwei gehen allein, im Dorf bekommen wir massenhaft zu essen, man wartet auf die russische Armee. Ich kehre mit Verpflegung und Kaffee in die Scheune zurück und bitte die Jungs erneut, sie mögen sich aufraffen und ins Dorf humpeln. Umsonst, sie sind beim besten Willen nicht dazu in der Lage. Letztendlich kommt die Rettung wie durch ein Wunder. Zwei bewaffnete junge Männer kommen auf Rädern, um die Brust die Trikolore. Es sind Tschechen, und sie kommen, um uns zu helfen.
Jirka ist wie in Ekstase, zum Wohl, Jungs, schreit er, endlich sind wir gerettet, ihr werdet uns sicher helfen können, ins Dorf zu gelangen. Die Tschechen setzen sich mit ihren Gewehren wortlos auf die Räder, beschlagnahmen an einem nahegelegenen Feld einen Wagen, Pferde und eine Kutsche und schaffen uns ins Dorf. Dort bereiten sie ein Zimmer in einem Häuschen für uns vor, vier Betten, bringen uns Essen und alles, was wir brauchen. Sie sorgen sich sehr, und wir sind ihnen furchtbar dankbar. Ich kann Jirka endlich ein wenig waschen und dann ins Bett legen. Er sieht unheimlich aus, wie ein Skelett, das Herz ist schwach, er ist dürr, ausgemergelt und entkräftet vom unaufhörlichen Durchfall. Unsere Körper sind wegen der Abertausenden von Läusen bis aufs Blut aufgekratzt. Ansonsten sind wir ganz guter Dinge. Jirka bräuchte einen Arzt. Insgesamt sieht es so aus, als ob Jirka am schlimmsten dran wäre, er ist der Schwächste. Honza Roubícek und sein Freund können ebenfalls nicht aufstehen, sie haben außer Durchfall starke Erfrierungen an den Beinen. Am besten geht es mir, da ich noch aufstehen und Jirka einigermaßen versorgen kann.
Jirka ist ziemlich ungeduldig, ruft ständig nach ärztlicher Hilfe, ich kann aber leider niemanden auftreiben. Im Dorf gibt es keinen Arzt, und ich weiß mir schon keinen Rat mehr. Ich gebe ihm Baldriantropfen, am liebsten würde er ein ganzes Glas davon

trinken. Sehnlichst wünsche ich mir, dass er durchhält, dass er überlebt. Seine Kraftlosigkeit macht mich ganz rasend.
Erst nach zwei Tagen kommen unsere Freunde, die uns ins Dorf gebracht haben, und versprechen uns, dass wir morgen früh nach Žatec ins Krankenhaus gebracht werden, was vor allem Jirka heftig begrüßt. Doch auch die Übrigen brauchen ärztliche Versorgung. Und so fahren wir am nächsten Morgen mit einem Lastwagen nach Žatec. Dort empfangen uns Ärzte und barmherzige Schwestern, wir werden entlaust, liegen alle vier zusammen in einem sehr hübschen Zimmer. Erschöpft schlafen wir nach dem Baden und vom Opium einigermaßen betäubt ein. Am folgenden Tag wird Jirka eine Injektion verabreicht, um sein Herz zu stärken, eine Glukosespritze und eine Infusion. Manchmal fängt er an zu phantasieren. Ständig ruft er die Schwester und hat Angst, dass er das Bett beschmutzt. Ich liege neben ihm, die Schwester hat mich schon gewarnt, dass das sehr schlecht ist. Der arme Jirka ringt mit dem Tod, ich weiß es, in der Nacht auf den 13. Mai ist die Situation kritisch. Der Ärmste öffnet sein Hemd, er schreit – atmen! atmen! – und zur Schwester auf Deutsch: Atmen! Atmen! Dann atmet er nur noch schwer und immer unregelmäßiger. Um drei viertel zwölf am 12. Mai 45[18] stirbt er …
Liebe Illy, ich grüße Dich herzlich.
Dein Willy Süssland
Ich warte auf einen Brief von Dir.
Krankenhaus Žatec, Abteilung 6, Zimmer Nr. 4
P.S. Illy, falls Du noch etwas Zeit hast, übersende bitte diesen Brief an folgende Adresse:
Olga Jilovská[19]
Atelier „Oko“, Narodní Trida 9, Togričův dům Tel. 386-81

18 So im Original. Da zuvor der 13.5. erwähnt war, handelt es sich bei dem Todestag möglicherweise um den 14.5.1945.

19 Olga Jilovská, später Housková (1919–2015), Fotografin; führte 1939–1946 gemeinsam mit ihrer Zwillingsschwester Staša Jilovská, später Fleischmannová, das Fotoatelier „OKO“ in Prag, Bekannte von Willy und Jiří Süssland.

DOK. 233

Paul F. Zimmermann berichtet am 13. April 1945 über den Mord an 66 marschunfähigen Häftlingen aus dem Lager Espenfeld[1]

Bericht von Paul F. Zimmermann,[2] aufgenommen von Frank M. Gleason,[3] Arnstadt/Thür., Rathaus, vom 13.4.1945

Bericht über die 66 erschossenen politischen Häftlinge des Zeltlagers Espenfeld (S III) (Unterlager des Konzentrationslager Weimar-Buchenwald)[4]

Nachdem das Nordlagerverbrechen[5] der SS., wo ca. 4500 politische Häftlinge aller Nationen aus purer Wollust einfach ermordet wurden, seine restlose Aufklärung fand, wurde gestern auch das Verbrechen der SS an den Häftlingen des Zeltlagers Espenfeld restlos aufgeklärt.

Es handelt sich hier um 66 erschossene Häftlinge, Angehörige aller Nationen, die kein anderes Verbrechen begangen hatten, als daß sie entweder treu ihrem Vaterland verschworen waren, oder aber, falls es sich um Deutsche handelte, daß sie mit dem Regiment, was Hitler aufgerichtet hatte, nicht einverstanden waren, oder aber, daß sie jüdischer Religion waren.

Die Untersuchung in dieser Sache leitete der USA.-Leutnant Boesche mit einigen Häftlingen vom Lager Crawinkel und vom Zeltlager, die vorher, ehe sie von der SS umgelegt wurden, flüchteten.

An der Straße Siegelbach/Espenfeld, hart am Waldrand, wurden am 3. April 1945 66 KZ-Häftlinge, die nicht mehr weiterkonnten, auf Veranlassung des Lagerführers Oscha. der SS Stolten[6] erschossen. Diese Häftlinge wurden hier an dieser Stelle nur oberflächlich eingegraben. Trotz stundenlanger Arbeit am 13. ds. Monats war es leider nicht möglich, das Massengrab der ermordeten Häftlinge zu finden oder freizulegen. Erst nach Rücksprache mit den Zivilisten aus Siegelbach bzw. Espenfeld, die sich bei den Ausgrabungsarbeiten mit zur Verfügung gestellt hatten, konnte festgestellt werden, daß die Zivilbevölkerung Siegelbachs von sich aus dieses oberflächlich angelegte Grab mit den

1 NARA, RG 338, Box 535, Case 000-50-077.

2 Paul F. Zimmermann (1905–1965), Journalist; Haft in der Strafanstalt Gräfentonna, von dort in das KZ Mauthausen überstellt, im April 1943 nach Auschwitz, später nach Buchenwald deportiert; lebte nach dem Krieg in Arnstadt.

3 Frank M. Gleason (1907–1995), Jurist; Major, Militärjurist in der 89. Inf.-Div. der US-Armee; arbeitete nach dem Krieg als Rechtsanwalt.

4 Das Lager Espenfeld im Jonastal war im Jan. 1945 als Teillager des Außenlagerkomplexes Ohrdruf errichtet worden, um die Arbeitswege zum Stollen zu verkürzen. Rund 1500 Häftlinge waren dort trotz des Winters in Zelten untergebracht; siehe Dok. 223 vom 31.3.1945 und Dok. 228 vom 9.4.1945.

5 Am 2.4.1945 hatte die SS die nicht marschfähigen Häftlinge aus dem Krankenrevier des Nordlagers in Ohrdruf auf den Appellplatz getrieben; 77 Menschen wurden dort erschossen. Von den insgesamt 13 700 Häftlingen des Lagers Ohrdruf, die Anfang April 1945 nach Buchenwald marschieren mussten, trafen nur ca. 9900 dort ein.

6 Richard Stolten (1910–1945); 1940–1945 Mitglied der Lagerbesatzung Auschwitz, zunächst als Blockführer, dann Führer der Wachmannschaften in Monowitz, im Herbst 1943 dort Arbeitsdienstführer, Sommer 1944 Lagerführer in Gleiwitz I, nach dessen Räumung im Lagerkomplex Mittelbau und Ohrdruf; nahm sich im Aug. 1945 im Internierungslager Moosburg nach Identifizierung durch den ehemaligen Häftling Adolf Rögner das Leben.

66 Erschossenen aus hygienischen Gründen geöffnet hatte und die toten Häftlinge per Ochsengespann nach dem Zeltlager Espenfeld (S III) gebracht hatte.
Den neuen Liegeort der 66 erschossenen Häftlinge teilte uns der Polizeisekretär a. D. Wilhelm Spannaus[7] aus Siegelbach und ein gewisser Ernst Hartmann aus Dosdorf mit. Es wurde festgestellt, daß sämtliche 66 erschossenen Häftlinge dann auch tatsächlich oben hinter dem Zeltlager Espenfeld in dem früher angelegten Abwässerungsgraben beerdigt worden sind. Die Freilegung des Massengrabes hat ergeben, daß sämtliche Häftlinge furchtbar zerschossen und zerstückelt waren.
Bei dieser Gelegenheit wurden gleichzeitig noch zwei weitere Gräber festgestellt u. zw. innerhalb des Lagers selbst zwischen Abort und einer aufgebauten Steinhütte, wo 6 oder 7 ermordete Häftlinge lagen, und dann außerhalb des Lagers neben einer Blockführerstube ein anderes Grab mit 9 Häftlingen.

DOK. 234
Die Aufseherin Herta Haase spricht über die Begleitung des Todesmarschs von Helmbrechts nach Volary vom 13. April 1945 an[1]

Protokoll der Vernehmung von Herta Haase,[2] durch Lt. Col. Robert F. Bates, Volary, vom 13.5.1945[3]

[...][4]
Frage: Wann kamen die Jüdinnen, von denen sich einige im Lazarett befinden, nach Helmbrechts? Berichten Sie mir von dem Marsch!
Antwort: Am 6. März 1945 kamen 621 jüdische Gefangene aus Grüneberg[5] in Helmbrechts an. Am 13. April verließen 581 dieser Frauen (40 waren in der Zwischenzeit gestorben) zusammen mit allen anderen Insassen das Lager Helmbrechts, insgesamt etwa 600.[6] Am 17. April kamen wir nach Zwodau/Deutschland.[7] Am 19. April verließen wir

7 Wilhelm Spannaus (*1884), Polizeimeister; 1933 NSDAP-Eintritt.

1 NARA, RG 549, Box 446, Case 000-8-6. Das Dokument wurde aus dem Englischen übersetzt.
2 Herta Haase, geb. Schmidt, später Breitmann (*1918), Verkäuferin; von 1942 an Arbeiterin bei der Auto-Union in Chemnitz, von Sept. 1944 an KZ-Aufseherin im Flossenbürger Außenlager Helmbrechts, Jan. 1945 dort Oberaufseherin; 1967 vor dem Landgericht Hof wegen Tötungen auf dem Todesmarsch angeklagt, 1968 außer Verfolgung gesetzt, lebte danach in Hamburg und Schleswig-Holstein.
3 Die 5. US Inf.-Div. hatte am 5.5.1945 den Ort Volary erreicht, dort über 100 erschöpfte Überlebende des Todesmarschs aus Helmbrechts entdeckt und unverzüglich mit Ermittlungen zum Hergang begonnen; siehe auch Dok. 193 vom 29.1.1945 und Dok. 286 vom 7.5.1945.
4 Auf den ersten zwei Seiten der Vernehmung schildert Herta Haase ihren Werdegang und die Zusammensetzung der Lagermannschaft in Helmbrechts.
5 Gemeint ist Grünberg in Schlesien. Dort befand sich von 1942 an ein Zwangsarbeitslager für jüdische Frauen, seit 1944 Außenlager von Groß-Rosen; siehe Dok. 193 vom 29.1.1945.
6 Zum Lager Helmbrechts siehe Dok. 193 vom 29.1.1945, Anm. 8.
7 Zwodau (tschech. Svatava) wurde nach dem Münchner Abkommen ins Deutsche Reich eingegliedert und gehörte zum Landkreis Falkenau. Von Ende Juni 1944 an bestand in Zwodau ein Frauenaußenlager von Flossenbürg, in dem rund 750 weibliche Häftlinge untergebracht waren, die für die Luftfahrtgerätewerk Hakenfelde GmbH in Falkenau Zwangsarbeit leisteten. Im März 1945 wurde Zwodau zum Auffanglager von Todestransporten, und die Zahl der Insassinnen stieg auf bis zu 3000.

Zwodau wieder. Die alten Insassen von Helmbrechts blieben zurück, dafür nahmen wir zusätzlich rund 50 jüdische Frauen aus dem Lager Zwodau mit. Zu dieser Zeit waren wir 26 SS-Männer und 17 SS-Frauen; die übrigen sieben SS-Frauen waren nach Hause gegangen. Wir erreichten Volary am Donnerstagabend, den 3. Mai. Am Freitag, den 4. Mai, gegen 14 Uhr ging eine Kolonne mit zehn bis zwölf SS-Frauen und 15 bis 18 SS-Männern weiter. Ich weiß nicht, wie viele der jüdischen Frauen dort mitgingen. Neun SS-Männer und fünf SS-Frauen blieben zurück. Um 15 Uhr nachmittags brach eine zweite Gruppe mit ungefähr 40 Jüdinnen, zwei SS-Männern (Alois Dörr und Weingärtner),[8] ich selbst, Charlotte Stummer,[9] Ruth Schulz und Marianne Brandt[10] (also vier SS-Frauen) vom Lager auf. Gleich außerhalb von Volary griffen uns zwei Flugzeuge an; Ruth Schulz war sofort tot, Charlotte Stummer und ich wurden verwundet. Dörr ging los, um einen Arzt zu holen. Stummer und ich wurden nach Volary gebracht; Dörr begleitete uns, während Brandt und Weingärtner bei den Jüdinnen blieben. Dörr verließ uns noch am selben Abend, und ich habe ihn seitdem nicht mehr gesehen. Unser Ziel war Prachatice in der Tschechoslowakei gewesen, wo wir die Jüdinnen zurücklassen wollten. Die Jüdinnen, die in Volary zurückgeblieben waren, sollten mit Fahrzeugen nach Prachatice gebracht werden, die Dörr für diesen Zweck aufgetrieben hatte.

Frage: Schildern Sie mir Einzelheiten vom Marsch! Wie war der Zustand der Frauen, welche Transportmittel gab es, wie wurden sie ernährt und welchen Bedingungen waren sie auf dem Marsch ausgesetzt?

Antwort: Jeden Tag starben ungefähr zehn Frauen an den Folgen von Ermüdung und Unterernährung. Wenn ich die Nahrung erhalten hätte, die die Frauen bekamen, hätte ich die Strecke nicht mal mit dem Fahrrad, wie ich es tat, zurücklegen können. Alle Aufseher bekamen bessere und auch viel mehr Lebensmittel als die Jüdinnen, die in der Regel nur alle 24 Stunden etwas zu essen erhielten. Die Frauen waren dem Hungertod nahe und unmenschlich ausgehungert. Dörr und mir oblag die Organisation von Nahrungsmitteln und Quartieren. Ich verschaffte den Frauen niemals zusätzliches Essen, obwohl es in meiner Macht gestanden hätte. Ein Beispiel dafür ist, dass die Frauen am Mittag, bevor wir in Volary eintrafen, ein Glas mit wässriger Suppe erhielten. Danach erhielten sie bis Freitagmittag nichts mehr, und auch da bestand die Mahlzeit nur aus drei kleinen Kartoffeln und einem halben Glas Milch.

Nachdem wir Zwodau verlassen hatten, bestand der Transport aus einer Krankengruppe und einer Marschgruppe. Die Marschgruppe war in drei Abteilungen gegliedert; für jede dieser Abteilungen bestimmten Jaritz und Dörr einen SS-Mann und ich eine SS-Frau zur Bewachung. Diese waren:

8 Michael Weingärtner (*1924), aus Meschen (Moşna), Siebenbürgen, Rumänien; lebte später in Wels.

9 Charlotte Stummer (1919–1945), aus Jessnitz bei Dessau; von Juni 1943 an Aufseherin in den Außenlagern Neubrandenburg, Magdeburg, Watenstedt und Nürnberg, von Nov. 1944 an in Helmbrechts; starb in Volary an einer Verletzung durch den Tieffliegerangriff.

10 Marianne Brandt (*1922); von Ende März 1945 an Aufseherin in Helmbrechts.

1. Gruppe: Paul Ledmathe[11] und Erna Achtenberg.[12]
2. Gruppe: Georg Hohn[13] und Charlotte Stummer.
3. Gruppe: Valodymir Kowaliv[14] und Martha Tellantonyo[15] oder Inge Schimming.[16]
Die Krankengruppe führte Werner Jaritz.

Wer erschossen werden sollte, entschied jeder Aufseher eigenständig. Die Kolonnenführer hatten aber die Macht, die ihnen unterstehenden Aufseher anzuweisen, von Häftlingserschießungen abzusehen – das tat aber niemand. Auch Dörr gab keinen Befehl zur Unterbindung von Erschießungen, obwohl er die Macht dazu gehabt hätte. Ich weiß nicht genau, wie viele Gefangene jeden Tag erschossen wurden; meines Wissens nach waren es aber täglich sechs bis zehn. Diese Frauen wurden nur erschossen, weil sie zu schwach zum Weitergehen waren; irgendein Unrecht hatten sie nicht begangen.

Frage: Welche Transportmittel gab es für die Kranken?

Antwort: Sechs bis acht Wagen.

Frage: Welche Medikamente wurden zur Behandlung der Kranken zur Verfügung gestellt?

Antwort: Wir hatten überhaupt keine Medikamente. Ich habe jeden Tag neu entschieden, wer von den Frauen laufen musste und wer fahren sollte.

Frage: Waren Sie jeden Morgen gerecht in Ihrer Entscheidung, wer zu fahren und wer zu gehen hatte?

Antwort: Um gerecht zu sein, hätten alle fahren müssen.

Frage: Haben Sie versucht, zusätzliche Transportmittel für die Kranken zur Verfügung zu stellen?

Antwort: Nein.[17]

Frage: Wurden die toten Frauen ordentlich begraben?

Antwort: Ich selbst habe nie darauf geachtet, dass die Mädchen ordentlich begraben wurden. Darum habe ich mich in keiner Weise gekümmert.

Frage: Sie haben mir die Namen von SS-Leuten gegeben, die die Kolonnen begleitet haben. Welche davon waren der Misshandlungen und Brutalität schuldig?

Antwort:

a) Alois Dörr (männlich) (der Transportleiter).

1. Etwa Ende Februar 1945 war ich selbst in Helmbrechts Zeuge seiner Brutalität, als er ein Mädchen schlug, das eines Fluchtversuchs beschuldigt wurde.

11 Richtig: Paul Letmathe (*1894), Hilfsarbeiter; von 1924 an Lagerist in der Ravensberger Seidenweberei, April 1944 Einberufung zur Landesschützeneinheit, Juli 1944 Wachmann im KZ Lublin-Majdanek, Auschwitz und Flossenbürg, Okt. 1944 Helmbrechts, Führer der zweiten Marschgruppe auf dem Todesmarsch von Helmbrechts.

12 Erna Achtenberg (*1910), Aufseherin in Helmbrechts.

13 Georg Hohn (1905–1993), Kaufmann; 1940–1944 Expedient und Buchhalter in Köln, Febr. 1944 zur Landesschützeneinheit einberufen, April 1944 Wachmann im KZ Lublin-Majdanek, danach in Flossenbürg, von Aug. 1944 an Wachmann in Helmbrechts; lebte nach dem Krieg in Düsseldorf.

14 Walter Kowaliv (*1918), aus Landsberg an der Warthe.

15 Martha Dell'Antonio (*1911); Aufseherin in Helmbrechts; lebte nach dem Krieg in Chemnitz/Karl-Marx-Stadt.

16 Inge Schimming, später Aßmuß (1918–1996); Aufseherin in Helmbrechts, lebte nach 1945 in Berlin-Pankow, westdeutsche Ermittlungen wurden 1964 wegen unbekannten Aufenthalts, nach Wiederaufnahme des Verfahrens 1995 wegen Verjährung eingestellt.

17 Diese Frage und Antwort durchgestrichen.

2. In Außergefild, Tschechoslowakei, versuchten drei Mädchen zu fliehen. Dörr lief ihnen hinterher und brachte sie zurück. Ich konnte sehen, dass er sie geschlagen hatte, auch wenn er es nicht in meiner Gegenwart getan hat.
3. Einmal hatten sich zwei Mädchen in einem Schuppen versteckt und weigerten sich weiterzugehen. Er und Inge Schimming holten sie heraus. Als sie herauskamen, sah ich, dass sie geschlagen worden waren, eine von ihnen blutete. Als Schimming herauskam, sah ich, dass sie einen Stock bei sich hatte. Ich selbst sah Dörr jeden Tag Mädchen mit seinen Fäusten schlagen, manchmal sehr brutal.
b) Inge Schimming (weiblich).
1. Einmal hatten sich zwei Mädchen in einem Schuppen versteckt und weigerten sich, weiterzugehen. Dörr und Inge Schimming gingen ihnen nach. Als die zwei Mädchen herauskamen, sah ich, dass sie geschlagen worden waren, eine von ihnen blutete. Als Inge Schimming herauskam, sah ich, dass sie einen Stock bei sich hatte.
2. Sie war die brutalste von allen SS-Frauen. Die ganze Zeit schlug sie die Frauen mit einem Stock oder einer Keule. Ich weiß davon und habe dies oft selbst gesehen. Es war ihre Spezialität, Frauen, die erschossen werden sollten, in den Wald zu schleifen, wo ein Wachmann sie dann erschoss.
3. Im Februar flohen zwei Häftlinge aus Helmbrechts und wurden wieder zurückgebracht. Ich gehörte zu denen, die sie zurückbrachten. Schulz, Schimming und ich schlugen die zwei Mädchen. Ich ging dann weg, sah aber, wie Schulz und ganz besonders Schimming die Mädchen weiterhin brutal mit Keulen schlugen. Die Mädchen bluteten. Eine von ihnen, Alexandra Smaylenko, starb am folgenden Tag.[18]
c) Walter Kovaliv (männlich). Er war für die meisten Erschießungen verantwortlich.
1. Ich hörte ihn einmal sagen, dass er zwei Mädchen erschossen habe.
2. Ich sah Schelske,[19] Zaffertack,[20] Weingärtner, Rastel[21] und Kowaliv einige Mädchen brutal schlugen, die Rüben von dem Haufen eines Bauern genommen hatten (der Bauer hatte es ihnen ausdrücklich erlaubt). Dörr und ich sahen das, aber keiner von uns unternahm einen Versuch, dem Schlagen Einhalt zu gebieten.
3. In Wilkenen erhielten die Jüdinnen von einem Bauern die Erlaubnis, sich Rüben von seinen Vorräten zu nehmen. Dabei gab es einen großen Lärm, und ich hörte zwei Schüsse. Auf meine Frage hin erfuhr ich, dass Kowaliv zwei Mädchen erschossen hatte. Ich ging sofort zu Kowaliv hin und sagte ihm, dass es verrückt sei, so etwas mitten in einem Dorf zu tun. (Kowaliv leugnete nicht, jemanden erschossen zu haben.) Ich weiß nicht, ob Kowaliv beide Schüsse abgab oder ob Weingärtner oder Rastel, die beide dabeistanden, den zweiten Schuss abgegeben hatten. Eine Leiche sah ich selbst, und dann wurde mir gesagt, dass es eine zweite gebe.

18 Am 18.2.1945 flohen die Russinnen Wera Maharova aus Kiew und Anna Sahorodnija aus Winniza aus dem Lager Helmbrechts, am 26.2.1945 flohen Sina Karawanowa und Alexandra Samaljenko (1898–1945), Ärztin aus Kiew.

19 Richtig: Friedrich Scheltzke (1893–1948), nahm sich das Leben.

20 Richtig: Karl Zavrtak; SS-Schütze, im März 1945 zur Bewachung eines Häftlingstransports von Groß-Rosen nach Flossenbürg versetzt, danach Bewachung des Todesmarschs aus Helmbrechts.

21 Simon Rastel (*1916), Maurer; 1943 als Volksdeutscher in die Wehrmacht überführt, Sommer 1943 Wachmann im KZ Lublin-Majdanek und dessen Außenlager Radom, von Herbst 1944 im Flossenbürger Außenlager Helmbrechts, Begleitposten auf dem Räumungsmarsch in der zweiten Marschgruppe; lebte später in Nürnberg.

4. In Depoldobitz sah ich beim Verladen der Kranken in die Wagen ein Mädchen, das besonders schwach und krank war. Ich sagte zu Kowaliv, er solle dieses Mädchen erschießen. Ich sah dieses Mädchen nie wieder.
5. Ich hörte von anderen Aufsehern, dass er Jüdinnen erschossen hat.
d) Sebastian Kraschensky[22] (männlich).
1. Ich selbst hörte ihn sagen, dass er ein Mädchen erschossen hat. In einem anderen Fall, der im Zusammenhang mit einem weiteren Fluchtversuch stand, war er sich nicht sicher.
2. Ich hörte von anderen Aufsehern, dass er Jüdinnen erschossen hat.
e) Georg Hohn (männlich).
1. Ich selbst hörte ihn sagen, dass er drei Mädchen erschossen hat.
2. Einmal sah ich, wie Dell'Antonio ein Mädchen in den Wald schleppte. Hohn war dabei. Ich selbst hörte den Schall des Schusses.
3. Kurz nach Heidl befahl ich Hohn, ein Mädchen aus der Krankengruppe zu erschießen. Am Abend sagte mir Dell'Antonio, dass Hohn den Befehl ausgeführt habe.
4. Ich hörte von anderen Aufsehern, dass er einige Jüdinnen erschossen hat.
f) Werner Jaritz schlug die Mädchen oft sehr brutal.
g) Charlotte Stummer:
Ich sah Stummer oft die Mädchen mit einem Stock schlagen.
h) Herta Haase.
1. Ich sah Schleske, Zaffertack, Weingärnter, Rastel und Kowaliv einige Mädchen schlagen, die einige Rüben (vermutlich Steckrüben) von dem Haufen eines Bauern nahmen (der Bauer hatte es ihnen ausdrücklich erlaubt). Dörr und ich bemerkten es und unternahmen keinen Versuch, den Schlägen Einhalt zu gebieten.
2. Kurz nachdem der Transport aus Grünberg in Helmbrechts angekommen war, stürzten sich die Mädchen etwas voreilig auf das Essen, das für sie vorbereitet war. Die Essensverteilung war immer sehr hart, weil die Frauen so unmenschlichen Hunger hatten. Wir griffen acht Frauen heraus, und ich ordnete als Strafe an, dass sie drei Tage lang ohne Nahrung im Hof stehen müssen (nur nachts wurden sie in die Unterkunft gelassen). Es war damals äußerst kalt, und ich glaube, dass es auch schneite.
3. In Filz schleppte ich eine der französischen Jüdinnen aus der Scheune und schlug sie mit einer Keule brutal auf den Kopf. Ich sah die Wunden und das Blut an ihrem Kopf.
4. In Depoldobitz bemerkte ich beim Verladen der Kranken in die Wagen ein besonders schwaches und krankes Mädchen. Ich sagte zu Kowaliv, dass er dieses Mädchen erschießen solle. Ich sah es niemals wieder.
5. Kurz nach Heidl befahl ich Hohn, ein Mädchen von dem Krankenwagen zu erschießen. Am Abend sagte mir Tellantonyo, dass Hohn den Befehl ausgeführt hat.
6. Ich hätte etwas tun können, um all die Erschießungen einzudämmen, aber ich unternahm nichts.
7. Ich schlug die Mädchen oft mit einem Stock und trat sie manchmal mit den Füßen.
i) Alle SS-Frauen trugen Stöcke bei sich, mit denen sie auf die Mädchen einschlugen. Alle SS-Männer hatten Gewehre.

22 Richtig: Sebastian Kraschansky (*1914), österreich. Staatsbürger.

j) Über Weingärtner, Schmitz[23] und Rastel hörte ich von anderen Aufsehern, dass sie einige Mädchen erschossen haben.
k) Bei der Ankunft in Volary weigerte sich der Bürgermeister Praxl,[24] uns Nahrung und Obdach für die Jüdinnen zu geben. Das hörte ich persönlich.

DOK. 235
Die Gendarmerie in Großraming notiert, dass gehunfähige Juden am 13. April 1945 erschossen und in die Enns geworfen wurden[1]

Handschriftl. Eintrag in der Chronik des Gendarmeriepostenkommandos Großraming vom April 1945

Am 13. April 1945 begannen die Judentransporte aus Steiermark über Großraming nach Mauthausen.[2] Diese kamen erschöpft und hungrig und vielfach sterbend in Großraming an. Sie wurden von Volkssturmmännern unter Leitung der Gendarmerie übernommen, nachdem ihnen in Dipoldsau ein Essen verabreicht wurde. Dann ging der Marsch in das von Dipoldsau 10 km entfernt liegende Ennskraftwerklager Großraming,[3] wo den Juden neuerlich ein Essen verabreicht wurde. Die maroden und fußwunden Juden wurden mit Bauernfuhrwerken der Marschkolonne nachgefahren. Im hiesigen Überwachungsgebiet wurden von den Gestapoleuten und SS-Chargen oder SD-Chargen einige Juden, die krank waren und nicht mehr gehen konnten, erschossen und in den Ennsfluß geworfen, wo die Leichen abgetrieben wurden.
Es wurden ca. 7500 Juden durch Großraming getrieben. Jude Rudolf Markstein und Istvan Lzecsi wurden wegen Erschöpfung bei [...][4] und Werfner einquartiert, verköstigt und ein Nachtquartier verschafft. Außerdem wurden vom hiesigen Posten viele Juden durch die 20 Mann starke Wehrmachtsstreife und 3 Gestapoleute hindurchgeschleust, hiedurch von einer Liquidierung bewahrt und konnten im Transport wieder Anschluß finden. Die letzten Juden, die von Transport infolge Erschöpfung zurückgeblieben sind, marschierten am 26. April 1945 durch Großraming.

23 Adam Schmitz, SS-Schütze aus Köln, Angehöriger der SS-Wachmannschaft in Helmbrechts.
24 Anton Praxl (*1899), Fachschullehrer; 1942 NSDAP-Ortsgruppenleiter in Volary.

1 Original nicht aufgefunden. Kopie: DÖW, 15 061/2. Teilweise abgedruckt in: Widerstand und Verfolgung in Oberösterreich. Eine Dokumentation, hrsg. vom Dokumentationsarchiv des österreichischen Widerstands, Wien u. a. 1982, Bd. 2, S. 398.
2 Es handelte sich um rund 6500 Juden aus Ungarn, die von Ende 1944 an im Gau Steiermark zu Schanzarbeiten am Südostwall eingesetzt wurden und von Ende März 1945 an zu Fuß in Richtung Mauthausen marschieren mussten.
3 Zwischen Jan. 1943 und Aug. 1944 bestand in Großraming ein Außenlager von Mauthausen, in dem zwischen 500 und 900 KZ-Häftlinge Zwangsarbeit beim Bau des Wasserkraftwerks leisteten. Die Bauarbeiten wurden im Sept. 1944 eingestellt und 1950 abgeschlossen.
4 Wort unleserlich.

DOK. 236

Wachmann Hugo Behncke begleitet einen Häftlingstransport aus Neuengamme und schickt am 13. April 1945 seiner Frau einen Gruß aus Oranienburg[1]

Brief von Hugo Behncke,[2] Oranienburg, an seine Frau[3] vom 13.4.1945

Meine geliebte Else!
Hier stehen wir mit unserem Zug schon wieder stundenlang.[4] Meine Karte aus Wittenberge wirst du inzwischen erhalten haben. Ich kann von uns sagen: Wir wissen nicht, was wir tun sollen und fahren in der Weltgeschichte spazieren. Von, ich glaube es war Grabow in Meckl. (Berliner Strecke wahrscheinlich), fuhren wir einmal südlich. Es gibt in Bergen-Belsen ein Lager. Da war wohl kein Platz. Wir landeten wieder in Wittenberge. Stundenlang stehen wir irgendwo mit dem Zuge, und dann fahren wir meistens im Zuckeltrab, mit beim Anfahren vielen Rangierstößen, einige Kilometer. Wir landeten gestern 30 km vor Berlin, fuhren südwärts, waren 80 km von Berlin entfernt, trafen unseren KZ-Zug mit den gesunden aus Watenstedt[5] und stehen seit heute Morgen auf dem Bahnhof in Oranienburg. Berlins größtes KZ ist hier. Soeben fuhr nun der Zug mit den Gesunden vorbei, und wir werden wohl folgen. Das Wetter ist für diese komische Fahrt ganz prima, letzte Nacht habe ich kaum eine Decke gebraucht, so warm war es sogar in der Nacht. Die Verpflegung ist sehr reichlich und sehr nahrhaft. Nur es gibt kein Mittagessen. Das schadet nichts. Tag und Nacht in frischer Luft. Gestank ist in dem offenen Wagen nicht zu spüren. Ich habe schon ein weiteres 1/2 Glas Apfelmus erhalten, 1/2 Glas Rote Beete, 1/1 Dose mit Leberwurst, die ich wegen der Wärme noch nicht öffnete und ca. 1/4 Pfund Hartwurst.
Gulasch mit Brot aß ich vorgestern mittag und gestern morgen gab es eine sehr kräftige Brühe mit viel Fleisch drin. Margarine gibt es auch reichlich, und mit dem Brot komme ich selbstverständlich gut zurecht.
Diese Fahrt ins Blaue (wir sind wieder im Fahren) betrachte ich als eine „Erholungsreise“ mit Hindernissen. Im Waggon habe ich 70 Häftlinge, einer ist tot. Ich habe hier erst schwer Ordnung schaffen müssen. Auch die Häftlinge erholen sich zusehends, denn auch ihre Verpflegung ist gut. Nur bei denen fehlt’s an Wasser. Drei Kränkeren gebe ich mal von meinem Kaffee. Wohin es nun wohl geht? Hoffentlich sehen wir uns bald wieder. Dein liebes Zettelchen lese ich immer wieder. (Manchmal Weiche!) Es liegt in mei-

1 Original in Privatbesitz. Abschrift: Archiv Arbeitskreis Stadtgeschichte e.V. Salzgitter, Bestand Personen, O2a/03 Behncke. Teilweise abgedruckt in: Elke Zacharias, Die Räumung der Außenlager in Braunschweig/Salzgitter, in: Garbe/Lange, Zwischen Vernichtung und Befreiung (wie Dok. 202 vom 2.2.1945, Anm. 1), S. 75–85, hier S. 84.

2 Hugo Behncke (1888–1945), Kaufmann; 1920–1930 betrieb er einen Papierwaren-Großhandel; 1933 NSDAP-Eintritt; Wachmann in Neuengamme, Ende April 1945 an der Räumung des Stammlagers Neuengamme beteiligt, kam vermutlich am 3.5.1945 bei der Bombardierung der Häftlingsschiffe in der Neustädter Bucht ums Leben.

3 Else Behncke, geb. Gölitzer (1901–1990), technische Zeichnerin; heiratete 1924 Hugo Behncke.

4 Hugo Behncke begleitete einen Transport von rund 250 kranken Häftlingen aus dem Lager Salzgitter-Watenstedt, der nach etwa zehn Tagen Ravensbrück erreichte; siehe Dok. 241 vom 14.4.1945.

5 Ein weiterer Transport mit 1600 Häftlingen aus Watenstedt erreichte Ravensbrück am 14.4.1945. Nach einigen Tagen mussten die Häftlinge von dort aus weiterlaufen und erreichten am 26.4.1945 das Auffanglager Wöbbelin.

ner Zigarettenschachtel. Ich rauche allerdings etwas reichlich, aber es ist ja meine „Vergnügungsfahrt". Die Häftlinge sind sehr ordentlich. Ich habe vier zu Dolmetschern gemacht. Pole, Grieche, Russe u. Franzose.
Sei innigst gegrüßt wie immer von Deinem

DOK. 237
Der Volkssturm-Kommandeur in Gardelegen, Hans Debrodt, erklärt, wie er den Abend des 13. April 1945 erlebte, als in der Isenschnibber Scheune über 1000 Häftlinge ermordet wurden[1]

Protokoll der Vernehmung von Hans Debrodt,[2] durch Edward E. Cruise, Gardelegen, vom 10.5.1945

Am Dienstag oder Mittwoch, den 10. April 1945, hörte ich das erste Mal von den Häftlingen in Mieste.[3] Einige Nächte zuvor hatte – während ich bei der Kreisleitung war – Paul Marx[4] einen Anruf wegen der Häftlinge im Kreis Haldensleben bekommen. Der Gardelegener Kreisleiter Thiele[5] hatte Anweisungen erhalten, die Häftlinge in nordöstlicher Richtung durch Gardelegen zu führen. Marx kümmerte sich um Eisenbahnwaggons. Marx war der Führer der Arbeitsfront. Einige Wochen zuvor hatte Kreisleiter Thiele auf einer Besprechung mit den Ortsgruppen- und Amtsleitern des Kreises einen Befehl wiederholt, den er vom Gauleiter Jordan[6] in Dessau erhalten hatte. Dieser besagte, dass im Fall von Schwierigkeiten alle Häftlinge, die Fluchtversuche unternähmen, Widerstand leisteten oder ohne Papiere unterwegs wären, sofort erschossen werden sollten. Der Kreisleiter schloss mit den Worten „Befehle des Gauleiters" und „Jetzt kommt es hart auf hart".

1 NARA, RG 549, Box 475, Case 000-12-242. Das Dokument wurde aus dem Englischen übersetzt.
2 Hans Debrodt (1885–1950), Obersteuerinspektor; 1933 NSDAP-Eintritt; von Nov. 1938 an kommissarischer Leiter, von Juni 1943 an Leiter des NSDAP-Kreisgerichts Gardelegen, von April 1944 an Kreisamtsleiter/Abschnittsleiter, Bataillonsführer des Gardelegener Volkssturms. Dieser setzte sich aus vier Kompanien zusammen, die den Kompanieführern Hohls, Pannwitz, Becker und Schumm unterstanden.
3 Der 10.4.1945 war ein Dienstag. Zwischen dem 9. und 11.4.1945 erreichten mehrere Räumungstransporte aus Außenlagern des KZ Mittelbau-Dora und Neuengamme mit rund 3000 Häftlingen die Region Gardelegen. Die Züge stoppten auf den Bahnstationen Mieste und Letzlingen, eine Weiterfahrt war wegen der Zerstörung des Schienennetzes und der nahen Front nicht möglich, siehe Einleitung, S. 70 f., 87.
4 Paul Marx, Führer der örtlichen DAF.
5 Gerhard Thiele (1909–1994), Volkswirt, Lehrer; 1931 NSDAP-Eintritt; 1939 Fronteinsatz; danach Reichsparteischule in Sonthofen, Mai 1944 bis April 1945 NSDAP-Kreisleiter in Gardelegen; 1945/46 in US-Kriegsgefangenschaft; lebte später unter dem Namen Gerhard Lindemann unerkannt in Westdeutschland.
6 Rudolf Jordan (1902–1988), Lehrer; 1925 NSDAP-Eintritt; 1929 NSDAP-Stadtrat in Fulda; von 1931 an NSDAP-Gauleiter in Halle-Merseburg, von 1937 an in Magdeburg-Anhalt, 1939 Chef der Anhaltinischen Landesregierung, April 1944 Oberpräsident der Provinz Magdeburg; 1946 in die SBZ ausgeliefert, 1950 zu 25 Jahren Arbeitslager in der Sowjetunion verurteilt, 1955 entlassen; Vertreter in München.

Der Ortsgruppenleiter von Walbeck fragte: „Was ist mit den Häftlingen, die in den Stollen von Walbeck gearbeitet haben?" Der Kreisleiter sagte: „Wir werden sie einsperren und dann das Ding in die Luft sprengen, dann sind sie hinüber."[7]
Am Dienstagabend, den 10. April 1945, fand in der Kreisleitung ein Treffen von Unternehmern statt, auf dem besprochen wurde, wie Gardelegen zu verteidigen sei. Den Mittwoch verbrachte ich damit, Verteidigungspositionen zu inspizieren.
Irgendwann am Mittwoch, ich denke, es war nachmittags, sagte der Kreisleiter, die Gefangenen in Mieste kommen zurück, so dass wir sehr viele Häftlinge in unserem Kreis haben würden. Weil es unmöglich sei, sie abzutransportieren, müssten wir sie hier vor Ort umbringen. Wir wussten zu diesem Zeitpunkt, dass die Häftlinge in der Remonte-Schule[8] gesammelt würden. Ich war nicht dort; es wurde mir von Marx am Mittwoch bestätigt.
Am Donnerstagnachmittag war ich in der Kreisleitung, um auf Anweisung des Kreisleiters wichtige Papiere zu verbrennen. Es war keine Besprechung einberufen, aber der Kreisleiter, Breithofer, Marx, Dr. Hintze, Hermann[9] und Pannwitz[10] waren da. Alle sprachen über den Plan des Kreisleiters, die Häftlinge in der Remonte-Schule zu töten. Der Kreisleiter kam gegen 16 Uhr mit einem Maschinengewehr, einer Schachtel mit etwa 15 Handgranaten und 150 Kugeln Munition. Er fragte, wer das Maschinengewehr bedienen könne. Er gab es mir, aber da niemand im Volkssturm eine Ausbildung am Maschinengewehr hatte, brachte ich es in die Kreisleitung. Zur gleichen Zeit, als er das Maschinengewehr brachte, gab Thiele die Anweisung, am nächsten Tag, am Freitag, die Rabauken-Gruppe,[11] begleitet von Kommandoführern, loszuschicken, um nach frei herumlaufenden Häftlingen zu suchen. Wenn sie welche fänden, sollten alle, die über keine ordentlichen Papiere verfügten, die Widerstand leisteten oder zu fliehen versuchten, sofort an Ort und Stelle erschossen werden. Er endete mit den Worten: „Befehl des Gauleiters". Thiele sagte mir, dass einige Russen und Polen in Isenschnibbe einen Aufruhr angezettelt hätten und Schwierigkeiten machten. Er beauftragte mich, am Freitag einen Kompanieführer und einen Zug dorthin zu schicken. Wenn die Häftlinge Widerstand leisteten, sollten fünf oder zehn erschossen werden. Ich rief Herrn Brundt an, der in dieser Gegend wohnte, und er sagte, es habe keinen Ärger gegeben. Ich glaube jetzt, dass der Kreisleiter auf diese Weise versuchen wollte, den Volkssturm an den Erschießungen bei der Scheune zu beteiligen. Der Kreisleiter blieb etwa 30 Minuten und ging dann. Als der Kreisleiter weg war, sagte ich zu Pannwitz, dass morgen um 15 Uhr die Rabauken alarmiert werden sollten. Er sagte: „Es tut mir leid, ich kann das nicht tun, da ich einen

7 Von Aug. 1944 an waren rund 450 KZ-Häftlinge in Schachtanlagen in Walbeck und Buchberg, 45 km von Gardelegen entfernt, zur Zwangsarbeit eingesetzt, um unterirdische Produktionsflächen zu errichten. Sie waren im Außenlager Weferlingen untergebracht, das Buchenwald unterstellt war. Das Lager wurde nicht geräumt, sondern am 12.4.1945 von alliierten Truppen befreit.

8 Die Kavallerieschule mit umfangreichen Stallungen und einer großen Reithalle befand sich am Stadtrand von Gardelegen an der Bismarker Straße. Die Pferde waren bereits am 10.4.1945 aufgrund der nahenden US-Truppen nach Seethen abtransportiert worden.

9 Kreisschatzmeister.

10 Walter Pannwitz (*um 1886), Zeichenlehrer; Führer der 2. Kompanie des Gardelegener Volkssturms.

11 Eine Gruppe von 10 bis 15 Männern aus allen vier Kompanien des Volkssturm-Bataillons, die eine reguläre Militärausbildung erhalten hatten und über Wehrmachtsuniformen und -helme sowie über Gewehre und Munition verfügten.

besonderen Befehl vom Kreisleiter bekommen habe." Er sagte: „Ich kann darüber nicht sprechen." Wir versprachen einander, nicht darüber zu sprechen. Als Pannwitz das sagte, fragte ich nicht weiter.
Im Vorfeld hatte der Kreisleiter mehrfach über die Häftlinge in Kakerbeck gesprochen, die, als die Amerikaner kamen, geflohen waren, deutsche Soldaten gefangen genommen, sich Waffen organisiert, Häuser geplündert und Frauen vergewaltigt hatten.[12]
Am Donnerstagabend erhielt ich zwischen 18 und 19 Uhr einen Anruf von Thiele. Er sagte, dass er in der Remonte-Schule gewesen sei und alles für die Exekution vorbereitet hätte. Die Häftlinge würden zur Isenschnibber Scheune geführt und erschossen. Er fragte: „Kennen Sie die Scheune?" Ich sagte: „Ja." Und dann sagte er: „Ich kann die Scheune von hier aus sehen." Pannwitz, Marx, SA-Standartenführer Bernstorf,[13] der SS-Kommandeur von Gardelegen, und Otto Palis[14] waren da. Ich sprach mit ihnen über den Befehl. Alle waren mehr oder weniger der Meinung, dass es nicht gut, aber notwendig sei. Pannwitz sagte: „Wenn der Kreisleiter das tut, dann ausschließlich im Interesse der Bevölkerung." Einige sagten, es sei unmöglich, andere meinten, der Kreisleiter wüsste sicherlich, was notwendig sei.
Gegen Mitternacht rief der Kreisleiter wieder an. Er sagte: „Der Transport der Häftlinge ist beendet. Wir wollen sie mit Maschinenpistolen, mit Gewehren, mit Granaten und mit Bazookas[15] angreifen. Am besten wäre es, in der Scheune Feuer zu legen." Später sagte er noch: „Das ist unmöglich, weil sie nicht aus Holz ist. Es ist eine Schande, dass wir keine Flammenwerfer haben." Pannwitz, Marx, Palis, der Standartenführer und ich glauben, dass Adler[16] dabei war, als dieser Anruf einging. Wir sprachen darüber. Einige sagten, das ist gut für die Bevölkerung, niemand hatte ernste Einwände. Gegen 00.30 Uhr ging ich zum Rathaus, um nachzusehen, ob die Wache vorschriftsmäßig gewechselt hat. Dann besuchte ich Lt. Ringstmeyer,[17] den Polizeichef, und berichtete ihm vom Plan des Kreisleiters, Volkssturmleute bei der Suche nach Häftlingen einzusetzen. Das war zwischen 1 Uhr und 1.30 Uhr, am 13. April. Ringstmeyer riet mir, die Häftlinge nicht zu suchen, denn sie würden von selbst zurückkommen. Er sagte, ich solle mit dem Kreisleiter darüber sprechen. Ich sagte ihm, dass ich das tun würde, bevor ich den Volkssturm rausschicken würde. Ich sagte ihm nichts von den Plänen des Kreisleiters, die Häftlinge der Remonte-Schule zu töten. Dann ging ich nach Hause.
Am Freitagmorgen stand ich auf und verließ gegen 8 Uhr das Haus. Als Erstes ging ich in die Finanzbehörde. Ich sah Bruder auf der Straße, und er wiederholte einen Befehl, den er am Donnerstag bekommen hatte, dass der Volkssturm nicht zur Verteidigung der

12 Es ist nicht belegt, dass Häftlinge im 18 km nördlich von Gardelegen befindlichen Ort Kakerbeck Gewalttaten verübten. Die Gerüchte über Plünderungen und Vergewaltigungen in Kakerbeck verbreiteten sich jedoch wie ein Lauffeuer, was zur Entscheidung, die Häftlinge in Gardelegen zu töten, beitrug.
13 Bernsdorf; Führer der SA-Standarte 16 Gardelegen, die zur SA-Brigade 40 Altmark gehörte.
14 Otto Palis (1891–1945), Angestellter; 1933 NSDAP-Eintritt; nahm sich im April 1945 das Leben.
15 Raketenangetriebene Infanteriewaffe, die gegen gepanzerte Fahrzeuge und gegen Bunker angewandt wurde.
16 Fritz Adler (*1896); 1933 NSDAP-Eintritt; NSDAP-Ortsgruppenleiter von Gardelegen.
17 Rudolf Ringstmeyer (*1897), Polizist; Polizeileutnant in Gardelegen; floh aus sowjet. Haft und lebte später in Bielefeld und Minden, Tätigkeit im Polizeidienst.

Stadt eingesetzt würde, weil Oberst Milz[18] das nicht wolle. Sie sollen sich Zivilkleidung anziehen. Als ich in der Kreisleitung ankam, erklärten mir Hermann, Beckert[19] und Marx, dass die Rabauken sich um 15 Uhr an der Kreisleitung sammeln und nach Lindenthal marschieren sollen, wo sie weitere Anweisungen vom Kreisleiter erhalten würden. Sie sollten Verpflegung und Kleidung für zwei Tage mitnehmen und ihre volle Feldausrüstung tragen. Zeitgleich erhielt ich den Auftrag, 15 Panzerfäuste und alle Gewehre, die sich am Schießstand befinden, zu beschaffen. Ich beauftragte Eilers,[20] sie zu holen, nach Lindenthal zu bringen und dann zurück zur Kreisleitung zu kommen. Der Schießstand befindet sich etwa 4 km von Gardelegen entfernt, an der Zienauer Straße. Als er gegen 16.30 Uhr zurückkam, berichtete er, dass sich dort keine Panzerfäuste befunden hätten. Ich glaube, dass Volkssturmkommandeur Kampe[21] sie genommen hat.
Ich ging zu den Kompanieführern Hohls[22] und Becker[23] und berichtete ihnen von dem Befehl an die Rabauken. Ich gab den Befehl nicht an Pannwitz, aber an seinen Zugführer, weil er mir von dem Spezialauftrag am Vortag erzählt hatte. Soweit ich mich erinnere, waren Beckert, Hermann, Marx und Pannwitz am Freitagvormittag in der Kreisleitung und wussten von den Erschießungen, denn sie sprachen darüber.
Gegen 11 Uhr am Freitag rief ich Rittmeister Kuhn[24] in der Remonte-Schule an und fragte ihn, ob er einen Befehl zur Exekution der Häftlinge erhalten habe. Er antwortete, er habe damit nichts zu tun. Dann rief ich Beckelmann[25] an und sagte ihm, dass er um 15 Uhr auf der Kreisleitung erscheinen solle. Ich aß zu Mittag, packte meine Ausrüstung ein und meldete mich gegen 14.45 Uhr auf der Kreisleitung. Gegen 15 Uhr waren zehn Mann anwesend, vier oder fünf kamen später. Becker war dabei und einige der Rabauken. Ich wiederholte, was der Kreisleiter über Kakerbeck und andere Orte gesagt hatte, wo Häftlinge geflohen waren und geplündert und vergewaltigt hatten. Zwei Männer von der Tankstelle waren nicht da, und ich rief Dr. Herz an und sagte ihm, sie sollten für das Treffen freigestellt werden.

18 Walther Milz (*1894), Oberst; Kommandant des Fliegerhorstes Gardelegen, seit 10.4.1945 Kampfkommandant der Stadt Gardelegen; 1950 in Waldheim zu langjähriger Haftstrafe verurteilt, 1955 entlassen.

19 Hugo Beckert (*1892), Lehrer; 1933 NSDAP-Eintritt; Funkstellenleiter, hatte am 13.4.1945 von 21 Uhr bis 1 Uhr Telefondienst und Nachtwache in der Kreisleitung.

20 Johannes Eilers (1891–1961), Angestellter; Verbindungsoffizier beim Volkssturm-Führerstab in Gardelegen; nach dem Krieg in US-Internierung; lebte später in Hofheim, Taunus.

21 Rudolf Kampe (*1898), Viehhändler; 1933 SA-, 1937 NSDAP-Eintritt; von 1935 an hauptamtlicher Führer eines SA-Sturmbanns, 1939 bis Okt. 1944 Fronteinsatz, zuletzt als Oberfeldwebel, danach Bataillonsführer des Volkssturm in der Umgebung von Gardelegen, verantwortlich für die Kompanien in Jävenitz, Hottendorf, Uchtspringe, Vinzelberg, Volgfelde, Lindstedt, Seethen, Letzlingen, Born, Roxforde, Cluden und Mannsfelde.

22 Hermann Hohls (1889–1956), Vermessungsinspektor; 1937 NSDAP-Eintritt; Führer der 1. Kompanie des Volkssturms in Gardelegen; 1946–1955 Haft im Speziallager Torgau; übersiedelte nach Westdeutschland.

23 Wilhelm Becker (*1892), Ingenieur; 1937 NSDAP-Eintritt; Führer der 3. Kompanie des Volkssturms in Gardelegen; 1945–1947 in US-Internierung, lebte danach in Hannover.

24 Rudolf Kuhn (*1908), Landwirt, Berufssoldat; Okt. 1943 Rittmeister, von Aug. 1944 in der Remonte-Schule in Gardelegen zuständig für die Pflege der Pferde und den Stallbetrieb; 1950 in Waldheim zu einer Haftstrafe verurteilt, 1955 entlassen; wohnte danach in Waldenbuch, Kreis Böblingen.

25 Otto Beckelmann (*1893), Verwaltungsbeamter; 1930 NSDAP-, 1932 SA-Eintritt; von März 1945 an stellv. Bataillonsführer des Volkssturms Gardelegen, Adjutant von Debrodt.

Die Rabauken hatten Armee-Uniformen ohne Abzeichen, aber mit Armbinden und Volkssturm-Abzeichen. Alle hatten Gewehre und volle Feldausrüstung. Meine Anweisung an Becker war folgende: „Meldet euch in Lindenthal und durchsucht die Wälder nach Häftlingen." In Lindenthal sollte er sich beim Kreisleiter melden. Dann wiederholte ich den Befehl des Kreisleiters, dass Häftlinge, die Widerstand leisteten, weglaufen wollten oder sich nicht ausweisen konnten, sofort erschossen werden sollen.
Gegen 15.30 Uhr rief ich in der Remonte-Schule an und sprach mit Kuhn. Ich sagte ihm, dass er dort das Kommando übernehmen und den Befehl des Kreisleiters ausführen solle. Kuhn sagte, dass er nur für die Pferde zuständig sei und mit dem Ganzen nichts zu tun hätte. Ich frage ihn, wer zuständig sei und dass es eine Schweinerei sei, wenn Befehle ausgegeben würden, die niemand umsetze. Wer sei dafür verantwortlich? „Ich nicht", sagte er. Ich fragte, ob Oberst Milz dafür verantwortlich sei. Er sagte: „Das weiß ich nicht, fragen Sie Ihren Kreisleiter." Dies tat ich, weil Frau Thiele[26] mich zwischen 15 und 16 Uhr angerufen hatte. Sie wusste nicht, dass ich am Apparat war. Sie fragte, ob die „Sache in der Remonte-Schule von meinem Ehemann schon beendet sei". Ich sagte: „Soviel ich weiß, noch nicht." Sie fragte, wo ihr Mann sei, und ich sagte ihr, dass er nicht da sei. Dann sagte sie, falls ich ihren Mann sehen sollte, sollte ich ihm sagen, dass er zusehen soll, die Aufgabe zu erledigen.
Eilers kam gegen 16.15 Uhr aus Lindenthal zurück und berichtete, dass er keine Panzerfäuste bekommen hatte. Der Kreisleiter hätte ihn beauftragt, zum Flugplatz zu gehen und dort nach Waffen zu schauen.[27]
Ich verließ die Kreisleitung gegen 16.30 Uhr und fuhr mit dem Fahrrad nach Lindenthal. Auf halbem Wege traf ich Beckelmann, ebenfalls auf dem Fahrrad. Ich fragte ihn, wohin er führe, und er sagte mir, dass der Kreisleiter ihn zur Remonte-Schule geschickt hätte. Ich fragte ihn, ob der Kreisleiter noch in Lindenthal sei. Er sagte: „Ja." Kurze Zeit später traf ich Wilhelm Becker mit etwa acht Männern, Mitglieder der Rabauken. Er durchsuchte mit seinen Männern die Wälder. Er war aufgebracht und fluchte. Er sagte: „Wir sollten nach Lindenthal kommen, und jetzt sollen wir Häftlinge erschießen. Der Volkssturm ist zum Kämpfen da und nicht, um Häftlinge zu erschießen." Möglicherweise erwähnte er die Scheune, aber ich bin mir nicht sicher. Ich fragte, ob sie die Wälder durchsucht hätten. Er sagte: „Sie haben zwei gefunden, und die wurden erschossen." Dann fragte ich, ob der Kreisleiter da sei. Er sagte, der Kreisleiter ist weg, und die anderen gingen nun auch. Ich drehte um und fuhr zurück in Richtung Kreisleitung. Wir durchsuchten ein Gebüsch, weil wir dachten, ein Mann sei darin. Wir fanden zwei deutsche Jungs, die Pässe hatten, und einen Serben. Wir forderten die Deutschen auf, zu gehen, aber in Zukunft auf der Straße zu bleiben. Ein Mann brachte den Serben zu mir und Becker auf die Straße. Der Serbe erzählte mir von seinem Beruf, er war Schneider, und ich fragte nach seinem Pass. Ich sagte: „Wenn Sie in den Wäldern umherlaufen, besteht Gefahr, dass Sie erschossen werden." Becker stand neben mir, und ich sagte: „Was soll ich mit ihm tun? Sollen wir ihn erschießen?" Becker sagte: „Dieser Mann ist harmlos." Ich sagte dem Serben: „Okay, Sie können gehen." Ich sagte ihm, er solle nach Zienau gehen, sich dort beim Bürgermeister melden und nach einer Arbeit fragen.

26 Rosemarie Thiele.
27 Im Zusammenhang mit der Errichtung der Reit- und Fahrschule der Wehrmacht war in Gardelegen auch ein großer Reparaturflughafen der Luftwaffe errichtet worden.

Ich kam gegen 18 Uhr in der Kreisleitung an. Beckert, Otto Palis, Adler und Rose[28] waren dort. Wir sprachen darüber, was der Kreisleiter mit den Rabauken vorhabe. Eins war uns nicht klar: Warum schickte der Kreisleiter die Rabauken nach Lindenthal, wenn er sie bei der Scheune haben wollte? Alle waren überzeugt, dass der Kreisleiter niemals Volkssturm für die Exekution von Häftlingen einsetzen würde, denn unter ihnen befanden sich nicht diese Art Männer, die andere erschießen würden – einige vielleicht, aber nicht alle. Es ist möglich, innerhalb des Volkssturms eine Gruppe zu finden, die zehn Mörder erschießen möchte, aber 900 Häftlinge zu erschießen – dazu hätte der Kreisleiter den Volkssturm niemals bewegen können. Dann sprachen wir über den Plan des Kreisleiters, die Führer nach Lindenthal zu schicken. Als der Kreisleiter Lindenthal verließ, gingen auch alle Führer und alle anderen Männer. Und der Kreisleiter ging los, ohne genaue Befehle gegeben zu haben.

Ich weiß zum Beispiel, dass Pannwitz spezielle Befehle hatte. Es war schon spät, wir aßen etwas, und dann schickten wir einen Mann zur Brauerei, um etwas Bier zu besorgen. Wir erhielten Anrufe aus verschiedenen Städten, die die aktuelle Situation durchgaben. Wir wussten, dass der Kreisleiter zu dieser Zeit vermutlich die Exekution durchführte. Adler, Otto Palis, Beckert, Eilers, Rose und ich waren dort.

Gegen 23 Uhr rief der Kreisleiter an und sagte: „Sie wurden erschossen, und es war schrecklich." 15 Minuten später rief er wieder an und sagte mir, ich solle in der Garage nachschauen, wie viel Benzin da sei. Beckert und Rose gingen raus, um es herauszufinden. Sie kamen zurück und sagten, es seien etwa 80 Liter in der Garage. Ich teilte dies dem Kreisleiter mit, und er sagte: „Bring das Benzin in die Remonte-Schule." Ich sagte ihm: „Das ist nicht möglich, wie soll ich den Volkssturm dazu bringen, mitten in der Nacht Benzin zu transportieren?" Nach einer Unterbrechung hörte ich ihn mit anderen Menschen sprechen. Dann sagte er: „In Ordnung, ich komme mit Soldaten und hole es."

Gegen 24 Uhr kam Ehrlich[29] herein, um Beckert am Telefon abzulösen. Beckert blieb in der Kreisleitung. Wir sprachen mit Ehrlich und erzählten ihm, was geschehen war. Er war entsetzt. Er meinte, wenn er das früher gewusst hätte, hätte er mit dem Kreisleiter geredet. Dann hörten wir ein Auto halten und den Kreisleister hereinkommen. Er kam in Begleitung eines Feldwebels, eines Unteroffiziers und etwa fünf Männern. Ich kannte sie nicht. Der Feldwebel war etwa 1,80 m groß, blond, etwa 38 bis 40 Jahre alt. Den Unteroffizier konnte ich nicht gut sehen, weil er mit den fünf Männern in einen anderen Raum ging. Beide waren in Infanterie-Uniform gekleidet. Der Kreisleiter und der Feldwebel kamen in unseren Raum. Letzterer hatte eine Maschinenpistole. Der Kreisleiter setzte sich in die Nähe des Tisches, schüttelte den Kopf zwischen seinen Händen und sagte: „Es war schrecklich." Beide waren durstig. Wir gaben ihnen Bier. Dann sprach Ehrlich mit dem Kreisleiter. Er sagte: „Kreisleiter, wie konntest du so etwas tun?" Er antwortete: „Es ist passiert." Dann trug er mir auf, den Volkssturm zu alarmieren, um die Menschen zu begraben. Ich sagte: „Es ist unmöglich, jetzt den Volkssturm zu alarmieren. Die sind alle über die Stadt verstreut, wir können sie nicht versammeln." Dann

28 Wilhelm Friedrich Rose (*1896), Ofenbauer; 1931 NSDAP- und SS-Eintritt; Mitglied der freiwilligen Feuerwehr und des Volkssturms.

29 Friedrich Ehrlich (1898–1964), Lehrer; 1933 NSDAP-Eintritt; Schulinspektor in Euskirchen, 1944 Umzug nach Gardelegen, Propagandaleiter der NSDAP-Ortsgruppe; nach dem Krieg in brit. Internierung; wohnte danach in Bardenberg bei Aachen.

rief der Kreisleiter Bürgermeister Lepa[30] an und verlangte die Feuerwehr und die Technische Nothilfe. Ich hörte, dass Lepa Vorbehalte hatte, aber er tat es. Dann sagte er, die Technische Nothilfe und die Feuerwehr reichen nicht aus. Ich schlug vor, dass der Volkssturm aus den Dörfern einberufen werden könnte. Ich rief die Ortsgruppenleiter von Berge, Hemstedt und Kloster Neuendorf an. Ich sagte diesen drei, dass sie sofort den Volkssturm alarmieren sollen, einen Führer bestimmen und zur Remonte-Schule kommen sollen, weil sie die Scheune in der Dunkelheit niemals finden würden. Sie sollten am Sonnabend früh um 3 Uhr da sein. Der Kreisleiter würde da sein und weitere Anweisungen ausgeben. Thiele trug mir dann noch auf, den Gardelegener Volkssturm für 8 Uhr zu beordern. Dann gingen Thiele und die Männer, die er mitgebracht hatte, in die Garage, luden die Benzinvorräte ein und gingen fort.
Es war nun 3 Uhr am Sonnabend früh, 14. April. Rose, Beckert und ich gingen nach Hause. Ich schlief ein wenig und bekam dann einen Anruf vom Ortsgruppenleiter aus Berge. Er sagte: „Wohin sollen wir gehen? Wir sind in der Remonte-Schule, und der Kreisleiter ist nicht hier." Ich sagte ihm, er solle Geduld haben. Eine halbe Stunde später kamen zwei Männer aus Hemstedt zu meinem Haus und sagten: „Warum sollen wir arbeiten, wenn der Volkssturm aus Gardelegen nicht da ist?" Ich erklärte ihm, dass sich die Gardelegener Männer um 8 Uhr einfinden würden.
Um 6 Uhr fuhr ich mit dem Fahrrad zu Hohls und Becker, aber Becker war nicht da. Ich fand seinen Zugführer. Ich ging nicht zu Pannwitz, da er von dem Spezialauftrag gesprochen hatte, sondern zu seinem Zugführer. Hohls' Kompanie meldete sich um 8 Uhr, Beckers Kompanie um 8.30 Uhr und Pannwitz' Kompanie um 9 Uhr.
Ich war am Treffpunkt, dem Ulanendenkmal, und sagte ihnen, wohin sie zu gehen hatten. Als ich gerade der letzten Kompanie den Weg zeigte, sah ich den Kreisleiter in seinem Auto. Schernikau[31] von der Feuerwehr war dabei. Der Fahrer war Roszwog. Das war etwa 1000 Meter von der Scheune entfernt. Als er mich sah, hielt er das Auto an und fragte, wie viele Männer ich zusammenbekommen hätte. Ich sagte: „Etwa 30 bis 40 Mann pro Kompanie. Manche müssen arbeiten." Er wendete sein Auto und beauftragte mich, für nachmittags 15 Uhr noch weitere zu rekrutieren. Dann ging ich nach Hause. Das war gegen 10 Uhr.
Ich aß etwas und ging dann gegen 12 Uhr zu den drei Ortsgruppenleitern Palis, Baer und Adler und sagte ihnen, dass sie mehr Männer aus ihren Städten schicken sollten, mit Schaufeln, zu 15 Uhr. Dann ging ich zu Hohls. Er sagte, dass es furchtbar gewesen sei. Ich dachte, dass alle erschossen worden seien, aber Hohls sagte mir, dass einige noch lebten. Ich fragte Hohls, was mit ihnen geschehen sei, und er antwortete: „Sie wurden von Soldaten erschossen."
Ich habe nichts davon gehört, dass der Kreisleiter befohlen hätte, die noch Lebenden zu erschießen. Dann sagte ich Schumm,[32] dass er um 15 Uhr an der Tivoli-Wiese sein solle, um das Kommando zu übernehmen. Ich war auch da. Dort waren etwa 35 bis 40 Männer.

30 Karl Lepa (*1891), Schuhhändler; von 1936 an stellv. Bürgermeister, ersetzte 1939–1945 den Bürgermeister Dr. Ziehm (Fronteinsatz); 1945–1950 inhaftiert im Speziallager Sachsenhausen; wohnte später in Clausthal-Zellerfeld.

31 Paul Schernikau (*um 1884), Schlosser; Oberbrandmeister der Feuerwehr von Gardelegen.

32 Waldemar Schumm; Führer der 4. Kompanie des Volkssturms in Gardelegen, soll sich 1945 erhängt haben.

Schumm und Riecke waren dort. Ich sagte ihnen, was zu tun sei, und dann gingen sie weg, und ich ging nach Hause. Sie arbeiteten bis 17.30 Uhr. Schumm kam dann mit dem Fahrrad von der Scheune zu mir nach Hause. Er sagte: „Was haben wir noch zu tun?" – „Du wirst eine Nachricht erhalten, dass die Stadt um 19 Uhr kapituliert hat." Ich hatte den ganzen Nachmittag geschlafen. Ich hatte nichts von der Kapitulation gehört. Ich sagte Schumm, er solle wieder zurück zur Scheune gehen und den Männern sagen, dass sie nach Hause gehen können. Um 19 Uhr marschierten die Amerikaner ein.[33]

Ich verließ Gardelegen am Sonntag um 10.30 Uhr in Richtung Zienau, Kloster Neuendorf, Hottendorf, wo ich die Nacht verbrachte. Am nächsten Morgen sah ich Pannwitz in Hottendorf. Wir planten, die Elbe zu überqueren. Die Amerikaner ließen uns nicht hinüber, und so kehrten wir am 3. Mai nach Gardelegen zurück.

Ich war aus Gardelegen fortgegangen, weil ich mich der deutschen Wehrmacht oder dem Volkssturm anschließen wollte, in einer Gegend, wo noch deutsche Truppen kämpften. Thiele sah ich zuletzt am Sonnabend früh, als er mit seinem Auto von der Scheune kam. Ich weiß nicht, ob die Wehrmacht direkt beteiligt war.[34] Nachdem der Kreisleiter am Donnerstag die Handgranaten abgeladen hatte, hatte er gesagt, er wolle die Sache mit den Häftlingen mit Kuhn erledigen. Wie er das machen wollte, hatte er nicht gesagt. Als er gegen 18 oder 19 Uhr von der Remonte-Schule anrief, sagte er, dass die Häftlinge in der Remonte-Schule eingetroffen seien. Dann sagte er, wie vorhin erwähnt, wie die Tötungen durchgeführt werden sollten.

Der Kreisleiter hatte fast keine Freunde. Böttcher[35] war ihm am nächsten. Er hatte dienstlich sehr viel mit Hermann zu tun, aber sie waren keine Freunde. Pannwitz war neben Böttcher am engsten mit dem Kreisleiter. Kampe schien mit Thiele sehr gut klarzukommen. Er erhielt am Freitag den Befehl, die Rabauken zu alarmieren, damit sie in den Wäldern nach Häftlingen suchen sollen.

33 Am Abend des 14.4.1945 rückte das 2. Bataillon des 405. Regiments der 102. Inf.-Div. der 9. US-Armee aus nordwestlicher Richtung in Gardelegen ein, nachdem die Stadt um 19 Uhr vollständig kapituliert hatte. Am 7.5.1945 veröffentlichte das LIFE-Magazin eine Fotoreportage über das Massaker.

34 Nach Ermittlungen waren Soldaten der Luftwaffe und Fallschirmjäger an den Morden beteiligt.

35 Gustav Böttcher (*1890), Lehrer; 1932 NSDAP-Eintritt; stellv. Kreisleiter in Gardelegen.

DOK. 238
Geza Bondi überlebt das Massaker von Gardelegen am 13. April 1945[1]

Protokoll der Vernehmung von Geza Bondi[2] durch Ermittlungsoffizier Lt. Col. Inf. William A. Callanan, bezeugt durch Sgt. Hubert Jaeger von der Justizabt. der 9. US-Armee, Gardelegen, vom 20.4.1945[3]

Ich wurde zuerst in Flossenbürg, Deutschland, verhaftet, am 12. November 1944, und war im Konzentrationslager Flossenbürg untergebracht. Später wurde ich nach Dora bei Nordhausen, Deutschland, gebracht und arbeitete in einer Fabrik, die Benzinpumpen für Flugzeuge herstellte. Am 5. April 1945 verließ ich Ilfeld mit 300 anderen.[4] Wir wurden in einen Zug gesetzt, in dem sich dann einschließlich meiner Gruppe 2000 Männer befanden. Im Zug erhielten wir eine Scheibe Brot und eine kleine Büchse mit Fleisch, die zehn Tage reichen musste. Wir waren drei Tage im Zug und erreichten dann Mieste, Deutschland, am 8. April, wo wir weitere drei Tage im Zug blieben. Wir erhielten kein Essen und kein Wasser. Am 11. April gegen Mittag nahm ein Flugzeug den Zug unter Beschuss. Wir verließen Mieste zu Fuß und erreichten am Morgen des 12. April Gardelegen, Deutschland. Alle, die zu schwach, krank oder marschunfähig waren, wurden von den deutschen Soldaten erschossen. Wir wurden in einer Reitschule untergebracht und von deutschen Soldaten bewacht. Die Hälfte der Wachmänner war vorher auch Häftling gewesen, hatte aber dann deutsche Armeeuniformen erhalten und wurde mit Gewehren ausgestattet.[5] Am Nachmittag des 13. April wurden etwa 300 Häftlinge von der Schule weggebracht, aber ich weiß nicht wohin. Gegen 17 Uhr am 13. April mussten alle Häftlinge in Gruppen von 100 zu der Scheune marschieren. Ich war in der dritten von acht Gruppen. Wir standen etwa eine halbe Stunde vor der Scheune, bis die Kranken eintrafen, die auf drei Pferdewagen gebracht wurden. Alle zusammen waren wir ungefähr 1100 Männer. Ein Unterscharführer forderte uns auf, in die Scheune zu gehen. Als wir drin waren, schloss er die Tür. Einige Minuten später kam er zurück, zündete ein Streichholz an und legte Feuer im Stroh. Dann lachte er, ging hinaus und schloss die Tür. Das Feuer breitete sich schnell aus, und wir löschten es mit Decken. Es wurde aber neu entfacht, indem deutsche Soldaten von draußen mit Leuchtspurgeschossen und Phosphorkugeln durch die geschlossenen Türen feuerten. Sie warfen auch etliche Handgranaten in die Scheune und feuerten die ganze Nacht mit Maschinengewehren. Die Gefangenen

1 NARA, RG 549, Box 475, Case 000-12-242. Das Dokument wurde aus dem Englischen übersetzt.

2 Geza Bondi (*1907), Musiker, Handelsvertreter; wohnte in Budapest, 1942/43 Zwangsarbeitsdienst in der Ukraine, später in Bor, im Nov. 1944 nach Flossenbürg überstellt, im Dez. 1944 nach Mittelbau-Dora, Außenlager Ilfeld, von dort im April 1945 mit einem Räumungstransport nach Gardelegen gebracht; 1949 Auswanderung nach Sydney.

3 Ein Foto zeigt Bondi im April 1945, als er US-Ermittlern demonstrierte, wie ihm die Flucht gelang; USHMM Digital Photo Archive.

4 Ende März 1945 wurden mehrere Hundert Häftlinge aus Mittelbau-Dora in das im Jan. 1945 errichtete Außenlager Ilfeld gebracht und bei der Einrichtung einer Montagehalle für den „Volksjäger" He 162 in einer ehemaligen Papierfabrik eingesetzt. Am 5.4.1945 wurde das Lager in nordwestlicher Richtung geräumt. Die Häftlinge wurden in einen Zug gebracht, in dem sich bereits Häftlinge aus dem Außenlager Rottleberode befanden. Dieser Zug strandete später bei Mieste.

5 25 deutsche und volksdeutsche Häftlinge erhielten in der Remonte-Schule Waffen und Uniformen und wurden als Wachleute eingesetzt.

versuchten, mit Kraft die Türen zu öffnen, aber sie wurden von den deutschen Soldaten niedergeschossen. Gegen 21 Uhr krabbelte ich mit zwei anderen Häftlingen durch ein Loch nach draußen, das wir unter der Tür in der südöstlichen Ecke der Scheune gegraben hatten. Ein Pole war der Erste, [der hinauskam]. In diesem Moment lief ein Polizeihund vorbei und bellte ihn an. Daraufhin kam ein deutscher Soldat und erschoss den Polen. Dann ging der Soldat mit dem Hund zur Rückseite der Scheune auf der nördlichen Seite. Ich krabbelte in südöstlicher Richtung, bis ich einen Flughafen erreichte. Ein anderer Mann[6] folgte mir. Wir blieben zwei Tage lang in einem zerstörten Gebäude, bis zum 15. April, als amerikanische Soldaten eintrafen. Dann wurden wir in das C.I.C.[7] gebracht.

Der einzige deutsche Wachmann, den ich namentlich kenne, ist Unterscharführer Rose.[8] Er war mein Kommandeur in Ilfeld und Transportführer auf dem Weg nach Mieste. Ich sah ihn bis Freitag, den 13. April 1945, mittags in Gardelegen. Ich sah, wie er bei vielen Gelegenheiten, sowohl im Lager Ilfeld als auch auf der Zugfahrt, Männer mit seinen Fäusten, Stöcken, Gummiknüppeln oder anderen Objekten schlug oder trat. Den Namen des Unterscharführers, der bei der Scheune eingesetzt war, kenne ich nicht, aber ich kann ihn identifizieren, wenn ich ihn jemals wiedersehe.

Ich sprach mit dem schwarzen Mann, der ebenfalls ein Häftling war, in der Schule in Gardelegen.[9] Wir sprachen auf Englisch miteinander, das er nur mittelmäßig beherrschte. Er erklärte mir, er komme aus Südamerika und sei von den Deutschen vor über einem Jahr verhaftet worden. Er erklärte, er sei auch in Frankreich gewesen. Wir haben uns nicht weiter unterhalten.

6 Aurel Szobel (*1919), Handschuhmacher aus Budapest; leistete von Sept. 1941 an Zwangsarbeitsdienst in der Ukraine und der Sowjetunion, im Nov. 1944 nach Flossenbürg überstellt, danach in Buchenwald und im Dez. 1944 in Mittelbau-Dora, Außenlager Ilfeld, von dort im April 1945 mit einem Räumungstransport nach Gardelegen gebracht; 1945 Rückkehr nach Budapest, 1956 nach Wien ausgewandert.

7 Civil Internment Camp.

8 Herbert Rose (*1886), SS-Uscha. im Außenlager Ilfeld.

9 Jean Nicolas (1908–1945); in Haiti geboren, im Nov. 1943 wegen Widerstandstätigkeit in Paris verhaftet, von Jan. 1944 an Häftling in Buchenwald, dort Häftlingsarzt, im Mai 1944 Überstellung nach Mittelbau-Dora, Häftlingsarzt im Außenlager Rottleberode, April 1945 Transport nach Gardelegen, Überlebender des Massakers; starb am 4.9.1945 im Krankenhaus St. Antoine in Paris an den Folgen der Haft.

DOK. 239

Volkssturmmann Gustav Palis wird am 14. April 1945 zum Begraben von toten Häftlingen an der Isenschnibber Scheune gerufen und erschießt einen verletzten Überlebenden[1]

Protokoll der Vernehmung von Gustav Palis[2] durch Ermittlungsoffizier Lt. Col. Inf. Edward E. Cruise, Gardelegen, vom 28.4.1945

Am Mittwoch, den 11. April 1945, hörte ich erstmals von den Häftlingen in Mieste. Es wurde gesagt, dass sie nach Gardelegen kommen. Am Freitag, den 13. April 1945, war ich zusammen mit 40 bis 50 Volkssturmmännern von 9 bis 16 Uhr im Versorgungslager in der Stendaler Straße, um dabei zu helfen, den Ansturm von Menschen, die Lebensmittel bekommen sollten, unter Kontrolle zu bringen. Um 16 Uhr erhielt ich von Hohls die Aufforderung, mich um 17 Uhr an seinem Haus einzufinden, da die Kompanie um 20 Uhr in Lindenthal zu sein habe. Als ich in Lindenthal ankam, war dort niemand. Später kamen fünf Männer. Weil Hohls nicht da war, sandte ich Friberger zu Hohls. Ich blieb dort bis 21.30 Uhr. Dann kam eine Nachricht von Debrodt, dass wir nach Hause gehen sollten. Ich ging nach Hause und ins Bett. In dieser Nacht hörte ich keine Schüsse. Am Sonnabend, den 14. April, morgens um 6 Uhr, rief Hohls an und sagte mir, dass sich die 3. Kompanie um 7 Uhr mit Schaufeln am Ulanendenkmal einzufinden hatte und wir dort Gräber schaufeln sollten, um ein paar tote Häftlinge zu begraben. Er sagte, er wüsste nicht, wer sie getötet hätte. Ich ging zum Denkmal. Hohls sagte mir, ich solle dort bleiben, um die, die später kommen, mitzubringen. Etwa 15 Minuten später folgte ich Hohls mit fünf Männern zur Scheune. Ich kannte den Weg, denn er hatte mir gesagt, dass es sich um die Isenschnibber Scheune handele.

Ich kam kurz vor 9 Uhr an der Scheune an und sah außerhalb der Scheune, bei den beiden nördlichen Türen, einen mehr als einen halben Meter hohen Haufen mit aufeinandergestapelten Leichen. 45 Volkssturmmänner hoben ein großes Grab nördlich der Scheune aus. Acht bis zehn Männer von der Feuerwehr und zehn Männer von der Technischen Nothilfe gruben auch, aber gingen schnell wieder fort. Die Türen an der Nordseite waren geschlossen. Als ich kam, sah ich keine lebenden Häftlinge, aber ich hörte Schreie aus der Scheune. Hohls hatte das Kommando. Becker kam und blieb etwa 10 Minuten. Einige Jungen von der Luftwaffe kamen gegen 9.30 Uhr mit Gewehren. Ich schickte sie zurück. Ich sah einen schwerverwundeten Häftling bei der nordwestlichen Tür. Er weinte, und die schaufelnden Männer hielten das nicht aus. Einige sagten: „Erschießen wir ihn." Ich sah, wie Hohls mit einem Gewehr auf ihn schoss, und dann hörte der Mann auf zu weinen.

Kurz danach sah ich einen Häftling in der Nähe der südöstlichen Ecke der Scheune stehen. Ich brachte ihn zu dem kleinen Schuppen und legte ihn in die Sonne. Dann brach ich die zwei südlichen Türen der Scheune auf und fand drei lebende Männer. Sie

1 NARA, RG 549, Box 475, Case 000-12-242. Das Dokument wurde aus dem Englischen übersetzt.

2 Gustav Palis (1886–1952), Angestellter; 1940 NSDAP-Eintritt; Zahlmeister in einer Kaserne; Zugführer in der 1. Kompanie des Gardelegener Volkssturms; 1947 von einem sowjet. Militärgericht zu einer Haftstrafe von zehn Jahren verurteilt, zunächst im Speziallager Sachsenhausen inhaftiert, starb in der Vollzugsanstalt Bautzen.

kamen durch die südöstliche Tür heraus. Später wurden die vier mit dem Feuerwehr-Lkw nach Kloster Neuendorf gebracht. Schernikau fuhr den Lkw.[3]
Ich sah einen anderen Häftling aus der nordöstlichen Tür krabbeln. König schoss auf ihn und verfehlte. Ich nahm die Waffe. Weil der Mann stark litt, ein Teil seines Darms hing heraus, und er mich bat, ihn zu erschießen, feuerte ich einen Schuss durch sein Herz. Ein anderer weinte in der Nähe der Tür. Er sagte auf Deutsch: „Ich bin schwer verwundet." Paul Schernikau erschoss ihn mit demselben Gewehr, das ich verwendet hatte.
Ich verließ die Scheune zwischen 10 und halb 11 und ging zu Debrodt. Hohls sagte mir, dass ich melden solle, dass die Kompanie um 12 Uhr aufhören würde, weil die Arbeit nicht länger auszuhalten sei. Ich sollte die Nachricht an den Kommandeur der motorisierten Einheiten schicken, damit sie um 14 Uhr Fahrer zum Ulanendenkmal schicken. Als ich das erledigt hatte, ging ich gegen 12.30 Uhr nach Hause.
Ich hörte insgesamt sechs Schüsse, während ich bei der Scheune war. Ich sah dort keine deutschen Soldaten, nur Volkssturmleute, Feuerwehrleute und Mitglieder der Technischen Nothilfe.

DOK. 240
Der Lagerarzt von Sandbostel, Rudolf Adam, macht am 14. April 1945 den Lagerkommandanten auf den schlechten Zustand der eingetroffenen KZ-Häftlinge aufmerksam[1]

Oberstabsarzt und Lagerarzt, gez. Dr. Adam,[2] M.-Gef. Lager XB,[3] Gr. IVb 2. Az. 49, Sandbostel, an die Kommandantur des Stalags XB Sandbostel,[4] nachrichtlich an Wehrkreisarzt I, Res.-Lazarett (Kgf) Sandbostel, vom 14.4.1945

B.: K.Z. Häftlinge
Bezug: Ohne
Die bisher im Stalag X B eingetroffenen 2470 K.Z.-Häftlinge befinden sich in schlechtestem Kräfte- und Ernährungszustand.[5] Ein großer Teil davon ist krank, ohne daß es bisher nur annähernd möglich war, festzustellen, was für Krankheiten vorliegen. Es ist

3 Schernikau erklärte, dass er vier lebend aufgefundene Häftlinge nach Jävenitz gebracht und dort einer Häftlingsgruppe übergeben habe, die von Zivilisten bewacht worden sei; Erklärung Paul Schernikau am 30.4.1945; wie Anm. 1.

1 TNA, WO 309/414, Exhibit D.2. Abdruck als Faksimile in: Hertz-Eichenrode (Hrsg.) (wie Dok. 230, Anm. 1), S. 294.
2 Dr. Rudolf Adam (*1897), Oberstabsarzt in der Sanitätsstaffel des Stalag X B.
3 Militärgefangenenlager. Das Kriegsgefangenen-Mannschafts-Stammlager B im Wehrkreis X (abgekürzt Stalag X B) in Sandbostel entstand im Sept. 1939. Bis zum April 1945 durchliefen es mindestens 313 000 Kriegsgefangene, Militär- und Zivilinternierte aus mehr als 50 Ländern.
4 Ernst Lühe (*1895), Oberst; 1943/44 Kommandeur des Artillerie-Regiments 254, Jan. 1945 bis 20.4.1945 Kommandeur des Stalags X B; nach dem Krieg in brit. Internierung, danach Handelsvertreter in Helmstedt/Niedersachsen.
5 Der HSSPF Nord Georg-Henning Graf von Bassewitz-Behr bestimmte im April 1945 das Kriegsgefangenenlager in Sandbostel spontan zum Auffanglager von rund 9500 Häftlingen aus dem Lagerkomplex Neuengamme. Etwa 3000 Häftlinge kamen dort aufgrund der katastrophalen Bedingungen ums Leben; siehe Einleitung, S. 84 f.

jedoch mit Sicherheit anzunehmen, daß ansteckende Krankheiten vorliegen, die für das gesamte Lager eine nicht zu unterschätzende Gefahr bilden.
Sofortige ärztliche Maßnahmen sind deshalb dringend erforderlich.
Ich bitte um Entscheidung, wer für die sanitären Belange verantwortlich ist. Sollte diese Aufgabe dem Lagerarzt übertragen werden, so bitte ich um Genehmigung, sofort einen Teil der im Lager befindlichen Ärzte-Reserve bei den K.Z.-Häftlingen einsetzen zu dürfen.[6]
Gleichzeitig gebe ich zu bedenken, daß ein großer Teil der Kranken voraussichtlich lazarettbehandlungsbedürftig sein wird und laut Mitteilung des Chefarztes Res.-Lazarett (Kgf) Sandbostel grundsätzliche Bedenken bestehen, entgegen dem Genfer Abkommen zivile Häftlinge in ein Kr.Gef.Lazarett aufzunehmen.

DOK. 241

Lagerführer Theodor Breuing muss sich am 14. April 1945 vor einem SS-Gericht dafür verantworten, dass Häftlinge seines Lagers nicht vollständig am Zielort ankamen[1]

Schreiben von Hauptsturmführer Breuing[2] an SS-Obersturmführer v. Stöhr[3] als meinen Verteidiger in der Verhandlung vor dem Feldgericht des SS- und Polizeigerichts Hamburg, vom 14.4.1945

Nachdem ich seit der Verhandlung[4] langsam wieder richtig denken kann, gebe ich Ihnen hiermit einen Bericht über die von mir durchgeführte Räumung des Arbeitslagers Watenstedt[5] und bitte Sie, diesen Bericht an geeigneter Stelle für mich zu verwenden:
1. Ich habe nie die Absicht gehabt, ein Wachvergehen zu begehen und beweise das aus folgender Darstellung, die durch Zeugen belegt werden kann:

6 Am selben Tag antwortete Lühe, dass der Lagerarzt des Kriegsgefangenenlagers mit der ärztlichen Betreuung der KZ-Häftlinge nichts zu tun habe, die der Polizei (gemeint ist SS) unterstünde. Am 19.4.1945 jedoch bekam Adam die Erlaubnis, das KZ zu betreten, um „alle erforderlichen Maßnahmen zur Verhütung des Übergreifens von Seuchen auf das Stalag durchzuführen"; Schreiben Lühe vom 14. und 19.4.1945; wie Anm. 1, Exhibit D.3 und D.5. Am 20.4.1945 wurden Teile der Lagerorganisation den Kriegsgefangenen übergeben.

1 Original in Privatbesitz. Abschrift in: StAHH, 213–12 Nr. 0111, Bd. 1, Bl. 40 f.

2 Theodor Breuing (1890–1945); 1944 SS-Hstuf.; Lagerführer des Neuengammer Außenlagers Salzgitter-Watenstedt, wurde am 24.4.1945 von einem SS-Gericht unter dem Vorsitz von SS-Richter Hans Wendt zum Tode verurteilt und hingerichtet.

3 Kurt von Stöhr (*1898); Dez. 1944 SS-Ostuf.

4 Theodor Breuing war am Abend des 13.4.1945 in einem Landgasthaus in Hoopte festgenommen und am Folgetag in Neuengamme vor ein SS-Gericht gestellt worden. Ihm wurde vorgeworfen, sich von der Truppe entfernt zu haben und verantwortlich dafür zu sein, dass die Transporte aus dem Lager Watenstedt nicht vollständig an ihrem Ziel angekommen waren.

5 Das Neuengammer Außenlager in Salzgitter-Watenstedt entstand im Mai 1944. Rund 2000 männliche und 1000 weibliche Häftlinge leisteten Zwangsarbeit in den zwei km entfernten Stahlwerken Braunschweig, einem 1939 vom OKH und den Reichswerken „Hermann Göring" gegründeten Rüstungsbetrieb. Seit Anfang 1945 wurde Watenstedt zum Auffanglager für arbeitsunfähige Häftlinge aus der Region Braunschweig, später auch für Räumungstransporte, so dass sich im April 1945 über 5000 Häftlinge in Watenstedt befanden. Diese wurden in mehreren Transporten vom 7.4.1945 an nach Ravensbrück bzw. Wöbbelin gebracht; siehe Dok. 236 vom 13.4.1945.

a) Den ersten Befehl zur Räumung des Lagers bekam ich durch den Höheren SS- und Polizeiführer Mitte, SS-Obergruppenführer Querner,[6] am Nachmittag des 6.4.45, und zwar sollten *alle* Häftlinge nach Neuengamme überstellt werden. Um sicher festzustellen, welche Befehle KL Neuengamme für die Räumung des Lagers hatte bzw. wohin die Häftlinge abtransportiert werden sollten, fuhr Obersturmführer Wiedemann[7] vom Nachbararbeitskommando Drütte[8] absprachegemäß am Abend des 6.4.45 mit einem PKW nach Neuengamme und wollte bis Mittag des nächsten Tages (7.4.45) wieder bei mir eintreffen. Zwischen 4 und 5 Uhr des nächsten Tages (7.4.45) begann ich, da inzwischen Bereitstellung der notwendigen Transporträume erreicht war, mit der Verladung der *gesamten* Häftlinge und des gesamten lagereigenen Materials.
b) Gegen 11 Uhr am 7.4.45 kam vom Arbeitslager Drütte ein Anruf, daß die kranken Häftlinge im Lager Watenstedt zu verbleiben hätten und die kranken Häftlinge der Nachbararbeitslager dem Lager Watenstedt zugeführt werden sollten. Dadurch mußte ich die Ausladung der gesamten Häftlinge durchführen. Die gesunden männl. Häftlinge und weibl. Juden-Häftlinge sollten nunmehr nach Bergen-Belsen überstellt werden. Es wurde befehlsgemäß sofort wieder mit der Beladung begonnen und diese bis gegen 19 Uhr durchgeführt. Ich habe mich persönlich am Bahnhof um die Verladung und Bewachung gekümmert. Da nur kranke Häftlinge im Lager bleiben sollten und ich annehmen mußte, daß durch die Zuführung weiterer kranker Häftlinge von anderen Arbeitskommandos weitere Bewachungsmannschaften dem Lager zugeführt würden, habe ich die Bewachungsmannschaften meines Lagers bis auf ungefähr 10 der besten und zuverlässigsten dem Transport der gesunden Häftlinge (in Stärke 3246) unter Untersturmführer Kierstein[9] beigegeben.
c) Als die Verladung der gesunden Häftlinge ungefähr beendet war und die Bahnverwaltung auf Abtransport drängte, überbrachte mir Staatsrat Meinberg[10] den Befehl, daß auch die kranken Häftlinge nach Bergen-Belsen abzutransportieren seien. Ich habe im letzten Augenblick noch Wachmannschaften aus dem gesunden Transport herausgeholt und dann ist der erste Transport gegen 20 Uhr abgerollt. Nach Rücksprache mit Usch. Rowold, der die Stabsscharführergeschäfte leitete, habe ich als Transportführer die beiden Blockführer Röhler und Winkler, die zuverlässig und energisch sind, eingeteilt. Da

6 Rudolf Querner (1893–1945), Offizier; 1933 NSDAP-, 1938 SS-Eintritt; Mai 1941 bis Jan. 1942 HSSPF Nordsee, Jan. 1943 bis Okt. 1944 HSSPF Donau, Juni 1943 SS-Ogruf., Okt. 1944 bis Mai 1945 HSSPF Mitte mit Dienstsitz in Braunschweig, in dieser Funktion verantwortlich für die Lagerräumungen im Wehrkreis XI; nahm sich in der Haft das Leben.

7 Karl Wiedemann (1906–1968), Gastwirt; 1933 SS- und NSDAP-Eintritt; 1944 Leiter der Wachmannschaften des KZ Neuengamme, Lagerführer des Außenlagers Hannover-Misburg, Stützpunktleiter in Hamburg, 1945 Lagerführer des Außenlagers Salzgitter-Drütte; 1946 im Neuengammer Hauptprozess zu 15 Jahren Haft verurteilt, 1955 entlassen, lebte danach in Hamburg.

8 Das Neuengammer Außenlager in Salzgitter-Drütte wurde im Okt. 1942 errichtet. Rund 3000 Häftlinge arbeiteten bei den Reichswerken „Hermann Göring".

9 Max Kierstein (1890–1952), Kaufmann, Landwirt; 1933 SS-, 1937 NSDAP-Eintritt; 1944 Lagerführer der Außenlager Schandelah und Braunschweig (Büssing), Stützpunktleiter in Braunschweig, lebte nach dem Krieg in Mainz.

10 Wilhelm Meinberg (1898–1973), Landwirt; 1930 SA- und NSDAP-, 1933 SS-Eintritt; 1933 MdR und preuß. Staatsrat, Landesbauernführer in Ostpreußen, 1937–1945 Personalleiter und Vorstandsmitglied der Reichswerke „Hermann Göring"; Jan. 1942 SS-Gruf.; 1945 in brit. und US-Kriegsgefangenschaft; danach Landwirt, Gründungsmitglied und Vorsitzender der Deutschen Reichspartei, später Vorstandsmitglied der NPD.

sämtliche Unterführer mit Ausnahme des Kammerverwalters und Stabsscharführerdiensttuers für den großen Transport eingeteilt waren, der Transport bis auf einige gesunde Häftlinge, die als Pfleger eingeteilt waren, aus kranken zum großen Teil bettlägerigen kranken Häftlingen bestand, bin ich hierzu gekommen. Die Verladung hat gegen 20 Uhr begonnen, der Transport ist gegen 5 Uhr abgegangen.
2. Ich selbst bin aus folgenden Gründen nicht mit dem 2. Transport abgefahren, hatte aber mit Ustuf. Kierstein vorher besprochen, daß ich so bald als möglich, spätestens in Bergen-Belsen, zum Transport stoßen würde.
Ich selbst wollte die Rückkehr des Ostuf. Wiedemann von Neuengamme abwarten.
Nach dem 2. Räumungsbefehl mußte ich annehmen, daß noch kranke Häftlinge aus den Nachbarlagern bei mir eintreffen würden, weil während der Verladung der kranken Häftlinge Transporte kranker Häftlinge aus Drütte eintrafen.
Die Werksleitung hatte die ordnungsgemäße Übergabe des Lagers von mir verlangt.
Große Mengen von Kartoffeln, Steckrüben, usw. konnte ich nicht in die Hand von zivilen Auslandsarbeitern fallen lassen, sondern habe sie ordnungsgemäß der Gemeinschaftsverpflegung der Reichswerke übergeben.
Die Vernichtung sämtlicher Akten war befohlen und mußte noch durchgeführt werden.
Außerdem hatten Ostuf. Wiedemann und ich den Befehl, uns beim SS-Obergruppenführer Querner zu melden. Ostuf. Wiedemann traf gegen 9 Uhr am 8.4.45 von Neuengamme bei mir ein und überbrachte den mündlichen Befehl von Neuengamme, daß alle Häftlinge nach Bergen-Belsen und alle SS-Angehörigen nach Neuengamme zu überstellen seien. Ich bin darauf nach Erledigung der Aufgaben am 3., 4. und 5. am Nachmittag des 8.4.45 von Watenstedt mit dem Wachkommando abgefahren, und zwar mit einer Zugmaschine, die einen Anhänger mit Bekleidungsstücken usw. beladen und einen nicht fahrbaren PKW des Ostuf. Wiedemann im Schlepp hatte.
Am 9.4.45 traf ich [in] Bergen-Belsen ein, habe mich auf der Kommandantur gemeldet, habe teils mit dem Lagerkommandanten und dann mit meinen eigenen Männern Nachforschungen nach dem Verbleib meines Transports angestellt, die ergebnislos verliefen.
Mit einem Dienstreiseschein der Kommandantur Bergen-Belsen habe ich am 10.4.45 die Weiterfahrt nach Neuengamme angetreten, und zwar im Verein mit Hstuf. Kleebeck[11] und Hstuf. Thümmel,[12] die ich in Bergen-Belsen getroffen habe. Da beide große Vorräte an Lebensmitteln bei sich hatten, zum andren ihre Zugmaschinen nicht zuverlässig waren, baten sie mich, ihnen beim Abschleppen behilflich zu sein. Das habe ich unterwegs verschiedentlich getan. Außerdem habe ich unterwegs immer wieder versucht, etwas von meinem Transport zu entdecken, so z. B. von Wettmer nach Soltau. Da die Kameraden mit PKW ausgestattet waren, konnten sie leichter Erkundigungen einziehen als ich. Auf der Fahrt von Bergen-Belsen nach Neuengamme hat der Koch des

11 Richtig: Kurt Klebeck (1906–2004), kaufmännischer Angestellter; 1933 NSDAP- und SS-Eintritt; März 1940 Dienst in Sachsenhausen, dann im SS-Hauptamt Haushalt und Bauten, von März 1943 an Außenlager Alderney, 1944 Lagerführer im Außenlager Hannover-Stöcken, April 1945 Freispruch im Verfahren wegen Wachvergehen; 1947 durch das brit. Militärgericht in Hannover-Ahlem zu zehn Jahren Haft verurteilt, 1952 entlassen, lebte danach in Hamburg.

12 Otto Thümmel (1896–1981), Landwirt; 1932 NSDAP- und SS-Eintritt; von Sept. 1944 an Lagerführer in den Außenlagern Wilhelmshaven, Meppen, Salzgitter-Drütte und Hildesheim, April 1945 Freispruch im Verfahren wegen Wachvergehen; 1947 durch ein brit. Militärgericht zu fünf Jahren Haft verurteilt, 1950 entlassen, lebte danach als Landwirt in Hollingstedt/Schleswig-Holstein.

Arbeitslagers Watenstedt nicht nur für den Stützpunkt Hannover, sondern auch für alle anderen Männer der KL Neuengamme einschl. Aufseherinnen die Zubereitung der Mittagessen übernommen.
Meine beiden Transporte sind mit Transportraum und Maschinen der Reichswerke Hermann Göring durchgeführt worden, und es war mir versichert worden, daß die Maschinen die Transporte in 7–8 Stunden nach Bergen-Belsen bringen würden.
Zum Schluß bitte ich zu berücksichtigen, daß infolge der Feindannäherung an den mitteldeutschen Raum die Verhältnisse dort wesentlich anders zu beurteilen sind als hier.

DOK. 242
Der Landrat in Graslitz fragt am 14. April 1945 beim Regierungspräsidenten nach, was mit einem auf dem Bahnhof stehenden Zug mit 2500 unversorgten Häftlingen zu tun sei[1]

Fernschreiben von Mirbach[2] 2890 Graslitz[3] (f 71/68,15), 11.10 Uhr, an den Regierungspräsidenten in Karlsbad,[4] vom 14.4.1945

Seit 14.4.45 steht auf Bahnhof Vorstadt Graslitz Eisenbahnzug offener Güterwagen mit rund 2500 weiblichen Häftlingen des Konzentrationslagers Meuselwitz.[5]
Transport ohne Verpflegung muß ihn deshalb aus eigenen Beständen versorgen.
Zug ist ohne Ziel, so daß ihn Reichsbahn nicht weiterbefördert.
Jeder Bahnhof lehnt Annahme ab. Bei weiterem Verweilen scheint mir Sicherheit fraglich.
Ich bitte dringend an zuständiger Stelle für schleunigen Weitertransport vorstellig zu werden.[6]

1 SOA v Plzni, Bestand Úřad vládního prezidenta Karlovy Vary, Karton 7, Sign. 2220-I2g.

2 Maximilian Freiherr von Mirbach (1880–1971), Regierungsbeamter; 1920–1938 Landrat in Saarburg/Trier, 1939 Regierungspräsident in Merseburg, danach stellv. Landrat in Bad Liebenwerda, Sept. 1944 Vertretung des an die Front versetzten Henning von Winterfeld als Landrat von Graslitz; wohnte nach dem Krieg auf Schloss Harff in Nordrhein-Westfalen.

3 Der Landkreis Graslitz gehörte zum Regierungsbezirk Eger im Reichsgau Sudetenland, heute Kraslice in der Tschechischen Republik.

4 Karl Müller (1889–1964), Gastwirt; 1933 NSDAP-Eintritt; 1940–1945 Vizepräsident in Karlsbad, übernahm 1940 die Regierungsgeschäfte für den an die Front versetzten Wilhelm Sebekovsky; am 1.6.1945 in Prag verhaftet; lebte nach dem Krieg in Mannheim. Der Sitz der Regierung des Regierungsbezirks Eger war in Karlsbad.

5 Vom 12.4.1945 an wurden ca. 320 männliche jüdische Häftlinge und 1500 weibliche, überwiegend nichtjüdische Häftlinge der beiden Buchenwalder Außenlager in Meuselwitz in offenen Güterwagen über Chemnitz in Richtung Südwesten abtransportiert. In Altenburg wurden dem Transport Frauen aus dem dortigen Außenlager der HASAG angeschlossen. Am 14.4.1945 hielt der Zug in Graslitz. Dort starben Häftlinge durch Erschießungen von SS-Leuten und einen Bombenangriff am 15.4.1945. Um den 18.4. setzte sich der Zug in Richtung Theresienstadt in Bewegung; siehe Dok. 232 vom 12.4.1945.

6 Am 18.4.1945 telegraphierte von Mirbach erneut an die Regierung von Karlsbad und teilte mit, dass der Zug immer noch in Graslitz stehe und am Vortag das Ziel feindlicher Tieffliegerangriffe gewesen sei. 15 Häftlinge seien schwer verletzt, drei tot, und von den zahlreich geflohenen Häftlingen konnten 65 bisher nicht wieder aufgegriffen werden. Er bat nochmals dringend um Weitertransport des Zugs; wie Anm. 1.

DOK. 243

Walter Holst, Wachmann auf Todesmärschen von Auschwitz und Buchenwald, wird am 14. April 1945 von amerikanischen Ermittlern vernommen[1]

Handschriftl. eidesstattliche Erklärung von Walter Holtz,[2] abgelegt vor Captain Charles W. Manning, Bad Berka, vom 14.4.1945[3]

Ich wurde in die Luftwaffe am 20.1.1940 eingezogen, und zwar in die Flakabteilung Rendsburg (Holstein). Den höchsten Dienstgrad, den ich in der Wehrmacht innehatte, war der eines Obergefreiten. Ich wurde in die SS eingezogen, damit meiner Meinung nach ich verantwortlich gehalten werde für Gräueltaten, die die SS begangen hat. Ich wurde in die SS im Juli 44 kommandiert, und zwar in einer Organisation, die aus Personal der Luftwaffe und anderer Waffengattungen bestand, das als SS-Personal umgeschult werden sollte. Diejenigen, die aus Gesundheitsgründen nicht kriegsverwendungsfähig waren, wurden zum Dienst als Konzentrationslagerwache abkommandiert. Ich gehörte zu denen, da ich ein Nierenleiden hatte. Ich wurde zuerst zum Konzentrationslager Monowitz kommandiert. Meiner Meinung nach gab es wenigstens 10 000 Gefangene in diesem Lager. Diese waren Polen, Juden und Deutsche, viele politische Gefangene. Der Kommandant dieses Lagers war Hauptsturmführer W. Schwarz.[4] Ich weiß nicht, wie dessen Vorgesetzter heißt, aber ich glaube, daß er seine Befehle vom Kommandanten des Lagers zu Oranienburg erhielt. Meine Pflicht war, als Posten auf einem Turm zu dienen, um die Gefangenen daran zu hindern, aus dem Lager auszubrechen. Ich diente im Lager vom 10. September 1944 bis zum 25.1.1945. Während dieser Zeit sah ich einen Mann aufgehängt. Ein holländischer Offizier in der gewöhnlichen Häftlingsuniform wurde vor allen Häftlingen gehängt, da sie alle gezwungen wurden, der Hinrichtung beizuwohnen. Die drei anderen, die auf diese Weise hingerichtet wurden, waren deutsche politische Gefangene. Alle vier wurden von Häftlingen, die den Befehl von Kommandant Schwarz erhielten, aufgehängt. Es wurde erklärt, warum sie hingerichtet wurden, weil sie versucht hatten, Waffen ins Lager zu schmuggeln. Die Verpflegung im Lager war sehr schlecht. Aus den Häftlingen wurden Bewacher ausgewählt, die, um nicht der SS unbeliebt zu werden, gezwungen wurden, die anderen Häftlinge so brutal wie möglich zu behandeln, wenn die im geringsten von den Vorschriften abwichen.

Als die russische Wehrmacht herankam, wurden die Häftlinge aus dem Lager nach einem Lager bei Gleiwitz abkommandiert. Der Marsch dauerte 3 Tage. Während des Marsches sind 2000 Mann vor Erschöpfung aus den Kolonnen gefallen. Ich selbst sah, wie ein SS-Posten 10 Mann erschossen hat. Die ukrainischen SS-Posten waren die unmenschlichsten. Davon gab es ungefähr 150, nur 10 Posten waren Deutsche. Die Leichen der Erschossenen wurden auf den Straßen liegen gelassen. Als die noch Lebenden in Gleiwitz ankamen, sind diese dort tagsüber geblieben und wurden dann nach dem Lager zu Buchenwald abtransportiert. Der Transport erfolgte mit der Bahn. 100 Mann wurden

1 NARA, RG 549, Box 535, Case 000-50-77.
2 Richtig: Walter Holst (1906–1967), Zimmermann; Sept. 1944 SS-Rttf.; lebte nach dem Krieg in Wittenburg/Mecklenburg.
3 Fehlerhaftes Deutsch im Original.
4 Richtig: Heinrich Schwarz.

in jeden Wagen getrieben. Die Fahrt dauert 8 Tage. In der Zeit bekamen die Häftlinge zweimal was zu essen. In jedem fünften Wagen fuhren die Posten. Ich war in einem dieser Wagen. Ich bekam nur zweimal Essen während der Fahrt und war ohne Wasser mit Ausnahme von Schnee, den man mit der Hand aufklauben konnte. Ungefähr 1000 Häftlinge starben während der Fahrt. Wer starb, wurde in einen Wagen für Tote geworfen. Einige, die noch nicht ganz gestorben waren, wurden mit in den Leichenhaufen geworfen, damit sie schneller ums Leben kommen. Nachdem der Zug in Buchenwald ankam, wurden die Leichen rausgenommen und im Lagerkrematorium verbrannt. Die Leichenverbrennung wurde von regulären SS-Totenkopfmännern vollzogen, und ich habe dies nicht gesehen, da ich als Posten außerhalb des Stacheldrahtes diente. Obwohl ich die Leichen derer, die auf der Fahrt starben, persönlich gesehen habe, hab ich sie nicht verbrennen gesehen, aber unmittelbar nachdem es berichtet wurde, daß die Verbrennung im Gang war, sah ich die Flammen von der Stelle aufsteigen, wo die Verbrennung stattfinden [sollte].
Im Lager Buchenwald blieb ich 14 Tage lang. Es gab wenige Kriegsgefangene dort. Die meisten waren politische Häftlinge, Polnisch, Russisch und Jüdisch und Deutsche. Am 17.2.45 wurde ich nach dem Lager zu Ohrdruf[5] abkommandiert. 2000 Häftlinge wurden aus Buchenwald nach Ohrdruf abtransportiert. Ich war einer der Posten, der sie begleitet[e]. Die 2000 wurden mit der Eisenbahn transportiert. Auf dieser Fahrt gab es 60 Mann pro Wagen. Keiner ist während der Fahrt gestorben. Die Fahrt dauerte 2 Tage, und man bekam zweimal Essen. Ich bin im Lager zu Ohrdruf 14 Tage lang geblieben. Am 3. März wurde ich zum Konzentrationslager bei Arnstadt[6] abkommandiert. 200 Häftlinge aus dem Lager zu Ohrdruf kamen mit nach Espenfeld. Ich weiß nicht, wie der Kommandant des Lagers zu Espenfeld hieß, aber sein Dienstgrad war Oberscharf.[7] In diesem Lager diente ich als Koch. Die Häftlinge arbeiteten in den Bergen, wo sie Schanzen und Stollen auf Wehrmachtsbefehl ausgraben sollten. Ich bin im Lager bis zum 3. April 1945 geblieben. Während der Zeit starben pro Tag 3 Häftlinge aus Hunger, Erschöpfung und verschiedenen Krankheiten. Als sie starben, wurden die Leichen auf dem Kraftwagen nach dem Lager Ohrdruf gefahren, wo sie verbrannt wurden. Ich selber aber habe keine Leichen zu Ohrdruf verbrennen gesehen. Ich habe gehört, daß im Lager zu Espenfeld Bluthunde auf Häftlinge losgelassen wurden und vier Mann zum Tode gerissen haben. Ich habe ungefähr 20 Bluthunde in den Hundehütten dort gesehen. Diese waren unter der Führung von ukrainischen SS-Männern. Zur Verpflegung bekamen die Häftlinge 60 Gramm Wurst, einen Teller Suppe und ein Viertel Brot pro Mann. Einmal am Tag, abends, haben sie gegessen. Am 3. April um 14.30 Uhr bin ich weggelaufen, da ich gehört habe, daß die Amerikaner auf dem Anmarsch waren. Um 24 h am selben Tag sollten die Häftlinge zu Espenfeld nach dem Lager Buchenwald abkommandiert werden. Ich ging nach Arnstadt und blieb dort, bis ich in die Hände der Amerikaner ging.
Folgende dienten mit mir als Posten an folgenden Orten:
in Monowitz: Obergefreiter Walter Kraemer, Obergefreiter Heinrich Wehrmeyer,
in Buchenwald: Obergefreiter Mueller, Oberst Walter Dunker.

5 Zum Häftlingslager des Projekts „S III" in Ohrdruf siehe Dok. 223 vom 31.3.1945.

6 Im Jan. 1945 war das Lager Ohrdruf um Teillager in Crawinkel und Espenfeld (Arnstadt) erweitert worden, um die Anmarschwege der Häftlinge zum Stollen zu verkürzen.

7 Es handelt sich um Richard Stolten; siehe Dok. 233 vom 13.4.1945.

DOK. 244
Francis Kintz beschreibt am 14. April 1945 Leichenfunde bei der Befreiung des Auffanglagers in der Boelcke-Kaserne[1]

Protokoll der Vernehmung von Francis P. Kintz[2] durch Alfred T. Bogen,[3] Hauptquartier der 68. US-Sanitätseinheit, vom 14.4.1945

Frage: Meines Wissens gehörten Sie, Herr Oberst, zu den Ersten, die in dieser Gegend auf ein von den Deutschen betriebenes Konzentrationslager trafen. Können Sie mir die Zustände, die Sie dort vorfanden, beschreiben?
Antwort: Ich wurde in der Nacht des 11. April 1945 von der medizinischen Stabsstelle der 1. US-Armee von der Entdeckung eines Lagers für politische Gefangene in der Stadt Nordhausen unterrichtet und ersucht, die gesundheitliche Situation in diesem Lager zu erkunden, weil die hygienischen Bedingungen dort erbärmlich seien. Ich erreichte das am südlichen Stadtrand gelegene Lager am 12. April gegen 10 Uhr. Alle der 12 bis 15 Gebäude, aus denen das Lager bestand, wiesen sichtbare Spuren von Bombardierungen auf. Ich beschränkte mich bei meinen Untersuchungen auf die drei Hauptgebäude, in denen die Mehrheit der Insassen untergebracht war. Oberst Jones, Stabsarzt der 104. Infanteriedivision, oblag die Verantwortung für die Evakuierung der Internierten. Auf dem Gelände, das die drei Gebäude umgab, lagen viele Leichen, denen man eine extreme Auszehrung ansah. Etwa 15 Meter vom Gebäude entfernt befanden sich zwei Leichenberge mit jeweils etwa 15 bis 20 Toten. Die Erdgeschosse der drei Gebäude waren voller Leichen, die alle Zeichen extremer Unterernährung aufwiesen. Die Zahl der dort aufgefundenen Leichen wurde auf 700 bis 1000 geschätzt. In den zweiten Etagen der drei Gebäude befanden sich Doppelstockbetten, in denen sowohl tote als auch lebende Personen lagen, alle ebenfalls extrem ausgezehrt. Unter einer Treppe, die in den zweiten Stock führte, lagen 18 bis 20 Leichen. Sie sahen aus wie ein Bündel Holz, das man in einer Ecke abgeladen hatte. Die hygienischen Zustände auf den zweiten Etagen erinnerten an einen Schweinestall. Viele der Menschen waren unfähig aufzustehen und hatten sich in ihre Betten entleert. Die Räume und die Betten, in denen die Menschen lagen, waren voller Fäkalien, Dreck und Unrat. Im Erdgeschoss des mittleren Gebäudes lagen 20 teilweise verbrannte Leichen.
Frage: Können Sie einschätzen, wie lange die Menschen, deren Leichen Sie gesehen haben, schon tot waren?
Antwort: Der Zeitraum betrug meiner Einschätzung nach zwischen sechs Wochen und einigen Stunden. Allein in den wenigen Stunden nach meiner Ankunft starben 15 Menschen.
Frage: Gab es Anzeichen für irgendwelche Bemühungen, die Opfer zu verpflegen oder ihnen angemessene medizinische Hilfe zukommen zu lassen?

1 NARA, M-1079, Roll 4, Bl. 293–295. Das Dokument wurde aus dem Englischen übersetzt.
2 Francis P. Kintz (1902–1997), Colonel; Kommandeur der 68. US-Sanitätseinheit.
3 Alfred T. Bogen, Jr., Captain; Ass. Army Inspector General der Justiz-Abt. der 1. US-Armee.

Antwort: Nein, gar keine, abgesehen von einem einzelnen Mann, der erklärte, er sei ein polnischer Sanitätsoffizier und habe sich um die bettlägerigen Menschen gekümmert. Seinen Angaben zufolge hieß er P. Hein Wincenty.[4]
Frage: Kann man die im Lager herrschenden Zustände folgendermaßen zusammenfassen: Eine große Zahl von Zwangsarbeitern war in diesen Gebäuden untergebracht, und die Deutschen haben überhaupt nichts unternommen, um diese Menschen zu verpflegen oder medizinisch zu betreuen? Und diejenigen, die infolge dieser Behandlung starben, wurden nicht begraben, sondern man türmte ihre Leichen auf und ließ sie für einen beträchtlichen Zeitraum einfach auf dem Gelände herumliegen?
Antwort: Richtig. Oberst Jones teilte mir mit, er habe erfahren, dass diese Menschen nach der letzten Bombardierung schätzungsweise sechs bis acht Tage ohne jegliches Essen und Wasser auskommen mussten und die Internierten irgendwann so verzweifelt gewesen seien, dass sie ihren eigenen Urin getrunken hätten. Ich habe zudem erfahren, dass viele der Opfer so lange als Zwangsarbeiter eingesetzt worden waren, bis ihr Gesundheitszustand ein Weiterarbeiten unmöglich gemacht hatte. Dann hatte man sie in diesen Gebäuden untergebracht. Die große Mehrheit soll außerdem an einer fortgeschrittenen Lungentuberkulose gelitten haben. Das mag zutreffend sein, allerdings ähnelt das körperliche Erscheinungsbild in den letzten Phasen einer Tuberkulose sehr stark dem eines Menschen im Endstadium des Verhungerns.
Frage: Dann handelte es sich hier offenbar um ein geplantes Aushungern dieser Menschen, denn die vorgefundenen Verhältnisse lassen sich nicht mit Zufällen oder den begrenzten Möglichkeiten der medizinischen Dienststellen der Deutschen erklären.
Antwort: Diese Frage lässt sich nicht so einfach bejahen, da wir auch auf viele Leichen gestoßen sind, die keinerlei Zeichen der Unterernährung aufwiesen, sondern einen wohlgenährten Eindruck machten.
Frage: Ist es denkbar, dass diese Menschen bei den Bombardierungen umgekommen sind?
Antwort: Meinem Eindruck nach fielen nur sehr wenige den Bombenangriffen zum Opfer.[5]
Frage: Wie erklären Sie sich dann den Tod derjenigen Opfer, die offenbar weder verhungert sind noch durch Bomben getötet wurden?
Antwort: Mir wurde berichtet, dass die Lagerwachen die Internierten vor Fluchtversuchen während der Bombardierungen gewarnt, sich viele aber nicht daran gehalten hätten und auf der Flucht erschossen worden seien.
Frage: Kennen Sie zufälligerweise Namen oder Identität von Personen, die mit diesem Lager zu tun hatten?
Antwort: Nein.

4 Wincenty Hein (1909–1993), Jurist; im Febr. 1942 aufgrund seiner Widerstandstätigkeit verhaftet, nach Haft im Montelupich-Gefängnis Krakau nach Auschwitz überstellt, später nach Buchenwald und Mittelbau-Dora, von Jan. 1945 an im Außenlager Boelcke-Kaserne; nach 1945 Zeuge in zahlreichen NS-Prozessen, Autor von „Zagłada więźniów obozu Mittelbau (Dora)", in: Biuletyn Głównej Komisji Zbrodni Hitlerowskich w Polsce, 16 (1967), S. 66–157.

5 Am 3. und 4.4.1945 trafen brit. Bomberverbände die Fahrzeughallen der Boelcke-Kaserne, die als Unterkünfte für das Häftlingskrankenlager dienten und nicht mit einem Roten Kreuz gekennzeichnet waren. Während die Wachmannschaften sich in Sicherheit brachten, waren die Häftlinge den Bomben schutzlos ausgeliefert. Allein am 3.4.1945 soll es über 450 Tote gegeben haben. Die Mehrzahl der toten Häftlinge, die die Amerikaner im Lager Boelcke-Kaserne bargen, war an Hunger und Auszehrung gestorben. Es ist davon auszugehen, dass insgesamt nur die Hälfte der 11 000 Insassen des Lagers überlebte.

Frage: Verfügen Sie über weitere Informationen, die in dieser Angelegenheit von Bedeutung sein könnten?
Antwort: Ich habe Nachforschungen betrieben, um herauszufinden, ob für dieses Lager irgendwelche Akten oder Personallisten vorliegen, aber man sagte mir, es sei nichts gefunden worden. Später jedoch erfuhr ich, dass der erwähnte polnische Arzt Kenntnis hat, wo diese Unterlagen versteckt sind, und dass die Military Government Section des Hauptquartiers des VII. Korps in dieser Sache ermitteln würde.[6]
Frage: Wissen Sie, ob diese Dokumente und Aufzeichnungen jemals gefunden wurden?
Antwort: Das weiß ich nicht.
Frage: Gibt es noch etwas, was Sie hinzufügen möchten?
Antwort: Ich habe nichts weiter zu ergänzen.

DOK. 245
New York Herald Tribune: Pressemitteilung vom 14. April 1945 über die Todesmärsche aus dem Stammlager Stutthof[1]

35 000 Gefangene der Nazis mussten acht Tage lang marschieren
Polen berichten von unvergleichlichen Torturen von „verurteilten Menschen"
Moskau, 14. April (AP): Die Polnische Presseagentur[2] erklärte heute, dass die Nazis Gefangene aufgrund der herannahenden Russen nach Westen treiben. In einem Fall waren Häftlinge zu einem achttägigen Gewaltmarsch in Gruppen von 1200 gezwungen – ein „Marsch von Verdammten, der mit nichts in der Geschichte der Menschheit verglichen werden kann". In der Verlautbarung heißt es, dass mehr als 35 000 Personen, die meisten von ihnen Polen, im Konzentrationslager Stutthof östlich von Danzig lebten.[3] Als die Russen näher kamen, mussten die Häftlinge täglich fast 30 km in Richtung Westen marschieren. Hunde und Gewehrkolben wurden benutzt, um sie in Bewegung zu halten.
Einige, die zu schwach zum Laufen waren, wurden erschossen. Viele starben an Hunger, Unterkühlung und Misshandlungen, hieß es in der Stellungnahme. Es wurde ergänzt, dass die Häftlinge letztendlich fünf Wochen auf offenen Feldern in der Nähe von Lauenburg, Pommern, untergebracht waren.[4]

6 Nach seiner Befreiung arbeitete Wincenty Hein mit dem War Crimes Investigation Team Nr. 6822 zusammen. Dieses sicherte im gesamten Komplex Mittelbau-Dora SS-Schriftgut, das dem Internationalen Suchdienst in Arolsen zugeführt wurde.

1 New York Herald Tribune vom 14.4.1945, S. 7: 35,000 Captives of Nazis Forced to March 8 Days. Das Dokument wurde aus dem Englischen übersetzt.
2 Die Polska Agencja Prasowa „Polpress" wurde im März 1944 von prosowjet. Exilpolen in Moskau gegründet und zog im Sept. 1945 nach Warschau um.
3 Im Lagerkomplex Stutthof waren im Jan. 1945 rund 46 500 Häftlinge inhaftiert; etwa 35 000 wurden Ende Jan. 1945 auf Todesmärsche gezwungen. Die Übrigen wurden im April 1945 nach Westen transportiert.
4 Da es in Lauenburg keine Unterkünfte gab, wurden die Kolonnen in Lagern des Reichsarbeitsdientes und in nahegelegenen Stutthofer Außenlagern untergebracht. Als die Rote Armee nahte, wurden sie erneut auf einen Marsch Richtung Putzig und Gdingen getrieben. Die meisten wurden um den 10.3.1945 von Soldaten der Roten Armee befreit.

DOK. 246

Abram Federbusch bescheinigt, dass Max Tippmann aus Steinbach ihn nach seiner Flucht vom Todeszug Mitte April 1945 versteckt und dadurch vor dem sicheren Tod bewahrt hat[1]

Bescheinigung, gez. A. Federbusch,[2] Steinbach, vom 9.5.1945 (beglaubigte Abschrift)

Ich, Unterzeichneter, bescheinige hierdurch durch eigenhändige Unterschrift, daß der Kaufmann Max Tippmann,[3] Steinbach 49 C,[4] mich und meinen Freund aus den Händen der SS errettet und so vor dem sicheren Tod bewahrt hat. Als Sträfling aus dem Lager Buchenwald kamen wir, nachdem Tiefflieger unseren Transport gesprengt hatten, flüchtend nach Steinbach.[5] Viele meiner erschöpften Kameraden wurden durch Herrn Tippmann verpflegt und mein Freund und ich außerdem mit Zivilkleidung ausgestattet. Als die SS die Flüchtlinge später wieder zusammentrieb, versteckte uns Herr Tippmann und verschaffte uns später Arbeit bei einem Bauern. Durch sein Verhalten entgingen wir dem sicheren Tod.

1 Sächs. StA, HStA Dresden, VgM 10 115/I.

2 Abram Federbusch (auch Federbusz), später Melvin Federbush (1923–2016), Schreiner; 1940 im Getto Dęblin, 1942 im Zwangsarbeitslager in Dęblin, Juli 1944 in das Zwangsarbeitslager Tschenstochau-Raków, im Jan. 1945 nach Buchenwald überstellt, im Febr. 1945 im Außenlager Tröglitz/Rehmsdorf der Brabag Zeitz, floh vom Todesmarsch; nach dem Krieg in Zürich und Lugano, emigrierte 1950 in die USA, wo er als Geschäftsmann tätig war; 1995 Interview mit der USC Shoah Foundation, VHA # 2344.

3 Max Tippmann (*1894), Kaufmann; 1933 NSDAP-Eintritt; wohnte in Steinbach; im Okt. 1945 vom NKVD unter dem Vorwurf der Mitgliedschaft im Werwolf verhaftet, 1950 aus dem Speziallager Buchenwald entlassen.

4 Heute Ortsteil von Jöhstadt in Sachsen.

5 Anfang April 1945 wurden Häftlinge des Lagers Tröglitz/Rehmsdorf auf einen Todestransport Richtung Theresienstadt geschickt. Während eines Tieffliegerangriffs auf dem Bahnhof Reitzenhain im Erzgebirge am 15.4.1945 gelang vielen Häftlingen die Flucht. 26 von ihnen wurden in Steinbach eingefangen und von der SS ermordet. Zehn Tatbeteiligte erhielten 1949 vor der großen Strafkammer des Landgerichts Chemnitz Haftstrafen von 6 Monaten bis 15 Jahren.

DOK. 247
Alfred Buchführer wird am 16. April 1945 aus dem Lager Flossenbürg abtransportiert und mehrfach von Tieffliegern angegriffen[1]

Handschriftl. Bericht von Alfred Buchführer,[2] Neunburg, vom 25.5.1945[3]

Unsere Überführung von Flossenbürg nach Dachau.
Ich war 4 Jahre lang für nichts im Konzentrationslager eingesperrt. Zuletzt war ich in Flossenbürg bei Weiden. Jetzt wurde die Lage ernster, denn die Amerikaner kamen immer näher, und wir warteten schon mit Sehnsucht, daß die SS abrücken sollte und wir durch die Amerikaner befreit werden. Wir gingen schon nicht mehr zur Arbeit und saßen den ganzen Tag in den verschlossenen Baracken. Da wegen der amerikanischen Tiefflieger nichts mehr zugeführt werden konnte, bekamen wir auch überhaupt kein Brot mehr, nur noch ¾ Lt. dünne Wassersuppe täglich.
Auf einmal hieß es: „Alle Juden raus". Wir mußten antreten, wurden abgezählt und durften wieder in die Baracken gehen. Am nächsten Tag frühmorgens um 5 Uhr mußten wir wieder austreten und wurden, ohne etwas zu essen oder trinken zu bekommen, zum Bahnhof geführt. Wir sollten in ein anderes Lager weiter von der Front gelegen evakuiert werden.[4] In fünf Minuten saßen wir schon in dem wartenden Güterzug und die Fahrt ging an. Kaum waren wir 5 km gefahren, kamen auch schon die amerikanischen Tiefflieger.[5] Die SS-Posten sprangen natürlich sofort vom Zug, und die Häftlinge blieben in den verschlossenen Waggons. Natürlich als die Flieger die SS sahen, beschossen sie auch sofort den Zug. Man kann sich die verzweifelte Lage der Häftlinge kaum vorstellen. Einer lag auf dem anderen, und die Kugeln kamen von allen Seiten nur so geflogen. Die Folgen waren einige Tote und viele Schwerverwundete. Die Lokomotive war natürlich zerschossen. Jetzt standen die Waggons auf freier Strecke ohne Maschine. Hier warteten wir bis zum nächsten Morgen auf eine neue Maschine.
Als diese dann angefahren kam, ging die Fahrt weiter. Wir fuhren bis zu der Stadt Weiden und dort blieb der Zug auf der Station stehen. Weiter konnten wir nicht fahren, weil die ganze Bahnstrecke zerstört war. Auf dieser Station stand der Zug bis drei Uhr nachts. Dann fuhren wir vielleicht 10 km wieder rückwärts und blieben wieder auf einer Seitenstrecke stehen. Ungefähr um 5 Uhr früh kamen wieder die a[merikanischen] Tiefflieger

1 NARA, RG 549, Box 488, Case 000-50-46, fol. 1.

2 Alfred Buchführer, später Buchfuhrer (*1926), Tischler und Zimmermann; 1938 wurde die Familie aus Köln nach Polen abgeschoben, 1940 Zwangsarbeit im Steinbruch Dukla, 1943 im Getto Rzeszów, danach in den Zwangsarbeitslagern Huta Komorowska und Mielec, im Aug. 1944 vom KZ Plaszow nach Flossenbürg überstellt; nach 1945 zunächst in Großbritannien, wanderte 1948 nach Israel, 1958 in die USA aus; 1995 Interview mit der USC Shoah Foundation, VHA # 5285.

3 Es existieren zwei leicht variierende Versionen, eine handschriftl. und eine maschinenschriftl. Dieser Publikation liegt die handschriftl. Version zugrunde, nur im Fall von unleserlichen Stellen wurde auf die maschinenschriftl. Abschrift zurückgegriffen.

4 Am 16.4.1945 verließ der erste Transport mit sämtlichen jüdischen Häftlingen, ca. 1700 Männern, Flossenbürg in Richtung Dachau.

5 Im Nachbarort Floß wurde der Zug von US-Tieffliegern beschossen, die diesen für einen deutschen Militärtransport hielten. Nach Aussage des Transportführers starben 18 Häftlinge und zwei SS-Männer, 30 Häftlinge wurden verletzt. Weitere starben durch die anschließende Hetzjagd von SS-Männern, die Flüchtende verfolgten.

und beschossen den Zug. Diesmal wurde nur die Lokomotive in Brand geschossen. Sonst kam niemand zu Schaden. Also hatten wir wieder keine Maschine mehr. Gegen Abend bekamen wir eine neue und fuhren sofort nach dem Städtchen Schwarzenfeld, wo wir auf der Station stehenblieben. Frühmorgens kamen wieder die Flieger und genau so wie am 1. Tag liefen die SS-Posten in das Städtchen und die Häftlinge [blieben] in den Waggons. Diesmal sollte es nicht so leicht abgehen. Wir wurden 3 Mal beschossen, und nach dem Alarm erst sah man, welch großes Unglück geschehen war. Aus allen Waggons wurden die Toten geschleppt, und die Schwerverwundeten stöhnten, daß es ein Jammer war, das mitanzuhören. Einer hielt sich seinen eigenen Fuß in der Hand und schrie so vor Schmerzen, daß man es kilometerweit hören konnte. Wieder ein anderer hatte einen Bauchschuß und konnte vor Schwäche nicht schreien. Und die Toten erst anzugucken war furchtbar. Da lag einer, dem war der ganze Kopf zerschmettert. Wieder einem anderen hingen die ganzen Gedärme aus dem Leib heraus. Es ist besser, dies nicht zu beschreiben. Im Ganzen waren es diesmal 80 Tote und 120 Schwerverwundete.[6]
Am Abend bekam der Transportführer[7] einen neuen Befehl, nämlich die Reise sollte zu Fuß weiter fortgesetzt werden. Wer sich stark genug fühlt, soll zum Marsch antreten, und die Kranken bleiben, es wird ihnen nichts geschehen. Aber sie wurden nachher doch alle von der SS erschossen.[8] Die Gesunden wurden dann zu 100er-Gruppen eingeteilt. Und um 9 Uhr abends ging der Marsch an. In der ersten Nacht marschierten wir 15 km und machten in einem Walde Rast. Wir hatten schon 24 Stunden nichts zu essen bekommen und konnten kaum noch auf den Füßen stehen. Und dann war es furchtbar kalt, und wir zitterten vor Kälte in den dünnen Kleidern. In diesem Wald blieben wir bis zum nächsten Abend. Dann marschierten wird weiter in einen anderen Wald ungefähr 3 km weiter. Und mußten hier wieder vor Kälte zitternd ohne Decken unter freiem Himmel nächtigen. Dazu hatten wir schon 48 Stunden nichts zu essen gekriegt. Wir aßen nur Gras, und manchmal fand einer eine rohe Kartoffel, die ihm die anderen vor Hunger am liebsten weggeschnappt hätten. Und gegen Mittag kam noch das Schlimmste. Ein furchtbares Gewitter setzte ein. Und die Menschen brachen langsam vor Hunger, Kälte und Schwäche zusammen. Und diejenigen wurden von den Mördern sofort erschossen oder lebendig begraben. In diesem starken Regen mußten wir wieder 15 km nach dem Städtchen Neunburg marschieren. Auf dem Wege sind ungefähr von unseren 100 Mann 60 zusammengebrochen und natürlich sofort erschossen worden. Unsere Gruppe bestand noch aus 15 Mann. In Neunburg bekam jeder 10 gekochte Kartoffeln nach 54 Std. Fasten und mußten dann noch 2 Stunden im starken Regen stehen und auf einen Befehl warten, ob weitermarschieren oder übernachten. Wir hofften noch, daß

6 Insgesamt fielen 133 Häftlinge den Tieffliegerangriffen und anschließenden Erschießungen durch Wachmänner zum Opfer, die am Ortsrand in einer Kiesgrube begraben wurden und auf Verlangen der wenige Tage später einmarschierenden US-Truppen wieder exhumiert wurden. Zu den Geschehnissen in Schwarzenfeld siehe Einleitung, S. 91.

7 Franz Berger (*1910), kaufmännischer Angestellter; 1932 SS-, 1933 NSDAP-Eintritt; Jan. 1945 Kommandant des Wachbataillons in Flossenbürg; 1947 durch das US-Militärgericht in Dachau zu 3 ½ Jahren Haft verurteilt, Dez. 1948 entlassen.

8 Die marschunfähigen Häftlinge sollten von Schwarzenfeld mit der Bahn nach Nabburg transportiert werden. Die Stadt verweigerte die Aufnahme, so dass diese Häftlinge ebenfalls nach Neunburg und weiter verschleppt wurden. Viele in Schwarzenfeld verwundete Häftlinge blieben am Bahnhof und wurden in den folgenden Tagen von Wachmännern erschossen.

wir über Nacht ein Dach über den Kopf bekämen und uns ein bisschen ausruhen konnten. Aber nein. Die Mörder kannten kein Mitleid. Wir mußten noch in derselben Nacht im starken Regen 15 km bis zu dem Städtchen Stramsried marschieren. Unsere Gruppe bestand vielleicht noch aus 8 Mann. Es waren schon das doppelte Posten wie Häftlinge da. In Stamsried angekommen, führte man uns (es war 1 Uhr nachts) in einen Schuppen, wo wir dann alle vor Müdigkeit zusammenbrachen. Frühmorgens um 6 Uhr sollte es wieder losgehen. Aber kaum waren wir 4 km marschiert, hörten wir ein starkes Schießen. Was war das? Wollten man alle Häftlinge erschießen oder was war geschehen? Ehe wir noch über das nachdenken konnten, sahen wir, daß die ganzen SS-Posten in den Wald flüchteten, und hinter uns sahen wir einen amerikanischen Panzer. Oh, diese Freude nach 4 Jahren schwerer Gefangenschaft die Befreiung.[9] Wir fingen an, uns zu küssen und zu umarmen und zu wärmen. Wir wußten selbst nicht, was anzustellen. Als wir dann zurückgingen in die Stadt, standen dort schon 100te von Panzern und Autos usw. Als wir dann den Amerikanern von den mörderischen Gemeinheiten der deutschen SS erzählten, konnten sie es nicht glauben. Aber es stimmt leider alles, was ich hier aufgeschrieben habe.

DOK. 248
Sowjetische Offiziere melden am 17. April 1945 die Entdeckung eines Massengrabs 4 Kilometer südöstlich von Germau[1]

Protokoll, erstellt von Gardegeneralmajor V. V. Danilov, unterzeichnet von Oberst S. P. Vasjagin, Gardeoberst der Justiz A. M. Beresovskij, Gardeoberstleutnant des Medizinischen Dienstes D. K. Vasota, Oberstleutnant V. K. Kruglov, Militärpathologe des Medizinischen Dienstes Major G. G. Gevorkjan, Militärgerichtsmedizinischer Experte Hauptmann des Medizinischen Dienstes M. A. Svjatkskij, Gardehauptmann A. V. Poljakov, Gardehauptmann der Justiz G. M. Dolgopjatov, Gardeleutnant V. M. Piskarev, Gardeobersergeant V. I. Kuz'min, Gardesoldat N. K. Burdinskij, Gardeobersergeant P. E. Ryžakov, vom 17.4.1945

Während der Befreiung des Bezirks Germau (Samländische Halbinsel, Ostpreußen) durch Einheiten der Roten Armee wurden am 15. April 1945 am Südrand des Waldes von Ellerhaus, etwa 4 km südöstlich von Germau, halb vergrabene Leichen entdeckt.
In einem sumpfigen Teil des Waldes wurden vier Gräber gefunden. Drei waren ein bis anderthalb Meter tief. Das vierte hat die Form eines Schützengrabens und ist drei Meter lang, zwei Meter breit und etwa anderthalb Meter tief.
Aus den besagten Gräbern wurden 86 Leichen geborgen, 80 Frauen und 6 Männer im Alter zwischen 20 und 40 Jahren. Die Leichen sind in Lumpen, groben Stoff und Papier gehüllt, zerschlissene Schuhe mit Holzsohlen.

9 Andere Gruppen dieses Marschs wurden ebenfalls am 23.4.1945 in Wetterfeld und Roding befreit.

1 CAMO, RF 32/11302/284. Kopie: YVA, M-40/MAP/86. Abdruck der engl. Übersetzung in: Krakowski, Massacre (wie Dok. 198 vom 31.1.1945, Anm. 1), S. 369 f. Das Dokument wurde aus dem Russischen übersetzt.

Am linken Ärmel jeder Leiche sind eine Nummer und ein sechszackiger Stern aufgenäht. Alle diese Nummern, mit Ausnahme von einer – 82 113 – konnten nicht mehr entziffert werden.
Auf dem Rücken der Kleidung sind ebenfalls sechszackige Sterne befestigt.
Alle Leichen tragen statt Gürteln Telefonkabelreste, an denen als Teller oder Becher verwendete Konservendosen hängen. In den Hosentaschen mancher Leichen befanden sich Fischreste, Kartoffeln und Rüben.
Selbst nach gründlicher Untersuchung der Leichen konnten keinerlei Dokumente oder andere Gegenstände entdeckt werden.
Alle Leichen sind extrem ausgezehrt, verlaust und weisen ausgeprägte Pellagra-Symptome[2] auf.
Im Kopfbereich sind Schussverletzungen und teilweise massive Schädelbrüche feststellbar. Die Leichen weisen an Gliedern und im Brustbereich eine Vielzahl von Verletzungen auf, was darauf hindeutet, dass sie aus unmittelbarer Nähe mit Maschinenpistolen erschossen wurden.
Der Verwesungsgrad der Leichen und der Zustand ihrer inneren Organe zeugen davon, dass die Morde zwischen Dezember 1944 und Januar 1945 stattgefunden haben.[3]
Auf Grundlage der sichergestellten Beweise stellt die Kommission Folgendes fest:
1. Der Zustand der Kleidung der Leichen, die Kennzeichen und Nummern auf den Ärmeln, der körperliche Zustand und das Fehlen von Dokumenten zeugen davon, dass es sich bei den Erschossenen um Lagerhäftlinge handelt.
2. Alle in den Gräbern entdeckten Opfer wurden von den deutsch-faschistischen Eroberern zunächst grausam gequält und dann erschossen.

DOK. 249

Martin Ehlers, Fahrdienstleiter auf dem Bahnhof Sülstorf, beschreibt am 18. April 1945 in seinem Tagebuch den Aufenthalt des „KZ-Zuges" aus Helmstedt-Beendorf[1]

Handschriftl. Tagebuch von Martin Ehlers,[2] Eintrag vom 18.4.1945

18.04.44.[3] (Mittwoch)
Seit 10 Tagen habe ich nichts in diesem Büchlein eingetragen, da die Zeit sehr knapp war. Erlebt haben wir in den Tagen so allerlei. Vor einigen Tagen saßen wir abends noch nach 12 Uhr wegen Fliegeralarm mit den Flüchtlingen zusammen in der Küche. Plötzlich

2 Eine durch einseitige und mangelhafte Ernährung hervorgerufene Krankheit, die sich in Juckreiz, Rötungen und Verdickungen der Haut sowie Entzündungen im Verdauungstrakt äußert.
3 Es handelt sich um die überwiegend weiblichen jüdischen Häftlinge aus den ostpreuß. Außenlagern des KZ Stutthof, die Ende Jan. 1945 in Richtung Bernsteinküste getrieben wurden; siehe Einleitung, S. 70, 77.

1 Original in Privatbesitz von Wolfgang Ehlers, Bützow. Teilweise abgedruckt in: Björn Kooger/Beatrice Vierneisel/Andreas Wagner (Hrsg.), Friedhof für 53 ungarische Jüdinnen in Sülstorf. Zur Geschichte einer kleinen Gedenkstätte, Rostock 2007, S. 38.
2 Martin Ehlers (1896–1948), Bahnbeamter; im April 1945 Fahrdienstleiter auf dem Bahnhof Sülstorf; 1946 nach einem Zugunglück am Sülstorfer Bahnhof verhaftet und durch ein sowjet. Militärtribunal verurteilt, starb 1948 im Speziallager Sachsenhausen.

krachte es furchtbar, die Fenster klirrten, eins war sogar vom Luftdruck aufgeflogen. Wir nahmen an, daß es nicht weit von uns im Dorf sei, doch stellte es sich hernach raus, daß es eine Luftmine gewesen war, die in der Nähe von Stellmark in Holthusen heruntergegangen war. Die Flüchtlinge sind bei uns geblieben und haben wir ihnen die Kammer neben der Küche eingerichtet. Am letzten Freitag wurde uns ein KZ.Zug (Konzentrationslager) auf dem Bahnhof hingestellt.[4] Was wir da an Elend hören und sehen mußten, kann man gar nicht alles beschreiben. Es waren 4000 Häftlinge, die von 2 Kompanien SS bewacht wurden. Der Zug stand hier bis Sonntagabend. Da den Menschen keine Aborte zur Verfügung standen, gingen sie auf unseren und auf Hasselbrinks Acker, auf dem anderen Ende auf Schwabes Acker und den Acker hinter Martens Garten. Wie die Äcker aussahen, kannst Du Dir wohl denken.[5] Aus einem G.[üter] Wagen stiegen etwa 120 Frauen aus, wie sie verpflegt werden sollten.[6] Die Leichen der verstorbenen Häftlinge wurden auf Hartmanns Acker 1,80 m tief eingegraben. Wie mir einer der Wachmänner sagte, sollen hier 59 Personen gestorben sein. Ich kann wohl sagen, daß ich noch nie soviel Elend auf einem Haufen gesehen habe. Wir haben die beiden Tage nur telephoniert und verhandelt, um den Zug hier loszuwerden, und die Sülstorfer atmeten alle auf, wie der Zug den Bahnhof am Sonntagabend endlich verlassen hatte.
Der Feind soll jetzt bereits kurz vor Dömitz stehen, also müssen wir damit rechnen, daß der Amerikaner bald bei uns sein wird. Was wir noch alles erleben werden, weiß man ja nicht, aber angenehme Tage werden es bestimmt nicht werden, wenn der Krieg durch unsere Gegend tobt. Aber Rattern der Bordwaffen in der Luft und das Fallen der Bomben in größeren Entfernungen ist man schon gewohnt geworden. Wie ich gestern früh eben vom Dienst zu Hause war und mit Mutti und einer der Flüchtlingsfrauen in der Küche war, gab es einen furchtbaren Knall, der ganze Sott und die Asche aus Schornstein und Küchenherd wirbelten in der Küche umher. Wie ich nach draußen kam, stand in Richtung Rastow ein großer Rauchpilz. Es stellte sich dann heraus, daß bei Posten 16 ein Munitionszug mit Bordwaffen beschossen war und in die Luft flog. In den Baracken bei P12 sollen etwa 70–80 Tote zu beklagen sein. Das Wärterhaus liegt in Schutt und Asche. Jessel und seine Frau sollen sich mit leichten Verletzungen aus dem Keller rausgearbeitet haben. Hier in Sülstorf sind viele Fensterscheiben zertrümmert und einige Dächer beschädigt, ebenfalls in Rastow, Pulverhof, Lüblow, Uelitz, Sülte, Ortkrug, Lübesse, Boldela, Hoort und anderen Orten. Unser Wohnhaus hat nicht gelitten, doch im Dienstgebäude sind noch einige Scheiben zersprungen und zwar im Warteraum und in der Kammer. Ja, mein Junge, so ist der Krieg jetzt auch uns recht nahe gekommen. Doch halten wir die Ohren steif, damit wir Dich, wenn Du mal einst gesund zu uns zurückkehrst,

3 Richtig: 1945.

4 Am 9.4.1945 wurden 1350 Männer und über 3000 Frauen aus dem Neuengammer Außenlager Helmstedt-Beendorf in 40 bis 45 Eisenbahnwaggons verladen und die Männer in Richtung Wöbbelin, die Frauen nach Hamburg-Eidelstädt und Hamburg-Sasel transportiert. In Sülstorf stand der Zug drei Tage auf einem Nebengleis. Insgesamt starben während des Transports mehrere Hundert Häftlinge. In Sülstorf erinnert eine Gedenkstätte an die Ereignisse. Der Transportführer Gerhard Poppenhagen wurde 1946 von einem brit. Militärgericht in Hamburg zu 15 Jahren Haft verurteilt; siehe auch Dok. 229 vom 10.4.1945.

5 Martin Ehlers schrieb das Tagebuch für seinen seit Ende Aug. 1944 an der Front vermissten Sohn Paul Ehlers (1921–1993), der 1946 aus der Kriegsgefangenschaft zurückkehrte.

6 So im Original.

wiedersehen werden. Hoffentlich ist die Zeit, wo wir wieder mit Dir vereint sind, nicht allzu fern. Von Käthe erhielten wir kürzlich einen Brief, den ich ihr demnächst beantworten werde.

DOK. 250
Haaretz: Bericht vom 18. April 1945 über die Befreiung eines Todeszugs aus Bergen-Belsen bei Farsleben[1]

2000 Juden aus einem Zug der Nazis gerettet

(R.B.) Auf ihrem Vormarsch im Westen traf eine amerikanische Kompanie auf einen deutschen Zug mit 48 Waggons, der Flüchtlinge – Männer, Frauen und Kinder – beförderte.[2] Als die Amerikaner dem Lokführer befahlen, den Zug zum Halten zu bringen, schossen die Bewacher auf sie.[3] Die Amerikaner erwiderten das Feuer und töteten das gesamte Kommando. Beim Öffnen der Waggons fanden sie über 2400 Menschen, unter ihnen 2000 Juden. Viele waren schon tot, andere konnten sich nicht mehr aufrichten, nachdem sie fünf Tage lang kaum etwas zu essen bekommen hatten. Die Amerikaner leisteten den Zuginsassen Erste Hilfe und brachten sie an einen sicheren Ort.

1 Haaretz vom 18.4.1945, S. 1: 2000 יהודים ניצלו מתוך רכבת נאצית. Haaretz erschien seit 1919 als hebräischsprachige Tageszeitung in Jerusalem. Das Dokument wurde aus dem Hebräischen übersetzt.

2 Es handelte sich um einen Transport mit sog. Austauschjuden aus Bergen-Belsen, der das Lager am 6.4.1945 verlassen hatte und am 13.4.1945 bei Farsleben zum Stehen kam, da der Weg über die Elbe blockiert war; siehe Einleitung, S. 88.

3 Die Wachmannschaft des Zugs hatte sich bereits einen Tag zuvor abgesetzt, so dass die Amerikaner ausschließlich auf zum Teil extrem geschwächte Häftlinge im Zug trafen. Kämpfe gab es keine, aber Probleme, die Häftlinge vom Zug in das Dorf zu transportieren.

DOK. 251
Der Ennser Stadtpfarrer Josef Leitner beklagt sich am 18. April 1945 beim Bischöflichen Ordinariat in Linz über den unwürdigen Umgang mit den Toten der Räumungstransporte[1]

Schreiben von Josef Leitner,[2] Dechant und Stadtpfarrer, Enns, Z. 186, an das Bischöfliche Ordinariat in Linz, (Eing. 21.4.1945) vom 18.4.1945

Bericht über unhaltbare Zustände
An das hochwürdigste, bischöfliche Ordinariat in Linz.
Das gefertigte Pfarramt berichtet folgende Vorfälle:
In den letzten Tagen wurden hier Tausende von Häftlingen aus Konzentrationslagern auf den Straßen vorbeigeführt, die angeblich ungarische Juden waren. Manche von ihnen brachen vor Erschöpfung zusammen und konnten nicht mehr mitkommen. Sie wurden dann kurzerhand von den begleitenden SS-Männern auf offener Straße mit dem Gewehrkolben erschlagen oder durch Kopfschuß getötet. Die Kolonnen zogen dann weiter, ohne sich um die Toten weiter zu kümmern. So lagen auf den Straßen von Hargelsberg nach Enns, von Enns nach Asten zu beiden Seiten der Straße die Toten in den Straßengräben. Das Gemeindeamt Enns ließ wenigstens die Toten sammeln und auf den hiesigen Friedhof schaffen, wo man sie auf einen Haufen zusammenwarf, bis sie in einem Massengrab auf dem ungeweihten Teil beerdigt werden konnten. Bis jetzt wurden 60 Leichen auf den Friedhof gebracht. Auf der Straße von Piburg nach Enns scharrte man die Leichen gleich an Ort und Stelle ein.
Die Bevölkerung ist über ein solches kulturwidriges Verhalten aufgebracht, und ich ersuche Sr. Exzellenz, den hochwürdigsten Herrn Bischof,[3] beim Gauleiter für Oberdonau,[4] energisch zu intervenieren, daß [die] für das deutsche Volk beschämenden Zustände abgestellt werden und daß die sanitätspolizeilichen Vorschriften den zuständigen Stellen in Erinnerung gebracht werden. Wenn es Tierkörperbeseitigungsanstalten gibt, die die Kadaver von der Straße zu entfernen haben, so muß doch auch für die Menschenleichen so gesorgt werden, wie es einem zivilisierten Volk entspricht.
Auf der Ennsbrücke hat man gerade gegenüber dem Brückenkreuze einen SS-Mann hingehängt und darunter eine Tafel angebracht mit der Angabe des Grundes, warum er gehängt wurde; am Schlusse heißt es: So lebt Deutschland, so lebt der Führer! – Eine Inschrift, die wohl nicht geistreich ist.

1 Diözesanarchiv Linz, CA/10, Sch. 6, Fasz. E/11 (Enns). Abdruck in: Widerstand und Verfolgung in Oberösterreich (wie Dok. 235 vom 13.4.1945, Anm. 1), S. 399 f.

2 Josef Leitner (1892–1965), Pfarrer; von 1915 an Kooperator und Provisor in den Gemeinden Mehrnbach, Mauerkirchen, Neumarkt i. M., Leonding, Linz-Pöstlingsberg, St. Wolfgang, von 1923 an Pfarrer in den Gemeinden Waxenberg, Maria Scharten, seit Mai 1941 Pfarrer in Enns und Dechant im Dekanat Enns; 1963 pensioniert.

3 Dr. Josephus Calasanz Fließer (1896–1960), Priester; 1941–1946 Weihbischof und Kapitelvikar der Diözese Linz; 1946–1955 röm.-kath. Bischof der Diözese Linz.

4 August Eigruber (1907–1947), Vermessungstechniker, Feinmechaniker; 1928 NSDAP-, 1938 SS-Eintritt; 1936 Gauleiter in Oberösterreich, 1938 Landeshauptmann, 1940 Reichsstatthalter in Oberdonau; 1946 im Dachauer Mauthausen-Prozess zum Tode verurteilt, 1947 hingerichtet.

Im Namen der Menschlichkeit und mit Rücksicht auf das Ansehen des deutschen Volkes ersuche ich nochmals, alle geeigneten Schritte zu unternehmen, daß bei diesen Transporten die Menschen menschlich behandelt werden und daß man mit den menschlichen Leichen auch halbwegs anständig umgeht.[5]

DOK. 252
Washington Post: Meldung vom 18. April 1945 über das Massaker in Gardelegen[1]

Nazis verbrennen 1100 Häftlinge in einem mit Stroh ausgelegten Gebäude. Verkohlte Leichen gefunden
Gardelegen, Deutschland, 16. April (zeitversetzt)
Deutsche SS-Truppen (Eliteeinheiten) haben in den vergangenen Tagen im Zuge der Evakuierung eines Konzentrationslagers in der Nähe von Mieste, etwa 50 Kilometer nordwestlich von Magdeburg, 1100 politische Häftlinge bei lebendigem Leibe verbrannt, erklärte heute einer der Überlebenden.[2]
Der Zeuge gehört zu einer Gruppe von sechs Personen, denen es gelungen ist, der grausamen, tödlichen Einkesselung zu entkommen.[3] Er berichtete, wie man belgische, französische, polnische und holländische Gefangene in eine große, gemauerte Lagerhalle in der Umgebung getrieben hatte, deren Boden zuvor einen halben Meter hoch mit Stroh ausgelegt worden war. Daraufhin legte man Feuer und verwandelte das Gebäude in eine Flammenhölle.
Heute ist nur noch ein knapp zwei Meter hoher Haufen verkohlter Leichen zu sehen.
(Anmerkung der Redaktion: Laut Bericht von Frank Conniff, Reporter vom International News Service, haben „amerikanische Ermittler nach der Untersuchung von zusammengeschmolzenen und verkohlten menschlichen Überresten, die sie in einer roten Ziegelscheune auf einem Acker vorfanden, die grausigen Mitteilungen der zehn Personen bestätigt, die als Einzige dem ungeheuerlichen Verbrechen der zum Äußersten entschlossenen Nazis entkommen konnten".)
Aus Angst vor der vorrückenden 9. US-Armee – die bereits auf dem Weg zur Elbe an ihnen vorbeigezogen war – hatten die Deutschen bereits am Donnerstag die Häftlinge aus Mieste weggeschafft. Am Freitagabend erreichten sie das gut 40 Kilometer nördlich von Magdeburg gelegene Gardelegen.[4]

5 Handschriftl. Vermerk: „In dieser Angelegenheit hat am 20. April 1945 F. Vieböck bei Pg. Nimpfer in der Gestapo in meinem Auftrag vorgesprochen, +JC. [Abk. für Josephus Calasanz]" Eine Gedächtnisniederschrift dieser Besprechung befindet sich im Diözesanarchiv Linz, Past-A/3, Sch. 91 (Nachlass Vieböck). Darin entgegnet der Vertreter der Gauleitung, Nimpfer, dass „es ein barbarisches Vorgehen sei, das man sicher nicht anwenden würde, wenn nicht die Not dazu zwingen würde". Eine ordentliche Bestattung der Leichen würde veranlasst.

1 Washington Post vom 18.4.1945, S. 1 f.: Nazis Burn to Death 1100 Prisoners in Straw-Filled Building. Das Dokument wurde aus dem Englischen übersetzt.

2 Zum Massaker von Gardelegen siehe Einleitung, S. 70 f., 87.

3 Insgesamt war es 25 bis 30 Personen gelungen, die Scheune lebend zu verlassen. Einige waren bereits geflohen, als US-Truppen eintrafen.

4 Gardelegen und Magdeburg liegen 60 km auseinander.

„Als wir in ein großes Gebäude geführt wurden, dachten wir uns nichts dabei", sagte einer der Überlebenden. „Wir waren schon viele Male zuvor in ähnliche Gebäude gebracht worden. Aber dann rochen wir Benzin im Stroh – und plötzlich war das Gebäude voller züngelnder Flammen. Es gelang uns, das Feuer zu ersticken, nachdem die uns zugeteilten Wachen der Hitlerjugend, die das Feuer gelegt hatten, das Gebäude verlassen hatten. Doch als die zurückgebliebenen Wachen, die an den Ausgängen postiert waren, mit Leuchtspurmunition in das Innere schossen, entfachte sich das Feuer erneut."
Wie überhaupt jemand von dort entfliehen konnte, ist schwer zu sagen. Alles, woran sich der hier zitierte Überlebende erinnern kann, ist, dass er sich irgendwie durchgeschlagen hat und über die Körper der noch Lebenden, der Sterbenden und der Toten gekrochen ist, bis seine Lungen frische Luft einsogen. Danach hat er sich bis zum nächsten Morgen im Gebüsch versteckt.

DOK. 253
Heinrich Klössinger berichtet vom Aufenthalt eines Häftlingszugs aus Buchenwald auf dem Bahnhof von Nammering zwischen dem 19. und 24. April 1945[1]

Erklärung von Heinrich Klössinger[2] vor Richard D. Beitelshees,[3] Nammering,[4] vom 25.5.1945

Am 19. April 1945 um etwa 16 Uhr kam hier in Nammering ein Zug mit Zivilgefangenen an.[5] Der Zug bestand aus 54 Waggons, die teils offen, teils gedeckt waren. In jedem Waggon konnten ungefähr 70–75 Mann untergebracht worden sein. Darunter befand sich ein Waggon mit Toten. Nach Aussagen eines Postens sollten es ca. 350 Tote sein. Nach Angaben des Transportleiters *Merbach* kam der Zug von Buchenwald und sollte nach Dachau bei München gebracht werden. Wegen Bombardierung der Stadt Plattling wurde der Zug über Deggendorf – Kalteneck – Passau – Pocking – Simbach nach Dachau umgeleitet. Die Verzögerung am Bahnhof Nammering entstand dadurch, daß ein Militärzug zwischen Tittling-Kalteneck entgleiste und die Böschung hinunterstürzte. Bis zur Behebung der Bahnschäden blieb der Häftlingszug im Bahnhof Nammering hinterstellt. Bei Rangierbewegungen im Bahnhof Nammering konnte man das Wimmern der wehrlosen Menschen in den Waggons wahrnehmen. Sie versuchten, bei der Waggonöffnung Wasser zu verlangen, wurden aber durch die Wachmannschaften zurückgeprügelt. Die Menschen waren abgemagert. An vielen Köpfen konnte man Schlagwunden feststellen,

1 NARA, RG 549, Box 488, Case 000-12-273.
2 Heinrich Klössinger (*1890), Reichsbahnangestellter auf dem Bahnhof Nammering.
3 Richard D. Beitelshees (1921–2008), Zahnarzt; 1945 Ermittler im War Crimes Investigation Team; nach dem Krieg Mitglied des War Crimes Tribunal in Dachau, 1951–1993 Zahnarzt in Huntington, Indiana, USA.
4 Heute Ortsteil der Gemeinde Fürstenstein im niederbayrischen Landkreis Passau.
5 Es handelte sich um den Transport von rund 4500 Häftlingen aus Buchenwald, die ursprünglich in Richtung Flossenbürg gebracht werden sollten, dann aber nach Dachau umgeleitet wurden. Nach fünf Tagen Aufenthalt am Bahnhof von Nammering blieben über 500 Tote zurück; siehe Einleitung, S. 86.

z. B. blaue Flecken, Abschürfungen im Gesicht. Die Gefangenen kauerten in Waggons eng zusammengepreßt. Sie durften nicht wagen, sich aufzurichten.
Etwas Grausames ereignete sich am 19. April, kurz nach Eintreffen des Zugs, als 2 Häftlinge einen Bottich mit Wasser herbeischafften. Sie waren sehr schwach und versuchten, sich das Tragen des Behälters dadurch zu erleichtern, indem sie einen Stock durch die Tragevorrichtung steckten, was sofort vom Posten bemerkt wurde. Der SS-Posten, ein Uffz., dessen Namen mir nicht bekannt ist, [der] seinem Dialekt nach ein Berliner sein konnte, ungefähr 1,65 m groß war, blondes, zurückgekämmtes Haar, ovales, blasses Gesicht hatte, schlug mit einem dicken Stock auf den schwachen Mann ein, sodaß er zusammenbrach. Er versetzte ihm dann noch einige Fußtritte in den Rücken, und da er nicht mehr fähig war, sich aufzurichten, tötete er ihn durch einen Genickschuß. Ein anderer Häftling wurde an dessen Stelle befohlen und mußte den Bottich weitertragen. Diese Leiche wurde dann von zwei anderen Häftlingen zu den Toten in dem mitgebrachten Waggon geworfen. Diese Quälerei und Schießerei hielt Tag und Nacht an.
Eines Morgens um 6 Uhr beobachtete ich bei einem Dienstgang durch die Bahnanlagen, wie 2 SS-Männer die Gefangenen eines offenen Waggons wachprügelten. Sie mußten die Toten, die während der vergangenen Nacht verstorben oder erschossen worden sind, aus ihrem Waggon herauswerfen. Darunter befanden sich aber noch Sterbende, die gleich von dem vorbeschriebenen SS-Uffz. erschossen wurden. Andere Häftlinge wurden herangeholt und mußten diese Leichen in den Waggon mit den Toten schaffen.
Ich sagte dann zu diesem Uffz., er solle endlich mit dem Morden aufhören, worauf er mir antwortete, ich solle mich aus dem Weg scheren, sonst käme ich als Nächster dran.
Am Vormittag eines anderen Tages beobachtete ich, wie sich ein Häftling dem nächsten Schienenstrang zu nähern versuchte, um dort die vom Militärzug zurückgelassenen Kartoffelschalen zu sammeln. Er wurde bei diesem Vorhaben durch einen SS-Posten durch Kopfschuß getötet.
Ein anderes Mal beobachtete ich, daß ein Häftling auf dem Weg zum Wasserbrunnen versuchte, einen Buschen Gras abzureißen, um seinen Hunger zu stillen. Er wurde dafür von einem SS-Posten, der ungefähr 40 Jahre alt war, [einen] zahnlosen Oberkiefer hatte, einen etwas gebückten Gang hatte, etwa 1,55 m groß war, mit einem ca. 3 cm Ø dicken Stecken geschlagen, auf den Kopf.
Als eines Morgens die Gefangenen eines Waggons unter Bewachung von 2 SS-Posten zum Austreten an eine steile Böschung geführt worden waren, versuchten wieder einige Gras zu pflücken, um wahrscheinlich ihren Hunger zu stillen, entfernte sich ein Gefangener einige Meter weiter, und er wurde deshalb von einem der beiden Posten durch Kopfschuß getötet. Dieser Posten war ungefähr 1,65 m groß und hatte ein rundes, volles Gesicht.
Am 20. April waren 2 Häftlinge damit beschäftigt, die mitgebrachten und die hier angefallenen Toten aus einem Waggon in ein Fuhrwerk umzuladen. Sie wurden dabei von einem SS-Posten beaufsichtigt. Der Posten verlangte ungeheure Schnelligkeit. Als den beiden schwachen Häftlingen eine Leiche zwischen Waggon und Pferdegespann fiel, erschoß der Posten dafür einen dieser beiden Häftlinge. Dieser Posten war ungefähr 1,55 m groß, untersetzte Figur, schmales Gesicht, tiefe Stimme und hatte damals am Kinn einen Ausschlag.
Ich überquerte dann das Gleis und ging hin und zeigte eine entrüstete Miene. Deshalb richtete dieser Posten die Maschinenpistole gegen mich.
Nachts durfte ich das Bahngelände nicht betreten, weil ohne Anruf von den Wachmannschaften geschossen wurde. Mußte ich aber aus dienstlichen Gründen dort hin, wurden

die Wachmannschaften durch den Transportführer darüber orientiert. Bei Nacht konnte ich nur lediglich Schüsse vernehmen.
Eines Nachts hörte ich sehr starkes Maschinenpistolenfeuer. Am darauffolgenden Morgen um ca. 6 Uhr sah ich Folgendes: Aus einem Waggon wurde durch Gefangene Leiche um Leiche herausgeholt. Während dieser Arbeit hörte ich in dem Waggon noch einige Schüsse, die wahrscheinlich den noch Lebenden bezw. Sterbenden galten.
Es ist also anzunehmen, daß in der vorerwähnten Nacht sämtliche Insassen dieses Waggons getötet worden sind. Das Blut sickerte durch den Waggonboden zur Erde. Dieser Waggon wurde dann mit etwas Wasser gesäubert und da es ein gedeckter Waggon war, mit Gefangenen aus einem offenen Waggon belegt.
Um die gedeckten Waggons aufzufüllen und auszunutzen, sind einige Gefangene aus offenen Waggons in diese umgeladen worden. Dadurch und durch die vielen Ausfälle an Toten sind 4 Waggons erübrigt und hier zurückgelassen worden.
Als die Strecke wieder frei geworden war, konnte der Transport weitergehen. Der Zug wurde, weil die Lokomotiven sehr schwach waren, in 3 Züge aufgelöst, von denen 2 am 23. Apr. und der letzte am 24. April 1945 hier abfuhren.
Etwa 270 Leichen wurden in einem Steinbruch in der Nähe des Bahnhofs verbrannt und eine größere Anzahl in einer unweit vom Bahnhof gelegenen Schlucht vergraben. Die Zahlen weiß ich nur vom Hörensagen. Für diese Arbeiten sind ausschließlich Gefangene verwandt worden.
Als der Transportzug hier eintraf, stellte sich der Transportführer vor. Es war Obersturmführer *Merbach,* Beruf: Bankangestellter. Er stammte aus Gotha in Thüringen. Er war ungefähr 1,80 m groß, hatte eine starke Figur, volles Gesicht, blondes Haar, keinen Bart, gutes, weißes Gebiß, Schuhnummer etwa 43–44, Reithose, mit Wildledereinsatz.
Ich konnte all diese Wahrnehmungen machen, weil mir als Bahnhofsvorstand von Nammering Gelegenheit gegeben werden mußte, das Bahngelände zu betreten.
Ich schwöre, daß ich vorstehende Aussage nach bestem Wissen und Gewissen gemacht habe, so wahr mir Gott helfe.

DOK. 254
Moritz Kestenberg und Abram Chmielnik schildern die Ermordung von Häftlingen durch SS-Männer am 19. April 1945 in Schwarzenfeld[1]

Handschriftl. Bericht von Moritz Kestenberg[2] und Abram Chmielnik,[3] abgelegt vor Ermittlungsoffizier Captain Inf. Kenneth R. Wilson, Schwarzenfeld, vom 29.5.1945

Am 16. April 1945 wurde ich mit ungefähr 2500 anderen polnischen, tschechischen u. französischen Häftlingen vom Konz. Lager Flossenbürg in einem Güterzug nach Dachau abtransportiert.[4] In Schwarzenfeld blieben wir stehen, weil wir nicht weiterkonnten. Das war am 18. April, um 6 Uhr früh.[5] Ungefähr um 9 Uhr wurden 50–60 Häftlinge in Gruppen von 15 bis 20 erschossen. Die Erschießungen wurden von fünf bis sechs deutschen SS-Männern ausgeführt. Der SS-Transportführer[6] hat das Schießen beobachtet und befohlen, aber niemand hat gesehen, daß er selbst geschossen hat. Den nächsten Tag, wurden 120–140 Häftlinge erschossen, darunter 16–17 verwundete vom Luftangriff von denselben SS-Männern.[7] Diese Häftlinge waren schwach von Hunger. Auch dieses Schießen hat der Transportführer beobachtet. Die SS-Männer haben Spaß gemacht u. gelacht während dieser Schüsse.
Ich konnte das Erschießen beobachten, weil ich bin in der Nähe von 25–30 Meter, auf einem offenen Wagon gestanden habe. Die Häftlinge würden in Gruppen von 15–20, die mußten sich hinlegen u. [wurden] durch Genickschuss erschossen. Ungefähr 15–16 Uhr. Der Transportführer hat auch das gesehen, u. war nicht aufgeregt davon. Der Zug hat hier in Schwarzenfeld gestanden 5 Tage [lang]. Während dieser Zeit wurden ich u. viele Kameraden gequält u. geschlagen mit Gummiknüppel u. mit Holzstücken, weil wir Wasser holen wollten oder öfter austreten oder etwas weiter vom Zug [weg]gegangen sind. Wenn wir haben Flossenbürg verlassen, haben wir 2 Tage [lang] kein Brot bekommen. In Flos, 3 km. vom Lager [entfernt] wurde der Zug beschossen.[8] Die S.S. Männer sind runter vom Zug u. [haben sich] versteckt. Wir sind geblieben auf dem Zug u. haben sich geworfen auf den Brot von die S.S. u. bei wem es war ein Zeichen, dass er Brot gehabt,

1 NARA, RG 549, Box 488, Case 000-50-46. Das Dokument wurde von zwei Nichtmuttersprachlern in deutscher Sprache verfasst.
2 Moritz Kestenberg (*1920), Tischler aus Będzin; 1940 im Zwangsarbeitslager Ottmuth, Jan. 1941 bis Febr. 1943 in Markstädt, Febr. 1943 bis Jan. 1945 in Fünfteichen, das von Frühjahr 1944 an Außenlager des KZ Groß-Rosen war, Jan. 1945 Transport nach Flossenbürg, im April 1945 Todesmarsch nach Dachau; lebte nach dem Krieg zunächst im DP-Camp in Weiden und emigrierte 1949 nach Israel.
3 Abram Chmielnik (*1923) aus Koło; Juni 1941 bis Aug. 1943 im Zwangsarbeitslager Posen, von Aug. 1943 an Häftling in Auschwitz, im Jan. 1945 mit dem Räumungstransport über Groß-Rosen nach Flossenbürg, März 1945 Häftling im Flossenbürger Außenlager Ansbach, April 1945 Todesmarsch aus Flossenbürg; nach der Befreiung im DP Hospital Schwarzenfeld, lebte 1947 in Weiden und plante seine Emigration nach Israel.
4 Es handelte sich um ca. 1700 Häftlinge, die mit der ersten Kolonne am 16.4.1945 das Stammlager Flossenbürg verließen.
5 Richtig: 19.4.1945.
6 Franz Berger.
7 Insgesamt starben in Schwarzenfeld 133 Häftlinge durch Erschießungen und drei Luftangriffe von Tieffliegern; siehe Dok. 257 vom 20.4.1945.
8 Siehe Dok. 247, Anm. 5.

haben sie erschossen, ungefähr 200 Opfer. Auch dies hat der Transportführer gesehen u. befohlen. Die Leichen von den Erschossenen in Schwarzenfeld hat man die Kleider ausgezogen, u. ungefähr 50 auf einen Wagen aufgeladen u. auf die Kiesgrube u. beim Friedhof beerdigt. Der polnische Häftling Moritz Lewkowicz wurde erschossen, weil er 2 Kartoffeln in der Tasche gehabt [hat], am 19. April 1945. Ich habe das gesehen. Zwischen den Erschossenen hat sich Felek Mordowicz, auch Pole, gebeten um Gnade, als Antwort wurde erschossen durch den Rücken, von dem betreffenden S.S. Mann. Der Transportführer, ein S.S. Oberscharführer, war ungefähr 35–40 Jahre alt, zirka 1,75 m groß, 70–75 kg. schwer, blonde Haare, dazwischen graue, eine braune Hautfarbe, u. glatt rasiert. Seine Haltung [war] militärisch.

Ich habe diese Erklärung gelesen, welche gemacht ist von Moritz Kestenberg, und ich schwöre, daß alles die reine Wahrheit ist. Ich war auch ein Gefangener in diesem Häftlingszug und war auch Zeuge bei den Exekutionen, welche in dieser Erklärung erwähnt worden sind. Ich kenne Felek Mordowicz, und ich war dabei, als er erschossen wurde. Ich kann auch schwören, daß der Oberscharführer dabei war, als die Exekutionen, [wie] erwähnt in obengenannter Erklärung, stattfanden. Ich bin ein polnischer Zivilist, und ich entwischte vom Gefangenenzug in Schwarzenfeld, Deutschland zu derselben Zeit. Moritz Kestenberg entwischte am 19. April 1945. Meine ständige Adresse in der Zukunft wird sein Haifa, Palästina, Benjamin Stern. Eventuelle Post oder [...],[9] gerichtet an diese Adresse, werden mir zugeschickt.

DOK. 255
Curt Meyer berichtet über den Todesmarsch aus Neuengamme und die Zustände im Auffanglager Sandbostel zwischen dem 19. und 29. April 1945[1]

Protokoll der Vernehmung von Dr. Curt Meyer[2] durch Lt. Col. Boraston[3] and Major Till[4] vom 6.6.1945

[...][5]
Man brachte uns weg aus *Neuengamme*. Als Grund wurde uns das Näherrücken der britischen Truppen genannt. Wir wurden mit einem großen Transport zunächst nach *Bergen-Belsen* gebracht. In *Bergen-Belsen* wies man uns mit der gleichen Begründung, nämlich dem Vormarsch der britischen Truppen, ab. Dann ging es quer durch das Land,

9 Ein Wort unleserlich.

1 TNA, WO 309/414, Exhibit Nr. 15. Das Dokument wurde aus dem Englischen übersetzt.
2 Dr. Curt Meyer (1891–1984), Arzt; Inhaber einer Praxis in Gotha, verlor 1938 aufgrund seiner jüdischen Herkunft seine Praxis, Tätigkeit im Jüdischen Krankenhaus Berlin; durch „Mischehe" zunächst vor der Deportation geschützt, im April 1944 nach Auschwitz deportiert, im Nov. 1944 nach Neuengamme verlegt, im Mai 1945 in Sandbostel befreit; nach 1945 Senatsrat in West-Berlin, engagiert in der Reorganisation der Gesundheitsfürsorge.
3 Lt. Col. J. H. Boraston, Ermittlungsoffizier.
4 Major N. O. Till, East Yorks Regiment, Ermittlungsoffizier (Kreuzverhör).
5 Im ersten Teil der Vernehmung berichtet Meyer von seiner Verfolgung und seiner Gefangenschaft in Auschwitz und Neuengamme.

insgesamt waren wir acht Tage unterwegs. Am Ende landeten wir in *Sandbostel*.[6] Unser Transport bestand aus 4000 Männern, und viele von ihnen sind unterwegs gestorben.
Frage: Wie lange dauerte der Transport nach *Sandbostel*?
Antwort: Acht Tage. Die Bedingungen in *Sandbostel* waren furchtbar. Alle Baracken waren stark mit Läusen befallen. Sie befanden sich in einem unbeschreiblich schmutzigen Zustand, voll mit Exkrementen. Wir waren am Anfang ratlos, was wir tun sollten, aber schließlich gelang es uns, eine Krankenstation aufzubauen. Das alles machten natürlich ausschließlich die Häftlinge selbst. Wir hatten nur sehr wenige Medikamente zur Verfügung. Durch die Unterstützung der Kriegsgefangenen und ihrer Repräsentanten, zusammen mit Oberstabsarzt *Adam*,[7] wurden wir nach und nach von den Kriegsgefangenen verschiedener nationaler Herkunft mit Arzneimitteln versorgt.[8] Wir hatten auch nicht genug zu essen. Es sind schreckliche Dinge vorgefallen, die ich nicht selbst gesehen habe und deshalb nur vom Hörensagen berichten kann. Könnten Sie bitte vermerken, dass ich das Folgende nicht unter Eid aussagen kann, weil ich nicht selbst Augenzeuge war?
Frage: Einverstanden. Wir werden das vermerken.
Antwort: Die Gefangenen waren kurz vor dem Verhungern. Daher schnitten sie Fleisch aus den Körpern der Toten und aßen es. In Fällen, in denen das herauskam und man es Einzelnen definitiv nachweisen konnte, wurden sie dafür bestraft. Ich selbst habe mit eigenen Augen zerstückelte Leichen gesehen, denen man Fleischteile herausgeschnitten hatte. Alles andere kann ich nicht persönlich bezeugen.[9]
Frage: Welche Unterstützung, wenn überhaupt, bekamen Sie vom deutschen Lagerpersonal in *Sandbostel*?
Antwort: Es gab dort einen Marinesoldaten. Sein Dienstgrad war der eines SDG, das heißt Sanitätsdienstgrad. Er tat alles in seiner Macht Stehende, um uns zu helfen.
Frage: Gehörte er zum bereits vorhandenen Lagerpersonal, oder ist er mit Ihnen dort angekommen?
Antwort: Er traf später ein. Der zur Marine gehörige Wachmann kam später. Zuerst war die SS da, die dann aber abrückte. Dann kam der Marinesoldat. Ohne irgendwelche Befehle von oben errichtete er Latrinen, kümmerte sich um die Kranken, und, was besondere Erwähnung verdient, er sorgte auch für die Typhuskranken.
Frage: Kennen Sie seinen Namen?
Antwort: Ja.
Frage: Könnten Sie ihn bitte nennen.
Antwort: Er lautete wahrscheinlich *Elers*, vielleicht auch *Ehlers* geschrieben. Er war kein Berufssoldat. Ich glaube, er war von seiner Ausbildung her Florist oder etwas Ähnliches.
Frage: Kennen Sie Oberst *Lühe*?
Antwort: Nein. Ich habe den Namen schon einmal gehört, aber ich kann mich gerade nicht erinnern, wo das war, ich weiß nichts Konkretes über ihn.

6 Im April 1945 wurden 9500 Häftlinge aus dem Lagerkomplex Neuengamme im Kriegsgefangenenlager Stalag X B in Sandbostel untergebracht; siehe Einleitung, S. 84 f.
7 Dr. Rudolf Adam.
8 Am 15.4.1945 hatte die SS der Wehrmacht und den Kriegsgefangenen untersagt, den KZ-Bereich zu betreten. Die Häftlinge blieben an den folgenden Tagen ohne jede Versorgung. Am 19.4.1945 wurde die Isolierung der KZ-Häftlinge gelockert. Dem Lagerarzt Dr. Adam wurde gestattet, Medikamente in den KZ-Bereich zu bringen; siehe Dok. 240 vom 14.4.1945.
9 Andere Häftlinge bestätigen Fälle von Kannibalismus in Sandbostel.

Frage: Hat der Kommandant des Lagers in *Sandbostel* irgendetwas unternommen, um den Häftlingen zu helfen?
Antwort: Das kann ich nicht beurteilen. Die Kriegsgefangenen haben uns ganz großartig unterstützt. Als sie von der Sache mit den Leichen erfuhren, ließen sie uns so viel Essen zukommen, dass wir alle satt wurden. Damit zog wieder Ruhe und Ordnung ins Lager ein.
Frage: Wissen Sie, wer die Verantwortung übernahm und wieder Ruhe und Ordnung herstellte?
Antwort: Ich meine, es waren die französischen Kriegsgefangenen. Es gab dort auch einen französischen Leutnant, der irgendwann das Kommando über das Lager übernommen hat, und von da an haben die Franzosen alles in die Hand genommen.[10]
Frage: Ist Ihnen der Name Dr. *Bensch* untergekommen?
Antwort: Ja. Er war auch in *Sandbostel*, ich meine zusammen mit Oberstabsarzt Dr. *Adam*.
Frage: Hat Ihnen Dr. *Bensch* in irgendeiner Form geholfen?
Antwort: Ich habe Dr. *Bensch* beim Dienst in der Quarantänestation gesehen.
Frage: Wissen Sie, ob Sie irgendwelche medizinische Unterstützung oder Medikamentenvorräte vom Krankenhaus in der Nähe des Lagers erhalten haben?
Antwort: Das weiß ich nicht, aber ich möchte Folgendes festhalten: Ich war zunächst Arzt auf der Krankenstation im Lager *Sandbostel*, wurde aber später, auf Empfehlung des holländischen Arztes und Professors namens van der *Weiden*, an das Britische Krankenhaus in *Sandbostel* berufen. Ich habe dort nur einen oder zwei Tage Dienst getan, weil ich krank wurde. Ich erinnere mich aufgrund meiner Typhuserkrankung nur noch vage daran. Zu dieser Zeit wies ich Dr. *Bensch* an, auf der Quarantänestation zu bleiben, bis er ordnungsgemäß abgelöst würde.
Frage: Hat er sich daran gehalten?
Antwort: Sicherlich. Ich nehme es zumindest an, ganz genau weiß ich es nicht, aber ich denke, dass es so war. Ich bin nach zwei Tagen Dienst erkrankt.
Frage: Haben Sie schon einmal den Namen Oberstleutnant *Westphal*[11] *gehört?*
Antwort: Nein. Als wir ankamen, war der Kommandant des Kriegsgefangenenlagers ein Rittmeister, aber seinen Namen kenne ich nicht.[12]
Frage: Würden Sie den Namen wiedererkennen?
Antwort: Ich kann es Ihnen wirklich nicht mit Sicherheit sagen.
Frage: Haben Sie schon einmal den Namen *Michael* gehört?

10 Nach einem „Hungeraufstand" der Häftlinge in Sandbostel am 19.4.1945, als Häftlinge die Lagerküche stürmten, setzten sich die SS-Angehörigen und Teile des Wehrmachtspersonals ab. Am 20.4.1945 wurden Teile der Lagerorganisation den Kriegsgefangenen übergeben. Ein internationales Komitee aus Kriegsgefangenen bestimmte Colonel Marcel Albert aus Frankreich zu seinem Vorsitzenden. Die Gefangenen organisierten umgehend eine Nothilfe für die KZ-Häftlinge.

11 Oberstleutnant Heinrich Ferdinand Westphal war vom 20.–29.4.1945 kommissarischer Kommandant des Kriegsgefangenenlagers.

12 Willi Michael (1890–1984), Rittmeister der Wehrmacht; 1943 SS-Eintritt; SS-Hstuf.; 1944 Lagerführer im Groß-Rosener Außenlager Bunzlau I, Febr./März 1945 Begleitung des Räumungsmarschs aus Bunzlau nach Mittelbau-Dora und Bergen-Belsen, übernahm am 20.4.1945 die Lagerführung in Sandbostel; 1945 in brit. Internierung, bis 1950 Haft in Bautzen, führte später ein Lebensmittelgeschäft in Görlitz.

Antwort: Nein, ich kann mich nicht daran erinnern.
Frage: Haben Sie im Lager jemals einen deutschen Oberstleutnant gesehen?
Antwort: Nein. Es war uns nicht gestattet, das Gelände des Konzentrationslagers zu verlassen.
Frage: Haben Sie deutsche Ärzte gesehen, die sich an der Hilfe für die Gefangenen beteiligt hätten?
Antwort: Das war überhaupt nicht notwendig, da wir über 40 Ärzte waren. Unter den Häftlingen befanden sich 30 bis 40 Ärzte, vielleicht sogar noch mehr. Ich will noch einmal erwähnen, dass Dr. *Adam* uns sehr behilflich dabei war, medizinische Instrumente und anderes Material zu organisieren. Man sollte zudem nicht vergessen, dass das Lager aufgrund des Ausbruchs von Typhus abgeriegelt war und diese Ärzte eigentlich für die Versorgung der Kriegsgefangenen zuständig waren.
Frage: Gab Ihnen Dr. *Adam* so viel Unterstützung, wie es seinen Möglichkeiten entsprach?
Antwort: Ohne dass wir ihn darum bitten mussten, tat er alles in seiner Macht Stehende, um uns zu helfen.
Frage: Bekamen Sie von deutscher Seite irgendeine Unterstützung, etwa beim Bau von Latrinen, beim Abtransport von Leichen oder bei der allgemeinen Instandhaltung des Konzentrationslagers?
Antwort: Nein. Wir haben alles allein gemacht, mit Ausnahme des bereits genannten Sanitätsoffiziers.
Frage: Waren Sie in der ersten Zeit nach Ihrer Ankunft völlig abhängig von den Essensrationen der Deutschen?
Antwort: Ja.
Frage: Sind Sie in dieser Zeit ausreichend verpflegt worden?
Antwort: Nein, in den ersten zwei Tagen ganz eindeutig nicht, und auch nicht während unseres Transports.
Frage: Haben Sie überhaupt etwas zu essen bekommen, oder anders gefragt: Würden Sie die Verpflegung als ausreichend zum Überleben betrachten?
Antwort: Während der ersten beiden Transporttage – ich befürchte, aufgrund meiner Typhuserkrankung funktioniert mein Gedächtnis nicht mehr so gut – erhielten wir gar nichts. Ich kann Ihnen nicht sagen, ob überhaupt keine Verpflegung für uns vorgesehen war oder ob die Essensrationen aufgrund des vielen Hin und Her verloren gegangen waren.
Frage: Wissen Sie, ob im Lager Verpflegung für die Häftlinge vorhanden war?
Antwort: Ich habe gesehen, dass in einer Baracke Brot und Wurst gelagert wurden, aber ob die Mengen ausreichend waren, kann ich wirklich nicht beurteilen. Auf jeden Fall war das, was wir zugeteilt bekamen, viel zu wenig. Immer wenn ein Häftling mit einem Stück Brot in der Hand daherkam oder wenn man anhand der Auswölbung seiner Hosentaschen erkennen konnte, dass er etwas bei sich trug, fielen die anderen Häftlinge über ihn her, warfen ihn auf den Boden und nahmen ihm alles ab, was er hatte. Während der ersten beiden Tage brachten uns die Franzosen auch in Decken eingewickelte gekochte Kartoffeln. Alle Häftlinge stürzten auf sie zu und versuchten, so viele Kartoffeln wie möglich zu ergattern. Es gab immer Kämpfe, und die Kartoffeln fielen jedes Mal zu Boden. Derjenige, der am nächsten stand, sammelte auf, was er tragen konnte.
Frage: Können Sie uns die Namen der deutschen Offiziere in *Neuengamme* nennen?

Antwort: Der Kommandant hieß *Pauli.*[13] Er war Obersturmbannführer.
Frage: Kennen Sie zufällig die Anfangsbuchstaben seines Vornamens?
Antwort: Nein.
Frage: Können Sie uns die Namen von weiteren Offizieren, die Ihnen bekannt sind, nennen?
Antwort: Da war Obersturmführer *Tumann.*[14] Möglich, dass sein Namen *Thumann* geschrieben wird. Er war der Lagerführer.[15] Das heißt, er war derjenige, der eigentlich für das Lager verantwortlich war.
Frage: Weitere Namen?
Antwort: Es gab einen Unteroffizier der Reserve mit dem Dienstgrad eines Unterscharführers namens *Reimann.*[16]
Frage: Wissen Sie, wozu er eingesetzt war?
Antwort: Der Lagerführer war Herr über alles. Wenn die Betten nicht ordentlich gemacht waren, wurden wir geschlagen.
Frage: Wissen Sie, ob die Häftlinge in *Neuengamme* in irgendeiner Weise misshandelt wurden?
Antwort: Ja. Sie wurden sehr schlecht behandelt. Die ganze Atmosphäre war furchtbar. Sie mussten hart arbeiten. Bei schlechtem Wetter mussten sie im Barackenhof stundenlang Appell stehen. Es gab sehr, sehr viele Erkrankungen unter den Häftlingen.
Frage: Waren diese das Ergebnis der Misshandlungen oder der Mangelernährung?
Antwort: Die meisten litten unter Durchfall, Tuberkulose und Ödemen. Das sind Schwellungen.
Frage: Sind das typische Zeichen für Unterernährung?
Antwort: Ja.
Frage: Haben Sie mitbekommen, dass Häftlinge geschlagen wurden?
Antwort: Ja, das kam häufig vor.
Frage: Wissen Sie, wer geschlagen hat?
Antwort: Reimann und *Tumann. Reimann* teilte Schläge aus, aber auch *Tumann* schlug regelmäßig zu.
Frage: Haben Sie jemals davon gehört, dass im Lager Häftlinge gehängt wurden?
Antwort: Ja. Soweit ich weiß, gab es Hinrichtungen, die nach gerichtlichen Ermittlungen von der Politischen Abteilung angeordnet wurden. Soweit ich das beurteilen kann, betraf das Leute, die man zuvor ins Gefängnis gebracht, dann aber zu uns überstellt hatte. Ich nehme an, weil alle Gefängnisse in der Gegend voll belegt waren.
Frage: Wo fanden diese Hinrichtungen statt?
Antwort: Im Lager.

13 Richtig: Max Pauly.

14 Anton Thumann (1912–1946), Schreiner; 1932 SS-, 1933 NSDAP-Eintritt; von 1933 an Wachmann in Dachau, von Mai 1941 an Schutzhaftlagerführer in Groß-Rosen, Febr. 1943 bis März 1944 im KZ Lublin-Majdanek, dann in Neuengamme; Nov. 1943 SS-Ostuf.; 1946 im Hamburger Neuengamme-Hauptprozess zum Tode verurteilt und hingerichtet.

15 Im Original deutsch. Gemeint ist die Funktion des Schutzhaftlagerführers.

16 Richtig: Wilhelm Dreimann (1904–1946), Holzschnitzer; 1940 Wachmann in Oranienburg, Aug. 1942 Kommandoführer im Außenlager Wittenberge, Mai bis Dez. 1943 Lagerführer in Salzgitter-Drütte; Juli 1943 SS-Uscha.; von Dez. 1943 an Rapportführer in Neuengamme; 1946 nach Todesurteil im 1. Hamburger Neuengamme-Prozess in Hameln hingerichtet.

Frage: An einem speziellen Ort im Lager?
Antwort: Man hatte in einer bestimmten Ecke Galgen errichtet.
Frage: Fand irgendeine dieser Hinrichtungen öffentlich statt?
Antwort: Ich habe keine öffentliche Hinrichtung mitbekommen.
Frage: Waren Sie selbst Augenzeuge einer dieser Hinrichtungen?
Antwort: Nur aus der Entfernung.
Frage: Ist Ihnen dort irgendwann ein Mann namens *Oeser* begegnet?
Antwort: Nein, ich kann mich nicht daran erinnern.
Frage: Kein offizieller Funktionär, sondern vielleicht ein Kapo?
Antwort: Das ist möglich, aber ich weiß es nicht.
Frage: Es kann auch sein, dass er im Herbst 1944, wahrscheinlich im November, einmal Patient im Krankenhaus von *Neuengamme* war.
Antwort: Dazu kann ich nichts sagen. Das Krankenhaus dort war sehr groß. Wir hatten zwischen 1500 und 1600 Patienten.
Frage, Major TILL: Wann sind Sie infolge Ihrer Typhuserkrankung zusammengebrochen? War das in *Sandbostel*?
Antwort: Ja. Das war in *Sandbostel*, und zwar am 1. Mai 1945. Es kann auch ein, zwei Tage früher gewesen sein.
Frage: War das vor der Ankunft der Engländer?
Antwort: Nein. Die Briten waren zu diesem Zeitpunkt schon da.
Frage: Haben Sie die meiste Zeit in der von Ihnen aufgebauten Krankenstation verbracht? Waren Sie als Arzt auf das Krankenhaus beschränkt?
Antwort: Die meiste Zeit hielt ich mich in der Krankenstation auf. Nur in *Auschwitz* war ich etwa vier bis fünf Wochen beim Straßenbau eingesetzt, und in *Neuengamme* musste ich etwa 14 Tage lang leichte körperliche Arbeit verrichten. Die restliche Zeit war ich als Arzt eingesetzt.
Frage: Was ich wissen wollte, ist: Könnte es sein, dass Sie aufgrund Ihres Dienstes im Krankenbau nicht mitbekommen haben, was im Lager geschah?
Antwort: Ich habe gesehen, was im Lager passierte, weil man als Arzt ja in alle Baracken kam. Daher hatte ich eine Vorstellung davon, was im Lager *Sandbostel* vor sich ging.
Frage: Wenn ein Häftling krank wurde, war es dann Ihrer Ansicht nach so, dass er von einem Arzt aufgesucht wurde, oder gab es zu viele Kranke, so dass sich die Ärzte nicht um alle kümmern konnten?
Antwort: Es gab genügend Ärzte im Lager, so dass alle versorgt werden konnten, aber es herrschte großer Mangel an Medikamenten. Es fehlte auch an Betten, die Menschen lagen auf dem Boden, es gab keine Decken. Sie lagen in den Baracken wie Sardinen, einer neben dem anderen, ohne Matratzen. Die wenigen Matratzen, die es gab, waren so verlaust, dass sie nicht zu gebrauchen waren.
Frage: Konnten alle Toten bestattet werden?
Antwort: In den ersten Tagen schafften Bewohner aus dem Ort die Leichen aus dem Lager auf Karren fort. Wohin sie gebracht wurden, weiß ich nicht. Vielleicht wurden sie begraben oder eingeäschert, ich habe keine Ahnung. Nach der Ankunft der Briten wurde die Zivilbevölkerung aufgefordert, zu kommen und riesige Massengräber im Lager auszuheben. Es wurden ordentliche Gräber mit Blumen darauf hergerichtet.
Frage: Sie sagten, die Gebäude seien sehr schmutzig gewesen, als Sie dort eintrafen. Gehörten Sie zur ersten Gruppe von politischen Häftlingen, KZ-Häftlingen, die dort ankam?

Antwort: Zwei oder drei Tage zuvor war bereits ein anderer Transport eingetroffen. Es waren aber nicht sehr viele, ich würde schätzen, ungefähr 1000 Häftlinge.
Frage: Haben Sie während Ihres Aufenthalts in *Neuengamme* viele Häftlinge behandelt, die Verletzungen aufgrund von Schlägen aufwiesen?
Antwort: Wie ich bereits gesagt habe, war meine Funktion in *Neuengamme* mehr die eines medizinischen Angestellten als die eines Arztes. Aber ich habe viel gesehen. Es kamen einige Verletzte in den Krankenbau, deren Wunden von Schlägen stammten. Die meisten der Misshandelten landeten allerdings nie auf der Krankenstation. Wichtig ist festzuhalten, dass sich das Verhalten der SS, der Kapos und der Vorarbeiter in den letzten Monaten vor Ankunft der Briten erheblich gebessert hatte. Dies hatte ganz sicher damit zu tun, dass die Deutschen zunehmend überzeugt waren, den Krieg zu verlieren. Ich selbst bin nie geschlagen worden. Die wichtigste Beobachtung ist, dass der Tod einer enormen Zahl von Häftlingen allein auf das Fehlen von sanitären Anlagen und ausreichend Essen zurückzuführen ist. Wir hatten den Eindruck, dass sie diese Zustände mit Absicht nicht veränderten, weil sie uns krepieren lassen wollten.
Frage: Hätte derjenige, der den Befehl gegeben hat, die Häftlinge von *Neuengamme* nach *Bergen-Belsen* zu schaffen, wissen können, dass viele das nicht überleben würden?
Antwort: Ja, das war ihm mit Sicherheit klar.
Frage: Selbst wenn sie direkt nach *Bergen-Belsen* gebracht worden wären und der Transport nicht acht Tage gedauert hätte?
Antwort: Ja. Nach *Bergen-Belsen* schickte man ohnehin nur diejenigen, die nicht mehr in der Lage zu irgendeiner Arbeit waren, alle Kranken und ohne Ausnahme alle Juden.
Frage, Lt. Col. Boraston: Können Sie sich noch an das Datum des Tages erinnern, an dem Sie in *Sandbostel* ankamen?
Antwort: Ich erinnere mich nicht mehr an das Datum, nur dass es einige Tage vor Ankunft der Engländer war.
Frage: Gibt es darüber hinaus noch etwas, was Sie uns berichten möchten?
Antwort: Ich denke, ich habe alles sorgfältig und korrekt genannt.

DOK. 256

Alice Ehrmann notiert am 20. April 1945 in ihrem Tagebuch die Ankunft des ersten Räumungstransports in Theresienstadt[1]

Handschriftl. Tagebuch von Alice Ehrmann,[2] Theresienstadt, Eintrag vom 20.4.1945

Um 6.30 traf ein Transport von 25 Waggons, 1800 Leute ein.[3] Es flog die Nachricht durchs Getto: Leute aus Lagern. Als sie an Kreta[4] vorbeifuhren, sie riefen Auschwitz, Birkenau, Hannover, Buchenwald, sie riefen alle die grausamen Formeln aus dem Zug. Da blieb das Herz der Stadt stehen. Und jetzt sind sie da. Stinkende, verpestete Viehwaggons. Darin stinkende, verpestete Menschen, halb lebendig, halb tot oder Leichen. Sie drückten sich an die Fenster, furchtbare Gesichter, Knochen und Augen – – – 80 Frauen aus Theres. und sonst fast lauter Männer. Wie die aussehen! – – – Da kam es auf uns zu, das, wovor wir zitterten, monatelang. Um unser Leben und Dahinsterben geht es, um millionenfaches Leiden, ohne Erlösung … … und jetzt ist es da. Es ist da. Die Restchen der Massen, die Reste der Menschen. Sie warfen Zigaretten heraus. Sie fielen zu Boden und zeigten sich in den Mund – trinken, essen. Sie wurden in die Schleuse[5] abgeladen, *abgeladen*. Der und der ist gekommen. Namen, Mutter, Tochter, Geliebter von dem und dem.[6] Alle gruselt es. Man führt sie in Plattenwagen nach den schnell errichteten Maroden.[7] Mütter erkennen ihre Kinder nicht wieder – sie haben alle so ausgeloschene Augen … Leute werfen ihnen Brot zu, sie stürzen sich darauf und schlagen sich darum. Sie sind 8 Tage unterwegs. Sie sind verhungert; die Waggons – ich vergesse es nicht. Das Halbdunkel, die Holzkisten und der Zellstoff, Dreck, Kleidungsstücke, bemalt, Geschirr. Und doch so leer … Ein zu grauenhafter Gestank von altem Mist, und am glitschigen Fußboden, hinter Kisten, im Dunkel, ein weiß leuchtender Fuß eines Toten, eines, der vor einer Woche noch lebendig war – Und jetzt und in all dem Elend wurde mir klar, wie gut es ist, tot zu sein. – Auf Tragbahren heraus. In der Nacht 6 Waggons Ungarn.[8]

1 YVA, O.64/86, Bl. 129 f. Abdruck in: Theresienstädter Studien und Dokumente, hrsg. von Miroslav Kárný/Raimund Kemper/Margita Kárná, Prag 1994, S. 169–205, hier S. 187. Das Tagebuch wurde in deutscher Sprache mit hebräischen Buchstaben verfasst.

2 Alice Ehrmann, später Alisah Shek (1927–2007); geb. in Prag, im Juli 1943 mit ihrer Schwester Ruth nach Theresienstadt deportiert, führte dort vom 18.10.1944 an ein heimliches Tagebuch und versteckte Lagerdokumente, befreit im Mai 1945; nach dem Krieg emigrierte sie nach Israel und heiratete Zeev Shek, der später Botschafter Israels in Österreich und Italien wurde.

3 Am 20.4.1945 kam der erste von über 20 Räumungstransporten in Theresienstadt an. Vermutlich stammte er aus mehreren Außenlagern des Lagerkomplexes Buchenwald (Schlieben, Raguhn).

4 Bereich von Theresienstadt.

5 Dort wurden die Häftlinge nach der Ankunft im Getto sowie vor einem Weitertransport durchsucht.

6 Mit diesem Transport kehrten etliche ehemalige Häftlinge nach Theresienstadt zurück, z. B. Frauen, die im Herbst 1944 aus Theresienstadt nach Auschwitz, von dort nach Bergen-Belsen und von dort in das Buchenwalder Außenlager Raguhn gebracht worden waren.

7 Eigentlich: Marodenstuben, Bezeichnung für spezielle Krankenzimmer.

8 Gemeint ist ein Transport aus Niederdonau.

DOK. 257
Wilhelm Geldner berichtet über den Hunger von KZ-Häftlingen und den Transport der Leichen in Schwarzenfeld zwischen dem 20. und 25. April 1945[1]

Handschriftl. Erklärung von Wilhelm Geldner[2] aufgenommen durch Kenneth R. Wilson,[3] Schwarzenfeld, vom 1.6.1945[4]

Wie ich aus dem Bahnhof (Lagerhaus) in Schwarzenfeld kam, um dort Saatkartoffeln abzuholen, sah ich auf den Bahngeleisen einige Waggons mit K.Z.-Häftlingen, welche von S.S.-Männern schwer bewacht wurden.
Diese Häftlinge durften die Waggons während der Luftangriffe nicht verlassen. Ich habe gehört, daß diese Häftlinge vor Hunger geschrien haben, aber man konnte ihnen weder Wasser noch Brot bringen. Die Begleitmänner der S.S. drohten mit sofortigem Gebrauch von Schußwaffen, wenn man sich den Häftlingen nähern wollte. Diese und folgende Sachen spielten sich zwischen dem 20. und 25. April 1945 ab.
Zweitens habe ich gesehen, wie tote Häftlinge, welche von der S.S. Bewachung erschossen oder erschlagen wurden, auf einem offenen Brückenwagen zum sogenannten Mistanger durch den Ort Schwarzenfeld mit etwas Holzwolle zugedeckt, befördert wurden. Dies geschah am hellen Tag, außerdem hangen Hände oder Füße über die Wagenkante herunter. Die gesamte Ortsbevölkerung war über diese Art der Beförderung von Toten sehr ungehalten. Ich bin fest im Glauben, daß es auch dem ehemaligen Bürgermeister von Schwarzenfeld, Herrn Georg Pronath,[5] bekannt war, und es wäre ihm bestimmt möglich gewesen, diese Transporte während der Nacht zu erledigen.
Ich habe gesehen, wie die Häftlinge in drei Gruppen zu Fuß 2 Tage vor dem Einmarsch der Amerikaner abmarschierten.
Ich habe nach dem Einmarsch der Amerikaner das Ausgraben der Toten gesehen und festgestellt, daß die Toten mit dem Gewehrkolben erschlagen wurden. Bei einigen Leichen waren die Schädeldecken in der Mitte gespalten, bei den anderen das Gehirn ausgetreten, Würgespuren, blaue Gesichter verschwollen, und Genickschüsse habe ich gesehen. Die meisten Leichen waren fürchterlich gemartert und verzerrt.
Ich habe (133) einhundertdreiunddreißig Leichen eingesargt und am hiesigen Friedhof ordentlich beerdigen lassen.

1 NARA, RG 549, Box 488, Case 000-50-46.
2 Wilhelm Geldner (*1902), geb. in Wien, 1926 NSDAP-Eintritt; 1933 wegen politischer Betätigung aus Österreich ausgewiesen, im April/Mai 1945 Interimsbürgermeister in Schwarzenfeld; am 2.6.1945 seines Amts enthoben und gemeinsam mit seiner Frau Henriette Geldner verhaftet; weiteres Schicksal ungeklärt.
3 Kenneth R. Wilson, Capt. Inf. U.S. Army, Ermittlungsoffizier.
4 Sprachliche Eigenheiten wie im Original.
5 Georg Pronath (1899–1982), Eisendreher; 1928 NSDAP-, 1930 SS-Eintritt; 1936 SS-Ostuf.; Mai 1935 bis April 1945 NSDAP-Ortsgruppenleiter und Bürgermeister von Schwarzenfeld; 1947 in US-Gefangenschaft in Dachau, wohnte später in Nabburg.

DOK. 258
Felix Hermann Oestreicher beschreibt am 20. April 1945 in seinem Tagebuch die Situation im „Verlorenen Zug" aus Bergen-Belsen[1]

Handschriftl. Tagebuch von Felix Hermann Oestreicher,[2] Eintrag vom 20.4.1945[3]

Flüchtlinge gesehen. Der Wald direkt neben uns ist angeblich von Minen gefüllt. Er raucht nach LA.[4] Wir dürfen nur bis zum Weg gehen, sonst wird geschossen. F[rau] Lyon †. Kind Waischer sterbend. (†[5]). Es ist Brot gefaßt und soll noch mehr gebracht werden. Die Soldaten leben nur von Brot, haben seit Tagen nichts Warmes. Jeder möchte die Knarre wegwerfen, aber tut doch seine Pflicht. Der Viadukt der Autostraße wird mit Dynamit belegt (100 m Springweite für Wag[gon] weit). Neben uns stehen [...].[6] F[rüh] Kartoffelsalat mit Gurken. 1 Stück Brot. Dann abgekochte Kart[offeln], so vom Topf und die Ärztebrotration eskomptiert.
Nacht Regen: Kartoffel + Rüben + Zwiebeln als dicke Suppe und das Stück Brot von Bauern. Bei Rückkehr mit Eimer vom Bahnhof werde [ich] von vielen angebettelt und gebe f[ür] G[7] zu viel ab (+/– ½ Eimer). G und Ma[8] haben Hände voll Impetigo,[9] Ma hinten Wuchselzopf, für den [ich] Salbe erhalte. Bea ist die Nervöseste, heult bei jeder Gelegenheit, bes[onders] Luftangriff. Durch das Abkochen ist der Streifen beim Geleise rasch kahlgeschnitten. In Lübben habe früh zuerst nichts gefunden, dann in 1 Waggon zufällig von außen Stroh geholt und dadurch großes Bett erbeutet. Heize auch mit mulmigen Telegrafstock u. [am] 19. sehr viel Oberfeuer von Tannennadeln auf Steinen zwischen Töpfen. Plötzlich ging mir Feuer aus, zu Gs Ärger. Sie ist einerseits tapfer, holt Holz, bettelt, andererseits hat sie fortwährend Streit mit Nachbarn, auch nachts. Aber Suse Szüs ist meiner Meinung nach hy,[10] verlangt zu viel Platz. Ung[arn] betrachten

1 SNG/Gedenkstätte Bergen-Belsen, BO 490. Abdruck in: Felix Hermann Oestreicher: Ein jüdischer Arzt-Kalender: durch Westerbork und Bergen-Belsen nach Tröbitz, Konzentrationslager-Tagebuch, hrsg. von Maria Goudsblom-Oestreicher und Erhard Roy Wiehn, Konstanz 2000, S. 203 f.

2 Dr. Felix Hermann Oestreicher (1894–1945), Arzt; 1919–1938 Badearzt in Karlsbad, floh 1938 in die Niederlande, im Nov. 1943 nach Westerbork, im März 1944 nach Bergen-Belsen deportiert, im April 1945 Transport aus Bergen-Belsen und Befreiung in Tröbitz, wo er am 9.6.1945 an Typhus starb; siehe auch VEJ 5/115.

3 Oestreicher befand sich mit seiner Familie seit dem 10.4.1945 im letzten Deportationszug aus Bergen-Belsen, der in Tröbitz verblieb; siehe Einleitung, S. 88.

4 Luftangriffen.

5 Ein kleiner Freiraum sollte vermutlich dazu dienen, ein Datum nachzutragen.

6 Ein Wort unleserlich.

7 Gerda Oestreicher, geb. Laqueur (1906–1945); Flucht und Deportation gemeinsam mit ihrem Mann und den Töchtern Beate und Maria, starb am 31.5.1945 in Tröbitz an Typhus. Ihre Schwester Renata Laqueur befand sich ebenfalls im Zug und verarbeitete die Erfahrungen literarisch im „Dagboek uit Bergen-Belsen: maart 1944–april 1945", Amsterdam 1965.

8 Maria Oestreicher, verh. Goudsblum-Oestreicher (1936–2009), Psychologin und Schriftstellerin; 1943 gemeinsam mit ihren Eltern und ihrer Schwester Beate (1934–1997) nach Westerbork und Bergen-Belsen deportiert, in Tröbitz befreit; kehrte zusammen mit ihrer Schwester Beate 1945 nach Amsterdam zurück, ihre Zwillingsschwester Henriette überlebte den Krieg im Versteck in den Niederlanden. Dr. Beate Oestreicher arbeitete später als Biochemikerin in den USA und den Niederlanden.

9 Impetigo contagiosa (auch Eitergrind oder Borkenflechte) ist eine hochinfektiöse bakterielle Hauterkrankung.

uns als Eindringlinge. In [Waggon] 4 gab es auch Schlägerei zwischen Holl[ändern] u. Ung[arn]. [Am] 20. nur warme Roggensuppe gefrühstückt + 1/4 Kart[offe]l. 1/4 Rat.[ion] Brot (f Ärzte), dann sofort abgekocht, das durch Einsteigen unterbrochen. T[a]g, bei L[uft]A[ngriff] 1 † wird begraben, es bombert stark. H.[11] läßt für 1 gestopfte Zig[arette] Zeit[ung] von 17. lesen. Sie[12] sind weniger weit als [ge]hofft. Wir sollen nach Finsterwalde 20 km, wo 2ter Ung[arn]-Zug steht, versuchen durchzukommen.[13] Hess[14] war 1 Nacht und 1 Tag bei Ungarn-Zug, hat, obwohl sie in Lüneburg plündern durften, Ø Verpflegung erhalten. Am 18. hat 1 Frau für 3 Zig[aretten] 1 Rat[ion] Brot gekauft und verkaufte sie für 15! Am 19. wollte sie dafür Butter, als ich ihr den Wucher auf Kopf zusagte; „Ärzte warten, um Toten Brot wegzuessen." Langs Geleisen Mannslöcher nach [...][15] Seite. St[ations]chef schimpfte unangenehm. Wir fuhren durch 1 Grubenstation und Finsterwalde. Leider ließ ich mich zurückhalten, obwohl von G geschickt, habe nur Wasser.

DOK. 259
Willy Pfister, Delegierter des Internationalen Komitees vom Roten Kreuz, berichtet über die Räumung des Lagers Sachsenhausen vom 20. April 1945 an[1]

Bericht von Willy Pfister[2] vom April 1945 (Zusammenfassung)

Bericht von W. Pfister über die Evakuierung des Lagers Oranienburg, April 1945.
(Dieser Bericht ergänzt den Bericht von Dr. Landolt[3] über Wagenitz).[4]
Die Evakuierung des Konzentrationslagers Oranienburg und seiner Außenkommandos begann in der Nacht vom 20. auf den 21. April 1945. In den ersten Stunden des 21. April,

10 Vermutlich: hysterisch.
11 Möglicherweise geht es um den später erwähnten Hess.
12 Gemeint sind die alliierten Armeen.
13 Bei Lüneburg, bei Hagenow und kurz vor Berlin kam es zu Zusammentreffen mit einem weiteren Zug, der Bergen-Belsen am 9.4.1945 verlassen hatte und in dem sich hauptsächlich ungar. Juden befanden. Dieser Zug erreichte am 20.4.1945 Theresienstadt.
14 Vermutlich Siegfried Karl (später Charles) Hess (1902–1981), Angestellter; 1944 Häftling im Austauschlager Bergen-Belsen, ebenso wie Familie Oestreicher am 10.4.1945 auf Räumungstransport in Richtung Theresienstadt geschickt und in Tröbitz befreit; 1947 Ausreise in die USA. Hess war von der SS zum Waggonältesten ernannt worden.
15 Ein Wort unleserlich.

1 ACICR, B G 044/13–20.01. Abdruck in: Comité International de la Croix-Rouge (Hrsg.), Documents sur l'activité du Comité International de la Croix-Rouge en faveur des civils détenus dans les camps de concentration en Allemagne (1939–1945), Genève 1946, S. 120–123. Das Dokument wurde aus dem Französischen übersetzt.
2 Dr. Willy Pfister (1912–2003), Historiker; Okt. 1944 bis Juni 1946 Delegierter des IKRK in Deutschland. Zwischen dem 21. und 24.4.1945 hielt er sich in der Region nördlich von Berlin auf, um Lebensmittelpakete an Häftlinge der Todesmärsche zu verteilen. In diesem Zusammenhang fertigte er auch eine Fotoserie an.
3 Dr. Hans Heinrich Landolt (1917–1971), Arzt; Juli 1944 bis Okt. 1945 Delegierter des IKRK in Deutschland; nach dem Krieg Direktor der „Schweizerischen Anstalt für Epileptische" in Zürich.
4 Bericht von H. Landolt über die Aktivitäten in Wagenitz während der letzten Kriegswochen; wie Anm. 1, B G 044/R-222.03.

als die russischen Truppen nach Berlin vorrückten, unterbreitete ich dem Lagerkommandanten Keindel[5] den Vorschlag der IKRK-Delegation in Berlin, das Lager einem Delegierten des IKRK zu übergeben. Auf diese Weise wollte man verhindern, dass sich die SS noch in letzter Minute zu Tätlichkeiten an den Häftlingen hinreißen ließ. Der Lagerkommandant lehnte unseren Vorschlag mit Verweis auf die ihm vom Reichsführer-SS Himmler gegebenen Anweisungen ab. Diese Instruktionen sahen bei Feindannäherung eine sofortige Evakuierung des gesamten Lagers mit Ausnahme des Lazaretts vor.[6]
Bei strömendem Regen wurden alle Häftlinge in nördlicher Richtung in Marsch gesetzt. Je 500 Häftlinge bildeten einen „Pulk" oder „Treck" und waren einem SS-Befehlshaber unterstellt. Die Bewachung durch die SS war sehr streng. Sie hatte kurz zuvor eine große Anzahl deutscher Berufsverbrecher in Wehrmachtsuniformen gesteckt, um sie als Hilfspersonal für die Bewachung einzusetzen.
Die genaue Anzahl der zu evakuierenden Häftlinge konnte nicht festgestellt werden, weil die Häftlingskarteien zuvor vernichtet wurden und direkt vor der Evakuierung Exekutionen stattgefunden hatten. Nach meiner Schätzung und laut Häftlingsaussagen befanden sich etwa 30 000 bis 40 000 Menschen – zumeist Männer, aber auch Frauen und sogar Kinder – auf den Straßen. Zwei riesige Kolonnen wälzten sich auf folgenden Routen in Richtung Wittstock:

Oranienburg	Oranienburg
Kremmen	Kremmen
Sommerfeld	Sommerfeld
Neuruppin	Herzberg
Wittstock	Lindow
	Rheinsberg
	Zechlin
	Wittstock

Diese Auskünfte erhielt ich von einem Adjutanten des Lagerkommandanten.[7] Meine Aufgabe bestand nun darin, den Häftlingskolonnen – die die meiste Zeit nicht von der SS versorgt wurden – mit Rotkreuz-Lastwagen Lebensmittelpakete zu bringen. Ich habe die in Wagenitz[8] lagernden Reserven für diese Versorgung verwendet. Vier Tage und vier Nächte lang rollten ohne Unterbrechung die Lkw. Die Fahrer und ich wurden Zeugen folgender Vorkommnisse:
Am Abend des ersten Marschtages erklärten französische Häftlinge, sie hätten erfahren, dass die SS in der Nacht mit der Erschießung von Häftlingen beginnen wolle. Sie baten uns, mit den Rotkreuz-Lkw während der Nacht bei ihnen zu bleiben, um solche Ausschreitungen im Rahmen des Möglichen zu vereiteln. Leider konnten wir diesem Wunsch nicht entsprechen, da wir die Lastwagen während der Nacht beladen mussten.

5 Richtig: Anton Kaindl.
6 Zu den Aktivitäten der Berliner Delegation des IKRK im April 1945 siehe Einleitung, S. 94.
7 Heinrich Wessel (1904–1996), Buchhalter; 1933 NSDAP- und SS-Eintritt; Sept. 1942 bis April 1945 Adjutant von Kaindl; Juni 1943 SS-Ostuf.; 1962 vom LG Verden zu 7 ½ Jahren Haft verurteilt.
8 In Wagenitz, rund 65 km westlich von Sachsenhausen, hatte das IKRK Anfang 1945 ein Lebensmittelmagazin eingerichtet. Der Ort wurde zum Ausweichsitz der Berliner Delegation des IKRK.

Am Morgen des 22. April entdeckten wir am Straßenrand, auf einer Strecke von 7 km zwischen Löwenberg und Lindow, die ersten 20 erschossenen Häftlinge: Alle waren durch Kopfschuss getötet worden. Je weiter wir vorankamen, desto häufiger stießen wir auf erschossene Häftlinge am Straßenrand oder in den -gräben. In den Wäldern zwischen Neuruppin und Wittstock fanden wir dann regelmäßig an Stellen, wo die Häftlinge übernachtet oder gerastet hatten, etliche Leichen, die zum Teil in die Lagerfeuer geworfen worden und halb verkohlt waren.

Im ersten Dorf nach Neuruppin, in Richtung Rägelin, hat uns ein zurückgebliebener Häftling folgendes mitgeteilt: Am 22. April hat ein Transportführer seine 500 Häftlinge in einer Scheune in diesem Dorf zu einer mehrstündigen Rast gesammelt. Um vier Uhr nachmittags setzte sich seine Kolonne wieder in Marsch. Vierzehn völlig erschöpfte Häftlinge blieben schlafend in der Scheune zurück. Um fünf Uhr kam eine andere Kolonne in dieselbe Scheune und fand die vierzehn schlafenden Häftlinge. Die SS-Leute schleppten nun die vierzehn zurückgebliebenen Häftlinge hinter die Scheune und erschossen sie sofort unter der Anschuldigung der Fahnenflucht.

Am dritten Tag der Evakuierung fanden wir noch mehr Leichen als am Vorabend. Häftlinge verschiedener Nationalitäten erklärten uns heimlich, dass die SS und die deutschen Kriminellen in Wehrmachtsuniform weiterhin jeden erschöpften Häftling mit Kopfschuss töteten. Die Kranken würden auf die gleiche Art umgebracht. Die SS-Leute nähmen jede Gelegenheit wahr, die prominenten Häftlinge zu erschießen.

Bis zum Abend des dritten Evakuierungstages blieben die Leichen der erschossenen Häftlinge unbeerdigt am Straßenrand und in den Wäldern liegen. Ich habe aus glaubwürdiger Quelle erfahren, dass die NSDAP-Ortsgruppenleiter schon am 21. April von der SS den Auftrag erhalten hatten, die Leichen im Umkreis ihres Gemeindegebiets zu beerdigen. Dieser Auftrag wurde nicht ausgeführt, weil die Ortsgruppenleiter zu diesem Zeitpunkt bereits ebenfalls die Flucht ergriffen hatten. Am 23. April wurden Häftlingskommandos zur Beerdigung der Erschossenen gebildet.

Die Untersuchung einer großen Anzahl von Leichen ergab, dass alle Opfer durch Kopfschuss aus nächster Nähe getötet worden waren. Auf unsere Frage erklärten uns die Häftlinge, dass die SS-Leute ihre Opfer oft gezwungen hatten, sich zur Exekution fünfzig Meter hinter der marschierenden Kolonne niederzuknien oder auf die Erde zu legen.

Es war uns unmöglich, die genaue Anzahl der Getöteten in Erfahrung zu bringen. Auf unserer Strecke haben wir insgesamt mehrere Hundert Tote gesehen. Wir haben aber keinen vollständigen Überblick über das gesamte Evakuierungsgebiet, denn von Norden aus versorgte eine weitere ziemlich große Lastwagenkolonne aus Lübeck[9] die Häftlinge. Aus zahlreichen Gesprächen mit Häftlingen schließe ich, dass ungefähr 15 bis 20 % der Häftlinge des Konzentrationslagers Oranienburg in oben beschriebener Weise umgebracht wurden. Die Namen der Opfer waren nicht zu ermitteln. Wir hätten – wenn auch nicht gefahrlos – die Häftlingsnummer notieren können. Das hätte aber keinen Sinn gehabt, da die Karteien von der SS vernichtet worden sind.

9 In Lübeck befand sich ein weiteres Lebensmittelmagazin des IKRK.

Am 22. April begab ich mich zweimal zum Lagerführer Höhn[10] (Leiter der internen Verwaltung des Hauptlagers Oranienburg), um im Namen des IKRK sehr energisch gegen die von der SS begangenen Ausschreitungen Einspruch zu erheben. Er versprach mir, allen Gruppenkommandanten unverzüglich den Befehl zu erteilen, die Exekutionen zu beenden.

Aus zahlreichen Gesprächen mit Gruppen-Kommandanten, Unterführern und auch mit dem Wachpersonal geht hervor, dass das menschliche Empfinden der SS-Angehörigen erschreckend verroht ist. Einige der Befehlshaber wollten uns sogar beweisen, dass sie den Erschöpften und Kranken mit der Erschießung einen Dienst erwiesen, damit sie nicht mehr leiden müssten. Sie waren der Meinung, dass sich die SS in Wirklichkeit sehr menschlich verhielte, sogar noch menschlicher als das Rote Kreuz, das die Leiden der Kranken und Schwachen durch Heranschaffung von Lebensmittelpaketen noch verlängere! Drohungen waren die einzige Sprache, die diese primitiven SS-Leute bei der Annäherung des Feindes verstanden. Aus sämtlichen Zeugenaussagen ergibt sich, dass alle SS-Leute glaubten, völlig im Recht zu sein, wenn sie Häftlinge erschossen. Es sei sozusagen ganz natürlich, zum Schutz des Dritten Reichs die Juden und „Staatsfeinde" mit allen Mitteln zu beseitigen. In Neuruppin wurde ich Zeuge davon, mit welcher Leichtigkeit diese Rohlinge Menschen umbringen konnten: Bei einem Gebüsch am Straßenrand fanden wir einen politischen Häftling, der – durch Kopfschuss schwer verletzt – seit Stunden dort lag und litt. Der SS-Befehlshaber, mit dem ich mich gerade unterhielt, unterbrach das Gespräch, begab sich zu dem verwundeten Häftling, erschoss ihn, kam sofort zurück und setzte die Unterredung fort, als sei nichts geschehen. In den Augen der SS erschien es auch gerechtfertigt, die Kräfte der Häftlinge bis zum Letzten auszunutzen. Selbst während der Evakuierung wurde die Kraft einiger Häftlinge erbarmungslos ausgebeutet. Die SS-Angehörigen luden ihre Habseligkeiten auf große Lkw-Anhänger, die sie von ungefähr 40 erschöpften Häftlingen schieben ließen. Man trieb diese „Waggonschieber"-Sklaven mit Stockschlägen und Peitschenhieben voran.

Die Häftlinge, die sich in langen Kolonnen dahinschleppten, befanden sich in einem Zustand völliger körperlicher und geistiger Zerrüttung. Sie ließen sich ohne ein Zeichen des Willens oder Widerstrebens vorantreiben. Uns fiel auf, dass sie nur dann revoltierten, wenn sie mit einer unmittelbaren Todesdrohung konfrontiert wurden. Dieser Gemütszustand wird durch folgendes Beispiel veranschaulicht: Als wir versuchten, die total erschöpften Häftlinge in unsere leeren Lkw aufzunehmen, wehrten sie sich, indem sie uns anflehten, sie nicht zu töten. Sie glaubten, dass man sie irgendwo umbringen wolle, da sie sich an die Praktiken der SS in Oranienburg erinnerten, die damals die Opfer in Lkw lud und sie einige Hundert Meter weiter fuhr, um sie anschließend direkt in die Vernichtungskammern zu schicken.[11]

10 August Höhn (1904–1971), Schneidermeister; 1933 NSDAP- und SS-Eintritt; 1939–1941 und 1943–1945 im KZ Sachsenhausen, zuletzt als stellv. Schutzhaftlagerführer; Okt. 1942 bis Aug. 1943 Lagerführer des Außenlagers Berlin-Lichterfelde; 1947 im Sachsenhausen-Prozess zu lebenslanger Haft verurteilt, 1956 Freilassung, 1960 vor dem LG Düsseldorf erneut zu lebenslanger Haft verurteilt.

11 Seit Febr. 1945 fanden in Sachsenhausen zahlreiche Krankenmordaktionen statt. Die meisten Häftlinge wurden per Genickschuss getötet.

DOK. 260
Bürgermeister Karl Maierhofer beschreibt die Erschießungen von Häftlingen in Neunburg vorm Wald am 21. April 1945[1]

Handschriftl. Bericht von Karl Maierhofer,[2] aufgenommen durch Gilbert M. Allen Jr.,[3] Neunburg vorm Wald, vom 26.5.1945

Am [20.] oder ungefähr 21. April 1945 kam eine große Gruppe Gefangener aus dem Konzentrationslager zu Floßenbürg und empfingen hier etwas zu essen.[4] Ich hörte, daß ungefähr 14 Gefangene erschossen wurden, durch die S.S.
Ich persönlich habe die 14 Toten zum Friedhof zur Beerdigung bringen lassen. Ich suchte den Führer der Gruppe des Gefangenentransportes und traf dann einen SS-Hauptsturmführer namens Beblo[5] vor dem Geschäft Becher hier. Ich stellte ihn zur Rede, wie sie dazu kamen, die 14 Leute vor der Stadt zu erschießen. Er verlangte von mir Zeugen. Ich sagte ihm, ich kann ihm die 14 Toten zeigen, und die Umgebung wird Zeuge sein, was sie getan [haben]. Ich ging dann heim und erzählte meiner Schwester, die bei mir umquartiert ist (aus München) von dem Vorfall. Dann ging ich zu meiner Schwägerin Frau Lina Ettl, die eine Gastwirtschaft hier hat, und wollten Karten spielen. Es ging aber nichts zusammen, da alle aufgeregt waren. Ich hörte öfter Gruppen von Gefangenen vorbeiführen. Jedesmal ging ich hinaus und fragte, ob S.S. Hauptsturmführer Beblo dabei wäre, was aber verneint wurde. Zwischen ½ 11 h und etwas später hörte ich einen Schuß fallen. Da er nur sehr gering zu hören war, nahm ich an, daß es nur ein Schreckschuß mit einer Platzpatrone gewesen ist und ging nicht auf die Straße. Nach einigen Minuten kam mein Vertreter im Amt, Hans Wendl,[6] zu mir und sagte mir, da unter dem Torbogen haben sie einen erschossen. Ich ging sofort mit ihm (Wendl) hin und sah den Toten in Mitte des Torbogens liegen, sah aber auch, daß er einen Schuß von hinten in den Kopf bekam, der bei der Nasenspitze herauskam. Ich lief sofort und suchte den Führer des Gefangenenzuges,[7] den ich dann im Mädchenschulhaus vorfand. Ich erzählte ihm den Vorfall (der Name des Führers ist mir momentan nicht mehr bekannt), der mir

1 NARA, RG 153, Box 291, Case 12–582.
2 Karl Maierhofer (1892–1947), Kaufmann; 1930 NSDAP-Eintritt; 1933 Ortsgruppenleiter der NSDAP; April 1933 bis April 1945 Bürgermeister in Neunburg vorm Wald; nach dem Krieg in US-Internierung.
3 Lieutenant colonel Infantry, Ermittlungsoffizier.
4 Es handelte sich um einen Teil der Marschgruppe von 1700 jüdischen Häftlingen, die am 16.4.1945 das Lager Flossenbürg in Richtung Dachau verlassen hatte und am 21.4.1945 in Neunburg eintraf; siehe Dok. 247 vom 16.4.1945. Mehrere Hundert ausgezehrte Häftlinge wurden in und um Neunburg erschossen und in provisorischen Massengräbern auf dem Plattenberg und im Zeitlarner Hölzl verscharrt. Am 23.4.1945 erreichte die US-Armee Neunburg. Am 29.4.1945 wies sie die örtliche Bevölkerung an, mehr als 200 Leichen zu exhumieren und zum Friedhof an der Rötzer Straße zu tragen.
5 Karl Beblo (1885–1945); 1941 NSDAP-Eintritt; 1941 Ausbildungsoffizier der Wehrmacht, von Frühjahr 1944 an Kommandeur der Wachmannschaften in den Groß-Rosener Außenlagern Wüstegiersdorf, Lärche, Kaltwasser und Märzbachtal; am 15.6.1945 im 78th Field Hospital verstorben.
6 Hans Wendl (1895–1955), Polizist und Kaufmann; 1933–1936 Stationsführer bei der Polizei Neunburg, 1945–1946 in US-Internierung, im Spruchkammerurteil als Mitläufer eingestuft.
7 Transportführer war Franz Berger; siehe Dok. 247 vom 16.4.1945.

versprach, Abhilfe zu schaffen. Nach einiger Zeit hörten wir wieder schießen. Es wurden also noch einige von den Gefangenen umgelegt. Ich ließ daraufhin den SS-Hauptsturmführer zu mir holen und machte ihm auf dem Rathaus ganz energisch Vorhalt darüber, daß er doch wieder Leute erschießen ließ, beziehungsweise erschossen würden. Ich ging heim und holte mir meinen Browning,[8] den ich dann dem SS-Hauptsturmführer vorhielt und ich ihm sagte, ich werde ihn erschießen, wenn nochmals einer der Gefangenen erschossen wird. Mein Vertreter im Amt sah, wie wir dann an der Treppe beim Rathaus standen, wie ein SS-Mann mit einer Maschinenpistole hinter mir stand. Ich selbst konnte es in der Aufregung nicht sehen. Die Leute auf dem Marktplatz und auch dann die Leute, die zur Kirche gingen, hörten und sahen den Auftritt, einige klatschten mir Beifall. Dem SS-Hauptsturmführer Beblo sagte ich dann, daß er für die Beerdigung der Erschossenen zu sorgen hat, was er mir zusicherte. Er ging, um dem Kommando den Auftrag zu geben. Die Beerdigung wurde aber *nicht* durchgeführt, sondern mußte durch meine Leute vorgenommen werden. Da ich die ganze Nacht durchwachte, legte ich mich für einige Stunden ins Bett. Den SS-Hauptsturmführer Beblo sah ich nicht mehr. Ich selbst mußte nun Angst haben, durch die SS verhaftet zu werden, da ich dem SS-Hauptsturmführer diesen Auftritt machte, und mir hätte sicher das Konzentrationslager geblüht, wenn nicht in den Morgenstunden des 23. April 45 die amerikanischen Panzerspitzen gekommen wären. –

Ich kann erkennen, daß die Bilder alle von unserer Gegend sind, die Waldaufnahmen sind in der Gemeinde Katzdorf gelegen. Ganz genau erkenne ich die Bilder Exhibit N, O, P, Qu, R, L, M u. K.[9]

Die Toten sind mir unbekannt.

Die Mörder der Opfer kannte ich nicht.

Durch den Zeugen Gotschy hörte ich nun den Namen des auf Blatt II. genannten Führers des Transports. Er heißt Berger.

[...][10]

8 Eine Selbstladepistole.

9 Die amerikanischen Ermittler hatten zahlreiche Fotos von Toten und Massengräbern in Neunburg angefertigt, die als Beweismittel in den nachfolgenden Prozessen verwendet wurden.

10 Es folgt die Bestätigung der Angaben, insbesondere der Auseinandersetzung zwischen Beblo und Maierhofer, durch die Zeugen Hans Wendl, Joh. Kraus, Karl Gotschy, K. Frey und den ehemaligen Häftling Reshnev Berjanu (Benjamin Redner).

DOK. 261

Margarethe Trux gibt die Ereignisse um den 21. April 1945 zu Protokoll, als mehrere Hundert Häftlinge aus Buchenwald ihren Heimatort Schmiedeberg erreichten[1]

Protokoll der Zeugenaussage von Markéta Truxová,[2] Schmiedeberg/Muthütte 271,[3] Anlage zum Exhumierungsprotokoll von Leichen im Umkreis von Schmiedeberg, vom 5.6.1945[4]

Am Sonntag, dem 15.4.1945 um die Mittagszeit, kamen viele Menschen in Viererreihen aus der Richtung des Schmiedeberger Bahnhofs. Diese Menschen hatten alle eine Decke übergehangen. Sie wurden von einer uniformierten Militärwache begleitet. Ich hatte den Eindruck, dass es sich vor allem um Juden handelte. Kurz vorher war der Vorsitzende der NSDAP, Ott, bei mir, und ich musste ihm meine Scheune öffnen. Er beschlagnahmte das Stroh in der Scheune mit der Begründung, dass in Kürze etwa 500 Männer kommen und eine Nacht dort verbringen würden. Ich fragte einen Wachmann, was das für Leute seien und woher sie kämen. Er sagte mir, dass es Juden seien, aber woher sie kamen, verriet er nicht.[5] Sie hatten einen Vorrat an Lebensmitteln bei sich. Aber noch am selben Tag brachte Herr Antonin Tajtl, der hiesige Polizeikommissar, warmes Essen zur Muthütte, welches in der Werksküche der Firma A. Kalla[6] für die Leute vorbereitet wurde. Ich kam weder mit den Häftlingen noch mit der SS-Wache in Berührung. Ich konnte nicht feststellen, welcher Staatsangehörigkeit diese Leute waren. Nur so viel konnte ich erfahren, dass es sich bei der Wache um SS-Männer handelte. Ich hörte weder Schüsse noch Schmerzensschreie. Am 16.4.1945 um 10.00 Uhr vormittags wurden diese Menschen zu Fuß weitergeführt, ungewiss wohin. Einer von der SS-Wache fragte mich, ob man in Kadaň[7] eine Möglichkeit zum Übernachten hätte, was ich bejahte.
In der Nacht vom 15. zum 16. April 1945 war ein Häftling gestorben, wie mir ein SS-Mann sagte. Er wurde von seinen Häftlingskameraden im Wald gegenüber der Scheune begraben.
Am 21.4.45 abends zwischen 20 und 21 Uhr, bei schlechtem Wetter (Schnee gemischt mit Regen und Sturm), kamen ungefähr 850 Häftlinge zu Fuß aus der Richtung des sogenannten Huthauses und wurden in zwei Scheunen untergebracht.[8] Eine Stunde

1 SOkA Chomutov se sídlem v Kadani, Místní národní výbor Kovářská, inv. č. 6, karton č. 8. Das Dokument wurde aus dem Tschechischen übersetzt.
2 Margarethe Trux (1905–1990), Hausfrau; geb. in Christophhammer (tschech. Kryštofovy Hamry), verheiratet und Mutter von fünf Kindern; 1946 aus Schmiedeberg ausgewiesen, lebte bis zu ihrem Tod in Adelschlag/Oberbayern.
3 Schmiedeberg, Marktgemeinde im böhmischen Erzgebirge, nach dem Anschluss des Sudetengebiets Teil des Deutschen Reichs, von 1947 an Kovářská, Kreis Chomutov, Tschechische Republik.
4 Im Rahmen von Exhumierungen nach der Übernahme des Gebiets durch die tschech. Verwaltung führten tschech. Behörden Befragungen durch, um den Hergang der Erschießungen zu klären.
5 Ausgangs- und Zielort dieses Häftlingsmarschs sind ungeklärt.
6 1905 gründete Anton Kalla (1848–1912) in Schmiedeberg eine Fischfabrik, die 1943 400 Mitarbeiter beschäftigte.
7 Ortschaft 23 km südöstlich von Schmiedeberg, deutsch: Kaaden.
8 Es handelte sich um eine Gruppe von etwa 850 Häftlingen aus dem Buchenwalder Außenlager Berga/Elster, die am 10.4.1945 auf einen Fußmarsch in Richtung Theresienstadt gezwungen worden waren. Nach dem mehrtägigen Aufenthalt in Muthütte wurde die Gruppe getrennt. Ein Teil musste in Richtung Dachau weitermarschieren, der andere Teil in Richtung Theresienstadt.

zuvor waren ein SS-Mann von der Wehrbereitschaft sowie zwei Lagerälteste bei mir. Ich bin dann zur Nachbarin gegangen, die die andere Scheune gepachtet hatte, und dann haben wir ihnen die andere Scheune gezeigt. Einige Häftlinge kamen mit der Bitte zu mir, etwas in der Küche kochen zu dürfen. Bis Mitternacht kochte ich für sie Nudeln mit Zucker, die sie bei sich hatten. Einige aßen bei mir, dann brachten sie das Gekochte ihren Kameraden in die Scheune. Nach meiner Meinung sollte das Essen für 15 bis 20 Mann reichen. Einige von ihnen kamen schon krank an und starben noch in dieser Nacht (acht bis zehn Männer). Diese wurden sofort von dem sogenannten „Totenkommando" im Waldeck bei der Muthütte begraben. Von einigen älteren Häftlingen habe ich erfahren, dass der Führer der Militärwache, der angeblich ein eigenes Auto zur Verfügung hatte, angeblich mit den für die Häftlinge bestimmten Lebensmittelkarten geflohen ist, so dass die Häftlinge ohne Lebensmittelkarten und -vorräte dastanden. So blieb ihnen keine andere Wahl, als sich vom Lager zu entfernen und in der Umgebung zu betteln. Ich muss betonen, dass die Schmiedeberger alles ihnen Mögliche taten, um die Not der Häftlinge zu lindern. In vielen Familien bekamen sie das letzte Stück Brot und die letzten Kartoffeln, auch Kleidung und Schuhe u. Ä. wurde ihnen bereitwillig geschenkt. Ich konnte diese Häftlinge aus der Nähe beobachten und ihren Hunger und ihr Elend sehen. Ich begab mich nach Schmiedeberg, wo ich mich mit dem Vorsitzenden der hiesigen Zweigstelle der KPČSR,[9] Vilém Pöschl, in Verbindung setzte. Dieser wies mich an, ein Gespräch zwischen ihm und dem Lagerältesten zu vereinbaren, einem Willy aus Stuttgart.

Am 23.4.1945 fand dieses Treffen in der Wohnung von Herrn Pöschl statt. Es wurde vereinbart, dass Herr Pöschl eine Sammlung von Lebensmitteln organisiert, die von Frau Trux in die Muthütte gebracht werden. Diese Lebensmittel wurden von hiesigen Gewerbetreibenden, Bürgern und dem Ortspfarrer als Vertreter der christlichen Sozialisten zur Verfügung gestellt. Einige Häftlinge beschafften sich selbständig durch Betteln bei verschiedenen Familien Lebensmittel, bei denen sie während ihres Aufenthalts auf der Muthütte ständige Gäste wurden. Die Firma E. Lienert verkaufte den Häftlingen 1 Fass und die Firma A. Kalla 5 Fässer Fischsalat und 150 kg Kartoffeln. Der einstige Gemeindevorsteher Johann Schmiedl stellte 15 Brote zur Verfügung. Die SS-Wache ließ täglich in Horní Halže[10] eine Suppe kochen, davon bekam jeder Häftling einen halben Liter täglich. Von dem, was ich täglich in Schmiedeberg zusammenbettelte, kochte ich täglich für 15 bis 20 Männer. Jeden Tag kam ein anderer Teil der Gruppe zu mir in die Küche. Ich kochte etwa 14 Tage lang.

Folgende Gewerbetreibende haben besonders viel für die Häftlinge beigesteuert: Fleischer Johann Lienert, Fleischer Wenzel Eibert, Fleischer Franz Enzmann und Bäcker Josef Kreissl.

Am 28.4.1945 wurden die Häftlinge (bis auf 18 Männer) nach Perštejn[11] gebracht, wo sie in Waggons verladen und angeblich nach Litoměřice gebracht wurden. In Perštejn wurden 150 Häftlinge ausgesucht und nach Pfaffengrün gebracht.

9 Kommunistische Partei der ČSR.

10 Nachbarort von Schmiedeberg, deutsch: Oberhals.

11 Ort 10 km südlich von Schmiedeberg, deutsch: Pürstein.

Die 18 Männer, die hier zurückblieben, mussten unter SS-Bewachung Aufräumarbeiten verrichten. Sie verließen die Muthütte am 3.5.45 in Richtung Pfaffengrün und hinterließen folgende Adressen:
Durand Pierre,[12] 68 Rue de Martyrs, Paris G True – 43–31
Pikosz Boleslaw,[13] geb. am 8.8.1923 in Teichlinde, Rakwice,[14] Kreis Wolstejn, Poznan, Häftlingsnummer 3229, Block 31
Koitzsch, Erich,[15] Halle an der Saale, Ludwig-Wucherer-Straße 25

DOK. 262
Der Schneidermeister Hans Greger wird am 21. April 1945 Augenzeuge von Häftlingserschießungen in Schwarzenfeld[1]

Handschriftl. Erklärung von Hans Greger,[2] aufgenommen von Kenneth R. Wilson,[3] Schwarzenfeld, vom 29.5.1945[4]

An einem Samstagmorgen, den 21. April 1945 zwischen 9 + 10 Uhr, überquerte ich die Bahnstation Schwarzenfeld u. ging zum Siegerplatz. Da sah ich, wie eine SS-Wache so cirka 20 Mann hinführte nach dem letzten Flußspathaufen.[5] Ich hörte, wie der SS-Scharführer den Befehl gab zu den russischen und polnischen Gefangenen, sich hinzulegen in einen Kreis über dem Haufen mit dem Gesicht auf dem Boden von dem Haufen. Er erblickte mich u. sagte, die Zivilisten haben zu verschwinden, und ich versteckte mich in dem Gebüsch ungefähr 30 m von der Stelle. Von meinem Versteck konnte ich sehen, wie ein Gefangener mit ausgestreckten Händen bettelte: „Herr Scharführer, lassen sie mich doch leben!" Der Scharführer dann dem noch jungen Mann [von] 18 oder 20 Jahren durch den Rücken [schoss], worauf derselbe auf die Knie dann zu Boden sank, obwohl er noch nicht tot war u. mußte sich hinlegen neben den anderen, die schon zu Boden lagen. Sobald einer von den Gefangenen den Kopf hochnahm, wurden sie von einem SS-Posten mit dem Gewehrkolben zu Boden geschlagen. Ich vernahm ein […][6] Gejammer u. sah, wie ein SS-Scharführer mit einer Pistole einem nach dem andern durch Genickschüsse erschoß. Der Scharführer, der die Leute erschossen hatte, war

12 Pierre Durand (*1918), Handelsangestellter; seit Sept. 1943 franz. politischer Häftling in Buchenwald, am 13.11.1944 in das Außenlager Berga überstellt; überlebte den Todesmarsch.
13 Bolesław Pikosz (*1923), Landarbeiter; 1939 verhaftet, im Fort VII in Poznań inhaftiert, von 1940 an poln. politischer Häftling in Buchenwald, am 13.11.1944 in das Außenlager Berga überstellt; überlebte den Todesmarsch.
14 Heute poln. Rakoniewice im Landkreis Grodzisk, Wielkopolska.
15 Erich Koitzsch (*1918), Schlachter; seit 25.3.1944 Häftling in Buchenwald, am 15.3.1945 nach Berga überstellt; überlebte den Todesmarsch.

1 NARA, RG 549, Box 488, Case 000-50-46.
2 Hans Greger (1904–1981), Schneidermeister.
3 Kenneth R. Wilson, Capt. Inf. U.S. Army.
4 Sprachliche Eigenheiten wurden beibehalten, Rechtschreibung und Zeichensetzung behutsam korrigiert.
5 Flußspat, auch Fluorit, ist ein Mineral, das für die Glasproduktion genutzt und im Oberpfälzer Revier seit 1880 bis in die 1980er-Jahre abgebaut wurde.
6 Ein Wort unleserlich.

175 groß, 70 kg schwer, hat keinen Bart, hat ein gesundes Äußeres und eine militärische Haltung u. war der Sprache nach ein Preuße im Alter von 30–35 Jahren. Ich bin der Meinung, nachdem die Erschießungen einige Tage dauerten, daß der Bürgermeister von Schwarzenfeld[7] das Erschießen einstellen hätte können.

DOK. 263

Stars and Stripes: Meldung vom 21. April 1945 über die Entdeckung des Außenlagers Penig, in dem marschunfähige jüdische Frauen zurückgeblieben waren[1]

Langenleuba – Auf einem Hügel außerhalb der Stadt Langenleuba-Oberhain wurden Panzerbesatzungen Zeuge eines der schlimmsten Menschheitsverbrechen. Sie stießen auf ein Konzentrationslager für jüdische Frauen.[2] Das Lager war von weiblichen SS-Hilfskräften bewacht worden.

Die SS-Frauen waren geflohen und hatten 800 Häftlinge mitgenommen. Die 80 Zurückgebliebenen waren entweder verwirrt oder dem Hungertod nahe. Sie bestanden fast nur noch aus Knochen, die von fleckiger Haut bedeckt waren. Die meisten konnten sich nicht aus eigener Kraft von ihren schmutzigen Pritschen erheben. Das Einzige, was sie bei der Ankunft der Panzereinheit zu essen hatten, war ein halber Kübel mit Abfall, den die SS zurückgelassen hatte. Heute starben zwei der Häftlinge an den Folgen der Unterernährung.

Die in Lumpen gehüllten und in der Frühlingswärme zitternden Frauen kratzten sich gegenseitig und schlugen sich um eine C-Ration-Dose,[3] die die Panzerfahrer ihnen im Vorbeifahren über den Stacheldraht geworfen hatten. Eine Frau biss ein andere, ihre verfaulten Zähne wirkten riesig in dem eingefallenen Gesicht.

Mädchen, die von sich behaupteten, sie seien zwischen 18 und 24, sahen so verrunzelt aus wie Hundertjährige. Alle wirkten so, als würden sie sich gerade aus einem langen Schlaf herauskämpfen. Ihre Stimmen waren so schwach, dass man ihr Betteln um Nahrungsmittel schon einen halben Meter entfernt nicht mehr hören konnte.

7 Georg Pronath.

1 Stars and Stripes, Pariser Ausgabe vom 21.4.1945. Stars and Stripes war ein Nachrichtenblatt der US-Armee, das seit 1942 an verschiedenen Kriegsschauplätzen hrsg. und an US-Truppenverbände verteilt wurde. Das Dokument wurde aus dem Englischen übersetzt.

2 In Penig/Sachsen wurde im Jan. 1945 ein Außenlager errichtet und der Verwaltung von Buchenwald unterstellt. 800 Jüdinnen, vor allem aus Ungarn, leisteten Zwangsarbeit in den Max-Gehrt-Werken, einem Zulieferbetrieb der Junkers Flugzeug- und Motorenwerke AG. Am 13.4.1945, als die US-Truppen kurz vor Penig standen, trieb die SS die Frauen auf einen Todesmarsch Richtung Leitmeritz und Theresienstadt. Nur etwa 80 marschunfähige Kranke blieben in Penig zurück und wurden am 15.4.1945 von US-Truppen befreit. David E. Scherman und Sam Gilbert vom US-Army Signal Corps dokumentierten die Rettung der Frauen in einer Fotoserie.

3 Die C-Ration war eine im Gegensatz zu A-Ration (frische Lebensmittel) und B-Ration (unverpackte, unzubereitete Lebensmittel) vorgekochte und konservierte Individualverpflegung in Büchsen.

DOK. 264

Vilém Kauders notiert am 22. April 1945 seine Gedanken während des Fußmarschs aus dem Konzentrationslager Sachsenhausen[1]

Handschriftl. Tagebuch von Vilém Kauders,[2] Eintrag vom 22.4.1945

22-IV. Morgens werden wir ungefähr um 7 Uhr geweckt. „Alles auf."[3] Wir stehen auf. Ich rolle meine Decke zusammen, esse ein Stück Brot und Wurst, ich habe mir ⅓ des Brots markiert, das mir für einen Tag reichen muss. Nach einer Weile brechen wir auf. Im Wald blieben viele Gegenstände, Schüsseln [und] Decken [zurück], weil viele von uns zu viel mitgenommen hatten. Ich habe von der letzten Zupka[4] Lederhalbschuhe, die mich vorn drücken. Mein kleiner Zeh hat Druckstellen, und das tut weh. Aber darauf kommt es nicht wirklich an. Wir gehen eine Landstraße entlang. Dort ist sehr viel los. Autos, Panzer, Löschzüge der Feuerwehr, alles voller Soldaten und Zivilisten – in Richtung Westen. Was kann das bedeuten? Ist das der Rückzug der Armee? Ich spreche mit den Kameraden darüber. Die Spezialisten sind skeptisch, sie behaupten, hier handele es sich [nur] um die Reserve und nicht um Soldaten aus der ersten Linie. Die Jungs sind guter Dinge, man singt beim Marschieren. Sie legen los wie bei einem Ausflug. Ich spare meine Kräfte und mache weniger, dafür lange Schritte. Sie sind nach einigen Stunden erschöpft, schweigen und halten nicht mehr Schritt. Wir gehen, gehen, gehen, es zieht sich endlos hin auf Wald- und Feldwegen, ohne Pause bis in den Nachmittag hinein. Dann ca. eine Stunde Pause. Ich liege auf dem Rücken und denke nach. Alles Mögliche geht mir durch den Kopf. Was machen die Meinen?[5] Sind sie in Theresienstadt? Passiert dort auch gerade etwas? Ich rede mir ein, dass sich die Front nicht dorthin bewegt, dass sie dort in Sicherheit sind. Wurden sie nach Auschwitz verschickt? Das versetzt mir einen Stich ins Herz. Doch der Gedanke an Gross[6] beruhigt mich, der behauptete, Ende Oktober mit dem letzten Transport gebracht worden zu sein und meine Leute in T.[heresienstadt] gesehen zu haben. Ich denke darüber nach, wie schade es wäre, wenn meine Arbeit zur Theorie des Bimotors nicht publiziert werden würde.[7] Schade, sie ist, glaube ich, schön geschrieben. Im nächsten Augenblick kommt es mir sehr banal vor, an eine solche Kleinigkeit zu denken. Die Hauptsache ist, dass die Deutschen den Krieg

1 JMP, Shoah/DP 19/79/030. Das Dokument wurde aus dem Tschechischen übersetzt.

2 Dr. Vilém Kauders, später Vilém Klíma (1906–1985), Elektroingenieur; im Dez. 1941 von Prag nach Theresienstadt deportiert, von dort im Okt. 1944 nach Auschwitz, im Nov. 1944 nach Groß-Rosen, im Dez. 1944 nach Mauthausen, Ende Febr. 1945 in Sachsenhausen inhaftiert; nach dem Krieg Leiter des Forschungszentrums für Elektromotoren in Brno, später Mitarbeiter eines Forschungszentrums in Běchovice.

3 Im Original deutsch.

4 Damit ist vermutlich die Suppenausgabe gemeint. Denkbar ist, dass Kauders die Schuhe mit Lebensmitteln bezahlte.

5 Kauders Frau Marta (*1905) und seine Söhne Ivan (*1931) und Jan (*1938) wurden 1945 in Theresienstadt befreit.

6 Nicht ermittelt. Gross ist vermutlich im Jan. 1945 während der Räumung von Auschwitz nach Sachsenhausen überstellt worden und konnte dort Kauders über die Transporte von Theresienstadt nach Auschwitz berichten.

7 Kauders beschäftigte sich auch während der Gefangenschaft mit technischen Entwicklungen. Neben seinem Tagebuch sind zahlreiche technische Notizen und Skizzen überliefert.

verlieren. Es sagt sich leicht, aber ich würde doch ungern hier im Sand liegen bleiben, diesen Kampf will ich nicht verlieren! Ganz langsam habe ich mein Brot und ein Stück Wurst gegessen. Wie schnell es schwindet, es macht einem regelrecht Angst!
Wir gehen weiter. Es fängt an zu regnen. Ich werfe mir eine Decke über den Kopf. Der Wind pfeift kalt. Kurze Schauer. Wenigstens ist es uns nicht zu heiß. [Der Weg] zieht sich hin, furchtbar. Wir heben unsere schwer gewordenen Beine, mein Mantel und die Decke sind zentnerschwer. Ich weiß nicht, wie ich das tragen soll. Am liebsten würde ich alles wegwerfen. Aber was wäre dann in der Nacht? Und immer weiter, wir haben mindestens 25 Kilometer hinter uns. Um Gottes willen, bis wohin will die SS denn noch gehen? Am Horizont sieht man ein Dorf, vielleicht gibt es dort eine Rast.[8] Nichts. Wieder weiter. Wir laufen lediglich durch die Dörfer, bis wir spätabends endlich am Ende eines Dorfes haltmachen. Werden wir vielleicht wieder in einem Schuppen schlafen? Auf Stroh? Ach, das wäre was. Von wegen! Die SS-Leute verteilen sich im Wald, markieren ein Quadrat. Alles ist nass. Wir sind völlig erschöpft. Ich habe die Decke abgeworfen, habe das Gefühl, nach vorn zu kippen. 5 von uns versuchen, ein Plätzchen zum Schlafen zu finden. Ich habe mich für einen Platz zwischen den Bäumen entschieden. Ich schicke Štěpánek, Stroh zu holen, angeblich gibt es für 5 Leute eine Garbe. Bin alleine mit Goldsch, wir scharren Blätter zusammen, und ich sehe mich nach einem Draht oder nach einer kleinen Tanne um – für den Bau eines Dachgerüsts, um sich gegen den Regen zu schützen. Mit viel Mühe errichten wir mit Hilfe einer Decke ein Dach. Ich binde sie mit einem Bindfaden fest, halte das Dächlein ziemlich niedrig. Gestützt wird es mit Stöcken. Hauptsache, wir passen alle eng [aneinandergeschmiegt] darunter und können uns gegenseitig wärmen. Drei gemeinsam auf einer Decke und über uns ebenfalls eine Decke. Ein Stück Brot, und ich schlafe ein. Ich habe keine Kraft mehr zum Nachdenken. In der Nacht regnet es. Ein richtiger Regenguss. Auf meine Überdachung bin ich stolz. Ein richtiges Wunder, das Wasser fließt wie an einer Zeltplane ab. Ich denke an Pfadfinderausflüge. So was hätte ich mir damals nicht getraut. Im April auf dem Erdboden zu schlafen und statt eines Zeltes nur eine dünne Decke! Und 35 Kilometer am Tag ohne Essen! Aber wir sahen einen Jungen im Drillich im Straßengraben liegen, in der Schläfe ein rotes Loch. Brr. So will ich nicht enden! Ich will nicht! Ich darf nicht! Ich muss das alles aushalten! Die Deutschen haben den Krieg verloren. Aber ich will ihn nicht auch verlieren. Ich habe noch große Pläne. Viele Dinge habe ich nicht zu Ende gebracht. Ich muss leben. Ich schlafe wieder ein. Mir ist nicht einmal kalt. Meine Nerven sind ziemlich angespannt. Ich denke, ich könnte ganz unmögliche Dinge zustande bringen. Früh um 7 Uhr steht man wieder auf.

8 Im Original deutsch.

DOK. 265
Der Landwirt Josef Dichtl muss am 22. April 1945 tote Häftlinge vom Bahnhof in Nammering abtransportieren[1]

Bericht von Josef Dichtl,[2] Nammering, vom 22.5.1945

Am zweiten Tag, nachdem der Zug mit den Gefangenen[3] hier in Nammering stand, kam der Bürgermeister der Gemeinde Fürstenstein zu dem Bauern, für den ich arbeite, und forderte ihn auf, sein Fuhrwerk für den Abtransport von Toten zu einer Verbrennungsstelle zur Verfügung zu stellen. Der Bauer schickte mich dann am gleichen Tag mittags mit dem Fuhrwerk zum Bahnhof, wo der Zug hielt.
Als ich dort ankam, war bereits ein Fuhrwerk mit Toten beladen, welches ich zu dem Verbrennungsort fahren mußte. In der Zwischenzeit ist mein Fuhrwerk beladen worden. Kurz vor der Verbrennungsstelle mußte ich den Wagen anhalten. Ich selbst ging zur Seite und habe gewartet, bis der Wagen wieder entladen war. Die Leichen wurden von den Gefangenen selbst unter Aufsicht der SS-Posten und eines SS-Feldwebels[4] aus dem Wagen genommen. Auf der Verbrennungsstelle im Steinbruch brannte auf der Erde ein Feuer im Ausmaß von etwa 2 m Länge und Breite. Darüber waren schmale Eisenbahnschienen gelegt, auf denen bei meinem Eintreffen bereits ca. 15 Tote lagen. Ein Teil von ihnen war nackt, ein Teil bekleidet.
Als mein Wagen geleert war, fuhr ich wieder zurück und holte einen anderen bereits vollbeladenen Wagen. Als ich den dritten Wagen zu dem Verbrennungsort hinbrachte, mußte ich ein kleines Stück weiter fahren, da 30 m von der bereits vorhandenen Verbrennungsstelle eine zweite errichtet worden war. Der Feldwebel sagte zu mir, daß das zweite Feuer nötig wäre, weil die Verbrennung sonst zu lange in Anspruch nehmen würde.
Ich fuhr im ganzen 5 vollbeladene Wagen hin. Auf jedem Wagen waren immer ungefähr 30–35 Tote geladen. Bei einigen Toten konnte ich sehen, daß sie Einschüsse in der Stirn oder in der Schläfe hatten. Ein Toter hatte die Schädeldecke eingeschlagen. Ein Teil der Toten war so mager, daß ich annehmen kann, daß sie den Hungertod gestorben sind.
Auf meine Frage, was das für Leute wären, gab mir der Feldwebel zur Antwort, daß darunter Deutsche, Franzosen, Holländer, Belgier, Juden, Wiener, Russen und Polen wären. Er sagte danach, daß die Gefangenen 14 verschiedenen Nationen angehörten.
Soviel ich gesehen habe, wurden die Toten aus einem geschlossenen Wagen, der in der Nähe des Bahnhofs vorgeschoben worden war und in dem nur Tote lagen, entladen. Die ersten 4 Wagen wurden mit Toten aus einem Waggon beladen, die Toten für den 5. Wagen wurden aus einem anderen Waggon geholt, weil der erste bereits leer war. Bei meiner Anwesenheit an der Verbrennungsstelle habe ich selbst gesehen, daß ein Gefangener, der nur mit einer Hose bekleidet war, von einem Uffz. der Wachmannschaften mit einer ca. 1,5 m langen Gerte auf den Rücken geschlagen worden war, weil er die

1 NARA, RG 549, Box 479, Case 000-12-273.
2 Josef Dichtl (* um 1880), Landwirt.
3 Zu diesem Transport siehe Einleitung, S. 86.
4 Feldwebel entspricht einem SS-Oberscharführer.

ihm aufgetragene Arbeit (Zerkleinern von Holz) nicht schnell genug machte. Er mußte dann sofort die Toten abladen.
Einer der Wachmannschaften, der nicht der SS angehörte, sondern Infanterist war, sagte zu mir, daß er in diesem Krieg schon viel mitgemacht hat, aber solch etwas Grauenhaftes noch nicht gesehen hat. Er wäre viel lieber an der Front als bei diesen armen Gefangenen.
Der SS-Feldwebel sagte zu mir, daß die Gefangenen alle gefährlich und Schwerverbrecher wären, und wenn die Zivilbevölkerung einen Ausgebrochenen dieser Gefangenen einfängt, müßten sie ihn umbringen oder der nächsten Gendarmeriestation abliefern.
Den genauen Tag der Ankunft des Zuges kann ich nicht sagen, auch nicht das Datum der Abfahrt. Es war Ende April 1945.
Zwischen dem vierten und dem fünften Wagen mit Toten habe ich einen Wagen mit Holz vom Bahnhof zu der Verbrennungsstelle gefahren. Das Auf- und Abladen des Holzes wurde ebenfalls von den Gefangenen vorgenommen.
Der Transportführer war ein großer und starker Offizier.[5]
An dem Verbrennungsort waren ungefähr 25 Gefangene unter Aufsicht von etwa 8–10 Wachmannschaften beschäftigt.
Wieviel Wachmannschaften im Ganzen da waren, kann ich nicht sagen.
Der Transportführer hatte blondes Haar, blaue Augen, ein gutes Gebiß, keinen Bart. Er sah gut und gepflegt aus.
Ich schwöre nach bestem Wissen die Wahrheit gesagt zu haben, so wahr mir Gott helfe.

DOK. 266
Die Berliner Delegation des Internationalen Komitees vom Roten Kreuz protestiert am 22. April 1945 bei Rudolf Höß gegen die Behandlung von Häftlingen auf dem Todesmarsch[1]

Schreiben von O. Lehner,[2] Chef der Delegation des IKRK in Berlin, Zeichen No. 2893. Del. All. OL/UR, Berlin-Wannsee, an Obersturmbannführer Hoess,[3] KL Ravensbrück, vom 22.4.1945

Sehr geehrter Herr Obersturmbannführer,
Soeben erhalte ich einen Bericht von unseren Delegierten,[4] die die Kolonnen der evakuierten Internierten aus dem Lager Oranienburg/Sachsenhausen mit Paketen versorgen konnten. Es ist uns unter vielen Schwierigkeiten gelungen, die Pakete von unserer Zweigstelle Wagenitz an die Kolonnen heranzubringen. Leider ist dies nur eine erste

5 Transportführer war Hans Merbach.

1 ACICR, B G 044/13–20.02. Abdruck als Faksimile in: Simone Erpel, Zwischen Vernichtung und Befreiung. Das Frauen-Konzentrationslager Ravensbrück in der letzten Kriegsphase, Berlin 2005, S. 230 f.
2 Dr. Otto Lehner (1911–1987), Arzt; Juli 1942 bis Juli 1945 Delegierter des IKRK in Berlin; Juli bis Okt. 1945 in sowjet. Internierung, 1946–1954 Leiter von IKRK-Delegationen in der Tschechoslowakei, Israel und Südkorea.
3 Rudolf Höß. Höß hielt sich seit seiner Rückkehr aus Auschwitz im Nov. 1944 in seiner Funktion als Chef des Amts D I des WVHA in Ravensbrück auf; seine Familie wohnte in der Nähe von Fürstenberg.
4 Willy Pfister und Hans Heinrich Landolt; siehe Dok. 259 vom 20.4.1945.

dürftige Hilfe. Ich hoffe jedoch, daß wir von unserem Zentrallager in Lübeck Pakete an die neuen Bestimmungsorte heranschaffen können.
Ich möchte bei dieser Gelegenheit nicht verfehlen, Sie, sehr geehrter Herr Obersturmbannführer, auf das namenlose Elend aufmerksam zu machen, das über die Schutzhäftlinge durch die Evakuation des Lagers hereingebrochen ist. Die Gefangenen sind so schwach, daß sie nur mehr mit größter Mühe sich vorwärts schleppen können. Es soll auch zu verschiedenen Ausschreitungen von seiten der Wachmannschaften gekommen sein und Gefangene, die auf dem Wege zurückgeblieben, sind erschossen worden.
Es ist mir bewußt, daß diese Ausschreitungen sicher nicht in Ihrem Sinne sind und von Ihnen in keiner Weise gebilligt werden.
Es ist mir leider zu dieser Stunde unmöglich, den Reichsführer SS oder sonst eine verantwortliche Persönlichkeit zu erreichen, und ich erlaube mir deshalb, an Sie im Namen des Internationalen Komitees vom Roten Kreuz den dringenden Appell zu richten, das Lager Ravensbrück, wenn die Verhältnisse sich ähnlich gestalten sollten, nicht zu evakuieren, um nicht ein gleiches Leid heraufzubeschwören.
Ich schicke Ihnen in der Person von Herrn de Cocatrix[5] einen zuverlässigen Delegierten und bitte Sie, demselben Eintritt in das Konzentrationslager Ravensbrück zu gewähren und ihm nötigenfalls das Lager protokollmäßig zu übergeben. Er wird dafür alle Garantien übernehmen, das Lager mit Lebensmitteln zu versorgen.
Ich hoffe zuversichtlich, sehr geehrter Herr Obersturmbannführer, daß Sie die Verantwortung für einen solchen Schritt übernehmen werden und erlaube mir, Sie gleichzeitig darauf aufmerksam zu machen, daß alles, was in diesem Augenblicke für die Gefangenen der Konzentrationslager Ihrerseits geleistet wird, den deutschen Gefangenen auf der Gegenseite, der deutschen Zivilbevölkerung in den besetzten Gebieten und somit dem ganzen deutschen Volke zugute kommt.
Empfangen Sie, sehr geehrter Herr Obersturmbannführer, den Ausdruck meiner vorzüglichen Hochachtung.

5 Albert de Cocatrix (1912–1992), Kaufmann; 1944/45 Delegierter des IKRK in Deutschland, danach in sowjet. Internierung; 1955–1970 stellv. Direktor und 1970–1977 Direktor des Internationalen Suchdienstes des Roten Kreuzes in Arolsen.

DOK. 267
Pfarrer Johann Bergmann ruft die Kirchgemeinde von Aicha vorm Wald am 23. April 1945 auf, Lebensmittel für die in Nammering gestrandeten Häftlinge zu spenden[1]

Wochen-Verkündbuch der Gottesdienstlichen Verrichtungen in der Pfarrkirche Aicha vorm Wald, Eintrag vom 23.4.1945

23.4. Montag
[...][2]
Dann möchte das Pfarramt folgendes bekanntgeben:
Die allgemein bekanntgewordenen Vorkommnisse in Nammering haben unter der Bevölkerung vielfach Unruhe verursacht. Ein Zug von Häftlingen, der von einem Lager in ein anderes überführt werden sollte, und der ursprünglich für die normalerweise vorgesehene Dauer der Überführung mit genügend Lebensmitteln versehen war, ist durch die Zerstörung von Bahnen und Bahnhöfen ungewöhnlich lange aufgehalten u. auf Strecken gedrängt worden, die abseits des Bestimmungszieles lagen. Eine Verständigung des Zugkommandos mit den zuständigen Oberbehörden ist wegen Beschädigung von Telegraph und Telefon nicht in der notwendig schnellen Weise möglich, so daß eine Nachlieferung von Lebensmitteln nicht zur rechten Zeit eintreffen konnte. Es sind Schritte unternommen worden, um den unliebsamen Zuständen abzuhelfen. Der Transport soll weitergeleitet werden, wenn nicht Unvorhergesehenes dazwischenkommt, heute abend schon. Bei Erreichung der Hauptstrecke soll auch wieder für Verpflegung gesorgt werden. Aber der Tag oder die paar Tage bis dahin sollen überbrückt werden. Nach Rücksprache mit den zuständigen Stellen wende ich mich deshalb im Namen Christi an die Pfarrgemeinde: In jedem Haushalt ist trotz aller Knappheit eine Kleinigkeit zu erübrigen: einige Pfund Kartoffeln, ein größeres Stück Brot, es muß ja kein *ganzer Laib sein, ein paar Pfund Mehl u.s.w.*
Die Sachen sollen *bis heute Mittag* dem Lagerkommando in Nammering, das bei Koller Wirt untergebracht ist, zur Verfügung gestellt werden. Wenn es auch Sträflinge sind, um die es sich handelt, und vielfach Ausländer, so sind wir doch nicht ihre Richter. Wenn sich die Leute in den Ortschaften und Dörfern zusammentun, bräuchten schließlich nicht alle einzeln nach Nammering gehen.
Aber ich[3] bitte euch herzlichst: Macht euch die Mühe, bis heute mittag, nach Nammering, beim Transportführer bei Koller Wirt abgeben.

1 Pfarramt Fürstenstein, Wochen-Verkündbuch der Gottesdienstlichen Verrichtungen in der Pfarrkirche Aicha vorm Wald (17.8.1941–12.5.1946). Teilweise abgedruckt als Faksimile in: Hans Hübl/ Nikolaus Saller (Hrsg.), Nie werde ich vergessen ... Dokumentation über den KZ-Transport Buchenwald–Nammering–Dachau vom 7. April bis 28. April 1945, Tittling 1994, S. 41.

2 Die ersten drei Seiten enthalten die Verkündigungen der Woche bis zum 29.4.1945, darunter eine Betstunde mit der Bitte um eine gute Ernte und Frieden.

3 Der Pfarrer der Gemeinde Aicha vorm Wald, Johann Bergmann (1887–1958), hatte die verheerenden Zustände am Nammeringer Bahnhof gesehen. Nur wenige überlebende Häftlinge erinnerten sich an Lebensmittelspenden in Nammering. Vermutlich erhielten vor allem die Mitglieder der Bestattungskommandos diese Verpflegung.

[Einfügung]: Aber es sollen *alle* – mit Ausnahme der Flüchtlinge, die selber kaum das Notwendigste haben, mittun, denn bis über 2000 Menschen nur etwas haben, geht viel auf.

DOK. 268
Nathan Wiener wird am 23. April 1945 auf dem Todesmarsch von Flossenbürg nach Dachau von einem SS-Mann angeschossen[1]

Aussage von Nathan Wiener[2] vor den Zeugen Leonard P. Tieszen und Burton E. Fulmer, Cham, vom 24.5.1945

Ungefähr im Juli 1944 wurde ich in das Konzentrationslager Flossenberg[3] eingeliefert. Um den 15. April 1945 herum wurden 200 aus meiner Gruppe von *Flossenberg* auf einen Fußmarsch nach *Dachau* geschickt. Josef *Wurst*[4] war einer der Aufseher, er war ein einfacher SS-Mann. Er trug eine deutsche Tarnjacke und eine Feldmütze, die mit dem Totenkopfsymbol der SS versehen war.
Am 23. April 1945 sah ich, wie Josef *Wurst* und zwei weitere Wachen in der Nähe von Kager (nahe bei Cham) im Wald ungefähr fünfzig (50) Häftlinge erschossen. Mir schoss Josef *Wurst* in die linke Hüfte und in die Hand. Ich stellte mich tot. Als *Wurst* von einem seiner Kameraden gefragt wurde: „Ist der Kerl tot?", womit er mich meinte, antwortete *Wurst*: „Ja, der ist tot. Ich habe mehrere Male auf ihn gefeuert." Ich habe nicht mitbekommen, dass *Wurst* irgendeinen Befehl erhalten hätte, die Häftlinge umzubringen. Die Schüsse fielen, nachdem amerikanische Panzer an uns vorbeigerollt waren. Der Transportführer[5] hatte sich schon etwas früher aus dem Staub gemacht und den Wachen gesagt, sie sollten sich ebenfalls absetzen. Es war *Wursts* eigene Entscheidung, die Gefangenen zu erschießen. Der Transportführer hatte den Wachen gesagt, sie sollten auch fliehen. Vier Stunden später kehrten *Wurst* und zwei seiner Kameraden zurück und begingen das Massaker.

1 NARA, M-1204, Reel 1. Das Dokument wurde aus dem Englischen übersetzt.
2 Nathan Wiener (*1911), Hobler; geb. in Rybica bei Krakau, Zwangsarbeit in den Lagern Mielec, Lublin und Krakau-Plaszow, im Aug. 1944 nach Flossenbürg überstellt, befreit in Cham; er emigrierte 1949 in die USA.
3 Richtig: Flossenbürg.
4 Joseph Wurst (1920–1947); im Mai 1944 in die Waffen-SS eingezogen, Sept. 1944 SS-Rttf.; Wachmann im Flossenbürger Außenlager Leitmeritz und auf dem Räumungsmarsch des Stammlagers Flossenbürg; 1946 im Dachauer Flossenbürg-Hauptprozess wegen Tötungen auf dem Todesmarsch zum Tode verurteilt und 1947 hingerichtet.
5 Hier und im Folgenden deutsch im Original.

DOK. 269
Die norddeutsche Delegation des Internationalen Komitees vom Roten Kreuz fordert von Anton Kaindl am 25. April 1945, die Erschießungen auf dem Todesmarsch einzustellen[1]

Schreiben von Dr. H. Landolt, Chef der Delegation des IKRK in Norddeutschland, an den Kommandanten des Konzentrationslagers Oranienburg-Sachsenhausen,[2] Wagenitz, vom 25.4.1945

Protest
Seit dem Beginn der Evakuation der Häftlinge des Konzentrationslagers Oranienburg sind uns von verschiedenen Seiten die alarmierenden Berichte über laufende Erschießungen von Häftlingen während des Marsches eingegangen.
Der Delegierte des Internationalen Komitees vom Roten Kreuz, Dr. W. *Pfister,* hat allein anläßlich der Verpflegung der Kolonnen mit Liebesgabenpaketen 60 Leichen von Häftlingen, die unzweifelhaft durch Kopfschüsse aus nächster Nähe erschossen worden sind, vorgefunden.[3] Aus zuverlässigen Berichten hat derselbe erfahren, dass die Zahl der auf diese Weise Erschossenen seit Beginn der Evakuation bereits einige Hundert erreicht hat, und daß die Erschießungen mit zunehmender Marschunfähigkeit zunehmen.
Es ist eindeutig erwiesen, daß Marschunfähige und Kranke durch die SS-Bewachungstruppen in den Straßengräben niedergeschossen werden.
Die Delegation des Internationalen Komitees vom Roten Kreuz in Norddeutschland protestiert im Namen des Internationalen Roten Kreuzes in aller Form auf das entschiedenste gegen diese unmenschliche und allen Regeln der Gesittung spottende Behandlung von wehrlosen Gefangenen.
Das Internationale Komitee vom Roten Kreuz erwartet von Ihnen als verantwortlicher Lagerkommandant die sofortige Einstellung der Erschießungen.

1 ACICR, B G 044/13–19.04
2 Anton Kaindl.
3 Zu den Aktivitäten des IKRK während der Todesmärsche siehe Einleitung, S. 94. Siehe auch Dok. 259 vom 20.4.1945 und Dok. 266 vom 22.4.1945.

DOK. 270

Colonel Lynch von der 2. Infantry Division spricht am 25. April 1945 bei der Trauerfeier für die Opfer des Massakers von Gardelegen[1]

Rede von Colonel G. P. Lynch,[2] Gardelegen, vom 25.4.1945[3]

Wir haben uns heute hier versammelt, um mehreren Hundert Kriegsgefangenen[4] der Alliierten das letzte Geleit zu geben. Sie waren Polen, Russen, Franzosen, Holländer und Belgier, darunter auch ein Amerikaner und ein Deutscher, aber vor allem waren sie Menschen, die unter Verletzung der Genfer Konvention und aller Grundsätze menschlichen Anstands ermordet wurden. Sie sind Opfer der Irrlehre geworden, nach der die Deutschen zur Herrenrasse erklärt wurden und die deutsche Kultur die ganze Welt dominieren sollte.

Als die Russen im Winter vergangenen Jahres mit ihrem Vorstoß nach Ostpreußen begannen, wurden Tausende von Kriegsgefangenen von ihren deutschen Häschern auf einen Marsch Richtung Westen getrieben. Sie hatten keine Decken, um sich vor der bitteren Kälte zu schützen, und mussten diesen Gewaltmarsch mit sehr wenig Verpflegung durchstehen. Diejenigen, die die Kraft verließ, wurden erschossen.

Das Ziel der Gruppe, um die es hier geht, war Hannover. Als die Gruppe diese Gegend hier erreichte, waren die Amerikaner bereits in der Stadt. Die Gruppe, die aus etwa 1100 Männern bestand, wurde in diese Scheune getrieben, deren Fußboden vorher mit benzingetränktem Stroh ausgelegt worden war. An allen Ausgängen standen Wachen mit Maschinengewehren, um sicherzustellen, dass niemand fliehen konnte. Es war der für die Gruppe zuständige Offizier, der das Stroh in Brand setzte. Mit Leuchtspurmunition und Handgranaten, die als Brandsätze dienten, wurde das Feuer aufrechterhalten.

Das gesamte Gebäude war von bewaffneten Wachen mit Polizeihunden umstellt, die angewiesen waren, jeden zu jagen und zu erschießen, dem die Flucht aus dem Gebäude gelingen sollte. Trotz dieser Sicherheitsvorkehrungen wissen wir, dass etwa ein Dutzend Männer entkommen konnte. Die anderen verbrannten, erstickten, wurden mit Maschinengewehren erschossen oder starben an Verletzungen, die von Handgranaten verursacht wurden.

Der deutschen Bevölkerung wurde weisgemacht, dass die Berichte von Gräueltaten der Deutschen nur Propaganda der Alliierten seien. Hier kann man sich ein eigenes Bild machen. Einige werden sagen, dass die Nazis verantwortlich für dieses Verbrechen sind. Andere werden auf die Gestapo verweisen. Die Verantwortung liegt aber bei keinem der beiden – sie liegt beim deutschen Volk.

Eure Kultur ist so weit degeneriert, dass sie nur noch auf die Vernichtung von Gruppen oder Völkern ausgerichtet ist, die unter deutsche Herrschaft gebracht wurden. Die

1 NARA, RG 407, Box 11 821. Das Dokument wurde aus dem Englischen übersetzt.
2 George P. Lynch, Oberst; von Sept. 1944 an Stabschef der 102. US-Inf.-Div.
3 Es existiert ein Film von der Beerdigung und der Rede von Col. Lynch, siehe https://www.ushmm.org/online/film/display/detail.php?file_num=4603.
4 Es handelte sich um Konzentrationslagerhäftlinge. Zum Massaker von Gardelegen siehe Einleitung, S. 70 f., 87.

sogenannte Herrenrasse hat bewiesen, dass sie lediglich in den Bereichen Verbrechen, Grausamkeit und Sadismus führend ist. Den Respekt der zivilisierten Welt habt ihr verloren.
Die unmittelbar Verantwortlichen für dieses Verbrechen werden bestraft werden. Aber das genügt nicht, um den Respekt gegenüber der deutschen Bevölkerung wiederherzustellen, es reicht auch nicht aus, um die Leben unserer ermordeten Kameraden aufzuwiegen.
Als Zeichen der Achtung, die wir den Getöteten entgegenbringen, und um das Gedächtnis an sie für immer wachzuhalten, sowohl in den Köpfen der Menschen dieses Landes als auch in ihren geliebten Heimatländern, haben wir diesen Friedhof angelegt. Er wird von den Anwohnern dauerhaft unterhalten und gepflegt werden. Möge er zu einem Symbol für den Freiheitswillen der Menschen überall in der Welt werden und dazu beitragen, dass die Deutschen zu menschlichem Anstand und damit in den Schoß der [Völker-]Gemeinschaft zurückkehren.

DOK. 271

Heinrich Roeder notiert am 27. April 1945 Namen, Nummern und Begräbnisorte von verstorbenen Kameraden auf dem Marsch vom Außenlager Schwarzheide nach Theresienstadt[1]

Handschriftl. Notizen von Heinrich Roeder[2] im Taschenkalender „Taschenmerkbuch 1941“, Eintrag vom 27.4.1945

Warnsdorf Wald Anhöhe
li. letzter Bauernhof
Kohn Julius
Wili Otto
Süß Kurt
78110 Horn[3]
Riebe
Pole Blodek (Erhängter)[4]
+ 59 ?[5] Simonie Franzose

1 SBG/GUMS, R 44/4/2.

2 Heinrich Roeder (1899–1965), Stellmacher; 1938 Buchenwald, 1943 überstellt nach Sachsenhausen; lebte nach dem Krieg in Herzogswalde/Sachsen. Er gehörte auf dem Todesmarsch der Nachhut an, die erschöpfte Häftlinge auf einen Wagen verladen und Tote begraben musste. Die Notizen, die er zu Personalien der Toten und ihren Grablagen machte, versteckte er in einem Verband am Oberarm; Eidesstattliche Erklärung Heinrich Roeder, 27.5.1947, wie Anm. 1, R 44/4/4.

3 Pavel Horn (1908–1945).

4 Ende April 1945 machte der Häftlingstransport in der Spinnerei Johann Gottfried Häbler in Warnsdorf Station. Zuvor waren sechs poln. Häftlinge geflohen. Ein wiederergriffener Häftling wurde im Gebäude der Spinnerei in Anwesenheit der übrigen Häftlinge erhängt.

5 Hier handelt es sich vermutlich um ein Fragment der Häftlingsnummer.

DOK. 272
Der Häftlingsarzt Zalman Grinberg berichtet von der Räumung des Lagers Kaufering und über den Luftangriff auf Schwabhausen am 28. April 1945[1]

Bericht von Dr. Z. Grinberg, Chefarzt für ehemalige ausländische Häftlinge,[2] D.P. Hospital/2004/A, St. Ottilien, an den Jüdischen Weltkongress in Genf, vom 31.5.1945

Bericht

Am 26. April 1945 wurden die kranken Häftlinge aus der Außenstelle des Lagers Dachau (diese Außenstelle bestand aus 11 voneinander getrennten Lagern) in Güterwagen verfrachtet, angeblich, um evakuiert zu werden, in Wirklichkeit [um sie] einer Vernichtungsstelle zuzuführen.[3] Es handelte sich um Schwerkranke, Erschöpfte, Abgemagerte und kaum noch lebendige Kreaturen. Ein Teil waren Flecktyphuskranke, die anderen [hatten] Tuberkulose und der Rest akute fieberhafte Krankheiten. Es waren Kranke, die eigentlich nicht transportabel waren, und schon gar nicht in Güterwaggons 70–80 Mann in einem Waggon. Die Kranken wurden wie leblose Wesen verfrachtet, und sie lagen in einem jämmerlichen Zustand in den Waggons auf einer Rampe der Arbeitsstelle der Baufirma Holzmann, welche zwischen den Städten Landsberg und Kaufering in Oberbayern sich befand. Bei diesem Transport waren einige Juden, die im Konzentrationslager als Ärzte oder Schreiber beschäftigt waren, auch vorhanden. Der Zug setzte sich um 12.00 Uhr nachts am 26. April in Bewegung. Er schleppte sich durch die ganze Nacht und blieb öfters für stundenlang stehen. Die ganze Nacht waren Luftalarme, wir hörten die schwere Artillerie näherrücken, wir wußten, daß wir uns unweit der kämpfenden Front befinden. Am 28. morgens waren wir nur ca. 12 km weiter gekommen. Wir befanden uns vor dem Dörfchen Schwabhausen,[4] welches auch eine Bahnstation hatte. Gegen 8 Uhr früh stand dort auf den Geleisen ein Flak- und Verpflegungszug der deutschen Luftwaffe. Um ½ 9 Uhr waren amerikanische Beobachter in dieser Gegend und beobachteten den Flakzug. Daraufhin wurde der Flakzug ausrangiert, und an dieser Stelle plazierte man den langen Häftlingszug mit nahezu 3500 Häftlingen, von denen 95 Prozent liegend waren. Der Flakzug begab sich auf ein zweites Geleise und wurde durch den Häftlingszug gedeckt. Man hat also absichtlich den Flak- und Verpflegungszug der Luftwaffe durch den Häftlingszug abschirmen wollen. Gegen 10 Uhr bewiesen sich am Himmel die ersten amerikanischen Jagdbomber. Der Kommandoführer des Zuges,

1 CZA, L 58/482–45. Abdruck in: Landsberg im 20. Jahrhundert: Themenhefte Landsberger Zeitgeschichte, hrsg. von der Bürgervereinigung „Landsberg im 20. Jahrhundert", Heft 2, Landsberg 1993, S. 45 f.

2 Dr. Zalman Grinberg (1912–1983), Radiologe; 1941 im Getto Kaunas, 1943 im KZ Riga-Kaiserwald inhaftiert, im Juli 1944 über Stutthof nach Kaufering überstellt, befreit in Schwabhausen; danach Arzt im DP-Hospital St. Ottilien, Vorsitzender des Zentralkomitees der befreiten Juden in der amerikanischen Zone, 1946 Auswanderung nach Palästina, Direktor des Beilinson Hospital in Petah Tikvah, 1955 emigrierte er in die USA und arbeitete als Psychiater in East Meadow, NY.

3 In Kaufering bei Landsberg entstanden zwischen Juni und Dez. 1944 elf Außenlager des KZ Dachau. Rund 30 000 Häftlinge mussten unterirdische Bunker für die Luftwaffenproduktion errichten und waren zu Rodungs-, Straßen-, Gleisbau- und Entladearbeiten eingesetzt. Im April 1945 mussten die meisten Häftlinge zu Fuß nach Dachau marschieren. Die kranken Häftlinge aus dem Teillager IV wurden am 26.4.1945 per Zugtransport in Richtung Dachau gebracht.

4 Schwabhausen, heute Teil der Gemeinde Weil im Kreis Landsberg am Lech.

Obersturmführer Müller, gab den Befehl, den Zug nicht zu verlassen. „Wer den Zug verläßt, der wird erschossen, auch während des Luftangriffs." Gegen 10.15 Uhr ließen sich die Jagdbomber auf den Zug herunter und begannen, die Lokomotive und die ersten Waggons zu beschießen. Es entstand ein großes Chaos und eine endlose Verwirrung. Die SS-Posten verließen als erste den Zug und flüchteten in das benachbarte Wäldchen. Die Häftlinge beobachteten dies, und da die Kugeln von allen Seiten einhämmerten, versuchten auch sie, in den Wald zu flüchten; die Kranken, die noch gehen konnten, suchten Deckung unter den Bäumen. Nach 10 Minuten war der Angriff vorüber. Wir hatten 136 Tote und 80 Schwerverwundete. Die Verwundeten lagen in den Waggons zusammen mit den Toten. Wir, die einzigen Ärzte, die dort waren, versuchten mit unseren spärlichen Mitteln, den Verwundeten die erste Hilfe zu leisten, es war jedoch ein vergebliches Bemühen, denn es handelte sich um Schwerverletzte, um Steck- und Durchschüsse mit komplizierten Frakturen, offene, blutende Wunden, und die nötigen Mittel, den Verwundeten Hilfe zu leisten, waren nicht vorhanden. Ein jämmerliches Bild war es, die Zeit erlaubt es mir jetzt nicht, dieses tragische, unfaßbare Bild zu beschreiben. Nach dem Angriff fanden sich wieder die SS-Posten ein, sie umzingelten das Wäldchen und schossen in die Menge, um wieder Disziplin und Ordnung hineinzubringen. Wir hatten weitere Opfer. Die Kranken und Verwundeten lagen teils in Waggons, teils im Wald krächzend und nach Wasser und Brot flehend. Wasser war nicht vorhanden, das Brot war bereits verzehrt. So lagen wir im Frontbereich den ganzen Tag, und trotzdem schien die SS ihre alte Taktik nicht geändert zu haben. Es hieß, am Abend wird der Zug weiterfahren. Und wirklich, gegen Abend kam der plötzliche und schnelle Befehl, „Einsteigen", und kaum ist der Befehl ergangen, so setzte sich der Zug in Bewegung und fuhr fort.[5] Eine große Anzahl der Kranken blieb im benachbarten Wald liegen. Darunter waren auch ich und mein Kollege Dr. Jochum Katz.[6] Wir wußten nicht, wie viele Kranke wir hatten, denn indessen haben sich auch die Kranken auf eine größere Fläche verbreitet. Wir waren plötzlich im Niemandsland, es waren keine Deutschen da, auch Amerikaner waren nicht zu sehen. Ringsumher brannte alles. Wir hörten schwere Detonationen und Granaten, und verschiedene andere Kugeln pfiffen durch die Luft. Die meisten Kranken lagen apathisch und bewegungslos auf dem Erdboden und erwarteten den befreienden Tod. Wir kümmerten uns um die Kranken, besorgten Wasser aus dem benachbarten Dorf, wo, wie wir uns überzeugten, noch deutsche Luftwaffenverbände lagen. Die ganze Nacht lagen wir im Wald. In der Nacht starben noch 18 Menschen. Am Morgen ging ich zum Bürgermeister des Dorfes Schwabhausen,[7] um mit ihm die entstandene Situation zu besprechen. Er sagte mir, als erstes müssen die Toten begraben werden, und am Nachmittag wird wohl ein Zug kommen, um die noch lebenden Kranken weiter

5 Der Zug fuhr nach Kaufering IV zurück, das sich in der Nähe der Bahnstrecke befand, um die Toten am Bahndamm auszuladen. Am Morgen des 27.4.1945 befahl der Lagerarzt Dr. Max Blancke, das Lager anzuzünden, und nahm sich noch am selben Tag das Leben; siehe Dok. 273 vom 29.4.1945.

6 Richtig: Dr. Nachum M. Katz (1910–1997), Arzt aus Kaunas; wie Grinberg war er 1941 im Getto Kaunas, 1943 im KZ Riga-Kaiserwald, wurde im Juli 1944 über Stutthof in das Dachauer Außenlager Kaufering überstellt und dann in den Todestransport nach Schwabhausen gezwungen; lebte nach dem Krieg in New York.

7 Dominikus Sedlmaier (1886–1948); 1933 NSDAP-Eintritt; bis Mai 1945 Bürgermeister von Schwabhausen.

zu transportieren. Ich habe das Gefühl gehabt, daß der Bürgermeister auf dem schnellsten Wege diese Menschenplage, die man ihm gestern vor der Türe seines Dorfes hinterlassen hat, loswerden will und dieses kranke Menschenmaterial nach einer weiteren Station abschieben will. Wohlgemerkt, abschieben will, ohne Transportführer, ohne Bewachung und ohne Verpflegung. Ich ging sodann zum Stationsvorsteher und bat ihn, die Forderung, einen Zug bereitzustellen, zu sabotieren, denn ich wußte, daß diese Fahrt die Todesfahrt sein wird. Der Stationsvorsteher hat mich verstanden, doch konnte er, wie er mir sagte, meinen Wunsch nicht erfüllen. Indessen haben sich die Kranken in einem hinkenden, schleppenden Tempo über das Dorf verbreitet, um bei den Bauern [um] Lebensmittel zu betteln. Der Bürgermeister befahl dem Volkssturm des Dorfes, die Häftlinge am Bahnhof zusammenzutreiben, dies geschah auch. Um 2 Uhr sollte der Zug abgehen. Ich war ratlos. Plötzlich sah ich in der Ferne ein Motorrad kommen mit einer Rot-Kreuz-Fahne. Auf dem Motorrad saß eine deutsche Ärztin, welche den Dorfbewohnern zurief, amerikanische Panzer seien unterwegs. Ich atmete erleichtert auf. Es war ½ 2 Uhr. Der Zug sollte um 2 Uhr Schwabhausen verlassen. Durch die Nachricht der deutschen Ärztin ermutigt und gestärkt, ging ich nochmals zum Bürgermeister und erklärte ihm, falls er nicht die bei ihm im Dorf befindlichen Häftlinge unter seinen Schutz nimmt und sie verpflegt und falls er nicht dafür sorgt, daß die Kranken nicht abtransportiert werden wollen, so wird er sicherlich von den amerikanischen Militärbehörden, welche stündlich ins Dorf einrücken könnten, zur Verantwortung gezogen werden und wohl erschossen werden. „Denn Sie, Herr Bürgermeister, würden das Leben von diesen Häftlingen, falls sie weiter abgeschoben werden, auf dem Gewissen haben." Ich klopfte mit der Faust auf den Tisch und befahl ihm, folgendes Dokument zu unterschreiben: „Für die im Dorfe Schwabhausen hinterbliebenen Häftlinge steht mir keine Bewachungsmannschaft zur Verfügung, noch ein verantwortlicher Kommandoführer, noch die nötige Verpflegung, daher kann ich die ausländischen Häftlinge nicht weiter abtransportieren lassen und nehme sie bis auf weiteres unter den Schutz meiner Gemeinde." Er starrte mich an und wollte das Dokument nicht unterschreiben. In diesem Moment blickte er durchs Fenster auf die Dorfstraße, wo er eine Bewegung der Dorfbevölkerung beobachtete. Er ging zum Fenster heran, rief einen Bauern, flüsterte mit ihm einige Worte und kam dann wieder zurück. Sein Gesicht wurde plötzlich höflich, er bat mich Platz zu nehmen und unterschrieb ohne weiteres die paar Zeilen, die ich vorher aufgeschrieben hatte, er drückte auch den Stempel seiner Gemeinde darauf. Mit diesem Zettel lief ich zum Stationsvorsteher und sagte ihm, der Zug bleibt in Schwabhausen. Die deutschen Luftwaffenverbände, die im Dorfe lagen, zogen sich schnell zurück, das Dorf blieb leer von Militär.

Ich ordnete die Kranken in den Scheunen ein, wo früher die Luftwaffenverbände lagen. Ein Teil der Kranken suchte Unterschlupf in den Waggons, die in der Station standen, ein anderer Teil ging auf eigene Faust zu den Bauern und blieb dort in Baracken und Ställen. Dr. Katz und ich suchten den Dorfarzt auf, Dr. Arnold,[8] und wir begannen, den Kranken die erste medizinische Hilfe zu geben. Die Verwundeten wurden in einem Platz konzentriert, und die ersten Verbände wurden angelegt. Am Abend waren die Amerikaner noch nicht da. Am nächsten Tag zwang ich den Bürgermeister, die Häftlinge,

8 Dr. Philipp Arnold (1885–1948), Allgemeinarzt in Schwabhausen, Stabsarzt im Lazarett St. Ottilien.

deren Zahl zwischen 400 und 500 war, zu ernähren. Sie bekamen nach langer Zeit wieder Milch und Brot. Der Tag verstrich und die Nacht darauf, und die Amerikaner waren noch nicht da. Erst am Sonntag, den 29. April 1945, zeigten sich die ersten amerikanischen Panzer, welche durch das Dorf hindurchfuhren. Die nahezu leblosen, leidenden Wesen haben kaum die Kraft aufgebracht, ihre Befreiung zur Kenntnis zu nehmen. Seitdem haben wir, einige litauische Juden unter meiner Führung, alle Kranken in einem Militärlazarett konzentriert, im Orte St. Ottilien.[9] Ein amerikanischer Kapitän namens Raimund war uns mit Transportmitteln und mit seinen Leuten behilflich, um die Kranken zu sammeln und sie nach dem Lazarett zu bringen. Er war uns auch behilflich, die nötige Autorität bei der deutschen Lazarettverwaltung zu schaffen, damit Platz und Personal zur Verfügung gestellt wurden. Dieser amerikanische Kapitän mußte uns jedoch nach einigen Tagen verlassen. Was wir bis jetzt geschaffen haben, haben wir auf eigene Initiative geschaffen, unterstützt durch eine palliative Hilfe der Militärbehörden. Wir haben jetzt ein Krankenhaus mit 650 Juden aus aller Welt (litauische, polnische, ungarische, slowakische, griechische). Im Krankenhaus arbeiten deutsche Ärzte und deutsche Schwestern unter der Kontrolle von drei jüdischen Ärzten. Das deutsche Personal gibt sich Mühe und scheint den guten Willen zu haben. Wir haben eigentlich hier in das Krankenhaus 500 Sterbende gebracht, von diesen 500 Sterbenden sind 35 Menschen gestorben, diese eigentlich nur in der ersten Woche. Die Sterblichkeit hat bedeutend nachgelassen. In der letzten Woche betrug sie Null.

In diesen 7 Wochen haben die meisten Kranken die Todeskrise überwunden, und sie befinden sich auf dem Wege der Genesung.

DOK. 273
US-Einheiten berichten am 29. April 1945 über die Zustände im Kranken- und Sterbelager Kaufering IV[1]

Bericht von Sgt. Werstler, Kaufering, vom 29.4.1945

Ein informeller Bericht über ein Konzentrationslager für Juden – Lager Kauffering[2] Nr. 4, Außenlager von Dachau

Am späten Abend des 29. April erhielt ich die Mitteilung, Sergeant Gutsmiedl und ich sollten uns am nächsten Tag frühmorgens bei unserer vorgeschobenen Kommandostelle einfinden. Nachdem wir uns dort gemeldet hatten, sagte man uns, wir würden zu einem von uns eingenommenen Lager, in dem Gräueltaten stattgefunden hätten, gebracht, um

9 Grinberg gelang es, 500 zum Teil schwer verwundete Häftlinge in das nahegelegene Benediktinerkloster St. Ottilien, 20 km östlich von Landsberg, zu bringen. Das 1941 zum Lazarett umfunktionierte Kloster befand sich noch in deutscher Hand. Nach der Evakuierung der nichtjüdischen Patienten baute Grinberg ein gut funktionierendes jüdisches Krankenhaus in St. Ottilien auf, das bis Nov. 1948 bestand. Heute werden die Gebäude wieder als Kloster genutzt.

1 USHMM, 2004.103.1. Teilweise abgedruckt in deutscher Übersetzung in: Daniel Blatman, Die Todesmärsche 1944/45. Das letzte Kapitel des nationalsozialistischen Massenmords, Reinbek 2011, S. 329 f. Das Dokument wurde neu aus dem Englischen übersetzt.

2 Richtig: Kaufering.

dort zu übersetzen und im Rahmen einer Ermittlung Vernehmungen durchzuführen. Wir fuhren zu diesem Lager, das in der Nähe von Lansburg[3] liegt und unter der Bezeichnung Kauffering Nr. 4 bekannt ist. Nach unserer Ankunft stellte man uns die Offiziere vor, mit denen wir in den folgenden Tagen zusammenarbeiten sollten. Dies waren Captain Barnett von der Etousa[4] sowie Lieutenant Brooks und Burrows von der 100. bzw. 45. Infanteriedivision.

Unser erster Eindruck vom Lager war entsetzlich. Innerhalb der Anlage konnten wir in drei Reihen liegende Leichen erkennen, insgesamt ungefähr 200, die meisten unbekleidet. Wir betraten das Lager, um uns einen Überblick zu verschaffen. Der Zustand der Leichen und die Art, wie sie dalagen, variierten stark. Manche waren halb verbrannt, andere wiesen schlimme Verbrennungen auf. Ihre Fäuste hatten sie im Todeskampf zusammengeballt. Ihre hervorquellenden, aufgerissenen Augen machten den Eindruck, als würden sie selbst noch im Tod die Schrecken des Lagerdaseins vor sich sehen und durchleiden. Alle bestanden nur noch aus Haut und Knochen. Das Lager war teilweise niedergebrannt worden, das waren die Opfer.

Von dort aus fuhren wir zu einem anderen Lager, bekannt als Kauffering Nr. 1, wo wir unsere ersten Vernehmungen durchführten. Wir befragten eine männliche Person, die Englisch sprach, hatten aber wenig Erfolg. Er lag in einem schmutzigen und übelriechenden Raum auf einem Haufen verfaulten Strohs und war fast verhungert. Sein Körper war aufgrund von Lähmungen und Unterernährung deformiert. Außerdem litt er noch unter Typhus. Er war uns keine Hilfe, weil er infolge körperlicher Schwäche nicht mehr ganz bei Verstand war.

Im Lager Nr. 1 vernahm ich einen Juden, der seit der Eroberung Warschaus im Jahr 1939 inhaftiert war. Dies ist seine Geschichte: Er und seine Frau wurden in Warschau gefangen genommen. Von dort aus deportierte man ihn nach Dachau und danach nach Auswitz[5] in Polen. Am Bahnhof von Auswitz trennte man ihn von seiner Frau, die dort eingeäschert wurde. Später wurde er von Lager zu Lager geschickt, bis man ihn nach Kauffering Nr. 1 brachte. In all den Jahren verbrachte er die meiste Zeit mit Zwangsarbeit, man schlug ihn grundlos und ließ ihn hungern. Er ist der Ansicht, dass er sein Überleben allein seiner körperlichen Widerstandskraft zu verdanken hat. Auswitz wie Dachau waren Entsorgungslager. Das bedeutet: Wer einmal dort gelandet war, musste schon enormes Glück haben, wenn er es jemals wieder lebend verließ. Im Lager gab es sechs Krematorien und einen vermeintlichen Duschraum, der in Wirklichkeit nichts anderes als eine Gaskammer war. Es war die Aufgabe ausgewählter Mithäftlinge, die Menschen unter dem Vorwand, dass sie dort ein Bad nehmen sollten, hineinzugeleiten. Einmal drinnen, wurde das Gas angestellt, und sie wurden umgebracht. Durch eine besondere Vorrichtung wurde das Gas schnell wieder abgesaugt, die Leichen schaffte man hinten hinaus und brachte sie zu den Krematorien. Die Gaskammern waren so konstruiert, dass sie mehrere Hundert Menschen auf einmal fassten. Einmal wurden so viele Menschen so schnell hintereinander vergast, dass die Krematorien mit der Einäscherung

3 Richtig: Landsberg.

4 European Theater of Operations. Es handelt sich um eine 1942 geschaffene Formation der US-Armee, die bis Kriegsende die Operationen der US-Armee (Bodentruppen, Luftstreitkräfte und Serviceeinheiten) in Europa koordinierte.

5 Richtig: Auschwitz.

nicht mehr nachkamen. Deswegen sahen sie sich gezwungen, die Leichen auf offenem Feld zu verbrennen. Von den 1752 Personen aus seinem Transport waren einige Tage nach der Ankunft nur noch 52 am Leben. Schwangere Frauen, Kinder und Gebrechliche wurden sofort umgebracht. Man riss den Müttern ihre Babys aus den Armen und tötete sie, indem man sie an den Füßen fasste und gegen die Eisenbahnwaggons schlug, fast so als würde man einen Baseballschläger schwingen, während die Mutter hilflos zuschauen musste. Sobald eine Frau schwanger wurde, brachte man sie um. Die Babys wurden ihren Müttern von der Brust weggerissen, in Säcke gesteckt und bei lebendigem Leib verbrannt. Um eine weitere Fortpflanzung innerhalb der jüdischen Familien zu verhindern, kastrierte man die Männer und rammte den Frauen Stöcke in die Vagina, um sie zu sterilisieren.[6] Jeden Tag wurden etwa 2000 kräftige Männer als Sklavenarbeiter auf die Felder oder in Fabriken getrieben. Jeden Abend kamen 700 von ihnen nicht mehr zurück, weil sie grundlos zu Tode geprügelt oder erschossen worden waren oder weil sie aufgrund des Hungers zu schwach zum Arbeiten waren. Ein Mann, der zu schwach zum Arbeiten war, wurde entweder von den SS-Wachen totgeschlagen oder von einem Mithäftling, den man mit gezückter Pistole dazu zwang. Der Mann, der uns von diesen Vorkommnissen berichtete, ist wohlauf, wird aber für immer von den unauslöschlichen Spuren dieser für uns unvorstellbaren Grausamkeiten gezeichnet bleiben.

Wir trafen auf einen anderen Juden, einen Jungen im Alter von 15 Jahren, der uns Folgendes erzählte: Seine Familie wurde in Warschau aufgegriffen. In Auswitz wurden sie getrennt. Seinen Vater und ihn, einen Neunjährigen, teilte man zur Zwangsarbeit ein. Er sah, wie man seine Mutter, seine Schwester und seinen Bruder in die Gaskammer abführte. Als die Russen von Osten her vorrückten, brachte man viele Häftlinge, darunter auch ihn und seinen Vater, nach Kauffering Nr. 1. Dort wurde sein Vater vom Lagerkommandanten zu Tode getreten, weil er krank war und nicht aufrecht stehen konnte. Der Lagerleiter kam und sagte zu ihm: „Ich will dir beibringen, gerade zu stehen." Daraufhin stieß er ihn um und trat so heftig auf ihn ein, dass er ein paar Tage später starb. Dem Jungen geht es gut, und er befindet sich in Sicherheit, aber sein Gesicht ist völlig ausdruckslos. Er scheint unfähig zu sein, etwas zu empfinden.

Unter den von uns Befragten waren auch einige Franzosen. Insbesondere einer von ihnen war eine außerordentliche Hilfe für uns, da er mit uns in die Stadt ging und dort einige SS-Wachen, die sich in Zivilkleidung versteckt hielten, identifizieren konnte. Einmal bemerkte er: „Ich bin frei, aber ich kann mich nicht an den Gedanken gewöhnen, dass ich jetzt keine Angst mehr vor der SS haben muss." Es ging über seine Vorstellungskraft, vollständig zu erfassen, was es bedeutet, wieder ein Mensch zu sein.

Das Lager Kauffering Nr. 4 war das Krankenlager für diesen Lagerkomplex. Einmal eingeliefert, kam man nie wieder heraus. Man erhielt dort so gut wie gar keine Verpflegung, die medizinische Versorgung war minimal. Wenn nicht Krankheit die Menschen tötete, dann erledigte das der Hunger. Sie mussten dort nackt schlafen, ohne Heizung oder ausreichend Decken, um sich warm zu halten. Das verschlimmerte ihren Gesundheitszustand und führte zu vielen Todesfällen.

Rund 3000 Häftlinge befanden sich in Lager Nr. 4, als die Amerikaner anrückten. Gesunde und Kranke, die noch gehen konnten, wurden auf einen Fußmarsch gezwungen.

6 Siehe Einleitung, S. 34 f.

Der Transport von einem Lager zum nächsten bestand immer aus einem Gewaltmarsch ohne Lebensmittel und Wasser. Wer zurückblieb, wurde entweder totgeschlagen oder erschossen; die Leichen wurden in der Regel nur aus dem Weg geräumt. Von den 3000, die zu einem dieser Märsche aufbrachen, erreichten nur 1200 das andere Lager. Nachdem man die Gehfähigen abgeführt hatte, beluden die Wachen zwei Sonderzüge. Einer kam ohne Zwischenfall los, der andere wurde von den Amerikanern bombardiert. Etwa 300 Menschen konnten nicht in die Züge verfrachtet werden. Man übergoss sie mit Benzin und verbrannte sie bei lebendigem Leib.[7] Viele bekamen während der Beladung der Waggons ein unbekanntes Gift gespritzt. Auf einem Areal in der Nähe der Eisenbahnstrecke fanden wir verstümmelte Leichen von 30 Männern, die man erschossen hatte. Nordöstlich vom Lager befindet sich ein Gräberfeld, wo schätzungsweise 25 000 Leichen in Massengräbern verscharrt wurden, die Frauen in Einzelgräbern. Als wir den Lagerleiter fragten, warum die Gräber nicht gekennzeichnet sind, antwortete er: „Weil ein Jude keinen Gedenkstein verdient und in Deutschland auch nie erhalten wird."

Der Kommandant des Lagers erklärte, er sei an den Verbrechen völlig unschuldig.[8] Angeblich sei es ein Arzt gewesen, der all dies mit Hilfe seiner Handlager von der SS-Wache ausgeführt hätte. Der Arzt, Dr. Blancke,[9] beging Selbstmord, bevor man ihn festnehmen konnte.

Die obigen Schilderungen geben nur eine allgemeine Vorstellung von den Geschichten wieder, die wir in den Lagern gehört haben. Ich selbst habe ein halbes Dutzend Menschen befragt, und alle Geschichten ähnelten sich. In Warschau zwang man jede Familie mit mehr als zwei Kindern, zwei der SS zu übergeben, die diese dann umbrachten, um aus ihren Körpern Seife zu machen.[10]

Eines der trivialen Vergehen, für das die halb verhungerten Häftlinge mit dem Tod bestraft wurden, bestand darin, eine Kartoffel oder eine Brotkruste vom Boden aufzuheben und zu essen. Viele der Häftlinge brachen das Gold aus ihren Zähnen, um es gegen Lebensmittel einzutauschen, und wurden daraufhin zu Tode geprügelt, weil sie versucht hatten, sich zusätzliches Essen zu beschaffen.

7 Am 27.4.1945 hatte der Lagerarzt Dr. Blancke befohlen, das Lager anzuzünden. Die am nächsten Tag einmarschierenden US-Truppen fanden 360 Tote im Lager vor. Ob sie durch das Feuer ums Leben gekommen oder bereits zuvor gestorben waren, ließ sich nicht mehr feststellen.

8 Johann Baptist Eichelsdörfer (1890–1946), Fabrikarbeiter; 1940–1943 Fronteinsatz, von Ende Aug. 1944 an Lagerführer im Lagerkomplex Kaufering, Jan. bis April 1945 Lagerführer in Kaufering IV; im Dez. 1945 im Dachauer Hauptprozess zum Tode verurteilt und 1946 hingerichtet.

9 Dr. Max Blancke (1909–1945), Arzt; 1933 NSDAP- und SS-Eintritt; 1940 Lagerarzt in Dachau, 1941 in Buchenwald, 1942 in Natzweiler-Struthof; 1942 SS-Hstuf.; 1943/44 Lagerarzt in Lublin-Majdanek, März 1944 in Plaszow, 1944/45 im Dachauer Außenlager Kaufering IV; nahm sich am 27.4.1945 das Leben.

10 Zu diesem verbreiteten Gerücht siehe Dok. 66 vom 18.4.1943, Anm. 11.

DOK. 274
Der Arzt Richard Zarnitz beschreibt den Zustand der Insassen eines Todeszugs aus Mühldorf, der am 29. April 1945 in Tutzing ankam[1]

Eidesstattliche Aussage von Richard Zarnitz,[2] aufgenommen von Thomas G. Hobson, Fred H. Metzger, bezeugt von David E. Pitcher, Tutzing, vom 2.7.1945

Frage: Waren Sie in Tutzing, als dort ein großer Transport mit KZ-Häftlingen ankam?[3]
Antwort: Ja.
Frage: Können Sie die genaue Ankunftszeit dieses Transports benennen?
Antwort: Er kam am 29. April 1945 abends um 20.45 Uhr an.
Frage: Wurden Sie im Vorfeld über die Ankunft dieses Häftlingstransports in Kenntnis gesetzt?
Antwort: Nein, er kam überraschend für uns.
Frage: Wer hat Sie über die Ankunft dieses Transports am Bahnhof Tutzing unterrichtet?
Antwort: Ich hörte, dass einige KZ-Häftlinge in Bernried angekommen seien, woraufhin ich mit den zuständigen Bahnbehörden vereinbarte, den Zug nach Tutzing umzuleiten, weil es hier mehr Krankenhauskapazitäten gibt. Der Zug fuhr daraufhin nach Tutzing und kam hier am 29. April 1945 um 20.45 Uhr an.
Frage: Wann hatten Sie erstmals Zugang zu diesem Zug?
Antwort: Als der Zug ankam, schickte ich mehrere Ärzte dorthin, die sich um die Häftlinge aus den Konzentrationslagern kümmern sollten. Ich selbst habe den Zug nicht vor dem nächsten Morgen, also am 30. April 1945 um 10.00 Uhr, gesehen. Ich besichtigte ihn zusammen mit dem Sekretär des Schweizer Botschafters, Fröhlich, der aus Berlin hierher evakuiert worden ist.
Frage: Können Sie mir sagen, was unmittelbar nach der Ankunft des Zugs in Tutzing unternommen wurde?
Antwort: Wir schickten sofort Krankenwagen, Ärzte und anderes medizinisches Personal zum Bahnhof, um den Kranken auf alle erdenkliche Art zu helfen. Diejenigen, die ernsthaft erkrankt waren, wurden in einen Lazarettzug in der Nähe des Transportzugs verlegt und die Verwundeten umgehend in die Tutzinger Krankenhäuser gebracht. Ich ordnete außerdem an, dass für alle Häftlinge eine Mahlzeit zubereitet werden sollte, die zwischen Mitternacht und ein Uhr morgens serviert wurde.
Frage: Als Sie den Zug am 30. April morgens um 10.00 Uhr aufsuchten: Befanden sich zu diesem Zeitpunkt die meisten Häftlinge noch im Zug, im nahegelegenen Lazarettzug oder in der unmittelbaren Umgebung?
Antwort: Ja, abgesehen von denjenigen, die man in der Zwischenzeit in die Krankenhäuser in Tutzing gebracht hatte.

1 NARA, M-1093, Reel 6, Target 2. Das Dokument wurde aus dem Englischen übersetzt.

2 Dr. Richard Zarnitz (*1890), Arzt, Stomatologe; 1920/21 NSDAP-Mitglied; 1922 Zahnärztliche Approbation, praktizierender Arzt für Mund- und Zahnheilkunde in München, von Juni 1944 an Amtsarzt in Tutzing.

3 Es handelte sich um einen Zug, der am 27.4.1945 mit rund 3000 Häftlingen aus dem Dachauer Außenlager Mühldorf gestartet war. Bei einem Zwischenhalt in Poing waren am 27./28.4.1945 bereits mehrere Hundert Häftlinge getötet worden. Am 29.4.1945 wurde der Zug in Wolfratshausen von Tieffliegern angegriffen.

Frage: Können Sie mir sagen, wie viele Häftlinge dieser Transport umfasste?
Antwort: Es waren ungefähr 2000.
Frage: Konnten Sie sich, als Sie am Morgen des 30. April 1945 den Zug aufsuchten, ein Bild von den Bedingungen im Zug und vom körperlichen Zustand der Häftlinge machen?
Antwort: Ja.
Frage: Können Sie uns den allgemeinen Gesundheitszustand derjenigen Gefangenen beschreiben, die sich noch auf dem Bahngelände befanden und nicht auf die Krankenhäuser verteilt worden waren?
Antwort: Alle Häftlinge litten unter fortgeschrittener Unterernährung, sie waren nur noch Haut und Knochen, ihre Körper waren unglaublich schmutzig und verlaust. Darüber hinaus lagen in mehreren Waggons inmitten noch lebender Häftlinge Leichen.
Frage: Haben Sie in den Waggons Hinweise auf Lebensmittel gesehen, darauf, dass man Vorkehrungen für die Verpflegung der Häftlinge getroffen hatte?
Antwort: Nein.
Frage: Haben Sie mit irgendeinem der Häftlinge darüber gesprochen, wie viel sie während des Transports zu essen erhalten haben?
Antwort: Ja. Einer der Häftlinge erzählte mir, dass sie, als sie den Zug in Mühldorf bestiegen, Essensvorräte für nur einen Tag hatten.
Frage: Beschreiben Sie die Bedingungen, unter denen die Häftlinge transportiert wurden.
Antwort: Sie waren in verschlossene Güterwaggons eingesperrt, jeweils etwa 60 Häftlinge pro Wagen. Die Waggons waren lediglich mit etwas Stroh ausgelegt, nicht hinreichend für einen derartigen Transport. Soweit ich das überblicken konnte, hatten sie keine Decken. Im Zug gab es keine Toiletten. Die Waggons waren nicht mit Öfen ausgestattet. Es fehlte an Wasser zum Trinken und zum Waschen. In meinem ganzen Leben habe ich so etwas Schreckliches noch nicht gesehen!
Frage: Wie viele Häftlinge hatten Schusswunden?
Antwort: 45 Menschen wiesen ernsthafte Schussverletzungen auf. Ich bin mir nicht sicher, wie hoch die Zahl derjenigen mit geringfügigeren Verletzungen war.
Frage: Hat es Ihrem Eindruck nach irgendwelche Bemühungen gegeben, den angeschossenen Häftlingen Erste Hilfe zu leisten?
Antwort: Nein. Diese Häftlinge wurden weder verbunden, noch haben sie andere medizinische Versorgung erhalten.
Frage: Aus Ihrer Sicht als Arzt: Gehen Sie davon aus, dass man mit umgehender Hilfe das Leben einiger Schussverletzten hätte retten können?
Antwort: Ich denke, nein, denn sie waren schwer verletzt und in einem sehr schlechten Zustand. Wären sie kräftiger und durch die Unterernährung nicht so geschwächt gewesen, wäre es vielleicht möglich gewesen, einige zu retten.
Frage: Kennen Sie Dr. Gröschl und Dr. Kemps?
Antwort: Ja. Dr. Gröschl ist ein Zivilarzt hier in Tutzing, und Dr. Kemps ist im hiesigen Kloster-Krankenhaus Assistenzarzt.
Frage: Blieben die SS-Wachen bis zur Ankunft des Zugs in Tutzing an Bord?
Antwort: Ja.
Frage: Wissen Sie, was mit den SS-Männern dieses Transports passiert ist?
Antwort: Sie ergaben sich den amerikanischen Truppen, die am 30. April 1945 um etwa 9 Uhr morgens die Stadt besetzten.
Frage: Kennen Sie den Namen des für den Zug zuständigen Kommandanten?

Antwort: Nein, der SS-Kommandant hatte den Zug verlassen, bevor er in Tutzing eintraf.
Frage: Kennen Sie irgendwelche Namen von SS-Männern, die hier mit dem Transport ankamen?
Antwort: Ich kenne keine, aber ich glaube, dass Ihnen Major Klemm, der Leiter des genannten Lazarettzugs, einige Namen nennen kann.
Frage: Wo hält sich Major Klemm auf?
Antwort: Er arbeitet im Krankenhaus von Possenhofen.
Frage: Haben Sie oder einer Ihrer Assistenten Kugeln aus den Körpern der schwerverletzten, ins Krankenhaus verlegten Häftlinge entfernt?
Antwort: Ja, aber ich kann Ihnen nichts über das Kaliber der Kugeln sagen oder Ihnen Geschosse übergeben, weil sie normalerweise an die Häftlinge als Souvenir übergeben werden.
Frage: Waren die SS-Wachen, die Sie auf diesem speziellen Transport gesehen haben oder von denen Sie wissen, Deutsche oder Ausländer?
Antwort: Nein, es handelte sich durchweg um deutsche SS-Männer. Mir ist aufgefallen, dass sie älter zu sein schienen als der durchschnittliche SS-Mann. Ich würde ihr Alter auf zwischen 45 und 50 Jahre schätzen.
Frage: Wissen Sie, wie viele Häftlinge seit der Ankunft des Zugs im Bezirk Tutzing gestorben sind?
Antwort: Nein, aber ich weiß, dass 14 im Krankenhaus verstorben sind.
Frage: Ich zeige Ihnen nun eine Liste mit Namen, die als Beweismittel RZ1 gekennzeichnet ist, und möchte von Ihnen wissen, ob sie Namen von Häftlingen enthält, die nach Ankunft des Transports gestorben sind.
Antwort: Ja, das ist eine Liste der Häftlinge, die im Krankenhaus verstorben sind, ergänzt durch die jeweilige Todesursache. Nicht erfasst sind darauf jedoch die Namen der Personen, die eventuell in einem anderen Krankenhaus des Bezirks gestorben sind, und derjenigen, die unterwegs gestorben sind und deren Leichen wir nach der Ankunft des Zugs in den Waggons gefunden haben.
Frage: Würden Sie auf dem Beweismittel RZ1 bitte Ihre Unterschrift unter meine setzen?
Antwort: Ja.
Frage: Was waren, abgesehen von den Schussverletzungen, die häufigsten Leiden, aufgrund derer die Häftlinge im Krankenhaus behandelt wurden?
Antwort: Hauptsächlich litten sie an Tuberkulose, Typhus, offenen Entzündungen der Haut, Durchfall und anderen durch ihre Unterernährung hervorgerufenen oder verstärkten Krankheiten.
Frage: Ich zeige Ihnen nun eine Liste, die als Beweismittel RZ2 gekennzeichnet ist, und will von Ihnen wissen, was das für eine Liste ist.
Antwort: Das ist eine Liste der Häftlinge aus den Konzentrationslagern, die hier im Krankenhaus behandelt wurden, ergänzt durch die Diagnose ihrer spezifischen Beschwerden, und eine Liste derjenigen aus dem Transport, die hier begraben wurden.
Frage: Würden Sie auf dem Beweismittel RZ2 bitte Ihre Unterschrift unter meine setzen?
Antwort: Ja.

DOK. 275

Das Alliierte Oberkommando berichtet am 30. April 1945 in einer Flugblattzeitung, dass deutsche Zivilisten als Sühnemaßnahme erschossene Juden bei Neunburg bestatten mussten[1]

S.H.A.E.F., Supreme Headquarters Allied Expeditiory Forces, Fallschirm-Ausgabe, Nr. 19, 30.4.1945

Sühne für Judenmorde
Deutsche Zivilisten mussten auf Befehl amerikanischer Militärbehörden am Sonntag 160 Juden beerdigen, die von flüchtenden deutschen Wehrmachtsangehörigen in einem Walde bei Neunburg, 44 Kilometer von der tschechoslowakischen Grenze, ermordet worden waren.
Einwohner der Stadt mussten die Särge anfertigen und die Gräber schaufeln. Sämtliche Einwohner im Alter von mehr als fünf Jahren mussten der Beerdigung beiwohnen.

DOK. 276

Philipp Auerbach sucht am 1. Mai 1945 das Außenlager Berga auf und trifft 14 der Räumung entkommene Häftlinge an[1]

Schreiben von Philipp Auerbach[2] an das Internationale Lagerkomitee in Buchenwald vom 1.5.1945

Werte Kameraden,
Ich war heute auftragsgemäß in *Berga*/Elster, um das Außenkommando unseres Lagers zu besuchen.[3] Es handelt sich hier um das Kommando *Schwalbe*.[4] An Hand der vorgefundenen Papiere konnte ich feststellen, daß im Lager am Tage der Evakuierung 1973 Kameraden anwesend waren. Ich traf jedoch nur 14 Kameraden an, die berichteten, daß sie den Rest des Kommandos bilden. Sie haben sich durch die Flucht dem ungewissen

1 S.H.A.E.F.: Supreme Headquarters Allied Expeditiory Forces. Das tägliche Organ des alliierten Oberkommandos, Nr. 19, Fallschirm-Ausgabe vom 30.4.1945, S. 1. Abdruck in: Klaus Kirchner, Flugblatt-Propaganda im 2. Weltkrieg, Bd. 7: Flugblätter aus England und den USA 1944/45, Erlangen 1977, S. 392. Das Blatt erschien vom 4.4. bis 10.7.1945 in einer Auflage von bis zu 2 Mio. Exemplaren. Es wurde von Flugzeugen über deutschem Gebiet abgeworfen und vor allem von DPs gelesen.

1 LATh – HStA Weimar, KZ und Haftanstalten, Buchenwald Nr. 46, Bl. 4.
2 Philipp Auerbach (1906–1952), Chemiker; floh 1934 nach Belgien, wurde 1940 in Frankreich interniert, 1942 in Gestapohaft, Jan. 1944 Deportation nach Auschwitz, im Jan. 1945 Räumungstransport über Groß-Rosen nach Buchenwald; 1946–1951 Staatskommissar für rassisch, politisch und religiös Verfolgte in München, 1951 verurteilt wegen Erpressung, Bestechung und Untreue, nahm sich nach der Urteilsverkündung das Leben, 1954 rehabilitiert.
3 Das Buchenwalder Außenlager in Berga/Elster entstand im Nov. 1944, um für das Hydrierwerk der Brabag in Zeitz eine unterirdische Produktionsstätte aufzubauen. 3300 (am 10.4.1945 1767) überwiegend jüdische Häftlinge waren im Stollenbau eingesetzt. Zwischen dem 10. und 12.4.1945 wurde das Lager geräumt. 320 marschunfähige Häftlinge wurden am 11.4.1945 mit dem Zug nach Dachau gebracht, rund 1500 Häftlinge liefen zu Fuß in Richtung Leitmeritz. Am 21.4.1945 erreichten 850 von ihnen die Muthütte; siehe Dok. 261 vom 21.4.1945. Danach wurde die Gruppe getrennt. Ein Teil musste in Richtung Dachau weitermarschieren, der andere Teil in Richtung Theresienstadt.
4 Das Projekt in Berga trug den Decknamen „Schwalbe V".

Schicksal der übrigen Kameraden entziehen können. Angeblich sollen 400 Mann nach Dachau und weitere 1400 Mann nach Leitmeritz in Marsch gesetzt worden sein. Es ist festgestellt worden, daß 2 Uschas[5] von Buchenwald nach dort kamen, um die Nachricht von der Besetzung unseres Lagers zu bringen, worauf die Inmarschsetzung erfolgte. Unterwegs kam es jedoch den verbliebenen Kameraden eigenartig vor, da sie Redensarten von Liquidation etc. hörten und alle in die Wälder getrieben wurden. 2 von den Entflohenen sind mit den SS-Leuten entkommen, welche von den Amerikanern inzwischen inhaftiert worden [sind].

Das Lager selbst bietet ein trostloses Bild. Die Schlafräume, für je 600 Mann bestimmt, sind verdreckt und verlaust, alles durcheinander geworfen, deutet noch auf die fluchtartige, panikartige Abmarschbewegung hin.

Nach der Meinung meiner mich begleitenden Kameraden und der Meinigen muss auch hier, wie in anderen Fällen, mit einer Ermordung eines großen Teils der Kameraden gerechnet werden. Beachtenswert ist, dass der frühere LA.1[6] von hier, Kam.[erad] Reschke,[7] wenige Tage vor dem Abmarsch aus dem Zuchthaus Saalfeld nach B.[erga] kam, um mit an diesem unheilvollen Abmarsch teilzunehmen.

Mit kameradschaftlichen Grüßen

5 Unterscharführer.

6 Erster Lagerältester.

7 Erich Reschke (1902–1980), Nieter; wegen kommunistischer und gewerkschaftlicher Betätigung 1933 im KZ Lichtenburg, 1938–1944 im KZ Buchenwald, dort Lagerältester; nach dem Krieg Polizeipräsident in Thüringen, 1950 als Kriegsverbrecher verhaftet und bis 1955 im sowjet. Straflager Workuta inhaftiert, 1956 rehabilitiert, später Major der Deutschen Volkspolizei.

DOK. 277
Die 16-jährige Ruth Königs schildert am 1. Mai 1945 ihre Angst vor befreiten Häftlingen in ihrem Tagebuch[1]

Tagebuch von Ruth Königs,[2] Beuerberg, Eintrag vom 1.5.1945[3]

Ich werde wach. Es hat an der Türe geklopft, und ich höre Tante Hildegard[4] sagen: „Else,[5] kannst du bitte aufstehen und mir helfen? Ich kann mich nicht mehr alleine gegen die Kerle da unten wehren!" Mutti fällt es sehr schwer, sich aus der liegenden Stellung zu erheben, sie hat bestimmt noch große Schmerzen.[6] Aber nach dreimaligem Versuch gelingt es ihr. Dann macht sie die Fensterläden auf und sagt entsetzt nur: „Sieh dir das mal an!" Ich stehe auf und trete ans Fenster. Da sehe ich, wie aus vier, fünf verschiedenen Richtungen die Sträflinge kommen. Es hat in der Nacht geschneit, und nun kommen sie auf schwarzgetretenen Wegen auf unser Haus zu, einer hinter dem anderen, Hunderte entsetzliche Gestalten! Ich weiß nicht, was ich sagen soll bei diesem Anblick. Mutti geht dann runter und verbietet mir noch, aus dem Zimmer zu gehen. Also gehe ich wieder ins Bett. Bald kommt Inge[7] auch rein und nach und nach auch die anderen sechs Kinder. Wir versuchen, die andern durch Vorlesen ruhig zu halten und die Gedanken zu beschäftigen. Das Buch ist leider nicht sehr geeignet: ein Erlebnis eines Jungen im Kriege 1813! Wir suchen etwas anderes, denn von Kriegserlebnissen hatten wir selbst genug. Ab und zu sehen wir zum Fenster heraus: Der Sträflingsstrom hat etwas nachgelassen. Es kommen nur noch einzelne Gruppen. Unten vor dem Kellereingang herrscht Lärm. Vor der anderen Hausseite haben sich acht Parteien Feuer gemacht. Wenn man sich diese Gesichter besieht, läuft's einem kalt über den Rücken. Ich kann gar nicht lange hinschauen! Wir ziehen uns möglichst viel Kleider und Wäsche an, wenn wir hier wegmüssen, haben wir wenigstens das, was wir auf dem Leibe haben. Mit vollen Rucksäcken kommen wir nicht heil heraus. Jetzt bringt Frl. Voß[8] die Nachricht, dass die Russen[9] in den Keller eingebrochen sind, dort alle Fleischkonserven, das eingemachte Obst, die eingelegten Eier und den sauren Apfelmost verschlängen. Hätten wir doch gestern das

1 Original in Privatbesitz von Ruth von Godin, Wolfratshausen. Teilweise abgedruckt in: Andreas Wagner, Todesmarsch. Die Räumung und Teilräumung der Konzentrationslager Dachau, Kaufering und Mühldorf Ende April 1945, Ingolstadt 1994, S. 104 f.

2 Ruth Königs, später Ruth von Godin (*1929), lebt in Wolfratshausen. Ruth Königs hatte mit ihrer Mutter und ihrer 17-jährigen Schwester Inge im Herbst 1944 die Heimatstadt Viersen wegen Bombenangriffen verlassen und war auf dem Hof ihrer Verwandten in Beuerberg-Filzbuch, heute Ortsteil der Gemeinde Eurasburg, untergekommen. Der Vater Alfred Königs befand sich zu dieser Zeit in US-Kriegsgefangenschaft.

3 Ruth Königs schrieb das Tagebuch nieder, nachdem sie und alle Bewohner am 3.5.1945 den Hof verlassen hatten und im Ort Beuerberg untergekommen waren. Zehn Tage lang lebten befreite russ. Häftlinge auf dem Gehöft.

4 Hildegard Lommel, geb. Königs (1901–1948), Hausherrin auf dem Hof in Beuerberg, Schwester von Ruth Königs' Vater.

5 Else Königs (1903–1965), Mutter von Ruth Königs.

6 Sie war am Vortag beim Löschen eines Brandes schwer gestürzt.

7 Inge Königs (1927–1948), Schwester von Ruth Königs.

8 Privatlehrerin der im Hof Beuerberg lebenden Kinder.

9 Am Vortrag waren 30 aus Dachau befreite russ. Häftlinge im Pferdestall des Gehöfts einquartiert worden.

Getreide nicht in den Keller geschleift! Vom Keller können die Russen ungehindert ins Haus rauf, und wir können nur noch drauf warten, dass sie's tun. Wir halten uns oben im Flur auf, Sandra[10] ist immer draußen und redet auf die Sträflinge ein, um sie wegzuscheuchen. Aber es gelingt ihr nicht, im Gegenteil, bald muß auch sie sich zu uns zurückziehen.

Da hocken wir nun alle auf dem Flur und warten, warten auf irgendein schreckliches Ereignis! Die beiden Juden[11] sagen immer: „Nur keine Angst, die tun euch nichts, ich kenne sie, die wollen nur was zu fressen!" Aber ich glaube, sie haben die größte Angst vor ihren „Kameraden"! Sie haben Tante Hildegard heute morgen äußerst zartfühlend erzählt, wie diese Banditen vor Hunger ihre eigenen Leute aufgefressen haben! Das (waren) sind ja herrliche Aussichten! Ich muß immer nur denken: „Was machen sie mit dir? Wie werden sie dich umbringen?" Ich beneide Tante Hildegard direkt um den Revolver, den sie immer schußbereit in der Hand unter der Schürze hält. Wir verstecken noch die letzten Brote und Konserven, die wir in der Küche hatten, hinter Schränken und Kommoden, unter Betten und auf dem Speicher. Aber alles tut man mit dem Gefühl: Es ist ja doch alles umsonst, sie finden's auch hier! Dann setzen wir uns wieder hin und warten. Trotz meiner vielen Kleidungsstücke, die ich anhabe, fröstle ich. Ich bemühe mich immer, überhaupt nichts zu denken, aber es will mir nicht recht gelingen. Ich sehe immer die Sträflinge in den schrecklichsten Bildern vor mir. Wenn die Russen die Treppe raufkommen, wollen wir zum Balkon runterspringen und durch die Sträflinge rennen. Aber dann wird beschlossen, daß wir Kinder, vor allem wir Mädchen, rüber zum Jägerhof, zum Großvater[12] sollen. Da schien nichts los zu sein. Also gingen wir zum Hause raus und ganz harmlos und scheinbar furchtlos und unbeteiligt stur geradeaus durch die Russen durch. Wir sehen uns nicht um, und sowie wir außer Sichtweite sind, laufen wir, was wir können über die Wiese. Vor dem Jägerhof hocken auch vier vor dem Haus. Sie kochen und braten irgendwas an einem Feuer. Auch sie ließen uns ungehindert vorbei. Wie wir oben bei Großvati und Käte[13] eintreten, sitzen die beiden gemütlich beim Essen, als ob inzwischen nichts Außergewöhnliches geschehen wäre. Natürlich sind sie sehr erschrocken über unseren Bericht, aber der Schreck ist scheinbar schnell überwunden. Käte stellt uns gleich was zu essen vor. Nach dem Spülen gehen Reinhilt[14] und ich in die Scheune. Dort fassen wir den Rest Getreide in Säcke und verstecken sie. Wir bemühen uns, möglichst leise zu sein, damit die vier Russen unten uns nicht hören. Plötzlich vernehmen wir an der hinteren Wand ein Geräusch. Wir gehen hin. Da sehen wir, wie ein Kerl durch das Loch, das eine Granate in die Mauer gerissen hat, in die Scheune klettert. Reinhilt schreit ihn an: „Geh weg! Was machst du da?" Und er antwortet frech: „Was du da machen? Nix gut für kleine Mädchen, zu kalt!" Aber Reinhilt bleibt eisern stehen und starrt ihn an, bis er langsam wieder nach rückwärts verschwindet. Hinterher gesteht Reinhilt mir, daß sie entsetzliche Angst vor dem Sträfling gehabt hat

10 Sandra, 17-jährige russ. Zwangsarbeiterin auf dem Hof Beuerberg.

11 Am Vortag waren zwei aus Dachau befreite jüdische Häftlinge in der Küche des Bauernhauses einquartiert worden.

12 Arthur Königs (1869–1945), Kaufmann aus Mönchengladbach; kam nach einem Bombenangriff auf sein Haus in Mönchengladbach nach Beuerberg; starb an Typhus.

13 Käte Boeven (1905–1945), Haushälterin von Arthur Königs; starb an Typhus.

14 Reinhilt Lommel (1932–2014), Cousine von Ruth Königs, Tochter von Hildegard Lommel.

und deshalb so geschrien hat. Dann bemühen wir uns, noch leiser zu sein. Ab und zu sehen wir durch die Ritzen nach draußen, ob die Russen noch immer an ihrem Feuer hocken, dann arbeiten wir wieder schweigend weiter. Um 6 Uhr kommen die andern rüber. Die Banditen sind jetzt bei uns im ganzen Hause, und da sind sie gegangen. Aber Mutti und Inge fehlen. Ich frage nach ihnen. Niemand weiß, wo sie geblieben sind. „Ich gehe rüber und suche sie!", sage ich. Niemand sagt etwas dagegen. Horst[15] wird mir zur Begleitung mitgegeben. Käte läßt uns raus. Unten drückt mir Käte weinend die Hand. Ich muß mich zusammennehmen, um nicht auch loszuheulen, wenn ich dran denke, was Mutti und Inge passiert sein könnte. Schweigend gehen Horst und ich durch die Wiesen. Zum zweiten Mal heute kriege ich nasse Füße in dem Matschschnee. Als wir ein paar hundert Meter gegangen sind, versucht Horst, mich zurückzuhalten: „Es hat ja doch keinen Zweck!", sagt er immer wieder. Aber ich gehe weiter. Da sehe ich plötzlich zwei Gestalten über die Nordkoppel zum Jägerhof laufen. Ich erkenne sofort die zwei Vermißten. Wir rennen quer über die Wiese zu ihnen hin. Als ich sie frage, warum sie erst jetzt kommen, sagt Mutti nur: „Wir haben noch zugesehen, wie sie unser Sturmgepäck durchwühlt haben, und dann sind wir mit dem Rest der Sachen gegangen." Es ist ja jetzt auch vollkommen egal, Hauptsache, sie sind beide heil und gesund bei uns. Nach dem Essen werden für alle 18 Personen „Betten" gerichtet. Wenn auch nicht viel, etwas werden wir alle in dieser Nacht schlafen.

DOK. 278

Der 14-jährige Jankiel Leff informiert die US-Ermittler am 2. Mai 1945 über die Situation in der Boelcke-Kaserne[1]

Eidesstattliche Erklärung von Yankel Leff,[2] vor Captain Herschel Auerbach,[3] Nordhausen, vom 2.5.1945

Mein Name ist Yankel Leff. Ich wurde am 26. November 1930 in Białystok, Polen, geboren. Ich habe kein Zuhause, in das ich zurückkehren könnte, und auch keine andere Adresse, an die ich mich wenden könnte. Zweieinhalb Jahre lang war ich in deutschen Konzentrationslagern. In das Konzentrationslager in Nordhausen, die Bolke-Kaserne,[4] kam ich Anfang Februar 1945.

15 Horst Vey (*1930), ein Cousin von Ruth Königs, der mit seiner Familie ebenfalls in Beuerberg einquartiert war.

1 StAN, KV-Anklage, Dokumente Fotokopien PS-2222. Jankiel Leff machte seine Aussage auf Jiddisch, sie wurde konsekutiv ins Englische übersetzt und auf Englisch niedergeschrieben. Das Dokument wurde aus dem Englischen übersetzt.

2 Richtig: Jankiel Leff (*1930), Schüler; im Nov. 1943 in das KZ Stutthof eingewiesen, im Jan. 1944 nach Auschwitz überstellt, im Jan. 1945 auf den Todesmarsch nach Mittelbau-Dora gezwungen, dort befreit; Nachkriegsschicksal ungeklärt.

3 Herschel Auerbach (1918–2001), Captain der US-Armee, Einsatz als Ermittlungsoffizier im War Crimes Investigation Team Nr. 6822 bei der Untersuchung von Verbrechen in Hadamar, Nordhausen und Zeitz.

4 Richtig: Boelcke-Kaserne. Siehe Einleitung, S. 81, 87, sowie Dok. 179 vom 21.1.1945 und Dok. 244 vom 14.4.1945.

In der Bolke-Kaserne arbeitete ich im Büro der SS (Blockführerstube)[5] als Laufbursche. Die in der Bolke-Kaserne stationierten SS-Männer waren: Lagerführer Obersturmführer Josten,[6] stellvertretender Lagerführer Hauptscharführer Kästle,[7] Arbeitsdienstführer Oberscharführer Zogalla,[8] Rapportführer Unterscharführer Stiegele,[9] Rapportführer Unterscharführer Setzepfund,[10] Oberscharführer Fesche, Unterscharführer Berenz,[11] Unterscharführer Polinski,[12] Sturmmann Kropp, Unterscharführer Renner, Oberscharführer Melz, Rottenführer Schneider, Rottenführer Zepp, Unterscharführer Mautzner und Unterscharführer Zieheisen,[13] der Chefkoch.

Der Häftling Emil Bonn,[14] der früher einmal Obersturmführer bei der SA war, hatte unter den Häftlingen die Funktion eines Vorarbeiters. Ich habe gesehen, wie er mit einem Knüppel so heftig auf den Schädel eines russischen Gefangenen einprügelte, dass diesem der Kopf aufplatzte und er blutüberströmt war. Der Russe wurde zum Krankenrevier gebracht. Danach habe ich ihn nie wieder gesehen. Emil Bonn war äußerst gewalttätig, und ich habe beobachtet, wie er eine ganze Reihe von Häftlingen misshandelte, die aufgrund dieser Schläge ebenfalls auf die Krankenstation kamen und nie wieder gesehen wurden.

Benn[15] hatte auch die Gewohnheit, die Häftlinge bei kleinsten Regelverstößen in das Büro der SS (Blockführerstube) zu schicken, wo sie von den diensthabenden SS-Offizieren verprügelt werden konnten. Ich habe alle der oben genannten SS-Männer dabei beobachtet, wie sie Häftlinge schlugen. Dabei benutzten sie eine eisenbeschlagene Gummipeitsche und einen Gummiknüppel. Häufig schlugen die SS-Offiziere derart auf die Häftlinge ein, dass diese sofort auf die Krankenstation gebracht werden mussten und ich sie nie wieder zu Gesicht bekam.

Die SS-Männer kamen aus den Konzentrationslagern Biechenau[16] und Auschwitz in Polen, wo Häftlinge vergast wurden. Das war wohl der Grund für ihre besondere

5 Im Original deutsch. Alle folgenden Funktionsbezeichnungen und Dienstgrade im Original deutsch.

6 Heinrich Josten (1893–1948), Schlosser; 1933 NSDAP- und SS-Eintritt; 1939/40 Einsatz in Flossenbürg, Sachsenhausen, Juni 1940 bis Jan. 1945 in Auschwitz, von Okt. 43 an zweiter Schutzhaftlagerführer; Jan. 1944 SS-Ostuf.; von Jan. 1945 an Lagerführer in der Boelcke-Kaserne, April 1945 Bergen-Belsen; 1947 im Krakauer Auschwitz-Prozess zum Tode verurteilt und 1948 hingerichtet.

7 Richtig: Josef Kestel (1904–1948), Arbeiter; 1933 NSDAP-, SS-Eintritt; 1936 Eintritt in die Wachtruppe des KZ Dachau, 1937 Blockführer in Dachau, von 1940 an Block-, Kommando- und Rapportführer in Buchenwald, Jan. 1945 Schutzhaftlagerführer im Außenlager Boelcke-Kaserne, letzter Dienstrang SS-Hschrf.; 1947 im Dachauer Buchenwald-Hauptprozess zum Tode verurteilt und 1948 hingerichtet.

8 Hans Zogalla (*1898), Silberschmied; 1932 NSDAP- und SS-Eintritt; Febr. 1943 SS-Oscha., Arbeitseinsatzführer im Außenlager Boelcke-Kaserne.

9 Wilhelm Stiegele (*1908), SS-Uscha., Rapportführer im Außenlager Boelcke-Kaserne.

10 Richtig: Bruno Setzenpfand (*1902), SS-Uscha., Rapportführer im Außenlager Boelcke-Kaserne.

11 Richtig: Leopold Behrends (1903–1991), Buchhändler, 1940 SS-Eintritt; Mai 1943 SS-Uscha.; in Auschwitz in der Abt. VI Schulung und Truppenbetreuung eingesetzt, im Jan. 1945 in den Lagerkomplex Mittelbau-Dora überstellt; lebte nach dem Krieg in Braunschweig.

12 Siegfried Polinski (*1916), Volksdeutscher aus Bromberg; von März 1943 an Wachmann in Monowitz, Mai 1944 SS-Uscha.

13 Richtig: Otto Ziereisen (*1902), Fleischer; von Jan. 1942 an Wachmann in Auschwitz, Mai 1943 bis Jan. 1945 Angehöriger des Kommandanturstabs in Auschwitz, dann in Mittelbau-Dora.

14 Emil Bonn (*1900), als politischer Häftling im Okt. 1944 in das KZ Buchenwald eingeliefert, von Jan. 1945 an 2. Lagerältester im Außenlager Boelcke-Kaserne.

15 Richtig: Bonn.

16 Richtig: Birkenau.

Grausamkeit. Einmal sah ich, wie Unterscharführer Berenz einen Häftling entdeckte, der etwas Brot und Fett in seiner Hosentasche hatte. Ich sah, wie Berenz versuchte, den Häftling mit seiner Pistole zu erschießen, aber er schoss mehrere Male daneben. Daraufhin rief er SS-Unterscharführer Polinski zu sich, und die beiden verschwanden mit dem Häftling im Keller des SS-Büros (Blockführerstube), wo Berenz die Hände des Häftlings auf dessen Rücken festhielt, während Polinski ihn mit seiner Pistole in den Kopf schoss. Ich konnte die Erschießung durch die Eingangstür des Kellers beobachten, obwohl Emil Benn davorstand, um sicherzustellen, dass niemand hineinging. Ich spähte dennoch durch die Tür und wurde zum Augenzeugen des Geschehens, das sich an einem Dienstag Anfang April, kurz vor dem Luftangriff der Amerikaner, ereignete.
Auf dem Transport vom Konzentrationslager Monowitz, Polen, in die Bolke-Kaserne in Nordhausen, Deutschland, war ich mit vielen anderen Häftlingen zusammen im Zug. Während der Fahrt sah ich, wie ein SS-Offizier zwei Häftlinge erschoss. Der SS-Mann, Unterscharführer Krauss,[17] betrank sich im Zug und befahl den in offenen Güterwaggons zusammengepferchten Häftlingen, zwei von ihnen hochzuheben und über ihre Köpfe zu halten. Daraufhin zog er seinen Revolver und erschoss sie. Unterscharführer Krauss kann man leicht erkennen, weil an seiner rechten Hand alle Finger fehlen und er seine Waffen mit der linken Hand abfeuert.

DOK. 279
Hafenkapitän von Ramm entdeckt am 2. Mai 1945 am Ostufer der Flensburger Förde einen Kahn mit 300 KZ-Häftlingen[1]

Schreiben von Korvetten-Kapitän v. Ramm,[2] Hafenkapitän, an den Wehrmacht-Kommandanten Herrn Kpt. z. S. Lüth,[3] Flensburg, vom 9.5.1945[4]

Ich wurde am Montag, den 30. April als Leiter der sofort zu errichtenden Kriegsmarine-Dienststelle unter gleichzeitiger Wahrnehmung der Geschäfte als Hafenkapitän eingesetzt und übernahm das Amt sofort, einige Angaben wurden mir von dem bisherigen Leiter der Hafenüberwachungs-Stelle, Kptlt. Olfermann, gemacht, darunter auch Bemerkungen über Schiffe, die KZ-Häftlinge an Bord hätten. Genaueres hierüber erfuhr

17 Franz Krauss (*1922), geb. in Preßburg.

1 Original nicht aufgefunden. Kopie: Archiv der KZ-Gedenkstätte Neuengamme, Nachlass Hans Schwarz, 13-7-2-1.

2 Hans-Joachim von Ramm (*1898), Marineoffizier; von Sept. 1939 an Chef verschiedener Minensuchflottillen, April 1942 Korvettenkapitän d. R., phasenweise auch Chef der deutschen und ital. Seestreitkräfte auf dem Ladogasee, April 1945 bis Ende Aug. 1945 Hafenkapitän in Flensburg; später Direktor der Allianz-Versicherung in Hamburg.

3 Wolfgang Lüth (1913–1945), Marineoffizier; von Dez. 1939 an U-Boot-Kommandant, Juli 1944 Leiter der 1. Abt. der Marinekriegsschule Flensbürg-Mürwik, im Sept. 1944 Kommandeur der Marinekriegsschule, April 1945 Kampfkommandant von Flensburg; wurde am 14.5.1945 irrtümlich durch einen deutschen Wachposten der Marineschule erschossen.

4 Der Entstehungshintergrund des Dokuments ist ungeklärt. Es ist denkbar, dass von Ramm diesen Bericht als Entlastungsschreiben verfasst hat, um dem Vorwurf entgegenzutreten, er habe unzureichende Hilfsmaßnahmen eingeleitet.

ich nicht, konnte mich für diese Schiffe zunächst auch nicht interessieren, da durch Flüchtlings- und Truppentransport-Aufgaben sowie die Einrichtung der Stelle so viel zu tun war, daß ich und meine erst allmählich eintreffenden Hilfsarbeiter voll ausgelastet waren. Am Mittwoch, den 2. Mai erfuhr ich zunächst von der Polizei, daß ein Eisenbahn-Transport mit ca. 600 KZ-Gefangenen nach tagelangem Hin- und Herfahren hier angekommen wäre, die Leute hätten seit Tagen nichts zu essen, man wüßte nicht, wo sie unterzubringen wären und ob nicht ein Schiff z. Vfg. stände. Es waren KZ-Leute, die ursprünglich auf dem Dampfer Olga Siemers hier gelegen hatten, dann in einen Zug abtransportiert worden waren und nun wieder zurückgeschoben wurden, da sie niemand übernehmen wollte.[5] Eine Rückfrage über die Olga Siemers ergab, daß das Schiff in Quarantäne lag, da unter der Besatzung auf Grund der schon vorherrschenden, unvorstellbaren unhygienischen Zustände 1 Pest- und 2 Typhusfälle aufgetreten waren, ein Mann ist inzwischen verstorben. Da geholfen werden mußte, entschloß ich mich, sofort ein sauberes Schiff, die 7000 t große Rheinfels, z. Vfg. zu stellen, was unter Schwierigkeiten gelang, da die Besatzung sich weigerte. Auf der Fahrt zu dem Schiff entdeckte ich an dem Ostufer der Förde einen Kahn, auf dem unter menschenunwürdigsten Verhältnissen ebenfalls ca. 300 KZ Häftlinge untergebracht waren. Der Bewachungsleiter, Unterscharführer Wanserski,[6] meldete mir folgendes: Ich und meine Kameraden sind aus verschiedenen Waffengattungen des Heeres alle 2–3 Jahre im Kampf im Osten gewesen, wir wurden eines Nachts vor ca. 10 Tagen zur SS befohlen, in diese Uniform eingekleidet, ohne daß uns angegeben wurde, warum, dann auf diesen Prahm[7] gesetzt und uns eröffnet, daß wir nun die Bewachung auszuführen hätten, da die bisherigen SS-Bewachungsmänner ausgekniffen wären. Der Kahn ist von Danzig, wo sich ein sehr großes KZ-Lager befunden haben soll, hierher geschleppt worden, genauere Angaben über die Gefangenen und den Marsch hierher konnte er nicht machen.[8] Die Gefangenen waren wegen völliger Unterernährung so kraftlos, daß sie während der Tage, an denen keine Bewachung da war, nicht fliehen oder sich bemerkbar machen konnten, da sie nicht mehr die Kräfte hatten, aus dem tiefen Raum herauszuklettern. Durchschnittlich sterben täglich 5.

Ich beschloß sofort Meldung hierüber zu machen, fand bei meiner Rückkehr bereits einen Befehl des Wehrmacht-Kommandanten vor, sofort Verpflegung für die Gefangenen sicherzustellen, was schnellstens geschah, ferner veranlaßte ich die Überführung auf die Rheinfels.[9]

Als der nun leere Kahn zurückgebracht wurde, hörte ich, daß noch 15 Leichen darin lägen. Ich fuhr hinüber und sah mir die Toten an, alle nur noch Haut und Knochen, zum Teil mit Eiterbeulen und anderen Wunden bedeckt, eine Frau mit typischen Merk-

5 Nach einem „Hungeraufstand" der Häftlinge in Sandbostel am 19.4.1945, als Häftlinge die Lagerküche stürmten, wurden 400 Häftlinge am 20.4.1945 nach Bremervörde gebracht und von dort mit dem Schiff „Olga Siemers" nach Flensburg transportiert, wo sie mehrere Tage in Waggons eingeschlossen waren. Am 4.5. wurden sie auf das Schiff „Rheinfels" verlegt.

6 Kurt Wanserski (1922–1994), Maurer; 1941 Eintritt in die Wehrmacht, 1943 Fronteinsatz in Serbien und Kroatien, von Juni 1944 an Wachmann im KZ Stutthof, Sept. 1944 im Außenlager Elbing (Schichau-Werft), im April/Mai 1945 begleitete er den Räumungstransport nach Flensburg; lebte nach dem Krieg in Bremen.

7 Lastkahn, Transportschiff ohne eigenen Antrieb.

8 Es handelte sich um Häftlinge, die am 25.4.1945 aus dem KZ Stutthof über Nickelswalde nach Flensburg eingeschifft worden waren und dort Anfang Mai eintrafen; siehe Einleitung, S. 77 f.

malen von Bißwunden an den vereiterten Brüsten und langen Striemen über den Körper, die wohl nur von Schlägen herrühren konnten. Der Gestank war unerträglich, der Kahn mit Kot im Raum und an einigen Stellen in Kisten angefüllt. Ich musste 3 Tage lang immer wieder bei der Polizei anrufen, um endlich die Abholung der Leichen und die Desinfizierung zu erreichen. Ich habe dann in den vergangenen Tagen nochmals Proviant, zum Teil in Zusammenarbeit mit der Polizei, zum Teil selbständig angeliefert, ferner Stroh und Aborttonnen, die Besatzung der Rheinfels hat vorbildlich geholfen, das Los der Gefangenen zu erleichtern. Alle diese Hilfsmaßnahmen waren mit den allergrößten Schwierigkeiten verbunden, das Riesenmaß an Arbeit ließ mir keine Zeit, noch mehr zu helfen. Als mich der Befehl des Auswärtigen Amtes erreichte, die Überführung nach Schweden vorzubereiten, wurde sofort ein geeignetes, fahrklares Schiff ausgerüstet, trotz aller Notlage unserer deutschen Verwundeten und Flüchtlinge, die auch zu großem Teil ohne Stroh und ausreichende Ernährung in Schiffen liegen, mit Stroh, Matratzen für die schwerkranken Gefangenen, ausreichender Verpflegung und Rauchwaren, Bettleinen ausgerüstet.
Ich habe so mit den mir zur Vfg. gestellten Mitteln alles getan, um das Los dieser bedauernswerten Menschen zu erleichtern.

DOK. 280
Überlebende des in Staltach befreiten Todeszugs beschreiben am 3. Mai 1945 die Geschichte ihres Transports[1]

Bericht, ungez., Iffeldorf, vom 3.5.1945

Bericht.
Auf Ersuchen des Herrn Kommandanten in Iffeldorf berichten wir Unterfertigten über die Geschichte dieses Juden-Häftlings-Transportes, der hier am 29. April durch die amerikanische Armee befreit wurde, Folgendes:
Gesamtzahl der Häftlinge war ca. 2400. Unter ihnen waren ca. 1000 Frauen. Das Alter der Häftlinge war in beiden Geschlechtern zwischen 15 und 55 Jahren.
Die meisten von ihnen stammen aus Ungarn, wenige aus Polen, wenige aus der Tschecho-Slovakei, einige aus Holland, Frankreich, Belgien, Österreich und Deutschland.
Der Transport kam aus dem KZ.-Lager Dachau, das bei Allach liegt.[2] Eingeladen wurde der Transport auf dem Bahnhof Karlsfeld am 22. April nachmittags. Die Frauen wurden

9 W. Meybohm, der Kapitän der „Rheinfels", sagte am 8.7.1945 aus, dass er und die Besatzung sich geweigert hätten, Häftlinge aufzunehmen, sich aber dem Befehl der Marine beugen mussten. 1600 Häftlinge und 100 SS-Bewachungsmannschaften seien an Bord gekommen und hätten dort unter unbeschreiblichen Bedingungen gelebt. Vom 10.5.1945 an wurden die ehemaligen Häftlinge auf Schiffe gebracht, die sie im Auftrag des Roten Kreuzes nach Schweden brachten.

1 Archiv der Gedenkstätte Dachau, Nr. 42 005. Kopie: ITS, Digitales Archiv, 5.3.2/0006/ 84 605 697.
2 Gemeint ist das Dachauer Außenlager Karlsfeld, das im Juli 1944 in einem abgetrennten Bereich des Außenlagers Dachau-Allach errichtet und mit ca. 850 jüdischen Häftlingen aus Auschwitz belegt wurde. Sie waren zum Bunkerbau für BMW im Kommando Sager & Wörner sowie zum Ausbau von Gleisanlagen im Bahnhof Karlsfeld eingeteilt. Im April 1945 war Karlsfeld Ziel von Häftlingstransporten aus geräumten Außenlagern.

in gedeckten, die Männer in offenen Wagen eingeladen. Der Zug hielt an der Einladungsstation Karlsfeld 3 Tage. Am 25. April abends fuhr der Zug Richtung München ab, nachdem man die während des 3-tägigen Aufenthalts in Karlsfeld verstorbenen 3 Personen aus dem Zug geholt hat. Der Transport ist nur nachts gefahren, so daß die Häftlinge über die Fahrt nicht orientiert waren. In jedem Waggon waren 2 Posten bei 50 bis 60 Häftlingen. Die tägliche Verpflegung war ca. 300 bis 350 Gramm Brot und 30 bis 50 Gramm Wurst. Am 28. April abends hielt der Zug in Staltach, wo anderntags durch die amerikanischen Truppen die Befreiung stattfand.

Der Führer dieses Transportes, ein SS-Oberleutnant,[3] der dann mit den Bewachungsmannschaften (mit Ausnahme einer SS-Frau) in Gefangenschaft geriet, war entschieden guten Willens, denn er brachte den Transport von einer Stelle, wo Kämpfe stattfinden sollten, nach Staltach zurück. Sein allgemeines Benehmen während der Fahrt war human.

Der größte Teil des Transportes bezw. der Männer im Transporte stammen aus Ungarn, ebenso der größte Teil der Frauen. Sie alle wurden in Ungarn im April, Mai und Juni [1944] verhaftet. Sie wurden nach der Inhaftnahme nach Auschwitz verbracht, wo sie aller persönlichen Habseligkeiten beraubt wurden.

Die Familien wurden auseinandergerissen, die arbeitsfähigen Männer und Frauen wurden aussortiert und teils nach Warschau, teils nach Dachau, teils nach Geislingen an der Steige (Württemberg), teils nach Buchenwald, teils nach Cofrin[4] (Frankreich) verschleppt. Die Arbeitsunfähigen, die Alten und die Kinder bis 14 Jahren sind in Auschwitz zurückgeblieben. Ob man die Mütter von den kleinen Kindern getrennt hat, entgeht unserer Kenntnis.[5]

Im Lager Birkenau-Auschwitz waren wir einige Wochen. Dort wurden wir schwer gepeinigt. Geschlafen haben wir in einer Baracke, 1000 bis 1200 Mann beieinander, auf dem Steinboden ohne Stroh und Decke. Die Verpflegung war ca. 250 Gramm Brot, 10 Gramm Margarine u. ca. 3 bis 4 Deciliter Wassersuppe; Essgeschirr gab es keines, Reinigungsmöglichkeiten waren nicht vorhanden. Geschlagen wurden wir ohne jegliche Ursache durch die uns vorgesetzten Häftlinge, die sich aus Zigeunern rekrutierten. Viele von uns starben am Fehlen ärztlicher Behandlung u. Arzneimitteln, da letztere uns geraubt wurden, so vor allem viele an Zuckerkrankheit, da uns das mitgebrachte Insulin genommen wurde.

Bericht über die nach Warschau Verschickten: Im Monat Juni 1944 wurde ein Transport von 3500 Männern nach Warschau verschleppt.[6] Ihre Arbeit bestand im Aufräumen des durch SS zerstörten Ghettos. Infolge Unterstützung durch die Bevölkerung war ihre Verpflegung ausreichend. *Im August 1944*, als die Russen Warschau bedrohten, wurden sie weggeschafft u. nach Dachau gebracht. Zuerst mußten sie innerhalb [von] drei Tagen 150 km zu Fuß marschieren, wer zurückblieb, wurde auf der Stelle von der SS erschossen; Verpflegung war 300 Gramm Brot per Tag. Wasser wurde nicht verabreicht, der

3 Nicht ermittelt. SS-Hstuf. Erich Jellinek (*1913) war von Febr. 1945 an bis Kriegsende Lagerführer in Karlsfeld.

4 Nicht ermittelt. Es könnte sich um einen Stollen im Elsass handeln, der zur Errichtung unterirdischer Produktionsfläche ausgebaut werden sollte.

5 Mütter von kleinen Kindern wurden bei den Selektionen in Auschwitz-Birkenau in der Regel gemeinsam mit ihren Kindern für den Tod bestimmt.

6 Zum KZ Warschau siehe Dok. 165 vom 27.7.1944.

Marsch war fluchtartig. Die Überlebenden wurden nach diesem Marsch einwaggoniert, und zwar kamen in jeden Waggon 90 Personen, SS Posten und Capos; den letzteren beiden mußte die Mitte des Wagens freigehalten werden. Die Verpflegung war dieselbe wie die während des Marsches. An manchen Tagen gab es überhaupt keine Verpflegung. So zusammengedrängt reichte man bei größter Hitze keinen Tropfen Wasser. Um einen goldenen Zahn gaben die Posten ein wenig Wasser. Bei einem Wassergraben stürzten viele Häftlinge aus den Wagen, um ihren fürchterlichen Durst zu stillen, wurden aber von der SS erschossen. Wer klagte oder jammerte, wurde von den SS-Männern und Capos totgeschlagen. So kam dieser Transport nach Dachau mit 350 Toten und mehr als 700 Schwerkranken, die in der nachfolgenden Zeit zum größten Teil im Dachauer Lager gestorben sind. Die Überlebenden wurden in verschiedene Arbeitslager eingeteilt, u. a. in das O.T.-Lager Allach, unter diesen waren viele Burschen von 14 u. 15 Jahren, die Schuß- oder Bajonettverletzungen hatten.[7]
Bericht über die nach Allach-Dachau Verschickten:
Am 17. Juli 1944 kam der Transport von Ausschwitz nach Allach. Dort wurden die Häftlinge in Arbeitskommandos eingeteilt. Die zwei schweren „Hinrichtungskommandos" waren Bahnbau Karlsfeld und Firma Sager u. Wörner; Besitzer letzterer Firma war Reichsminister Todt.[8] Dieses Lager gehörte zu dem nebenanliegenden K.Z.-Lager, wo SS-Hauptmann Jarolin[9] als Lagerführer tätig war. Dieser Mann hat persönlich viele Insassen ermordet; es wurde von ihm dafür gesorgt, dass die Häftlinge in den obengenannten zwei Kommandos auf das furchtbarste gepeinigt wurden. Im Bahnbau-Kommando Karlsfeld setzte er als Capo den Häftling Christian Knoll,[10] der bereits vorher mit eigener Hand viele Häftlinge ermordet hat, ein.
Als Kommandoführer fungierte ein SS-Sturmführer, welcher den beiden Vorgenannten durch sein Verhalten ebenbürtig war.[11] Z. B. wurden bei den Arbeiten am Bahndamm den Häftlingen am 2. Dezember die Mäntel abgenommen, wodurch viele an Lungenentzündung starben. Geschlagen wurden die Häftlinge durch Capo und Kommandoführer ohne jegliche Ursache. Die Arbeitszeit dauerte von frühmorgens bis abends, das Mittagessen musste unter freiem Himmel am Arbeitsplatz eingenommen werden, erst in letzter Zeit wurde dazu eine Hütte aufgestellt. Bedauerlicherweise waren unter den Capos, die die Leute zur Arbeit antrieben, auch drei jüdische Hilfscapos, namens Franz Böhm,

7 Am 1.9.1944 wurden 326 Häftlinge aus dem Warschau-Transport von Dachau nach Karlsfeld verlegt.

8 Das Bauunternehmen Sager & Wörner erhielt von 1938 an Aufträge von der Organisation Todt. Ihr erster Leiter Fritz Todt (1891–1942) war 1925–1933 technischer Leiter von Sager & Wörner gewesen.

9 Josef Jarolin (1904–1946), Polizeibeamter; 1933 NSDAP-, 1935 SS-Eintritt; 1936 Wachmann im KZ Sachsenhausen, 1938 in Dachau, von 1940 an Rapportführer, im Dez. 1941 3. Schutzhaftlagerführer, von März 1943 an Lagerführer des Dachauer Außenlagers Allach; April 1944 SS-Ostuf.; 1946 im Dachauer Hauptprozess zum Tode verurteilt und hingerichtet.

10 Richtig: Christof Knoll (1895–1946), Schneider; von Sept. 1933 an Häftling in Dachau, dort Blockältester, von Juli 1944 an Kapo im Außenlager Karlsfeld; 1946 im Dachauer Hauptprozess zum Tode verurteilt und hingerichtet.

11 Leonhard Meyer (*1899), Bürokaufmann; SS-Oscha.; war von Aug. 1944 bis Febr. 1945 Lagerführer in Karlsfeld, danach in Mühldorf; 1947 während der Dachauer Prozesse zu lebenslanger Haft verurteilt, 1962 entlassen.

Eduard Gutmann u. Weigl.[12] Letztere nahmen von dem wenigen Essen den Häftlingen noch einen Teil weg.
Im Kommando Sager u. Wörner wurden die Mäntel am gleichen Tage ebenfalls weggenommen. Dieses Kommando arbeitete in den Bayer. Motoren Werken beim Bunkerbau in Tag- und Nachtschichten. Die Häftlinge mußten Zement, Eisen und Holz zum Bunkerbau aus den Waggons ausladen und auf den Schultern oft 2 u. 3 Stockwerk hoch hinaufschleppen. Arbeitszeit: 12 Stunden. Kommandoführer war Oberscharführer Jentsch.[13] Dieser schikanierte die Häftlinge auf die grausamste Weise. Z. B. bei Aufmarschieren mußten fünf Arm in Arm im Laufschritt gehen, ließ einer los, wurde er von dem eigens darauf dressierten Hund „Nero" angefallen u. gebissen und zugleich von Jentsch geschlagen, so daß der größere Teil des Kommandos zu Grunde ging. In einer Woche sind 58 Häftlinge den Verletzungen und Schlägen erlegen. Von dem wenigen Essen stahl Jentsch noch das Hundefressen weg, welches vom Tier oft wegen seiner Minderwertigkeit verschmäht wurde. Halshelfer[14] des Jentsch waren bei seiner grausamen Tätigkeit Capo Kotz, Hilfscapo Stephan Aczel,[15] Vorarbeiter Sasnowsky[16] und Wiener.[17] Sie alle schlugen und peinigten die Leute auf das scheußlichste.
In den anderen Kommandos zeichneten sich durch grausame Tätigkeiten Capo Chlatt, Hilfscapo Steiner[18] u. Hilfscapo Glas[19] aus. Steiner hat vornehmlich vom Essen der Leute gestohlen, sie in der Arbeit gehetzt. Im Lager war Blockschreiber Rotholz[20] der Mann, welcher unbarmherzig die Alten und Schwachen in die schweren Kommandos durch den Arbeitseinsatzschreiber Zoltan Friedmann[21] einteilen ließ, wodurch diese beide den Tod vieler verursacht haben. Übrigens war Rotholz mittätig an der Verschiebung der zustehenden Lebensmittelrationen durch die Blockleiter. Letztere wurden von Jarolin dafür bestraft. Zoltan Friedmann hätte die Möglichkeit gehabt, zu diesen schweren Kommandos jüngere Leute zu schicken, die den schweren Strapazen eher gewachsen gewesen wären; er ist daher am Tode vieler älterer u. schwächlicher Leute mitschuldig.
Im Lager war ein Revier. Die Ärzte desselben, an der Spitze Dr. Molnar,[22] haben alles getan, um die Kranken zu retten. Sie hatten aber keine Arzneimittel, konnten keine

12 Franz Böhm (*1896), Eduard Gutmann (*1904) und Otto Weigl (*1899), Beamter; alle drei wurden im Juli 1944 von Auschwitz nach Karlsfeld überstellt.

13 Richtig: Heinz Jentzsch (1917–1994), Landwirt; 1934 SS-Eintritt; Nov. 1934 Wachmann im KZ Sachsenburg, 1938 in Mauthausen, Ende 1940 bis Febr. 1943 in Mauthausen-Gusen, Nov. 1942 SS-Hschrf., Juli 1944 Rapportführer im Dachauer Außenlager Karlsfeld; 1968 vor dem LG Hagen wegen Morden in Gusen zu lebenslanger Haft verurteilt, 1982 auf Bewährung entlassen.

14 So im Original.Vermutlich: Helfershelfer.

15 Richtig: Ernö Kos (*1899) und István Aczel (*1895), im Juli 1944 von Auschwitz nach Karlsfeld überstellt.

16 Richtig: Mieczysław Sesnowski, von Flossenbürg nach Karlsfeld überstellt.

17 László Wiener (1899–1945), Landwirt; im Juli 1944 von Auschwitz nach Karlsfeld überstellt und dort verstorben.

18 Emil Steiner (*1899), Kaufmann; im Juli 1944 von Auschwitz nach Karlsfeld überstellt.

19 Sandor Glas (*1907), im Juli 1944 von Auschwitz nach Karlsfeld überstellt.

20 Miksa Rotholz (*1895), Beamter; im Juli 1944 von Auschwitz nach Karlsfeld überstellt.

21 Zoltan Friedmann (*1922), Architekt aus Budapest; von Auschwitz in das KZ Warschau überstellt, von dort im Juli 1944 nach Dachau, im Aug. 1944 nach Karlsfeld.

22 Dr. Vilmos Molnar (1894–1945), Arzt; im Juli 1944 von Auschwitz nach Karlsfeld überstellt, dort Revierarzt, starb bei der Befreiung des Lagers durch die 7. US-Armee durch eine Granate.

Krankenkost verordnen und waren in jeder Hinsicht vom Reviercapo in ihrer Tätigkeit behindert. Derselbe Capo scheute sich nicht, Ärzte wie Kranke blutig zu schlagen.
Bericht über die nach Geislingen Verschickten:
Gegen den 15. August wurde ein Transport von 800 Frauen u. Mädchen nach Geislingen[23] verschickt. Dort arbeiteten sie in einer Maschinenpistolenfabrik. Die Arbeitszeit betrug 12 Stunden in Tag- und Nachtschicht. Die Verpflegung bestand aus einer Kartoffel in der Schale, ¾ Liter Wassersuppe mit Steckrüben u. 150 bis 200 Gramm Brot pro Tag. Wenn eine von ihnen sich eine 2. Kartoffel aneignete, wurde sie zuerst so lange ins Gesicht geschlagen, bis sie blutete, danach gab es noch 25 Schläge auf das Hinterteil. Wenn deutsche Fabrikangestellte einem Häftling eine Kartoffel oder einen Apfel schenken wollten, wurde gegen sie von den SS-Frauen Meldung erstattet, die Häftlinge aber mußten zur Strafe stundenlang dafür im Winter im Freien stehen. Die Namen derjenigen SS-Frauen, die sich am gemeinsten benahmen, sind folgende: Rosl Baumeister,[24] Paula Weber,[25] eine Frau Sauer[26] und Maria Klotz.[27] Die letzte ist aus dem Waggon entkommen, ehe sie von amerikanischen Soldaten verhaftet werden konnte.
Bericht über die nach Buchenwald Verschickten: Anfang April 1945 wurden die Häftlinge aus dem Lager Buchenwald nach Allach-Dachau überführt, ungefähr zur selben Zeit, als die Frauen nach Geislingen daselbst ankamen. Es waren ungefähr 800 bis 1000 Leute. Während der Fahrt hatten sie 120 Tote, nach der Ankunft des Transportes starben im Lager davon täglich ca. 20 Insassen. Ursache dafür waren Mißhandlungen und Unterernährung. Nähere Einzelheiten können darüber nicht aufgeführt werden, da wir von diesen Lagerinsassen getrennt lebten.
Bericht über die nach Cofrin Verschickten:
Aus Cofrin wurden die Häftlinge im vorigen Herbst evakuiert. In Frankreich hatten sie es verhältnismäßig gut, da sie von den Franzosen unterstützt wurden. Von Frankreich aus kamen sie in eine deutsche Salzgrube, woselbst sie durch Mißhandlung und Hunger große Verluste hatten. Nähere Einzelheiten können wir deshalb nicht angeben, da zur Zeit keiner der Häftlinge uns zwecks Verhör zur Verfügung stand.
Die von den amerikanischen Truppen am Bahnhof Staltach befreiten 2400 Häftlinge sind der eine Rest der oben geschilderten Transporte, der andere Rest, nämlich nicht reisefähige, blieb in Allach.

23 In Geislingen an der Steige, einer Kleinstadt am Rande der Schwäbischen Alb, entstand im Juli 1944 ein Frauenaußenlager des KZ Natzweiler. Die Häftlinge mussten bei der Württembergischen Metallwarenfabrik (WMF) Zwangsarbeit leisten. Im April 1945 wurden sie nach Allach gebracht.

24 Rosa Baumeister, verh. Müller (1923–2009), Arbeiterin; seit 1941 bei WMF in Geislingen, Juli 1944 bis April 1945 Aufseherin im Außenlager Geislingen, von Nov. 1944 an Lagerführerin, nach Überführung der Häftlinge nach Allach dort Lagerführerin; nach US-Internierung 1948 durch das franz. Militärgericht in Rastatt zu sechs Jahren Haft verurteilt, 1950 entlassen, danach wieder Arbeiterin bei WMF in Geislingen.

25 Paula Weber, verh. Feltmann (*1922), Arbeiterin; von WMF im Juli 1944 als Aufseherin rekrutiert; 1946–1949 in Ludwigsburg, Dachau und Reutlingen interniert, wohnte danach wieder in Geislingen.

26 Hedwig Sauer, geb. Kraus (*1919), stammte aus Deggingen i. T.; Aufseherin in Geislingen; lebte nach dem Krieg in Saarbrücken.

27 Richtig: Marie Klotz (1922–1955), Arbeiterin; Aufseherin in Geislingen; 1947 aus der US-Zone nach Polen ausgeliefert, 1948 vom Bezirksgericht Warschau zu 3 ½ Jahren Haft verurteilt, 1949 entlassen, wohnte später in Göppingen.

DOK. 281
Der Kapitän der „Athen" berichtet über die Schiffskatastrophe vom 3. Mai 1945 in der Neustädter Bucht[1]

Bericht, gez. D. Nobmann,[2] Kapt. M.S. „Athen",[3] Hamburg, vom 9.5.1945 (Abschrift)

Bericht des Kapitäns

M.S. „Athen" lag zur Reparatur in Lübeck bei der Lübecker Maschinenbaufabrik. Fertigstellung ca. 20. Mai 1945.

Am 19. April 1945 20.30 Uhr erschien Sturmbannführer Gerick[4] und teilte mir mit, daß M.S. Athen sofort 2000 Häftlinge an Bord zu nehmen hätte und damit nach Neustadt fahren sollte. Auf meine Einwendung hin, daß Athen sich noch in der Fertigstellung befinde, ging der Sturmbannführer [zum] S.B.V.[5] Lübeck und kam dann mit dem S.B.V. und Herrn Struck aus Hamburg zurück. Diese teilten mir dann mit, daß Athen auf Befehl von Gauleiter Kaufmann[6] beschlagnahmt sei und mehrere Fahrten mit Häftlingen nach Neustadt machen müsse.

In der Zwischenzeit hatte ich meine Besatzung schon angesetzt und die Laderäume so weit wie möglich für die Aufnahme von Häftlingen bereitgemacht.

Am 20. April 6 Uhr begann die Einschiffung von ca. 2300 Häftlingen und ca. 280 Wachmannschaften, die mit der Eisenbahn längsseits des Schiffes gefahren waren.[7] Da noch Motorenteile der Athen zur Reparatur an Land waren, konnte Athen erst um 17 Uhr fahren. Abends ca. 20.30 Uhr wurde Neustadt Reede erreicht.

Auf der Überfahrt erhielt ich vom Transportführer den Befehl, die Häftlinge längsseits D. „Cap Arcona"[8] zu bringen, welche dort auf Reede lag. „Cap Arcona" verweigerte die Annahme der Häftlinge. Athen ging in die Nähe der Cap Arcona vor Anker. Auch am nächsten Morgen verweigerte Arcona die Abnahme der Häftlinge.

1 Original nicht aufgefunden. Kopie: Archiv der KZ-Gedenkstätte Neuengamme, Nachlass Hans Schwarz, 13-7-2-2. Teilweise abgedruckt in: Hertz-Eichenrode (Hrsg.), Ein KZ wird geräumt (wie Dok. 230, Anm. 1), Bd. 1, S. 253.

2 Dietrich Nobmann (1882–1960), Kapitän.

3 Deutsches Frachtschiff der Reederei Deutsche Levante-Linie, 1936 in Fahrt gesetzt, 1940 Übernahme durch die deutsche Kriegsmarine, 1942 Rückgabe an die Deutsche Levante-Linie. Diente ab dem 20.4.1945 als Unterkunft für KZ-Häftlinge und Zubringerschiff für die „Cap Arcona".

4 Richtig: Christoph-Heinz Gehrig (1890–1945), Zahlmeister; 1930 NSDAP-, 1935 SS-Eintritt; Nov. 1940 SS-Stubaf.; 1941–1943 Leiter der SS-Standortverwaltung in Warschau, Prag und Bobruis, April 1943 Verwaltungsleiter in Dachau, von Juli 1944 an in Neuengamme, leitete bei der Räumung Häftlingstransporte auf die Schiffe in der Lübecker Bucht; kam bei der Bombardierung der „Cap Arcona" ums Leben.

5 Nicht ermittelt.

6 Karl Kaufmann (1900–1969), Landwirt; 1922 NSDAP-, 1933 SS-Eintritt; 1929–1945 Gauleiter in Hamburg, 1930–1945 MdR; Jan. 1942 SS-Ogruf.; als Reichskommissar für die Seeschiffahrt unterstanden ihm die Schiffe unter seiner Kontrolle; 1945 inhaftiert, 1949 aus gesundheitlichen Gründen entlassen.

7 Diese Häftlinge waren aus dem Stammlager Neuengamme nach Lübeck gebracht worden.

8 D.: Dampfschiff. Das Dampfturbinenschiff „Cap Arcona" wurde 1927 von Blohm & Voss für die Hamburg Südamerikanische Dampfschiffahrtsgesellschaft gebaut und war für 1315 Passagiere und

Versuche des Transportführers, sich mit seiner Dienststelle in Verbindung zu setzen, schlugen fehl. Im Einverständnis des Transportführers bin ich dann nach Lübeck gefahren, um neue Befehle zu holen.
In Lübeck angekommen, lagen D. Elmenhorst[9] und D. Thielbek[10] am Silo, ich ging längsseits der Thielbek. Befehl erhielt ich, sofort nach D. Cap Arcona zurückzufahren und dort die Häftlinge abzugeben. Arcona sei bereits benachrichtigt. Nach Übernahme von Proviant und Wasser ging ich wieder seewärts. Abends 20 Uhr war ich längsseits D. Arcona, hier wurde die Annahme der Leinen verweigert, man habe noch keine Befehle, der Kapitän der C. Arcona befinde sich noch an Land zur Besprechung.[11] Am nächsten Morgen 6 Uhr war ich wieder längsseits C. Arcona, abermals wurde die Annahme der Leinen verweigert. Athen mußte wieder in Nähe ankern. Ca. 10 Uhr kam erneut Befehl, längsseits C. Arcona zu gehen und die Häftlinge abzugeben. Athen fuhr dann nach Lübeck zurück, um neue Häftlinge und Proviant zu holen. Bei Ankunft in Lübeck wurden ca. 4300 Häftlinge und ca. 450 Wachmannschaften übernommen und die Fahrt nach C. Arcona wieder angetreten. Da Athen zu spät von Lübeck abgefahren war, mußte ich auf Travemünde Rhede ankern. Am nächsten Morgen mit Tagesanbruch wurde die Fahrt fortgesetzt, wieder längsseits C. Arcona gegangen und Häftlinge und Proviant abgesetzt. Athen fuhr nach Lübeck zurück um Proviant und Feldküchen zu holen, da die Einrichtung der C. Arcona für diese Masse Menschen nicht ausreicht.
In Lübeck wurden dann Proviant und 10 Kochkessel übernommen, Frischwasservorräte ergänzt und wieder nach C. Arcona zurückgefahren.
Da C. Arcona diese Masse Menschen nicht unterbringen konnte, sollte Athen 2000 Häftlinge wieder an Bord nehmen und damit auf Neustadt Rhede ankern. Der Transportführer sagte mir, es sollten dänische und schwedische Schiffe kommen und die Häftlinge abholen. 3 Kochkessel wurden noch auf die C. Arcona abgegeben, 7 Kessel blieben auf Athen.
Athen nahm 2000 Häftlinge und ca. 200 Wachmannschaften über. Am folgenden Tage mußte Athen von einem Schlepper noch ca. 380 Häftlinge abnehmen. Dann kam noch ein Kahn und Marinelandungsfahrzeuge mit Häftlingen, darunter vielen Frauen und Kindern längsseits, doch wurde die Annahme dieser Häftlinge vom Transportführer verweigert. Am 2. Mai kam auch D. Thielbek auf Rhede an, beladen mit Häftlingen.
Am 3. Mai ca. 10 Uhr kam ein Verband englischer Jagdbomber und griff D. Deutschland, der ca. 1,5 sm[12] südlich lag, an.[13] Der dadurch entstandene Brand konnte von der

630 Besatzungsmitglieder ausgerichtet. Seit Mitte April 1945 lag die „Cap Arcona" fahruntüchtig vor Neustadt. Am 3.5.1945 befanden sich 4207 Häftlinge, 15 bis 20 SS Männer, 20 Aufseherinnen, 70 Angehörige der zivilen Besatzung sowie rund 400 Marinesoldaten an Bord.

9 Frachtdampfer der Reederei Bock, Godefroy & Co., lag 1945 als Neubau der Lübecker Maschinenbaugesellschaft im Lübecker Hafen und wurde als Unterkunft für KZ-Häftlinge aus Neuengamme genutzt.

10 Frachtdampfer der Reederei Knöhr & Buchard, lag mit Ruderschaden in der Lübecker Werft und wurde als Unterkunft für KZ-Häftlinge aus Neuengamme genutzt.

11 Heinrich Bertram (1897–1956) aus Hamburg; seit März 1945 Kapitän auf der „Cap Arcona".

12 Seemeilen.

13 Die Royal Air Force startete am 3.5.1945 zum letzten Großangriff auf militärische Ziele im Ostseeraum, ohne zu wissen, dass in mehreren Schiffen in der Lübecker Bucht KZ-Häftlinge untergebracht waren. Auf dem Dampfschiff „Deutschland", das zu einem Lazarettschiff umgerüstet wurde, befanden sich keine Häftlinge.

Besatzung gelöscht werden. Ca. 12.30 Uhr erhielt ich vom Stadtkommandanten Neustadt den Befehl, in den Hafen einzulaufen und dort noch Häftlinge zu übernehmen. Ich bin dann sofort Anker aufgegangen und mit kleinster Fahrt in den Hafen eingelaufen und warf Athen 13.45 [Uhr] am Kai fest. Hier kam gleich Befehl „Kapitän und Transportführer sofort beim Stadtkommandanten melden“. Auf dem Wege dahin trafen wir den Stadtkommandanten in der Nähe des Kai, wo schon die Häftlinge, ca. 2000, darunter Frauen und Kinder, auf Einschiffung warteten. Der Stadtkommandant gab uns den Befehl, diese 2000 Häftlinge einzuschiffen und damit in den dänischen Raum zu fahren, die Wahl des Platzes wurde uns überlassen. Der Transportführer verweigerte die Annahme mit der Begründung, daß Athen mit 2600 Häftlingen voll belegt sei. Bei diesem Gespräch erschien wieder ein Verband englischer Jagdbomber und griff C. Arcona und Thielbek an. Cap Arcona stand gleich in hellen Flammen, Thielbek hatte mehrere Treffer, bekam Schlagseite und kenterte in kurzer Zeit.[14] Jagdbomber, die die Athen noch angreifen wollten, drehten, sobald sie unser Flakfeuer bekamen, ab. Ein Flugzeug mußte im Gleitflug herunter. D. Deutschland wurde auch von Bombern in Brand geworfen.
An Land kamen englische Panzer von Süden her, diese schossen auf Athen, 2 Treffer in die Mannschaftsmesse, 1 Treffer in die Flakwohnräume. Athen stellte das Feuer ein.
Die Wachmannschaften der Athen verließen das Schiff, sobald C. Arcona angegriffen wurde. Die Häftlinge, die nun ohne Aufsicht waren, kamen aus den Lagerräumen heraus, plünderten das Schiff vollständig aus, demolierten die Inneneinrichtung, beschmutzten die Wohnräume und zogen dann an Land.
Ich war mit dem I. Offizier und dem Ltd. Ing. in der Kommandantur und wurde hier von den Engländern gefangengesetzt. Ca. 18 Uhr wurden wir über den Marktplatz geführt, hier revidiert und zusammengestellt. Ca. 22 Uhr wurden wir in Marsch gesetzt und unter Panzerbegleitung nach Haffkrug geführt, wo am Strand gelagert wurde. Am 4. Mai ca. 10 Uhr wurden die Schiffsbesatzungen als erste mit Lastwagen abtransportiert. Mein Wagen, wo sich auch der I. Offz. Heidmann, Motorhelfer Voss und Grabowski, F.T Offz. Weidlich, 1 Matrose, 1 Jungmann und noch Besatzungsangehörige der Deutschland befanden, wurden nach Mölln ins Gefangenenlager transportiert. Hier wurden wir am 5. Mai 18 Uhr nach Hamburg entlassen.
Von Haffkrug aus konnte ich sehen, daß D. Deutschland und Cap Arcona noch brannten. Die Deutschland war bereits gekentert, C. Arcona anscheinend auch. Die Besatzung von D. Deutschland ist alle gerettet. Von C. Arcona sollen ca. 300 Mann gerettet [sein]. Von Thielbek Besatzung habe ich nichts gesehen. Athen Besatzung und Flak alle gerettet. Die Flakbesatzung hatte 1 Verwundeten durch Beschuss. (Panzer)
Als wir am 3. Mai ca. 20 Uhr zum Marktplatz geführt wurden, erschien abermals ein Verband von Jagdbombern, diese griffen anscheinend die M.S. Athen an. Die Athen wurde am 4. Mai noch brennend aus dem Hafen von Neustadt geschleppt.

14 Von den 4200 auf der „Cap Arcona“ und den 2800 auf der „Thielbek“ eingepferchten Häftlingen konnten sich nur 400 an Land retten. 6600 Häftlinge verbrannten an Bord oder ertranken in der Ostsee.

DOK. 282

Pastor Wilhelm Gertz notiert in der Kirchenchronik von Waabs, dass am 4. Mai 1945 an der Küste ein mit weiblichen jüdischen Häftlingen besetztes Schiff angetrieben wurde[1]

Chronik der Ev. Kirchengemeinde Waabs in Schleswig-Holstein, handschriftl. Eintrag von Wilhelm Gertz,[2] um den 8.5.1945

Der ausgehende Krieg treibt sein Nachspiel im Antreiben von Strandleichen. Mitte Mai setzt ein mit weibl. jüdischen K.Z.-lern besetztes, von deutscher SS bewachtes Küstenschiff bei Booknis am Strand und stellt uns vor die furchtbare Wirklichkeit deutschen Verbrechens am Leben Andersrassiger und Andersdenkender in den Konzentrationslägern.[3]

DOK. 283

SS-Arzt Percival Treite berichtet am 5. Mai 1945 von ankommenden Todestransporten in Ravensbrück und Erschießungen im Vorfeld der Lagerräumung[1]

Aussage von Dr. Treite,[2] aufgenommen durch W. Rudorf, vermutlich in Uelzen, vom 5.5.1945

Ich bin 34 Jahre alt, Arzt, und wohne [in der] Universitäts-Frauen-Klinik, Artilleriestr. 18, Berlin.
Am 30. April 1945 desertierte ich von meiner bisherigen Dienststelle als SS-Standortarzt im Konzentrationslager Ravensbrück, um einen Kampf gegen englische und amerikanische Truppen zu vermeiden, da mein Vater englischer Staatsangehöriger war.
Über meine Arbeit als Lagerarzt des Frauen-Konzentrationslagers Ravensbrück sage ich folgendes aus:

1 Pastorat der ev. Kirchengemeinde Waabs. Abdruck in: Else Bevendorff, Gestrandete Jüdinnen vor Bookniseck, in: Kurt Hamer/Karl-Werner Schunck/Rolf Schwarz (Hrsg.), Vergessen + verdrängt. Eine andere Heimatgeschichte. Arbeiterbewegung und Nationalsozialismus in den Kreisen Rendsburg und Eckernförde, Eckernförde 1984, S. 221.

2 Wilhelm Gertz (1910–1997), evang. Pastor; von 1936 an Pastor in der Kirchengemeinde Waabs; von 1952 an Pastor der Kirchengemeinde Kiel-Ansgar-West.

3 Ein sog. Quarantäne-Schiff mit ca. 500 überwiegend kranken jüdischen Häftlingen aus Stutthof hatte Nickelswalde am 25.4.1945 verlassen und durfte wegen Seuchengefahr die Häfen von Lübeck und Kiel nicht anlaufen. Am 3.5.1945 wurde das Schiff bei einem brit. Luftangriff in der Kieler Bucht getroffen. Ein Feuerwehrschiff aus Kiel rettete 150 Menschen, die übrigen trieben am 4.5.1945 mit dem manövrierunfähigen Schiff im Ortsteil Booknis der Gemeinde Waabs an Land. Nur zwölf Frauen überlebten.

1 TNA, WO 235/309, Exhibit Nr. 8.

2 Dr. Percival Treite (1911–1947), Arzt; 1933 SS-, 1937 NSDAP-Eintritt; von Sept. 1943 an Lagerarzt im KZ Ravensbrück, dort beteiligt an Selektionen und Sterilisationen, letzter Rang SS-Ostuf.; im Mai 1945 durch brit. Militär verhaftet, im Febr. 1947 im 1. Hamburger Ravensbrück-Prozess zum Tode verurteilt, nahm sich nach Ablehnung seines Gnadengesuchs das Leben.

Das Lager gehört zu der besten Kategorie von Konzentrationslagern (Lagerstufe 1).[3] Als ich meine Arbeit dort im September 1943 aufnahm, waren die sanitären und hygienischen Zustände überwiegend zufriedenstellend; jedoch mussten 2000 Häftlinge wegen Hautkrankheiten behandelt werden. Ferner fand ich etwa 30 beinoperierte Häftlinge vor, die sogenannten „Kaninchen". An diesen polnischen Häftlingen sind Versuchsoperationen an den Unterschenkelknochen von Assistenten des SS-Gruppenführers Prof. Gebhard, Hohenleyden[4] durchgeführt worden Die Heilung dieser infizierten Knochenwunden war sehr langwierig. Diese Häftlinge sollten angeblich zum Tode verurteilt sein, doch ist m. W. ein Urteil nicht vollstreckt worden.
Trotz zunehmender Belegung des Lagers sank die Sterblichkeit auf 0,2 % pro Monat. Ich habe Sterblichkeitsstatistiken des Lagers für 1943 bis 1945 bei meinen Papieren liegen. Daraus geht hervor, dass bis zur letzten Zeit, April 45, die Sterblichkeit auf 5 % pro Monat stieg. Das ist zurückzuführen auf:
1) Alle kranken weiblichen Häftlinge aus allen deutschen Lagern wurden nach Ravensbrück gebracht.[5]
2) Die Belegung des Lagers stieg auf etwa 35 000.
3) Unzureichende Ernährung während eines langen Aufenthalts von Häftlingen im Freien im Winter bei völlig unzureichender Bekleidung.
Der stärkste Anstieg an Kranken und Toten kam durch einen Transport von mehreren tausend Jüdinnen aus Auschwitz.[6] Diese Häftlinge waren körperlich und seelisch in einem völlig geschwächten Zustand. Im Laufe der Zeit starben etwa 50 % von ihnen, meistens an allgemeiner Körperschwäche. Zahlreiche Geisteskranke überlasteten das Lager, da Abtransport unmöglich. 60 bis 80 von diesen Häftlingen wurden schließlich von einem Facharzt für Psychiatrie ausgewählt und nach Linz geschickt, wo sie vermutlich in eine Gaskammer gekommen sind.[7]
Der Kriminal-Assistent Ramdohr[8] hatte für die politische Sicherheit des Lagers zu sorgen und führte unabhängig davon die grausamsten körperlichen und seelischen Quälereien durch. Die Kopie eines Berichts von mir an seinen bisherigen Arbeitsplatz liegt bei meinen Papieren. Er wurde im April 1945 verhaftet; sein Aufenthaltsort ist mir unbekannt.

3 Anfang 1941 ordnete Himmler eine Einteilung der KZ in Lagerstufen an, nach denen auch die Lebens- und Haftbedingungen variierten. „Wenig belastete und unbedingt besserungsfähige" Häftlinge waren in Lager der Stufe I unterzubringen. In der letzten Phase des Kriegs waren die Lebensbedingungen in allen Lagern katastrophal – diese Einteilung spielte keine Rolle mehr.

4 Richtig: Gebhardt, Hohenlychen; siehe Dok. 15 vom 8.7.1942, Anm. 4.

5 Waren Häftlinge aus Ravensbrück in Außenlager anderer Lagerkomplexe überstellt worden, konnten sie bei Arbeitsunfähigkeit wieder nach Ravensbrück geschickt werden. Aufnahmelager für kranke weibliche Häftlinge waren auch Auschwitz (bis Jan. 1945) und Bergen-Belsen; siehe Dok. 184 vom 26.1.1945.

6 Von Juli 1944 bis Febr. 1944 wurden rund 20 800 weibliche Häftlinge aus Auschwitz nach Ravensbrück gebracht. Die größten Transporte mit jeweils über 2000 Häftlingen trafen vom 25.1.1945 an ein; siehe Dok. 172 vom 17.1.1945.

7 Mehrere Hundert geistig und körperlich behinderte Frauen wurden regelmäßig in Ravensbrück selektiert und in die Tötungsanstalt Schloss Hartheim bei Linz abtransportiert, zuletzt 120 Frauen im Nov. 1944.

8 Ludwig Ramdohr (1909–1947), Kriminalbeamter; 1941 Vernehmungsbeamter im Jugendkonzentrationslager Moringen, von Juli 1942 an in der Politischen Abt. in Ravensbrück für Vernehmungen zuständig; im ersten Hamburger Ravensbrück-Prozess zum Tode verurteilt und hingerichtet.

Anfang 1945 wurde die Überbelegung im Lager außerordentlich stark, und da eine Evakuierung des Lagers in Erwägung gezogen werden musste, sollten alle nicht arbeitsfähigen Häftlinge entfernt werden. Als Lagerarzt sollte ich in kürzester Zeit diese Häftlinge ausmustern. Da aber die zur Verfügung gestellte Zeit dafür nicht ausreichte, lehnte ich diese Musterung ab, da mir ihre Bedeutung klar war.

Diese Musterung wurde dann in sehr oberflächlicher Art vom Standortarzt Dr. Richard Trommer,[9] Ravensbrück (Hauptsturmführer) durchgeführt. Etwa 5000 weibliche Häftlinge wurden in das Lager Uckermark ausgesondert.[10] Die Beseitigung dieser Häftlinge wurde, soweit ich weiß, von SS-Obersturmbannführer Höß, ehemaliger Lager-Kommandant von Auschwitz, und SS-Sturmbannführer Sauer,[11] ehemaliger Lagerkommandant von Riga, ausgeführt.

Zunächst wurden täglich 50 Häftlinge durch Genickschuss erledigt und danach eingeäschert, nachdem ich als Arzt abgelehnt hatte, diese Häftlinge durch Spritzen zu töten. Als Lagerarzt musste ich bei der ersten Erschießung (ca. 50 Häftlinge) anwesend sein, was erforderlich war, da die Häftlinge nicht immer sofort tot waren.

Als ich ablehnte, diese Arbeit weiter auszuführen, musste sie von SS-Obersturmführer Dr. Lucas[12] übernommen werden, der aber ebenfalls nach einem Tage weitere derartige Arbeit verweigerte und inzwischen ebenfalls von der SS desertiert ist. Ich will klarstellen, dass es sich hier nicht nur um alte, kranke Personen handelte, sondern infolge der oberflächlichen Musterung auch arbeitsfähige junge Frauen erschossen wurden. Danach wurden die Erschießungen ohne Anwesenheit eines Arztes unter Leitung des Schutzhaftlagerführers SS-Obersturmführer Schwarzhuber ausgeführt.

Die Frauen, die noch im Lager Uckermark lebten, wurden dann auf halbe Ration gesetzt und mussten am Tag 5 bis 6 Stunden im Freien stehen; offenbar sollten diese Maßnahmen auch dazu dienen, einen größeren Teil von diesen Häftlingen umkommen zu lassen. Auf diese Weise starben täglich bis zu 50 Häftlinge in diesem Lager. Die sanitäre Versorgung des Lagers Uckermark lag nicht in der Verantwortung der Lagerärzte oder NS-Schwestern.

Von den ca. 1500 Kranken im Lager Ravensbrück wurden mit der Zeit noch mehrere hundert in das Lager Uckermark überführt. Da die täglichen Erschießungen zu lange dauerten, baute man eine Gaskammer, in der die Häftlinge schneller und in größerer Zahl umgebracht werden konnten. Hierzu wurde niemals ein Lagerarzt hinzugezogen. Ich weigerte mich, der Anweisung des Standortarztes Dr. Trommer Folge zu leisten und für diese Häftlinge Totenscheine mit natürlichen Todesursachen zu schreiben. Er stellte

9 Dr. Richard Trommer (*1910), Arzt; 1933 NSDAP- und SS-Eintritt; Ende 1941 Standortarzt in Flossenbürg, 1943 in Neuengamme; 1943 SS-Hstuf.; 1943–1945 Standortarzt in Ravensbrück; seit 1945 verschollen.

10 Zum Lager Uckermark siehe Dok. 172 vom 17.1.1945, Anm. 4.

11 Albert Sauer (1898–1945), Tischler; 1931 NSDAP- und SS-Eintritt; 1936 Lagerführer im KZ Bad Sulza, 1937/38 2. Schutzhaftlagerführer in Sachsenhausen; Juli 1938 SS-Stubaf.; Aug. 1938 bis März 1939 Kommandant von Mauthausen, 1942/43 erneut Schutzhaftlagerführer in Sachsenhausen, April 1943 Kommandant in Riga-Kaiserwald, seit Herbst 1944 in Ravensbrück; starb bei Kämpfen in Falkensee.

12 Dr. Franz Lucas (1911–1994), Arzt; 1937 NSDAP- und SS-Eintritt, Nov. 1943 SS-Ostuf.; Dez. 1943 Lagerarzt in Auschwitz, 1944 in Mauthausen und Stutthof, 1944/45 in Ravensbrück und Sachsenhausen; nach dem Krieg Chefarzt in Elmshorn, 1965 im Frankfurter Auschwitz-Prozess zu drei Jahren Haft verurteilt, 1970–1983 Arzt in privater Praxis.

dann persönlich falsche Totenscheine für sämtliche dort umgebrachten bezw. verstorbenen Häftlinge aus. Nach Erledigung der Aktion wurde die Gaskammer abmontiert. Die Aktion wurde nicht zu Ende geführt, weil vermutlich in der Zwischenzeit ein entgegengesetzter Befehl eingetroffen war.
Mehrere hundert Häftlinge kamen in das Lager Ravensbrück zurück und wurden vom Dänischen und Schwedischen Roten Kreuz mitgenommen. Das Lager wurde ab 29. April schrittweise evakuiert, und die Häftlinge zu Fuß nach Malchow und Neustadt/Glewe in Marsch gesetzt.[13]
In Malchow nutzte ich die Gelegenheit, mich von der Truppe zu entfernen, kleidete mich in Zivil um und fuhr mit einem Transport schwer verwundeter Soldaten zum Lazarett in Uelzen, wo ich dieses aufschrieb und mich bei der Militär-Regierung unter Vorlegung meines Soldbuches meldete.
Zwecks Nachprüfung sämtlicher Angaben gebe ich als Zeugen folgende Personen an:
1) Sylvia Salvesen,[14] Frau von Prof. Salvesen Oslo/Norwegen, Leiter des Norwegischen Roten Kreuzes.
2) Mary de Moncey,[15] Lt. des Britischen Roten Kreuz London
3) Die deutsche Ärztin Frau Sienz[16] aus Nürnberg;
Alle drei nach Schweden vom Roten Kreuz abtransportiert.

13 Die ersten Evakuierungen durch Vertreter des Roten Kreuzes fanden am 5.4.1945 statt; am 23.4.1945 wurden die ersten Häftlingsgruppen nach Malchow getrieben.

14 Sylvia Salvesen (1890–1973), verheiratet mit Prof. Harald Salvesen, im norweg. Widerstand aktiv, im Jahr 1942 mehrmals verhaftet, im Juli 1943 nach Ravensbrück gebracht, dort im Krankenrevier als Pflegerin eingesetzt, im April 1945 mit dem Schwedischen Roten Kreuz aus Ravensbrück evakuiert; Rückkehr nach Norwegen; Verfasserin von „Forgive – but do not forget" (1947).

15 Richtig: Mary Lindell (1895–1986), Krankenpflegerin; organisierte im Auftrag des brit. Geheimdiensts Fluchthilfe aus dem besetzten Frankreich, Ende 1943 verhaftet und im Aug. 1944 nach Ravensbrück deportiert, als Assistentin für SS-Arzt Percival Treite tätig; sagte im Prozess gegen Treite als Entlastungszeugin aus; lebte nach dem Krieg in Paris.

16 Dr. Maria Sienz (*1892), Ärztin aus Münster; im Sept. 1944 nach Ravensbrück deportiert, dort als Häftlingsärztin tätig; nach dem Krieg Ärztin in Nürnberg.

DOK. 284
Cameron Coffman beschreibt am 5. Mai 1945 Eindrücke aus dem Auffanglager für jüdische Häftlinge in Gunskirchen[1]

Bericht von Cameron A. Coffman,[2] PRO[3] der 71. Inf.-Div.,[4] Army Post Office 360, US Army, an PRO, 3. Armee, Pressegruppe, APO 403, US Army, vom 5.5.1945

Mit der 71. Division der Dritten Armee in Österreich, 5. Mai:
In seiner schlimmsten Gestalt offenbarte sich heute der Nazismus den Doughboys[5] der 71. Infanteriedivision, als sie auf ein sorgsam verstecktes Konzentrationslager sechs Kilometer nördlich von Lambach, Österreich, stießen.[6] Dort befanden sich 15 000 Personen, die keine echten „Arier" waren oder deren politische Überzeugungen der „Neuen Ordnung" Hitlers konträr gegenüberstanden.
Die Zeiten, in denen ich von den Grausamkeiten der Hunnen gelesen habe, sind lange vorbei. Ich habe heute das Lager besucht. Lebende und tote Beweise für Schrecken und Brutalität, die jede Vorstellungskraft übersteigen, lagen, krochen oder schlurften in knöcheltiefem Matsch und menschlichen Exkrementen umher. Auf den Anblick und den Gestank reagierte der Magen auf merkwürdige Weise – es war, als würde in ihm ein Schneebesen rotieren. Die Toten zu zählen war unmöglich, doch vorsichtig geschätzt dürfte es sich um 200 ausgemergelte Leichen gehandelt haben. Die meisten waren in den letzten beiden Tagen gestorben, aber es gab auch viele bereits halb verweste Leichen innerhalb der Baracken, neben noch lebenden Menschenwesen, die zu schwach waren, sich zu bewegen.
Es ist praktisch unmöglich, in angemessenen und druckbaren Worten den Zustand des Verfalls zu beschreiben, den die deutschen Wachleute im Lager zugelassen haben. In einem dichten Kiefernwald gelegen, ist das Lager sowohl zur Hauptstraße hin als auch aus der Luft gut abgeschirmt. Der Ort passt zu den dort herrschenden feuchten und ungezieferverseuchten Lebensumständen. Das Lager einen Schweinestall zu nennen würde jedem Schwein unrecht tun. Der Anblick war entsetzlich, und der Gestank, der einem bereits circa hundert Meter vor dem Lager entgegenschlug, erregte Übelkeit.
Die Fahrt auf einem kleinen, schmalen Transportweg war eine Herausforderung, da man ständig Gruppen benommener Männer, Frauen und Kinder ausweichen musste, die vor den Schrecken dieser Hölle auf Erden flohen. Der natürliche Impuls dieser Menschen nach der Ankunft der Amerikaner war der hysterische Wunsch, hier wegzukommen und diesen Ort für immer hinter sich zu lassen. Der Weg war von Hunderten von

1 USHMM, RG-09.024. Das Dokument wurde aus dem Englischen übersetzt.
2 Major Cameron A. Coffman aus Fort Thomas, Kentucky, war Public Relations Officer der 71. Division. Sein Bericht wurde in verschiedenen US-Zeitungen veröffentlicht.
3 Public Relations Officer.
4 Die 71. US-Inf.-Div. wurde 1943 gebildet und traf im Febr. 1945 in Le Havre in Frankreich ein. Von dort stieß sie in Richtung Elsass vor, überquerte den Rhein und nahm Mitte April 1945 Coburg, Bayreuth und Regensburg ein. Im Mai rückte sie nach Österreich vor. Am 5.5.1945 befreite die Division das Auffanglager Gunskirchen.
5 Umgangssprachliche Bezeichnung für einen Infanteristen der US-Armee.
6 Das Außenlager Gunskirchen des KZ Mauthausen war im Dez. 1944 mit 400 Häftlingen errichtet worden. Ende April 1945 erreichten 17 000 bis 20 000 ungar. Juden in Todesmärschen das Lager.

Menschen verstopft, viele kamen jedoch nicht weit. Dutzende starben bereits, bevor sie sich auch nur ein paar Hundert Meter von ihrem Gefängnis, dem „Höllenloch“, entfernen konnten. Die amerikanischen Soldaten fluchten vor Ekel, als sie in ihren Trucks an diesem bizarren Zug von Menschen vorbeifuhren, die in den Gräben und entlang der Straße kraftlos vor sich hin taumelten.

Als wir das erste Gebäude betraten, reichte der Anblick, der sich unseren erschrockenen Augen bot, aus, um einen Sergeanten, der die blutigsten Kämpfe dieses Kriegs miterlebt hat, zu einem zensurwürdigen Ausruf zu verleiten. Er spuckte voller Abscheu auf den schmutzigen, verkoteten Boden und verließ das Gebäude, das ursprünglich für 300 Menschen errichtet worden war, nun aber annähernd 3000 beherbergte. Lebende menschliche Skelette lagen aufgereiht so dicht aneinander, dass es für einige unmöglich war, sich umzudrehen, selbst wenn sie die Kraft dazu gehabt hätten. Diejenigen, die zu schwach waren, sich zu bewegen, entleerten ihren Darm an Ort und Stelle. Es wimmelte vor Läusen. Ein Paar Füße, schwarz vom Tod, lugte unter einer zerschlissenen Decke hervor, nur 15 Zentimeter von einem ausgemergelten alten Juden entfernt, der sich auf seinen Ellbogen stützte und völlig ermattet versuchte, uns zuzuwinken.

Ein kleines Mädchen, gepeinigt von bohrendem Hunger, flehte erbarmungswürdig um Hilfe. Neben ihr verweste ein toter Mann. Ein englisch sprechender Jude aus Ohio brummte: „Die Yanks sind gekommen“, und brach daraufhin in Weinen aus. Ein jüdischer Rabbi stolperte über einen toten Körper, als er mit der letzten Kraft, die er sich für die Ankunft der amerikanischen Streitkräfte aufgespart zu haben schien, zu mir herüberhastete. Er küsste den Rücken meiner behandschuhten Hand und krallte sich an meinem Ärmel fest, als er seinen Blick zum Himmel hob. Ich konnte nicht verstehen, was er sagte, doch es handelte sich um ein Gebet. Dazu brauchte ich seine Worte nicht zu verstehen.

Nur wenige, die in dem Gebäude verblieben waren, konnten sich auf den Beinen halten. Die Erde war feucht, und ein eisiger Wind fuhr durch den Gestank von Schmutz und Tod. Der Rauch kleiner Strohfeuer mischte sich mit den ekelhaften Gerüchen, die die Luft erfüllten. Ein Mann krabbelte über mehrere Leichen und tätschelte auf kindliche Weise die Spitze meines verschlammten Kampfstiefels.

Überall vernahmen wir den erbarmungswürdigen Schrei nach „Wasser“. Eine englisch sprechende tschechoslowakische Frau berichtete uns, dass sie seit fünf Tagen weder Essen noch Wasser erhalten hatten. Der Anblick der verhungernden Menschen unterstrich ihre Aussage. Ein Leutnant bückte sich, um einer dieser Kreaturen ein Stück Schokolade zu essen zu geben. Der Mann starb in seinen Armen. Dieser Leutnant, ein ehemaliger Offizier der tschechischen Armee, fingerte nervös an seiner Pistole herum, als er eine Gruppe deutscher Soldaten erblickte, die gerade gezwungen wurde, ein Grab auszuheben. Auch ich lud meine Waffe nach, als ich ihn mit tränenüberströmtem Gesicht zurückließ. Seine Mutter war letzten Berichten zufolge in einem Konzentrationslager „irgendwo in Deutschland“.

Vor unserer Ankunft war das Lager so überfüllt gewesen, dass sich nicht alle Häftlinge gleichzeitig zum Schlafen hinlegen konnten. Diejenigen, die noch genügend Kraft hatten, zu stehen, wechselten sich beim Schlafen ab. Die Toten wurden in Massengräbern hinter zwei sogenannten Baracken beerdigt, aber die Sterberate stieg derart, dass ganze Stapel nicht beerdigter Leichen zwischen den Lebenden verblieben. Viele der Unglück-

lichen nutzten die Leichen als Kopfkissen. Ich zählte 27 Leichen auf einem Haufen in einem dunklen Kieferngehölz auf dem Lagergelände. Es war kein schöner Anblick.
Ein unvergessliches Drama spielte sich ab, als ein Sergeant aus unserer fünfköpfigen Gruppe mit zorngerötetem Gesicht aus einem der Gebäude herausgerannt kam. Der Sergeant, ein Jude polnischer Abstammung, hatte drei seiner Verwandten gefunden, die im Schmutz dieser Baracke lagen. Sie schlafen heute Nacht erstmals seit drei Jahren zwischen weißen Laken in einem der besseren Häuser von Lambach. Ihre Diät, die aus einer täglichen Tasse dünner Suppe bestanden hatte, wurde plötzlich durch Eier, Milch und Brot ersetzt. Ein Yank mit einem M-1-Gewehr schaut regelmäßig vorbei, um zu sehen, wie sie wieder zu Kräften kommen.
Die militärische Führung und das medizinische Personal der 71. Division waren voll beschäftigt, als wir das Lager zwei Stunden später wieder verließen. Sie versuchten das Chaos und das Leiden, das die fliehenden Deutschen zurückgelassen hatten, zu lindern. Der Lebensmittelnachschub war ein großes Problem, bis ein paar findige Doughboys in der Nähe einen deutschen Versorgungszug entdeckten. Captain William R. Swope, Lexington, Ky brachte den Zug – unterstützt von einer aufgeregten österreichischen Bremserin[7] – auf ein Abstellgleis in der Nähe des Lagers. Bei der ersten Essensausgabe musste physische Gewalt eingesetzt werden, denn es war die erste, die diese hungergeplagten Menschen seit vielen Tagen erlebten.
Eine Szene auf der Rückfahrt nach Lambach war der passende Höhepunkt zu dem Schrecken, den wir hinter uns gelassen hatten. Zwei „der Hölle Entronnene" rissen ausgehungert einem schon seit längerer Zeit verendeten Pferd die Innereien heraus und schlangen sie in großen Bissen hinunter. Ein anderer Sergeant, dessen Eltern drei lange Jahre zuvor in einem deutschen Konzentrationslager verschwunden waren, wandte seinen Kopf und bemerkte mit tränenerstickter Stimme: „Und Hitler wollte die Welt regieren."

7 In einem weiteren Bericht ist davon die Rede, dass die Bahnmitarbeiterin freiwillig ihre Hilfe anbot, nachdem sie die Zustände im Lager gesehen hatte; wie Anm. 1.

DOK. 285
Der Bürgermeister von Neustadt in Holstein bescheinigt Akos Weinberg am 5. Mai 1945, dass er ein Überlebender der „Cap Arcona" ist[1]

Bescheinigung für Akos Weinberg,[2] ausgestellt durch den Bürgermeister von Neustadt in Holstein,[3] im Auftrage, Unterschrift unleserlich, vom 5.5.1945[4]

Der Akos Weinberg, geb. 30. März 1922, erklärt:
Ich war KZ-Häftling aus dem Lager Neuengamme bei Hamburg, zuletzt auf dem Schiff „Cap Arcona", das durch Feindeinwirkung gesunken ist. Irgendwelche Ausweispapiere besitze ich nicht. Ich bin ungarischer Staatsangehöriger und will in meine Heimat weiterreisen.

DOK. 286
Sanitätsoffizier Aaron Cahan reagiert erschüttert, als er am 7. Mai 1945 eine Scheune in Volary betrat, in der zu Tode erschöpfte jüdische Frauen untergebracht waren[1]

Protokoll der Befragung von Aaron S. Cahan[2] durch Robert F. Bates, Volary, vom 9.5.1945

Frage: Ich ermittle wegen der unmenschlichen Behandlung von 118 jüdischen Mädchen durch die Deutschen. Bitte schildern Sie mir möglichst genau und in chronologischer Reihenfolge Ihre Verbindung zu diesem Fall sowie alle Umstände, die in diesem Zusammenhang von Bedeutung sein könnten.
Antwort: Ich wurde am 7. Mai 1945 gegen 13 Uhr vom Kommandanten des 5. Medizinischen Bataillons, Lt. Col. Howard Bass, angewiesen, sechs Männer zur Entlausung einer Gruppe von Displaced Persons einzuteilen. Colonel Bass erklärte, dass diese Personen nicht nur entlaust werden sollten, sondern darüber hinaus wohl auch ziemlich entkräftet seien und deshalb wahrscheinlich möglichst schnell mit etwas Plasma und Flüssigkeit versorgt werden müssten. Gegen 13.30 Uhr hatte ich einen Trupp von Männern zusammengestellt, um in eine tschechoslowakische Stadt namens Lenora zu fahren. Man sagte mir, dass unser Bataillon S-2 mich zu diesen Leuten bringen würde. Ich kontaktierte

1 USHMM, 1990.174 Francis Akos. Abdruck als Faksimile in: Wilhelm Lange, Cap Arcona. Dokumentation. Das tragische Ende einiger Konzentrationslager-Evakuierungstransporte im Raum der Stadt Neustadt in Holstein am 3. Mai 1945, Neustadt in Holstein 1988, S. 177.
2 Ferenc Akos Weinberg, später Francis Akos (1922–2016), Violinist; Studium an der Franz Liszt-Akademie in Budapest bei Béla Bartók, Zoltán Kodály und Leo Weiner; 1943 eingezogen zur Zwangsarbeit, im Nov. 1944 von Wien in das KZ Neuengamme deportiert; nach dem Krieg Konzertmeister in Budapest, Göteburg, Berlin, er wanderte 1954 in die USA aus, 1955–2003 Mitglied des Chicago Symphony Orchestra.
3 Der kommissarische Bürgermeister von Neustadt, Möller, wurde im Mai 1945 von der brit. Besatzungsmacht abgelöst und durch den politisch unbelasteten Fischermeister Lange ersetzt. Von Juni 1945 an war Dr. Paul Haas Bürgermeister in Neustadt.
4 Stempel „Stadt Neustadt in Holstein"; „Military Government 7.5.1945".

1 NARA, RG 549, Box 446, Case 000-8-6. Das Dokument wurde aus dem Englischen übersetzt.
2 Aaron S. Cahan, Capt., Sanitätsoffizier im 5. Sanitätsbataillon der 5. US-Inf.-Div.

Captain Wilhite in Lenora, und wir fuhren nach Volary. Dort erfuhr ich, dass eine Gruppe ausgehungerter und geschwächter Frauen von einer alten Scheune zu einem nicht weit entfernten Schulgebäude gebracht werden müsse, das zur Behandlung von Kranken genutzt wird. Im Schulgebäude traf ich auf Colonel Walker,[3] der mich bat, zur Scheune zu gehen und beim Transport der Frauen zu helfen. In der Scheune stieß ich auf Captain Watson[4] und fragte ihn, was vorliege. Er antwortete, er habe eine Gruppe von 118 jüdischen Frauen vorgefunden und diese böten den grausigsten Anblick, den er je gesehen habe. Er forderte mich auf, in die Scheune zu gehen und mir selbst ein Bild von der Situation zu verschaffen, was ich dann auch tat. Die Scheune war ein ebenerdiger Bretterverschlag. Im Inneren war es extrem dunkel, und überall lag Unrat aller Art herum. Mein erster Blick auf diese Individuen schockierte mich zutiefst. Ich konnte nicht fassen, dass menschliche Wesen so geschwächt, so ausgehungert und abgemagert sein können und trotz dieser Umstände noch am Leben sind.

Mein erster Blick auf diese Personen war naturgemäß sehr oberflächlich. Was ich letztlich in diesem kleinen Raum sah, erinnerte an Mäuse, die übereinanderlagen, zu schwach, um einen Arm anzuheben. Ihre Kleidung war verdreckt, verschlissen, unpassend, zerrissen und zerfetzt, sie war außerdem größtenteils mit menschlichem Kot bedeckt, der auch über weite Teile des Bodens verstreut war. Der Grund dafür war, dass die Frauen unter heftigem Durchfall litten und sich alle zwei bis fünf Minuten entleeren mussten. Sie waren zu schwach, um aufzustehen und dies an anderer Stelle zu erledigen. Als ich den Raum betrat, war ich überrascht und dachte, wir hätten eine Gruppe alter Männer vor uns, deren Alter ich damals auf fünfzig bis sechzig Jahre geschätzt hätte. Ich war irritiert und schockiert, als ein Mädchen auf meine Frage, wie alt es sei, antwortete, es sei siebzehn, während ich es für mindestens 50 gehalten hatte. Ich fuhr anschließend zurück zum Ortslazarett[5] in Volary. Dort übertrug man mir die vollständige Verantwortung für den Transport der Frauen von der alten Scheune zum Lazarett sowie für ihre Unterbringung, Verpflegung und weitere Behandlung. Im Krankenhaus wurden Vorbereitungen für die sofortige Aufnahme der Patientinnen getroffen. Als sie im Krankenhaus eintrafen, waren die meisten nicht mehr in der Lage, eigenständig zu laufen. Ich schätze, dass drei Viertel von ihnen auf Tragbahren transportiert werden mussten. Die übrigen 25 Prozent konnten ihre erschöpften Körper mit Unterstützung von der Holzbaracke zum Ambulanzwagen und von dort aus ins Krankenhaus schleppen. Unsere dringlichste Aufgabe war es, für die Frauen so etwas wie Betten aufzutreiben und auf der Stelle mit lebenserhaltenden Maßnahmen zu beginnen, was zu diesem Zeitpunkt vor allem bedeutete, sie intravenös mit Blut, Plasma und diejenigen, denen es gesundheitlich etwas besser ging, auch mit Flüssigkeit zu versorgen. Zu Beginn der Behandlung schwebten die meisten Patientinnen in Lebensgefahr, und dies ist auch jetzt, zwei Tage später, noch der Fall. Als Sanitätsoffizier der Armee der Vereinigten Staaten von Amerika bin ich der Auffassung, dass mindestens 50 Prozent dieser 118 Frauen innerhalb von 24 Stunden gestorben wären, wenn wir sie nicht entdeckt und ihnen die bestmögliche Behandlung hätten zukommen lassen. Eine Untersuchung der Patientinnen hat ergeben,

3 Enos G. Walker, Oberstleutnant vom Hauptquartier der 5. Inf.-Div., Divisions-Chirurg.

4 Walter H. Watson, Capt. im 2. Inf.-Regiment, ärztliche Abt., Assistent des Regiments-Chirurgen.

5 Im Original deutsch. Es handelte sich um eine kurzfristig zum Lazarett umfunktionierte Schule.

dass sie unter den folgenden Symptomen und Erkrankungen leiden: 1. Extreme Unternährung. 2. Bei 90 Prozent der 118 Frauen sind Vitaminmangelerkrankungen feststellbar. 3. Fast alle weisen an den Füßen Ödeme der Stufe 4 und darüber auf. 4. Ausgeprägte Erfrierungen an den Zehen mit Anzeichen trockener Gangrän.[6] Bei einer Patientin hat die Gangrän beide Beine erfasst, was unweigerlich eine baldige Amputation der Unterschenkel erforderlich machen wird. Die Frauen leiden mehrheitlich unter anhaltenden massiven Druckgeschwüren. Etwa die Hälfte leidet unter dauerhaftem schweren Husten mit Auswurf, dem Lungenerkrankungen zugrunde liegen. Ungefähr 10 Prozent der Frauen sind vor ein, zwei Wochen hier in der Nähe von Granatsplittern verletzt worden. Die dadurch hervorgerufenen Wunden sind nicht versorgt worden und sehen entzündet aus; in vielen Fällen ist eine lokale Gangrän wahrscheinlich. Im Krankenhaus wurde festgestellt, dass viele der an Durchfall Erkrankten auch an Blutungen und erhöhter Temperatur leiden. Zwei der Patientinnen sind wenige Stunden nach ihrer Einlieferung ins Krankenhaus verstorben. Eine weitere Patientin starb in den folgenden 48 Stunden. Zum jetzigen Zeitpunkt ist der Gesundheitszustand vieler Frauen weiterhin kritisch, die Prognosen sind eher schlecht.
Frage: Fällt Ihnen noch etwas ein, was uns in diesem Fall weiterhelfen könnte?
Antwort: Mir fällt momentan nichts mehr dazu ein.

DOK. 287

Bulletin der 82. Luftlandedivision vom 7. Mai 1945: Bericht über das öffentliche Begräbnis von Häftlingen aus Wöbbelin in Ludwigslust[1]

Grabstätte der Namenlosen

Am Morgen des 7. Mai fand um zehn Uhr eine sehr würdevolle und beeindruckende öffentliche Beerdigung in Ludwigslust, Deutschland, statt, die von Geistlichen der 82. US-Luftlandedivision vorgenommen wurde. Die Zeremonie, an der 5000 „geladene" deutsche Bürger der Stadt Ludwigslust sowie Offiziere und Mannschaften der 82. US-Luftlandedivision und der 8. Infanteriedivision teilnahmen, wurde im Park der Stadt ausgerichtet.
Der Park, nun ein „Internationaler Friedhof der namenlosen Bürger", schließt unmittelbar an das gepflegte Schlossgelände an, den Wohnsitz Ihrer Königlichen Hoheit, des Großherzogs von Mecklenburg-Schwerin.[2] Zum gegenwärtigen Zeitpunkt dient das Schloss der Division als Hauptquartier. Ihre Königliche Hoheit ist nun im Grunde ein DP. Das schöne Zuhause des Herzogs, von dem man nun auf den Friedhof schaut, beherbergte die Büros des Reichskohleversorgungsamts, und die umfangreichen Unterlagen dieses Amts werden für die alliierten Behörden zweifellos von unschätzbarem Wert sein. Zahlreiche Aktenordner und -schränke säumen die mit Gold ausgeschmückten

6 Auch Wundbrand genannt, Absterben von Gewebe als Folge von Blutunterversorgung.

1 NARA, RG 549, Box 533, Case 000-50-54. Das Dokument wurde aus dem Englischen übersetzt.
2 Friedrich Franz IV. (1882–1945), Großherzog von Mecklenburg-Schwerin, lebte nach seiner politischen Entmachtung 1918 vor allem im Schloss Ludwigslust. 1945 floh er vor der anrückenden Roten Armee nach Flensburg.

Räume, die einstmals vermutlich bekannte militärische Würdenträger Preußens beherbergten.

Die Massenbeisetzung an diesem Morgen galt mehr als 200 Personen aus Belgien, Frankreich, Polen, Russland, Holland und Deutschland, die durch die brutalen Bedingungen in einem nahegelegenen Konzentrationslager[3] ums Leben gekommen waren.

Es folgte eine Zusammenfassung der Zeugenaussage von Professor Louis Camu,[4] der von 1936 bis 1941 Professor für Verwaltungsrecht an der Universität Brüssel war. Angehörige der Division und Militärbehörden haben die Glaubwürdigkeit seiner Ausführungen bescheinigt. Professor Camu war zwischen 1934 und 1940 auch Königlicher Kommissar in Belgien. Zweimal besuchte er die Vereinigten Staaten: erstmals 1930 zu einem Privatbesuch und 1935 als Delegierter der belgischen Regierung im Rahmen von Handelsverhandlungen zwischen Belgien und den Vereinigten Staaten. Professor Camu führte außerdem die Untergrundbewegung in den beiden Provinzen Flanderns an. Am 18. Juli 1944 wurde er von der Gestapo verhaftet. Hier der wesentliche Inhalt seiner Zeugenaussage:

In dem südlich von Wöbbelin gelegenen Konzentrationslager arbeiteten 500 Personen, die in Erwartung von Häftlingen aus dem Konzentrationslager Schandelah[5] in der Nähe von Braunschweig ein Lager errichten sollten. Diese Arbeiter mussten sich morgens ein Kilo Brot mit 15 Personen, abends zu acht teilen und erhielten einen Liter Suppe aus Steckrüben und Karotten als Tagesration. Außerdem bekamen sie zweimal wöchentlich 25 Gramm Margarine.

Am 10. April 1945 kamen 1200 Häftlinge aus Schandelah in der Nähe von Braunschweig im Lager Wöbbelin an, die fünf Tage unterwegs gewesen waren. Am selben Tag erreichten weitere 2000 Häftlinge aus Braunschweig das Lager. Eine Woche später kamen noch einmal 1500 Juden aus Berlin.[6] Ihre Tagesration bestand insgesamt aus einem Achtel Kilo Brot samt einem Teelöffel Marmelade und einem halben Liter Suppe aus Steckrüben und Kartoffelschalen. Die Kartoffeln waren den Vorarbeitern und „Kapos", die für die Beaufsichtigung der Häftlinge zuständig waren, vorbehalten. Es handelte sich um deutsche Häftlinge mit einer kriminellen Vergangenheit, die aufgrund ihrer Brutalität ausgesucht worden waren und davon reichlich Gebrauch machten.

Insgesamt befanden sich also annähernd 4500 Häftlinge im Lager, von denen seit der Eröffnung 1200 bis 1400 an Hunger und aufgrund der erlittenen Gewalt starben. Vorarbeiter und Kapos schlugen nicht alle in gleicher Weise: Die schwachen Häftlinge traf es häufiger und erbarmungsloser als die Gesünderen.

Routinemäßig wurden während der Suppenausgabe Schläge ausgeteilt. Das war schon so alltäglich, dass die Häftlinge das – verglichen mit anderen Formen der Brutalität –

3 Zum Lager Wöbbelin siehe Einleitung, S. 66, 85, und Dok. 229 vom 10.4.1945.

4 Louis Camu (1905–1976), Ökonom; 1936 Königlicher Kommissar für die Verwaltungsreform in Belgien, aktiv in der Widerstandsbewegung Ostflanderns, 1944 verhaftet; Ende 1948 aktiv für Belgiens Eintritt in die Europäische Liga für wirtschaftliche Zusammenarbeit, 1952–1975 Präsident der Banque de Bruxelles.

5 In Schandelah bei Braunschweig entstand im Mai 1944 ein Außenlager des KZ Neuengamme. Bis zu 800 Häftlinge arbeiteten in der Ölschiefergewinnung. Im April 1945 wurde Schandelah zum Auffanglager von Häftlingen aus nahegelegenen Lagern. Am 10.4.1945 wurden die Häftlinge aus Schandelah mit dem Zug nach Wöbbelin verbracht, wo sie Anfang Mai 1945 von US-Soldaten befreit wurden.

6 Transporte aus den Lagerkomplexen Sachsenhausen/Ravensbrück.

fast schon als trivial empfanden. Wen die Kapos nicht leiden konnten, weil er ihnen nicht gehorchte oder gegen sie rebelliert hatte, der wurde ins Kommando eines SS-Mannes geschickt. Den Opfern wurde dann befohlen, eine einige Meter entfernte Schaufel oder etwas anderes zu holen. Wenn der Häftling dem SS-Mann den Rücken zuwandte, wurde er erschossen. Die Opfer wurden als abschreckendes Beispiel in das Lager zurückgebracht und in Latrinen oder Pissoirs abgelegt. Die übrigen Häftlinge wurden gezwungen, auf sie zu urinieren oder sich zu entleeren. Für jedes Zeichen von Ehrerbietung gegenüber dem Toten erhielt man zur Strafe 25 Schläge mit einem dicken Tau auf das nackte Gesäß.

Die Häftlinge lagen auf dem nackten Barackenboden, der nicht einmal mit Stroh bedeckt war. Verstorbene blieben mehrere Tage lang zwischen den Lebenden liegen, bevor sie entfernt und zu fünft oder sechst in einem Graben aufeinandergestapelt wurden. Manchmal befand sich darunter ein Häftling, der noch nicht tot war. Erfuhren die Vorarbeiter davon, wurde der Informant geschlagen, und sie gaben dem sterbenden Häftling mit Fußtritten den Rest.

In der Nacht, bevor wir das Lager erreichten, wurden die Häftlinge in Züge verladen, um vor den anrückenden Truppen in ein anderes Lager verlegt zu werden. Geschwächte Personen, die sich nicht schnell genug vorwärts bewegen konnten, wurden mit Knüppeln und Tauen totgeschlagen. Im Ergebnis wurden dabei ungefähr 100 [Menschen] ermordet. Die SS-Männer nahmen am Tag, als die Amerikaner einrückten, alle Häftlinge deutscher Staatsangehörigkeit mit und fragten nach Freiwilligen, die sie begleiten wollten. Einige Russen, Belgier und Polen folgten freiwillig; sie hatten mit den Vorarbeitern und Kapos kooperiert und hielten es nun für das Beste, nicht zurückzubleiben. Sie machten sich Richtung Osten davon.

Professor Camu kam aus dem Lager Schandelah, wo er seit September 1944 inhaftiert war. Die Lebensbedingungen dort waren vergleichbar. Die Häftlinge arbeiteten täglich zwölf Stunden von sechs Uhr morgens bis sieben Uhr abends mit einer Pause von zwölf bis ein Uhr. Im Winter mussten sie dünn bekleidet draußen in der Kälte arbeiten. Um sich warm zu halten, stopften sie Papier unter ihre Kleidung. Wurden sie erwischt, schlug man sie und nahm ihnen das Papier weg. Jeden Tag brachen ein oder zwei Männer vor Erschöpfung zusammen. Niemand hob sie auf, und sie blieben stundenlang mit dem Gesicht im Schlamm oder im Schnee liegen. Vor dem Begräbnis wurden alle Identifizierungsmerkmale entfernt. Von 250 Belgiern überlebten nur 40. Bei kleineren Regelverletzungen, wenn etwa jemand nicht genau in der Reihe stand oder mit einem anderen redete, musste die gesamte Gruppe nachts für vier oder fünf Stunden draußen in der Kälte stehen. Tagsüber bestand ihre Strafe in genau festgelegten anstrengenden Leibesübungen; Alte und Schwache, die sie nicht mehr ausführen konnten, wurden geschlagen. War einer erkrankt, musste er annähernd 40 Grad Fieber haben, um auf die Krankenstation zugelassen zu werden. Zwischen den Pflegern auf der Krankenstation und der Person, die für die Beerdigung zuständig war, entspann sich ein Wettstreit um die Goldzähne der toten Häftlinge.

Das Verwaltungspersonal des Lagers ist natürlich kurz vor unserer Ankunft geflohen. Der militärische Oberbefehlshaber der Division organisierte „Touren“ für die ortsansässigen Bürger, um die „Sehenswürdigkeiten“ zu besichtigen. Darüber hinaus wurden die Bürger dazu „eingeladen“, Gräber auszuheben. Der örtliche Schlachter, der Zahnarzt, der Schlosser, der Arzt, der Rechtsanwalt, der Landwirt und der Lebensmittelhändler – praktisch jeder, der die „deutsche Kultur“ repräsentierte, war am Ausheben der Gräber beteiligt.

Die Zeremonie wurde in Anwesenheit von acht deutschen Offizieren der Generalität, die aus einer Zelle für Kriegsgefangene herbeigeholt worden waren, durchgeführt. Nach zehn Minuten besinnlicher Musik, die von der Kapelle der 82. US-Luftlandedivision gespielt wurde, eröffnete der örtliche Bürgermeister die Begräbnisfeierlichkeiten mit einer improvisierten Rede. Seinen spontanen Worten folgte die Rede des Divisionskaplans, dessen Botschaft lautete:

„Wir versammeln uns hier heute vor Gott und den Menschen, um den Opfern der von Soldaten im Namen und auf Befehl der deutschen Regierung begangenen Gräueltaten ein angemessenes und würdiges Begräbnis zuteilwerden zu lassen. Diese 200 Leichen wurden von der amerikanischen Armee in einem Konzentrationslager vier Meilen nördlich der Stadt Ludwigslust aufgefunden.

Die Verbrechen, die hier im Namen und unter Duldung des deutschen Volkes begangen wurden, sind geringer verglichen mit denen, die in anderen deutschen Konzentrationslagern geschehen sind. Hier gab es keine Gaskammern und kein Krematorium; diese Männer aus Holland, Russland, Polen, der Tschechoslowakei und Frankreich wurden einfach dem Hungertod preisgegeben. Nur vier Meilen von euren gemütlichen Wohnungen entfernt waren 4000 Menschen gezwungen, wie Tiere zu leben. Ihnen wurde selbst das Essen vorenthalten, das ihr euren Hunden geben würdet. In drei Wochen verhungerten 1000 dieser Menschen. 800 von ihnen wurden in Gruben in den umliegenden Wäldern verscharrt. Die 200, die hier vor uns in den Gräbern liegen, wurden in einem Gebäude vier bis fünf Fuß hoch aufgeschichtet aufgefunden; in anderen Gebäuden lagen sie zwischen den Kranken und Sterbenden.

Schon seit langem ist die Welt angesichts der Verbrechen der deutschen Nation von Entsetzen und Abscheu erfüllt. Doch diese Verbrechen kamen in ihrem vollen Umfang erst ans Tageslicht, als die Armeen der Vereinigten Staaten Deutschland überrannten. Dies ist kein Krieg, der nach den internationalen Regeln der Kriegführung geführt wird. Dies ist Mord, wie er noch nicht einmal unter den Wilden bekannt war.

Obwohl ihr vorgebt, von diesen Taten nichts gewusst zu haben, seid ihr doch individuell und kollektiv für diese Gräueltaten verantwortlich, da sie von einer Regierung begangen wurden, die ihr im Jahr 1933 selbst ins Amt gewählt habt und die aufgrund eurer Indifferenz gegenüber der organisierten Brutalität an der Macht blieb. Das deutsche Volk sollte den festen Vorsatz fassen, nie wieder einem Führer oder einer Partei zu gestatten, sie in so einen moralischen Verfall zu führen, wie er hier zu sehen ist.

Es ist bei der US-Armee Brauch, jeder verstorbenen Person eine angemessene und würdige Beerdigung durch Militärgeistliche entsprechend seiner Religion zuteilwerden zu lassen, ganz gleich, ob es sich um Zivilisten oder Soldaten, Freund oder Feind handelt. Das Oberkommando der Alliierten Streitkräfte hat angeordnet, dass alle Opfer von Gräueltaten auf einem öffentlichen Platz bestattet werden und dass der Friedhof dauerhaft auf die gleiche Weise gepflegt wird wie alle anderen Militärfriedhöfe. Am Kopf der Gräber von Christen werden Kreuze und am Kopf der Gräber von Juden Davidsterne platziert. Außerdem wird ein steinernes Denkmal zur Erinnerung an die Verstorbenen errichtet. Die Geistlichen Wood, Hannan und Wall der 82. Luftlandedivision werden protestantische, katholische und jüdische Gebete für die Opfer sprechen, die wir hier zur ewigen Ruhe betten und die wir den Händen des himmlischen Vaters übergeben, in der Hoffnung, dass die Welt nie wieder mit einer solchen Barbarei konfrontiert sein wird."

Obige Botschaft wurde anschließend für die Anwesenden noch einmal auf Deutsch verlesen.
Danach wurden Gebete für alle Glaubensrichtungen gesprochen – Protestanten, Katholiken und Juden. Zum Abschluss der Ansprachen sang man die amerikanische Nationalhymne, der die deutschen Generäle ebenfalls stehend mit militärischem Gruß Respekt zollten. Die Zeremonie endete mit dem Abspielen von Taps,[7] dem alle auf ihre Weise Ehre erwiesen.
Beobachtete Reaktionen: Die meisten anwesenden Zivilisten verhielten sich ruhig und ernst. Einige wenige wirkten emotional aufgewühlt. Eine alte Frau hörte man sagen: „Es ist eine Schande, Deutsche zu sein", während ein junges Mädchen, das mit anderen zusammenstand, stets lächelte und von der ganzen Zeremonie offensichtlich unberührt blieb.

DOK. 288

Überlebende von Buchenwald klären am 8. Mai 1945 den Mord an Häftlingen in Lehnstedt während des Todesmarschs auf und bestatten die Toten[1]

Bericht, gez. Ho., Buchenwald, vom 8.5.1945

Der Mord in Lehnstedt[2]
Viel Leid und Elend sahen unsere Vorfahren schon auf den Landstraßen, die von Weimar nach Osten führen. Auch das Kriegsgeschrei der napoleonischen Heere, die sich hier zur großen Schlacht bei Jena vor 140 Jahren sammelten, klang den Zeitgenossen noch lange in den Ohren. Von Generation zu Generation wurden diese Ereignisse wachgehalten.
Ein kleines Dorf an eben einer dieser Landstraßen, das 500 Einwohner zählende Lehnstedt, ist in unseren Tagen wieder Zeuge einer furchtbaren Grausamkeit gewesen, die nur ein kleines Steinchen in dem Mördermosaik der braunen Barbaren darstellt. In der Chronik dieses ländlichen Ortes wird der 7. April 1945 für die Gegenwart und Zukunft verzeichnet sein. An diesem Tag, einem Sonnabend, waren Tausende politische Gefangene, Deutsche, Russen, Juden, Polen, Holländer und anderer Nationalität, aus dem Konzentrationslager Buchenwald in Marsch gesetzt worden.[3] Sie sollten der Befreiung durch die 3. Amerikanische Armee, die auf Weimar vorrückte, entzogen, für weiter todbringende Zwangsarbeit in Hitlers Kriegsindustrie vorbehalten werden.

7 Das Trompetensignal Taps, in der Regel intoniert durch einen einzelnen Bläser, ist in den USA fester Bestandteil des militärischen Trauer- und Bestattungszeremoniells.

1 LATh – HStA Weimar, KZ- und Haftanstalten Buchenwald, Nr. 46, Bl. 31–33.
2 Gemeinde im Süden des Landkreises Weimar, ca. 25 km von Buchenwald entfernt.
3 Gemeint ist der erste Transport mit 1500 Häftlingen aus dem „Kleinen Lager", die am 7.4.1945 auf den einzigen Fußmarsch aus Buchenwald gezwungen wurden. Ziel war das 250 km entfernte Flossenbürg. Von dort wurden die überlebenden Häftlinge weiter nach Dachau getrieben. Nur eine Gruppe von 300 Häftlingen erreichte am 25.4.1945 Dachau, andere Gruppen wurden unterwegs von US-Truppen befreit.

Nach einem Marsch von etwa 25 Kilometern kamen die durch jahrelange Unterernährung, Mißhandlung und erniedrigende Zwangsarbeit schwach und siech gewordenen Gefangenen durch Lehnstedt. Die sie umgebende schwerbewaffnete Bewachungsmannschaft, SS genannt, mußte sich angesichts des körperlichen Zustandes der Gehetzten entschließen, für die Nacht Ruhe zu gewähren. Dies tat sie wahrlich nicht aus Menschenfreundlichkeit – die Zahl ihrer Opfer auf diesem relativ kurzen Weg betrug schon über 100 –, sondern weil sie mußte, andernfalls wäre sie allein am Bestimmungsort angekommen. So beorderte man die müden, elenden Menschen auf eine Wiese, wo sie sich schlafen legten.[4]
Die Dorfkinder stürzten in die Stuben, ihre Mütter anflehend „Mutti, Mutti, komm' sieh da draußen die armen Menschen an!" Fast alle Bewohner wurden nun Zeugen beispielloser Grausamkeit seitens der SS. Aus den Augen vieler Gefangener sprach die tödliche Erschöpfung; manche schienen nur noch ein Knochengerüst zu sein. Ihre Zebra-Anzüge, zerrissen und schmutzig, machten sie noch erbarmungswürdiger. Erschüttert von dem Anblick gingen die Frauen in ihre Häuser, kochten Kaffee und Kartoffeln von dem Wenigen, was ihnen rationiert zugeteilt war. Dann eilten sie, diese wahren deutschen Mütter, mit den dampfenden Töpfen den Verhungernden entgegen. Aber schon erhoben die vertierten SS-Horden ihre Gewehre, und mit Kolbenschlägen trieben sie die Wohltäter zurück. Ach, so verstehen die braunen Aasgeier die von ihnen propagierte Volksgemeinschaft – dachten mit tiefster, innerster Erregung die Mütter. Sie wichen zurück, aber sie gingen nicht fort, sondern versuchten ihre Wohltat durch Überreden der kaltblütigen Häscher dennoch anzubringen. Da schleicht sich in den Kreis der leidenschaftlich Ringenden eine Person ein und kreischt: „Hier ist keinerlei Mitleid am Platze, denn hier bei den Häftlingen handelt es sich ausschließlich um Gegner der Partei!" Dieses Gekreisch kam aus dem schmutzigen Mund der Frau des nazistischen Ortsgruppenleiters, einer Hyäne in Menschengestalt.
Auf der feuchten Wiese kochte es im Innern der politischen Gefangenen, deren maßlose, verhaltene Wut durch Maschinenpistolen am offenen Ausbruch gehindert wird. Trotz Übermüdung war in ihren Reihen an Schlaf nicht zu denken. Empörung ist kein schlafender Zustand.
In der Morgendämmerung des aufkommenden Sonntags mußten die Entrechteten, Geschundenen, Verschleppten weiterziehen. Keiner von ihnen wußte wohin.
Am 11. April schien den im Konzentrationslager Buchenwald verbliebenen Häftlingen die Sonne der endlichen Befreiung. Ganz Thüringen wurde in diesen Tagen befreit von der braunen Landplage.
Drei standhafte politische Häftlinge, die sich wie ihre anderen Kameraden in 12 Jahren faschistischer Tyrannei nicht brechen ließen, ein Hamburger,[5] ein Bremer[6] und ein Lübecker,[7] machten sich am 3. Mai auf den Weg nach Lehnstedt. Schlicht und bescheiden gehen sie den Dörflern zur Hand, die Neuordnung in Verwaltung, Ernährung und Erziehung einzuführen. Kaum hatten die Bauern Vertrauen gefaßt, da meldeten sie auch

4 Nach anderen Berichten wurde ein Teil der Häftlinge in einer Scheune des Gutsbesitzers Otto Brehmer einquartiert.
5 Vermutlich Victor Heinz, Häftlingsnr. 9151.
6 Siegmund Flamm (1923–1973), Schüler aus Bremen; Sept. 1939 bis April 1945 Häftling in Buchenwald; emigrierte 1946 in die USA und arbeitete dort als Goldschmied.
7 Vermutlich der Autor „Ho".

schon ihre Wahrnehmungen. So berichtete ein Bauer, daß damals an dem erwähnten 7. April SS-Leute bei ihm Schaufel und Spaten verlangt hätten. Der Vermutung nachgehend, diese Werkzeuge könnten zu Vergrabungszwecken Verwendung gefunden haben, begaben sich die drei Buchenwalder mit dem Bauer durch die Gemarkung. Tatsächlich fanden sie auf einem Acker zwei Stellen, an denen Vergrabungen vorgenommen waren. An der einen Stelle förderten sie 14, an der anderen 2 Leichen zutage.[8]
Acht dieser bereits in Verwesung übergegangenen Leichen konnten identifiziert werden durch die an ihrer Häftlingskleidung erkenntlichen Nummern unter Zuhilfenahme der Lagerkartei. Diese sind die Kameraden:

Häftl. Nr.	Name:	Nationalität:	geboren:	in:
19047	Borisenko Wasil[9]	Russe	3.2.18	Bujwolowo
38663	Lang Ladislaus[10]	ungarischer Jude	28.4.06	Beleszno
59822	Tischler Ernö[11]	ungarischer Jude	30.12.18	Maszod
83981	Wajsbrod Arje[12]	polnischer Jude	11.2.01	Sandomierz
95580	van Alphen Matheus[13]	Holländer	8.10.09	Segreeveldmin-kapelle
26524	Peskovez Nikolei[14]	Russe		
65481	Sturlic Marko[15]			
19188				

Bei 10 der Kameraden trat der Tod durch Zertrümmerung des Schädels ein. 5 wiesen einwandfreie Kopfschüsse auf. Einer hatte kein Kennzeichen.
Dieser schaurige Fund rief im ganzen Dorf Bestürzung und Abscheu vor den Mördern hervor. Unwillkürlich erinnerten sich die Lehnstedter der schamlosen Worte Goebbels': „In diesem letzten Akte eines gewaltigen Dramas stehen wir da mit reinem Gewissen und reinen Händen."[16] Wie in allen Teilen Deutschlands, so sind auch hier im Dorf Männer und Frauen überzeugt, daß die elende Hitlerklique eine Bande krimineller Verbrecher ohne Gewissen und mit blutbesudelten Händen war.

8 Die Wachmannschaft hatte sie notdürftig im Straßengraben an der Straße nach Kleinschwabhausen verscharrt.

9 Wasil Borisenko (1918–1945), Zwangsarbeiter aus der Ukraine; von der Gestapo Dortmund im Mai 1944 nach Buchenwald eingewiesen.

10 Ladislaus Lang (1906–1945), Kaufmann aus Budapest; am 13.12.1944 von Dachau nach Buchenwald überstellt.

11 Ernö Tischler (1918–1945), Automechaniker aus Naszód, heute Năsăud in Rumänien; im Juni 1944 von Auschwitz nach Buchenwald überstellt.

12 Arje Wajsbrod (1901–1945), Hilfsarbeiter; am 9.9.1944 durch den SS- und Polizeiführer in Radom nach Buchenwald eingewiesen.

13 Richtig: Mattheus van Alphen (1909–1945), Uhrmacher; im Okt. 1944 durch SD in Den Haag verhaftet, als politischer Häftling nach Neuengamme eingewiesen und im Dez. 1944 nach Buchenwald überstellt.

14 Richtig: Nikolai Peskovez (1918–1945); im Okt. 1943 nach Buchenwald, im Okt. 1944 nach Mittelbau-Dora überstellt.

15 Richtig: Mato Sturlic (1909–1945), Bauer aus Novaki Oborovski im Bez. Dugo Selo, Jugoslawien; im März 1944 verhaftet und nach Sachsenhausen, im Nov. 1944 nach Buchenwald überstellt, laut Buchenwald-Totenbuch bereits am 30.1.1945 an einem Blutsturz verstorben.

16 Es handelt sich um Fragmente aus einer Rundfunkansprache von Joseph Goebbels vom 19.4.1945; Goebbels Reden 1932–1945, hrsg. von Helmut Heiber, Bindlach 1991, S. 450 f.

Die Gemeindeverwaltung gab dieser Überzeugung Ausdruck, indem sie folgenden Anschlag zur Kenntnis brachte:
„Die Bevölkerung von Lehnstedt wird hiermit gebeten, am Sonntagnachmittag 3 Uhr am Ortsausgang in Richtung Jena bei den 3 Steinkreuzen zur Beerdigung von 16 politischen Gefangenen des ehemaligen Konzentrationslagers Buchenwald zu erscheinen.
Es wird erwartet, daß die Bevölkerung an der Beerdigung geschlossen teilnimmt, um zu beweisen, daß sie an den Verbrechen der SS-Bestien an wehrlosen politischen Gefangenen keine Mitschuld trägt. Wir sind es den antinazistischen Gefangenen schuldig, ihnen diese letzte Ehre zu erweisen.“[17]
Ja, die Gemeindeverwaltung tat mehr: Sie ließ 16 Särge anfertigen und zwang die 10 bekanntesten Nazigrößen des Ortes, ein Grab von 12 mal 12 Metern zu schaufeln, die Leichen vom Schmutz zu säubern und einzusargen. Sie taten es schnell mit peinlicher Genauigkeit. Die mutigen Frauen der Gemeinde nähten Fahnen, die Mädels schmückten die frische Grabstätte mit Flieder und Tannenzweigen, Männer transportierten ein Harmonium an den Platz.
Und am Sonntagnachmittag[18] umstanden 350 Menschen den Ort der Trauer. In Feiertagskleidern und mit tiefem Ernst in den Gesichtern lauschten sie ergriffen dem Nachruf eines Kameraden aus Buchenwald. Über alle Rassen- und Nationalitätsschranken, die der Nazismus künstlich errichtet hatte, hinweg, folgten sie auch der Andacht des amerikanischen Oberrabbiners Dr. Schächter.[19] Unter den Klängen des Liedes vom guten Kameraden defilierten alle Teilnehmer an der Gruft vorbei, und jeder warf Blumen und Tannenreisig auf die Särge.
So ruhen 16 Kameraden. Ein kleiner Bruchteil nur aus den Heerscharen der Ermordeten, würdig beigesetzt, ganz in der Nähe der Lehnstedter, die ihnen Hilfe und Wohltat zudachten. An der Landstraße, dort wo die Eisenbahnlinie eine Schleife nach Süden macht, liegt die Stätte, ein ewiges Zeugnis der Schande der braunen Volks- und Kulturzerstörer, aber auch ein Mahnmal für alle, die guten Willens sind, die Erniedrigung unseres Vaterlandes von 1933–1945 nie mehr wiederholen zu lassen.[20]
Niedergeschrieben in Buchenwald
Am 8. Mai 1945, dem Tag der Beendigung des ewig verfluchten Hitlerkrieges

17 Abschrift des Aufrufs von Bürgermeister Otto Peisker; wie Anm. 1, Bl. 35.

18 Es handelt sich um den 6.5.1945. Im HStA Weimar sind neun Fotos von der Beisetzung aufbewahrt. Bericht von Otto Peisker zu den Geschehnissen, 1.2.1957, BwA 48–34.

19 Richtig: Herschel Schacter (1917–2013), 1942 Militärrabbiner in Third US Army's VIII Corps; traf kurz nach der Befreiung in Buchenwald ein und kümmerte sich mehrere Monate lang um die seelsorgerische Betreuung der jüdischen Überlebenden; 1947–1999 Rabbiner im Mosholu Jewish Center, Bronx/New York.

20 Seit 1998 erinnert eine Gedenktafel am Ortsausgang Richtung Großschwabhausen an 16 unbekannte KZ-Häftlinge eines Todesmarschs des KZ Buchenwald.

DOK. 289

László Deutsch notiert kurz nach seiner Befreiung am 8. Mai 1945, wer im Falle seines Todes benachrichtigt werden soll, da er nicht weiß, ob er den Rücktransport nach Hause schafft[1]

Handschriftl. Notiz von László Deutsch,[2] Belower Wald, vom 8.5.1945

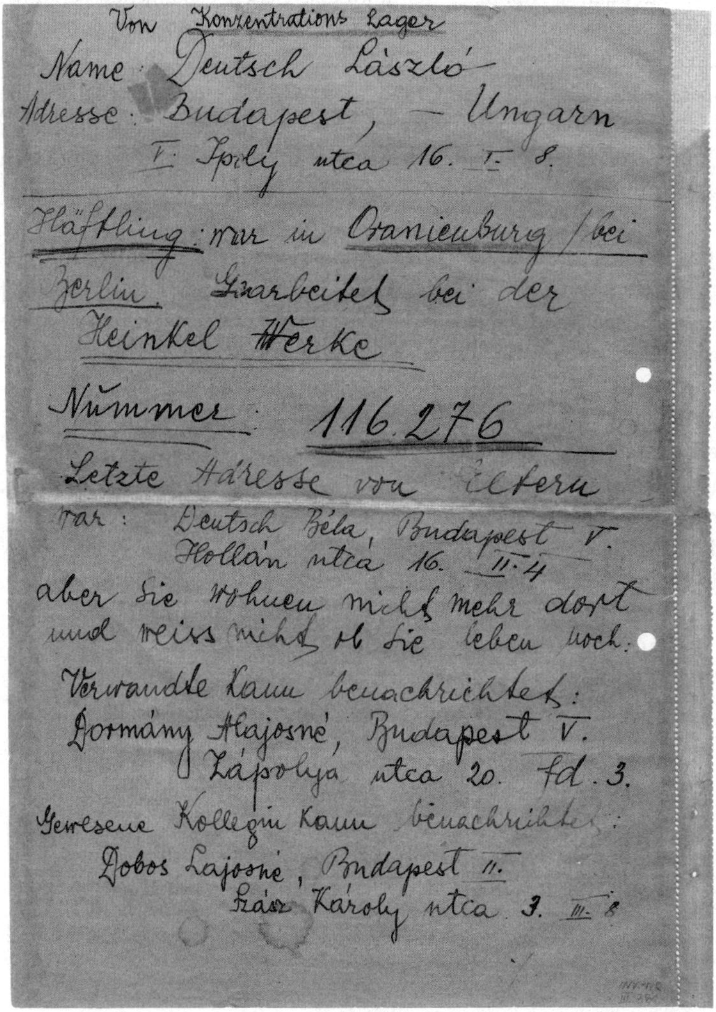

Von Konzentrations Lager

Name: Deutsch László

Adresse: Budapest, – Ungarn

V. Ipoly utca 16. I. 8.

Häftling: war in Oranienburg / bei Berlin. Gearbeitet bei der Heinkel Werke

Nummer: 116.276

Letzte Adresse von Eltern war: Deutsch Béla, Budapest V. Hollán utca 16. II. 4

aber Sie wohnen nicht mehr dort und weiss nicht ob Sie leben noch.

Verwandte kann benachrichtet: Dormány Hajosné, Budapest V. Zápolya utca 20. Fd. 3.

Gewesene Kollegin kann benachrichtet: Dobos Lajosné, Budapest II. Száz Károly utca 3. III. 8

1 SBG/GUMS, Depot Inv. Nr. III 381. Abdruck als Faksimile in: Barbara Kühle, Die Todesmärsche der Häftlinge des KZ Sachsenhausen, Oranienburg 1985, S. 43 f. Das Dokument wurde von einem Nichtmuttersprachler auf Deutsch verfasst.

2 László Deutsch (*1914); er wurde zunächst nach Auschwitz, von dort spätestens im Jan. 1945 nach Sachsenhausen deportiert, im Außenlager Heinkel-Werke Oranienburg als Schlosser eingesetzt, Todesmarsch aus Sachsenhausen, befreit im Belower Wald; weiteres Schicksal ungeklärt.

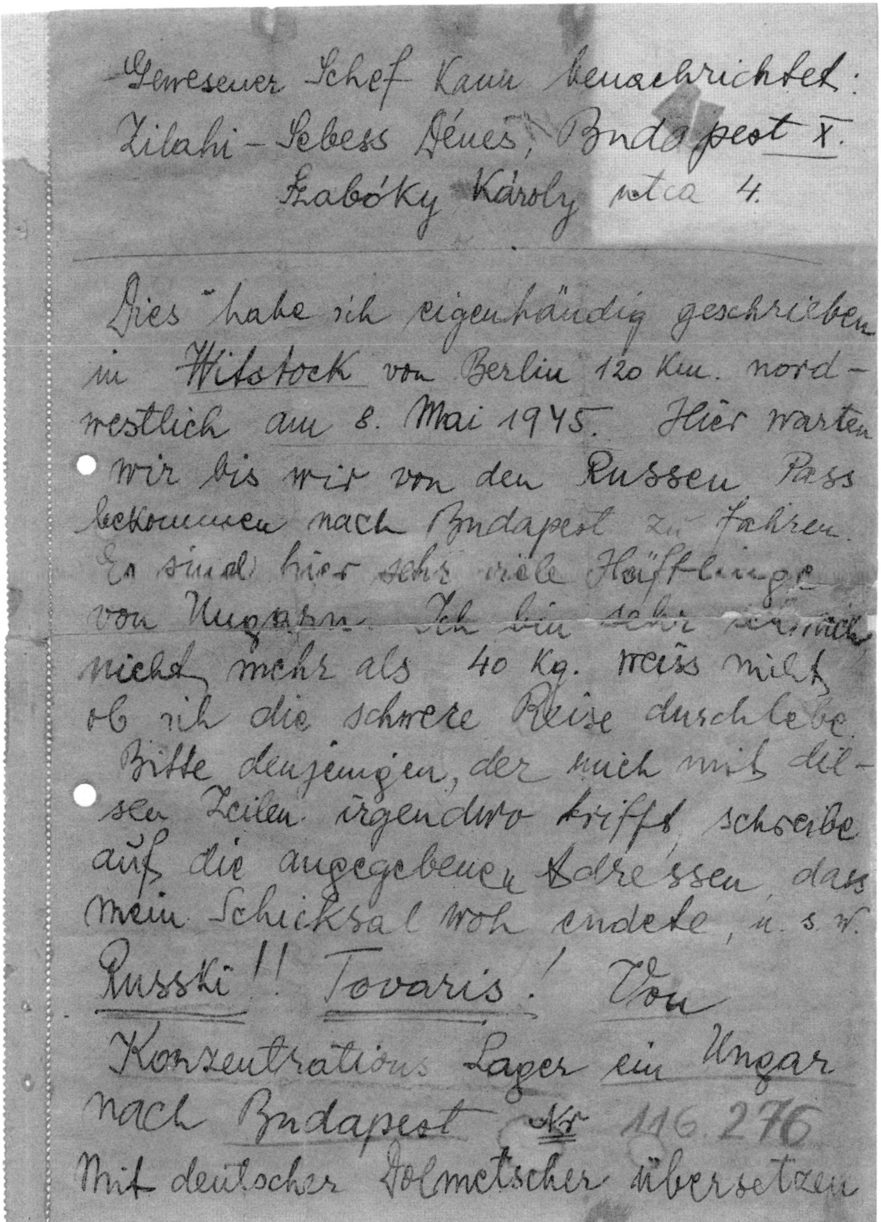

Gewesener Chef kann benachrichtet:
Zilahi-Sebess Dénes, Budapest X.
Szabóky Károly utca 4.

Dies habe ich eigenhändig geschrieben in Witstock von Berlin 120 Km. nord-westlich am 8. Mai 1945. Hier warten wir bis wir von den Russen Pass bekommen nach Budapest zu fahren. Es sind hier sehr viele Häftlinge von Ungarn. Ich bin sehr schwach nicht mehr als 40 Kg. weiss nicht ob ich die schwere Reise durchlebe. Bitte denjenigen, der mich mit diesen Zeilen irgendwo trifft, schreibe auf die angegebenen Adressen, dass mein Schicksal woh endete, u. s. w.

Russki!! Tovaris! Von Konzentrations Lager ein Ungar nach Budapest Nr 116.276

Mit deutscher Dolmetscher übersetzen

Glossar

Aktion Reinhardt

Tarnname für die Deportation und Ermordung von mehr als zwei Millionen Juden in den Vernichtungslagern Belzec, Sobibor und Treblinka in der Zeit vom Frühjahr 1942 bis zum Sommer/Herbst 1943. Der Name sollte an Reinhard Heydrich erinnern, der am 4.6.1942 an den Folgen eines Attentats starb.

Austauschjuden

Juden, die gegen deutsche Staatsbürger in alliierten Ländern ausgetauscht werden sollten; nur wenige wurden wirklich freigelassen.

Berufsverbrecher

Eine von der SS eingeführte Häftlingskategorie für Menschen, die zu Zwecken der Kriminalprävention nach Verbüßung einer Strafe unbefristet in Konzentrationslager eingewiesen wurden; sie waren mit einem grünen Winkel gekennzeichnet.

Blocksperre

Verbot für Häftlinge, die Lagerbaracken zu verlassen. Diese wurde immer dann angeordnet, wenn die SS größere Exekutionen, Selektionen oder Abtransporte durchführen wollte.

Deutsche Volksliste

In der Deutschen Volksliste wurde die poln. Bevölkerung erfasst und nach rassepolitischen Kriterien kategorisiert, vor allem in den besetzten polnischen Gebieten, die die Deutschen für eine Germanisierung vorgesehen hatten. Die Aufnahme in die Deutsche Volksliste, mit der bestimmte Privilegien, aber auch Pflichten wie Ableistung des Wehrdienstes verbunden waren, war teilweise freiwillig, zum Teil erzwungen.

Dirlewanger-Einheit

Die SS-Sondereinheit Dirlewanger war eine Frontbewährungseinheit der SS, die an zahlreichen Kriegsverbrechen beteiligt war. Sie wurde 1940 aus vorbestraften Wildschützen gebildet und später um straffällig gewordene SS- und Wehrmachtsangehörige sowie ukrain. und russ. Hilfswillige erweitert; von Mai 1943 an wurden reichsdeutsche KZ-Häftlinge, vor allem aus der Kategorie „Berufsverbrecher“, eingezogen.

Joint

Das American Jewish Joint Distribution Committee wurde 1914 in den USA als Hilfsorganisation zur Unterstützung jüdischer Opfer des Ersten Weltkriegs und nach Palästina ausgewanderter Juden gegründet. Während des Zweiten Weltkriegs unterstützte der Joint verfolgte Juden.

„Kanada“

In der Häftlingssprache Bezeichnung für die Effektenlager des KZ Auschwitz, in denen das Eigentum der eingelieferten Häftlinge verwahrt und sortiert wurde. „Kanada I“ befand sich in der Nähe des Stammlagers; im Dez. 1943 wurde „Kanada II“ mit 30 Baracken im Lagerteil Birkenau in Betrieb genommen.

Muffel

Ein üblicherweise aus Schamotte bestehender hitzebeständiger Einsatz, der in die Brennkammer eines Ofens eingeschoben wird.

Muselmann

In der Lagersprache wurden sowohl männliche als auch weibliche Häftlinge, die kurz vor dem Hungertod standen, als Muselmänner bezeichnet. Ihr Zustand war gekennzeichnet durch Apathie, körperliche Auszehrung und geistige Erschöpfung.

Organisation Todt (OT)

Militärisch strukturierte deutsche Organisation für besondere Bauaufgaben, wurde 1938 von Fritz Todt, dem Generalbevollmächtigten für die Regelung der Bauwirtschaft, zum Bau militärischer Anlagen gegründet und später von Albert Speer geleitet. Von Sommer 1942 an setzte sie Zwangsarbeiter, später auch KZ-Häftlinge bei ihren Bauprojekten ein.

Regierungsdelegatur

Seit 1940 bestehende staatliche Verwaltungsstruktur im poln. Untergrundstaat, Inlandsvertretung der poln. Exilregierung.

Sanitätsdienstgrad

Den Lagerärzten als Hilfspersonal zugeteilte SS-Männer, die in der Regel über keine oder nur geringe medizinische Kenntnisse verfügten. In Außenlagern waren sie oft das einzige für den Krankenbau zuständige SS-Personal. Sanitätsdienstgrade waren ebenso wie die SS-Ärzte häufig an Selektionen und Krankenmorden in Konzentrationslagern beteiligt.

Sonderbehandlung

Von der SS verwendeter Tarnbegriff für den Mord in der Gaskammer.

Sonderkommando

Ein Arbeitskommando aus überwiegend jüdischen Häftlingen, die bei der Ermordung und anschließenden Verbrennung der Leichen in den Gaskammern mitwirken mussten.

Theresienstädter Familienlager

Von Sept. 1943 bis Juli 1944 bestehender Lagerbereich im Abschnitt B II b in Birkenau, in dem mehr als 17 500 jüdische Männer, Frauen und Kinder, die aus Theresienstadt nach Auschwitz deportiert worden waren, untergebracht waren.

Ungarn-Aktion, Aktion Höß

Von Ende April 1944 bis Anfang Juli 1944 wurden 438 000 Juden aus Ungarn nach Auschwitz gebracht, drei Viertel von ihnen wurden unmittelbar nach ihrer Ankunft ermordet. Rudolf Höß, der inzwischen im WVHA in Oranienburg arbeitete, kehrte zur Leitung der Ungarn-Aktion Anfang Mai 1944 nach Auschwitz zurück, daher auch die Bezeichnung Aktion Höß.

Volksdeutsche Mittelstelle (VoMi)

Ein dem Reichsführer SS unterstelltes SS-Hauptamt, das die Umsiedlung von „Volksdeutschen", die außerhalb der Grenzen des Deutschen Reichs lebten, auf Gebiete innerhalb des Deutschen Reichs organisierte.

Abkürzungsverzeichnis

Die Archivkürzel finden sich im Archivverzeichnis.

AA	Auswärtiges Amt
a. D.	außer Dienst
AG	Aktiengesellschaft
Arb. Kdo.	Arbeitskommando
Au.	Konzentrationslager Auschwitz
Az.	Aktenzeichen
BBC	British Broadcasting Company
BDM	Bund Deutscher Mädel
BdS.	Befehlshaber der Sicherheitspolizei und des Sicherheitsdienstes
Bu.	Buchenwald
CdS	Chef der Sicherheitspolizei und des Sicherheitsdienstes
DAF	Deutsche Arbeitsfront
DAW	Deutsche Ausrüstungswerke
dg, dkg	Dekagramm
DP	Displaced Person
d. R.	der Reserve
DVL	Deutsche Volksliste
EStA	Erster Staatsanwalt
F. d. R.	Für die Richtigkeit
F. d. R. d. A.	Für die Richtigkeit der Abschrift
FKL	Frauenkonzentrationslager
Flo.	Flossenbürg
FS	Fernschreiben
G.G.	Generalgouvernement
Gend.	Gendarmerie
gRs.	geheime Reichssache
GStA	Generalstaatsanwalt
HASAG	Hugo Schneider AG
HJ	Hitlerjugend
HSSPF	Höherer SS- und Polizeiführer
IKL	Inspektion der Konzentrationslager
IKRK	Internationales Komitee vom Roten Kreuz
Inf.-Div.	Infanterie-Division
i. V.	in Vertretung
K.B.	Krankenbau
KdF	Kraft durch Freude
Kdo	Kommando
KdS	Kommandeur der Sicherheitspolizei und SD
Kdt.	Kommandant
KGL	Kriegsgefangenenlager
Kgf.	Kriegsgefangene

KL, KZ, Konz.Lager	Konzentrationslager
Kpt.	Kapitän
Kptlt.	Kapitänleutnant
Krs.	Kreis
LG	Landgericht
MdL	Mitglied des Landtags
MdR	Mitglied des Reichstags
Meckl.	Mecklenburg
MG	Maschinengewehr
Mi.	Mittelbau-Dora
MinRat	Ministerialrat
MP, MPi	Maschinenpistole
M.S.	Motorschiff
NKVD	Narodnyi komissariat vnutrennich del (Volkskommissariat für Inneres)
NSKK	Nationalsozialistisches Kraftfahrkorps
NSV	Nationalsozialistische Volkswohlfahrt
OKH	Oberkommando des Heeres
OLG	Oberlandesgericht
ORR	Oberregierungsrat
O.S.	Oberschlesien
OStA	Oberstaatsanwalt
OT	Organisation Todt
o. V. i. A.	oder Vertreter im Amt
PKWN	Polski Komitet Wyzwolenia Narodowego (Polnisches Komitee der nationalen Befreiung)
Pol. Abt.	Politische Abteilung
ppa.	Lat. „per procura autoritate" – an Mitarbeiter erteilte geschäftliche Vertretungsberechtigung und Handlungsvollmacht
PPS	Polska Partia Socjalistyczna (Polnische Sozialistische Partei)
PWOK	Pomóc dla Więźniów Obozów Koncentracyjnych (Komitee zur Hilfe für Konzentrationslagerhäftlinge)
RAD	Reichsarbeitsdienst
RD	Reichsdeutscher
Reg.Rat	Regierungsrat
Res.	Reserve
RFSS	Reichsführer SS
RGBl.	Reichsgesetzblatt
RJM	Reichsjustizminister/-ium
RMdI	Reichsministerium des Innern
RMVP	Reichsministerium für Volksaufklärung und Propaganda
RSHA	Reichssicherheitshauptamt
RWM	Reichswirtschaftsministerium
SB	Sonderbehandlung
SD	Sicherheitsdienst
SDG	Sanitätsdienstgrad
Sgt.	Sergeant
Sipo	Sicherheitspolizei

SK	Strafkompanie
SS-Brif.	SS-Brigadeführer
SS-Gruf.	SS-Gruppenführer
SS-Hschrf.	SS-Hauptscharführer
SS-Hstuf.	SS-Hauptsturmführer
SS-Obf.	SS-Oberführer
SS-Ogruf.	SS-Obergruppenführer
SS-Oscha.	SS-Oberscharführer
SS-Ostubaf.	SS-Obersturmbannführer
SS-Ostuf.	SS-Obersturmführer
SS-Rttf.	SS-Rottenführer
SS-Staf.	SS-Standartenführer
SS-Stuba.	SS-Sturmbannführer
SS-T-Stuba.	SS-Totenkopf-Sturmbann
SS-Uscha.	SS-Unterscharführer
SS-Ustuf.	SS-Untersturmführer
Stalag	Stammlager
Stapo	Staatspolizei
StS	Staatssekretär
Tgb.	Tagebuch
Transp.	Transport
TWL	Truppenwirtschaftslager
Uffz.	Unteroffizier
ungez.	ungezeichnet
Unterf.	Unterführer
UStS	Unterstaatssekretär
VEJ	Die Verfolgung und Ermordung der europäischen Juden durch das nationalsozialistische Deutschland 1933–1945 (Edition)
Vfg.	Verfügung
VGH	Volksgerichtshof
v. g. u.	Vorgelesen, genehmigt und unterschrieben
Vomi	Volksdeutsche Mittelstelle
WCIT	War Crimes Investigation Team
WJC	World Jewish Congress
W.K.	Wehrkreis
WRB	War Refugee Board
WZO	World Zionist Organisation
ZBL	Zentralbauleitung
z. Vfg.	zur Verfügung

Verzeichnis der im Dokumententeil genannten Archive

Archiv Arbeitskreis Stadtgeschichte e. V., Salzgitter
Archiv bezpečnostních složek (Archiv der Sicherheitsdienste), Prag
Archiv der Ev.-Luth. Kirchgemeinde Lauterbach
Archiv der Gedenkstätte Dachau
Archiv der Gedenkstätte Neuengamme
Archiv des Pastorats der ev. Kirchengemeinde Waabs
Archiv des Pfarramts Fürstenstein
Archiv Památníku Terezín (APT, Archiv der Gedenkstätte Theresienstadt)
Archives du Comité International de la Croix Rouge (ACICR), Genf
Archives Nationales (AN), Paris
Archiwum Akt Nowych (AAN, Archiv Neuer Akten), Warschau
Archiwum Instytutu Pamięci Narodowej (AIPN, Archiv des Instituts für das Nationale Gedenken), Warschau
Archiwum Państwowe w Katowicach (AP Kat, Staatsarchiv Katowice)
Archiwum Państwowe Muzeum Auschwitz-Birkenau (APMAB, Archiv des Staatlichen Museums Auschwitz-Birkenau), Oświęcim
Archiwum Żydowskiego Instytutu Historycznego (AŻIH, Archiv des Jüdischen Historischen Instituts), Warschau
Bundesarchiv (BArch)
Bibliothek für Zeitgeschichte in der Württembergischen Landesbibliothek Stuttgart
Central Zionist Archives (CZA), Jerusalem
Central'nyi Archiv Ministerstva oborony (CA MORF, Zentralarchiv des Verteidigungsministeriums der Russischen Föderation), Podolsk
Centre de Documentation Juive Contemporaine (CDJC), Paris
Diözesanarchiv Linz
Dokumentationsarchiv des österreichischen Widerstandes (DÖW), Wien
Eesti Ajaloomuuseum (EAM, Estnisches Historisches Museum), Tallinn
Franklin D. Roosevelt Presidential Library and Museum (FDR-Library), Hyde Park
Gosudarstvennyj Archiv Rossijskoj Federacii (GARF, Staatsarchiv der Russischen Föderation), Moskau
Hoechst Archiv, Frankfurt am Main
Hoover Institution Library and Archives (HIA), Stanford
Institut für Zeitgeschichte (IfZArch), München
International Tracing Service (ITS), Bad Arolsen
Jüdisches Museum Berlin (JMB)
Jüdisches Museum Prag (JMP), Archiv der Abteilung für die Geschichte der Shoah
Landesarchiv Sachsen-Anhalt, Abteilung Merseburg (LASA, MER)
Landesarchiv Thüringen, Hauptstaatsarchiv Weimar (LATh – HStA)
Lavon Institute for Labour Research (LI), Tel Aviv
Leo Baeck Institute (LBI), New York, Berlin
Nacional'nyj Archiv Respubliki Belarus' (NARB, Nationalarchiv der Republik Belarus), Minsk
Národní archiv (NA, Nationalarchiv), Prag
The National Archives (TNA), Kew, London
Nederlands Instituut voor Oorlogs-, Holocaust- en Genocidestudies (NIOD), Amsterdam
Politisches Archiv des Auswärtigen Amts (PAAA), Berlin
Rossijskij gosudarstvennyj voennyj archiv (RGVA, Russisches militärisches Staatsarchiv), Moskau
Sächsisches Staatsarchiv, Hauptstaatsarchiv Dresden (Sächs. StA, HStA Dresden)
Staatsarchiv Hamburg (StAHH)
Staatsarchiv Nürnberg (StAN)
Státní oblastní archiv (SOA, Staatliches Gebietsarchiv) v Plzni
Státní okresní archiv (SokA, Staatliches Kreisarchiv) Chomutov se sídlem v Kadani
Státní okresní archiv (SokA, Staatliches Kreisarchiv) Trutnov
Stiftung Brandenburgische Gedenkstätten/ Gedenkstätte und Museum Sachsenhausen (SBG/GUMS)
Stiftung niedersächsische Gedenkstätten/ Gedenkstätte Bergen-Belsen (SNG)

Studium Polski Podziemnej (SPP, Polish Underground Movement Trust), London
United States Holocaust Memorial Museum (USHMM), Washington D.C.
US National Archives and Records Administration (NARA), College Park, Maryland
Visual History Archive (VHA), USC Shoah Foundation
Vojenno-medicinskij musej (Militärmedizinisches Museum), St. Petersburg
Vojenský ústřední archiv (VUA, Zentrales Militärarchiv), Prag
Wiener Library, London
Yad Vashem Archives (YVA), Jerusalem
YIVO, Institute for Jewish Research, New York

Systematischer Dokumentenindex

Die angegebenen Zahlen beziehen sich auf die Nummern der Dokumente.

Register der Institutionen, Lager, Firmen und Zeitschriften

Erwähnungen des Lagerkomplexes Auschwitz wurden nur für den Dokumententeil „Die Zeit der Todesmärsche“ in das Register aufgenommen, nicht hingegen für den Dokumententeil zum Thema „Auschwitz 1942–1945“. Der Registereintrag Auschwitz umfasst die Lagerteile I (Auschwitz) und II (Birkenau), da in den Dokumenten häufig nicht zwischen den verschiedenen Lagern unterschieden wird. Das Lager Monowitz wurde in das Register als Außenlager von Auschwitz aufgenommen – auch für den Zeitraum, in dem es ein eigenständiges Konzentrationslager war. Zeitungen und Zeitschriften wurden nur ins Register aufgenommen, wenn der Text Informationen über die Zeitung/Zeitschrift als Institution enthält, nicht, wenn sie lediglich erwähnt oder als Quelle genannt werden.

Ortsregister

Orte, Regionen und Länder sind i. d. R. nur verzeichnet, wenn sie Schauplätze historischen Geschehens sind, jedoch nicht, wenn sie nur als Wohnorte erwähnt werden.
Die Namen größerer Orte, bei denen auch eine deutsche Form gebräuchlich ist, werden auf Deutsch verzeichnet, bei anderen in den Dokumenten eingedeutschten Namen wird der jeweils 1941 völkerrechtlich gültige Name in Klammern hinzugefügt (dies gilt analog für russische, jiddische etc. Namensvarianten). Taucht ein Ortsname in den Dokumenten in mehreren Varianten auf – einschließlich der völkerrechtlich gültigen –, werden diese im Register durch Schrägstriche getrennt aufgelistet und der völkerrechtlich gültige Name an erster Stelle genannt. Unterscheiden sich die Varianten nur marginal (z. B. durch das Fehlen von Sonderzeichen), werden sie nicht alle aufgeführt; ist die Diskrepanz wesentlich, wird jeweils auf die völkerrechtlich gültige Schreibweise verwiesen. Sonderzeichen werden den betreffenden Buchstaben des Alphabets zugeordnet (also steht ą bei a, č bei c, ł bei l usw.).

Personenregister

In Fällen, in denen der Vorname unbekannt ist, folgt in Klammern eine Angabe zu Beruf bzw. Funktion oder Rang, wenn diese nicht bekannt sind, eine Ortsangabe.

Mitteleuropa 1944/45

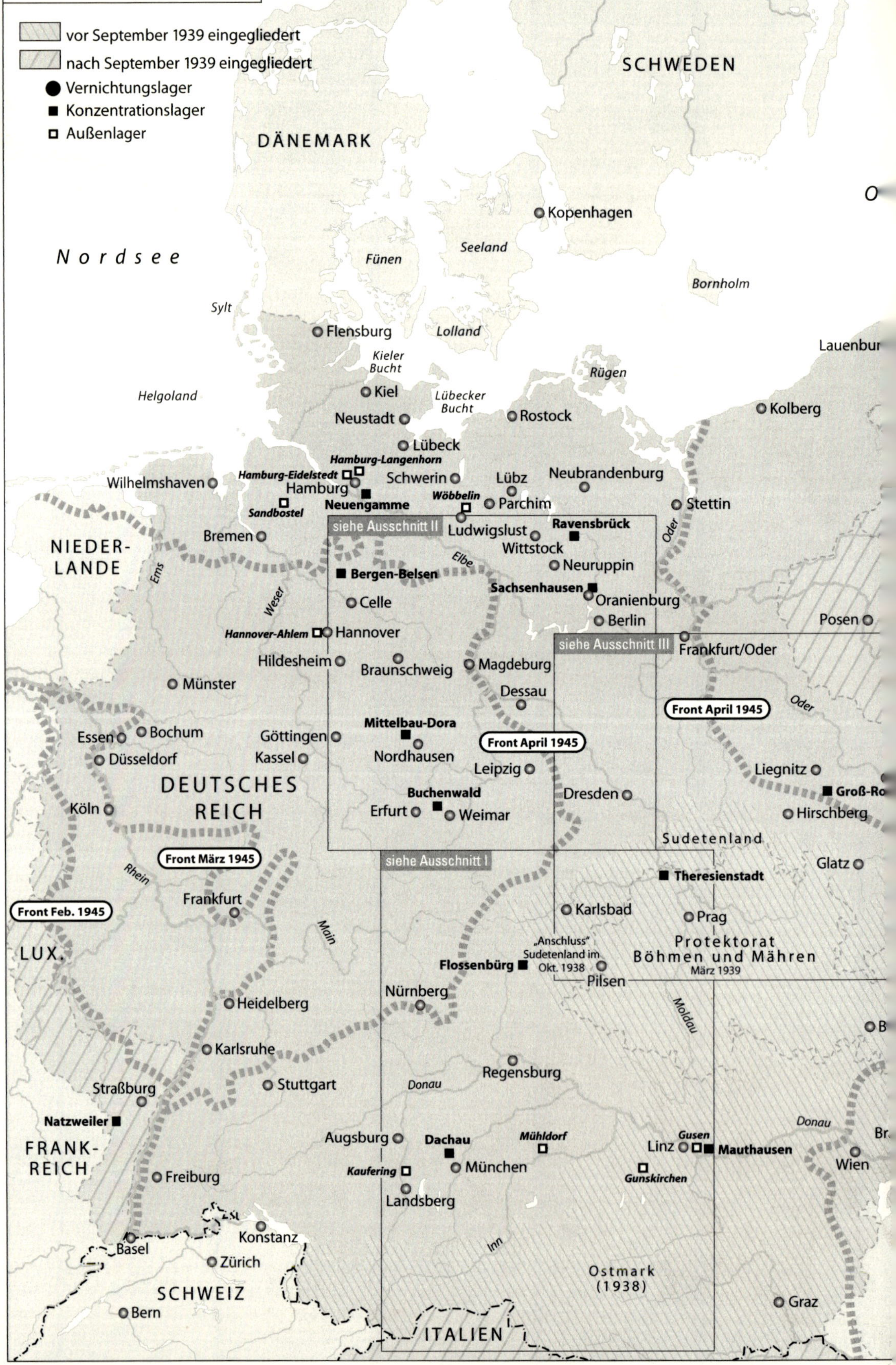